컴퓨터 비전을 위한

다중 시점 기하학 2/e

컴퓨터 비전을 위한
다중 시점 기하학 2/e

카메라를 위한 수학

리차드 하틀리 · 앤드류 지서만 지음 추정호 옮김

에이콘

에이콘출판의 기틀을 마련하신 故 정완재 선생님 (1935-2004)

비전과 새로운 아이디어에 대한 끊임없는 탐구로

우리를 이 분야로 이끌었던 조 먼디에게 이 책을 바친다.

추천의 글

컴퓨터가 사물을 볼 수 있도록 만드는 것은 1960년대 인공지능 분야의 선도적인 전문가들이 여름 학생 프로젝트의 난이도 수준이라고 생각했었다. 40년 이상 지난 지금도 이 과제는 해결되지 않았고 만만치 않아 보인다. 컴퓨터 비전은 수학과 컴퓨터 과학이 밀접하게 연결되고 물리학, 지각의 심리학 및 신경과학과 암묵적으로 연결된 하나의 분야로 등장했다.

이러한 (부분적인) 실패를 설명할 수 있는 이유 중 하나는 연구자들이 아마도 순진한 자기 성찰naive introspection이라고 하는 어려움으로, 일반적인 인식과 특히 시각적 인식이 처음에 생각했던 것보다 훨씬 더 복잡하다는 사실을 간과했다는 것이다. 물론 우리가 생물학적 알고리듬을 흉내 내서 컴퓨터 비전 알고리듬을 패턴화해야 할 이유는 없지만, 다음의 사항들은 문제가 된다.

(i) 생물들의 시각 작동 방식은 아직 거의 알려진 바가 없으며 컴퓨터로 흉내 내기 어렵다.
(ii) 생물의 시각을 무시하고 일종의 실리콘 기반의 시각을 재발명하려는 시도는 처음 예상했던 것만큼 성공적이지 않았다.

이러한 부정적인 발언에도 컴퓨터 비전의 연구는 실용적이며 이론적으로도 뛰어난 성공을 거두었다.

실용적인 측면에서 한 가지 예를 들면 컴퓨터 비전 기술을 사용해 일반 도로 또는 험한 지형에서 자동차와 트럭과 같은 차량을 안내할 수 있는 가능성이 수년 전 유럽과 미국, 일본에서 입증됐다. 이를 위해서는 매우 정교한 실시간 3차원 동적 장면 분석 기능이 필요하다. 오늘날 자동차 회사들은 이러한 기능을 사용하기를 늘려가고 있다.

이론적 측면에서 기하 컴퓨터 비전Geometric Computer Vision이라고 부를 수 있는 영역에서 몇 가지 놀라운 진전이 이루어졌다. 이것은 물체 모양과 카메라 매개변수의 함수로서 다른 시점에서 볼 때 물체의 모양이 바뀌는 방식에 대한 설명을 포함한다. 이러한 성과는 기하학의 고전 분야와 최신 이론을 포함하는 매우 정교한 수학을 사용하지 않고는 달성하지 못했을 것이다. 이 책은 특히 세계의 물체 이미지 사이에 존재하는 복잡하고 아름다운 기하학적 관계를 다룬다. 이러한 관계를 분석하는 것은 그 자체로 중요하다. 이는 외형appearance에 대한 설명을 하려는 과학의 목표 중 하나이기 때문이다. 또한 이런 이해를 통해 개발할 수 있는 애플리케이션이 무궁무진하기에 분석은 중요하다.

이 책의 저자들은 기하 컴퓨터 비전 분야의 선구자이자 전문가다. 이들은 매우 도전적인 일을 성공적으로 해냈다. 근간이 되는 기하학 개념을 이해하는 데 필요한 수학을 간단하고 쉽게 접근할 수 있는 방식으로 전달했고, 이들과 전 세계의 다른 연구자들이 얻은 결과를 매우 광범위하게 포함했으며, 노이즈가 있는 이미지 측정과 기하학의 상호작용을 분석했고, 이러한 이론적 결과를 알고리듬 형식으로 표현해 컴퓨터 코드로 쉽게 변환할 수 있도록 많은 실례를 제시했고, 개념을 설명하고 이론의 적용 범위를 보여주는 많은 예들을 제시했다.

컴퓨터가 볼 수 있게 만드는 원래의 성배holy grail로 돌아가면 이런 종류의 작업이 올바른 방향으로 나아가는 것인지 궁금할 수 있다. 나는 독자들이 이 질문에 답하도록 남겨두고, 가까운 미래에 구축될 컴퓨터에 연결되는 카메라를 사용하는 시스템 설계자는 이러한 작업을 무시할 수 없다는 정도의 이야기로 만족한다. 이것은 아마도 컴퓨터가 보는 것이 무엇을 의미하는지 정의하는 하나의 단계일 것이다.

올리비에 포즈하 Olivier Faugeras

지은이 소개

리차드 하틀리Richard Hartley

호주 국립대학교의 교수이며, 캔버라에 있는 호주 국립정보통신기술 연구소의 특훈 연구원이다. 주 연구 분야는 컴퓨터 비전이다.

앤드류 지서만Andrew Zisserman

영국 태생의 컴퓨터 과학자이며 옥스퍼드대학교의 교수이다. 주 연구 분야는 컴퓨터 비전이며 2014년부터 구글 딥마인드에서 겸직하고 있다.

감사의 글

저자들은 같은 동료들인 파울 베드슬리, 스테판 카를손, 올리비에 포즈하, 앤드류 피츠기본, 지텐드라 마릭, 스티브 마이뱅크, 암논 샤슈아, 필 토르, 빌 트리그스로부터 토론을 통해 많은 아이디어와 도움을 받았다.

이 책의 오류가 셀 수 있는 정도라면, 이는 많은 에너지와 헌신으로 대부분을 읽고 개선을 위해 많은 제안을 한 안토니오 크리미니시, 데이비드 리보위즈 및 프레데리크 샤팔리즈키 덕택이다. 마찬가지로 피터 스트름과 빌 트리그스도 많은 장에 개선을 제안했다. 개별 장을 읽은 데이비드 카펠, 노르데스 디 아파피토 빈센트, 밥 카우킥, 스티브 메이뱅크, 피터 투에게 감사드린다.

특히 여러 사진을 제공해준 폴 버드슬리, 안토니오 크리미니시, 앤드류 피츠기본, 데이비드 리보위츠, 래리 샤피로와 개별 시진을 제공해준 마틴 암스트롱, 데이비드 카펠, 로우르데스 디 아가피토 빈센트, 에릭 하이만, 필 프리체트, 룩 로보트, 코르딜리아 슈마드 및 개별 그림 설명에서 언급된 사람들에게도 감사드린다.

케임브리지대학교 출판사의 일관된 조언과 인내심을 가진 데이비드 트라나와 훌륭한 카피 편집을 한 미첼 버런드에게 감사의 말을 전한다.

재인쇄판에서는 사소한 오류가 수정됐다. 이를 알려주신 다음의 독자들에게 감사드린다. 루이스 바우멜라, 니클라스 보를린, 마이크 브룩스, 최준호, 우치크 최나키, 카를로 콜로보, 니콜라스 다노, 앤드류 피츠기본, 보그단 조르게스큐, 프레드리크 칼, 밥 카우식, 김재학, 이한성, 데니스 마이어, 카스텐 무얼만, 데이비스 니스터, 앤드레스 올쏜, 스테판 파리, 프레데릭 샤팔리츠, 빌 세버슨, 페드로 노펩즈 디 테루얼 알코올이리, 버나드 씨에스, 켄 토른턴, 맥달레나 우르바넥, 조걸리 바스, 유진 벤드로프스키, 슈바이, 토마스 베르너

옮긴이 소개

추정호(jhchu@hotmail.com)

KAIST에서 수학과 기계공학을 공부하고 이론 유체역학으로 박사 학위를 받았다. 증권사에서 퀀트로서 금융공학 분야의 일을 하고 있으며, 클라우드 컴퓨터를 금융권에 도입했고 세계 인명사전에 등재됐다. 현실 세계를 수학으로 모델링한 후에 컴퓨터로 시뮬레이션하는 것을 좋아한다. 양자 컴퓨터, 인공지능, 음악 수학, 게임 이론에 관심이 많다. 삭막한 정서로 피아노를 연습하고 굳은 몸으로 단전호흡을 하고 있다.

옮긴이의 말

대학 시절의 나는 학교가 있는 대전에서 고향인 대구 사이를 기차로 왕래했다. 경부선 기차는 구름도 쉬어 간다는 험준한 추풍령 고개를 넘어갔다. 창가 풍경은 산뿐이었다. 그런데 자세히 관찰하니 가까이 있는 산이 더 빨리 뒤로 가고 멀리 있는 산은 앞으로 가는 것처럼 보였다. 한참 고민 끝에 이런 현상은 어두운 밤에 보름달이 움직이는 나를 따라오는 것처럼 느껴지는 것과 같음을 깨달았다. 가까이 있는 것은 뒤로 가고 멀리 있는 것은 앞으로 가므로 중간 어디쯤에 고정점이 있을 것 같았고 이것을 계산하는 방법을 나름 고민했다.

이런 고민에 해답을 주는 것이 사영(그림자)기하학이다(이 책 내용 중에 여기에 대한 해답이 있으며 고민했던 고정점은 존재하지 않는다). 르네상스 시대에 화가들이 3차원 물체를 2차원 평면에 더 사실적으로 표현하기 위해 원근법에 대한 연구가 활발해지면서 사영기하학의 기본 원리는 정립됐지만 19세기 초에 본격적으로 정립됐다. 그 후로, 최근에 필즈상을 수상한 허준이 교수의 전공 분야인 대수기하학으로 발전하게 된다.

사영은 유럽 사상에 오랜 뿌리를 갖고 있다. 칸트의 인식론이 나오기 전까지 플라톤의 동굴의 비유에서 우리가 관찰할 수 있는 것은 실체의 사영에 불과하다는 생각이 널리 퍼져 있었다. 이것은 형이상학적인 비유에 불과하지만 실세계에서 비슷한 것이 발견됐다. 양자역학에서 물체의 정확한 위치는 알 수 없고 관찰할 수 있는 것은 실제 물체의 확률적 사영이라는 것이다. 실제로 반물질을 예측해 노벨 물리학상을 받은 영국의 디랙은 양자역학을 연구할 때 학부 시절에 잠깐 심취했던 사영기하학이 많은 도움이 됐다고 언급했다.

이 책은 여기에서 한걸음 더 나아가는 문제를 고민한다. 같은 물체를 동시에 여러 카메라로 촬영했을 때 여러 개의 사진에서 3차원 형상을 어떻게 복원할 수 있을까? 디지털 카메라의 비용이 저렴하기에 좋은 알고리듬이 개발되면 응용할 수 있는 분야가 무궁무진해 많은 연구가 활발하게 진행되고 있는 분야이다.

이 책은 사영기하학의 기초에서 시작해 이중 시점, 삼중 시점, 다중 시점 기하학으로 설명을 진행한다. 기하학에 대한 기초를 다지고 또 수치 계산에서 발생하는 어쩔 수 없는 노이즈를 다루는 알고리듬에 대해서 매우 자세히 설명하고 있어서 컴퓨터 비전 관련 엔진을 개발하는 연구자에게 많은 도움이 될 것으로 기대한다.

학부에서 수학을 전공했지만 당시에는 비유클리드 기하학에 대한 강의가 없어서 이렇게 다양하게 응용할 수 있는 사영기하학을 책을 번역하면서 알게 됐다. 번역하는 동안 기하학의 위력을 실감하며 흥미진진하게 작업할 수 있었다. 아울러 출판을 맡아주신 에이콘출판사의 권성준 사장님과 관계자 여러분께 감사드린다.

차례

추천의 글 6
지은이 소개 8
감사의 글 9
옮긴이 소개 10
옮긴이의 말 11
들어가며 23
개정판의 들어가며 27

1장 소개-다중 시점 기하학 둘러보기 29

1.1 소개-어디서나 볼 수 있는 사영기하 29
1.2 카메라 사영 36
1.3 다중 시점에서 재구성 40
1.4 삼중 시점 기하학 42
1.5 사중 시점 기하학과 n개의 장면 재구성 44
1.6 전송 47
1.7 유클리드 재구성 47
1.8 자동 보정 49
1.9 성과 I: 3차원 그래픽 모델 50
1.10 성과 II: 비디오 증강 53

0부 배경: 사영기하학, 변형과 추정

2장 2차원의 사영기하학과 변환 57

2.1 평면 기하학 58
2.2 2차원 사영평면 58

2.3 사영변환 66
2.4 변환 계층 71
2.5 1차원 사영기하학 80
2.6 사영면의 위상 수학 82
2.7 이미지에서 아핀변환과 거리 속성의 복원 84
2.8 원뿔의 추가 속성 97
2.9 고정점과 고정선 100
2.10 나가면서 102

3장 3차원 사영기하학과 변환 105

3.1 점과 사영변환 105
3.2 평면, 선, 이차 곡면의 표현과 변환 106
3.3 꼬인 삼차 곡선 119
3.4 변환 계층 120
3.5 무한면 123
3.6 절대 원뿔 125
3.7 절대 쌍대 이차 곡선 127
3.8 나가면서 130

4장 2차원 사영변환의 추정 133

4.1 직접 선형변환(DLT) 알고리듬 135
4.2 여러 가지 비용함수 141
4.3 통계적 비용함수와 최대 우도 추정 152
4.4 변환 불변성과 정규화 155
4.5 반복 최소화 방법 162
4.6 알고리듬의 실험적 비교 168
4.7 탄탄한 추정 170
4.8 단응사상의 자동 계산 178
4.9 나가면서 183

5장 알고리듬 평가와 오차 분석 191

5.1 성능의 한계 191
5.2 추정된 변환의 공분산 199
5.3 공분산의 몬테카를로 추정 212
5.4 나가면서 213

1부 카메라 기하학과 단일 시점 기하학

6장 카메라 모델 217

6.1 유한 카메라 217
6.2 사영 카메라 224
6.3 무한 카메라 234
6.4 다른 카메라 모델 244
6.5 나가면서 246

7장 카메라 행렬 P의 계산 249

7.1 기본 방정식 249
7.2 기하 오류 252
7.3 제한된 카메라 추정 258
7.4 방사형 왜곡 263
7.5 나가면서 267

8장 단일 시점 형상의 추가 사항 269

8.1 평면, 선, 원뿔에서 사영 카메라의 동작 270
8.2 매끄러운 표면 이미지 275
8.3 이차 곡면에 대한 사영 카메라의 동작 276
8.4 카메라 중심의 중요성 278
8.5 카메라 보정과 절대 원뿔의 이미지 285

8.6 소실점과 소실선 291
8.7 아핀 3차원 측정과 재구성 300
8.8 단일 시점에서 카메라 보정 K 결정 304
8.9 단일 시점 재구성 311
8.10 보정 원뿔 313
8.11 나가면서 315

2부 이중 시점 기하학

9장 등극 기하학과 기본 행렬 323

9.1 등극 기하학 324
9.2 기본 행렬 F 326
9.3 특별한 운동에서 발생하는 기본 행렬 333
9.4 기본 행렬의 기하학적 표현 338
9.5 카메라 행렬 찾기 341
9.6 필수 행렬 345
9.7 나가면서 349

10장 카메라와 구조의 3차원 재구성 353

10.1 복원 방법 개요 353
10.2 재구성의 모호함 355
10.3 사영 재구성 정리 358
10.4 계층적 재구성 360
10.5 정답값을 사용하는 직접 재구성 369
10.6 나가면서 370

11장 기본 행렬 F의 계산 373

11.1 기본 방정식 373
11.2 정규화된 8점 알고리듬 376

11.3 대수적 최소화 알고리듬 378
11.4 기하 거리 380
11.5 알고리듬의 실험적 평가 385
11.6 F의 자동 계산 387
11.7 F 계산의 특별한 경우 391
11.8 다른 객체의 대응 393
11.9 퇴화 394
11.10 F 계산의 기하학적 해석 396
11.11 등극선들의 포락선 398
11.12 이미지 교정 404
11.13 나가면서 410

12장 구조 계산 413

12.1 문제 설명 414
12.2 선형 삼각측량법 415
12.3 기하 오차 비용함수 417
12.4 샘프슨 근사(1차 기하 보정) 419
12.5 최적해 420
12.6 추정한 3차원 점의 확률 분포 427
12.7 직선 재구성 428
12.8 나가면서 430

13장 장면 평면과 단응사상 433

13.1 주어진 평면의 단응사상과 그 반대의 경우 434
13.2 F와 이미지 대응이 주어질 때 단응사상이 유도하는 평면 438
13.3 평면이 유도하는 단응사상에서 F의 계산 445
13.4 무한 단응사상 H_∞ 450
13.5 나가면서 452

14장 아핀 등극 기하학 457

14.1 아핀 등극 기하학 457
14.2 아핀 기본 행렬 459
14.3 두 이미지의 점 대응에서 F_A의 추정 462
14.4 삼각측량 468
14.5 아핀 재구성 469
14.6 네케르 반전과 박육조 472
14.7 운동의 계산 474
14.8 나가면서 478

3부 삼중 시점 기하학

15장 삼중 초점 텐서 483

15.1 삼중 초점 텐서의 기본 기하학 484
15.2 삼중 초점 텐서와 텐서 표기법 497
15.3 전송 502
15.4 세 시점에 대한 기본 행렬 507
15.5 나가면서 512

16장 삼중 초점 텐서 $\mathcal{T}$의 계산 517

16.1 기본 방정식 517
16.2 정규화된 선형 알고리듬 519
16.3 대수적 최소화 알고리듬 522
16.4 기하 거리 524
16.5 알고리듬의 실험적 평가 527
16.6 $\mathcal{T}$의 자동 계산 529
16.7 $\mathcal{T}$ 계산의 특수한 경우 533
16.8 나가면서 536

4부 N개 시점 기하학

17장 N-선형성과 다중 시점 텐서 541

17.1 이중 선형 관계 541
17.2 삼중 선형 관계 544
17.3 사중 선형 관계 550
17.4 면 4개의 교차점 553
17.5 셈법 논리 555
17.6 독립 방정식의 개수 562
17.7 방정식 선택 565
17.8 나가면서 566

18장 N-시점 계산 방법 569

18.1 사영 재구성-뭉치 조정 569
18.2 아핀 재구성-분해 알고리듬 571
18.3 비강체 분해 577
18.4 사영 분해 582
18.5 평면을 사용한 사영 재구성 586
18.6 시퀀스에서 재구성 591
18.7 나가면서 596

19장 자동 보정 599

19.1 소개 600
19.2 대수적 체계와 문제 서술 601
19.3 절대 이중 이차 곡면을 이용한 교정 604
19.4 크루파 방정식 613
19.5 계층화된 해 618
19.6 회전 카메라에서 보정 628
19.7 평면에서 자동 보정 632

19.8 평면 운동 634
19.9 단일 축 회전-턴테이블 운동 639
19.10 스테레오 장비의 자동 보정 643
19.11 나가면서 647

20장 쌍대성 653

20.1 칼슨-바인스할 쌍대성 653
20.2 축약 재구성 661
20.3 나가면서 667

21장 카이렐러티 669

21.1 준 아핀변환 669
21.2 카메라 앞면과 뒷면 673
21.3 3차원 점 집합 674
21.4 준 아핀 재구성의 계산 676
21.5 카이렐러티에 대한 변환의 영향 676
21.6 방향 679
21.7 카이럴 부등식 681
21.8 세 번째 시점에서 보이는 점들 686
21.9 점 사이의 위치 687
21.10 나가면서 689

22장 퇴화 구성 691

22.1 카메라 후방교회 691
22.2 이중 시점에서 퇴화 699
22.3 칼슨-바인스할 쌍대성 707
22.4 삼중 시점의 임계 구성 716
22.5 나가면서 723

5부 부록

A1 텐서 표기법 ... 727
A2 가우스(노말)와 χ^2 분포 ... 731
A3 모수 추정 ... 735
A4 행렬의 성질과 분해 ... 749
A5 최소 제곱의 최소화 ... 761
A6 반복 추정법 ... 773
A7 특수 평면 사영변환 ... 813

참고문헌 ... 821
찾아보기 ... 833

들어가며

지난 10년 동안 컴퓨터 비전에서 다중 시점의 기하학을 이해하고 모델링하는 분야에 급속한 발전이 있었다. 10년 전에 분명히 해결되지 않은, 또는 해결할 수 없다고 생각했던 문제에 대해 좋은 결과를 얻을 수 있는 성숙한 단계까지 이론과 실습이 발전했다. 이러한 작업과 알고리듬은 다음을 포함한다.

- 다른 정보가 없는 두 개의 이미지에 대해, 이미지를 일치시키고 이러한 일치와 일관성이 있는 점과 이미지를 생성하는 카메라의 3차원 위치를 계산한다.
- 다른 정보가 없는 세 개의 이미지에 대해, 점과 선의 이미지와 이러한 점, 선과 카메라의 3차원 위치를 일치시킨다.
- 보정 대상 없이 스테레오 장비의 등극epipolar 기하학과 삼안trinocular 장비의 삼중 초점 기하학을 계산한다.
- 자연스러운 장면들의 순서 이미지image sequence를 이용해 내부 보정을 계산한다(즉, 그때 그때 즉석에서 보정).

이러한 알고리듬의 두드러진 특징은 보정을 하지 않는다는 것이다. (초점 거리와 같은) 카메라 내부 매개변수를 알거나 계산할 필요가 없다.

이러한 알고리듬은 보정하지 않은 여러 장면들의 기하학에 대한 새롭고 더 완전한 이론적 이해에 의존한다. 관련된 매개변수의 수, 장면에서 이미지화된 점과 선 사이의 제약 그리고 이미지 대응에서 카메라와 3차원 공간에서 점들의 검색. 예를 들어 스테레오 장비의 등극 형상을 결정하기 위해 7개의 매개변수만 지정하면 카메라 보정은 필요 없다. 이러한 매개변수는 7개 이상의 이미지 포인트 간의 대응 관계에서 결정한다. 보정이 필요 없는 방법은 10년 전에 보정이 필요한 방법과 비교된다. 각각의 카메라는 먼저 알려진 형상을 사용해 신중하게 설계한 보정 대상의 이미지를 이용해 보정한다. 보정은 각 카메라에 대해 11개의 매개변수를 결정하는 작업이 필요하다. 등극 형상을 11개 매개변수의 두 세트로부터 계산한다.

여기에서 보정하지 않는 (사영적) 접근 방식이 중요하다는 것을 알 수 있다. 형상의 적절한 표현을 이용해 계산의 각 단계에서 필요한 매개변수를 결정한다. 이는 최종 결과에 영향을 미치지 않는 매개변수를 계산하지 않아 더 간단한 알고리듬이 된다. 가능한 오류를 정정할 필요가 있다. 보정이 필요 없는 알고리듬에서 (3차원 공간에서 점의 위치와 같은) 요소entity를 정확하게 정의된 모호함의 범위 내에서 종종 복구할 수 있다. 이러한 모호함은 점들을 잘못 추정했음을 의미하지 않는다.

보다 현실적인 측면에서는 카메라들을 한 번에 모두 보정하는 것은 쉽지 않다. 예를 들면 카메라가 (이동 차량에서) 이동하거나 (줌이 있는 감시 카메라에서) 내부 매개변수가 변경될 수 있다. 그리고 일부 상황에서는 보정 정보를 쉽게 사용할 수 없다. 비디오 촬영을 하는 카메라의 동작을 계산하거나 장면 필름 보관소를 이용해 가상 현실 모델을 구축하는 경우에는 동작과 내부 보정 정보는 모두 알 수 없다.

다중 시점 기하학의 성과는 이론의 발전뿐만 아니라 이미지에서 수학적 대상을 추정하는 데 있어서도 향상이 있어서 가능했다. 첫 번째 성과는 오류에 대한 관심이다. 오류를 대수적이든, 기하학적이든, 통계적이든 조건이 많은 연립방정식에서 최소화해야 했다. 두 번째 성과는 (RANSAC과 같은) 탄탄한 추정 알고리듬을 사용해, 추정이 데이터의 특이값oulier의 영향을 받지 않도록 하는 것이었다. 또한 이러한 기술로 강력한 검색과 매칭 알고리듬을 만들었다.

복원에서 많은 문제들이 이제 해결됐다고 말할 수 있다. 문제들은 다음과 같다.

(i) 이미지상의 점들의 대응에서 다중 초점 텐서의 추정. 특히 기본 행렬과 삼중 초점 텐서(그다지 관심을 받지 못한 사중 초점 텐서)

(ii) 이러한 텐서에서 카메라 행렬을 추출해 두 개, 세 개 또는 네 개의 시점에서 사영의 복원

아직 좀 더 연구가 필요한 다른 중요한 성공의 예는 다음과 같다.

(i) 좀 더 일반적인 복원 문제를 해결하는 꾸러미 조정bundle adjustment의 적용

(ii) 카메라 행렬에 대한 최소 가정으로 (유클리드) 메트릭metric 재구성

(iii) 연속 이미지의 대응점을 자동으로 탐지하고 다중 초점 텐서 관계를 이용해 특이값과 틀린 대응의 제거

책의 구성

총 6개의 부로 구성돼 있으며 7개의 짧은 부록이 있다. 각 부에서 새로운 기하학적 관계를 소개한다. 배경에 대한 호모그래피homography, 단일 시점에 대한 카메라 행렬, 이중 시점에 대한 기본 행렬, 삼중 시점에 대한 삼중 초점 텐서, 사중 시점에 대한 사중 초점 텐서다. 각각의 경우에 대해 관계, 속성 및 응용을 설명하는 장과 이미지 측정에서 추정하는 알고리듬을 설명하는 장이 있다. 추정 알고리듬은 간단하고 저렴한 접근 방식부터 현재 가장 좋은 것으로 여겨지는 최적의 알고리듬에 이르기까지 다양하게 설명한다.

0부: 배경 0부는 다른 부에 비하면 지침서에 해당한다. 2차원 공간과 3차원 공간의 사영기하학의 (이상점ideal point과 절대 원뿔 곡선과 같은) 중요한 개념을 소개한다. 사영기하학을 어떻게 표현하고 조작하고 추정하는지 그리고 원근 왜곡을 제거하기 위해 평면의 이미지를 수정하는 것과 같은 컴퓨터 비전의 다양한 목표와 어떻게 관련되는지를 설명한다.

1부: 단일 시점 기하학 3차원 공간에서 2차원 이미지로의 원근 사영을 모델링하는 다양한 카메라를 정의하고 구조를 탐구한다. 보정 대상을 이용하는 기존 기술의 추정과 소실점vanishing point 및 소실선vanishing line을 이용하는 카메라 보정을 설명한다.

2부: 이중 시점 기하학 2부에서는 카메라 두 개의 등극 기하학, 이미지 간의 점 대응에서 사영 재구성, 사영 모호성을 해결하는 방법, 최적 삼각측량, 평면을 통한 사진 간의 전송을 설명한다.

3부: 삼중 시점 기하학 카메라 세 개의 삼중 초점 기하학을 설명한다. 사진 두 개에서 세 번째 사진으로 점 대응과 선 대응으로 전송하기, 점과 선 대응에서 형상 계산과 카메라 행렬의 검색을 포함한다.

4부: N-시점 4부의 목적은 두 가지다. 우선, 삼중 시점 기하학을 사중 시점으로 (부분적으로) 확장해 N-시점에 적용할 수 있는 추정 방법을 설명한다. 토마시Tomasi와 카나드Kanade의 인수분해 알고리듬을 이용해 여러 이미지에서 구조와 움직임을 동시에 계산하는 것을 소개한다. 그리고 3부에서 다뤘지만 공통성을 강조해 좀 더 심도 있게 이해할 수 있는 주제를 다룬다. 예컨대 대응과 자동 보정 및 모호함에 대한 다중선형 시점 제약 조건Multi-Linear View Constrints을 유도한다.

부록 텐서, 통계학, 매개변수 추정, 선형 대수와 행렬 대수, 반복 추정법, 성긴 행렬Sparse Matrix의 역행렬과 특별한 사영변환에 대해 설명한다.

문의

한국어판에 관한 질문이 있다면 에이콘출판사 편집 팀(editor@acornpub.co.kr)이나 옮긴이의 이메일로 문의하길 바란다.

한국어판의 정오표는 에이콘출판사 도서정보 페이지 http://www.acornpub.co.kr/book/multipleview-geometry에서 찾아볼 수 있다.

개정판의 들어가며

개정판은 2000년 7월 이후로 일부 진척 사항을 추가해 확장했다. 예를 들어 평면이 장면에 표시될 때 사영 사례에서 발견한 인수분해의 닫힌 해와 비강성nonrigid 장면으로의 확장된 아핀 분해affine factorization를 다룬다. 그리고 (8장의) 단일 시점 기하학과 (15장의) 삼중 시점 기하학의 논의를 확장하고 매개변수 추정에 대한 부록을 추가했다.

두 번째 판을 준비하면서 개선 방안과 추가 항목을 제안을 해준 동료들에게 매우 감사한다. 마르크 폴레페이스, 빌 트리그스, 특히 훌륭하고 포괄적인 의견을 제공한 토마스 베르너에게 감사를 전한다. 또한 새로운 자료에 대한 교정과 매우 좋은 의견을 준 안토니 크리미니시, 앤드류 피츠기본, 로브 페르구스, 데이비드 니보위츠, 특히 조세프 시바크에 감사드린다. 항상 CUP의 데이비드 트라나에게 감사드린다.

이 책에 나오는 그림은 다음 링크에서 다운로드할 수 있다.

https://www.robots.ox.ac.uk/~vgg/hzbook/hzbook2/HZfigures.html

원서 사이트 https://www.robots.ox.ac.uk/~vgg/hzbook/에는 여러 알고리듬에 대한 매틀랩 코드와 이전 인쇄의 정오표도 있다.

나는 나의 첫 책이 출판된 날을 결코 잊지 않는다.
다른 곳에서 베낀 모든 장
예전의 블라디보스토크 전화번호부에서 복사한 색인
이 책, 이 책은 정말 깜짝 놀랐다.

톰 레러의 "니콜라이 이바노비치 로바쳅스키"에서

1

소개 – 다중 시점 기하학 둘러보기

여기서는 이 책에서 다루는 주요 개념들을 소개한다. 이러한 주제에 대해 격식 없이informal 다룰 것이다. 정확하고 모호하지 않은 정의, 세심한 계산, 잘 연마된 추정 알고리듬에 대한 설명은 후반부에서 다룬다. 그러나 여기서는 일반적으로 뒷장의 상세한 내용에 대한 참조할 자료를 제공하지 않는다. 참조할 자료는 색인 또는 목차를 사용해 찾으면 된다.

1.1 소개 – 어디서나 볼 수 있는 사영기하

우리는 모두 사영변환에 익숙하다. 그림을 보면 정사각형이 아닌 정사각형이나 원이 아닌 원을 식별할 수 있다. 이런 평면 물체를 그림으로 보내는 변환은 사영변환의 예다.

그러면 사영변환이 보존하는 기하 속성은 무엇일까? 분명히 모양은 아니다. 원이 타원으로 나타날 수 있기 때문이다. 길이도 아니다. 원에서 수직하는 두 반경이 사영변환에 의해 서로 다르게 늘어나기 때문이다. 각도, 거리, 거리 비율 또한 보존되지 않는다. 사영변환이 보존하는 기하는 거의 없는 것처럼 보인다. 그러나 보존되는 속성은 직진성이다. 이것이 사상mapping에서 가장 일반적인 요구 사항이며, 직선을 보존하는 평면상의 점들의 사상으로 평면의 사영변환을 정의할 수 있다.

사영기하가 필요한 이유를 설명하기 위해 친숙한 유클리드 기하에서 시작한다. 유클리드 기하는 물체의 각도와 모양을 서술하는 기하이다. 유클리드 기하의 중요한 측면에서 한 가지 문제가 있다. 선의 교차와 같은 기하의 기본 개념에 대한 추론을 위해 계속 예외를 만들어야 한다. (2차원 기하의) 두 개의 선은 대부분 한 점에서 만나지만 그렇지 않은 경우도 있다. 이런 경우를 평행이라고 한다. 이 문제를 해결하기 위해 일반적으로 평행선이 무한점at infinity에서 만난다고 말한다. 그러나 이런 설명은 완벽하지 않으며, 무한대는 존재하지 않고 단지 편리한 공상에 불과하다는 표현과 일치하지 않는다. 이 문제를 해결하기 위해 유클리드 평면에 평행선이 만나는 무한대에 점을 추가하고 이를 이상점ideal point이라고 부름으로써 무한대의 어려움을 해결한다.

이런 점을 무한대에 추가해 친숙한 유클리드 공간을 새로운 유형의 기하학적 대상인 사영공간으로 변형한다. 거리, 각도, 점, 선 및 입사각과 같은 개념을 포함하는 유클리드 공간의 속성에 익숙하기 때문에 이것은 매우 유용한 사고 방식이다. 사영공간에 대해 매우 신비한 것은 없다. 이것은 유클리드 공간의 연장으로서 두 개의 선이 항상, 가끔은 신비한 무한점일 때도 있지만, 한 점에서 만난다.

좌표 유클리드 2차원 공간에 있는 점은 순서쌍 (x, y)로 표시한다. 순서쌍에 좌표 하나를 더 추가해 만든 삼중triple 좌표 $(x, y, 1)$도 동일한 점을 나타낸다고 가정해보자. 마지막 좌표를 추가하거나 제거하면, 점의 한 표현에서 다른 표현으로 변환할 수 있으므로 이것은 무해한 것처럼 보인다. 이제 앞의 두 좌표는 제한이 없지만 마지막 좌표가 1이어야 하는 이유에 대해 생각해보자. 삼중 좌표 $(x, y, 2)$는 어떤가? 여기에서 $(x, y, 1)$과 $(2x, 2y, 2)$는 같은 점을 나타내고, 더 나아가 영이 아닌 k에 대해 (kx, ky, k)는 같은 점을 나타낸다고 정의한다. 형식적으로 점들은 삼중 좌표의 **동치 클래스**equivalent class로 표시되며, 다른 공통 배수를 갖는 두 삼중 좌표는 동일하다. 이를 점의 **동차 좌표**homogeneous coordinates라고 한다. 삼중 좌표 (kx, ky, k)가 주어지면 k로 나누어 (x, y)를 구하여 원래 좌표를 복원할 수 있다.

$(x, y, 1)$이 순서쌍 (x, y)와 동일한 점을 나타내지만 삼중 좌표 $(x, y, 0)$에 해당하는 점이 없는 것을 알 수 있다. 마지막 좌표로 나누면 점 $(x/0, y/0)$가 되고 이는 무한대다. 이것이 무한점point at infinity이 발생하는 방식이다. 무한점은 마지막 좌표가 0인 동차 좌표로 표시되는 점이다.

2차원 유클리드 공간에 대해 점을 동형 벡터로 표현해 사영공간으로 확장하는 방법을 살펴보면 모든 차원에서 동일한 작업을 수행할 수 있다. 결국, 유클리드 공간 $\mathbb{R}^n$의 점을 동형 벡터로 표현해 사영공간 $\mathbb{P}^n$으로 확장할 수 있다. 2차원 사영공간에서 무한대에 있는 점은 일반적으로 무한선line at infinity이라고 하는 선을 만든다. 3차원에서 이런 것들은 무한면plane at infinity을 형성한다.

동질 고전 유클리드 기하학에서는 모든 점이 동일하다. 특별한 점이 없다. 공간 전체가 동질하다. 좌표를 이용하는 것은 한 점을 원점으로 선택하는 것이다. 그러나 이것은 우연히 선택한 특정 좌표계일 뿐이라는 것을 이해하는 것이 중요하다. 다른 점을 원점으로 이용하는 평면의 좌표는 달라진다. 실제로 축을 다른 위치로 이동하고 회전해 유클리드 공간에 대한 좌표를 변경할 수 있다. 이것을 다른 방식으로 공간 자체가 다른 위치로 이동하고 회전하는 것으로 생각할 수 있다. 결과로 나타나는 연산을 유클리드 변환이라고 한다.

보다 일반적인 유형의 변환은 $\mathbb{R}^n$에 선형변환을 적용한 후에 공간의 원점을 이동하는 유클리드 변환을 하는 것이다. 이것으로 공간을 다른 방향으로 다른 비율로 선형적으로 움직이고, 회전하고, 늘릴stretching 수 있다. 이러한 결과 변환을 아핀변환affine transformation이라고 한다.

유클리드 또는 아핀변환에서는 무한점이 여전히 무한대에 남는다. 무한점은 위의 변형에 의해 어떤 방식으로든, 적어도 집합으로 보존된다. 유클리드 또는 아핀 기하학에서 무한점은 어떤 측면에서 구별되거나 특별하다.

사영기하학의 관점에서 볼 때 무한점은 다른 점과 다르지 않다. 유클리드 공간이 동질인 것같이 사영공간도 동질이다. 동차 좌표 표현에서 무한점이 0인 좌표를 가지는 것은 좌표계 선택의 우연한 결과이다. 유클리드 또는 아핀변환과 유사하게 사영공간에서 사영변환projective transformation을 정의할 수 있다. 유클리드 공간 $\mathbb{R}^n$의 선형변환은 점의 좌표에 작용하는 행렬 곱셈으로 표현된다. 같은 방식으로 사영공간 $\mathbb{P}^n$의 사영변환은 (($n+1$) 차원 벡터인) 좌표 벡터에 정칙 행렬non-singular matrix를 곱하는 동차 좌표의 사상이다. 이러한 사상에서 (외부 좌표가 0인) 무한점은 임의의 다른 점으로 변환된다. 무한점은 보존되지 않는다. 따라서 사영공간 $\mathbb{P}^n$의 사영변환은 동질 좌표의 선형변환으로 표현된다.

$$\mathbf{X}' = \mathtt{H}_{(n+1)\times(n+1)}\mathbf{X}$$

컴퓨터 비전 문제에서 사영공간은 3차원 (3D) 사영공간으로 확장돼 실제 3D 세계를 표현하는 편리한 방법으로 사용된다. 유사하게 일반적으로 세상을 2차원 표현으로 사영해 얻는 이미지는 편의상 2차원 사영공간에 놓인 것으로 생각한다. 실제로 현실 세계와 이것의 이미지는 무한점을 포함하지 않으며, 가상의 점들인 이미지에서 무한선과 실제 세계의 무한평면에 주목해야 한다. 이런 이유로 일반적으로 사영공간으로 작업하지만 무한선과 무한면은 어떤 면에서 특별하다. 이는 순수 사영기하학의 취지와 맞지 않지만 실제 문제에서 유용하다. 일반적으로 필요에 따라서 사영공간의 모든 점을 똑같이 취급하거나 또는 공간이나 이미지의 무한점에서 선을 긋는 방식을 모두 사용할 것이다.

1.1.1 아핀 기하학과 유클리드 기하학

무한대에 선(또는 평면)을 추가해 유클리드 공간에서 사영공간을 얻을 수 있다. 이제 반대로 가는 과정을 고려한다. 이에 대한 논의는 주로 2차원 및 3차원 사영공간에 관한 것이다.

아핀 기하학 우리는 사영공간이 처음에는 동질적이며 특정 좌표계를 선호하지 않는다는 관점을 취할 것이다. 그런 공간에서는 평행선(또는 3차원의 경우 평면)은 무한대에서 만나기 때문에 선의 평행에 대한 개념이 없다. 그러나 사영공간에서는 무한점에 대한 개념이 없다. 모든 점은 동일하게 생성된다. 평행은 사영기하학의 개념이 아니다. 이에 대해 언급하는 것은 완전히 의미가 없다.

이 개념이 의미를 갖기 위해서는 특정 선을 선택해 무한선으로 정의해야 한다. 이로 인해 모든 점이 동일하게 생성되지만 일부는 다른 점과 같지 않은 상황이 발생한다. 따라서 빈 종이를 무한대로 확장돼 사영공간 $\mathbb{P}^2$를 형성한다고 상상해보라. 우리가 볼 수 있는 것은 평범한 유클리드 평면의 조각처럼 보이는 공간의 작은 부분일 뿐이다. 이제 종이에 직선을 긋고 이것이 무한선이라고 선언한다. 다음으로, 구별된 이 선과 교차하는 두 개의 다른 선을 그린다. 두선이 무한선과 만나기 때문에 이들이 평행하다고 정의한다. 이 상황은 무한한 평면을 바라볼 때 눈에 보이는 것과 비슷하다. 지구의 매우 평평한 지역을 찍은 사진을 생각하자. 평면에서 무한점은 이미지에서 수평선으로 나타난다. 철도 선로와 같은 선은 수평선에서 만나는 선으로 이미지에 나타난다. 수평선 위에 있는 이미지의 점(하늘 이미지)은 분명히 세상 평면의 점과 일치하지 않는다. 그러나 해당 광선을 카메라 뒤쪽으로 확장하면 카메라 뒤의 한 지점에서 세상 평면과 만나게 된다. 따라서 이미지의 점과 세상 평면의 점 사이에는 일대일 관계가 있다. 세상 평면의 무한점은 이미지의 수평선에 해당하고, 세계의 평행선은 수평선에서 만나는 선에 해당한다. 우리의 관점에서는 세상 평면과 이미지는 특별한 선을 추가한 사영평면의 기하를 보는 서로 다른 방법일 뿐이다. 특별한 선을 가진 사영평면의 기하학을 **아핀 기하학**affine geometry이라 하고, 한 공간의 특별한 선을 다른 공간의 특별한 선에 사상하는 모든 사영변환을 **아핀변환**이라고 한다.

특별한 선을 무한선으로 설정하면 평면에서 직선의 평행을 정의할 수 있다. 그리고 평행을 정의하면 몇 개의 다른 개념도 의미를 갖게 된다. 예를 들어 평행선에 있는 두 점 사이의 간격이 같음을 정의할 수 있다. A, B, C, D가 점이고 선분 AB와 CD가 평행하고, 선분 AC와 BD도 평행하면 두 선분 AB와 CD가 길이가 같다equal length고 정의한다. 비슷하게 같은 선에 있는 두 선분에 평행하고 길이가 같은 다른 하나의 선분이 존재한다면 두 선분의 길이는 같다.

유클리드 기하학 사영평면에서 특별한 선을 구별해 평행의 개념과 아핀 기하학을 얻는다. 아핀 기하학은 사영기하학의 특별한 형태로 볼 수 있다. 특별한 선(또는 차원에 따라서 특별한 평면)을 지정해 무한선이라고 부른다.

다음으로 유클리드 기하학으로 돌아가서, 아핀 기하학에서 무한선과 무한면의 특별한 성질을 뽑아내면 유클리드 기하학이 된다는 것을 증명한다. 이 과정에서 이 책의 가장 중요한 개념인 **절대 원뿔**absolute conic을 소개한다.

2차원 기하학부터 시작해 원을 고려한다. 원은 아핀 기하학의 개념이 아니다. 평면을 임의로 확장하면 무한선을 보존하지만 원을 타원으로 바꾸기 때문이다. 따라서 아핀 기하학은 원과 타원을 구분하지 않는다.

그러나 유클리드 기하학에서는 원과 타원이 구별된다. 다음은 중요한 차이점이다. 대수적으로 타원은 2차 방정식으로 서술된다. 따라서 두 개의 타원이 가장 일반적으로 네 점에서 교차할 것으로 예상되며 실제로 그러하다. 그러나 두 개의 서로 다른 원은 두 점 이상에서 교차할 수 없다는 것이 기하학적으로 분명하다. 대수적으로 두 개의 2차 곡선을 교차하면 두 개의 2차 방정식을 푸는 것과 동일하다. 여기에는 4개의 해가 있을 수 있다. 문제는 두 점에서만 교차하는 원의 특별한 점은 무엇인가이다.

물론 이에 대한 답은 다른 해가 두 개 더 존재한다는 것이다. 두 개의 원은 **복소평면**complex의 두 점에서도 만난다. 이런 두 점을 찾는 것은 쉽다.

동차 좌표 (x, y, w)에서 원의 방정식은 다음과 같다.

$$(x - aw)^2 + (y - bw)^2 = r^2w^2$$

이것은 중심이 $(x_0, y_0, w_0)^\top = (a, b, 1)^\top$와 같은 동차 좌표로 표시된 원을 나타낸다. 점 $(x, y, w)^\top = (1, \pm i, 0)^\top$가 원에 속한다는 것을 쉽게 확인할 수 있다. 이 흥미로운 사실을 이용하면 모든 원은 점 $(1, \pm i, 0)^\top$을 지나므로 이 점들은 모든 두 원의 교차점이 된다. 이 두 점의 마지막 좌표가 0이기 때문에 이 두 점은 무한선 위에 있다. 이들을 평면의 **원형점**circular point이라 하는 것은 자연스럽다. 두 개의 원형점은 복잡하지만 한 쌍의 실수 방정식을 만족한다. $x^2 + y^2 = 0$; $w = 0$

이 관찰에서 유클리드 기하를 정의할 수 있는 단서를 얻을 수 있다. 사영기하에서 우선 무한선을 하나 선택해, 이 선 위에 두 개의 원형점을 놓으면 유클리드 기하가 나타난다. 물론 원형점은 복소평면의 점이지만 대부분의 경우 이것에 대해 너무 걱정하지 않아도 된다. 이제 두 개의 원형점을 통과하는 (2차식으로 정의된 곡선인) 원뿔로 정의한다. 표준 유클리드 좌표계에서 원형점의 좌표는 $(1, \pm i, 0)^\top$이다. 그러나 유클리드 구조를 사영평면에 할당하면 임의의 선과 임의의 (복소평면의) 두 점을 무한선과 원형점으로 지정할 수 있다.

이러한 관점을 적용하는 예로 일반 2차 방정식 $ax^2 + by^2 + \cdots + fw^2 = 0$의 계수의 개수에서 볼 수 있듯이, 평면에서 임의의 다섯 개의 점을 통과하는 일반 원뿔을 찾을 수 있다. 반면 원은 단지 세 개의 점으로 정의할 수 있다. 다르게 해석하면 원은 세 개의 점과 두 개의 특별한 점인 원형점을 지나는 원뿔이다. 그러므로 다른 원뿔과 마찬가지로 고유하게 지정하려면 다섯 개의 점이 필요하다.

두 개의 원형점을 선택하면 익숙한 유클리드 기하학을 얻을 수 있다. 특히 각도 및 길이 비율과 같은 개념은 원형점으로 정의할 수 있다. 그러나 나중에 보겠지만 이러한 개념들은 유클리드 평면의 좌표계를 이용해 정의하는 것이 가장 쉽다.

3D 유클리드 기하학 무한선과 한 쌍의 원형점을 지정해 사영평면의 측면에서 유클리드 평면을 정의하는 방법을 설명했다. 같은 아이디어를 3차원 기하에 적용할 수 있다. 2차원의 경우와 마찬가지로 구sphere들이 교차하는 방식에 주의한다. 두 개의 구는 4차 곡면이 아니라 원에서 교차한다. 대수적으로는 두 개의 일반 타원체(또는 다른 2차 곡면)와 같이 일반 4차 곡면에서 교차할 것 같다. 이러한 생각을 연장하면 동차 좌표 $(X, Y, Z, T)^\top$에서 모든 구는 식 $X^2 + Y^2 + Z^2 = 0$; $T = 0$을 만족하는 곡선에서 무한면과 교차한다는 알 수 있다. 이것은 무한면에 놓인 (원뿔형) 2차 곡선이며 복소평면의 점으로만 구성된다. 이것은 절대 원뿔 곡선으로 알려져 있으며 이 책에서 중요한 기하학 요소다. 구체적으로 카메라 보정과 연관되는 것을 뒤에서 설명한다.

절대 원뿔 곡선은 유클리드 좌표계에서만 위의 방정식으로 정의된다. 일반적으로 이 책에서는 사영공간에서 특정 평면을 무한면으로, 특정 원뿔 곡선을 절대 원뿔 곡선으로 지정해 유도한 3차원 유클리드 공간을 고려한다. 이러한 요소들은 사영공간의 좌표계에서 매우 일반적인 표현을 가질 수 있다.

여기서 절대 원뿔 곡선으로 완벽한 3차원 유클리드 기하를 결정하는 방법에 대해서는 자세히 설명하지 않겠다. 하나의 예를 소개한다. 공간에서 선의 직각은 아핀 기하학에서는 유효한 개념이 아니고 유클리드 기하학의 개념이다. 직선의 직각은 다음과 같이 절대 원뿔 곡선으로 정의할 수 있다. 무한면에서 만날 때까지 선을 확장해 두 선의 방향이라는 두 점을 얻는다. 선의 직각은 절대 원뿔 곡선에 대한 두 방향의 관계로 정의한다. 두 방향이 절대 원뿔 곡선에 대해 켤레점conjugate point이면 선은 수직이다(그림 3.8). 켤레점의 기하학 및 대수적 표현은 2.8.1에서 정의한다. 간단하게 소개하면 절대 원뿔 곡선이 3×3 대칭 행렬 Ω_∞로 표시되고, 방향이 점 $\mathbf{d}_1$과 $\mathbf{d}_2$일 때 $\mathbf{d}_1^\top \Omega_\infty \mathbf{d}_2 = 0$이면 Ω_∞에 대해 켤레점이 된다. 일반적으로 각도는 임의의 좌표계에서 절대 원추 곡선으로 (3.23)으로 정의할 수 있다.

1.2 카메라 사영

3차원 세계를 2차원으로 표현하는 이미지 형성 과정과 이런 이미지에서 다시 3차원 구조를 추론하는 것이 이 책의 주요 주제이다.

3차원 세계에서 2차원 이미지로의 변환은 한 차원을 잃어버리는 사영 프로세스다. 이런 프로세스를 모델링하는 일반적인 것은 중앙 사영central projection 방식이다. 공간의 한 점에서 나온 광선이 사영의 중심centre of projection인 공간의 고정된 지점을 통해 3차원 세계의 점으로 그려진다. 이 광선은 이미지 평면image plane으로 선택한 공간의 특정 평면과 교차한다. 광선과 이미지 평면의 교차점이 이미지 점으로 나타난다. 만약에 3차원의 구조가 평면에 놓여 있다면, 차원은 떨어지지 않는다.

이 모델은 단순한 카메라 모델과 일치한다. 세상의 한 지점에서 나오는 빛의 광선이 카메라 렌즈를 통과해 필름 또는 디지털 장치에 충돌해 그 점에서 이미지를 생성한다. 초점과 렌즈 두께 같은 효과를 무시하면 모든 광선이 렌즈 중심인 단일 지점을 통과한다는 것은 합리적인 가정이다.

사영기하학을 이미지 처리에 적용할 때 세상을 무한점을 갖는 $\mathbb{R}^3$와 동일한 3차원 사영공간으로 모델링하는 것이 일반적이다. 비슷하게 이미지의 모델은 2차원 사영평면 $\mathbb{P}^2$이다. 중앙 사영은 단순히 $\mathbb{P}^3$에서 $\mathbb{P}^2$로의 사상이다. 동차 좌표 $(X, Y, Z, T)^\top$로 표현된 $\mathbb{P}^3$의 점을 고려하고 사영의 중심을 원점 $(0, 0, 0, 1)^\top$로 두면, X, Y, Z를 고정하고 T를 변화시킨 점 $(X, Y, Z, T)^\top$의 모든 집합은 사영의 중심점을 지나는 광선을 형성해 모든 점을 같은 점으로 보내는 사상이 된다. 따라서 (X, Y, Z, T)의 최종 좌표는 점이 촬영되는 위치와 무관하다. 그러나 이미지 점은 동차 좌표 $(X, Y, Z)^\top$를 가지는 $\mathbb{P}^2$의 점이다. 그러므로 사상은 행렬 구조 $P = [I_{3\times3} \mid 0_3]$인 3×4 행렬 P로 표현되는 3차원 동차 좌표의 사상으로 표현된다. 여기서 $I_{3\times3}$은 3×3 단위 행렬이고 0_3은 3차원 영벡터이다. 사영의 다른 중심과 이미지의 다른 사영 좌표계를 사용하는 일반적인 이미지 사영은 차수rank가 3인 임의의 3×4 행렬로 표현된다. 이것이 $\mathbb{P}^3$에 있는 점의 동차 좌표에 작용해 $\mathbb{P}^2$에 있는 이미지 점으로 변환한다. 이 행렬 P를 카메라 행렬이라고 한다.

정리하면 공간의 한 점에 작용하는 사영 카메라의 작용은 다음과 같이 동차 좌표의 선형 사상으로 표현할 수 있다.

$$\begin{pmatrix} x \\ y \\ w \end{pmatrix} = \mathtt{P}_{3\times4} \begin{pmatrix} \mathrm{X} \\ \mathrm{Y} \\ \mathrm{Z} \\ \mathrm{T} \end{pmatrix}$$

그리고 모든 점이 한 평면에 있는 경우에, (이 평면을 $\mathrm{Z} = 0$이라 두면) 선형 사상은 다음과 같이 축약된다.

$$\begin{pmatrix} x \\ y \\ w \end{pmatrix} = \mathtt{H}_{3\times3} \begin{pmatrix} \mathrm{X} \\ \mathrm{Y} \\ \mathrm{T} \end{pmatrix}$$

이것은 사영변환이다.

점으로서의 카메라 중앙 사영에서 $\mathbb{P}^3$의 점은 $\mathbb{P}^2$의 점에 사상되며, 사영 중심을 통과하는 광선의 모든 점은 이미지의 동일한 점으로 사영된다. 이미지 사영의 목적에서는 이러한 광선에 있는 모든 점을 동일한 것으로 간주할 수 있다. 한 단계 더 나아가, 사영 중심을 통과하는 광선이 이미지 점을 표현하는 것으로 생각할 수 있다. 따라서 모든 이미지 점들의 집합은 카메라 중심을 통과하는 광선의 집합과 동일하다. $(0, 0, 0, 1)^\top$에서 점 $(\mathrm{X}, \mathrm{Y}, \mathrm{Z}, \mathrm{T})^\top$를 통과하는 광선을 첫 번째 세 좌표 $(\mathrm{X}, \mathrm{Y}, \mathrm{Z})^\top$로 표현하면 임의의 상수 k에 대해서 광선 $k(\mathrm{X}, \mathrm{Y}, \mathrm{Z})^\top$가 동일한 광선을 표현하는 것을 쉽게 알 수 있다. 따라서 광선 자체 또한 동차 좌표로 표시할 수 있다. 실제로 그것들은 광선의 2차원 공간을 구성한다. 광선 집합 자체를 이미지 공간 $\mathbb{P}^2$의 표현으로 생각할 수 있다. 이 이미지 표현에서 중요한 것은 카메라 중심뿐이다. 오직 이것이 이미지를 형성하는 광선 집합을 결정한다. 동일한 사영 중심을 가지는 이미지 형성의 서로 다른 카메라 행렬은 이미지를 형성하는 광선 집합에 대해 좌표계가 서로 다른 것만을 반영한다. 그러므로 공간의 같은 점에서 촬영한 두 이미지는 사영기하학에서 동일하다. 이미지에서 점을 측정하기 시작할 때만 이미지에 대한 특정 좌표계를 지정해야 한다. 즉, 특정 카메라 행렬을 지정해야 한다. 간단하게 말하면 시야field of view를 무시하면 동일한 카메라 중심으로 획득한 모든 이미지는 동일하다. 3차원 점 또는 카메라 중심 위치에 대한 정보 없이 사영변환으로 서로 사상할 수 있다. 여기에 대해 그림 1.1에 설명돼 있다.

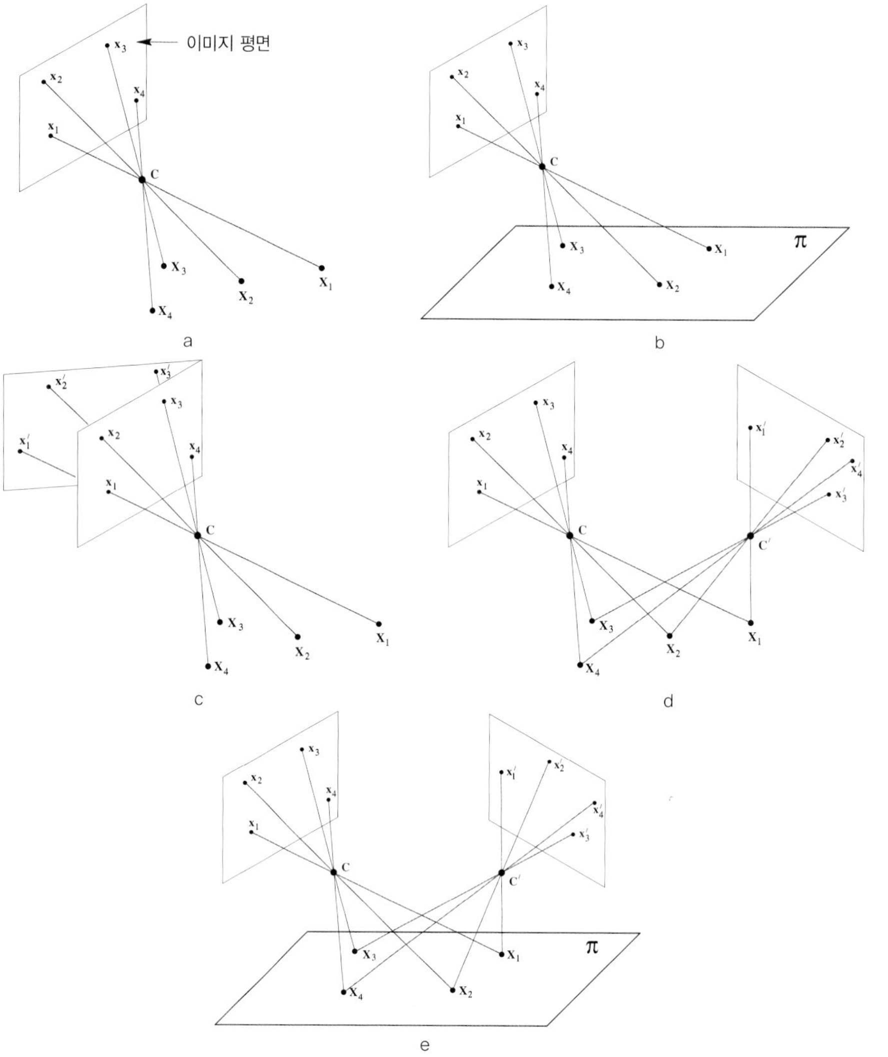

그림 1.1 카메라 중심이 본질이다. (a) 이미지 형성: 이미지 점 x_i는 공간의 점 X_i에서 카메라 중심 C를 통과하는 광선과 평면의 교차점이다. (b) 공간의 점들이 동일 평면에 놓여 있으면 세계와 이미지 평면 사이에 사영변환 $x_i = H_{3\times3}\, X_i$가 있다. (c) 카메라 중심이 동일한 모든 이미지는 사영변환 $x'_i = H'_{3\times3}\, x_i$와 연관이 있다. (b)와 (c)를 비교하면 두 경우 모두 평면이 중심을 통과하는 광선에 의해 서로 사상된다. (b)에서 사상은 두 이미지 평면 사이, (c)에서 장면과 이미지 평면 사이에 사상이 있다. (d) 카메라 중심이 이동하면 (e)와 같이 공간의 모든 점이 동일 평면에 있지 않는 한 일반적으로 이미지는 사영변환과 관련이 없다.

보정된 카메라 이미지와 세상 사이의 유클리드 관계를 완전히 이해하려면 상대적인 유클리드 기하학을 설명할 필요가 있다. 앞에서 봤듯이, 3차원 세계의 유클리드 기하학은 $\mathbb{P}^3$의 특정 평면을 무한면으로 지정하고 해당 평면의 특정 원뿔 Ω를 절대 원뿔로 지정해서 결정한다. 무한면에 있지 않은 카메라의 경우, 세계의 무한면이 이미지 평면에 일대일로 사상된다. 이것은 무한면의 점 하나에서 생성되는 광선이 공간의 한 점을 정의하기 때문이다. 그러므로 세계의 무한면은 이미지에 대해 새로운 것을 알려주지 않는다. 그러나 무한면에서 원뿔형인 절대 원뿔 곡선은 이미지에 원뿔로 사영돼야 한다. 결과 이미지 곡선을 절대 원뿔형 이미지IAC, the Image of the Absolute Conic라고 한다. 이미지에서 IAC의 위치를 알면 카메라가 보정calibrated됐다고 말한다.

보정된 카메라에서는 이미지의 두 지점에서 역사영된back-projected 두 광선의 각도를 결정할 수 있다. 앞에서 공간의 두 선 사이의 각도가 절대 원뿔 곡선에 대해 무한면에서 만나는 위치에 의해 결정되는 것을 봤다. 보정된 카메라에서 무한면과 절대 원뿔 Ω_∞는 이미지 평면에서 ω로 표현되는 IAC에 일대일로 사영된다. 두 이미지 점과 ω 사이의 사영 관계는 무한면에서 역사영된 광선과 Ω_∞ 사이의 관계와 완전히 일치한다. 결국 IAC를 알면 광선 사이의 각도를 이미지에서 직접 측정할 수 있다. 따라서 보정된 카메라의 경우에 광선 사이의 각도를 측정하거나 이미지 패치patch로 표현되는 시야를 계산하거나 이미지의 타원이 원뿔로 역투사되는가의 여부를 결정할 수 있다. 뒷부분에서 이러한 것들이 재구성된 장면의 유클리드 구조를 결정하는 데 도움이 되는 것을 설명한다.

보기 1.1 그림에서 3차원 재구성

사영기하학 기술을 사용하면 많은 경우 단일 이미지에서 장면을 재구성할 수 있다. 이미지화된 장면에 대해 몇 가지 가정을 해야 한다. 일반적인 기술은 평행선과 소실점 같은 특징을 분석해 장면의 아핀 구조를 결정한다. 예를 들어 이미지에서 관찰된 평면에 대한 무한선을 결정한다. 장면에서 관찰된 각도, 특히 직교선 또는 평면에 대한 지식(또는 가정)을 사용해 아핀 재구성을 유클리드로 업그레이드할 수 있다.

그림 1.2 단일 시점 재구성 (a) 원본 그림 – 헨드리크 반 스틴위크(1580~1649)의 〈공부하는 제롬 경〉, 1630, 네덜란드, 암스테르담, 조셉 R. 리트만 개인 소장. (b) (c) (d) 그림에서 생성한 3차원 모델의 그림. 그림 제공: 안토니오 크리미니시

이러한 기술이 완전 자동이 되는 것은 아직 불가능하다. 그러나 사용자가 조작하는 장면의 단일 시점 재구성을 허용하는 시스템에 사영기하학 지식을 내장할 수 있다.

이러한 기술은 오래된 유명한 그림에서 파생된 3D 텍스처 매핑 그래픽 모델을 재구성하는 데 사용됐다. 르네상스 때부터 매우 정확한 원근감을 가진 그림이 제작됐다. 그림 1.2에서 이런 그림에서 수행된 재구성을 나타냈다. △

1.3 다중 시점에서 재구성

이 책의 주요 주제인 여러 이미지에서 장면을 재구성하는 것을 소개한다. 가장 간단한 경우는 이미지가 두 개인 경우다. 수학적인 간결함을 위해 점으로만 구성된 장면scene으로 논의를 한정한다.

이 책에서 소개하는 많은 알고리듬의 입력 데이터는 일반적으로 점 대응 집합이다. 따라서 이중 시점의 경우 두 이미지 간의 $\mathbf{x}_i \leftrightarrow \mathbf{x}'_i$인 대응을 고려한다. 카메라 행렬 P, P'와 3차원의 점들의 집합 $\mathbf{X}_i$가 존재해 $\mathrm{P}\mathbf{X}_i = \mathbf{x}_i$와 $\mathrm{P}'\mathbf{X}_i = \mathbf{x}'_i$의 관계를 가지는 이미지 대응이 있다고 가정한다. 따라서 점 $\mathbf{X}_i$는 주어진 두 데이터 점에 사영된다. 그러나 (사영 행렬 P와 P'으로 표시되는) 카메라와 점 $\mathbf{X}_i$는 알려져 있지 않다. 이들을 결정해야 한다.

점들의 위치를 유일하게 결정하는 것은 분명히 불가능하다. 많은 이미지를 보유하고 점 대응 이상의 데이터 자료를 가지고 있더라도 여전히 모호하다. 예를 들어 육면체의 여러 이미지가 주어질 때 (아디스 아바바의 나이트 클럽인지 대영박물관에 있는지) 절대 위치나 (면이 북쪽을 향하고 있는지) 방향 또는 크기를 알 수 없다. 기껏해야 세계의 유사성 변환까지 재구성이 가능하다고 말할 수 있다. 그러나 두 카메라의 보정에 대해 알려진 것이 없으면 재구성의 모호성은 좀 더 일반적인 변환 클래스인 사영변환으로 표현할 수 있다.

사영된 이미지 점들을 변화시키지 않으면서, (4×4 행렬 H로 표현되는) 사영변환을 각 점들 $\mathbf{X}_i$와 오른쪽의 각 카메라 매트릭스 P_j에 적용할 수 있기에 모호함이 발생한다.

$$\mathrm{P}_j\mathbf{X}_i = (\mathrm{P}_j\mathrm{H}^{-1})(\mathrm{H}\mathbf{X}_i) \tag{1.1}$$

점들과 카메라의 한 세트가 다른 세트에 비해 우의를 가질 이유는 없다. H를 임의로 선택할 수 있기에 재구성이 사영적으로 모호하거나 또는 **사영 재구성**projective reconstruction이라고 말한다.

그러나 다행히 상황은 이보다 더 나빠지지 않는다. 피할 수 없는 사영 모호성을 제외하면, 두 개의 장면에서 일련의 점들을 재구성할 수 있다. 그러나 몇 가지 조건이 필요하다. 최소한 7개의 충분히 많은 점들이 잘 정의된 **심각한 구성**critical configuration에 속하지 않아야 한다. 두 개의 장면에서 점들을 재구성하는 기본 도구는 기본 행렬이다. 이것은 동일한 3차원 점의 이미지인 경우 이미지 점 $\mathbf{x}$와 $\mathbf{x}'$가 만족해야 하는 제약 조건을 나타낸다. 두 개의 장면의 카메라 중심과 이미지 점 그리고 공간의 점이 동일 평면에 놓여야 한다는 것에서 제약 조건이 나온다. 기본 행렬 F가 주어지면, 매칭이 되는 짝 $\mathbf{x}_i \leftrightarrow \mathbf{x}'_i$은 다음을 만족해야 한다.

$$\mathbf{x}_i'^{\mathsf{T}}\mathrm{F}\mathbf{x}_i = 0$$

여기에서 F는 2차[rank]인 3 × 3 행렬이다. 위의 식은 행렬 F의 원소에 대해 선형이다. 그러므로 F가 알려져 있지 않으면 대응하는 점들의 집합에서 계산할 수 있다.

한 쌍의 카메라 행렬 P와 P′은 기본 행렬 F를 유일하게 결정한다. 반대로, 기본 행렬은 3차원 사영 모호성을 제외하면 카메라 행렬의 쌍을 결정한다. 따라서 기본 행렬에는 카메라 한 쌍의 완전한 사영기하학이 숨어 있고 3차원의 사영변환에 의해 변하지 않는다.

장면을 재구성하는 기본 행렬 방법은 간단하게 다음의 단계를 따른다.

(i) 두 개의 장면에서 여러 개의 대응점 $\mathbf{x}_i \leftrightarrow \mathbf{x}_i'$이 주어지면, 동일 평면 방정식[coplanarity equation]을 형성한다.

(ii) 연립 선형방정식의 해를 찾아서 F를 결정한다.

(iii) 9.5장에 나타난 간단한 공식을 이용해 F에서 카메라 행렬의 쌍을 계산한다.

(iv) 두 개의 카메라 (P, P′)와 대응하는 점들의 쌍 $\mathbf{x}_i \leftrightarrow \mathbf{x}_i'$에서 주어진 이미지 점들에 사영되는 3차원 점 $\mathbf{X}_i$를 찾는다. 이런 방법으로 $\mathbf{X}$를 결정하는 것을 삼각측량[triangulation]이라 한다.

위의 알고리듬은 개요일 뿐이며 책의 각 부분에서 자세하게 설명한다. 이 간단한 설명에서 알고리듬을 직접 구현해서는 안 된다.

1.4 삼중 시점 기하학

위에서 두 개의 장면에서 점들과 카메라의 상대적 배치를 재구성하는 것이 어떻게 가능한지 살펴봤다. 이러한 재구성은 공간의 사영변환과 그에 따른 카메라 행렬의 변화를 제외한다.

여기서는 장면이 세 개인 경우를 고려한다. 장면이 두 개인 경우에는 기본 행렬이 대수[algebra] 계산의 기본이 되지만 장면이 세 개가 되면 삼중 초점 텐서가 기본이 된다. 삼중 초점 텐서는 장면 세 개에서 대응하는 점과 직선의 좌표와 연관이 있는 3 × 3 × 3 배열이다. 기본 행렬이 두 개의 카메라 행렬에 의해 결정되고 사영변환을 제외하면 카메라 행렬을 결정하듯이, 장면 세 개에서 삼중 초점 텐서는 카메라 행렬 세 개에 의해 결정되고 사영변환을 제외하면 다시 카메라 행렬을 결정한다. 따라서 삼중 초점 텐서에 카메라 세 개의 상대적인 사영기하학이 포함돼 있다.

15장에서 설명하겠지만 텐서의 일부 첨자는 하첨자로, 다른 일부는 상첨자로 표기하는 것이 일반적이다. 이것을 공변[共變, covariant] 첨자와 반변[反變, contravariant] 첨자라고 한다. 삼중 초점 텐서는 $\mathcal{T}_i^{jk}$의 형식으로, 2개의 상첨자와 1개의 하첨자를 가진다.

삼중 시점에서 이미지 원소 간의 가장 기본적인 관계는 두 선과 점 사이의 대응에 관한 것이다. 한 이미지의 점 $\mathbf{x}$와 다른 두 이미지의 두 줄 $\mathbf{l}'$과 $\mathbf{l}''$ 사이의 대응 $\mathbf{x} \leftrightarrow \mathbf{l}' \leftrightarrow \mathbf{l}''$를 고려한다. 이것은 첫 번째 이미지의 $\mathbf{x}$와 다른 두 이미지의 직선 $\mathbf{l}'$과 $\mathbf{l}''$에 놓인 점 $\mathbf{x}'$과 $\mathbf{x}''$에 대응되는 점 $\mathbf{X}$가 공간에 있음을 의미한다. 이런 세 개의 이미지 좌표는 삼중 초점 텐서 관계로 연결돼 있다.

$$\sum_{ijk} x^i l'_j l''_k \mathcal{T}_i^{jk} = 0 \tag{1.2}$$

위의 관계식은 텐서 원소 간의 단일 선형 관계다. 이러한 대응이 충분히 많으면 텐서 원소의 선형방정식을 풀 수 있다. 다행히 점의 대응 $\mathbf{x} \leftrightarrow \mathbf{x}' \leftrightarrow \mathbf{x}''$에서 더 많은 방정식을 유도할 수 있다. 실제로 이러한 상황에서 점 $\mathbf{x}'$와 $\mathbf{x}''$를 통과하는 임의의 직선 $\mathbf{l}'$와 $\mathbf{l}''$를 선택해 (1.2)와 같은 식을 만들 수 있다. $\mathbf{x}'$를 통과하는 두 개의 독립인 선과 $\mathbf{x}''$를 통과하는 두 개의 다른 선을 선택하면 4개의 독립 방정식을 얻을 수 있다. 총 7개의 점 대응은 이러한 방식으로 삼중 초점 텐서를 선형으로 계산하기에 충분하다. 비선형 방법을 사용하면 최소 6점 대응으로 계산할 수 있다.

그러나 텐서의 27개 요소는 독립적이지 않으며 소위 내부 제약 조건[internal constraints]을 가진다. 이런 제약 조건은 매우 복잡하지만 제약 조건을 만족하는 텐서는 6점 비선형 방법과 같은 다양한 방법으로 계산할 수 있다. (이중 시점 텐서인) 기본 행렬도 내부 제약 조건을 갖지만, $\det \mathrm{F} = 0$이라는 상대적으로 간단한 제약 조건이다.

기본 행렬과 마찬가지로 삼중 초점 텐서를 알면, 이로부터 세 개의 카메라 행렬을 얻을 수 있고 장면 점과 선을 재구성할 수 있다. 이중 시점의 경우와 마찬가지로 이러한 재구성은 3차원 사영변환을 제외하고 고유하다. 이것은 사영 재구성이다.

따라서 두 개의 장면에 대한 방법을 세 개의 장면에 대해 일반화할 수 있다. 재구성을 위해 이러한 삼중 시점 방법을 사용하면 몇 가지 이점이 있다.

(i) 사영 재구성을 계산하기 위해 선과 점 대응의 혼합을 사용할 수 있다. 이중 시점에서는 점 대응만 사용할 수 있다.

(ii) 삼중 시점을 사용하면 재구성이 더 안정화되며, 이중 시점의 재구성에서 발생할 수 있는 불안정을 제거할 수 있다.

1.5 사중 시점 기하학과 n개의 장면 재구성

텐서 기반 방법으로 한 단계 더 나아가면 네 개의 시점에서 볼 수 있는 개체들과 관련 있는 사중 초첨 텐서를 정의할 수 있다. 그러나 내부 제약을 만족하는 사분 초첨 텐서를 계산하기 어렵기 때문에 거의 사용하지 않는다. 그럼에도 사중 초점 텐서에서 네 개의 시점을 기반으로 사영 재구성을 계산하는 비반복적non-iterative 방법을 찾을 수 있다. 그러나 텐서 방법은 네 개 이상의 시점으로 확장하지 않으며 네 개 이상의 시점에서 재구성을 하는 것은 더욱 더 어렵다.

여러 시점의 재구성을 위해 많은 방법이 연구됐고 이 책에서 몇 가지를 소개한다. 한 가지 방법은 삼중 시점 또는 이중 시점의 기술을 사용해 장면을 조금씩 재구성하는 것이다. 이러한 방법은 모든 이미지 배열에 적용할 수 있으며 신중하게 올바른 장면 세 개를 선택해 사용하면 무난하게 성공한다.

특정 상황에서만 사용하는 방법도 있다. 아핀 카메라로 알려진 더 간단한 카메라 모델을 적용할 수 있으면 재구성 작업이 더 쉬워진다. 이 카메라 모델은 장면까지의 거리가 장면의 전면과 후면의 깊이 차이에 비해 큰 경우에 원근 사영에 대한 괜찮은 근사 방법이다. 모든 점들이 아핀 카메라의 n개의 시점에 모두 나타나는 경우에는 분해factorization 알고리듬으로 잘 알려진 방법을 이용하면 장면의 구조와 특정 카메라 모델을 특이값 분해Singular Value Decomposition를 이용해 한 번에 계산할 수 있다. 이 알고리듬은 매우 안정적이고 구현하기 쉽다. 전체 사영 모델이 아닌 아핀 카메라 모델을 사용하고 모든 점들이 모든 시점의 장면에 나타나야 하는 것이 필수적이다.

이 방법은 사영 분해projective factorization라고 하는 방법으로 사영 카메라로 확장할 수 있다. 일반적으로 이 방법으로 구한 해는 만족스럽지만 모든 경우에 정답으로 수렴한다는 것은 증명되지 않았다. 또한 모든 이미지에서 모든 점들이 나타나야 한다.

다른 n-시점 재구성 방법은 모든 시점에 나타나는 동일한 평면에 놓인 세상의 점 4개에 대한 정보 또는 연속하는 모든 이미지에서 나타나는 6개 또는 7개의 점에 대한 정보와 같은 다양한 가정을 한다. 직선 운동, 평면 운동 또는 단일 축 (턴테이블) 운동과 같은 특정 운동이 있는 연속 이미지에 적용하는 방법도 개발됐다.

일반적인 재구성 문제에 가장 많이 적용하는 방법은 **뭉치 조정**bundle adjustment이다. 이것은 측정된 (점들의 대응의) 데이터에 비선형 모델을 적용하는 반복적인iterative 방법이다. 뭉치 조정은 광범위한 재구성과 최적화 문제에 적용할 수 있는 매우 일반적인 방법이다. 해를 문제에 대한 최대 우도Maximum Likelihood로 정의할 수 있는데, 이는 이미지 측정의 부정확성에 대한 모델에서 적절한 의미의 최적해다.

아쉽게도 뭉치 조정은 반복 과정이어서 임의의 시작점에서 최적해로 수렴한다는 보장이 없다. 뭉치 조정의 시작점으로 사용할 수 있는, 최적이 아니지만 쉽게 계산할 수 있는 해를 찾는 재구성에 대한 연구가 많다. 초기화 단계 후에 뭉치 조정을 하는 것은 재구성에서 일반적으로 선호하는 기술이다. 뭉치 조정이 필연적으로 느리다는 것이 일반적인 생각이다. 그러나 신중하게 구현하면 매우 효율적이다. 이 책의 부록에서 효율적인 뭉치 조정에 대해서 설명한다.

n-시점 재구성 기술을 사용하면 연속하는 매우 긴 이미지에서 자동으로 재구성을 수행할 수 있다. 그림 1.3에 700개 프레임에서 재구성한 예를 나타냈다.

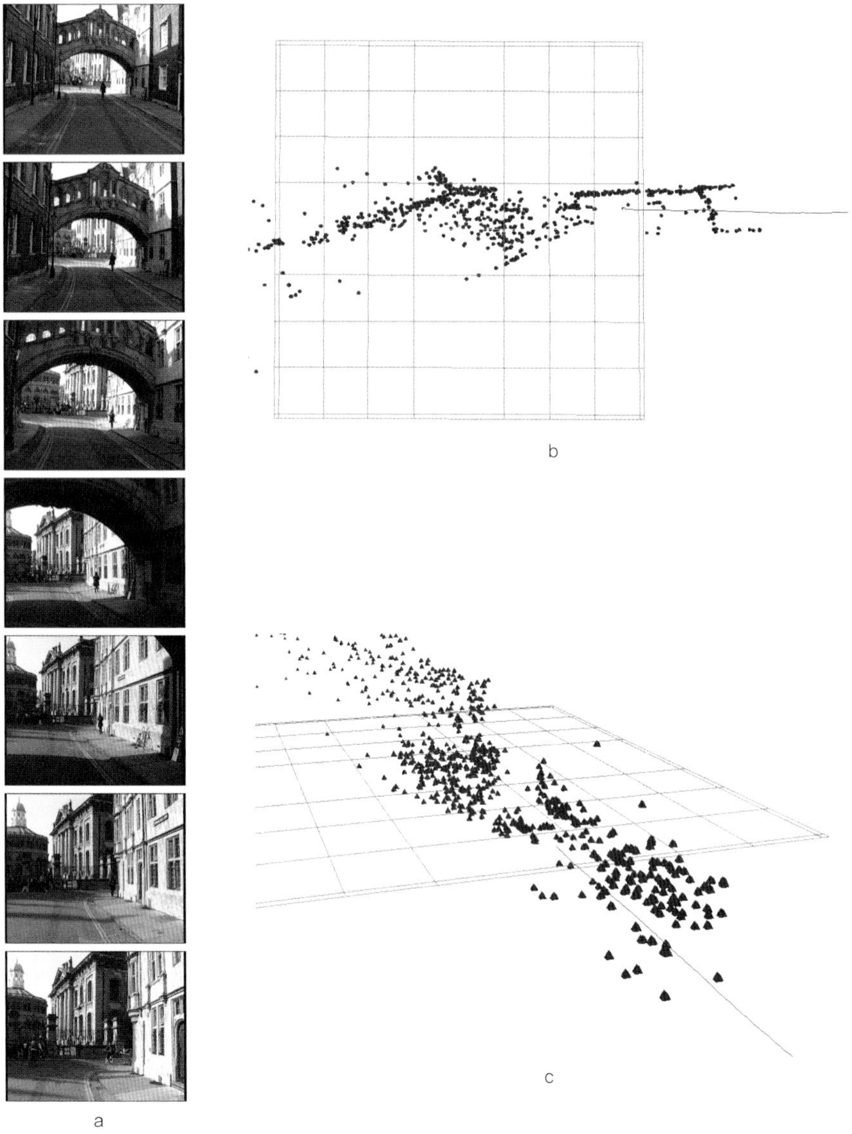

그림 1.3 재구성 (a) 옥스포드 거리를 걸으면서 손에 쥔 카메라로 얻은 연속하는 700개 이미지 프레임 중에서 7개 프레임 (b)(c) 재구성한 점들과 카메라 경로(붉은색)의 두 장면. 그림 제공: 2d3(www.2d3.com)의 데이비드 카펠

1.6 전송

앞에서 이미지 집합에서 3차원 재구성에 대해 논의했다. 사영기하학의 또 다른 유용한 응용은 전송[transfer]이다. 하나(또는 그 이상)의 이미지에서 한 점의 위치가 주어질 때 다른 모든 이미지 집합에 나타날 위치를 결정하는 것이다. 이를 위해서 보조 점들의 대응을 이용해 먼저 카메라 간의 관계를 설정해야 한다. 재구성이 가능하면 개념적으로 전송은 간단하다. 예컨대 점이 두 개의 장면에서 ($\mathbf{x}$와 $\mathbf{x}'$으로) 식별되면 세 번째 장면에서 다음의 단계로 계산할 수 있다.

(i) 점들의 대응 $\mathbf{x}_i \leftrightarrow \mathbf{x}_i' \leftrightarrow \mathbf{x}_i''$에서 세 개 시점의 카메라 행렬 P, P′, P″을 계산한다.

(ii) P와 P′을 이용해 $\mathbf{x}$와 $\mathbf{x}'$에서 삼차원 점 $\mathbf{X}$를 삼각측량한다.

(iii) $\mathbf{x}'' = \mathrm{P}''\mathbf{X}$를 이용해 세 번째 장면으로 3차원 점을 사영한다.

그림 1.4 사영 모호함: Z방향 3차원 사영변환에서 (가운데가 실제 모양인) 머그잔의 재구성. 사영 왜곡 정도가 다른 다섯 가지 컵의 예를 나타냈다. 컵의 모양이 원본과 매우 다르다.

이 절차는 사영 정보만 있으면 된다. 다른 방법으로 (기본 행렬과 삼중 초점 텐서와 같은) 다중 시점 텐서를 사용해 3차원 재구성을 하지 않고 점을 직접 전송할 수 있다. 두 방법 모두 각각의 장점이 있다.

카메라가 중심에서 회전하거나 관심 있는 모든 장면의 점들이 평면에 있다고 가정한다. 이런 경우에 적절한 다중 시점 관계는 이미지 간의 평면 사영변환이다. 이 경우에 하나의 이미지에서만 보이는 점을 다른 이미지로 전송할 수 있다.

1.7 유클리드 재구성

지금까지 보정하지 않은 카메라들로 촬영한 이미지의 장면 재구성과 전송을 살펴봤다. 이런 카메라는 초점 거리, (주점[principal point]이라고 하는) 이미지의 기하학적 중심과 이미지 픽셀의 종횡비aspect ratio와 같은 중요한 변수를 알 수 없다. 각 카메라의 모든 변수를 알면 재구성된 장면의 모호함을 제거할 수 있다.

지금까지 논의한 사영 재구성은 카메라와 장면 보정에 대해 알지 못해도 가능한 것이었다. 사영 재구성을 컴퓨터 그래픽에 응용하는 것은 적합하지 않다. 모델에 왜곡이 포함돼 유클리드 세계를 보는데 익숙한 인간에게 이상하게 보이기 때문이다. 예컨대 단순한 물체에서 유발되는 사영변환의 왜곡을 그림 1.4에 나타냈다. 사영 재구성 기술을 사용하면 그림 1.4의 가능한 머그잔의 모양 중에서 선택할 수 있는 방법이 없다. 사영 재구성 알고리듬은 모든 재구성들을 모두 같은 것으로 여긴다. 더 심하게 왜곡된 것이 사영 재구성에서 발생할 수 있다.

물체가 올바른 (유클리드) 모양을 갖도록 모델을 재구성하려면 카메라 보정을 결정해야 한다. 이것이 장면의 유클리드 구조를 결정하기에 충분하다는 것은 쉽게 알 수 있다. 앞에서 봤듯이 세상의 유클리드 구조를 결정하는 것은 무한면과 절대 원뿔 곡선을 지정하는 것과 같다. 실제로는 절대 원뿔이 무한면인 평면에 놓이기 때문에, 공간의 절대 원뿔을 결정하는 것으로 충분하다. 이제 보정된 카메라를 사용해 세상의 사영 재구성을 계산했다고 가정한다. 이는 정의에서 각 이미지의 IAC를 알고 있다는 것을 의미한다. i번째 이미지에서 IAC를 ω_i로 표시한다. 각 ω_i의 역사영은 공간에서 원뿔이며 절대 원뿔은 모든 원뿔의 교차점에 있어야 한다. 일반적으로 두 개의 원뿔은 4차 곡선으로 교차하지만 원뿔형으로 교차해야 하므로 이 곡선은 두 개의 원뿔로 분할돼야 한다. 따라서 두 개의 이미지에서 재구성한 절대 원뿔은 유일하지 않고 일반적으로 두 개가 가능하다. 그러나 세 개 이상의 이미지의 원뿔 교차점은 일반적으로 유일하다. 따라서 절대 원추 곡선이 결정되고 이를 이용해 장면의 유클리드 구조를 결정한다.

물론 장면의 유클리드 구조를 알면 절대 원뿔 곡선의 위치를 알 수 있다. 이 경우 절대 원뿔을 각 이미지에 사영해 IAC를 생성하고 카메라를 보정할 수 있다. 따라서 카메라 보정을 아는 것은 장면의 유클리드 구조를 결정하는 것과 같다.

1.8 자동 보정

카메라 보정 정보가 없으면 사영 재구성이 가장 좋은 방법이다. 여러 장면에 서로 대응하는 특징들의 정보가 없으면 절대 원뿔의 이미지 또는 동등하게 카메라의 보정을 결정할 수 없다. 그러나 카메라 보정에 대한 정보가 조금 있으면 절대 원뿔의 위치를 결정할 수 있다.

예를 들어 여러 이미지에서 장면을 재구성하는 데 사용한 각각의 카메라 보정이 동일하다고 가정한다. 이는 다음을 의미한다. 각각의 이미지에서 좌표계가 정의돼서 사영 재구성에 사용되는 해당 특성의 이미지 좌표를 측정할 수 있다. 이런 모든 이미지 좌표계에서 IAC가 동일하지만 위치를 알 수 없다고 가정한다. 이런 정보에서 절대 원뿔의 위치를 계산하고자 한다.

절대 원뿔을 구하는 한 가지 방법은 하나의 이미지에서 IAC의 위치를 가정하는 것이다. 가정에서 다른 이미지에서의 위치가 동일하다. 각 이미지의 원뿔을 역사영하면 공간에서 원뿔이 된다. 세 개의 원뿔이 모두 하나의 원뿔에서 만나면 이것은 재구성과 일치하는 절대 원뿔의 위치에 대한 가능한 해가 된다.

이것은 개념적인 설명일 뿐이다. IAC는 복소수 점만 포함하는 원추형이며, 역투영 또한 복소수 원뿔이 된다. 그러나 이 문제는 대수적으로 더 다루기 쉽다. 복소수이지만 IAC는 (실수 대칭 행렬real symmetric matrix로 표현되는) 실 2차 형식real quadratic form으로 표현할 수 있다. 역사영된 원뿔도 실 2차 형식으로 표현된다. IAC의 일부 값에 대해 세 개의 후방 사영 원뿔이 공간에서 원뿔 곡선으로 만난다.

일반적으로 동일한 보정을 갖는 것으로 알려진 세 개의 카메라가 주어지면 절대 원뿔을 결정할 수 있고 카메라 보정이 가능하다. 그러나 이를 해결하는 다양한 방법이 있지만 여전히 어려운 문제다.

무한면 알기 자동 보정의 방법은 단계적으로 진행하는 데 우선 평면을 결정한다. 이는 세계에서 무한면을 식별하는 것과 동일하며 세계의 아핀 형상을 결정하는 것이다. 두 번째 단계에서 공간의 유클리드 기하학을 결정하기 위해 평면에서 절대 원뿔의 위치를 찾는다. 무한면을 안다고 가정하면 여러 이미지에서 가정한 IAC를 역사영해서 구한 원뿔과 무한면이 교차한다. IAC의 가정이 맞다면 교차하는 곡선은 절대 원뿔 곡선이 된다.

따라서 이미지 각 쌍에서 역사영된 원뿔은 무한면에서 동일한 원뿔 곡선과 만나야 하는 조건을 가진다. 이것은 IAC를 나타내는 행렬 원소의 선형 제약을 준다. 일련의 연립 선형방정식에서 IAC, 결국 절대 원추 곡선을 결정할 수 있다. 따라서 일단 무한면이 식별되면 자동 보정은 비교적 간단하다. 무한면의 식별은 훨씬 더 어렵다.

이미지에서 정사각형 픽셀이 지정된 자동 보정 카메라가 부분적으로 보정된 경우에는 사영 재구성에서 보정을 완료할 수 있다. IAC로 대표되는 카메라 보정은 최소한의 조건으로 작업을 수행할 수 있다. 재미있는 예로 카메라의 정사각형 픽셀 제약이 있다. 이것은 각 이미지에서 유클리드 좌표계를 알 수 있다는 것이다. 이런 경우에 세상의 무한면에 놓인 절대 원뿔 곡선은 두 개의 원형점circular point에서 이미지 평면과 만나야 한다. 평면의 원형점은 절대 원뿔이 해당 평면과 만나는 두 점이다. 이미지 평면의 원형점을 통과하는 역사영된 광선은 절대 원뿔과 만나야 한다. 그러므로 정사각형 픽셀이 있는 각 이미지에서는 절대 원뿔과 만나야 하는 두 개의 광선을 결정할 수 있다. n개의 이미지가 주어지면 자동 보정 작업은 공간에서 $2n$개의 광선이 만나는 (절대 원뿔인) 공간 원뿔을 결정하는 작업이 된다. 기하학적으로 설명하면 광선의 집합이 평면에서 교차하고 교차점의 집합은 원뿔에 놓인다. 간단한 셈으로, 공간에서 미리 지정한 8개의 광선과 만나는 원뿔의 수는 유한하다는 것을 알 수 있다. 따라서 4개의 이미지에서 여러 개가 가능하겠지만 보정을 결정할 수 있다.

1.9 성과 I: 3차원 그래픽 모델

지금까지 여러 이미지에서 그래픽 모델을 사실적으로 계산하기 위해 필요한 모든 요소들을 설명했다. 이미지 간의 점들의 대응에서 점들의 사영 재구성을 수행하고 선택한 사영 좌표계에서 카메라의 움직임을 결정할 수 있다.

자동 보정 기술을 사용해 여러 이미지를 촬영한 카메라의 보정에 대한 제약 조건 몇 개를 가정하면 카메라를 보정하고 그런 후에 장면을 진정한 유클리드 구조로 변환할 수 있다.

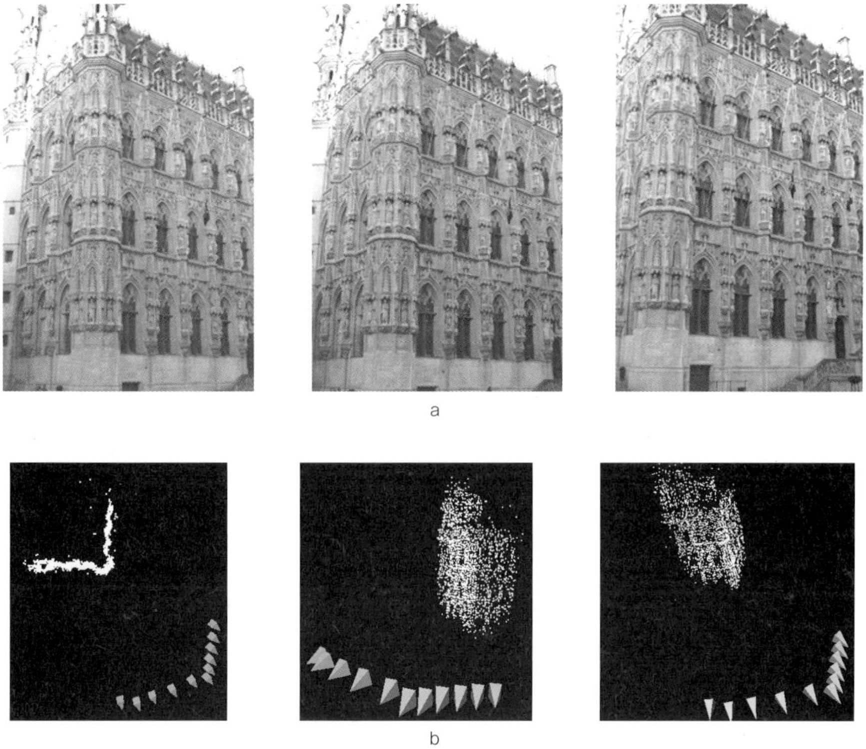

그림 1.5 (a) 벨기에 루벤에 있는 시청을 찍은 11개의 이미지 중에 (3000 × 2000픽셀의) 고해상도 이미지 세 개. (b) 이미지에서 유클리드 재구성을 해 11개의 카메라 위치와 점들을 보여주는 세 개의 장면

장면의 사영 구조를 알면 이미지 쌍과 관련된 등극 기하학을 찾을 수 있고 선의 대응에 대해 구속 조건을 얻을 수 있다. 한 이미지의 점은 다른 이미지에서 (아직 알지 못하지만) 대응하는 점이 놓여야 하는 선을 정의한다. 실제로 적절한 장면에서, 이미지 간의 조밀한 점 대응을 찾고 이미지의 조밀한 3차원 모델을 생성할 수 있다. 이것은 삼각측량 형상 모형의 형태이다. 제공된 이미지를 나중에 음영 처리하거나 텍스처 매핑texture mapping으로 새로운 형상을 생성한다. 이 프로세스의 단계를 그림 1.5와 그림 1.6에 나타냈다.

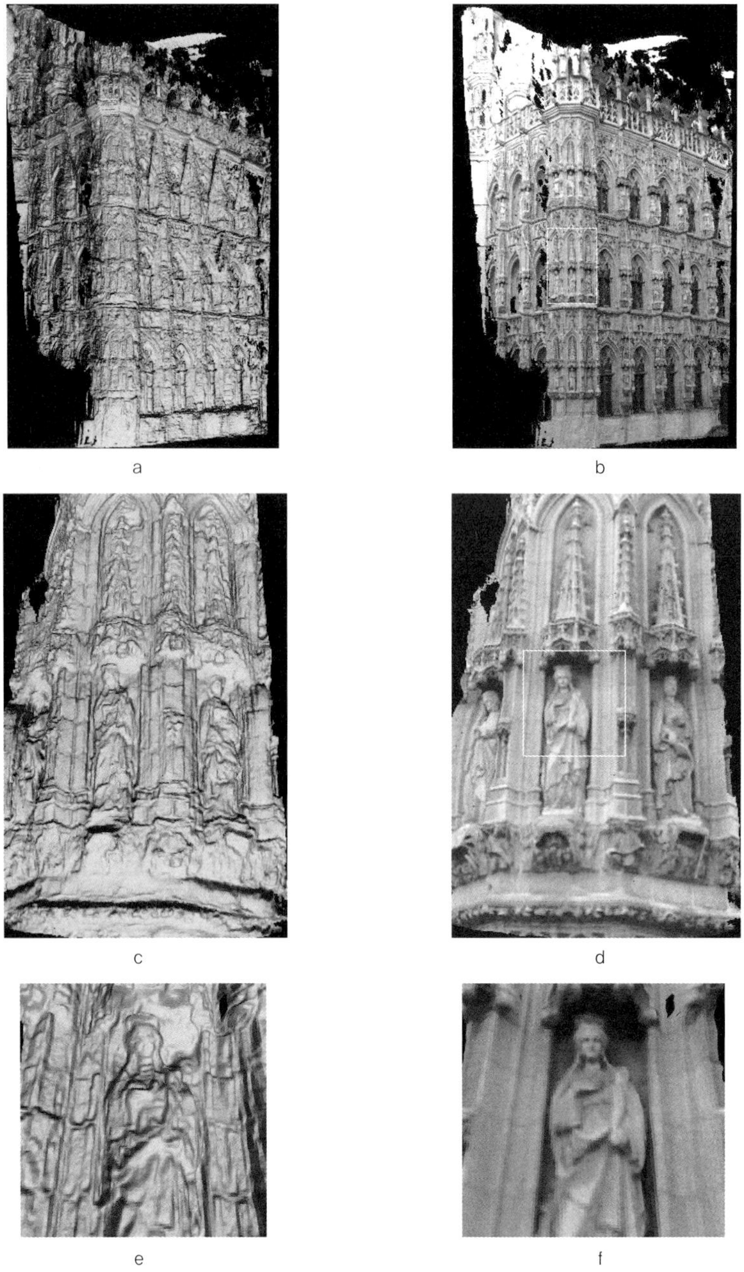

그림 1.6 조밀한 재구성 그림 1.5의 카메라와 이미지에서 계산한 것들이다. 전체 장면에 (a) 질감이 없고 (b) 질감이 있는 재구성. (b)에서 흰색 사각형으로 표시된 영역의 (c) 질감이 없는 (d) 질감이 있는 확대. (d)에서 흰색 사각형으로 표시된 영역의 (e) 질감이 없는 (f) 질감이 있는 확대. 조밀한 표면은 [Strecha-02]에서 설명된 삼중 시점 입체 알고리듬을 이용해 계산했다. 그림 제공: 크리스토프 스트레차, 프랭크 베르비에스트, 루크 반 굴

1.10 성과 II: 비디오 증강

마지막으로 컴퓨터 그래픽에서 재구성 방법의 다른 응용을 소개한다. 자동 재구성 기술은 최근 영화 산업에 널리 사용된다. 실제 촬영한 비디오에 인공 그래픽 객체를 삽입하는 것이 있다. 카메라의 움직임을 컴퓨터로 분석해 수동이 아닌 자동으로 인공 조형물을 올바른 위치에 정렬한다.

비디오에 인공 조형물을 실감나게 추가하기 위해서는 카메라의 움직임을 정확하게 계산하는 것이 중요하다. 카메라 움직임이 정확하게 결정되지 않으면 인공 조형물의 그래픽 모델을 배경 비디오와 일치하도록 올바르게 생성할 수 없다. 여기에서 중요한 것은 카메라의 움직임뿐이다. 장면이 기존 비디오에 이미 존재하고 새로운 시점의 장면이 필요하지 않아서 장면을 재구성할 필요가 없다. 그래픽 모델의 투시도perspective view를 정확하게 생성하는 것이 중요하다.

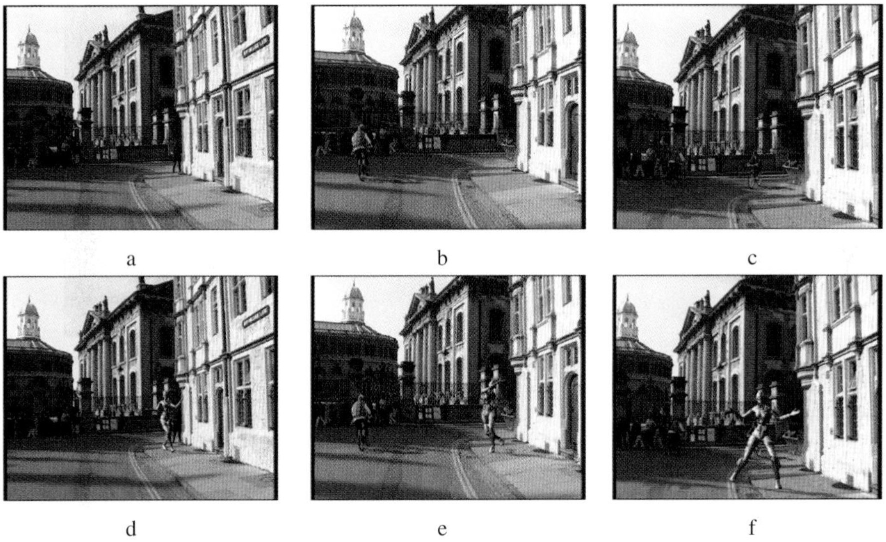

그림 1.7 증강 비디오 로봇 애니메이션을 장면에 추가해 그림 1.3에서 계산한 카메라를 사용해 렌더링했다. (a)~(c) 원래 프레임. (d)~(f) 증강 프레임. 그림 제공: 2d3(www.2d3.com)

유클리드계에서 카메라의 움직임을 계산하는 것이 필수적이다. 카메라의 사영 움직임을 아는 것만으로는 충분하지 않다. 이는 유클리드의 구조물이 장면에 추가되기 때문이다. 이 그래픽 객체와 카메라가 동일한 좌표계에 있지 않으면 추가된 객체가 생성된 장면이 기존 비디오에서 보이는 장면에서 인지된 구조가 왜곡된 것으로 보인다.

카메라의 올바른 움직임과 보정을 알면 추가된 사물을 사실적으로 장면에 렌더링할 수 있다. 프레임 간의 카메라 보정이 바뀌는 것을 정확하게 결정하면, 영상 중에서 (줌으로) 카메라의 초점 거리가 바뀔 수 있다. 자르기cropping에서 영상의 주점이 바뀔 수 있다.

렌더링한 모델을 기존 비디오의 모든 장면 앞에 추가하는 경우는 작업이 비교적 간단하다. 그렇지 않은 경우에는 장면이 모델의 일부를 가리는 폐색occlusion 가능성이 발생한다. 비디오 증강의 예를 그림 1.7에 나타냈다.

Part 0

배경: 사영기하학, 변형과 추정

사진: 〈금지된 재현〉, 1937, 르네 마그리트
로테르담의 보이만스 판뵈닝언 미술관 제공

개요

0부의 4개의 장은 이 책에서 사용하는 표현, 용어와 표기법을 소개한다. 사영기하학의 아이디어와 표기법은 다중 시점 형상 분석의 핵심이다. 예컨대 동차 좌표를 사용하면 (원근 사형과 같은) 비선형 사상을 선형 행렬 방정식으로 표현할 수 있고, 무한점을 극한의 개념을 도입하지 않고 자연스럽게 표현할 수 있다.

2장에서는 2차원 공간의 사영변환을 소개한다. 이것은 투시 카메라로 평면을 이미지화할 때 발생하는 변형이다. 2장은 개론적이며 3차원 기하학에 대한 준비다. 대부분의 개념은 3차원보다 2차원에서 더 쉽게 이해하고 시각화할 수 있다. 아핀변환과 유사성 변환을 포함해 특별한 사영변환을 소개한다. 특히 원근 이미지에서 (평행선 같은) 아핀 속성과 (선 사이의 각도 같은) 계량(metric) 속성을 복원하는 것에 중점을 둔다.

3장에서는 3차원 공간의 사영기하학을 다룬다. 2차원 공간과 거의 동일한 방식으로 전개되지만 추가된 차원에서 발생하는 다른 속성을 소개한다. 주요한 새로운 개념은 무한면과 절대 원뿔 곡선이다.

4장에서는 이 책의 주요 주제인 이미지 관측에서 형상 "추정(estimation)"을 소개한다. 점 대응에서 사영변환을 추정하는 예를 통해 책 전체에서 사용하는 알고리듬의 기초와 동기를 설명한다. 최소화해야 하는 비용함수(cost function)를 결정하는 중요한 문제를 대수적, 기하학적 또는 통계적 척도(measure)의 관점에서 자세히 설명한다. 그리고 탄탄한 추정의 개념과 이를 이용한 변환의 자동 추정을 소개한다.

5장은 추정 알고리듬의 결과를 평가하는 방법을 설명한다. 추정의 공분산을 계산하는 방법도 설명한다.

2

2차원의 사영기하학과 변환

여기서는 이 책에서 다루는 내용을 이해하는 데 필요한 주요 기하학 개념과 표기법을 소개한다. 소실점 형성 또는 원뿔과 같이 상대적으로 친숙한 개념도 있고 원형점을 사용해 이미지에서 원근 왜곡을 제거하는 것과 같이 난해한 것도 있다. 이러한 개념들은 (2차원) 평면에서 더 쉽게 이해할 수 있다. 여기에서 더 쉽게 시각화되기 때문이다. 뒤에 나오는 주제인 3차원 공간 기하학은 이러한 평면 경우의 단순한 일반화일 뿐이다.

특히 2장에서는 평면의 사영변환 기하학을 설명한다. 이러한 변환으로 평면을 투시 카메라로 이미징할 때 발생하는 기하학적 왜곡을 표현할 수 있다. 원근 이미지에서 (직선은 이미지에서 직선이 되기에) 공직선성[1]과 같은 기하학 특성은 보존되지만, 그렇지 않은 특성도 있다. 예를 들어 평행선은 이미지에서 일반적으로 평행선이 되지 않는다. 사영기하학에서 이러한 이미징의 모델과 계산에 적합한 수학적 표현을 얻는다.

우선 점, 선, 원뿔을 동차 표기법으로 표현하고 이러한 것들이 사영변환에서 어떻게 사상되는지를 설명한다. 무한선과 원형점을 소개하고, 이를 사용해 평면의 아핀 속성과 계량 속성을 표현하는 것을 설명한다. 그리고 이미지에서 아핀 속성과 계량 속성을 계산해 평면을 정정하는 알고리듬을 소개한다. 사영변환의 고정점fixed point에 대한 설명으로 끝낸다.

1 동일 직선에 놓여 있는 것 – 옮긴이

2.1 평면 기하학

평면 기하학의 기본 개념은 초급 수준의 수학을 배운 사람이면 누구에게나 익숙하다. 사실 이러한 것들은 우리가 당연하게 여기는 일상적인 경험의 일부다. 원론적으로 기하학은 점과 선 그리고 점과 선의 관계에 대한 학문이다.

순수한 기하학 연구는 기하학적geometric이며 좌표를 사용하지 않는다. 이러한 접근 방식에서 정리theorem를 서술하고 대수algebra를 사용하지 않고 기하학적 기본 요소로만 증명한다. 유클리드의 고전 접근 방식이 이러한 방법의 한 예다. 그러나 데카르트 이후로 기하학이 대수화algebraicized될 수 있고, 실제로 기하학 이론이 대수 관점에서 발전할 수 있는 것을 봤다. 이 책의 접근 방식은 하이브리드 접근 방식이다. 때때로 기하학적이고 때로는 대수적 방법을 사용한다. 대수적 접근 방식에서는 기하학 객체를 좌표와 대수 개체로 서술한다. 예로서 점은 적절한 좌표 기저basis에서 벡터와 동일시한다. 선은 또한 벡터로 동일시하고 원뿔 곡선(줄여서 원뿔)은 대칭 행렬로 표현한다. 사실 지금까지 벡터와 점, 대칭 행렬과 원뿔을 동일시한 것은 언어의 편의를 위해서다. 기하학의 대수적 접근 방식의 가장 중요한 장점은 이렇게 유도된 결과를 알고리듬과 실제 계산 방법을 개발하는데 더 쉽게 사용할 수 있다는 것이다. 계산과 알고리듬은 이 책의 주요 관심사이므로 대수적 방법의 사용할 수밖에 없다.

2.2 2차원 사영평면

모두 알다시피 평면의 한 점은 $\mathbb{R}^2$의 좌표 (x, y)로 표현할 수 있다. 따라서 보통 평면과 $\mathbb{R}^2$를 동일시한다. $\mathbb{R}^2$는 벡터 공간이므로 좌표 (x, y)는 벡터다. 점은 벡터와 동일시한다. 이제 평면의 점과 선에 대한 동차homogeneous 표기법을 소개한다.

행벡터와 열벡터 뒤에서 벡터 공간 간의 선형 사상을 다루고 이를 행렬로 표현할 것이다. 일반적으로 행렬과 벡터의 곱은 사상의 상image으로 또 다른 벡터가 된다. 여기에서, 열벡터column vector와 행벡터row vector의 구분이 생긴다. 열벡터는 행렬의 오른쪽에, 행벡터는 행렬의 왼쪽에 곱할 수 있다. 기본적으로 기하학 요소는 열벡터로 표시한다. $\mathbf{x}$와 같은 굵은 폰트 기호는 항상 열벡터를 나타내며 이의 전치transpose는 행벡터 $\mathbf{x}^\top$이다. 이 규칙에 따라 평면의 한 점은 행벡터 (x, y)가 아닌 열벡터 $(x, y)^\top$로 표시한다. $\mathbf{x} = (x, y)^\top$라고 표기하며, 양변 모두가 열벡터를 나타낸다.

2.2.1 점과 선

선의 동차 표현 평면의 선은 방정식 $ax + by + c = 0$로 표현된다. 다른 a, b, c를 선택하면 다른 직선이 생성된다. 그러므로 선은 자연스럽게 벡터 $(a, b, c)^\top$로 표현할 수 있다. 선과 벡터 $(a, b, c)^\top$ 사이의 대응은 일대일이 아니다. 선 $ax + by + c = 0$와 0이 아닌 상수 k에 대한 $(ka)x + (kb)y + (kc) = 0$은 동일한 직선이다. 따라서 벡터 $(a, b, c)^\top$와 0이 아닌 k에 대한 $k(a, b, c)^\top$는 동일한 선을 나타낸다. 실제로 전체 배율 조정scaling과 관련된 이러한 두 개의 벡터는 동등한 것으로 간주한다. 이러한 동치 관계에서 벡터의 동치류equivalence class를 동차 벡터homogeneous vector라고 한다. 특정 벡터 $(a, b, c)^\top$는 동치류를 나타낸다. $\mathbb{R}^3 - (0, 0, 0)^\top$에서 벡터의 동치류 집합은 **사영공간**projective space $\mathbb{P}^2$를 형성한다. 표기법 $-(0, 0, 0)^\top$는 어떤 선과도 대응하지 않는 벡터 $(0, 0, 0)^\top$를 제외하는 것을 의미한다.

점의 동차 표현 점 $\mathbf{x} = (x, y)^\top$가 직선 $\mathbf{l} = (a, b, c)^\top$에 있기 위한 필요충분조건은 $ax + by + c = 0$이다. 이것을 점을 나타내는 벡터의 내적으로 $(x, y, 1)(a, b, c)^\top = (x, y, 1)\mathbf{l} = 0$와 같이 표현할 수 있다. 즉, $\mathbb{R}^2$의 점 $(x, y)^\top$는 1을 최종 좌표에 추가해 3차원 벡터로 표시한다. 0이 아닌 상수 k와 직선 $\mathbf{l}$에 대해 두 식 $(kx, ky, k)\mathbf{l} = 0$과 $(x, y, 1)\mathbf{l} = 0$는 동치 관계다. 그러므로 k값을 변경해서 생성되는 벡터 집합 $(kx, ky, k)^\top$를 $\mathbb{R}^2$의 점 $(x, y)^\top$를 나타내는 것으로 간주하는 것이 자연스럽다. 따라서 선과 마찬가지로 점도 동차 벡터로 표시할 수 있다. 점을 나타내는 임의의 동차 벡터는 $\mathbf{x} = (x_1, x_2, x_3)^\top$의 형식이며, $\mathbb{R}^2$에서 점 $(x_1/x_3, x_2/x_3)^\top$를 나타낸다. 따라서 동차 벡터인 점은 $\mathbb{P}^2$의 원소이다.

점이 직선에 놓일 때를 결정하는 간단한 방정식을 얻는다.

결과 2.1 점 $\mathbf{x}$가 직선 $\mathbf{l}$상에 있을 필요충분조건은 $\mathbf{x}^\top\mathbf{l} = 0$이다.

표현식 $\mathbf{x}^\top\mathbf{l}$은 두 벡터 $\mathbf{l}$과 $\mathbf{x}$의 내적inner product 또는 스칼라 곱scalar product이다. 스칼라 곱은 $\mathbf{x}^\top\mathbf{l} = \mathbf{l}^\top\mathbf{x} = \mathbf{x}.\mathbf{l}$을 만족한다. 보통 전치 표기법 $\mathbf{l}^\top\mathbf{x}$를 사용하지만 가끔 내적을 나타내는 .을 사용할 것이다. 3차원 벡터인 점의 동차 좌표 $\mathbf{x} = (x_1, x_2, x_3)^\top$와 2차원 벡터인 비

동차 좌표 $(x, y)^\top$를 구분한다.

자유도dof 점을 지정하려면 x와 y 좌표인 값 두 개를 지정해야 한다. 비슷하게 선은 두 개의 (독립 비율 $\{a : b : c\}$인) 매개변수를 지정해야 하므로 자유도 2를 가진다. 예를 들어 비동차 표현에서 두 매개변수는 선의 기울기와 y 절편을 선택할 수 있다.

선의 교점 두 개의 직선 $\mathbf{l} = (a, b, c)^\top$과 $\mathbf{l}' = (a', b', c')^\top$가 주어질 때, 교점을 찾고자 한다. 벡터 $\mathbf{x} = \mathbf{l} \times \mathbf{l}'$을 정의한다. 여기에서 $\mathbf{x}$는 외적 또는 벡터곱cross product을 나타낸다. 벡터 세 개의 곱의 관계식 $\mathbf{l}.(\mathbf{l} \times \mathbf{l}') = \mathbf{l}'.(\mathbf{l} \times \mathbf{l}') = 0$에서 $\mathbf{l}^\top\mathbf{x} = \mathbf{l}'^\top\mathbf{x} = 0$을 얻는다. 그러므로 $\mathbf{x}$가 점을 표현한다고 생각하면, $\mathbf{x}$는 $\mathbf{l}$과 $\mathbf{l}'$에 모두 놓이게 되며 두 직선의 교점이 된다. 다음이 증명된다.

결과 2.2 두 직선 $\mathbf{l}$과 $\mathbf{l}'$의 교점은 점 $\mathbf{x} = \mathbf{l} \times \mathbf{l}'$이다.

두 직선의 교점이 단순하게 표현된 것은 점과 선의 동차 벡터 표기 덕분이다.

보기 2.3 선 $x = 1$과 $y = 1$의 교점을 결정하는 간단한 문제를 고려한다. 선 $x = 1$은 $-1x + 1 = 0$과 동일하므로 동차 표현은 $\mathbf{l} = (-1, 0, 1)^\top$이다. 선 $y = 1$은 $-1y + 1 = 0$이므로 동차 표현은 $\mathbf{l}' = (0, -1, 1)^\top$이다. 결과 2.2에서 교점은 다음과 같다.

$$\mathbf{x} = \mathbf{l} \times \mathbf{l}' = \begin{vmatrix} \mathbf{i} & \mathbf{j} & \mathbf{k} \\ -1 & 0 & 1 \\ 0 & -1 & 1 \end{vmatrix} = \begin{pmatrix} 1 \\ 1 \\ 1 \end{pmatrix}$$

이것을 비동차 표현으로 바꾸면 점 $(1, 1)^\top$이며 원하는 결과이다. △

점을 연결하는 직선 두 점 $\mathbf{x}$와 $\mathbf{x}'$을 통과하는 선에 대한 표현식은 비슷하게 유도할 수 있다. 선 $\mathbf{l}$을 $\mathbf{l} = \mathbf{x} \times \mathbf{x}'$으로 정의하면 두 점 $\mathbf{x}$와 $\mathbf{x}'$가 직선 $\mathbf{l}$상에 있는 것을 확인할 수 있다.

결과 2.4 두 점 $\mathbf{x}$와 $\mathbf{x}'$을 지나는 직선은 $\mathbf{l} = \mathbf{x} \times \mathbf{x}'$이다.

2.2.2 이상점과 무한선

평행선의 교점 두 직선 $ax + by + c = 0$과 $ax + by + c' = 0$을 고려한다. 두 직선을 벡터 $\mathbf{l} = (a, b, c)^\top$와 $\mathbf{l}' = (a, b, c')^\top$로 표현하면 앞의 두 개의 좌표는 동일하다. 결과 2.2

를 사용하면 두 직선의 교점을 구하는 데 어려움이 없다. 교점은 $\mathbf{l} \times \mathbf{l}' = (c' - c)(b, -a, 0)^\top$이며, 앞의 상수 계수 $(c' - c)$를 무시하면 점 $(b, -a, 0)^\top$가 된다.

이 점의 비동차 좌표는 $(b/0, -a/0)^\top$가 되며, 교점이 무한대의 좌표를 가진다는 것을 제외하고는 의미가 없다. 일반적으로 동차 좌표 $(x, y, 0)^\top$를 가지는 점은 $\mathbb{R}^2$의 점과는 대응하지 않는다. 이러한 관찰은 평행선이 무한대에서 만난다는 일반적인 생각과 일치한다.

보기 2.5 두 직선 $x = 1$과 $x = 2$를 고려한다. 두 직선은 평행하므로, 결국 **무한대**[at infinity]에서 교차한다. 동차 표기법에서 두 직선은 $\mathbf{l} = (-1, 0, 1)^\top$과 $\mathbf{l}' = (-1, 0, 2)^\top$가 되며, 결과 2.2에서 교점은 다음과 같다.

$$\mathbf{x} = \mathbf{l} \times \mathbf{l}' = \begin{vmatrix} \mathbf{i} & \mathbf{j} & \mathbf{k} \\ -1 & 0 & 1 \\ -1 & 0 & 2 \end{vmatrix} = \begin{pmatrix} 0 \\ 1 \\ 0 \end{pmatrix}$$

이는 y축 방향의 무한점이다. △

이상점과 무한선 $x_3 \neq 0$인 동차 벡터 $\mathbf{x} = (x_1, x_2, x_3)^\top$는 $\mathbb{R}^2$의 유한한 점과 대응한다. 마지막 좌표가 $x_3 = 0$인 점을 추가해 $\mathbb{R}^2$를 늘릴 수 있다. 그런 결과로 나오는 공간은 모든 3차원 동차 벡터의 집합, 즉 사영공간 $\mathbb{P}^2$이다. 마지막 좌표가 $x_3 = 0$인 점을 **이상점**[ideal point] 또는 무한점이라 한다. 모든 이상점의 집합은 $(x_1, x_2, 0)^\top$로 표기할 수 있고, $x_1 : x_2$ 비율로 특정한 점을 나타낸다. 이 집합은 벡터 $\mathbf{l}_\infty = (0, 0, 1)^\top$로 표기하는 하나의 직선 즉, **무한선**[line at infinity]에 놓여 있다. 실제로 $(0, 0, 1)(x_1, x_2, 0)^\top = 0$에서 확인할 수 있다.

결과 2.2에서 직선 $\mathbf{l} = (a, b, c)^\top$는 $((b, -a, 0)^\top \mathbf{1} = 0$이므로) 이상점 $(b, -a, 0)^\top$에서 $\mathbf{l}_\infty$와 교차하는 것을 알 수 있다. $\mathbf{l}$과 평행한 직선 $\mathbf{l}' = (a, b, c')^\top$는 c'의 값에 상관없이 같은 이상점 $(b, -a, 0)^\top$에서 $\mathbf{l}_\infty$와 교차한다. 비동차 표기법에서 $(b, -a)$는 직선에 접하고 직선의 법선 (a, b)와 직교하는 벡터여서 직선의 **방향**[direction]을 나타낸다. 직선의 방향이 바뀜에 따라 이상점 $(b, -a, 0)^\top$는 $\mathbf{l}_\infty$상에서 바뀐다. 이런 이유로 무한선은 평면에서 직선 방향의 집합으로 생각할 수 있다.

무한점 개념을 도입하면 점과 직선의 교차 속성이 어떻게 단순화되는가에 주의해야 한다. 사영평면 $\mathbb{P}^2$에서는, 두 개의 다른 직선은 한 점에서 만나고 두 개의 다른 점은 한 직선에 있다고 다른 조건 없이 말할 수 있다. $\mathbb{R}^2$의 유클리드 기하학에서는 그렇지 않다. 평행선이 특별한 경우이기 때문이다.

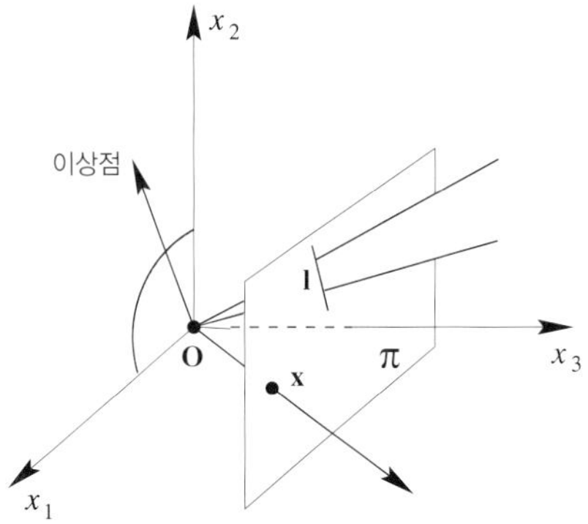

그림 2.1 사영면의 모델 $\mathbb{P}^2$의 점과 선은 $\mathbb{R}^3$의 원점을 통과하는 광선과 평면으로 각각 표시된다. x_1x_2-평면에 있는 선은 이상점을 나타내고 x_1x_2-평면은 $\mathbf{l}_\infty$를 나타낸다.

$\mathbb{P}^2$의 기하 구조를 연구하는 것은 사영기하학으로 알려져 있다. 사영기하학을 좌표 없이 순수하게 기하학적으로 연구하는 분야에서는 무한점(이상점)과 일반 점을 구분하지 않는다. 그러나 이 책에서는 필요에 따라서 이상점과 비이상점을 구별한다. 따라서 가끔 무한선을 사영공간에서 특별한 선으로 간주한다.

사영평면의 모델 $\mathbb{P}^2$를 $\mathbb{R}^3$에 있는 광선의 집합으로 보는 것이 편리하다. k가 변하면 $k(x_1, x_2, x_3)^\top$인 벡터의 집합은 원점을 통과하는 광선을 형성한다. 이러한 광선을 $\mathbb{P}^2$의 한 점을 나타내는 것으로 생각할 수 있다. 이 모델에서 $\mathbb{P}^2$의 선은 원점을 지나는 평면이다. 서로 다른 두 개의 광선은 유일한 평면에 놓이고 두 평면은 하나의 광선에서 교차한다는 것을 쉽게 알 수 있다. 이것은 두 개의 다른 점이 유일한 직선을 정의하고 두 개의 다른 직선은 항상 한 점에서 교차하는 것과 유사하다.

점과 직선은 광선과 평면 $x_3 = 1$을 교차해 얻을 수 있다. 그림 2.1에서 알 수 있듯이 이상점을 나타내는 광선과 $\mathbf{l}_\infty$을 나타내는 무한면은 평면 $x_3 = 1$과 평행하다.

쌍대성duality 선과 점의 속성에 관한 명제에서 점과 선의 역할이 어떻게 바뀌는지 알아차렸을 독자도 아마 있을 것이다. 특히, 선과 점에 대한 기본 방정식 $\mathbf{l}^\top\mathbf{x} = 0$은 대칭이다. $\mathbf{l}^\top\mathbf{x} = 0$은 $\mathbf{x}^\top\mathbf{l} = 0$을 의미하므로 선과 점의 위치가 바뀐다. 마찬가지로 두 선의 교점과 두 점을 지나는 선에 관한 결과 2.2와 결과 2.4는 점과 선의 역할을 바꾸면 완전히 같다. 다음과 같이 쌍대성 원칙duality principle을 선언 할 수 있다.

결과 2.6 쌍대성 원칙 2차원 사영기하학의 모든 정리는 점과 선의 역할을 교환한 쌍대 정리가 있다.

이 원칙을 적용해 발생하는 개념도 적절하게 해석해야 한다. 예컨대 두 점을 통과하는 선은 두 선을 통과하는 점(즉, 교점)과 쌍대이다.

처음 정리를 증명하면 이의 쌍대 정리는 증명할 필요가 없다. 쌍대 정리의 증명은 원래 정리의 증명의 쌍대이다.

2.2.3 원뿔과 쌍대 원뿔

원뿔은 평면에서 2차식으로 표현되는 곡선이다. 유클리드 기하학의 원뿔에는 (나중에 따로 정의하는 퇴화 원뿔을 제외하고) 쌍곡선, 타원, 포물선이 세 가지 주요 유형이 있다. 고전적으로 이 세 가지 유형의 원뿔은 방향이 다른 평면에 의해 생성된 원뿔형 절단면section으로 만들 수 있다(퇴화 원뿔은 원뿔 꼭짓점을 포함하는 평면에서 발생함). 그러나 2차원 사영기하학에서는 이러한 비퇴화 원뿔이 사영변환에서 동일하다는 것을 알 수 있다.

비등차 좌표에서 원뿔의 방정식은 다음과 같다.

$$ax^2 + bxy + cy^2 + dx + ey + f = 0$$

위의 이차 다항식을 $x \mapsto x_1/x_3,\ y \mapsto x_2/x_3$의 치환으로 동차화한다.

$$a{x_1}^2 + bx_1x_2 + c{x_2}^2 + dx_1x_3 + ex_2x_3 + f{x_3}^2 = 0 \tag{2.1}$$

또는 행렬 형태로 나타낼 수 있다.

$$\mathbf{x}^\mathsf{T}\mathtt{C}\mathbf{x} = 0 \tag{2.2}$$

원뿔 계수 행렬 C는 다음과 같다.

$$\mathtt{C} = \begin{bmatrix} a & b/2 & d/2 \\ b/2 & c & e/2 \\ d/2 & e/2 & f \end{bmatrix} \tag{2.3}$$

원뿔 계수 행렬은 대칭이다. 점과 선의 동차 표현의 경우처럼 행렬 요소의 비율만이 중요하다. C에 0이 아닌 스칼라를 곱해도 앞의 방정식이 변하지 않기 때문이다. 그러므로 C는 원뿔의 동차 표현이다. 원뿔은 5개의 자유도를 가진다. 비율 $\{a : b : c : d : e : f\}$ 또는 대칭 행렬의 6개 원소에서 배율을 고려해 한 개를 제외한 것으로 생각할 수 있다.

원뿔을 결정하는 5개 점 점들의 집합 $\mathbf{x}_i$를 지나는 원뿔 곡선을 계산하고자 한다. 원뿔을 유일하게 결정하기 위해서 몇 개의 점을 자유롭게 지정할 수 있을까? 원뿔을 결정하는 알고리듬을 살펴보면 질문의 답을 할 수 있다. (2.1)에서 각 점 $\mathbf{x}_i$마다 원뿔 계수에 제약 조건이 생긴다. 원뿔이 (x_i, y_i)를 지나면 다음을 만족해야 한다.

$$a{x_i}^2 + bx_iy_i + c{y_i}^2 + dx_i + ey_i + f = 0$$

위의 제약 조건은 다음과 같이 표현할 수 있다.

$$\begin{pmatrix} x_i^2 & x_iy_i & y_i^2 & x_i & y_i & 1 \end{pmatrix} \mathbf{c} = 0$$

여기에서 $\mathbf{c} = (a, b, c, d, e, f)^\top$는 원뿔 C를 나타내는 6차원 벡터다.

5개 점의 제약 조건을 정리하면 다음과 같다.

$$\begin{bmatrix} x_1^2 & x_1y_1 & y_1^2 & x_1 & y_1 & 1 \\ x_2^2 & x_2y_2 & y_2^2 & x_2 & y_2 & 1 \\ x_3^2 & x_3y_3 & y_3^2 & x_3 & y_3 & 1 \\ x_4^2 & x_4y_4 & y_4^2 & x_4 & y_4 & 1 \\ x_5^2 & x_5y_5 & y_5^2 & x_5 & y_5 & 1 \end{bmatrix} \mathbf{c} = \mathbf{0} \tag{2.4}$$

그러면 원뿔은 위의 5×6 행렬의 영벡터null vector이다. 이로부터 원뿔은 일반적인 위치에 있는 5개의 점에 의해서 (배율은 제외하고) 유일하게 결정되는 것을 알 수 있다. 영공간null space을 이용해서 기하학적 객체(또는 관계)를 결정하는 방법은 이 책 전체에서 자주 사용할 것이다.

원뿔에 접하는 직선 점 $\mathbf{x}$에서 원뿔에 접하는 직선 $\mathbf{l}$은 동차 좌표에서 매우 단순한 형태를 가진다.

결과 2.7 C의 점 $\mathbf{x}$에서 C에 접하는 선 $\mathbf{l}$은 $\mathbf{l} = \mathtt{C}\mathbf{x}$로 주어진다.

증명 $\mathbf{l}^{\mathsf{T}}\mathbf{x} = \mathbf{x}^{\mathsf{T}}\mathtt{C}\mathbf{x} = 0$이므로 직선 $\mathbf{l} = \mathtt{C}\mathbf{x}$은 $\mathbf{x}$를 지난다. 원뿔과 한 점에서 만나면 접선이 되고 증명은 끝난다. 아닌 경우에 $\mathbf{l}$이 다른 점 $\mathbf{y}$에서 원뿔과 만난다고 가정한다. 그러면 $\mathbf{y}^{\mathsf{T}}\mathtt{C}\mathbf{y} = 0$이며 $\mathbf{x}^{\mathsf{T}}\mathtt{C}\mathbf{y} = \mathbf{l}^{\mathsf{T}}\mathbf{y} = 0$이 된다. 그러므로 모든 α에 대해 $(\mathbf{x} + \alpha\mathbf{y})^{\mathsf{T}}\mathtt{C}(\mathbf{x} + \alpha\mathbf{y}) = 0$이며, $\mathbf{x}$와 $\mathbf{y}$를 연결하는 직선 $\mathbf{l} = \mathtt{C}\mathbf{x}$가 원뿔 C에 놓여 있고 퇴화된 것을 의미한다(아래 참조). □

쌍대 원뿔 위에 정의한 원뿔 C는 점을 이용한 방정식으로 정의하므로 점 원뿔이라 하는 것이 더 어울린다. $\mathbb{P}^2$의 쌍대성 결과 2.6을 고려하면 선을 이용한 방정식으로 정의하는 원뿔 또한 생각할 수 있다. 이 쌍대(또는 선) 원뿔 곡선을 3×3 행렬로도 표현하며 $\mathtt{C}^*$로 표기한다. 원뿔 C에 접하는 직선 $\mathbf{l}$은 $\mathbf{l}^{\mathsf{T}}\mathtt{C}^*\mathbf{l} = 0$을 만족한다. 표기법 $\mathtt{C}^*$는 $\mathtt{C}^*$가 C의 (부록 4의 A4.2에서 정의한) 수반 행렬adjoint matrix [2]을 나타낸다. 정칙 대칭 행렬non-singular symmetric matrix에 대해 (계수의 곱을 무시하면) $\mathtt{C}^* = \mathtt{C}^{-1}$을 얻는다.

C가 최대 차수를 가지는 경우에는 쌍대 원뿔의 방정식을 유도하는 것은 간단하다. 결과 2.7에서 C의 점 $\mathbf{x}$에서 접선은 $\mathbf{l} = \mathtt{C}\mathbf{x}$이다. 이의 역을 취하면 직선 $\mathbf{l}$이 C에 접하는 점 $\mathbf{x}$는 $\mathbf{x} = \mathtt{C}^{-1}\mathbf{l}$이다. $\mathbf{x}$는 $\mathbf{x}^{\mathsf{T}}\mathtt{C}\mathbf{x} = 0$을 만족하므로 $(\mathtt{C}^{-1}\mathbf{l})^{\mathsf{T}}\mathtt{C}(\mathtt{C}^{-1}\mathbf{l}) = \mathbf{l}^{\mathsf{T}}\mathtt{C}^{-1}\mathbf{l} = 0$을 얻는다. C는 대칭이기에 마지막 단계에서 $\mathtt{C}^{-\mathsf{T}} = \mathtt{C}^{-1}$을 이용했다.

쌍대 원뿔을 원뿔형 포락선envelope이라고도 하며 그림 2.2에 그 이유가 설명돼 있다. 쌍대 원뿔은 자유도 5를 가진다. 점 원뿔을 정의하는 점과 유사한 방식으로 일반적인 위치에 있는 직선이 쌍대 원뿔을 정의한다.

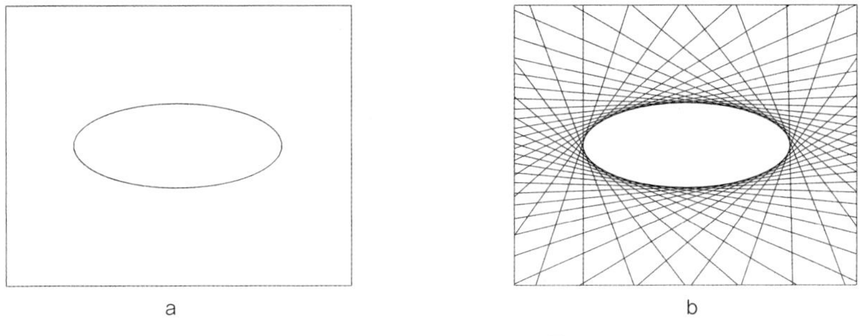

그림 2.2 (a) $\mathbf{x}^{\mathsf{T}}\mathtt{C}\mathbf{x} = 0$을 만족하는 점 $\mathbf{x}$는 점 원뿔에 놓여 있다. (b) $\mathbf{l}^{\mathsf{T}}\mathtt{C}^*\mathbf{l} = 0$을 만족하는 직선 $\mathbf{l}$은 점 원뿔 C에 접한다. 원뿔 C는 직선 $\mathbf{l}$의 포락선이다.

2 수반 연산자의 정의와 혼동하면 안 된다. – 옮긴이

퇴화된 원뿔 곡선 행렬 C가 최대 차수가 아닌 경우의 원뿔을 퇴화됐다고 한다. 퇴화된 점 원뿔은 (차수가 2면) 두 개의 직선, (차수가 1이면) 중복된 직선을 가진다.

보기 2.8 다음의 원뿔은 두 개의 직선 $\mathbf{l}$과 $\mathbf{m}$으로 구성돼 있다.

$$\mathtt{C} = \mathbf{l}\,\mathbf{m}^\top + \mathbf{m}\,\mathbf{l}^\top$$

$\mathbf{l}$상의 점은 $\mathbf{l}^\top\mathbf{x} = 0$을 만족하고 $\mathbf{x}^\top\mathtt{C}\mathbf{x} = (\mathbf{x}^\top\mathbf{l})(\mathbf{m}^\top\mathbf{x}) + (\mathbf{x}^\top\mathbf{m})(\mathbf{l}^\top\mathbf{x}) = 0$이므로 원뿔 위에 있다. 같은 방법으로 $\mathbf{m}^\top\mathbf{x} = 0$을 만족하는 점 또한 $\mathbf{x}^\top\mathtt{C}\mathbf{x} = 0$을 만족한다. 행렬 C는 대칭이며 차수가 2이다. 영벡터null vector는 $\mathbf{x} = \mathbf{l} \times \mathbf{m}$이며 $\mathbf{l}$과 $\mathbf{m}$의 교점이다. △

퇴화된 선 원뿔은 (차수 2이면) 두 점과 (차수 1이면) 중복된 점을 가진다. 예를 들어 선 원뿔 $\mathtt{C}^* = \mathbf{x}\mathbf{y}^\top + \mathbf{y}\mathbf{x}^\top$는 차수 2를 가지며 두 점 $\mathbf{x}$와 $\mathbf{y}$를 각각 통과하는 직선들로 구성된다. 역행렬을 가지지 않는 행렬은 $(\mathtt{C}^*)^* \neq \mathtt{C}$임에 주의한다.

2.3 사영변환

펠릭스 클라인Felix Klein의 유명한 책 『에를랑겐 프로그램Erlangen Program』[Klein-39](1872)에서 제시한 관점에서 기하학은 변환군transformation group에서 변하지 않는 속성을 연구하는 것이다. 이러한 관점에서 2차원 사영기하학은 사영성projectivity이라는 변환군에서 변하지 않는 사영평면 $\mathbb{P}^2$의 속성을 연구하는 것이다.

사영성은 (3차원 동차 벡터인) $\mathbb{P}^2$의 점을 $\mathbb{P}^2$의 점으로 보내고, 직선을 직선으로 보내는 가역invertible 사상이다. 자세히 설명하면,

정의 2.9 사영성projectivity은 한 직선상에 있는 세 점 $\mathbf{x}_1$, $\mathbf{x}_2$, $\mathbf{x}_3$를 같은 직선상에 있는 $h(\mathbf{x}_1)$, $h(\mathbf{x}_2)$, $h(\mathbf{x}_3)$로 보내는 $\mathbb{P}^2$에서 $\mathbb{P}^2$로 가는 가역사상이다.

사영도의 역 또한 사영도이고, 사영도의 합성 함수도 사영도이기에 사영도는 군group이 된다. 사영도는 (유용한 이름인) 공선사상collineation, 사영변환projective transformation, 단응사상homography이라고도 한다. 모두 같은 말이다.

정의 2.9에서는 사영도를 점과 선의 관계로 좌표의 도입 없이 정의했다. 다음 결과에서 사영도를 등가의 대수적인 정의가 가능하다.

정리 2.10 사상 $h : \mathbb{P}^2 \to \mathbb{P}^2$가 사영도가 되는 필요충분조건은 벡터 $\mathbf{x}$로 표현되는 $\mathbb{P}^2$의 모든 점에 대해 $h(\mathbf{x}) = \mathtt{H}\mathbf{x}$가 되는 3×3 정칙 행렬 H가 존재하는 것이다.

이 정리를 이해하기 위해 우선 $\mathbb{P}^2$의 모든 점은 3차원 동차 벡터 $\mathbf{x}$로 표시되고 $\mathtt{H}\mathbf{x}$는 동차 좌표의 선형 사상인 것에 주의해야 한다. 정리에서 모든 사영도는 동차 좌표에서 선형변환으로 나타나며, 반대로 이러한 선형변환은 사영도가 된다는 것을 알 수 있다. 여기서는 정리를 완전히 증명하지 않는다. 동차 좌표의 가역 선형변환이 사영도가 된다는 것만 증명한다.

증명 $\mathbf{x}_1$, $\mathbf{x}_2$, $\mathbf{x}_3$가 직선 $\mathbf{l}$상에 놓여 있다. 따라서 $i = 1, \ldots, 3$에 대해 $\mathbf{l}^\top \mathbf{x}_i = 0$이 된다. H는 3×3 정칙 행렬이다. 즉, $\mathbf{l}^\top \mathtt{H}^{-1} \mathtt{H}\mathbf{x}_i = 0$을 만족한다. 그러므로 점 $\mathtt{H}\mathbf{x}_i$는 직선 $\mathtt{H}^{-\top}\mathbf{l}$에 놓여 있고, 공선성^collinearity^이 변환에서 보존된다.

모든 사영도가 이러한 형태를 가진다는 역을 증명하는 것은 상당히 어렵다. □

정리의 결과로 사영사상(또는 공선사상)에 대해 다른 정의를 얻는다.

정의 2.11 사영변환 평면 사영변환은 3×3 정칙 행렬로 표현되는 3차원 동차 벡터에 대한 선형변환이다.

$$\begin{pmatrix} x'_1 \\ x'_2 \\ x'_3 \end{pmatrix} = \begin{bmatrix} h_{11} & h_{12} & h_{13} \\ h_{21} & h_{22} & h_{23} \\ h_{31} & h_{32} & h_{33} \end{bmatrix} \begin{pmatrix} x_1 \\ x_2 \\ x_3 \end{pmatrix} \tag{2.5}$$

좀 더 간단하게 $\mathbf{x}' = \mathtt{H}\mathbf{x}$로 표현할 수 있다.

위의 식에 있는 행렬 H에 임의의 0이 아닌 계수를 곱해도 사영변환은 변하지 않는 것에 주의한다. 결국 H는 동차 행렬^homogeneous matrix^이 되며, 점의 동차 표현과 같이 행렬 요소의 비율이 중요하다. H의 9개 원소 사이에는 8개의 독립적인 비율이 있으며, 따라서 사영변환은 자유도 8을 가진다.

사영변환은 모든 도형을 사영적으로 등가인 도형으로 사영하며, 모든 사영 속성을 보존한다. 그림 2.1의 광선 모델에서 사영변환은 $\mathbb{R}^3$의 단순한 선형변환이다.

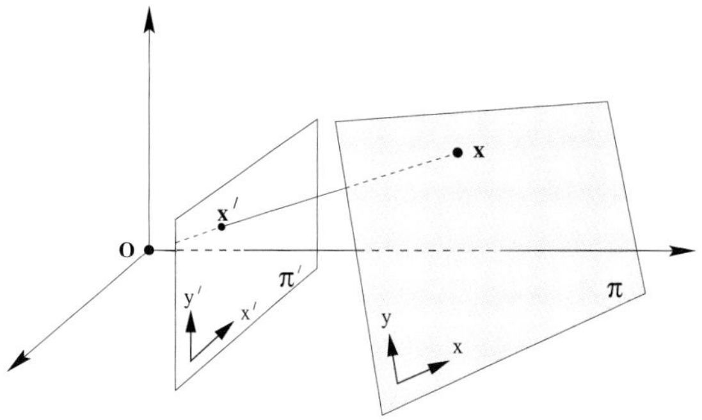

그림 2.3 중앙 사영은 한 평면에 있는 점을 다른 평면의 점으로 보낸다 두 개의 평면 π와 π'과 교차하며 사영 중심을 지나는 평면을 고려하면 사영이 직선을 직선으로 보낸다는 것을 알 수 있다. 직선이 직선으로 변환하므로 중심 사영은 사영성이며 동차 좌표 $\mathbf{x}' = \mathtt{H}\mathbf{x}$의 선형 사상으로 표현할 수 있다.

평면 간의 사상 정리 2.10을 적용하는 예로서 그림 2.3을 살펴본다. 공통점(사영 중심)을 통과하는 광선을 따라 사영해 한 평면에서 다른 평면으로 사상이 정의된다. 이런 점에서 점으로의 사상은 한 평면의 직선을 다른 평면의 직선으로 보내므로 직선을 보존한다. 각 평면에 좌표계를 정의하고 점을 동차 좌표로 표현하면 **중심 사영**central projection은 3×3 정칙 행렬 $\mathtt{H}$를 이용해 $\mathbf{x}' = \mathtt{H}\mathbf{x}$로 표현한다. 실제로 두 평면에서 정의된 두 좌표계는 모두 유클리드(직선) 좌표계이므로 중앙 사영으로 정의된 사상은 임의의 사영변환에 추가적인 구속 조건이 있다. 이것은 전체 사영변환이 아니며 **투시도**perspectivity라고 하며 자유도 6의 변환으로 표현된다. A7.4에서 투시도에 관해서 다룬다.

보기 2.12 평면의 원근 이미지에 있는 사영 왜곡 제거하기

원근 이미징에서 모양은 왜곡된다. 예를 들어 그림 2.4a의 창은 원본과 달리 이미지에서 직사각형이 아니다. 일반적으로 장면의 평행선은 이미지에서 평행하지 않고 대신에 유한한 점으로 수렴한다. 평면(또는 평면의 단면)의 중앙 사영 이미지가 사영변환을 통해 원래 평면과 관련돼 있으므로 이미지는 원본을 사영 왜곡한다. 역변환을 계산해 이미지에 적용하면 사영변환의 **취소**undo가 가능하다. 평면의 개체가 올바른 기하학적 모양으로 표시되는 새로운 합성 이미지를 결과로 얻는다. 이것을 그림 2.4a의 건물 정면에 대해 적용할 수 있다. 지면과 정면이 동일한 평면에 있지 않기 때문에 정면을 수정하기 위해 적용한 사영변환과 지면을 수정하기 위해 적용한 사영변환은 동일하지 않다.

점과 점 대응의 사영변환을 계산하는 것은 4장에서 매우 자세하게 설명한다. 여기서는 변환을 계산하는 방법에 관해 간단하게 소개한다. 우선 실세계의 평면 단면에 해당하는 이미지 단면을 선택한다. 그림 2.3과 같이 국소 2차원 이미지 좌표와 실세계 좌표를 선택한다. 실세계와 이미지의 일치하는 점 $\mathbf{x}$와 $\mathbf{x}'$의 비동차 좌표를 각각 (x, y), (x', y')으로 지정한다. 여기에서는 동차 좌표 대신 비동차 좌표를 사용하는데, 이미지 평면과 실세상 평면에서 직접 측정되는 것은 비동차 좌표이기 때문이다. (2.5)의 사영변환은 다음과 같이 비동차 형식으로 작성된다.

$$x' = \frac{x'_1}{x'_3} = \frac{h_{11}x + h_{12}y + h_{13}}{h_{31}x + h_{32}y + h_{33}} \qquad y' = \frac{x'_2}{x'_3} = \frac{h_{21}x + h_{22}y + h_{23}}{h_{31}x + h_{32}y + h_{33}}$$

각 점의 대응에서 H의 원소에 대해 두 개의 방정식을 얻는다.

$$\begin{aligned} x'(h_{31}x + h_{32}y + h_{33}) &= h_{11}x + h_{12}y + h_{13} \\ y'(h_{31}x + h_{32}y + h_{33}) &= h_{21}x + h_{22}y + h_{23} \end{aligned}$$

위의 방정식은 H의 원소에 대해 선형[linear]이다. 4개의 점 대응에서 8개의 H의 원소의 선형 방정식을 얻을 수 있으며, 이는 무의미한 곱셈 인자를 제외하면 H를 풀기에 충분하다. 유일한 제약은 4개의 점이 일반 위치[general position]에 있어야 한다는 것이다. 이는 점 3개가 동일 직선상에 있지 않음을 의미한다. 이러한 방식으로 계산한 변환 H의 역변환을 선택해서 평면의 원근 왜곡 효과를 제거하기 위해 전체 이미지에 적용한다. 결과는 그림 2.4b에 나타냈다. △

a b

그림 2.4 원근 왜곡 제거 (a) 원근 왜곡이 있는 원본 이미지 – 창의 선이 유한한 지점으로 뚜렷이 수렴한다. (b) 정면 벽의 합성한 정면 직교 뷰. 벽의 이미지 (a)는 벽의 실제 형상과 사영변환을 통해 연결된다. 역변환은 4개의 이미지 창 모서리를 적절한 크기의 사각형 모서리와 대응해 계산한다. 4개의 점 대응은 변환을 결정한다. 그런 다음 변환을 이미지 전체에 적용한다. 지면 이미지 부분은 추가로 더 사영 왜곡될 수 있다. 이것 또한 사영변환으로 제거할 수 있다.

이 예에 관해 세 가지 언급을 한다. 우선 이러한 방식으로 정류 변환rectifying transformation H를 계산하는 데는 카메라의 매개변수나 평면의 자세에 대한 지식이 필요하지 않다. 그리고 사영 왜곡을 제거하기 위해 4점에 대한 좌표가 항상 필요한 것은 아니다. 2.7절에 설명된 다른 접근법은 더 적고 다른 종류의 정보를 필요로 한다. 셋째, 사영변환을 계산하는 우수한 (그리고 더 선호하는) 방법을 4장에서 설명한다.

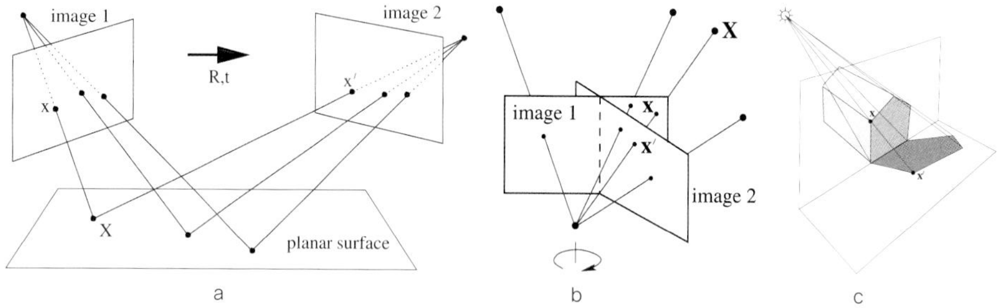

그림 2.5 원근 이미지에서 발생하는 사영변환의 예 $\mathbf{x}' = \mathrm{H}\mathbf{x}$. (a) 실세상 평면이 만든 두 이미지 간의 사영변환 (두 사영변환의 연결은 사영변환) (b) 동일한 카메라 중심을 가진 두 이미지 간의 사영변환 (예: 중심에서 회전하는 카메라 또는 초점 거리가 변하는 카메라) (c) 평면 이미지(건물 끝)와 그림자 이미지를 다른 평면(지면)으로 사영하는 변환. 그림 (c)는 루크 반 쿨 제공

사영변환은 실세상 평면의 원근 이미징보다 더 많은 상황을 표현하는 중요한 사상이다. 다른 예들을 그림 2.5에 나타냈다. 이러한 각각의 상황을 책 뒷부분에서 자세하게 설명한다.

2.3.1 선과 원뿔의 변환

선의 변환 정리 2.10에서 점 $\mathbf{x}_i$가 직선 $\mathbf{l}$상에 있으면, 사영변환으로 변환된 점 $\mathbf{x}'_i = \mathrm{H}\mathbf{x}_i$는 직선 $\mathbf{l}' = \mathrm{H}^{-\mathsf{T}}\mathbf{l}$상에 놓이게 된다. $\mathbf{l}'^{\mathsf{T}}\mathbf{x}'_i = \mathbf{l}^{\mathsf{T}}\mathrm{H}^{-1}\mathrm{H}\mathbf{x}_i = 0$이므로 점이 직선상에 놓이는 것은 보존된다. 여기에서 직선에 대한 변환 규칙을 구할 수 있다. 점 변환 $\mathbf{x}' = \mathrm{H}\mathbf{x}$에 대해 선 변환은 다음과 같다.

$$\mathbf{l}' = \mathrm{H}^{-\mathsf{T}}\mathbf{l} \tag{2.6}$$

또는 $\mathbf{l}'^{\mathsf{T}} = \mathbf{l}^{\mathsf{T}}\mathrm{H}^{-1}$이라고 표기할 수 있다. 직선과 점을 변형하는 방식은 근본적으로 다르다. 점은 H로 변형하고 직선(행)은 H^{-1}를 이용해 변형한다. 이것은 공변covariant 또는 반변

contravariant 거동의 관점으로 설명할 수 있다. 점은 반변적으로 변형되고 직선은 공변적으로 변형된다고 할 수 있다. 이러한 구분은 15장에서 텐서를 설명할 때 다시 언급하며 부록 1에서 자세히 설명했다.

원뿔의 변환 변환 $\mathbf{x}' = \mathtt{H}\mathbf{x}$에 대해 (2.2)는 다음으로 변환된다.

$$\begin{aligned} \mathbf{x}^\mathsf{T}\mathtt{C}\mathbf{x} &= \mathbf{x}'^\mathsf{T}[\mathtt{H}^{-1}]^\mathsf{T}\mathtt{C}\mathtt{H}^{-1}\mathbf{x}' \\ &= \mathbf{x}'^\mathsf{T}\mathtt{H}^{-\mathsf{T}}\mathtt{C}\mathtt{H}^{-1}\mathbf{x}' \end{aligned}$$

이것은 $\mathtt{C}' = \mathtt{H}^{-\mathsf{T}}\mathtt{C}\mathtt{H}^{-1}$인 2차 형식 $\mathbf{x}'^\mathsf{T}\mathtt{C}'\mathbf{x}'$이다. 이로부터 원뿔의 변환 규칙을 구할 수 있다.

결과 2.13 점 변환 $\mathbf{x}' = \mathtt{H}\mathbf{x}$에 대해 원뿔 $\mathtt{C}$는 $\mathtt{C}' = \mathtt{H}^{-\mathsf{T}}\mathtt{C}\mathtt{H}^{-1}$로 변환된다.

식에서 $\mathtt{H}^{-1}$가 존재해 원뿔은 공변적으로 변환된다고 말할 수 있다. 비슷한 방법으로 쌍대 원뿔에 대한 변환 규칙을 구할 수 있다.

결과 2.14 점 변환 $\mathbf{x}' = \mathtt{H}\mathbf{x}$에 대해, 쌍대 원뿔 $\mathtt{C}^*$는 $\mathtt{C}^{*\prime} = \mathtt{H}\mathtt{C}^*\mathtt{H}^\mathsf{T}$로 변환된다.

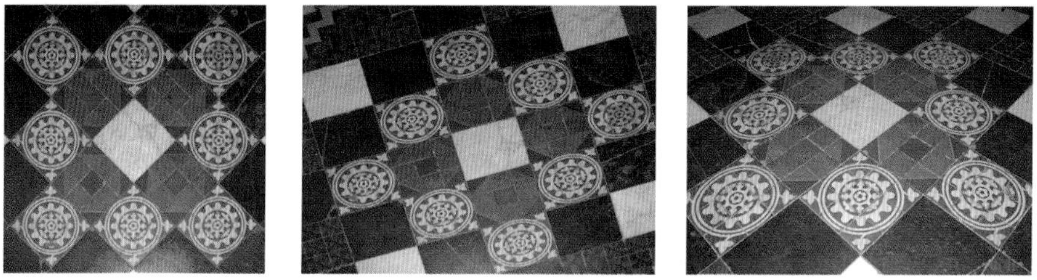

a b c

그림 2.6 중앙 사영에서 발생하는 왜곡 타일 바닥의 이미지. (a) 닮음: 원형 패턴이 원으로 이미지화된다. 정사각형 타일은 정사각형으로 이미지화된다. 평행하거나 수직인 선은 이미지에서 동일한 상대 방향을 가진다. (b) 아핀: 원은 타원으로 이미지화된다. 직교하는 선은 직교하는 선으로 이미지화되지 않는다. 그러나 정사각형 타일의 측면의 평행한 변은 이미지에서 평행해진다. (c) 사영: 평행한 선은 수렴하는 선으로 이미지화된다. 카메라에 가까운 타일은 멀리 있는 타일보다 이미지가 더 크게 된다.

2.4 변환 계층

여기서는 사영변환의 중요한 분화specialization와 기하학적 속성에 대해 설명한다. 2.3절에서 사영변환이 군group을 형성하는 것을 보였다. 이러한 군을 사영 선형군projective linear group이라 하며, 분화가 사영 선형군의 부분군subgroup으로 발생하는 것을 보일 것이다.

실수 원소를 가지는 $n \times n$ 가역 행렬군은 n차원의 (실수) 일반 선형군 $GL(n)$이다. 사영 선형군을 얻기 위해 스칼라 곱의 행렬을 같은 것으로 인식하면 ($GL(n)$의 몫군quotient group인) $PL(n)$을 얻는다. 평면의 사영변환의 경우에는 $n = 3$이다.

$PL(3)$의 중요한 부분군에는 마지막 행이 (0, 0, 1)인 행렬로 구성된 아핀군affine group과 여기에 추가로 왼쪽 위의 2×2 행렬이 직교 행렬인 유클리드 부분군Euclidean group이 있다. 그리고 왼쪽 위의 2×2 행렬이 행렬식determinant 1을 갖는 유향 유클리드군oriented Euclidean group이 있다.

가장 분화된 등거리 사상에서 시작해 사영변환까지 점진적으로 일반화되는 것을 소개한다. 이것으로 변환의 계층hierarchy을 정의할 수 있다. 이런 다양한 계층 구조에서 나타나는 왜곡 효과를 그림 2.6에서 보여준다.

몇 개의 중요한 변환은 군이 아니다. 예컨대 투시성이 있다(두 투시성의 합성은 투시성이 아니라 사영성이 되기 때문이다). 이에 관해 A7.4에서 설명한다.

불변량 변환을 대수적으로algebraically 설명하는 다른 방법은, 점 또는 곡선의 좌표에 작용하는 행렬이 보존하는 요소나 수량인 불변량invariant을 이용해 변환을 설명하는 것이다. 기하 구성의 (스칼라) 불변은 특정 변환을 해도 값이 변경되지 않는 구성의 함수다. 예컨대 두 점의 분리는 (이동과 회전인) 유클리드 변환에 의해 변경되지 않지만 (이동, 회전, 등방 배율 조정의) 닮음변환에서는 그렇지 않다. 따라서 거리는 유클리드 변환의 불변량이지만 닮음변환의 불변량은 아니다. 두 선 사이의 각도는 유클리드 변환과 닮음변환에서 모두 불변량이다.

2.4.1 분류 1: 등거리 사상

등거리 사상isometry은 (iso = 동일, metric = 측정값에서 알 수 있듯이) 유클리드 거리를 유지하는 평면 $\mathbb{R}^2$의 변환이다. 등거리 변환은 다음으로 표현된다.

$$\begin{pmatrix} x' \\ y' \\ 1 \end{pmatrix} = \begin{bmatrix} \epsilon\cos\theta & -\sin\theta & t_x \\ \epsilon\sin\theta & \cos\theta & t_y \\ 0 & 0 & 1 \end{bmatrix} \begin{pmatrix} x \\ y \\ 1 \end{pmatrix}$$

여기에서 $\epsilon = \pm 1$이다. $\epsilon = 1$이면 등거리 사상은 방향을 유지하며 (이동과 회전으로 구성된)

유클리드 변환이다. $\epsilon = -1$이면 등거리 사상이 방향을 바꾼다. 유클리드 변환과 행렬 diag(−1, 1, 1)로 표현되는 반사reflection의 합성 변환이 예다.

유클리드 변환은 강체rigid object의 운동을 모델링한다. 강체의 운동이 실제로 가장 중요한 등거리 사상이며, 관심의 대상이다. 그러나 구조를 복구할 때 모호성으로 인해 방향 반전 등거리 사상이 종종 발생한다.

평면 유클리드 변환은 다음과 같이 블록 형식으로 더 간결하게 표현할 수 있다.

$$\mathbf{x}' = \mathrm{H}_{\mathrm{E}}\mathbf{x} = \begin{bmatrix} \mathrm{R} & \mathbf{t} \\ \mathbf{0}^{\mathsf{T}} & 1 \end{bmatrix} \mathbf{x} \tag{2.7}$$

여기서 R은 ($\mathrm{R}^{\mathsf{T}}\mathrm{R} = \mathrm{R}\mathrm{R}^{\mathsf{T}} = \mathrm{I}$을 만족하는 직교 행렬인) 2×2 회전 행렬이고 $\mathbf{t}$는 2차원 이동 벡터, 0은 2차원 영벡터다. ($\mathbf{t} = 0$인) 순수 회전과 ($\mathrm{R} = \mathrm{I}$인) 순수 이동은 특별한 경우다. 유클리드 변환을 변위displacement라고도 한다.

평면 유클리드 변환은 자유도 3을 가진다. 회전이 1, 이동이 2이다. 그러므로 변환을 정의하려면 세 개의 매개변수를 지정해야 한다. 변환은 두 점의 대응에서 계산할 수 있다.

불변량 불변량은 길이(두 점 사이의 거리), 각도(두 선 사이의 각도)와 면적과 같이 매우 익숙한 것들이다.

군과 방향 등거리 사상은 왼쪽 위의 2×2 행렬이 행렬식 1을 가지면 방향을 보존한다. 방향을 유지하는 등거리 사상은 군이 되지만, 방향을 반전하는 등거리 사상은 그렇지 않다. 이러한 차이는 앞으로 나오는 닮음변환과 아핀변환에서도 마찬가지다.

2.4.2 분류 II: 닮음변환

닮음변환(또는 닮음, 상사)은 등방형 배율 조정scaling으로 구성된 등거리 사상이다. 유클리드 변환과 (반사가 없는) 배율 조정의 합성 변환인 경우에는 닮음변환은 다음의 행렬 표현을 가진다.

$$\begin{pmatrix} x' \\ y' \\ 1 \end{pmatrix} = \begin{bmatrix} s\cos\theta & -s\sin\theta & t_x \\ s\sin\theta & s\cos\theta & t_y \\ 0 & 0 & 1 \end{bmatrix} \begin{pmatrix} x \\ y \\ 1 \end{pmatrix} \tag{2.8}$$

이것은 블록 형태로 더 간결하게 표현할 수 있다.

$$\mathbf{x}' = \mathtt{H}_{\mathrm{S}}\mathbf{x} = \begin{bmatrix} s\mathtt{R} & \mathbf{t} \\ \mathbf{0}^{\mathsf{T}} & 1 \end{bmatrix} \mathbf{x} \tag{2.9}$$

여기서 스칼라 s는 등방성 배율 조정을 나타낸다. 닮음변환은 모양(형태)을 보존하기 때문에 등가-모양equi-form 변환이라고도 한다. 평면 닮음변환은 자유도 4를 가지며, 배율 조정으로 인해 유클리드 변환보다 하나 더 많은 자유도를 가진다. 닮음변환은 두 점의 대응에서 계산할 수 있다.

불변량 불변량은 배율 조정에 대해 추가적으로 적절한 규정이 있는 유클리드 불변량으로 구성된다. 직선 사이의 각도는 회전, 평행 이동 또는 등방성 배율 조정의 영향을 받지 않으므로 닮음변환의 불변량이다. 특히 평행선은 평행선으로 변환된다. 두 점 사이의 길이는 닮음변환의 불변은 아니지만, 길이의 배율이 상쇄되기 때문에 두 길이의 비율은 불변량이다. 마찬가지로 면적 비율은 불변량이다. (제곱된) 크기 조정이 상쇄되기 때문이다.

거리 구조 재구성에 대한 논의(10장)에서 자주 사용하는 용어는 거리metric이다. 거리 구조metric structure라는 표현은 구조가 상사성까지 정의됐음을 의미한다.

2.4.3 분류 III: 아핀변환

아핀변환(또는 아핀성affinity)은 이동이 뒤따르는 선형 정칙 변환이다. 다음 행렬 표현식을 가진다.

$$\begin{pmatrix} x' \\ y' \\ 1 \end{pmatrix} = \begin{bmatrix} a_{11} & a_{12} & t_x \\ a_{21} & a_{22} & t_y \\ 0 & 0 & 1 \end{bmatrix} \begin{pmatrix} x \\ y \\ 1 \end{pmatrix} \tag{2.10}$$

또는 블록 형태로

$$\mathbf{x}' = \mathtt{H}_{\mathrm{A}}\mathbf{x} = \begin{bmatrix} \mathtt{A} & \mathbf{t} \\ \mathbf{0}^{\mathsf{T}} & 1 \end{bmatrix} \mathbf{x} \tag{2.11}$$

여기서 $\mathtt{A}$는 2×2 정칙 행렬이다. 평면 아핀변환은 6개의 행렬 원소에 해당하는 자유도 6을 가진다. 변환은 3점의 대응으로 계산할 수 있다.

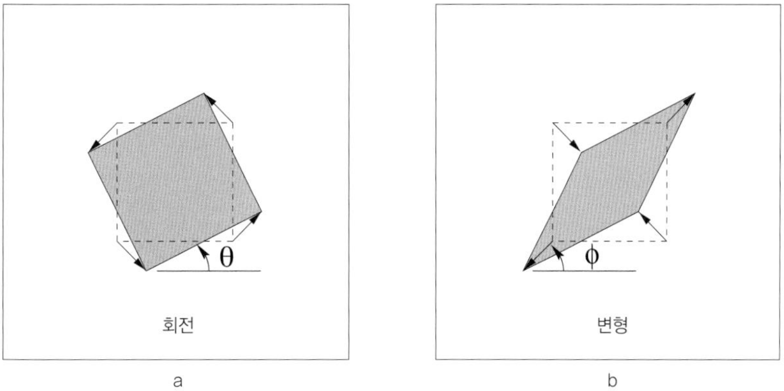

그림 2.7 평면 아핀변환으로 발생하는 왜곡 (a) $R(\theta)$에 의한 회전. (b) $R(-\phi)DR(\phi)$에 의한 변형. 변형의 배율 조정 방향이 직각임에 주의한다.

아핀변환을 구성하는 선형 요소 A의 기하학적 효과를 이해하는 유용한 방법은 회전과 비등방 배율 조정인 두 가지 기본 변환의 합성으로 간주하는 것이다. 아핀 행렬 A는 항상 다음으로 분해할 수 있다.

$$A = R(\theta)\, R(-\phi)\, D\, R(\phi) \tag{2.12}$$

여기서 $R(\theta)$와 $R(\phi)$는 각각 θ와 ϕ만큼의 회전이고 D는 다음의 대각 행렬이다.

$$D = \begin{bmatrix} \lambda_1 & 0 \\ 0 & \lambda_2 \end{bmatrix}$$

이러한 분해는 (A4.4절의) SVD에서 직접 유도할 수 있다. $A = UDV^\top = (UV^\top)(VDV^\top) = R(\theta)(R(-\phi)DR(\phi))$이며 U와 V는 직교 행렬이다.

그러므로 아핀 행렬 A는 (ϕ에 의한) 회전과 x와 y 방향으로 각각 λ_1과 λ_2만큼 배율 조정 그리고 ($-\phi$에 의한) 역회전 후에 (θ에 의한) 또 다른 회전의 연결이다. 닮음변환과 비교할 때, 유일한 새로운 기하는 비등방[non-isotropic] 배율 조정이다. 여기에서 닮음변환에 비해 아핀변환이 두 개의 자유도를 추가적으로 가진다. 두 개의 변수는 배율 조정의 방향을 지정하는 각도 ϕ와 배율 조정 비율 $\lambda_1 : \lambda_2$이다. 아핀변환은 특정 각도에 대해 직교하는 방향으로 배율 조정하는 것이 중요하다. 그림 2.7에 개략적인 예를 나타냈다.

불변량 아핀변환은 비등방 배율 조정을 포함하기에 닮음변환에서 보존하는 길이 비율과 선 사이의 각도는 아핀변환에서 보존되지 않는다.

중요한 불변량 세 개는 다음과 같다.

(i) **평행선** 평행한 두 직선을 생각한다. 이들은 무한점 $(x_1,\ x_2,\ 0)^\top$에서 교차한다. 아핀변환은 이 점을 다른 무한점으로 보낸다. 결과적으로 평행선은 여전히 무한점에서 교차하는 직선에 변환되므로 변환 후에도 여전히 평행하다.

(ii) **평행 선분의 길이 비율** 선분의 길이 배율은 선 방향과 배율 조정 방향 사이의 각도에만 의존한다. 직선이 직교하는 배율 조정 방향의 x축과 각도 α를 가진다고 가정한다. 그러면 배율의 크기는 $\sqrt{(\lambda_1^2\cos^2\alpha + \lambda_2^2\sin^2\alpha)}$이다. 이 배율은 같은 방향에 있는 모든 직선에 대해 공통이어서 평행한 선분의 길이 비율에서는 상쇄된다.

(iii) **면적 비율** 이 불변량은 (2.12)의 분해에서 직접 유도할 수 있다. 회전과 이동은 면적에 영향을 주지 않으므로, λ_1과 λ_2에 의한 배율 조정만이 중요하다. 영향은 면적에 $\det \mathtt{A}$인 $\lambda_1\lambda_2$이 곱해진다. 따라서 모든 모양의 면적에 $\det \mathtt{A}$가 곱해지므로, 이러한 효과는 면적 비율에서는 상쇄된다. 이것은 사영변환에서는 성립하지 않는다는 것을 보게 될 것이다.

아핀변환은 $\det \mathtt{A}$가 양수인지 음수인지에 따라서 각각 방향 유지 또는 방향 반전이 된다. $\det \mathtt{A} = \lambda_1\lambda_2$이므로 이러한 성질은 배율의 부호에만 의존한다.

2.4.4 분류 IV: 사영변환

사영변환은 (2.5)에서 정의했다. 동차 좌표의 일반적인 정칙 선형변환이다. 이것은 비동차 좌표의 일반적인 정칙 선형변환과 이동의 합성인 아핀변환을 일반화한 것이다. (2.3절에서) 사영변환의 작용을 살펴봤다.

여기서는 다음의 블록 형태에 주목한다.

$$\mathbf{x}' = \mathtt{H}_\mathrm{P}\mathbf{x} = \begin{bmatrix} \mathtt{A} & \mathbf{t} \\ \mathbf{v}^\top & v \end{bmatrix} \mathbf{x} \tag{2.13}$$

여기에서 $\mathbf{v} = (v_1,\ v_2)^\top$는 벡터다. 행렬은 9개의 원소를 가지지만, 그들의 비율만이 중요하므로 변환은 8개의 매개변수로 결정된다. v가 0일 수 있으므로 행렬에 상수를 곱해 v가 1이 되게 하는 것이 항상 가능한 것은 아니다. 두 평면 사이의 사영변환은 점 4개의 대응으로 계산할 수 있다. 이때, 두 평면에서 3개의 점이 동일선상에 있어서는 안 된다(그림 2.4 참조).

아핀변환과 달리 $\mathbb{P}^2$에서는 방향 유지와 방향 반전 사영변환을 구분할 수 없다. 이 부분은 2.6절에서 다시 설명한다.

불변량 가장 근본적인 사영 불변량은 동일선에 놓여 있는 4개 점의 교차 비율cross ratio이다. 선의 길이 비율은 아핀변환에서는 불변량이지만 사영변환에서는 그렇지 않다. 그러나 길이의 비율의 비율, 즉 교차 비율은 사영불변이 된다. 2.5절에서 자세하게 설명한다.

2.4.5 요약 및 비교

아핀변환(자유도 6)은 닮음변환(자유도 4)과 사영변환(자유도 8)의 중간 지점에 놓여 있다. 아핀변환은 닮음변환을 일반화해 각도를 보존하지 않고 그래서 모양이 변환 후에 왜곡된다. 그러나 아핀변환의 작용은 평면에서 균일하다. 주어진 아핀변환에 대해 (정사각형과 같은) 물체의 면적에 det $\mathtt{A}$가 곱해지는 것은 평면의 어느 곳에서나 같다. 변형된 선의 방향은 평면에서의 위치와 무관하게 초기 방향에만 의존한다. 그러나 사영변환의 경우에는 면적 배율이 위치에 따라 달라진다(예: 그림 2.6에서 볼 수 있듯이 투시도에서는 평면에서 먼 정사각형이 가까운 정사각형보다 작은 이미지를 가진다). 그리고 변형된 선의 방향은 처음 선의 방향과 위치 모두에 따라 달라진다(그러나 선의 소실점이, 위치가 아닌 선 방향에만 의존한다는 것을 8.6절에서 볼 것이다).

사영변환과 아핀변환의 중요한 차이점은 벡터 $\mathbf{v}$가 사영변환에서는 영이 아니라는 것이다. 이것으로 인하여 사영변환에서 비선형 효과가 발생한다. 이상점 $(x_1, x_2, 0)^\top$의 아핀변환과 사영변환을 비교한다. 우선 아핀변환은 다음과 같다.

$$\begin{bmatrix} \mathtt{A} & \mathbf{t} \\ \mathbf{0}^\top & 1 \end{bmatrix} \begin{pmatrix} x_1 \\ x_2 \\ 0 \end{pmatrix} = \begin{pmatrix} \mathtt{A} \begin{pmatrix} x_1 \\ x_2 \end{pmatrix} \\ 0 \end{pmatrix} \tag{2.14}$$

다음은 사영변환이다.

$$\begin{bmatrix} \mathtt{A} & \mathbf{t} \\ \mathbf{v}^{\mathsf{T}} & v \end{bmatrix} \begin{pmatrix} x_1 \\ x_2 \\ 0 \end{pmatrix} = \begin{pmatrix} \mathtt{A}\begin{pmatrix} x_1 \\ x_2 \end{pmatrix} \\ v_1x_1 + v_2x_2 \end{pmatrix} \tag{2.15}$$

아핀변환에서는 이상점이 이상점으로 남아 있다(즉, 무한대가 된다). 사영변환에서는 이상점이 유한한 점으로 변환된다. 이 성질을 이용해 소실점을 모델링하는 것에 사영변환을 사용한다.

2.4.6 사영변환의 분해

사영변환은 이보다 더 상위 계층에 있는 변환의 단계들로 분해할 수 있다.

$$\mathtt{H} = \mathtt{H}_{\mathrm{S}}\,\mathtt{H}_{\mathrm{A}}\,\mathtt{H}_{\mathrm{P}} = \begin{bmatrix} s\mathtt{R} & \mathbf{t} \\ \mathbf{0}^{\mathsf{T}} & 1 \end{bmatrix} \begin{bmatrix} \mathtt{K} & \mathbf{0} \\ \mathbf{0}^{\mathsf{T}} & 1 \end{bmatrix} \begin{bmatrix} \mathtt{I} & \mathbf{0} \\ \mathbf{v}^{\mathsf{T}} & v \end{bmatrix} = \begin{bmatrix} \mathtt{A} & \mathbf{t} \\ \mathbf{v}^{\mathsf{T}} & v \end{bmatrix} \tag{2.16}$$

여기에서 정칙 행렬 $\mathtt{A}$는 $\mathtt{A} = s\mathtt{RK} + \mathbf{tv}^{\mathsf{T}}$로 주어지고, $\mathtt{K}$는 위삼각행렬upper triangular matrix이고 $\det \mathtt{K} = 1$이다. $v \neq 0$이면 이러한 분해가 가능하며, s를 양수로 한정하면 유일한 분해만 존재한다.

행렬 $\mathtt{H}_{\mathrm{S}}$, $\mathtt{H}_{\mathrm{A}}$, $\mathtt{H}_{\mathrm{P}}$는 (하첨자 S, A, P로 표기했듯이[3]) 해당 유형의 변환의 본질을 가지고 있다. 보기 2.12에서 평면의 원근 이미지를 수정하는 과정을 고려한다. $\mathtt{H}_{\mathrm{P}}$(자유도 2)는 무한선을 이동시킨다. $\mathtt{H}_{\mathrm{A}}$(자유도 2)는 아핀변환 성질에 영향을 주지만 무한선을 이동시키지는 않는다. $\mathtt{H}_{\mathrm{S}}$는 아핀과 사영변환의 속성에 영향을 주지 않는 일반적인 닮음변환(자유도 4)이다. 변환 $\mathtt{H}_{\mathrm{P}}$를 일레이션elation이라 하며 A7.3절에서 설명한다.

보기 2.15 다음은 사영변환이다.

$$\mathtt{H} = \begin{bmatrix} 1.707 & 0.586 & 1.0 \\ 2.707 & 8.242 & 2.0 \\ 1.0 & 2.0 & 1.0 \end{bmatrix}$$

이를 다음으로 분해할 수 있다.

3 닮음변환(Similatiry)의 S, 아핀변환(Affinity)의 A, 사영변환(Projectivity)의 P를 의미한다. – 옮긴이

$$\mathtt{H} = \begin{bmatrix} 2\cos 45° & -2\sin 45° & 1 \\ 2\sin 45° & 2\cos 45° & 2 \\ 0 & 0 & 1 \end{bmatrix} \begin{bmatrix} 0.5 & 1 & 0 \\ 0 & 2 & 0 \\ 0 & 0 & 1 \end{bmatrix} \begin{bmatrix} 1 & 0 & 0 \\ 0 & 1 & 0 \\ 1 & 2 & 1 \end{bmatrix}$$

△

변환을 부분적으로만 결정할 때 이런 분해를 사용할 수 있다. 예컨대 평면의 원근 이미지에서 길이 비율을 측정하고자 할 때 닮은 변환까지 변형을 결정(수정)하면 된다. 2.7절에서 이러한 접근 방식에 대해 설명한다.

(2.16)에서 H의 역원을 취하면, $\mathtt{H}^{-1} = \mathtt{H}_P^{-1}\,\mathtt{H}_A^{-1}\,\mathtt{H}_S^{-1}$를 얻는다. 각각의 변환 $\mathtt{H}_P^{-1}$, $\mathtt{H}_A^{-1}$, $\mathtt{H}_S^{-1}$는 여전히 사영, 아핀, 닮음변환이므로 일반적인 사영변환을 다음의 형태로도 분해할 수 있다.

$$\mathtt{H} = \mathtt{H}_P\,\mathtt{H}_A\,\mathtt{H}_S = \begin{bmatrix} \mathtt{I} & \mathbf{0} \\ \mathbf{v}^\mathsf{T} & 1 \end{bmatrix} \begin{bmatrix} \mathtt{K} & \mathbf{0} \\ \mathbf{0}^\mathsf{T} & 1 \end{bmatrix} \begin{bmatrix} s\mathtt{R} & \mathbf{t} \\ \mathbf{0}^\mathsf{T} & 1 \end{bmatrix} \tag{2.17}$$

위 식에 나타나는 K, R, $\mathbf{t}$, $\mathbf{v}$의 실제 값은 (2.16)의 것과 상관이 없다.

2.4.7 불변량의 개수

특정 변환에 대해 주어진 기하학적 구성이 얼마나 많은 불변량을 가지는지에 대한 의문이 자연스럽게 생긴다. 우선 숫자라는 용어를 더 정확하게 해야 한다. 유클리드 변환에서 길이와 같은 값이 불변량이면 해당 수량의 모든 함수가 불변량이 되기 때문이다. 결국 함수로 독립적인 불변량의 개수를 세어야 한다. 불변량을 형성하기 위해 제거해야 하는 변환의 매개변수의 수를 고려하면 다음을 알 수 있다.

결과 2.16 함수로서 독립인 불변량의 수는 구성의 자유도에서 변환의 자유도를 뺀 값보다 크거나 같다.

예컨대 일반 위치에 있는 4개 점의 구성은 (각 점에 대해 자유도 2여서) 자유도 8을 가지며 닮음변환, 아핀변환, 사영변환은 각각 자유도 4, 6, 8을 가지므로 구성은 4개의 닮음 불변량, 2개의 아핀 불변량, 0개의 사영 불변량을 가진다.

표 2.1 일반적인 "평면" 변환에서 발생하는 불변의 기하학적 특성 행렬 $\mathrm{A} = [a_{ij}]$는 2×2 가역 행렬, $\mathrm{R} = [r_{ij}]$는 2차원 회전 행렬, (t_x, t_y)는 2차원 이동 변환이다. 표의 왜곡 열은 정사각형에 대한 일반적인 변환 효과를 보여준다. 표에서 상단에 나타난 변환은 그보다 아래에 있는 변환의 작용을 생성할 수 있다. 이러한 범위는 이동과 회전만 있는 유클리드에서 정사각형을 (3개의 점이 같은 선상에 있지 않으면) 임의의 사변형으로 변환할 수 있는 사영변환까지 다양하다.

군	행렬	왜곡	불변 속성
사영 (자유도 8)	$\begin{bmatrix} h_{11} & h_{12} & h_{13} \\ h_{21} & h_{22} & h_{23} \\ h_{31} & h_{32} & h_{33} \end{bmatrix}$	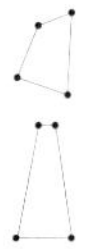	동시성, 공선성, **접촉 차수**: 교차(1점 접촉), 접선(2점 접촉), 변곡점(3점 접촉); 접선 불연속과 첨점(cusp), 교차 비율(길이 비율의 비율)
아핀 (자유도 6)	$\begin{bmatrix} a_{11} & a_{12} & t_x \\ a_{21} & a_{22} & t_y \\ 0 & 0 & 1 \end{bmatrix}$	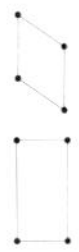	평행성, 면적 비율, 동일선상 또는 평행선의 길이 비율(예: 중간점), 벡터의 선형 조합(예: 중심), 무한선 $\mathbf{l}_\infty$
닮음 (자유도 4)	$\begin{bmatrix} sr_{11} & sr_{12} & t_x \\ sr_{21} & sr_{22} & t_y \\ 0 & 0 & 1 \end{bmatrix}$		길이의 비율, 각도, 원형점 **I**, **J**(2.7.3절 참조)
유클리드 (자유도 3)	$\begin{bmatrix} r_{11} & r_{12} & t_x \\ r_{21} & r_{22} & t_y \\ 0 & 0 & 1 \end{bmatrix}$		거리, 면적

표 2.1에서 2차원 변환 그룹과 해당 불변 속성을 요약했다. 표 아래 부분에 있는 변환은 위 부분 변환의 분화이다. 표의 아래 부분의 변환은 좀 더 위에 있는 변환의 불변량을 상속받는다.

2.5 1차원 사영기하학

선의 사영기하학인 $\mathbb{P}^1$은 평면과 거의 같은 방식으로 전개된다. 선 위의 점 x는 동차 좌표 $(x_1, x_2)^\top$로 표시되며 $x_2 = 0$인 점은 선의 이상점이다. 2차원 벡터 $(x_1, x_2)^\top$를 표기하기 위해서 $\bar{\mathbf{x}}$를 사용한다. 선의 사영변환은 2×2 동차 행렬로 표현된다.

$$\bar{\mathbf{x}}' = \mathrm{H}_{2\times 2}\bar{\mathbf{x}}$$

이것은 행렬의 전체 4개의 원소에서 배율에 해당하는 요소 한 개를 제외하면 자유도 3을 가진다. 직선의 사영변환은 3개의 대응 점을 이용해 결정할 수 있다.

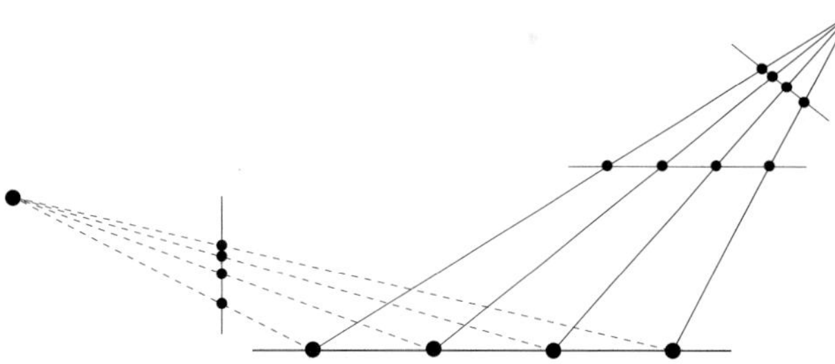

그림 2.8 선 사이의 사영변환 그림에 동일선상에 있는 4개의 점들의 집합이 4개 있다. 각 집합은 일차원 사영변환으로 다른 집합과 연결돼 있다. 교차 비율은 사영변환에서 불변량이므로, 교차 비율은 모든 집합에 대해 동일한 값을 가진다.

교차 비율 교차 비율cross ratio은 $\mathbb{P}^1$의 기본 사영 불변량이다. 4점 $\bar{\mathbf{x}}_i$가 주어지면 교차 비율은 다음으로 정의한다.

$$\mathrm{Cross}(\bar{\mathbf{x}}_1, \bar{\mathbf{x}}_2, \bar{\mathbf{x}}_3, \bar{\mathbf{x}}_4) = \frac{|\bar{\mathbf{x}}_1\bar{\mathbf{x}}_2||\bar{\mathbf{x}}_3\bar{\mathbf{x}}_4|}{|\bar{\mathbf{x}}_1\bar{\mathbf{x}}_3||\bar{\mathbf{x}}_2\bar{\mathbf{x}}_4|}$$

여기에서

$$|\bar{\mathbf{x}}_i\bar{\mathbf{x}}_j| = \det\begin{bmatrix} x_{i1} & x_{j1} \\ x_{i2} & x_{j2} \end{bmatrix}$$

교차 비율에 관해 몇 가지를 언급한다.

(i) 교차 비율의 값은 점 $\bar{\mathbf{x}}_i$에서 사용된 특정 동차 표현에 의존하지 않는다. 배율이 분자와 분모에서 상쇄되기 때문이다.

(ii) 각 점 $\bar{\mathbf{x}}_i$가 유한한 점이고, $x_2 = 1$인 동차 표기를 사용하면, $|\bar{\mathbf{x}}_i\bar{\mathbf{x}}_j|$는 $\bar{\mathbf{x}}_i$에서 $\bar{\mathbf{x}}_j$까지 부호를 가진 거리를 나타낸다.

(iii) 교차 비율의 정의는 점 $\bar{\mathbf{x}}_i$ 중에 하나가 이상점이어도 유효하다.

(iv) 교차비의 값은 임의의 일차원 사영변환에서 불변량이 된다. $\bar{\mathbf{x}}' = \mathtt{H}_{2\times 2}\bar{\mathbf{x}}$인 경우 다음을 만족한다.

$$\mathrm{Cross}(\bar{\mathbf{x}}'_1, \bar{\mathbf{x}}'_2, \bar{\mathbf{x}}'_3, \bar{\mathbf{x}}'_4) = \mathrm{Cross}(\bar{\mathbf{x}}_1, \bar{\mathbf{x}}_2, \bar{\mathbf{x}}_3, \bar{\mathbf{x}}_4) \tag{2.18}$$

증명은 연습 문제로 남겨둔다. 동일하게 교차 비율은 직선에 대해 선택한 사영 좌표계에 대해 불변이다.

그림 2.8은 같은 교차 비율을 가진 선들 사이의 여러 사영변환을 보여준다.

평면의 사영변환에서 1차원 사영변환은 평면상의 임의의 직선에서 유도된다.

공점선 공점선concurrent line의 구성은 동일선상의 점들에 대해 쌍대다. 즉, 평면의 공점선도 $\mathbb{P}^1$ 형상을 가진다. 특히 4개의 공점선은 교차 비율을 가진다. 이를 그림 2.9a에 나타냈다.

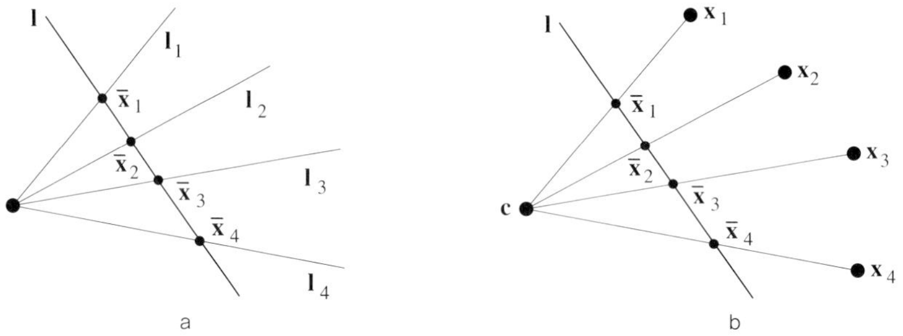

그림 2.9 공점선 (a) 4개의 공점선 $\mathbf{l}_i$는 4개의 점 $\bar{\mathbf{x}}_i$에서 선 $\mathbf{l}$과 교차한다. 이 선들의 교차 비율은 평면의 사영변환에 대해 불변량이다. 값은 점의 교차 비율인 $Cross(\bar{\mathbf{x}}_1, \bar{\mathbf{x}}_2, \bar{\mathbf{x}}_3, \bar{\mathbf{x}}_4)$로 주어진다. (b) 동일 평면상의 점 $\mathbf{x}_i$는 중심 $\mathbf{c}$를 가지는 사영에 의해 (평면 안의) 선 $\mathbf{l}$에 이미지화된다. 이미지 포인트 $\bar{\mathbf{x}}_i$의 교차 비율은 이미지 라인 $\mathbf{l}$의 위치에 대해 불변이다.

그림 2.9b에서 $\mathbb{P}^2$의 점들이 1차원 이미지로 사영하는 것에 대해서 보여준다. 특히 $\mathbf{c}$가 카메라의 중심을 나타내고 직선 $\mathbf{l}$이 (이미지 평면의 1차원 버전인) 이미지 직선에 나타날 때, 점 $\bar{\mathbf{x}}_i$는 점 $\mathbf{x}_i$의 이미지로의 사영이다. 점 $\bar{\mathbf{x}}_i$의 교차 비율은 이미지 점 4개의 사영 구성의 특성을 결정한다. 이미지 선의 실제 위치는 이미지 점 4개의 사영 구성과 관련이 없다. 다른 이미지 선을 선택하면 사영적으로 동등한 이미지 점들의 구성을 생성한다.

공점선의 사영기하학은 9장의 등극선의 사영기하학을 이해하는 데 중요하다.

2.6 사영면의 위상 수학

"여기에서는 $\mathbb{P}^2$의 위상 수학에 대해 간단히 언급한다. 이 부분은 책의 뒷부분을 이해하는 데 필수적인 것은 아니다."

사영평면 $\mathbb{P}^2$를 3차원 동차 벡터의 집합으로 간주할 수 있다. 이런 유형의 벡터 $\mathbf{x} = (x_1, x_2, x_3)^\top$는 0이 아닌 계수를 곱해 $x_1^2 + x_2^2 + x_3^2 = 1$이 되도록 정규화할 수 있다. 이것은 $\mathbb{R}^3$의 단위 구에 놓인다. 그러나 벡터 $\mathbf{x}$와 $-\mathbf{x}$는 곱셈 인자 -1만 차이가 있기 때문에 $\mathbb{P}^2$에서 동일한 점을 나타낸다. 그러므로 $\mathbb{R}^3$의 단위 구인 S^2와 사영평면 $\mathbb{P}^2$ 사이에는 2 대 1 대응이 있다. 사영평면은 반대 지점을 같은 점으로 인식하는 단위 구로 표시할 수 있다. 이러한 표현에서 $\mathbb{P}^2$의 선은 (반대 지점을 같은 점으로 인식하는) 단위 구에서 대원great circle으로 모델링된다. 구에 있는 (대척점antipodal이 아닌) 서로 다른 점 두 개는 오로지 하나의 대원상에 있고, 대원 두 개는 (대척점을 같은 점으로 인식하기에) 한 점에서 교차한다.

위상 수학의 용어로는, 구 S^2는 $\mathbb{P}^2$의 2겹 덮개 공간covering space이다. 이는 $\mathbb{P}^2$가 단순 연결simply-connected이 아니라는 의미이다. 즉, $\mathbb{P}^2$상에서 한점으로 축소할 수 없는 닫힌 곡선이 존재한다는 의미이다. 위상 수학에서 $\mathbb{P}^2$의 기본군fundamental group은 차수 2인 순환군cyclic group이다.

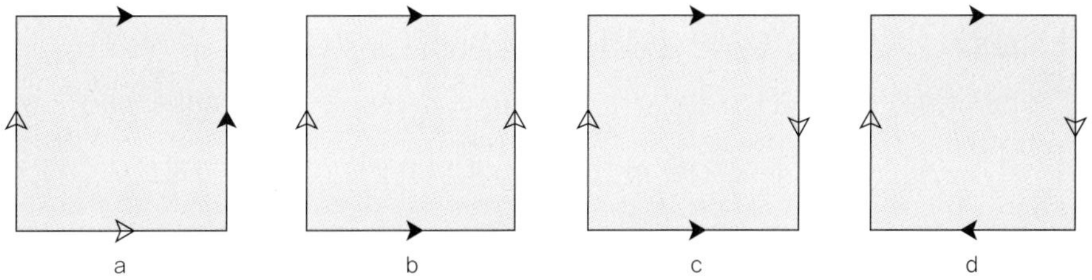

그림 2.10 곡면의 토폴로지 공통 곡면은 (디스크와 토폴로지가 같은) 종이 사각형의 가장자리를 서로 붙여서 만들 수 있다. 각각의 경우에 정사각형의 가장자리의 화살표를 화살표 방향이 일치하도록 서로 붙여야 한다. 각각에서 (a) 구체, (b) 원환면(torus) (c) 클라인병 (d) 사영면을 얻는다. 종이를 이용해 실제로 구현할 수 있는 것은 구와 원환면뿐이다. 구와 원환면은 방향을 가지지만, 사영면과 클라인병은 방향이 없다.

사영평면을 반대 점이 같은 점으로 인식된 구로 생각하는 모델에서는 S^2의 하반구가 없다. 이 반구에 반대되는 점이 상반구에 있기 때문이다. 이 경우에는 적도의 반대 지점을 같은 점으로 인식해 상반구만으로 구성된다. S^2의 상반구는 위상 수학적으로 디스크와 동일하므로 $\mathbb{P}^2$는 경계의 반대 지점이 같은 점으로 인식되거나 또는 서로 붙은 디스크이다. 이것은 물리적으로 불가능하다. 디스크의 경계를 붙여서 위상 공간을 만드는 것은 위상 수학에서 흔한 방법이며 실제로 이러한 방식으로 모든 2차원 다양체manifold를 만들 수 있다. 그림 2.10에서 설명했다.

사영평면 $\mathbb{P}^2$의 주목할 특징은 방향이 없는 것이다. 이는 표면 전체에서 일관성이 있는 (한 쌍의 방향성 있는 좌표축을 이용해) 국소 방향을 정의할 수 없다는 것이다. 그림 2.11에 사영평면이 방향이 반전되는 경로를 가질 수 있는 것을 보여준다.

a　　　　　　　　　　　　b

그림 2.11 표면의 방향 (다이어그램에서 L로 표시된) 좌표계는 표면의 경로를 따라 이동해 최종적으로 시작점으로 돌아올 수 있다. (a)는 사영평면을 나타낸다. 표시된 경로에서 (축의 쌍으로 표시된) 좌표계는 시작점으로 돌아오면 방향이 반전된다. 사각형의 경계에서 한 축의 방향이 바뀌기 때문이다. 이러한 경로를 방향 반전 경로라고 하며, 이러한 경로가 포함된 표면을 방향 결정 불가능이라 한다. (b)는 직사각형의 마주 보는 두 가장자리를 붙여서 만든 뫼비우스 띠를 보여준다(M.C. 에셔의 〈뫼비우스의 띠 II[붉은 개미]〉 1963년, ©2000 판권 소유: 홀랜드, 바른, 코르돈 미술관) 띠 주위를 한 번 도는 경로는 방향을 반전하는 것을 볼 수 있다).

$\mathbb{P}^1$의 토폴로지 비슷하게, 1차원 사영선은 반대 지점을 동일시한 일차원 구 S^1(즉, 원)과 같다. 원의 아래쪽 절반은 위쪽 절반으로 복제되므로 생략하면, 위쪽 절반은 위상 수학적으로 선분과 같다. 그리고 두 끝점을 동일시하면 원 S^1과 $\mathbb{P}^1$은 위상 수학적으로 같다.

2.7 이미지에서 아핀변환과 거리 속성의 복원

보기 2.12의 사영 정정의 예를 다시 살펴본다. 여기의 목적은 평면의 투시 이미지에 있는 사영 왜곡을 제거해 (각도, 길이 비율과 같은) 닮음 속성을 원래 평면에서 측정하는 것이다. 앞의 예에서는, 평면의 (총 자유도 8인) 참조점 4개의 위치를 지정하고 참조점이 이미지로 사상되는 변환을 구체적으로 계산해 사영 왜곡을 완전히 제거했다. 그러나 이것은 기하를 과잉 지정한 것이다. 사영변환은 닮음변환보다 4개의 자유도를 더 가지므로 거리 속성을 결정하기 위해서는 (8이 아닌) 자유도 4만 지정하면 된다. 사영기하학에서 이러한 4개의 자유도는 기하학적 객체와 연관 있는, 무한선 $\mathbf{l}_\infty$(자유도 2)와 $\mathbf{l}_\infty$에 있는 두 개의 원형점(자유도 2)이라는 물리적 실체physical substance로 주어진다. 이러한 연관성을 이용하는 것이 행렬 분해(2.16)에서 나타나는 행렬을 지정하는 방식보다 문제를 더 직관적으로 해결하는 것이다.

$\mathbf{l}_\infty$의 이미지가 결정되면 사영 왜곡을 제거할 수 있고, 원형점의 이미지가 결정되면 아핀 왜곡을 제거할 수 있다. 그러면 남은 왜곡은 닮음뿐이다.

2.7.1 무한선

사영변환에서 이상점은 (2.15)에서 보듯이 유한점으로 변하고 결국 $\mathbf{l}_\infty$은 유한선으로 변한다. 그러나 변환이 아핀이면 $\mathbf{l}_\infty$은 유한선이 아니라 무한선으로 남는다. 이는 직선 변환 (2.6)에서 직접 확인할 수 있다.

$$\mathbf{l}'_\infty = \mathtt{H}_\mathtt{A}^{-\mathsf{T}}\mathbf{l}_\infty = \begin{bmatrix} \mathtt{A}^{-\mathsf{T}} & \mathbf{0} \\ -\mathbf{t}^\mathsf{T}\mathtt{A}^{-\mathsf{T}} & 1 \end{bmatrix}\begin{pmatrix} 0 \\ 0 \\ 1 \end{pmatrix} = \begin{pmatrix} 0 \\ 0 \\ 1 \end{pmatrix} = \mathbf{l}_\infty$$

역도 성립한다. 아핀변환이 $\mathbf{l}_\infty$를 고정하는 가장 일반적인 선형변환인 것을 다음에서 증명한다. $\mathbf{x} = (1, 0, 0)^\mathsf{T}$인 무한점이 무한점으로 옮겨 간다는 조건을 부과한다. 그러면 $h_{31} = 0$, $h_{32} = 0$이 된다. 이런 변환은 아핀변환이다. 다음으로 요약할 수 있다.

결과 2.17 무한선 $\mathbf{l}_\infty$가 사영변환 $\mathtt{H}$에 대해 고정될 필요충분조건은 $\mathtt{H}$가 아핀변환이다.

그러나 $\mathbf{l}_\infty$는 아핀변환에서 점 단위로 고정되지 않는다. (2.14)에서 보듯이 아핀변환에서 (이상점인) $\mathbf{l}_\infty$상의 점을 $\mathbf{l}_\infty$상의 점에 보내지만 $\mathtt{A}(x_1, x_2)^\mathsf{T} = k(x_1, x_2)^\mathsf{T}$가 성립하지 않으면 같은 점은 아니다. 이제 $\mathbf{l}_\infty$를 식별하면 (평행, 면적 비율과 같은) 아핀 속성을 복원할 수 있게 된다.

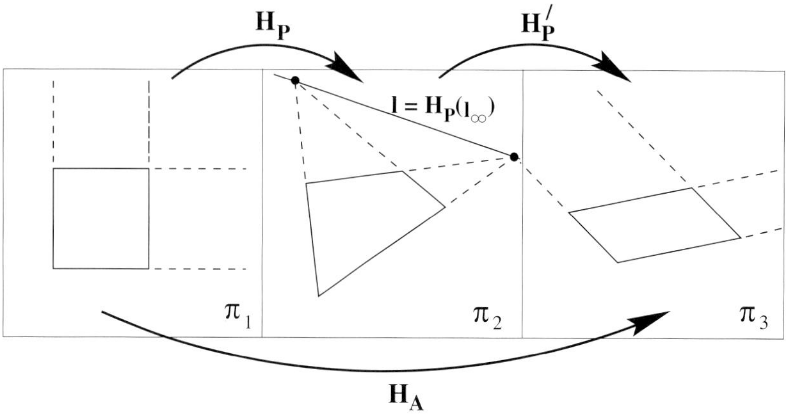

그림 2.12 아핀 정정 사영변환은 유클리드 평면 π_1의 무한선 $\mathbf{l}_\infty = (0, 0, 1)^\top$를 평면 π_2의 유한선 $\mathbf{l}$로 보낸다. $\mathbf{l}$이 다시 $(0, 0, 1)^\top$로 가는 사영변환을 만들면 첫 번째 평면과 세 번째 평면 사이의 변환은 $\mathbf{l}_\infty$의 표준 위치가 유지되므로 결과 2.17에서 아핀변환이 된다. 그러므로 첫 번째 평면의 속성을 세 번째 평면에서 측정할 수 있다. 즉, 세 번째 평면은 첫 번째 평면의 아핀변환 내에 있게 된다.

2.7.2 이미지에서 아핀 속성 복원

이미지에서 무한선을 식별하면 원래 평면에서 아핀 측정을 할 수 있다. 예컨대 이미지 선들이 이미지화된 $\mathbf{l}_\infty$에서 교차하면 선들은 원래 평면에서 평행한 것을 알 수 있다. 유클리드 평면에서 평행선은 $\mathbf{l}_\infty$에서 교차하고 사영변환 후에, 사영변환이 교차를 보존하므로 이 선들이 여전히 이지미의 $\mathbf{l}_\infty$에서 교차하기 때문이다. 비슷하게 $\mathbf{l}_\infty$를 식별하면 선의 길이 비율은 (교차 비율의 네 번째 점으로) $\mathbf{l}_\infty$를 갖는 선의 교점과 길이를 결정하는 세 점의 교차 비율에서 계산할 수 있다.

그러나 계산 알고리듬에 더 적합한 직접적인 방법은 식별한 $\mathbf{l}_\infty$를 표준 위치 $\mathbf{l}_\infty = (0, 0, 1)^\top$로 변환하는 것이다. 이 변환을 수행하는 (사영) 행렬을 아핀 수정을 하려는 이미지의 모든 점에 적용할 수 있다. 그러면 아핀변환 후에 정정된 이미지에서 추가 측정을 직접 수행할 수 있다. 핵심 아이디어를 그림 2.12에서 설명한다.

이미지에서 무한선이 $\mathbf{l} = (l_1, l_2, l_3)^\top$인 경우에 $l_3 \neq 0$면 $\mathbf{l}$을 다시 $\mathbf{l}_\infty = (0, 0, 1)^\top$로 보내는 적절한 사영변환은 다음과 같다.

$$\mathrm{H} = \mathrm{H}_{\mathrm{A}} \begin{bmatrix} 1 & 0 & 0 \\ 0 & 1 & 0 \\ l_1 & l_2 & l_3 \end{bmatrix}$$

여기서 H_A는 임의의 아핀변환이다(H의 마지막 행은 $\mathbf{1}^\top$이 된다). 선 변환 (2.6)에서 $\mathrm{H}^{-\top}(l_1, l_2, l_3)^\top = (0, 0, 1)^\top = \mathbf{l}_\infty$가 되는 것을 확인할 수 있다.

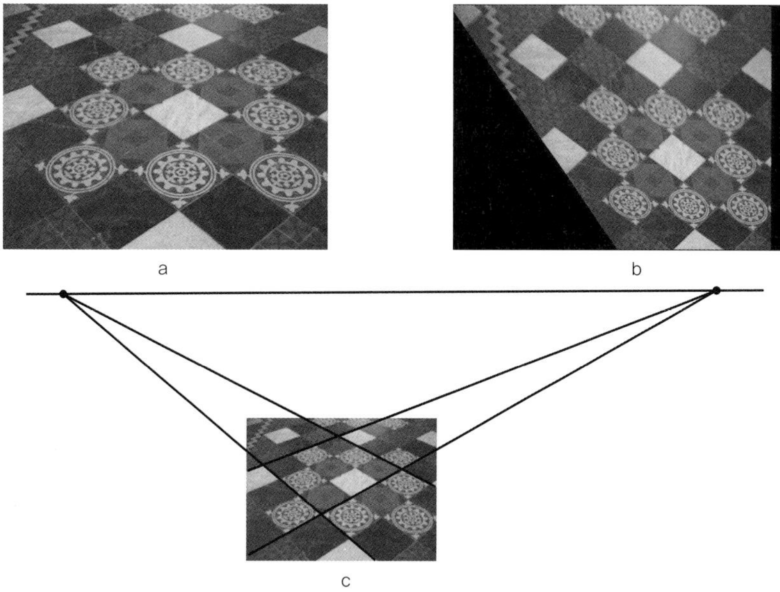

그림 2.13 소실선을 이용하는 정정 (a)에서 나타낸 이미지의 평면 소실선을 이미지에 있는 두 쌍의 평행선의 교점을 이용해 계산해 (c)에 나타냈다. 그런 다음 이미지를 사영변환해 아핀 정정된 이미지 (b)를 생성했다. 아핀 정정 이미지에서는 평행선이 이제 평행하다. 그러나 각도는 아핀 왜곡되기 때문에 실세계에서는 가치가 없다. 그림 2.17 참조

보기 2.18 아핀 정정

실세상 평면의 무한선은 원근 이미지에서 평면의 소실선이 된다. 8장에서 이에 대해 자세히 설명한다. 그림 2.13에서 보는 것과 같이 소실선 $\mathbf{l}$은 이미지에서 평행선의 교점에서 계산할 수 있다. 그런 다음에 $\mathbf{l}$이 표준 위치 $\mathbf{l}_\infty = (0, 0, 1)^\top$로 가도록 사영변환 (2.19)을 적용해 이미지를 정정한다. △

이 보기는 단순히 (자유도 2인) 직선을 지정해 다른 속성을 복원할 수 있음을 보여준다. 변환 행렬 분해 (2.16)에서 사영 요소만을 지정하는 것과 같다. 반대로 다른 속성이 알려

진 경우에는 이러한 속성을 사용해 무한점과 무한선을 결정할 수 있다. 다음 보기에서 자세히 설명한다.

보기 2.19 길이 비율에서 소실점 계산 한 직선상에 길이 비율이 알려진 두 개의 간격이 주어지면 선의 무한점을 결정할 수 있다. 일반적인 경우는 이미지의 한 직선에서 세 점 $\mathbf{a}'$, $\mathbf{b}'$, $\mathbf{c}'$이 식별된 경우다. a, b, c가 실세계에서 대응하는 같은 선상의 점이고, 길이 비율 $d(\mathbf{a}, \mathbf{b}) : d(\mathbf{b}, \mathbf{c}) = a : b$가 알려져 있다고 가정한다(여기서 $d(\mathbf{x}, \mathbf{y})$는 점 $\mathbf{x}$와 $\mathbf{y}$ 사이의 유클리드 거리이다). 교차 비율을 사용하면 소실점을 제거할 수 있다. 마찬가지로 다음과 같이 진행할 수 있다.

(i) 이미지에서 거리 비율 $d(\mathbf{a}', \mathbf{b}') : d(\mathbf{b}', \mathbf{c}') = a' : b'$을 측정한다.

(ii) 점 $\mathbf{a}$, $\mathbf{b}$, $\mathbf{c}$를 직선 $\langle \mathbf{a}, \mathbf{b}, \mathbf{c} \rangle$상의 좌표계에서 좌표 0, a, $a + b$로 표기한다. 계산을 위해 이러한 점들을 2차원 동차 벡터 $(0, 1)^\top$, $(a, 1)^\top$, $(a + b, 1)^\top$로 표시한다. 같은 방법으로 a', b', c'는 좌표 0, a', $a' + b'$을 가지고 동차 벡터로 표시할 수 있다.

(iii) 위의 두 좌표계를 이용해 $\mathbf{a} \mapsto \mathbf{a}'$, $\mathbf{b} \mapsto \mathbf{b}'$, $\mathbf{c} \mapsto \mathbf{c}'$으로 가는 1차원 사영변환 $\mathtt{H}_{2\times2}$를 계산한다.

(iv) $\mathtt{H}_{2\times2}$에 의한 (좌표 $(1,0)^\top$의) 무한점의 이미지가 직선 $\langle a', b', c' \rangle$의 소실점이 된다.

이런 방식으로 계산한 소실점의 예는 그림 2.14에 나와 있다.

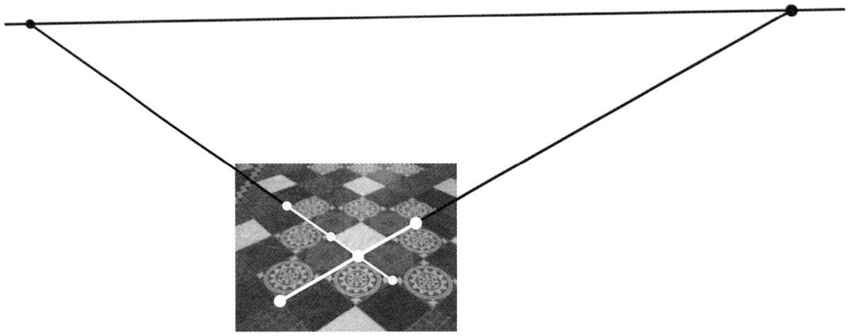

그림 2.14 무한점을 결정하기 위해 선분의 동일한 길이 비율을 사용하는 두 가지 예. 사용한 선분 간격은 가는 흰색, 점은 두꺼운 흰색으로 표시했다. 이 구조에서 평면의 소실선을 결정한다. 그림 2.13c와 비교해보라.

보기 2.20 길이 비율을 이용한 소실점의 기하 구성 그림 2.14에서 표시한 소실점은 다음 단계에 따라 순수 기하학적 방법으로도 계산할 수 있다.

(i) 실세계에서 $a : b$의 간격 비율을 가지는 공직선상의 세 점에 대응하는 세 점 $\mathbf{a}'$, $\mathbf{b}'$, $\mathbf{c}'$가 이미지에서 공직선상에 주어졌다.

(ii) $\mathbf{a}'$을 지나는 (선분 $\mathbf{a}'\mathbf{c}'$과 일치하지 않는) 임의의 직선 $\mathbf{l}$을 그린 후에, 선분 $\langle \mathbf{ab} \rangle$, $\langle \mathbf{bc} \rangle$가 길이 비율 $a : b$가 되도록 $\mathbf{a} = \mathbf{a}'$, $\mathbf{b}$, $\mathbf{c}$를 결정한다.

(iii) $\mathbf{bb}'$과 $\mathbf{cc}'$의 교점을 $\mathbf{o}$라 한다.

(iv) $\mathbf{o}$를 지나면서 $\mathbf{l}$에 평행한 직선과 직선 $\mathbf{a}'\mathbf{c}'$이 교차하는 점이 소실점 $\mathbf{v}'$이다.

그림 2.15에서 그림으로 설명한다. △

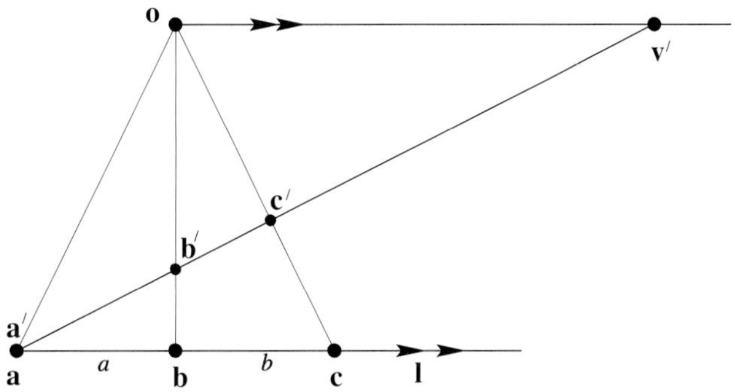

그림 2.15 알려진 길이 비율이 주어질 때, 선에서 무한점의 이미지를 결정하는 기하학적 구조. 자세한 내용은 본문을 참조하라.

2.7.3 원형점과 원형점의 쌍대

닮음변환에서 $\mathbf{l}_\infty$에 고정된 점이 두 개 있다. 이것을 원형점circular point(또는 절대점absolute point) $\mathbf{I}$, $\mathbf{J}$이라고 하며 표준 좌표는 다음과 같다.

$$\mathbf{I} = \begin{pmatrix} 1 \\ i \\ 0 \end{pmatrix} \qquad \mathbf{J} = \begin{pmatrix} 1 \\ -i \\ 0 \end{pmatrix}$$

원형점은 한 쌍의 복소수 켤레 이상점이다. 원형점은 방향을 보존하는 닮음변환에서 고정된다.

$$\begin{aligned}\mathbf{I}' &= \mathtt{H}_\mathrm{S}\mathbf{I} \\ &= \begin{bmatrix} s\cos\theta & -s\sin\theta & t_x \\ s\sin\theta & s\cos\theta & t_y \\ 0 & 0 & 1 \end{bmatrix}\begin{pmatrix}1\\ i\\ 0\end{pmatrix} \\ &= se^{-i\theta}\begin{pmatrix}1\\ i\\ 0\end{pmatrix} = \mathbf{I}\end{aligned}$$

$\mathbf{J}$에 대한 증명도 비슷하다. 반사는 $\mathbf{I}$와 $\mathbf{J}$를 바꾼다. 역도 성립한다. 즉, 원형점을 고정하는 선형변환은 닮음변환이 된다. 증명은 연습 문제로 남겨둔다.

결과 2.21 원형점 $\mathbf{I}$, $\mathbf{J}$가 사영변환 $\mathtt{H}$에서 고정점이 되는 필요충분조건은 $\mathtt{H}$가 닮음변환이다.

원형점이라는 이름은 모든 원이 원형점에서 $\mathbf{l}_\infty$와 교차하기 때문에 생겨났다. 이를 확인하려면 원뿔 곡선에 대한 방정식 (2.1)에서 시작한다. 원뿔이 원이 되는 경우는 $a = c$이고 $b = 0$이다.

$$x_1^2 + x_2^2 + dx_1x_3 + ex_2x_3 + fx_3^2 = 0$$

여기서 a를 1로 두었다. 이 원뿔은 $x_3 = 0$인 이상점에서 $\mathbf{l}_\infty$와 교차한다.

$$x_1^2 + x_2^2 = 0$$

이 방정식의 해는 $\mathbf{I} = (1,\ i,\ 0)^\top$, $\mathbf{J} = (1,\ -i,\ 0)^\top$이다. 즉, 모든 원은 원형점에서 $\mathbf{l}_\infty$와 교차한다. 유클리드 기하학에서 원은 세 점으로 결정된다. 원형점을 이용하면 다른 방식의 계산이 가능해진다. (2.4)에서 점 다섯 개로 정의한 원뿔에 대한 일반 공식을 사용해 원을 계산할 수 있다. 이때, 점 다섯 개 중에서 원형점 두 개를 포함한다.

2.7.5절에서 원형점(또는 동등하게 쌍대, 정의는 다음 참조)을 식별하면 (각도, 길이 비율과 같은) 닮음 속성을 복원하는 것을 설명할 것이다. 대수적으로, 원형점은 유클리드 기하학의 직교 방향인 $(1,\ 0,\ 0)^\top$과 $(0,\ 1,\ 0)^\top$이며 한 개의 복소수 켤레 요소가 합쳐진 것이다.

$$\mathbf{I} = (1, 0, 0)^\top + i(0, 1, 0)^\top$$

그러므로 원형점이 식별되면 직교성과 그외 거리 속성이 자연스럽게 결정된다.

원형점의 원뿔 쌍대 다음 원뿔은 원형점의 쌍대이다.

$$\mathtt{C}^*_\infty = \mathbf{IJ}^\top + \mathbf{JI}^\top \tag{2.20}$$

원뿔 $\mathtt{C}^*_\infty$는 퇴화된 (차수 2인) 원뿔 직선이며(2.2.3절 참조), 원형점 두 개로 구성된다. 유클리드 좌표계에서 다음으로 표현된다.

$$\mathtt{C}^*_\infty = \begin{pmatrix} 1 \\ i \\ 0 \end{pmatrix} \begin{pmatrix} 1 & -i & 0 \end{pmatrix} + \begin{pmatrix} 1 \\ -i \\ 0 \end{pmatrix} \begin{pmatrix} 1 & i & 0 \end{pmatrix} = \begin{bmatrix} 1 & 0 & 0 \\ 0 & 1 & 0 \\ 0 & 0 & 0 \end{bmatrix}$$

원형점과 마찬가지로 원뿔 $\mathtt{C}^*_\infty$는 닮음변환에서 고정된다. 변환 규칙에서 (배율을 제외한) 동일한 행렬 결과가 나오면 원뿔은 고정된다. $\mathtt{C}^*_\infty$는 쌍대 원뿔이므로 결과 2.14인 $\mathtt{C}^{*\prime} = \mathtt{HC}^*\mathtt{H}^\top$에 따라 변환되며 점 변환 $\mathbf{x}' = \mathtt{H}_S\mathbf{x}$에 대해 다음을 확인할 수 있다.

$$\mathtt{C}^{*}_\infty{}' = \mathtt{H}_S \mathtt{C}^*_\infty \mathtt{H}_S^\top = \mathtt{C}^*_\infty$$

역 또한 성립한다.

결과 2.22 쌍대 원뿔 $\mathtt{C}^*$가 사영변환 $\mathtt{H}$에 대해 고정되는 필요충분조건은 $\mathtt{H}$가 닮음변환이다.

임의의 사영계에서 $\mathtt{C}^*_\infty$의 특성을 소개한다.

(i) $\mathtt{C}^*_\infty$는 자유도 4를 가진다. 3×3 동차 대칭 행렬은 자유도 5를 가진다. 그러나 제약 조건 $\det \mathtt{C}^*_\infty = 0$에서 자유도 1이 줄어든다.

(ii) $\mathbf{l}_\infty$는 $\mathtt{C}^*_\infty$의 영벡터다. 이는 정의에서부터 자명하다. 원형점은 $\mathbf{l}_\infty$에 놓이므로, $\mathbf{I}^\top\mathbf{l}_\infty = \mathbf{J}^\top\mathbf{l}_\infty = 0$을 만족하여 다음이 성립한다.

$$\mathtt{C}^*_\infty \mathbf{l}_\infty = (\mathbf{IJ}^\top + \mathbf{JI}^\top)\mathbf{l}_\infty = \mathbf{I}(\mathbf{J}^\top\mathbf{l}_\infty) + \mathbf{J}(\mathbf{I}^\top\mathbf{l}_\infty) = \mathbf{0}$$

2.7.4 사영평면의 각도

유클리드 기하학에서 두 선의 각도는 법선의 내적으로 계산한다. 두 직선 $\mathbf{l} = (l_1, l_2, l_3)^\top$과 $\mathbf{m} = (m_1, m_2, m_3)^\top$ 각각의 법선이 $(l_1, l_2)^\top$, $(m_1, m_2)^\top$에 평행한 경우 각도는 다음 식으로 구한다.

$$\cos\theta = \frac{l_1 m_1 + l_2 m_2}{\sqrt{(l_1^2 + l_2^2)(m_1^2 + m_2^2)}} \tag{2.21}$$

(2.21)에 나타난 $\mathbf{l}$과 $\mathbf{m}$의 첫 번째 두 성분이 (텐서가 아니어서) 사영변환에서 잘 정의된 변환 속성을 갖지 않기 때문에 (2.21)을 평면의 아핀 또는 사영변환 후에 사용할 수 없다. 그러나 사영변환에 불변하는 (2.21)과 유사한 표현을 구할 수 있다.

$$\cos\theta = \frac{\mathbf{l}^\mathsf{T} \mathtt{C}_\infty^* \mathbf{m}}{\sqrt{(\mathbf{l}^\mathsf{T} \mathtt{C}_\infty^* \mathbf{l})(\mathbf{m}^\mathsf{T} \mathtt{C}_\infty^* \mathbf{m})}} \tag{2.22}$$

여기서 $\mathtt{C}_\infty^*$는 원형점에 대한 원뿔 쌍대이다. 유클리드 좌표계에서 (2.22)가 (2.21)로 축약되는 것은 자명하다. 점 변환 $\mathbf{x}' = \mathtt{H}\mathbf{x}$에 대해 ($\mathbf{l}' = \mathtt{H}^{-\mathsf{T}}\mathbf{l}$인) 직선의 변환 (2.6)과 ($\mathtt{C}^{*\prime} = \mathtt{H}\mathtt{C}^*\mathtt{H}^\mathsf{T}$인) 쌍대 원뿔(결과 2.14)의 변환을 이용하면 사영변환에서 (2.22)가 불변이 되는 것을 확인할 수 있다. 예컨대 분자는 다음과 같이 변환된다.

$$\mathbf{l}^\mathsf{T} \mathtt{C}_\infty^* \mathbf{m} \mapsto \mathbf{l}^\mathsf{T} \mathtt{H}^{-1} \mathtt{H} \mathtt{C}_\infty^* \mathtt{H}^\mathsf{T} \mathtt{H}^{-\mathsf{T}} \mathbf{m} = \mathbf{l}^\mathsf{T} \mathtt{C}_\infty^* \mathbf{m}$$

분자와 분모 사이에서 동차 객체의 배율이 상쇄되는 것도 확인할 수 있다. 따라서 (2.22)는 사영 프레임에 불변량이 된다.

결과 2.23 사영평면에서 원뿔 $\mathtt{C}_\infty^*$를 결정하면 (2.22)를 이용해 유클리드 각을 측정할 수 있다.

그리고 다음 따름정리를 얻는다.

결과 2.24 $\mathbf{l}^\mathsf{T} \mathtt{C}_\infty^* \mathbf{m} = 0$이면 직선 $\mathbf{l}$과 $\mathbf{m}$은 직교한다.

기하학적으로, $\mathbf{l}$과 $\mathbf{m}$이 $\mathbf{l}^\mathsf{T} \mathtt{C}_\infty^* \mathbf{m} = 0$을 만족하면, 두 직선은 원뿔 $\mathtt{C}_\infty^*$에 대해 켤레다(2.8.1절 참조).

길이 비율 $\mathtt{C}_\infty^*$를 인식하면 거리 비율을 측정할 수 있다. 그림 2.16의 꼭짓점 a, b, c를 가지는 삼각형을 고려한다. 표준 삼각함수 사인 규칙에서 $d(\mathbf{b}, \mathbf{c}) : d(\mathbf{a}, \mathbf{c}) = \sin\alpha : \sin\beta$를 만족한다. 여기서 $d(\mathbf{x}, \mathbf{y})$는 점 $\mathbf{x}$와 $\mathbf{y}$ 사이의 유클리드 거리이다. (2.22)를 이용하면 $\mathtt{C}_\infty^*$가 인식된 임의의 사영계에서 직선 $\mathbf{l}' = \mathbf{a}' \times \mathbf{b}'$, $\mathbf{m}' = \mathbf{c}' \times \mathbf{a}'$, $\mathbf{n}' = \mathbf{b}' \times \mathbf{c}'$에서 $\cos\alpha$와 $\cos\beta$를 계산할 수 있다. 결국 $\sin\alpha$, $\sin\beta$와 그리고 거리 비율 $d(\mathbf{b}, \mathbf{c}) : d(\mathbf{a}, \mathbf{c})$를 사영

변환된 점에서 계산할 수 있다.

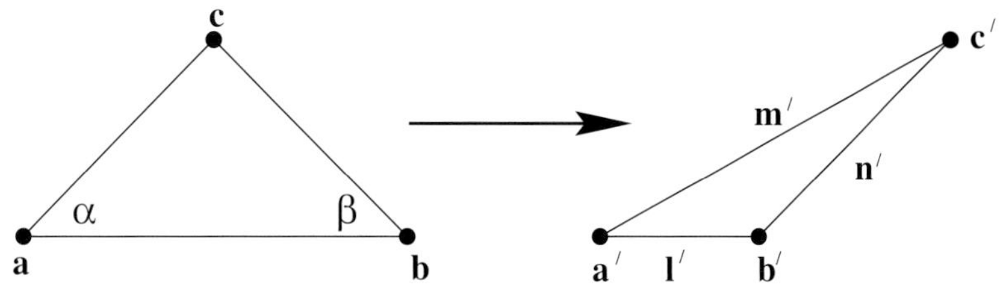

그림 2.16 길이 비율 C^*_∞를 인식하면 유클리드 거리 비율 $d(\mathbf{b}, \mathbf{c}) : d(\mathbf{a}, \mathbf{c})$를 사영 왜곡된 이미지에서 측정할 수 있다. 자세한 내용은 본문에 있다.

2.7.5 이미지에서 거리 속성 복구

2.7.2절과 그림 2.12는 $\mathbf{l}_\infty$를 지정해 아핀 속성을 복원하는 유사한 접근 방식이다. 원형점을 표준 위치로 변환하면 평면 이미지에서 거리 속성을 복원할 수 있다. 원형점을 이미지에서 식별하고 이것을 $\mathbf{l}_\infty$의 표준 위치 $(1, \pm i, 0)^\top$로 보내는 사영변환 H를 이용해 이미지를 정정한다고 가정한다. 결과 2.21에서 실세상 평면과 정정된 이미지 사이의 변환은 닮음변환이 된다. 이것은 원형점을 고정하는 사영변환이기 때문이다.

C^*_∞를 사용한 거리 보정 쌍대 원뿔 C^*_∞는 거리 보정에 필요한 모든 정보를 가지고 있다. 이것을 이용하면 사영변환의 닮음 왜곡을 제외하고 사영과 아핀 구성 행렬을 모두 결정할 수 있다. 사영변환하에서 쌍대 원뿔의 변환은 다음과 같다. $\mathbf{x}$의 좌표계는 유클리드이고 $\mathbf{x}'$은 사영계일 때 점 변환이 $\mathbf{x}' = H\mathbf{x}$이면 C^*_∞는 결과 2.14에 따라서 변환한다. $(C^{*\prime} = HC^*H^\top)$H에 대한 (2.17)의 행렬 분해를 이용하면 다음을 얻는다.

$$\begin{aligned} C^{*\,\prime}_\infty &= (H_P\,H_A\,H_S)\,C^*_\infty\,(H_P\,H_A\,H_S)^\top = (H_P\,H_A)\left(H_S\,C^*_\infty H_S^\top\right)\left(H_A^\top\,H_P^\top\right) \\ &= (H_P\,H_A)\,C^*_\infty\left(H_A^\top\,H_P^\top\right) \\ &= \begin{bmatrix} KK^\top & KK^\top\mathbf{v} \\ \mathbf{v}^\top KK^\top & \mathbf{v}^\top KK^\top\mathbf{v} \end{bmatrix} \end{aligned} \tag{2.23}$$

이 식에서 사영 성분($\mathbf{v}$)과 아핀 성분(K)은 C^*_∞의 이미지에서 직접 결정할 수 있지만, (결과 2.22에서 닮음변환에 대해 C^*_∞는 불변이므로) 닮음 성분은 결정하지 못하는 것을 알 수 있다.

결과 2.25 사영평면에서 원뿔 C^*_∞를 식별하면 닮음을 제외하고 왜곡을 수정할 수 있다.

실제로 적절한 정정 단응사상에서 (A4.4절의) SVD를 이용하여 이미지의 $C^{*\prime}_\infty$를 식별해 구할 수 있다. $C^{*\prime}_\infty$의 SVD를 다음과 같이 표기한다.

$$C^{*}_{\infty}{}' = U \begin{bmatrix} 1 & 0 & 0 \\ 0 & 1 & 0 \\ 0 & 0 & 0 \end{bmatrix} U^\top$$

(2.23)과 비교하면, 정정 사영변환은 닮음을 제외하면 $H = U$가 된다.

다음 보기 두 개에서 C^*_∞를 이미지에서 식별한 후에 거리 정정을 하는 전형적인 상황을 볼 수 있다.

보기 2.26 거리 정정 I

(앞서 나왔던 보기 2.18과 같이) 이미지가 아핀 보정이 됐다고 가정하면, 거리 보정을 하기 위해 원형 점의 자유도 2를 결정하는 제약 조건 두 개가 필요하다. 실세상 평면에서 직각인 두 개의 이미지에서 제약 조건을 얻을 수 있다.

아핀 정정 이미지의 직선 $\mathbf{l}'$, $\mathbf{m}'$이 실세계에서 직교하는 선 $\mathbf{l}$, $\mathbf{m}$에 대응한다고 가정한다. 결과 2.24에서 $\mathbf{l}'^\top C^{*\prime}_\infty \mathbf{m}' = 0$이므로, $\mathbf{v} = 0$을 이용하면 (2.23)에서 다음을 얻는다.

$$\begin{pmatrix} l'_1 & l'_2 & l'_3 \end{pmatrix} \begin{bmatrix} KK^\top & \mathbf{0} \\ \mathbf{0}^\top & 0 \end{bmatrix} \begin{pmatrix} m'_1 \\ m'_2 \\ m'_3 \end{pmatrix} = 0$$

이것은 2×2 행렬 $S = KK^\top$에 대한 선형[linear] 제약 조건이다. 행렬 $S = KK^\top$는 대칭이므로 3개의 독립 원소를 가지며, (전체 배율은 중요하지 않으므로) 자유도 2이다.

직교 조건은 $(l'_1, l'_2)^\top S(m'_1, m'_2)^\top = 0$이 되며, 다음으로 표기할 수 있다.

$$(l'_1 m'_1, l'_1 m'_2 + l'_2 m'_1, l'_2 m'_2)\,\mathbf{s} = 0$$

여기서 $\mathbf{s} = (s_{11}, s_{12}, s_{22})^\top$는 S를 3차원 벡터로 표기한 것이다. 이런 방식으로, 직교하는 선 두 개에서 $\mathbf{s}$가 영벡터가 되는 2×3 행렬로 표기되는 제약 조건 두 개를 얻는다. 그러면 (A4.2.1절의 숄레스키 분해[Cholesky Decomposition]를 이용하면) S, 결국 K를 구할 수 있다. 그림 2.17은 직교하는 두 선의 쌍을 이용해 그림 2.13에서 계산한 아핀 정정 이미지를 거리 정정한 예를 보여준다. △

다른 방법으로, 거리 보정에 필요한 제약 두 개를 원의 이미지나 알려진 거리 비율 두 개에서 구할 수 있다. 원의 경우, 이미지는 아핀 정정 이미지에서 타원이 되며 (알려진) $\mathbf{l}_\infty$와 교점에서 원형점의 이미지를 직접 결정할 수 있다.

원뿔 C^*_∞는 다음 보기에서, $\mathbf{l}_\infty$를 식별하지 않고 원근 이미지에서 직접 식별할 수 있다.

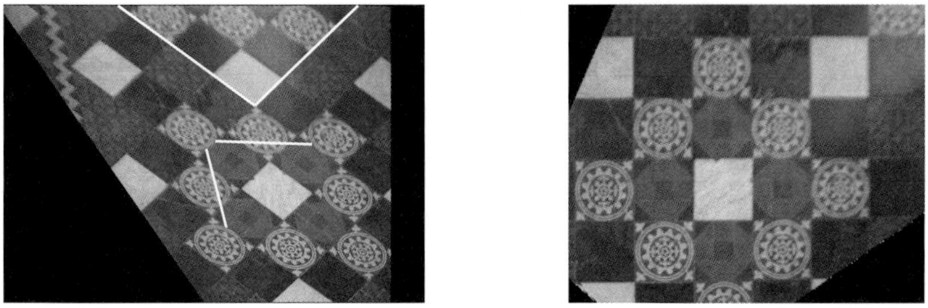

a b

그림 2.17 직교하는 직선을 이용한 거리 교정 I 아핀 이미지의 거리를 정정하는 데 필요한 아핀변환을 직교하는 직선의 이미지에서 계산할 수 있다. (a) (그림 2.13과 같은) 아핀 정정된 이미지에서 실세상 평면에서 직교하는 (평행하지 않은) 직선의 쌍 두 개를 인식한다. (b) 거리 정정을 한 이미지. 거리 정정을 한 이미지에서는 실세계에서 직교하는 모든 선은 직교하고, 실세계의 정사각형은 단위 종횡비를 가지며, 실세계의 원은 원이 된다.

보기 2.27 거리 정정 II

여기서는 (보기 2.26의 아핀 정정된 이미지가 아닌) 평면의 처음 원근 이미지에서 시작한다. 선 $\mathbf{l}$과 $\mathbf{m}$을 실세상 평면에서 직교하는 직선의 이미지라고 가정한다. 그러면 결과 2.24에서 $\mathbf{l}^\top C^*_\infty \mathbf{m} = 0$이며, (2.4)의 점을 포함하는 원뿔의 제약 조건과 비슷하게, C^*_∞의 원소에 대한 선형 제약 조건을 얻는다.

$$(l_1m_1, (l_1m_2 + l_2m_1)/2, l_2m_2, (l_1m_3 + l_3m_1)/2, (l_2m_3 + l_3m_2)/2, l_3m_3)\,\mathbf{c} = 0$$

여기에서 $\mathbf{c} = (a,\ b,\ c,\ d,\ e,\ f)^\top$는 6차원 벡터로 표기한 C^*_∞의 원뿔 행렬 (2.3)이다. 이러한 제약 조건 5개로 5×6행렬을 만들면, $\mathbf{c}$는 결국 C^*_∞는 영벡터가 된다. 그러므로 C^*_∞는 실세계에서 직교하는 선의 다섯 개의 쌍 이미지에서 선형적으로 결정할 수 있다. 이러한 선의 쌍에 대한 제약을 이용해 거리 정정을 하는 예를 그림 2.18에 나타냈다. △

a

b

그림 2.18 직교하는 직선을 이용한 거리 정정 II (a) 원뿔 C^*_∞를 그림에 표시한 직교하는 선의 쌍 다섯 개를 이용해 (건물 전면 벽인) 원근 이미지 평면에서 결정한다. 원뿔 C^*_∞는 원형점을 결정해, (b) 이미지를 거리 정정하는데 필요한 사영변환을 결정한다. (a)에 나타난 이미지는 이미지 점 4개의 실세계 위치를 지정해 원근 왜곡을 제거한 그림 2.54와 동일한 것이다.

계층화 보기 2.27에서는 C^*_∞를 지정해 아핀 왜곡과 사영 왜곡을 한 번에 모두 정정했다. 이전 보기 2.26에서는 사영 왜곡을 먼저 제거하고 아핀 왜곡을 제거했다. 이러한 2단계 접근 방식을 계층화[stratified]라고 한다. 비슷한 접근 방식을 3차원에도 적용할 수 있으며 3차원 재구성에 대해 10장에서 설명한다. 3차원 사영 재구성에서 거리 정보를 얻어 자동 보정에도 적용하는 것을 19장에서 설명한다.

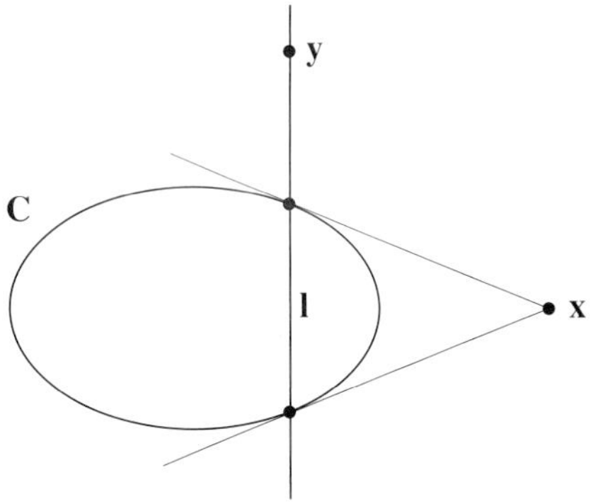

그림 2.19 극점과 극선의 관계 선 $\mathbf{l} = C\mathbf{x}$는 원뿔 C에 대한 점 $\mathbf{x}$의 "극선"이고 점 $\mathbf{x} = C^{-1}\mathbf{l}$은 C에 대한 $\mathbf{l}$의 "극점"이다. $\mathbf{x}$의 극선은 $\mathbf{x}$에서 원뿔과의 접선에서 원뿔과 교차한다. $\mathbf{y}$가 $\mathbf{l}$상에 있으면 $\mathbf{y}^\top\mathbf{l} = \mathbf{y}^\top C\mathbf{x} = 0$이다. $\mathbf{y}^\top C\mathbf{x} = 0$을 만족하는 점 $\mathbf{x}$와 $\mathbf{y}$는 켤레다.

2.8 원뿔의 추가 속성

점, 선, 원뿔 사이의 중요한 기하학적 관계인 극성polarity을 소개한다. 이러한 관계의 (직교성 표현에 대한) 응용은 8장에서 설명한다.

2.8.1 극점-극선 관계

점 $\mathbf{x}$와 원뿔 C에서 직선 $\mathbf{l} = \mathtt{C}\mathbf{x}$를 정의할 수 있다. 이 직선 $\mathbf{l}$을 C에 대한 $\mathbf{x}$의 극선polar이며 점 $\mathbf{x}$는 C에 대한 $\mathbf{l}$의 극점pole이다.

- 점 $\mathbf{x}$의 원뿔 C에 대한 극선 $\mathbf{l} = \mathtt{C}\mathbf{x}$는 원뿔과 두 점에서 교차한다. 이 두 점에서 C에 접하는 두 선은 $\mathbf{x}$에서 교차한다.

이 관계를 그림 2.19에 나타냈다.

증명 C의 한 점 $\mathbf{y}$를 선택한다. $\mathbf{y}$에서 접선은 $\mathtt{C}\mathbf{y}$이고, $\mathbf{x}^\top\mathtt{C}\mathbf{y} = 0$이면 이 선은 $\mathbf{x}$를 지난다. C의 대칭성을 이용하면, 조건 $\mathbf{x}^\top\mathtt{C}\mathbf{y} = (\mathtt{C}\mathbf{x})^\top\mathbf{y} = 0$은 점 $\mathbf{y}$가 직선 $\mathtt{C}\mathbf{x}$ 위에 있다는 것이다. 따라서 극선 $\mathtt{C}\mathbf{x}$는 $\mathbf{x}$를 지나는 원뿔의 접선이며 점 $\mathbf{y}$에서 원뿔과 교차한다. □

점 $\mathbf{x}$가 원뿔에 가까워지면 접선은 하나의 직선에 가까워지며, 원뿔과의 접점도 가까워진다. $\mathbf{x}$가 C에 놓이는 극한에서는, 극선은 $\mathbf{x}$에서 2점 접촉을 가지며 다음과 같다.

- 점 $\mathbf{x}$가 C에 있으면 극선은 $\mathbf{x}$에서 원뿔의 접선이다.

결과 2.7에서 유도된다.

보기 2.28 x축의 $x = a$에 중심이 있는 반지름 r인 원의 방정식은 $(x-a)^2 + y^2 = r^2$이며 다음의 원뿔 행렬로 표현된다.

$$\mathtt{C} = \begin{bmatrix} 1 & 0 & -a \\ 0 & 1 & 0 \\ -a & 0 & a^2 - r^2 \end{bmatrix}$$

원점의 극선은 $\mathbf{l} = \mathtt{C}(0,\ 0,\ 1)^\top = (-a,\ 0,\ a^2 - r^2)^\top$이다. 이것은 $x = (a^2 - r^2)/a$에서 수직선이다. $r = a$이면 원점은 원주상에 놓인다. 이 경우 극선은 y축이며 원에 접한다. △

원뿔이 $\mathbb{P}^2$의 점과 직선 사이의 사상을 유도하는 것은 분명하다. 이러한 사상은 사영변환에서 보존되는 두 속성인 교점과 접선만을 포함하므로 사영 구조다. 점과 직선 사이의 사영 사상을 (통계학에서 사용하는 용어와 혼동이 되는 이름인) 상관관계[correlation]라고 한다.

정의 2.29 상관관계는 $\mathbb{P}^2$의 점에서 $\mathbb{P}^2$의 선으로의 가역 사상이다. 3×3 정칙 행렬 $\mathtt{A}$를 사용해 $\mathbf{l} = \mathtt{A}\mathbf{x}$로 나타낸다.

상관관계를 이용하면 점과 선을 포함하는 관계를 체계적으로 쌍대화할 수 있다. 상관관계는 대칭 행렬일 필요는 없지만, 원뿔과의 연관성으로 이 책에서는 대칭 상관만을 다룬다.

- **켤레점** 점 $\mathbf{y}$가 선 $\mathbf{l} = \mathtt{C}\mathbf{x}$에 있으면 $\mathbf{y}^\top\mathbf{l} = \mathbf{y}^\top\mathtt{C}\mathbf{x} = 0$이다. $\mathbf{y}^\top\mathtt{C}\mathbf{x} = 0$을 만족하는 두 점 $\mathbf{x}$, $\mathbf{y}$는 원뿔 $\mathtt{C}$에 대해 켤레다.

  켤레 관계는 대칭이다.

- $\mathbf{x}$가 $\mathbf{y}$의 극선 위에 놓이면, $\mathbf{y}$ 또한 $\mathbf{x}$의 극선 위에 놓인다.

이것은 원뿔 행렬의 대칭에서 간단하게 유도된다. $\mathbf{x}^\top\mathtt{C}\mathbf{y} = 0$이면 점 $\mathbf{x}$는 $\mathbf{y}$의 극선 위에 있고 $\mathbf{y}^\top\mathtt{C}\mathbf{x} = 0$이면 점 $\mathbf{y}$는 $\mathbf{x}$의 극선 위에 있게 된다. $\mathbf{x}^\top\mathtt{C}\mathbf{y} = \mathbf{y}^\top\mathtt{C}\mathbf{x}$이므로 한 형식이 영이면 다른 형식도 영이 된다. 선에 대한 쌍대 켤레 관계가 있다. $\mathbf{l}^\top\mathtt{C}^*\mathbf{m} = 0$인 경우 두 개의 선 $\mathbf{l}$과 $\mathbf{m}$은 켤레다.

2.8.2 원뿔의 분류

여기에서는 원뿔의 사영 분류와 아핀 분류에 대해 설명한다.

원뿔의 사영 정규형 $\mathtt{C}$는 대칭 행렬이므로 실수의 고윳값을 가지고 직교 행렬 $\mathtt{U}$와 대각 행렬 $\mathtt{D}$의 곱인 $\mathtt{C} = \mathtt{U}^\top\mathtt{D}\mathtt{U}$로 분해할 수 있다(A4.2절 참조). $\mathtt{U}$로 표현되는 사영변환을 적용하면, 원뿔 $\mathtt{C}$는 다른 원뿔 $\mathtt{C}' = \mathtt{U}^{-\top}\mathtt{C}\mathtt{U}^{-1} = \mathtt{U}^{-\top}\mathtt{U}^\top\mathtt{D}\mathtt{U}\mathtt{U}^{-1} = \mathtt{D}$로 변환된다. 이것은 모든 원뿔이 사영변환에서 대각 행렬을 가진 원뿔과 동일하다는 것을 보여준다. $\epsilon_i = \pm 1$ 또는 0이며 $d_i > 0$에 대해 $\mathtt{D} = \mathrm{diag}(\epsilon_1 d_1, \epsilon_2 d_2, \epsilon_3 d_3)$를 가정한다. 그러면 $\mathtt{D}$는 다음의 형태로 쓸 수 있다.

$$\mathtt{D} = \mathrm{diag}(s_1, s_2, s_3)^\top \mathrm{diag}(\epsilon_1, \epsilon_2, \epsilon_3) \mathrm{diag}(s_1, s_2, s_3)$$

여기서 $s_i^2 = d_i$이다. $\mathrm{diag}(s_1,\ s_2,\ s_3)^\top = \mathrm{diag}(s_1,\ s_2,\ s_3)$에 유의한다. 그러므로 변환 $\mathrm{diag}(s_1, s_2, s_3)$을 한 번 더 적용하면 원뿔 D는 $\epsilon_i = \pm 1$ 또는 0인 행렬 $\mathrm{diag}(\epsilon_1, \epsilon_2, \epsilon_3)$으로 변환된다. 행렬의 순서를 바꾸는 순열 변환을 통해 값 $\epsilon_i = 1$이 값 $\epsilon_i = -1$보다 먼저 나오고 값 $\epsilon_i = 0$이 가장 뒤에 나오도록 한다. 마지막으로, 원소 +1의 개수가 원소 −1보다 많도록 필요하면 −1을 행렬에 곱한다. 이제 다양한 유형의 원뿔이 분류할 수 있으며 표 2.2에 나타냈다.

표 2.2 점 원뿔의 사영 분류 모든 평면 원뿔은 이 표에 나타난 유형 중의 하나와 사영적으로 동일하다. 일부 i에 대해서 $\epsilon_i = 0$인 원뿔을 퇴화 원뿔 곡선이라 하며 차수가 3보다 작은 행렬로 표현된다. 표에서 원뿔 유형을 나타낸 열은 원뿔의 실수점에 대해서만 설명한다. 예컨대 복소수 원뿔 $x^2 + y^2 = 0$은 선 $x = \pm iy$로 구성된다.

대각 행렬	식	원뿔 유형
(1, 1, 1)	$x^2 + y^2 + w^2 = 0$	이상 원뿔. 실수값이 없다.
(1, 1, −1)	$x^2 + y^2 - w^2 = 0$	원
(1, 1, 0)	$x^2 + y^2 = 0$	한 개의 점 $(0, 0, 1)^\top$
(1, −1, 0)	$x^2 - y^2 = 0$	두 개의 직선 $x = \pm y$
(1, 0, 0)	$x^2 = 0$	겹친 두 개의 직선 $x = 0$

원뿔의 아핀 분류 잘 알려진 유클리드 기하학에서 (퇴화하지 않은, 적절한) 원뿔을 쌍곡선, 타원, 포물선으로 분류한다. 위에서 설명한 것처럼 사영기하학에서는 이런 세 가지 유형의 원뿔은 원과 사영적으로 동일하다. 그러나 아핀 기하학에서는 원뿔에 대한 $\mathbf{l}_\infty$의 관계에만 의존하기 때문에 유클리드 분류가 여전히 유효하다. 원뿔의 세 가지 유형의 관계를 그림 2.20에 나타냈다.

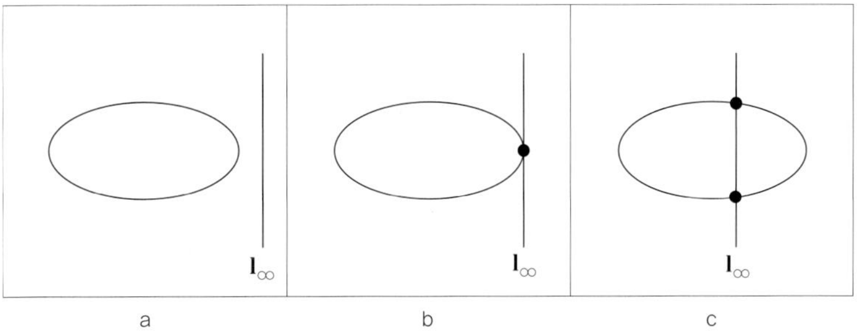

그림 2.20 점 원뿔의 아핀 분류 원뿔은 $\mathbf{l}_\infty$와 (a) 실수에서 교점이 없는지 (b) (2점 접촉하는) 접점인지 (c) 2개의 실수 교점이 있는지에 따라서 (a) 타원 (b) 포물선 (c) 쌍곡선이 된다. 아핀변환에서 $\mathbf{l}_\infty$은 고정된 선이고 교점은 보존된다. 따라서 이러한 분류는 아핀변환에 의해 바뀌지 않는다.

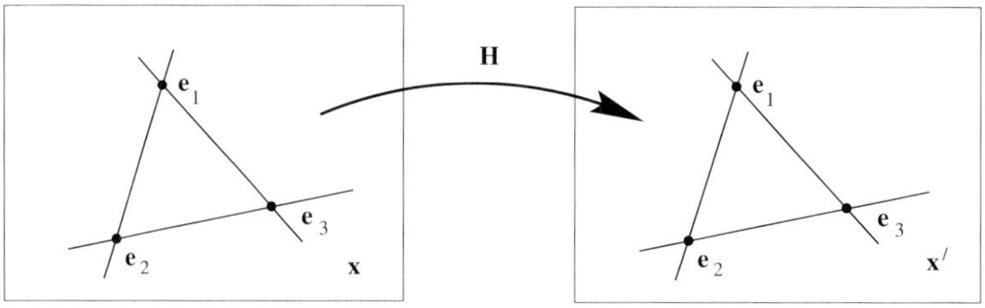

그림 2.21 평면 사영변환의 고정점과 고정선 고정점 세 개와 이를 통과하는 고정선 세 개가 있다. 고정점과 고정선은 복소수가 될 수 있다. 대수적으로, 고정점은 점 변환 $\mathbf{x}' = \mathtt{H}\mathbf{x}$의 고유벡터 $\mathbf{e}_i$이고 고정선은 선 변환 $\mathbf{l}' = \mathtt{H}^{-\top}\mathbf{l}$의 고유벡터다. 고정선은 선 상의 점이 고정된 것은 아니다. 변형을 통해 선 상의 점은 선 상의 다른 점으로 갈 수 있다. 고정점만이 자기 자신으로 옮겨 간다.

2.9 고정점과 고정선

$\mathbf{l}_\infty$와 원형점의 예에서 점과 선이 사영변환에서 고정될 수 있다. 여기에서는 이런 아이디어를 좀 더 자세히 설명한다.

여기에서는 변환 전후의 평면을 (같은 것으로) 동일시해 변환이 점 $\mathbf{x}$를 동일한 좌표계의 점 $\mathbf{x}'$으로 보낸다. 핵심 아이디어는 고유벡터^eigen vector^가 변환의 고정점^fixed point^에 해당한다는 것이다. 고윳값이 λ이고 고유벡터 $\mathbf{e}$인 경우에 다음의 식을 만족한다.

$$\mathtt{H}\mathbf{e} = \lambda\mathbf{e}$$

$\mathbf{e}$와 $\lambda\mathbf{e}$는 같은 점을 나타낸다. 고유벡터와 고윳값이 컴퓨터 비전의 애플리케이션에서 물리적 또는 기하학적 의미를 가지는 경우가 자주 있다.

3×3 행렬은 3개의 고윳값을 가지며, 따라서 평면 사영변환은 고윳값이 다른 경우 최대 3개의 고정점을 갖는다. 이 경우에 특성 방정식^characteristic equation^은 3차 방정식이므로 하나 또는 세 개의 고윳값과 이에 대응하는 고유벡터는 실수가 된다. 유사한 논리 전개를 고정선^fixed line^에 대해서도 할 수 있다. 선변환이 (2.6)의 $\mathbf{l}' = \mathtt{H}^{-\top}\mathbf{l}$이므로, 고정선은 $\mathtt{H}^{-\top}$의 고유벡터에 대응한다.

고정점과 고정선의 관계는 그림 2.21에 나타냈다. 선은 점이 아닌 집합으로 고정되는 것에 주의해야 한다. 즉, 선의 한점은 선의 다른 점으로 옮겨져서 일반적으로 변환 전후의 점은 다르게 된다. 여기에 신비로운 것은 없다. 평면 사영변환은 선의 1차원 사영변환을 유도한다. 1차원 사영변환은 2×2 동차 행렬로 표시된다(2.5절 참조). 이 1차원 사영변환은 2×2 행렬의 고유벡터 두 개에 해당하는 고정점 두 개가 있다. 이러한 고정점은 2차원 사영변환의 고정점이 된다.

중첩된 고윳값에 대해 추가적으로 설명이 필요하다. 두 개의 고윳값 (λ_2, λ_3)이 동일하고 $\lambda_2 = \lambda_3$에 대응하는 두 개의 고유벡터 $(\mathbf{e}_2, \mathbf{e}_3)$가 있다고 가정한다. 그러면 고유벡터 $\mathbf{e}_2$, $\mathbf{e}_3$을 포함하는 선은 점 단위로 고정된다. 이것은 고정점들의 선이다. $\mathbf{x} = \alpha\mathbf{e}_2 + \beta\mathbf{e}_3$이라 가정하면 다음이 성립한다.

$$\mathtt{H}\mathbf{x} = \lambda_2\alpha\mathbf{e}_2 + \lambda_2\beta\mathbf{e}_3 = \lambda_2\mathbf{x}$$

퇴화된 두 개의 고유벡터를 지나는 선 위에 있는 점들은 (배율의 차이를 제외하고) 자기 자신으로 변환된다. 또 $\lambda_2 = \lambda_3$이 가능하지만 대응하는 고유벡터는 하나뿐이다. 이 경우, 고유벡터는 대수 차원은 2이지만 기하 차원은 1이 된다. 결국 고정점의 개수가 (3개가 아니라 2개가 돼) 하나 적어진다. 중첩된 고윳값의 다양한 경우에 대해서 부록 7에서 자세히 설명했다.

2.4절의 사영변환 부분군의 계층 구조에서 고정점과 고정선을 조사한다. 아핀변환 또는 보다 특수화된 형식은 ($x_3 = 0$인) 이상점에 대응하는 두 개의 고유벡터를 가지며 이는 왼쪽 상단의 2×2 행렬의 고유벡터와 대응한다. 세 번째 고유벡터는 일반적으로 유한하다.

유클리드 행렬 두 개의 이상 고정점ideal fixed point은 고윳값 $\{e^{i\theta}, e^{-i\theta}\}$를 가지는 켤레 복소수 원형점 $\mathbf{I}$, $\mathbf{J}$이다. 여기서 θ는 회전 각도를 나타낸다. 세 번째 고유벡터는 단위 고윳값을 가지며 극점이라고 한다. 유클리드 변환은 이동없이 이 점에 대해 θ만큼 단순 회전한 것과 같다.

($\theta = 0$인) 순수 이동 변환은 특별한 경우다. 여기에서 고윳값은 세 배로 퇴화한다. 무한선은 점마다 고정되고, 평행 이동 방향에 해당하는 점 $(t_x, t_y, 0)^\top$를 통과하는 고정선이 있다. 결국 $\mathbf{t}$에 평행한 선은 고정된다. 이것은 일레이션elation의 예다(A7.3절 참조).

닮음 행렬 이상 고정점 두 개는 원형점이다. 고윳값은 $\{1, se^{i\theta}, se^{-i\theta}\}$이다. 변환의 작용은 회전으로 이해할 수 있고, 고윳값은 유한 고정점에 대해 s에 의한 비등방 배율 조정이다. 원형점의 고윳값이 다시 회전 각도를 가지고 있는 것에 주의한다.

아핀 행렬 이상 고정점 두 개는 실수 또는 켤레 복소수이지만, 이 점을 통과하는 고정선 $\mathbf{l}_\infty = (0, 0, 1)^\top$는 두 경우 모두 실수가 된다.

2.10 나가면서

2.10.1 참고문헌

컴퓨터 비전 전공자를 위한 평면 사영기하학에 대한 쉬운 소개는 Mundy and Zisserman [Mundy-92]의 부록에 있다. Semple and Kneebone[Semple-79]이 좀 더 수학적으로 서술했고, [Springer-64]가 좀 더 읽기 쉽다.

이미지 평면의 아핀과 거리 속성을 복원할 때 Collins and Beveridge[Collins-93]는 소실선을 사용해 위성 이미지에서 아핀 속성을 복원했고 Liebowitz and Zisserman [Liebowitz-98]은 직각과 같은 평면의 거리 정보를 이용해 거리 속성을 복원했다.

2.10.2 메모와 연습 문제

(i) **아핀변환**

(a) 아핀변환이 원을 타원으로 변환하지만 타원을 쌍곡선이나 포물선으로 변환하지 못하는 것을 보여라.

(b) 아핀변환에서 평행한 선분의 길이 비율은 불변량이지만, 평행하지 않은 선분의 비율은 그렇지 않다는 것을 증명하라.

(ii) **사영변환** 원점에 있는 단위 원을 (집합으로) 고정하는, 즉 원점의 단위 원을 원점의 단위 원으로 보내는 사영변환이 매개변수가 3개를 가지는 모임family임을 보여라(힌트: 결과 2.13을 사용해 변환을 계산한다). 이러한 모임의 기하학적 해석은 무엇인가?

(iii) **등방성** 닮음변환에서는 두 직선이 불변량을 가지고, 사영변환에서는 두 직선과 두 점이 불변량을 가지는 것을 보여라. 두 경우 모두 (결과 2.16의) 자유도 관계 등식을 위배한다. 이 두 경우에 대해서 각각의 변환은 부분적으로 결정하지만 완전히 결정할 수 없음을 보여라.

(iv) **불변량** 점, 선, 원뿔에 대한 변환 규칙을 이용해 다음을 증명하라.

(a) 두 개의 선 $\mathbf{l}_1$, $\mathbf{l}_2$와 이 선들 위에 있지 않은 두 점 $\mathbf{x}_1$, $\mathbf{x}_2$은 다음의 불변량을 가진다.

$$I = \frac{(\mathbf{l}_1^\top \mathbf{x}_1)(\mathbf{l}_2^\top \mathbf{x}_2)}{(\mathbf{l}_1^\top \mathbf{x}_2)(\mathbf{l}_2^\top \mathbf{x}_1)}$$

(앞의 문제 참조)

(b) 원뿔 C와 일반적인 위치에 있는 두 점 $\mathbf{x}_1$과 $\mathbf{x}_2$는 다음의 불변량을 가진다.

$$I = \frac{(\mathbf{x}_1^\top \mathtt{C} \mathbf{x}_2)^2}{(\mathbf{x}_1^\top \mathtt{C} \mathbf{x}_1)(\mathbf{x}_2^\top \mathtt{C} \mathbf{x}_2)}$$

(c) 각도 측정에 대한 사영 불변 표현식 (2.22)은 원형점을 가지는 교차 비율을 포함하는 라게르Laguerre의 사영 불변 표현과 동일하다([Springer-64] 참조).

(v) **교차 비율** 동일선상의 네점의 교차 비율 (2.18)은 사영변환에 대해 불변량임을 증명하라(힌트: 배율까지 포함한 등식인 $\bar{\mathbf{x}}_i = \lambda_i \mathtt{H}_{2\times2}\bar{\mathbf{x}}_i$, $\bar{\mathbf{x}}'_j = \lambda_j \mathtt{H}_{2\times2}\bar{\mathbf{x}}_j$로 표기한 동일선상의 두 점의 변환으로 시작해 행렬식의 속성을 이용해 $|\bar{\mathbf{x}}'_i\, \bar{\mathbf{x}}'_j| = \lambda_i\lambda_j \det \mathtt{H}_{2\times2}\, |\bar{\mathbf{x}}_i\, \bar{\mathbf{x}}_j|$을 증명하고 계속 진행해 나간다. 다른 방법으로 유도한 것은 [Semple-79]에 나와 있다).

(vi) **극성** 그림 2.19에서 타원 외부의 점 $\mathbf{x}$에 대한 극선의 기하학적 구조를 살펴봤다. 점이 내부에 있을 때 극선의 기하학적 구조를 보여라(힌트: 먼저 $\mathbf{x}$를 통과하는 직선을 선택하면, 이 선의 극점이 $\mathbf{x}$의 극선상의 점이 된다).

(vii) **원뿔** 두 개의 고윳값이 양수이고 하나가 음수가 되도록 원뿔 행렬 C의 부호를 선택하면, $\mathbf{x}^\top \mathtt{C}\mathbf{x}$의 부호에 따라 내부점과 외부점을 구분할 수 있다. $\mathbf{x}^\top \mathtt{C}\mathbf{x}$가 음수/영/양수임에 따라서 점 $\mathbf{x}$는 각각 원뿔 내부/위/외부에 놓인다. 이것은 원 $\mathtt{C} = \mathrm{diag}(1,\ 1,\ -1)$의 예에서 볼 수 있다. 사영변환에서 내부성은 불변이므로, 타원이 쌍곡선으로 변환되면 해석에 주의가 필요하다(그림 2.20 참조).

(viii) **쌍대 원뿔** 행렬 $[\mathbf{l}]_\times \mathtt{C} [\mathbf{l}]_\times$는 선 $\mathbf{l}$이 (점) 원뿔 C와 교차하는 두 점으로 구성된 차수 2인 쌍대 원뿔을 나타낸다(표기법 $[\mathbf{l}]_\times$는 A4.5절 참조).

(ix) **특수 사영변환** 평면 장면의 점들이 (예컨대 양방향 대칭을 가진 평면 개체의) 선의 반

사에 의해 관련이 있다고 가정한다. 평면의 투시 이미지에서 점이 $\mathtt{H}^2 = \mathtt{I}$를 만족하는 사영변환 H와 연관돼 있음을 증명하라. 그리고 H의 변환에서 반사선 이미지에 해당하는 고정점의 선이 있고 H가 이 선상에 놓여 있지 않은 고유벡터를 가지고 있음을 보여라. 이 선은 반사 방향의 소실점이다(H는 평면 조화 단응사상harmonic homology이다. A7.2장 참조).

이제 점이 (육각 볼트 머리의 점들 같이) 유한 회전 대칭에 의해 연관돼 있다고 가정한다. 이러한 경우에 $\mathtt{H}^n = \mathtt{I}$이며 여기에서 n은 (6각형 대칭의 경우 6인) 회전 대칭의 차수이고 H의 고윳값이 회전 각도를 결정하며 실수 고윳값에 해당하는 고유벡터가 회전 대칭의 중심 이미지임을 증명하라.

3

3차원 사영기하학과 변환

3장에서는 3차원 사영공간 $\mathbb{P}^3$의 속성과 구성 요소에 관해 설명한다. 2장에 설명한 사영평면에 관한 내용을 일반화한 것이 대부분이다. 예를 들면 $\mathbb{P}^3$는 3차원 유클리드 공간을 무한면plane at infinity π_∞에 있는 이상점의 집합으로 증강한 것이다. 이것은 $\mathbb{P}^2$에서 l_∞와 유사하다. 평행선, 이제는 평행면이 π_∞에서 교차한다. 당연히 동차 좌표가 다시 중요한 역할을 하는데 여기서는 모든 차원이 1씩 증가한다. 그러나 추가 차원으로 인해 다른 추가 속성이 나타난다. 예를 들어 두 선은 사영평면에서 항상 교차하지만 3차원 공간에서는 교차할 필요가 없다.

독자들은 3장을 읽기 전에 2장의 아이디어와 표기법을 숙달해야 한다. 여기서는 추가된 차원으로 나타난 차이점과 기하에 집중하고 앞의 내용을 반복하지 않는다.

3.1 점과 사영변환

3차원 공간의 점 $\mathbf{X}$는 동차 좌표에서 4차원 벡터로 표현한다. 구체적으로 $X_4 \neq 0$인 동차 벡터 $\mathbf{X} = (X_1, X_2, X_3, X_4)^\top$는 $\mathbb{R}^3$의 비동차 좌표 $(X, Y, Z)^\top$를 점으로 나타낸다.

$$X = X_1/X_4, \ Y = X_2/X_4, \ Z = X_3/X_4$$

예를 들어 $(X, Y, Z)^\top$의 동차 표현은 $\mathbf{X} = (X, Y, Z, 1)^\top$이다. $X_4 = 0$인 동차 좌표의 점은 무한점을 나타낸다.

$\mathbb{P}^3$에 작용하는 사영변환은 4×4 정칙 행렬로 표현되는 4차원 동차 벡터의 선형변환 $\mathbf{X}' = \mathtt{H}\mathbf{X}$이다. 변환을 표현하는 행렬 $\mathtt{H}$는 동차이므로 자유도는 15이다. 자유도는 행렬의 원소 16개에서 전체 배율에 해당하는 1개를 뺀 값이다.

평면 사영변환의 경우와 마찬가지로 3차원 사영변환은 (선이 선으로 변환되는) 공선사상 collineation이며, 평면과 선의 교점과 접촉 차수와 같은 관계를 보존한다.

3.2 평면, 선, 이차 곡면의 표현과 변환

$\mathbb{P}^3$에서 점과 평면은 쌍대이며, 표현과 명제들이 $\mathbb{P}^2$의 점과 선의 쌍대성과 유사하다. 선은 $\mathbb{P}^3$에서 자기 쌍대이다.

3.2.1 평면

3차원의 평면을 다음과 같이 쓸 수 있다.

$$\pi_1 \mathrm{X} + \pi_2 \mathrm{Y} + \pi_3 \mathrm{Z} + \pi_4 = 0 \tag{3.1}$$

방정식에 영이 아닌 스칼라를 곱해도 변하지 않는 것은 분명하다. 그러므로 평면의 계수에서 독립된 비율 세 개 $\{\pi_1 : \pi_2 : \pi_3 : \pi_4\}$만 중요하다. 따라서 평면은 3차원 공간에서 자유도 3을 가진다. 평면의 동차 표현은 4차원 벡터 $\boldsymbol{\pi} = (\pi_1, \pi_2, \pi_3, \pi_4)^\top$이다.

$\mathrm{X} \mapsto \mathrm{X}_1/\mathrm{X}_4$, $\mathrm{Y} \mapsto \mathrm{X}_2/\mathrm{X}_4$, $\mathrm{Z} \mapsto \mathrm{X}_3/\mathrm{X}_4$를 이용해 (3.1)을 동차화하면 다음을 얻는다.

$$\pi_1 \mathrm{X}_1 + \pi_2 \mathrm{X}_2 + \pi_3 \mathrm{X}_3 + \pi_4 \mathrm{X}_4 = 0$$

보다 간결하게,

$$\boldsymbol{\pi}^\top \mathbf{X} = 0 \tag{3.2}$$

이것은 점 $\mathbf{X}$가 평면 $\boldsymbol{\pi}$ 위에 있음을 나타낸다.

$\boldsymbol{\pi}$의 앞의 3개 성분은 유클리드 기하학의 평면 법선에 대응한다. 비동차 표기에서 (3.2)는 3차원 벡터를 사용하면 친숙한 평면 방정식 $\mathbf{n}.\widetilde{\mathbf{X}} + d = 0$이 된다. 여기서 $\mathbf{n} = (\pi_1, \pi_2, \pi_3)^\top$, $\widetilde{\mathbf{X}} = (\mathrm{X}, \mathrm{Y}, \mathrm{Z})^\top$, $\mathrm{X}_4 = 1$, $d = \pi_4$이다. 이 형식에서 $d/\|\mathbf{n}\|$은 원점에서 평면까지 거리이다.

결합 관계 $\mathbb{P}^3$에서 면, 점, 선의 다양한 기하학적 관계가 있다. 예를 들면,

(i) 일반적인 위치에 있는 (같은 직선에 있지 않은) 점 세 개 또는 선 하나와 (이 선상에 있지 않은) 점 하나로 평면은 유일하게 결정된다.

(ii) 서로 다른 두 개의 평면은 하나의 직선에서 교차한다.

(iii) 서로 다른 세 개의 평면은 하나의 점에서 교차한다.

이러한 관계는 대수적 표현을 가지며 점과 면에 대해서 소개한다. 선과 관련된 표현은 $\mathbb{P}^2$의 3차원 벡터의 대수(예: $\mathbf{l} = \mathbf{x} \times \mathbf{y}$)와 달리 간단하지 않다. 3.2.2절에서 선 표현을 설명한 후에 소개한다.

점 세 개는 평면을 결정한다 세 점 $\mathbf{X}_i$가 평면 $\boldsymbol{\pi}$상에 놓여 있다고 가정한다. 그러면 각각의 점은 (3.2)를 만족하므로 $\boldsymbol{\pi}^\top \mathbf{X}_i = 0,\ i = 1, \ldots, 3$이다. 이를 행렬로 표현해 다음을 얻는다.

$$\begin{bmatrix} \mathbf{X}_1^\top \\ \mathbf{X}_2^\top \\ \mathbf{X}_3^\top \end{bmatrix} \boldsymbol{\pi} = \mathbf{0} \tag{3.3}$$

일반적인 위치에 있는 세 점 $\mathbf{X}_1$, $\mathbf{X}_2$, $\mathbf{X}_3$은 선형 독립이므로, 이러한 점들을 행으로 구성한 3×4 행렬은 차수 3을 가진다. 그러므로 이러한 점들로 정의된 평면 $\boldsymbol{\pi}$는 1차원 (오른쪽) 영공간으로 (배율을 제외하고) 고유하게 구할 수 있다. 행렬의 차수가 2이고 결과적으로 영공간이 2차원이면 점은 동일선상에 있으며 동일선을 축으로 하는 평면 다발^pencil of plane^을 정의한다.

점과 선이 쌍대인 $\mathbb{P}^2$에서는 두 점 $\mathbf{x}$, $\mathbf{y}$를 지나는 선 $\mathbf{l}$을 $\mathbf{x}^\top$와 $\mathbf{y}^\top$를 행으로 가지는 2×3 행렬의 영공간으로 구할 수 있다. 그러나 벡터 대수를 이용한 보다 편리하고 직접적인 공식 $\mathbf{l} = \mathbf{x} \times \mathbf{y}$을 사용할 수 있다. $\mathbb{P}^3$에서 유사한 표현을 행렬식^determinant^과 소행렬식의 속성에서 구할 수 있다.

평면 $\boldsymbol{\pi}$를 정의하는 세 점 $\mathbf{X}_i$와 일반 점인 $\mathbf{X}$로 구성된 행렬 $\mathtt{M} = [\mathbf{X}, \mathbf{X}_1, \mathbf{X}_2, \mathbf{X}_3]$를 고려한다.

점 $\mathbf{X}$가 평면 $\boldsymbol{\pi}$상에 있으면 행렬식 $\det \mathtt{M} = 0$이 된다. 점 $\mathbf{X}_i,\ i = 1, \ldots, 3$의 선형 조합으로 $\mathbf{X}$를 표현할 수 있기 때문이다.

열 $\mathbf{X}$에 대해 행렬식을 전개하면 다음을 얻는다.

$$\det \mathtt{M} = \mathrm{X}_1 D_{234} - \mathrm{X}_2 D_{134} + \mathrm{X}_3 D_{124} - \mathrm{X}_4 D_{123}$$

여기서 D_{jkl}은 4×3 행렬 $[\mathbf{X}_1, \mathbf{X}_2, \mathbf{X}_3]$의 jkl 행으로 구성된 행렬식이다. π의 점에 대해 $\det \mathtt{M} = 0$이므로, 평면 계수는 다음과 같다.

$$\boldsymbol{\pi} = (D_{234}, -D_{134}, D_{124}, -D_{123})^\mathsf{T} \tag{3.4}$$

이것은 (3.3)의 (영공간인) 해가 된다.

보기 3.1 평면을 결정하는 세 점은 다음과 같다.

$$\mathbf{X}_1 = \begin{pmatrix} \widetilde{\mathbf{X}}_1 \\ 1 \end{pmatrix} \quad \mathbf{X}_2 = \begin{pmatrix} \widetilde{\mathbf{X}}_2 \\ 1 \end{pmatrix} \quad \mathbf{X}_3 = \begin{pmatrix} \widetilde{\mathbf{X}}_3 \\ 1 \end{pmatrix}$$

여기에서 $\widetilde{\mathbf{X}} = (\mathrm{X}, \mathrm{Y}, \mathrm{Z})^\mathsf{T}$이다. 그러면,

$$D_{234} = \begin{vmatrix} \mathrm{Y}_1 & \mathrm{Y}_2 & \mathrm{Y}_3 \\ \mathrm{Z}_1 & \mathrm{Z}_2 & \mathrm{Z}_3 \\ 1 & 1 & 1 \end{vmatrix} = \begin{vmatrix} \mathrm{Y}_1 - \mathrm{Y}_3 & \mathrm{Y}_2 - \mathrm{Y}_3 & \mathrm{Y}_3 \\ \mathrm{Z}_1 - \mathrm{Z}_3 & \mathrm{Z}_2 - \mathrm{Z}_3 & \mathrm{Z}_3 \\ 0 & 0 & 1 \end{vmatrix} = \left((\widetilde{\mathbf{X}}_1 - \widetilde{\mathbf{X}}_3) \times (\widetilde{\mathbf{X}}_2 - \widetilde{\mathbf{X}}_3) \right)_1$$

다른 성분 또한 비슷한 방법으로 구하여 다음을 얻는다.

$$\boldsymbol{\pi} = \begin{pmatrix} (\widetilde{\mathbf{X}}_1 - \widetilde{\mathbf{X}}_3) \times (\widetilde{\mathbf{X}}_2 - \widetilde{\mathbf{X}}_3) \\ -\widetilde{\mathbf{X}}_3^\mathsf{T} (\widetilde{\mathbf{X}}_1 \times \widetilde{\mathbf{X}}_2) \end{pmatrix}$$

이것은 유클리드 벡터 기하학과 유사한 결과이다. 예로서 유클리드 기하학에서 평면의 법선은 $(\widetilde{\mathbf{X}}_1 - \widetilde{\mathbf{X}}_3) \times (\widetilde{\mathbf{X}}_2 - \widetilde{\mathbf{X}}_3)$이다. △

평면 세 개가 한 점을 결정한다 여기에서는 평면을 정의하는 세 점의 경우와 쌍대다. 세 평면 π_i의 교점 $\mathbf{X}$는 평면으로 구성된 3×4 행렬의 (오른쪽) 영공간으로 간단하게 계산할 수 있다.

$$\begin{bmatrix} \boldsymbol{\pi}_1^\mathsf{T} \\ \boldsymbol{\pi}_2^\mathsf{T} \\ \boldsymbol{\pi}_3^\mathsf{T} \end{bmatrix} \mathbf{X} = \mathbf{0} \tag{3.5}$$

3×3 부분 행렬의 행렬식으로 표현되는 $\mathbf{X}$에 대한 직접 해를 (3.4)와 유사하게 구할 수 있지만, A5.1절의 알고리듬을 이용해 수치 해를 구할 수도 있다.

다음 두 결과는 2차원에서 직접 유추한 것이다.

사영변환 점 변환 $\mathbf{X}' = \mathtt{H}\mathbf{X}$에 대해 평면 변환은 다음과 같다.

$$\boldsymbol{\pi}' = \mathtt{H}^{-\mathsf{T}}\boldsymbol{\pi} \tag{3.6}$$

평면에서 매개변수화된 점 평면 $\boldsymbol{\pi}$상의 점을 다음으로 표현할 수 있다.

$$\mathbf{X} = \mathtt{M}\mathbf{x} \tag{3.7}$$

여기서 4×3 행렬 $\mathtt{M}$의 열은 $\boldsymbol{\pi}^{\mathsf{T}}$의 차수 3인 영공간을 생성한다. 즉, $\boldsymbol{\pi}^{\mathsf{T}}\mathtt{M} = \mathbf{0}$. (사영평면 $\mathbb{P}^2$의 점인) 3차원 벡터 $\mathbf{x}$는 평면 $\boldsymbol{\pi}$의 점을 매개변수화한다. 물론 $\mathtt{M}$은 유일하지 않다.

평면이 $\boldsymbol{\pi} = (a,\ b,\ c,\ d)^{\mathsf{T}}$이고 a가 0이 아니라면 $\mathtt{M}^{\mathsf{T}} = [\mathbf{p} \mid \mathtt{I}_{3\times3}]$으로 쓸 수 있다. 여기서 $\mathbf{p} = (-b/a,\ -c/a,\ -d/a)^{\mathsf{T}}$이다.

이러한 매개변수 표현은 $\mathbb{P}^2$의 직선 $\mathbf{l}$에 대한 표현과 유사하다. $\mathbb{P}^2$의 직선 $\mathbf{l}$은 $\mathbf{l}^{\mathsf{T}}\mathbf{a} = \mathbf{l}^{\mathsf{T}}\mathbf{b} = 0$에 대해 $\mathbf{x} = \mu\mathbf{a} + \lambda\mathbf{b}$인 2차원 영공간의 선형 조합으로 정의된다.

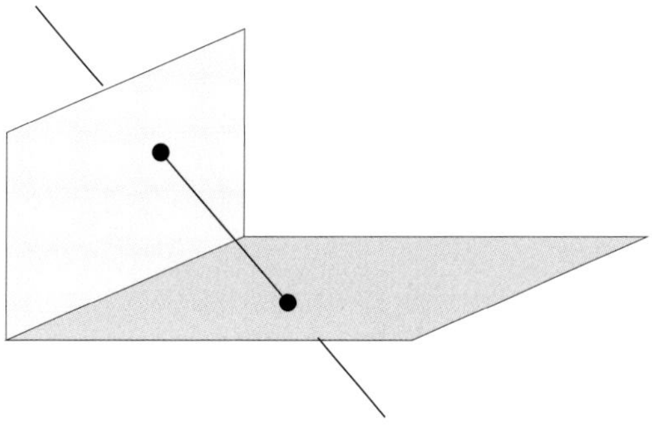

그림 3.1 직교 평면과의 교점으로 선을 지정할 수 있다. 각각의 교점은 자유도 2를 가져서 $\mathbb{P}^3$의 직선이 총 자유도 4를 가진다.

3.2.2 선

선은 두 점의 연결 또는 두 면의 교차로 정의된다. 선은 3차원 공간에서 자유도 4를 가진다. 그림 3.1과 같이 직교 평면 두 개의 교점으로 정의한 직선을 생각하면 자유도를 계산하기 쉽다. 각 평면과 교점은 두 개의 매개변수로 지정되며 직선은 총 4개의 자유도를 가진다.

자유도 4를 갖는 개체의 자연스러운 표현은 5차원 동차 벡터이므로 3차원 공간에서 선을 표현하는 것은 어색하다. 5차원 동차 벡터를 점과 면을 나타내는 4차원 벡터와 함께 수학 표현식에서 쉽게 사용할 수 없다.

이를 극복하기 위해 수학적인 복잡성이 다른 여러 가지 선의 표현이 제시됐다. 이 책에서는 이들 중에서 세 가지를 설명한다. 각각의 표현은 선이 정의되는 방식과 연관이 있다. 두 점의 결합 또는 이의 쌍대인 두 평면의 교차 그리고 두 정의 간의 사상이 있다. 각 표현을 이용해 (선과 면이 교차하는 점과 같은) 결합 관계를 계산할 수 있다.

I. 영공간과 펼침 표현 이 표현은 직관적인 기하학 개념을 기반으로 한다. 선은 공선collinear상의 점 꾸러미(매개변수가 한 개인 모임)이며, 이런 점들 중에서 두 점으로 정의한다. 비슷하게 선은 면 꾸러미의 축이며 꾸러미에 있는 임의의 면 두 개의 교차로 정의한다. 두 경우 모두 실제 점이나 면은 중요하지 않다(두 점은 자유도 6을 가지며 4차원 벡터 두 개로 표현돼서 너무 많은 변수를 가진다). 이런 개념을 수학적으로 선은 두 벡터의 **펼침**span이라 한다. $\mathbf{A}$, $\mathbf{B}$는 공간에서 (일치하지 않는) 점 두 개다. 이런 점을 연결하는 선은 $\mathbf{A}^\top$와 $\mathbf{B}^\top$를 행으로 가지는 다음의 2×4 행렬 $\mathtt{W}$의 행공간row space의 펼침으로 표현된다.

$$\mathtt{W} = \begin{bmatrix} \mathbf{A}^\top \\ \mathbf{B}^\top \end{bmatrix}$$

그러면,

(i) $\mathtt{W}^\top$의 펼침은 선에서 점 $\lambda\mathbf{A} + \mu\mathbf{B}$의 꾸러미다.

(ii) $\mathtt{W}$의 오른쪽 2차원 영공간의 펼침은 선을 축으로 가지는 면들의 꾸러미다.

선에 있는 다른 두 점 $\mathbf{A}'^\top$과 $\mathbf{B}'^\top$을 행렬 $\mathtt{W}'$을 구성해도 $\mathtt{W}$와 같은 펼침을 가진다. 따라서 이 표현은 정의에 사용한 점과 무관하다.

영공간 속성을 증명하기 위해 $\mathbf{P}$와 $\mathbf{Q}$를 영공간의 기저basis로 가정한다. 그러면 $\mathtt{W}\mathbf{P} = 0$이며 결국 $\mathbf{A}^\top\mathbf{P} = \mathbf{B}^\top\mathbf{P} = 0$이므로 $\mathbf{P}$는 점 $\mathbf{A}$와 $\mathbf{B}$를 포함하는 평면이다. 비슷한 방법으로 $\mathbf{Q}$는 점 $\mathbf{A}$와 $\mathbf{B}$를 포함하는 별개의 평면이다. 따라서 $\mathbf{A}$와 $\mathbf{B}$는 (선형 독립인) 평면 $\mathbf{P}$와 $\mathbf{Q}$에 모두 놓여 있으므로 $\mathtt{W}$로 정의된 선은 평면이 교차하는 곳이다. 선을 축으로 가지는 꾸러미의 모든 평면은 펼침 $\lambda'\mathbf{P} + \mu'\mathbf{Q}$으로 주어진다.

두 평면 $\mathbf{P}$, $\mathbf{Q}$의 교차로 나타나는 선의 쌍대 표현은 비슷하다. $\mathbf{P}^\top$와 $\mathbf{Q}^\top$를 행으로 구성한 다음의 2×4 행렬 $\mathtt{W}^*$의 펼침으로 선이 표현된다.

$$\mathtt{W}^* = \begin{bmatrix} \mathbf{P}^\top \\ \mathbf{Q}^\top \end{bmatrix}$$

다음을 만족한다.

(i) $\mathtt{W}^{*\top}$의 펼침은 선을 축으로 가지는 평면의 꾸러미 $\lambda'\mathbf{P} + \mu'\mathbf{Q}$이다.

(ii) $\mathtt{W}^*$의 2차원 영공간의 펼침은 선 상의 점들의 꾸러미다.

두 표현은 $\mathtt{W}^*\mathtt{W}^\top = \mathtt{W}\mathtt{W}^{*\top} = 0_{2\times2}$로 관계를 가진다. 여기서 $0_{2\times2}$은 2×2 영행렬이다.

보기 3.2 X축은 다음과 같이 표현된다.

$$\mathtt{W} = \begin{bmatrix} 0 & 0 & 0 & 1 \\ 1 & 0 & 0 & 0 \end{bmatrix} \qquad \mathtt{W}^* = \begin{bmatrix} 0 & 0 & 1 & 0 \\ 0 & 1 & 0 & 0 \end{bmatrix}$$

여기서 점 $\mathbf{A}$와 $\mathbf{B}$는 원점과 X 방향의 이상점이고, 평면 $\mathbf{P}$와 $\mathbf{Q}$는 각각 XY-평면과 XZ-평면이다. △

결합 관계 또한 영공간에서 계산할 수 있다.

(i) 점 $\mathbf{X}$와 선 $\mathtt{W}$로 정의되는 평면 $\boldsymbol{\pi}$는 다음 행렬의 영집합이다.

$$\mathtt{M} = \begin{bmatrix} \mathtt{W} \\ \mathbf{X}^\top \end{bmatrix}$$

$\mathtt{M}$의 영공간이 2차원이면 $\mathbf{X}$는 $\mathtt{W}$ 위에 있고 그렇지 않으면 $\mathtt{M}\boldsymbol{\pi} = 0$이다.

(ii) 선 $\mathtt{W}$와 평면 $\boldsymbol{\pi}$의 교차로 정의하는 점 $\mathbf{X}$를 다음 행렬의 영공간에서 구할 수 있다.

$$\mathtt{M} = \begin{bmatrix} \mathtt{W}^* \\ \boldsymbol{\pi}^\top \end{bmatrix}$$

$\mathtt{M}$의 영공간이 2차원이면 선 $\mathtt{W}$는 $\boldsymbol{\pi}$ 위에 있고 그렇지 않으면 $\mathtt{M}\mathbf{X} = 0$이다.

이러한 속성은 직관적으로 알 수 있다. 예를 들면 첫 번째 속성은 세 점이 평면을 정의하는 (3.3)과 같다.

펼침 표현은 실용적인 수치 구현에서 매우 유용하다. 대부분의 행렬 연산 패키지에 있는 (A4.4절의) SVD 알고리듬을 이용하면 간단하게 영공간을 계산할 수 있다. 추정 문제에서도 이런 표현은 유용하다. 여기에서는 추정하는 요소를 (4.5절에서 논의하는) 과도하게 매개변수화해도 별로 문제가 되지 않는다.

II. 플뤼커 행렬 여기에서는 선이 4×4 반대칭 동차 행렬로 표현된다. 특히 두 점 $\mathbf{A}$, $\mathbf{B}$를 연결하는 선은 다음의 원소를 가지는 행렬 L로 표시된다.

$$l_{ij} = A_i B_j - B_i A_j$$

벡터 표기법으로는 다음이 된다.

$$\mathtt{L} = \mathbf{A}\mathbf{B}^\top - \mathbf{B}\mathbf{A}^\top \tag{3.8}$$

우선 L의 몇 가지 속성을 소개한다.

(i) L의 차수는 2이다. 2차원 영공간은 선을 중심축으로 갖는 평면 꾸러미다(실제로 $\mathtt{LW}^{*\top} = 0$이며, 0은 4×2 영행렬이다).

(ii) 이 표현은 선에 필요한 자유도 4를 갖고 있다. 다음과 같이 설명할 수 있다. 반대칭 행렬은 영이 아닌 독립 원소 6개를 갖지만 5개의 비율만 중요하다. 그리고 $\det \mathtt{L} = 0$이어서 원소가 (2차) 제약 조건을 만족한다(아래 참조). 결국, 최종 자유도는 4다.

(iii) 3차원 벡터로 표현되는 두 점 $\mathbf{x}$, $\mathbf{y}$가 정의하는 선 $\mathbf{l}$은 $\mathbb{P}^2$에서 벡터곱 공식 $\mathbf{l} = \mathbf{x} \times \mathbf{y}$를 가진다. 관계식 $\mathtt{L} = \mathbf{A}\mathbf{B}^\top - \mathbf{B}\mathbf{A}^\top$는 이것의 4차원 공간에서 일반화다.

(iv) 행렬 L은 정의하는 점 $\mathbf{A}$, $\mathbf{B}$와 무관하다. $\mathbf{C} = \mathbf{A} + \mu\mathbf{B}$인 선의 다른 점 $\mathbf{C}$를 사용해도 결과 행렬은 같다.

$$\begin{aligned}\hat{\mathtt{L}} &= \mathbf{A}\mathbf{C}^\top - \mathbf{C}\mathbf{A}^\top = \mathbf{A}(\mathbf{A}^\top + \mu\mathbf{B}^\top) - (\mathbf{A} + \mu\mathbf{B})\mathbf{A}^\top \\ &= \mathbf{A}\mathbf{B}^\top - \mathbf{B}\mathbf{A}^\top = \mathtt{L}\end{aligned}$$

(v) 점 변환 $\mathbf{X}' = \mathtt{H}\mathbf{X}$에서 행렬은 $\mathtt{L}' = \mathtt{HLH}^\top$와 같이 변환된다. 이는 친화도valency 2인 텐서이다(부록1 참조).

보기 3.3 (3.8)에서 $\mathbf{X}$축은 다음과 같이 표현된다.

$$\mathtt{L} = \begin{pmatrix} 0 \\ 0 \\ 0 \\ 1 \end{pmatrix} \begin{pmatrix} 1 & 0 & 0 & 0 \end{pmatrix} - \begin{pmatrix} 1 \\ 0 \\ 0 \\ 0 \end{pmatrix} \begin{pmatrix} 0 & 0 & 0 & 1 \end{pmatrix} = \begin{bmatrix} 0 & 0 & 0 & -1 \\ 0 & 0 & 0 & 0 \\ 0 & 0 & 0 & 0 \\ 1 & 0 & 0 & 0 \end{bmatrix}$$

여기서 점 $\mathbf{A}$와 $\mathbf{B}$는 (앞의 보기에서와 같이) 원점과 $\mathbf{X}$ 방향의 이상점이다. △

두 평면 $\mathbf{P}$, $\mathbf{Q}$의 교차로 생성되는 선에 대해 쌍대 플뤼커Plücker 표현을 얻을 수 있다.

$$\mathtt{L}^* = \mathbf{P}\mathbf{Q}^\mathsf{T} - \mathbf{Q}\mathbf{P}^\mathsf{T} \tag{3.9}$$

이것은 $\mathtt{L}$과 유사한 속성을 가진다. 점 변환 $\mathbf{X}' = \mathtt{H}\mathbf{X}$에서 행렬 $\mathtt{L}^*$는 $\mathtt{L}^{*\prime} = \mathtt{H}^{-\mathsf{T}}\mathtt{L}^*\mathtt{H}^{-1}$로 변환된다. 행렬 $\mathtt{L}^*$는 다음의 간단한 재작성 규칙을 이용하면 $\mathtt{L}$에서 직접 구할 수 있다.

$$l_{12} : l_{13} : l_{14} : l_{23} : l_{42} : l_{34} = l^*_{34} : l^*_{42} : l^*_{23} : l^*_{14} : l^*_{13} : l^*_{12} \tag{3.10}$$

대응 규칙은 간단하다. 쌍대 원소와 원래 원소의 하첨자는 항상 {1, 2, 3, 4}의 모든 숫자를 포함해서 원래 원소가 ij이면 쌍대 원소는 {1, 2, 3, 4}에서 ij가 아닌 숫자다. 예를 들면 $12 \mapsto 34$와 같다.

결합 속성은 이러한 표기법에서 잘 표현된다.

(i) 점 $\mathbf{X}$와 선 $\mathtt{L}$의 결합으로 정의되는 평면은 다음과 같다.

$$\boldsymbol{\pi} = \mathtt{L}^*\mathbf{X}$$

그리고 $\mathtt{L}^*\mathbf{X} = 0$과 $\mathbf{X}$가 $\mathtt{L}$상에 있는 것은 동치이다.

(ii) 선 $\mathtt{L}$과 평면 $\boldsymbol{\pi}$의 교차로 정의되는 점은 다음과 같다.

$$\mathbf{X} = \mathtt{L}\boldsymbol{\pi}$$

그리고 $\mathtt{L}\boldsymbol{\pi} = \mathbf{0}$과 $\mathtt{L}$이 $\boldsymbol{\pi}$상에 있는 것은 동치이다.

두 개 (또는 더 이상의) 직선 $\mathtt{L}_1, \mathtt{L}_2, \ldots$의 속성은 행렬 $\mathtt{M} = [\mathtt{L}_1, \mathtt{L}_2, \ldots]$의 영공간에서 구할 수 있다. 예를 들어 선이 동일 평면에 있으면 $\mathtt{M}^\mathsf{T}$는 선의 평면 $\boldsymbol{\pi}$에 해당하는 1차원 영공간을 가진다.

보기 3.4 X축과 평면 X = 1의 교점은 다음과 같이 $\mathbf{X} = \mathrm{L}\pi$로 주어진다.

$$\mathbf{X} = \begin{bmatrix} 0 & 0 & 0 & -1 \\ 0 & 0 & 0 & 0 \\ 0 & 0 & 0 & 0 \\ 1 & 0 & 0 & 0 \end{bmatrix} \begin{pmatrix} 1 \\ 0 \\ 0 \\ -1 \end{pmatrix} = \begin{pmatrix} 1 \\ 0 \\ 0 \\ 1 \end{pmatrix}$$

이것의 비동차 좌표 점은 $(\mathrm{X}, \mathrm{Y}, \mathrm{Z})^\top = (1, 0, 0)^\top$이다. △

III. 플뤼커 선 좌표 플뤼커 선 좌표는 4 × 4 반대칭 플뤼커 행렬 (3.8) L의 영이 아닌 원소 6개이다.[1]

$$\mathcal{L} = \{l_{12}, l_{13}, l_{14}, l_{23}, l_{42}, l_{34}\} \tag{3.11}$$

이것은 동차 6차원 벡터이므로 $\mathbb{P}^5$의 원소이다. det L = 0의 조건에서 좌표는 다음의 식을 만족한다.

$$l_{12}l_{34} + l_{13}l_{42} + l_{14}l_{23} = 0 \tag{3.12}$$

6차원 벡터 $\mathcal{L}$은 (3.12)를 만족해야 3차원 공간의 선과 대응한다. 이 제약 조건의 기하학적 해석은 $\mathbb{P}^3$의 직선은 클라인 이차 곡면Klein quadric으로 알려진 $\mathbb{P}^5$의 (여차원codimension 1인) 곡면을 정의한다. 이차인 것은 (3.12)의 항이 플뤼커 선 좌표에 대해 이차식이기 때문이다.

두 직선 $\mathcal{L}, \hat{\mathcal{L}}$이 점 **A**, **B**와 $\widehat{\mathbf{A}}$, $\widehat{\mathbf{B}}$를 각각 연결한다고 가정한다. 두 직선이 교차하는 것과 네점이 같은 평면에 있는 것은 같다. 이를 위한 필요충분조건은 $\det[\mathbf{A}, \mathbf{B}, \widehat{\mathbf{A}}, \widehat{\mathbf{B}}] = 0$이다. 행렬식 전개를 통해 다음을 얻는다.

$$\begin{aligned} \det[\mathbf{A}, \mathbf{B}, \widehat{\mathbf{A}}, \widehat{\mathbf{B}}] &= l_{12}\hat{l}_{34} + \hat{l}_{12}l_{34} + l_{13}\hat{l}_{42} + \hat{l}_{13}l_{42} + l_{14}\hat{l}_{23} + \hat{l}_{14}l_{23} \\ &= (\mathcal{L}|\hat{\mathcal{L}}) \end{aligned} \tag{3.13}$$

플뤼커 좌표는 이를 정의하는 특정한 점과 무관하므로, 이중 선형곱bilinear product $(\mathcal{L}\,|\,\hat{\mathcal{L}})$은 유도 과정의 점과 무관하며 오직 선 $\mathcal{L}$과 $\hat{\mathcal{L}}$에 의존한다. 그러므로 다음을 얻는다.

결과 3.5 두 직선 $\mathcal{L}$과 $\hat{\mathcal{L}}$이 같은 평면에 있는 (그래서 교차하는) 필요충분조건은 $(\mathcal{L}\,|\,\hat{\mathcal{L}}) = 0$이다.

1 뒤에 나오는 공식의 많은 곳에서 음의 부호를 없애기 위해 편의상 l_{24} 대신 l_{42}를 사용한다.

이 곱은 유용한 공식에서 많이 나타난다.

(i) 6차원 벡터 $\mathcal{L}$은 $(\mathcal{L} \mid \mathcal{L}) = 0$인 경우에 $\mathbb{P}^3$의 선을 나타낸다. 이것은 (3.12)의 클라인 이중 곡면 제약의 단순 반복이다.

(ii) 두 선 $\mathcal{L}, \hat{\mathcal{L}}$이 평면 $\mathbf{P}$, $\mathbf{Q}$와 $\widehat{\mathbf{P}}$, $\widehat{\mathbf{Q}}$의 각각의 교차라고 가정한다. 그러면

$$(\mathcal{L}|\hat{\mathcal{L}}) = \det[\mathbf{P}, \mathbf{Q}, \widehat{\mathbf{P}}, \widehat{\mathbf{Q}}]$$

여기서 다시 한 번 두 선이 교차할 필요충분조건은 $(\mathcal{L} \mid \hat{\mathcal{L}}) = 0$이다.

(iii) $\mathcal{L}$은 두 평면 $\mathbf{P}$와 $\mathbf{Q}$의 교차이고, $\hat{\mathcal{L}}$은 두 점 $\mathbf{A}$와 $\mathbf{B}$의 연결이면

$$(\mathcal{L}|\hat{\mathcal{L}}) = (\mathbf{P}^\mathsf{T}\mathbf{A})(\mathbf{Q}^\mathsf{T}\mathbf{B}) - (\mathbf{Q}^\mathsf{T}\mathbf{A})(\mathbf{P}^\mathsf{T}\mathbf{B}) \tag{3.14}$$

플뤼커 좌표는 대수적인 유도를 할 때 편리하다. 8장에서 3차원의 직선을 이미지에서 정의할 때 사용한다.

3.2.3 이차 곡면과 쌍대 이차 곡면

이차 곡면Quadric은 다음 방정식으로 정의된 $\mathbb{P}^3$의 표면이다.

$$\mathbf{X}^\mathsf{T}\mathtt{Q}\mathbf{X} = 0 \tag{3.15}$$

여기서 Q는 4×4 대칭 행렬이다. 많은 경우에 행렬 Q와 이것이 정의하는 2차 곡면을 구별하지 않으며 단순히 2차 곡면 Q라고 언급한다.

이차 곡면의 많은 성질들이 2.2.3절의 원뿔 곡선에서 직접 유도된다. 중요한 것만 소개한다.

(i) 이차 곡면은 자유도 9를 가진다. 이것은 4×4 대칭 행렬의 원소에서 배율을 위해 1을 뺀 값이다.

(ii) 일반적인 위치에 있는 점 9개는 이차 곡면을 정의한다.

(iii) 행렬 Q가 특이한 경우, 이차 곡면은 퇴화degenerate되고 더 적은 갯수의 점으로 정의할 수 있다.

(iv) (2.8.1절에서) 원뿔 곡선이 점과 선 사이의 극성polarity을 정의하는 것과 비슷하게 이차 곡면은 점과 면 사이의 극성을 정의한다. 평면 $\boldsymbol{\pi} = \mathtt{Q}\mathbf{X}$는 Q에 대한 $\mathbf{X}$의 극

평면이다. Q가 정칙이고 $\mathbf{X}$가 이차 곡면의 바깥에 있으면, 극평면은 $\mathbf{X}$에서 나오면서 Q에 접하는 광선의 원뿔과 Q가 만나는 점들로 정의한다. $\mathbf{X}$가 Q상에 있는 경우 Q$\mathbf{X}$는 $\mathbf{X}$에서 Q의 접평면이 된다.

(v) 평면 π와 이차 곡면 Q의 교차점들은 원뿔 곡선 C이다. 원뿔을 계산하는 것은 평면에 대한 좌표계가 필요하기에 까다롭다. (3.7)에서 평면의 좌표계는 $\mathbf{X} = \mathtt{M}\mathbf{x}$와 같이 π의 여공간complement space으로 정의할 수 있다. $\mathbf{X}^\top \mathtt{Q}\mathbf{X} = \mathbf{x}^\top \mathtt{M}^\top \mathtt{QM}\mathbf{x} = 0$이면 π상의 점은 Q에 놓인다. 이런 점들은 원뿔 곡선상에 있게 된다. $\mathtt{C} = \mathtt{M}^\top\mathtt{QM}$이고 $\mathbf{x}^\top \mathtt{C}\mathbf{x} = 0$이기 때문이다.

(vi) 점 변환 $\mathbf{X}' = \mathtt{H}\mathbf{X}$에서 (점) 이차 곡면의 변환은 다음이다.

$$\mathtt{Q}' = \mathtt{H}^{-\top}\mathtt{Q}\mathtt{H}^{-1} \tag{3.16}$$

이차 곡면의 쌍대 또한 이차 곡면이다. 쌍대 이차 곡면은 평면에서의 방정식이다. 점 이차 곡면 Q의 접평면 π는 $\pi^\top \mathtt{Q}^* \pi = 0$을 만족한다. 여기에서 $\mathtt{Q}^* = \text{adjoint } \mathtt{Q}$이며 Q가 가역 행렬이면 $\mathtt{Q}^{-1}$이 된다. 점 변환 $\mathbf{X}' = \mathtt{H}\mathbf{X}$에서 쌍대 이차 곡면의 변환은 다음이다.

$$\mathtt{Q}^{*\prime} = \mathtt{H}\mathtt{Q}^*\mathtt{H}^\top \tag{3.17}$$

이차 곡면의 이미지에 대한 계산은 점 이차 곡면보다 쌍대 이차 곡면의 경우가 더 간단하다. 8장에서 자세하게 설명한다.

3.2.4 이차 곡면의 분류

이차 곡면을 나타내는 행렬 Q는 대칭이므로 실수 직교 행렬 U와 실수 대각 행렬 D를 이용해 $\mathtt{Q} = \mathtt{U}^\top\mathtt{DU}$로 분해할 수 있다. 그리고 U의 행에 적절하게 배율을 곱하면 D의 대각 원소가 0, 1, -1이 되도록 $\mathtt{Q} = \mathtt{H}^\top\mathtt{DH}$로 변경할 수 있다. 또한 D의 원소 중에서 0이 대각선에서 마지막에 나타나고 $+1$이 먼저 나오도록 할 수 있다. 이제, $\mathtt{Q} = \mathtt{H}^\top\mathtt{DH}$를 D로 대체하는 것은 행렬 H에 의해 변환되는 사영변환과 동일하다((3.16) 참조). 그러므로 사영 등가에서는 주어진 단순한 형태의 행렬 D로 이차 곡면이 표현된다고 가정할 수 있다.

$\sigma(\mathtt{D})$로 표시하는 대각 행렬 D의 부호수signature는 $+1$인 항목 개수에서 -1인 항목 개수를 뺀 값으로 정의한다. 이 정의는 H가 실수 행렬이고 $\mathtt{Q} = \mathtt{H}^\top\mathtt{DH}$일 때 $\sigma(\mathtt{Q}) = \sigma(\mathtt{D})$를 정

의해 임의의 실수 대칭 행렬 Q로 확장할 수 있다. 부호수가 특정한 H의 선택에 무관하게 잘 정의되는 것을 알 수 있다. 이차 곡선을 나타내는 행렬은 부호를 제외하고 정의되기 때문에 부호수는 음수가 아니라고 가정할 수 있다. 그러면 이차 곡면의 사형 유형은 차수와 부호수에 따라 유일하게 결정된다. 이것으로 이차 곡면의 다른 사영 등가 분류를 열거할 수 있다.

대각 행렬 diag(d_1, d_2, d_3, d_4)로 표현하는 이차 곡면은 방정식 $d_1\mathrm{X}^2 + d_2\mathrm{Y}^2 + d_3\mathrm{Z}^2 + d_4\mathrm{T}^2 = 0$을 만족하는 점들의 집합과 대응한다. $\mathrm{T} = 1$이라 두면, 무한점을 가지지 않는 이차 곡면의 방정식을 얻을 수 있다. 표 3.1과 그림 3.2, 3.3, 3.4에 이차 곡면의 예가 있다.

표 3.1 점 이차 곡면의 분류

차수	σ	대각 행렬	방정식	실현
4	4	(1, 1, 1, 1)	$X^2 + Y^2 + Z^2 + 1 = 0$	실수점이 없음
	2	(1, 1, 1, −1)	$X^2 + Y^2 + Z^2 = 0$	구
	0	(1, 1, −1, −1)	$X^2 + Y^2 = Z^2 + 1$	일엽쌍곡면(one sheet hyperboloid)
3	3	(1, 1, 1, 0)	$X^2 + Y^2 + Z^2 = 0$	한 점$(0, 0, 0, 1)^\mathsf{T}$
	1	(1, 1, −1, 0)	$X^2 + Y^2 = Z^2$	원점의 원뿔
2	2	(1, 1, 0, 0)	$X^2 + Y^2 = 0$	직선 한 개(Z축)
	0	(1, −1, 0, 0)	$X^2 = Y^2$	평면 두 개 $X = \pm Y$
1	1	(1, 0, 0, 0)	$X^2 = 0$	평면 $X = 0$

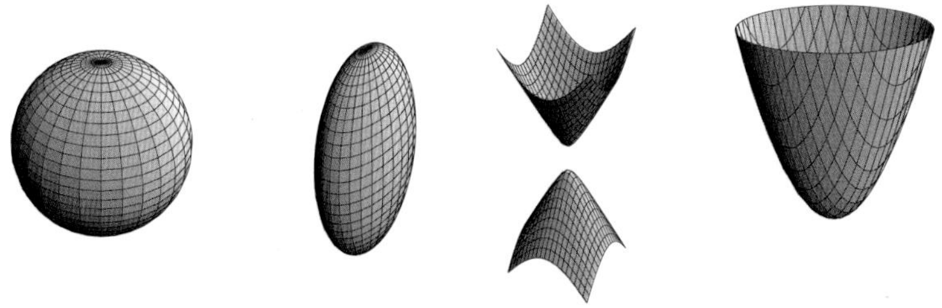

그림 3.2 비선직 이차 곡면(Non-ruled quadrics) 구, 타원면(ellipsoid), 이엽쌍곡면(two sheets hyperboloid), 포물면(paraboloid)의 개형을 보여준다. 이들은 사영적으로 모두 동일하다.

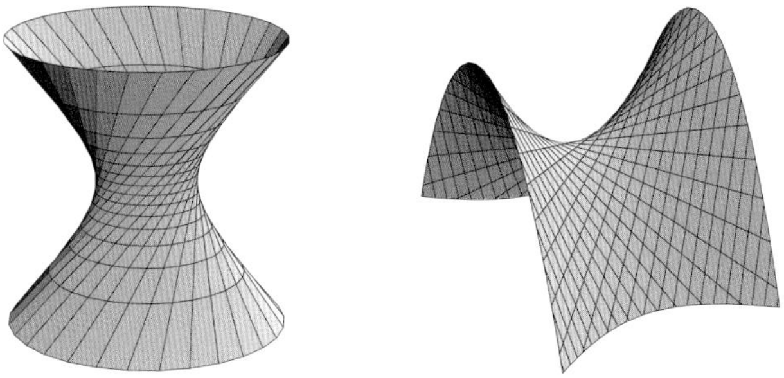

그림 3.3 선직 이차 곡면(ruled quadrics) 일엽쌍곡면(one sheet hyperboloid)의 두 가지 예를 보여준다. 곡면의 방정식은 각각 $X^2 + Y^2 = Z^2 + 1$과 $XY = Z$로 주어지고, 사영적으로 동일하다. 두 표면은 서로 다른 직선의 두 집합으로 구성되며 한 집합의 각각의 직선은 다른 집합의 각각의 선과 만난다는 것에 주의한다. 여기에 나타낸 두 이차 곡면은 (아핀은 아니지만) 사영적으로 동일하다.

선직 이차 곡면 이차 곡면은 선직 이차 곡면과 비선직 이차 곡면 두 가지로 분류한다. 선직 이차 곡면은 직선을 포함하는 것이다. 좀 더 구체적으로 그림 3.3에서 보듯이 (일엽쌍곡면과 같은) 퇴화하지 않은 선직 이차 곡면은 생성기[generator]라고 하는 직선의 두 모임을 가진다. 선직 이차 곡면의 추가 속성은 [Semple-79]에 나와 있다.

이차 곡면 중에서 가장 흥미로운 것은 차수 4의 두 이차 곡면이다. 이들 둘은 토폴로지[topology] 유형에서도 다르다. (구[sphere]가 예가 되는) 부호수가 2인 이차 곡면은 (분명하게) 위상적으로 구다. 반면 일엽쌍곡면은 구와 위상 동형[homemorphic]이 아니다. 사실 이것은 위상적으로 ($S^1 \times S^1$과 위상 동형인) 원환면[torus]이다. 이것으로 이 둘이 사영적으로 동등하지 않다는 것을 알 수 있다.

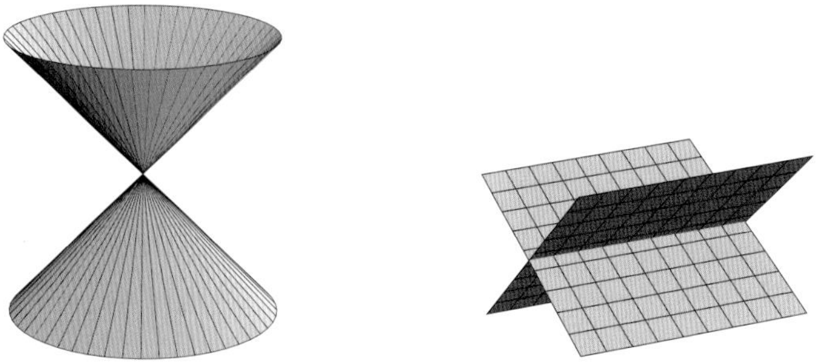

그림 3.4 퇴화된 이차 곡면 가장 중요한 두 개의 퇴화된 이차 곡면인 원뿔과 두 개의 평면을 나타냈다. 둘 다 선직 곡면이다. 원뿔을 나타내는 행렬의 차수는 3이고 영벡터는 원뿔의 마디점(nodal point)을 나타낸다. (일치하지 않는) 평면 두 개를 나타내는 행렬은 차수 2이며, 차수 2의 영공간의 두 생성자는 평면이 교차하는 선 위의 두 점이다.

3.3 꼬인 삼차 곡선

꼬인 삼차 곡선은 2차원 원뿔 곡선의 3차원 버전으로 생각할 수 있다(어떻게 보면 2차원 원뿔의 3차원 버전은 이차 곡면이기도 하다).

2차원 투영 평면의 원뿔은 다음과 같이 매개변수로 표현할 수 있다.

$$\begin{pmatrix} x_1 \\ x_2 \\ x_3 \end{pmatrix} = \mathtt{A}\begin{pmatrix} 1 \\ \theta \\ \theta^2 \end{pmatrix} = \begin{pmatrix} a_{11} + a_{12}\theta + a_{13}\theta^2 \\ a_{21} + a_{22}\theta + a_{23}\theta^2 \\ a_{31} + a_{32}\theta + a_{33}\theta^2 \end{pmatrix} \tag{3.18}$$

여기서 $\mathtt{A}$는 3×3 정칙 행렬이다.

위와 유사하게, 꼬인 삼차 곡선은 다음과 같이 $\mathbb{P}^3$의 곡선으로 정의한다.

$$\begin{pmatrix} \mathrm{X}_1 \\ \mathrm{X}_2 \\ \mathrm{X}_3 \\ \mathrm{X}_4 \end{pmatrix} = \mathtt{A}\begin{pmatrix} 1 \\ \theta \\ \theta^2 \\ \theta^3 \end{pmatrix} = \begin{pmatrix} a_{11} + a_{12}\theta + a_{13}\theta^2 + a_{14}\theta^3 \\ a_{21} + a_{22}\theta + a_{23}\theta^2 + a_{24}\theta^3 \\ a_{31} + a_{32}\theta + a_{33}\theta^2 + a_{34}\theta^3 \\ a_{41} + a_{42}\theta + a_{43}\theta^2 + a_{44}\theta^3 \end{pmatrix}$$

여기서 $\mathtt{A}$는 4×4 정칙 행렬이다.

꼬인 삼차 곡선은 다소 생소한 물체이므로 곡선의 다양한 모습을 그림 3.5에 나타냈다. 사실 꼬인 삼차 곡선은 상당히 얌전한 공간 곡선이다.

그림 3.5 꼬인 삼차 곡선 $(t^3, t^2, t,)^\top$의 다양한 모습. 시각화를 위해 곡선을 두껍게 해 튜브로 나타냈다.

꼬인 삼차 곡선의 속성 $\mathbf{c}$는 정칙인 꼬인 삼차 곡선이다. 그러면 $\mathbf{c}$는 $\mathbb{P}^3$의 어떤 평면에도 속하지 않는다. 일반적인 평면과 세 개의 서로 다른 지점에서 교차한다. 꼬인 삼차 곡선은 (행렬 $\mathtt{A}$의 15에서, 곡선을 변경하지 않는 매개변수 θ의 1차원 사영도의 3을 뺀 값인) 자유도 12를 가진다. 곡선이 점 $\mathbf{X}$를 통과하면 두 개의 구속 조건이 생긴다. $\mathbf{X} = \mathtt{A}(1, \theta, \theta^2, \theta^3)^\top$가 세 개의 독립 비율이고 θ를 소거하면 두 개의 조건만 남는다. 따라서 일반 위치에 있는 6개의 점을 지나는 $\mathbf{c}$는 유일하다. 마지막으로, 퇴화되지 않은 모든 꼬인 삼차 곡선은 사영적으로 동일하다. 이것은 정의 (3.19)에서 자명하다. 사영변환 $\mathtt{A}^{-1}$은 $\mathbf{c}$를 표준 형식 $\mathbf{c}(\theta') = (1, \theta', \theta'^2, \theta'^3)^\top$로 변환한다. 모든 꼬인 삼차 곡선을 이런 곡선으로 변환할 수 있으므로, 꼬인 삼차 곡선은 모두 사영적으로 동일하다.

원뿔 곡선 또는 일치하는 선과 같이 꼬인 삼차 곡선의 다양한 특수한 경우의 분류가 [Semple-79]에 나와 있다. 꼬인 삼차 곡선은 이중 시점 기하학에서 호롭터horopter로 나타나며(9장), 카메라 절제술을 위한 퇴화 집합을 정의하는 데 중심적인 역할을 한다(22장).

3.4 변환 계층

이 책에서 자주 나타날 3차원 공간 사영변환은 많이 세분화돼 있다. 이런 세분화는 평면 변환에 대한 2.4절의 계층 구조와 유사하다. 세분화의 각각은 부분군이며, 행렬 형태 또는 불변량으로 식별한다. 표 3.2에 이러한 것들을 요약했다. 이 표에는 대응하는 2차원 공간 변환에 대한 3차원 공간 변환에서 나타나는 추가 속성만을 나열했다. 3차원 공간 변환 또한 표 2.1에서 나타낸 대응하는 2차원 공간 변환의 불변성을 가진다.

사영변환의 자유도 15는 닮음변환에서 7(회전 3, 이동 3, 등방성 배율 1), 아핀 배율에서 5, 변환의 사영 부분에서 3으로 설명된다.

변환에서 가장 중요한 두 가지 특성은 평행성과 각도다. 예를 들어 원래 평행했던 선은 아핀변환 후에도 평행을 유지하지만 각도는 기울어진다. 사영변환 후에는 평행성이 사라진다.

다음에서 책의 뒷부분에서 특별한 운동을 논의할 때 유용한 유클리드 변환의 분해에 대해서 간략하게 설명한다.

표 3.2 일반적으로 발생하는 3차원 공간 변환의 기하학적 불변 특성 행렬 A는 3 × 3 가역 행렬, R은 3차원 회전 행렬, $\mathbf{t} = (t_X, t_Y, t_Z)^\mathsf{T}$는 3차원 이동, $\mathbf{v}$는 3차원 일반 벡터, v는 스칼라, $\mathbf{0} = (0, 0, 0)^\mathsf{T}$는 3차원 영벡터다. 표의 왜곡 열에서 입방체에 대한 변형의 일반적인 효과를 나타냈다. 표에서 위쪽의 변환은 아래에 있는 변환의 작용를 만들 수 있다. 이러한 변환은 평행 이동과 회전만 있는 유클리드 변환에서, (3개의 점이 같은 선에 있거나 4개의 점이 같은 평면에 있지 않은 경우에) 5개 점을 다른 5개 점으로 변환하는 사영변환에 이르기까지 다양하다.

군	행렬	왜곡	불변량
사영 (자유도 15)	$\begin{bmatrix} \mathtt{A} & \mathbf{t} \\ \mathbf{v}^\mathsf{T} & v \end{bmatrix}$	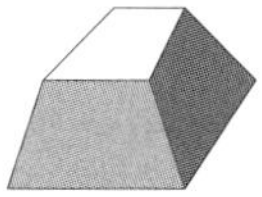	접촉하는 곡면과의 교차와 접하기(tanency), 가우스 곡률의 부호
아핀 (자유도 12)	$\begin{bmatrix} \mathtt{A} & \mathbf{t} \\ \mathbf{0}^\mathsf{T} & 1 \end{bmatrix}$	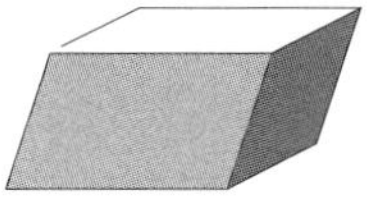	면의 평행성, 부피 비율, 모양 중심, 무한면 π_∞(3.5절 참조)
닮음 (자유도 7)	$\begin{bmatrix} s\mathtt{R} & \mathbf{t} \\ \mathbf{0}^\mathsf{T} & 1 \end{bmatrix}$	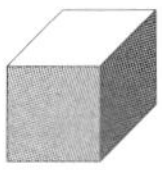	절대 원뿔 Ω_∞(3.6절 참조)
유클리드 (자유도 6)	$\begin{bmatrix} \mathtt{R} & \mathbf{t} \\ \mathbf{0}^\mathsf{T} & 1 \end{bmatrix}$	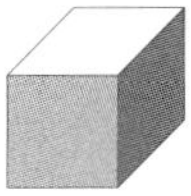	부피

3.4.1 나사 분해

평면 유클리드 변환은 평행 이동 벡터 $\mathbf{t}$가 평면에 놓여 있고 회전축이 평면에 수직이라는 제약을 갖는 3차원 유클리드 변환의 세분화로 볼 수 있다. 그러나 3차원 유클리드 변환은 보다 일반적이어서 회전축과 평행 이동이 일반적으로 수직이 아니다. 나사 분해screw decomposition는 (이동과 회전이 합성된) 모든 유클리드 변환을 2차원의 경우처럼 간단한 상황으로 축약을 가능하게 한다.

결과 3.6 특정 이동과 회전은 나사축을 따른 이동과 함께 나사축에 대한 회전과 동일하다. 나사축은 회전축에 평행이다. (평면 운동인) 평행 이동과 직교 회전축의 경우에는 운동은 나사축을 중심으로 한 회전만 있는 경우와 동일하다.

증명 여기서는 쉽게 시각화할 수 있는 기하학적 증명을 간단하게 설명한다. 평면에서 유클리드 변환인 2차원의 경우를 먼저 생각한다. 그림 3.6에서 2차원 변환의 나사축이 존재하는 것은 분명하다. 3차원의 경우에서 평행 이동 $\mathbf{t}$를 회전축에 평행하는 것과 직교하는 구성 요소 두 개로 분해한다($\mathbf{t} = \mathbf{t}_{\parallel} + \mathbf{t}_{\perp}$, $\mathbf{t}_{\parallel} = (\mathbf{t}.\mathbf{a})\mathbf{a}$, $\mathbf{t}_{\perp} = \mathbf{t} - (\mathbf{t}.\mathbf{a})\mathbf{a}$).

그런 다음, 유클리드 운동을 두 부분으로 나눈다. 첫 번째는 회전과 $\mathbf{t}_{\perp}$에 해당하는 나사를 중심으로 한 회전이고 두 번째는 나사축을 따라 $\mathbf{t}_{\parallel}$로 이동하는 것이다. 전체 운동을 그림 3.7에서 설명했다. △

나사 분해는 유클리드 변환을 나타내는 4 × 4 행렬의 고정점으로 결정할 수 있다. 이런 아이디어는 뒤의 연습 문제에서 다룬다.

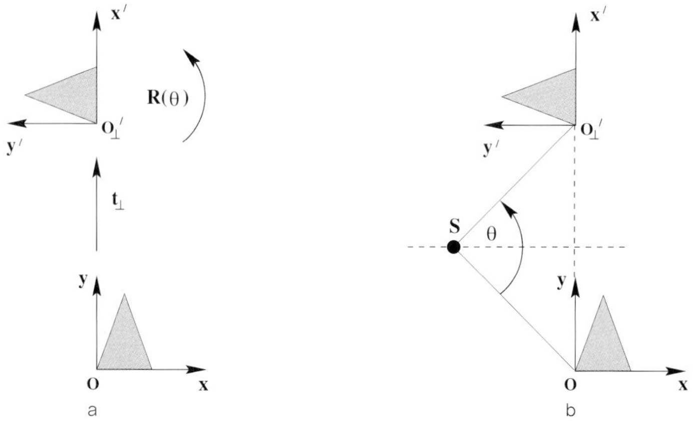

그림 3.6 2차원 유클리드 운동과 "나사"축 (a) 좌표계 $\{x, y\}$는 평행 이동 $\mathbf{t}_{\perp}$과 θ만큼 회전을 한 후에 좌표계 $\{x', y'\}$가 된다. 이 운동은 회전축에 직교하는 평면에서 이루어진다. (b) 이 운동은 나사축 **S**에 대한 단일 회전과 동일하다. 나사축은 대응하는 점을 연결하는 선의 수직 이등분선에 놓여 있으며 **S**와 대응점을 연결하는 선 사이의 각도는 θ이다. 그림에서 대응하는 점은 두 좌표계의 원점이고 θ는 값 90°이다.

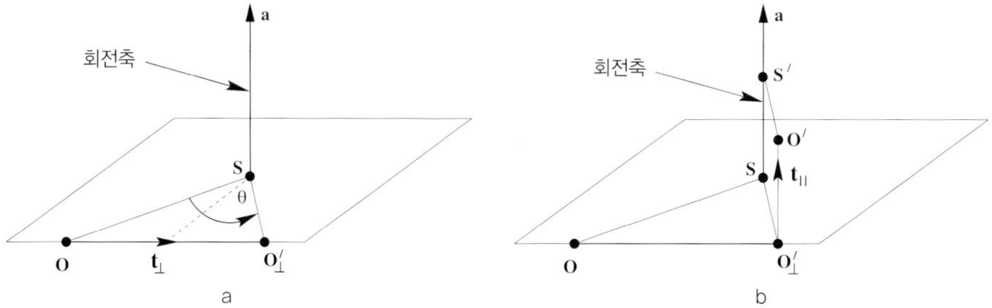

그림 3.7 3차원 유클리드 운동 및 나사 분해 임의의 유클리드 회전 R과 평행 이동 $\mathbf{t}$는 (a) 나사축을 중심으로 한 회전에 이어서 (b) 나사축을 따라 $\mathbf{t}_{\parallel}$만큼 평행 이동해 얻을 수 있다. 여기서 $\mathbf{a}$는 ($R\mathbf{a} = \mathbf{a}$가 되는) 회전축의 (단위) 방향이고 $\mathbf{t}$는 $\mathbf{t} = \mathbf{t}_{\parallel} + \mathbf{t}_{\perp}$로 분해되며, 이는 회전축 방향에 평행한 것과 직교하는 벡터 성분이다. 점 **S**는 나사축에서 **O**에 가장 가깝다(그래서 **S**에서 **O**까지의 선이 **a**와 수직이 된다). 비슷하게 **S′**는 **O′**와 가장 가까운 나사축상의 점이다.

3.5 무한면

평면 사영기하학에서 무한선 l_∞를 식별하면 평면의 아핀 속성을 측정할 수 있다. l_∞에서 원형점을 식별하면 거리 속성을 측정할 수 있다. 3차원의 사영기하학에서 이런 것과 대응하는 기하 요소는 무한면 π_∞와 절대 원뿔 Ω_∞이다.

무한면은 3차원 아핀 공간에서 표준 위치 $\pi_\infty = (0, 0, 0, 1)^\top$를 갖는다. 여기에는 방향 $\mathbf{D} = (X_1, X_2, X_3, 0)^\top$을 포함해 평행성과 같은 속성을 식별할 수 있다. 특히,

- 두 평면이 평행할 필요충분조건은 평면이 교차하는 선이 π_∞에 있는 것이다.
- 선이 다른 선 또는 평면과 평행하면 교점이 π_∞에 놓인다.

이제, $\mathbb{P}^3$의 모든 두 평면은 선에서 교차한다. 평행한 두 평면은 무한면상의 선에서 교차한다.

평면 π_∞는 자유도 3을 가지며, 이는 사영 좌표계에서 아핀 속성을 지정하는 데 필요하다. 쉽게 표현하면 무한면은 임의의 아핀변환에서는 고정된 면이지만, 사영변환에서는 (움직이는 것이) 보인다.

따라서 π_∞의 자유도 3은 일반적인 단응사상의 사영 구성 요소를 측정한다. 이는 아핀변환(자유도 12)에 비해 일반 사영변환의 자유도 15를 설명한다. 이를 형식화하면,

결과 3.7 무한면 π_∞는 사영변환 H에 대해 고정면이 될 필요충분조건은 H가 아핀변환인 것이다.

증명은 결과 2.17의 유도와 유사하다. 여기에서 두 가지를 명확하게 할 필요가 있다.

(i) 평면 π_∞는 아핀변환에서 일반적으로 집합으로 고정된다. 각각의 점들이 고정되는 것은 아니다.

(ii) (유클리드 변환과 같은) 특정 아핀변환에서 π_∞ 외에 고정되는 면이 있을 수 있다. 그러나 모든 아핀변환에 대해서는 π_∞만 고정된다.

이런 점을 다음 보기에서 좀 더 자세하게 설명한다.

보기 3.8 다음의 행렬로 표시되는 유클리드 변환을 생각한다.

$$\mathtt{H}_{\mathrm{E}} = \begin{bmatrix} \mathtt{R} & \mathbf{0} \\ \mathbf{0}^{\top} & 1 \end{bmatrix} = \begin{bmatrix} \cos\theta & -\sin\theta & 0 & 0 \\ \sin\theta & \cos\theta & 0 & 0 \\ 0 & 0 & 1 & 0 \\ 0 & 0 & 0 & 1 \end{bmatrix} \tag{3.20}$$

이것은 이동은 영이고 Z축을 중심으로 θ만큼 회전하는 것이다(평면 나사 운동, 3.4.1절 참조). 기하학적으로 회전축에 직교하는 XY 평면들은 이 변환에 의해 Z축을 중심으로 단순 회전한다. 이것은 Z축에 직교하는 고정된 평면의 꾸러미가 있음을 의미한다. 평면은 집합으로 고정되지만 점들은 아니다. 유클리드 운동에 의해 (축이 아닌 유한한) 점은 수평 원을 따라 회전한다. 대수적으로 H의 고정 평면은 $\mathtt{H}^{\top}$의 고유벡터이다(2.9절 참조). 이 경우 고윳값은 $\{e^{i\theta}, e^{-i\theta}, 1, 1\}$이고, 대응하는 $\mathtt{H}_{\mathrm{E}}^{\top}$의 고유벡터는 다음과 같다.

$$\mathbf{E}_1 = \begin{pmatrix} 1 \\ i \\ 0 \\ 0 \end{pmatrix} \quad \mathbf{E}_2 = \begin{pmatrix} 1 \\ -i \\ 0 \\ 0 \end{pmatrix} \quad \mathbf{E}_3 = \begin{pmatrix} 0 \\ 0 \\ 1 \\ 0 \end{pmatrix} \quad \mathbf{E}_4 = \begin{pmatrix} 0 \\ 0 \\ 0 \\ 1 \end{pmatrix}$$

고유벡터 $\mathbf{E}_1$과 $\mathbf{E}_2$는 실수 평면에 해당하지 않으므로 여기에서 더 이상 논의하지 않는다. 고유벡터 $\mathbf{E}_3$과 $\mathbf{E}_4$는 퇴화됐다. 그러므로 이런 고유벡터에 의해 생성되는 고정면의 꾸러미가 있다. 꾸러미의 축은 π_∞와 (Z축에 수직인) 평면이 교차하는 선이며 꾸러미는 π_∞를 포함한다. △

위의 보기는 사영평면 $\mathbb{P}^2$의 기하와 3차원 사영공간 $\mathbb{P}^3$ 간의 연결을 보여준다. 평면 π는 π_∞와 선에서 교차하며, 이 선은 평면 π의 무한선 $\mathbf{l}_\infty$이다. $\mathbb{P}^3$의 사영변환은 π에 종속된 평면 사영변환을 만든다.

재구성의 아핀 속성 뒤에 나오는 (10장과 같은) 재구성에 관한 내용에서, (유클리드) 장면의 사영 좌표를 여러 시점에서 재구성하는 것을 보게 된다. π_∞가 3차원 사영공간에서 식별되면, 즉 사영 좌표가 알려지면 기하 요소의 평행성과 같은 재구성의 다른 속성을 결정할 수 있다(π_∞에서 교차하면 평행이다).

알고리듬의 접근 방식은 식별한 π_∞가 표준 위치 $\pi_\infty = (0, 0, 0, 1)^{\top}$로 이동하도록 $\mathbb{P}^3$를 변환하는 것이다. 이런 변환을 하면 π_∞가 좌표 $(0, 0, 0, 1)^{\top}$를 가지는 유클리드 장면과 재구성 간에 π_∞를 $(0, 0, 0, 1)^{\top}$에서 고정하는 사영변환으로 연결되게 된다. 결과 3.7

에서 장면과 재구성이 아핀변환으로 연결되는 것을 알 수 있다. 따라서 아핀 속성을 요소의 좌표에서 직접 측정할 수 있다.

3.6 절대 원뿔

절대 원뿔 Ω_∞는 π_∞상의 (점) 원뿔 곡선이다. 거리 좌표계에서 $\pi_\infty = (0, 0, 0, 1)^\mathsf{T}$이고 Ω_∞의 점들은 다음을 만족한다.

$$\left.\begin{matrix} X_1^2 + X_2^2 + X_3^2 \\ X_4 \end{matrix}\right\} = 0 \tag{3.21}$$

Ω_∞을 정의하려면 방정식 두 개가 필요한 것에 주의한다.

($X_4 = 0$인 점들인) π_∞에서 위의 정의 방정식을 다음과 같이 쓸 수 있다.

$$(X_1, X_2, X_3)\mathtt{I}(X_1, X_2, X_3)^\mathsf{T} = 0$$

그래서 Ω_∞는 행렬 $\mathtt{C} = \mathtt{I}$인 원뿔 $\mathtt{C}$이다. 따라서 이것은 π_∞상의 허수점으로 이루어진 원뿔이다.

원뿔 Ω_∞은 아핀 좌표계에 거리 속성을 지정하는 데 필요한 5개의 추가 자유도를 기하학적으로 표현한 것이다. Ω_∞의 가장 중요한 속성은 닮음변환에서 고정된 원뿔이라는 것이다. 이를 형식화하면,

결과 3.9 절대 원뿔 Ω_∞가 사영변환 $\mathtt{H}$에 대해 고정되는 필요충분조건은 $\mathtt{H}$가 닮음변환이라는 것이다.

증명 절대 원뿔은 무한면에 놓여 있기 때문에 이것을 고정하는 변환은 무한면을 고정해야 한다. 그러므로 아핀변환이 된다. 이러한 변환은 다음의 행렬 형태를 가진다.

$$\mathtt{H}_A = \begin{bmatrix} \mathtt{A} & \mathbf{t} \\ \mathbf{0}^\mathsf{T} & 1 \end{bmatrix}$$

무한면에 한정하면 절대 원뿔은 행렬 $\mathtt{I}_{3\times3}$으로 표현되며 $\mathtt{H}_A$에 의해 고정되므로 (배율을 무시하면) $\mathtt{A}^{-\mathsf{T}}\mathtt{I}\mathtt{A} = \mathtt{I}$을 얻는다. 이의 역을 취하면 $\mathtt{A}\mathtt{A}^\mathsf{T} = \mathtt{I}$가 된다. 그러므로 $\mathtt{A}$는 직교 행렬이며 배율을 가진 회전, 또는 반사된 배율을 가진 회전이다. 이것으로 증명은 끝난다. □

Ω_∞는 실수점을 갖지 않지만 선은 두 점에서 원뿔과 교차하고 극선-극점의 관계 같은 원뿔의 속성을 공유한다. 다음은 Ω_∞의 몇 가지 특징이다.

(i) Ω_∞는 일반적인 닮음변환에서 집합으로만 고정된다. 점들은 고정되지 않는다. 이것은 닮음변환에서 Ω_∞상의 한 점이 Ω_∞상의 다른 점으로 이동할 수 있지만 원뿔에서 벗어난 점으로 가지 않는다는 것을 의미한다.

(ii) 모든 원은 두 점에서 Ω_∞와 교차한다. 평면 π를 원을 포함한다고 가정한다. 그러면 π는 선에서 π_∞와 교차하고, 이 선은 두 점에서 Ω_∞와 교차한다. 이 두 점은 π의 원형점이다.

(iii) 모든 구는 Ω_∞에서 π_∞와 교차한다.

거리 속성 Ω_∞(그리고 이를 포함하는 평면 π_∞)를 3차원 사영공간에서 식별하면 각도와 상대 길이 같은 거리 속성을 측정할 수 있다.

3차원 벡터로 표기된 방향 $\mathbf{d}_1$과 $\mathbf{d}_2$를 가진 선 두 개를 생각한다. 유클리드 좌표계에서 방향의 각도는 다음으로 주어진다.

$$\cos\theta = \frac{(\mathbf{d}_1^\mathsf{T}\mathbf{d}_2)}{\sqrt{(\mathbf{d}_1^\mathsf{T}\mathbf{d}_1)(\mathbf{d}_2^\mathsf{T}\mathbf{d}_2)}} \tag{3.22}$$

이것을 다음으로 표현할 수 있다.

$$\cos\theta = \frac{(\mathbf{d}_1^\mathsf{T}\Omega_\infty\mathbf{d}_2)}{\sqrt{(\mathbf{d}_1^\mathsf{T}\Omega_\infty\mathbf{d}_1)(\mathbf{d}_2^\mathsf{T}\Omega_\infty\mathbf{d}_2)}} \tag{3.23}$$

여기서 $\mathbf{d}_1$과 $\mathbf{d}_2$는 원뿔 Ω_∞를 포함하는 평면 π_∞와 선의 교점이고 Ω_∞은 해당 평면에서 절대 원뿔의 행렬 표현이다. 식 (3.23)은 $\Omega_\infty = \mathtt{I}$인 유클리드 좌표계에서 (3.22)로 축약된다. 그러나 (3.23)은 모든 사영 좌표계에서 유용하다. 점과 원뿔의 변형 속성에서 확인할 수 있다(2.10.2절의 (iv) (b) 참조).

법선으로 계산하는 두 평면 사이의 각도에 대한 간단한 공식은 없다.

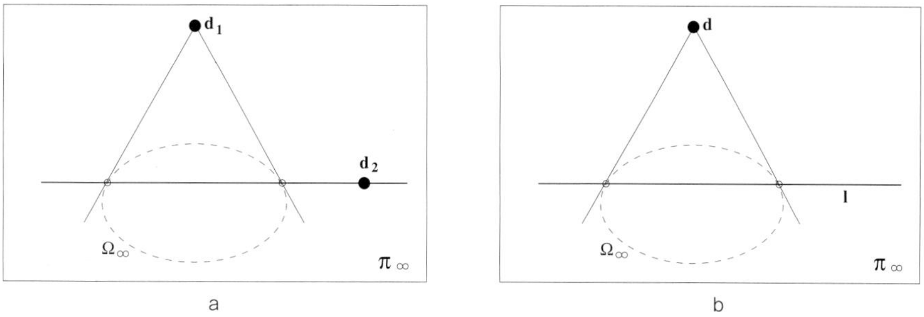

그림 3.8 직교성과 Ω_∞ (a) π_∞상에서 직교하는 $\mathbf{d}_1$, $\mathbf{d}_2$는 Ω_∞에 대해 켤레다. (b) 평면 법선 방향 **d**와, π_∞와 평면의 교차선 **l**은 Ω_∞에 대해 극점-극선의 관계이다.

직교성과 극성 절대 원뿔을 기반으로 사영공간에서 직교성을 기하학적으로 표현할 수 있다. 원뿔이 만드는 점과 선 사이의 극점-극선 관계를 이용한다.

(3.23)에서 $\mathbf{d}_1^\top \Omega_\infty \mathbf{d}_2 = 0$이면 두 방향 $\mathbf{d}_1$과 $\mathbf{d}_2$는 직교한다. 그러므로 직교성은 Ω_∞에 대한 켤레conjugacy로 나타난다. 이것의 큰 장점은 켤레가 사영 관계라는 것이다. 그래서 (유클리드 3차원 공간의 사영변환으로 얻은) 사영 좌표계에서 방향이 해당 좌표계에서 (일반적으로 Ω_∞의 행렬은 사영 좌표계에서 I가 아닌) Ω_∞에 대해서 켤레이면 직교하는 것으로 인식할 수 있다. 직교성에 대한 기하학적 표현은 그림 3.8에 나타냈다.

이러한 표현은 카메라에서 광선 간의 직교성을 고려할 때 유용하다. 예를 들어, 카메라 중심을 지나는 평면의 법선을 결정하는 것을 생각한다(8.6장 참조). 이미지의 점들이 Ω_∞의 이미지에 대해 켤레이면 해당 광선은 직교한다.

다시 언급하지만 알고리듬 접근 방식은 좌표를 사영변환해 Ω_∞를 표준 위치 (3.21)로 보내고 그런 다음 좌표에서 거리 속성을 직접 결정하는 것이다.

3.7 절대 쌍대 이차 곡선

Ω_∞는 방정식 두 개로 정의된다. 이것은 무한면의 원뿔이다. 절대 원뿔 Ω_∞의 쌍대는 절대 쌍대 이차 곡면absolute dual quadric이라고 하는 3차원 공간의 퇴화된 쌍대 이차 곡면이고 Q_∞^*로 표시한다. 기하학적으로 Q_∞^*는 Ω_∞에 접하는 평면으로 구성돼서 Ω_∞를 Q_∞^*의 테두리rim라고 한다. 이를 테두리 이차 곡면rim quadric이라고 한다. 타원면에 접하는 평면의 집합을 생각한 다음 타원면이 팬케이크가 되도록 눌러라.

대수적으로 Q^*_∞는 차수 3인 4×4의 동차 행렬로 표현되며, 3차원 거리 공간에서 다음의 표준형을 가진다.

$$Q^*_\infty = \begin{bmatrix} I & \mathbf{0} \\ \mathbf{0}^\top & 0 \end{bmatrix} \tag{3.24}$$

쌍대 절대 이중 곡면의 포락면의 모든 평면이 실제로 Ω_∞에 접하고 Q^*_∞가 Ω_∞의 실제로 쌍대임을 증명하려고 한다. $\boldsymbol{\pi} = (\mathbf{v}^\top, k)^\top$로 표시되는 평면을 생각한다. 이 평면은 $Q^*_\infty \boldsymbol{\pi} = 0$으로 정의된 포락면에 있는 것과 $\boldsymbol{\pi}^\top Q^*_\infty \boldsymbol{\pi} = 0$은 동일하며, (3.24)를 이용하면 $\mathbf{v}^\top\mathbf{v} = 0$과 동일하다. 이제 (8.6절을 참조하면) $\mathbf{v}$는 평면 $(\mathbf{v}^\top, k)^\top$가 무한면과 만나는 선을 나타낸다. 이 선이 절대 원뿔과 접하는 것과 $\mathbf{v}^\top I \mathbf{v} = 0$은 동일하다. 따라서 Q^*_∞의 포락면은 절대 원뿔에 접하는 평면으로만 구성된다.

이것은 중요하므로 다른 각도에서 살펴본다. 절대 원뿔 곡선을 눌려진 타원체, 즉 행렬 $Q = \text{diag}(1, 1, 1, k)$로 표현되는 이차 곡면의 극한으로 생각한다. $k \to \infty$이면 이차 곡면은 무한면에 점점 가까워지고, 극한에서는 $X_1^2 + X_2^2 + X_3^2 = 0$을 만족하는 점 $(X_1, X_2, X_3, 0)^\top$만을 포함한다. 이 점은 절대 원뿔상에 있는 점이다. 그러나 Q의 쌍대는 이차 곡면 $Q^* = Q^{-1} = \text{diag}(1, 1, 1, k^{-1})$이며, 극한에서 절대 쌍대 이차 곡면 $Q^*_\infty = \text{diag}(1, 1, 1, 0)$이 된다.

쌍대 이차 곡면 Q^*_∞는 퇴화된 이차 곡면이고 자유도 8을 가진다(대칭 행렬은 10개의 독립 원소를 가지지만, 무관한 배율과 영인 행렬식이 각각 자유도를 1씩 줄인다). 이것은 사영 좌표계에서 거리 속성을 결정하기 위해 필요한 자유도 8의 기하학적 표현이다. 대수 계산에서는 Q^*_∞가 Ω_∞에 비해 유리하다. π_∞와 Ω_∞ 둘 다 ((3.21)의 방정식 두 개로 결정해야 하는 Ω_∞와 달리) 하나의 기하 개체에 포함되기 때문이다. 다음에서 중요한 속성 세 가지를 소개한다.

결과 3.10 절대 쌍대 이차 곡면 Q^*_∞가 사영변환 H에 대해 고정되는 필요충분조건은 H가 닮음변환인 것이다.

증명 Q^*_∞와 Ω_∞ 사이의 접평면 관계가 닮음변환 후에 불변하기 때문에 닮음변환에서 절대 원뿔의 불변성에서 명제가 증명된다. 그럼에도 다른 직접적인 방식의 증명을 제시한다.

Q^*_∞가 쌍대 이중 곡면이므로, (3.17)에 따라서 변환된다. 그러므로 이것이 H에 의해 고정되는 필요충분조건은 $Q^*_\infty = HQ^*_\infty H^\top$이다. 다음의 임의 변환에,

$$H = \begin{bmatrix} A & \mathbf{t} \\ \mathbf{v}^\top & k \end{bmatrix}$$

위의 변환을 적용하면 다음을 얻는다.

$$\begin{aligned} \begin{bmatrix} I & \mathbf{0} \\ \mathbf{0}^\top & 0 \end{bmatrix} &= \begin{bmatrix} A & \mathbf{t} \\ \mathbf{v}^\top & k \end{bmatrix} \begin{bmatrix} I & \mathbf{0} \\ \mathbf{0}^\top & 0 \end{bmatrix} \begin{bmatrix} A^\top & \mathbf{v} \\ \mathbf{t}^\top & k \end{bmatrix} \\ &= \begin{bmatrix} AA^\top & A\mathbf{v} \\ \mathbf{v}^\top A^\top & \mathbf{v}^\top \mathbf{v} \end{bmatrix} \end{aligned}$$

위에 식에서 배율은 제외했다. 직관적으로 위의 식이 성립하는 것의 필요충분조건은 $\mathbf{v} = 0$이고 A는 (배율 조정, 회전 그리고 때로는 반사로 구성된) 배율 조정된 직교 행렬이다. 즉, H는 닮음변환이다. □

결과 3.11 무한면 π_∞는 Q^*_∞의 영벡터다.

거리 좌표계에서 Q^*_∞가 (3.24)의 표준 형식을 가지고 $\pi_\infty = (0, 0, 0, 1)^\top$이면 $Q^*_\infty \pi_\infty = 0$는 쉽게 알 수 있다. 이러한 속성이 임의의 좌표계에서 성립한다는 것은 평면과 쌍대 이차 곡면의 변환 공식을 이용해 대수적으로 쉽게 보일 수 있다. $\mathbf{X}' = H\mathbf{X}$이면, $Q^{*\prime}_\infty = H\,Q^*_\infty H^\top$, $\pi'_\infty = H^{-\top}\pi_\infty$이며 다음을 만족한다.

$$Q^{*\prime}_\infty \boldsymbol{\pi}'_\infty = (H\,Q^*_\infty\,H^\top)H^{-\top}\boldsymbol{\pi}_\infty = HQ^*_\infty \boldsymbol{\pi}_\infty = \mathbf{0}$$

결과 3.12 두 평면 π_1과 π_2 사이의 각도는 다음과 같다.

$$\cos\theta = \frac{\boldsymbol{\pi}_1^\top Q^*_\infty \boldsymbol{\pi}_2}{\sqrt{(\boldsymbol{\pi}_1^\top Q^*_\infty \boldsymbol{\pi}_1)\,(\boldsymbol{\pi}_2^\top Q^*_\infty \boldsymbol{\pi}_2)}} \tag{3.25}$$

증명 유클리드 좌표가 $\pi_1 = (\mathbf{n}_1^\top, d_1)^\top$, $\pi_2 = (\mathbf{n}_2^\top, d_2)^\top$인 평면 두 개를 생각한다. 유클리드 좌표계에서, Q^*_∞는 (3.24)의 형태를 가져서 (3.25)가 다음으로 축약된다.

$$\cos\theta = \frac{\mathbf{n}_1^\top \mathbf{n}_2}{\sqrt{(\mathbf{n}_1^\top \mathbf{n}_1)\,(\mathbf{n}_2^\top \mathbf{n}_2)}}$$

이것은 평면 법선의 내적으로 표현된 평면 간의 각도다.

평면과 Q^*_∞가 사영변환을 하면 평면과 쌍대 이차 곡면의 (공변) 변환 성질에서 (3.25)는 여전히 평면 사이의 각도가 된다. □

증명의 마지막 부분은 연습 문제로 남겨둔다. 계산 과정은 $\mathbb{P}^2$의 두 직선 사이의 각도를 원형점의 쌍대를 이용한 결과 2.23의 유도 과정과 유사하다. $\mathbb{P}^3$의 평면은 $\mathbb{P}^2$의 선과, 절대 쌍대 곡면은 원형점의 쌍대와 유사하다.

3.8 나가면서

3.8.1 참고문헌

2장에서 인용한 교재가 여기에서도 관련이 있다. 화법 기하학Descriptive Geometry의 투시도에 대한 일반적인 설명은 [Boehm-94]를 참조하고, 곡선과 표면의 특성은 Hilbert and CohnVossen[Hilbert-56]에서 명확하게 많이 설명돼 있다.

이 책에서 생략한 $\mathbb{P}^3$의 점, 선, 면에 대한 중요한 표현으로 그라스만-케일리 대수Grassmann-Cayley algebra가 있다. 이 표현에서 발생과 결합과 같은 기하학적 연산을 행렬식을 기반으로 하는 브라켓 대수bracket algebra를 이용해 표현한다. 이 분야의 좋은 입문서는 [Carlsson-94]이며 다중 시점 텐서에 대해 적용한 것은 [Triggs-95]이다. Faugeras and Maybank[Faugeras-90]는 (상대적 방향에 대한 해의 중복도를 결정하기 위해) 컴퓨터 비전 분야에 Ω_∞를 도입했고 Triggs는 자동 보정을 위해 [Triggs-97]에서 Q^*_∞를 도입했다.

3.8.2 메모와 연습 문제

(i) **플뤼커 좌표**

(a) 플뤼커 선 좌표 $\mathcal{L}$을 사용해 선과 평면의 교점, 점과 선으로 정의된 평면에 대한 표현식을 쓰라.

(b) 점이 선상에 있을 조건과 선이 평면상에 있을 조건을 유도하라.

(c) 평행면이 π_∞에서 선으로 교차하는 것을 보여라. 힌트: (3.9)에서 두 평행면 L^*가 교차하는 선을 결정하라.

(d) 평행선이 π_∞에서 교차하는 것을 보여라.

(ii) **사영변환** 3차원 공간의 (실수) 사영변환은 타원면을 포물면 또는 이엽쌍곡면으로 변환할 수 있지만 (선직면인) 일엽쌍곡면으로는 변환할 수 없음을 보여라.

(iii) **나사 분해** 유클리드 변환을 표현하는 4×4 행렬 {R, **t**}는 (그리고 축 방향을 나타내는 **a**, 즉, R**a**=**a**) 두 개의 복소 켤레 고윳값과 두 개의 같은 실수 고윳값을 가지며 다음의 고유벡터의 구조를 가지는 것을 보여라.

(a) **a**가 **t**에 수직이면, 실수 고윳값에 대응하는 고유벡터는 구별된다.

(b) 그렇지 않으면 실수 고윳값에 대응하는 고유벡터는 일치하고, π_∞상에 놓인다.

(예: (3.20)의 간단한 예와 640페이지의 다른 경우가 있다.) 첫 번째 경우에는, 실수 고윳값에 대응하는 두 개의 실수점이 고정점의 선을 정의한다. 이것이 평면 운동의 나사축이다. 두 번째 경우에는 나사축의 방향은 정의되지만, 고정점의 선은 아니다. 복소수 고윳값에 대응하는 고유벡터는 무엇을 나타내는가?

4

2차원 사영변환의 추정

여기서는 추정 문제에 관해 살펴본다. 지금까지의 설명에서 추정은 어떤 성격의 측정에 기초해 특정한 변환 또는 다른 수학적 양을 계산하는 것을 의미하는 것으로 볼 수 있다. 이러한 정의는 다소 모호하며 조금 더 구체적으로 표현하기 위해서는 고려하고자 하는 여러 유형의 추정 문제를 나열한다.

(i) **2차원 단응사상** $\mathbb{P}^2$의 점 $\mathbf{x}_i$와 이에 대응하는 $\mathbb{P}^2$의 $\mathbf{x}_i'$의 집합이 주어지면 각 $\mathbf{x}_i$를 $\mathbf{x}_i'$로 보내는 사영 사상의 계산. 실제 상황에서 점 $\mathbf{x}_i$와 $\mathbf{x}_i'$는 두 이미지의 (또는 같은 이미지의) 점이며, 각 이미지는 사영평면 $\mathbb{P}^2$로 간주한다.

(ii) **3차원에서 2차원 카메라 사영** 3차원 공간의 점 $\mathbf{X}_i$와 대응하는 이미지의 점 $\mathbf{x}_i$의 집합이 주어지면, $\mathbf{X}_i$를 $\mathbf{x}_i$로 보내는 3차원에서 2차원으로의 사영변환. 이러한 3차원에서 2차원으로의 사영변환은 사영 카메라에 의해 수행된다. 이에 대해 6장에서 설명한다.

(iii) **기본 행렬 계산** 이미지의 점 $\mathbf{x}_i$와 다른 이미지에서 대응하는 점 $\mathbf{x}_i'$가 주어질 때, 이러한 대응과 일치하는 기본 행렬 F의 계산. 9장에서 논의하는 기본 행렬은 모든 i에 대해 $\mathbf{x}_i'^{\top} \mathrm{F}\mathbf{x}_i = 0$을 만족하는 3×3 정칙 행렬이다.

(iv) **삼중 초점 텐서 계산** 이미지 세 개에서 대응하는 점 $\mathbf{x}_i \leftrightarrow \mathbf{x}_i' \leftrightarrow \mathbf{x}_i''$가 주어질 때 삼중 초점 텐서의 계산. 15장에서 논의하는 삼중 초점 텐서는 삼중 시점의 점과

선이 관련된 텐서 T_i^{jk}이다.

이러한 문제들 사이에는 공통점이 많이 있어서 한 문제의 해결책이 다른 문제와도 연관이 있다. 그래서 여기에서는 첫 번째 문제를 자세하게 다룬다. 이 문제를 해결하는 방법에서 배운 것이 다른 문제를 해결하는 방법에 대한 안목을 줄 것이다.

설명 목적을 제외해도 2차원 사영변환을 추정하는 문제는 그 자체로 중요하다. 두 이미지 사이의 점들의 대응 집합 $\mathbf{x}_i \leftrightarrow \mathbf{x}_i'$를 생각한다. 문제는 각 i에 대해 $\mathrm{H}\mathbf{x}_i = \mathbf{x}_i'$가 되도록 3×3 행렬 H를 계산하는 것이다.

필요한 측정 횟수 먼저 사영변환 H를 계산하기 위해 필요한 대응점 $\mathbf{x}_i \leftrightarrow \mathbf{x}_i'$들의 개수를 생각해야 한다. 하한 한계는 자유도의 수와 제약 조건의 수를 생각하면 구할 수 있다. 행렬 H는 9개의 원소를 가지지만, 배율의 차이는 무시하며 정의한다. 그래서 2차원 사영변환은 자유도 8을 가진다. 각각의 점과 점의 대응은 두 개의 제약 조건에 해당한다. 첫 번째 이미지의 점 $\mathbf{x}_i$는 두 번째 이미지에서 자유도 2를 가지며 이것이 $\mathrm{H}\mathbf{x}_i$에 대응해야 하기 때문이다. 2차원 점은 x와 y 성분 원소에 해당하는 자유도 2를 가지며, 각각을 따로 지정할 수 있다. 다른 방법으로 점을 3차원 동차 벡터로 지정하면 배율이 임의적이기 때문에 자유도 2를 가진다. 결국 H를 완전히 결정하려면 4개의 점 대응이 필요하다.

근사해Approximate Solution 정확히 네 개의 대응이 주어지면 행렬 H에 대한 엄밀해Exact Solution가 가능하다. 이것은 최소한minimal의 해이다. 4.7절에서 설명하는 RANSAC과 같은 탄탄한robust 추정 알고리듬에 필요한 부분 집합의 크기를 결정하는 데에서 이러한 해는 중요하다.

그러나 (노이즈로 인해) 점들이 부정확하게 측정되고, 대응이 4개 이상인 경우에는 점들의 대응은 어떠한 사영변환과도 완전히 호환되지 않으며 주어진 데이터에서 최상best의 변환을 결정해야 하는 문제가 생긴다. 이를 위한 일반적인 방법은 일부 비용함수cost function를 최소화하는 변환 H를 구하는 것이다. 여기에서는 여러 가지 비용함수와 이를 최소화하는 방법에 대해 설명한다. 일반적으로 비용함수에는 두 가지 주요한 범주가 있다. 대수 오차를 최소화에 기반한 것. 그리고 기하학적 또는 통계적 이미지 거리를 최소화하는 것을 기반으로 하는 것. 두 범주에 대해서는 4.2절에서 설명한다.

금본위 알고리듬 특정한 가정을 하면 일반적으로 최적optimal의 비용함수가 하나가 있어서, 이것을 최소화하는 H는 원하는 변환을 가장 좋게 추정한다. 이러한 비용함수를 최소화할 수 있는 계산 알고리듬을 금본위Gold Standard 알고리듬이라 한다. 다른 알고리듬의 결과는 금본위제와 비교해 평가한다. 이중 시점 사이의 단응사상을 추정하는 알고리듬의 경우, 비용함수는 (4.8)이며 최적성에 대한 가정은 4.3절에서 제시하고 금본위는 알고리듬 4.3이다.

4.1 직접 선형변환(DLT) 알고리듬

2차원에서 2차원으로의 점 대응 $\mathbf{x}_i \leftrightarrow \mathbf{x}'_i$ 4개가 주어질 때, H를 결정하기 위한 간단한 선형 알고리듬부터 설명한다. 변환은 방정식 $\mathbf{x}'_i = \mathtt{H}\mathbf{x}_i$로 주어진다. 방정식은 동차 벡터에 관한 것이다. 따라서 삼차원 벡터 $\mathbf{x}'_i$와 $\mathtt{H}\mathbf{x}_i$는 같은 것이 아니라 영이 아닌 배율이 곱해져서 방향이 같은 것이다. 방정식을 벡터 외적 $\mathbf{x}'_i \times \mathtt{H}\mathbf{x}_i = \mathbf{0}$으로 표현할 수 있다. 이 형식에서 H에 대한 간단한 선형 해를 구할 수 있다.

행렬 H의 j번째 행을 $\mathbf{h}^{j\top}$로 표시하면 다음을 얻는다.

$$\mathtt{H}\mathbf{x}_i = \begin{pmatrix} \mathbf{h}^{1\top}\mathbf{x}_i \\ \mathbf{h}^{2\top}\mathbf{x}_i \\ \mathbf{h}^{3\top}\mathbf{x}_i \end{pmatrix}$$

$\mathbf{x}'_i = (x'_i, y'_i, z'_i)^\top$로 표기하면, 벡터 외적을 다음과 같이 구체적으로 표기할 수 있다.

$$\mathbf{x}'_i \times \mathtt{H}\mathbf{x}_i = \begin{pmatrix} y'_i\mathbf{h}^{3\top}\mathbf{x}_i - w'_i\mathbf{h}^{2\top}\mathbf{x}_i \\ w'_i\mathbf{h}^{1\top}\mathbf{x}_i - x'_i\mathbf{h}^{3\top}\mathbf{x}_i \\ x'_i\mathbf{h}^{2\top}\mathbf{x}_i - y'_i\mathbf{h}^{1\top}\mathbf{x}_i \end{pmatrix}$$

$j = 1, \ldots, 3$에 대해 $\mathbf{h}^{j\top}\mathbf{x}_i = \mathbf{x}_i^\top\mathbf{h}^j$이므로, 다음의 H의 원소에 관한 세 개의 방정식을 얻는다.

$$\begin{bmatrix} \mathbf{0}^\top & -w'_i\mathbf{x}_i^\top & y'_i\mathbf{x}_i^\top \\ w'_i\mathbf{x}_i^\top & \mathbf{0}^\top & -x'_i\mathbf{x}_i^\top \\ -y'_i\mathbf{x}_i^\top & x'_i\mathbf{x}_i^\top & \mathbf{0}^\top \end{bmatrix} \begin{pmatrix} \mathbf{h}^1 \\ \mathbf{h}^2 \\ \mathbf{h}^3 \end{pmatrix} = \mathbf{0} \tag{4.1}$$

이 방정식은 $\mathtt{A}_i\mathbf{h} = \mathbf{0}$의 형태이다. $\mathtt{A}_i$는 3×9 행렬이고, $\mathbf{h}$는 행렬 H의 원소로 구성된 9차원 벡터다.

$$\mathbf{h} = \begin{pmatrix} \mathbf{h}^1 \\ \mathbf{h}^2 \\ \mathbf{h}^3 \end{pmatrix}, \qquad \mathtt{H} = \begin{bmatrix} h_1 & h_2 & h_3 \\ h_4 & h_5 & h_6 \\ h_7 & h_8 & h_9 \end{bmatrix} \tag{4.2}$$

여기에서 h_i는 $\mathbf{h}$의 i번째 원소다. 위의 식에 대해 몇 가지 언급을 한다.

(i) 방정식 $\mathtt{A}_i\mathbf{h} = 0$은 미지수 $\mathbf{h}$에 대해 선형방정식이다. 행렬 $\mathtt{A}_i$의 원소는 알려진 점의 좌표에 대해 이차식이다.

(ii) (4.1)에는 방정식이 세 개이지만, 두 개만 선형 독립이다(배율을 무시하면 세 번째 행은 첫 번째 행에 x'_i를 곱하고 두 번째 행에 y'_i를 곱한 후 더하면 얻을 수 있다). 따라서 대응하는 점의 관계에서 H 원소에 대한 방정식 두 개를 얻는다. H를 구할 때 일반적으로 세 번째 방정식은 생략한다([Sutherland-63]). 그러면 (향후에 참조할) 방정식은 다음과 같다.

$$\begin{bmatrix} \mathbf{0}^\top & -w'_i\mathbf{x}_i^\top & y'_i\mathbf{x}_i^\top \\ w'_i\mathbf{x}_i^\top & \mathbf{0}^\top & -x'_i\mathbf{x}_i^\top \end{bmatrix} \begin{pmatrix} \mathbf{h}^1 \\ \mathbf{h}^2 \\ \mathbf{h}^3 \end{pmatrix} = \mathbf{0} \tag{4.3}$$

또는 다른 표기법으로,

$$\mathtt{A}_i\mathbf{h} = \mathbf{0}$$

여기에서 $\mathtt{A}_i$는 (4.3)의 2×9 행렬이다.

(iii) 위의 방정식은 점 $\mathbf{x}'_i$의 임의의 동차 좌표 $(x'_i,\ y'_i,\ w'_i)^\top$에 대해 성립한다. 임의로 $w'_i = 1$을 선택하면, $(x'_i,\ y'_i)$는 이미지에서 측정한 좌표가 된다. 그리고 다른 선택도 가능하다. 나중에 보게 될 것이다.

H의 풀이 각각의 점 대응에서 H의 원소에 대해 독립 방정식 두 개를 얻는다. 이러한 점 대응 네 개에서 연립방정식 $\mathtt{A}\mathbf{h} = 0$을 구한다. 여기서 A는 각 대응에서 얻은 행렬의 행 $\mathtt{A}_i$로 구성된 방정식 계수의 행렬이고 $\mathbf{h}$는 구하고자 하는 H의 원소로 구성된 벡터다. 자명한 해 $\mathbf{h} = 0$에 관심이 없기에 영이 아닌 해 $\mathbf{h}$를 찾아야 한다. (4.1)을 사용하면 A의 차원은 12×9이고 (4.3)을 사용하면 차원은 8×9이다. 두 경우 모두 A의 차수는 8이므로 1차원의 영공간을 가져 $\mathbf{h}$에 대한 해가 된다. 이러한 해 $\mathbf{h}$에서 영이 아닌 배율 계수scale factor는 결정할 수 없다. 그러나 H는 일반적으로 배율을 제외하고 결정되므로, 해 $\mathbf{h}$에서 H를

구할 수 있다. 배율은 $\|\mathbf{h}\| = 1$과 같은 조건에서 임의로 선택할 수 있다.

4.1.1 조건이 많은 경우

네 개 이상의 점 대응 $\mathbf{x}_i \leftrightarrow \mathbf{x}'_i$가 주어지면 (4.3)에서 나온 $\mathtt{A}\mathbf{h} = 0$은 방정식의 수가 미지수의 수보다 많아진다. 점의 위치가 정확하면 행렬 A는 여전히 차수 8이고, 1차원의 영공간을 가져서 $\mathbf{h}$의 엄밀해가 존재한다. 그러나 (노이즈로) 이미지 좌표의 측정이 정확하지 않으면 $\mathtt{A}\mathbf{h} = 0$는 미지수에 비해 조건이 많아서 영을 제외한 엄밀해가 존재하지 않게 된다. 엄밀해를 구하는 대신 적절한 비용함수를 최소화하는 벡터 $\mathbf{h}$와 같은 근사해를 구해야 한다. 그러면 자연스러운 물음이 나온다. 무엇을 최소화해야 하는가? 분명한 것은 해 $\mathbf{h} = 0$를 제외하는 추가 제약 조건이 필요한다. 일반적으로 $\|\mathbf{h}\| = 1$과 같은 노름norm에 관한 조건을 사용한다. H가 스케일을 제외하고 정의되므로 노름의 값은 중요하지 않다. $\mathtt{A}\mathbf{h} = 0$의 엄밀해가 없으면, 일반적인 제약 조건 $\|\mathbf{h}\| = 1$을 만족하면서 노름 $\|\mathtt{A}\mathbf{h}\|$를 최소화하는 $\mathbf{h}$를 구하는 것이 자연스럽다. 이것은 몫 $\|\mathtt{A}\mathbf{h}\|/\|\mathbf{h}\|$를 최소화하는 것과 동일하다. A5.3절에서 설명한 대로 해는 $\mathtt{A}^\top\mathtt{A}$의 최소 고윳값을 가지는 고유벡터다. 또는 같은 표현으로 해는 A의 가장 작은 특이값에 해당하는 단위 특이 벡터다. 결과적으로 나오는 알고리듬이 기본 DLT 알고리듬으로 알려진 것이다. 알고리듬 4.1에 요약했다.

알고리듬 4.1 H의 기본 DLT(정규화를 포함하는 것은 알고리듬 4.2를 참조)

목적

$n \geq 4$개의 2차원 점 대응 $\{\mathbf{x}_i \leftrightarrow \mathbf{x}'_i\}$이 주어질 때, $\mathbf{x}'_i = \mathtt{H}\mathbf{x}_i$를 만족하는 2차원 단응사상 행렬 H를 결정

알고리듬

(i) 각각의 대응 $\mathbf{x}_i \leftrightarrow \mathbf{x}'_i$에서 (4.1)의 행렬 $\mathtt{A}_i$를 계산한다. 일반적으로 위의 두 행만 사용한다.

(ii) n개의 2×9 행렬 $\mathtt{A}_i$를 모아서, 하나의 $2n \times 9$ 행렬 A를 만든다.

(iii) (A4.4절의) A의 SVD를 구한다. 가장 작은 특이값에 대응하는 단위 특이 벡터가 해 **h**가 된다. 구체적으로 $A = UDV^{\top}$이며 대각 행렬 D가 양의 원소만 가지고 대각선을 따라서 내림차순으로 정렬되면 **h**는 V의 마지막 행이다.

(iv) (4.2)에서 **h**에서 H를 결정한다.

4.1.2 비동차 해

동차 벡터로 **h**의 해를 구하는 대신에 벡터 **h**의 일부 항목에 조건 $h_j = 1$을 부과해 연립방정식 (4.3)를 비동차 연립 선형방정식으로 바꾸는 다른 방법이 있다. 배율을 무시하고 해를 결정할 수 있기 때문에 조건 $h_j = 1$을 부과하는 것은 배율을 $h_j = 1$가 되도록 선택하는 것이다. 예를 들어 H_{33}에 해당하는 **h**의 마지막 요소를 1로 선택되면 (4.3)의 다음으로 변형된다.

$$\begin{bmatrix} 0 & 0 & 0 & -x_iw'_i & -y_iw'_i & -w_iw'_i & x_iy'_i & y_iy'_i \\ x_iw'_i & y_iw'_i & w_iw'_i & 0 & 0 & 0 & -x_ix'_i & -y_ix'_i \end{bmatrix} \tilde{\mathbf{h}} = \begin{pmatrix} -w_iy'_i \\ w_ix'_i \end{pmatrix}$$

여기서 $\tilde{\mathbf{h}}$는 **h**의 앞의 성분 8개로 구성된 8차원 벡터다. 네 개의 대응 관계의 방정식을 연결하면 행렬 방정식 $M\tilde{\mathbf{h}} = \mathbf{b}$를 얻는다. 여기에서 M은 8개의 열을 가지고 **b**는 8차원 벡터다. M이 (최소 경우인) 8개의 행만을 가지면 (가우스 소거법 같은) 연립방정식을 푸는 표준 방법을 사용하고, 조건이 더 많은 경우에는 (A5.1에서 설명하는) 최소 제곱법을 이용해 $\tilde{\mathbf{h}}$를 구할 수 있다.

그러나 $h_j = 0$이 참값인 경우에는 $kh_j = 1$이 되는 곱셈 배수 k가 존재하지 않는다. 이것은 참값을 구할 수 없다는 것을 의미한다. 따라서 이 방법은 선택한 h_j가 영에 가까운 경우에 결괏값이 불안정해진다. 따라서 이 방법을 일반적으로 권장하지 않는다.

보기 4.1 좌표의 원점이 H에 의해 무한점으로 대응되면 $h_9 = H_{33}$이 영이 되는 것을 알 수 있다. $(0, 0, 1)^{\top}$는 좌표 원점 $\mathbf{x}_0$을 나타내고 $(0, 0, 1)^{\top}$는 무한선을 표시하므로, 앞의 조건을 $\mathbf{l}^{\top}H\mathbf{x}_0 = (0, 0, 1)H(0~, 0, 1)^{\top} = 0$으로 쓸 수 있고, 따라서 $H_{33} = 0$이 된다. 장면 평면의 원근 이미지에서 무한선은 이미지 평면에서 소실선이 된다(8장 참조). 예컨대 수평선은 지평선의 소실선이다. 수평선이 이미지 중심을 통과하고 좌표 원점이 이미지 중심과 일치하는 것은 드문 일이 아니다. 이런 경우에 이미지를 실세상 평면으로 가져오는 변환은 원점을 선에 매핑하므로 엄밀해는 $\mathrm{H}_{33} = h_9 = 0$를 가진다. 결국 정규화 $h_9 = 1$는 실제 상황에서 심각한 문제를 유발할 수 있다. △

4.1.3 퇴화된 구성

점 대응 네 개를 사용해 단응사상을 계산하는 최소해를 위해 점 대응 네 개를 고려할 때, 점 세 개 $\mathbf{x}_1$, $\mathbf{x}_2$, $\mathbf{x}_3$가 동일 직선상에 있다고 가정한다. 문제는 이러한 것이 중요한가다. 대응하는 세 점 $\mathbf{x}'_1$, $\mathbf{x}'_2$, $\mathbf{x}'_3$도 동일선상에 있으면, 단응사상에 대한 조건이 충분하지 않아서 $\mathbf{x}_i$에서 $\mathbf{x}'_i$로 변환되는 하나가 아닌 단응사상의 모임이 존재할거라는 생각이 든다. 반면, 대응하는 점 $\mathbf{x}'_1$, $\mathbf{x}'_2$, $\mathbf{x}'_3$가 같은 직선에 있지 않으면, $\mathbf{x}_i$에서 $\mathbf{x}'_i$로 변환하는 H는 존재하지 않는다. 사영변환은 공선성을 보존하기 때문이다. 그럼에도 (4.3)에서 유도한 8개의 동차 방정식은 영이 아닌 해를 가지고 행렬 H를 만들어낸다. 이러한 모순을 어떻게 해결할 수 있을까?

식 (4.3)은 $i = 1, \ldots, 4$에 대해 조건 $\mathbf{x}'_i \times \mathrm{H}\mathbf{x} = \mathbf{0}$을 표현한다. 그리고 8개의 방정식에서 구한 행렬 H는 이 조건을 만족한다. $\mathbf{x}_1$, $\mathbf{x}_2$, $\mathbf{x}_3$가 동일직선 $\mathbf{l}$상에 있다고 가정한다. 그러면 $i = 1, \ldots, 3$일 때 $\mathbf{l}^\top \mathbf{x}_i = 0$이 된다. 이제 $\mathrm{H}^* = \mathbf{x}'_4 \mathbf{l}^\top$를 정의하면 차수 1인 3×3 행렬이 된다. 이 경우에, $\mathbf{l}^\top \mathbf{x}_i = 0$이므로, $i = 1, \ldots, 3$에 대해 $\mathrm{H}^* \mathbf{x}_i = \mathbf{x}'_4(\mathbf{l}^\top \mathbf{x}_i) = \mathbf{0}$을 얻는다. 반면, $\mathrm{H}^* \mathbf{x}_4 = \mathbf{x}'_4(\mathbf{l}^\top \mathbf{x}_4) = k\mathbf{x}'_4$가 된다. 그러므로 $\mathbf{x}'_i \times \mathrm{H}^* \mathbf{x}_i = \mathbf{0}$이 모든 i에 대해 만족한다. H^*로 대응하는 벡터 $\mathbf{h}^*$는 $\mathbf{h}^{*\top} = (\mathbf{x}_4 \mathbf{l}^\top, \mathbf{y}_4 \mathbf{l}^\top, w_4 \mathbf{l}^\top)$로 주어지고, 이 벡터는 모든 i에 대해 (4.3)을 만족하는 것을 알 수 있다. H^*의 해가 가지는 문제점은 H^*가 차수 1의 행렬이어서 사영변환을 나타내지 못한다. 결국 $i = 1, \ldots, 3$에 대해 점 $\mathrm{H}^* \mathbf{x}_i = \mathbf{0}$은 잘 정의되지 못한다.

앞에서 $\mathbf{x}_1$, $\mathbf{x}_2$, $\mathbf{x}_3$이 동일선상에 있으면 $\mathrm{H}^* = \mathbf{x}'_4 \mathbf{l}^\top$는 (4.1)의 해가 되는 것을 보였다. 여기에 두 가지 경우가 있다. H^*가 (배율을 제외한) 유일한 해이거나 H의 다른 해가 존재한다. 첫 번째 경우는 H^*는 특이 행렬이어서, $\mathbf{x}_i$를 $\mathbf{x}'_i$로 보내는 변환은 존재하지 않는다. 이런 경우에는 $\mathbf{x}_1$, $\mathbf{x}_2$, $\mathbf{x}_3$는 동일선상에 있지만, $\mathbf{x}'_1$, $\mathbf{x}'_2$, $\mathbf{x}'_3$은 그렇지 않게 된다. 두 번째 경우는 H의 다른 해가 존재해 $\alpha \mathrm{H}^* + \beta \mathrm{H}$ 형태의 모든 행렬이 해가 된다. 따라서 2차원 변환 모임이 존재하며 (4.3)에서 유도된 8개의 방정식이 독립적이지 않다는 것을 알 수 있다.

구성이 특정한 유형의 변환을 유일하게 결정하지 못하는 상황을 **퇴화**degenerate라고 한다. 퇴화의 정의에 구성과 변형의 유형을 모두 포함한다. 그러나 퇴화 문제는 최소해minimal solution에 한정된 것은 아니다. (오차가 없는 완벽한 상황과 같은) 추가 조건을 동일 직선(직선 l)에 있는 구성에 추가해도 퇴화 문제는 해결되지 않는다.

4.1.4 선 또는 다른 요소로부터의 해

지금까지 설명과 4장의 뒷부분에서는 점들의 대응에서 단응사상을 계산하는 것에 한정했다. 그러나 선의 대응에서 단응사상을 계산하는 것을 동일하게 전개할 수 있다. 선 변환 $\mathbf{l}_i = \mathtt{H}^\top \mathbf{l}'_i$에서 $\mathtt{A}\mathbf{h} = 0$의 형태인 행렬 방정식을 유도하면 일반적인 위치의 선 네 개에 대해 최소해를 갖게 된다. 비슷한 방법으로 단응사상을 원뿔의 대응에서 계산할 수 있다.

단응사상(또는 다른 관계)을 계산하기 위해 몇 개의 대응이 필요한지에 대한 의문이 있다. 일반적인 규칙은 제약 조건의 수가 변환의 자유도 수보다 크거나 같아야 한다는 것이다. 예를 들어 2차원의 점 또는 선의 대응에서 H의 구속 조건 두 개를 구할 수 있고 3차원의 점 또는 선의 대응에서 구속 조건 세 개를 구할 수 있다. 그래서 2차원에서 네 개의 점 또는 네 개의 선의 대응은 H를 계산하기에 충분하다. $4 \times 2 = 8$이고, 8은 단응사상의 자유도다. 3차원에서 단응사상은 자유도 15를 가져서 다섯 개의 점 또는 다섯 개의 면이 필요하다. 평면 아핀변환(자유도 6)의 경우 세 개의 대응 점 또는 선이면 충분하다. 원뿔에서 2차원 단응사상의 제약 조건 다섯 개를 구할 수 있다.

혼합 유형의 대응에서 H를 계산할 때는 주의해야 한다. 예를 들어 점 두 개와 선 두 개의 대응에서 2차원 대응사상을 유일하게 결정할 수 없지만, 점 세 개와 선 하나의 대응 또는 점 하나와 선 세 개의 대응에서는 결정할 수 있다. 세 경우 모두 자유도 8을 가지는 것에 주의한다. 선 세 개와 점 한 개의 경우는 기하학적으로 점 네 개와 동일하다. 세 개의 선은 삼각형이고 삼각형의 꼭짓점은 세 개의 점을 고유하게 정의하기 때문이다. 일반 위치에 있는 네 점의 대응이 단응사상을 고유하게 결정하는 것을 봤다. 즉, 선 세 개와 점 하나는 단응사상을 유일하게 결정한다. 비슷하게, 세 점과 선 하나의 경우에도 선 네 개와 동등해 (세 개의 공점이 없는) 일반 위치에 있는 선 네 개의 대응은 단응사상을 유일하게 결정한다. 그러나 그림 4.1에서 보듯이 두 점과 두 선의 경우에는 공점을 가지는 네 개의 선을 포함하는 다섯 개의 선 또는 네 개의 공선을 가지는 점 네 개를 포함하는 다섯 점과 동일하다. 앞에서 봤듯이 이러한 구성은 퇴화하고 두 점과 두 선을 대응하는 구성으로 보내는 단응사상이 한 개의 매개변수를 가지는 모임으로 존재하게 된다.

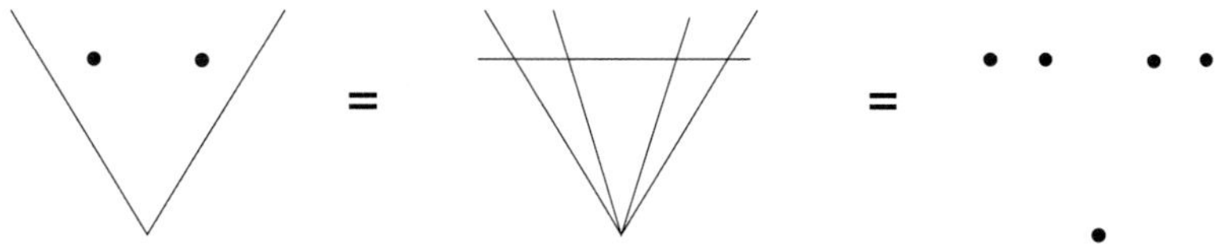

그림 4.1 점-선 구성의 기하학적 동등성 두 점과 두 줄의 구성은 공점선(concurrent line) 네 개를 가진 선 다섯 개 또는 공선점(collinear point) 네 개를 가지는 다섯 점과 동등하다.

4.2 여러 가지 비용함수

조건이 많은 경우에 H를 결정하기 위해 최소화하는 비용함수들에 대해 설명한다. 뒷부분에서 비용함수를 최소화하는 방법을 설명한다.

4.2.1 대수 거리

DLT 알고리듬은 노름 $\|\mathtt{A}\mathbf{h}\|$을 최소화한다. 벡터 $\epsilon = \mathtt{A}\mathbf{h}$를 잔차residual 벡터라고 하며 최소화하는 것은 오차 벡터의 노름이다. 이 벡터의 성분은 행렬 A의 각 행을 생성하는 개별 대응에서 생긴다. 각 대응 $\mathbf{x}_i \leftrightarrow \mathbf{x}'_i$에서 전체 오차 벡터를 구성하는 (4.1) 또는 (4.3)의 부분 오차 벡터 ϵ_i가 나온다. 벡터 ϵ_i는 점 대응 $\mathbf{x}_i \leftrightarrow \mathbf{x}'_i$와 단응사상 H와 관련된 대수 오차 벡터algebraic error vector이다. 이 벡터의 노름을 대수 거리algebraic distance라고 하는 스칼라다.

$$d_{\text{alg}}(\mathbf{x}'_i, \mathtt{H}\mathbf{x}_i)^2 = \|\boldsymbol{\epsilon}_i\|^2 = \left\| \begin{bmatrix} \mathbf{0}^{\mathsf{T}} & -w'_i\mathbf{x}_i^{\mathsf{T}} & y'_i\mathbf{x}_i^{\mathsf{T}} \\ w'_i\mathbf{x}_i^{\mathsf{T}} & \mathbf{0}^{\mathsf{T}} & -x'_i\mathbf{x}_i^{\mathsf{T}} \end{bmatrix} \mathbf{h} \right\|^2 \tag{4.4}$$

좀 더 일반적이면서 간단한 방식으로 임의의 두 벡터 $\mathbf{x}_1$, $\mathbf{x}_2$에 대해 다음과 같이 표현할 수 있다.

$$d_{\text{alg}}(\mathbf{x}_1, \mathbf{x}_2)^2 = a_1^2 + a_2^2 \text{ 여기에서 } \mathbf{a} = (a_1, a_2, a_3)^{\mathsf{T}} = \mathbf{x}_1 \times \mathbf{x}_2$$

대수 거리와 기하 거리의 관계는 4.2.4절에서 설명한다.

일련의 대응이 주어지면 $\epsilon = \mathtt{A}\mathbf{h}$는 완벽한 대응에 대한 대수 오차 벡터이고 다음을 만족한다.

$$\sum_i d_{\text{alg}}(\mathbf{x}'_i, \mathtt{H}\mathbf{x}_i)^2 = \sum_i \|\boldsymbol{\epsilon}_i\|^2 = \|\mathtt{A}\mathbf{h}\|^2 = \|\boldsymbol{\epsilon}\|^2 \tag{4.5}$$

Bookstein[Bookstein-79]이 원뿔-찾기 작업에서 대수 거리 개념을 도입했다. 최소화되는 양이 기하학적으로나 통계적으로 의미가 없다는 것이 단점이다. Bookstein에서 볼 수 있듯이, 대수 거리를 최소화하는 해는 직관적으로 예상하는 해가 아닐 수 있다. 그러나 (4.4절에서 설명하는) 정규화를 올바르게 이용하면 대수 거리를 최소화하는 방법에서 매우 좋은 결과를 얻을 수 있다. 장점은 선형 (그래서 유일한) 해가 있고 계산 비용이 저렴하다. 대수 거리를 기반으로 하는 해는 기하학적 또는 통계적 비용함수의 비선형 최소화의 초기 조건으로 종종 사용한다. 비선형 최소화는 해에 마지막으로 **광택**[polish]을 낸다.

4.2.2 기하 거리

다음으로 이미지의 기하학적 거리 측정을 기반하는 다른 오차함수를 논의하고 이미지의 측정된 좌표와 추정된 좌표의 차이를 최소화하는 것을 설명한다.

표기법 벡터 $\mathbf{x}$는 측정한 이미지 좌표를 나타낸다. $\hat{\mathbf{x}}$는 점의 추정값을, $\bar{\mathbf{x}}$는 점의 참값을 나타낸다.

이미지 하나에서의 오차 우선 첫 번째 이미지의 측정은 정확하다고 가정하고 두 번째 이미지의 오차만을 생각한다. 분명히 이런 가정은 이미지의 실제 상황과 맞지 않다. 가정이 합리적인 곳은 점을 매우 정확하게 측정할 수 있는 보정 패턴 또는 실세상 평면과 해당 이미지 사이의 사영변환을 추정하는 것이다. 최소화하는 적절한 값은 **전송**[transfer] 오차다. 이것은 두 번째 이미지에서 측정한 지점 $\mathbf{x}'$와 첫 번째 이미지의 대응하는 점 $\bar{\mathbf{x}}$가 변환된 점 $\mathtt{H}\bar{\mathbf{x}}$ 사이의 유클리드 이미지 거리이다. $\mathbf{x}$, $\mathbf{y}$로 표현되는 비동차 점 사이의 유클리드 거리를 $d(\mathbf{x}, \mathbf{y})$로 나타낸다. 그러면 대응점들의 전송 오차는 다음과 같다.

$$\sum_i d(\mathbf{x}'_i, \mathtt{H}\bar{\mathbf{x}}_i)^2 \tag{4.6}$$

오차 (4.6)을 최소화하는 방법으로 단응사상 $\hat{\mathtt{H}}$를 추정한다.

대칭 전송 오차 좀 더 현실적으로 두 이미지 모두에서 측정 오차가 발행하므로 한 이미지에서만 오차를 최소화하는 것이 아니라 두 이미지 모두에서 오차를 최소화하는 것이 좋다.

이를 위한 오차함수는 전방향(H)과 후방향($\mathtt{H}^{-1}$)을 같이 고려해 각각 변환의 기하 오차를 합하는 것이 좋다. 그러므로 오차는 다음과 같다.

$$\sum_i d(\mathbf{x}_i, \mathtt{H}^{-1}\mathbf{x}'_i)^2 + d(\mathbf{x}'_i, \mathtt{H}\mathbf{x}_i)^2 \tag{4.7}$$

위의 오차 식의 첫 번째 항은 첫 번째 이미지의 전송 오차이고 두 번째 항은 두 번째 이미지의 전송 오차를 나타낸다. (4.7)을 최소화한 것이 추정한 단응사상 $\hat{\mathtt{H}}$이다.

4.2.3 두 이미지에서 재사영 오차

두 이미지의 오차를 정량화하는 다른 방법으로 각 대응에 대한 정정[correction]을 추정하는 것이 있다. 완벽하게 일치하는 이미지 점들을 얻기 위해 두 이미지에서 측정값을 얼마나 정정해야 할까? 이미지 하나의 기하 전송 오차 (4.6)은 완벽하게 일치하는 점들을 얻기 위해 (두 번째 이미지인) 이미지 하나의 측정에 필요한 정정을 측정하는 값이다.

현재 경우는 다음의 총 오차함수를 최소화하는 단응사상 $\hat{\mathtt{H}}$와 완벽하게 대응하는 점 $\hat{\mathbf{x}}_i$와 $\hat{\mathbf{x}}'_i$를 찾고 있다.

$$\sum_i d(\mathbf{x}_i, \hat{\mathbf{x}}_i)^2 + d(\mathbf{x}'_i, \hat{\mathbf{x}}'_i)^2 \quad \text{subject to } \hat{\mathbf{x}}'_i = \hat{\mathtt{H}}\hat{\mathbf{x}}_i \;\; \forall i \tag{4.8}$$

위의 비용함수를 최소화하려면 $\hat{\mathtt{H}}$와 일련의 보조 대응 $\{\hat{\mathbf{x}}_i\}$와 $\{\hat{\mathbf{x}}'_i\}$를 결정해야 한다. 예를 들어 이러한 추정은 측정한 대응 $\mathbf{x}_i \leftrightarrow \mathbf{x}'_i$이 실세상 평면의 이미지들의 점인 경우를 모델링하고 있다. $\mathbf{x}_i \leftrightarrow \mathbf{x}'_i$의 대응에서 실세상 평면상의 점 $\widehat{\mathbf{X}}_i$를 추정하고 이를 재사영[reprojection]하면 완벽하게 일치하는 대응 $\hat{\mathbf{x}}_i \leftrightarrow \hat{\mathbf{x}}'_i$을 생성하고자 한다.

재사영 오차함수와 대칭 오차함수를 그림 4.2에서 비교했다. 4.3절에서 (4.8)은 단응사상과 대응에 관한 최대 우도법[Maximum Likelihood estimation]과 연관 있는 것을 보게 된다.

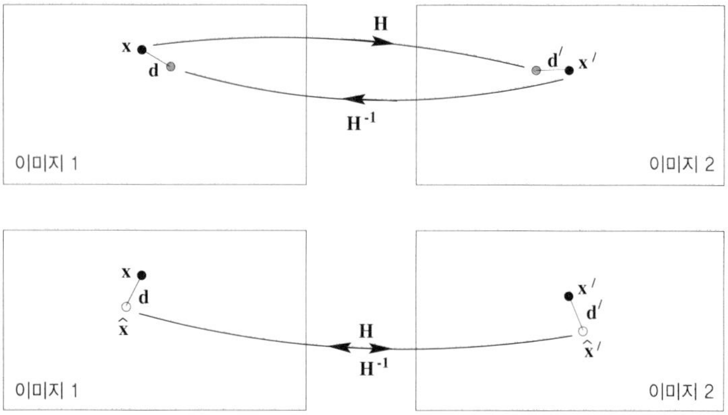

그림 4.2 단응사상을 추정할 때 대칭 전송 오차(위쪽)와 재사영 오차(아래쪽)의 비교 점 $\mathbf{x}$와 $\mathbf{x}'$은 (노이즈가 있는) 측정된 점이다. 추정한 단응사상에서 점 $\mathbf{x}'$와 $\mathtt{H}\mathbf{x}$는 완벽하게 대응하지 않는다(점 $\mathbf{x}$와 $\mathtt{H}^{-1}\mathbf{x}'$도 마찬가지다). 그러나 추정한 점 $\hat{\mathbf{x}}$와 $\hat{\mathbf{x}}'$은 단응사상 $\hat{\mathbf{x}}' = \mathtt{H}\hat{\mathbf{x}}$으로 정확하게 대응한다. $\mathbf{x}$와 $\mathbf{y}$ 사이의 유클리드 이미지 거리를 $d(\mathbf{x}, \mathbf{y})$로 나타내면, 대칭 전송 오차는 $d(\mathbf{x}, \mathtt{H}^{-1}\mathbf{x}')^2 + d(\mathbf{x}', \mathtt{H}\mathbf{x})^2$이고, 재사영 오차는 $d(\mathbf{x}, \hat{\mathbf{x}})^2 + d(\mathbf{x}', \hat{\mathbf{x}}')^2$이다.

4.2.4 기하 거리와 대수 거리의 비교

두 번째 이미지에서만 오차가 있는 경우를 생각한다. $\mathbf{x}'_i = (x'_i, y'_i, w'_i)^\top$이며 벡터 $(\hat{x}'_i, \hat{y}'_i, \hat{w}'_i)^\top = \bar{\mathbf{x}}'_i = \mathtt{H}\bar{\mathbf{x}}_i$를 정의한다. 이런 표기법에서 (4.3)의 좌변은 다음이 된다.

$$\mathtt{A}_i\mathbf{h} = \boldsymbol{\epsilon}_i = \begin{pmatrix} y'_i\hat{w}'_i - w'_i\hat{y}'_i \\ w'_i\hat{x}'_i - x'_i\hat{w}'_i \end{pmatrix}$$

위의 벡터는 점 대응 $\mathbf{x}_i \leftrightarrow \mathbf{x}'_i$과 카메라 사상 $\mathtt{H}$와 연관된 대수 오차 벡터^algebraic vector error^이다. 그러므로

$$d_{\text{alg}}(\mathbf{x}'_i, \hat{\mathbf{x}}'_i)^2 = (y'_i\hat{w}'_i - w'_i\hat{y}'_i)^2 + (w'_i\hat{x}'_i - x'_i\hat{w}'_i)^2$$

점 $\mathbf{x}'_i$, $\hat{\mathbf{x}}'_i$에 대한 기하 거리는 다음이다.

$$\begin{aligned} d(\mathbf{x}'_i, \hat{\mathbf{x}}'_i) &= \left((x'_i/w'_i - \hat{x}'_i/\hat{w}'_i)^2 + (y'_i/w'_i - \hat{y}'_i/\hat{w}'_i)^2\right)^{1/2} \\ &= d_{\text{alg}}(\mathbf{x}'_i, \hat{\mathbf{x}}'_i)/\hat{w}'_i w'_i \end{aligned}$$

그러므로 기하 거리는 대수 거리와 같지는 않지만 연관이 있다. $\hat{w}'_i = w'_i = 1$이면 두 거리는 같아지는 것에 주의한다.

항상 $w_i = 1$을 가정할 수 있으므로 일반적인 형태로 점 $\mathbf{x}_i$를 표현하면 $\mathbf{x}_i = (x_i,\ y_i,\ 1)^\top$이 된다. 2차원 단응사상의 중요한 분류에서 $\hat{w}'_i$의 값은 언제나 1이 된다. 2차원 아핀변환은 (2.10과 같이) 다음의 형태로 표현된다.

$$\mathtt{H}_\mathrm{A} = \begin{bmatrix} h_{11} & h_{12} & h_{13} \\ h_{21} & h_{22} & h_{23} \\ 0 & 0 & 1 \end{bmatrix} \tag{4.9}$$

$\hat{\mathbf{x}}'_i = \mathtt{H}_\mathrm{A}\bar{\mathbf{x}}_i$에서 $w_i = 1$이면 $\hat{w}'_i = 1$임을 확인할 수 있다. 그러므로 아핀변환의 경우에는 기하 거리와 대수 거리는 동일하다. $h_7 = h_8 = 0$으로 두면 H의 마지막 행이 (0, 0, 1)을 가지는 조건을 쉽게 DLT 알고리듬에 부과할 수 있다. 그러므로 아핀변환에 대해 대수 거리를 기반으로 하는 DLT 알고리듬을 이용해 기하 거리를 최소화할 수 있다.

4.2.5 재사영 오차의 기하학적 해석

두 평면 사이의 단응사상을 추정하는 것은 4차원 공간 $\mathbb{R}^4$의 점에 표면 맞추기surface fitting로 생각할 수 있다. 이미지 점 $\mathbf{x}$, $\mathbf{x}'$의 각 쌍은 $\mathbf{x}$와 $\mathbf{x}'$의 비동차 좌표로 연결해 만든 측정 공간 $\mathbb{R}^4$의 한 점 $\mathbf{X}$로 표현되는 한 점을 정의한다. 주어진 특정 단응사상 H에 대해 $\mathbf{x}' \times (\mathtt{H}\mathbf{x}) = \mathbf{0}$을 만족하는 이미지 대응 $\mathbf{x} \leftrightarrow \mathbf{x}'$은 $\mathbb{R}^4$에서 초곡면hypersurface 두 개의 교차인 대수 다양체variety[1] $\mathcal{V}_\mathtt{H}$를 정의한다. (4.1)의 각 행은 x, y, x', y'에 대해 이차 다항식이므로 곡면은 $\mathbb{R}^4$에서 이차 곡면이다. H의 원소가 다항식에서 각 항의 계수를 결정해 H가 특정 이차 곡면을 지정한다. (4.1)의 독립 방정식 두 개가 이러한 이차 곡면 두 개를 정의한다.

$\mathbb{R}^4$에서 점 $\mathbf{X}_i = (x_i,\ y_i,\ x'_i,\ y'_i)^\top$가 주어지면, 단응사상을 추정하는 작업은 점 $\mathbf{X}_i$를 지나는 (또는 거의 지나는) 다양체 $\mathcal{V}_\mathtt{H}$를 결정하는 문제가 된다. 물론 일반적으로는 다양체를 정확하게 결정하는 것을 불가능하다. 이런 경우, $\mathcal{V}_\mathtt{H}$를 변환 H에 대응하는 다양체라고 할 때, 각각의 점 $\mathbf{X}_i$에 대해 $\widehat{\mathbf{X}} = (\hat{x}_i,\ \hat{y}_i,\ \hat{x}'_i,\ \hat{y}'_i)^\top$는 다양체 $\mathcal{V}_\mathtt{H}$상에서 $\mathbf{X}_i$와 가장 가까운 점이다. 다음을 얻을 수 있다.

---

1 "다양체(variety)"는 $\mathbb{R}^N$에서 정의된 하나 이상의 다변량 다항식에 대해 동시에 영이 되는 집합이다.

$$\begin{aligned}\|\mathbf{X}_i - \widehat{\mathbf{X}}_i\|^2 &= (x_i - \hat{x}_i)^2 + (y_i - \hat{y}_i)^2 + (x'_i - \hat{x}'_i)^2 + (y'_i - \hat{y}'_i)^2 \\ &= d(\mathbf{x}_i, \hat{\mathbf{x}}_i)^2 + d(\mathbf{x}'_i, \hat{\mathbf{x}}'_i)^2\end{aligned}$$

그러므로 $\mathbb{R}^4$의 기하 거리는 양쪽 이미지에서 측정한 재사영 오차와 동일하다. 측정한 점 $\mathbf{X}_i$의 제곱합을 최소화하는 다양체 $\mathcal{V}_{\mathrm{H}}$와 다양체 $\mathcal{V}_{\mathrm{H}}$ 상의 점 $\widehat{\mathbf{X}}_i$를 구하는 것은 재사영 오차함수 (4.8)을 최소화하는 단응사상 $\widehat{\mathbf{X}}$와 추정점 $\hat{\mathbf{x}}_i$, $\hat{\mathbf{x}}'_i$를 구하는 것과 동일하다.

측정한 점 $\mathbf{X}$와 가장 가까운 $\mathcal{V}_{\mathrm{H}}$ 상의 점 $\widehat{\mathbf{X}}$는 $\widehat{\mathbf{X}}$에서 $\mathcal{V}_{\mathrm{H}}$의 접평면과 수직인 $\mathbf{X}$와 $\widehat{\mathbf{X}}$ 사이의 선분에 있는 점이다. 그러므로

$$d(\mathbf{x}_i, \hat{\mathbf{x}}_i)^2 + d(\mathbf{x}'_i, \hat{\mathbf{x}}'_i)^2 = d_\perp(\mathbf{X}_i, \mathcal{V}_{\mathrm{H}})^2$$

여기에서, $d_\perp(\mathbf{X}, \mathcal{V}_{\mathrm{H}})$는 점 $\mathbf{X}$와 다양체 $\mathcal{V}_{\mathrm{H}}$의 직교 거리를 나타낸다. 다음의 원뿔-맞추기 conic-fitting에서 보게 되겠지만, $\mathbf{X}$에 $\mathcal{V}_{\mathrm{H}}$로의 수직선은 하나 이상이 존재한다. 거리 $d_\perp(\mathbf{X}, \mathcal{V}_{\mathrm{H}})$는 $\mathbb{R}^4$의 강체 변환에 대해 불변이고, 이것은 이미지 각각의 좌표 (x, y), (x', y')에 대한 강체 변환을 특별한 경우로 가진다. 이러한 것들은 4.4.3절에서 다시 설명한다.

원뿔에서의 유추 계속 더 진행하기 전에 시각화가 더 쉬운 유사한 추정 문제를 간단하게 소개한다. 2차원 점에 대한 원뿔 맞추기 문제인데, 이것은 (곡률이 없어서 너무 단순한) 직선 맞추기와 (영이 아닌 곡률을 가지면 4차원인) 단응사상 맞추기의 중간 정도여서 유용하다.

평면상의 $n > 5$개의 점 $(x_i, y_i)^\top$의 집합에 기하 거리를 최소화하는 오차를 기반으로 하는 원뿔 맞추기 문제를 생각한다. 점들은 대응 correspondence $x_i \leftrightarrow y_i$로 생각할 수 있다. 전송 거리와 재사영 (수직) 거리를 그림 4.3에 나타냈다. 그림에서 $d_\perp$가 전송 오차보다 작거나 같음을 알 수 있다.

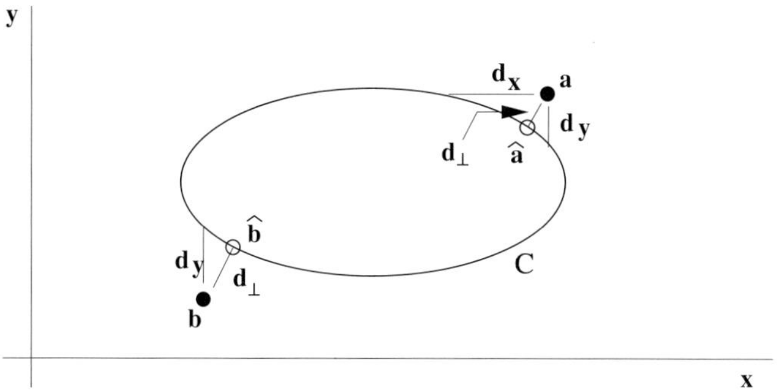

그림 4.3 "대칭 전달 오차(symmetric transfer error)" $d_x^2 + d_y^2$ 또는 제곱 수직 거리(squared perpendicular distance)의 합 $d_\perp^2$을 최소화해 2차원 점들의 집합에서 원뿔 곡선을 추정할 수 있다. 전송 오차의 유사성은 x가 정확하다고 간주하고 y 방향으로 원뿔까지의 거리 d_y를 측정한다. d_x도 비슷하다. 점 a의 경우 분명하게 $d_\perp \leq d_x$와 $d_\perp \leq d_y$이다. 그리고 d_x를 정의할 수 없는 점 **b**에서 볼 수 있듯이 $d_\perp$가 d_x 또는 d_y보다 안정적이다.

원뿔 C에서 점 $\mathbf{x}$까지의 대수 거리는 $d_{\text{alg}}(\mathbf{x}, \mathtt{C})^2 = \mathbf{x}^\top \mathtt{C}\mathbf{x}$로 정의한다. C에 대한 선형 해는 C를 적절하게 정규화해 $\sum_i d_{\text{alg}}(\mathbf{x}_i, \mathtt{C})^2$을 최소화해 얻을 수 있다. 원뿔 C에 대한 점 (x, y)의 수직 거리에 대한 선형 표현은 없다. $\mathbb{R}^2$의 각 점에서 C에 수직인 선은 최대 네 개가 있기 때문이다. 해는 4차 방정식의 근에서 구할 수 있다. 그러나 함수 $d_\perp(\mathbf{x}, \mathtt{C})$는 원뿔과 점 사이의 최단 거리의 최단 거래로 정의할 수 있다. 원뿔은 C의 매개변수 다섯 개에 대해 $\sum_i d_\perp(\mathbf{x}_i, \mathtt{C})^2$을 최소화하는 것으로 추정할 수 있다. 이것은 선형 해로 얻어지지 않는다. 원뿔 C와 측정점 $\mathbf{x}$가 주어지면, 정정된 점 $\hat{\mathbf{x}}$는 C상의 가장 가까운 점을 선택한다.

단응사상의 추정을 다시 고려한다. 아핀변환의 경우에 다양체는 초곡면 두 개의 교점들이다. 즉, 이것은 2차원 선형 부분 공간이다. 이는 아핀 행렬 (4.9)의 형태에서 나온다. 이로부터 $\mathbf{x}' = \mathtt{H}_\text{A}\mathbf{x}$에 대해 $\mathbf{x}$, $\mathbf{x}'$, $\mathbf{y}$ 간의 하나의 구속 조건을, $\mathbf{x}$, $\mathbf{y}$, $\mathbf{y}'$ 간의 또 하나의 구속 조건을 얻을 수 있다. 각각은 $\mathbb{R}^4$의 초평면을 결정한다. 이러한 상황과 유사한 것은 평면의 점에서 선 맞추기다. 두 경우 모두(아핀변환과 선), 점에서 다양체로의 직선 거리를 최소화해 추정할 수 있다. 두 경우에 대해서는 닫힌 해가 존재한다. 다음 절에서 소개한다.

4.2.6 샘프슨 오차

기하 오차(4.8)는 본질적으로 매우 복잡하며, 이를 최소화하려면 단응사상 행렬과 점 $\hat{\mathbf{x}}_i$, $\hat{\mathbf{x}}'_i$를 동시에 추정해야 한다. 이러한 비선형 추정 문제는 4.5절에서 자세하게 설명한다.

이러한 복잡성은 단순한 대수 오차(4.4)의 최소화와 비교된다. 4.2.5절에서 설명한 기하 오차의 기하학적 해석에서 복잡성 측면에서 대수와 기하 비용함수의 중간인 비용함수를 얻을 수 있다. 실제로는 기하 오차에 좀 더 가까운 근사이다. 이 비용함수를 **샘프슨 오차**Sampson Error라고 한다. 샘프슨[Sampson-82]이 원뿔 맞추기에서 이 근사를 사용했기 때문이다.

4.2.5절에서 설명했듯이 기하 오차 $\|\mathbf{X}-\widehat{\mathbf{X}}\|^2$을 최소화하는 벡터 $\widehat{\mathbf{X}}$는 다양체 $\mathcal{V}_{\mathtt{H}}$에서 측정값 $\mathbf{X}$과 가장 가까운 점이다. $\mathcal{V}_{\mathtt{H}}$가 비선형nonlinear이어서 이 점은 반복법 외의 직접 추정이 불가능하다. 샘프슨 오차함수의 아이디어는 비용함수가 추정하는 점 근방에서 일차로 잘 근사된다고 가정하고 점 $\widehat{\mathbf{X}}$에서 일차 근사first-order approximation를 추정한다. 다음의 논의는 2차원 단응사상의 추정 문제와 연관된 것이지만, 크게 변경하지 않고서도 이 책의 다른 추정 문제에 적용할 수 있다.

단응사상 H가 주어졌을 때, $\mathcal{V}_{\mathtt{H}}$상의 임의의 점 $\mathbf{X}=(x,\ y,\ x',\ y')^{\mathsf{T}}$는 방정식 (4.3)을 만족한다. 즉, $\mathtt{A}\mathbf{h}=0$이다. $\mathbf{X}$의 의존성을 강조하기 위해 $\mathcal{C}_{\mathtt{H}}(\mathbf{X})=0$으로 표기한다. 이 경우에서 $\mathcal{C}_{\mathtt{H}}(\mathbf{X})$는 2차원 벡터다. 테일러 전개를 이용해 비용함수를 일차까지 근사한다.

$$\mathcal{C}_{\mathtt{H}}(\mathbf{X}+\boldsymbol{\delta}_{\mathbf{X}})=\mathcal{C}_{\mathtt{H}}(\mathbf{X})+\frac{\partial \mathcal{C}_{\mathtt{H}}}{\partial \mathbf{X}}\boldsymbol{\delta}_{\mathbf{X}} \tag{4.10}$$

$\boldsymbol{\delta}_{\mathbf{X}}=\widehat{\mathbf{X}}-\mathbf{X}$로 표기하고 $\widehat{\mathbf{X}}$가 $\mathcal{V}_{\mathtt{H}}$에 놓이기를 원하므로 $\mathcal{C}_{\mathtt{H}}(\widehat{\mathbf{X}})=0$의 조건을 부과하면 $\mathcal{C}_{\mathtt{H}}(\mathbf{X})+(\partial\mathcal{C}_{\mathtt{H}}/\partial\mathbf{X})\boldsymbol{\delta}_{\mathbf{X}}=\mathbf{0}$을 얻는다. 앞으로 $\mathtt{J}\boldsymbol{\delta}_{\mathbf{X}}=-\boldsymbol{\epsilon}$로 표기하며 J는 편미분 행렬이고 $\mathcal{C}_{\mathtt{H}}(\mathbf{X})$는 $\mathbf{X}$와 연관된 비용이다. 이제 최소화 문제는 이 방정식을 만족하는 가장 작은 $\boldsymbol{\delta}_{\mathbf{X}}$를 찾는 것이다. 즉,

- 구속 조건 $\mathtt{J}\boldsymbol{\delta}_{\mathbf{X}}=-\boldsymbol{\epsilon}$을 만족하며 $\|\boldsymbol{\delta}_{\mathbf{X}}\|$를 최소화하는 벡터 $\boldsymbol{\delta}_{\mathbf{X}}$를 찾아라.

이런 유형의 문제를 해결하는 표준 방법은 라그랑주 승수Lagrange Multiplier를 사용하는 것이다. 라그랑주 승수의 벡터 $\boldsymbol{\lambda}$를 도입하면 위의 문제는 $\boldsymbol{\delta}_{\mathbf{X}}^{\mathsf{T}}\boldsymbol{\delta}_{\mathbf{X}}-2\boldsymbol{\lambda}^{\mathsf{T}}(\mathtt{J}\boldsymbol{\delta}_{\mathbf{X}}+\boldsymbol{\epsilon})$의 극extreme값을 구하는 문제로 바뀐다. 여기서는 뒷부분에서 편의를 위해 $\boldsymbol{\delta}^{\mathsf{T}}$의 계수에 인수 2를 곱했다. $\boldsymbol{\delta}_{\mathbf{X}}$에 대해 미분하고 이를 영이라 두면 다음을 얻는다.

$$2\boldsymbol{\delta}_{\mathbf{X}}^{\mathsf{T}}-2\boldsymbol{\lambda}^{\mathsf{T}}\mathtt{J}=\mathbf{0}^{\mathsf{T}}$$

이로부터 $\boldsymbol{\delta}_{\mathbf{X}} = \mathtt{J}^{\mathsf{T}}\boldsymbol{\lambda}$를 얻는다. $\boldsymbol{\lambda}$에 대한 미분에서 원래 제약 조건인 $\mathtt{J}\boldsymbol{\delta}_{\mathbf{X}} + \boldsymbol{\epsilon} = \mathbf{0}$을 얻는다. $\boldsymbol{\delta}_{\mathbf{X}}$를 대입하면,

$$\mathtt{J}\mathtt{J}^{\mathsf{T}}\boldsymbol{\lambda} = -\boldsymbol{\epsilon}$$

이를 $\boldsymbol{\lambda}$에 대해 풀면, $\boldsymbol{\lambda} = -(\mathtt{J}\mathtt{J}^{\mathsf{T}})^{-1}\boldsymbol{\epsilon}$를 얻고 최종적으로 다음을 얻는다.

$$\boldsymbol{\delta}_{\mathbf{X}} = -\mathtt{J}^{\mathsf{T}}(\mathtt{J}\mathtt{J}^{\mathsf{T}})^{-1}\boldsymbol{\epsilon} \tag{4.11}$$

그리고 $\widehat{\mathbf{X}} = \mathbf{X} + \boldsymbol{\delta}_{\mathbf{X}}$가 된다. 노름 $\|\boldsymbol{\delta}_{\mathbf{X}}\|^2$이 샘프슨 오차가 된다.

$$\|\boldsymbol{\delta}_{\mathbf{X}}\|^2 = \boldsymbol{\delta}_{\mathbf{X}}^{\mathsf{T}}\boldsymbol{\delta}_{\mathbf{X}} = \boldsymbol{\epsilon}^{\mathsf{T}}(\mathtt{J}\mathtt{J}^{\mathsf{T}})^{-1}\boldsymbol{\epsilon} \tag{4.12}$$

보기 4.2 원뿔의 샘프슨 근사

그림 4.3에서 나타낸 점 $\mathbf{x}$와 원뿔 $\mathtt{C}$ 사이의 기하 거리 $d_{\perp}(\mathbf{x}, \mathtt{C})$에 대한 샘프슨 근사를 계산한다. 이 경우 원뿔 다양체 $\mathcal{V}_{\mathtt{C}}$는 방정식 $\mathbf{x}^{\mathsf{T}}\mathtt{C}\mathbf{x} = 0$으로 정의되고 $\mathbf{X} = (x, y)^{\mathsf{T}}$는 2차원 벡터이며, $\boldsymbol{\epsilon} = \mathbf{x}^{\mathsf{T}}\mathtt{C}\mathbf{x}$는 스칼라이고, $\mathtt{J}$는 다음의 1×2 행렬이다.

$$\mathtt{J} = \left[\frac{\partial(\mathbf{x}^{\mathsf{T}}\mathtt{C}\mathbf{x})}{\partial x}, \frac{\partial(\mathbf{x}^{\mathsf{T}}\mathtt{C}\mathbf{x})}{\partial y}\right]$$

이로부터 $\mathtt{J}\mathtt{J}^{\mathsf{T}}$가 스칼라임을 알 수 있다. $\mathtt{J}$의 원소는 미분의 체인 공식으로 계산할 수 있다.

$$\frac{\partial(\mathbf{x}^{\mathsf{T}}\mathtt{C}\mathbf{x})}{\partial x} = \frac{\partial(\mathbf{x}^{\mathsf{T}}\mathtt{C}\mathbf{x})}{\partial \mathbf{x}}\frac{\partial \mathbf{x}}{\partial x} = 2\mathbf{x}^{\mathsf{T}}\mathtt{C}(1,0,0)^{\mathsf{T}} = 2(\mathtt{C}\mathbf{x})_1$$

여기에서 $(\mathtt{C}\mathbf{x})_i$는 3차원 벡터 $\mathtt{C}\mathbf{x}$의 i번째 성분이다. (4.12)에서 다음을 얻는다.

$$d_{\perp}^2 = \|\boldsymbol{\delta}_{\mathbf{X}}\|^2 = \boldsymbol{\epsilon}^{\mathsf{T}}(\mathtt{J}\mathtt{J}^{\mathsf{T}})^{-1}\boldsymbol{\epsilon} = \frac{\boldsymbol{\epsilon}^{\mathsf{T}}\boldsymbol{\epsilon}}{\mathtt{J}\mathtt{J}^{\mathsf{T}}} = \frac{(\mathbf{x}^{\mathsf{T}}\mathtt{C}\mathbf{x})^2}{4((\mathtt{C}\mathbf{x})_1^2 + (\mathtt{C}\mathbf{x})_2^2)}$$

△

참고 사항

(i) 2차원 단응사상 추정 문제에서, $\mathbf{X} = (x, y, x', y')^{\mathsf{T}}$이고 2차원 측정값 $\mathbf{x} = (x, y, 1)^{\mathsf{T}}$, $\mathbf{x}' = (x', y', 1)^{\mathsf{T}}$이다.

(ii) $\boldsymbol{\epsilon} = \mathcal{C}_{\mathtt{H}}(\mathbf{X})$는 2차원 대수 오차 벡터 $\mathtt{A}_i\mathbf{h}$이다. $\mathtt{A}_i$는 (4.3)에서 정의했다.

(iii) $\mathrm{J} = \partial \mathcal{C}_{\mathrm{H}} / \partial \mathbf{X}$는 2×2 행렬이다. 예를 들면,

$$J_{11} = \partial(-w_i' \mathbf{x}_i^\mathsf{T} \mathbf{h}^2 + y_i' \mathbf{x}_i^\mathsf{T} \mathbf{h}^3)/\partial x = -w_i' h_{21} + y_i' h_{31}$$

(iv) (4.12)와 대수 오차 $\|\boldsymbol{\epsilon}\| = \boldsymbol{\epsilon}^\mathsf{T}\boldsymbol{\epsilon}$가 유사한 것에 주의한다. 샘프슨 오차는 (A2.1절의) 마할라노비스 노름 $\|\boldsymbol{\epsilon}\|_{\mathrm{JJ}^\mathsf{T}}$으로 해석할 수 있다.

(v) (4.1)에서 정의한 A를 대신 사용할 수 있다. 이 경우, J는 3×4 차원이고 $\boldsymbol{\epsilon}$는 3차원 벡터다. 그러나 일반적으로 샘프슨 오차는 결국 해 $\delta_{\mathbf{X}}$는 (4.1)과 (4.3)의 선택과 무관하다.

샘프슨 오차 (4.12)는 점 한 쌍에 대해 유도한 것이다. 여러 점 대응 $\mathbf{x}_i \leftrightarrow \mathbf{x}_i'$에서 2차원 단응사상 H를 추정하는 데 이를 적용하려면 모든 점 대응의 오차를 합산해야 한다.

$$\mathcal{D}_\perp = \sum_i \boldsymbol{\epsilon}_i^\mathsf{T} (\mathrm{J}_i \mathrm{J}_i^\mathsf{T})^{-1} \boldsymbol{\epsilon}_i \tag{4.13}$$

여기에서 $\boldsymbol{\epsilon}$와 J는 모두 H에 의존한다. H를 추정하려면 위의 표현식을 H의 모든 값에 대해 최소화해야 한다. 이것은 변수의 집합이 H의 원소(또는 일부 다른 매개변수화)로만 구성된 간단한 최소화 문제이다.

이러한 샘프슨 오차는 각각 점이 각 이미지에서 동일한 등방성isotropic (원형) 오차 분포를 가진다는 가정에서 유도한다. 보다 일반적인 가우스 오차 분포에 대한 적절한 공식은 4장의 끝에 있는 연습 문제에 나와 있다.

선형 비용함수 대수 오차 벡터 $\mathcal{C}_{\mathrm{H}}(\mathbf{X}) = \mathrm{A}(\mathbf{X})\mathbf{h}$는 $\mathbf{X}$의 원소에 대해 다중 선형인 것이 전형적이다. 그러나 $\mathrm{A}(\mathbf{X})\mathbf{h}$가 선형인 경우는 그 자체로 중요하다. 가장 먼저 주목해야 할 점은 이 경우 (4.10)의 테일러 급수 전개로 구한 기하 오차의 일차 근사가 (고차항이 영이 되어서) 정확하다는 것이다. 즉, 샘프슨 오차가 기하 오차와 동일하다.

그리고 선형방정식의 집합 $\mathcal{C}_{\mathrm{H}}(\mathbf{X}) = \mathbf{0}$으로 정의되는 다양체 $\mathcal{V}_{\mathrm{H}}$는 H에 의존하는 초평면이다. 그러므로 H를 구하는 문제는 초평면 맞추기 문제가 된다. H로 매개화된 초평면 중에서 데이터 $\mathbf{X}_i$를 가장 잘 맞추는 것을 찾아야 한다.

이러한 아이디어의 예로서, 아핀변환에 대한 기하 오차 (4.8)을 최소화하는 선형 알고리듬을 4장의 끝부분에 있는 연습 문제에서 소개한다.

4.2.7 다른 기하 해석

4.2.5절에서 점 $\mathbf{x}_i$를 다른 점 $\mathbf{x}'_i$로 변환하는 단응사상을 찾는 것은 $\mathbb{R}^4$에서 주어진 점을 맞추는 다양체를 구하는 문제와 같다는 것을 보였다. 이제 모든 측정 집합이 측정 공간 $\mathbb{R}^N$의 단일 점으로 표현되는 다른 해석을 생각한다.

고려하려는 추정 문제는 일반적인 프레임워크로 설명할 수 있다. 추상화하면 추정 문제는 두 개의 성분을 가진다.

- 측정 벡터 $\mathbf{X}$로 구성된 측정 공간 $\mathbb{R}^N$
- 추상적으로 $\mathbb{R}^N$의 점으로 구성된 부분 집합 S로 생각하는 모델. 측정 벡터 $\mathbf{X}$가 부분 집합에 속한다면 모델을 만족한다고 표현한다. 일반적으로 모델을 만족하는 부분 집합은 $\mathbb{R}^N$의 다양체submanifold, variety가 된다.

이제, $\mathbb{R}^N$의 관측 벡터 $\mathbf{X}$가 주어지면, 추정 문제는 모델을 만족하며 $\mathbf{X}$와 가장 가까운 벡터 $\widehat{\mathbf{X}}$를 찾는 것이다.

이러한 프레임워크를 2차원 단응사상 추정 문제에 어떻게 적용하는가에 관해 설명한다.

두 이미지에서 오차 $i = 1, \dots, n$인 $\{\mathbf{x}_i \leftrightarrow \mathbf{x}'_i\}$는 측정한 대응점들의 집합이다. 여기에서는 모드 $4n$개의 측정, 즉 n개의 점에 대한 두 개의 이미지 각각에 좌표 두 개가 있다. 그러므로 일치하는 점의 집합은 $N = 4n$인 $\mathbb{R}^N$의 점으로 나타난다. 두 이미지에서 일치하는 모든 점들의 좌표로 구성한 벡터를 $\mathbf{X}$로 표시한다.

물론 모든 점의 쌍 $\mathbf{x}_i \leftrightarrow \mathbf{x}'_i$의 집합이 단응사상 $\mathtt{H}$를 통해 연결되는 것은 아니다. 모든 i에 대해 $\mathbf{x}'_i = \mathtt{H}\mathbf{x}_i$를 만족하는 사영변환이 존재하는 점 대응 $\{\mathbf{x}_i \leftrightarrow \mathbf{x}'_i\}$의 집합은 모델을 만족하는 $\mathbb{R}^N$의 부분 집합을 구성한다. 일반적으로 이러한 점들의 집합은 $\mathbb{R}^N$에서 적절한 차원의 다양체를 형성한다. 다양체의 차원은 다양체를 매개화하기 위해 필요한 변수의 최소 숫자와 같다.

첫 번째 이미지에서 n개의 점 $\hat{\mathbf{x}}_i$를 임의로 선택한다. 그리고 단응사상 $\mathtt{H}$ 또한 임의로 선택한다. 선택이 끝나면 두 번째 이미지에서 점 $\hat{\mathbf{x}}'_i$를 $\hat{\mathbf{x}}'_i = \mathtt{H}\hat{\mathbf{x}}_i$를 이용해 결정한다. 따라서 가능한 점의 선택은 $2n + 8$개의 매개변수 집합으로 결정된다. 점의 $2n$개의 좌표 $\hat{\mathbf{x}}_i$와 변환 H의 8개의 독립 매개변수(자유도)를 더한 것이다. 따라서 다양체 $S \subset \mathbb{R}^N$은 $2n+8$ 차원이며, 따라서 여차원codimension $2n-8$을 가진다.

측정된 점의 대응 집합 $\{\mathbf{x}_i \leftrightarrow \mathbf{x}'_i\}$에서, 대응하는 $\mathbb{R}^N$의 점 $\mathbf{X}$와 추정하는 S에 있는 점 $\widehat{\mathbf{X}}$ in $\mathbb{R}^N$은 다음을 만족한다.

$$\|\mathbf{X} - \widehat{\mathbf{X}}\|^2 = \sum_i d(\mathbf{x}_i, \hat{\mathbf{x}}_i)^2 + d(\mathbf{x}'_i, \hat{\mathbf{x}}'_i)^2$$

그래서 $\mathbb{R}^N$에서 $\mathbf{X}$와 가장 가까운 점 $\widehat{\mathbf{X}}$를 찾는 것은 비용함수 (4.8)을 최소화하는 것과 같다. 추정된 정확한 대응 $\hat{\mathbf{x}}_i \leftrightarrow \hat{\mathbf{x}}'_i$는 $\mathbb{R}^N$에서 가장 가까운 표면상의 점 $\widehat{\mathbf{X}}$와 대응한다. $\widehat{\mathbf{X}}$를 구하면 H를 계산할 수 있다.

한 이미지만의 오차 하나의 이미지에만 오차가 있는 경우에는 대응 $\{\bar{\mathbf{x}}_i \leftrightarrow \mathbf{x}'\}$을 얻는다. 점 $\bar{\mathbf{x}}_i$는 정확하다고 가정한다. $\mathbf{x}'_i$의 비동차 좌표가 측정 벡터 $\mathbf{X}$를 구성한다. 이 경우의 측정 공간의 차원은 $N=2n$이다. 벡터 $\widehat{\mathbf{X}}$는 정확한 점들의 변환 $\{\mathtt{H}\bar{\mathbf{x}}_1, \mathtt{H}\bar{\mathbf{x}}_2, \ldots, \mathtt{H}\bar{\mathbf{x}}_n\}$의 비동차 좌표로 구성된다. 모델을 만족하는 측정 벡터 집합은 집합 $\widehat{\mathbf{X}}$이고, H는 모든 단응사상 행렬에서 변화한다. 또 다시 이 집합은 다양체다. 단응사상 행렬 H의 총 자유도가 8이므로, 다양체의 차원은 8이 된다. 앞의 경우와 같이 여차원은 $2n-8$이다. 다음이 만족하는 것을 알 수 있다.

$$\|\mathbf{X} - \widehat{\mathbf{X}}\|^2 = \sum_i d(\mathbf{x}'_i, \mathtt{H}\bar{\mathbf{x}}_i)^2$$

그래서 측정 벡터 $\mathbf{X}$와 가장 가까운 S상의 점은 비용함수 (4.6)을 최소화하는 것과 같다.

4.3 통계적 비용함수와 최대 우도 추정

4.2절에서 이미지에서 측정점과 추정점 사이의 기하 거리와 관련된 다양한 비용함수를 살펴봤다. 이러한 비용함수를 이미지에서 점의 측정에 관한 오차 통계를 이용해 정당화하고 일반화할 것이다.

H를 최고로 (또는 최적으로) 추정하려면 측정 오차(노이즈)에 대한 모델이 필요하다. 여기에서는 측정 오차가 없는 경우에 실제점true point이 단응사상 $\bar{\mathbf{x}}'_i = \mathtt{H}\bar{\mathbf{x}}_i$를 만족한다고 가정한다. 일반적인 이미지 좌표의 측정 오차는 가우스 (또는 정규) 확률 분포를 따른다고 가정

한다. 이 가정은 일반적으로 맞지 않으며, 측정한 데이터의 (심각하게 잘못 측정한) 특이값outlier의 존재를 고려하지 않는다. 특이값을 감지하고 제거하는 방법은 뒷부분인 4.7절에서 설명한다. 특이값을 제거하면 가우스 오차 모델의 가정은 엄격하게 검증되지 않지만 좀 더 유용해진다. 따라서 여기에서는 이미지 측정 오차가 평균이 영인 등방형 가우스 분포를 따른다고 가정한다. 이 분포에 대해서는 A2.1절에서 설명한다.

구체적으로 노이즈가 각각의 이미지 좌표에서 평균이 영이고 표준 편차가 σ인 가우스 분포라고 가정한다. 이것은 $x = \bar{x} + \Delta x$이며, Δx는 분산이 σ^2인 가우스 분포를 따른다. 측정에 대한 각각의 노이즈가 독립이라고 추가로 가정하고 실제점이 $\bar{\mathbf{x}}$이면 측정점 $\mathbf{x}$의 확률 밀도 함수 (PDF)는 다음과 같다.

$$\Pr(\mathbf{x}) = \left(\frac{1}{(2\pi\sigma^2)^2}\right) e^{-d(\mathbf{x},\bar{\mathbf{x}})^2/(2\sigma^2)} \tag{4.14}$$

한 이미지의 오차 먼저 오차가 두 번째 이미지에서만 발생하는 경우를 생각한다. 대응 집합 $\{\bar{\mathbf{x}}_i \leftrightarrow \mathbf{x}_i'\}$를 얻을 확률은 각 점의 오차가 독립이라고 가정했기에 각 점의 PDF를 단순히 곱하면 된다. 그러면 노이즈-섭동noise-perturbed 데이터의 PDF는 다음과 같다.

$$\Pr(\{\mathbf{x}_i'\}|\mathtt{H}) = \prod_i \left(\frac{1}{(2\pi\sigma^2)^2}\right) e^{-d(\mathbf{x}_i',\mathtt{H}\bar{\mathbf{x}}_i)^2/(2\sigma^2)} \tag{4.15}$$

기호 $\Pr(\{\mathbf{x}_i'\}|\mathtt{H})$는 실제 단응사상이 $\mathtt{H}$로 주어졌을 때 관측값 $\{\mathbf{x}_i'\}$를 얻을 확률로 해석한다. 대응 집합의 로그-우도log-likelihood는 다음이다.

$$\log \Pr(\{\mathbf{x}_i'\}|\mathtt{H}) = -\frac{1}{2\sigma^2}\sum_i d(\mathbf{x}_i', \mathtt{H}\bar{\mathbf{x}}_i)^2 + \text{ constant}$$

단응사상의 최대 우도 추정MLE, Maximum Likelihood Estimate $\hat{\mathtt{X}}$는 로그-우도를 최대화한다. 즉, 다음을 최소화한다.

$$\sum_i d(\mathbf{x}_i', \mathtt{H}\bar{\mathbf{x}}_i)^2$$

그러므로 MLE는 기하 거리 (4.6)을 최소화하는 것과 같다.

두 이미지의 오차 위의 설명을 비슷하게 따라가면, 참 대응이 $\{\bar{\mathbf{x}}_i \leftrightarrow \mathbf{x}_i'\mathtt{H}\bar{\mathbf{x}}_i = \bar{\mathbf{x}}_i'\}$인 경우에 노이즈-섭동 데이터의 PDF는 다음과 같다.

$$\Pr(\{\mathbf{x}_i, \mathbf{x}'_i\}|\mathtt{H}, \{\bar{\mathbf{x}}_i\}) = \prod_i \left(\frac{1}{(2\pi\sigma^2)^2}\right) e^{-\left(d(\mathbf{x}_i,\bar{\mathbf{x}}_i)^2 + d(\mathbf{x}'_i,\mathtt{H}\bar{\mathbf{x}}_i)^2\right)/(2\sigma^2)}$$

여기서 추가적인 복잡성은 (위에서 $\mathtt{H}\bar{\mathbf{x}}$에 해당하는) 실제점의 역할을 하는 수정된 이미지 측정을 찾아야 한다는 것이다. 사영변환 $\mathtt{H}$ 그리고 대응 $\{\mathbf{x}_i \leftrightarrow \mathbf{x}'_i\}$의 MLE는 다음을 최소화하는 단응사상 $\widehat{\mathbf{X}}$와 대응 $\{\hat{\mathbf{x}}_i \leftrightarrow \hat{\mathbf{x}}'_i\}$이다.

$$\sum_i d(\mathbf{x}_i, \hat{\mathbf{x}}_i)^2 + d(\mathbf{x}'_i, \hat{\mathbf{x}}'_i)^2$$

여기에서 $\hat{\mathbf{x}}'_i = \widehat{\mathbf{X}}\hat{\mathbf{x}}_i$이다. 이 경우에 MLE는 재사영 오류 함수 (4.8)을 최소화하는 것과 같다.

마할라노비스 거리 일반적인 가우스 분포의 경우, 공분산 행렬이 Σ인 가우스 분포함수를 따르는 측정 벡터 $\mathbf{X}$를 가정한다. 위에서 설명한 경우는 공분산 행렬이 단위 행렬에 스칼라를 곱한 경우와 같다.

로그-우도를 최대화하는 것은 다음의 마할라노비스 거리(A2.1절 참조)를 최소화하는 것과 같다.

$$\|\mathbf{X} - \bar{\mathbf{X}}\|^2_\Sigma = (\mathbf{X} - \bar{\mathbf{X}})^\mathsf{T}\Sigma^{-1}(\mathbf{X} - \bar{\mathbf{X}})$$

오차가 각 이미지에 존재하지만 한 이미지의 오차가 다른 이미지의 오차와 독립이라는 가정을 하면 적절한 비용함수는 다음과 같다.

$$\|\mathbf{X} - \bar{\mathbf{X}}\|^2_\Sigma + \|\mathbf{X}' - \bar{\mathbf{X}}'\|^2_{\Sigma'}$$

여기에서 Σ와 Σ'는 두 이미지 각각에서 측정 공분산 행렬이다.

마지막으로, 모든 점 $\mathbf{x}_i$와 $\mathbf{x}'_i$의 오차는 독립이고, 각각 공분산 행렬 Σ_i와 Σ'_i를 가진다고 가정하면 위의 식은 다음으로 변형된다.

$$\sum \|\mathbf{x}_i - \bar{\mathbf{x}}_i\|^2_{\Sigma_i} + \sum \|\mathbf{x}'_i - \bar{\mathbf{x}}'_i\|^2_{\Sigma'_i} \tag{4.16}$$

위의 방정식은 비등방anisotropic 공분산 행렬 형태를 포함한다. 이는 직교하지 않는 두 직선의 교점으로 계산되는 점의 위치에서 나타난다. 한 이미지에서 점을 정확하게 알고 있어 오차는 다른 이미지에 한정되는 경우에는 (4.16)의 두 항 중의 하나의 항은 사라진다.

4.4 변환 불변성과 정규화

여기에서는 4.1절의 DLT 알고리듬의 속성과 성능에 관해 설명하고 기하 오차를 최소화하는 알고리듬과 비교한다. 첫 번째 주제는 이미지에서 다른 좌표 선택에 대한 알고리듬의 불변량이다. 이미지에서 좌표계의 원점, 거리 단위 또는 심지어 방향과 같은 임의의 선택에 알고리듬의 결과가 의존하는 것은 일반적으로 바람직하지 않다.

4.4.1 이미지 좌표 변환에 대한 불변성

이미지에서 좌표는 왼쪽 상단 또는 중심을 원점으로 잡는다. 이것이 변환 계산 결과에 영향을 미치는지에 대한 물음이 있을 수 있다. 마찬가지로, 이미지의 좌표를 표현하는 거리 단위가 배율이 곱해져서 바뀌면 알고리듬의 결과도 바뀌는가? 단응사상을 추정하기 위해 비용함수를 최소화하는 알고리듬의 결과는 일반적으로 이미지 좌표 선택에 어느 정도로 의존하는가? 예를 들어 알고리듬을 실행하기 전에 이미지 좌표를 닮음변환, 아핀변환 또는 사영변환을 이용해 변경했다고 가정한다. 이로 인해 결과가 실질적으로 바뀌는가?

수학적으로 하나의 이미지상의 좌표 $\mathbf{x}$가 $\tilde{\mathbf{x}} = \mathtt{T}\mathbf{x}$를 이용해 변경되고, 다른 이미지의 좌표 $\mathbf{x}'$는 $\tilde{\mathbf{x}}' = \mathtt{T}'\mathbf{x}'$로 변경됐다고 가정한다. 여기에서 $\mathtt{T}$, $\mathtt{T}'$은 3×3 단응사상이다. 관계식 $\mathbf{x}' = \mathtt{H}\mathbf{x}$를 대입하면, $\tilde{\mathbf{x}}' = \mathtt{T}'\mathtt{H}\mathtt{T}^{-1}\tilde{\mathbf{x}}$를 얻는다. 이로부터, $\tilde{\mathtt{H}} = \mathtt{T}'\mathtt{H}\mathtt{T}^{-1}$이 점 대응 $\tilde{\mathbf{x}} \leftrightarrow \tilde{\mathbf{x}}'$에 관한 변환 행렬이 된다는 것을 알 수 있다. 다른 방법으로 $\mathbf{x}_i$에서 $\mathbf{x}_i'$로의 변환을 구하는 방법은 다음과 같다.

(i) $\tilde{\mathbf{x}}_i = \mathtt{T}\mathbf{x}_i$와 $\tilde{\mathbf{x}}_i' = \mathtt{T}'\mathbf{x}_i'$를 이용해 이미지를 변환한다.

(ii) 대응 $\tilde{\mathbf{x}}_i \leftrightarrow \tilde{\mathbf{x}}_i'$에서 변환 $\tilde{\mathtt{H}}$를 구한다.

(iii) $\mathtt{H} = \mathtt{T}'^{-1}\tilde{\mathtt{H}}\mathtt{T}$라 둔다.

이런 방식으로 구한 변환 행렬 $\mathtt{H}$를 변환되지 않은 원래의 점 대응 $\mathbf{x}_i \leftrightarrow \mathbf{x}_i'$에 적용할 수 있다. 어떤 변환 $\mathtt{T}$와 $\mathtt{T}'$을 선택해야 하는지는 지금으로서는 결정하지 않고 남겨둔다. 여기에서는 위의 알고리듬이 적용되는 변환 $\mathtt{T}$와 $\mathtt{T}'$에 독립인가 하는 문제가 있다. 이상적으로는 적어도 $\mathtt{T}$와 $\mathtt{T}'$은 닮음변환일 때는 그렇게 돼야 한다. 이미지에서 다른 거리 척도, 방향 또는 좌표 원점을 선택해도 알고리듬의 결과에 실질적으로 영향을 주지 않아야 한다.

다음에서 기하 오차를 최소화하는 알고리듬은 닮음변환에 불변하는 것을 증명한다. 그러나 4.1절에서 설명한 DLT 알고리듬은 닮음변환에 불변하지 않는다. 해결책으로 DLT 알고리듬을 적용하기 전에 데이터를 정규화 변환하는 것이다. 정규화 변환은 이미지의 좌표계의 임의의 원점과 거리 척도의 효과를 무효화해 적용한 알고리듬이 이미지의 닮음변환에 불변하게 된다. 적절한 정규화 변환은 나중에 설명한다.

4.4.2 DLT 알고리듬의 변성

대응 $\mathbf{x}_i \leftrightarrow \mathbf{x}_i'$와 DLT의 결과로 얻은 행렬 $\mathtt{H}$를 생각한다. 추가적으로 $\tilde{\mathbf{x}}_i = \mathtt{T}\mathbf{x}_i$와 $\tilde{\mathbf{x}}_i' \leftrightarrow \mathtt{T}'\mathbf{x}_i'$로 정의되는 $\tilde{\mathbf{x}}_i \leftrightarrow \tilde{\mathbf{x}}_i'$의 대응을 생각한다. 그리고 $\tilde{\mathtt{H}} = \mathtt{T}'\mathtt{H}\mathtt{T}^{-1}$을 이용해 $\tilde{\mathtt{H}}$를 정의한다. 4.4.1절에서 언급했듯이 여기서 결정해야 할 질문은 다음과 같다.

- 대응 집합 $\tilde{\mathbf{x}}_i \leftrightarrow \tilde{\mathbf{x}}_i'$에 적용한 DLT 알고리듬은 변환 $\tilde{\mathtt{H}}$를 생성하는가?

다음의 표기법을 사용한다. 행렬 $\mathtt{A}_i$는 점 대응 $\mathbf{x}_i \leftrightarrow \mathbf{x}_i'$에서 구한 DLT 방정식 행렬 (4.3)이고 $\mathtt{A}$는 $\mathtt{A}_i$를 쌓아서 만든 2×9 행렬이다. 행렬 $\tilde{\mathtt{A}}_i$는 사영변환 $\mathtt{T}$와 $\mathtt{T}'$으로 변환한 $\tilde{\mathbf{x}}_i = \mathtt{T}\mathbf{x}_i$와 $\tilde{\mathbf{x}}_i' = \mathtt{T}'\mathbf{x}_i'$의 대응 $\{\tilde{\mathbf{x}}_i \leftrightarrow \tilde{\mathbf{x}}_i'\}$으로 같은 방식으로 정의한 것이다.

결과 4.3 $\mathtt{T}'$는 배율 계수 s를 가지는 닮음변환이고, $\mathtt{T}$는 임의의 사영변환이다. 그리고 $\mathtt{H}$는 임의의 이차원 단응사상이며 $\tilde{\mathtt{H}} = \mathtt{T}'\mathtt{H}\mathtt{T}^{-1}$을 이용해 $\tilde{\mathtt{H}}$를 정의하고 그러면 $\mathbf{h}$와 $\tilde{\mathbf{h}}$가 각각 $\mathtt{H}$와 $\tilde{\mathtt{H}}$ 원소의 벡터이면 $\|\tilde{\mathtt{A}}\tilde{\mathbf{h}}\| = s\|\mathtt{A}\mathbf{h}\|$를 얻는다.

증명 $\boldsymbol{\epsilon}_i = \mathbf{x}_i' \times \mathtt{H}\mathbf{x}_i$로 정의한다. $\mathtt{A}_i\mathbf{h}$는 $\boldsymbol{\epsilon}_i$에서 앞의 두 원소로 구성된 벡터임에 주의한다. $\tilde{\boldsymbol{\epsilon}}_i$를 $\tilde{\boldsymbol{\epsilon}}_i = \tilde{\mathbf{x}}_i' \times \tilde{\mathtt{H}}\tilde{\mathbf{x}}_i$와 같이 변환된 값을 이용해 정의하고 다음을 얻는다.

$$\begin{aligned}\tilde{\boldsymbol{\epsilon}}_i &= \tilde{\mathbf{x}}_i' \times \tilde{\mathtt{H}}\tilde{\mathbf{x}}_i = \mathtt{T}'\mathbf{x}_i' \times (\mathtt{T}'\mathtt{H}\mathtt{T}^{-1})\mathtt{T}\mathbf{x}_i \\ &= \mathtt{T}'\mathbf{x}_i' \times \mathtt{T}'\mathtt{H}\mathbf{x}_i = \mathtt{T}'^{*}(\mathbf{x}_i' \times \mathtt{H}\mathbf{x}_i) \\ &= \mathtt{T}'^{*}\boldsymbol{\epsilon}_i\end{aligned}$$

여기에서 $\mathtt{T}'^{*}$는 $\mathtt{T}'$의 여인수^{cofactor} 행렬이고, 뒤에서 두 번째 식은 보조정리 A4.2에서 유도된다. 일반 변환 $\mathtt{T}$에 대해, ($\boldsymbol{\epsilon}_i$와 $\tilde{\boldsymbol{\epsilon}}_i$의 앞부분 두 개의 항인) 오차 벡터 $\mathtt{A}_i\mathbf{h}$와 $\tilde{\mathtt{A}}_i\tilde{\mathbf{h}}$는 간단한 관계를 가지지 않는다. 그러나 $\mathtt{T}'$가 닮음변환인 특별한 경우에는, $\mathtt{T}' = \begin{bmatrix} s\mathtt{R} & \mathbf{t} \\ \mathbf{0}^{\mathsf{T}} & 1 \end{bmatrix}$로 표기할 수

있다. 여기에서 R는 회전 행렬, $\mathbf{t}$는 이동 변환, s는 배율 계수이다. 이 경우 $\mathtt{T}'^{*} = s\begin{bmatrix} \mathtt{R} & \mathbf{0} \\ -\mathbf{t}^{\mathsf{T}}\mathtt{R} & s \end{bmatrix}$ 가 되는 것을 알 수 있다. $\mathtt{T}'^{*}$를 $\boldsymbol{\epsilon}_i$의 앞부분 두 원소에 적용하면 다음을 얻는다.

$$\tilde{\mathtt{A}}_i\tilde{\mathbf{h}} = (\tilde{\epsilon}_{i1}, \tilde{\epsilon}_{i2})^{\mathsf{T}} = s\mathtt{R}(\epsilon_{i1}, \epsilon_{i2})^{\mathsf{T}} = s\mathtt{R}\mathtt{A}_i\mathbf{h}$$

회전 변환은 벡터 노름에 영향을 주지 않기에 $\|\tilde{\mathtt{A}}\,\tilde{\mathbf{h}}\| = s\|\mathtt{A}\mathbf{h}\|$를 얻는다. 결과를 대수 오차를 이용해 표기하면 다음과 같다.

$$d_{\mathrm{alg}}(\tilde{\mathbf{x}}'_i, \tilde{\mathtt{H}}\tilde{\mathbf{x}}_i) = s\,d_{\mathrm{alg}}(\mathbf{x}'_i, \mathtt{H}\mathbf{x}_i)$$

□

따라서 배율 상수를 제외하고 같은 오차를 가지는 H와 $\tilde{\mathtt{H}}$ 사이에 일대일 대응이 있다.

그러므로 대수 오차를 최소화하는 행렬 H와 $\tilde{\mathtt{H}}$는 $\tilde{\mathtt{H}} = \mathtt{T}'\mathtt{H}\mathtt{T}^{-1}$의 관계를 가지는 것으로 생각하기 쉽다. 그러나 이런 결론은 틀린 것이다. H와 $\tilde{\mathtt{H}}$는 같은 오차 ϵ를 가지도록 정의했지만, 해에 부과된 구속 조건 $\|\mathtt{H}\| = 1$은 $\|\tilde{\mathtt{H}}\| = 1$과 같지 않다. 특히 $\|\mathtt{H}\|$와 $\|\tilde{\mathtt{H}}\|$ 간의 간단한 관계식은 없다. 그러므로 구속 조건 $\|\mathtt{H}\| = \|\tilde{\mathtt{H}}\| = 1$을 만족하면서, 같은 오차 ϵ를 가지는 H와 $\tilde{\mathtt{H}}$ 간의 일대일 대응은 없다. 상세하게 표현하면 다음과 같다.

$$\begin{aligned}
& \text{minimize} \sum_i d_{\mathrm{alg}}(\mathbf{x}'_i, \mathtt{H}\mathbf{x}_i)^2 \text{ subject to } \|\mathtt{H}\| = 1 \\
\Leftrightarrow\ & \text{minimize} \sum_i d_{\mathrm{alg}}(\tilde{\mathbf{x}}'_i, \tilde{\mathtt{H}}\tilde{\mathbf{x}}_i)^2 \text{ subject to } \|\mathtt{H}\| = 1 \\
\not\Leftrightarrow\ & \text{minimize} \sum_i d_{\mathrm{alg}}(\tilde{\mathbf{x}}'_i, \tilde{\mathtt{H}}\tilde{\mathbf{x}}_i)^2 \text{ subject to } \|\tilde{\mathtt{H}}\| = 1
\end{aligned}$$

그러므로 변환 방법으로 계산한 변환 행렬은 다른 해다. 이것은 DLT 알고리듬의 좋지 않은 특징이다. 좌표 또는 간단히 원점의 위치를 바꿔도 결과는 바뀌게 된다. 그러나 최소화하는 노름 $\|\mathtt{A}\mathbf{h}\|$의 구속 조건이 변환에 불변하면, 계산된 행렬 H와 $\tilde{\mathtt{H}}$가 올바르게 연관을 가진다는 것을 볼 수 있다. H가 변환 불변이 되는 여러 최소화 조건에 대해 4장의 연습 문제에서 설명한다.

4.4.3 기하 오차의 불변성

이제 기하 오차를 최소화해 H를 구하는 것은 닮음변환(배율을 가진 유클리드 변환)에서 불변하는 것을 보인다. 앞에서와 같이 점 대응 $\mathbf{x} \leftrightarrow \mathbf{x}'$과 변환 행렬 H를 생각한다. 또한 $\tilde{\mathbf{x}} = \mathtt{T}\mathbf{x}$

와 $\tilde{\mathbf{x}}' = \mathtt{T}'\mathbf{x}'$의 관계를 가지는 $\tilde{\mathbf{x}} \leftrightarrow \tilde{\mathbf{x}}'$의 대응과 $\tilde{\mathtt{H}} = \mathtt{T}'\mathtt{H}\mathtt{T}^{-1}$을 이용해 $\tilde{\mathtt{H}}$를 정의한다. T와 T′은 $\mathbb{P}^2$에서 유클리드 변환을 표기한다고 가정한다. 다음을 알 수 있다.

$$d(\tilde{\mathbf{x}}', \tilde{\mathtt{H}}\tilde{\mathbf{x}}) = d(\mathtt{T}'\mathbf{x}', \mathtt{T}'\mathtt{H}\mathtt{T}^{-1}\mathtt{T}\mathbf{x}) = d(\mathtt{T}'\mathbf{x}', \mathtt{T}'\mathtt{H}\mathbf{x}) = d(\mathbf{x}', \mathtt{H}\mathbf{x})$$

여기에서 마지막 등식은 유클리드 거리가 T′과 같은 유클리드 변환에서 바뀌지 않는다는 것에서 나온다. 이로부터 H가 점 대응의 기하 오차를 최소화하면 $\tilde{\mathtt{H}}$는 변환된 점의 대응에 대한 기하 오차를 최소화해서 결국 기하 오차를 최소화하는 것은 유클리드 변환에서 불변이 된다.

닮음변환에서 기하 오류는 변환의 배율 계수가 곱해지는 것이므로 최소화로 구한 변환들이 유클리드 변환의 경우와 같은 대응을 가진다. 그러므로 기하 오차를 최소화하는 것은 닮음변환에서 불변이다.

4.4.4 변환의 정규화

4.4.2절에서 봤듯이 2차원 단응사상을 계산하는 DLT 알고리듬의 결과는 점을 표현하는 좌표계에 따라서 달라진다. 실제로 결과는 이미지의 닮음변환에 불변이 아니다. 이로부터 2차원 단응사상을 계산할 때 어떤 좌표계가 특정 의미에서 다른 좌표계보다 좋은가에 대한 물음이 나온다. 이에 대한 대답은 단호하게 그렇다이다. 여기서는 이미지 좌표의 이동과 배율 조정으로 구성된 데이터 정규화 방법에 대해 설명한다. 정규화는 DLT 알고리듬을 적용하기 전에 수행해야 한다. 결국 계산된 H는 원래 좌표계에 대한 적절한 정정을 의미한다.

데이터 정규화는 결과의 정확도 향상 외에도 다른 좋은 점이 있다. 즉, 초기 데이터 정규화 단계를 이용하는 알고리듬은 좌표의 척도와 원점의 임의 선택에 대해 불변이 된다. 이것은 정규화 단계에서 측정 데이터에 대한 표준 좌표계를 효과적으로 선택해 좌표 변경의 효과를 무효화하기 때문이다. 따라서 대수 최소화는 고정된 표준 좌표계에서 수행되며 DLT 알고리듬은 실제로 닮음변환에 대해 불변이다.

등방성 배율 조정 정규화의 첫 단계로 점 집합의 모양 중심^centroid^이 원점으로 가도록 각 이미지의 좌표를 (각각의 이미지마다 다르게) 이동한다. 또한 x, y, w의 평균값이 같은 $\mathbf{x} = (x, y, w)^\top$의 형식이 되도록 좌표 배율을 조정한다. 각 좌표 방향에 대해 다른 배율을 선택하는 대신, 점의 x와 y 좌표가 동일하게 배율 조정되도록 등방성 배율 계수를 선택한다. 이를 위해, 원점에서 점 $\mathbf{x}$의 평균 거리가 $\sqrt{2}$가 되도록 좌표의 척도를 선택한다. 결국 평균점은 $(1, 1, 1)^{\mathsf{T}}$가 된다는 것을 의미한다. 변환은 다음으로 요약할 수 있다.

(i) 모양 중심이 원점이 되도록 점을 이동한다.
(ii) 그런 다음 원점으로부터의 평균 거리가 $\sqrt{2}$가 되도록 배율을 조정한다.
(iii) 이러한 변환을 두 이미지 각각에 독립적으로 적용한다.

정규화가 필수적인 이유 데이터 정규화를 사용해 권장하는 DLT 알고리듬은 알고리듬 4.2에서 설명한다. 여기에서는 데이터 정규화를 가지는 알고리듬 버전이 알고리듬 4.1의 기본 DLT보다 왜 좋은지에 대해서 설명한다. 정규화는 수치 해석 문헌에서 선조건pre-conditioning이라고도 한다.

알고리듬 4.1의 DLT 방법은 SVD를 사용해 $\mathtt{A} = \mathtt{UDV}^{\mathsf{T}}$로 분해해 조건이 많은 연립방정식 $\mathtt{A}\mathbf{h} = 0$의 해를 구한다. 이 방정식은 ($2n \times 9$ 행렬 A는 노이즈가 있는 데이터에 대해 차수 8을 가지지 않으므로) 엄밀해를 갖지 않지만, V의 마지막 열벡터 $\mathbf{h}$는 ($\|\mathbf{h}\| = 1$을 만족하며) $\|\mathtt{A}\mathbf{h}\|$를 최소화하는 해가 된다. 이것은 프로베니우스 노름에서 A에 가장 가까운 차수 8의 행렬 $\hat{\mathtt{A}}$를 구하고 $\hat{\mathtt{A}}\mathbf{h} = 0$의 엄밀한 $\mathbf{h}$를 구하는 것과 같다. 행렬 $\hat{\mathtt{A}}$는 $\hat{\mathtt{A}} = \mathtt{U}\hat{\mathtt{D}}\mathtt{VT}$로 주어지며 여기서 $\hat{\mathtt{D}}$는 가장 작은 특이값을 영으로 둔 D이다. 행렬 $\hat{\mathtt{A}}$는 차수가 8이고 다음에서 프로베니우스 노름에서 A와의 차이가 최소화되는 것을 볼 수 있다.

$$\|\mathtt{A} - \hat{\mathtt{A}}\|_{\mathrm{F}} = \|\mathtt{UDV}^{\mathsf{T}} - \mathtt{U}\hat{\mathtt{D}}\mathtt{V}^{\mathsf{T}}\|_{\mathrm{F}} = \|\mathtt{D} - \hat{\mathtt{D}}\|_{\mathrm{F}}$$

여기에서 $\|.\|_{\mathrm{F}}$는 모은 원소의 제곱의 합의 제곱근인 프로베니우스 노름이다. 정규화를 하지 않으면 일반적인 이미지 점은 $(x, y, w)^{\mathsf{T}} = (100, 100, 1)^{\mathsf{T}}$ 정도의 값을 가져서 x, y가 w에 비해 큰 값을 가진다. 행렬 A의 원소에서, xx', xy', yx', yy'은 10^4 정도의 값이 되고, xw', yw' 등은 10^2 정도의 값이 되며 ww'은 일이 된다. A를 $\hat{\mathtt{A}}$로 바꾸면 일부 원소의 값은 증가하고 일부는 감소해 이러한 변경 사항의 차이의 제곱합이 최소화된다(결과로 얻는 행렬의 차수는 8). 그러나 중요한 점은 원소 ww'를 100배 늘리는 것은 이미지에서 큰 변화이지만, 원소 xx'를 100배 늘리는 것은 이미지에서 작은 변화이다. 이것이 A의 모든 항목이 비슷한 크기를 가져야 하고 정규화가 필수인 이유다.

정규화의 효과는 DLT 방정식의 조건수condition number, 더 정확하게는 방정식 행렬 A의 가장 큰 특이값과 두 번째로 작은 특이값의 비율 d_1/d_{n-1}과 연관이 있다. 여기에 대해서는 [Hartley-97c]에서 상세하게 설명했다. 이 책에서는 정확한 데이터와 무한한 정밀도를 가지는 산술의 경우에 결과가 정규화 변환에 독립이라는 것을 언급하는 정도로 충분하다. 그러나 노이즈가 있는 경우에는 해가 정답에서 벗어나게 된다. 큰 조건수의 효과는 이러한 차이를 증폭시킨다. 이것은 반올림 오차의 영향이 아니기 때문에 무한한 정밀도를 가지는 계산에서도 마찬가지다.

데이터 정규화가 DLT 알고리듬의 결과에 미치는 영향은 그림 4.4에서 나타냈다. 결론은 데이터 정규화로 훨씬 더 좋은 결과를 얻을 수 있다는 것이다. 그림의 예는 효과가 잘 보이는 것을 선택한 것이다. 그러나 점이 광범위하게 분산돼 많은 수의 점 대응을 계산하는 경우에도 현저한 이점이 있다. 이 점을 강조하기 위해 다음과 같이 언급한다.

- "데이터 정규화는 DLT 알고리듬에서 필수적인 단계다. 이것을 선택 사항으로 생각해서는 안 된다."

데이터 정규화는 뒤에서 보게 될 기본 행렬 또는 삼중 초점 텐서의 DLT 계산과 같이 좋지 않은 조건의 문제에서는 훨씬 더 중요해진다.

알고리듬 4.2 2차 단응사상에 대한 정규화된 DLT

목적

$n \geq 4$개의 2차원 점에서 2차원 점 대응 $\{\mathbf{x}_i \leftrightarrow \mathbf{x}'_i\}$가 주어졌을 때, $\mathbf{x}'_i = \mathrm{H}\mathbf{x}_i$를 만족하는 2차원 단응사상 행렬 H의 결정

알고리듬

(i) **x의 정규화** $\tilde{\mathbf{x}}_i$의 모양 중심이 원점 $(0, 0)^\mathsf{T}$이고 원점에서 평균 거리가 $\sqrt{2}$인 새로운 점들의 집합 $\tilde{\mathbf{x}}_i$로 주어진 점 $\mathbf{x}_i$를 변환하기 위해, 이동과 배율 조정으로 구성된 닮음변환 T를 계산한다.

(ii) **x′의 정규화** 두 번째 이미지의 점에 대해 $\mathbf{x}'_i$에서 $\tilde{\mathbf{x}}'_i$로 변환하는 위와 비슷한 변환 T′를 계산한다.

(iii) **DLT** 대응 $\tilde{\mathbf{x}}_i \leftrightarrow \tilde{\mathbf{x}}'_i$에 대해 알고리듬 4.1을 적용해 단응사상 $\tilde{\mathrm{H}}$를 얻는다.

(iv) **정규화 제거** $\mathrm{H} = \mathrm{T}'^{-1}\tilde{\mathrm{H}}\mathrm{T}$를 계산한다.

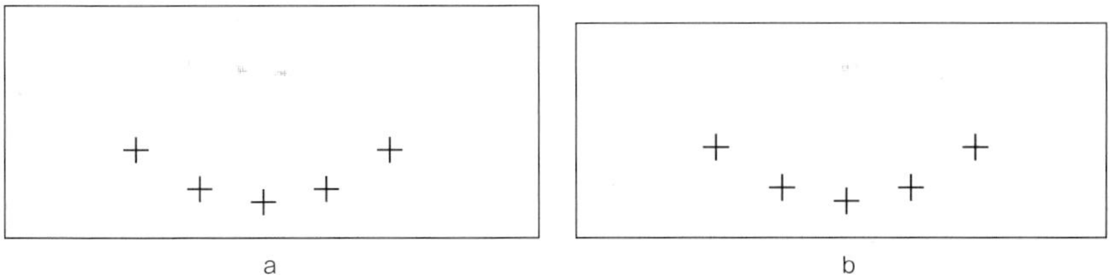

그림 4.4 몬테카를로 시뮬레이션의 결과. (2차원 단응사상 계산의 5.2절 참조) (큰 십자가로 표시한) 5개의 점을 2차원 단응사상을 계산하기 위해 사용했다. (노이즈가 없는 경우에) 5개 각각의 점은 같은 점으로 변환돼서 단응사상 H는 항등사상(identity mapping)이다. 이제 각각의 점에 0.1픽셀의 가우스 노이즈를 추가해 100개의 계산을 했다(참고로 큰 십자가는 가로질러서 4픽셀이다). 한 점을 첫 번째 이미지에 추가한 후에 DLT 알고리듬을 이용해 계산한 H를 이용해 두 번째 이미지로 변화했다. 사영변환된 점 100개를 작은 십자가로 표시했고, 95% 신뢰도 타원을 산포 행렬(scatter matrix)에서 계산해 나타냈다. (a)는 정규화하지 않은 결과이고 (b)는 정규화한 결과다. 참고 점의 가장 왼쪽과 가장 오른쪽 점의 좌표는 (130, 108)과 (170, 108)이다.

비등방 배율 조정 다른 배율 조정 방법도 가능하다. 비등방 배율 조정에선 점들의 모양 중심은 앞에서와 같이 원점으로 이동한다. 이동 후에 점들은 원점 주위에서 구름을 형성한다. 그런 다음 점 집합의 두 주요 모멘트가 1이 되도록 배율 조정을 한다. 그러면 점들은 원점을 중심으로 근사적으로 반경 1인 대칭적인 원형 구름을 형성한다. [Hartley-97c]에 제시된 결과에서 비등방 배율 조정에서 추가적인 계산을 수행해도 등방 배율 조정에 비해 뛰어나게 좋은 결과를 주지 않는 것을 볼 수 있다.

배율 조정에 대한 다른 변형을 추정량, 편향, 분산의 통계 분석을 기반으로 [Muehlich-98]에서 논의한다. 이 논문에서 A의 일부 열벡터는 노이즈의 영향을 받지 않는 것으로 나타났다. 이것은 원소 $w_i w'_i = 1$에 대응하는 (4.3)의 세 번째와 여섯 번째 열벡터에 적용된다. 차수가 부족한 행렬로 A를 가장 가깝게 근사하는 행렬 $\hat{A}$를 구할 때 노이즈에 무관한 A의 원소는 바뀌지 않아야 한다. 열벡터를 고정하는 총 최소 자승법Total Least Squares-Fixed Columns으로 알려진 방법을 사용해 최적의 해를 구한다. (11장의) 기본 행렬을 추정할 때에는 비등방 배율 조정에 비해 결과가 조금 더 좋아지는 것을 [Muehlich-98]에서 볼 수 있다.

무한대 근방점을 이용한 배율 조정 무한면과 이미지 사이의 단응사상을 추정하는 문제를 생각한다. 시점의 방향이 심하게 비스듬하면 평면에서 매우 먼 지점이 이미지에 표시될 수 있다. 심지어 수평선이 보이면 무한 지점(소실점)도 보인다. 이 경우에는 모양 중심이 매우 큰 값을 가지거나 또는 정의되지 않을 수 있기 때문에 모양 중심을 원점으로 보내는 방법으로 무한면의 점들을 정규화하는 것은 의미가 없다. 이런 경우의 정규화에 대해 연습 문제 (iii)에서 소개한다.

4.5 반복 최소화 방법

여기서는 4.2절과 4.3절에서 소개한 다양한 기하 비용함수를 최소화하는 방법을 설명한다. 이러한 비용함수를 최소화하려면 반복 방법을 사용해야 한다. 정규화한 DLT 알고리듬 4.2와 같은 선형 알고리듬에 비해 반복 방법은 다음의 단점을 가져서 좋지 않다.

(i) 계산 속도가 더 느리다.
(ii) 반복 계산은 일반적으로 초기 추정값이 필요하다.
(iii) 수렴하지 않거나, 광역 최솟값이 아닌 국소 최솟값에 수렴할 위험이 있다.
(iv) 반복의 정지 조건을 결정하기 까다롭다.

따라서 반복 방법은 일반적으로 더 신중하게 구현해야 한다.

반복 최소화 방법은 일반적으로 다음의 다섯 단계로 구성된다.

(i) **비용함수** 최소화를 위한 기본으로 비용함수를 선택한다. 여러 가지 가능한 비용함수를 4.2절에서 설명했다.
(ii) **매개변수화** 계산할 변환(또는 다른 요소)을 유한 개의 매개변수로 표현한다. 일반적으로 최소한의 매개변수로 표현할 필요가 없으며, 실제로 초과 매개변수가 이점을 가지는 경우도 있다(아래의 설명 참조).
(iii) **함수 지정** 매개변수의 집합을 이용해 비용을 표현하는 함수를 지정한다.
(iv) **초기화** 각 매개변수의 적절한 초깃값을 계산한다. 일반적으로 DLT 알고리듬과 같은 선형 알고리듬을 사용한다.
(v) **반복** 초깃값에서 시작해, 매개변수를 반복적으로 비용함수를 최소화하는 값으로 계산한다.

매개화 주어진 비용함수에 대해 여러 가지 매개변수화가 있다. 매개변수화는 최소화하는 전체 공간을 표현하는 매개변수 집합을 선택하고 또 편리하게 비용함수를 계산할 수 있어야 한다. 예를 들어 H는 매개변수 9개로 매개변수화할 수 있다. 즉, 실제 자유도가 8이고 전체 배율 조정은 중요하지 않기 때문에 초과 매개화다. (자유도와 같은 수의 매개변수를 가지는) 최소 매개화는 8개의 변수를 가질 것이다.

일반적으로 이러한 유형의 최소화 문제는 과도하게 매개변수화돼도 선택된 모든 매개변수에 대해 해당 개체가 원하는 유형인 경우에는 나쁜 영향은 없다. 특히 이 책에서 자주 나오는 3×3 사영 행렬과 같은 동차 개체의 경우에는 배율 조정 계수를 제거해 최소 매개화를 하는 것은 일반적으로 필요하지 않다.

그 이유는 다음과 같다. 성능이 좋은 비선형 최소화 알고리듬은 행렬 배율 조정 방향과 같이 중복된 방향으로 이동할 필요가 없음을 알려주기 때문에 최소 매개변수화를 사용할 필요가 없다. Gill and Murray[Gill-78]에서 설명한 가우스-뉴턴 방법을 수정한 알고리듬은 매개변수의 중복 조합을 제거하는 효과적인 방법을 가지고 있다. 마찬가지로 (A6.2절의) 레벤버그-마쿼트 알고리듬도 중복 매개변수를 쉽게 처리한다. 그리고 경험적으로 최소 매개화를 사용하면 비용함수가 더 복잡한 형태로 나타난다. 그래서 국소 최솟값에 갇힐 가능성이 더 커지게 된다.

매개변수화를 선택할 때 발생하는 또 다른 문제는 변환을 특정 분류로 제한하는 것이다. 예를 들어 H가 상동성homology으로 알려져 있다고 가정하면 A7.2절에 설명한 것과 같이 다음을 매개화할 수 있다.

$$\mathtt{H} = \mathtt{I} + (\mu - 1)\frac{\mathbf{v}\mathbf{a}^{\mathsf{T}}}{\mathbf{v}^{\mathsf{T}}\mathbf{a}}$$

여기서 μ는 스칼라이고 $\mathbf{v}$와 $\mathbf{a}$는 3차원 벡터다. 상동성은 스칼라 μ와 방향 $\mathbf{v}$, $\mathbf{a}$에 해당하는 자유도 5를 가진다. H를 행렬 원소 9개로 매개화하면, 추정한 H가 정확히 상동성이 아닐 가능성이 높다. 그러나 H를 (7개의 매개변수인) μ, $\mathbf{v}$, $\mathbf{a}$로 매개화하면, 추정한 H는 상동성이 된다. 이 매개변수화는 (초과 매개변수화이지만) 상동성과 일치한다. 뒤에서 일관성, 국소성, 최소성 초과 매개변수화 문제에 대해 다시 논의한다. 이 문제에 대해서는 부록 A6.9에서도 자세히 설명한다.

함수 지정 4.2.7절에서 일반적인 추정 문제는 모델 곡면 S를 포함하는 측정 공간 $\mathbb{R}^N$과 관련이 있는 것을 봤다. 관측 $\mathbf{X} \in \mathbb{R}^N$이 주어지면, 추정 작업은 $\mathbf{X}$와 가장 가까운 S에서의 점 $\widehat{\mathbf{X}}$를 찾는 것이다. $\mathbb{R}^N$에 비등방 가우스 오차 분포를 가정하면, 가장 가깝다는 것은 마할라노비스 거리로 해석해야 한다. 이 추정 모델에 대해 반복 방법을 설명한다. 매개변수 맞추기를 통한 반복 추정에서 모델 곡면 S를 국소적으로 매개변수화하고 매개변수는 측정된 지점까지의 거리를 최소화하기 위해서 변경한다. 보다 구체적으로 서술하면 다음과 같다.

(i) 공분산 행렬 Σ를 가지는 측정 벡터 $\mathbf{X} \in \mathbb{R}^N$이 있다.

(ii) 매개변수 집합은 벡터 $\mathbf{P} \in \mathbb{R}^M$으로 표현된다.

(iii) 함수 $f : \mathbb{R}^M \to \mathbb{R}^N$을 정의한다. 함수의 치역은 허용 가능한 측정 집합을 나타내는 (적어도 국소적으로) 모델 곡면 S이다.

(iv) 최소화하는 비용함수는 마할라노비스 거리의 제곱이다.

$$\|\mathbf{X} - f(\mathbf{P})\|_\Sigma^2 = (\mathbf{X} - f(\mathbf{P}))^\mathsf{T}\Sigma^{-1}(\mathbf{X} - f(\mathbf{P}))$$

실제로 $f(\mathbf{P}) = \mathbf{X}$가 되는 매개변수의 집합 $\mathbf{P}$를 찾거나 또는 이것이 불가능하면 $f(\mathbf{P})$가 마할라노비스 거리와 대해 가능한 $\mathbf{X}$에 가깝게 한다. 레벤버그-마쿼트 알고리듬은 최소화하는 비용함수가 이러한 유형일 때 반복 최소화를 위한 일반적인 알고리듬이다. 4장에서 설명한 다양한 유형의 비용함수를 이러한 형식으로 어떻게 적용하는지를 설명한다.

한 이미지의 오차 여기서는 첫 번째 이미지에서 점 $\mathbf{x}_i$의 좌표를 고정하고 비용함수 (4.6)를 최소화하는 $\mathtt{H}$를 변경한다.

$$\sum_i d(\mathbf{x}'_i, \mathtt{H}\bar{\mathbf{x}}_i)^2$$

측정 벡터 $\mathbf{X}$는 점 $\mathbf{x}'_i$의 $2n$개의 비동차 좌표로 구성된다. 단응사상 행렬 $\mathtt{H}$의 원소 벡터 $\mathbf{h}$를 매개변수로 선택할 수 있다. 함수 f를 다음으로 정의한다.

$$f : \mathbf{h} \mapsto (\mathtt{H}\mathbf{x}_1, \mathtt{H}\mathbf{x}_2, \ldots, \mathtt{H}\mathbf{x}_n)$$

여기와 다음에 나올 함수에서 $\mathtt{H}\mathbf{x}_i$는 비동차 좌표를 나타낸다. $\|\mathbf{X} - f(\mathbf{h})\|^2$이 (4.6)과 같은 것을 확인할 수 있다.

대칭 전송 오차 대칭 비용함수 (4.7)을 생각한다.

$$\sum_i d(\mathbf{x}_i, \mathtt{H}^{-1}\mathbf{x}'_i)^2 + d(\mathbf{x}'_i, \mathtt{H}\mathbf{x}_i)^2$$

측정 벡터 $\mathbf{X}$로 점 $\mathbf{x}_i$의 비동차 좌표와 $\mathbf{x}'_i$의 비동차 좌표순으로 구성된 $4n$개의 벡터를 선택한다. 매개변수는 앞과 같이 $\mathtt{H}$의 원소 $\mathbf{h}$이고, 함수 f는 다음으로 정의한다.

$$f : \mathbf{h} \mapsto (\mathtt{H}^{-1}\mathbf{x}'_1, \ldots, \mathtt{H}^{-1}\mathbf{x}'_n, \mathtt{H}\mathbf{x}_1, \ldots, \mathtt{H}\mathbf{x}_n)$$

앞에서와 같이 $\|\mathbf{X} - f(\mathbf{h})\|^2$은 (4.7)과 같다.

재사영 오차 비용함수 (4.8)을 최소화하는 것은 더 어렵다. 어려운 점은 변환 행렬 $\mathtt{H}$의 원소뿐만 아니라 모든 점 $\hat{\mathbf{x}}_i$에 대해서 동시에 최소화해야 한다는 것이다. 점 대응이 많아지면, 이것은 대용량 최소화 문제가 된다. 결국 최소화 문제는 점의 좌표 $\hat{\mathbf{x}}_i$와 행렬 $\hat{\mathtt{H}}$의 총 $2n+9$개의 매개변수를 가진다. $\hat{\mathbf{x}}'_i$의 좌표는 $\hat{\mathbf{x}}'_i = \hat{\mathtt{H}}\hat{\mathbf{x}}'_i$에 의해 표현돼서 다른 매개변수를 필요로 하지 않는다. 그러므로 매개변수 벡터는 $\mathbf{P} = (\mathbf{h},\ \hat{\mathbf{x}}_1, \ldots, \hat{\mathbf{x}}_n)$이다. 측정 벡터에는 모든 점 $\mathbf{x}_i$와 $\mathbf{x}'_i$의 비동차 좌표를 포함한다.

함수 f는 다음으로 정의한다.

$$f : (\mathbf{h}, \hat{\mathbf{x}}_1, \ldots, \hat{\mathbf{x}}_n) \mapsto (\hat{\mathbf{x}}_1, \hat{\mathbf{x}}'_1, \ldots, \hat{\mathbf{x}}_n, \hat{\mathbf{x}}'_n)$$

여기에서 $\hat{\mathbf{x}}'_i = \mathtt{H}\hat{\mathbf{x}}_i$이다. $4n$차원 벡터 $\mathbf{X}$로 표현한 $\|\mathbf{X} - f(\mathbf{P})\|^2$는 비용함수 (4.8)과 일치하고, 이 비용함수를 $2n+9$개의 매개변수에 대해 최소화해야 한다.

샘프슨 근사 일반적으로 더 다루기 쉬운 (4.6절의) 하나의 이미지에만 오차가 있는 경우와 (4.7절의) 대칭 전송 오차는 행렬 $\mathtt{H}$의 9개의 원소에 대해 최소화를 하는 것에 비해 재사영 오차는 $2n+9$개의 매개변수에 대해 최소화를 해야 한다. 재사영 오차에 대한 샘프슨 근사를 사용하면 매개변수 9개만으로 재사영 오차를 최소화할 수 있다.

이것은 중요한 고려 사항이다. 레벤버그-마쿼트와 같은, m개의 매개변수 비선형 최소화 문제의 반복 방법은 각 단계에서 $m \times m$의 연립 선형방정식을 풀어야 하기 때문이다. 이것은 복잡성 $O(m^3)$을 가진다. 따라서 m의 크기를 작게 유지하는 것이 좋다.

샘프슨 오차는 재사영 오차의 $2n+9$ 매개변수에 대한 최소화를 피한다. 선택된 $\mathbf{h}$에 대해 $2n$개의 변수 $\{\hat{\mathbf{x}}_i\}$를 효과적으로 결정하기 때문이다. 결국 최소화에는 $\mathbf{h}$의 매개변수 9개만 사용한다. 실제로 측정값에 비해 오차가 작은 경우 이런 근사에서 좋은 결과를 얻는다.

초기화 매개변수의 초깃값 추정은 선형 기법에서 얻을 수 있다. 예를 들어 정규화한 DLT 알고리듬 4.2에서 H와 반복 최소법의 매개변수에 사용하는 9차원 벡터 **h**를 얻을 수 있다. 일반적으로 $n \geq 4$개의 대응이 있으며 모두 선형해에서 사용할 수 있다. 그러나 4.7절의 탄탄한 추정에서 볼 수 있듯이 대응이 특이값을 포함하는 경우 (4개의 대응인) 최소 대응 집합을 신중하게 선택하는 것이 좋다. 선형 방법과 최소해는 이 책에서 권장하는 두 가지 초기화 방법이다.

가끔 사용하는 다른 방법([Horn-90, Horn-91] 참조)은 매개변수 공간에서 충분하게 조밀한 표본을 구하고 각 표본을 시작점으로 반복해 최상의 결과를 구하는 것이다. 이것은 매개변수 공간의 크기가 충분히 작은 경우에만 가능하다. 매개변수 공간의 표본은 무작위로 선택하거나 일부 패턴으로 선택할 수 있다. 다른 초기화 방법은 매개변수 공간의 지정된 고정점에서 반복을 시작해 효과적인 초기화 없이 수행하는 것이다. 이 방법은 가끔 쓸만하지 못하게 된다. 반복이 잘못된 최솟값에 찾거나 수렴하지 않을 가능성이 매우 높다. 좋은 경우에도 최종해에서 추가적으로 시작해도 필요한 반복 단계의 수가 증가하게 된다. 따라서 좋은 초깃값을 사용하는 것이 중요하다.

알고리듬 4.3 이미지 대응에서 H를 추정하는 금본위 알고리듬과 변형 2차원 단응사상의 계산에서 샘프슨 방법보다 금분위를 선호한다.

목적

$n > 4$개의 이미지 점 대응 $\{\mathbf{x}_i \leftrightarrow \mathbf{x}'_i\}$가 주어질 때 이미지 간의 단응사상을 MLE로 $\hat{\mathrm{H}}$를 구한다.

MLE는 다음을 최소화하는 일련의 보조점 $\{\hat{\mathbf{x}}_i\}$을 구한다.

$$\sum_i d(\mathbf{x}_i, \hat{\mathbf{x}}_i)^2 + d(\mathbf{x}'_i, \hat{\mathbf{x}}'_i)^2$$

여기에서 $\hat{\mathbf{x}}_i = \hat{\mathrm{H}}\hat{\mathbf{x}}_i$이다.

알고리듬

(i) **초기화** 기하 거리 최소화를 위해 초깃값으로 사용할 $\hat{\mathrm{H}}$의 초기 추정을 한다. 예컨대 선형 정규화 DLT 알고리듬 4.2 또는 (4.7.1절의) RANSAC를 사용해 4점 대응의 $\hat{\mathrm{H}}$를 계산한다.

(ii) **기하 거리 최소화**

샘프슨 오차의 경우

- 기하 오차(4.12)에 대한 샘프슨 오차를 최소화한다.
- A6.1절의 뉴턴 알고리듬 또는 A6.2절의 레벤버그-마쿼트 알고리듬을 사용해 비용함수를 최소화하기 위해 적절한 매개변수화를 한다. 예를 들어 행렬은 원소 9개로 매개변수화할 수 있다.

금본위의 경우

- 측정한 좌표 $\{\mathbf{x}_i\}$ 또는 (4.11)의 샘프슨 정정을 이용해 보조변수 $\{\hat{\mathbf{x}}_i\}$의 초깃값을 계산한다.
- 다음의 비용을 $\hat{\mathrm{H}}$와 $i = 1, \ldots, n$인 $\hat{\mathbf{x}}_i$에 대해 최소화한다.

$$\sum_i d(\mathbf{x}_i, \hat{\mathbf{x}}_i)^2 + d(\mathbf{x}'_i, \hat{\mathbf{x}}'_i)^2$$

  레벤버그-마쿼트 알고리듬을 이용해 최소화하는 비용은 $2n + 9$개의 변수를 가진다. n개의 2차원 점 $\hat{\mathbf{x}}_i$에 대해 $2n$개, 단응사상 행렬 $\hat{\mathrm{H}}$에 대해 9개이다.
- 점의 개수가 많으면 비용함수의 최소화 방법으로 A6.4절에서 소개하는 희박 방법sparse method을 사용하는 것이 좋다.

반복 방법 선택한 비용함수를 최소화하는 다양한 반복 방법이 있으며, 그중 가장 인기 있는 방법은 뉴턴 반복과 레벤버그-마쿼트 방법이다. 이러한 방법은 부록 6에서 설명한다. [Press-88]에서 설명한 Powell의 방법과 단체법simplex method과 같은 비용함수를 최소화하는 다른 일반적인 방법을 사용할 수 있다.

요약 이 절의 주요 아이디어는 두 이미지에서 점 대응 사이의 단응사상을 추정하기 위한 금본위와 샘프슨 방법이다. 알고리듬 4.3에서 정리해 설명한다.

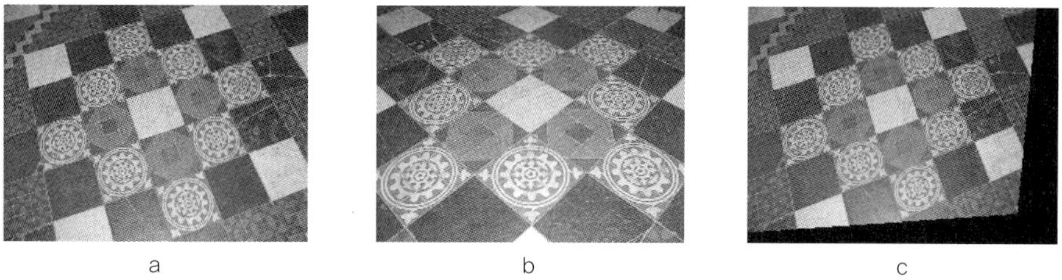

그림 4.5 대응하는 점들의 사영변환을 계산하는 방법을 비교하기 위해 사용하는 3개의 평면 이미지

표 4.1 다양한 알고리듬에 대한 픽셀 단위의 잔여 오차

방법	첫 번째 쌍 그림 4.5의 a와 b	두 번째 쌍 그림 4.5의 a와 c
정규화 선형	0.4078	0.6602
금본위	0.4078	0.6602
비정규화 선형	0.4080	26.2056
등방 배율 조정	0.5708	0.7421
샘프슨	0.4077	0.6602
한 이미지에서만 오차	0.4077	0.6602
아핀	6.0095	2.8481
이론 최적값	0.5477	0.6582

4.6 알고리듬의 실험적 비교

알고리듬을 그림 4.5의 이미지를 이용해 비교한다. 표 4.1에서 4장에서 설명한 여러 알고리듬의 테스트 결과를 나타낸다. 이미지 두 쌍에 대한 잔여 오차를 표시한다. 사용한 방법은 몇 가지를 제외하고 매우 자명하다. 아핀 방법은 최적의 아핀변환으로 사영변환을 추정한 것이다. 최적은 한 픽셀의 노이즈 레벨을 가정한 MLE이다.

첫 번째 이미지 쌍은 그림 4.5의 (a)과 (b)이며 55개의 대응이다. (아핀 방법을 제외하고) 모든 방법은 거의 비슷하다. 최적 잔차가 실제로 얻는 잔차에 비해 큰 값을 가지는 것은 (모른다고 가정하는) 노이즈 수준이 1픽셀 미만이기 때문이다.

그림 4.5의 이미지 (c)는 (a)에 리샘플링resampling을 이용해 인위적으로 만든 것이며, 두 번째 이미지 쌍은 (a)와 (c)의 20개의 대응으로 구성한다. 표 4.1에서 보듯이 이 경우에 대부분의 방법은 최적의 값을 보여준다. 예외는 (아핀변환이 아니기에 성능이 좋지 않을 것으로 예상된) 아핀 방법과 비정규화 선형 방법이다. 비정규 선형 방법은 (이렇게까지는 아니지

만) 성능이 좋지 않을 것으로 예상한다. 이 방법이 첫 번째 쌍에서는 좋은 결과를 내지만 두 번째 쌍에서 그렇지 않은 것은 잘 설명이 되지 않는다. 결국 이 방법은 피하고 정규화된 선형 방법 또는 금본위 방법을 사용하는 것이 가장 좋다.

또 다른 예가 그림 4.6에 있다. 체스판 이미지를 축을 따라 정렬된 사각형 격자로 보내는 변환을 추정한다. 그림에서 볼 수 있듯이 이미지는 정사각형 격자에 대해 많이 왜곡돼 있다. 실험에서는 이미지에서 무작위로 점을 선택해 정사각형 격자의 해당 점과 일치시킨다. (정규화된) DLT 알고리듬과 금본위 알고리듬을 이론적으로 최소인 잔여 오차와 비교한다. (5장 참조) 5픽셀의 노이즈에까지는 DLT 알고리듬이 적절하게 작동하는 것에 주의한다. 그러나 노이즈 레벨이 10픽셀이면 실패한다. 그러나 200픽셀 이미지에서는 10픽셀의 오차는 매우 큰 값이다. 항등사상에 가까운 약한 단응사상의 경우에는 DLT는 금본위 알고리듬과 거의 비슷한 성능을 발휘한다.

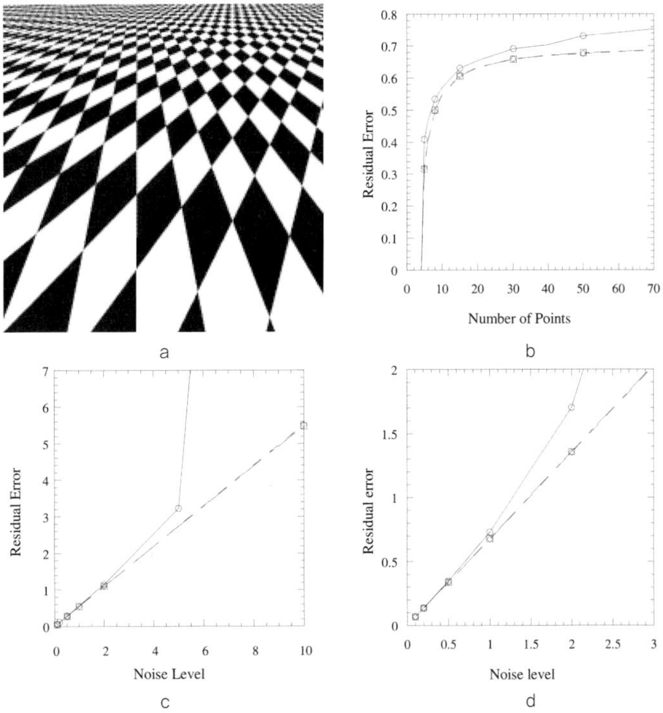

그림 4.6 DLT와 금본위 알고리듬의 이론적으로 최적인 잔류 오차와 비교 (a) 체스판과 이미지 사이의 단응사상을 계산한다. 세 그래프 모두에서 금본위 알고리듬의 결과와 이론적 최솟값은 겹쳐서 구별할 수 없다. (b) 점의 수에 따른 잔류 오차. 소음 수준에 변화에 대한 효과: (c) 10개 점, (d) 50개 점

4.7 탄탄한 추정

이 책에서 지금까지는 점 대응 집합 $\{\mathbf{x}_i \leftrightarrow \mathbf{x}'_i\}$에 있는 오차의 원천은 가우스 분포를 따르는 점 위치의 오차가 유일한 것이라고 가정했다. 많은 실제 상황에서는 점들이 일치하지 않기 때문에 이런 가정은 유효하지 않다. 일치하지 않는 점은 가우스 오차 분포에 대한 특이값outlier이다. 이런 특이값은 추정한 단응사상을 심각하게 왜곡하므로, 식별해 제거해야 한다. 주어진 대응에서 정상값inlier을 결정해 앞에서 설명한 알고리듬을 정상값에 적용해 단응사상을 최적으로 추정하는 것이 목표이다. 이것은 탄탄한 추정robust estimation이다. 추정이 (다른 모델화할 수 없는 오차 분포를 따르는 측정인) 특이값에 대해 (내성을 가져) 탄탄하기 때문이다.

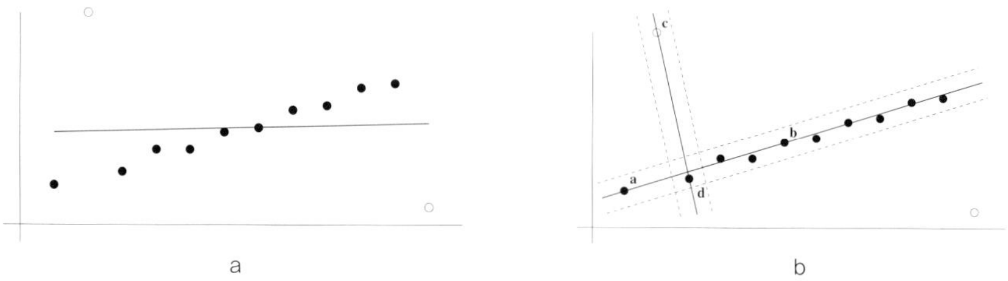

그림 4.7 탄탄한 라인 추정 검은점은 정상값이고 흰점은 특이값을 나타낸다. (a) 데이터를 맞추는 (직교 회귀 방식의) 최소 제곱은 특이값에 심각한 영향을 받는다. (b) RANSAC 알고리듬에서 무작위로 선택한 두 점을 지나는 직선의 지지값(support)은 임계 거리 내의 점의 개수로 측정한다. 점선은 임계 거리를 나타낸다. 표시된 선의 경우, 선 ⟨**a**, **b**⟩의 지지값은 10이다(여기서 점 **a**와 **b**는 모두 정상값이다). 선 ⟨**c**, **d**⟩에 대해서는 지지값이 2이다. 여기에서 점 **c**는 특이값이다.

4.7.1 RANSAC

쉽게 시각화할 수 있는 간단한 예제로 시작한다. 2차원 점 집합을 맞추는 직선을 추정한다. 이것은 두 개의 직선에 놓여 있는 대응하는 점들 사이의 일차원 아핀변환 $x' = ax + b$를 추정하는 것으로 생각할 수 있다.

그림 4.7a에서 설명하는 문제는 다음과 같다. 2차원 점들이 주어질 때, 유효한 점은 t 단위 이상으로 직선에서 벗어나지 않는 제약 조건에서 제곱한 수직 거리(직교 회귀)의 합을 최소화하는 직선을 찾는 것이다. 이는 실제로 두 가지 문제다. 데이터에 대해 직선 맞추기와 데이터를 정상값(유효점)과 특이값으로 분류하는 것이다. 임계값 t는 측정 노이즈(예:

$t = 3\sigma$)에 따라 설정하며 다음에서 설명한다. 탄탄한 알고리듬에는 여러 유형이 있으며 사용할 알고리듬은 특이값의 비율에 따라 어느 정도 달라진다. 예를 들어 이상값이 하나라는 것이 알려진 경우에는 각 점을 차례로 삭제하고 나머지 점에 대해 선을 추정할 수 있다. 여기서는 일반적이고 매우 성공적인 탄탄한 추정 방법인 Fischler and Bolles [Fischler-81]의 RANSAC^RANdom SAmple Consensus^ 알고리듬을 자세히 설명한다. RANSAC 알고리듬은 특이값의 비율이 높은 경우에도 사용할 수 있다.

아이디어는 매우 간단하다. 두 점을 무작위로 선택해 이를 이용해 선을 결정한다. 이 직선에 대한 지지값^support^은 거리 임계값 내에 있는 점의 수로 정의한다. 이러한 무작위 선택을 여러 번 반복해 가장 높은 지지값을 가지는 직선을 탄탄한 추정으로 결정한다. 임계 거리 내의 점들은 정상값 (그리고 합의 집합의 시조^eponymous consensus set^)이다. 기본 아이디어는 점이 특이값이면 직선의 지지값이 높지 않을 것이다(그림 4.7b 참조).

또한 지지값을 이용해 직선의 등급을 매기면 더 나은 맞추기가 나오는 이점이 있다. 예를 들어 그림 4.7b의 선 ⟨**a**, **b**⟩의 지지값은 10이고 표본점이 가까운 선 ⟨**a**, **d**⟩의 지지값은 4이다. 결국 두 샘플 모두에서 특이값이 없지만 직선 ⟨**a**, **b**⟩가 선택된다.

일반적으로 데이터를 이용해 모델을 맞출 때(이 경우에는 선)을 최소한의 데이터로 구성된 무작위 표본(이 경우에는 두 점)이면 충분하다. 모델이 2차원 단응사상이고 데이터가 2차원 점 대응 집합이면, 최소 데이터는 4개의 대응으로 구성된다. RANSAC으로 단응사상을 추정하는 방법을 다음에서 설명한다.

Fischler and Bolles[Fischler-81]이 다음과 같이 언급했다. "RANSAC 절차는 기존의 평활화^smoothig^ 기법과 반대다. 가능한 한 많은 데이터를 사용해 초기 해를 얻은 다음 유효하지 않은 데이터를 제거하는 대신, RANSAC은 가능한 작은 초기 데이터 세트를 사용하고 가능하면 일관된 데이터로 이러한 집합을 확장한다."

알고리듬 4.4 [Fischler-81]에서 소개한 RANSAC 탄탄한 추정 알고리듬. 모델의 자유 매개변수를 처음에 결정하기 위해서는 최소 *s*개의 데이터가 필요하다. 알고리듬 세 가지 임계값 *t*, *T*, *N*은 본문에서 설명한다.

목적

특이값을 포함하는 데이터 집합 S를 이용해 모델의 탄탄한 추정

알고리듬

(i) S에서 s개의 데이터 샘플을 무작위로 선택하고 이를 이용해 모델을 시작한다.

(ii) 모델과의 거리가 임계값 t보다 작은 데이터의 집합 S_i를 결정한다. 집합 S_i는 샘플의 합의 집합이며 S의 정상값을 정의한다.

(iii) S_i의 크기(정상값의 개수)가 임계값 T보다 크면, S_i의 모든 점을 사용해 모델을 재추정하고 종료한다.

(iv) S_i의 크기가 T보다 작으면 새로운 부분 집합을 선택해 위의 과정을 반복한다.

(v) N번 시행 후에는 가장 큰 합의 집합 S_i를 선택하고 S_i의 모든 점을 이용해 모델을 재추정한다.

RANSAC 알고리듬을 알고리듬 4.4에서 요약한다. 세 가지의 중요한 사항이 있다.

1. 거리 임계값은? α의 확률로 점이 정상값이 되도록 거리 임계값 t를 결정하고자 한다. 이 계산은 모델에서 정상값 거리에 대한 확률 분포를 필요로 한다. 실제로 거리 임계값은 일반적으로 경험적으로 선택한다. 그러나 측정 오차가 평균이 0이고 표준 편차가 σ인 가우스라고 가정하면 t에 대한 값을 계산할 수 있다. 이 경우 점 거리의 제곱인 $d_\perp^2$는 가우스를 따르는 변수의 제곱의 합이며 자유도 m을 가지는 χ_m^2의 분포를 따른다. 여기서 m은 모델의 여차원^codimension^과 같다. 선의 경우 여차원은 1이며 선에 대한 수직 거리만 측정한다. 모델이 점이면 여차원은 2이고 거리의 제곱은 x와 y의 측정 오차의 제곱의 합이다.

χ_m^2을 따르는 확률변수가 k^2보다 작을 확률은 누적 카이-제곱 분포, $F_m(k^2) = \int_0^{k^2} \chi_m^2(\xi)\,d\xi$로 주어진다. 이 분포들에 대해서는 A2.2절에서 설명한다. 누적 분포에서 다음을 얻는다.

$$\begin{cases} \text{정상값} & d_\perp^2 < t^2 \\ \text{특이값} & d_\perp^2 \geq t^2 \end{cases} \quad \text{여기에서} \quad t^2 = F_m^{-1}(\alpha)\sigma^2 \tag{4.17}$$

일반적으로 α는 0.95를 선택하며 점이 정상값일 확률은 95%이다. 이것은 정상값이 5%의 확률로 거부되는 잘못이 발생한다는 뜻이다. 이 책에서 관심 있는 모델에 대해 $\alpha = 0.95$에 대응하는 t의 값을 표 4.2에 나타냈다.

표 4.2 $\alpha = 0.95$의 확률로 점(대응)이 정상값이 되는 임계 거리 $t^2 = F_m^{-1}(\alpha)\sigma^2$

여차원 m	모델	t^2
1	선, 기본 행렬	$3.84\ \sigma^2$
2	단응사상, 카메라 행렬	$5.99\ \sigma^2$
3	삼중 초점 텐서	$7.81\ \sigma^2$

2. 표본의 수는? 가능한 모든 표본을 조사하는 것은 종종 계산적으로 실행 불가능하고 또 불필요하다. 대신 s개의 점으로 구성된 무작위 표본 중에서 특이값을 가지지 않는 표본이 존재할 확률 p를 보장하기 위해 샘플 개수 N을 충분히 크게 잡아야 한다. 일반적으로 p는 0.99를 선택한다. w를 선택한 데이터가 정상값이 되는 확률이라고 가정하면 $\epsilon = 1 - w$는 그 데이터가 특이값이 되는 확률이다. 그러면 (각각 s개 구성된) N개의 모든 표본이 특이값을 가질 확률은 $(1 - w^s)^N = 1 - p$이다. 그러므로,

$$N = \log(1-p)/\log(1-(1-\epsilon)^s) \tag{4.18}$$

표 4.3에서 주어진 s와 ϵ에 대해 $p = 0.99$에 대응하는 N값을 나타냈다.

표 4.3 표본 크기 s와 특이값의 비율 ϵ가 주어질 때, $p = 0.99$의 확률로 적어도 하나의 표본에서는 특이값을 가지지 않은 것을 보장하는 표본의 수 N

표본 크기	특이값의 비율 ϵ						
s	5%	10%	20%	25%	30%	40%	50%
2	2	3	5	6	7	11	17
3	3	4	7	9	11	19	35
4	3	5	9	13	17	34	72
5	4	6	12	17	26	57	146
6	4	7	16	24	37	97	293
7	4	8	20	33	54	163	588
8	5	9	26	44	78	272	1177

보기 4.4 그림 4.7의 선 맞추기에서는 점의 개수는 $n = 12$이고 두 개의 특이값이 있으므로 $\epsilon = 2/12 = 1/6$이다. 표 4.3에서 표본 크기 $s = 2$에 대해 최소 $N = 5$개의 표본 수가 필요하다. 이것은 모든 점들의 조합과 비교해야 한다. 모든 점들의 조합은 $\binom{12}{2} = 66$개의 표본이다(표기법 (n; 2)는 n개에서 2개를 선택하는 방법의 수를 나타낸다. $\binom{n}{2} = n(n-1)/2$이다). △

노트

(i) 표본의 수는 특이값의 개수보다는 비율과 연관이 있다. 이것은 필요한 표본 수가 특이값의 수보다 적을 수도 있다는 것을 의미한다. 결국 특이값의 수가 큰 경우에도 표본의 계산 비용을 허용할 수 있다.

(ii) (p와 ϵ을 고정하면) 최소 부분 집합의 크기에 따라 표본 수는 증가한다. 선의 경우 3개 이상의 점을 사용하면 선에 대한 더 좋은 추정을 얻을 수 있고 계산한 지지값이 실제를 더 정확하게 반영하기 때문에 최소 부분 집합의 크기를 더 많이 사용하는 것이 유리하다고 생각할 수 있다. 그러나 샘플 수의 증가로 인해 발생하는 계산 비용의 일반적인 급격한 증가가 지지값 계산에서 이점보다 더 중요하다.

3. 수용 가능한 합의 집합의 크기? 경험상으로 알고리듬을 종료하는 합의 집합의 크기는 가정한 특이값 비율에서 데이터 집합에 있을 거라고 생각하는 정상값의 개수와 비슷하다. 즉, n개의 데이터에 대해 $T = (1 - \epsilon)n$이 된다. 그림 4.7의 선 맞추기 보기에서 ϵ의 보수적인 추정은 $\epsilon = 0.2$이며 $T = (1.0 - 0.2)12 = 10$이 된다.

적응적으로 샘플 수 결정하기 데이터를 구성하는 특이값의 비율을 알 수 없는 경우가 많다. 이러한 경우 알고리듬은 최악의 추정값을 사용해 초기화하고, 더 큰 일관된 집합을 발견하면 이 추정값을 갱신한다. 예를 들어 최악의 추정값이 $\epsilon = 0.5$이고 데이터의 80%를 포함하는 합의 집합이 정상값으로 발견되면 갱신된 추정값은 $\epsilon = 0.2$이다.

합의 집합을 이용해 데이터를 조사[probing]하는 생각은 표본 수인 N을 적응적으로 결정하는 곳에도 사용할 수 있다. 위의 보기를 계속 언급하면, 최악의 추정값 $\epsilon = 0.5$와 (4.18)에 따라 초기 N값을 결정한다. 데이터의 50% 이상을 포함하는 합의 집합을 발견하면 최소한 그 비율의 정상값이 있음을 알 수 있다. 이렇게 갱신된 추정값으로 (4.18)에서 감소된 N을 결정한다. 이 갱신은 각 표본에서 반복해 현재 추정값보다 낮은 합의 집합을 발견할 때마다 N값을 다시 감소시킨다. 알고리듬은 N개의 표본이 수행되는 즉시 종료한다. 이미 수행한 표본 수보다 작은 N의 값이 계산될 수 있다. 이 경우에는 충분한 표본이 벌써 수행돼서 알고리듬을 종료한다. N의 적응형 계산의 의사 코드는 알고리듬 4.5에서 요약한다.

알고리듬 4.5 RANSAC 표본 수를 결정하는 적응형 알고리듬

- $N = \infty$이면, 표본 수 $= 0$
- $N >$ 표본 수이면 아래를 반복
  - 표본을 선택하고 정상값의 수를 센다.
  - $\epsilon = 1 -$(정상값의 수)/(전체 점의 수)
  - $p = 0.99$로 (4.18)에서 N값을 설정
  - 표본 수를 1 증가
- 종료

이러한 적응형 접근 방식은 매우 잘 작동하며 실제로 표본 수와 알고리듬의 종료에 관한 질문 두 개를 모두 해결한다. ϵ의 초깃값은 1.0으로 선택할 수 있으며, 이 경우 N의 초깃값은 무한대다. (4.18)에서 p 값은 보수적으로 0.99를 사용하는 것이 좋다. 표 4.4에 단응사상을 계산할 때 필요한 ϵ와 N의 값 또한 나타냈다.

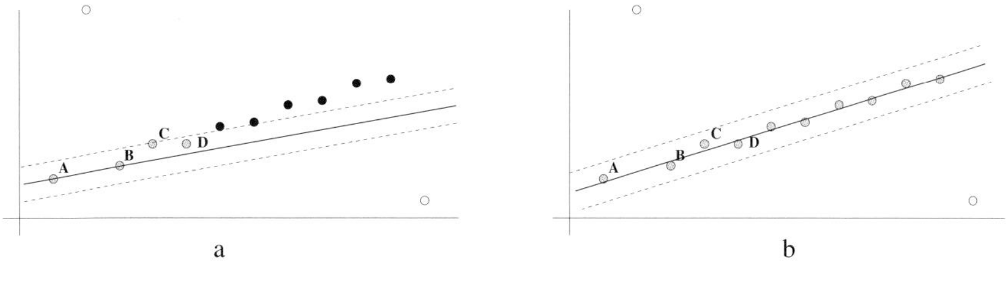

그림 4.8 탄탄한 MLE 회색 점은 직선에 대한 정상값으로 분류된 것이다. (a) 점 ⟨A, B⟩로 정의된 직선은 (점 {A, B, C, D}에서) 지지값 4를 가진다. (b) 4개의 점으로 (직교 최소 자승법으로) MLE 직선을 계산한다. 이것은 ⟨A, B⟩에 의해 정의된 것보다 훨씬 개선됐다. 10개의 점이 정상값으로 분류된다.

4.7.2 탄탄한 MLE

RANSAC 알고리듬에서 데이터 집합을 (가장 큰 합의 집합인) 정상값과 (나머지 데이터 집합인) 특이값으로 구분하고 가장 큰 지지값을 가지는 최소 집합에서 계산한 추정 모델 M_0를 얻는다. RANSAC 알고리듬의 최종 단계에서 모든 정상값을 사용해 모델을 재추정한다. 이러한 재추정은 최적이어야 하고 4.3에 설명한 ML 비용함수를 최소화해야 한다. 직선의 경우 MLE는 직교 회귀와 동일하며 닫힌해를 구할 수 있다. 그러나 일반적으로 MLE는 반복 방법을 사용하며 최소 집합 추정 M_0을 초깃값으로 사용한다.

이러한 절차는 자주 사용하는데, 정상값-특이값 분류를 취소할 수 없는 유일한 단점이 있다. 모델을 합의 집합을 이용해 최적으로 추정하면, 새로운 모델에 거리 임계값을 적용하면 정상값으로 분류되는 새로운 점이 생길 수 있다. 예를 들어 그림 4.8의 직선 ⟨**A**, **B**⟩가 RANSAC에 의해 선택됐다고 가정한다. 이 선은 정상값인 4개의 점의 지지를 받는다. 이 점 4개를 이용해 최적 추정을 하면 10개의 점이 정상값으로 올바르게 분류된다. 두 개의 단계가 있다. 우선 정상값으로 최적 추정을 한다. 그리고 (4.17)을 이용해 정상값을 재분류한다. 이러한 반복을 정상값의 수가 수렴할 때까지 계속한다. 모델까지의 거리에 따른 가중치를 가지는 최소 자승법으로 정상값을 맞추는 방법을 이 단계에서 많이 사용한다.

탄탄한 비용함수 정상값에 대해 $\mathcal{C} = \sum_i d_{\perp i}^2$를 최소화하는 대안으로 모든 데이터를 포함하는 탄탄한 비용함수를 생각한다. 탄탄한 비용함수로 적절한 것은 다음이다.

$$\mathcal{D} = \sum_i \gamma\left(d_{\perp i}\right) \quad \text{여기에서} \quad \gamma(e) = \begin{cases} e^2 & e^2 < t^2 \quad \text{정상값} \\ t^2 & e^2 \geq t^2 \quad \text{특이값} \end{cases} \tag{4.19}$$

여기에서 $d_{\perp i}$는 점 오차이고, $\gamma(e)$는 특이값이 고정된 비용을 가지는 탄탄한 비용함수이다. [Huber-81] 이러한 임계값에 대한 χ^2의 설명은 t^2를 정의하는 (4.17)과 같다. 정상값에 대한 2차 비용은 4.3절에 설명한 대로 가우스 오차 모델에서 발생한다. 탄탄한 비용함수에서 특이값에 대한 상수 비용은 특이값이 확산diffuse으로 로그 우도loglikelihood가 상수인 균등 분포uniform distribution를 따른다는 가정에서 나온 것이다. $d_{\perp i}$에 대해 임계값을 지정해 비용함수에서 특이값을 제외할 수 있을 거라 생각할 수도 있다. 그러나 임계값만을 사용하면 특이값에서 비용이 발생하지 않기 때문에 특이값을 포함하는 결과가 나올 수 있다.

비용함수 $\mathcal{D}$를 사용하면 정상값과 특이값을 구분하지 않고 모든 점에서 최소화를 수행할 수 있다. 반복 최소화가 시작될 때에는 $\mathcal{D}$와 $\mathcal{C}$는 (특이값의 수에 4를 곱한) 상수 차이만 난다. 그러나 최소화가 진행됨에 따라 특이값이 정상값으로 바뀔 수 있고, 전형적으로 발생한다. 부록 A6.8에서 다양한 비용함수에 대해 설명하고 비교한다.

4.7.3 다른 탄탄한 알고리듬

RANSAC에서는 최소 집합에서 추정한 모델을 임계 거리 내에 있는 데이터의 개수로 평가를 한다. 모델을 평가하는 대안으로 모든 점에 대한 거리의 중앙값median을 사용하는 것이 있다. 그런 다음 중앙값이 가장 작은 모델을 선택한다. 이것은 LMSLeast Median of Squares 추정으로, RANSAC에서와 같이 최소 크기의 표본을 (4.18)에서 구한 표본 수만큼 무작위로 선택한다. LMS의 장점은 임계값 설정이나 오차 분산에 대한 사전 지식이 필요 없다는 것이다. LMS의 단점은 데이터의 절반 이상이 특이값이어서 중앙값이 특이값이 되는 경우다. 해결책은 특이값 비율을 사용해 선택 거리를 결정하는 것이다. 예를 들어 특이값이 50%인 경우 중앙값 아래의 거리(사분위수quartile)를 사용해야 한다.

RANSAC과 LMS 알고리듬은 모두 많은 비율의 특이값을 가지는 데이터를 다룰 수 있다. 특이값의 수가 적으면 더 효율적인 다른 탄탄한 방법이 있다. 여기에는 각 점을 차례로 삭제하고 나머지 데이터에 대해 모델을 추정하는 삭제 방법과 맞추기에서 가중치를 잔차의 역을 사용하는 반복 가중 최소 제곱 등이 있다. 일반적으로 이러한 방법을 권장하지는 않는다. Torr[Torr-95b]와 Xu and Zhang[Xu-96]에서 기본 행렬을 추정하는 다양한 탄탄한 알고리듬을 설명하고 비교했다.

알고리듬 4.6 RANSAC을 이용해 두 이미지 사이의 단응사상 자동 추정

목적

두 이미지 사이의 이차원 단응사상을 계산한다.

알고리듬

(i) **관심점** 각 이미지에서 관심점을 계산한다.

(ii) **추정 대응** 점 근방의 강도intensity의 근방성과 유사성을 이용해 관심점의 대응을 계산한다.

(iii) **RANSAC 탄탄한 추정** 알고리듬 4.5에서 적응적으로 결정한 N개의 표본에 대해 다음을 반복한다.

(a) 대응 4개의 무작위 표본을 선택하고 단응사상 H를 계산한다.

(b) 각 추정 대응에 대해 거리 $d_{\perp}$를 계산한다.

(c) $d_{\perp} < t = \sqrt{5.99}\sigma$픽셀인 대응점의 개수를 이용해 H와 일치하는 정상값의 개수를 계산한다.

가장 많은 정상값을 가진 H를 선택한다. 동점의 경우에는 정상값의 표준 편차가 작은 해를 선택한다.

(iv) **최적 추정** A6.2절의 레벤버그-마쿼트 알고리듬을 사용해 ML 비용함수 (4.8)를 최소화해 정상값으로 분류된 모든 대응에서 H를 재추정한다.

(v) **안내 매칭** 변형된 점의 위치에 대한 탐색 영역을 정의하기 위해 추정된 H를 사용해 추가적으로 관심점의 대응을 결정한다.

마지막 두 단계는 대응 개수가 안정될 때까지 반복할 수 있다.

4.8 단응사상의 자동 계산

여기서는 두 이미지 간의 단응사상을 자동으로 계산하는 알고리듬을 설명한다. 알고리듬의 입력은 이미지뿐이며 다른 정보를 필요로 하지 않는다. 출력은 대응하는 관심점interest point 집합과 추정한 단응사상이다. 예를 들어 이 알고리듬을 평면 표면의 두 이미지 또는 중앙에서 회전하는 카메라로 얻은 두 이미지에 적용할 수 있다.

알고리듬의 첫 번째 단계는 각 이미지에서 관심점을 계산하는 것이다. 그러면 여기에서 닭과 계란 문제가 발생한다. 일단 관심점 사이의 대응을 결정하면 단응사상을 계산할 수 있다. 반대로 단응사상이 주어지면 관심점 간의 대응을 쉽게 결정할 수 있다. 이 문제는 탄탄한 추정(여기서는 RANSAC)을 검색 엔진으로 사용해 해결한다. 아이디어는 적절한 다른 방법으로 추정점putative point의 대응 집합을 얻는 것이다. 이런 대응의 일부는 실제로 틀린 것을 포함할 것이다. RANSAC은 이러한 상황을 정확히 처리하도록 설계됐다. 단응사상과 이에 부합하는 정상값(참 대응)과 특이값(거짓 대응)을 추정할 수 있다.

알고리듬은 알고리듬 4.6에서 요약하고 사용 예는 그림 4.9에 나와 있으며 각 단계를 아래에서 자세하게 설명한다. 근본적으로 동일한 방법론을 사용해 두 개의 이미지에서 기본 행렬과 세 개의 이미지에서 삼중 초점 텐서를 자동으로 계산할 수 있다. 여기에 대한 설명은 11장과 16장에서 한다.

추정 대응 결정 목적은 단응사상에 대한 지식이 없는 경우에 점 대응 집합의 초깃값을 제공하는 것이다. 이러한 대응의 정확도는 높아야 하지만 RANSAC을 이용해 뒤에서 불일치를 제거하므로 완벽한 정확도가 목표는 아니다. 이것을 씨앗seed 대응이라고 생각할 수 있다. 이러한 추정 대응은 각 이미지에서 독립적으로 관심점을 감지한 다음, 인접 강도 영역의 근접성과 유사성을 조합해 이러한 관심 지점을 대응시켜 얻는다. 간결하게 표현하기 위해 관심점을 모서리corner로 언급한다. 그러나 이러한 모서리는 장면의 실제 모서리 이미지일 필요는 없다. 모서리는 자기상관 함수autocorrelation function의 최솟값으로 정의한다.

이미지 1의 (x, y)에 있는 각 모서리에 대해 (x, y)를 중심으로 하는 정사각형 검색 영역 내에서 이미지 2에서 가장 높은 인접 상호상관cross correlation을 가진 일치 항목을 선택한다. 대칭적으로, 이미지 2의 각 모서리에 대해 이미지 1에서 일치 항목을 찾는다. 때때로 한 이미지의 모서리가 다른 이미지의 두 개 이상의 모서리와 일치한다고 주장하는 충돌이 있을 수 있다. 이런 경우 승자독식winner takes all이 적용돼 상호 상관관계가 가장 높은 일치를 선택한다.

변형된 유사성 측정은 (정규화한) CC(상호 상관, Cross Correlation) 대신 SSD(강도 차이의 제곱합, Squared Sum of intensity Differences)을 사용한다. CC는 실제 이미지에서 자주 발생하는 강도값의 아핀 사상(예: $I \mapsto \alpha I + \beta$, 배율 + 상수)에 대해 불변량이다. SSD는 이러한 사상에 대해 불변량이 아니다. 그러나 SSD는 CC보다 더 민감하며 계산적으로 더 저렴하기 때문에 이미지 간의 강도 차이가 작은 경우에 많이 사용한다.

단응사상을 위한 RANSAC RANSAC 알고리듬을 추정 대응에 적용해 추정값과 일치하는 단응사상과 정상값 대응을 계산한다. 대응 네 개가 단응사상을 결정하므로 표본 크기는 4이다. 알고리듬 4.5에 설명한 대로 각 합의 집합에서 특이값의 비율을 결정해 표본수를 적응적으로 계산한다.

두 가지 이슈가 있다. 이 경우 거리는 무엇이고, 표본은 어떻게 선택하는가?

(i) **거리 측도** 단응사상 H에서 대응 오차를 평가하는 가장 간단한 방법으로 대칭 전송 오차를 사용한다. 즉, $d^2_{\text{transfer}} = d(\mathbf{x}, \mathtt{H}^{-1}\mathbf{x}')^2 + d(\mathbf{x}', \mathtt{H}\mathbf{x})^2$. 여기에서 $\mathbf{x} \leftrightarrow \mathbf{x}'$은 점 대응이다. 비용이 더 들지만 더 좋은 방법의 거리 측정은 재사영 오차 $d^2_\perp = d(\mathbf{x}, \hat{\mathbf{x}})^2 + d(\mathbf{x}, \hat{\mathbf{x}}')^2$가 있다. 여기에서 $\hat{\mathbf{x}} = \mathtt{H}\hat{\mathbf{x}}$는 정확한 대응이다. $\hat{\mathbf{x}}$를 측정하기 위해 추가적인 비용이 필요하다. 다른 대안으로 샘프슨 오차가 있다.

(ii) **표본 선택** 여기에도 두 가지 이슈가 있다. 첫째, 퇴화된 표본은 무시해야 한다. 예를 들어 4개의 점 중에서 3개가 공선상에 있으면 단응사상을 계산할 수 없다. 둘째, 표본은 이미지에 대해 좋은 공간 분포를 가져야 한다. 이것은 외삽^{extrapolation} 문제 때문이다. 추정한 단응사상은 계산점이 있는 영역은 정확하게 변환하지만 이 영역과 멀어질수록 일반적으로 (이미지의 맨 위 모서리에 있는 4개의 점처럼) 정확도는 떨어진다. 공간에 잘 분포된 표본은 이미지를 구역으로 나누고, 무작위 추출에 적절한 가중치를 이용해 다른 구역에 있는 점이 표본이 될 가능성을 더 보장함으로써 구현할 수 있다.

탄탄한 MLE와 안내 매칭 여기 마지막 단계의 목적은 두 개다. 첫째, (표본의 4개 점을 사용하는 것이 아니라) 정상값으로 추정된 모든 점을 사용해 단응사상의 좀 더 정확한 추정을 구한다. 둘째, 더 정확한 단응사상을 사용할 수 있기 때문에 추정 대응 집합에서 더 많은 정상값 대응을 얻는다. 그런 다음 이러한 정상값 대응을 이용해 ML 비용함수를 최소화해 더욱 향상된 단응사상을 계산한다. 이러한 마지막 단계는 두 가지 방법으로 구현할 수 있다. 한 가지 방법은 정상값에 대해 MLE를 수행하고 다음 새로운 추정 H를 사용해 정상값을 다시 계산하고 정상값의 개수가 수렴할 때까지 이러한 주기를 반복한다. ML 비용함수 최소화는 A6.2절에 설명한 레벤버그-마쿼트 알고리듬을 사용한다. 다른 방법은 4.7.2절에 설명한 대로 (4.19)의 탄탄한 ML 비용함수를 최소화해 단응사상과 정상값을 동시에 계산하는 것이다. 동시 접근 방식의 단점은 비용함수를 최소화하는 데 필요한 계산 비용이다. 이러한 이유로 일반적으로 주기 접근법이 더 매력적이다.

4.8.1 응용 분야

알고리듬의 요구 사항은 관심점을 이미지 전체에서 매우 균일하게 복구하고, 이를 위해 필요한 장면과 해상도다. 장면은 질감이 약간 있어야 한다. 빈 벽의 이미지는 이상적이지 않다.

검색창 근접 제약 조건proximity constraint은 장면 간의 모서리 이미지 운동(불일치)에 한계를 준다. 그러나 이 제약 조건을 적용하지 않아도 알고리듬은 작동한다. 실제로 근접 제약 조건의 주요 역할은 계산량을 줄이는 것이다. 검색창이 작을수록 평가해야 하는 모서리 일치의 수는 줄어 든다.

궁극적으로, 알고리듬은 대응 사이의 명확성을 제공하는 (SSD 또는 CC와 같은) 모서리 인접 유사성 측도에 매우 의존한다. 일반적으로 알고리듬의 실패는 측도의 공간 불변spatial invariance 부족에서 발생한다. 사용하는 측도는 이미지 이동에만 불변한다. 회전 또는 이미지 사이의 배율 차이와 같은 부류의 변환에서는 알고리듬의 성능이 심각하게 저하된다. 한 가지 해결책은 이미지 간의 단응사상에 더 많은 불변량을 가지는 측도를 사용하는 것이다(예: 회전에 불변하는 측도). 다른 방법으로 단응사상의 초기 추정값을 사용해 근방 강도를 탐색하는 것이다. 자세한 내용은 [Pritchett-98, Schmid-98]에 나와 있고, 이 책에서는 생략한다. 탄탄한 추정을 사용하면 독립적인 동작, 그림자의 변화, 부분적인 폐색 등에 적절한 내성을 가지게 된다.

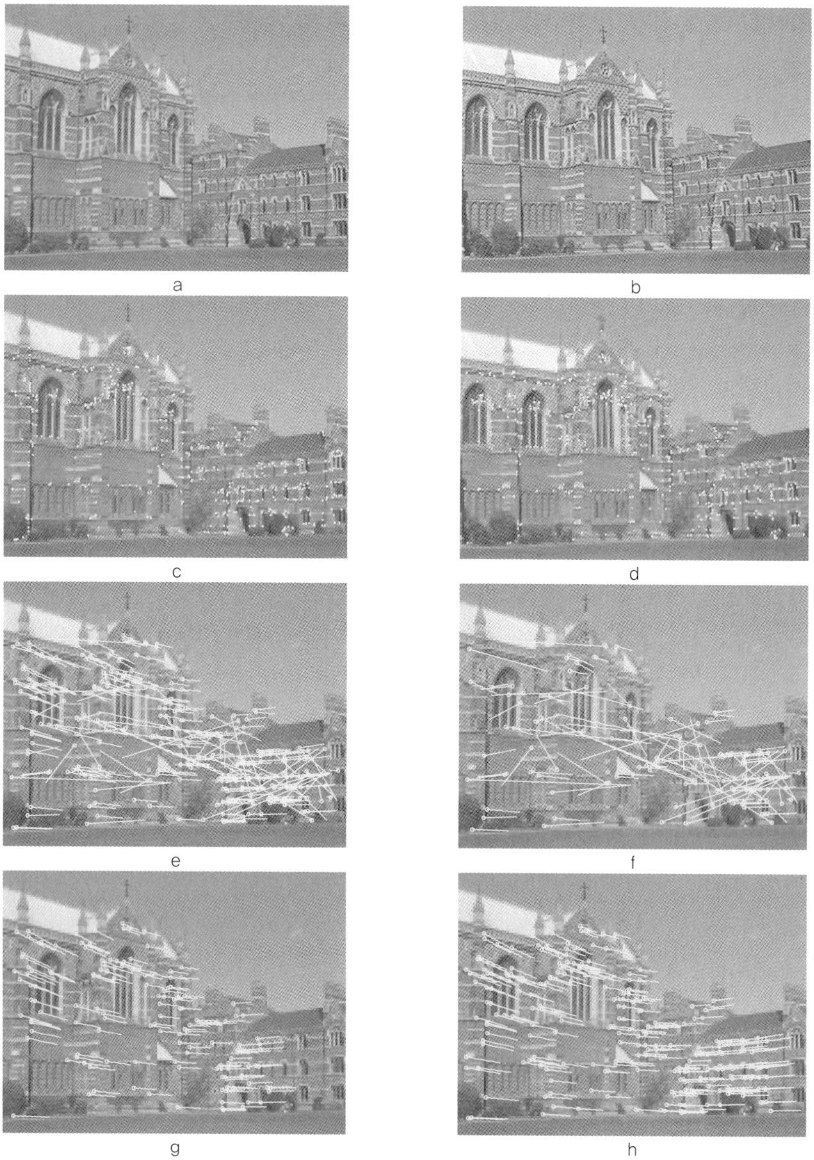

그림 4.9 RANSAC을 사용한 두 이미지 간 단응사상의 자동 계산 장면 사이의 움직임은 카메라를 중심으로 한 회전이므로 이미지는 정확히 단응사상의 연관을 가진다. (a) (b)의 이미지는 옥스포드의 케블 칼리지의 왼쪽 및 오른쪽이며, 640 × 480픽셀을 가진다. (c) (d)에서 이미지에 겹쳐진 모서리를 감지했다. 각 이미지에는 약 500개의 모서리가 있다. 다음 결과는 왼쪽 이미지에 중첩한다. (e) 모서리를 연결하는 선으로 표시한 268개의 추정 일치. 잘못된 일치가 명확하게 보인다. (f) 이상값: 추정 일치 항목 중 117개 (g) 정상값: 추정한 H와 일치하는 151개의 대응 (h) 안내 매칭과 MLE 적용 후의 262개의 대응 집합

4.8.2 구현과 실행의 세부 사항

Harris[Harris-88]의 모서리 검출기를 사용해 관심점을 얻는다. 이 검출기는 모서리를 하위 픽셀 정확도로 국한시키고, 대응 오차가 일반적으로 한 픽셀 이하라는 것이 경험적으로 밝혀졌다. [Schmid-98]

씨앗 대응을 얻을 때, 알고리듬의 추정 대응 단계에서 일치 수용을 위한 인접 유사성 측정의 임계값은 잘못된 일치를 최소화하기 위해 의도적으로 보수적으로 사용한다(SSD 임계값은 20임). 안내 매칭 단계에서는 이 임계값을 (두 배 정도로) 완화해 추가 추정 대응이 가능하게 한다.

표 4.4 RANSAC을 사용한 적응 알고리듬 4.5를 그림 4.9에 대한 단응사상을 계산한 결과다. N은 알고리듬이 $p = 0.99$의 확률로 표본이 특이값을 가지지 않는 것을 보장하는 데 필요한 표본 수다. 알고리듬은 43개 표본을 개산한 후에 종료됐다.

정상값의 개수	$1 - \epsilon$	적응적 N의 값
6	2%	20,028,244
10	3%	2,595,658
44	16%	6,922
58	21%	2,291
73	26%	911
151	56%	43

그림 4.9의 경우 이미지는 640×480픽셀이고 검색 창은 ± 320픽셀이다. 즉, 전체 이미지이다. 물론 이 경우 실제 점들의 차이를 감안하면 훨씬 더 작은 검색창을 사용할 수 있다. 보통 비디오 이미지에서는 (현재 위치가 중심이고 한 변이 80인 정사각형인) ± 40픽셀의 검색 창이면 충분하다. 초기 임계값은 $t = 1.25$픽셀이다.

모두 43개의 표본이 필요했으며, 표 4.4에서 표본의 결과를 나타냈다. 안내 매칭에는 MLE 정상값 분류 주기를 두 번 반복했다. 픽셀 오차 $d_{\perp}$에 대한 RMS 값은 MLE 이전에는 0.23이고, 이후에는 0.19이다. 레벤버그-마쿼트 알고리듬은 10번 반복했다.

4.9 나가면서

4장에서는 다중 시점 관계를 나타내는 텐서를 추정할 때 발생하는 이슈와 필요한 기술을 설명했다. 이러한 아이디어는 이 책 전반의 각 계산과 관련된 장에서 다시 나온다. 각각의 경우에 대해 필요한 최소의 대응, 피해야 하는 퇴화된 구성, 최소 대응 개수 이상을 사용할 때 최소화하는 대수 오차 또는 기하 오차, 텐서의 내부 제약 조건을 강제하는 매개변수 등이 있다.

4.9.1 참고문헌

DLT 알고리듬은 오래된 Sutherland[Sutherland-63]에서 시작한다. (고전 Bookstein 알고리듬의 개선인) 원뿔 맞추기에 대한 Sampson 논문은 [Sampson-82]이다. 정규화는 Hartley[Hartley-97c]의 컴퓨터 비전의 문헌에 소개됐다.

수치 방법에 대한 관련 자료는 훌륭한 "Numerical Recipes in C"[Press-88]에서 찾을 수 있고, 반복 최소화 방법에 대해서는 Gill and Murray[Gill-78]도 좋은 자료이다. Fischler and Bolles[Fischler-81]의 RANSAC은 가장 초기의 탄탄한 알고리듬이며 실제로 컴퓨터 비전 문제(3점에서 위치 잡기)를 해결하기 위해 개발됐다. 원본 논문은 매우 명확하게 작성돼 읽어볼 가치가 있다. 탄탄함에 대한 다른 자료는 Rousseeuw[Rousseeuw-87]에서 찾을 수 있다. 컴퓨터 비전에서 탄탄한 추정의 중요한 응용은 (11장의) 기본 행렬을 추정하는 것이다. Torr and Murray[Torr-93]는 RANSAC을 사용했고 Zhang et al.[Zhang-95] LMS를 사용했다. 단응사상의 자동 MLE는 Torr and Zisserman[Torr-98]이 도입했다.

4.9.2 메모와 연습 문제

(i) **$\mathbb{P}^n$의 단응사상 계산** (4.1)과 (4.3)을 유도할 때, $\mathbf{x}'_i$를 3차원으로 가정했고 외적이 정의됐다. 그러나 (4.3)을 모든 차원으로 일반화할 수 있는 방식으로 유도할 수 있다. $w'_i = 1$을 가정하면, $\mathrm{H}\mathbf{x}_i = k(x_i, y_i, 1)^\top$로 두면 알지 못하는 배율 조정 계수를 명시적으로 구할 수 있다. 세 번째 좌표에서 $k = \mathbf{h}^{3\top}\mathbf{x}_i$를 얻고 이것을 원래 방정식에 대입하면 다음을 얻는다.

$$\begin{pmatrix} \mathbf{h}^{1\top}\mathbf{x}_i \\ \mathbf{h}^{2\top}\mathbf{x}_i \end{pmatrix} = \begin{pmatrix} x'_i\mathbf{h}^{3\top}\mathbf{x}_i \\ y'_i\mathbf{h}^{3\top}\mathbf{x}_i \end{pmatrix}$$

여기에서 (4.3)이 유도된다.

(ii) **이상점에 대한 단응사상의 계산** 점들 중에서 하나 $\mathbf{x}'_i$가 이상점이면, $w'_i = 0$이고 (4.3)의 두 개의 방정식은 하나의 방정식이 되고 (4.1)은 두 개의 독립 방정식을 가진다. 이러한 퇴화를 피하기 위하고 최소 방정식 수를 포함하고자 다음과 같은 절차를 따른다. 방정식 $\mathbf{x}'_i = \mathtt{H}\mathbf{x}_i$를 다음과 같이 표기한다.

$$[\mathbf{x}'_i]^{\perp}\mathtt{H}\mathbf{x}_i = \mathbf{0}$$

여기에서 $[\mathbf{x}'_i]^{\perp}$는 $\mathbf{x}'_i$와 직교하는 행벡터로 구성된 행렬이다. 즉, $[\mathbf{x}'_i]^{\perp}\mathbf{x}'_i = 0$이다. $[\mathbf{x}'_i]^{\perp}$의 각각의 행벡터는 $\mathtt{H}$ 원소로 구성된 독립적인 선형방정식을 만든다. 행렬 $[\mathbf{x}'_i]^{\perp}$는 $\mathtt{M}\mathbf{x}'_i = (1, 0, \ldots, 0)^{\top}$를 만족하는 직교 행렬 $\mathtt{M}$의 첫 번째 행을 제거해 얻을 수 있다. 원하는 성질을 가지며 쉽게 만들 수 있는 것은 (A4.1.2절의) 하우스홀더 Householder 행렬이다.

(iii) **유계가 아닌 점 집합의 배율 조정** 평면에서 무한대 또는 그와 가까운 점의 경우, 모양 중심과 배율 조정 계수가 무한대 또는 매우 큰 값을 가져서 4장에 제시한 등방성 (또는 비등방성) 배율 조정을 사용해 좌표를 정규화하는 것은 합리적이거나 실행 가능하지 않다. 좋은 결과를 제공하는 것으로 보이는 방법은 다음과 같이 점 집합 $\mathbf{x}_i = (x_i, y_i, w_i)^{\top}$를 정규화하는 것이다.

$$\sum_i x_i = \sum_i y_i = 0 \ ; \ \ \sum_i x_i^2 + y_i^2 = 2\sum_i w_i^2 \ ; \ \ x_i^2 + y_i^2 + w_i^2 = 1 \forall i$$

여기에 나타난 좌표 x_i와 y_i는 동차 좌표이며 조건은 중심이 원점에 있음을 의미하지 않는다. 이러한 정규화를 구하는 방법을 조사하고 그 속성을 평가하라.

(iv) **DLT의 변환 불변성** 대수 오차 $\|\mathtt{A}\mathbf{h}\|$((4.5) 참조)를 최소화해 2차원 단응사상을 계산하는 다양한 제약 조건을 생각한다. 다음을 증명하라.

(a) $\|\mathtt{A}\mathbf{h}\|$를 제약 조건 $h_9 = \mathtt{H}_{33} = 1$에 따라 최소화하면 결과는 배율 변경 시에는 변하지 않지만 이동 변환에는 그렇지 않다.

(b) 다른 제약 조건으로 $\mathtt{H}_{31}^2 + \mathtt{H}_{32}^2 = 1$을 사용하면, 결과는 닮음변환에 대해 불변이다.

(c) **아핀 경우** 제약 조건 $\mathtt{H}_{31} = \mathtt{H}_{32} = 0$과 $\mathtt{H}_{33} = 1$에 대해서 같은 사실이 성립한다.

(v) **이미지 좌표의 미분에 대한 표현식** 변환 $\mathbf{x}' = (x', y', w')^{\top} = \mathtt{H}\mathbf{x}$에 대해 다음 식들을 유도하라(여기에서, $\tilde{\mathbf{x}}' = (\tilde{\mathbf{x}}', \tilde{\mathbf{y}}')^{\top} = (x'/w', y'/w')^{\top}$는 이미지 점의 비동차 좌표이다).

(a) $\mathbf{x}$에 대한 미분은 다음이다.

$$\partial \tilde{\mathbf{x}}' / \partial \mathbf{x} = \frac{1}{w'} \begin{bmatrix} \mathbf{h}^{1\top} - \tilde{x}' \mathbf{h}^{3\top} \\ \mathbf{h}^{2\top} - \tilde{y}' \mathbf{h}^{3\top} \end{bmatrix} \tag{4.20}$$

여기에서, $\mathbf{h}^{j\top}$는 $\mathtt{H}$의 j번째 행벡터다.

(b) $\mathtt{H}$에 대한 미분은 다음이다.

$$\partial \tilde{\mathbf{x}}' / \partial \mathbf{h} = \frac{1}{w'} \begin{bmatrix} \mathbf{x}^{\top} & 0 & -\tilde{x}' \mathbf{x}^{\top} \\ 0 & \mathbf{x}^{\top} & -\tilde{y}' \mathbf{x}^{\top} \end{bmatrix} \tag{4.21}$$

여기에서 $\mathbf{h}$는 (4.2)에서 정의한 것이다.

(vi) **비등방성 오차 분포를 가지는 샘프슨 오차** 4.2.6절의 샘프슨 오차 유도에서 점이 원형 오차 분포로 가지며 측정됐다고 가정했다. 점 $\mathbf{X} = (x, y, x', y')$이 공분산 행렬 $\Sigma_{\mathbf{X}}$의 오차를 가지는 경우에는 마할라노비스 노름 $\|\boldsymbol{\delta}_{\mathbf{X}}\|^2_{\Sigma_{\mathbf{X}}} = \boldsymbol{\delta}_{\mathbf{X}}^{\top} \Sigma_{\mathbf{X}}^{-1} \boldsymbol{\delta}_{\mathbf{X}}$를 최소화하는 것이 적절하다. 이 경우에 (4.11)과 (4.12)에 대응하는 공식이 다음과 같음을 증명하라.

$$\boldsymbol{\delta}_{\mathbf{X}} = -\Sigma_{\mathbf{X}} \mathtt{J}^{\top} (\mathtt{J} \Sigma_{\mathbf{X}} \mathtt{J}^{\top})^{-1} \boldsymbol{\epsilon} \tag{4.22}$$

$$\|\boldsymbol{\delta}_{\mathbf{X}}\|^2_{\Sigma_{\mathbf{X}}} = \boldsymbol{\epsilon}^{\top} (\mathtt{J} \Sigma_{\mathbf{X}} J^{\top})^{-1} \boldsymbol{\epsilon} \tag{4.23}$$

두 이미지의 측정이 독립이면, 공분산 행렬 $\Sigma_{\mathbf{X}}$는 2×2 블록 대각 행렬이며, 각각의 블록은 이미지와 대응한다.

(vii) **샘프슨 오차 프로그래밍 힌트** 2차원 단응사상 추정에서, 사실 이 책에서 다루는 모든 다른 유사한 문제의 경우에서, 4.2.6절의 비용함수 $\mathcal{C}_{\mathtt{H}}(\mathbf{X}) = \mathtt{A}(\mathbf{X})\mathbf{h}$는 좌표 $\mathbf{x}$에 대해 다중 선형함수이다. 이것은 편미분 $\partial \mathcal{C}_{\mathtt{H}}(\mathbf{X}) / \partial \mathbf{X}$를 매우 간단하게 계산할 수 있음을 의미한다. 예를 들어 다음의 미분은 유한 차분 근사finite difference approximation이 아니라 정확한 값이다.

$$\partial \mathcal{C}_{\mathtt{H}}(x, y, x', y') / \partial x = \mathcal{C}_{\mathtt{H}}(x+1, y, x', y') - \mathcal{C}_{\mathtt{H}}(x, y, x', y')$$

이것은 프로그램에서 미분을 구하기 위한 특별한 코드가 필요 없다는 것을 의미한다. $\mathcal{C}_{\mathtt{H}}(\mathbf{X})$를 계산하는 루틴이면 충분하다. $\mathbf{E}_i$가 i번째 위치에 1을 가지고 나머지는 0을 가지는 벡터를 표시하면, $\partial\mathcal{C}_{\mathtt{H}}(\mathbf{X})/\partial\mathbf{X}_i = \mathcal{C}_{\mathtt{H}}(\mathbf{X}+\mathbf{E}_i) - \mathcal{C}_{\mathtt{H}}(\mathbf{X})$이며 더 나아가서 다음을 만족한다.

$$\mathtt{J}\mathtt{J}^{\mathsf{T}} = \sum_i \left(\mathcal{C}_{\mathtt{H}}(\mathbf{X}+\mathbf{E}_i) - \mathcal{C}_{\mathtt{H}}(\mathbf{X})\right)\left(\mathcal{C}_{\mathtt{H}}(\mathbf{X}+\mathbf{E}_i) - \mathcal{C}_{\mathtt{H}}(\mathbf{X})\right)^{\mathsf{T}}$$

그리고 $\boldsymbol{\lambda} = -(\mathtt{J}\mathtt{J}^{\mathsf{T}})^{-1}\boldsymbol{\epsilon}$와 같이 역행렬을 구하는 것보다, $\mathtt{J}\mathtt{J}^{\mathsf{T}}\boldsymbol{\lambda} = -\boldsymbol{\epsilon}$에서 직접 $\boldsymbol{\lambda}$를 구하는 것이 더 효율적이다.

알고리듬 4.7 이미지 대응에서 아핀 단응사상 $\mathtt{H}_{\mathtt{A}}$를 추정하는 금본위 알고리듬

목적

$n \geq 4$개의 이미지 점 대응 $\{\mathbf{x}_i \leftrightarrow \mathbf{x}'_i\}$가 주어질 때, 두 이미지 간의 재사영 오차 (4.8)을 최소화하는 아핀 단응사상 $\mathtt{H}_{\mathtt{A}}$를 계산한다.

알고리듬

(a) 점을 비동차 2차원 벡터로 표현한다. 이동 벡터 $\mathbf{t}$를 이용해 점 $\mathbf{x}_i$를 이동해 모양 중심이 원점이 되게 한다. $\mathbf{t}'$를 가지고 점 $\mathbf{x}'_i$에 대해서 같은 작업을 한다. 앞으로는 이동된 좌표를 사용한다.

(b) 다음의 벡터를 열벡터로 가지는 $n \times 4$ 행렬을 구성한다.

$$\mathbf{X}_i^{\mathsf{T}} = (\mathbf{x}_i^{\mathsf{T}}, \mathbf{x}_i'^{\mathsf{T}}) = (x_i, y_i, x'_i, y'_i)$$

(c) $\mathbf{V}_1$과 $\mathbf{V}_2$는 $\mathtt{A}$의 가장 큰 두 개의 특이값에 대응하는 우특이[right singular] 벡터다.

(d) $\mathtt{H}_{2\times2} = \mathtt{C}\mathtt{B}^{-1}$이다. 여기에서 $\mathtt{B}$와 $\mathtt{C}$는 다음과 같은 2×2 블록이다.

$$[\mathbf{V}_1\mathbf{V}_2] = \begin{bmatrix} \mathtt{B} \\ \mathtt{C} \end{bmatrix}$$

(e) 원하는 단응사상은 다음이다.

$$\mathtt{H}_{\mathtt{A}} = \begin{bmatrix} \mathtt{H}_{2\times2} & \mathtt{H}_{2\times2}\mathbf{t} - \mathbf{t}' \\ \mathbf{0}^{\mathsf{T}} & 1 \end{bmatrix}$$

그리고 이미지 점의 대응 추정은 다음으로 주어진다.

$$\widehat{\mathbf{X}}_i = (\mathbf{V}_1\mathbf{V}_1^\top + \mathbf{V}_2\mathbf{V}_2^\top)\mathbf{X}_i$$

(viii) **아핀변환의 기하 오차 최소화** 점 대응 $(x_i, y_i) \leftrightarrow (x'_i, y'_i)$이 주어질 때, 기하 오차 (4.8)을 최소화하는 아핀변환 $\mathtt{H}_\mathrm{A}$를 찾아라. 샘프슨 근사를 기반으로 하는 선형 알고리듬을 단계별로 유도한다. 샘프슨 오차는 이 경우에 정확해진다. 알고리듬 4.7에 전체를 요약한다.

(a) 최적 아핀변환은 $\mathbf{x}_i$의 모양 중심을 $\mathbf{x}'_i$의 모양 중심으로 변환하는 것을 증명하라. 그러면 점들을 모양 중심이 원점이 되도록 이동하면 아핀변환의 이동 변환은 결정된다. 변환의 선형 부분을 나타내는, $\mathtt{H}_\mathrm{A}$의 왼쪽 위의 2×2 부분 행렬 $\mathtt{H}_{2\times2}$을 결정하기만 하면 된다.

(b) 점 $\mathbf{X}_i = (\mathbf{x}_i^\top, \mathbf{x}_i'^\top)^\top$가 $\mathcal{V}_\mathtt{H}$상이 있는 것과 $[\mathtt{H}_{2\times2} | -\mathtt{I}_{2\times2}]\mathbf{X} = 0$은 필요충분조건이다. 그러므로 $\mathcal{V}_\mathtt{H}$는 $\mathbb{R}^4$의 여차원 2인 부분 공간이다.

(c) 임의의 여차원 2인 부분 공간은 적절한 $\mathtt{H}_{2\times2}$에 대해 $[\mathtt{H}_{2\times2} | -\mathtt{I}]\mathbf{X} = 0$으로 표현할 수 있다. 그러므로 주어진 측정 $\mathbf{X}_i$에 대해 추정 작업은 여차원 2인 부분 공간을 잘 맞추는 것과 동일하다.

(d) 행벡터가 $\mathbf{X}_i^\top$인 행렬 $\mathtt{M}$에 대해, $\mathbf{X}_i$의 부분 공간의 최적 맞추기는 $\mathtt{M}$의 가장 큰 특이값에 대응하는 특이 벡터 $\mathbf{V}_1$과 $\mathbf{V}_2$로 펼친 공간이다.

(e) $\mathbf{V}_1$과 $\mathbf{V}_2$로 펼쳐진 부분 공간에 대응하는 $\mathtt{H}_{2\times2}$는 방정식 $[\mathtt{H}_{2\times2} | -\mathtt{I}]\,[\mathbf{V}_1\mathbf{V}_2] = 0$을 풀어서 얻는다.

(ix) **선 대응에서 $\mathbb{P}^3$의 단응사상 계산** $\mathbb{P}^3$의 일반적인 위치에 직선이 있을 때 선 대응만을 이용해 4×4 단응사상을 결정하는 문제를 생각한다. 두 가지 문제가 있다. 몇 개의 대응이 필요한가? 그리고 $\mathtt{H}$의 해를 구하기 위한 대수 방정식을 어떻게 만들까? $\mathbb{P}^3$의 각 선은 자유도 4를 가지며, 따라서 4개의 선에서 $\mathtt{H}$의 자유도 15에 대해 $4 \times 4 = 16$의 제약 조건을 만들 수 있으므로, 4개의 선 대응이 충분하다고 생각할 수 있다. 그러나 변환을 계산하기 위한 4개의 선의 구성은 퇴화된다(4.13 참조). 2차원 등방성 부분군이 있기 때문이다. 이에 대해 [Hartley-94c]에서 더 논

의한다. H의 선형방정식은 다음으로 얻을 수 있다.

$$\boldsymbol{\pi}_i^{\mathsf{T}} \mathtt{H} \mathbf{X}_j = 0\,, \quad i = 1, 2,\ j = 1, 2$$

여기서 H는 두 점 ($\mathbf{X}_1$, $\mathbf{X}_2$)이 정의하는 선을 두 평면 (π_1, π_2)의 교차로 정의된 선으로 변환한다. 이 방법은 [Oskarsson-02]에서 유도됐고, 여기에 더 자세한 내용이 있다.

5

알고리듬 평가와 오차 분석

5장에서는 추정 알고리듬의 결과를 평가하고 정량화하는 방법에 관해 설명한다. 단순히 변수 또는 변환을 추정하는 것만으로는 충분하지 않은 경우가 종종 있다. 대신 신뢰도 또는 불확실성 측정도 가끔 필요하다.

불확실성(공분산)을 계산하는 두 가지 방법을 여기에서 설명한다. 첫 번째는 선형 근사를 기반으로 하고 다양한 야코비Jacobian 표현식을 포함한다. 두 번째는 구현하기 쉬운 몬테카를로 방법이다.

5.1 성능의 한계

특정 유형의 변환을 추정하기 위한 알고리듬이 개발됐으면 성능을 테스트해야 한다. 실제 데이터 또는 합성 데이터를 사용해 테스트할 수 있다. 여기서는 합성 데이터에 대한 테스트를 고려한 테스트에 대해 대략적으로 설명한다.

다음의 표기 규칙을 유념하자.

- $\mathbf{x}$와 같은 수량은 측정된 이미지 점을 나타낸다.
- 추정 수량은 $\hat{\mathbf{x}}$ 또는 $\hat{\mathrm{H}}$와 같이 모자hat로 표시한다.
- 참값은 $\bar{\mathbf{x}}$ 또는 $\bar{\mathrm{H}}$와 같이 막대bar로 표시한다.

일반적으로 테스트의 시작으로 두 이미지 간의 $\bar{\mathbf{x}}_i \leftrightarrow \bar{\mathbf{x}}'_i$ 이미지 대응 집합을 생성한다. 이러한 대응의 수는 다양하다. 주어진 고정된 변환 $\bar{\mathrm{H}}$에 대해 기계 정밀도의 오차 내에서 대응이 $\bar{\mathbf{x}}'_i = \bar{\mathrm{H}}\bar{\mathbf{x}}_i$를 만족하도록 대응하는 점들을 선택한다.

그런 다음 알려진 분산과 영값을 평균으로 가지는 가우스 난수 변수를 이용해 점의 x와 y 좌표를 교란해 이미지 측정값에 인공적인 가우스 노이즈를 추가한다. 결과로 얻은 노이즈가 있는 점들을 $\mathbf{x}_i$와 $\mathbf{x}'_i$로 표시한다. 적절한 가우스 난수 생성기는 [Press-88]에 있다. 그런 다음 추정 알고리듬을 실행해 추정 수량을 계산한다. 4장에서 고려한 2차원 사영변환 문제의 경우 이는 사영변환 자체를 의미하며 또한 노이즈 없는 올바른 원본 이미지 점의 추정치를 의미한다. 그런 다음 계산한 모델이 (노이즈가 있는) 입력 데이터와 얼마나 가깝게 일치하는지 또는 추정한 모델이 노이즈 없는 원본과 얼마나 가깝게 일치하는지에 따라 알고리듬을 평가한다. 통계적으로 의미 있는 성능 평가를 위해서는 이런 절차를 (예로서 난수 생성기에 시드seed를 다르게 해, 비록 노이즈의 분산은 같지만) 여러 가지 노이즈에 대해 수행해야 한다.

5.1.1 한 이미지의 오차

이를 설명하기 위해 2차원 단응사상 추정 문제를 계속 생각한다. 단순하게 두 번째 이미지의 좌표에만 노이즈가 추가된 경우를 고려한다. 그러므로 모든 i에 대해 $\mathbf{x}_i = \bar{\mathbf{x}}_i$이다. 대응 $\mathbf{x}_i \leftrightarrow \mathbf{x}'_i$를 완벽하게 일치하는 데이터 집합에서 (프라임prime으로 표기한) 두 번째 이미지의 좌표 두 개 각각에 분산 σ^2을 가지는 가우스 노이즈를 추가해 생성한 두 이미지 사이의 잡음이 있는 일치 대응 집합이라고 가정한다. 일치하는 점이 n개 있다고 가정한다. 이러한 데이터에 4장에 설명한 알고리듬 중 하나를 적용해 사영변환 $\hat{\mathrm{H}}$를 추정한다. 분명하게, 추정한 변환 $\hat{\mathrm{H}}$는 $\mathbf{x}'_i$의 좌표에 추가한 노이즈로 인해 일반적으로 $\mathbf{x}_i$를 $\mathbf{x}'_i$로 또는 $\bar{\mathbf{x}}_i$를 $\bar{\mathbf{x}}'_i$로 정확하게 변환하지 않는다.

RMS(제곱 평균 제곱근Root-Mean-Squared) 잔차 오차는 다음과 같다.

$$\epsilon_{\text{res}} = \left(\frac{1}{2n} \sum_{i=1}^{n} d(\mathbf{x}'_i, \hat{\mathbf{x}}'_i)^2 \right)^{1/2} \tag{5.1}$$

이것은 잡음이 있는 입력 데이터 ($\mathbf{x}'_i$)와 추정한 점 $\hat{\mathbf{x}}'_i = \hat{\mathrm{H}}\bar{\mathbf{x}}_i$ 사이의 평균 차이를 측정한다. 그러므로 잔차 오차residual error라는 이름은 적절하다. 이것은 계산한 변환이 입력 데이터와 얼마나 잘 일치하는지 측정하므로 추정 절차에 적합한 정성적인 측도이다.

잔차 오차의 값 그 자체는 구한 해의 품질에 대한 절대 측도는 아니다. 예를 들어 입력 데이터가 일치하는 점 4개로만 구성된 경우의 2차원 사영 문제를 생각한다. 사영변환은 4점 대응에서 유일하고 정확하게 정의되기 때문에, 모든 합리적인 알고리듬은 $\mathbf{x}'_i = \hat{\mathrm{H}}\mathbf{x}_i$라는 의미에서 점과 정확히 일치하는 $\hat{\mathrm{H}}$를 계산한다. 이것은 잔차 오차가 영임을 의미한다. 알고리듬에서 이보다 더 나은 성능을 기대할 수는 없다.

$\hat{\mathrm{H}}$는 원래의 노이즈 없는 데이터 $\bar{\mathbf{x}}'_i$가 아닌 입력 데이터 $\mathbf{x}'_i$와 사영변환된 점을 일치시키는 것에 주의한다. 사실 노이즈가 없는 좌표와 노이즈가 있는 좌표의 차이는 분산 σ^2를 갖기 때문에 최소 4점의 경우 사영된 점 $\hat{\mathrm{H}}\mathbf{x}_i$와 잡음이 없는 데이터 $\bar{\mathbf{x}}'_i$ 간의 잔차 차이도 분산 σ^2을 가진다. 따라서 4점의 경우 모델은 잡음이 있는 입력 데이터를 (잔차가 영이 되도록) 완벽하게 맞추지만 실제로 노이즈가 없는 값에 매우 근접한 근삿값이 되지 못한다.

대응점이 4점 이상이면 잔여 오차의 값은 증가한다. 사실 직관적으로 (대응하는 점들의) 측정값 수가 증가하면 추정한 모델이 노이즈가 없는 참값에 점점 더 가깝게 일치해야 한다고 예상한다. 점근적으로, 분산은 대응점의 숫자에 반비례해 감소해야 한다. 동시에 잔차 오차는 증가한다.

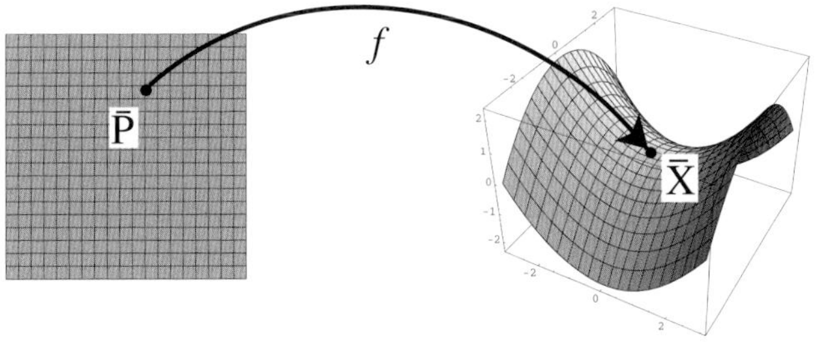

그림 5.1 매개변수 P값이 변함에 따라서 함수 이미지는 참값 X̄를 통해서 곡면 S_M을 따라간다.

5.1.2 두 이미지의 오차

두 이미지에 오차가 있는 경우 잔차 오차는 다음과 같다.

$$\epsilon_{\text{res}} = \frac{1}{\sqrt{4n}} \left(\sum_{i=1}^{n} d(\mathbf{x}_i, \hat{\mathbf{x}}_i)^2 + \sum_{i=1}^{n} d(\mathbf{x}'_i, \hat{\mathbf{x}}'_i)^2 \right)^{1/2} \tag{5.2}$$

여기에서 $\hat{\mathbf{x}}_i$와 $\hat{\mathbf{x}}'_i$는 $\hat{\mathbf{x}}'_i = \hat{\mathtt{H}}\hat{\mathbf{x}}_i$를 만족하는 추정된 점이다.

5.1.3 최적 추정기

여기서는 추정 성능에 대한 경계를 일반적인 경우에 대해 설명하고 노이즈가 한 이미지 또는 두 이미지에 있는 경우에 구체적으로 살펴본다. 목표는 최대 우도 추정치^{MLE}의 예상 잔차 오차에 대한 공식을 구하는 것이다. 앞서 설명한 바와 같이, 기하 오차의 최소화는 MLE와 동일하므로 기하 오차의 최소화를 구현하는 알고리듬의 목표는 MLE에서 주어진 이론적 한계를 달성하는 것이어야 한다. (대수 오차와 같은) 다른 비용함수를 최소화하는 다른 알고리듬은 MLE의 오차 한계에 얼마나 가까운지에 따라 판단할 수 있다.

일반적인 추정 문제는 4.2.7절에서 설명한 대로 $\mathbb{R}^M$에서 $\mathbb{R}^N$으로의 함수 f와 관련된다. 여기서 $\mathbb{R}^M$은 매개변수 공간이고 $\mathbb{R}^N$은 측정 공간이다. 이제 $f(\overline{\mathbf{P}}) = \overline{\mathbf{X}}$을 만족하는 매개변수 벡터 $\overline{\mathbf{P}} \in \mathbb{R}^M$이 존재하는 점 $\overline{\mathbf{X}} \in \mathbb{R}^N$(즉, 원상 $\overline{\mathbf{P}}$를 가지는 함수 f의 치역에 있는 점 $\overline{\mathbf{X}}$)를 생각한다. 두 번째 이미지에서만 측정한 2차원 사영변환에서 이것은 노이즈가 없는 점들의 집합 $\bar{\mathbf{x}}'_i = \bar{\mathtt{H}}\bar{\mathbf{x}}_i$에 해당한다. $i = 1, \ldots, n$에 대해 n개의 $\bar{\mathbf{x}}'_i$의 x와 y 성분은 $N = 2n$인 N차원 벡터 $\overline{\mathbf{X}}$를 구성한다. 그리고 단응사상의 매개변수는 $\bar{\mathtt{H}}$의 매개변수에 의존하는 8차원 또는 9차원 벡터에 해당하는 벡터 $\overline{\mathbf{P}}$를 형성한다.

$\mathbf{X}$를 참값 $\overline{\mathbf{X}}$를 평균으로 가지고 분산 $N\sigma^2$를 (이 표기법은 N개 구성 요소 각각에 분산 σ^2가 있음을 의미한다) 갖는 등방형 가우스 분포에 따라 선택된 측정 벡터라고 가정한다. 매개변수 벡터 $\mathbf{P}$의 값이 점 $\overline{\mathbf{P}}$ 근방에서 변하기 때문에 함수 $f(\mathbf{P})$의 값은 점 $\overline{\mathbf{X}}$를 통해 $\mathbb{R}^N$의 곡면 S_{M}상에서 변화한다. 이것은 그림 5.1에 설명돼 있다. 곡면 S_{M}은 f의 치역으로 주어진다. 곡면은 $\mathbb{R}^N$의 하위 다양체이며 차원은 d이다. 여기서 d는 (자유도 또는 최소 매개변수인) 필수 매개변수의 개수다. 단일 이미지 오차의 경우 이것은 8이 된다. 행렬 $\mathtt{H}$에 의해 결정된 변환은 배율 조정에 무관하기 때문이다.

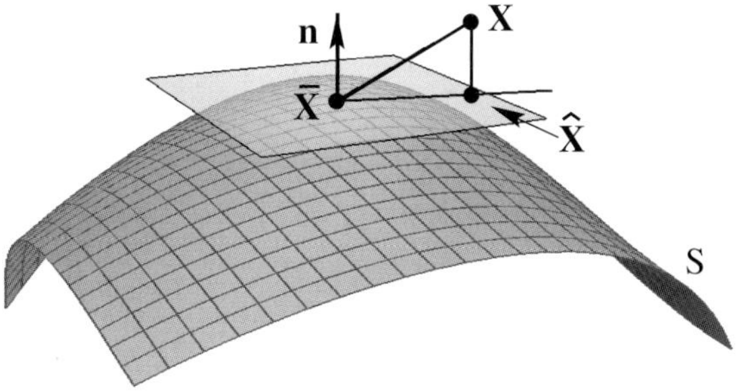

그림 5.2 S_M에 대해 접평면 근사를 이용한 측정 공간의 오차 형상. 추정점 $\hat{\mathbf{X}}$는 S_M상에서 측정점 **X**에 가장 가까운 점이다. 잔차 오차는 측정점 **X**와 $\hat{\mathbf{X}}$ 간의 거리이다. 추정 오차는 $\hat{\mathbf{X}}$에서 참값 $\bar{\mathbf{X}}$까지의 거리이다.

이제 측정 벡터 **X**가 주어지면, MLE $\hat{\mathbf{X}}$는 **X**와 가장 가까운 곡면상의 점이다. ML 추정기는 곡면상에 있는, **X**와 가장 가까운 점을 찾는 것이다. 이러한 MLE를 $\hat{\mathbf{X}}$로 표기한다.

이제 $\bar{\mathbf{X}}$의 근방에서 곡면은 본질적으로 평면이며, 적어도 노이즈의 분산 정도의 크기를 가지는 $\bar{\mathbf{X}}$의 근방에서는 접평면으로 잘 근사할 수 있다고 가정한다. 이러한 선형 근사에서 MLE $\hat{\mathbf{X}}$는 **X**에서 접평면으로 수선을 내린 값이다. 잔차 오차는 점 **X**에서 추정값 $\hat{\mathbf{X}}$ 간의 거리이다. 그리고 $\hat{\mathbf{X}}$에서 (알지 못하는) $\bar{\mathbf{X}}$ 간의 거리는 그림 5.2에서 볼 수 있듯이 참값과 최적 추정값 간의 거리이다. 여기서는 이러한 오차의 기대값을 계산하는 것이 목표이다.

ML 잔차 오차의 기대값을 계산하는 것은 이제 다음과 같은 기하 문제로 추상화된다. N차원 가우스 분포의 총 분산[total variance]은 각 축 방향의 분산 합계인 공분산 행렬의 대각합[trace]이다. 그리고 이것은 직교 좌표계의 변경에 불변한다. 각 변수가 독립 분산 σ^2을 가지는 N차원 등방형 가우스 분포의 경우에 총 분산은 $N\sigma^2$이다. 이제 $\mathbb{R}^N$에서 총 분산이 $N\sigma^2$이고 평균이 참값 $\bar{\mathbf{X}}$를 가지는 등방형 가우스 확률 변수가 주어지면 $\bar{\mathbf{X}}$를 지나고 차원 d인 초평면에서 확률 변수의 평균 거리를 계산하려고 한다. $\mathbb{R}^N$의 가우스 확률 변수를 d차원 접평면에 사영하면 (추정값과 참값 간의 차이인) 추정 오차의 분포를 얻는다. 접표면에 대한 수직인 $(N-d)$차원으로의 사영으로 잔차 오차의 분포를 얻는다.

필요한 경우 축을 회전해 일반성을 잃지 않고 접평면이 앞에 나오는 d개의 좌표축과 일치한다고 가정할 수 있다. 나머지 축에 대해 적분을 하면 다음의 결과를 얻는다.

결과 5.1 $\mathbb{R}^N$에서 총 분산 $N\sigma^2$을 가지는 등방형 가우스 분포의 s차원으로의 사영은 총 분산 $s\sigma^2$을 가지는 등방형 가우스 분포이다.

증명은 간단해 생략한다. 위의 결과를 $s = d$와 $s = N - d$인 경우에 적용해 다음의 결과를 얻는다.

결과 5.2 N개의 측정값을 d개의 필수 매개변수 집합에 의존하는 함수를 사용해 모델링하는 추정 문제를 생각한다. 측정값이 각각의 측정 변수에서 표준 편차 σ를 가지는 독립 가우스 노이즈의 영향을 받는다고 가정한다.

(i) MLE의 (측정값과 추정값의 거리인) RMS 잔차 오차는 다음과 같다.

$$\epsilon_{\text{res}} = E[\|\hat{\mathbf{X}} - \mathbf{X}\|^2/N]^{1/2} = \sigma(1 - d/N)^{1/2} \tag{5.3}$$

(ii) MLE의 (추정값과 참값의 거리인) RMS 추정 오차는 다음과 같다.

$$\epsilon_{\text{est}} = E[\|\hat{\mathbf{X}} - \overline{\mathbf{X}}\|^2/N]^{1/2} = \sigma(d/N)^{1/2} \tag{5.4}$$

여기에서 $\mathbf{X}$, $\hat{\mathbf{X}}$, $\overline{\mathbf{X}}$는 각각 측정 벡터에 대한 측정값, 추정값, 참값을 나타낸다.

결과 5.2는 결과 5.1에서 바로 유도할 수 있다. 각각의 측정에 대한 분산을 구하기 위해 N으로 나누고 분산 대신에 표준 편차를 얻기 위해 제곱근을 취하면 된다. 이 값은 측정할 수 있는 특정 추정 알고리듬에 대한 잔차 오차의 하한 한계이다.

2차원 단응사상 – 한 이미지에 오차가 있는 경우 여기에서 고려하는 2차원 사영변환 추정 문제의 경우에 오차가 두 번째 이미지에서만 존재한다고 가정하면 $d = 8$이고 n이 일치하는 점들의 수라고 하면 $N = 2n$이다. 그러므로 이 문제에 대해 다음을 얻는다.

$$\begin{aligned} \epsilon_{\text{res}} &= \sigma\left(1 - 4/n\right)^{1/2} \\ \epsilon_{\text{est}} &= \sigma\left(4/n\right)^{1/2} \end{aligned} \tag{5.5}$$

n이 변할 때 오차 그래프를 그림 5.3에 나타낸다.

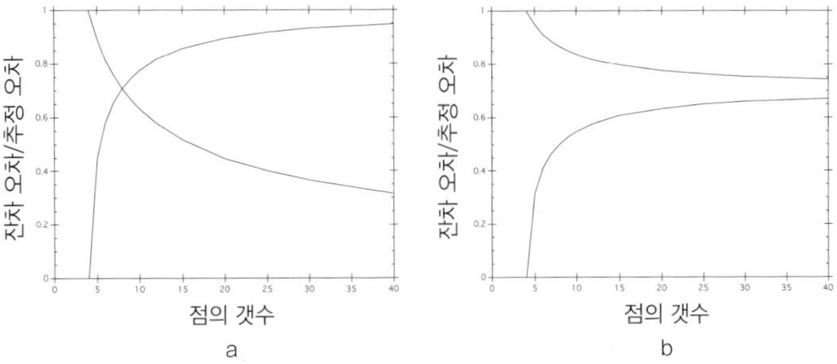

그림 5.3 (a) 이미지 하나에, (b) 이미지 두 개 모두에 노이즈가 있는 경우 최적의 오차는 점의 수에 따라서 달라진다. 한 픽셀의 오차 수준을 가정한다. 하강 곡선은 추정 오차 ϵ_{est}이고 상승 곡선은 잔차 오차 ϵ_{res}이다.

두 이미지에 오차가 있는 경우 이 경우에는 $N = 4n$이고 $d = 2n + 8$이다. 앞에서와 같이, 관측 벡터의 참값 $\widehat{\mathbf{X}}$ 근방에서 접평면의 선형성을 가정하면, 결과 5.2에서 다음의 오차 기대값을 얻는다.

$$\begin{aligned} \epsilon_{\mathrm{res}} &= \sigma\left(\frac{n-4}{2n}\right)^{1/2} \\ \epsilon_{\mathrm{est}} &= \sigma\left(\frac{n+4}{2n}\right)^{1/2} \end{aligned} \tag{5.6}$$

n이 변할 때 이러한 오차에 대한 그래프를 그림 5.3에 나타낸다.

이 그래프에서 흥미로운 점은 참값에 대한 점근 오차가 $\sigma/\sqrt{2}$이라는 것이다. 한 이미지에 오차가 있는 경우는 0이다. 이러한 결과는 사영변환으로 연결된 각각의 점을 각각의 이미지에서 한 번씩, 총 두 번 측정하기 때문이다. 점을 두 번 측정해 점 위치 추정값의 분산이 $\sqrt{2}$배로 감소한다. 반대로, 한 이미지에 오차가 있는 앞의 경우에는 각 지점에 대해 (첫 번째 이미지에는) 하나의 정확한 측정값이 있다. 따라서 변환 H를 점점 더 정확하게 추정하면 두 번째 이미지에서 점 위치의 불확실성은 점근적으로 영에 가까워진다.

마할라노비스 거리 위에서 유도한 공식은 측정 공간의 오차 분포가 등방형 가우스 분포라는 가정을 했고, 이는 각 좌표의 오차가 독립임을 의미한다. 이 가정은 약화될 수 있다. 공분산 행렬 Σ를 가지는 가우스 분포를 따르는 오차를 가정할 수 있다. 결과 5.2의 공식에서 ϵ가 평균 마할라노비스 거리 $E[\|\widehat{\mathbf{X}} - \mathbf{X}\|_{\Sigma}^{2}/N]^{1/2}$로 바뀌게 된다. 표준 편차 σ도 사라진다. 마할라노비스 거리에서 고려했기 때문이다.

측정 공간 $\mathbb{R}^N$에서 공분산 행렬을 항등 행렬로 변환하는 간단한 좌표변환으로 이러한 것을 유도할 수 있다. 새로운 좌표계에서는 마할라노비스 거리는 유클리드 거리와 같아진다.

5.1.4 알고리듬의 정확한 수렴 결정

(5.3)과 (5.4)의 관계에서 문제의 자유도를 결정할 필요 없이 추정 알고리듬의 정확한 수렴을 결정하는 간단한 방법을 구할 수 있다. 그림 5.2에서 볼 수 있듯이 파라미터 벡터 $\mathbf{P}$가 지정하는 모델에 해당하는 측정 공간은 곡면 S_{M}을 형성한다. 노이즈가 없는 데이터 $\overline{\mathbf{X}}$ 근방의 곡면은 거의 평면이어서 접평면으로 근사할 수 있고, 세 점 $\widehat{\mathbf{X}}$, $\mathbf{X}$, $\overline{\mathbf{X}}$는 직각 삼각형을 형성한다. 대부분의 추정 문제에서 이러한 평면성 가정은 잡음 크기의 척도에서 매우 정확하다. 이러한 경우에 피타고라스 등식은 다음과 같다.

$$\|\mathbf{X}-\overline{\mathbf{X}}\|^2 = \|\mathbf{X}-\widehat{\mathbf{X}}\|^2 + \|\overline{\mathbf{X}}-\widehat{\mathbf{X}}\|^2 \tag{5.7}$$

합성 데이터로 알고리듬을 평가할 때 위의 등식으로 알고리듬이 최적값으로 수렴했는지 간단하게 테스트할 수 있다. 추정값이 등식을 만족하면, 알고리듬이 광역 최솟값을 찾았다는 강력한 증거가 된다. 테스트를 적용하기 위해 문제의 자유도 수를 결정할 필요가 없는 것에 주의한다. 몇 가지 추가 성질을 나열한다.

- 이 테스트는 알고리듬이 성공했는지 여부를 실행 단계별로 확인하는 데 사용할 수 있다. 따라서 반복 실행을 통해 알고리듬의 성공률을 추정할 수 있다.
- 이 테스트는 합성 데이터 또는 적어도 참값 $\overline{\mathbf{X}}$가 알려진 데이터에만 사용할 수 있다.
- 등식 (5.7)은 유효한 측정으로 구성된 곡면 S_{M}이 국소적으로 평면이라는 가정에 의존한다. 추정 알고리듬의 특정 실행에서 등식이 성립하지 않으면, 이는 표면이 평면이 아니거나 또는 (훨씬 더 높은 확률로) 알고리듬이 최상의 해를 찾지 못하기 때문이다.
- 테스트 (5.7)는 국소해가 아닌 광역해를 찾는 알고리듬에 대한 테스트다. $\widehat{\mathbf{X}}$가 비용을 최소화하는 국소값으로 정착하면 (5.7)의 우변이 좌변보다 커지게 된다. 알고리듬이 부정확한 점 $\widehat{\mathbf{X}}$를 찾을 때 우연히 등식을 만족시킬 가능성은 거의 없다.

5.2 추정된 변환의 공분산

앞에서 MLE와 예상 평균 오차를 계산하는 방법을 설명했다. 알고리듬에서 구한 잔차 오차 또는 추정 오차를 ML 오차와 비교하는 것은 알고리듬의 결과를 얻을 수 있는 다른 사전 정보가 없을 때 구할 수 있는 최고(최적 추정)와 비교하기 때문에 특정 추정 알고리듬의 성능을 평가하는 좋은 방법이다.

그럼에도 변환 자체가 얼마나 정확하게 계산됐는가는 주요 관심사다. 추정된 변환의 불확실성은 계산에 사용한 점의 수, 주어진 점 대응의 정확도, 문제가 되는 점의 구성을 포함해 많은 요인에 의존한다. 구성의 중요성을 설명하기 위해 변환을 계산하는 데 사용하는 점들이 퇴화된 구성에 가깝다고 가정한다. 그러면 변환이 매우 정확하게 계산되지 않을 수 있다. 예를 들어 직선에 가까운 점 집합에서 변환을 계산하면 해당 선에 수직인 공간에 대해 변환은 정확하게 결정되지 않는다. 따라서 달성 가능한 잔차 오차와 추정 오차는 점 대응 수와 정확도에만 의존하는 것으로 보이지만, 계산된 변환의 정확도는 특정 점에 따라 달라진다. 계산된 변환의 불확실성은 변환의 **공분산 행렬**covariance matrix로 쉽게 알 수 있다. H가 원소 9개인 행렬이므로 공분산 행렬은 9×9 행렬이 된다. 여기서는 이러한 공분산 행렬을 어떻게 계산하는지 설명한다.

5.2.1 공분산의 순방향 전파

공분산 행렬은 다음 정리와 같이 아핀변환에서 간단한 거동을 보인다.

결과 5.3 $\mathbf{v}$는 $\mathbb{R}^M$에서 평균 $\bar{\mathbf{v}}$과 공분산 행렬 Σ를 가지는 무작위 벡터이고, $f : \mathbb{R}^M \rightarrow \mathbb{R}^N$은 $f(\mathbf{v}) = f(\bar{\mathbf{v}}) + \mathtt{A}(\mathbf{v} - \bar{\mathbf{v}})$로 정의하는 아핀 사상이다. 그러면 $f(\mathbf{v})$는 평균 $f(\bar{\mathbf{v}})$와 공분산 행렬 $\mathtt{A}\Sigma\mathtt{A}^\top$를 가지는 확률 변수이다.

A를 정방 행렬이라고 가정하지 않은 것에 주의한다. 이 정리를 증명하는 대신에 보기를 살펴본다.

보기 5.4 x와 y는 각각 평균이 0이고 표준 편차가 1과 2인 독립 확률 변수이다. $x' = f(x, y) = 3x + 2y - 7$의 평균과 표준 편차는 얼마인가?

평균은 $\bar{x}' = f(0,0) = -7$이다. 다음으로 x'의 분산을 계산한다. 이 경우에, σ는 행렬 $\begin{bmatrix} 1 & 0 \\ 0 & 4 \end{bmatrix}$이고 $\mathtt{A}$는 행렬 $[3\ 2]$이다. 그러므로 x'의 분산은 $\mathtt{A}\Sigma\mathtt{A}^{\top} = 25$이다. 그러므로 $3x + 26 - 7$은 표준 편차 5를 가진다. △

보기 5.5 $x' = 3x + 2y$이고 $y' = 3x - 2y$이다. x와 y가 앞에서와 같은 분포를 가질 때 (x', y')의 공분산 행렬을 구하라.

이 경우에 행렬 $\mathtt{A} = \begin{bmatrix} 3 & 2 \\ 3 & -2 \end{bmatrix}$이다. $\mathtt{A}\Sigma\mathtt{A}^{\top} = \begin{bmatrix} 25 & -7 \\ -7 & 25 \end{bmatrix}$를 계산할 수 있다. 그러므로 x'과 y'은 두 개 모두 분산 25(표준 편차 5)를 가지고, $E[x'y'] = -7$이어서 x'과 y'은 음의 상관관계를 가진다. △

비선형 전파 $\mathbf{v}$는 $\mathbb{R}^M$의 확률 변수이고 $f : \mathbb{R}^M \to \mathbb{R}^N$은 $\mathbf{v}$에 작용하는 비선형 함수이다. 그러면 분포의 평균 주위에서 f가 근사적으로 아핀함수가 되는 것을 가정해 $f(\mathbf{v})$의 평균과 공분산의 근삿값을 계산할 수 있다. f에 대한 아핀 근사는 $f(\mathbf{v}) \approx f(\bar{\mathbf{v}}) + \mathtt{J}(\mathbf{v} - \bar{\mathbf{v}})$이며, 여기에서 $\mathtt{J}$는 $\bar{\mathbf{v}}$에서 계산한 편미분 (야코비) 행렬 $\partial f/\partial \mathbf{v}$이다. $\mathtt{J}$의 차수는 $N \times M$임에 주의한다. 그러면 다음과 같은 결과를 얻는다.

결과 5.6 $\mathbf{v}$는 $\mathbb{R}^M$에서 평균 $\bar{\mathbf{v}}$와 공분산 행렬 Σ를 가지는 무작위 벡터다. 그리고 $f : \mathbb{R}^M \to \mathbb{R}^N$은 $\bar{\mathbf{v}}$ 근방에서 미분 가능하다. 그러면 일차 근사로서 $f(\mathbf{v})$는 평균 $f(\bar{\mathbf{v}})$과 공분산 $\mathtt{J}\,\Sigma\,\mathtt{J}^{\top}$를 가지는 확률 변수이다. 여기서 $\mathtt{J}$는 $\bar{\mathbf{v}}$에서 계산한 f의 야코비 행렬이다.

이 결과가 $f(\bar{\mathbf{v}})$의 실제 평균과 분산에 대한 좋은 근삿값이 되는 정도는 $\mathbf{v}$의 확률 분포에 따른 $\bar{\mathbf{v}}$ 주위의 영역에서 함수 f가 선형 함수로 얼마나 가깝게 근사되는지에 따라 다르다.

보기 5.7 $\mathbf{x} = (x, y)^{\top}$는 평균이 $(0, 0)^{\top}$이고 공분산 행렬 $\sigma^2\mathrm{diag}(1,4)$인 가우스 확률 변수이다. $x' = f(x, y) = x^2 + 3x - 2y + 5$이다. 그러면 다음의 공식을 이용해 $f(x, y)$의 평균과 표준 편차를 계산할 수 있다.

$$
\begin{aligned}
\bar{x}' &= \int\int_{-\infty}^{\infty} P(x,y)f(x,y)dxdy \\
\sigma_{x'}^2 &= \int\int_{-\infty}^{\infty} P(x,y)(f(x,y) - \bar{x}')^2 dxdy
\end{aligned}
$$

여기에서 가우스 확률 분포는 다음으로 주어진다(A2.1절 참조).

$$P(x, y) = \frac{1}{4\pi\sigma^2} e^{-(x^2+y^2/4)/2\sigma^2}$$

직접 계산을 통해 아래를 얻을 수 있다.

$$\begin{aligned} \bar{x}' &= 5 + \sigma^2 \\ \sigma_{x'}^2 &= 25\sigma^2 + 2\sigma^4 \end{aligned}$$

J = [3 − 2]에 주위해 결과 5.6에서 얻은 근사를 이용하면 다음을 얻는다.

$$\begin{aligned} \bar{x}' &= 5 \\ \sigma_{x'}^2 &= \sigma^2[3\ \ -2] \begin{bmatrix} 1 & \\ & 4 \end{bmatrix} [3\ \ -2]^\mathsf{T} = 25\sigma^2 \end{aligned}$$

따라서 σ의 값이 작으면, 이것은 x'의 평균과 분산의 참값에 가까운 근삿값이 된다. 다음 표에서 두 개의 다른 σ 값에 대한 $f(x, y)$의 평균과 표준 편차의 참값과 근삿값을 나타냈다.

	$\sigma = 0.25$		$\sigma = 0.5$	
	$\bar{x}'$	$\sigma_{x'}$	$\bar{x}'$	$\sigma_{x'}$
근삿값	5.0000	1.25000	5.00	2.5000
참값	5.0625	1.25312	5.25	2.5249

참고로 $\sigma = 0.25$인 경우에, (전체 분포의 약 95%를 차지하는) $|x| < 2\sigma$이면 $f(x, y) = x^2 + 3x - 2y + 5$의 값은 선형 근사 $3x - 2y + 5$와 $x^2 < 0.25$ 이하 차이가 있다. △

보기 5.8 좀 더 일반적으로 x와 y를 평균이 0인 독립 가우스 확률 변수라고 가정하면 함수 $f(x, y) = ax^2 + bxy + cy^2 + dx + ey + f$에 대해 다음을 계산할 수 있다.

$$\begin{aligned} \text{평균} &= a\sigma_x^2 + c\sigma_y^2 + f \\ \text{분산} &= 2a^2\sigma_x^4 + b^2\sigma_x^2\sigma_y^2 + 2c^2\sigma_y^4 + d^2\sigma_x^2 + e^2\sigma_y^2 \end{aligned}$$

σ_x와 σ_y가 작은 경우에, 이 값은 평균 $= f$, 분산 $= d^2\sigma_x^2 + e^2\sigma_y^2$인 근삿값과 비슷하다.

5.2.2 공분산의 역방향 전파

이 절과 다음의 5.2.3절은 더 고급 과정의 내용이다. 5.2.4절의 보기는 여기에서의 결과를 직접 응용하는 것을 보여줘서 먼저 읽어도 좋다.

매개변수 공간 $\mathbb{R}^M$에서 측정 공간 $\mathbb{R}^N$으로의 미분 가능한 함수 f와 $\mathbb{R}^N$에서 공분산 행렬 Σ를 가지는 가우스 확률 분포를 생각한다. S_{M}은 함수 f의 치역이다. $M < N$과 S_{M}이 매개변수 공간 $\mathbb{R}^M$과 같은 차원 M을 가진다고 가정한다. 그러므로 여기서는 매개변수가 더 많은 경우를 고려하지 않는다. $\mathbb{R}^M$의 벡터 $\mathbf{P}$는 S_{M}에서 점 $f(\mathbf{P})$의 매개변수를 나타낸다. $\mathbb{R}^N$에서 주어진 점 $\mathbf{X}$와 마할라노비스 거리가 가장 가까운 S_{M}상의 점을 찾는 것은 $\mathbb{R}^N$에서 곡면 S_{M}으로의 함수를 정의한다. 이 함수를 $\eta : \mathbb{R}^N \to S_{\mathrm{M}}$라고 한다.

이제 f가 곡면 S_{M}에서 가역invertible함수라고 가정하고, $f^{-1} : S_{\mathrm{M}} \to \mathbb{R}^M$을 역함수로 정의한다. 함수 $\eta : \mathbb{R}^N \to S_{\mathrm{M}}$과 $f^{-1} : S_{\mathrm{M}} \to \mathbb{R}^M$을 합성하면 함수 $f^{-1} \circ \eta : \mathbb{R}^N \to \mathbb{R}^M$을 얻는다. 이 함수는 측정 벡터 $\mathbf{X}$를 MLE $\widehat{\mathbf{X}}$에 대응하는 매개변수 집합 $\mathbf{P}$에 대응시킨다. 원론적으로, MLE에 대응하는 매개변수 집합 $\mathbf{P}$에 대한 공분산 행렬을 계산하기 위해 측정 공간 $\mathbb{R}^N$의 확률 분포의 공분을 전파할 수 있다. 여기에서 목표는 결과 5.3 또는 결과 5.6을 적용하는 것이다.

함수 f가 $\mathbb{R}^M$에서 $\mathbb{R}^N$으로의 아핀함수인 경우를 먼저 생각한다. 그런 후에, $f^{-1} \circ \eta$ 또한 아핀함수임을 증명한다. 그리고 $f^{-1} \circ \eta$에 대한 구체적인 형태를 구하고 결과 5.3을 적용해 추정 매개변수 $\widehat{\mathbf{P}} = f^{-1} \circ \eta(\mathbf{X})$의 공분산을 계산한다.

f가 아핀함수이므로, $f(\mathbf{P}) = f(\bar{\mathbf{P}}) + \mathtt{J}(\mathbf{P} - \bar{\mathbf{P}})$로 표기할 수 있다. 여기에서 $f(\bar{\mathbf{P}}) = \overline{\mathbf{X}}$는 $\mathbb{R}^N$상의 확률 분포의 평균이다. 곡면 $S^{\mathrm{M}} = f(\mathbb{R}^M)$의 차원이 M이라고 가정했기에 $\mathtt{J}$의 차수는 열벡터의 차원과 같다. 주어진 측정 벡터 $\mathbf{X}$에 대해 MLE $\widehat{\mathbf{X}}$는 $\|\mathbf{X} - \widehat{\mathbf{X}}\|_\Sigma = \|\mathbf{X} - f(\widehat{\mathbf{P}})\|_\Sigma$를 최소화한다. 그러므로 후자를 최소화하는 $\widehat{\mathbf{P}}$를 찾는다. 다음 식에 주의한다.

$$\|\mathbf{X} - f(\widehat{\mathbf{P}})\|_\Sigma = \|(\mathbf{X} - \overline{\mathbf{X}}) - \mathtt{J}(\widehat{\mathbf{P}} - \overline{\mathbf{P}})\|_\Sigma$$

이것은 다음이 만족할 때 최소가 된다(A5.2.1절의 (A5.2) 참조).

$$(\widehat{\mathbf{P}} - \overline{\mathbf{P}}) = (\mathtt{J}^\mathsf{T}\Sigma^{-1}\mathtt{J})^{-1}\mathtt{J}^\mathsf{T}\Sigma^{-1}(\mathbf{X} - \overline{\mathbf{X}})$$

$\bar{\mathbf{P}} = f^{-1}\overline{\mathbf{X}}$, $\widehat{\mathbf{P}} = f^{-1}\widehat{\mathbf{X}}$라고 표기하면 다음을 얻는다.

$$
\begin{aligned}
f^{-1} \circ \eta(\mathbf{X}) &= \widehat{\mathbf{P}} \\
&= (\mathtt{J}^\mathsf{T}\Sigma^{-1}\mathtt{J})^{-1}\mathtt{J}^\mathsf{T}\Sigma^{-1}(\mathbf{X} - \overline{\mathbf{X}}) + f^{-1}(\overline{\mathbf{X}}) \\
&= (\mathtt{J}^\mathsf{T}\Sigma^{-1}\mathtt{J})^{-1}\mathtt{J}^\mathsf{T}\Sigma^{-1}(\mathbf{X} - \overline{\mathbf{X}}) + f^{-1} \circ \eta(\overline{\mathbf{X}})
\end{aligned}
$$

이것은 $f^{-1} \circ \eta$가 아핀함수임을 보여준다. $(\mathtt{J}^\top \Sigma^{-1}\mathtt{J})^{-1}\mathtt{J}^\top \Sigma^{-1}$는 선형 부분이다. 결과 5.3을 적용하면 $\widehat{\mathbf{P}}$의 공분산 행렬은 다음이다.

$$
\begin{aligned}
\left[(\mathtt{J}^\mathsf{T}\Sigma^{-1}\mathtt{J})^{-1}\mathtt{J}^\mathsf{T}\Sigma^{-1}\right]\Sigma\left[(\mathtt{J}^\mathsf{T}\Sigma^{-1}\mathtt{J})^{-1}\mathtt{J}^\mathsf{T}\Sigma^{-1}\right]^\mathsf{T} &= (\mathtt{J}^\mathsf{T}\Sigma^{-1}\mathtt{J})^{-1}\mathtt{J}^\mathsf{T}\Sigma^{-1}\Sigma\Sigma^{-1}\mathtt{J}(\mathtt{J}^\mathsf{T}\Sigma^{-1}\mathtt{J})^{-1} \\
&= (\mathtt{J}^\mathsf{T}\Sigma^{-1}\mathtt{J})^{-1}
\end{aligned}
$$

여기에서 Σ가 대칭 행렬임에 주의한다. 지금까지 다음의 정리를 증명했다.

결과 5.9 공분산의 역전파 – 아핀함수인 경우 $f : \mathbb{R}^M \to \mathbb{R}^N$은 $f(\mathbf{P}) = f(\overline{\mathbf{P}}) + \mathtt{J}(\mathbf{P} - \overline{\mathbf{P}})$의 형태를 가지는 아핀함수이다. 여기에서 J의 차수는 M이다. $\mathbf{X}$는 평균 $\overline{\mathbf{X}} = f(\overline{\mathbf{P}})$, 공분산 행렬 Σ를 가지는 $\mathbb{R}^N$의 확률 변수이다. $f^{-1} \circ \eta : \mathbb{R}^N \to \mathbb{R}^M$는 측정 $\mathbf{X}$를 MLE $\widehat{\mathbf{X}}$에 대응하는 매개변수 집합으로 보내는 함수이다. 그러면 $\widehat{\mathbf{P}} = f^{-1} \circ \eta(\mathbf{X})$는 평균 $\widehat{\mathbf{P}}$와 다음의 공분산 행렬을 가지는 확률 변수가 된다.

$$
\Sigma_\mathbf{P} = (\mathtt{J}^\mathsf{T}\Sigma_\mathbf{X}^{-1}\mathtt{J})^{-1} \tag{5.8}
$$

f가 아핀함수가 아닌 경우에는, 다음과 같이 f를 아핀 함수로 근사해 평균과 공분산의 근삿값을 구할 수 있다.

결과 5.10 공분산의 역전파 – 비선형 함수의 경우 $f : \mathbb{R}^M \to \mathbb{R}^N$은 미분 가능한 함수이고, J는 점 $\overline{\mathbf{P}}$에서 계산한 야코비 행렬이다. J의 차수는 M이라고 가정한다. 그러면 f는 점 $\overline{\mathbf{P}}$ 근방에서 일대일 함수가 된다. $\overline{\mathbf{X}}$는 $\mathbb{R}^N$에서 평균 $\overline{\mathbf{X}} = f(\overline{\mathbf{P}})$, 공분산 행렬 Σ_X를 가지는 확률 변수이다. $f^{-1} \circ \eta : \mathbb{R}^N \to \mathbb{R}^M$은 관측점 $\mathbf{X}$를 MLE $\widehat{\mathbf{X}}$에 대응하는 매개변수 집합으로 보내는 함수이다. 그러면 일차 근사로서, $\widehat{\mathbf{P}} = f^{-1} \circ \eta(\mathbf{X})$는 평균 $\overline{\mathbf{P}}$, 공분산 행렬 $(\mathtt{J}^\top \Sigma_\mathrm{X}^{-1}\mathtt{J}^{-1}$을 가지는 확률 변수이다.

5.2.3 매개변수가 많은 경우

결과 5.9와 결과 5.10을 매개변수의 개수가 많은 경우로 확장할 수 있다. 이런 경우에는 매개변수 공간 $\mathbb{R}^M$에서 측정 공간 $\mathbb{R}^N$으로의 함수 f는 국소적으로 일대일 대응이 아니다. 예를 들어 4.5절에서 논의한 2차원 단응사상 추정의 경우에 단응사상 행렬 H의 원소를 표기하는 9차원 벡터 $\mathbf{P}$의 함수 $f(\mathbf{P})$가 있다. 단응사상의 자유도는 8이므로, 함수 f는 일대일 대응이 아니다. 특히 임의의 상수 k에 대해 행렬 kH는 같은 변환을 표현하며, 그래서 이미지 좌표 벡터 $f(\mathbf{P})$와 $f(k\mathbf{P})$는 일치한다.

함수 $f : \mathbb{R}^M \to \mathbb{R}^N$인 일반적인 경우에는 야코비 행렬 J의 차수는 M을 가지지 못하고 보다 작은 차수 $d < M$을 가진다. 차수 d를 필수 매개변수essential parameter라고 한다. 이 경우에 행렬 $\mathrm{J}^\top \Sigma_{\mathbf{X}}^{-1} \mathrm{J}$는 차원dimension M을 가지지만, 차수rank는 $d < M$이 된다. 공식 (5.8) $\Sigma_{\mathbf{P}} = (\mathrm{J}^\top \Sigma_{\mathbf{X}}^{-1} \mathrm{J})^{-1}$은 우변이 역행렬을 가지지 않기 때문에 성립하지 않는 것을 쉽게 알 수 있다.

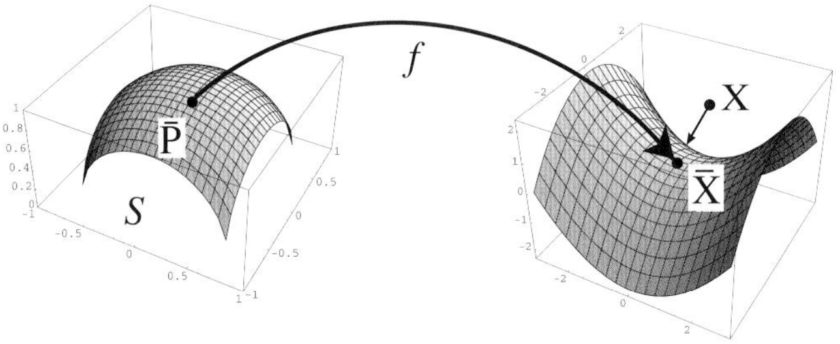

그림 5.4 역전파(매개변수가 많은 경우) 함수 f는 구속 조건을 가지는 매개변수 곡면을 측정 공간으로 보낸다. 측정 X는 (함수 η에 의해) 곡면 $f(S_{\mathrm{P}})$에 가장 가까운 점으로 보내지고 f^{-1}에 의해 매개변수 공간으로 보내져서 MLE의 매개변수가 된다. X의 공분산은 $f^{-1} \circ \eta$에 의해 매개변수의 공분산으로 전파된다.

실제로 다른 추가 제약이 없으면, 추정된 벡터 $\widehat{\mathbf{P}}$의 원소는 임의의 상수 k의 곱으로 한계가 없이 무한히 변할 수 있다. 그러므로 원소는 무한대의 분산을 가진다. 추정하는 단응사상 행렬 H 또는 보다 일반적으로 매개변수 벡터 $\mathbf{P}$에 제약 조건을 가하는 것이 보통이다. 일반적인 제약 조건은 $\|\mathbf{P}\| = 1$이며 마지막 매개변수가 1이 돼야 한다는 다른 조건 또한 가능하다(4.4.2절 참조). 따라서 매개변수 벡터 $\mathbf{P}$는 $\mathbb{R}^9$ 또는 일반적으로 $\mathbb{R}^M$의 곡면 상으로 제한이 된다. 첫 번째 경우의 곡면은 $\|\mathbf{P} = 1\|$인 $\mathbb{R}^M$에서의 단위 구sphere가 된다. 두 번째 조건 $P_m = 1$은 $\mathbb{R}^M$의 평면을 나타낸다. 일반적으로 추정한 벡터 $\mathbf{P}$는 다음 정리에서와 같이 $\mathbb{R}^M$의 다양체에 놓여 있다는 것을 가정할 수 있다.

결과 5.11 공분산의 역전파 – 매개변수가 많은 경우 $f : \mathbb{R}^M \to \mathbb{R}^N$은 매개변수 벡터 $\widehat{\mathbf{P}}$를 측정 벡터 $\bar{\mathbf{X}}$로 보내는 미분 가능한 함수이다. S_p는 $\bar{\mathbf{P}}$를 지나는 $\mathbb{R}^M$에 끼워진 d차원의 매끈한 다양체다. 함수 f는 $\bar{\mathbf{P}}$의 근방에서 다양체 S_p상에서 일대일 대응이며, 국소적으로 S_p를 $\mathbb{R}^N$의 다양체 $f(S_\mathrm{p})$로 보낸다. 함수 f는 $\bar{\mathbf{X}}$ 근방의 곡면 $f(S_\mathrm{p})$로 한정하면 국소적으로 역함수 f^{-1}를 가진다. $\mathbb{R}^N$에서 평균 $\bar{\mathbf{X}}$, 공분산 행렬 $\Sigma_\mathbf{X}$를 가지는 가우스 분포를 정의한다. $\eta : \mathbb{R}^N \to f(S_\mathrm{p})$는 $\mathbb{R}^N$의 점을 마할라노비스 노름 $\| \cdot \|_{\Sigma_\mathbf{X}}$에 대해 가장 가까운 $f(S_\mathrm{P})$상의 점으로 보내는 함수이다. $f^{-1} \circ \eta$를 통해 공분산 행렬$\Sigma_\mathbf{X}$를 가지는 $\mathbb{R}^N$의 확률 분포는 다음과 같은 (일차 근사로서의) 공분산 행렬을 가지는 $\mathbb{R}^M$의 확률 분포를 만든다.

$$\Sigma_\mathbf{P} = (\mathtt{J}^\top \Sigma_\mathbf{X}^{-1} \mathtt{J})^{+\mathtt{A}} = \mathtt{A}(\mathtt{A}^\top \mathtt{J}^\top \Sigma_\mathbf{X}^{-1} \mathtt{JA})^{-1} \mathtt{A}^\top \tag{5.9}$$

여기에서 $\mathtt{A}$는 열벡터가 $\bar{\mathbf{P}}$에서 S_P의 접공간tangent space을 생성하는 $m \times d$ 행렬이다.

이것은 그림 5.4에 설명돼 있다. (5.9)에서 정의한 표기법 $(\mathtt{J}^\top \Sigma_\mathbf{X}^{-1} \mathtt{J})^{+\mathtt{A}}$는 A5.2절에서 자세하게 설명한다.

증명 결과 5.11의 증명은 간단하다. d는 필수 매개변수의 개수다. 함수 $g : \mathbb{R}^d \to \mathbb{R}^M$을 $\mathbb{R}^d$의 열린 근방open neighborhood에서 $\bar{\mathbf{P}}$를 포함하는 S_p의 열린 집합으로 가는 함수로 정의한다. 그러면 합성함수 $f \circ g : \mathbb{R}^d \to \mathbb{R}^N$은 근방 U에서 일대일 대응이 된다. f와 g의 편미분 행렬을 각각 $\mathtt{J}$와 $\mathtt{A}$로 표기한다. 그러면 $f \circ g$의 편미분 행렬은 $\mathtt{JA}$이다. 결과 5.10을 적용하면, $\mathbb{R}^N$에서 공분산 행렬 Σ을 가지는 확률 분포 함수는 $\mathbb{R}^d$에서 공분산 행렬 $(\mathtt{A}^\top \mathtt{J}^\top \Sigma^{-1} \mathtt{JA})^{-1}$로 역전파된다. 다시 $\mathbb{R}^M$으로 순전파해 결과 5.6을 적용하면 S_p에서 공분산 행렬 $\mathtt{A}(\mathtt{A}^\top \mathtt{J}^\top \Sigma^{-1} \mathtt{JA})^{-1}$을 얻는다. 이 행렬을 여기에서 $(\mathtt{J}^\top \Sigma^{-1} \mathtt{J})^{+\mathtt{A}}$로 표기하며 A5.2절에서 정의하는 $(\mathtt{J}^\top \Sigma^{-1} \mathtt{J})$의 유사 역원pseudo inverse과 관계가 있다. $\mathtt{A}$의 열벡터의 펼침이 변하지 않으면 행렬 $\mathtt{A}$의 선택에 대해 표기 (5.9)는 무관하다. 특별히, 역행렬을 가지는 $d \times d$ 행렬 $\mathtt{B}$에 대해 행렬 $\mathtt{AB}$로 행렬 $\mathtt{A}$를 대체해도 (5.9)의 값은 변화가 없다. 그러므로 $\bar{\mathbf{P}}$에서 S_p의 접공간을 생성하는 열벡터를 가지는 임의의 행렬 $\mathtt{A}$에 대해서도 마찬가지다. □

증명에서 접공간을 생성하는 행렬 $\mathtt{A}$, 즉 g의 야코비 행렬을 계산하는 구체적인 방법을 제시하는 것에 주의한다. 많은 경우에 $\mathtt{A}$를 더 쉽게 구하는 방법이 있다. 공분산 행렬 (5.9)은 특이 행렬임에 주의한다. 특히 이 차원은 M이고 차수rank는 $d < M$이다. 제약 곡

면 S_{P}에 직교하는 방향으로 변동을 할 수 없기에 해당 방향으로 추정 매개변수의 분산이 0이기 때문이다. $\mathtt{J}^\top\Sigma^{-1}\mathtt{J}$는 비가역 행렬이지만, $d \times d$ 행렬 $\mathtt{A}^\top\mathtt{J}^\top\Sigma^{-1}\mathtt{JA}$는 차수 d를 가지고 가역 행렬임에 주의한다.

제약 곡면이 야코비 행렬의 영공간과 국부적으로 직교하는 경우가 중요하다. $N_L(\mathtt{X})$로 X의 좌영공간left null space을 나타낸다. 즉, $\mathbf{x}^\top\mathtt{X} = 0$을 만족하는 모든 벡터 $\mathbf{x}$의 공간이다. 그러면 (A5.2절에서 증명하는) 다음의 $\mathtt{X}^+$의 유사 역원pseudo inverse을 가지는 것과 $N_L(\mathtt{A}) = N_L(\mathtt{X})$는 동치이다.

$$\mathtt{X}^+ = \mathtt{X}^{+\mathtt{A}} = \mathtt{A}(\mathtt{A}^\top\mathtt{XA})^{-1}\mathtt{A}^\top$$

그러면 다음의 결과를 결과 5.11에서 유도할 수 있다.

결과 5.12 $f : \mathbb{R}^M \rightarrow \mathbb{R}^N$은 $\bar{\mathbf{P}}$를 $\bar{\mathbf{X}}$로 보내는 미분 가능한 함수이다. J는 f의 야코비 행렬이다. $\mathbb{R}^N$의 가우스 분포는 $\bar{\mathbf{X}}$에서 정의됐고 공분산 행렬 $\Sigma_{\mathbf{X}}$를 가진다. $f^{-1} \circ \eta : \mathbb{R}^N \rightarrow \mathbb{R}^M$는 결과 5.11에서와 같이 측정 벡터 $\mathbf{X}$를 J의 영공간에 국소적으로 직교하는 곡면 S_{p}에 놓여 있는 MLE 매개 벡터 P를 보낸다. 그러면 $f^{-1} \circ \eta$는 일차 근사로서 다음의 공분산 행렬을 가지는 $\mathbb{R}^M$의 분포를 만든다.

$$\Sigma_{\mathbf{P}} = (\mathtt{J}^\top\Sigma_{\mathbf{X}}^{-1}\mathtt{J})^+ \tag{5.10}$$

J의 영공간의 국소 직교하는 곡면에 $\mathbf{P}$가 놓여야 한다는 구속 조건은 많은 경우에 자연스러운 조건이다. 예를 들어 $\mathbf{P}$가 (동차 행렬의 원소와 같은) 동차homogeneous 매개변수 벡터이면, 제약 조건은 일반적인 조건인 $\|\mathbf{P}\| = 1$으로 만족한다. 이런 경우 구속 곡면은 단위 구이며 임의의 점의 접평면은 매개변수 벡터와 직교한다. 반면, P가 동차 벡터이므로 함수 $f(\mathrm{P})$는 배율의 변화에 불변하고 그래서 J는 반지름 방향의 영벡터를 가지므로 구속 곡면과 직교한다.

가끔, 매개변수의 공분산 행렬을 계산하기 위해 매개변수 집합에 제약을 가하는 것이 중요하지 않은 경우도 있다. 아울러 유사 역원 연산은 자체로 역원을 가지기 때문에 $\mathtt{J}^\top\Sigma_{\mathbf{X}}^{-1}\mathtt{J} = \Sigma_{\mathbf{P}}^{+}$에 따라서 유사 역원에서 원래 행렬을 구할 수 있다. 그리고 다음의 식에서 다른 부분 공간에 대응하는 공분산 행렬을 계산할 수 있다.

$$\Sigma_{\mathbf{P}} = (\mathtt{J}^{\top}\Sigma_{\mathbf{X}}^{-1}\mathtt{J})^{+}$$

여기에서 A의 열벡터는 매개변수 공간의 구속된 공간을 생성한다.

5.2.4 응용프로그램 및 예제

한 이미지에 오차가 있는 경우 추정한 2차원 단응사상 H의 공분산 계산 문제에 위의 이론을 적용해본다. 먼저, 두 번째 이미지에 오차가 있는 경우를 생각한다. 3×3 행렬 H는 9개의 원소로 구성되는데, $\mathbf{P}$ 대신 $\mathbf{h}$로 표기해 H의 원소로 구성된 것을 분명하게 나타낸다. 추정한 $\hat{\mathbf{h}}$의 공분산은 9×9 대칭 행렬이다. 일치하는 점 집합 $\bar{\mathbf{x}}_i \leftrightarrow \mathbf{x}_i'$가 주어진다. 점 $\bar{\mathbf{x}}_i$는 고정된 참값이고, 점 $\mathbf{x}_i'$는 각 성분에서 분산이 σ^2이거나 또는 원하는 경우 더 일반적인 공분산을 가지는 가우스 노이즈에 영향을 받는 확률 변수로 생각한다. 함수 $f : \mathbb{R}^9 \rightarrow \mathbb{R}^{2n}$은 행렬 H를 나타내는 9차원 벡터 $\mathbf{h}$를 점 $\mathbf{x}_i' = \mathtt{H}\bar{\mathbf{x}}_i$의 좌표로 구성된 $2n$차원 벡터로 보내는 것으로 정의한다. $\mathbf{x}_i'$의 좌표는 $\mathbb{R}^N$에서 벡터를 형성하는데, 이를 $\mathbf{X}'$로 표기한다. 앞에서 봤듯이 $\mathbf{h}$가 변함에 따라 점 $f(\mathbf{h})$는 $\mathbb{R}^{2n}$에서 8차원 표면 S_{P}상에서 변한다. 곡면의 각 점 $\mathbf{X}_i'$는 첫 번째 이미지 점 $\bar{\mathbf{x}}_i$에 대응하는 점 $\mathbf{x}_i'$를 나타낸다. 측정 벡터 $\mathbf{X}'$이 주어지면, 마할라노비스 거리가 가장 가까운 곡면 S_{P}상의 점 $\widehat{\mathbf{X}}'$을 선택한다. 제약 조건 $\|\mathbf{h}\| = 1$을 만족하는 원상 $\hat{\mathbf{h}} = f^{-1}(\widehat{\mathbf{X}}')$은 MLE를 이용해 추정한 단응사상 행렬 $\hat{\mathtt{H}}$를 나타낸다. $\mathbf{X}'$의 확률 분포에서 추정값 $\hat{\mathbf{h}}$의 분포를 유도하고자 한다. 공분산 행렬 $\Sigma_{\mathbf{h}}$는 결과 5.12에서 주어진다. 이 공분산 행렬은 제약 조건 $\|\mathbf{h}\| = 1$에 대응한다.

그러므로 추정한 변환의 공분산 행렬을 계산하는 절차는 다음과 같다.

(i) 주어진 데이터에서 변환 $\hat{\mathtt{H}}$의 추정

(ii) $\hat{\mathbf{h}}$에서 야코비 행렬 $\mathtt{J}_f = \partial\mathbf{X}'/\partial\mathbf{h}$의 계산

(iii) 추정한 $\mathbf{h}$의 공분산 행렬은 (5.10)의 식 $\Sigma_{\mathbf{h}} = (\mathtt{J}_f^{\top}\,\Sigma_{\mathbf{X}'}^{-1}\mathtt{J}_f)^{+}$으로 주어진다.

위의 방법에서 뒤의 두 단계에 대해 조금 더 자세하게 설명한다.

미분 행렬의 계산 야코비 행렬 $\mathtt{J} = \partial\mathbf{X}'/\partial\mathbf{h}$에 대해 먼저 설명한다. $\mathtt{J}_i = \partial\mathbf{x}_i'/\partial\mathbf{h}$라 하면, 이 행렬은 $\mathtt{J} = (\mathtt{J}_1^{\top}, \mathtt{J}_2^{\top}, \ldots, \mathtt{J}_i^{\top}, \ldots, \mathtt{J}_n^{\top})^{\top}$으로 블록 행렬로 자연스럽게 분해된다. $\partial\mathbf{x}_i'/\partial\mathbf{h}$에 대한 공식은 (4.21)에서 주어진다.

$$\mathtt{J}_i = \partial \mathbf{x}'_i / \partial \mathbf{h} = \frac{1}{w'_i} \begin{bmatrix} \tilde{\mathbf{x}}_i^\top & \mathbf{0}^\top & -x'_i \tilde{\mathbf{x}}_i^\top \\ \mathbf{0}^\top & \tilde{\mathbf{x}}_i^\top & -y'_i \tilde{\mathbf{x}}_i^\top \end{bmatrix} \tag{5.11}$$

여기에서 $\tilde{\mathbf{x}}_i^\top$는 벡터 $(x_i, y_i, 1)$을 나타낸다.

모든 점 $\mathbf{x}_i$에 대해 이러한 행렬을 계산하면 미분 행렬 $\partial \mathbf{X}'/\partial \mathbf{h}$를 구할 수 있다. 이미지 측정 $\mathbf{x}'_i$가 독립 확률 변수일 때가 중요한 경우다. 이런 경우에 $\Sigma = \mathrm{diag}(\Sigma_1, \ldots, \Sigma_n)$이며 각각의 Σ_i는 i번째 측정점 $\mathbf{x}'_i$의 2×2 공분산 행렬이다. 그러면 다음을 얻는다.

$$\Sigma_{\mathbf{h}} = (\mathtt{J}^\top \Sigma_{\mathbf{X}'}^{-1} \mathtt{J})^+ = \left(\sum_i \mathtt{J}_i^\top \Sigma_i^{-1} \mathtt{J}_i \right)^+ \tag{5.12}$$

보기 5.13 다음과 같은 4점의 대응만을 가지는 간단한 경우를 생각한다.

$$\begin{aligned} \mathbf{x}_1 = (1,0)^\top &\leftrightarrow (1,0)^\top = \mathbf{x}'_1 \\ \mathbf{x}_2 = (0,1)^\top &\leftrightarrow (0,1)^\top = \mathbf{x}'_2 \\ \mathbf{x}_3 = (-1,0)^\top &\leftrightarrow (-1,0)^\top = \mathbf{x}'_3 \\ \mathbf{x}_4 = (0,-1)^\top &\leftrightarrow (0,-1)^\top = \mathbf{x}'_4 \end{aligned}$$

이것은 사영 기저에 대한 항등사상이다. 점 $\mathbf{x}_i$는 정확하게 알려져 있고, 점 $\mathbf{x}'_i$는 각각의 좌표에 대해 한 픽셀의 표준 편차를 가진다고 가정한다. 이것은 공분산 행렬 $\Sigma \mathbf{x}'_i$이 단위 행렬이 되는 것을 의미한다.

분명하게도, 계산된 단응사상은 항등사상이 될 것이다. 간결한 표현을 위해 이것이 실제로 단위 행렬이 되는 정규화(배율 조정)를 한다. 그래서 일반적인 정규화 $\|\mathtt{H}\| = 1$ 대신에 $\|\mathtt{H}\|^2 = 3$을 사용한다. 이런 경우에, (5.11)의 모든 w'_i는 1이 된다. (5.11)에서 쉽게 구한 행렬 J는 다음과 같다.

$$\mathtt{J} = \left[\begin{array}{rrr|rrr|rrr} 1 & 0 & 1 & 0 & 0 & 0 & -1 & 0 & -1 \\ 0 & 0 & 0 & 1 & 0 & 1 & 0 & 0 & 0 \\ \hline 0 & 1 & 1 & 0 & 0 & 0 & 0 & 0 & 0 \\ 0 & 0 & 0 & 0 & 1 & 1 & 0 & -1 & -1 \\ \hline -1 & 0 & 1 & 0 & 0 & 0 & -1 & 0 & 1 \\ 0 & 0 & 0 & -1 & 0 & 1 & 0 & 0 & 0 \\ \hline 0 & -1 & 1 & 0 & 0 & 0 & 0 & 0 & 0 \\ 0 & 0 & 0 & 0 & -1 & 1 & 0 & -1 & 1 \end{array} \right]$$

그러면 다음을 얻는다.

$$\mathtt{J}^{\mathsf{T}}\mathtt{J} = \left[\begin{array}{ccc|ccc|ccc} 2 & 0 & 0 & 0 & 0 & 0 & 0 & 0 & -2 \\ 0 & 2 & 0 & 0 & 0 & 0 & 0 & 0 & 0 \\ 0 & 0 & 4 & 0 & 0 & 0 & -2 & 0 & 0 \\ \hline 0 & 0 & 0 & 2 & 0 & 0 & 0 & 0 & 0 \\ 0 & 0 & 0 & 0 & 2 & 0 & 0 & 0 & -2 \\ 0 & 0 & 0 & 0 & 0 & 4 & 0 & -2 & 0 \\ \hline 0 & 0 & -2 & 0 & 0 & 0 & 2 & 0 & 0 \\ 0 & 0 & 0 & 0 & 0 & -2 & 0 & 2 & 0 \\ -2 & 0 & 0 & 0 & -2 & 0 & 0 & 0 & 4 \end{array}\right] \tag{5.13}$$

이 행렬의 유사 역행렬을 구하기 위해, 구속 곡면의 접평면을 생성하는 열벡터를 가지는 행렬 A를 이용해 (5.9)를 계산한다. 초구hypersphere를 나타내는 조건 $\|\mathtt{H}\|^2 = 3$하에서 H를 계산했기 때문에, 구속 곡면은 계산된 단응사상 H에 대응하는 벡터 $\mathbf{h}$와 직교한다. 벡터 $\mathbf{h}$에 대응하는 (A4.1.2절의) 하우스홀더 행렬 A는 $\mathtt{A}\mathbf{h} = (0, \ldots, 0, 1)^{\mathsf{T}}$가 되므로, A의 첫 번째 8개 열벡터($\mathtt{A}_1$으로 표기)는 필요한 성질인 $\mathbf{h}$와 직교한다. 이로부터 SVD를 사용하지 않고 유사 역행렬을 정확하게 구할 수 있다. (5.9)를 적용하면 유사 역행렬은 다음으로 계산된다.

$$\Sigma_{\mathbf{h}} = (\mathtt{J}^{\mathsf{T}}\mathtt{J})^{+\mathtt{A}_1} = \mathtt{A}_1(\mathtt{A}_1^{\mathsf{T}}(\mathtt{J}^{\mathsf{T}}\mathtt{J})\mathtt{A}_1)^{-1}\mathtt{A}_1^{\mathsf{T}} = \frac{1}{18}\left[\begin{array}{ccc|ccc|ccc} 5 & 0 & 0 & 0 & -4 & 0 & 0 & 0 & -1 \\ 0 & 9 & 0 & 0 & 0 & 0 & 0 & 0 & 0 \\ 0 & 0 & 9 & 0 & 0 & 0 & 9 & 0 & 0 \\ \hline 0 & 0 & 0 & 9 & 0 & 0 & 0 & 0 & 0 \\ -4 & 0 & 0 & 0 & 5 & 0 & 0 & 0 & -1 \\ 0 & 0 & 0 & 0 & 0 & 9 & 0 & 9 & 0 \\ \hline 0 & 0 & 9 & 0 & 0 & 0 & 18 & 0 & 0 \\ 0 & 0 & 0 & 0 & 0 & 9 & 0 & 18 & 0 \\ -1 & 0 & 0 & 0 & -1 & 0 & 0 & 0 & 2 \end{array}\right] \tag{5.14}$$

대각 성분에서 H 원소의 각각의 분산을 얻는다. △

계산한 공분산은 보기 5.14에서 점 전송의 정확도를 계산하는 데 사용한다.

5.2.5 두 이미지에 오차가 있는 경우

이 경우에는 변환의 공분산 계산이 약간 더 복잡하다. 4.2.7절에서 볼 수 있듯이, $2n + 8$개의 매개변수 집합을 정의할 수 있다. 여기서 8개는 변환 행렬을 나타내고 $2n$개의 매개변수 $\hat{\mathbf{x}}_i$는 첫 번째 이미지 점의 추정값이다. 더 편리하게는 변환 H에 대해 매개변수 9개를 사용해 초과 매개변수화할 수 있다. 야코비 행렬은 자연스럽게 $\mathtt{J} = [\mathtt{A} \mid \mathtt{B}]$로 두 개의 파트로 구분된다. 여기서 A와 B는 각각 카메라 매개변수와 점 $\mathbf{x}_i$에 대한 미분이다.

(5.10)을 적용하면 다음을 얻는다.

$$\mathtt{J}^\mathsf{T}\Sigma_\mathbf{X}^{-1}\mathtt{J} = \begin{bmatrix} \mathtt{A}^\mathsf{T}\Sigma_\mathbf{X}^{-1}\mathtt{A} & \mathtt{A}^\mathsf{T}\Sigma_\mathbf{X}^{-1}\mathtt{B} \\ \mathtt{B}^\mathsf{T}\Sigma_\mathbf{X}^{-1}\mathtt{A} & \mathtt{B}^\mathsf{T}\Sigma_\mathbf{X}^{-1}\mathtt{B} \end{bmatrix}$$

이 행렬의 유사 역행렬은 매개변수 집합의 공분산 행렬이고, 이러한 유사 역행렬의 왼쪽 위의 블록은 H 원소의 공분산이다. 이에 대한 상세한 설명은 A6.4.1에 있다. 야코비 행렬의 블록 구조를 이용해 계산을 간단하게 하는 방법에 대해서도 소개한다.

앞의 점 4개에서 H의 공분산을 추정하는 보기 5.1의 경우에 공분산은 $\Sigma_\mathbf{h} = 2(\mathtt{J}^\top \Sigma_\mathbf{X}^{-1}\mathtt{J})^+$가 된다. 즉, 한 이미지에 노이즈가 있는 경우에 계산한 공분산의 두 배다. 여기서 양쪽 이미지에 같은 공분산으로 측정했다고 가정했다. 한 이미지와 두 이미지의 공분산 간의 이런 간단한 관계는 일반적으로 성립하지 않는다.

5.2.6 점 전송에 공분산 행렬의 사용

공분산 행렬을 구하면 주어진 점 전송과 관련된 불확실성을 계산할 수 있다. 첫 번째 이미지에서 변환 H의 계산에 사용하지 않은 새로운 점 $\mathbf{x}$를 생각한다. 두 번째 이미지에서 대응점은 $\mathbf{x}' = \mathtt{H}\mathbf{x}$이다. 그러나 H 추정의 불확실성 때문에 점 $\mathbf{x}'$의 정확한 위치 또한 관련된 불확실성을 갖는다. 이러한 불확실성을 H의 공분산에서 계산할 수 있다.

점 $\mathbf{x}'$에 대한 공분산 행렬은 다음으로 주어진다.

$$\Sigma_{\mathbf{x}'} = \mathtt{J}_\mathbf{h}\Sigma_\mathbf{h}\mathtt{J}_\mathbf{h}^\mathsf{T} \tag{5.15}$$

여기에서, $\mathtt{J}_\mathbf{h} = \partial\mathbf{x}'/\partial\mathbf{h}$이다. $\partial\mathbf{x}'/\partial\mathbf{h}$에 대한 공식은 (4.21)에 있다.

추가적으로 점 $\mathbf{x}$ 자체가 불확실하게 측정되면 다음을 얻는다.

$$\Sigma_{\mathbf{x}'} = \mathtt{J}_\mathbf{h}\Sigma_\mathbf{h}\mathtt{J}_\mathbf{h}^\mathsf{T} + \mathtt{J}_\mathbf{x}\Sigma_\mathbf{x}\mathtt{J}_\mathbf{x}^\mathsf{T} \tag{5.16}$$

여기서는 $\mathbf{x}$와 $\mathbf{h}$ 사이의 상관관계는 없다고 가정했다. 점 $\mathbf{x}$는 변환 H를 계산하는 데 사용한 점이 아닌 새로운 점이기 때문에 이러한 가정은 합리적이다. 야코비 행렬 $\mathtt{J}_\mathbf{x} = \partial\mathbf{x}'/\partial\mathbf{x}$의 공식은 (4.20)에 있다.

(5.15)의 공분산 행렬 $\Sigma_{\mathbf{x}'}$은 변환 H의 공분산 행렬 $\Sigma_\mathbf{h}$로 표현된다. 이 공분산 행렬 $\Sigma_\mathbf{h}$는 (5.9)에 따라 H를 추정하기 위해 사용하는 특정 제약 조건에 의존한다는 것을 봤다. 따

라서 $\Sigma_{\mathbf{x}'}$도 H를 구속하는 특정 방법에 의존하는 것처럼 보일 수 있다. 그러나 이러한 공식은 공분산 행렬 $\Sigma_{\mathbf{P}} = (\mathtt{J}^\top \Sigma_{\mathbf{X}}^{-1} \mathtt{J})^{+\mathtt{A}}$를 계산하는 데 사용하는 특정 제약 조건 A와 무관하다는 것을 확인할 수 있다.

보기 5.14 보기 5.13을 계속해, 계산된 2차원 단응사상 H가 항등 행렬로 주어지고 (5.14)와 같이 공분산 행렬 $\Sigma_{\mathbf{h}}$를 가진다. 점 $\mathbf{x}' = \mathtt{H}\mathbf{x}$으로 변환되는 임의의 점 $(\mathbf{x}, \mathbf{y})$를 생각한다. 이 경우 공분산 행렬 $\Sigma_{\mathbf{x}'} = \mathtt{J}_{\mathbf{h}} \Sigma_{\mathbf{h}} \mathtt{J}_{\mathbf{h}}^\top$을 엄밀하게 계산할 수 있다.

$$\Sigma_{\mathbf{x}'} = \begin{bmatrix} \sigma_{x'x'} & \sigma_{x'y'} \\ \sigma_{x'y'} & \sigma_{y'y'} \end{bmatrix} = \frac{1}{4} \begin{bmatrix} 2 - x^2 + x^4 + y^2 + x^2y^2 & xy(x^2 + y^2 - 2) \\ xy(x^2 + y^2 - 2) & 2 - y^2 + y^4 + x^2 + x^2y^2 \end{bmatrix}$$

$\sigma_{x'x'}$과 $\sigma_{y'y'}$은 x와 y에 대해 우함수이고 $\sigma_{x'y'}$은 기함수임에 주의한다. 이것은 H를 계산하는 데 사용한 점 집합이 x와 y축에 대한 대칭인 결과이다. 그리고 $\sigma_{x'x'}$과 $\sigma_{y'y'}$에서 x와 y를 교환한 차이만 있는 것에 주의한다. 이것 또한 사용한 점들의 대칭성의 결과이다.

쉽게 볼 수 있듯이, 분산 $\sigma_{x'x'}$은 x의 4승으로 변하므로 표준 편차는 제곱으로 변한다. 이것은 H를 계산할 때 사용한 점들의 집합을 훨씬 초과하는 점들의 변환된 점 $\mathbf{x}' = \mathtt{H}\mathbf{x}$을 외삽extrapolation하는 것은 신뢰할 수 없다는 것을 보여준다. 구체적으로, $\mathbf{x}'$ 위치의 RMS 불확실성은 $(\sigma_{x'x'} + \sigma_{y'y'} = \sqrt{\text{trace}(\Sigma_{\mathbf{x}'})}$과 같다. 이것은 원점으로부터의 반경 거리가 r일 때 $(1 + (x^2 + y^2)^2)^{1/2} = (1 + r^4)^{1/2}$과 같다. 여기에서 r은 원점부터 반경 거리이다. RMS 오차는 반지름 거리에만 의존한다는 흥미롭다. 사실, 점 $\mathbf{x}'$의 확률 분포가 오직 반지름 방향 거리에만 의존하고, 두 개의 주축은 반지름 방향과 접선 방향인 것을 확인할 수 있다. 그림 5.5에 r의 함수인 $\mathbf{x}'$의 RMS 오차를 나타낸다. △

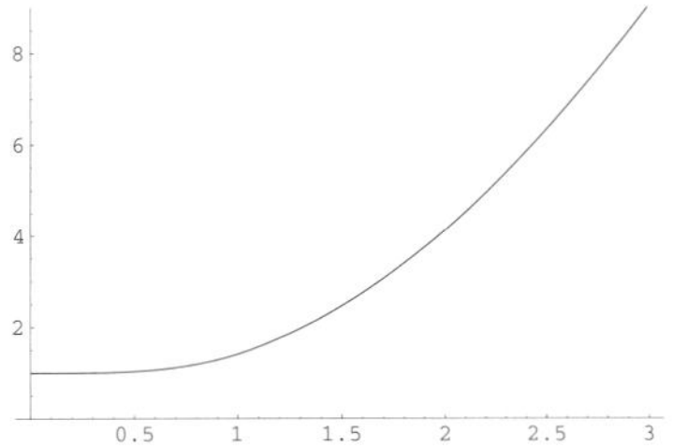

그림 5.5 원점에서 $\mathbf{x}'$의 반지름 방향 거리함수로서 사영점 $\mathbf{x}'$ 위치에 대한 RMS 오차. 단응사상 H는 원점을 중심으로 하는 단위원 상에 균등하게 분포한 4개의 점에서 계산했다. 오차는 두 번째 이미지에만 있다. RMS 오차는 H는 계산하는 데 사용한 점들에 가정한 오차에 비례한다. 수직축의 값은 가정한 오차를 이용해 조정했다.

위의 보기에서는 최소 경우인 4점 대응에서 전송된 점의 공분산을 계산했다. 4개 이상의 대응에서도 상황은 근본적으로 다르지 않다. 단응사상을 계산하는 데 사용한 점 집합을 넘어서는 외삽은 신뢰할 수 없다. 실제로, 단위 원 주위에 균등한 간격을 가진 (위의 계산의 4 대신) n개의 점을 이용해 H를 계산하면 RMS 오차는 $\sigma_{x'x'} + \sigma_{y'y'} = 4(1 + r^4)/n$이므로 오차는 동일한 2차식으로 증가한다.

5.3 공분산의 몬테카를로 추정

앞에서 논의한 공분산 추정 방법은 선형성 가정에 의존한다. 즉, 적어도 잡음 분포의 대략적인 범위에 해당하는 영역에서 곡면 $f(\mathbf{h})$는 추정한 지점 근방에서 국소적으로 평평하다고 가정했다. 그리고 변환 H의 추정 방법은 MLE로 가정했다. 표면이 완전히 평평하지 않으면 공분산 추정치는 올바르지 않다. 또한 특정 추정 방법이 MLE보다 열등할 수 있으므로 추정한 변환 H의 값에 불확실성이 추가적으로 발생할 수 있다.

공분산 추정치를 얻는 일반적인 (그러나 비용이 많이 드는) 방법은 철저한 시뮬레이션이다. 노이즈가 주어진 노이즈 분포에서 나온다고 가정한다. 주어진 변환에 완벽하게 대응하는 점 일치 집합에서 시작한다. 그런 다음 점에 노이즈를 추가해 선택한 추정 절차를 사용해 해당 변환을 계산한다. 가정한 노이즈 분포에서 가져온 노이즈를 사용해 변환 H와 추가 전송 점들의 공분산을 여러 번의 시행에서 통계적으로 계산한다. 그림 5.6에 항등사상의 경우에 설명했다.

변환 H의 공분산을 추정하는 분석적 방법과 몬테카를로 방법 모두 H의 참값을 모르는 실제 데이터에서 공분산을 추정하는 데 적용할 수 있다. 주어진 데이터에서, H의 추정값과 점 $\mathbf{x}_i'$와 $\mathbf{x}_i$의 해당 참값의 추정값을 계산한다. 그런 다음, 추정한 값을 대응점과 변환의 참값으로 간주해 공분산을 계산한다. 결과로 나오는 공분산 행렬을 참변환의 공분산으로 간주한다. 이러한 것은 참값의 데이터가 추정값과 충분히 근접해 공분산 행렬을 계산하는 데 영향을 미치지 않는다는 가정을 근거로 한다.

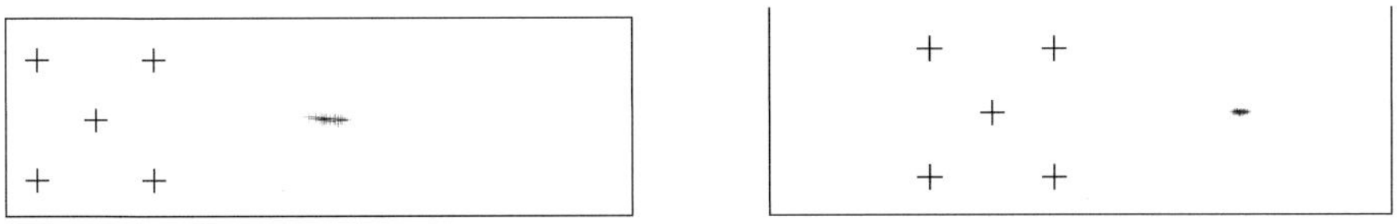

그림 5.6 정규화 DLT 알고리듬과 비정규화 DLT 알고리듬에 대한 항등사상의 점들의 전송. 자세한 설명은 그림 4.4에 나와 있다.

5.4 나가면서

추정한 매개변수의 편향과 분산에 대한 자세한 설명은 부록 3에서 설명한다.

5.4.1 참고문헌

5장 전체의 유도 과정은 일차 근사의 테일러 전개만을 사용해 매우 단순화했고 가우스 오차 분포를 가정했다. (ML, 공분산과 같은) 비슷한 아이디어를 피셔Fisher 정보 행렬을 사용해 다른 분포에 대해 적용할 수 있다. 연관된 자료를 Kanatani[Kanatani-96], Press et al.[Press-88] 또는 기타 통계 교과서에서 볼 수 있다.

Criminisi et al.[Criminisi-99b]에 단응사상을 결정하는 데 사용하는 대응 관계의 수와 위치를 바꾸면서 점 전송에서 계산한 공분산의 많은 예가 있다.

5.4.2 메모와 연습 문제

(i) 직교 회귀를 사용해 평면의 2차원 점 집합에 대해 최상의 선 맞추기를 계산하는 문제를 생각한다. N개의 점이 각 좌표에서 σ의 독립적인 표준 편차로 측정된다고 가정한다. 맞춘 선에서 각 점의 예상 RMS 거리는 얼마인가?

정답: $\sigma((n-2)/n)^{1/2}$

(ii) (고난이도) 18.5.2절에서 m개의 시점에 걸쳐 $n+4$개의 점 대응 집합으로부터 사영 재구성을 계산하는 방법을 설명한다. 여기서 점 대응 중 4개는 평면에서 알고 있는 것으로 가정한다. 4개의 평면 대응을 정확하게 알고 있다고 가정하고 다른 n개의 이미지 포인트가 1픽셀 오차(각 이미지의 각 좌표)로 측정됐다고 가정한다. $\|\mathbf{x}_j^i - \hat{\mathrm{P}}^i\mathbf{X}_j\|$의 예상 잔차 오차는 얼마인가?

Part I

카메라 기하학과 단일 시점 기하학

그림: 사이클롭스, 1914년(유화)

오딜롱 르동(1840~1916)

네덜란드 오테를로 크뢸러 뮐러 미술관/브리지맨 미술관

개요

여기에서는 단일 원근 카메라 기하학에 집중한다. 세 개의 장으로 구성돼 있다.

6장에서는 3차원 장면 공간을 2차원 이미지 평면에 사영하는 것에 대해 설명한다. 카메라 사상은 행렬로 표현되며, 점 사상의 경우에 3공간에있는 실세계 점의 동차 좌표에서 이미지 평면상의 이미지 점의 동차 좌표로 보내는 3×4 행렬 P이다. 이 행렬은 일반적으로 자유도 11을 가지며 여기에서 중심과 초점 거리와 같은 카메라의 속성을 찾을 수 있다. 특히 초점 거리와 종횡비 같은 카메라 내부 매개변수는 간단한 분해를 통해 P에서 얻은 3×3 행렬 K로 나타난다. 카메라 행렬에는 특히 중요한 두 가지 종류가 있다. 유한한 카메라와 평행 사영을 나타내는 "아핀 카메라(affine camera)"와 같이 중심이 무한대에 있는 카메라다.

7장에서는 실세계와 이미지 점들의 대응 좌표 집합에서 카메라 행렬 P를 추정하는 것을 설명한다. 또한 7장에서 카메라에 대한 제약이 추정에 어떻게 효율적으로 통합되는지와 방사형 렌즈 왜곡을 보정하는 방법에 대해 설명한다.

8장에는 세 가지 주요 주제가 있다. 첫째, 유한점 이외의 기하학적 물체에 대한 카메라의 동작을 다룬다. 여기에는 선, 원뿔, 이차 곡면, 무한점을 포함한다. 무한점/무한선은 이미지에서 소실점/소실선이다. 두 번째 주제는 전체 행렬 P를 계산하지 않고 카메라 행렬의 내부 매개변수 K가 계산하는 카메라 보정이다. 특히 내부 매개변수와 절대 원뿔 이미지와의 관계와, 소실점과 소실선에서 카메라 보정을 설명한다. 마지막 주제는 "보정 원뿔(calibrating conic)"이다. 이것은 카메라 보정을 시각화하기 위한 간단한 기하학적 장치다.

6

카메라 모델

카메라는 3차원 세계(객체 공간)와 2차원 이미지 간의 사상mapping이다. 이 책에서 관심 있게 다루는 카메라는 **중앙 사영**central projection이다. 6장에서는 여러 카메라 모델을 소개한다. 이것은 카메라 사상의 특정 속성을 표현하는 행렬이다.

중앙 사영을 모델링하는 모든 카메라는 **일반 사영 카메라**general projective camera의 특수한 경우가 되는 것을 보일 것이다. 가장 일반적인 사영 카메라 모델의 해부학은 사영기하학 도구를 사용해 검사한다. 사영 중심과 이미지 평면과 같은 카메라의 기하학적 요소를 행렬 표현으로 매우 간단하게 계산할 수 있는 것을 보일 것이다. 일반 사영 카메라의 특수화는 속성을 상속받는다. 예를 들어 이들의 기하는 동일한 대수식을 이용해 계산한다.

특수 모델은 크게 두 가지로 분류할 수 있다. 유한 중심을 가지는 카메라 모델과 무한점의 중심을 가지는 카메라 모델이다. 무한점 카메라 중에서 **아핀 카메라**affine camera는 매우 중요한데, 평행 사영의 자연스러운 일반화이기 때문이다.

6장에서는 주로 점의 사영을 다룬다. 선과 같은 다른 기하 요소에 대한 카메라의 작용은 8장에서 설명한다.

6.1 유한 카메라

우선 가장 전문화되고 가장 간단한 카메라 모델인 기본 바늘구멍pinhole 카메라로 시작해 단계적으로 이 모델을 점점 일반화한다. 여기서 설명하는 모델은 주로 센서와 같은 CCD 용으로 설계됐지만 X-ray 이미지, 스캔한 네거티브 사진, 확대한 네거티브의 스캔 사진 등과 같은 다른 카메라에도 적용할 수 있다.

기본 바늘구멍 모델 공간의 점을 평면에 중앙 사영하는 것을 고려한다. 사영의 중심을 유클리드 좌표계의 원점으로 두고, **이미지 평면**image plane 또는 **초점 평면**focal plane이라고 하는 평면 $Z = f$를 생각한다. 바늘구멍 카메라 모델에서는, 좌표 $\mathbf{X} = (X, Y, Z)^\mathsf{T}$인 공간의 한 점은 점 $\mathbf{X}$를 사영 중심에 연결하는 선이 이미지 평면과 만나는 이미지 평면의 점에 대응된다. 이것을 그림 6.1에 나타냈다. 삼각형의 닮음에서 점 $(X, Y, Z)^\mathsf{T}$가 이미지 평면의 점 $(fX/Z, fY/Z, f)^\mathsf{T}$에 대응되는 것을 쉽게 계산할 수 있다. 이미지의 마지막 좌표를 무시하면, 다음 식이 실세계에서 이미지 좌표로의 중앙 사영을 나타낸다.

$$(X, Y, Z)^\mathsf{T} \mapsto (fX/Z, fY/Z)^\mathsf{T} \tag{6.1}$$

이것은 3차원 유클리드 공간 $\mathbb{R}^3$에서 2차원 유클리드 공간 $\mathbb{R}^2$로의 사상이다.

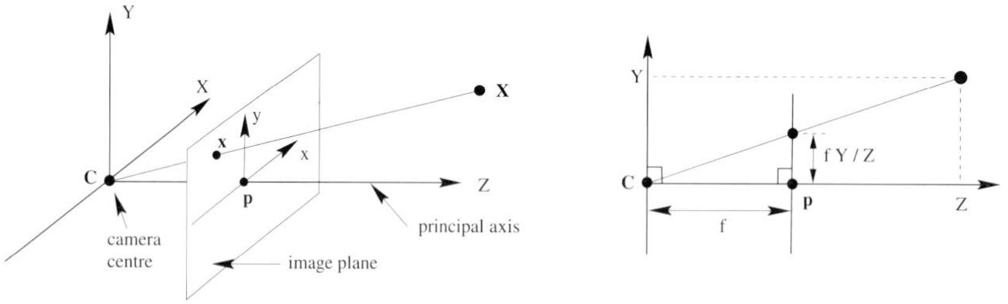

그림 6.1 바늘구멍 카메라 형상 C는 카메라 중심이고 p는 주점이다. 여기서 카메라 중심은 좌표 원점에 둔다. 이미지 평면이 카메라 중심 앞에 놓인 것에 주의한다.

사영의 중심을 **카메라 중심**camera center이라고 한다. 또는 **광학 중심**optical center라고도 알려져 있다. 카메라 중심에서 이미지 평면에 수직인 선을 카메라의 **주축**principal axis 또는 주광선principal ray이라고 하며 주축이 이미지 평면과 만나는 지점을 **주점**principal point이라고 한다. 이미지 평면에 평행하며 카메라 중심을 지나는 평면을 카메라의 **주평면**principal plane 이라고 한다.

동차 좌표를 사용한 중앙 사영 실세계와 이미지 점을 동차 벡터로 표현하면 중앙 사영은 동차 좌표 간의 선형 사상으로 간단하게 표현할 수 있다. 특히 (6.1)은 행렬 곱셈의 관점에서 다음과 같이 쓸 수 있다.

$$\begin{pmatrix} X \\ Y \\ Z \\ 1 \end{pmatrix} \mapsto \begin{pmatrix} fX \\ fY \\ Z \end{pmatrix} = \begin{bmatrix} f & & & 0 \\ & f & & 0 \\ & & 1 & 0 \end{bmatrix} \begin{pmatrix} X \\ Y \\ Z \\ 1 \end{pmatrix} \tag{6.2}$$

위의 식에서 행렬은 $\mathrm{diag}(f,\ f,\ 1)[\mathrm{I} \mid 0]$로 표기할 수 있다. 여기서 $\mathrm{diag}(f,\ f,\ 1)$은 대각 행렬이고 $[\mathrm{I} \mid 0]$은 3×3 블록(단위 행렬)과 열벡터(여기서는 0 벡터)로 나눈 행렬을 나타낸다.

이제 4차원 동차 벡터 $(X,\ Y,\ Z,\ 1)^\top$로 표시하는 실세계 점에 대해 표기법 $\mathbf{X}$를 사용하고, 3차원 동차 벡터로 표시하는 이미지 점에 대해 표기법 $\mathbf{x}$를 사용하며, 3×4 동차 카메라 사영 행렬camera projection matrix에 대해 표기법 P를 사용한다. 그러면 (6.2)는 다음과 같이 간결하게 쓸 수 있다.

$$\mathbf{x} = \mathrm{P}\mathbf{X}$$

이로부터 중앙 사영의 바늘구멍에 대한 카메라 행렬을 다음으로 정의한다.

$$\mathrm{P} = \mathrm{diag}(f, f, 1)\,[\mathrm{I} \mid \mathbf{0}]$$

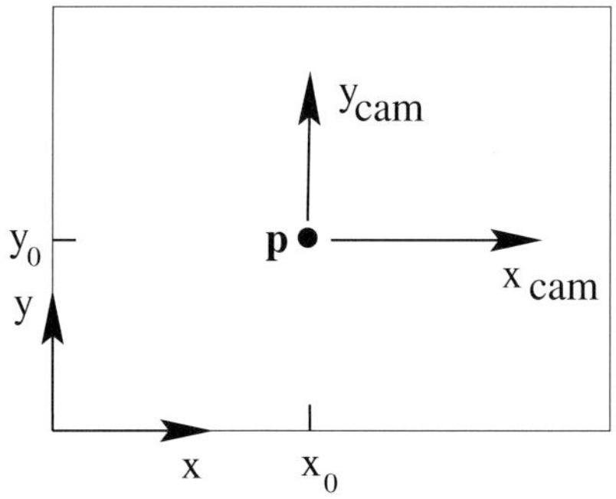

그림 6.2 이미지 $(x,\ y)$와 카메라 $(x_{cam},\ y_{cam})$ 좌표계

주점의 이동 식 (6.1)은 이미지 평면에서 좌표의 원점에 주점이 있다고 가정한다. 실제로는 그렇지 않을 수 있으므로 일반적으로 사상은 다음과 같다.

$$(X, Y, Z)^\top \mapsto (fX/Z + p_x, fY/Z + p_y)^\top$$

여기서 $(p_x, p_y)^\top$는 주점의 좌표이다. 그림 6.2를 참조하면 좋다. 이 방정식은 다음과 같이 동차 좌표로 편리하게 표현할 수 있다.

$$\begin{pmatrix} X \\ Y \\ Z \\ 1 \end{pmatrix} \mapsto \begin{pmatrix} fX + Zp_x \\ fY + Zp_y \\ Z \end{pmatrix} = \begin{bmatrix} f & & p_x & 0 \\ & f & p_y & 0 \\ & & 1 & 0 \end{bmatrix} \begin{pmatrix} X \\ Y \\ Z \\ 1 \end{pmatrix} \tag{6.3}$$

다음의 행렬을 도입한다.

$$K = \begin{bmatrix} f & & p_x \\ & f & p_y \\ & & 1 \end{bmatrix} \tag{6.4}$$

그러면 (6.3)은 다음과 같이 간결하게 표현할 수 있다.

$$\mathbf{x} = K[I \mid \mathbf{0}]\mathbf{X}_{\text{cam}} \tag{6.5}$$

행렬 K를 **카메라 보정 행렬**Camera Calibration Matrix이라고 한다. (6.5)에서 $(X, Y, Z, 1)^\top$를 $\mathbf{X}_{\text{cam}}$으로 표현해 카메라가 유클리드 좌표계의 원점에 위치하고 Z축을 따라서 똑바로 아래로 향하는 카메라의 주축을 가지는 것을 강조한다. 점 $\mathbf{X}_{\text{cam}}$을 이러한 좌표계로 표현을 한다. 이러한 좌표계를 **카메라 좌표계**camera coordinate frame라고 부른다.

카메라의 회전과 이동 일반적으로 공간의 점은 **실세계 좌표계**world coordinate frame으로 알려진 다른 유클리드 좌표계로 표현된다. 두 좌표계는 회전과 변환을 통해 연결된다. 그림 6.3을 참조하면 좋다.

$\widetilde{\mathbf{X}}$를 실세계 점의 좌표를 나타내는 3차원 동차 벡터이고, $\widetilde{\mathbf{X}}_{\text{cam}}$은 카메라 좌표계에서 같은 점을 나타내면 $\widetilde{\mathbf{X}}_{\text{cam}} = \mathbb{R}(\widetilde{\mathbf{X}} - \widetilde{\mathbf{C}})$로 표현할 수 있다. 여기에서 $\widetilde{\mathbf{C}}$는 실세계에서 카메라 중심의 좌표를 나타내고, R은 카메라 좌표계의 방향을 나타내는 3×3의 회전 행렬이다. 위의 식을 동차 좌표로 다음과 같이 쓸 수 있다.

$$\mathbf{X}_{\text{cam}} = \begin{bmatrix} R & -R\widetilde{\mathbf{C}} \\ 0 & 1 \end{bmatrix} \begin{pmatrix} X \\ Y \\ Z \\ 1 \end{pmatrix} = \begin{bmatrix} R & -R\widetilde{\mathbf{C}} \\ 0 & 1 \end{bmatrix} \mathbf{X} \tag{6.6}$$

이것을 (6.5)에 대입하면 다음의 공식을 얻는다.

$$\mathbf{x} = \mathtt{KR}[\mathtt{I} \mid -\widetilde{\mathbf{C}}]\mathbf{X} \tag{6.7}$$

여기에서 $\mathbf{X}$는 이제 실세계 좌표계에 있다. 이 식이 바늘구멍 카메라의 일반 변환이다. 일반적인 바늘구멍 카메라 $\mathtt{P} = \mathtt{KR}[\mathtt{I} \mid -\widetilde{\mathbf{C}}]$는 자유도 9를 가진다. $\mathtt{K}$에 대해 3(원소 f, p_x, p_y), $\mathtt{R}$에 대해 3, $\widetilde{\mathbf{C}}$에 대해 3이다. $\mathtt{K}$에 포함된 매개변수는 내부 카메라 변수 또는 카메라의 내부 방향internal orientation이라고 한다. $\mathtt{R}$과 $\widetilde{\mathbf{C}}$는 실세계 좌표계에서 카메라의 방향과 위치와 관계가 가져서 외부 변수 또는 외부 방향external orientation이라고 한다.

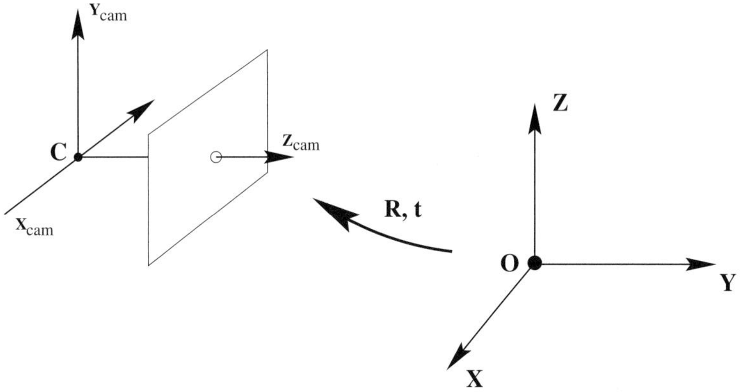

그림 6.3 실세계 좌표계와 카메라 좌표계 간의 유클리드 변환

종종 카메라 중심을 구체적으로 나타내지 않고 실세계에서 이미지로의 변환을 $\widetilde{\mathbf{X}}_{\mathrm{cam}} = \mathtt{R}\widetilde{\mathbf{X}} + \mathbf{t}$로 표현하는 것이 편한 경우가 있다. 이런 상황에서는 카메라 행렬이 다음과 같이 표현된다.

$$\mathtt{P} = \mathtt{K}[\mathtt{R} \mid \mathbf{t}] \tag{6.8}$$

(6.7)에서 $\mathbf{t} = -\mathtt{R}\widetilde{\mathbf{C}}$임을 알 수 있다.

CCD 카메라 위에서 유도한 바늘구멍 카메라 모델은 이미지 좌표가 두 축 방향에 동일한 배율을 가지는 유클리드 좌표를 가정한다. CCD 카메라의 경우 픽셀의 모양이 정사각형이 아닌 경우도 있다. 이미지 좌표를 이러한 픽셀 단위로 측정하면 각 방향에 동일하지 않은 배율 요소를 도입하는 추가 효과가 생긴다.

특히 단위 거리 안에 픽셀 수가 x, y 방향으로 각각 m_x, m_y이면, 실세계 좌표계에서 픽셀 좌표계로의 변환은 (6.4)의 좌변에 추가로 diag$(m_x, m_y, 1)$을 곱해 구할 수 있다. 그러면 CCD 카메라의 보정 행렬의 일반 형식은 다음과 같다.

$$\mathtt{K} = \begin{bmatrix} \alpha_x & & x_0 \\ & \alpha_y & y_0 \\ & & 1 \end{bmatrix} \tag{6.9}$$

여기에서 $\alpha_x = fm_x$, $\alpha_y = fm_y$는 x와 y 방향으로 픽셀 단위의 카메라 초점 거리를 나타낸다. 비슷하게, $\tilde{\mathbf{x}}_0 = (x_0, y_0)$은 픽셀 단위의 주점이 되고 좌표로는 $x_0 = m_x p_x$, $y_0 = m_y p_y$이다. 그래서 CCD 카메라는 자유도 10을 가진다.

유한 사영 카메라 일반성을 추가하기 위해 다음 형식의 보정 행렬을 생각한다.

$$\mathtt{K} = \begin{bmatrix} \alpha_x & s & x_0 \\ & \alpha_y & y_0 \\ & & 1 \end{bmatrix} \tag{6.10}$$

추가한 매개변수 s를 왜도skew라고 한다. 왜도 즉, 스큐는 대부분의 일반 카메라에서 영이 된다. 그러나 6.2.4절에서 설명하는 특정 비정상적인 경우에는 영이 아닌 값을 가질 수 있다.

다음의 카메라 모형을 생각한다.

$$\mathtt{P} = \mathtt{KR}[\mathtt{I} \mid -\widetilde{\mathbf{C}}] \tag{6.11}$$

여기에서 보정 행렬 K가 (6.10)의 형식인 경우에 유한 사영finite projective 카메라라고 한다. 유한 사영 카메라는 11개의 자유도를 가진다. 이것은 임의의 배율을 무시하는 3×4 행렬의 자유도와 같다.

행렬 P의 왼쪽 끝의 3×3 부분 행렬 KR은 정칙non-singular 행렬이다. 반대로 왼쪽 끝에 정칙인 3×3 부분 행렬을 가지는 3×4 행렬 P는 적절한 유한 사영 카메라의 카메라 행렬이 된다. P를 $\mathtt{P} = \mathtt{KR}[\mathtt{I} \mid -\widetilde{\mathbf{C}}]$로 분해할 수 있기 때문이다. 실제로 M을 P의 왼쪽 3×3 부분 행렬이라고 하면, M을 $\mathtt{M} = \mathtt{KR}$과 같은 곱으로 분해할 수 있다. 여기에서 K는 (6.10)과 같은 위삼각upper-triangular 행렬이고 R은 회전 행렬이다. 이런 분해는 궁극적으로 RQ 행렬 분해이며, 여기에 대해서는 A4.1.1절에서 설명하고 6.2.4절에서 추가적으로 언급을 한다. 그러므로 행렬 P는 $\mathtt{P} = \mathtt{M}[\mathtt{I} \mid \mathtt{M}^{-1}\mathbf{p}_4] = \mathtt{KR}[\mathtt{I} \mid -\widetilde{\mathbf{C}}]$로 표기할 수 있다. $\mathbf{p}_4$는 P의 마지막 열벡터다. 간략하게 정리하면,

- 유한 사영 카메라의 카메라 행렬 집합은 왼쪽의 3×3 부분 행렬이 정칙인 동차 3×4 행렬 집합과 일치한다.

일반 사영 카메라 사영 카메라 계층 구조hierarch의 마지막 단계는 왼쪽의 3×3 부분 행렬의 정칙성을 없애는 것이다. 일반 사영general projective 카메라는 차수 3인 임의의 3×4 동차 행렬로 표현된다. 이것은 자유도 11을 가진다. 차수가 3보다 작은 경우에는 행렬 변환의 결과가 2차원 평면 이미지 전체가 아닌 선이나 점이 되기 때문에 차수 3이라는 조건이 필요하다.

표 6.1 사영 카메라 P의 속성들. 행렬은 블록 형식 $\mathtt{P} = [\mathtt{M} \mid \mathbf{p}_4]$로 표현된다.

- **카메라 중심** 카메라 중심은 일차원 오른쪽 영right null 공간 $\mathbf{C}$이다. 즉, $\mathtt{P}\mathbf{C} = \mathbf{0}$이다.
  - **유한 카메라** (M은 정칙) $\mathbf{C} = \begin{pmatrix} -\mathtt{M}^{-1}\mathbf{p}_4 \\ 1 \end{pmatrix}$
  - **무한 카메라** (M은 비정칙) $\mathbf{C} = \begin{pmatrix} \mathbf{d} \\ 0 \end{pmatrix}$ 여기에서 $\mathbf{d}$는 M의 3차원 영벡터다. 즉, $\mathtt{M}\mathbf{d} = 0$이다.
- **열벡터** $i = 1, \ldots, 3$에 대해 열벡터 $\mathbf{p}_i$는 이미지에서 각각 X, Y, Z축에 대응하는 소실점이다. 열벡터 $\mathbf{p}_4$는 좌표 원점의 이미지이다.
- **주평면** 카메라의 주평면은 P의 마지막 행인 $\mathbf{P}^3$이다.
- **축평면** (P의 첫 번째와 두 번째 행벡터인) 평면 $\mathbf{P}^1$과 $\mathbf{P}^2$는 공간에서 카메라 중심을 지나는 평면을 나타내며, 각각 이미지 선 $x = 0$과 $y = 0$로 사상되는 점들과 대응한다.
- **주점** 이미지 점 $\mathbf{x}_0 = \mathtt{M}\mathbf{m}^3$은 카메라의 주점이다. 여기에서 $\mathbf{m}^{3\mathsf{T}}$는 M의 세 번째 행벡터다.
- **주광선** 카메라의 주광선(주축)은 카메라의 중심 $\mathbf{C}$를 방향 벡터 $\mathbf{m}^{3\mathsf{T}}$로 지나가는 광선이다. 주축 벡터 $\mathbf{v} = \det(\mathtt{M})\mathbf{m}^3$은 카메라 전면을 향한다.

6.2 사영 카메라

일반 사영 카메라 P는 $\mathbf{x} = \mathrm{P}\mathbf{X}$에 따라 실세계 점 $\mathbf{X}$를 이미지 점 $\mathbf{x}$로 보내는 사상이다. 이러한 사상을 기반으로 이제 카메라 모델을 분석해 카메라 중심과 같은 기하 요소가 인코딩되는 방식을 설명한다. 여기서 설명하는 속성 중의 일부는 유한 사영 카메라와 이것의 전문화된 것에만 적용되는 다른 것들은 일반 카메라에 적용된다. 이러한 구분은 문맥에서 명확하게 파악할 수 있다. 카메라의 파생된 속성은 표 6.1에 요약했다.

6.2.1 카메라 구조

일반 사영 카메라는 블록으로 분해해 $\mathrm{P} = [\mathrm{M} \mid \mathbf{p}_4]$로 표기할 수 있다. 여기에서 M은 3×3 행렬이다. M이 정칙이면 카메라는 유한 카메라이고, 그렇지 않다면 무한 카메라인 것을 보게 될 것이다.

카메라 중심 행렬 P는 차수가 3이지만 열벡터를 4개 가지므로, 1차원 오른쪽 영공간을 갖는다. 영공간이 $\mathrm{P}\mathbf{C} = \mathbf{0}$를 만족하는 4차원 벡터 $\mathbf{C}$에 의해 생성된다고 가정한다. 이제 $\mathbf{C}$가 4차원 동차 벡터로 표시되는 카메라 중심이 되는 것을 보일 것이다.

3차원에서 $\mathbf{C}$와 다른 점 $\mathbf{A}$를 연결하는 직선을 생각한다. 이 직선상의 점들은 다음으로 표현된다.

$$\mathbf{X}(\lambda) = \lambda\mathbf{A} + (1 - \lambda)\mathbf{C}$$

사상 $\mathbf{x} = \mathrm{P}\mathbf{X}$를 이용하면, 위의 직선상의 점은 다음으로 사영된다.

$$\mathbf{x} = \mathrm{P}\mathbf{X}(\lambda) = \lambda\mathrm{P}\mathbf{A} + (1 - \lambda)\mathrm{P}\mathbf{C} = \lambda\mathrm{P}\mathbf{A}$$

위에서 $\mathrm{P}\mathbf{C} = \mathbf{0}$을 사용했다. 이것은 직선의 모든 점이 같은 이미지 점 $\mathrm{P}\mathbf{A}$로 변환된다는 것을 의미하며 직선은 카메라 중심을 지나는 광선이어야 한다. 임의의 $\mathbf{A}$에 대해 직선 $\mathbf{X}(\lambda)$가 카메라 중심을 지나는 광선이 되므로, $\mathbf{C}$는 카메라 중심의 동차 표현이 된다.

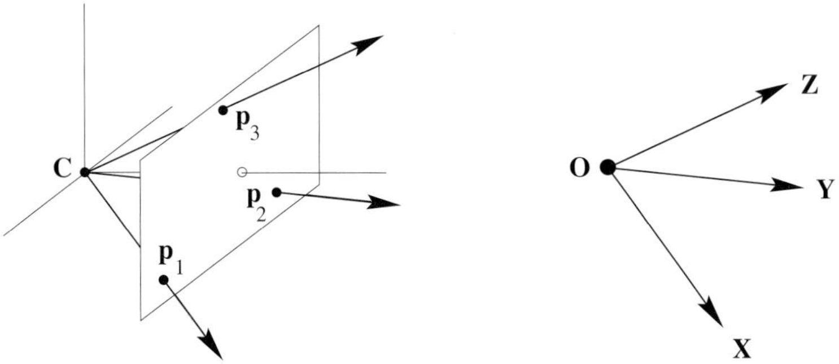

그림 6.4 $i = 1,\ldots,3$에 대해 사영 행렬의 열벡터 $\mathbf{p}_i$가 정의하는 세 개의 이미지 점은 실세계 축 방향의 소실점들이다.

이 결과는 이미지 점 $(0, 0, 0)^\top = \mathrm{P}\mathbf{C}$가 정의되지 않고 카메라 중심은 공간에서 이미지 점이 정의되지 않는 유일한 점이기에 위의 결과를 예상하지 못한 것은 아니다. 유한 카메라의 경우 $\mathbf{C} = (\widetilde{\mathbf{C}}^\top, 1)^\top$는 $\mathrm{P} = \mathrm{KR}[\mathrm{I} \mid -\widetilde{\mathbf{C}}]$의 분명한 영벡터이므로 위의 결과를 쉽게 확인할 수 있다. 그러나 특이 경우에는 영벡터가 $\mathrm{M}\mathbf{d} = 0$인 $\mathbf{C} = (\mathbf{d}^\top, 0)^\top$의 형식을 가진다. 그러면 카메라 중심은 무한점이 된다. 이런 부류의 카메라 모델은 6.3절에서 다룬다.

열벡터 사영 카메라의 열벡터는 특정 이미지 점으로서 기하학적 의미를 갖는 3차원 벡터다. P의 열벡터를 $i = 1, \ldots, 4$일 때 $\mathbf{p}_i$로 표기하면 $\mathbf{p}_1$, $\mathbf{p}_2$, $\mathbf{p}_3$는 각각 실세계의 X축, Y축, Z축의 소실점이 된다. 이 점들이 축 방향의 이미지이기 때문이다. 예를 들어 x축의 방향은 $\mathbf{D} = (1, 0, 0, 0)^\top$이며 점 $\mathbf{p}_1 = \mathrm{P}\mathbf{D}$에서 이미지화된다. 그림 6.4를 참조하면 좋다. 열벡터 $\mathbf{p}_4$는 실세계 원점의 이미지다.

행벡터 사영 카메라 (6.12)의 행벡터는 4차원 벡터이며 기하학적으로 특정 실세상 평면을 나타낸다. 이런 평면은 뒤에서 설명한다. $\mathbf{P}$의 행벡터를 $\mathbf{P}^{i\top}$로 표기하면 다음을 얻는다.

$$\mathrm{P} = \begin{bmatrix} p_{11} & p_{12} & p_{13} & p_{14} \\ p_{21} & p_{22} & p_{23} & p_{24} \\ p_{31} & p_{32} & p_{33} & p_{34} \end{bmatrix} = \begin{bmatrix} \mathbf{P}^{1\top} \\ \mathbf{P}^{2\top} \\ \mathbf{P}^{3\top} \end{bmatrix} \tag{6.12}$$

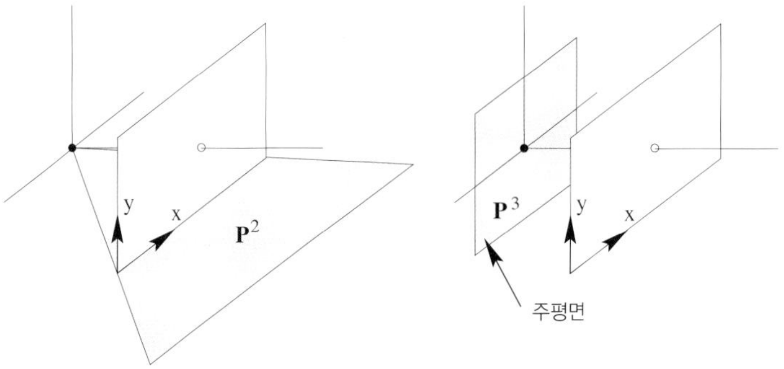

그림 6.5 사영 행렬의 행벡터로 정의한 3개의 평면 중 2개

주평면 주평면은 이미지 평면에 평행하면서 카메라 중심을 통과하는 평면이다. 이것은 이미지의 무한선에 이미지화되는 점 $\mathbf{X}$의 집합으로 구성된다. 구체적으로 표현하면 $\mathrm{P}\mathbf{X} = (x, y, 0)^\top$이다. 따라서 점이 카메라의 주평면에 놓이는 것과 $\mathbf{P}^{3\top}\mathbf{X} = 0$은 동치이다. 즉, $\mathbf{P}^3$는 카메라의 주평면을 나타내는 벡터다. $\mathbf{C}$가 카메라 중심이면 $\mathrm{P}\mathbf{C} = 0$, 특히 $\mathbf{P}^{3\top}\mathbf{C} = 0$이다. 즉, $\mathbf{C}$는 카메라의 주평면에 있다.

축평면 평면 $\mathbf{P}^1$의 점 $\mathbf{X}$의 집합을 생각한다. 이 집합은 $\mathbf{P}^{1\top}\mathbf{X} = 0$을 만족하므로 이미지 y축의 점인 $\mathrm{P}\mathbf{X} = (0, y, w)^\top$에 이미지화된다. $\mathrm{P}\mathbf{C} = 0$에서 $\mathrm{P}^{1\top}\mathbf{C} = 0$이므로 $\mathbf{C}$도 평면 $\mathbf{P}^1$에 놓인다. 결국 평면 $\mathbf{P}^1$은 카메라 중심과 이미지의 선 $\mathbf{x} = 0$에 의해 정의된다. 비슷하게 평면 $\mathbf{P}^2$는 카메라 중심과 선 $y = 0$으로 정의된다.

주평면 $\mathbf{P}^3$와 달리 축평면 $\mathbf{P}^1$과 $\mathbf{P}^2$는 이미지의 x와 y축에 의존한다. 즉, 이미지 좌표계의 선택에 따라서 달라진다. 그래서 자연스러운 카메라 형상에 대해 주평면에 비해 연관성이 적다. 특히 평면 $\mathbf{P}^1$과 $\mathbf{P}^2$의 교차선은 카메라 중심과 이미지 원점을 연결하는 선이다. 즉, 이미지 원점의 역사영이다. 이 선은 일반적으로 카메라 주축과 일치하지 않는다. $\mathbf{P}^i$에서 생성되는 평면은 그림 6.5에 나타냈다.

카메라 중심 $\mathbf{C}$는 세 평면에 모두 놓이며, (행렬 P의 차수가 3이므로) 이러한 평면은 각각 별개이므로 카메라 중심은 평면의 교차점에 있어야 한다. 대수적으로 중심이 세 평면 모두에 놓이는 조건은 위에서 주어진 카메라 중심에 대한 원래 방정식인 $\mathrm{P}\mathbf{C} = 0$이다.

주점 주축은 주평면 $\mathbf{P}^3$에 수직인 방향으로 카메라 중심 $\mathbf{C}$를 통과하는 선이다. 이 축은 이미지 평면과 주점에서 교차한다. 이 점을 다음과 같이 결정할 수 있다. 일반적으로 평면 $\boldsymbol{\pi} = (\pi_1, \pi_2, \pi_3, \pi_4)^\top$에 대한 법선은 벡터 $(\pi_1, \pi_2, \pi_3, \pi_4)^\top$이다. 이것을 무한면의 점 $(\pi_1, \pi_2, \pi_3, \pi_4)^\top$로 표시할 수도 있다. 카메라의 주평면 $\mathbf{P}^3$의 경우에는 이 점이 $(p_{31}, p_{32}, p_{33}, 0)^\top$이 되며, $\widehat{\mathbf{P}}^3$으로 표기한다. 카메라 행렬 $\mathbf{P}$를 사용해 해당 지점을 사영하면 카메라의 주점 $\mathtt{P}\widehat{\mathbf{P}}^3$을 얻는다. $\mathtt{P} = [\mathtt{M} \mid \mathbf{p}_4]$의 왼쪽 3×3 부분 행렬만이 이 공식에서 나타나는 것에 주의한다. 실제로 주점은 $\mathbf{x}_0 = \mathtt{M}\mathbf{m}^3$으로 주어지고, 여기에서 $\mathbf{m}^{3\top}$는 $\mathtt{M}$의 세 번째 행벡터다.

주축 벡터principal axis vector 주평면에 있지 않은 점 $\mathbf{X}$ 또한 $\mathbf{x} = \mathtt{P}\mathbf{X}$에 따라서 이미지 점으로 변환되지만, 실제로는 공간의 절반, 즉 카메라 앞에 있는 점만 이미지에서 볼 수 있다. $\mathtt{P}$를 $\mathtt{P} = [\mathtt{M} \mid \mathbf{p}_4]$로 표기한다. 벡터 $\mathbf{m}^3$이 주축 방향을 가리키는 것을 위에서 봤다. 이 벡터를 카메라의 앞쪽 방향(양의 방향)을 가리키는 것으로 정의하고자 한다. 그러나 $\mathtt{P}$의 부호는 결정할 수 없다. 이는 $\mathbf{m}^3$와 $-\mathbf{m}^3$ 중에서 어느 것이 양의 방향을 가리키는지를 결정할 수 없는 모호함이 있다. 여기에서 이 모호성을 해결하려고 한다.

카메라 좌표계의 좌표를 우선 생각한다. (6.5)에서 3차원 점을 이미지의 점으로 사영하는 방정식은 $\mathbf{x} = \mathtt{P}_{\text{cam}}\mathbf{X}_{\text{cam}} = \mathtt{K}[\mathtt{I} \mid \mathbf{0}]\mathbf{X}_{\text{cam}}$이며, 여기서 $\mathbf{X}_{\text{cam}}$은 카메라 좌표로 표현되는 3차원 점이다. 이 경우에 벡터 $\mathbf{v} = \det(\mathtt{M})\mathbf{m}^3 = (0, 0, 1)^\top$는 $\mathtt{P}_{\text{cam}}$의 배율에 관계없이 주축 방향으로 카메라 앞쪽을toward the front of the camera 가리킨다. 만약 $\mathtt{P}_{\text{cam}} \rightarrow k\mathtt{P}_{\text{cam}}$이면 $\mathbf{v} \rightarrow k^4\mathbf{v}$가 돼서 같은 방향을 가진다.

만약 3차원 점이 실세계 좌표로 표현되면, $\mathtt{P} = k\mathtt{K}[\mathtt{R} \mid -\mathtt{R}\widetilde{\mathbf{C}}] = [\mathtt{M} \mid \mathbf{p}_4]$이며 여기에서 $\mathtt{M} = k\mathtt{K}\mathtt{R}$이다. $\det(\mathtt{R}) > 0$이므로, 벡터 $\mathbf{v} = \det(\mathtt{M})\mathbf{m}^3$은 또 배율에 영향을 받지 않는다. 정리하면,

- $\mathbf{v} = \det(\mathtt{M})\mathbf{m}^3$은 주축 방향의 벡터이고, 카메라 전면을 향한다.

6.2.2 점에 대한 사영 카메라의 작동

전진 사영forward projection 앞에서 살펴본 바와 같이 일반 사영 카메라는 사상 $\mathbf{x} = \mathtt{P}\mathbf{X}$에 따라 공간의 한 점 $\mathbf{X}$를 이미지의 점으로 보낸다. 평면상의 점 $\mathbf{D} = (\mathbf{d}^\top, 0)^\top$는 소실점을 나타낸다. 이런 점들은 다음의 점으로 변환된다.

$$\mathbf{x} = \mathtt{P}\mathbf{D} = [\mathtt{M} \mid \mathbf{p}_4]\mathbf{D} = \mathtt{M}\mathbf{d}$$

결국 P의 첫 번째 3×3 부분 행렬인 M의 영향만 받는다.

광선에 대한 점의 역사영 다음으로 이미지에 한 점 $\mathbf{x}$가 주어지면 이 점으로 변환되는 공간의 점 집합을 결정한다. 이러한 집합은 카메라 중심을 통과하는 공간의 광선으로 구성된다. 광선의 표기는 3차원 공간에서 선을 표현하는 방식에 따라 다양한 방법을 사용할 수 있다. 플뤼커 표현은 8.1.2절에서 사용할 것이다. 여기에서는 두 점의 결합으로 선을 표현한다.

광선의 두 점은 알려져 있다. 이들은 ($\mathtt{P}\mathbf{C} = \mathbf{0}$인) 카메라 중심 $\mathbf{C}$와 점 $\mathtt{P}^+\mathbf{x}$이다. 여기서 $\mathtt{P}^+$는 P의 유사 역원pseudo inverse이다. P의 유사 역원은 행렬 $\mathtt{P}^+ = \mathtt{P}^\top(\mathtt{P}\mathtt{P}^\top)^{-1}$이며 $\mathtt{P}\mathtt{P}^+ = \mathtt{I}$을 만족한다(A5.2절을 참조). $\mathtt{P}(\mathtt{P}^+\mathbf{x}) = \mathtt{I}\mathbf{x} = \mathbf{x}$를 만족하므로, 점 $\mathtt{P}^+\mathbf{x}$는 광선상에 놓이고 $\mathbf{x}$로 사영된다. 그러면 광선은 다음과 같이 이러한 두 점을 잇는 직선으로 형성된다.

$$\mathbf{X}(\lambda) = \mathtt{P}^+\mathbf{x} + \lambda\mathbf{C} \tag{6.13}$$

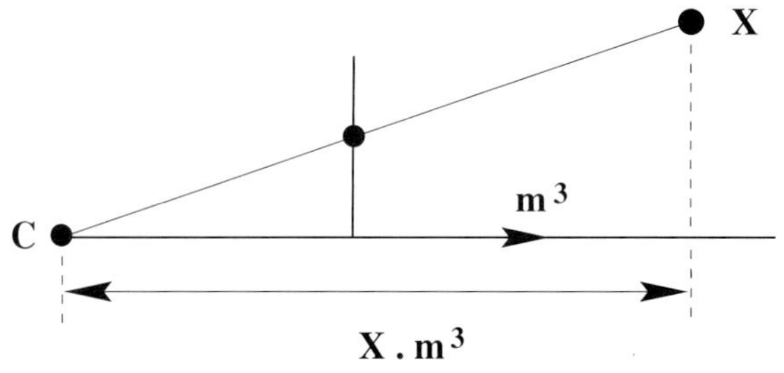

그림 6.6 $\|\mathbf{m}^3\| = 1$이고 $\det \mathtt{M} > 0$으로 구성돼 정규화된 카메라 행렬 $\mathtt{P} = [\mathtt{M} \mid \mathbf{p}_4]$이 주어졌다. $\mathbf{X} = (X, Y, Z, 1)^\top$에 대해 $\mathbf{x} = w(x, y, 1)^\top = \mathtt{P}\mathbf{X}$를 만족하는 w에 대해, w는 카메라 중심에서 카메라의 주광선 방향으로의 깊이가 된다.

유한 카메라의 경우 다른 표현을 사용할 수 있다. $\mathtt{P} = [\mathtt{M} \mid \mathbf{p}_4]$로 표현하면, 카메라의 중심은 $\widetilde{\mathbf{C}} = -\mathtt{M}^{-1}\mathbf{p}_4$로 주어진다. 이미지 점 $\mathbf{x}$를 광선과 만나는 무한점 $\mathbf{D} = ((\mathtt{M}^{-1}\mathbf{x})^\top, 0)^\top$로 역사영하면, $\mathbf{D}$는 광선의 두 번째 점이 된다. 광선상에 있는 이 두 점을 연결하는 직선을 만들면 다음과 같다.

$$\mathbf{X}(\mu) = \mu\begin{pmatrix} \mathtt{M}^{-1}\mathbf{x} \\ 0 \end{pmatrix} + \begin{pmatrix} -\mathtt{M}^{-1}\mathbf{p}_4 \\ 1 \end{pmatrix} = \begin{pmatrix} \mathtt{M}^{-1}(\mu\mathbf{x} - \mathbf{p}_4) \\ 1 \end{pmatrix} \tag{6.14}$$

6.2.3 점의 깊이

다음으로 카메라의 주평면 앞 또는 뒤에 점이 놓인 거리를 생각한다. 3차원 공간의 점 $\mathbf{X} = (\mathrm{X}, \mathrm{Y}, \mathrm{Z}, 1)^\top = (\widetilde{\mathbf{X}}^\top, 1)^\top$를 이미지상의 점 $\mathbf{x} = w(x, y, 1)^\top = \mathtt{P}\mathbf{X}$로 사영하는 카메라 행렬 $\mathtt{P} = [\mathtt{M} \mid \mathbf{p}_4]$를 고려한다. $\mathbf{C} = (\widetilde{\mathbf{C}}, 1)^\top$는 카메라 중심이다. 그러면 $w = \mathbf{P}^{3\top}\mathbf{X} = \mathrm{P}^{3\top}(\mathbf{X} - \mathbf{C})$를 얻는다. 카메라 중심에 대해 $\mathrm{PC} = 0$이기 때문이다. 그러나 $\mathbf{m}^3$이 주광선 방향이면 $\mathbf{P}^{3\top}(\mathbf{X} - \mathbf{C}) = \mathbf{m}^{3\top}(\widetilde{\mathbf{X}} - \widetilde{\mathbf{C}})$이므로, $w = \mathbf{m}^{3\top}(\widetilde{\mathbf{X}} - \widetilde{\mathbf{C}})$를 카메라 중심에서 점 $\mathbf{X}$로 향하는 광선과 점 $\mathbf{X}$의 내적으로 해석할 수 있다. 카메라 중심이 정규화돼 $\det \mathtt{M} > 0$이고 $\|\mathbf{m}^3\| = 1$을 만족하면, $\mathbf{m}^3$는 양의 축 방향을 향하는 단위 벡터다. 그러면 w를 카메라 중심 $\mathbf{C}$에서 주광선 방향으로 점 $\mathbf{X}$의 깊이로 해석할 수 있다. 그림 6.6에서 설명했다.

모든 카메라 행렬은 적절한 계수를 곱해 정규화 할 수 있다. 그러나 항상 정규화된 카메라 행렬을 구하는 것을 피하기 위해 점의 깊이를 다음과 같이 계산할 수 있다.

결과 6.1 $\mathbf{X} = (\mathrm{X}, \mathrm{Y}, \mathrm{Z})^\top$는 3차원 점이고, $\mathtt{P} = [\mathtt{M} \mid \mathbf{p}_4]$는 유한 카메라의 카메라 행렬이다. $\mathtt{P}(\mathrm{X}, \mathrm{Y}, \mathrm{Z})^\top = w(x, y, 1)^\top$를 가정한다. 그러면 다음은 카메라의 주평면의 앞 방향으로 점 $\mathbf{X}$의 깊이가 된다.

$$\operatorname{depth}(\mathbf{X}; \mathtt{P}) = \frac{\operatorname{sign}(\det \mathtt{M})w}{\mathrm{T}\|\mathbf{m}^3\|} \tag{6.15}$$

이 공식은 점 $\mathbf{X}$가 카메라 앞에 있는지 확인하는 효과적인 방법이다. 점 $\mathbf{X}$ 또는 카메라 행렬 $\mathtt{P}$에 상수 계수 k를 곱해도 $\operatorname{depth}(\mathbf{X}; \mathtt{P})$의 값이 변하지 않는다는 것을 확인할 수 있다. 따라서 $\operatorname{depth}(\mathbf{X}; \mathtt{P})$는 $\mathbf{X}$와 $\mathtt{P}$의 특정한 동차 표현과 무관하다.

6.2.4 카메라 행렬의 분해

$\mathtt{P}$는 일반사영 카메라를 나타내는 카메라 행렬이다. $\mathtt{P}$에서 카메라 중심, 카메라 방향 그리고 카메라의 내부 매개변수를 찾으려고 한다.

카메라 중심 찾기 카메라 중심 $\mathbf{C}$는 $\mathtt{P}\mathbf{C} = 0$인 점이다. 수치적으로 이러한 오른쪽 영벡터는 P의 SVD에서 구할 수 있다(A4.4절 참조). 대수적으로 중심 $\mathbf{C} = (\mathrm{X}, \mathrm{Y}, \mathrm{Z}, \mathrm{T})^\top$는 다음과 같이 구할 수 있다(3.5절 참조).

$$\begin{array}{ll} \mathrm{X} = \det([\mathbf{p}_2, \mathbf{p}_3, \mathbf{p}_4]) & \mathrm{Y} = -\det([\mathbf{p}_1, \mathbf{p}_3, \mathbf{p}_4]) \\ \mathrm{Z} = \det([\mathbf{p}_1, \mathbf{p}_2, \mathbf{p}_4]) & \mathrm{T} = -\det([\mathbf{p}_1, \mathbf{p}_2, \mathbf{p}_3]) \end{array}$$

카메라 방향과 내부 매개변수 찾기 유한 카메라의 경우, (6.11)에서 다음을 얻는다.

$$\mathtt{P} = [\mathtt{M} \mid -\mathtt{M}\widetilde{\mathbf{C}}] = \mathtt{K}[\mathtt{R} \mid -\mathtt{R}\widetilde{\mathbf{C}}]$$

이러한 위삼각 행렬Upper Triangular Matrix과 직교 행렬Orthogonal Matrix의 곱으로의 분해는 A4.1.1절에 설명돼 있다. 행렬 R은 카메라의 방향을 나타내고 K는 보정 행렬이다. 분해의 모호성은 K가 양의 대각선 항목을 가지는 조건을 추가해 제거할 수 있다.

행렬 K의 형식은 (6.10)과 같다.

$$\mathtt{K} = \begin{bmatrix} \alpha_x & s & x_0 \\ 0 & \alpha_y & y_0 \\ 0 & 0 & 1 \end{bmatrix}$$

여기에서,

- α_x는 x 좌표 방향의 배율 계수
- α_y는 y 좌표 방향의 배율 계수
- s는 기울기
- $(x_0, y_0)^\top$는 주점의 좌표이다.

종횡비aspect ratio는 α_y/α_x이다.

보기 6.2 다음은 $\mathtt{P} = [\mathtt{M} \mid -\mathtt{M}\widetilde{\mathbf{C}}]$인 카메라 행렬이다.

$$\mathtt{P} = \begin{bmatrix} 3.53553\,e{+}2 & 3.39645\,e{+}2 & 2.77744\,e{+}2 & -1.44946\,e{+}6 \\ -1.03528\,e{+}2 & 2.33212\,e{+}1 & 4.59607\,e{+}2 & -6.32525\,e{+}5 \\ 7.07107\,e{-}1 & -3.53553\,e{-}1 & 6.12372\,e{-}1 & -9.18559\,e{+}2 \end{bmatrix}$$

중심은 $\widetilde{\mathbf{C}} = (1000.0, 2000.0, 1500.0)^\top$이며, 카메라 행렬은 다음으로 분해된다.

$$\mathtt{M} = \mathtt{KR} = \begin{bmatrix} 468.2 & 91.2 & 300.0 \\ & 427.2 & 200.0 \\ & & 1.0 \end{bmatrix} \begin{bmatrix} 0.41380 & 0.90915 & 0.04708 \\ -0.57338 & 0.22011 & 0.78917 \\ 0.70711 & -0.35355 & 0.61237 \end{bmatrix}$$

△

언제 $s \neq 0$인가? 6.1절에서 볼 수 있듯이 실제 CCD 카메라는 일반적으로 $s = 0$이므로 4개의 내부 카메라 매개변수만을 가진다. $s \neq 0$이면 CCD 배열에서 픽셀 요소들이 왜곡된 것으로 해석돼 x축과 y축이 수직이 아니다. 이것이 발생할 가능성은 매우 낮다.

실제 상황에서 왜곡의 발생은 이미지를 다시 이미지한 결과다. 예를 들어 사진을 다시 촬영하거나 네거티브 필름를 확대하는 경우다. (일반 필름 카메라와 같은) 바늘구멍 카메라로 촬영한 이미지를 확대할 때, 확대 렌즈의 축이 필름 평면 또는 확대된 이미지 평면에 수직이 아닌 경우다.

이러한 사진의 사진 과정에서 발생할 수 있는 가장 심각한 왜곡은 평면 단응사상이다. 원래의 (유한) 카메라가 행렬 P로 표시되면 사진의 사진을 나타내는 카메라는 HP이며 H는 단응사상 행렬이다. H는 정칙이므로, HP의 왼쪽 3×3 부분 행렬 또한 정칙이어서 KR의 곱으로 분해할 수 있다. K는 $s = 0$일 필요는 없다. 그러나 K와 R은 원래 카메라의 보정 행렬 또는 방향을 더 이상 나타내지 않는 것에 주의해야 한다.

다른 한편으로, 사진의 사진을 찍는 과정에서 겉보기 카메라 중심은 바뀌지 않는다는 것을 확인할 수 있다. 실제로, H는 정칙이므로 $\mathtt{HPC} = 0$와 $\mathtt{PC} = 0$는 동치이다.

분해가 필요한 곳은? 카메라 P가 (6.11)로 구성되면 매개변수가 알려져 있으며 분해는 분명하게 불필요하다. 그래서 의문이 생긴다. 분해가 알려지지 않은 카메라를 어디서 발견할 수 있을까? 사실 카메라는 이 책 전체에서 무수히 많은 방식으로 계산하며, 알 수 없는 카메라를 분해하는 것은 실제로 자주 사용되는 도구다. 예를 들어 카메라는 보정에 의해 직접적으로 계산할 수 있다. 여기서 카메라는 실세계와 이미지의 대응 집합에서 계산한다(7장). 간접적으로 (기본 행렬과 삼중 초점 텐서와 같은) 다중 시점 관계를 계산한 다음에 사영 행렬을 계산한다.

좌표 방향에 대한 참고 사항 카메라 모델과 매개변수화(6.10)를 유도할 때, 그림 6.1과 같이 이미지와 3차원 세계에서 사용한 좌표계는 오른손 좌표계right handed system를 가정한다. 그러나 이미지 좌표를 측정하는 일반적인 관행은 y좌표가 아래쪽으로 증가해 그림 6.1과 다르게 왼손 좌표계를 사용한다. 이 경우 권장되는 방법은 좌표계가 다시 오른손 좌표계가 되도록 이미지 점의 y좌표에 음수를 곱하는 것이다. 그러나 이미지 좌표계를 왼손 좌표계로 사용해도 그 결과는 심각하지 않다. 실세계 좌표와 이미지 좌표 사이의 관계는 여전히 3×4 카메라 행렬로 표현된다. (6.10) 형태의 K를 사용해 α_x와 β_y가 양수로 여전히 가지는 (6.11)에 따른 카메라 행렬의 분해가 가능하다. 차이점은 이제 음의 Z축에 대해 R이 카메라의 방향을 나타낸다는 것이다. 그리고 (6.15)에 의해 주어지는 점의 깊이는 카메라 앞의 점에 대해 양수 대신 음수가 된다. 이런 점들을 염두에 두면 이미지에서 왼손 좌표계를 사용할 수 있다.

6.2.5 유클리드 공간과 사영공간

지금까지의 내용 전개는 실세계와 이미지 좌표계가 유클리드 공간이라고 암시적으로 가정했다. (π_∞의 점에 해당하는 방향과 같은) 아이디어를 사영기하학에서 차용하고 동차 좌표의 편리한 표기법으로 중앙 사영을 선형으로 표현할 수 있었다.

7장에서는 더 나아가 사영 좌표계를 사용한다. 이것은 실세계 좌표계가 사영이라고 가정하기 때문에 쉽게 할 수 있다. 그런 다음 카메라와 실세계 좌표계 (6.6) 간의 변환을 다시 4×4 동차 행렬 $\mathbf{X}_{\text{cam}} = \mathtt{H}\mathbf{X}$로 표기하면 사영 3차원 공간 $\mathbb{P}^3$에서 이미지로의 결과 변환은 여전히 차수가 3인 3×4 행렬로 표시된다. 사실 가장 일반적으로 사영 카메라는 $\mathbb{P}^3$에서 $\mathbb{P}^2$로의 변환이며, 3차원 공간의 사영변환, 3차원 공간에서 이미지로의 사영 그리고 이미지의 사영변환으로 구성된 효과들을 고려한다. 이러한 사상을 나타내는 행렬을 연결하기만 하면 구할 수 있다.

$$\mathtt{P} = [3 \times 3\ \text{단응사상}] \begin{bmatrix} 1 & 0 & 0 & 0 \\ 0 & 1 & 0 & 0 \\ 0 & 0 & 1 & 0 \end{bmatrix} [4 \times 4\ \text{단응사상}]$$

이는 결과적으로 3×4 행렬이 된다.

그러나 카메라가 유클리드 장치라는 것을 기억하는 것이 중요하며, 단순히 카메라의 사영 모델이 있다고 해서 유클리드 기하학 개념을 피해야 한다는 의미는 아니다.

유클리드와 아핀 해석 (유한한) 3×4 행렬은 6.2.4에서와 같이 분해해 회전 행렬, 보정 행렬 K 등을 얻을 수 있지만, 이렇게 얻은 매개변수의 유클리드 해석은 이미지와 공간 좌표가 적절한 좌표계에 있을 때에만 의미를 가진다. 분해의 경우 이미지와 3차원 공간 모두에 유클리드 좌표계가 필요하다. 반면 $\mathbb{P}$의 영벡터를 카메라 중심으로 해석하는 것은 두 좌표계가 모두 사영인 경우에도 유효하다. 사영 개념인 공선성만이 해석에 필요하기 때문이다. $\mathbf{P}^3$를 주평면으로 해석하려면 이미지와 3차원 공간에 최소한 아핀 좌표계를 필요로 한다.

마지막으로 $\mathbf{m}^3$을 주광선으로 해석하려면 아핀 좌표계를 필요로 하지만 (주평면에 대한) 직교성 개념이 의미를 갖기 위해서는 유클리드 좌표계가 필요하다.

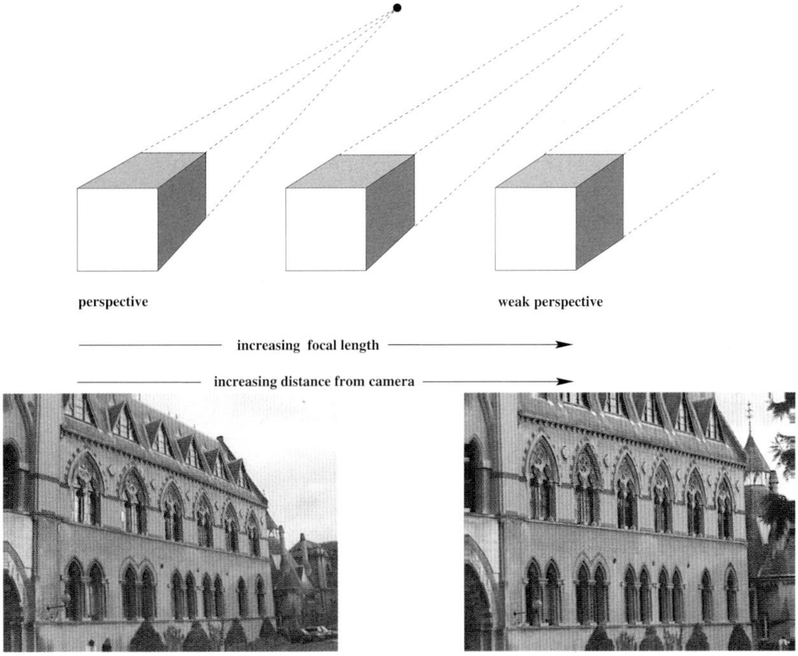

그림 6.7 초점 거리가 증가하고 카메라와 물체 사이의 거리 또한 증가하면 이미지는 동일한 크기를 유지하지만 원근 효과는 감소한다.

6.3 무한 카메라

이제 무한면에 중심이 있는 카메라를 고려한다. 이것은 카메라 행렬 P의 왼편에 있는 3×3 블록 행렬이 비정칙임을 의미한다. 카메라 중심은 유한 카메라와 마찬가지로 $\mathrm{P}\mathbf{C} = \mathbf{0}$에서 찾을 수 있다.

무한 카메라는 크게 아핀 카메라affine camera와 비아핀 카메라non-affine camera 두 가지 유형으로 분류할 수 있다. 실제로 가장 중요한 아핀 카메라를 먼저 설명한다.

정의 6.3 아핀 카메라는 마지막 행 $\mathrm{P}^{3\mathsf{T}}$가 (0, 0, 0, 1)의 형태인 카메라 행렬 P를 가지는 카메라다.

무한점이 무한점으로 변화되기에 아핀 카메라라고 부른다.

6.3.1 아핀 카메라

관심 있는 물체를 동일한 크기로 유지하는 방식으로 확대하면서 뒤로 추적하는 영화 촬영 기법을 적용할 때 어떤 일이 발생하는지를 살펴본다.[1] 여기에 대해서는 그림 6.7에 설명돼 있다. 카메라의 초점 거리와 물체로부터의 주축 거리가 증가하는 극한을 고려해 이 프로세스를 모델링할 것이다.

이 기술을 분석할 때 유한 사영 카메라(6.11)로 시작한다. 카메라 행렬은 다음과 같이 표현할 수 있다.

$$\mathrm{P}_0 = \mathrm{KR}[\mathrm{I} \mid -\widetilde{\mathbf{C}}] = \mathrm{K}\begin{bmatrix} \mathbf{r}^{1\mathsf{T}} & -\mathbf{r}^{1\mathsf{T}}\widetilde{\mathbf{C}} \\ \mathbf{r}^{2\mathsf{T}} & -\mathbf{r}^{2\mathsf{T}}\widetilde{\mathbf{C}} \\ \mathbf{r}^{3\mathsf{T}} & -\mathbf{r}^{3\mathsf{T}}\widetilde{\mathbf{C}} \end{bmatrix} \tag{6.16}$$

여기에서 $\mathbf{r}^{i\mathsf{T}}$는 회전 행렬의 i번째 행벡터다. 카메라는 위치 $\widetilde{\mathbf{C}}$에 놓여 있고, 행렬 R로 표기하는 방향을 가지며 (6.10)에서 주어지는 형태의 내부 변수 행렬 K를 가진다. 6.2.1절에서 카메라의 주광선은 $\mathbf{r}^3$의 방향을 가지며, $d_0 = -\mathbf{r}^{3\mathsf{T}}\widetilde{\mathbf{C}}$는 주광선 방향으로 카메라 중심과 실세계 중심의 거리이다.

1 알프레드 히치콕 감독의 〈현기증〉(1985)과 폴 슈레이더 감독의 〈미시마〉(1985)를 참조하라.

이제 카메라 중심이 시간 t 동안에 단위 속도로 주광선 방향을 따라서 뒤로 움직여, 카메라 중심이 $\widetilde{\mathbf{C}} - t\mathbf{r}^3$일 때 어떤 일이 발생하는지를 고려한다. (6.16)의 $\widetilde{\mathbf{C}}$를 $\widetilde{\mathbf{C}} - t\mathbf{r}^3$으로 치환하면 t 시점의 카메라 행렬을 얻는다.

$$\mathtt{P}_t = \mathtt{K}\begin{bmatrix} \mathbf{r}^{1\top} & -\mathbf{r}^{1\top}(\widetilde{\mathbf{C}} - t\mathbf{r}^3) \\ \mathbf{r}^{2\top} & -\mathbf{r}^{2\top}(\widetilde{\mathbf{C}} - t\mathbf{r}^3) \\ \mathbf{r}^{3\top} & -\mathbf{r}^{3\top}(\widetilde{\mathbf{C}} - t\mathbf{r}^3) \end{bmatrix} = \mathtt{K}\begin{bmatrix} \mathbf{r}^{1\top} & -\mathbf{r}^{1\top}\widetilde{\mathbf{C}} \\ \mathbf{r}^{2\top} & -\mathbf{r}^{2\top}\widetilde{\mathbf{C}} \\ \mathbf{r}^{3\top} & d_t \end{bmatrix} \tag{6.17}$$

여기에서 R이 회전 행렬이므로 $i = 1, 2$에 대해 $\mathbf{r}^{i\top}\mathbf{r}^3$은 영이 된다. 스칼라 값 $d_t = -\mathbf{r}^{3\top}\widetilde{\mathbf{C}} + t$는 카메라의 주광선 방향 $\mathbf{r}^3$으로 카메라 중심에 대한 실세계 원점의 깊이를 나타낸다.

- 주광선을 따라서 추적하는 효과는 카메라 행렬의 (3,4) – 원소를 카메라 중심에서 실세계 원점 간의 거리로 대체하는 것이다.

다음으로 카메라 초점 거리가 k배 증가시키는 줌[zoom]을 고려한다. 이것은 계수 k만큼 이미지를 확대한다. 8.4.1절에서 계수 k에 의한 줌 효과는 교정 행렬 K의 오른쪽에 diag $(k, k, 1)$을 곱하는 것이다.

이제 추적과 줌 효과를 결합한다. 확대 계수는 $k = d_t/d_0$이므로 이미지 크기는 고정된 것으로 가정한다. t 시점에 (6.17)에서 유도된 최종 카메라 행렬은 다음과 같다.

$$\mathtt{P}_t = \mathtt{K}\begin{bmatrix} d_t/d_0 & & \\ & d_t/d_0 & \\ & & 1 \end{bmatrix}\begin{bmatrix} \mathbf{r}^{1\top} & -\mathbf{r}^{1\top}\widetilde{\mathbf{C}} \\ \mathbf{r}^{2\top} & -\mathbf{r}^{2\top}\widetilde{\mathbf{C}} \\ \mathbf{r}^{3\top} & d_t \end{bmatrix} = \frac{d_t}{d_0}\mathtt{K}\begin{bmatrix} \mathbf{r}^{1\top} & -\mathbf{r}^{1\top}\widetilde{\mathbf{C}} \\ \mathbf{r}^{2\top} & -\mathbf{r}^{2\top}\widetilde{\mathbf{C}} \\ \mathbf{r}^{3\top}d_0/d_t & d_0 \end{bmatrix}$$

여기에서 인자 d_t/d_0는 무시할 수 있다. $t = 0$이면 카메라 행렬 $\mathtt{P}_t$는 (6.16)과 일치한다. 이제 d_t를 무한대로 보내는 극한에서 행렬은 다음으로 변환한다.

$$\mathtt{P}_\infty = \lim_{t\to\infty}\mathtt{P}_t = \mathtt{K}\begin{bmatrix} \mathbf{r}^{1\top} & -\mathbf{r}^{1\top}\widetilde{\mathbf{C}} \\ \mathbf{r}^{2\top} & -\mathbf{r}^{2\top}\widetilde{\mathbf{C}} \\ \mathbf{0}^\top & d_0 \end{bmatrix} \tag{6.18}$$

이것은 마지막 열의 앞의 세 개의 성분을 영으로 가지는 카메라 행렬(6.16)에 불과하다. 정의 6.3으로부터 $\mathtt{P}_\infty$는 아핀 카메라의 일종이다.

6.3.2 아핀 카메라의 오류

주축 방향 $\mathbf{r}^3$에 수직인 실세계 원점을 통과하는 평면상의 모든 점의 이미지는 줌과 이동의 이러한 결합으로 바꾸지 않는 것에 주의해야 한다. 실제로 이러한 점은 다음과 같이 표현할 수 있다.

$$\mathbf{X} = \begin{pmatrix} \alpha\mathbf{r}^1 + \beta\mathbf{r}^2 \\ 1 \end{pmatrix}$$

$\mathbf{r}^{3\top}(\alpha\mathbf{r}^1 + \beta\mathbf{r}^2) = 0$이므로, 모든 t에 대해 $\mathtt{P}_0\mathbf{X} = \mathtt{P}_t\mathbf{X} = \mathtt{P}_\infty\mathbf{X}$를 만족한다.

이 평면상의 점이 아닌 경우에는 $\mathtt{P}_0$와 $\mathtt{P}_\infty$의 이미지가 다르며, 이러한 오차에 대해 조사하려고 한다. 이 평면에서부터 수직 거리 Δ만큼 떨어진 점 $\mathbf{X}$를 생각한다. 3차원 점은 다음으로 표현할 수 있다.

$$\mathbf{X} = \begin{pmatrix} \alpha\mathbf{r}^1 + \beta\mathbf{r}^2 + \Delta\mathbf{r}^3 \\ 1 \end{pmatrix}$$

그리고 카메라 $\mathtt{P}_0$와 $\mathtt{P}_\infty$에 의한 이미지는 다음과 같다.

$$\mathbf{x}_{\text{proj}} = \mathtt{P}_0\mathbf{X} = \mathtt{K}\begin{pmatrix} \tilde{x} \\ \tilde{y} \\ d_0 + \Delta \end{pmatrix} \qquad \mathbf{x}_{\text{affine}} = \mathtt{P}_\infty\mathbf{X} = \mathtt{K}\begin{pmatrix} \tilde{x} \\ \tilde{y} \\ d_0 \end{pmatrix}$$

여기에서 $\tilde{x} = \alpha - \mathbf{r}^{1\top}\widetilde{\mathbf{C}}$, $\tilde{y} = \beta - \mathbf{r}^{2\top}\widetilde{\mathbf{C}}$이다. 여기에서 보정 행렬을 다음으로 둔다.

$$\mathtt{K} = \begin{bmatrix} \mathtt{K}_{2\times2} & \tilde{\mathbf{x}}_0 \\ \tilde{\mathbf{0}}^\top & 1 \end{bmatrix}$$

여기에서 $\mathtt{K}_{2\times2}$는 2×2 위삼각 행렬이며, 최종적으로 다음을 얻는다.

$$\mathbf{x}_{\text{proj}} = \begin{pmatrix} \mathtt{K}_{2\times2}\tilde{\mathbf{x}} + (d_0 + \Delta)\tilde{\mathbf{x}}_0 \\ d_0 + \Delta \end{pmatrix} \quad \mathbf{x}_{\text{affine}} = \begin{pmatrix} \mathtt{K}_{2\times2}\tilde{\mathbf{x}} + d_0\tilde{\mathbf{x}}_0 \\ d_0 \end{pmatrix}$$

세 번째 원소를 나눠서 비동차화를 하면 $\mathtt{P}_0$에 의한 이미지 점은 $\tilde{\mathbf{x}}_{\text{proj}} = \tilde{\mathbf{x}}_0 + \mathtt{K}_{2\times2}\tilde{\mathbf{x}}/(d_0 + \Delta)$이며, $\mathtt{P}_\infty$에 의한 이미지 점은 $\tilde{\mathbf{x}}_{\text{affine}} = \tilde{\mathbf{x}}_0 + \mathtt{K}_{2\times2}\tilde{\mathbf{x}}/d_0$이다. 두 점 간의 관계식은 다음을 만족한다.

$$\tilde{\mathbf{x}}_{\text{affine}} - \tilde{\mathbf{x}}_0 = \frac{d_0 + \Delta}{d_0}(\tilde{\mathbf{x}}_{\text{proj}} - \tilde{\mathbf{x}}_0)$$

이로부터 다음을 알 수 있다.

- 실제 카메라 행렬 $\mathtt{P}_0$에 대한 아핀 근사 $\mathtt{P}_\infty$의 효과는 점 $\mathbf{X}$의 이미지가 주점 $\tilde{\mathbf{x}}_0$ 방향으로 계수 $(d_0 + \Delta)/d_0 = 1 + \Delta/d_0$의 배율로 이동한 것이다.

이것은 그림 6.8에 설명돼 있다.

아핀 이미징 조건 $\tilde{\mathbf{x}}_{\text{proj}}$와 $\tilde{\mathbf{x}}_{\text{affin}}$에 대한 표현식에서 다음을 얻을 수 있다.

$$\tilde{\mathbf{x}}_{\text{affine}} - \tilde{\mathbf{x}}_{\text{proj}} = \frac{\Delta}{d_0}(\tilde{\mathbf{x}}_{\text{proj}} - \tilde{\mathbf{x}}_0) \tag{6.19}$$

이로부터 원근 이미지의 실제 위치와 아핀 카메라 근사 $\mathtt{P}_\infty$를 사용해서 얻은 위치의 차이가 다음의 조건을 만족하면 작아지는 것을 알 수 있다.

(i) 깊이 릴리프[depth relief](Δ)가 평균 깊이(d_0)에 비해 작다.

(ii) 주광선에서 점까지의 거리가 작다.

좁은 시야가 두 번째 조건을 만족한다. 동일한 CCD 배열을 사용하는 경우에, 일반적으로 초점 거리가 긴 렌즈를 사용해 얻은 이미지가 짧은 초점 거리 렌즈에서 얻은 이미지에 비해 시야와 깊이가 모두 작기 때문에 이러한 조건을 충족하는 경향이 있다.

깊이가 다른 점을 많이 가지는 장면의 경우, 아핀 카메라는 좋은 근사가 아니다. 예를 들어 가까운 전경과 배경 개체를 모두 포함하는 장면의 경우에는 아핀 카메라 모델을 사용해서는 안 된다. 그러나 이러한 상황에서도 각 지역에 대해 서로 다른 아핀 모델을 국소적으로 사용할 수 있다.

6.3.3 $\mathtt{P}_\infty$의 분해

카메라 행렬 (6.18)을 다음으로 분해할 수 있다.

$$\mathtt{P}_\infty = \begin{bmatrix} \mathtt{K}_{2\times 2} & \tilde{\mathbf{x}}_0 \\ \hat{\mathbf{0}}^\mathsf{T} & 1 \end{bmatrix} \begin{bmatrix} \hat{\mathtt{R}} & \hat{\mathbf{t}} \\ \mathbf{0}^\mathsf{T} & d_0 \end{bmatrix}$$

여기에서 $\hat{\mathrm{R}}$은 회전 행렬의 처음 두 행벡터로 구성되고, $\hat{\mathbf{t}}$는 벡터 $(-\mathbf{r}^{1\top}\widetilde{\mathbf{C}}, -\mathbf{r}^{2\top}\widetilde{\mathbf{C}})^\top$이며, $\hat{\mathbf{0}}$은 벡터 $(0, 0)^\top$이다. 2×2 행렬 $\mathrm{K}_{2\times2}$는 위삼각 행렬이다. 다음 식을 쉽게 확인할 수 있다.

$$\mathrm{P}_\infty = \begin{bmatrix} \mathrm{K}_{2\times2} & \tilde{\mathbf{x}}_0 \\ \hat{\mathbf{0}}^\top & 1 \end{bmatrix} \begin{bmatrix} \hat{\mathrm{R}} & \hat{\mathbf{t}} \\ \mathbf{0}^\top & d_0 \end{bmatrix} = \begin{bmatrix} d_0^{-1}\mathrm{K}_{2\times2} & \tilde{\mathbf{x}}_0 \\ \hat{\mathbf{0}}^\top & 1 \end{bmatrix} \begin{bmatrix} \hat{\mathrm{R}} & \hat{\mathbf{t}} \\ \mathbf{0}^\top & 1 \end{bmatrix}$$

그래서 $\mathrm{K}_{2\times2}$를 $d_0^{-1}\mathrm{K}_{2\times2}$로 치환하고 $d_0 = 1$을 가정할 수 있다. 위 곱을 계산해 다음을 얻는다.

$$\begin{aligned} \mathrm{P}_\infty &= \begin{bmatrix} \mathrm{K}_{2\times2}\hat{\mathrm{R}} & \mathrm{K}_{2\times2}\hat{\mathbf{t}} + \tilde{\mathbf{x}}_0 \\ \hat{\mathbf{0}}^\top & 1 \end{bmatrix} = \begin{bmatrix} \mathrm{K}_{2\times2} & \hat{\mathbf{0}} \\ \hat{\mathbf{0}}^\top & 1 \end{bmatrix} \begin{bmatrix} \hat{\mathrm{R}} & \hat{\mathbf{t}} + \mathrm{K}_{2\times2}^{-1}\tilde{\mathbf{x}}_0 \\ \mathbf{0}^\top & 1 \end{bmatrix} \\ &= \begin{bmatrix} \mathrm{K}_{2\times2} & \mathrm{K}_{2\times2}\hat{\mathbf{t}} + \tilde{\mathbf{x}}_0 \\ \hat{\mathbf{0}}^\top & 1 \end{bmatrix} \begin{bmatrix} \hat{\mathrm{R}} & \hat{\mathbf{0}} \\ \mathbf{0}^\top & 1 \end{bmatrix} \end{aligned}$$

따라서 $\hat{\mathbf{t}}$ 또는 $\tilde{\mathbf{x}}_0$을 적절하게 선택하면 아핀 카메라 행렬을 다음의 두 가지 형태 중에 하나로 표현할 수 있다.

$$\mathrm{P}_\infty = \begin{bmatrix} \mathrm{K}_{2\times2} & \hat{\mathbf{0}} \\ \hat{\mathbf{0}}^\top & 1 \end{bmatrix} \begin{bmatrix} \hat{\mathrm{R}} & \hat{\mathbf{t}} \\ \mathbf{0}^\top & 1 \end{bmatrix} = \begin{bmatrix} \mathrm{K}_{2\times2} & \tilde{\mathbf{x}}_0 \\ \hat{\mathbf{0}}^\top & 1 \end{bmatrix} \begin{bmatrix} \hat{\mathrm{R}} & \hat{\mathbf{0}} \\ \mathbf{0}^\top & 1 \end{bmatrix} \tag{6.20}$$

결국 카메라 P_∞의 분해는 $\tilde{\mathbf{x}}_0 = 0$ 또는 $\hat{\mathbf{t}} = 0$ 중의 하나가 된다. (6.20)의 두 번째 분해를 사용하면 실세계의 원점의 이미지는 $\mathrm{P}_\infty(0, 0, 0, 1)^\top = (\tilde{\mathbf{x}}_0^\top, 1)^\top$가 된다. 결국 $\tilde{\mathbf{x}}_0$의 값은 실세계 좌표의 선택에 의존하며 카메라에 내재된 속성이 아니다. 이는 카메라 행렬 P_∞가 주점을 가지지 않는 것을 의미한다. 그러므로 (6.20)의 첫 번째 분해를 사용하는 것이 좋고 아래와 같이 표기할 수 있다.

$$\mathrm{P}_\infty = \begin{bmatrix} \mathrm{K}_{2\times2} & \hat{\mathbf{0}} \\ \hat{\mathbf{0}}^\top & 1 \end{bmatrix} \begin{bmatrix} \hat{\mathrm{R}} & \hat{\mathbf{t}} \\ \mathbf{0}^\top & 1 \end{bmatrix} \tag{6.21}$$

여기에서 두 행렬은 P_∞의 카메라 내부 변수와 외부 변수를 나타낸다.

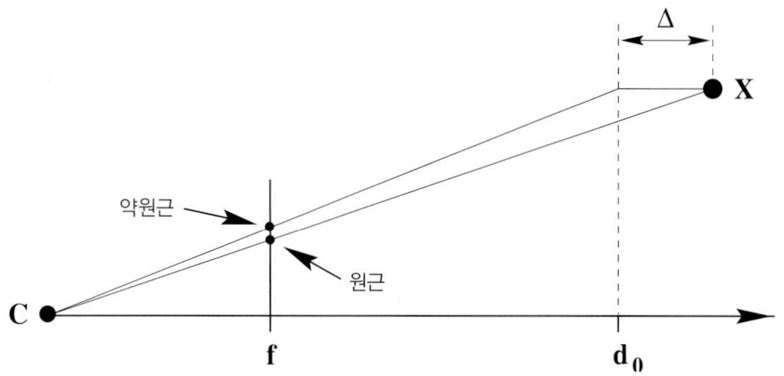

그림 6.8 원근과 약원근 사영 약한 원근 카메라의 동작은 ($Z = d_0$에 있는) 평면에 대한 직교 사영 후에 평면에서의 원근 사영을 하는 것과 동일하다. 원근 이미지 점과 약원근 이미지 점의 차이는 평면에서 점 X의 거리 Δ와 주광선에서 점까지의 거리에 따라 달라지게 된다.

평행 사영 정리하면 $\mathtt{P}_\infty$와 유한 카메라의 본질적인 차이는 다음과 같다.

- 평행 사영 행렬 $\begin{bmatrix} 1 & 0 & 0 & 0 \\ 0 & 1 & 0 & 0 \\ 0 & 0 & 0 & 1 \end{bmatrix}$로 유한 카메라 (6.5)의 표준 사영 행렬 $[\mathtt{I} \mid \mathbf{0}]$을 대체한다.
- 보정 행렬 $\begin{bmatrix} \mathtt{K}_{2\times 2} & \hat{\mathbf{0}} \\ \hat{\mathbf{0}}^\mathsf{T} & 1 \end{bmatrix}$로 유한 카메라 (6.5)의 K를 대체한다.
- 주점은 정의되지 않는다.

6.3.4 카메라의 계층 구조

6.1절의 유한 사영 카메라 분류의 전개와 유사하게, 병렬 사영의 기본 연산으로 시작해 점차적으로 더 일반적인 병렬 사영을 나타내는 카메라 모델의 계층 구조를 구축할 수 있다.

직교 사영 Z축을 방향의 사영을 생각한다. 이것은 다음의 행렬 형태로 나타난다.

$$\mathtt{P} = \begin{bmatrix} 1 & 0 & 0 & 0 \\ 0 & 1 & 0 & 0 \\ 0 & 0 & 0 & 1 \end{bmatrix} \tag{6.22}$$

이 사상은 점 $(X, Y, Z, 1)^\mathsf{T}$를 이미지 점 $(X, Y, 1)^\mathsf{T}$로 보낸 후에 Z 좌표를 삭제한다.

일반적인 직교 사영 사상에서 대해, 다음 형태의 3차원 유클리드 좌표 변환으로 나타낼 수 있다.

$$\mathtt{H} = \begin{bmatrix} \mathtt{R} & \mathbf{t} \\ \mathbf{0}^\top & 1 \end{bmatrix}$$

$\mathbf{t} = (t_1,\ t_2,\ t_3)^\top$로 표기하면 일반 직교 카메라는 다음의 형식을 가진다.

$$\mathtt{P} = \begin{bmatrix} \mathbf{r}^{1\top} & t_1 \\ \mathbf{r}^{2\top} & t_2 \\ \mathbf{0}^\top & 1 \end{bmatrix} \tag{6.23}$$

직교 카메라는 자유도 5를 가진다. 즉, 회전 행렬 R을 설명하는 3개의 매개변수와 2개의 이동 변수 t_1과 t_2를 가진다. 직교 사영 행렬 $\mathtt{P} = [\mathtt{M} \mid \mathbf{t}]$는 마지막 행이 0이고 첫 번째 두 행은 정규 직교하는 행렬 M과 $t_3 = 1$인 특징을 가진다.

배율 조정된 직교 사영 배율 조정된 직교 사영은 등방성 배율 조정 후의 직교 사영이다. 따라서 일반적으로 행렬은 다음 형식으로 쓸 수 있다.

$$\mathtt{P} = \begin{bmatrix} k & & \\ & k & \\ & & 1 \end{bmatrix} \begin{bmatrix} \mathbf{r}^{1\top} & t_1 \\ \mathbf{r}^{2\top} & t_2 \\ \mathbf{0}^\top & 1 \end{bmatrix} = \begin{bmatrix} \mathbf{r}^{1\top} & t_1 \\ \mathbf{r}^{2\top} & t_2 \\ \mathbf{0}^\top & 1/k \end{bmatrix} \tag{6.24}$$

6개의 자유도가 있다. 배율 조정된 직교 사영 행렬 $\mathtt{P} = [\mathtt{M} \mid \mathbf{t}]$는 마지막 행이 0이고 첫 번째 두 행이 정규 직교하는 행렬 M을 특징으로 한다.

약원근 사영 유한 CCD 카메라와 유사하게 두 축 이미지 방향의 배율 조정 계수가 같지 않은 무한 카메라의 경우를 생각한다. 이런 카메라에는 다음과 같은 형식의 사영 행렬이 가진다.

$$\mathtt{P} = \begin{bmatrix} \alpha_x & & \\ & \alpha_y & \\ & & 1 \end{bmatrix} \begin{bmatrix} \mathbf{r}^{1\top} & t_1 \\ \mathbf{r}^{2\top} & t_2 \\ \mathbf{0}^\top & 1 \end{bmatrix} \tag{6.25}$$

자유도는 7이다. 약원근 사영 행렬 $\mathtt{P} = [\mathtt{M} \mid \mathbf{t}]$는 마지막 행이 0이고 두 행이 (비율 조정된 직교 사영에서 요구되는 단위 노름을 가질 필요는 없는) 직교하는 행렬 M을 특징으로 한다. 이 카메라의 기하학적 동작은 그림 6.8에 나와 있다.

아핀 카메라 $\mathtt{P}_A$ $\mathtt{P}_\infty$의 경우에서 볼 수 있듯이, 아핀 형태의 일반 카메라 행렬은 원소에 대한 제약 조건 없이 다음의 행렬로 분해할 수 있다.

$$\mathtt{P}_\mathrm{A} = \begin{bmatrix} \alpha_x & s & \\ & \alpha_y & \\ & & 1 \end{bmatrix} \begin{bmatrix} \mathbf{r}^{1\mathsf{T}} & t_1 \\ \mathbf{r}^{2\mathsf{T}} & t_2 \\ \mathbf{0}^\mathsf{T} & 1 \end{bmatrix}$$

8개의 자유도를 가지며 유한 사영 카메라 (6.11)의 병렬 사영 형태로 생각할 수 있다.

일반적으로 아핀 카메라는 다음의 형식을 가진다.

$$\mathtt{P}_\mathrm{A} = \begin{bmatrix} m_{11} & m_{12} & m_{13} & t_1 \\ m_{21} & m_{22} & m_{23} & t_2 \\ 0 & 0 & 0 & 1 \end{bmatrix}$$

자유도 8을 가진다. 이는 영도 아니고 단위 행렬도 아닌 원소 8개에 해당한다. 왼쪽 상단 2×3 부분 행렬을 $\mathtt{M}_{2\times3}$으로 표기한다. 카메라에 대한 유일한 제한은 $\mathtt{M}_{2\times3}$의 차수가 2라는 것이다. 이것은 P의 차수가 3이라는 조건에서 나오는 결과다.

아핀 카메라는 3차원 공간의 아핀변환, 3차원 공간에서 이미지로의 직교 사영 그리고 이미지의 아핀변환의 구성 효과를 다룬다. 이러한 사상을 나타내는 행렬을 다음과 같이 연결하기만 하면 된다.

$$\mathtt{P}_\mathrm{A} = [3 \times 3 \text{ 아핀}] \begin{bmatrix} 1 & 0 & 0 & 0 \\ 0 & 1 & 0 & 0 \\ 0 & 0 & 0 & 1 \end{bmatrix} [4 \times 4 \text{ 아핀}]$$

결국 아핀 형태의 3×4 행렬이 된다.

아핀 카메라의 사영은 비동차 좌표에서 선형 사상과 이동의 합성이다.

$$\begin{pmatrix} x \\ y \end{pmatrix} = \begin{bmatrix} m_{11} & m_{12} & m_{13} \\ m_{21} & m_{22} & m_{23} \end{bmatrix} \begin{pmatrix} \mathrm{X} \\ \mathrm{Y} \\ \mathrm{Z} \end{pmatrix} + \begin{pmatrix} t_1 \\ t_2 \end{pmatrix}$$

다음과 같이 더 간결하게 표현할 수 있다.

$$\tilde{\mathbf{x}} = \mathtt{M}_{2\times3}\widetilde{\mathbf{X}} + \tilde{\mathbf{t}} \tag{6.26}$$

점 $\tilde{\mathbf{t}} = (t_1, t_2)^\mathsf{T}$는 실세계 원점의 이미지이다.

이 절에서 소개한 카메라 모델은 추가 제약 조건을 가지는 아핀 카메라로 볼 수 있으므로 아핀 카메라는 이러한 계층 구조를 추상화한 것이다. 예를 들어 약원근 카메라의 경우 $\mathtt{M}_{2\times3}$ 행벡터는 회전 행렬의 행벡터를 배율 조정한 것이므로 직교한다.

6.3.5 아핀 카메라의 추가 속성

실공간에서 무한면은 이미지의 무한점으로 옮겨 간다. $\mathtt{P}_A(X, Y, Z, 0)^\top = (X, Y, 0)^\top$를 계산하면 쉽게 확인할 수 있다. 유한 사영 카메라의 용어를 확장해, 카메라의 주평면이 무한 평면에 있다고 해석할 수 있다. 광학 중심이 주평면에 있기에 또한 무한 평면에 있어야 한다. 여기에서 다음을 얻을 수 있다.

(i) 반대로, 주평면이 무한 평면인 사영 카메라 행렬은 아핀 카메라 행렬이다.

(ii) 실세계의 평행선은 이미지의 평행선으로 사영된다. 이것은 실세계 평행선은 무한면에서 교차하고, 교차점은 이미지에서 무한점으로 변환되기 때문이다. 따라서 이미지 선들은 평행하다.

(iii) $\mathtt{M}_{2\times3}\mathbf{d} = \mathbf{0}$을 만족하는 벡터 $\mathbf{d}$를 평행 사영의 방향이라 하고, $\mathtt{P}_A\begin{pmatrix}\mathbf{d}\\0\end{pmatrix} = \mathbf{0}$이므로 $(\mathbf{d}^\top, 0)^\top$는 카메라 중심이다.

평행 사영을 가지는 (실세계 공간 또는 이미지에서) 아핀변환의 조합으로 구성된 모든 카메라는 아핀 형식을 가진다. 예를 들어 반원근para-perspective 사영은 이러한 두 가지 사상으로 구성된다. 첫 번째는 중심을 지나고 이미지 평면에 평행한 평면 π에 평행 사영이다. 평행 사영의 방향은 중심을 카메라 중심에 연결하는 광선이다. 이 평행 사영 다음으로 π와 이미지 사이에 아핀변환(실제로 유사성 변환)이 이어진다. 따라서 반원근 카메라는 아핀 카메라다.

6.3.6 무한대에 있는 일반 카메라

아핀 카메라는 주평면이 무한대에 있는 평면인 카메라다. 이처럼 카메라 중심은 무한면에 있다. 그러나 주평면이 모두 무한면이 되지 않으면서 카메라 중심이 무한면에 놓일 수 있다.

M이 비정칙 행렬인 $P = [M \mid \mathbf{p}_4]$를 가지면 카메라 중심은 무한대에 놓인다. 이것은 다른 아핀 카메라의 경우의 M의 마지막 행벡터가 영벡터가 돼야 한다는 것보다 분명히 약한 조건이다. M이 비정칙이지만 M의 마지막 열벡터가 영벡터가 아니면, 카메라는 아핀 카메라도 유한 사영 카메라도 아니다. 이것은 다소 이상한 카메라이지만, 이 책에서는 자세히 다루지 않는다. 아핀 무한 카메라와 비아핀 무한 카메라의 속성을 비교할 수 있다.

	아핀 카메라	비아핀 카메라
π_∞에서 카메라 중심	예	예
π_∞가 주평면	예	아니오
π_∞의 이미지 점이 l_∞인가?	예	일반적으로 아니오

두 경우 모두 카메라 중심은 사영 방향이다. 그리고 아핀 카메라의 경우 모든 무한점이 아닌 모든 점은 카메라의 전반에 놓인다. 비아핀 카메라 공간은 주평면에 의해 점들이 두 집합으로 분할된다. 무한대에 놓인 일반 카메라는 아핀 카메라로 생성된 이미지의 원근 이미지로 발생할 수 있다. 이런 이미지 작업은 아핀 카메라 행렬의 왼쪽에 평면 단응사상을 나타내는 3×3 행렬을 곱하는 것에 해당된다. 결과로 얻은 3×4 행렬은 여전히 무한 카메라지만, 아핀 형태를 갖지 않는다. 실세계의 평행선은 이미지에서 수렴하는 선으로 일반적으로 나타나기 때문이다.

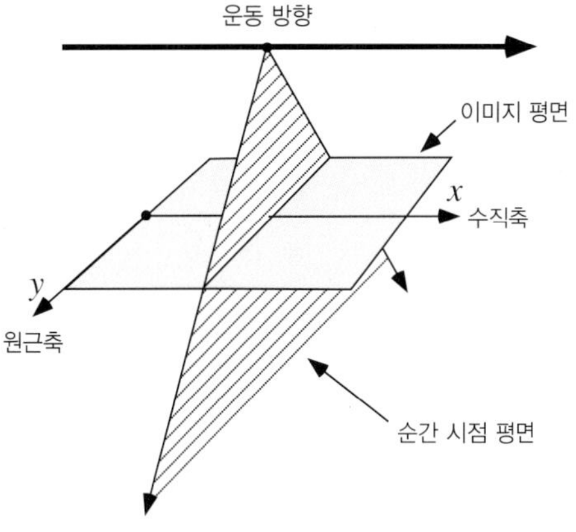

그림 6.9 푸시브룸 카메라에서 형상 얻기

6.4 다른 카메라 모델

6.4.1 푸시브룸 카메라

선형 푸시브룸LP, Linear Pushbroom 카메라는 SPOT[2] 센서와 같이 위성에서 일반적으로 사용하는 센서 유형을 추상화한 것이다. 이러한 카메라에서는 선형 센서 배열을 사용해 한 줄의 이미지를 한 번에 동식에 획득한다. 센서가 움직일 때 센서 평면은 (프시브룸 이름처럼) 공간 영역을 쓸어내어[3] 이미지를 한 번에 한 줄씩 획득한다. 이미지의 두 번째 차원은 센서의 움직임으로 얻는다. 선형 푸시브룸 모델에서 센서는 지면에 대해 일정한 속도로 직선으로 움직이는 것으로 가정한다. 그리고 이동 방향에 대한 센서 배열의 방향이 일정하다고 가정한다. 이미지는 센서 방향으로는 사실상 원근 이미지이지만 센서 동작 방향에서는 직교 사영이다. LP 카메라의 형상은 그림 6.9에 나와 있다. 물체 공간에서 이미지로의 매핑은 일반 사영 카메라와 마찬가지로 3×4 카메라 행렬로 설명할 수 있다. 그러나 이 행렬을 사용하는 방식은 조금 다르다.

- $\mathbf{X} = (\mathrm{X}, \mathrm{Y}, \mathrm{Z}, 1)^\mathsf{T}$는 사물을 나타내는 점이고 P는 LP 카메라의 카메라 행렬이다. $\mathrm{P}\mathbf{X} = (x, y, w)^\mathsf{T}$라고 가정한다. 그러면 (비동차 2차원 벡터로 표시되는) 해당 이미지 점은 $(x, y/w)^\mathsf{T}$이다.

이것을 사영 카메라 사상과 비교해야 한다. 사영 카메라의 경우 $(x, y, w)^\mathsf{T}$로 표시되는 점은 $(x/w, y/w)^\mathsf{T}$이다. LP의 경우에는 이미지 좌표를 얻기 위해서는 좌표 x를 계수 w로 나누지 않는다는 점에 주의해야 한다. 이 공식에서 이미지의 x축은 센서 동작의 방향이고 y축은 선형 센서 배열의 방향이다. 카메라는 자유도 11을 가진다.

다음은 LP 사영 공식을 표현하는 다른 방식이다.

$$\tilde{x} = x = \mathrm{P}^{1\mathsf{T}}\mathbf{X} \qquad \tilde{y} = y/z = \frac{\mathrm{P}^{2\mathsf{T}}\mathbf{X}}{\mathrm{P}^{3\mathsf{T}}\mathbf{X}} \tag{6.27}$$

여기서 $(\tilde{x}, \tilde{y})$는 이미지 점이다.

$\tilde{y}$ 좌표는 사영적으로 행동하는 반면, $\tilde{x}$는 평면 P^1에 수직인 방향으로 점 $\mathbf{X}$의 직교 사

2 지구 관찰 위성 – 옮긴이

3 'pushbroom'은 빗자루를 의미한다. – 옮긴이

영으로 얻는다. 벡터 P^1은 좌표 $\tilde{x}=0$인 선을 획득하는 순간인 시간 $t=0$에서 카메라가 쓸어내는 평면을 나타낸다.

선의 변환 LP 카메라의 새로운 특징 중 하나는 공간의 직선이 이미지의 직선에 변환되지 않는다는 것이다(사영 카메라의 경우 직선으로 변환된다. 8.1.2절 참조). 3차원 선에 놓인 점 $\mathbf{X}$는 $\mathbf{X}_0+\alpha\mathbf{D}$로 표현할 수 있다. 여기서 $\mathbf{X}_0=(\mathrm{X},\ \mathrm{Y},\ \mathrm{Z},\ 1)^\mathsf{T}$는 선 위의 점이며 $\mathbf{D}=(D_X,\ D_Y,\ D_Z,\ 0)^\mathsf{T}$는 선과 무한면의 교차점이다. 이 경우 (6.27)에서 다음을 얻는다.

$$\begin{aligned}\tilde{x} &= \mathbf{P}^{1\mathsf{T}}(\mathbf{X}_0+t\mathbf{D})\\ \tilde{y} &= \frac{\mathbf{P}^{2\mathsf{T}}(\mathbf{X}_0+t\mathbf{D})}{\mathbf{P}^{3\mathsf{T}}(\mathbf{X}_0+t\mathbf{D})}\end{aligned}$$

이것을 $\tilde{x}=a+bt$와 $(c+dt)\tilde{y}=e+ft$로 쓸 수 있다. 이 방정식에서 t를 제거하면 $\alpha\tilde{x}\tilde{y}+\beta\tilde{x}+\gamma\tilde{y}+\delta=0$ 형식의 방정식이 나온다. 이는 이미지 평면에서 쌍곡선의 방정식이며, 한 방향으로는 선 $\alpha\tilde{x}+\gamma=0$에 그리고 다른 방향으로 선 $\alpha\tilde{y}+\gamma=0$에 점근적이다. 쌍곡선은 두 개의 곡선으로 구성된다. 그러나 선 이미지를 구성하는 곡선 중 하나만 실제로 이미지에 나타난다. 쌍곡선의 다른 부분은 카메라 뒤에 있는 점에 해당한다.

6.4.2 선 카메라

6장에서는 3차원 공간을 2차원 이미지로 중앙 사영하는 방법에 대해 설명했다. 평면에 포함된 1차원 선에 대한 평면의 중앙 사영에 대해 비슷한 설명을 할 수 있다. 그림 22.1을 참조하라.

이러한 기하에 대한 카메라 모델은 다음과 같다.

$$\begin{bmatrix} x \\ y \end{bmatrix} = \begin{bmatrix} p_{11} & p_{12} & p_{13} \\ p_{21} & p_{22} & p_{23} \end{bmatrix} \begin{bmatrix} \mathrm{X} \\ \mathrm{Y} \\ \mathrm{Z} \end{bmatrix} = \mathtt{P}_{2\times3}\mathbf{x}$$

이것은 평면의 동차 표현을 선의 동차 표현으로 변환하는 선형 사상이다. 카메라는 자유도 5를 가진다. 앞과 같이 사영 행렬 $\mathtt{P}_{2\times3}$의 영공간 $\mathbf{c}$는 카메라 중심이며 행렬을 다음과 같이 유한 사영 카메라 (6.11)과 유사한 방식으로 분해할 수 있다.

$$\mathtt{P}_{2\times3}=\mathtt{K}_{2\times2}\mathtt{R}_{2\times2}[\mathtt{I}_{2\times2}\mid-\tilde{\mathbf{c}}]$$

여기서 $\tilde{\mathbf{c}}$는 (자유도 2인) 중심을 나타내는 비동차 2차원 벡터이며 $\mathtt{R}_{2\times 2}$는 (자유도 1인) 회전 행렬이고 아래의 (자유도 2인) 내부 보정 행렬을 가진다.

$$\mathtt{K}_{2\times 2} = \begin{bmatrix} \alpha_x & x_0 \\ & 1 \end{bmatrix}$$

6.5 나가면서

6장에서는 카메라 모델, 분류 그리고 해부 구조에 대해 설명했다. 7장에서는 실세계와 이미지의 대응 집합에서 카메라의 추정과 선 또는 이차 곡면과 같은 다양한 기하학적 객체에 대한 카메라의 동작에 관해 설명한다. 소실점과 소실선도 8장에 자세하게 설명한다.

6.5.1 참고문헌

[Aloimonos-90]은 반원근 카메라까지 포함한 카메라 계층을 정의했다. Mundy and Zisserman[Mundy-92]은 이것을 아핀 카메라로 일반화했다. Faugeras는 [Faugeras-93]에서 사영 카메라의 속성을 정리했다. 선형 푸시브룸 카메라에 관한 자세한 내용은 [Gupta-97]에, 2차원 카메라는 [Quan-97b]에 나와 있다.

6.5.2 메모와 연습 문제

(i) I_0는 사영 이미지이고, I_1는 I_0의 이미지이다. (이미지의 이미지) 이미지 합성을 I'으로 표기한다. I'의 겉보기 카메라 중심이 I_0와 같음을 보여라. 초상화의 눈이 방을 돌아다니는 당신을 따라다니는 현상을 이로부터 설명해보라. 반면 I'과 I_0의 다른 매개변수는 다를 수 있음을 확인하라.

(ii) (6.14)의 사영 카메라 $\mathtt{P}$의 이미지 점 $\mathbf{x}$에서 역사영된 광선은 다음과 같이 표현되는 것을 보여라.

$$\mathtt{K}_{2\times 2} = \begin{bmatrix} \alpha_x & x_0 \\ & 1 \end{bmatrix} \qquad (6.28)$$

여기서 $\mathtt{L}^*$는 직선 (3.9)의 상대 플뤼커 표현을 나타낸다.

(iii) **아핀 카메라**

(a) 아핀 카메라가 실세계의 평행선을 이지미의 평행선으로 보내는 동차 좌표계의 가장 일반적인 선형 사상임을 보여라. 이를 위해 π_∞의 점 사영을 고려하고 P가 아핀 형태를 갖는 경우에만 이미지의 무한점으로 변환되는 것을 보여라.

(b) 카메라에 의해 변환된 평행선의 경우에 선분의 길이 비율이 변하지 않음을 보여라. 아핀 카메라에서 다른 불변성으로 어떤 것이 있는가?

(iv) **유리 다항식**rational polynomial **카메라**는 위성 감시 카메라에서 매우 많이 사용하는 일반 카메라다. 이미지 좌표는 다음의 비율로 정의한다.

$$x = N_x(\mathbf{X})/D_x(\mathbf{X}) \quad y = N_y(\mathbf{X})/D_y(\mathbf{X})$$

여기서 함수 N_x, D_x, N_y, D_y는 3차원 공간의 점 $\mathbf{X}$의 동차 3차cubic 다항식이다. 3차 다항식 각각은 20개의 계수가 있으므로 전체 카메라의 자유도는 78이다. 6장에서 살펴본 모든 카메라(사영, 아핀, 푸시브룸)는 유리 다항식 카메라의 특수한 형태다. 이것의 단점은 특수한 경우에 대해 매개변수의 수가 과도하게 많아진다는 것이다. 자세한 내용은 Hartley와 Saxena[Hartley-97e]에 나와 있다.

(v) (6.11)의 유한 사영 카메라 P는 다음과 같이 오른쪽에 4×4 단응사상 H를 곱해 직교 카메라 (6.22)로 변환할 수 있다.

$$\mathtt{PH} = \mathtt{KR}[\mathtt{I} \mid -\widetilde{\mathbf{C}}]\mathtt{H} = \begin{bmatrix} 1 & 0 & 0 & 0 \\ 0 & 1 & 0 & 0 \\ 0 & 0 & 0 & 1 \end{bmatrix} = \mathtt{P}_{\text{orthog}}$$

(H의 마지막 행벡터는 H의 차수가 4가 되도록 선택한다.) 다음에 주의한다.

$$\mathbf{x} = \mathtt{P}(\mathtt{HH}^{-1})\mathbf{X} = (\mathtt{PH})(\mathtt{H}^{-1}\mathbf{X}) = \mathtt{P}_{\text{orthog}}\mathbf{X}'$$

그러면 P에 의한 이미지는 3차원 점 $\mathbf{X}$를 $\mathbf{X}' = \mathtt{H}^{-1}\mathbf{X}$로 변환한 후에 직교 사영을 적용하는 것과 같아진다. 그러므로 모든 카메라의 작용은 3차원 사영과 직교 사영의 합성으로 볼 수 있다.

7

카메라 행렬 P의 계산

7장에서는 3차원 공간과 이미지의 개체의 대응에서 카메라 사영 행렬을 추정하는 수치 방법을 설명한다. 이 카메라 행렬 계산을 후방교회법resectioning이라고 한다. 가장 간단한 대응은 3차원 점 $\mathbf{X}$와 알려지지 않은 카메라 행렬의 이미지 $\mathbf{x}$ 사이의 대응이다. 충분히 많은 대응 $\mathbf{X}_i \leftrightarrow \mathbf{x}_i$가 주어지면 카메라 행렬 P를 결정할 수 있다. 비슷하게, P를 충분히 많이 대응하는 실세계와 이미지의 직선에서 결정할 수 있다.

픽셀이 정사각형이라는 것과 같은 추가 제약을 행렬 P에 적용하면 이러한 제약을 가지는 제한된 카메라 행렬을 실세계와 이미지의 대응에서 추정할 수 있다.

이 책에서는 3차원 공간에서 이미지로의 사상을 선형으로 가정한다. 렌즈 왜곡이 있는 경우는 이러한 가정이 유효하지 않다. 방사형 렌즈 왜곡 보정에 관해 7장에서 다룬다.

카메라의 내부 매개변수 K는 6.2.4절의 분해로 행렬 P에서 추출할 수 있다. 또는 8장의 방법으로 P를 추정하지 않고 내부 매개변수를 직접 계산할 수 있다.

7.1 기본 방정식

3차원 점 $\mathbf{X}_i$와 2차원 이미지 점 $\mathbf{x}_i$ 사이의 대응 $\mathbf{X}_i \leftrightarrow \mathbf{x}_i$가 많이 주어졌다고 가정한다. 모든 i에 대해 $\mathbf{x}_i = \mathrm{P}\mathbf{X}_i$를 만족하는 3×4 카메라 행렬 P를 찾아야 한다. 이 문제와 4장에서 다룬 2차원 사영변환 H 계산은 매우 비슷하다. 차이점은 문제의 차원뿐이다. 2차원

의 경우 행렬 H는 차원이 3 × 3이고 여기서는 P가 3 × 4 행렬이다. 예상할 수 있듯이 4장의 내용 대부분을 여기에 거의 변경하지 않고 적용할 수 있다.

4.1절처럼 각각의 대응 $\mathbf{X}_i \leftrightarrow \mathbf{x}_i$에 대해 다음의 관계식을 유도한다.

$$\begin{bmatrix} \mathbf{0}^\top & -w_i\mathbf{X}_i^\top & y_i\mathbf{X}_i^\top \\ w_i\mathbf{X}_i^\top & \mathbf{0}^\top & -x_i\mathbf{X}_i^\top \\ -y_i\mathbf{X}_i^\top & x_i\mathbf{X}_i^\top & \mathbf{0}^\top \end{bmatrix} \begin{pmatrix} \mathbf{P}^1 \\ \mathbf{P}^2 \\ \mathbf{P}^3 \end{pmatrix} = \mathbf{0} \tag{7.1}$$

여기에서 $\mathbf{P}^{i\top}$는 P의 i번째 4차원 행벡터다. 또는 처음의 두 방정식만을 사용해도 된다.

$$\begin{bmatrix} \mathbf{0}^\top & -w_i\mathbf{X}_i^\top & y_i\mathbf{X}_i^\top \\ w_i\mathbf{X}_i^\top & \mathbf{0}^\top & -x_i\mathbf{X}_i^\top \end{bmatrix} \begin{pmatrix} \mathbf{P}^1 \\ \mathbf{P}^2 \\ \mathbf{P}^3 \end{pmatrix} = \mathbf{0} \tag{7.2}$$

(7.1)의 방정식 세 개는 선형 의존이기 때문이다. 대응하는 n개의 집합에서 각각의 대응에 대해 식 (7.2)를 구성해 $2n \times 12$인 행렬 A를 얻는다. 사영 행렬 P는 방정식의 집합 $\mathtt{A}\mathbf{p} = \mathbf{0}$에서 구할 수 있다. $\mathbf{p}$는 행렬 P의 원소를 포함하는 벡터이기 때문이다.

최소해 행렬 P는 12개의 원소를 가지고 (배율 조정을 무시하면) 자유도가 11이므로 P를 얻으려면 11개의 방정식이 필요하다. 각 점의 대응에서 방정식 두 개가 나오므로 P를 구하려면 최소 $5\frac{1}{2}$개의 대응이 필요하다. $\frac{1}{2}$은 여섯 번째 점에서 얻은 방정식 중에서 하나만 사용하는 것을 의미하며 여섯 번째 이미지 점의 x 좌표(또는 y 좌표)만 알면 된다.

최소 대응 수만 주어지면, 해는 정확하다. 공간의 점은 측정된 이미지로 정확하게 사영된다. 이 경우 A가 11 × 12 행렬인 $\mathtt{A}\mathbf{p} = \mathbf{0}$을 풀어서 해를 구한다. 일반적으로 A의 차수는 11이며 해벡터 P는 A의 1차원 우영공간이다.

과도하게 결정된 해 점의 좌표가 노이즈로 인해 데이터가 정확하지 않고 $n \geq 6$개의 점 대응이 주어지면 방정식 $\mathtt{A}\mathbf{p} = \mathbf{0}$에 대한 정확한 해는 없다. 단응사상의 추정처럼 P에 대한 해를 대수 또는 기하 오류를 최소화해 얻을 수 있다.

대수 오류의 경우, 접근 방식은 일부 정규화 제약 조건에 따라 $\|\mathtt{A}\mathbf{p}\|$를 최소화하는 것이다.

가능한 제약 조건은 다음과 같다.

(i) $\|\mathbf{p}\| = 1$

(ii) $\|\hat{\mathbf{p}}^3\| = 1$. 여기에서 $\hat{\mathbf{p}}^3$은 P의 마지막 행벡터의 처음 세 개의 원소로 구성된 벡터 $(p_{31}, p_{32}, p_{33})^\top$이다.

일상적인 활용에서 첫 번째 조건을 선호하며 여기서도 당분간 사용한다. 7.2.1절에서 두 번째 정규화 제약으로 돌아간다. 두 경우 모두 잔차 Ap를 대수 오류라고 한다. 이 방정식을 사용하면, 카메라 행렬 P 계산을 위한 완전한 DLT 알고리듬은 알고리듬 4.1에 주어진 H의 경우와 동일한 방식으로 진행된다.

퇴화된 구성 2차원 단응사상에 비해 P 추정을 위한 퇴화 구성은 좀 더 분석이 필요하다. P에 대해 모호한 해가 존재하는 구성에는 두 가지 종류가 있다. 이러한 구성은 22장에서 자세히 설명한다. 가장 중요한 구성은 다음이다.

(i) 카메라와 점들이 모두 꼬인 입방체에 있다.

(ii) 모든 점들이 평면과 카메라 중심을 포함하는 단일 직선에 있다.

이러한 구성에서는 점들의 이미지에서 카메라를 유일하게 결정할 수 없다. 대신 꼬인 입방체 또는 직선을 따라 임의로 이동할 수 있다. 데이터가 퇴화 구성에 가까우면 P에 대한 잘못된 추정치를 얻게 된다. 예컨대 항공 뷰와 같이 릴리프가 낮은 장면과 떨어진 카메라의 경우에는 평면 퇴화에 가깝다.

데이터 정규화 2차원 단응사상의 추정의 경우와 마찬가지로 데이터 정규화를 수행하는 것이 중요하다. 이미지 점 $\mathbf{x}_i$를 이전과 동일한 방식으로 적절하게 정규화한다. 즉, 점들을 이동해 중심이 원점이 되도록 하고, 원점에서 거리의 RMS^Root-Mean-Squared^가 $\sqrt{2}$가 되도록 배율을 조정한다. 원점에서 3차원 점 $\mathbf{X}_i$을 정규화하는 것은 조금 더 어렵다. 카메라에서 점의 깊이 변화가 비교적 작은 경우는 앞과 동일한 종류의 정규화를 수행하는 것이 바람직하다. 그래서 점의 중심을 원점으로 이동하고 원점에서 거리의 RMS가 $\sqrt{3}$이 되도록 배율을 조정한다(그래서 평균점은 $(1,1,1,1)^\top$ 정도의 좌표를 가진다). 이러한 접근 방식은 보정 대상을 가지는 그림 7.1과 같이 간결한 점의 분포에 적합하다.

일부 점들이 카메라에서 먼 거리에 있는 경우에는 이런 정규화 기술은 제대로 작동하지 않는다. 예를 들어 지형의 비스듬한 보기에서 발생할 수 있는 것처럼 카메라에 가까운 지점과 (소실점으로 이미지화되는) 무한점 또는 무한점에 가까운 점이 같이 있는 경우에는 중심을 원점이 되도록 점을 이동 변환하는 것이 불가능하거나 합리적이지 않다. 이러한 경우에는 4.9.2절 (iii)에서 설명한 정규화 방법이 더 적절하겠지만 아직 완벽하게 검증된 것은 아니다.

적절한 정규화 후의 P 추정은 동일하게 수행한다.

선 대응 선 대응을 고려하도록 DLT 알고리듬을 확장하는 것은 간단하다. 3차원의 선을 선이 통과하는 두 점 $\mathbf{X}_0$와 $\mathbf{X}_1$로 표기한다. 결과 8.2에서 이미지 선 $\mathbf{l}$을 역사영해 얻은 평면은 $\mathrm{P}^\mathsf{T}\mathbf{l}$과 같다. 그러면 점 $\mathbf{X}_j$가 이 평면에 있을 조건은 다음이다.

$$\mathbf{l}^\mathsf{T}\mathrm{P}\mathbf{X}_j = 0 \ \text{ for } j = 0, 1 \tag{7.3}$$

각각의 j에 대해 행렬 P의 원소에 대한 하나의 선형방정식을 얻을 수 있기에, 각각의 3차원에서 2차원 선 대응에서 2개의 방정식을 얻는다. P의 원소에 대해 선형인 이러한 방정식을 점 대응에서 얻은 방정식 (7.1)에 추가해 만든 합성 연립방정식에서 해를 계산할 수 있다.

7.2 기하 오류

(4장의) 2차원 단응사상과 마찬가지로 기하 오류를 정의할 수 있다. 잠시 동안 실세계 점 $\mathbf{X}_i$를 측정한 이미지 점보다 더 정확하게 안다고 가정한다. 예컨대 점 $\mathbf{X}_i$는 정확하게 가공된 보정 객체를 나타낸다. 그러면 이미지의 기하 오류는 다음이다.

$$\sum_i d(\mathbf{x}_i, \hat{\mathbf{x}}_i)^2$$

여기서 $\mathbf{x}_i$는 측정된 값이고, $\hat{\mathbf{x}}_i$는 $\mathbf{X}_i$가 P에 의해 변환된 정확한 점 $\mathrm{P}\mathbf{X}_i$이다. 측정 오차가 가우스 분포이면 다음 식의 해는 P의 최대 우도 추정이다.

$$\min_{\mathrm{P}} \sum_i d(\mathbf{x}_i, \mathrm{P}\mathbf{X}_i)^2 \tag{7.4}$$

2차원 단응사상과 마찬가지로 기하 오차의 최소화는 레벤버그-마쿼트와 같은 반복 기법을 사용해야 한다. P를 매개변수화 해 행렬 원소의 벡터 $\mathbf{p}$로 사용한다. 최소화인 DLT 해는 반법 최소법의 시작점으로 사용할 수 있다. 최종 금본위 알고리듬을 알고리듬 7.1에 요약한다.

알고리듬 7.1 실세계의 점을 매우 정확하게 아는 경우에 실세계 점과 이미지 점의 대응에서 P를 추정하는 금본위 알고리듬

목적

실세계 점과 이미지 점의 대응 $\{\mathbf{X}_i \leftrightarrow \mathbf{x}_i\}$이 n개 주어질 때, $\sum_i d(\mathbf{x}_i, \mathtt{P}\mathbf{X}_i)^2$를 최소화하는 카메라 사영 행렬 P의 최대 우도 추정을 구한다.

알고리듬

(i) **선형 해** 알고리듬 4.2와 같은 선형 방법을 이용해 P의 초기 추정을 계산한다.

(a) **정규화**: 닮은 변환 T를 사용해 이미지 점을 정규화하고, 두 번째 닮은 변환 U를 사용해 실세계 점을 정규화한다. 정규화된 이미지 점을 $\tilde{\mathbf{x}}_i = \mathtt{T}\mathbf{x}_i$, 정규화된 실세계 점을 $\widetilde{\mathbf{X}}_i = \mathtt{U}\mathbf{X}_i$로 가정한다.

(b) DLT: 대응 $\widetilde{\mathbf{X}}_i \leftrightarrow \tilde{\mathbf{x}}_i$에서 생성되는 방정식 (7.2)를 모아서 $2n \times 12$ 행렬 A를 구성한다. 행렬 $\tilde{\mathtt{P}}$의 원소로 구성된 벡터를 $\mathbf{p}$라 표기한다. $\|\mathbf{p}\| = 1$을 만족하는 $\mathtt{A}\mathbf{p} = 0$의 해를 행렬 A의 가장 작은 특이 값에 대응하는 단위 특이 벡터를 구한다.

(ii) **기하 오차의 최소화** 선형 추청값을 초기값으로 하여 기하 오차 (7.4)를 최소화 한다.

$$\sum_i d(\tilde{\mathbf{x}}_i, \tilde{\mathtt{P}}\widetilde{\mathbf{X}}_i)^2$$

(iii) **역정규화** (정규화하지 않는) 원래 좌표계에 대한 카메라 행렬을 $\tilde{\mathtt{P}}$에서 다음으로 구한다.

$$\mathtt{P} = \mathtt{T}^{-1}\tilde{\mathtt{P}}\mathtt{U}$$

보기 7.1 보정 개체를 이용한 카메라 추정 그림 7.1에 나타난 보정 개체의 데이터를 사용해 DLT 알고리듬과 금본위 알고리듬을 비교한다. 다음 단계로 보정 객체에서 이미지 점 $\mathbf{x}_i$를 얻는다.

(i) 캐니의 모서리 추출[Canny-86]

(ii) 탐지된 연결 모서리로 직선 맞추기

(iii) 직선의 교차점에서 이미지의 꼭짓점 얻기

조심스럽게 추출한 $\mathbf{x}_i$의 국소 정확도는 1/10픽셀 미만이다. 일반적으로 좋은 추정을 위해서는 구속 조건(측정점)의 수는 미지수(11개의 카메라 변수)의 5배를 넘어야 한다. 이는 최소한 28개의 점을 사용해야 함을 의미한다.

표 7.1은 DLT 방법과 금본위 방법을 사용해 얻은 보정 결과를 보여준다. 금본위 알고리듬을 사용해 얻는 결과의 향상이 미약한 것에 주의한다. 잔차가 픽셀의 1/1000 정도 차이 나는 것은 무의미하다.

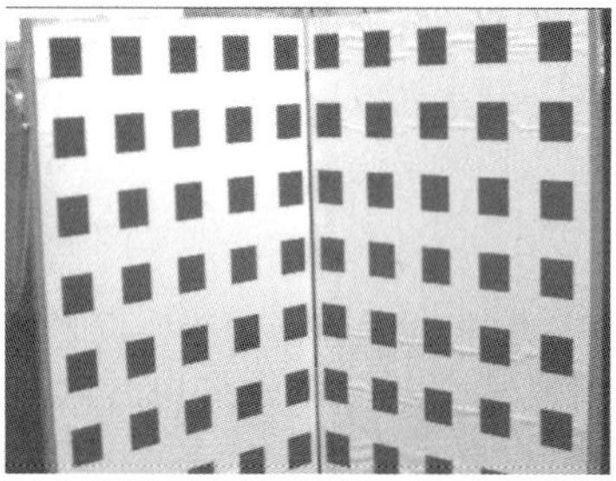

그림 7.1 전형적인 보정 개체의 이미지. 검은색과 흰색의 체크 무늬 패턴("차이 격자(Tsai grid)")은 매우 정밀하게 사각형 이미지의 모서리 점을 구할 수 있도록 설계한다. 총 197개의 점이 인식되고, 7장의 보기에서 카메라 보정에 사용한다.

표 7.1 DLT와 금본위 보정

	f_y	f_x/f_y	왜도	x_0	y_0	잔차
선형법	1673.3	1.0063	1.39	379.96	305.78	0.365
반복법	1675.5	1.0063	1.43	379.79	305.25	0.364

실세계 점의 오차 실세계 점을 무한의 정확도로 측정할 수 없는 경우가 있다. 이러한 경우 P를 추정하기 위해 3차원 기하 오류, 이미지 기하 오류 또는 둘 다를 최소화할 수 있다.

실세계 점의 오차만 고려하면 3차원 기하 오류를 다음으로 정의한다.

$$\sum_i d(\mathbf{X}_i, \widehat{\mathbf{X}}_i)^2$$

여기서 $\widehat{\mathbf{X}}_i$는 공간에서 $\mathbf{X}_i$와 가장 가깝고 $\mathbf{x}_i = \mathrm{P}\widehat{\mathbf{X}}_i$를 통해 정확하게 $\mathbf{x}_i$로 변환되는 것

이다.

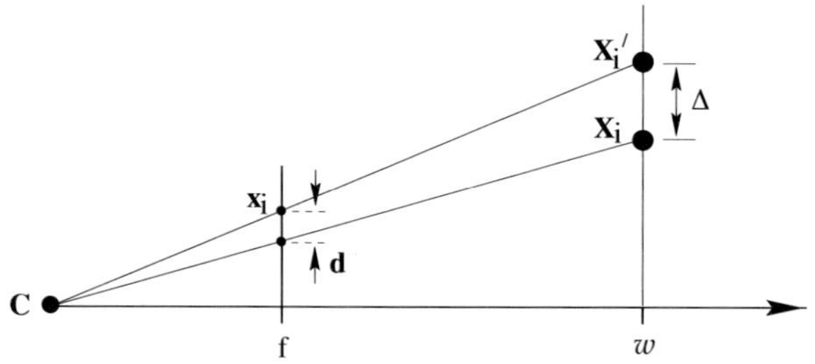

그림 7.2 DLT 알고리듬은 점 $\mathbf{X}_i$와, $\mathbf{x}_i$로 정확하게 변환되며 $\mathbf{X}_i$를 지나는 평면에 놓인 점 $\mathbf{X}_i'$ 사이의 기하 거리 Δ의 제곱합을 최소화한다. 간단한 계산으로 $w_d = f\Delta$를 알 수 있다.

일반적으로 실세계 점과 이미지 점에 오차를 모두 고려하면, 실세계 오차와 이미지 오차의 가중 합을 최소화한다. 2차원 단응사상의 경우와 같이, 3차원 추정점 $\widehat{\mathbf{X}}_i$를 포함하는 매개변수의 집합을 필요로 한다. 다음을 최소화한다.

$$\sum_{i=1}^{n} d_{\text{Mah}}(\mathbf{x}_i, \mathrm{P}\widehat{\mathbf{X}}_i)^2 + d_{\text{Mah}}(\mathbf{X}_i, \widehat{\mathbf{X}}_i)^2$$

여기에서 d_{Mah}는 측정값 $\mathbf{x}_i$, $\mathbf{X}_i$에 대해 알려진 오차 공분산 행렬에 대한 마할라노비스 거리이다.

7.2.1 대수 오차의 기하학적 해석

DLT 알고리듬의 모든 점 $\mathbf{X}_i$를 정규화해 $\mathbf{X}_i = (\mathrm{X}_i, \mathrm{Y}_i, \mathrm{Z}_i, 1)^\top$과 $\mathbf{x}_i = (x_i, y_i, 1)^\top$이 된다고 가정한다. 이 경우 4.2.4절에서 보듯이, DLT 알고리듬의 최소화하는 양은 $\sum_i(\hat{w}_i d(\mathbf{x}_i, \hat{\mathbf{x}}_i))^2$이다. 여기에서 $\hat{w}_i(\hat{x}_i, \hat{y}_i, 1)^\top = \mathrm{P}\mathbf{X}_i$이다. 그러나 (6.15)에 의해 다음을 얻는다.

$$\hat{w}_i = \pm\|\hat{\mathbf{p}}^3\| \operatorname{depth}(\mathbf{X}; \mathrm{P})$$

따라서 카메라가 $\|\hat{\mathbf{P}}^3\| = p_{31}^2 + p_{32}^2 + p_{33}^2 = 1$이 되도록 정규화되면 값 $\hat{w}_i$는 주광선 방향으로 카메라와 점 $\mathbf{X}_i$의 깊이로 해석할 수 있다. 그림 7.2를 참조하면 $\hat{w}_i d(x_i, \hat{\mathbf{x}}_i)$는 $fd(\mathbf{X}', \mathbf{X})$에 비례한다. 여기에서 f는 초첨 거리이고 $\mathbf{X}_i'$은 $\mathbf{x}_i$로 변환되는 점이며 카메라의 주평면에 평행하고 $\mathbf{X}_i$를 지나는 평면에 있다. 따라서 최소화하는 대수 오차는 $f\sum_i d(\mathbf{X}_i, \mathbf{X}_i')^2$

과 같다.

거리 $d(\mathbf{X}_i, \mathbf{X}'_i)$은 측정한 이미지 점 $\mathbf{x}_i$와 정확한 대응을 위해 측정한 3차원 점을 정정하는 것이다. 정정이 카메라의 주축 방향과 수직인 평면에서 이루어져야 한다는 것이 제약 조건이다. 이러한 제약으로 점 $\mathbf{X}'_i$는 $\mathbf{x}_i$로 변환되는 $\mathbf{X}_i$와 가장 가까운 점 $\widehat{\mathbf{X}}_i$와 같지 않다. 그러나 점 $\mathbf{X}_i$가 카메라의 주광선에서 멀리 떨어져 있지 않으면, 거리 $d(\mathbf{X}_i, \mathbf{X}'_i)$는 거리 $d(\mathbf{X}_i, \widehat{\mathbf{X}}_i)$의 적절한 근사가 된다. DLT 알고리듬은 주광선에서 멀리 떨어진 점에 가중치를 둔다. 이는 $d(\mathbf{X}_i, \widehat{\mathbf{X}}_i)$보다 조금 더 큰 값인 $d(\mathbf{X}_i, \mathbf{X}'_i)$의 제곱합을 최소화하기 때문이다. 그리고 대수 오차의 표현에 있는 초점 거리 f로 인해 DLT 알고리듬은 3차원 기하 오류를 조금 증가시키는 대신 초점 거리를 최소화하는 방향으로 편향된다.

변환 불변 구속 조건 $\|\hat{\mathbf{p}}^3\| = 1$하에서 $\|\mathtt{A}\mathbf{p}\|$를 최소화하는 것으로 3차원 기하 거리의 용어로 해를 해석할 수 있는 것을 봤다. 이런 해석은 3차원 공간이나 이미지 공간의 닮음변환에 영향을 받지 않는다. 그래서 이미지 또는 3차원 점의 좌표에서 데이터의 이동이나 배율 조정은 해에 영향을 미치지 않을 거라 예상할 수 있다. 이것이 실제로 4.4.2절의 강화를 통해 살펴본 것이다.

7.2.2 아핀 카메라의 추정

사영 카메라에 대해 위에서 설명한 방법은 아핀 카메라에도 직접 적용할 수 있다. 아핀 카메라는 마지막 행벡터가 (0, 0, 0, 1)인 사영 행렬을 가지는 카메라다. 이 경우 카메라의 DLT 추정에서 P의 마지막 행에서 이 조건을 구속 조건으로 가지며 $\|\mathtt{A}\mathbf{p}\|$를 최소화한다. 2차원 아핀변환을 계산하는 경우와 마찬가지로, 아핀 카메라의 경우 대수 오차와 기하 오차는 동일하다. 이것은 기하 이미지 거리를 선형 알고리듬으로 최소화할 수 있음을 의미한다.

위에서와 같이 모든 점 $\mathbf{X}_i$는 정규화돼 $\mathbf{X}_i = (\mathrm{X}_i, \mathrm{Y}_i, \mathrm{Z}_i, 1)^\top$, $\mathbf{x}_i = (x_i, y_i, 1)^\top$이며, P의 마지막 행은 아핀 형태를 가진다고 가정한다. 그러면 하나의 대응에 대해 (7.2)는 다음이 된다.

$$\begin{bmatrix} \mathbf{0}^\top & -\mathbf{X}_i^\top \\ \mathbf{X}_i^\top & \mathbf{0}^\top \end{bmatrix} \begin{pmatrix} \mathbf{P}^1 \\ \mathbf{P}^2 \end{pmatrix} + \begin{pmatrix} y_i \\ -x_i \end{pmatrix} = \mathbf{0} \tag{7.5}$$

이로부터 대수 오차의 제곱은 다음의 기하 오차의 제곱과 일치하는 것을 알 수 있다.

$$\|\mathtt{A}\mathbf{p}\|^2 = \sum_i \left(x_i - \mathbf{P}^{1\mathsf{T}}\mathbf{X}_i\right)^2 + \left(y_i - \mathbf{P}^{2\mathsf{T}}\mathbf{X}_i\right)^2 = \sum_i d(\mathbf{x}_i, \hat{\mathbf{x}}_i)^2$$

이 결과는 그림 6.8과 그림 7.2를 비교해 알 수 있다.

알고리듬 7.2는 기하 오차를 최소화하는 아핀 카메라의 선형 알고리듬이다. 가우스 측정 오차를 가정하면 $\mathtt{P}_\mathtt{A}$의 최대 우도 추정이 된다.

알고리듬 7.2 실세계와 이미지의 대응으로 아핀 카메라 행렬 $\mathtt{P}_\mathtt{A}$를 추정하는 금본위 알고리듬

목적

$n \geq 4$개의 실세계 점과 이미지 점의 대응 $\{\mathbf{X}_i \leftrightarrow \mathbf{x}_i\}$가 주어지면, 아핀 카메라 사영 행렬 $\mathtt{P}_\mathtt{A}$의 최대 우도 추정치를 계산한다. 즉, 아핀 제약 조건 $\mathtt{P}^{3\mathsf{T}} = (0, 0, 0, 1)$을 만족하며 $\sum_i d(\mathbf{x}_i, \mathtt{P}\mathbf{X}_i)^2$을 최소화하는 카메라 P를 결정한다.

알고리듬

(i) **정규화**: 닮음변환 T를 사용해 이미지 점을 정규화하고 또 다른 닮음변환 U를 사용해 실세계 점을 정규화한다. 정규화된 이미지 점은 $\tilde{\mathbf{x}}_i = \mathtt{T}\mathbf{x}_i$이고 정규화된 실세계 점은 마지막 단위 성분을 가지는 $\widetilde{\mathbf{X}}_i = \mathtt{U}\mathbf{X}_i$로 가정한다.

(ii) 각각의 대응 $\widetilde{\mathbf{X}}_i \leftrightarrow \tilde{\mathbf{x}}_i$에서 ((7.5)에서) 다음의 방정식을 만든다.

$$\begin{bmatrix} \tilde{\mathbf{X}}_i^\mathsf{T} & \mathbf{0}^\mathsf{T} \\ \mathbf{0}^\mathsf{T} & \tilde{\mathbf{X}}_i^\mathsf{T} \end{bmatrix} \begin{pmatrix} \tilde{\mathbf{P}}^1 \\ \tilde{\mathbf{P}}^2 \end{pmatrix} = \begin{pmatrix} \tilde{x}_i \\ \tilde{y}_i \end{pmatrix}$$

이를 모아서 $2n \times 8$ 행렬 방정식 $\mathtt{A}_8\mathbf{p}_8 = \mathbf{b}$을 구성한다. 여기에서 $\mathbf{p}_8$은 $\tilde{\mathtt{P}}_\mathtt{A}$의 처음 두 행을 포함하는 8차원 벡터다.

(iii) (A5.2 절의) $\mathtt{A}_8$의 유사 역행렬을 이용해 해를 구한다.

$$\mathbf{p}_8 = \mathtt{A}_8^+\mathbf{b}$$

그리고 $\tilde{\mathbf{P}}^{3\mathsf{T}} = (0, 0, 0, 1)$이다.

(iv) **역정규화**: (정규화하지 않은) 원래 좌표에 대한 카메라 행렬은 다음으로 구한 $\tilde{\mathtt{P}}_\mathtt{A}$이다.

$$\mathtt{P}_\mathtt{A} = \mathtt{T}^{-1}\tilde{\mathtt{P}}_\mathtt{A}\mathtt{U}$$

7.3 제한된 카메라 추정

지금까지 설명한 DLT 알고리듬은 3차원 점과 2차원 점의 대응에서 일반 사영 카메라 행렬 P를 계사한다. 유한점에 중심이 있는 행렬 P는 $\mathrm{P} = \mathrm{K}[\mathrm{R} \mid -\widetilde{\mathbf{C}}]$로 분해할 수 있다. 여기에서 R은 3×3 회전 행렬이고 K는 (6.10)의 형태를 가진다.

$$\mathrm{K} = \begin{bmatrix} \alpha_x & s & x_0 \\ & \alpha_y & y_0 \\ & & 1 \end{bmatrix} \tag{7.6}$$

K에서 영이 아닌 성분은 P의 내분 보정 변수로서 기하학적인 의미를 가진다. 카메라 변수의 제약 조건을 만족하며 가장 잘 맞추는 카메라 행렬 P를 얻고자 한다. 흔히 사용하는 가정은 다음과 같다.

(i) 왜도 s는 영이다.
(ii) 픽셀은 정사각형이다. $\alpha_x = \alpha_y$
(iii) 주점 (x_0, y_0)를 알고 있다.
(iv) 카메라 보정 행렬 K를 완전히 알고 있다.

종종 제한된 카메라 행렬을 선형 알고리듬으로 추정할 수 있다(7장의 연습 문제를 참조하라).

제한 추정의 예로서, 측정점의 집합을 가장 잘 맞추는 ($s = 0$, $\alpha_x = \alpha_y$인 사영 카메라인) 바늘구멍 카메라 모델을 찾고자 한다. 이 문제는 기하 오차 또는 대수 오차를 최소화해 풀 수 있다. 다음에서 논의한다.

기하 오류의 최소화 기하 오류를 최소화하기 위해 계산할 카메라 행렬을 특징짓는 매개변수 집합을 선택한다. 예를 들어 제약 조건 $s = 0$과 $\alpha_x = \alpha_y$를 적용한다고 가정한다. 나머지 9개 매개변수를 사용해 카메라 행렬을 매개변수화할 수 있다. 이러한 것은 x_0, y_0, α 그리고 카메라의 방향 R과 위치 $\widetilde{\mathbf{C}}$를 나타내는 6개의 변수이다. 변수들의 집합을 전체적으로 $\mathbf{q}$로 표기한다. 그러면 카메라 행렬 P는 매개변수를 이용해 명시적으로 계산할 수 있다.

그런 다음 (레벤버그-마퀴트와 같은) 반복 최소법을 사용해 매개변수 집합에 대해 기하 오류를 최소화할 수 있다. 이미지 오차만 최소화하는 경우는 (알려지지 않은 카메라 매개변수가

9개로 가정하면) 최소화 문제의 크기는 $9 \times 2n$이다. 즉, LM 최소화는 함수 $f : \mathbb{R}^9 \rightarrow \mathbb{R}^{2n}$을 최소화하는 것이다. 3차원과 2차원 오류를 최소화의 경우의 함수 f는 $\mathbb{R}^{3n+9} \rightarrow \mathbb{R}^{5n}$이다. 3차원 점을 측정에 포함해야 하고 최소화에서 3차원 점의 참값 또한 추정해야 하기 때문이다.

대수 오차 최소화 대신에 대수 오차를 최소화할 수 있다. 이 경우 반복 최소화 문제는 다음에서 설명하는 것처럼 훨씬 작아진다. 매개변수 집합 $\mathbf{q}$를 대응하는 카메라 행렬 $\mathtt{P} = \mathtt{K}[\mathtt{R} \mid -\mathtt{R}\widetilde{\mathbf{C}}]$로 보내는 매개변수 함수를 생각한다. 이 함수를 g로 표기한다. 실제로, 함수 $\mathbf{p} = g(\mathbf{q})$를 가지며, 여기서 $\mathbf{p}$는 행렬 P의 원소로 구성된 벡터다. 대응하는 모든 점에 대한 대수 오차를 최소화하는 것은 $\|\mathtt{A}g(\mathbf{q})\|$를 최소화하는 것과 같다.

축약된 측정 행렬 일반적으로 $2n \times 12$ 행렬 A는 매우 큰 수의 행을 가진다. 모든 벡터 $\mathbf{p}$에 대해 $\|\mathtt{A}\mathbf{p}\| = \mathbf{p}^{\mathsf{T}}\mathtt{A}^{\mathsf{T}}\mathtt{A}\mathbf{p} = \|\hat{\mathtt{A}}\mathbf{p}\|$가 되도록 A를 12×12의 정방 행렬 $\hat{\mathtt{A}}$로 대체할 수 있다. 이런 행렬 $\hat{\mathtt{A}}$를 축약 측정 행렬Reduced Measurement Matrix이라고 한다. 이를 수행하는 한 가지 방법은 특이값 분해SVD, Singular Value Decomposition이다. $\mathtt{A} = \mathtt{UDV}^{\mathsf{T}}$가 A의 SVD이면 $\hat{\mathtt{A}} = \mathtt{DV}^{\mathsf{T}}$를 정의한다. 그러면 원하는 대로 다음을 얻는다.

$$\mathtt{A}^{\mathsf{T}}\mathtt{A} = (\mathtt{VDU}^{\mathsf{T}})(\mathtt{UDV}^{\mathsf{T}}) = (\mathtt{VD})(\mathtt{DV}^{\mathsf{T}}) = \hat{\mathtt{A}}^{\mathsf{T}}\hat{\mathtt{A}}$$

$\hat{\mathtt{A}}$를 얻는 다른 방법은 QR 분해 $\mathtt{A} = \mathtt{Q}\hat{\mathtt{A}}$를 이용한다. 여기에서 Q는 직교 열벡터를 가지고 $\hat{\mathtt{A}}$는 위삼각 정방 행렬이다.

함수 $\mathbf{q} \mapsto \hat{\mathtt{A}}g(\mathbf{q})$는 $\mathbb{R}^9$에서 $\mathbb{R}^{12}$로의 함수임에 주의한다. 이것은 레벤버그-마쿼트 방법을 사용해 풀 수 있는 간단한 매개변수-최소화 문제이다. 주의해야 할 것은 다음과 같다.

- n개의 실세계와 이미지의 대응 $\mathbf{X}_i \leftrightarrow \mathbf{x}_i$가 주어지면, 대수 거리의 합인 $\sum_i d_{alg}(\mathbf{x}_i, \mathtt{P}\mathbf{X}_i)^2$을 최소화하는 구속된 카메라 행렬 P를 찾는 문제는 대응하는 개수 n에 무관한 함수 $\mathbb{R}^9 \rightarrow \mathbb{R}^{12}$를 최소화하는 것으로 축약된다.

$\|\hat{\mathtt{A}}g(\mathbf{q})\|$의 최소화는 매개변수 $\mathbf{q}$의 모든 값에서 이루어진다. $\mathtt{P} = \mathtt{K}[\mathtt{R} \mid -\mathtt{R}\widetilde{\mathbf{C}}]$가 (7.6)의 K를 가지면 P는 조건 $p_{31}^2 + p_{32}^2 + p_{33}^2 = 1$을 만족한다. 회전 행렬 R의 마지막 행이 조건을 만족하기 때문이다. 그러므로 $\mathtt{A}g(\mathbf{q})$를 최소화하면 제약 조건 $s = 0$과 $\alpha_x = \alpha_y$를 만족하고, $p_{31}^2 + p_{32}^2 + p_{33}^2 = 1$을 만족하도록 배율이 조정되며 모든 대응에 대해 대수 오차를

최소화하는 행렬 P를 얻는다.

초기화 반복을 초기화하는 카메라 매개변수를 구하는 방법은 다음과 같다.

(i) DLT와 같은 선형 알고리듬을 사용해 초기 카메라 행렬을 구한다.

(ii) 원하는 값으로 매개변수를 한다(예컨대 DLT를 이용해 구한 값의 평균에 $s = 0$과 $\alpha x = \alpha_y$으로 설정한다).

(iii) 초기 카메라 행렬을 분해해 얻은 값을 매개변숫값으로 설정한다(6.2.4절 참조).

이론적으로는 가정한 고정 매개변수의 값은 DLT에서 얻은 값과 비슷할 것이다. 그러나 이것이 실제에서는 항상 그렇지 않다. 그러면 이러한 매개변수를 원하는 값으로 바꾸면 부정확한 초기 카메라 행렬이 되며 큰 잔차와 수렴에 어려움을 유발한다. 실제에서 보다 더 효과적인 방법은 비용함수에 또 다른 항을 추가하는 약한soft 제약 조건을 사용한다. 따라서 $s = 0$과 $\alpha_x = \alpha_y$의 경우에는 비용함수에 $ws^2 + w(\alpha_x - \alpha_y)^2$을 추가한다. 기하 이미지 오차의 경우에는 비용함수가 다음과 같다.

$$\sum_i d(\mathbf{x}_i, \mathrm{P}\mathbf{X}_i)^2 + ws^2 + w(\alpha_x - \alpha_y)^2$$

DLT를 이용해 추정한 매개변수의 값으로 시작한다. 비중은 처음에 낮은 값으로 시작해 추정 절차의 각 단계마다 증가시킨다. 그러면 s의 값과 종횡비는 원하는 값으로 접근한다. 최종적으로 마지막 추정에서 원하는 값으로 고정된다.

외부 방향 카메라의 모든 내부 매개변수를 알고 있다고 가정하면 카메라의 위치와 방향(또는 포즈)만 결정하면 된다. 이것은 보정된 시스템의 분석에서 중요한 외부 방향 문제다.

외부 방향을 계산하기 위해 실세계 좌표계에서 정확하게 위치를 알고 있는 구성을 이미지화한다. 그런 후에 카메라의 포즈를 찾는다. 이런 상황은 카메라 위치가 필요한 로봇 시스템의 손-눈 보정과 카메라에 대한 물체의 상대 위치가 필요한 정렬을 사용하는 모델 기반 인식에서 발생한다.

6개의 매개변수를 결정해야 한다. 3개는 방향, 또 3개는 위치를 결정한다. 실세계와 이미지 점의 대응은 두 개의 제약 조건을 생성하므로 세 개의 점이면 충분할 것으로 예상된다. 이것은 실제로 그러하며 결과로 얻는 비선형방정식은 일반적으로 네 개의 해를 가진다.

실험 평가

보기 7.1의 보정 그리드에 대한 제한 추정의 결과가 표 7.2에 나와 있다.

대수 최소화와 기하 최소화 모두 9개 변수에 대해 반복적으로 최소화한다. 그러나 대수 방법이 많이 빠르다. 기하 최소화에서는 $2n = 396$개의 오차 항을 가지지만, 대수 최소화에서는 단지 12개의 오차 항을 가지기 때문이다. 왜도와 종횡비를 고정하면 다른 변수의 값을 변화시키고(표 7.1과 비교해보라) 잔차를 증가시킨다.

표 7.2 구속 조건을 가지는 카메라 행렬의 보정

	f_y	f_x/f_y	왜도	x_0	y_0	잔차
대수 방법	1633.4	1.0	0.0	371.21	293.63	0.601
기하 방법	1637.2	1.0	0.0	371.32	293.69	0.601

공분산 추정 공분산 추정 기술과 이미지로의 오류 전파는 (5장의) 2차원 단응사상의 경우와 동일하게 처리할 수 있다. 마찬가지로 최소 기대 잔차는 결과 5.2와 같이 계산할 수 있다. 모든 오류가 이미지에만 있다고 가정하면 예상되는 ML 잔차는 다음과 같다.

$$\epsilon_{\text{res}} = \sigma(1 - d/2n)^{1/2}$$

여기에서 d는 맞추기를 하는 카메라 변수의 개수이다(바늘구멍 카메라의 경우에는 11). 이 공식은 잔차가 주어진 경우 점들의 측정 정확도를 추정하는 데에도 사용할 수 있다. 보기 7.1의 경우 $n = 197$이고 $\epsilon_{\text{res}} = 0.365$이며 결국 $\sigma = 0.37$의 값을 얻는다. 이 값은 예상보다 크다. 뒤에서 보겠지만 방사형 왜곡을 무시하는 카메라 모델에 문제가 있다.

보기 7.2 추정된 카메라에 대한 공분산 타원체

카메라를 매개변수 집합에 대해 최적화하는 최대 우도 (금본위) 방법을 사용해 추정했다고 가정한다. 추정된 점 측정 공분산을 결과 5.10에 따라 역전파에 의한 카메라 모델의 공분산을 계산하는 데 사용할 수 있다. 그러면 $\Sigma_{\text{camera}} = (\mathtt{J}^\top \Sigma_{\text{points}}^{-1} \mathtt{J})^{-1}$이 된다. 여기서 J는 카메라 매개변수로 표현한 측정된 점의 자코비^{Jacobian} 행렬이다. 3차원 실세계 점들의 불확실성도 이러한 방식으로 고려할 수 있다. 카메라가 (카메라 위치와 같은) 의미 있는 변수로 매개화되면 각 매개변수의 분산은 공분산 행렬의 대각선 항목에서 직접 측정할 수 있다.

카메라 매개변수의 공분산을 알면 오류 경계인 타원체를 계산할 수 있다. 예를 들어 모든 매개변수에 대한 공분산 행렬에서 카메라 위치 $\Sigma_{\mathbf{C}}$의 3×3 공분산 행렬을 나타내는 블록 행렬을 얻을 수 있다. 카메라 중심에 대한 신뢰 타원체Confidence Ellipsoid는 다음으로 정의한다.

$$(\mathbf{C} - \bar{\mathbf{C}})^{\mathsf{T}} \Sigma_{\mathbf{C}}^{-1} (\mathbf{C} - \bar{\mathbf{C}}) = k^2$$

여기서 k^2는 신뢰 구간 α의 χ_n^2 누적 확률의 역으로 구한다. 즉 $k^2 = F_n^{-1}\alpha$이다(그림 A2.1 참조). 여기에서 n은 변수의 개수다. 카메라 중심의 경우는 3이 된다. 선택한 신뢰 수준 α에서 카메라 중심은 타원체 내부에 놓인다.

그림 7.3은 계산된 카메라 중심에 대한 불확실성의 타원 영역의 예를 보여준다. 계산한 카메라에 대해 추정한 공분산 행렬이 주어지면 5.2.6절의 기술을 사용하면 3차원 실세계 점의 위치에 관한 불확실성 또한 계산할 수 있다. △

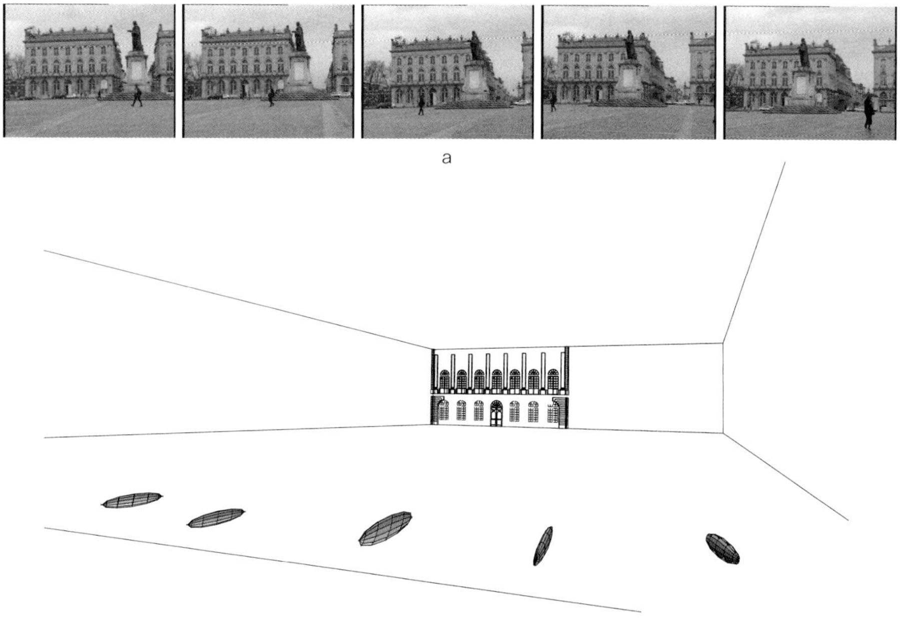

그림 7.3 카메라 중심의 공분산 타원체 (a) 3차원 보정 포인트가 알려진 (프랑스 낭시의) 스타니슬라스 광장의 이미지 5개 (b) 각 이미지에 해당하는 카메라 중심의 공분산 타원체. 이미지화된 보정 포인트에서 추정한 카메라에 대해 계산한다. 타원체의 전형적인 시가 모양은 장면 데이터를 향해 정렬된다. 그림 제공: 빈센트 르프티, 마리-오들리 베르거, 질 시몽

7.4 방사형 왜곡

7장 전체에서 선형 모델이 이미징 프로세스의 정확한 모델이라는 가정을 했다. 따라서 실세계 점, 이미지 점, 광학 중심은 같은 선상에 있고 실세계의 선은 이미지의 선으로 변환된다. (바늘구멍 카메라가 아닌) 실제 렌즈의 경우는 이런 가정은 성립하지 않는다. 가장 중요한 것은 일반적으로 방사형 왜곡이 있다는 것이다. 실제로 이러한 오류는 렌즈의 초점 거리(그리고 가격)가 감소할수록 더욱 심해진다. 그림 7.4를 참조하라. 이러한 왜곡은 완벽한 선형 카메라 동작에서 얻은 이미지 측정 값을 수정해 보정할 수 있다. 그러면 카메라는 다시 사실상 선형 장치가 된다. 이 절차를 그림 7.5에서 보여준다. 이러한 정정은 사영 프로세스의 정확한 위치에서 수행해야 한다. 렌즈 왜곡은 (6.2)에 따라 이미지 평면에 실세계를 처음 사영할 때 발생한다. 그 후 보정 행렬 (7.6)은 이미지에서 선택한 다른 좌표를 반영해 이미지 평면의 물리적 위치를 픽셀 좌표로 변환한다.

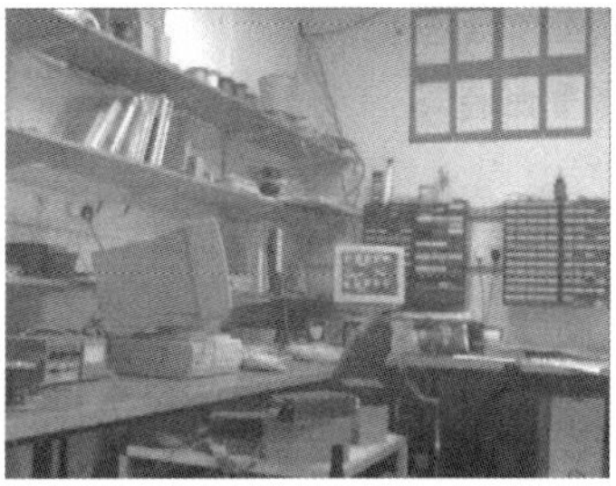

a　　　　　　　　b

그림 7.4 초첨 거리가 (a) 짧은 경우와 (b) 긴 경우의 비교. 이미지 (a)의 주변에 있는 곡선이 직선의 이미지임에 주의해야 한다.

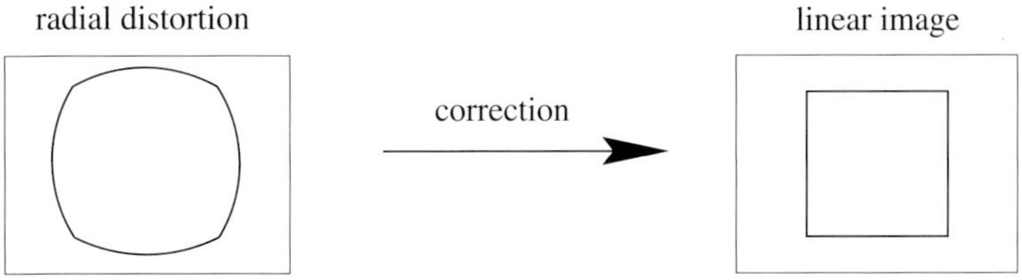

그림 7.5 방사형 왜곡이 뚜렷한 정사각형 이미지를 완벽한 선형 렌즈에서 얻을 수 있는 이미지로 수정한다.

(왜곡되지 않은) 이상적인 바늘구멍 사영점의 이미지 좌표를 초점 길이 단위로 측정해 $(\tilde{x},\ \tilde{y})$로 표시한다. 따라서 점 $\mathbf{X}$에 대해 다음을 얻는다(6.5 참조).

$$(\tilde{x}, \tilde{y}, 1)^{\mathsf{T}} = [\mathtt{I} \mid \mathbf{0}]\mathbf{X}_{\text{cam}}$$

여기서 $\mathbf{X}_{\text{cam}}$은 (6.6)으로 실세계 좌표와 연관된 카메라 좌표의 3차원 점이다. 실제 사영점은 방사형 변위로 이상점과 연결된다. 따라서 방사형 (렌즈) 왜곡은 다음으로 모델링할 수 있다.

$$\begin{pmatrix} x_d \\ y_d \end{pmatrix} = L(\tilde{r}) \begin{pmatrix} \tilde{x} \\ \tilde{y} \end{pmatrix} \tag{7.7}$$

여기에서 다음의 사항들을 주의한다.

- $(\tilde{x},\ \tilde{y})$는 (선형 사형을 만족하는) 이상점의 위치이다.
- $(x_d,\ y_d)$는 방사형 왜곡 후의 실제 이미지 위치이다.
- $\tilde{r}$은 방사형 왜곡의 중심에서부터 반경 거리 $\sqrt{\tilde{x}^2 + \tilde{y}^2}$이다.
- $L(\tilde{r})$은 왜곡 계수이며 반경 $\tilde{r}$만의 함수이다.

왜곡 보정 픽셀 좌표계에서 정정은 다음으로 표기할 수 있다.

$$\hat{x} = x_c + L(r)(x - x_c) \qquad \hat{y} = y_c + L(r)(y - y_c)$$

여기에서 $(x,\ y)$는 측정 좌표이고, $(\hat{x},\ \hat{y})$는 정정 좌표이며, $(x_c,\ y_c)$는 방사형 왜곡의 중심이어서 $r^2 = (x - x_c)^2 + (y - y_c)^2$을 가진다. 종횡비가 1이 아닌 경우에는 r을 계산할 때 이를 정정해야 한다. 이러한 정정을 통해 좌표 $(\hat{x},\ \hat{y})$는 선형 사영 카메라에 의한 3차원 실세계 좌표와 관련된다.

왜곡함수와 중심의 선택 함수 $L(r)$은 양수인 r에 대해서만 정의되고 $L(0) = 1$이다. 임의의 함수 $L(r)$을 테일러 전개 $L(r) = 1 + \kappa_1 r + \kappa_2 r^2 + \kappa_3 r^3 + \ldots$로 근사할 수 있다. 방사형 정정의 계수 $\{\kappa_1,\ \kappa_2,\ \kappa_3, \ldots, x_c,\ y_c\}$를 카메라 내부 보정의 일부로 볼 수 있다. 주점을 방사형 왜곡 중심으로 주로 사용한다. 그러나 이들은 정확하게 일치하지는 않는다. 카메라 보정 행렬과 더불어 위의 정정은 이미지 점에서 카메라 좌표계의 광선으로의 사상을 결정한다.

왜곡함수 계산 함수 $L(r)$은 선형 사상과의 오차를 기반으로 하는 비용함수를 최소화해 계산할 수 있다. 예를 들어 알고리듬 7.1은 그림 7.1의 차이 격자^Tsai grid^와 같은 보정 개체에 대한 기하 이미지 오류를 최소화해 P를 추정한다. 왜곡함수를 이미징 프로세스의 일부로 포함할 수 있으며, 기하 오류의 반복적 최소화 동안 P와 함께 매개변수 κ_i를 계산할 수 있다. 비슷한 방법으로 왜곡함수를 단일 차이 격자와 그 이미지 사이의 단응사상을 추정할 때 계산할 수 있다.

간단하고 좀 더 일반적인 방법은 직선의 이미지가 직선이어야 한다는 조건에 따라서 $L(r)$을 결정하는 것이다. 비용함수를 $L(r)$에 의해서 정정된 후에 이미지화된 선에서 정의한다(예: 이미지 선의 끝을 연결하는 선과 중간 점 사이의 거리). 이러한 비용함수를 왜곡함수의 매개변수 κ_i와 방사형 왜곡의 중심에 대해 반복적으로 최소화한다. 이런 방법은 사용할 수 있는 선을 많이 가지는 도시 장면 이미지에 매우 실용적이다. 장면이 보정 개체를 제공하므로 특별한 보정 패턴을 필요하지 않는 장점이 있다.

보기 7.3 방사형 교정 이미지 장면에서 선의 직진성을 기반으로 비용을 최소화해 그림 7.6a의 이미지에 대해 함수 $L(r)$을 계산했다. 이미지는 640×480픽셀이고 보정과 중심은 $\kappa_1 = 0.103689$, $\kappa_2 = 0.00487908$, $\kappa_3 = 0.00116894$, $\kappa_4 = 0.000841614$, $x_c = 321.87$, $y_c = 241.18$픽셀로 계산됐다. 여기서 픽셀은 평균 절반 크기로 정규화한다. 이것으로 이미지 주변을 30픽셀 정도 보정한다. 이미지를 뒤틀은 결과는 그림 7.6b에 나와 있다. △

보기 7.4 그림 7.1에 표시하고 보기 7.1에서 논의한 교정 격자의 보기를 계속 살펴본다. 방사형 왜곡을 직선법을 이용해 제거하고 7장에서 설명한 방법을 사용해 카메라를 보정했다. 결과는 표 7.3에 있다.

방사형 보정 후 잔차가 매우 작아지는 것에 주의해야 한다. 잔차로부터 점 측정의 오차를 추정하면 $\sigma = 0.18$픽셀 값이 된다. 방사형 왜곡은 이미지의 선택적 스트레칭을 포함하므로, 여기에서 볼 수 있듯이 이미지의 유효 초점 거리를 변경하는 것은 합리적이다. △

a b

그림 7.6 **방사형 왜곡 정정** (a) 실세계에서는 직선이지만 이미지에서는 곡선인 원본 이미지. 이런 선 중 일부를 점선으로 표시한다. (b) 방사형 왜곡을 제거하기 위해 이미지를 휜다. 이미지 주변의 선은 이제 직선이지만 이미지의 경계는 곡선이다.

표 7.3 **방사형 왜곡이 있는 보정과 없는 보정** 중앙의 선 위의 결과는 방사형 보정 후의 경우다. 선 아래의 비교 결과는 (이전의 표와 같이) 방사형 왜곡 보정을 하지 않은 경우다. 각각의 경우에서 위의 두 가지 방법은 일반 카메라 모델에 대한 것이고, 아래 두 가지 방법은 정사각형 픽셀이 있는 제한된 모델에 대한 것이다.

	f_y	f_x/f_y	왜도	x_0	y_0	잔차
선형법	1580.5	1.0044	0.75	377.53	299.12	0.179
반복법	1580.7	1.0044	0.70	377.42	299.02	0.179
대수 오차	1556.0	1.0000	0.00	372.42	291.86	0.381
반복법	1556.6	1.0000	0.00	372.41	291.86	0.380
선형법	1673.3	1.0063	1.39	379.96	305.78	0.365
반복법	1675.5	1.0063	1.43	379.79	305.25	0.364
대수 오차	1633.4	1.0000	0.00	371.21	293.63	0.601
반복법	1637.2	1.0000	0.00	371.32	293.69	0.601

방사형 왜곡을 보정할 때 실제로 이미지를 뒤틀 필요가 없는 경우가 많다. 예를 들어 모서리의 위치와 같은 것을 원본 이미지에서 측정할 수 있으며, 측정값은 (7.7)에 따라 간단히 변환할 수 있다. 어떤 특징을 측정해야 하는가에 대해서는 명확한 답이 없다. 이미지를 뒤틀면 (평균화로 인해) 노이즈 모델이 왜곡되고 위 신호[aliasing] 효과가 나타날 수 있다. 이러한 이유로 왜곡하지 않은 이미지에서 특징 감지를 선호한다. 그러나 모서리를 직선으로 연결하는 것과 작업은 이미지를 뒤튼 후에 작업하는 것이 성능이 좋다. 원 이미지에서는 선형성에 대한 임계값을 초과할 가능성이 높기 때문이다.

7.5 나가면서

7.5.1 참고문헌

[Sutherland-63]에서 DLT의 원래 응용은 카메라 계산을 위한 것이었다. 기하 오차를 반복적으로 최소화해 추정하는 것은 사진 측량사의 표준 절차이다([Slama-80]이 예를 보여준다).

(3점의 이미지에서 포즈를 구하는) 보정된 카메라에 대한 최소해는 Fischler and Bolles [Fischler-81]가 RANSAC 논문에서 연구한 원래 문제였다. 이 문제에 대한 해결책은 문헌에서 자주 등장한다. [Wolfe-91]과 [Haralick-91]에서 잘 정리했다. 대응 $\mathbf{X}_i \leftrightarrow \mathbf{x}_i$의 최소 필요 수보다 하나 이상에 대한 준선형Quasi-linear 해는 [Quan-98]과 [Triggs-99a]에 있다.

여기에서 다루지 않은 또 다른 종류의 방법은 아핀 카메라에서 시작해 사영 카메라의 반복적인 추정이다. Dementhon and Davis[Dementhon-95]의 코드 25줄의 모델 기반 포즈의 알고리듬은 이러한 아이디어에서 나온 것이다. 비슷한 방법을 [Christy-96]에서도 사용한다.

Devernay and Faugeras[Devernay-95]는 컴퓨터 비전 문헌에 방상형 왜곡에 대한 직선법을 소개했다. 사진 측량사 문헌에서는 이 방법이 배관 선 보정으로 알려져 있다([Brown-71] 참조).

7.5.2 메모와 연습 문제

(i) 5개의 실세계와 이미지의 대응 $\mathbf{X}_i \leftrightarrow \mathbf{x}_i$가 주어졌다. 실세계의 점을 이미지 점에 정확하게 변환하고 왜도가 영인 카메라 행렬 P에 대해 일반적으로 네 개의 해가 존재하는 것을 보여라.

(ii) 3개의 실세계와 이미지의 대응 $\mathbf{X}_i \leftrightarrow \mathbf{x}_i$가 주어졌다. 실세계의 점을 이미지 점으로 정확하게 변환하는 알려진 보정 K를 갖는 카메라 행렬 P에 대한 일반적으로 네 개의 해가 존재하는 것을 보여라.

(iii) 다음 각각의 조건에서 카메라 행렬 P를 계산하는 선형 알고리듬을 구하라.

(a) (방향이 아닌) 카메라의 위치를 알고 있다.

(b) 카메라의 주광선 방향을 알고 있다.

(c) 카메라 위치와 카메라의 주요 광선을 알고 있다.

(d) 카메라 위치와 카메라의 전체 방향을 알고 있다.

(e) 카메라 위치와 방향 그리고 카메라 변수 (α_x, α_y, s, x_0 y_0)의 일부를 알고 있다.

(iv) **주축상의 초점 거리와 위치의 융합** 카메라 초점 거리 Δ를 증가시키거나 또는 주축을 따라 카메라의 위치를 Δt_3 이동 전후의 이미지의 위치를 비교해보라. $(x, y)^\top$과 $(x', y')^\top$는 각각 변화 이전과 이후의 이미지 점의 좌표다. (6.19)의 유도한 것과 비슷한 방법을 이용해 다음이 만족하는 것을 보여라.

$$\begin{pmatrix} x' \\ y' \end{pmatrix} = \begin{pmatrix} x \\ y \end{pmatrix} + k \begin{pmatrix} x - x_0 \\ y - y_0 \end{pmatrix}$$

여기서 $k^f = \Delta f/f$는 초점 거리의 변화를, $k^{t3} = -\Delta t_3/d$은 위치의 변위를 나타낸다(그리고 $s = 0$, $\alpha_x = \alpha_y = f$이다).

평균 깊이(d_0)에 비해 깊이 릴리프(Δ_i)가 작은 경우에 보정점 $\mathbf{X}_i$에 대해 다음이 만족한다.

$$k_i^{t_3} = -\Delta t_3/d_i = -\Delta t_3/(d_0 + \Delta_i) \approx -\Delta t_3/d_0$$

즉, $k_i^{t_3}$은 근사적으로 집합상에서 상수이다. 그러므로 이러한 집합을 이용해 보정할 때에 초점 길이 k^f를 변경하거나 카메라 위치 k^{t_3}을 변경해도 비슷한 이미지 잔차를 얻게 된다. 결국 주축상에서의 초점 거리와 위치의 추정값은 상관관계에 있다.

(v) **푸시브룸 카메라 계산** 6.4.1절에서 설명한 푸시브룸 카메라 또한 DLT 방법을 사용해 계산할 수 있다. 사영 행렬의 x (직교) 부분은 4개 이상의 점 대응 $\mathbf{X}_i \leftrightarrow \mathbf{x}_i$에서 결정하는 자유도 4를 가진다. 사영 행렬의 y (원근) 부분은 7개의 자유도를 가지며 7개의 대응에서 결정할 수 있다. 따라서 최소해는 점 7개가 필요하다. 자세한 내용은 [Gupta-97]에 나와 있다.

8

단일 시점 형상의 추가 사항

6장에서 점에 대한 카메라 동작의 모델로 사영 행렬을 소개했다. 여기서는 원근 사영에서 다른 3차원 요소와 해당 이미지 사이의 연결을 설명한다. 이러한 요소는 평면, 선, 원뿔 그리고 이차 곡면을 포함한다. 또한 이러한 요소들의 전방 사영 속성과 후방 사영 속성들을 설명한다.

카메라가 더 분해돼 중심점과 이미지 평면으로 축약된다. 두 가지 속성이 설정된다. 중심이 같은 카메라로 얻은 이미지는 평면 사영변환으로 연결된다. 무한면 π_∞에 있는 요소의 이미지는 카메라 위치에 의존하지 않고 카메라 회전과 내부 매개변수 K에만 의존한다.

π_∞에 있는 요소(점, 선, 원뿔)들의 이미지는 특히 중요하다. π_∞에 있는 점의 이미지는 소실점이고 π_∞에 있는 선의 이미지는 소실선이다. 이런 이미지는 K와 카메라 회전 모두에 의존한다. 그러나 절대 원뿔 ω의 이미지는 K에만 의존하고 카메라 회전과 무관하다. 원뿔 ω는 카메라 보정 K와 밀접하게 연결돼 있으며 $\omega = (KK^\top)^{-1}$의 관계를 가진다. ω는 이미지 점에서 역사영된 광선 사이의 각도를 정의한다.

이러한 속성을 사용하면 카메라 위치에 관계 없이 소실점에서 카메라의 상대 회전을 계산할 수 있다. 또한 K에서 이미지 점에서 광선 사이의 각도를 계산할 수 있기에, 차례로 알려진 광선 사이의 각도에서 K를 계산할 수 있다. 특히 K는 직교하는 장면 방향에 대응하는 소실점에서 결정할 수 있다. 즉, 알려진 세계 좌표 없이도 장면 특징에서 카메라를 보정할 수 있다.

8장에서 소개하는 마지막 기하 개체는 보정 원뿔이다. 이것은 K의 기하학적인 시각화를 가능하게 한다.

8.1 평면, 선, 원뿔에서 사영 카메라의 동작

이 절에서는 (그리고 실제로 이 책의 대부분에서) 카메라 사영 행렬 P의 3 × 4 형식form과 차수만이 카메라 동작을 결정하는 데 중요하다. 원소의 특정 속성과 관계는 별로 중요하지 않다.

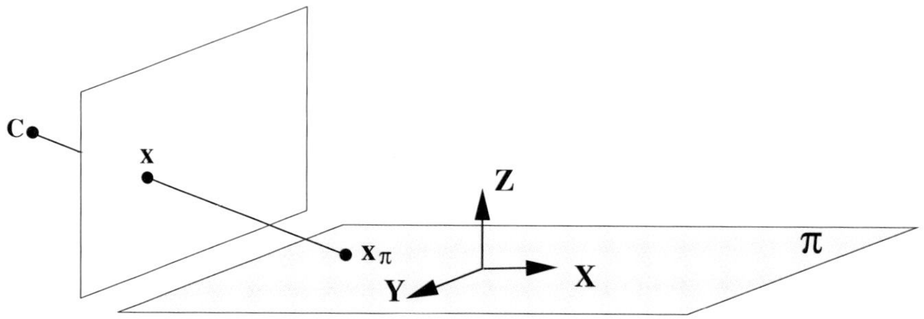

그림 8.1 평면에 있는 점의 원근 이미지 실세계 좌표계의 XY 평면은 평면 π와 일치한다. 이미지와 장면 평면의 점은 평면 사영변환으로 연결된다.

8.1.1 평면

점 이미징 방정식 $\mathbf{x} = \mathrm{P}\mathbf{X}$는 실세계 좌표계의 한 점에서 이미지 좌표계의 한 점으로의 변환이다. 실세계 좌표계는 자유롭게 선택할 수 있다. XY 평면을 장면의 평면 π에 해당하도록 선택해 장면 평면의 점이 그림 8.1과 같이 Z 좌표가 영이 된다고 가정한다(카메라 중심이 장면에 있지 않다고 가정한다). P의 열벡터를 $\mathbf{p}_i$로 표기하면 π에 있는 점의 이미지는 다음으로 주어진다.

$$\mathbf{x} = \mathrm{P}\mathbf{X} = \begin{bmatrix} \mathbf{p}_1 & \mathbf{p}_2 & \mathbf{p}_3 & \mathbf{p}_4 \end{bmatrix} \begin{pmatrix} \mathrm{X} \\ \mathrm{Y} \\ 0 \\ 1 \end{pmatrix} = \begin{bmatrix} \mathbf{p}_1 & \mathbf{p}_2 & \mathbf{p}_4 \end{bmatrix} \begin{pmatrix} \mathrm{X} \\ \mathrm{Y} \\ 1 \end{pmatrix}$$

따라서 π의 점 $\mathbf{x}_\pi = (\mathtt{X}, \mathtt{Y}, 1)^\top$와 이미지 $\mathbf{x}$ 사이의 변환은 일반적인 평면 단응사상(평면에서 평면으로 가는 사영변환)이다. 다음을 얻는다.

- 원근 이미징에서 장면 평면과 이미지 평면 사이에서 나오는 가장 일반적인 변환은 평면 사영변환이다.

비슷한 방법으로, 아핀 카메라의 경우에 장면과 이미지 평면이 아핀변환으로 연결되는 것을 알 수 있다.

보기 8.1 보정된 카메라 (6.8) $\mathtt{P} = \mathtt{K}[\mathtt{R} \mid \mathbf{t}]$의 경우, $\mathtt{Z} = 0$의 실세상 평면과 이미지 사이의 단응사상은 다음과 같다.

$$\mathtt{H} = \mathtt{K}\left[\mathbf{r}_1, \mathbf{r}_2, \mathbf{t}\right]$$

여기서 $\mathbf{r}_i$는 $\mathtt{R}$의 열벡터다. △

8.1.2 선

전방 사영 3차원 공간의 선은 이미지의 선으로 사영된다. 이것은 기하학적으로 쉽게 알 수 있다. 선과 카메라 중심은 평면을 이루며, 이러한 평면과 이미지 평면의 교차가 이미지가 된다(그림 8.2). 그리고 대수적으로도 증명할 수 있다. $\mathbf{A}$, $\mathbf{B}$가 3차원 점이고 $\mathbf{a}$, $\mathbf{b}$는 $\mathtt{P}$에 의한 이들의 이미지이면, 3차원 공간에서 $\mathbf{A}$와 $\mathbf{B}$를 연결하는 직선상의 점 $\mathbf{X}(\mu) = \mathbf{A} + \mu\mathbf{B}$는 다음의 점으로 사영된다.

$$\begin{aligned}\mathbf{x}(\mu) &= \mathtt{P}(\mathbf{A} + \mu\mathbf{B}) = \mathtt{P}\mathbf{A} + \mu\mathtt{P}\mathbf{B} \\ &= \mathbf{a} + \mu\mathbf{b}\end{aligned}$$

이것은 $\mathbf{a}$와 $\mathbf{b}$를 연결하는 직선상에 있다.

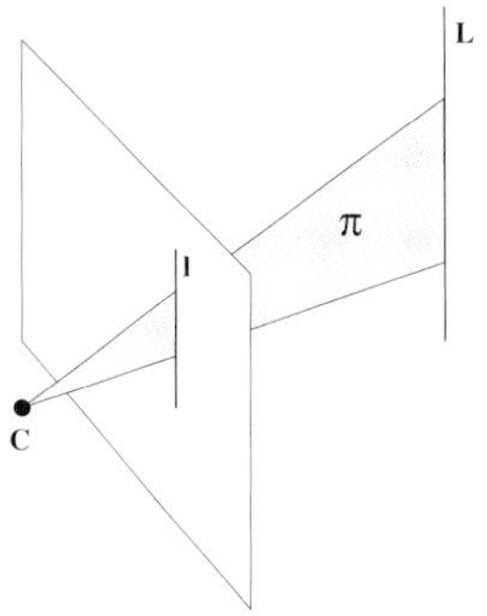

그림 8.2 **선의 사영** 3차원 공간의 선 L은 원근 카메라에 의해 선 l로 이미지화된다. 이미지의 선 l은 L과 카메라 중심 C로 정의하는 평면 π와 이미지 평면의 교차점이다. 반대로 이미지 선 l은 3차원 공간의 평면 π에 역사영된다. 이 평면을 선의 "풀백(pull back)"이라 한다.

선의 역사영 이미지의 선에 사상되는 실세계의 점 집합은 그림 8.2에서와 같이 카메라 중심과 이미지 선으로 정의하는 공간의 평면이다. 대수적으로 다음의 결과를 얻는다.

결과 8.2 카메라 행렬 P를 통해 직선 l에 사상되는 공간의 점 집합은 평면 $\mathtt{P}^\top\mathbf{l}$이다.

증명 점 $\mathbf{x}$가 $\mathbf{l}$에 놓일 필요충분조건은 $\mathbf{x}^\top\mathbf{l} = 0$이다. 점 $\mathtt{P}\mathbf{X}$로 사영되는 공간의 점 $\mathbf{X}$가 직선에 놓일 필요충분조건은 $\mathbf{X}^\top\mathtt{P}^\top\mathbf{l} = 0$이 된다. 그러므로 $\mathtt{P}^\top\mathbf{l}$을 평면을 표현하면 $\mathbf{X}$가 이 평면에 놓일 필요충분조건은 $\mathbf{X}$가 점을 직선 $\mathbf{l}$로 사영하는 것이다. 즉, $\mathtt{P}^\top\mathbf{l}$은 직선 $\mathbf{l}$의 역사영이다. □

기하학적으로 카메라 중심을 통과하는 평면의 (2개 매개변수 패밀리인) 스타[star]가 있으며 (6.12)의 사영 행렬 $\mathbf{P}^{i\top}$의 3개의 행벡터는 이런 스타의 기저가 된다. 평면 $\mathtt{P}^\top\mathbf{l}$은 카메라 중심과 선 $\mathbf{l}$을 포함하는 스타 원소에 대응하는 기저의 선형 조합이다. 예를 들어 $\mathbf{l} = (0, 1, 0)^\top$이면 평면은 $\mathtt{P}^2$이고 이미지 x축의 후면 사영이다.

플뤼커 직선 표현 플뤼커 직선 변환에 관한 다음의 내용은 책의 뒷부분과 별 상관없다.

이제 직선의 전방 사영을 생각한다. 3차원 공간의 직선을 플뤼커 좌표로 표현하면 해당 이미지는 이러한 좌표의 선형 사상으로 표현할 수 있다. 여기서 4 × 4 행렬과 6차원 벡터 직선 표현에 대한 사상을 설명한다.

결과 8.3 카메라 행렬 P에서 (3.8)에서 정의할 플뤼커 행렬 L로 표시한 3차원 공간의 직선은 이미지의 직선 $\mathbf{l}$로 변환된다.

$$[\mathbf{l}]_\times = \mathtt{PLP}^\top \tag{8.2}$$

여기서 표기법 $[\mathbf{l}]_\times$는 (A4.5)에서 정의한다.

증명 위와 같이 $\mathbf{a} = \mathtt{P}\mathbf{A}$, $\mathbf{b} = \mathtt{P}\mathbf{B}$라고 가정한다. 3차원 공간에서 $\mathbf{A}$, $\mathbf{B}$를 통과하는 직선에 대한 플뤼커 행렬 $\mathtt{L}$은 $\mathtt{L} = \mathbf{AB}^\top - \mathbf{BA}^\top$이다. 그러면 행렬 $\mathtt{M} = \mathtt{PLP}^\top = \mathbf{ab}^\top - \mathbf{ba}^\top$는 3×3이고 반대칭이며 영공간 $\mathbf{a} \times \mathbf{b}$이다. 결과적으로 $\mathtt{M} = [\mathbf{a} \times \mathbf{b}]_\times$이며 이미지 점을 통과하는 직선은 $\mathbf{l} = \mathbf{a} \times \mathbf{b}$로 주어지므로 이것으로 증명이 끝난다. □

이미지 직선 좌표 l_i와 실세계 직선 좌표 L_{jk} 사이에 선형 관계가 있는 것이 (8.2)의 형식에서 분명하지만 이 관계는 점 사영 행렬 $\mathtt{P}$의 원소에서 대해서는 이차 관계이다. 따라서 (8.2)는 (6차원 벡터인) 플뤼커 직선 좌표 $\mathcal{L}$과 (3차원 벡터인) 이미지 직선 좌표 $\mathbf{l}$사이의 사상이 하나의 3×6 행렬로 표현하도록 재배열한다. 이어지는 다음에서 볼 수 있다.

정의 8.4 직선 사영 행렬 $\mathcal{P}$는 아래와 같이 주어지는 차수 3의 3×6 행렬이다.

$$\mathcal{P} = \begin{bmatrix} \mathbf{P}^2 \wedge \mathbf{P}^3 \\ \mathbf{P}^3 \wedge \mathbf{P}^1 \\ \mathbf{P}^1 \wedge \mathbf{P}^2 \end{bmatrix} \tag{8.3}$$

여기서 $\mathbf{P}^{i\top}$는 점 카메라 행렬 $\mathtt{P}$의 행벡터이고 $\mathbf{P}_i \wedge \mathbf{P}_j$는 평면 $\mathbf{P}_i$와 $\mathbf{P}_j$의 교차점에 대한 플뤼커 직선 좌표이다.

그러면 다음의 순방향 사영에 대한 결과를 얻는다.

결과 8.5 직선 사영 행렬 $\mathcal{P}$에서 (3.11)에서 정의한 플뤼커 직선 좌표 $\mathcal{L}$로 표현되는 $\mathbb{P}^3$의 직선은 다음의 이미지 직선에 변환된다.

$$\mathbf{l} = \mathcal{P}\mathcal{L} = \begin{bmatrix} (\mathbf{P}^2 \wedge \mathbf{P}^3|\mathcal{L}) \\ (\mathbf{P}^3 \wedge \mathbf{P}^1|\mathcal{L}) \\ (\mathbf{P}^1 \wedge \mathbf{P}^2|\mathcal{L}) \end{bmatrix} \tag{8.4}$$

여기서 곱 $(\mathcal{L}|\hat{\mathcal{L}})$은 (3.13)에서 정의한다.

증명 3차원 공간의 직선이 점 $\mathbf{A}$와 $\mathbf{B}$의 연결이고 이러한 점이 각각 $\mathbf{a} = \mathtt{P}\mathbf{A}$, $\mathbf{b} = \mathtt{P}\mathbf{B}$로 사영된다고 가정한다. 그러면 이미지 직선 $\mathbf{l} = \mathbf{a} \times \mathbf{b} = (\mathtt{P}\mathbf{A}) \times (\mathtt{P}\mathbf{B})$가 된다. 다음은 첫

번째 원소이다.

$$\begin{aligned} l_1 &= (\mathbf{P}^{2\mathsf{T}}\mathbf{A})(\mathbf{P}^{3\mathsf{T}}\mathbf{B}) - (\mathbf{P}^{2\mathsf{T}}\mathbf{B})(\mathbf{P}^{3\mathsf{T}}\mathbf{A}) \\ &= (\mathbf{P}^2 \wedge \mathbf{P}^3 | \mathcal{L}) \end{aligned}$$

여기서 두 번째 등식은 (3.14)를 이용한다. 다른 구성 원소도 비슷한 방법으로 구할 수 있다. □

직선 사영 행렬 $\mathcal{P}$는 P가 점에 대해 작용하는 것과 비슷하게 직선에 대해 작용한다. 6.2.1절에서 설명한 평면으로 점 카메라 행렬 P의 행벡터를 평면으로 해석하는 것과 유사한 방식으로 기하학적으로 $\mathcal{P}$의 열벡터를 직선으로 해석할 수 있다. $\mathcal{P}$의 행벡터 $\mathbf{P}^{i\mathsf{T}}$는 카메라의 주평면과 축 평면이다. $\mathcal{P}$의 행벡터는 이런 카메라 평면 쌍이 교차하는 직선이다. 예를 들어 $\mathcal{P}$의 첫 번째 행벡터는 $\mathbf{P}^2 \wedge \mathbf{P}^3$이고, 이것은 $y=0$인 축 평면 $\mathbf{P}^2$와 주평면 $\mathbf{P}^3$의 교차 선에 대한 6차원 벡터 플뤼커 직선 표현이다. $\mathcal{P}$의 행벡터 3개에 대응하는 3개의 선이 카메라 중앙에서 교차한다. $\mathcal{P}\mathcal{L}=\mathbf{0}$인 3차원 공간의 직선 $\mathcal{L}$을 생각한다. 이러한 직선은 $\mathcal{P}$의 영공간에 있다. $\mathcal{P}$의 각 행벡터는 직선이고 결과 3.5에서 두 선이 교차하는 경우 곱 $(\mathcal{L}_1 | \mathcal{L}_2) = 0$이고, $\mathcal{L}$은 $\mathcal{P}$의 행벡터로 나타나는 각각의 직선과 교차한다. 이러한 직선은 카메라 평면의 교차점이며 세 카메라 평면 모두에 있는 유일한 점은 카메라 중심이다. 따라서 다음을 얻는다.

- $\mathcal{P}\mathcal{L}=\mathbf{0}$인 $\mathbb{P}^3$의 직선 $\mathcal{L}$은 카메라 중심을 지난다.

3×6 행렬 $\mathcal{P}$는 3차원 영공간을 가진다. 동일한 배율 계수를 허용하는 이 영공간은 카메라 중심을 포함하는 직선의 2개 매개변수로 표현된다. 이는 $\mathbb{P}^3$의 한 점에 (두 개의 매개변수 계열인) 직선의 스타가 있는 것에 같은 의미이다.

8.1.3 원뿔

원뿔의 역사영 원뿔 C는 원뿔로 역사영된다. 원뿔은 퇴화한 이차 곡면이다. 즉, 이차 곡면을 표현하는 4×4 행렬이 차수 4를 가지지 않는다. 카메라 중심이 되는 원뿔 정점은 이차 곡면 행렬의 영벡터다.

결과 8.6 카메라 P에서 원뿔 C가 원뿔로 다시 사영된다.

$$\mathtt{Q}_{\text{co}} = \mathtt{P}^{\mathsf{T}}\mathtt{C}\mathtt{P}$$

증명 점 $\mathbf{x}$가 C상에 있을 필요충분조건은 $\mathbf{x}^{\mathsf{T}}\mathtt{C}\mathbf{x} = 0$이다. 공간의 점 $\mathbf{X}$가 원뿔상에 있는 점 $\mathtt{P}\mathbf{X}$로 변환되는 필요충분조건은 $\mathbf{X}^{\mathsf{T}}\mathtt{P}^{\mathsf{T}}\mathtt{C}\mathtt{P}\mathbf{X} = 0$이다. 따라서 $\mathtt{Q}_{\text{co}} = \mathtt{P}^{\mathsf{T}}\mathtt{C}\mathtt{P}$를 사용해 이차 곡면을 나타내면, $\mathbf{X}$가 이차곡면상의 점이 될 필요충분조건은 $\mathbf{X}$가 원뿔 C상의 점으로 변환되는 것이다. 즉, $\mathtt{Q}_{\text{co}}$는 원뿔 C의 역사영이다. □

카메라 중심 $\mathbf{C}$는 $\mathtt{Q}_{\text{co}}\mathbf{C} = \mathtt{P}^{\mathsf{T}}\mathtt{C}(\mathtt{P}\mathbf{C}) = \mathbf{0}$이므로 퇴화한 이차 곡면의 꼭짓점이다.

보기 8.7 $\mathtt{P} = \mathtt{K}[\mathtt{I} \mid \mathbf{0}]$을 가정한다. 그러면 원뿔 C가 다음의 원뿔로 역사영된다.

$$\mathtt{Q}_{\text{co}} = \begin{bmatrix} \mathtt{K}^{\mathsf{T}} \\ \mathbf{0}^{\mathsf{T}} \end{bmatrix} \mathtt{C}\,[\mathtt{K} \mid \mathbf{0}] = \begin{bmatrix} \mathtt{K}^{\mathsf{T}}\mathtt{C}\mathtt{K} & \mathbf{0} \\ \mathbf{0}^{\mathsf{T}} & 0 \end{bmatrix}$$

행렬 $\mathtt{Q}_{\text{co}}$의 차수는 3이다. 이것의 영벡터는 카메라 중심 $\mathbf{C} = (0, 0, 0, 1)^{\mathsf{T}}$이다. △

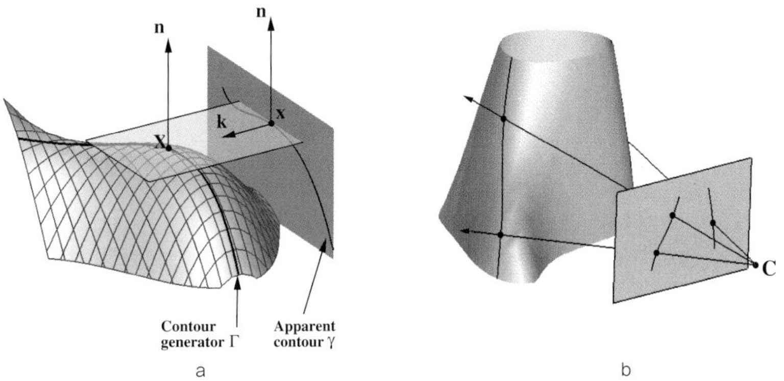

그림 8.3 윤곽 생성기와 겉보기 윤곽. (a) 평행 사영 (b) 중앙 사영 카메라 중심에서 x를 통과하는 광선은 X에서 표면과 접한다. 이러한 접점 X는 윤곽 생성기를 결정하고 그 이미지는 겉보기 윤곽을 결정한다. 일반적으로 윤곽 생성기는 공간 곡선이다. 그림 제공: 로베르토 치폴라와 피터 기블린

8.2 매끄러운 표면 이미지

매끄러운 표면 S의 이미지 윤곽은 그림 8.3과 같이 이미징 광선이 표면에 접하는 곡면 지점으로 생성된다. 마찬가지로 윤곽선에 접하는 선은 표면에 접하는 평면으로 역사영된다.

정의 8.8 윤곽 생성기 Γ는 S상에서 광선이 표면에 접하는 점 $\mathbf{X}$의 집합이다. 대응하는

이미지 겉보기 윤곽 γ는 $\mathbf{X}$의 이미지인 점 $\mathbf{x}$의 집합이다. 즉, γ는 Γ의 이미지이다.

겉보기 윤곽은 개요outline 또는 프로필profile이라고도 한다. 카메라 중심에서 $\mathbf{X}$ 방향으로 표면이 보이는 경우, 표면이 접히거나 경계 또는 가림 윤곽이 있는 것처럼 보인다.

윤곽 생성기 Γ는 이미지 평면이 아닌 카메라 중심과 표면의 상대적 위치에만 의존하는 것을 쉽게 알 수 있다. 그러나 겉보기 윤곽 γ는 윤곽 생성기에 대한 광선과 이미지 평면의 교차로 정의되며 이미지 평면의 위치에 따라 달라진다.

방향이 $\mathbf{k}$인 평행 사영의 경우, S에 접하는 $\mathbf{k}$에 평행한 모든 광선을 고려한다(그림 8.3a 참조). 이러한 광선은 접선 광선의 원통을 형성하고 이 원통이 S에 접하는 곡선이 윤곽 생성기 Γ가 된다. 원통이 이미지 평면과 만나는 곡선은 겉보기 윤곽 γ가 된다. Γ와 γ는 모두 본질적으로 $\mathbf{k}$에 의존하는 것을 주의해야 한다. $\mathbf{k}$의 방향을 바꾸면 집합 Γ는 표면 위를 미끄러지면서 이동한다. 예를 들어 S가 구인 경우 Γ는 $\mathbf{k}$에 직교하는 대원great circle이다. 이 경우에는 윤곽 생성기 Γ가 평면 곡선이지만 일반적으로 Γ는 공간 곡선이다.

다음으로 이차 곡면의 사영 속성에 대해 설명한다. 이런 류의 표면에 대한 곡면을 정의하는 대수식은 윤곽 생성기와 겉보기 윤곽에 사용할 수 있다.

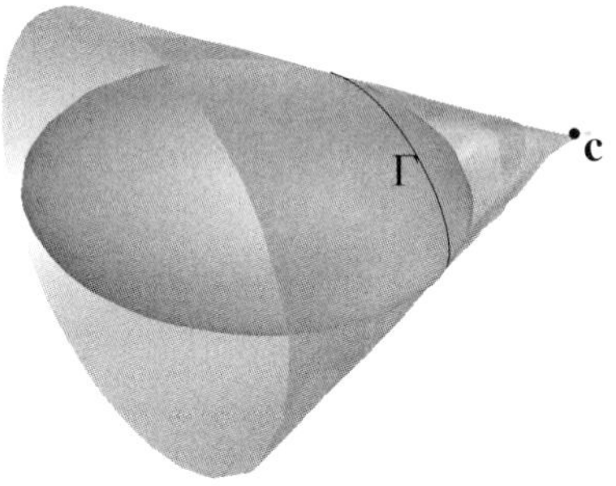

그림 8.4 이차 곡면에 대한 광선의 원뿔 원뿔의 꼭짓점은 카메라 중심이다. (a) 이차 곡면의 윤곽 생성기 Γ는 카메라 중심의 극면 C와 이차 곡면의 교차점인 평면 곡선(원뿔)이다.

8.3 이차 곡면에 대한 사영 카메라의 동작

이차 곡면은 매끈하므로 그림 8.4와 같이 역사영된 광선이 이차 곡면의 표면에 접하는 점으로 윤곽 곡선이 주어진다.

이차 곡면이 구라고 가정하면 카메라 중심과 이차 곡면 사이의 광선 원뿔은 직원뿔right circular이 된다. 즉, 윤곽 생성기는 카메라 중심과 구의 중심을 연결하는 직선에 직각인 평면에 있는 원이다. 이것은 이 직선에 대한 기하 회전 대칭에서 알 수 있다. 구의 이미지는 원뿔과 이미지 평면을 교차해 얻는다. 이것은 고전적인 원뿔 단면이므로 구의 겉보기 윤곽이 원뿔이라는 것을 알 수 있다. 특히 구 중심이 카메라의 주축(Z)에 있는 경우, 원뿔은 원이 된다.

이러한 형상의 3차원 공간 사영변환을 생각한다. 이러한 사상에서 구는 이차 곡면으로 변환되고 겉보기 윤곽은 원뿔로 변환된다. 그러나 교점과 접선이 유지되므로 윤곽 생성기는 (평면) 원뿔이다. 결국 일반 이차 곡면의 겉보기 윤곽은 원뿔이고 윤곽 생성기는 또한 원뿔이다. 이러한 기하학적 결과에 대해 대수적으로 설명한다.

이차 곡면의 전방 사영 외곽선은 접선에서 발생하기 때문에, 이차 곡면 Q에 접평면을 정의하는 쌍대 이차 곡면 Q^*가 매우 중요해진다.

결과 8.9 카메라 행렬 P에서 이차 곡면 Q의 윤곽선은 다음으로 주어지는 원뿔 C이다.

$$C^* = PQ^*P^\top. \tag{8.5}$$

증명 이 식은 원뿔 윤곽선에 접하는 선 $\mathbf{l}$이 $\mathbf{l}^\top C^*\mathbf{l} = 0$을 만족하는 것에서 쉽게 나온다. 이 직선은 이차 곡면에 접하는 평면 $\boldsymbol{\pi} = P^\top\mathbf{l}$로 역사영되므로 $\boldsymbol{\pi}^\top Q^*\boldsymbol{\pi} = 0$을 만족한다. 그러면 각 직선에 대해 다음을 얻는다.

$$\begin{aligned} \boldsymbol{\pi}^\top Q^*\boldsymbol{\pi} &= \mathbf{l}^\top PQ^*P^\top\mathbf{l} \\ &= \mathbf{l}^\top C^*\mathbf{l} = 0 \end{aligned}$$

이것은 C에 접하는 모든 직선에 대해 성립하므로 원하는 결과가 유도된다. □

플뤼커 행렬로 표시된 선의 사영 (8.2)와 (8.5)의 유사성에 주의해야 한다. 점 이차 곡면 Q의 사영에 대한 표현 또한 (8.5)에서 유도할 수 있지만 꽤 복잡하다. 그러나 윤곽 생성기의 평면은 Q로 쉽게 표현된다.

- 이차 곡면 Q와 중심 $\mathbf{C}$인 카메라에 대한 Γ의 평면은 $\boldsymbol{\pi}_\Gamma = Q\mathbf{C}$이다.

이 결과는 3.2.3절의 점과 이차 곡면에 대한 극점-극선 관계에서 나온다. 증명은 연습 문제로 남겨둔다. 이차 곡면과 평면의 교점은 원뿔임에 주의한다. 따라서 Γ는 원뿔이고 겉보기 윤곽인 이미지 γ 또한 위에서 살펴본 것처럼 원뿔이다.

카메라 중심과 이차 곡면으로 형성된 광선의 원뿔에 대한 표현식을 구할 수 있다. 이 원뿔은 차수 3인 퇴화된 이차 곡면이다.

결과 8.10 꼭짓점 $\mathbf{V}$를 가지고, 이차 곡면 $\mathtt{Q}$에 접하는 원뿔은 다음의 퇴화된 이차 곡면이다.

$$\mathtt{Q}_{\mathrm{co}} = (\mathbf{V}^{\mathsf{T}}\mathtt{Q}\mathbf{V})\mathtt{Q} - (\mathtt{Q}\mathbf{V})(\mathtt{Q}\mathbf{V})^{\mathsf{T}}$$

$\mathtt{Q}_{\mathrm{co}}\mathbf{V} = \mathbf{0}$이므로 $\mathbf{V}$가 원뿔의 꼭짓점임을 알 수 있다. 증명은 생략한다.

보기 8.11 이차 곡면을 블록 행렬 형식으로 표기한다.

$$\mathtt{Q} = \begin{bmatrix} \mathtt{Q}_{3\times3} & \mathbf{q} \\ \mathbf{q}^{\mathsf{T}} & q_{44} \end{bmatrix}$$

$\mathbf{V} = (0, 0, 0, 1)^{\mathsf{T}}$가 실세계 좌표계의 원점에 놓인 원뿔의 꼭짓점이면 다음을 얻는다.

$$\mathtt{Q}_{\mathrm{co}} = \begin{bmatrix} q_{44}\mathtt{Q}_{3\times3} - \mathbf{q}\mathbf{q}^{\mathsf{T}} & \mathbf{0} \\ \mathbf{0}^{\mathsf{T}} & 0 \end{bmatrix}$$

이것은 분명히 퇴화된 이차 곡면이다. △

8.4 카메라 중심의 중요성

3차원 공간의 물체와 카메라 중심은 일련의 광선의 집합을 정의하고 이러한 광선과 평면의 교차로서 이미지를 얻는다. 이러한 집합은 고전적인 원뿔은 아니지만 종종 광선 원뿔이라고 한다. 광선의 원뿔이 그림 8.5에서와 같이 두 개의 평면과 교차하면 두 개의 이미지 I와 I'는 원근 사상으로 연결된다. 즉, 동일한 카메라 중심으로 얻은 이미지는 평면 사영변환으로 서로 변환할 수 있다. 그러므로 두 이미지는 사영적으로 동일하며 동일한 사영 속성을 가진다. 따라서 카메라는 카메라 중심의 정점을 사용해 광선 원뿔의 사영 속성을 측정하는 사영 이미징 장치로 볼 수 있다.

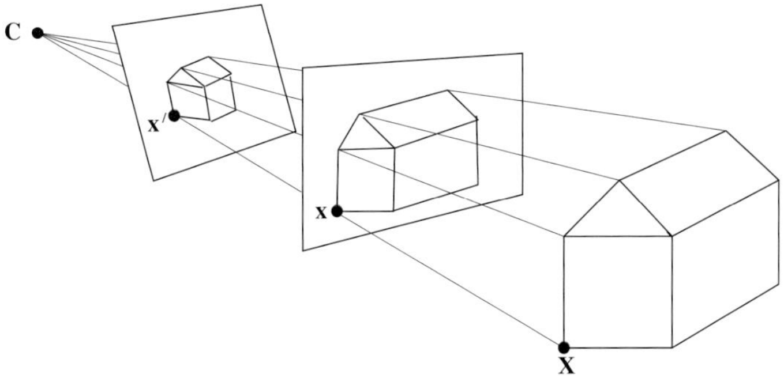

그림 8.5 카메라 중심을 정점으로 하는 광선의 원뿔 이 원뿔과 평면의 교점으로 이미지를 얻는다. 3차원 공간의 점 **X**와 카메라 중심 C를 연결하는 광선이 이미지 점 **x**와 **x**′에서 평면을 관통한다. 이러한 모든 이미지 점들은 평면 단응사상 $\mathbf{x}' = \mathtt{H}\mathbf{x}$의 관계를 가진다.

두 이미지 I, I'가 단응사상으로 연결된다는 것을 단응사상의 공식을 구해 대수적으로 증명할 것이다. 같은 카메라 중심을 가지는 다음의 두 개의 카메라를 생각한다.

$$\mathtt{P} = \mathtt{KR}[\mathtt{I} \mid -\widetilde{\mathbf{C}}], \quad \mathtt{P}' = \mathtt{K}'\mathtt{R}'[\mathtt{I} \mid -\widetilde{\mathbf{C}}]$$

카메라가 공통의 중심을 가지므로, 카메라 사이에는 간단한 관계식 $\mathtt{P}' = (\mathtt{K}'\mathtt{R}')(\mathtt{KR})^{-1}\mathtt{P}$을 가진다. 3차원 점 **X**의 두 카메라에 의한 이미지는 다음의 관계를 만족하는 것을 얻는다.

$$\mathbf{x}' = \mathtt{P}'\mathbf{X} = (\mathtt{K}'\mathtt{R}')(\mathtt{KR})^{-1}\mathtt{P}\mathbf{X} = (\mathtt{K}'\mathtt{R}')(\mathtt{KR})^{-1}\mathbf{x}$$

즉, 대응하는 이미지 점은 (3 × 3 행렬의 단응사상) $\mathtt{H} = (\mathtt{K}'\mathtt{R}')(\mathtt{KR})^{-1}$인 $\mathbf{x}' = \mathtt{H}\mathbf{x}$의 관계를 가진다.

이제 카메라 중심을 고정하면서 이미지 평면을 이동하는 경우에 대해 알아본다. 간단하게 하기 위해 실세계 좌표계는 카메라와 일치하도록 선택해 $\mathtt{P} = \mathtt{K}[\mathtt{I} \mid \mathbf{0}]$이 된다(이미지가 퇴화되는 이미지 평면이 카메라 중심을 포함하는 경우는 제외한다).

8.4.1 이미지 평면 이동

먼저 초점 거리가 증가하는 경우를 생각한다. 첫 번째 근사로서 이것은 주축을 따라 이미지 평면이 이동하는 것과 대응한다. 이미지의 효과는 단순한 확대이다. 이는 단지 첫 번째 근사인데, 복합 렌즈로 확대하면 주점과 유효 카메라 중심이 모두 교란되기 때문이다.

대수적으로, $\mathbf{x}$와 $\mathbf{x}'$이 확대 전후의 $\mathbf{X}$점의 이미지이면 다음을 만족한다.

$$\begin{aligned} \mathbf{x} &= \mathtt{K}[\mathtt{I} \mid \mathbf{0}]\mathbf{X} \\ \mathbf{x}' &= \mathtt{K}'[\mathtt{I} \mid \mathbf{0}]\mathbf{X} = \mathtt{K}'\mathtt{K}^{-1}(\mathtt{K}[\mathtt{I} \mid \mathbf{0}]\mathbf{X}) = \mathtt{K}'\mathtt{K}^{-1}\mathbf{x} \end{aligned}$$

그러므로 $\mathbf{x}' = \mathtt{H}\mathbf{x}$이며 $\mathtt{H} = \mathtt{K}'\mathtt{K}^{-1}$이다. $\mathtt{K}$와 $\mathtt{K}'$의 초첨 거리만 다르면 간단한 계산으로 다음을 얻는다.

$$\mathtt{K}'\mathtt{K}^{-1} = \begin{bmatrix} k\mathtt{I} & (1-k)\tilde{\mathbf{x}}_0 \\ \mathbf{0}^\mathsf{T} & 1 \end{bmatrix}$$

여기서 $\tilde{\mathbf{x}}_0$는 비동차 주점이고 $k = f'/f$은 확대 계수이다. 이 결과는 삼각형의 닮음에서 직접 유도할 수 있다. k배 확대를 하는 효과는 주점 $\tilde{\mathbf{x}}_0$에서 나오는 광선을 따라서 이미지 점 $\tilde{\mathbf{x}}$를 $\tilde{\mathbf{x}}' = k\tilde{\mathbf{x}} + (1-k)\tilde{\mathbf{x}}_0$로 이동하는 것이다. 대수적으로, 보정 행렬 $\mathtt{K}$의 일반식 (6.10)을 사용하면 다음을 얻는다.

$$\begin{aligned} \mathtt{K}' &= \begin{bmatrix} k\mathtt{I} & (1-k)\tilde{\mathbf{x}}_0 \\ \mathbf{0}^\mathsf{T} & 1 \end{bmatrix} \mathtt{K} = \begin{bmatrix} k\mathtt{I} & (1-k)\tilde{\mathbf{x}}_0 \\ \mathbf{0}^\mathsf{T} & 1 \end{bmatrix} \begin{bmatrix} \mathtt{A} & \tilde{\mathbf{x}}_0 \\ \mathbf{0}^\mathsf{T} & 1 \end{bmatrix} \\ &= \begin{bmatrix} k\mathtt{A} & \tilde{\mathbf{x}}_0 \\ \mathbf{0}^\mathsf{T} & 1 \end{bmatrix} = \mathtt{K} \begin{bmatrix} k\mathtt{I} & \\ & 1 \end{bmatrix} \end{aligned}$$

이로부터 다음을 얻는다.

- k배 확대하는 효과는 보정 행렬 $\mathtt{K}$의 오른쪽에 $\mathrm{diag}(k, k, 1)$을 곱하는 것이다.

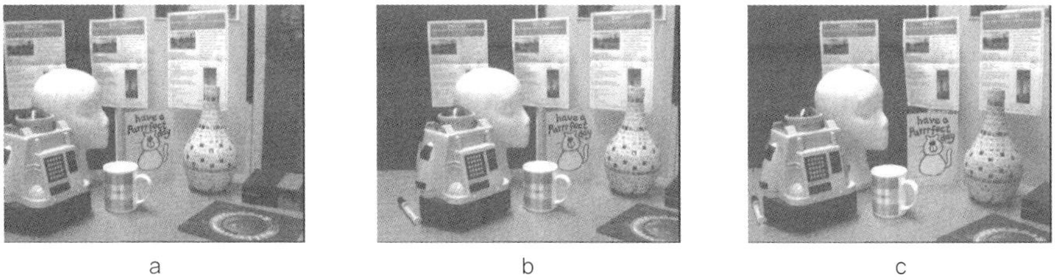

그림 8.6 이미지 (a)와 (b)는 카메라를 카메라 중심으로 회전해 얻는 것이다. (동일한 3차원 점의 이미지인) 대응하는 점은 평면 사영변환으로 연결된다. 머그잔의 끝과 고양이 몸통의 이미지와 같이 (a)에서 일치하는 서로 다른 깊이의 3차원 점 또한 (b)에서 일치하는 것에 주의한다. 이 경우에 카메라 방향의 변화는 없다. 그러나 이미지 (a)와 (c) 사이에서는 카메라가 카메라 중심으로 회전하고 이동한다. 이러한 일반적인 운동에서는 (a)에서 깊이가 다른 일치하는 점이 (c)에서 다른 점으로 나타난다. 그러므로 카메라 이동에 따른 방향 변화가 생긴다.

8.4.2 카메라 회전

두 번째 흔한 보기는 내부 매개변수의 변경 없이 카메라가 카메라 중심에서 회전하는 것이다. 이러한 순수한 회전의 보기는 그림 8.6과 그림 8.9에 나와 있다. 대수적으로, $\mathbf{x}$, $\mathbf{x}'$가 순수 회전 전후의 점 $\mathbf{X}$의 이미지이면,

$$\begin{aligned} \mathbf{x} &= \mathtt{K}[\mathtt{I} \mid \mathbf{0}]\mathbf{X} \\ \mathbf{x}' &= \mathtt{K}[\mathtt{R} \mid \mathbf{0}]\mathbf{X} = \mathtt{KRK}^{-1}\mathtt{K}[\mathtt{I} \mid \mathbf{0}]\mathbf{X} = \mathtt{KRK}^{-1}\mathbf{x} \end{aligned}$$

그래서 $\mathbf{x}' = \mathtt{H}\mathbf{x}$이며 $\mathtt{H} = \mathtt{KRK}^{-1}$이다. 이 단응사상은 켤레 회전conjugate rotation이며 A7.1절에서 자세하게 설명한다. 여기에서는 보기를 통해 몇 가지 속성을 언급한다.

보기 8.12 켤레 회전의 속성

단응사상 $\mathtt{H} = \mathtt{KRK}^{-1}$은 회전 행렬과 (배율을 무시하면) 같은 고윳값을 가진다. 즉, $\{\mu, \mu e^{i\theta}, \mu e^{-i\theta}\}$이며 μ는 알려지지 않는 배율 계수이다(H를 $\det \mathtt{H} = 1$이 되도록 배율을 조정하면, $\mu = 1$이 된다). 결국 시점 간의 회전 각도는 H의 복소수 고윳값의 위상에서 직접 계산할 수 있다. 마찬가지로, 실수 고윳값에 대응하는 H의 고유벡터는 회전축의 소실점이 되는 것을 증명할 수 있다(연습 문제 참조).

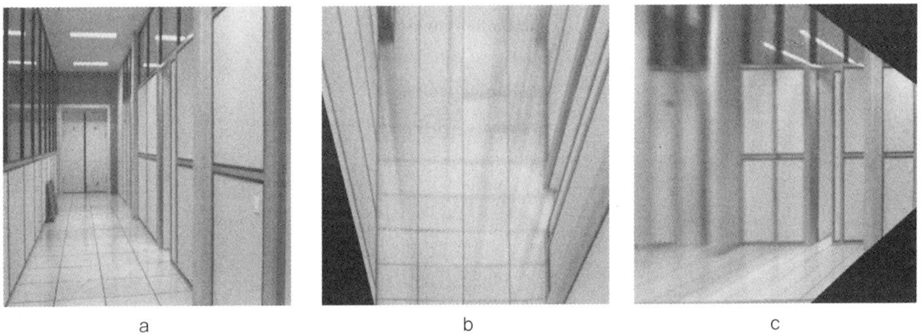

그림 8.7 합성 장면 (a) 원본 이미지. (b) 단응사상을 계산하기 위해 마루 타일의 네 모서리를 사용해 (a)에서 생성한 복도 바닥의 정면 평행 장면. (c) 단응사상을 계산하기 위해 문틀의 네 모서리를 사용해 (a)에서 생성한 복도 벽의 정면 평행 장면

예컨대 그림 8.6의 이미지 (a)와 (b) 사이에는 카메라의 순수한 회전이 있다. 단응사상 H는 알고리듬 4.6을 이용해 계산하고, 이로부터 회전 각도는 4.66°이며 축 소실점은 $(-0.0088, 1, 0.0001)^{\mathsf{T}}$이다. 즉, y축 방향으로 가상적인 무한대여서 회전축은 y축에 거

의 평행하다. △

변환 $H = KRK^{-1}$은 앞으로 이 책에서 여러 번 나타날 무한 단응사상 H_∞의 보기이다. 이것은 13.4절에서 정의한다. 접합conjugation 속성을 19장에서 자동 보정에서 사용한다.

8.4.3 응용프로그램과 보기

동일한 카메라 중심을 가지는 이미지 간의 단응사상을 여러 가지로 활용할 수 있다. 하나는 사영 뒤틀림warping으로 합성 이미지를 만드는 것이다. 또 다른 하나는 모자이크여서 회전 카메라로 얻은 장면을 붙이기 위해 평면 단응사상을 이용해 파노라마 이미지를 만들 수 있다.

보기 8.13 합성 장면

(같은 카메라 중심을 가지는) 서로 다른 카메라 방향의 새로운 이미지는 평면 단응사상으로 뒤틀림으로 기존 이미지에서 생성할 수 있다.

정면 평행 시점에서 직사각형은 직사각형으로 이미지화되고 실세계와 이미지의 직사각형은 동일한 종횡비를 가진다. 반대로, 정면 평행 시점은 사변형으로 이미지화된 직사각형을 정확한 종횡비를 가진 직사각형으로 변형하는 단응사상으로 이미지를 뒤틀어 만들 수 있다. 알고리듬은 다음과 같다.

(i) 사변형 이미지를 정확한 종횡비를 가지는 사각형으로 변형하는 단응사상 H를 계산한다.

(ii) 이 단응사상을 이용해 원본 이미지를 사영적으로 왜곡한다.

그림 8.7에 보기가 있다. △

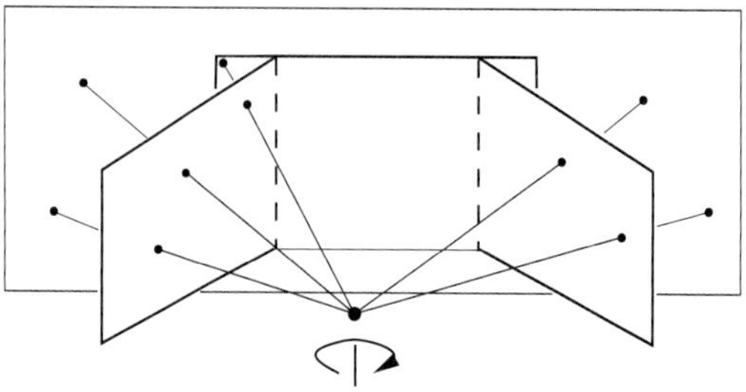

그림 8.8 그림에서 보듯이 회전 카메라로 얻은 3개의 이미지에서 바깥쪽 두 개 이미지를 중간 이미지와 정렬이 되도록 사영적으로 뒤틀어서 중간 이미지의 프레임에 추가할 수 있다.

보기 8.14 평면 파노라마 모자이크

카메라 중심으로 회전한 카메라로 얻은 이미지는 평면 단응사상으로 연결된다. 이러한 이미지 집합은 그림 8.8에 설명한 것처럼 다른 이미지를 사영적으로 뒤틀어서 이미지 중 하나의 평면에 추가할 수 있다. 알고리듬의 개요는 다음과 같다.

(i) 이미지 집합에서 하나를 기준 이미지로 선택한다.

(ii) 집합의 다른 이미지에서 기준 이미지로 가는 단응사상 H를 계산한다.

(iii) 이 단응사상을 이용해 이미지를 사영적으로 뒤틀고, 뒤틀린 이미지에서 기준 이미지와 겹치지 않는 부분을 기준 이미지에 추가한다.

(iv) 집합의 나머지 이미지에 대해 위의 두 단계를 반복한다.

단응사상은 (적어도) 4개의 대응점을 이용하거나 알고리듬 4.6의 자동 방법을 사용해 계산할 수 있다. 모자이크의 보기는 그림 8.9이다. △

그림 8.9 평면 파노라마 모자이크 캠코더를 중심에서 회전해 얻은 (30개 중의) 이미지 8개. 30개의 이미지는 평면 단응사상을 이용해 그림에서 나타낸 단일 파노라마 모자이크를 구성하기 위해 (자동으로) 추가된다. 이미지 시퀀스 중간에 이미지를 추가할 때 나타나는 특징적인 "나비 넥타이(bow tie)" 모양에 주의한다.

8.4.4 사영 (축약) 표기법

20장에서 보게 되겠지만 표준 사영 좌표를 사용해 실세계 좌표가 다음과 같고,

$$\mathbf{X}_1 = (1,0,0,0)^\top,\ \mathbf{X}_2 = (0,1,0,0)^\top,\ \mathbf{X}_3 = (0,0,1,0)^\top,\ \mathbf{X}_4 = (0,0,0,1)^\top$$

이미지 점의 좌표가 다음일 때,

$$\mathbf{x}_1 = (1,0,0)^\top,\ \mathbf{x}_2 = (0,1,0)^\top,\ \mathbf{x}_3 = (0,0,1)^\top,\ \mathbf{x}_4 = (1,1,1)^\top$$

그러면 카메라 행렬은 다음과 같이 주어진다.

$$\mathtt{P} = \begin{bmatrix} a & 0 & 0 & -d \\ 0 & b & 0 & -d \\ 0 & 0 & c & -d \end{bmatrix} \tag{8.6}$$

$i = 1, \ldots, 4$에 대해 $\mathbf{x}_i = \mathtt{P}\mathbf{X}_i$를 알 수 있다. 그리고 $\mathtt{P}(a^{-1},\ b^{-1},\ c^{-1},\ d^{-1})^\top = 0$이 된다. 이로부터 카메라 중심은 $\mathbf{C} = (a^{-1},\ b^{-1},\ c^{-1},\ d^{-1})^\top$임을 알 수 있다. 이것은 축약reduced 카메라 행렬로 알려져 있고, 카메라 중심 $\mathbf{C}$의 자유도 3으로 완전히 결정된다. 여기에서 같은 카메라 중심을 가지는 카메라로 얻는 모든 이미지는 사영적으로 동일하다는 것을 알 수 있다. 카메라는 본질적으로 $\mathbb{P}^3$에서 $\mathbb{P}^2$로 변환하는 장치이며 카메라 중심의 위치만이 결과에 영향을 준다. 이러한 카메라 표현은 20장에서 쌍대성 관계를 보일 때 사용한다.

8.4.5 카메라 중심 이동

확대/축소와 카메라 회전의 경우는 카메라 중심을 고정해 이미지 평면을 옮기면 이미지 사이의 변환이 유도한다. 이러한 변환은 이미지 평면의 움직임에만 의존하며 3공간 구조와는 무관하다는 것을 봤다. 역으로 3차원 공간의 구조에 대한 정보는 이러한 동작으로 얻을 수 없다. 그러나 카메라 중심이 이동하면 해당 이미지 점들 사이의 변환은 3차원 공간 구조에 의존하며, 실제로 3차원 구조를 (부분적으로) 결정하는 데 종종 사용할 수 있다. 이 책의 나머지 부분에서 이 부분에 대해 설명한다.

이미지만으로 카메라 중심이 움직였는지를 어떻게 확인할 수 있을까? 첫 번째 장면에서 일치하는 이미지를 가지는 3차원 공간의 두 점을 생각한다. 즉, 같은 광선에 있는 점들이다. 카메라 중심이 (해당 광선이 아닌 방향으로) 이동하면 일치된 이미지가 깨진다. 이전

에 일치했던 이미지 점들의 상대적 변위를 시차[視差, parallax]라고 하며 그림 8.6에 보기가 있고 그림 8.10에 도식적으로 설명한다. 장면이 정적이고 두 장면 사이에서 운동 시차가 분명하면 카메라 중심은 이동한 것이다. 실제로 (로보트 머리에 장착한 카메라와 같이) 중심에서 회전만 있는 카메라의 운동을 구하는 쉬운 방법은 시차가 없을 때까지 운동을 조정하는 것이다.

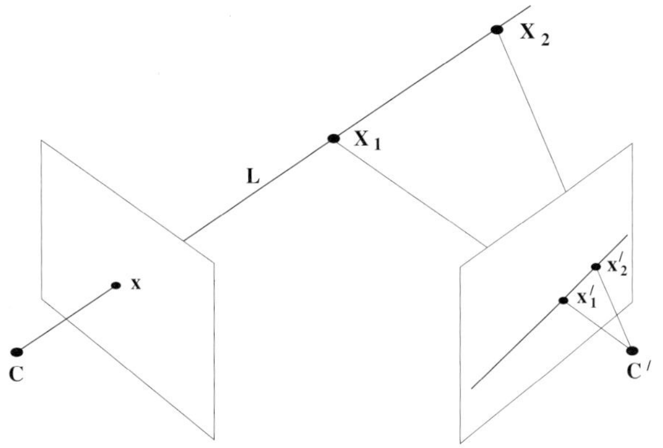

그림 8.10 운동 시차 실세계 공간의 점 X_1과 X_2의 이미지는 중심 C를 가지는 카메라의 이미지에서는 일치한다. 그러나 X_1과 X_2를 지나는 직선 L에 놓여 있지 않은 중심 C′의 카메라 이미지에서는 이미지가 일치하지 않는다. 실제로 이미지 점 x'_1과 x'_2를 통과하는 선은 광선 L의 이미지이며 등극선이 되는 것을 9장에서 설명한다. 점 x'_1과 x'_2 사이의 벡터가 시차이다.

3차원 공간 구조의 중요한 특수한 경우는 장면의 모든 점이 동일 평면에 있는 것이다. 이 경우, 카메라 중심이 이동해도 이미지들은 평면 단응사상으로 연결된다. 이 경우 이미지 사이의 사상은 평면에 대해 13장에서 자세히 설명한다. 특히 평면 π_∞에 있는 점의 이미지인 소실점은 모든 카메라 운동에 대해 평면 단응사상으로 연결된다. 8.6절에서 이에 대해 다시 설명한다.

8.5 카메라 보정과 절대 원뿔의 이미지

지금까지 (점, 선, 원뿔 등) 다양한 요소들의 전방 사영과 후방 사영의 사영 속성에 대해 설명했다. 이러한 속성은 사영 카메라 행렬 P의 3×4 형식에만 의존한다. 이제, 카메라 내부 보정 K가 알려진 경우 추가적으로 얻을 수 있는 것을 설명한다. 두 광선 사이의 각도와 같은 유클리드 속성이 측정할 수 있는 것을 알 수 있다.

보정이 주는 것들 이미지 점 $\mathbf{x}$는 $\mathbf{x}$와 카메라 중심으로 정의하는 광선으로 역사영된다. 보정은 이미지 점과 광선의 방향을 연결한다. 카메라 유클리드 좌표계에서 광선상의 점을 $\widetilde{\mathbf{X}} = \lambda\mathbf{d}$로 표기하면, 이러한 점들은 배율을 무시할 때 점 $\mathbf{x} = \mathtt{K}[\mathtt{I} \mid 0](\lambda\mathbf{d}^\top, 1)^\top$로 변환된다. 반대로, 방향 $\mathbf{d}$를 이미지 점 $\mathbf{x}$에서 $\mathbf{d} = \mathtt{K}^{-1}\mathbf{x}$로 구할 수 있다. 다음을 결과로 얻는다.

결과 8.15 카메라 보정 행렬 K는 카메라의 유클리드 좌표계에서 측정한 $\mathbf{x}$와 광선 방향 $\mathbf{d} = \mathtt{K}^{-1}\mathbf{x}$ 사이의 (아핀) 변환이다.

$\mathbf{d} = \mathtt{K}^{-1}\mathbf{x}$는 일반적으로 단위 벡터가 아닌 것에 주의해야 한다.

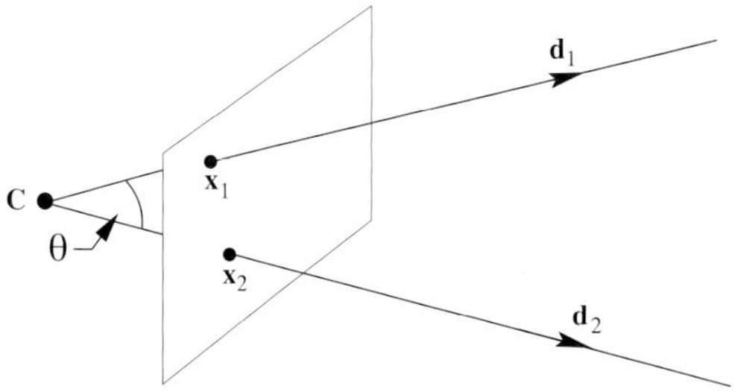

그림 8.11 두 광선 사이의 각도 θ

이미지 점 $\mathbf{x}_1$, $\mathbf{x}_2$에 각각 대응하는 방향 $\mathbf{d}_1$, $\mathbf{d}_2$를 가지는 두 광선 사이의 각도는 두 벡터 사이의 각도에 대한 알려진 코사인 공식에서 얻을 수 있다.

$$
\begin{aligned}
\cos\theta &= \frac{\mathbf{d}_1^\mathsf{T}\mathbf{d}_2}{\sqrt{\mathbf{d}_1^\mathsf{T}\mathbf{d}_1}\sqrt{\mathbf{d}_2^\mathsf{T}\mathbf{d}_2}} = \frac{(\mathtt{K}^{-1}\mathbf{x}_1)^\mathsf{T}(\mathtt{K}^{-1}\mathbf{x}_2)}{\sqrt{(\mathtt{K}^{-1}\mathbf{x}_1)^\mathsf{T}(\mathtt{K}^{-1}\mathbf{x}_1)}\sqrt{(\mathtt{K}^{-1}\mathbf{x}_2)^\mathsf{T}(\mathtt{K}^{-1}\mathbf{x}_2)}} \\
&= \frac{\mathbf{x}_1^\mathsf{T}(\mathtt{K}^{-\mathsf{T}}\mathtt{K}^{-1})\mathbf{x}_2}{\sqrt{\mathbf{x}_1^\mathsf{T}(\mathtt{K}^{-\mathsf{T}}\mathtt{K}^{-1})\mathbf{x}_1}\sqrt{\mathbf{x}_2^\mathsf{T}(\mathtt{K}^{-\mathsf{T}}\mathtt{K}^{-1})\mathbf{x}_2}} \qquad (8.7)
\end{aligned}
$$

공식 (8.7)에서 K와 결과적으로 행렬 $\mathtt{K}^{-\mathsf{T}}\mathtt{K}^{-1}$를 알면 광선 사이의 각도를 해당 이미지 지점에서 측정할 수 있다. K가 알려진 카메라를 보정됐다라고 한다. 보정된 카메라는 방향 센서이며 2차원 각도기처럼 광선의 방향을 측정할 수 있다.

보정 행렬 K에서 이미지 선과 장면 사이의 관계를 얻을 수 있다.

결과 8.16 이미지 선 $\mathbf{l}$은 카메라의 유클리드 좌표계에서 측정한 법선 방향 $\mathbf{n} = \mathtt{K}^\top \mathbf{l}$을 가지며 카메라 중심을 통과하는 평면을 정의한다.

법선 $\mathbf{n}$은 일반적으로 단위 벡터가 아닌 것에 주의해야 한다.

증명 선 $\mathbf{l}$의 점 $\mathbf{x}$는 법선 $\mathbf{n}$을 가지는 평면에 직교하는 방향 $\mathbf{d} = \mathtt{K}^{-1}\mathbf{x}$로 역사영되며, $\mathbf{d}^\top \mathbf{n} = \mathbf{x}^\top \mathtt{K}^{-\top} \mathbf{n} = 0$을 만족한다. $\mathbf{l}$상의 점은 $\mathbf{x}^\top \mathbf{l} = 0$이므로, $\mathbf{l} = \mathtt{K}^{-\top}\mathbf{n}$이고 따라서 $\mathbf{n} = \mathtt{K}^\top \mathbf{l}$이다.

8.5.1 절대 원뿔의 이미지

이제 보정 행렬 K와 절대 원뿔 ω의 이미지를 연결하는 중요한 결과를 유도한다. 우선 무한면 π_∞와 카메라 이미지 평면 사이의 사상을 결정해야 한다. π_∞의 점은 $\mathbf{X}_\infty = (\mathbf{d}^\top, 0)^\top$로 표기할 수 있고, 일반 카메라 $\mathtt{P} = \mathtt{KR}[\mathtt{I} \mid -\widetilde{\mathbf{C}}]$에 의한 이미지는 다음으로 표기한다.

$$\mathbf{x} = \mathtt{P}\mathbf{X}_\infty = \mathtt{KR}[\mathtt{I} \mid -\widetilde{\mathbf{C}}] \begin{pmatrix} \mathbf{d} \\ 0 \end{pmatrix} = \mathtt{KR}\mathbf{d}$$

다음을 얻는다.

- π_∞와 이미지 사이의 사상은 평면 단응사상 $\mathbf{x} = \mathtt{H}\mathbf{d}$로 주어지며 다음을 만족한다.

$$\mathtt{H} = \mathtt{KR} \tag{8.8}$$

이 사상은 카메라 위치 $\mathbf{C}$와 무관하며 실세계 좌표계에 대한 카메라 내부 보정과 방향에만 의존한다.

이제, (3.6절의) 절대 원뿔 Ω_∞가 π_∞상에 있으므로 H에 의한 변환을 계산해 다음을 얻을 수 있다.

결과 8.17 절대 원뿔의 이미지IAC, Image of the Absolute Conic는 원뿔 $\omega = (\mathtt{KK}^\top)^{-1} = \mathtt{K}^{-\top}\mathtt{K}^{-1}$이다.

증명 결과 2.13에서 점 단응사상 $\mathbf{x} \mapsto \mathtt{H}\mathbf{x}$에 의해 원뿔 C는 $\mathtt{C} \mapsto \mathtt{H}^{-\top}\mathtt{C}\mathtt{H}^{-1}$로 변환된다. π_∞의 원뿔 $\mathtt{C} = \Omega_\infty = \mathtt{I}$인 Ω_∞은 $\omega = (\mathtt{KR})^{-\top}\mathtt{I}(\mathtt{KR})^{-1} = \mathtt{K}^{-\top}\mathtt{RR}^{-1}\mathtt{K}^{-1} = (\mathtt{KK}^\top)^{-1}$로 변환

된다. 그러므로 IAC는 $\omega = (\mathtt{KK}^\top)^{-1}$이다. □

Ω_∞처럼 원뿔 ω는 실수 점이 없는 가상의 점 원뿔이다. 현재로서는 편리한 대수적 도구로 생각할 수 있지만, 8장의 뒷부분의 계산에서 그리고 19장의 카메라 자동 보정에서도 사용된다. 여기에서 몇 가지만 언급해둔다.

(i) 절대 원뿔 ω의 이미지는 행렬 $\mathtt{P}$의 내부 매개변수 $\mathtt{K}$에만 의존한다. 카메라 방향이나 위치에는 의존하지 않는다.

(ii) (8.7)에서 두 광선 사이의 각도는 간단한 표현으로 주어진다.

$$\cos\theta = \frac{\mathbf{x}_1^\top \boldsymbol{\omega} \mathbf{x}_2}{\sqrt{\mathbf{x}_1^\top \boldsymbol{\omega} \mathbf{x}_1}\sqrt{\mathbf{x}_2^\top \boldsymbol{\omega} \mathbf{x}_2}} \tag{8.9}$$

이 표현은 이미지의 사영 좌표계와 무관하다. 즉, 이미지의 사영변환으로 바뀌지 않는다. 이를 확인하기 위해 2차원 사영변환 $\mathtt{H}$를 생각한다. 점 $\mathbf{x}_i$는 $\mathtt{H}\mathbf{x}_i$로 변환되고 ω는 (다른 원뿔 이미지처럼) $\mathtt{H}^{-\top}\omega\mathtt{H}^{-1}$로 변환된다. 따라서 (8.9)는 바뀌지 않고, 이미지의 모든 사영 좌표계에서 성립한다.

(iii) (8.9)의 특별한 경우는 두 개의 이미지 점 $\mathbf{x}_1$과 $\mathbf{x}_2$ 직교하는 방향과 대응하면 다음을 만족한다.

$$\mathbf{x}_1^\top \boldsymbol{\omega} \mathbf{x}_2 = 0 \tag{8.10}$$

이 방정식은 ω에 대한 선형 제약 조건으로 이 책의 뒷부분에서 여러 번 사용한다.

(iv) 절대 원뿔의 쌍대 이미지DIAC를 다음으로 정의한다.

$$\boldsymbol{\omega}^* = \boldsymbol{\omega}^{-1} = \mathtt{KK}^\top \tag{8.11}$$

이것은 쌍대 (선) 원뿔이며 ω는 (실수 점을 포함하지 않지만) 점 원뿔이다. 원뿔 ω^*는 $\mathtt{Q}^*_\infty$의 이미지이며 (8.5)에 의해 $\omega^* = \mathtt{PQ}^*_\infty\mathtt{P}^\top$이다.

(v) 결과 8.17에서 ω(또는 동등하게 ω^*)가 이미지에서 식별되면 $\mathtt{K}$도 결정된다. 이것은 (결과 A4.5에서) 촐레스키 분해를 이용하면 대칭 행렬 ω를 양의 대각선 항목을 갖는 위삼각 행렬과 이것의 전치의 곱 $\omega^* = \mathtt{KK}^\top$로 유일하게 분해할 수 있기 때문이다.

(vi) 3장에서 평면 π가 선으로 π_∞와 교차하고, 이 선은 π의 원형점인 두 점에서 Ω_∞와 교차한다는 것을 설명했다. 이미지화된 원형점은 ω상의 평면 π의 소실선이 ω와 교차하는 점에 있다.

ω의 마지막 두 속성은 보정 알고리듬의 기초가 된다. 다음 보기에서 알 수 있다.

보기 8.18 간단한 보정 장치

(평면에 있는 평행하지는 않지만 직교할 필요는 없는) 세 개의 정사각형 이미지에서 K를 계산하기 위한 충분한 제약 조건을 찾을 수 있다. 정사각형 중에 하나를 생각한다. 네 모서리 점과 이것의 이미지 사이의 대응은 정사각형의 평면 π와 이미지 사이의 단응사상 H를 정의한다. 이 단응사상으로 π의 원형점을 변환하면 이미지가 $\mathrm{H}(1, \pm i, 0)^\top$가 된다. 따라서 (아직은 알지 못하는) ω의 두 점을 얻는다. (원뿔을 결정하려면 5개 점이 필요하기에) 같은 절차로, 다른 정사각형에서 ω의 총 6개의 점을 생성해 이로부터 결정할 수 있다. 알고리듬의 개요는 다음이다.

(i) 각각의 정사각형에 대해 모서리 점 $(0, 0)^\top$, $(1, 0)^\top$, $(0, 1)^\top$, $(1, 1)^\top$를 이미지 점으로 변환하는 단응사상을 계산한다(평면 좌표계와 정사각형을 정렬하는 것은 닮음변환이므로 평면에서 원형점의 위치에 영향을 주지 않는다).

(ii) 해당 정사각형의 평면에 대해 원형점의 이미지를 $\mathrm{H}(1, \pm i, 0)^\top$로 계산한다. $\mathrm{H} = [\mathbf{h}_1, \mathbf{h}_2, \mathbf{h}_3]$이면 원형점의 이미지는 $\mathbf{h}_1 \pm i\mathbf{h}_2$이다.

(iii) 원뿔 ω를 6개의 원형점 이미지를 이용해 맞춘다. 원형점의 이미지가 ω에 놓이는 제약은 두 개의 실수 제약으로 다시 표현할 수 있다. $\mathbf{h}_1 \pm i\mathbf{h}_2$가 ω에 있으면 $(\mathbf{h}_1 \pm i\mathbf{h}_2)^\top \omega (\mathbf{h}_1 \pm i\mathbf{h}_2) = 0$이고 허수부와 실수부에서 다음을 얻는다.

$$\omega^* = \omega^{-1} = \mathrm{KK}^\top \tag{8.12}$$

이것은 ω에 대해 선형방정식이다. 원뿔 ω는 5개 이상의 방정식에서 배율을 제외하고 결정된다.

(iv) 촐레스키 분해를 이용해 $\omega = (\mathrm{KK}^\top)^{-1}$에서 보정 K를 계산한다.

그림 8.12는 정사각형으로 각인된 3개의 평면으로 구성된 보정 개체와 계산한 행렬 K를 보여준다. 내부 보정에서는 정사각형이 (그림 7.1의) 표준 보정 개체에 비해 3차원 좌표를

측정하지 않아도 된다는 장점을 가진다. △

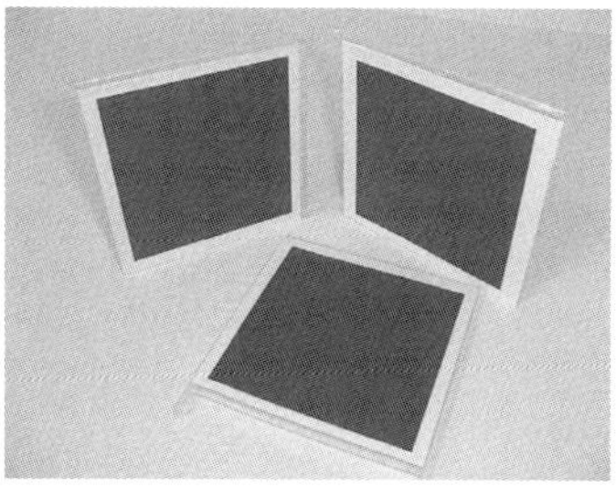

a

$$K = \begin{bmatrix} 1108.3 & -9.8 & 525.8 \\ 0 & 1097.8 & 395.9 \\ 0 & 0 & 1 \end{bmatrix}$$

b

그림 8.12 거리(metric) 평면에서 보정 (a) 세 개의 정사각형에서 간단한 보정 대상을 얻는다. 평면은 직교할 필요가 없다. (b) 보기 8.18의 알고리듬을 사용해 계산한 보정 행렬. 이미지 크기는 1024 × 768픽셀이다.

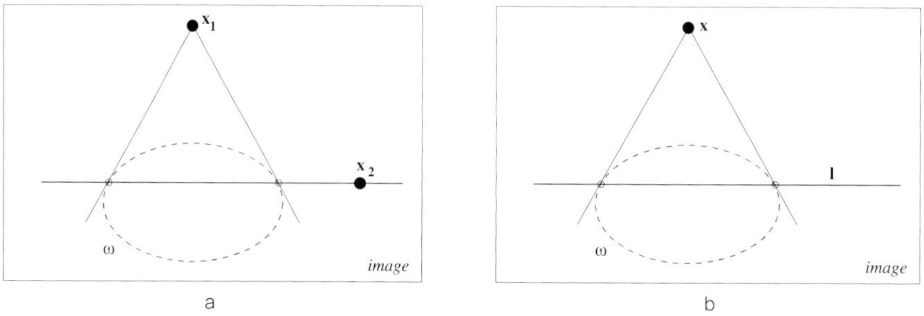

그림 8.13 켤레와 극점-극선 관계로 표현되는 직교성 (a) 이미지 점 $\mathbf{x}_1$, $\mathbf{x}_2$가 ω에 대해 켤레이면, 즉, $\mathbf{x}_1^\top \omega \mathbf{x}_2 = 0$이면, 직교하는 광선으로 역사영된다. (b) 점 $\mathbf{x}$와 선 $\mathbf{l}$이 ω에 대해 극점-극선의 관계이면, 즉, $\mathbf{l} = \omega \mathbf{x}$이면, 직교하는 광선과 평면으로 역사영된다. 예를 들어 평면에 대한 법선 방향의 소실점과 평면의 소실선은 ω에 대해 극점-극선 관계이다(8.6.3절 참조).

8.8절에서 K의 제약 조건으로 소실점과 소실선으로 사용하는 카메라 보정을 설명한다. 보기 8.18에서 사용한 기하학적 제약은 8.8.1절에서 자세히 설명한다.

8.5.2 직교성과 ω

원뿔 ω는 이미지에서 직교성을 나타내는 도구다. (8.10)에서 봤듯이 두 개의 이미지 포인트 $\mathbf{x}_1$과 $\mathbf{x}_2$가 직교하는 광선으로 역사영되면 점들은 $\mathbf{x}_1^\top \omega \mathbf{x}_2 = 0$을 만족한다. 마찬가지로 다음을 얻는다.

결과 8.19 직교하는 광선과 평면으로 역사영되는 점 $\mathbf{x}$와 선 $\mathbf{l}$은 $\mathbf{l} = \omega\mathbf{x}$의 관계를 가진다.

이러한 관계식은 기학적으로 직교하는 광선으로 역사영되는 이미지 점은 ω에 대해 켤레이며($\mathbf{x}_1^{\mathsf{T}}\omega\mathbf{x}_2 = 0$), 직교하는 광선과 평면으로 역사영되는 점과 선은 극점-극선 관계($\mathbf{l} = \omega\mathbf{x}$)를 가지는 것을 표현한다. 2.8.1절을 참조하라. 그림 8.13은 이 두 관계의 개략도를 보여준다.

이러한 직교성의 기하학적 표현과 실제로 이미지 점에서 측정한 두 광선 사이의 각도의 사영 표현(8.9)은 이 책의 앞부분에서 설명한 관계를 요약한 특별한 경우다. 예로서, 앞에서 3차원 공간에서 두 선 사이의 각도에 관한 사영 표현(3.23)을 유도했다.

$$\cos\theta = \frac{\mathbf{d}_1^{\mathsf{T}}\Omega_\infty\mathbf{d}_2}{\sqrt{\mathbf{d}_1^{\mathsf{T}}\Omega_\infty\mathbf{d}_1}\sqrt{\mathbf{d}_2^{\mathsf{T}}\Omega_\infty\mathbf{d}_2}}$$

여기서 $\mathbf{d}_1$과 $\mathbf{d}_2$는 (선이 π_∞와 교차하는 점들로 구성된) 선의 방향이다. 광선은 카메라 중심에서 일치하는 3차원 공간의 선이므로 (3.23)를 임의의 광선에 직접 적용할 수 있다. 이것이 바로 (8.9)이며 이미지에서 간단하게 계산된 (3.23)이다.

세계 좌표계와 이미지 평면의 π_∞ 사이의 단응사상인 (8.8) $\mathtt{H} = \mathtt{KR}$에서 $\Omega_\infty \mapsto \mathtt{H}^{\mathsf{T}}\omega\mathtt{H} = (\mathtt{KR})^{\mathsf{T}}\omega(\mathtt{KR})$이며 $\mathbf{d}_i = \mathtt{H}^{-1}\mathbf{x}_i = (\mathtt{KR})^{-1}\mathbf{x}_i$이다. 이 관계를 (3.23)에 대입하면 (8.9)를 얻는다. 비슷하게, 이미지의 직교성에 대한 켤레와 극점-극선 관계는 π_∞에 대한 직접적인 이미지이다. 이는 그림 3.8과 그림 8.13을 비교하면 알 수 있다.

실사례에서는 소실점과 소실선의 경우에 이러한 직교성의 큰 응용이 있다.

8.6 소실점과 소실선

원근 사영의 큰 특징은 무한대로 펼쳐지는 물체의 이미지가 유한한 범위를 가질 수 있다는 것이다. 그 예로 무한한 장면의 선은 소실점에서 끝나는 이미지 선이 된다. 비슷하게, 철도 선과 같은 평행한 실세계 선은 수렴하는 이미지 선이 되며, 이미지는 철도 방향의 소실점에서 교차한다.

8.6.1 소실점

원근 기하학에서 소실점 생성의 원리를 그림 8.14에 나타낸다. 선의 소실점은 실세계의 선과 평행하며 카메라 중심을 지나는 광선과 이미지 평면과 교차해 얻어지는 것이 기하학적으로 분명하다. 따라서 소실점은 선의 위치가 아니라 방향에만 의존한다. 따라서 그림 8.16에서 설명한 것처럼 실세계의 일련의 평행선에는 공통의 소실점이 있다.

대수적으로 소실점은 다음과 같이 극한점으로 얻을 수 있다. 점 $\mathbf{A}$를 통과하고 방향 $\mathbf{D} = (\mathbf{d}^\top, 0)^\top$인 3차원 공간에 있는 선상의 점은 $\mathbf{X}(\lambda) = \mathbf{A} + \lambda\mathbf{D}$로 표기할 수 있다(그림 8.14b 참조). 매개변수 λ가 0에서 ∞로 변하면 점 $\mathbf{X}(\lambda)$는 점 $\mathbf{A}$에서 무한점 $\mathbf{D}$로 변한다. 사영 카메라 $\mathtt{P} = \mathtt{K}[\mathtt{I} \mid \mathbf{0}]$에서 점 $\mathbf{X}(\lambda)$는 다음으로 변환된다.

$$\mathbf{x}(\lambda) = \mathtt{P}\mathbf{X}(\lambda) = \mathtt{P}\mathbf{A} + \lambda\mathtt{P}\mathbf{D} = \mathbf{a} + \lambda\mathtt{K}\mathbf{d}$$

여기서 $\mathbf{a}$는 $\mathbf{A}$의 이미지다. 그러면 선의 소실점 $\mathbf{v}$는 다음의 극한으로 구한다.

$$\mathbf{v} = \lim_{\lambda\to\infty} \mathbf{x}(\lambda) = \lim_{\lambda\to\infty} (\mathbf{a} + \lambda\mathtt{K}\mathbf{d}) = \mathtt{K}\mathbf{d}$$

결과 8.15에서 $\mathbf{v} = \mathtt{K}\mathbf{d}$는 소실점 $\mathbf{v}$가 방향 $\mathbf{d}$의 광선에 역사영되는 것을 의미한다. $\mathbf{v}$는 $\mathbf{A}$가 지정한 위치가 아니라 선의 방향 $\mathbf{d}$에만 의존하는 것에 주의해야 한다.

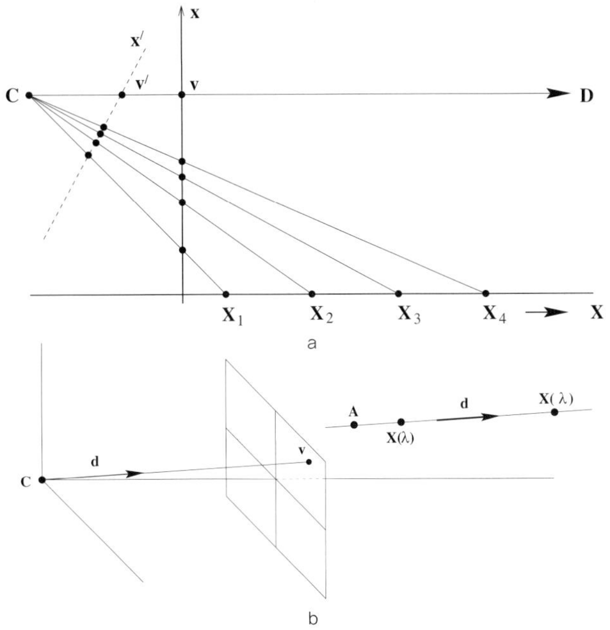

그림 8.14 소실성의 형성 (a) 평면에서 선 카메라. $i = 1,...,4$일 때 점 X_i는 실세계에서 균등한 간격을 가지지만, 이미지 선에서의 간격은 단조 감소한다. 한 $X \rightarrow \infty$에서 실세계 점은 수직 이미지 선의 $x = v$로 이미지로 가며, 경사 이미지 선의 $x' = v'$에서 이미지로 간다. 그래서 실세계 선의 소실점은 카메라 중심 C를 통하고 실세계 선에 평행한 광선과 이미지 평면의 교차이다. (b) 3차원 공간에서 평면 카메라. 방향이 **d**인 선의 소실점 **v**는 **d**와 평행하고 C를 통과하는 광선과 이미지 평면의 교차점이다. 실세계 선 $X(\lambda) = A + \lambda D$로 매개변수화할 수 있다. 여기서 A는 선의 한 점이고 $D = (d^\top, 0)^\top$이다.

사영기하학의 용어를 사용하면 간단하게 표현된다. 3차원 사영공간에서 무한면 π_∞는 방향의 평면이며, 같은 방향을 가진 모든 직선은 동일한 지점에서 π_∞와 교차한다(3장 참조). 소실점은 단순히 이 교차점의 이미지이다. 따라서 직선의 방향이 $\mathbf{d}$이면 점 $\mathbf{X}_\infty = (\mathbf{d}^\top, 0)^\top$에서 π_∞와 교차한다. 그러면 $\mathbf{v}$는 $\mathbf{X}_\infty$의 이미지이다.

$$\mathbf{v} = \mathtt{P}\mathbf{X}_\infty = \mathtt{K}[\mathtt{I} \mid \mathbf{0}]\begin{pmatrix} \mathbf{d} \\ 0 \end{pmatrix} = \mathtt{K}\mathbf{d}$$

요약하면 다음과 같다.

결과 8.20 3차원 공간에서 방향 $\mathbf{d}$인 직선의 소실점은 방향 $\mathbf{d}$로 카메라 중심을 통과하는 광선과 이미지 평면의 교차 $\mathbf{v}$이다. 즉, $\mathbf{v} = \mathtt{K}\mathbf{d}$이다.

$\mathbf{v}$가 이미지에서 무한대이므로 이미지 평면에 평행한 선은 평행선으로 이미지화되는 것에 주의해야 한다. 그러나 이 명제의 역, 평행 이미지 라인이 평행한 장면 선들의 이미지라는 것은 성립하지 않는다. 주평면에서 교차하는 직선이 평행선으로 이미지화되기 때문이다.

보기 8.21 소실점에서 카메라 회전

소실점은 무한점의 이미지이며, 고정된 별과 같이 (자세) 방향 정보를 얻을 수 있다. 방향과 위치가 다른 보정된 카메라 두 개로 얻은 장면의 이미지 두 개를 생각한다. 무한점은 장면의 일부이므로 카메라와 무관하다. 무한점의 이미지인 소실점은 카메라의 위치에 영향을 받지 않고 회전에 영향을 받는다. 두 카메라 모두 같은 보정 행렬 K를 가지고, 사진 사이에 R만큼 회전한다고 가정한다.

장면의 선이 첫 번째 사진에서 소실점 $\mathbf{v}_i$를 가지고 두 번째 사진에서 소실점 $\mathbf{v}'_i$를 가진다고 가정한다. 소실점 $\mathbf{v}_i$는 첫 번째 카메라 유클리드 좌표계에서 방향 $\mathbf{d}_i$를 가지고, 소실점 $\mathbf{v}'_i$는 두 번째 카메라 유클리드 좌표계에서 방향 $\mathbf{d}'_i$를 가진다. 이러한 방향은 소실점으로부터 계산할 수 있다. 예로서, $\mathbf{d}_i = \mathrm{K}^{-1}\mathbf{v}_i/\|\mathrm{K}^{-1}\mathbf{v}_i\|$이며 여기에서 $\mathbf{d}_i$가 단위 벡터가 되기 위해 정규화 계수 $\|\mathrm{K}^{-1}\mathbf{v}_i\|$를 포함했다. 방향 $\mathbf{d}_i$와 $\mathbf{d}'_i$는 카메라 회전 $\mathbf{d}'_i = \mathrm{R}\mathbf{d}_i$와 연관돼서 R에 대한 두 개의 구속 조건이 된다. 따라서 회전 행렬 R은 이렇게 대응하는 방향 두 개로부터 계산할 수 있다. △

장면 선 두 개 사이의 각도 장면 선의 소실점은 장면 선에 평행한 광선으로 역사영되는 것을 앞에서 봤다. 결국 이미지 점에서 역사영되는 광선의 각도를 결정하는 (8.9)에서 두 장면 선의 방향 사이의 각도를 소실점에서 측정할 수 있다.

결과 8.22 $\mathbf{v}_1$과 $\mathbf{v}_2$는 이미지에서 두 직선의 소실점이다. ω는 이미지에서 절대 원뿔의 이미지이다. θ가 두 직선 사이의 각도이면 다음을 만족한다.

$$\cos\theta = \frac{\mathbf{v}_1^{\mathsf{T}}\boldsymbol{\omega}\mathbf{v}_2}{\sqrt{\mathbf{v}_1^{\mathsf{T}}\boldsymbol{\omega}\mathbf{v}_1}\sqrt{\mathbf{v}_2^{\mathsf{T}}\boldsymbol{\omega}\mathbf{v}_2}} \tag{8.13}$$

소실점 계산에 대한 참고 사항 보기 2.18과 보기 2.20에서 설명한 대로 선에 동일한 길이 간격을 사용해 소실점을 결정할 수 있지만, 평행한 선분 집합의 이미지를 이용해 소실점을 계산하기도 한다. 평행 선분의 이미지의 경우, 공통 이미지 교점을 찾는 것이 목적이다. 이것이 평행한 장면 직선의 방향 이미지가 된다. 측정 노이즈로 인해 선분 이미지는 일반적으로 유일한 점에서 교차하지 않는다. 일반적으로 소실점은 선 두 개의 교차점을 계산해 이러한 교차점의 중심을 사용하거나 측정한 모든 선에 가장 가까운 점을 사용한다. 그러나 이런 것들은 최적의 방법은 아니다.

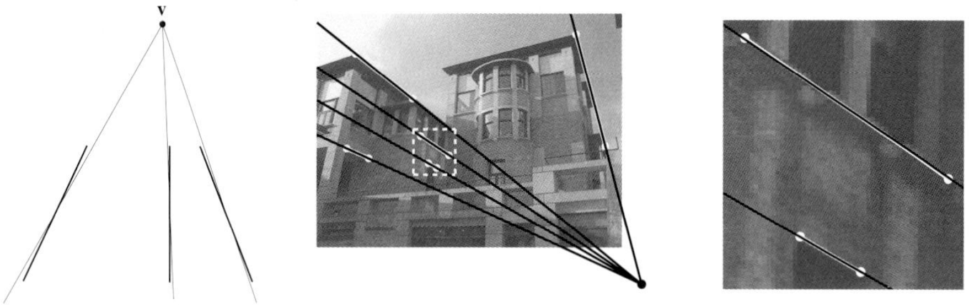

a b c

그림 8.15 평행한 장면 직선 이미지에서 소실점의 ML 추정값 (a) 소실점 v를 추정하는 것은 v를 지나는 (가늘게 표시한) 선으로 (굵은 선으로 표시한) 측정된 선 맞추기이다. v의 ML 추정값은 맞춘 선과 측정한 선의 끝점 사이의 직교 거리 제곱의 합을 최소화하는 점이다. (b) 측정한 선분은 흰색으로 표시되고, 맞춘 선은 검은색으로 표시한다. (c) (b)의 점선 사각형 영역의 확대. 측정한 선과 맞춘 선 사이의 매우 작은 각도가 있는 것에 주의해야 한다.

가우스 측정 노이즈를 가정하면 소실점과 선분의 최대 우도 추정[MLE]은 그림 8.15(a)에서 보듯이 단일점에서 교차하는 직선 집합을 결정하고 측정된 선분의 끝점의 직교 거리 제곱의 합을 최소화하는 것이다. 이러한 최소화는 (A6.2절의) 레벤버그-마쿼트 알고리듬을 사용해 수치적으로 계산할 수 있다. 선의 끝점이 아닌 여러 점을 이용해 맞추기를 하는 경우는 16.7.2절에 설명한 방법으로 각 선을 동일한 가중치 끝점 쌍으로 축약한 후에 여기의 알고리듬을 적용한다. 그림 8.15(b)(c)는 이러한 방식으로 계산한 소실점의 보기를 보여준다. 측정한 선과 맞춘 선 사이의 잔차가 매우 작은 것을 볼 수 있다.

8.6.2 소실선

3차원 공간의 평행한 평면은 π_∞와 공통선에서 교차하며 이 선의 이미지가 평면의 소실선이다. 기하학적으로 소실선은 그림 8.16과 같이 카메라 중심을 통과하고 장면 평면에 평행한 평면과 이미지의 교차로 얻는다. 소실선은 장면 평면의 방향에만 의존하고 위치와는 무관한 것을 알 수 있다. 평면과 평행한 직선은 π_∞에서 평면과 교차하므로 평면에 평행한 직선의 소실점이 평면의 소실선에 놓이게 된다. 보기는 그림 8.17에 나와 있다.

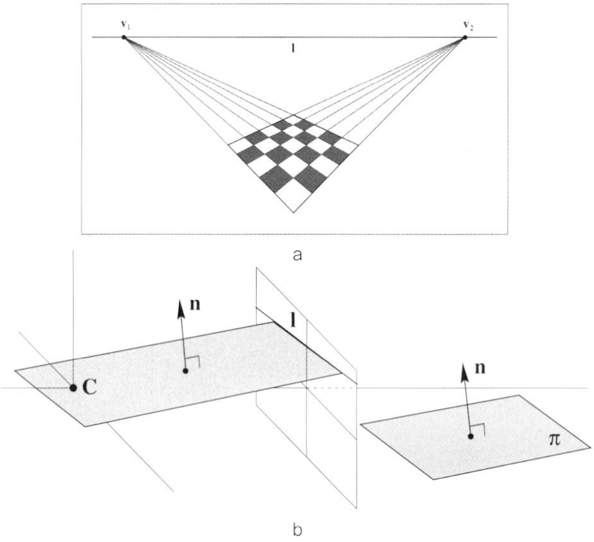

그림 8.16 소실선 형성 (a) 장면 평면에 있는 평행선의 두 집합이 이미지에서 소실점 $\mathbf{v}_1$과 $\mathbf{v}_2$로 수렴한다. $\mathbf{v}_1$과 $\mathbf{v}_2$를 통과하는 선 $\mathbf{l}$은 평면의 소실선이다. (b) 평면 π의 소실선 $\mathbf{l}$은 카메라 중심 $\mathbf{C}$를 통과하고 π에 평행한 평면을 이미지 평면과 교차해 얻는다.

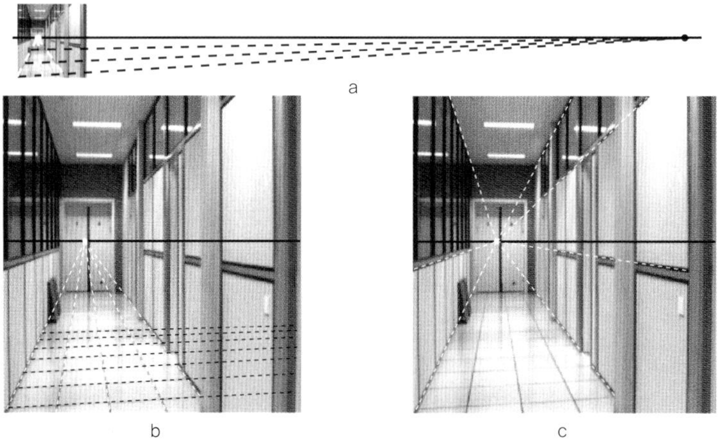

그림 8.17 소실점과 소실선 복도의 (수평) 지면의 소실선은 평면의 평행선 두 집합에서 구할 수 있다. (a) 이미지 평면과 거의 평행한 직선의 소실점은 유한한 (실제) 이미지에서 멀리 떨어져 있다. (b) 바닥 타일의 측면에 해당하는 동일한 간격의 평행선 간격은 단조 감소한다. (c) (여기서는 바닥면인) 평면에 평행한 선의 소실점은 평면의 소실선에 있다.

카메라 보정 K를 아는 경우이면, 평면의 정보를 결정하기 위해 장면 평면의 소실선을 이용할 수 있다. 여기에서 세 가지 보기를 소개한다.

(i) 카메라에 대한 평면의 방향은 소실선으로 결정할 수 있다. 결과 8.16에서 법선 $\mathbf{n}$을 가지고 카메라 중심을 통과하는 평면은 직선 $\mathbf{l} = \mathtt{K}^{-\mathsf{T}}\mathbf{n}$에서 이미지 평면과 교차한다. 결국 $\mathbf{l}$은 $\mathbf{n}$에 수직인 평면의 소실선이다. 따라서 소실선 $\mathbf{l}$을 가지는 평면은 카메라의 유클리드 좌표계에서 방향 $\mathbf{n} = \mathtt{K}^{\mathsf{T}}\mathbf{l}$을 가진다.

(ii) 평면을 소실선만을 고려해 계산을 통해 변형할 수 있다. 이것은 보기 8.13에서 카메라의 인위적인 회전을 생각하는 것에서 볼 수 있다. 평면 법선을 소실선에서 알 수 있기 때문에 평면이 (이미지 평면과 평행한) 정면 평행이 되는 단응사상을 구해 카메라를 인위적으로 회전할 수 있다. 이러한 단응사상은 연습 문제 (ix)에서 논의한다.

(iii) 두 장면 평면 사이의 각도를 소실선에서 계산할 수 있다. 소실선이 $\mathbf{l}_1$과 $\mathbf{l}_2$라고 가정하면 평면 사이의 각도 θ는 다음과 같다.

$$\cos\theta = \frac{\mathbf{l}_1^{\mathsf{T}}\boldsymbol{\omega}^*\mathbf{l}_2}{\sqrt{\mathbf{l}_1^{\mathsf{T}}\boldsymbol{\omega}^*\mathbf{l}_1}\sqrt{\mathbf{l}_2^{\mathsf{T}}\boldsymbol{\omega}^*\mathbf{l}_2}} \tag{8.14}$$

증명은 연습 문제로 남겨둔다.

소실선 계산 장면 평면의 소실선을 결정하는 일반적인 방법은 평면에 평행한 직선들의 두 집합에 대해 소실점 두 개를 결정하고 이런 두 소실점을 통과하는 선을 구성하는 것이다. 이런 방법이 그림 8.17에 설명돼 있다. 소실점을 결정하는 다른 방법은 보기 2.19와 보기 2.20에 소개했다.

그러나 소실점을 중간 단계로 사용하지 않고 소실선을 직접 결정할 수 있다. 예로서, 같은 평면에 있는 동일한 간격의 평행선의 이미지 집합이 주어지면 소실선을 계산할 수 있다. 이러한 방법은 실제에서 유용하다. 계단, 건물 벽의 창문, 울타리, 라디에이터, 얼룩말 교차점과 같은 인공물에서 이러한 집합이 흔히 발생하기 때문이다. 다음 보기는 관련된 사용 기하학을 보여준다.

보기 8.23 같은 평면상에서 동일 간격의 평행선 3개의 이미지가 주어질 때 소실선

장면 평면에서 동일 간격의 선 집합은 λ가 정수값을 가질 때 $ax' + by' + \lambda = 0$으로 표현할 수 있다. 이 직선들의 (꾸러미) 집합은 $\mathbf{l}'_n = (a,\ b,\ n)^{\mathsf{T}} = (a,\ b,\ 0)^{\mathsf{T}} + n(0,\ 0,\ 1)^{\mathsf{T}}$로 표기할 수 있다. 여기에서 $(0,\ 0,\ 1)^{\mathsf{T}}$는 장면 평면에서 무한선이다. 원근 이미징에서 점 변환은 $\mathbf{x} = \mathtt{H}\mathbf{x}'$이고, 대응하는 직선의 사상은 $\mathbf{l}_n = \mathtt{H}^{-\mathsf{T}}\mathbf{l}'_n = \mathbf{l}_0 + n\mathbf{l}$이다. 여기서 $(0,\ 0,\ 1)^{\mathsf{T}}$의 이미지인 $\mathbf{l}$은 평면의 소실선이다. 이미지의 기하는 그림 8.18(c)에 나타냈다. 모든 선 $\mathbf{l}_n$은 ($i \neq j$에 대해 $\mathbf{l}_i \times \mathbf{l}_j$로 주어지는) 공통 소실점에서 교차하고 간격은 n에 따라서 단조 감소한다. 소실선 $\mathbf{l}$은 하첨자 (n)으로 식별하는 집합의 세 개의 직선으로 결정된다. 예로서, 동일한 간격의 세 선($\mathbf{l}_0$, $\mathbf{l}_1$, $\mathbf{l}_2$)의 이미지에서 소실선은 다음의 공식으로 주어진다.

$$\mathbf{l} = \left((\mathbf{l}_0 \times \mathbf{l}_2)^{\mathsf{T}}(\mathbf{l}_1 \times \mathbf{l}_2)\right)\mathbf{l}_1 + 2\left((\mathbf{l}_0 \times \mathbf{l}_1)^{\mathsf{T}}(\mathbf{l}_2 \times \mathbf{l}_1)\right)\mathbf{l}_2 \tag{8.15}$$

증명은 연습 문제로 남겨둔다. 그림 8.18(b)는 이런 방법으로 구한 소실선을 보여준다. △

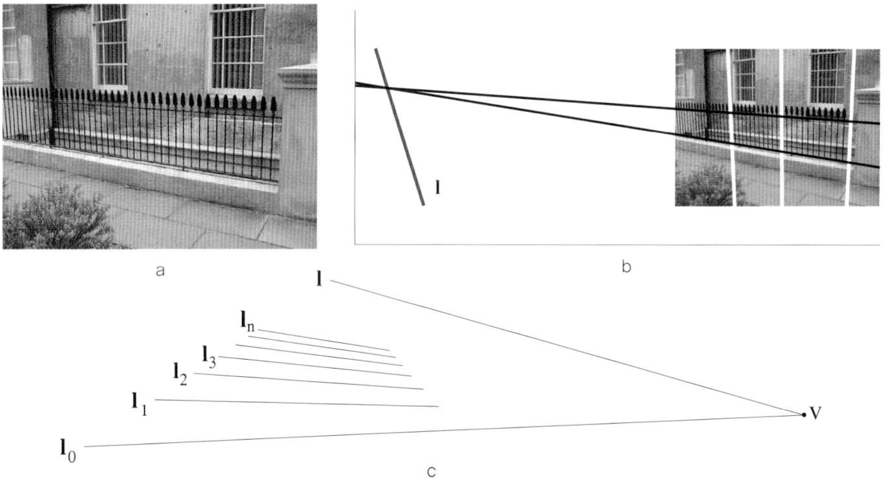

그림 8.18 동일한 간격의 평행선에서 소실선 평면의 결정 (a) 같은 간격의 막대를 가지는 수직 울타리 이미지. (b) 3개의 (12개 떨어진 간격의) 동일한 간격의 막대에서 계산한 소실선 $\mathbf{l}$. 수평선의 소실점은 이 소실선상에 있는 것에 주의해야 한다. (c) 이미지 선 $\mathbf{l}_n$ 사이의 간격은 n에 따라 단조 감소한다.

8.6.3 소실점과 소실선 사이의 직교 관계

실제의 경우에서 소실점을 생성하는 선과 평면이 직교하는 경우가 많다. 이 경우 ω를 포함하는 소실점과 소실선 사이에 특별히 간단한 관계가 있으며, 또한 이러한 관계를 사용해 ω를 (부분적으로) 결정하고 결국 8.8절에서 볼 수 있는 카메라 보정 K를 결정할 수 있다.

(8.13)에서 실세계에서 수직인 두 직선의 소실점 $\mathbf{v}_1$, $\mathbf{v}_2$는 $\mathbf{v}_1^\top \omega \mathbf{v}_2 = 0$을 만족한다. 이는 그림 8.13에서 보였듯이 소실점이 ω에 대해 켤레라는 것을 의미한다. 마찬가지로, 결과 8.19에서 소실선 $\mathbf{l}$이 있는 평면에 수직인 방향의 소실점 $\mathbf{v}$는 $\mathbf{l} = \omega \mathbf{v}$를 만족한다. 이는 그림 8.13처럼 소실점과 소실선이 ω에 대해 극점-극선 관계에 있음을 의미한다. 이러한 이미지 관계를 다음과 같이 요약할 수 있다.

(i) 수직인 직선들의 소실점은 다음을 만족한다.

$$\mathbf{v}_1^\top \omega \mathbf{v}_2 = 0 \tag{8.16}$$

(ii) 직선이 평면에 수직이면 소실점 $\mathbf{v}$와 소실선 $\mathbf{l}$은 다음 관계를 가진다.

$$\mathbf{l} = \omega \mathbf{v} \tag{8.17}$$

그리고 역관계는 $\mathbf{v} = \omega^* \mathbf{l}$이다.

(iii) 수직인 평면의 두 소실선은 $\mathbf{l}_1^\top \omega^* \mathbf{l}_2 = 0$을 만족한다.

예를 들어 (수평인) 바닥면의 소실선 $\mathbf{l}$이 이미지에서 식별되고 내부 보정 행렬 K를 구하면 (평면에 대해 수직 방향의 직선에 대한 소실점인) 수직 소실점 $\mathbf{v}$는 $\mathbf{v} = \omega^* \mathbf{l}$에서 구할 수 있다.

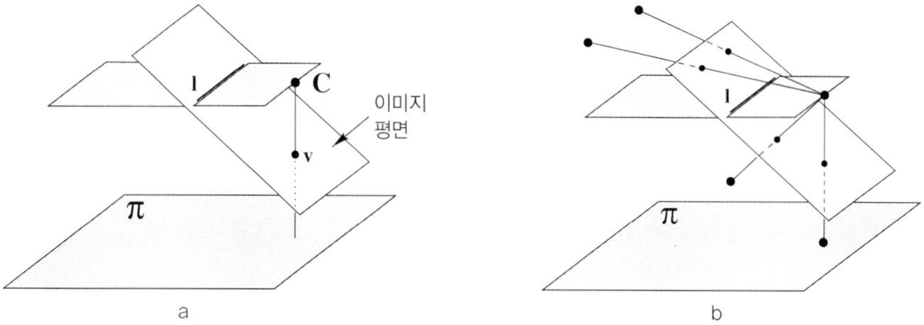

그림 8.19 수직 소실점과 바닥면 소실선의 형상 (a) 수직 소실점 v는 바닥면 π에 남긴 카메라 중심의 수직 "발자국(footprint)" 이미지이다. (b) 소실선 l은 장면 공간의 모든 점을 분할한다. 소실선에 사영되는 모든 장면 지점은 평면 π와의 거리가 카메라 중심과 같은 거리에 있다. 소실선 "위"에 있으면 평면까지 거리가 카메라 중심보다 멀고, "아래"에 있으면 카메라 중심보다 평면에 더 가깝다.

8.7 아핀 3차원 측정과 재구성

2.7.2절에서 장면 평면의 소실선을 식별하면 장면 평면의 아핀 속성을 측정할 수 있는 것을 봤다. 추가로, 평면에 평행하지 않은 방향의 소실점을 식별하면 원근 이미지 장면의 3차원 공간에 대해 아핀 속성을 계산할 수 있다. 소실점이 평면에 직교하는 방향에 해당하는 경우에 대해 이러한 아이디어를 설명할 것이다. 그러나 직교성은 꼭 필요한 것은 아니다. 여기서 설명하는 방법은 카메라 K의 내부 보정을 사용하지 않는다.

장면 평면을 수평 접지 평면으로 생각하는 것이 편리하다. 이 경우 소실선은 수평선이 된다. 마찬가지로, v가 수직 소실점이 되도록 장면 평면에 직교하는 방향을 수직으로 생각하는 것이 편리하다. 이러한 상황이 그림 8.19에 설명돼 있다.

그림 8.20(a)에 나타난 수직선에서 두 선분의 상대적 길이를 측정한다고 가정한다. 다음의 결과를 증명할 것이다.

결과 8.24 접지면 l의 소실선과 수직 소실점 v가 주어지면, 한 점이 접지면에 있는 수직 선분의 상대적인 길이를 측정할 수 있다.

수직선이 (카메라에서 멀어져서) 장면 속으로 더 깊숙이 들어가면 이미지 길이가 감소하기 때문에 이미지 길이에서 직접 상대적 길이를 측정할 수 없다. 다음의 두 단계로 상대 길이를 결정한다.

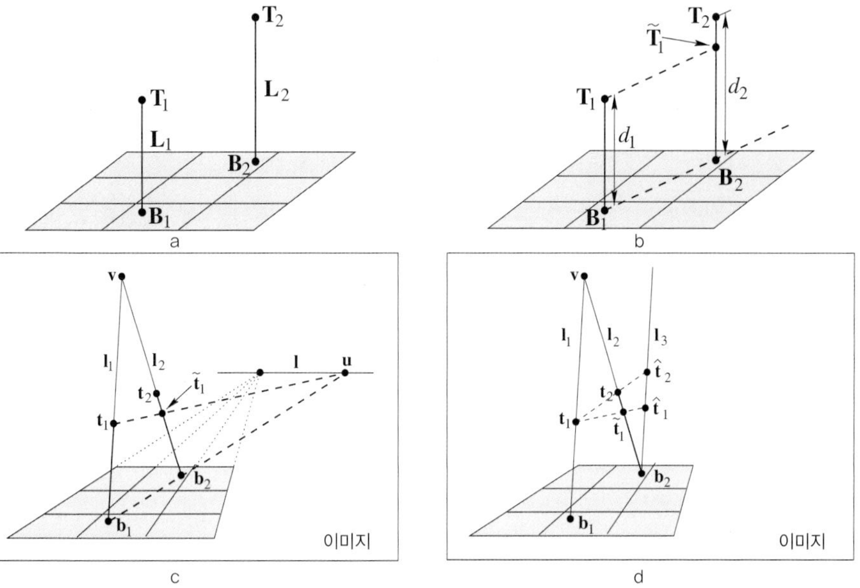

그림 8.20 평행한 장면 직선의 길이 비율 계산 (a) 3차원 기하학: 수직 선분 $\mathbf{L}_1 = \langle \mathbf{B}_1, \mathbf{T}_1 \rangle$과 $\mathbf{L}_2 = \langle \mathbf{B}_2, \mathbf{L}_2 \rangle$는 각각 길이 $\mathbf{d}_1$과 $\mathbf{d}_2$를 가진다. 기준점 $\mathbf{B}_1$, $\mathbf{B}_2$는 지면에 있다. 이미지에서 장면 길이 비율 $d_1 : d_2$를 계산하려고 한다. (b) 장면에서 선분 $\mathbf{L}_1$의 길이를 지면과 평행하게 $\mathbf{L}_2$로 이동해 점 $\tilde{\mathbf{T}}_1$을 생성할 수 있다. (c) 이미지 기하학: $\mathbf{l}$은 지면의 소실선이고 $\mathbf{v}$는 수직 소실점이다. 이미지에서 대응하는 평행선을 만들기 위해서는 우선 $\mathbf{B}_i$의 이미지 $\mathbf{b}_i$에서 소실점 $\mathbf{u}$를 결정한다. 그리고 $\mathbf{l}_2$와 직선 $\langle \mathbf{t}_1, \mathbf{u} \rangle$의 교점으로 ($\tilde{\mathbf{T}}_1$의 이미지인) $\tilde{\mathbf{t}}_1$을 결정한다. (d) 이미지에서 직선 $\mathbf{l}_3$은 $\mathbf{l}_1$과 평행하다. 점 $\hat{\mathbf{t}}_1$과 $\hat{\mathbf{t}}_2$는 $\mathbf{l}_3$와 직선 $\langle \mathbf{t}_1, \tilde{\mathbf{t}}_1 \rangle$ 또는 $\langle \mathbf{t}_1, \mathbf{t}_2 \rangle$와 각각의 교점이다. 거리 비율 $d(\mathbf{b}_2, \hat{\mathbf{t}}_1) : d(\mathbf{b}_2, \hat{\mathbf{t}}_2)$는 $d_1 : d_2$의 추정치다.

1단계: 한 선분의 길이를 다른 선분으로 변환 3차원에서 지면과 평행하고 $\langle \mathbf{B}_1, \mathbf{B}_2 \rangle$ 방향의 직선을 이용해 $\mathbf{T}_1$을 $\mathbf{L}_2$상으로 변환해 $\mathbf{L}_1$의 길이와 $\mathbf{L}_2$를 비교할 수 있다. 이렇게 변환된 점을 $\tilde{\mathbf{T}}_1$으로 표기한다(그림 8.20(b) 참조). 이러한 변환을 이미지에서 실현하기 위해서는 우선 $\langle \mathbf{b}_1, \mathbf{b}_2 \rangle$와 $\mathbf{l}$의 교점인 소실점 $\mathbf{u}$을 결정한다. 이제 $\langle \mathbf{B}_1, \mathbf{B}_2 \rangle$와 평행한 모든 장면 직선은 이미지에서 $\mathbf{u}$를 통과한다. 특별히 $\langle \mathbf{B}_1, \mathbf{B}_2 \rangle$와 평행하고 $\mathbf{T}_1$을 지나는 직선의 이미지는 $\mathbf{t}_1$과 $\mathbf{u}$가 생성하는 직선이다. 직선 $\langle \mathbf{t}_1, \mathbf{u} \rangle$와 $\mathbf{l}_2$의 교점은 변환된 점 $\tilde{\mathbf{T}}_1$의 이미지 $\tilde{\mathbf{t}}_1$이 된다(그림 8.20(c) 참조).

2단계: 장면 직선의 길이 비율 결정 이제 장면 직선의 이미지에 있는 동일 직선상의 점 4개를 이용해 장면의 실제 길이 비율을 결정하려고 한다. 같은 직선상에 있는 이미지 점 4개는 $\mathbf{b}_2$, $\tilde{\mathbf{t}}_1$, $\mathbf{t}_2$, $\mathbf{v}$이다. 이러한 점들을 장면 직선을 따라 각각 거리 0, d_1, d_2, ∞을 가지는 장면 점들의 이미지로 간주할 수 있다. 아핀 비율 $d_1 : d_2$는 $\mathbf{v}$를 무한대로 보내는 이미지 직선의 사영변환을 적용해 얻을 수 있다. 이런 사영도의 기하 구조는 그림 8.20(d)에 있다(보기 2.20 참조).

두 단계로 구성된 알고리듬의 세부 사항을 알고리듬 8.1에서 설명한다.

알고리듬을 적용하기 위해 카메라 보정 K 또는 위치에 대한 정보를 필요로 하지 않는 것에 주의해야 한다. 실제로 지면 기준으로 카메라 중심의 위치도 계산할 수 있다. 알고리듬은 이미지에서 소실점과 소실선이 무한대인 경우에도 잘 작동한다. 예를 들어 아핀 이미지 조건 또는 이미지 평면이 수직 장면 방향과 평행한 경우다($\mathbf{v}$가 무한대가 된다). 이런 경우에 거리 비율은 $d_1/d_2 = \tilde{t}_1/t_2$로 단순화된다.

알고리듬 8.1 단일 이미지에서 장면 길이 비율 계산

목적

그림 8.20과 같이 접지면 $\mathbf{l}$의 소실선과 수직 소실점 $\mathbf{v}$와 두 선분의 상단점 ($\mathbf{t}_1$, $\mathbf{t}_2$)와 기준점 ($\mathbf{b}_1$, $\mathbf{b}_2$)가 주어질 때, 장면에서 선분의 길이 비율을 계산한다.

알고리듬

(i) 소실점 $\mathbf{u} = (\mathbf{b}_1 \times \mathbf{b}_2) \times \mathbf{l}$을 계산한다.

(ii) 변환된 점 $\tilde{\mathbf{t}}_1 = (\mathbf{t}_1 \times \mathbf{u}) \times \mathbf{l}_2$를 계산한다(여기서 $\mathbf{l}_2 = \mathbf{v} \times \mathbf{b}_2$).

(iii) 이미지 직선 $\mathbf{l}_1$에 있는 점 4개 $\mathbf{b}_2$, $\tilde{\mathbf{t}}_1$, $\mathbf{t}_2$, $\mathbf{v}$의 $\mathbf{b}_2$로부터 거리를 0, $\tilde{t}_1$, $\tilde{t}_2$, $\mathbf{v}$로 각각 표기한다.

(iv) 동차 좌표 $(0, 1) \mapsto (0, 1)$과 $(\mathbf{v}, 1) \mapsto (1, 0)$로 변환하는 1차원 사영변환 $\mathtt{H}_{2\times2}$를 계산한다(소실점 $\mathbf{v}$는 무한대로 변환된다). 적절한 행렬 표현식은 다음과 같다.

$$\mathtt{H}_{2\times2} = \begin{bmatrix} 1 & 0 \\ 1 & -v \end{bmatrix}$$

(v) $\mathbf{L}_2$상에서 $\mathbf{B}_2$에서 장면 점들 $\tilde{\mathbf{T}}_1$과 $\tilde{\mathbf{T}}_2$의 (배율 조정된) 거리는 $\mathtt{H}_{2\times2}(t_1, 1)^{\top}$와 $\mathtt{H}_{2\times2}(\tilde{t}_2, 1)^{\top}$의 점의 위치에서 구할 수 있다. 이들의 거리 비율은 다음과 같다.

$$\frac{d_1}{d_2} = \frac{\tilde{t}_1(v - t_2)}{t_2(v - \tilde{t}_1)}$$

보기 8.25 단일 이미지에서 사람의 키 측정하기

지면 소실선과 수직 소실점을 계산할 수 있는 충분한 정보를 가진 이미지에서 높이를 이미 알고 있는 물체의 상단과 바닥이 이미지에 포함돼 있다고 가정한다. 그러면 장면 어느 곳의 지면에 서 있는 사람의 키는 머리와 발이 모두 보이면 측정할 수 있다. 그림 8.21(a)에 보기가 있다. 장면에는 수평 소실점을 계산할 수 있는 많은 수평선이 있다. 이러한 소실점 두 개를 이용해 (이미지의 수평선인) 바닥의 소실선을 결정한다. 장면에는 수직 소실점을 계산할 수 있는 많은 수직선도 있다(그림 8.21(c)). 두 사람이 수직으로 서 있다고 가정하면 알고리듬 8.1을 사용해 길이 비율에서 직접 상대 높이를 계산할 수 있다. 이들의 절대 높이는 높이를 이미 알고 있는 지표면의 물체에 대한 상대 높이로 결정할 수 있다. 여기서는 파일 캐비닛의 높이가 알려져 있다. 결과는 그림 8.21(d)와 같다. △

그림 8.21 아핀 속성을 이용한 높이 측정 (a) 원본 이미지. 두 사람의 키를 측정하려고 한다. (b) (7.4절의) 방사형 왜곡 보정 후의 이미지 (c) (표시된) 소실선은 수평 방향에 해당하는 소실점 두 개로 계산한다. 수직 소실점을 계산하는 직선 또한 표시했다. 수직 소실점은 이미지 아래에 있기 때문에 표시하지 않았다. (d) 이미지 왼쪽에 있는 파일 캐비닛의 알고 있는 높이를 이용해 알고리듬 8.1으로 두 사람의 절대 높이를 측정한다. 측정한 높이는 정답값(ground truth)의 2cm 이내이다. 오차의 계산은 [Criminisi-00]에 설명돼 있다.

8.8 단일 시점에서 카메라 보정 K 결정

ω에 대한 정보를 알면 광선 사이의 각도를 측정할 수 있다. 반대로 광선 사이의 각도는 ω에 대한 제약이 된다. 알려진 두 광선 사이의 각에서 ω에 대해 (8.13) 형식의 제약 조건을 구할 수 있다. 아쉽게도 알려진 $\mathbf{v}_1$과 $\mathbf{v}_2$에 대한 임의의 각도에서 ω 원소에 2차식의 제약 조건이 나온다. 그러나 선이 수직이면 (8.13)은 (8.16) $\mathbf{v}_1^\top \omega \mathbf{v}_2 = 0$이 돼서 ω에 대한 선형 제약 조건이다.

ω에 대한 선형 제약 조건은 선과 여기에 직교하는 평면에서 나오는 소실점과 소실선으로 또한 구할 수 있다. 일반적인 보기는 그림 8.19와 같이 수직 방향 직선과 수평면의 경우이다. (8.17)에서 $\mathbf{l} = \omega \mathbf{v}$이다. 이것을 $\mathbf{l} \times (\omega \mathbf{v}) = \mathbf{0}$으로 변형하면 동차 배율 인자가 소거돼 ω 원소에 대해 선형인 동차 방정식 세 개를 얻는다.

표 8.1 ω에 대한 장면과 내부 제약 조건

조건	제약	종류	제약 조건의 수
수직하는 직선에 대응하는 소실점 $\mathbf{v}_1$, $\mathbf{v}_2$	$\mathbf{v}_1^\top \omega \mathbf{v}_2 = 0$	선형	1
수직하는 직선과 평면에 대응하는 소실점 $\mathbf{v}$와 소실선 $\mathbf{l}$	$[\mathbf{l}]_\times \omega \mathbf{v} = 0$	선형	2
알려진 단응사상 $\mathtt{H} = [\mathbf{h}_1, \mathbf{h}_2, \mathbf{h}_3]$으로 이미지화된 메트릭 평면	$\mathbf{h}_1^\top \omega \mathbf{h}_2 = 0$ $\mathbf{h}_1^\top \omega \mathbf{h}_1 = \mathbf{h}_2^\top \omega \mathbf{h}_2$	선형	2
왜도가 영	$\omega_{12} = \omega_{21} = 0$	선형	1
정사각형 픽셀	$\omega_{12} = \omega_{21} = 0$ $\omega_{11} = \omega_{22}$	선형	2

이러한 모든 조건은 ω에 대한 선형 제약 조건이다. 이러한 제약 조건이 충분히 주어지면 ω를 계산할 수 있고 $\omega = (\mathtt{KK}^\top)^{-1}$이므로 카메라 보정 K를 얻는다. 보정 행렬 K가 (6.10)보다 특별한 형태이면 장면 제약에서 결정해야 하는 ω 원소의 개수는 줄어든다.

K가 왜도 영($s = 0$)이거나 정사각형 픽셀($\alpha x = \alpha y$이고 $s = 0$)을 가지면, 이러한 조건을 ω를 찾는 데 이용할 수 있다. 특별히, 직접 계산을 통해 다음을 확인할 수 있다.

결과 8.26 $s = \mathtt{K}_{12} = 0$이면 $\omega_{12} = \omega_{21} = 0$이다. 그리고 $\alpha_x = \mathtt{K}_{11} = \mathtt{K}_{22} = \alpha_y$이면 $\omega_{11} = \omega_{22}$가 된다.

따라서 절대 원뿔의 이미지를 구할 때 왜도 영과 사각형 종횡비가 알려져 있으면 쉽게 이용할 수 있다. 또한 K와 $\omega^* = \mathtt{KK}^\top$의 원소에 대해서는 결과 8.26과 같은 단순한 관계가

존재하지 않는다는 것을 쉽게 확인할 수 있다.

지금까지 ω를 구속하는 세 개의 원천을 살펴봤다.

(i) (8.12)에서 알려진 단응사상으로 이미지화된 평면의 거리 정보

(ii) (8.16)에서 수직인 직선과 평면에 대응하는 소실점과 소실선

(iii) 결과 8.26에서 왜도 영 또는 정사각형 픽셀과 같은 내부 제약

이러한 제약 조건을 표 8.1에 요약했다. 이러한 제약 조건을 결합해 ω와 K를 추정하는 방법을 이제 설명한다.

위의 (내부 제약 조건을 포함한) 모든 제약 조건은 ω에 대해 대수적으로 일차식으로 표현되므로 이를 행벡터로 결합해 제약 행렬을 구성하는 것은 간단하다. 모든 제약 조건을 모으면 n개의 제약 조건에 대한 연립방정식은 $\mathtt{A}\mathbf{w} = 0$으로 표기할 수 있다. 여기서 A는 $n \times 6$ 행렬이고 $\mathbf{w}$는 ω의 서로 다른 동차 원소 6개를 포함하는 6차원 벡터다. 5개의 제약 방정식으로 엄밀 해를 구할 수 있다. 5개 이상의 방정식에서는 알고리듬 A5.4를 이용해 최소 제곱해를 구할 수 있다. 이러한 방법을 알고리듬 8.2에 요약했다.

알고리듬 8.2 장면과 내부 제약에서 K의 계산

목적

장면과 내부 제약을 이용해 ω를 구한 후에 K를 계산한다.

알고리듬

(i) ω가 다음과 같을 때 이를 동차 6차원 벡터 $\mathbf{w} = (w_1, w_2, w_3, w_4, w_5, w_6)^\mathsf{T}$로 표기한다.

$$\boldsymbol{\omega} = \begin{bmatrix} w_1 & w_2 & w_4 \\ w_2 & w_3 & w_5 \\ w_4 & w_5 & w_6 \end{bmatrix}$$

(ii) 표 8.1의 제약 조건 중에서 사용 가능한 것을 $\mathbf{a}^\mathsf{T}\mathbf{w} = 0$로 나타낸다. 예로서, $\mathbf{u} = (u_1, u_2, u_3)$이고 $\mathbf{v} = (v_1, v_2, v_3)^\mathsf{T}$일 때, 직교 제약 조건 $\mathbf{u}^\mathsf{T}\omega\mathbf{v} = 0$에 대한 6차원 벡터 $\mathbf{a}$는 다음과 같다.

$$\mathbf{a} = (v_1u_1, v_1u_2 + v_2u_1, v_2u_2, v_1u_3 + v_3u_1, v_2u_3 + v_3u_2, v_3u_3)^\mathsf{T}$$

장면과 내부 제약 조건의 다른 원천에서 비슷한 제약 벡터를 구한다. 예를 들어 평면의 거리는 두 가지 제약 조건을 생성한다.

(iii) 각각의 제약 조건식 $\mathbf{a}^\top \mathbf{w} = 0$을 쌓아서 $\mathtt{A}\mathbf{w} = 0$의 형태를 구성한다. 그러면 제약 조건의 개수가 n개일 때 A는 $n \times 6$ 행렬이 된다.

(iv) 알고리듬 4.2에서와 같이 SVD를 사용해 $\mathbf{w}$를 푼다. 이로써 ω가 결정된다.

(v) (A4.2.1절의) 역행렬과 촐레스키 분해를 이용해 ω를 K로 분해한다.

필요로 하는 5개의 최소 제약 이상에, 정확하게 만족해야 하는 조건, 즉 강한 제약 조건을 적용할 수 있다. 이러한 제약 조건을 명시적으로 만족하도록 ω의 매개변수를 구성할 수 있다(예를 들어 왜도 영인 제약 조건의 경우 $\omega_{21} = \omega_{12} = 0$이며 정사각형 픽셀 제약 조건의 경우는 $\omega_{11} = \omega_{22}$로 둔다). 알고리듬 A5.5의 최소화 방법을 사용해 강제약 조건을 적용할 수도 있다. 그렇지 않으면 모든 제약 조건이 약제약 조건으로 처리되고 알고리듬 A5.4를 사용하면 제약 조건에 노이즈가 있을 때 정확히 만족되지 않는 해가 나온다. 예를 들어 픽셀이 완전한 정사각형이 아닐 수 있다.

마지막으로, 실제로 중요한 문제는 퇴화이다. 이것은 결합된 제약 조건이 독립이지 않고 행렬 A의 차수가 감소한다. 차수가 미지수의 수보다 작으면 ω(그에 따른 K)가 매개변수화된 해 집합이 된다. 또한 조건이 거의 퇴화되면 해의 조건이 나쁘며 노이즈에 의해서 결정된다. 이러한 퇴화는 기하학적으로 이해할 수 있다. 예를 들어 보기 8.18에서 세 개의 거리 평면이 평행하면 원형점 세 쌍의 이미지가 일치해, 여섯 개가 아닌 전부 두 개의 제약 조건만을 얻는다. Zhang[Zhang-00]에 의해서 널리 알려진 퇴화 문제에 대한 실용적인 해결책은 다양한 위치에서 거리 평면을 여러 번 이미지화하는 것이다. 이로써 퇴화가 발생할 가능성을 줄이고 매우 과도하게 결정된 해를 얻는다.

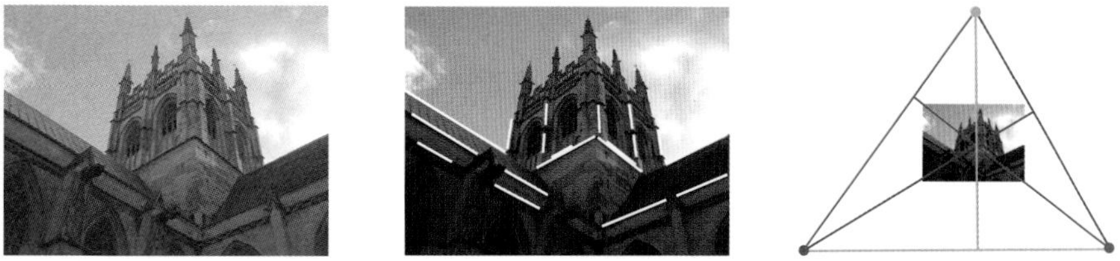

a b c

그림 8.22 이미지 왜도 영이고 종횡비가 같은 경우에 "주점은 소실점들의 직교원(orthogonal triad)의 수심(orthocenter)이다." (a) 원본 이미지. (b) 장면에서 평행선의 집합 세 개. 각 집합은 다른 집합과 직교하는 방향을 가진다. (c) 주점은 소실점을 꼭짓점으로 하는 삼각형의 수심이다.

보기 8.27 직교 소실점 세 개를 이용한 보정

카메라는 왜도 영이고 픽셀은 정사각형(또는 같은 종횡비를 가지는 것)으로 가정한다. 직교 소실점의 직교원에서 세 가지 추가 제약 조건을 구한다. 이것으로 총 5개의 제약 조건이 있다. ω 그리고 K를 계산하기에 충분하다.

알고리듬의 개요는 다음과 같다.

(i) 정사각형 픽셀의 경우 ω는 다음과 같다.

$$\boldsymbol{\omega} = \begin{bmatrix} w_1 & 0 & w_2 \\ 0 & w_1 & w_3 \\ w_2 & w_3 & w_4 \end{bmatrix}$$

(ii) 각 소실점 쌍 $\mathbf{v}_i$, $\mathbf{v}_j$에서 방정식 $\mathbf{v}_i^{\top}\omega\mathbf{v}_j = 0$을 얻는다. 이것은 ω의 원소에 대해 선형이다. 소실점 세 쌍의 제약 조건을 함께 쌓아서 방정식 $\mathtt{A}\mathbf{w} = 0$을 만든다. 여기서 A는 3×4 행렬이다.

(iii) 벡터 $\mathbf{w}$는 A의 영벡터로 얻어지며, ω를 결정한다. 촐레스키 분해와 행렬 역원을 이용해 $\omega = (\mathtt{KK}^{\top})^{-1}$에서 행렬 K를 구한다.

보기는 그림 8.22(a)에 나와 있다. 소실점은 그림 8.22(b)에서 표시한 세 개의 수직 방향을 이용해 계산한다. 이미지는 1024×768픽셀이고 계산된 보정 행렬은 다음이다.

$$\mathtt{K} = \begin{bmatrix} 1163 & 0 & 548 \\ 0 & 1163 & 404 \\ 0 & 0 & 1 \end{bmatrix}$$

△

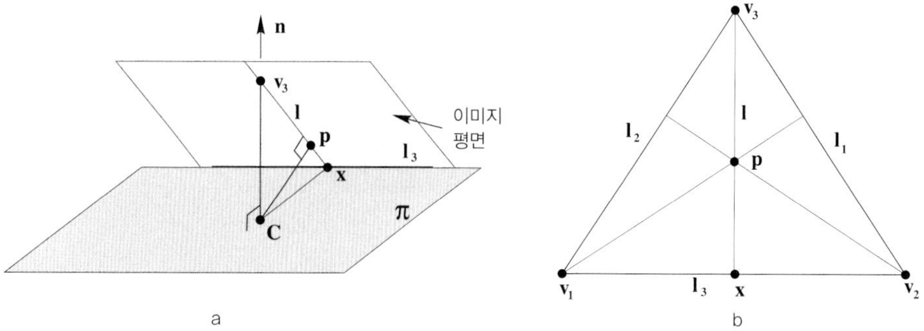

그림 8.23 주점의 기하학적인 구성 소실선 l_3는 법선 n을 가지는 평면 π로 역사영된다. 소실점 v_3은 평면 π에 직교하는 직선으로 역사영된다. (a) 카메라 중심 C를 지나고 평면 π의 법선 n과 주축은 평면을 정의한다. 이것은 이미지에서 교차해 직선 $l = \langle v_3, x \rangle$을 만든다. 직선 l_3는 이미지 평면에서 π와 교차하며 또한 소실선이기도 하다. 점 v_3은 법선과 이미지 평면의 교차점이며 소실점이기도 하다. 주점은 l상에 있고 l과 l_3은 이미지 평면에서 서로 수직인 것은 분명하다. (b) 주점은 삼각형의 수심와 같은 세 가지 제약 조건으로 결정할 수 있다.

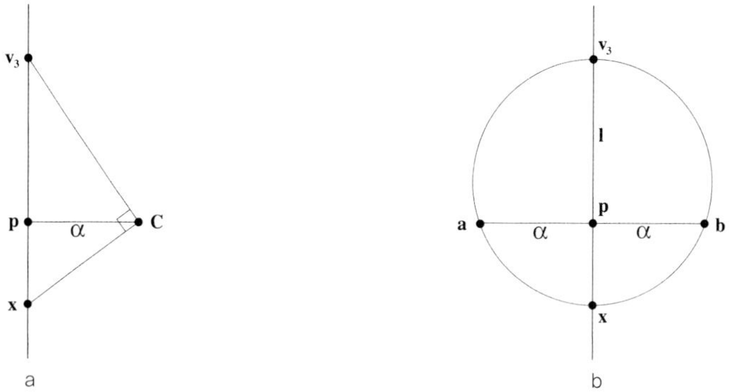

그림 8.24 초점 거리의 기하학적 구성 (a) 그림 8.23 (a)와 같이 카메라 중심 C, 주점과 (v_3과 같은) 하나의 소실점이 정의하는 평면을 생각한다. C에서 v_3와 x까지의 광선은 서로 수직이다. 초점 거리 α는 카메라 중심에서 이미지 평면까지의 거리이다. 닮은 삼각형에서 $d(\mathbf{u}, \mathbf{v})$가 점 u와 v 사이의 거리이면 $\alpha^2 = d(\mathbf{p}, \mathbf{v}_3)d(\mathbf{p}, \mathbf{x})$가 된다. (b) 이미지에서 v_3와 x 사이의 선분을 지름으로 가지는 원을 그릴 수 있다. $\langle v_3, x \rangle$에 수직이며 p를 지나는 직선은 두 점 a와 b에서 원과 교차한다. 초점 거리는 거리 $d(\mathbf{p}, \mathbf{a})$와 같다.

이 경우 주점과 초점 거리도 기하학적으로 계산할 수 있다. 주점은 소실점을 꼭짓점으로 가지는 삼각형의 수심이다. 그림 8.23은 주점이 삼각형의 한 변에서 반대쪽 꼭짓점까지의 수직선상에 있는 것을 보여준다. 유사하게 다른 두 변에 대해 적용하면 주점이 수선이 되는 것을 알 수 있다. 이 결과를 대수적으로 유도하는 것은 연습 문제로 남겨둔다. 초점 거리는 그림 8.24와 같이 기하학적으로 계산할 수 있다.

주의 사항으로, 이러한 추정 방법은 (수직선과 같은) 소실점 하나가 무한대가 되면 퇴화된다.

이 경우 A의 차수는 2가 되며, ω와 이에 대응하는 K에 대해 하나의 매개변수를 가지는 해 집합이 존재한다. 이러한 퇴화는 그림 8.23의 수심 구성에서 기하학적으로 볼 수 있다. $\mathbf{v}_3$가 무한대이면 주점 $\mathbf{p}$는 직선 $\mathbf{l}_3 = \langle \mathbf{v}_1, \mathbf{v}_2 \rangle$상에 있지만 x의 위치는 정의되지 않는다.

a b

그림 8.25 부분 내부 매개변수를 이용한 평면 보정 (a) 원본 이미지 (b) 카메라가 정사각형 픽셀과 이미지 중앙에 주점을 가진다고 가정하는 보정. 초점 거리는 단일 직교 소실점 쌍에서 계산한다. 보정된 이미지에서 창의 가로 세로 비율은 정답값과 3.7% 차이가 있다. 두 개의 평행한 평면인 상부 건물 정면과 하부 상점 정면은 모두 정면 평행 평면에 변환된다.

보기 8.28 다른 내부 매개변수가 알려진 경우 초점 거리 결정

단일 시점에서 보정의 다른 보기를 생각한다. 카메라는 왜도 영이고 픽셀은 정사각형이며(또는 이에 상응하는 종횡비를 알고 있다) 주점은 이미지 중심에 있다고 가정한다. 그러면 초점 거리만이 미지수다. 이러한 경우에 ω의 형태는 매우 간단하다. 대각 행렬 $\mathrm{diag}(1/f^2, 1/f^2, 1)$가 돼 자유도 1을 가진다. 알고리듬 8.2를 사용해 초점 거리 f를 직교 방향에 해당하는 두 개의 소실점에서 발생하는 추가 제약 조건으로 결정할 수 있다.

보기는 그림 8.25(a)에 나와 있다. 여기서 구속 조건에 사용한 소실점은 창과 거리의 수평 모서리와 창의 수직 모서리에서 계산한다. 이러한 소실점은 건물 정면의 소실선 l도 결정한다. K와 소실선 l이 주어지면 보기 8.13에서와 같이 이미지를 단응사상으로 변환해 정면이 정면 평행이 되도록 카메라를 회전한다. 결과는 그림 8.25(b)이다. 보기 8.13에서 평면을 수정하려면 장면 평면에 있는 직사각형의 종횡비를 알아야 한다. 여기에서는 카메라 보정 K에서 단응사상에 필요한 추가 정보를 구할 수 있기 때문에 평면의 소실선만 알면 된다. △

8.8.1 제약 조건의 기하

표 8.1에 주어진 대수적 제약 조건은 다른 원천에서 발생하는 것처럼 보이지만 실제로는 다음의 간단한 두 가지 기하 관계 중 하나에 속한다. 원뿔 ω에 두 점이 놓이거나 ω에 대해서 두 점이 켤레 관계다.

예컨대 왜도 영 제약 조건은 직교 제약 조건이다. 이미지 x축과 y축이 직교하는 것을 요구한다. 이러한 축은 카메라의 유클리드 좌표계에서 $(1, 0, 0)^\top$와 $(0, 1, 0)^\top$를 방향으로 가지는 광선에 해당하고 (광선이 이미지 평면과 평행하기에) 이미지에서 $\mathbf{v}_x = (1, 0, 0)^\top$와 $\mathbf{v}_y = (0, 1, 0)^\top$가 된다. 왜도 영 조건 $\omega_{12} = \omega_{21} = 0$은 직교 제약 (8.16) $\mathbf{v}_y^\top \omega \mathbf{v}_x = 0$을 서술하는 다른 방식이다. 기하학적으로 왜도 영은 점 $(1, 0, 0)^\top$과 $(0, 1, 0)^\top$가 ω에 대해 켤레인 것과 동일하다.

정사각형 픽셀 조건은 두 가지 방식으로 해석할 수 있다. 정사각형은 직교하는 직선 두 집합을 정의한다. 인접한 모서리가 직교하고 두 대각선 또한 직교한다. 그러므로 정사각형 픽셀 조건은 한 쌍의 직교 라인 제약 조건으로 해석할 수 있다. 정사각형 픽셀의 대각선 소실점은 $(1, 1, 0)^\top$과 $(-1, 1, 0)^\top$이다. 결과로 얻는 직교 제약 조건은 표 8.1에 나타낸 정사각형 픽셀 제약이 된다.

다른 방식으로, 정사각형 픽셀 조건은 IAC에 있는 알려진 두 점으로 해석할 수 있다. 이미지 평면이 정사각형 픽셀을 가지면, 유클리드 좌표계가 있고 원형점은 알려진 좌표 $(1, \pm i, 0)^\top$가 된다. 두 개의 정사각형 픽셀 방정식이 $(1, \pm i, 0)\omega(1, \pm i, 0)^\top = 0$과 동일한 것을 확인할 수 있다.

이것은 매우 중요한 기하학적 동등성이다. 본질적으로 정사각형 픽셀을 가지는 이미지 평면은 장면에서 거리 평면의 역할을 한다. 정사각형 픽셀 이미지 평면은 항등 행렬로 주어지는 단응사상으로 이미지화한 거리 평면과 동일하다. 실제로 표 8.1의 알려진 단응사상으로 이미지화한 거리 평면의 단응사상 H를 단위 행렬로 대체하면 정사각형 픽셀 제약 조건을 얻는다.

결국 표 8.1에 주어진 모든 제약 조건은 알려진 점이 ω상에 있거나, ω에 대해 켤레인 것에서 유도할 수 있다. 따라서 ω를 결정하는 것은 원뿔과 켤레점의 쌍이 주어질 때 원뿔 맞추기 문제로 볼 수 있다.

원뿔 맞추기는 점이 원뿔에 잘 분포돼 있지 않으면 종종 불안정해([Bookstein-79] 참조) 쉽지 않은 문제라는 것을 명시해야 한다. 같은 현상이 원뿔 맞추기와 동일한 현재의 문제에서 발생한다. 소실점에서 보정을 계산하기 위해 사용하는 알고리듬 8.2는 대수 오류를 최소화하는 것이므로 최적의 해를 얻을 수 없다. 정확도를 높이려면 4.2.6절의 샘프슨 오류 방법과 같은 4장의 방법을 사용해야 한다.

8.9 단일 시점 재구성

8장에서 개발한 방법의 응용으로 단일 이미지에서 텍스처 매핑texture mapping된 조각난piecewise 평면 그래픽 모델을 3차원으로 재구성한다. 8.8절의 카메라 보정 방법과 보기 8.28의 방법을 결합해 모델 평면을 텍스처하기 위해 이미지 영역을 역사영한다.

이 방법을 그림 8.26(a)의 이미지에 대해 설명한다. 장면은 세 개의 중요하면서 상호 직교하는 평면(건물의 왼쪽과 오른쪽 면과 지면)을 포함한다. 직교하는 세 방향에 있는 평행한 직선 집합에서 소실점 세 개를 얻고, 정사각형 픽셀의 제약 조건을 추가하면 8.8절에서 설명한 카메라 보정 방법을 사용할 수 있다.

소실점을 이용하는 것과 마찬가지로 세 평면의 소실선과 계산된 ω에서 모델의 직교 평면에 적절한 이미지 영역을 텍스처 매핑하기 위한 단응사상을 계산할 수 있다.

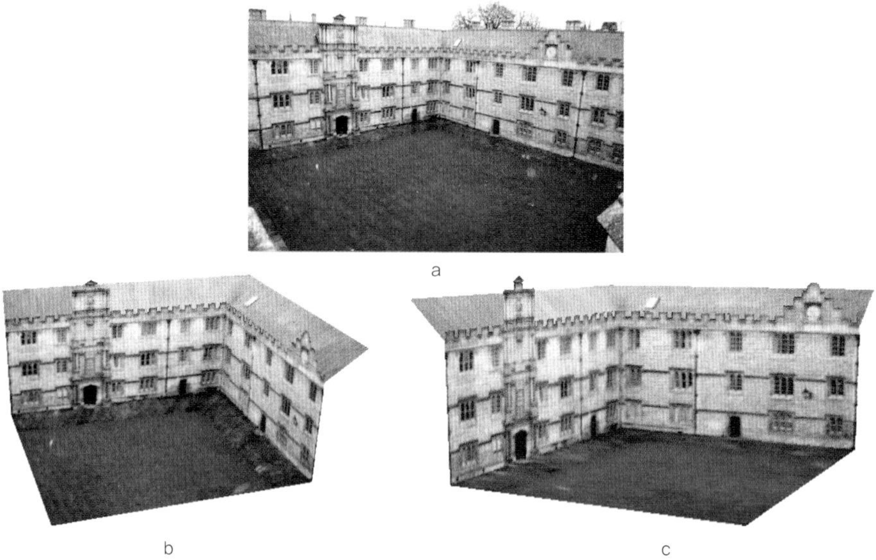

그림 8.26 단일 시점 재구성 (a) 옥스포드 머튼 칼리지의 펠로우 쿼드의 원본 이미지. (b) (c) 단일 이미지에서 생성한 3차원 모델의 보기. 지붕 평면의 소실선은 텍스처 패턴의 반복에서 계산한다.

자세하게 설명하면 그림 8.26(a)에서 왼쪽 정면을 기준면으로 잡으면 정확한 비율의 너비와 높이는 보정으로 결정된다. 오른쪽 정면과 지면에서 기준면에 직교하는 3차원 평면을 얻는다(카메라를 계산할 때 평면이 직교하는 것을 가정해 상대적인 방향이 정의된다). 오른쪽 평면과 접지 평면의 배율은 평면에 공통인 점에서 계산하며 세 개의 직교 평면 모델이 완성된다.

보정을 계산한 후, (8.14)를 사용해 소실선을 찾으면 장면에서 (지붕과 같이) 직각이 아닌 평면의 상대 방향을 계산할 수 있다. 한 쌍의 평면의 교차점이 이미지에서 나타나서 두 평면의 공통점을 얻으면 상대 위치와 상대 크기를 결정할 수 있다. 상대 크기는 두 평면의 단응사상을 사용해 공통점 사이의 거리를 보정해 계산할 수 있다. 평면에 올바르게 매핑된 텍스처를 가지는 모델 보기를 그림 8.26(b)와 (c)에 나타낸다.

8.10 보정 원뿔

절대 원뿔IAC의 이미지는 이미지에서 가상 원뿔이므로 보이지 않는다. 때로는 카메라 보정과 밀접하게 관련된 다른 원뿔을 고려하면 시각화 목적으로 유용하다. 이러한 원뿔은 **보정 원뿔**Calibrating Conic이며 카메라의 주축과 일치하는 축과 정점 각도 45°를 가지는 원뿔의 이미지다.

이 원뿔을 카메라의 보정 행렬을 이용해 계산하는 공식을 구하고자 한다. 45°의 원뿔은 카메라와 같이 움직이기 때문에 이미지는 카메라의 방향과 위치에 무관하다. 따라서 카메라가 원점에 있고 Z축 방향을 가진다고 가정한다. 그러므로 카메라 행렬을 $\mathtt{P} = \mathtt{K}[\mathtt{I} \mid 0]$라고 한다. 이제 45° 원뿔의 모든 점은 $\mathrm{X}^2 + \mathrm{Y}^2 = \mathrm{Z}^2$을 만족한다. 이 원뿔의 점은 다음 원뿔의 점으로 변환된다.

$$\mathtt{C} = \mathtt{K}^{-\mathsf{T}} \begin{bmatrix} 1 & & \\ & 1 & \\ & & -1 \end{bmatrix} \mathtt{K}^{-1} \tag{8.18}$$

이것은 결과 8.6에서 쉽게 확인할 수 있다. 이 원뿔을 카메라 보정 원뿔이라고 한다. 단위 보정 행렬 $\mathtt{K} = \mathtt{I}$을 가지는 카메라의 경우에 보정 원뿔은 (이미지의 주점인) 원점을 중심으로 하는 단위 원이다. (8.18)의 원뿔은 결과 2.13의 원뿔 변환 규칙에 따라 아핀변환된 단위 원이다($\mathtt{C} \mapsto \mathtt{H}^{-\mathsf{T}}\mathtt{C}\mathtt{H}^{-1}$). 따라서 보정 행렬 K를 가지는 카메라의 보정 원뿔은 행렬 K에 의해 원점을 중심으로 하는 단위 원의 아핀변환이다.

보정 매개변수는 보정 원뿔에서 쉽게 얻을 수 있다. 주점은 원뿔의 중심이며, 그림 8.27과 같이 배율 계수와 왜도를 쉽게 알 수 있다. 왜도 영의 경우 보정 원뿔의 주축은 이미지 좌표축과 나란하다. 실제 이미지의 보기는 그림 8.29에 나와 있다.

보기 8.29 초점 거리가 f픽셀이며 왜도 영, 정사각형 픽셀, 주점과 이미지 원점이 일치하는 카메라 보정 행렬 $\mathtt{K} = \mathrm{diag}(f, f, 1)$를 생각한다. 그러면 (8.18)에서 보정 원뿔은 $\mathtt{C} = \mathrm{diag}(1, 1, -f^2)$이며, 이는 중심이 주점이고 반지름이 f인 원이다. △

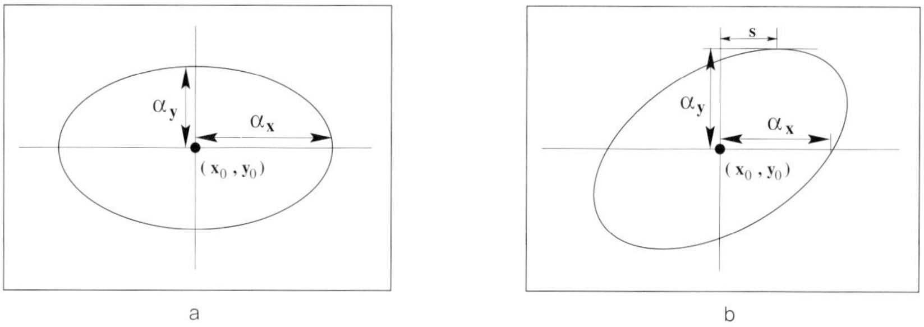

그림 8.27 보정 원뿔에서 내부 카메라 매개변수 K를 얻는다 (a) 왜도 s는 영이다. (b) 왜도 s는 영이 아니다. ((6.10)의) K의 왜도 변수는 원뿔의 가장 높은 점의 x 좌표이다.

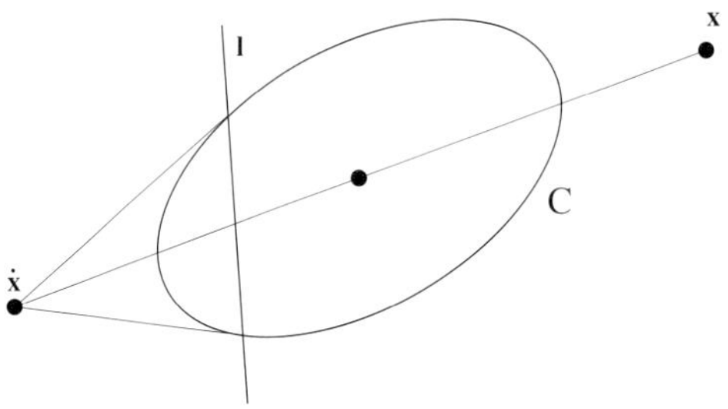

그림 8.28 이미지 점 $\mathbf{x}$를 통과하는 광선에 수직인 직선은 다음과 같이 구성한다. (i) C의 중심으로 $\mathbf{x}$를 반사해 (중심에서 $\mathbf{x}$와 같은 거리에 있는) 점 $\dot{\mathbf{x}}$를 구한다. (ii) $\dot{\mathbf{x}}$의 극선이 원하는 직선이 된다.

직교성과 보정 원뿔 이미지에서 두 점에 해당하는 광선들이 이루는 각도에 대해 공식은 (8.9)이다. 특히, $\mathbf{x}'^{\mathsf{T}}\omega\mathbf{x} = 0$을 만족하는 두 점 $\mathbf{x}$와 $\mathbf{x}'$에 해당하는 광선은 직교한다. 그림 8.13에서 볼 수 있듯이 이것은 점 $\mathbf{x}'$가 직선 $\omega\mathbf{x}$에 있는 것으로 해석할 수 있다. 이 직선은 IAC에 대한 점 $\mathbf{x}$의 극선이다.

보정 원뿔에 대해 비슷한 분석을 하려고 한다. $\mathtt{D} = \mathrm{diag}(1,\ 1,\ -1)$일 때 $\mathtt{C} = \mathtt{K}^{-\mathsf{T}}\mathtt{D}\mathtt{K}^{-1}$로 표기하면 다음을 얻는다.

$$\mathtt{C} = (\mathtt{K}^{-\mathsf{T}}\mathtt{K}^{-1})(\mathtt{K}\mathtt{D}\mathtt{K}^{-1}) = \omega\mathtt{S}$$

여기에서 $\mathtt{S} = \mathtt{K}\mathtt{D}\mathtt{K}^{-1}$이다. 임의의 점 $\mathbf{x}$에 대해 $\mathtt{S}\mathbf{x}$는 카메라의 원점인 원뿔 C의 중심에 대한 $\mathbf{x}$의 반사를 나타낸다. 반사점을 $\dot{\mathbf{x}}$로 표기하면 다음을 얻는다.

$$\mathbf{x}'^{\mathsf{T}}\omega\mathbf{x} = \mathbf{x}'^{\mathsf{T}}\mathtt{C}\dot{\mathbf{x}} \tag{8.19}$$

이로부터 다음의 기하학적 결과를 얻는다.

결과 8.30 이미지 점 $\mathbf{x}$를 통과하는 광선에 수직인 평면에 해당하는 이미지의 선은 보정 원뿔에 대해 반사된 점 $\dot{\mathbf{x}}$의 극선 $\mathtt{C}\dot{\mathbf{x}}$이다.

이에 대한 설명을 그림 8.28에 나타냈다.

보기 8.31 직교 소실점 세 개가 주어진 보정 원뿔 보정 원뿔은 그림 8.22의 보기처럼 직접 그릴 수 있다. 여기서 다시 왜도 영과 정사각형 픽셀을 가정하면 보정 원뿔은 원이 된다. 서로 수직인 소실점 세 개가 주어지면 그림 8.29처럼 직접 기하학적으로 보정 원뿔을 구할 수 있다.

(i) 먼저 세 개의 소실점 $\mathbf{v}_1$, $\mathbf{v}_2$, $\mathbf{v}_3$을 꼭짓점으로 가지는 삼각형을 만든다.
(ii) $\mathtt{C}$의 중심은 삼각형의 수심이다.
(iii) 소실점 하나 ($\mathbf{v}_1$)를 중심에 대해 반사해 $\dot{\mathbf{v}}_1$을 얻는다.
(iv) $\dot{\mathbf{v}}_1$의 극선이 $\mathbf{v}_2$와 $\mathbf{v}_3$를 지나는 직선이 되는 조건에서 $\mathtt{C}$의 반지름을 결정한다. △

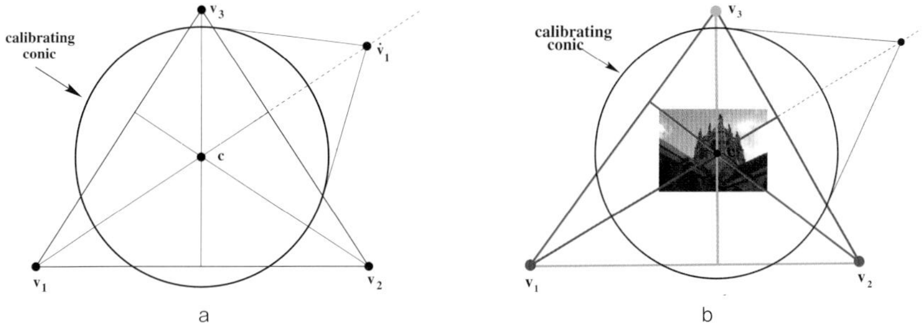

그림 8.29 세 개의 직교 소실점에서 계산한 보정 원뿔 (a) 기하학적 구조 (b) 그림 8.22 이미지에 대한 보정 원뿔

8.11 나가면서

8.11.1 참고 도서

Faugeras and Mourrain[Faugeras-95a] 그리고 Faugeras and Papadopoulo[Faugeras-97]는 직선의 사영을 계산하는 데 플뤼커 좌표를 사용한다. Koenderink[Koenderink-84, Koenderink-90], Giblin and Weiss[Giblin-87]는 윤곽 생성기와 겉보기 윤곽의 많은 성

질과 곡면의 미분 기하학과의 관계를 설명한다.

[Kanatani-92]에서는 소실점과 소실선에 대한 다른 보정 방법을 소개하고, 그 결과로 동일한 중심을 가진 카메라로 얻은 이미지가 평면 단응사상으로 변환되는 것을 보여준다. Mundy and Zisserman[Mundy-92]에서는 이러한 결과를 기하학적으로 설명하고 [Hartley-94a]에서는 카메라 사영 행렬을 기반으로 간단하게 대수적 유도했다. [Faugeras-92b]는 사영 (축약) 카메라 행렬을 소개한다. 절대 원뿔 이미지와 카메라 보정 사이의 관계는 [Faugeras-92a]에 나와 있다.

파노라마 모자이크의 계산은 [Capel-98, Sawhney-98, Szeliski-97]에 자세하게 설명돼 있다. 소실점을 계산하는 ML 방법은 Liebowitz and Zisserman[Liebowitz-98]에 나와 있다. 동일 평면상의 등간격선에서 소실선을 자동으로 추정하는 것의 응용은 [Schaffalitzky-00b]와 [Se-00]에 나와 있다. 단일 시점에서 3차원 아핀 측정은 [Criminisi-00, Proesmans-98]에 설명돼 있다.

(정사각형과 같은) 거리 구조를 가지는 여러 장면 평면에서 K를 계산할 수 있다는 것은 [Liebowitz-98]에 나와 있다. 이 계산에 대한 알고리듬은 [Liebowitz-99a, Sturm-99c, Zhang-00]에 나와 있다. 왜도 영 제약 조건을 적용할 때 ω^* 대신 ω를 사용하는 이점은 [Armstrong-96b]에 언급돼 있다. 직교 방향의 소실점 세 개의 이용하는 내부 보정 방법은 Caprile and Torre[Caprile-90]에 나와 있다. 이 결과는 초기에 사진 측량 문헌 [Gracie-68]에서 볼 수 있다. 이 경우 초점 거리에 대한 간단한 공식은 [Cipolla-99, Hartley-02b]에 나와 있다. 여러 제약을 결합할 때 발생하는 퇴행에 대한 논의는 [Liebowitz-99b, Liebowitz-01]에 있다. 단일 시점 재구성은 [Criminisi-99a, Criminisi-01, Horry-97, Liebowitz-99a, Sturm-99a]에서 연구됐다.

8.11.2 메모와 연습 문제

(i) **실세계 평면의 단응사상** (4개 이상의 알려진 실세계 점과 이미지 점 사이의 대응에서처럼) H를 계산했고 K가 알려져 있다고 가정하면, 카메라의 포즈 $\{R, \mathbf{t}\}$는 다음 식으로 결정되는 카메라 행렬 $[\mathbf{r}_1, \mathbf{r}_2, \mathbf{r}_1 \times \mathbf{r}_2, \mathbf{t}]$에서 계산할 수 있다.

$$[\mathbf{r}_1, \mathbf{r}_2, \mathbf{t}] = \pm \mathtt{K}^{-1}\mathtt{H}/\|\mathtt{K}^{-1}\mathtt{H}\|$$

여기에는 두 가지 모호함이 있음에 주의해야 한다. 실세계 평면과 보정 카메라 $P = K[R \mid \mathbf{t}]$ 사이의 단응사상을 결정하는 (8.1)에서 결과를 유도할 수 있다. 실세상 평면 $(\mathbf{n}^\top, d)^\top$와 이미지 간의 단응사상 $\mathbf{x} = H\widetilde{\mathbf{X}}$가 $H = K(R - \mathbf{t}\mathbf{n}^\top/d)$로 나타낼 수 있는 것을 보여라. 평면의 점들을 좌표 $\widetilde{\mathbf{X}} = (X, Y, Z)^\top$를 가진다.

(ii) **선의 사영**

(a) 카메라 중심을 지나는 모든 직선은 직선 $\mathbf{l} = \mathbf{0}$으로 사영돼 사상 (8.2)의 영공간에 속하는 것을 보여라.

(b) $\mathbb{P}^3$에 있는 직선 $\mathcal{L} = \mathcal{P}^\top\mathbf{x}$는 이미지 점 $\mathbf{x}$와 카메라 중심을 지나는 광선임을 보여라. 힌트: 결과 3.5에서 카메라 중심 $\mathbf{C}$가 $\mathcal{L}$에 놓여 있는 것을 보여라.

(c) $\mathcal{P}$의 열벡터의 기하학적 해석은 무엇인가?

(iii) **이차 곡면의 윤곽 생성기** 이차 곡면의 윤곽 생성기 Γ는 접선 평면이 카메라 중심 $\mathbf{C}$를 포함하는 점 Q의 집합으로 구성된다. Q의 점 $\mathbf{X}$에서의 접선 평면은 $\pi = Q\mathbf{X}$로 주어지며 $\mathbf{C}$가 π에 있을 조건은 $\mathbf{C}^\top\pi = \mathbf{C}^\top Q\mathbf{X} = 0$이다. 그러므로 Γ상의 점 $\mathbf{X}$는 $\mathbf{C}^\top Q\mathbf{X} = 0$을 만족하고 $\pi_\Gamma^\top\mathbf{X} = \mathbf{C}^\top Q\mathbf{X} = 0$이므로 평면 $\pi_\Gamma = Q\mathbf{C}$상에 있다. 이것은 이차 곡면의 윤곽 생성기가 평면 곡선이고 $\pi_\Gamma = Q\mathbf{C}$이므로 Γ의 평면이 이차 곡면에 대해 카메라 중심의 극 평면이라는 것을 보여준다.

(iv) **대수 표면의 겉보기 윤곽** n차 동차 대수 표면의 겉보기 윤곽이 $n(n-1)$차 곡선임을 보여라. 예를 들어 $n = 2$이면 표면은 이차 곡면이고 겉보기 윤곽은 원뿔이다. 힌트: 곡면을 $F(X, Y, Z, W) = 0$으로 표현하면 다음을 만족하면 접선 평면이 카메라 중심 $\mathbf{C}$를 포함한다.

$$C_X \frac{\partial F}{\partial X} + C_Y \frac{\partial F}{\partial Y} + C_Z \frac{\partial F}{\partial Z} + C_W \frac{\partial F}{\partial W} = 0$$

이것은 $n - 1$차의 곡면이다.

(v) **$H = KRK^{-1}$에 대한 회전축 소실점** 켤레 회전의 단응사상 $H = KRK^{-1}$은 고유벡터 $K\mathbf{a}$를 가진다. $HK\mathbf{a} = KR\mathbf{a} = K\mathbf{a}$이므로 $\mathbf{a}$는 회전축 방향이다. 마지막 등식은 $R\mathbf{a} = 1\mathbf{a}$, 즉 $\mathbf{a}$가 R의 단위 고유벡터라는 것에서 유도된다. 다음을 증명하라. (a) $K\mathbf{a}$는 단응사상 H에서 고정점이다. (b) 결과 8.20에서 $\mathbf{v} = K\mathbf{a}$는 회전축의 소실점이다.

(vi) **합성 회전** 보기 8.12에서와 같이 카메라 중심에 대한 순수 회전으로 생성되는 두 이미지 간의 단응사상을 추정한다. 그러면 추정한 단응사상은 켤레 회전이 돼 $\mathtt{H} = \mathtt{KR}(\theta)\mathtt{K}^{-1}$(K와 R은 알 수 없음)이 된다. 그러나 첫 번째 이미지에 $\mathtt{H}^2$를 작용하면 $\mathtt{H}^2 = \mathtt{KR}^2\mathtt{K}^{-1} = \mathtt{KR}(2\theta)\mathtt{K}^{-1}$이기 때문에 동일한 축을 중심으로 두 배의 각도로 카메라를 회전해 얻은 이미지를 생성한다.

보다 일반적으로 분수 각도 $\lambda\theta$ 회전을 표기하기 위해 $\mathtt{H}^\lambda$를 사용한다. $\mathtt{H}^\lambda$를 정의하기 위해 H의 고윳값 분해가 $\mathtt{H}(\theta) = \mathtt{U}\mathrm{diag}(1,\ e^{i\theta},\ e^{-i\theta})\mathtt{U}^{-1}$임에 주의한다. θ와 U는 추정한 H에서 계산할 수 있다. 그러면

$$\mathtt{H}^\lambda = \mathtt{U}\,\mathrm{diag}(1, e^{i\lambda\theta}, e^{-i\lambda\theta})\,\mathtt{U}^{-1} = \mathtt{KR}(\lambda\theta)\mathtt{K}^{-1}$$

이것은 각도 $\lambda\theta$ 회전의 켤레다. $\lambda\theta$ 대신 ϕ를 사용하면 이 단응사상을 이용해 모든 각도 ϕ만큼 회전된 합성 이미지를 생성할 수 있다. 생성된 이미지는 원본 이미지에서 ($0 < \phi < \theta$이면) 보간되거나 ($\phi > \theta$이면) 외삽된다.

(vii) 원근 이미지화된 평면의 원형점 이미지를 다음 중 하나가 평면에 있는 경우에 계산할 수 있음을 보여라. (i) 정사각형 격자 (ii) 직사각형의 변이 다른 직사각형의 변과 평행하지 않도록 배열된 두 개의 직사각형 (iii) 같은 반지름의 두 원 (iv) 반지름이 다른 두 원

(viii) 왜도 영인 경우 ω가 원뿔임을 보여라.

$$\left(\frac{x - x_0}{\alpha_x}\right)^2 + \left(\frac{y - y_0}{\alpha_y}\right)^2 + 1 = 0$$

이것을 주점을 중심으로 하고 축 방향으로 정렬돼 x, y 방향으로 각각 길이 $i\alpha_x$와 $i\alpha_y$의 길이를 가지는 타원으로 해석할 수 있다.

(ix) 카메라 보정 K와 장면 평면의 소실선 $\mathbf{l}$을 알면 $\mathbf{l}$을 $\mathbf{l}_\infty$로 보내는 합성 회전 $\mathtt{H} = \mathtt{KRK}^{-1}$에 대응하는 단응사상으로 장면 평면의 거리를 정정할 수 있다. 여기에서 $\mathtt{H}^{-\top}\mathbf{l} = (0,\ 0,\ 1)^\top$가 돼야 한다. 소실선이 $\mathbf{l}_\infty$가 되도록 회전하면 평면이 정면 평행하기 때문에 이런 조건이 나온다. $\mathbf{n} = \mathtt{K}^\top\mathbf{l}$이 장면 평면의 법선일 때 $\mathtt{H}^{-\top}\mathbf{l} = (0,\ 0,\ 1)^\top$는 $\mathtt{R}\mathbf{n} = (0,\ 0,\ 1)^\top$과 동일한 것을 보여라. 이것은 장면의 법선

이 회전해 카메라 Z 축에 놓이도록 하는 조건이다. 이러한 회전은 유일하게 결정되지 않는 것에 주의해야 한다. 평면의 법선을 중심으로 한 회전은 거리 정정에 영향을 주지 않기 때문이다. 그러나 R의 마지막 행벡터는 $\mathbf{n}$과 같으므로 $\mathrm{R} = [\mathbf{r}_1, \mathbf{r}_2, \mathbf{n}]^\mathsf{T}$이며 여기서 $\mathbf{n}$, $\mathbf{r}_1$, $\mathbf{r}_2$는 직교원이다.

(x) 소실선 $\mathbf{l}_1$과 $\mathbf{l}_2$를 가지는 두 평면이 이루는 각도는 다음으로 주어지는 것을 보여라.

$$\cos\theta = \frac{\mathbf{l}_1^\mathsf{T}\boldsymbol{\omega}^*\mathbf{l}_2}{\sqrt{\mathbf{l}_1^\mathsf{T}\boldsymbol{\omega}^*\mathbf{l}_1}\sqrt{\mathbf{l}_2^\mathsf{T}\boldsymbol{\omega}^*\mathbf{l}_2}}$$

(xi) (8.15)를 유도하라. 힌트: 직선 $\mathbf{l}$은 $\mathbf{l}_1$과 $\mathbf{l}_2$가 정의하는 꾸러미에 속하며 $\mathbf{l} = \alpha\mathbf{l}_1 + \beta\mathbf{l}_2$로 표현할 수 있다. 그런 다음 $n = 1, 2$에 대해 관계식 $\mathbf{l}_n = \mathbf{l}_0 + n\mathbf{l}$을 이용해 α와 β를 구한다.

(xii) 서로 직교하는 방향에서 생성되는 소실점의 경우와 정사각형 픽셀을 가지는 이미지의 경우에 주점이 소실점을 꼭짓점으로 가지는 삼각형의 수심임을 대수적으로 증명하라. 힌트: 삼각형의 한 꼭짓점에 있는 소실점이 $\mathbf{v}$이고 다른 두 소실점을 통과하는 반대편의 변을 $\mathbf{l}$이라고 가정한다. 그러면 (8.17)에서 $\mathbf{v}$와 $\mathbf{l}$은 각각 직교하는 직선과 평면에서 나오기 때문에 $\mathbf{v} = \omega^*\mathbf{l}$이다. 이미지에서 $\mathbf{l}$에 수직인, $\mathbf{v}$에서 $\mathbf{l}$까지의 직선에 주점이 있음을 보여라. 이 결과는 모든 꼭짓점에 대해 성립하므로 주점은 삼각형의 수심이 된다.

(xiii) 방향의 직교원의 소실점은 ω에 대해 자기 자신이 극점인 삼각형^self-polar triangle^의 꼭짓점이 되는 것을 보여라([Springer-64]).

(xiv) 카메라가 정사각형 픽셀을 가지면 주축에 중심이 있는 구의 겉보기 윤곽은 원이 된다. 구를 이미지 평면에 평행하게 이동하면 겉보기 윤곽은 원에서 주축에 주점이 있는 타원으로 변형된다.

(a) 이런 사실을 내부 매개변수 보정의 방법으로 사용할 수 있는 방법이 있을까?

(b) 타원의 종횡비가 구에서 카메라까지 거리에 의존하지 않는 것을 기하학적으로 증명하라.

이제 구를 주축 방향으로 이동하면 겉보기 윤곽이 쌍곡선으로 변형되지만 쌍곡선의 한쪽 분지branch만 이미지에 나타난다. 이유는 무엇인가?

(xv) 일반 카메라의 경우, 구의 겉보기 윤곽과 IAC는 다음으로 연결돼 있다.

$$\omega = \mathtt{C} + \mathbf{v}\mathbf{v}^{\mathsf{T}}$$

여기서 $\mathtt{C}$는 이미지화된 구의 원뿔 외곽선이고 $\mathbf{v}$는 구의 위치에 의존하는 3차원 벡터다. [Agrawal-03]에 증명이 있다. 이 관계에서 ω에 대한 제약 조건 두 개를 구할 수 있어서 원론적으로 ω 그리고 보정 $\mathtt{K}$를 구 이미지 세 개로부터 계산할 수 있다. 그러나 실제로는 구의 윤곽선이 원에서 조금 벗어나기 때문에 이러한 조건은 $\mathtt{K}$를 계산하기에 좋은 조건이 되지 못한다.

Part II

이중 시점 기하학

그림: 베누스의 탄생 (확대). 1485년 산드로 보티첼리(1444/5 – 1510)
캔버스에 템페라. 이탈리아 플로렌스 우피치 미술관/브리지맨 미술관

개요

2부는 두 원근 시점의 기하학을 다룬다. 이런 사진은 스테레오 장비에서 동시에 얻거나 또는 장면에 대해 이동하는 카메라로 순차적으로 얻는다. 이런 두 개의 상황은 기하학적으로 동일해 이 책에서는 구별하지 않는다. 각각의 사진은 관련된 카메라 행렬 P와 P′을 가진다. 상첨자 ′는 두 번째 사진과 관련이 있는 것을 의미한다. "대응"하는 이미지 점 **x**와 **x**′은 같은 3차원 점의 이미지를 나타낸다. 해결해야 하는 질문 세 개가 있다.

(i) **대응 기하학** 첫 번째 사진에서 이미지 점 **x**에서 두 번째 사진에서 대응하는 점 **x**′의 위치는?

(ii) **카메라 기하학(움직임)** $i = 1,\ldots,n$일 때 대응하는 점들의 집합 $\{\mathbf{x}_i \leftrightarrow \mathbf{x}_i'\}$가 주어지면 각각의 사진의 카메라 P와 P′는?

(iii) **장면 기하학(구조)** 대응하는 이미지 점 $\mathbf{x} \leftrightarrow \mathbf{x}'$과 카메라 P와 P′이 주어질 때, 3차원 공간에서 (이미지화되기 전의) **X**의 위치는?

9장에서는 시점 두 개의 "등극 기하학"을 설명하고 첫 번째 질문에 답한다. 한 시점의 한 지점은 해당 지점이 있는 다른 관점의 등극선을 결정한다. 등극 기하학은 카메라의 상대 위치와 내부 변수에만 의존하고, 장면의 구조에는 전혀 의존하지 않는다. 등극 기하학은 "기본 행렬(fundamental matrix)" F라고 하는 3×3 행렬로 표현된다. 기본 행렬의 구조와 주어진 카메라 행렬 P와 P′에서 계산하는 것을 설명한다. F에서 P와 P′을 3차원 사영 모호함을 제외하고 계산할 수 있다는 것을 증명한다.

10장에서는 보정되지 않은 다중 시점 형상에서 가장 중요한 결과를 설명한다. 카메라와 장면 구조의 "재구성"을 이미지 점들의 대응만으로 계산하는 것이다. 그 외 다른 정보는 필요 없다. 이것은 두 번째와 세 번째 질문의 답이다. 점들의 대응만으로 구한 재구성은 3차원 공간의 사영 모호성을 가지는데, 이러한 모호성은 카메라 또는 장면에서 잘 정의된 다른 정보를 이용하면 해결할 수 있다. 이러한 방식으로 보정되지 않은 이미지에서 아핀 또는 거리 재구성을 계산할 수 있다. 다음의 두 장은 이러한 재구성을 계산하는 세부 사항과 수치 알고리듬을 상세하게 설명한다.

11장에서는 (3차원 이미지화되기 전의 $\mathbf{X}_i$) 점의 구조와 카메라 행렬을 모르는 경우에 대응하는 이미지 점 $\{\mathbf{x}_i \leftrightarrow \mathbf{x}_i'\}$에서 F를 계산하는 방법에 대해 설명한다. 계산한 F에서 사영 모호함을 가지는 카메라 P와 P′을 계산할 수 있다.

그런 다음 12장에서는 카메라와 대응하는 이미지 점들이 주어진 "삼각측량(triangulation)"으로 면 장면 구조를 계산하는 방법에 대해 설명한다. 3차원 공간의 점 **X**는 대응하는 점 **x**와 **x**′이 해당 카메라 P와 P′에 의해 역사영되는 광선의 교점으로 계산한다. 비슷한 방법으로 선 또는 원뿔과 같은 다른 기하학적 객체의 3차원 위치도 대응하는 이미지가 주어지면 계산할 수 있다.

13장에서는 평면의 이중 시점 기하학을 다룬다. 이것은 첫 번째 질문에 대한 다른 해답을 제공한다. 장면의 점이 평면에 놓여 있고 평면의 형상이 계산되면, 한 이미지에서 점의 이미지 **x**는 다른 이미지의 **x**′의 위치를 결정한다. 점들은 평면 사영변환으로 연결돼 있다. 이 장에서는 장면 사이의 특히 중요한 사영변환인 무한면에서 생기는 "무한 단응사상(infinite homography)"에 대해서도 설명한다.

14장에서는 이중 시점 기하학의 특별한 경우인 카메라 두 개 P와 P′이 아핀인 경우를 설명한다. 이것은 일반 사영의 경우에 비해 매우 간단하며 많은 실제 경우에서 좋은 근사 방법이 된다.

9

등극 기하학과 기본 행렬

등극 기하학은 본질적으로 두 시점 사이의 사영기하학이다. 장면 구조와 무관하며 카메라의 내부 매개변수와 상대 자세에만 의존한다.

기본 행렬 F는 이러한 고유 기하학을 내포하는 차수 2의 3×3 행렬이다. 3차원 공간의 점 $\mathbf{X}$가 첫 번째 시점에서 $\mathbf{x}$로, 두 번째 시점에서 $\mathbf{x}'$로 이미지화되면 관계식 $\mathbf{x}'^{\top}\mathrm{F}\mathbf{x} = 0$을 만족한다.

먼저 등극 기하학을 설명하고 기본 행렬을 유도한다. 그런 다음 시점 사이의 카메라 일반 동작과 자주 발생하는 몇 가지 특수 동작에 대한 기본 행렬의 성질을 설명한다. 다음으로 F에서 3차원 공간의 사영변환까지 카메라를 결정할 수 있음을 증명한다. 이것은 10장에 제시하는 사영 재구성 정리의 기초이다. 마지막으로, 카메라 내부 보정을 알고 있을 때 시점 사이의 카메라 유클리드 운동을 몇 개의 모호함을 가지지만 기본 행렬에서 계산할 수 있는 것을 보인다.

기본 행렬은 장면 구조와 무관하다. 카메라의 내부 매개변수 또는 상대 자세에 대한 정보가 없어도 이미지화된 장면의 점들의 대응에서 계산할 수 있다. 이러한 계산을 11장에서 설명한다.

9.1 등극 기하학

두 시점 사이의 등극 기하학은 본질적으로 (카메라의 중심을 연결하는 선인) 기준선을 축으로 하는 평면 꾸러미와 이미지 평면의 교차점에 대한 기하학이다. 이것은 스테레오 일치 Stereo Matching[1]에서 대응 점들의 검색에서 일반적으로 시작됐다. 여기서도 같은 방식으로 시작한다.

3차원 공간의 점 **X**가 두 개의 시점에서 첫 번째는 **x**로, 두 번째는 **x**′으로 이미지화됐다고 가정한다. 대응하는 이미지 점 **x**와 **x**′의 관계는 무엇인가? 그림 9.1a에서 볼 수 있듯이 이미지 점 **x**와 **x**′, 3차원 공간의 점 **X**, 카메라 중심은 같은 평면에 놓인다. 이 평면을 π로 표기한다. 분명하게, **x**와 **x**′에서 역사영된 광선은 **X**에서 교차하고 광선은 π에 있는 동일 평면상에 있다. 대응점 검색에서 가장 중요한 것은 마지막 성질이다.

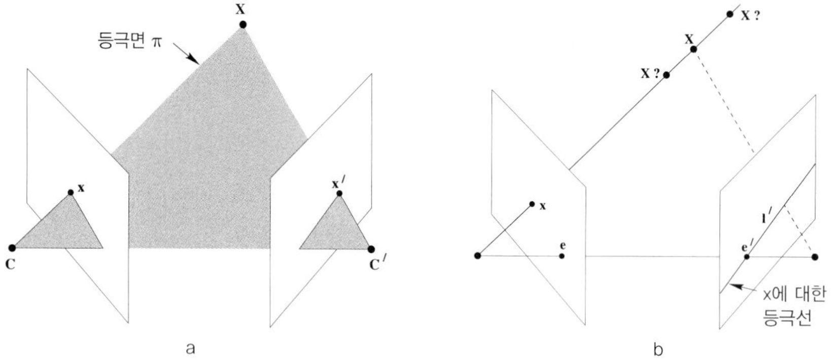

그림 9.1 점 대응 기하학 (a) 두 개의 카메라 중심 **C**, **C**′와 카메라 이미지 평면. 카메라 중심, 3차원 점 **X**, 이것의 이미지 **x**, **x**′은 같은 평면 π에 놓인다. (b) 이미지 점 **x**는 첫 번째 카메라 중심 **C**와 **x**로 정의되는 3차원 공간의 광선으로 역사영된다. 이 광선은 두 번째 시점에서 직선 **l**′으로 이미지화된다. **x**로 사영되는 3차원 점 **X**는 이 광선에 있어야 하므로 두 번째 시점에서 **X**의 이미지는 **l**′에 놓인다.

---

1 한 이미지의 한 점과 동일한 점을 다른 이미지에서 찾는 과정 – 옮긴이

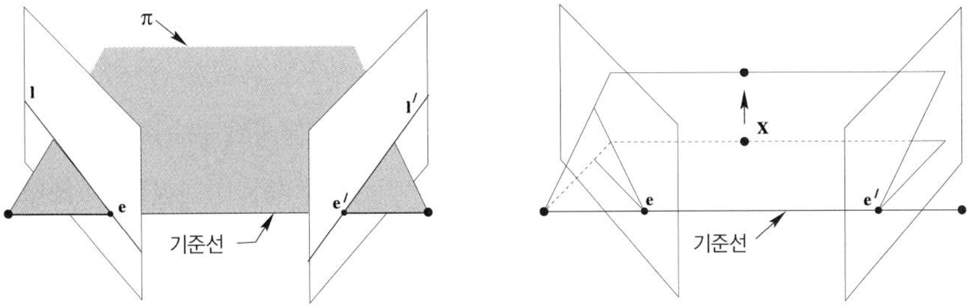

그림 9.2 등극 기하학 (a) 카메라 기준선은 등극점 **e**, **e**′에서 이미지와 교차한다. 기준선을 포함하는 모든 평면 π는 등극면이며, 대응하는 등극선 **l**, **l**′에서 이미지와 교차한다. (b) 3차원 점 **X**의 위치가 변하면 등극면이 기준선을 중심으로 '회전'한다. 이런 평면의 집합을 등극 꾸러미라고 한다. 모든 등극선은 등극점에서 교차한다.

x에 대한 정보가 대응하는 점 **x**′을 어떻게 구속하는지에 대해 생각한다. 평면 π는 기준선과 **x**가 정의하는 광선으로 결정된다. 위에서 (알지 못하는) 점 **x**′에 대응하는 광선이 π에 있으므로 두 번째 이미지 평면과 π의 교차선에 **x**′이 놓이게 된다. 이 직선 **l**′은 **x**에서 역사영된 광선의 두 번째 시점에서 이미지이다. 이것은 **x**에 해당하는 등극선^epipolar line^이다. 스테레오 대응 알고리듬 관점에서 보면 **x**에 대응하는 점을 찾을 때 모든 이미지 평면을 조사하지 않고 **l**′으로 한정해 조사할 수 있는 장점이 있다.

등극 기하학과 관련된 기하 객체에 대한 설명을 그림 9.2에 나타냈다. 용어들은 다음과 같다.

- 등극점^epipole^은 이미지 평면과 카메라 중심을 연결하는 선(기준선)의 교차점이다. 같은 말로 등극점은 다른 시점의 카메라 중심에 대응하는 이미지이다. 또한 기준선 (이동) 방향의 소실점이기도 하다.
- 등극면^epipolar plane^은 기준선을 포함하는 평면이다. 등극면의 단일 매개변수 집합(꾸러미)이 있다.
- 등극선은 등극면과 이미지 평면의 교차선이다. 모든 등극선은 등극점에서 교차한다. 등극면은 등극선에서 왼쪽과 오른쪽 이미지 평면에서 교차하고, 교차선 사이의 대응을 결정한다.

등극 기하학의 보기가 그림 9.3, 9.4에 나와 있다. 이런 이미지 간의 등극 기하학 그리고 9장의 모든 보기는 11.6절에서 설명한 방식으로 이미지에서 직접 계산한다.

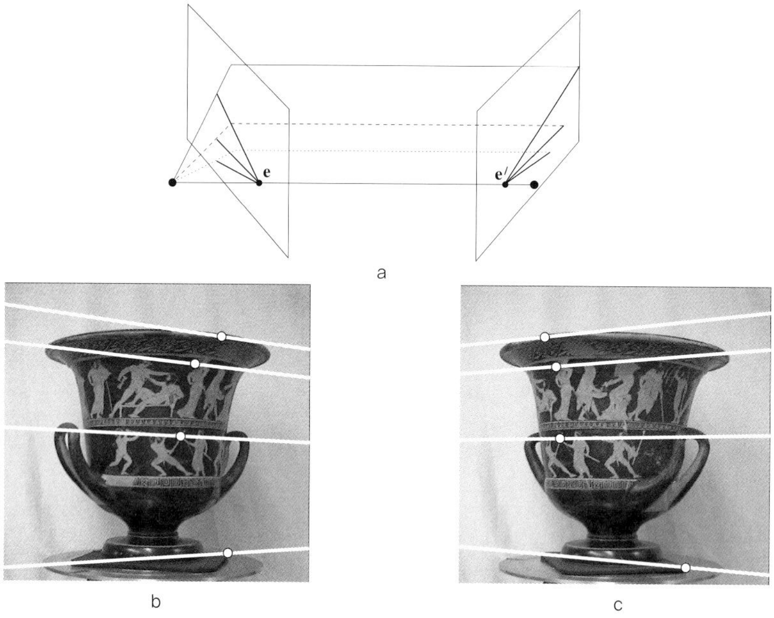

그림 9.3 수렴 카메라 (a) 수렴 카메라를 위한 등극 기하학 (b), (c) 대응 점과 등극선을 (흰색으로) 나타낸 이미지쌍. 시점 사이의 운동은 이동과 회전이다. 각 이미지에서 다른 카메라의 방향은 등극선 꾸러미의 교차점에서 구할 수 있다. 이 경우에 등극선 두 개 모두가 나타낸 이미지 영역 밖에 있다.

9.2 기본 행렬 F

기본 행렬은 등극 기하학의 대수algebraic 표현이다. 다음에서 점과 등극선 간의 사상에서 기본 행렬을 유도하고 행렬의 성질을 살펴본다.

한 쌍의 이미지가 주어지면 그림 9.1에서 보듯이 한 이미지상의 점 $\mathbf{x}$에 대응하는 등극선 $\mathbf{l}'$이 두 번째 이미지에 존재한다. 점 $\mathbf{x}$에 대응하는 두 번째 이미지의 점 $\mathbf{x}'$은 등극선 $\mathbf{l}'$ 상에 놓여야 한다. 등극선은 점 $\mathbf{x}$에서 첫 번째 카메라 중심 $\mathbf{C}$를 지나는 광선의 두 번째 이미지로의 사영이다. 따라서 이미지 한 점에서 대응하는 다른 이미지의 등극선으로 변환하는 사상이 존재한다.

$$\mathbf{x} \mapsto \mathbf{l}'$$

이 사상의 성질을 이제 조사한다. 이것은 점을 직선으로 사영하는 (특이한) 상관관계이며, 기본 행렬 F로 표현되는 것을 보게 될 것이다.

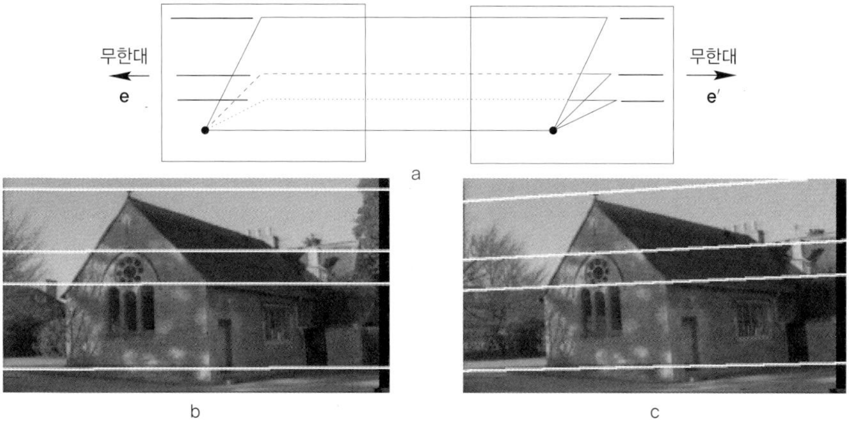

그림 9.4 이미지 평면에 평행한 운동 카메라 이동이 이미지 평면에 평행하고 회전축이 이미지 평면에 수직인 특수한 운동의 경우에는 기준선과 이미지 평면의 교차점이 무한대에 있다. 결과적으로 등극점은 무한점이고 등극선은 평행하다. (a) 이미지 평면에 평행한 이동에 대한 등극 기하학 (b) (c) 시점 간의 운동이 회전이 없고 (근사적으로) x축에 평행한 이동인 경우의 이미지 쌍. 등극선 네 개를 흰색으로 이미지에 나타냈다. 대응하는 점들은 대응하는 등극선상에 있는 것에 주의해야 한다.

9.2.1 기하학적인 유도

기본 행렬을 기하학적으로 유도한다. 이미지의 한 점에서 다른 이미지에 대응하는 등극선으로의 변환은 두 단계로 분해할 수 있다. 첫 번째 단계에서 점 $\mathbf{x}$를 등극선 $\mathbf{l}'$상에 있는 한점 $\mathbf{x}'$으로 변환한다. 점 $\mathbf{x}'$은 점 $\mathbf{x}$의 대응점 후보이다. 두 번째 단계에서 등극선 $\mathbf{l}'$을 $\mathbf{x}'$과 등극점 $\mathbf{e}'$을 연결해 구한다.

1단계: 평면을 이용한 점 전송 그림 9.5를 참조해 카메라의 두 중심 중 하나를 지나지 않는 공간 평면 π를 생각한다. 첫 번째 카메라 중심과 점 $\mathbf{x}$를 지나는 광선은 평면 π와 점 $\mathbf{X}$에서 만난다. 점 $\mathbf{X}$를 두 번째 이미지의 점 $\mathbf{x}'$에 사영한다. 이러한 과정을 평면 π를 이용한 전송이라고 한다. $\mathbf{X}$는 $\mathbf{x}$에 대응하는 광선에 있기 때문에, 사영된 점 $\mathbf{x}'$는 그림 9.1b와 같이 이 광선에 대응하는 등극선 $\mathbf{l}'$상에 놓여야 한다. 점 $\mathbf{x}$와 $\mathbf{x}'$은 둘 다 평면에 있는 3차원 점 $\mathbf{X}$의 이미지이다. 첫 번째 이미지의 모든 점 $\mathbf{x}_i$와 두 번째 이미지에서 대응하는 점 $\mathbf{x}'_i$의 집합은 사영 등가이다. 이들은 모두 같은 평면에 있는 집합 $\mathbf{X}_i$와 사영 등가이기 때문이다. 그러므로 $\mathbf{x}_i$에서 $\mathbf{x}'_i$로 변환되는 2차원 단응사상 $\mathtt{H}_\pi$가 존재한다.

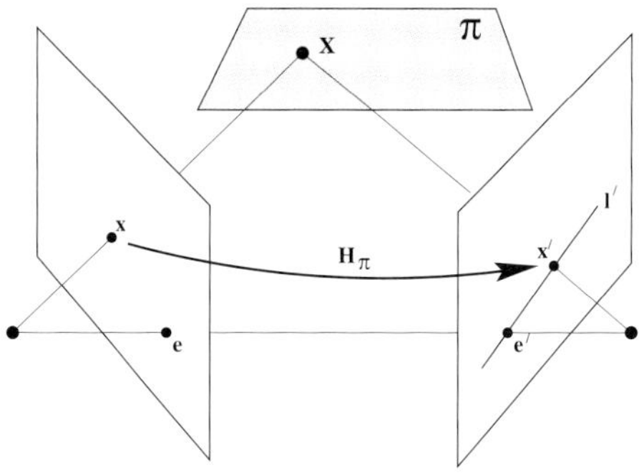

그림 9.5 하나의 이미지에 있는 점 **x**를 평면 π를 통해 두 번째 이미지에서 일치하는 점 **x**′로 전송한다. **x**′을 지나는 등극선은 **x**′과 등극점 **e**′을 연결해 구한다. 기호로 표시하면, $\mathbf{x}' = \mathrm{H}_\pi\mathbf{x}$, $\mathbf{l}' = [\mathbf{e}']_\times\mathbf{x}' = [\mathbf{e}']_\times\mathrm{H}_\pi\mathbf{x} = \mathrm{F}\mathbf{x}$이다. 여기에서 $\mathrm{F} = [\mathbf{e}']_\times\mathrm{H}_\pi$는 기본 행렬이다.

2단계: 등극선 결정 점 $\mathbf{x}'$이 주어지면, $\mathbf{x}'$과 등극점 $\mathbf{e}'$을 지나는 등극선 $\mathbf{l}'$을 $\mathbf{l}' = \mathbf{e}' \times \mathbf{x}'$으로 표현할 수 있다(표기법 $[\mathbf{e}']_\times$는 (A4.5)에서 정의한다). $\mathbf{x}'$을 $\mathbf{x}' = \mathrm{H}_\pi\mathbf{x}$로 표현하면 다음을 얻는다.

$$\mathbf{l}' = [\mathbf{e}']_\times\mathrm{H}_\pi\mathbf{x} = \mathrm{F}\mathbf{x}$$

여기에서 $\mathrm{F} = [\mathbf{e}']_\times\mathrm{H}_\pi$는 기본 행렬이다. 이로써 다음이 증명된다.

결과 9.1 기본 행렬 F는 $\mathrm{F} = [\mathbf{e}']_\times\mathrm{H}_\pi$로 표현된다. H_π는 평면 π를 통해 한 이미지에서 다른 이미지로 전송하는 변환이다. 그리고 $[\mathbf{e}']_\times$가 차수 2를 가지고 H_π의 차수가 3이므로, F의 차수는 2이다.

기하학적으로 F는 첫 번째 이미지의 2차원 사영평면 $\mathbb{P}^2$에서, 등극점 $\mathbf{e}'$을 지나는 등극선의 꾸러미로 가는 변환을 나타낸다. 그러므로 2차원에서 1차원 사영공간으로의 변환을 나타내므로 차수 2를 가져야 한다.

위의 기하학적 유도에서 장면 평면 π를 포함하지만 F가 존재하기 위해 장면 평면이 필요하지 않은 것에 주의해야 한다.

여기서 평면은 단순히 한 이미지에서 다른 이미지로 점의 변환을 정의하는 수단으로 사용한다. 평면을 이용해 한 이미지에서 다른 이미지로의 점 변환과 기본 행렬 사이의 관계는 13장에서 자세하게 논의한다.

9.2.2 대수적 유도

두 개의 카메라 사영 행렬 P, P′을 이용한 기본 행렬의 형태는 대수적으로 유도할 수 있다. 다음의 공식은 Xu and Zhang[Xu-96]이 유도한 것이다.

P에 의해 $\mathbf{x}$에서 역사영된 광선은 $\mathrm{P}\mathbf{X} = \mathbf{x}$의 해에서 얻을 수 있다. (6.13)에서 주어지는 매개변수 한 개를 가지는 해집합은 다음과 같다.

$$\mathbf{X}(\lambda) = \mathrm{P}^{+}\mathbf{x} + \lambda\mathbf{C}$$

여기서 P^{+}는 $\mathrm{PP}^{+} = \mathrm{I}$를 만족하는 P의 유사 역원이고, $\mathbf{C}$는 이것의 영벡터로서 카메라 중심이며 $\mathrm{P}\mathbf{C} = \mathbf{0}$을 만족한다. 광선은 스칼라 변수 λ를 매개변수로 가진다. 특별히 주의할 광선의 두 점은 ($\lambda = 0$인) $\mathrm{P}^{+}\mathbf{x}$와 ($\lambda = \infty$인) 첫 번째 카메라 중심 $\mathbf{C}$이다. 이 두 점들은 두 번째 시점에서, 두 번째 카메라 행렬 P′에 의해 각각 $\mathrm{P}'\mathrm{P}^{+}\mathbf{x}$와 $\mathrm{P}'\mathbf{C}$에서 이미지화된다. 등극선은 이 둘을 연결하는 직선 $\mathbf{l}' = (\mathrm{P}'\mathbf{C}) \times (\mathrm{P}'\mathrm{P}^{+}\mathbf{x})$이다. 점 $\mathrm{P}'\mathbf{C}$은 두 번째 이미지에서 등극선이고 첫 번째 카메라 중심의 사영이다. 이것을 $\mathbf{e}'$으로 표기한다. 따라서 $\mathbf{l}' = [\mathbf{e}']_{\times}(\mathrm{P}'\mathrm{P}^{+})\mathbf{x} = \mathrm{F}\mathbf{x}$이며, F는 다음의 행렬이다.

$$\mathrm{F} = [\mathbf{e}']_{\times}\mathrm{P}'\mathrm{P}^{+} \tag{9.1}$$

이것은 앞의 절에서 유도한 기본 행렬에 대한 공식과 본질적으로 같고, 단응사상 H_{π}는 카메라 행렬 두 개에 의해서 구체적으로 $\mathrm{H}_{\pi} = \mathrm{P}'\mathrm{P}^{+}$가 된다. 카메라 중심 두 개가 같은 경우, 즉 $\mathbf{C}$가 P와 P′의 공통 카메라 중심이어서 $\mathrm{P}'\mathbf{C} = \mathbf{0}$이면 위의 공식이 성립하지 않는 것에 주의해야 한다. 이 경우 (9.1)에서 정의한 F는 영행렬이 된다.

보기 9.2 첫 번째 카메라 중심을 실세계의 원점으로 가지는 보정된 스테레오 장비의 두 카메라 행렬은 다음과 같다.

$$\mathrm{P} = \mathrm{K}[\mathrm{I} \mid \mathbf{0}] \qquad \mathrm{P}' = \mathrm{K}'[\mathrm{R} \mid \mathbf{t}]$$

그러면 다음을 구할 수 있다.

$$\mathrm{P}^{+} = \begin{bmatrix} \mathrm{K}^{-1} \\ \mathbf{0}^{\mathsf{T}} \end{bmatrix} \qquad \mathbf{C} = \begin{pmatrix} \mathbf{0} \\ 1 \end{pmatrix}$$

그리고

$$\begin{aligned} \mathtt{F} &= [\mathtt{P}'\mathbf{C}]_\times \mathtt{P}'\mathtt{P}^+ \\ &= [\mathtt{K}'\mathbf{t}]_\times \mathtt{K}'\mathtt{R}\mathtt{K}^{-1} = \mathtt{K}'^{-\mathsf{T}}[\mathbf{t}]_\times \mathtt{R}\mathtt{K}^{-1} = \mathtt{K}'^{-\mathsf{T}}\mathtt{R}[\mathtt{R}^\mathsf{T}\mathbf{t}]_\times \mathtt{K}^{-1} = \mathtt{K}'^{-\mathsf{T}}\mathtt{R}\mathtt{K}^\mathsf{T}[\mathtt{K}\mathtt{R}^\mathsf{T}\mathbf{t}]_\times \end{aligned} \tag{9.2}$$

여기에서 A4.3의 결과를 사용했다. (다른 카메라 중심의 이미지로 정의되는) 등극선을 구할 수 있다.

$$\mathbf{e} = \mathtt{P}\begin{pmatrix} -\mathtt{R}^\mathsf{T}\mathbf{t} \\ 1 \end{pmatrix} = \mathtt{K}\mathtt{R}^\mathsf{T}\mathbf{t} \qquad \mathbf{e}' = \mathtt{P}'\begin{pmatrix} \mathbf{0} \\ 1 \end{pmatrix} = \mathtt{K}'\mathbf{t} \tag{9.3}$$

결국 (9.2)는 다음이 된다.

$$\mathtt{F} = [\mathbf{e}']_\times \mathtt{K}'\mathtt{R}\mathtt{K}^{-1} = \mathtt{K}'^{-\mathsf{T}}[\mathbf{t}]_\times \mathtt{R}\mathtt{K}^{-1} = \mathtt{K}'^{-\mathsf{T}}\mathtt{R}[\mathtt{R}^\mathsf{T}\mathbf{t}]_\times \mathtt{K}^{-1} = \mathtt{K}'^{-\mathsf{T}}\mathtt{R}\mathtt{K}^\mathsf{T}[\mathbf{e}]_\times \tag{9.4}$$

△

기본 행렬의 표현식은 여러 방법으로 구할 수 있으며, 실제로 이 책에서 여러 번 제시할 것이다. 특히 (17.3)는 각각의 장면에 대한 카메라 행렬의 행으로 구성된 4×4 행렬식으로 F를 표현한다.

9.2.3 대응 조건

지금까지는 F가 정의하는 변환 $\mathbf{x} \rightarrow \mathbf{l}'$을 설명했다. 이제, 기본 행렬의 가장 중요한 성질을 서술한다.

결과 9.3 기본 행렬은 두 이미지의 대응점 $\mathbf{x} \leftrightarrow \mathbf{x}'$의 모든 쌍에 대해 다음의 조건을 만족한다.

$$\mathbf{x}'^\mathsf{T}\mathtt{F}\mathbf{x} = 0$$

이것은 참인 명제이다. 점 $\mathbf{x}$와 $\mathbf{x}'$이 대응하면, 점 $\mathbf{x}$에 대응하는 등극선 $\mathbf{l}' = \mathtt{F}\mathbf{x}$상에 $\mathbf{x}'$이 놓이기 때문이다. 즉, $0 = \mathbf{x}'^\mathsf{T}\mathbf{l}' = \mathbf{x}'^\mathsf{T}\mathtt{F}\mathbf{x}$가 된다. 반대로, 이미지 점이 관계식 $\mathbf{x}'^\mathsf{T}\mathtt{F}\mathbf{x} = 0$을 만족하면, 이러한 점들로 정의되는 광선은 같은 평면에 놓인다. 이것은 점들이 대응하기 위한 필요조건이다.

결과 9.3의 관계식이 중요한 이유는 카메라 행렬을 이용하지 않고 기본 행렬을 결정하는 방법을 제시하기 때문이다. 오로지 대응하는 이미지 점들만을 사용한다. 이를 이용하면 이미지 대응점들만을 이용해 F를 계산할 수 있다. (9.1)에서 F를 두 개의 카메라 행렬

P, P′에서 계산할 수 있으며, 특히 F를 전체 배율을 제외하고 카메라에서 유일하게 결정할 수 있다. 그러나 $\mathbf{x}'^{\top}\mathrm{F}\mathbf{x} = 0$에서 F를 계산하기 위해 얼마나 많은 대응이 필요한지 그리고 이러한 대응이 행렬을 유일하게 결정하는 상황이 무엇인지에 대해 질문할 수 있다. 이에 대한 자세한 내용은 11장에서 설명한다. 결과만 소개하면 일반적으로 F를 계산하기 위해서는 최소 7개의 대응이 필요하다.

9.2.4 기본 행렬의 성질

정의 9.4 중심이 다른 카메라로 얻은 이미지 두 개에서 **기본 행렬** F는 모든 대응점 $\mathbf{x} \leftrightarrow \mathbf{x}'$에 대해 다음을 만족하는 차수 2의 유일한 3×3 동차 행렬이다.

$$\mathbf{x}'^{\top}\mathrm{F}\mathbf{x} = 0 \tag{9.5}$$

여기서 간단하게 기본 행렬의 성질을 나열한다. 중요한 성질은 표 9.1에 요약한다.

(i) **전치**: F가 카메라의 쌍 (P, P′)의 기본 행렬이면, $\mathrm{F}^{\top}$는 순서가 바뀐 카메라 쌍 (P, P′)의 기본 행렬이다.

(ii) **등극선**: 첫 번째 이미지의 점 $\mathbf{x}$에 대응하는 등극선은 $\mathbf{l}' = \mathrm{F}\mathbf{x}$이다. 비슷하게, $\mathbf{l} = \mathrm{F}^{\top}\mathbf{x}'$은 두 번째 이미지의 $\mathbf{x}'$에 대응하는 등극선을 나타낸다.

(iii) **등극점**: (e가 아닌) 모든 점 $\mathbf{x}$에 대해 등극선 $\mathbf{l}' = \mathrm{F}\mathbf{x}$은 등극점 $\mathbf{e}'$을 포함한다. 그러므로 모든 $\mathbf{x}$에 대해 $\mathbf{e}'$은 $\mathbf{e}'^{\top}(\mathrm{F}\mathbf{x}) = (\mathbf{e}'^{\top}\mathrm{F})\mathbf{x} = 0$을 만족한다. 결국 $\mathbf{e}'^{\top}\mathrm{F} = 0$이어서 $\mathbf{e}'$은 F의 좌영벡터가 된다. 비슷하게 $\mathrm{F}\mathbf{e} = 0$이어서 $\mathbf{e}$은 F의 우영벡터다.

(iv) F는 자유도 7을 가진다. 3×3 동형 행렬은 (원소 9개를 가지지만 공통 배율은 중요하지 않으므로) 독립 비율 8개를 가진다. 그러나 F는 제약 조건 $\det \mathrm{F} = 0$을 만족해야 하므로 자유도 1이 줄어든다.

(v) F는 상관관계, 즉 점을 선으로 보내는 사영변환이다(정의 2.29 참조). 이 경우, 첫 번째 이미지의 한 점 $\mathbf{x}$는 두 번째 이미지에서 $\mathbf{x}$의 등극선이 되는 직선 $\mathbf{l}' = \mathrm{F}\mathbf{x}$를 정의한다(그림 9.6a에서 보듯이). $\mathbf{l}$과 $\mathbf{l}'$이 대응하는 등극선이면, $\mathbf{l}$상의 모든 점 $\mathbf{x}$는 같은 직선 $\mathbf{l}'$으로 변환된다. 이것은 역변환이 존재하지 않는다는 것을 의미하며 행렬 F는 전체 차수full rank를 가지지 못한다. 그래서 F는 (역변환을 가지는) 고유 상관관계가 되지 못한다.

표 9.1 기본 행렬의 속성 요약

- F는 자유도가 7이고 차수가 2인 동형 행렬이다.
- **점 대응:** x와 x′이 대응하는 이미지 점이면, 다음을 만족한다.

$$\mathbf{x}'^{\top}\mathtt{F}\mathbf{x} = 0$$

- **등극선:**
  - $\mathbf{l}' = \mathtt{F}\mathbf{x}$는 $\mathbf{x}$에 대응하는 등극선이다.
  - $\mathbf{l} = \mathtt{F}^{\top}\mathbf{x}'$은 $\mathbf{x}'$에 대응하는 등극선이다.
- **등극점:**
  - $\mathtt{F}\mathbf{e} = 0$
  - $\mathtt{F}^{\top}\mathbf{e}' = 0$
- **카메라 행렬 P, P′을 이용한 계산**
  - 일반 카메라
    $\mathtt{F} = [\mathbf{e}']_{\times}\mathtt{P}'\mathtt{P}^{+}$. 여기에서 $\mathtt{P}^{+}$는 P의 유사 역원이고, $\mathbf{e}' = \mathtt{P}'\mathbf{C}$이며 $\mathtt{P}\mathbf{C} = 0$이다.
  - 표준 카메라, $\mathtt{P} = [\mathtt{I} \mid \mathbf{0}]$, $\mathtt{P}' = [\mathtt{M} \mid \mathbf{m}]$
    $\mathtt{F} = [\mathbf{e}']_{\times}\mathtt{M} = \mathtt{M}^{-\top}[\mathbf{e}]_{\times}$. 여기에서 $\mathbf{e}' = \mathbf{m}$이고 $\mathbf{e} = \mathtt{M}^{-1}\mathbf{m}$이다.
  - 무한점이 아닌 카메라, $\mathtt{P} = \mathtt{K}[\mathtt{I} \mid \mathbf{0}]$, $\mathtt{P}' = \mathtt{K}'[\mathtt{R} \mid \mathbf{t}]$
    $\mathtt{F} = \mathtt{K}'^{-\top}[\mathbf{t}]_{\times}\mathtt{R}\mathtt{K}^{-1} = [\mathtt{K}'\mathbf{t}]_{\times}\mathtt{K}'\mathtt{R}\mathtt{K}^{-1} = \mathtt{K}'^{-\top}\mathtt{R}\mathtt{K}^{\top}[\mathtt{K}\mathtt{R}^{\top}\mathbf{t}]_{\times}$

9.2.5 등극선 단응사상

각 이미지의 등극선 집합은 등극점을 지나는 직선의 꾸러미를 형성한다. 이러한 선들의 꾸러미를 1차원 사영공간으로 간주할 수 있다. 그림 9.6b에서 대응하는 등극선은 원근적으로 연결돼 있고, 첫 번째 시점에서 e를 중심으로 하는 등극선의 꾸러미와 두 번째 시점에서 e′을 중심으로 하는 꾸러미 사이에 단응사상이 존재한다. 이러한 두 개의 1차원 사영공간 사이의 단응사상은 자유도 3을 가진다.

기본 행렬의 자유도는 다음과 같이 계산할 수 있다. e에 대해 2, e′에 대해 2 그리고 e를 지나는 직선을 e′을 지나는 직선으로 변환하는 등극선 단응사상에 대해 3이다. 이러한 단응사상의 기하학적인 표현은 9.4절에서 설명한다. 여기에서는 단응사상의 구체적인 공식만을 제시한다.

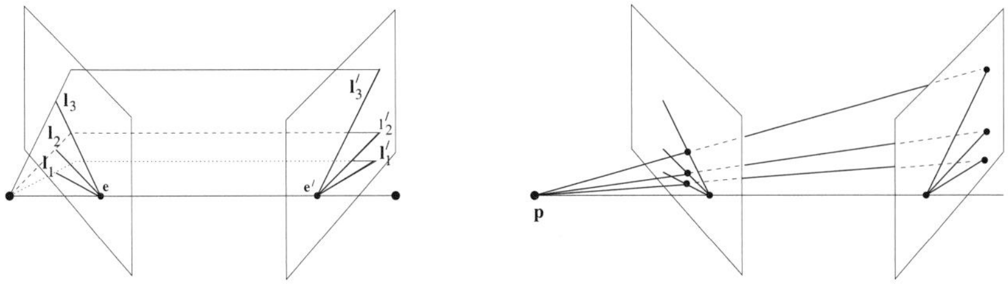

그림 9.6 등극선 단응사상 (a) 각 이미지에서 등극점을 중심으로 하는 등극선 꾸러미가 존재한다. 등극선 사이의 대응 $\mathbf{l}_i \leftrightarrow \mathbf{l}'_i$는 기본선을 축으로 가지는 평면 꾸러미로 정의한다. (b) 대응선은 기준선상의 임의의 점 **p**를 중심으로 하는 원근법으로 연결된다. 꾸러미의 등극선 사이의 대응은 1차원 단응사상이다.

결과 9.5 $\mathbf{l}$과 $\mathbf{l}'$은 대응하는 등극선이고, $\mathbf{k}$는 등극점 $\mathbf{e}$를 통과하지 않는 임의의 직선이다. 그러면 $\mathbf{l}$과 $\mathbf{l}'$은 $\mathbf{l}' = \mathtt{F}[\mathbf{k}]_\times \mathbf{l}$의 관계를 가진다. 대칭적으로, $\mathbf{l} = \mathtt{F}^\mathsf{T}[\mathbf{k}']_\times \mathbf{l}'$이기도 하다.

증명 표현식 $[\mathbf{k}]_\times \mathbf{l} = \mathbf{k} \times \mathbf{l}$은 두 직선 $\mathbf{k}$와 $\mathbf{l}$의 교점을 나타내므로, 등극선 $\mathbf{l}$상의 점이다. 이것을 $\mathbf{x}$라고 둔다. 그러면 $\mathtt{F}[\mathbf{k}]_\times \mathbf{l} = \mathtt{F}\mathbf{x}$는 점 $\mathbf{x}$에 대응하는 등극선 $\mathbf{l}'$이 된다. □

더욱이, $\mathbf{k}^\mathsf{T}\mathbf{e} = \mathbf{e}^\mathsf{T}\mathbf{e} \neq 0$이므로 직선 $\mathbf{e}$를 편리하게 $\mathbf{k}$로 선택한다. 그러면 직선 $\mathbf{e}$는 점 $\mathbf{e}$를 통과하지 않는다는 조건을 만족한다. 비슷한 주장을 $\mathbf{k}' = \mathbf{e}'$에 대해 할 수 있다. 결국 등극선 단응사상은 다음으로 표현된다.

$$\mathbf{l}' = \mathtt{F}[\mathbf{e}]_\times \mathbf{l} \qquad \mathbf{l} = \mathtt{F}^\mathsf{T}[\mathbf{e}']_\times \mathbf{l}'$$

9.3 특별한 운동에서 발생하는 기본 행렬

특별한 운동은 이동 방향 $\mathbf{t}$와 회전축 방향 $\mathbf{a}$ 사이의 특정 관계에서 발생한다. 두 가지 경우에 대해서 논의한다. 회전이 없는 순수 이동^pure translation^과 $\mathbf{t}$가 $\mathbf{a}$에 수직인 순수 평면 운동^pure planar motion^이다(평면 운동의 중요성은 3.4.1절에서 설명했다). 순수^pure^는 내부 매개변수의 변화가 없는 것을 의미한다. 이러한 경우는 중요하다. 우선 실제로 자주 나타난다. 예를 들면 턴테이블에서 회전하는 물체를 보는 카메라는 두 시점의 평면 운동과 동일하다. 그리고 기본 행렬이 특별한 형태로 추가적인 속성을 가진다.

9.3.1 순수 이동

카메라의 순수 이동을 고려할 때, 카메라는 고정돼 있고 실세계가 $-\mathbf{t}$로 이동을 하는 등가의 상황을 생각할 수 있다. 이러한 상황에서 3차원 공간의 점은 $\mathbf{t}$와 평행한 직선으로 이동하고, 이런 평행선과 이미지의 교차점은 $\mathbf{t}$ 방향의 소실점 $\mathbf{v}$이다. 그림 9.7과 그림 9.8에서 상황을 설명한다. $\mathbf{v}$가 두 시점의 등극점이고, 이미지화된 평행선은 등극선이 된다. 다음 보기에서 대수적인 세부 사항을 설명한다.

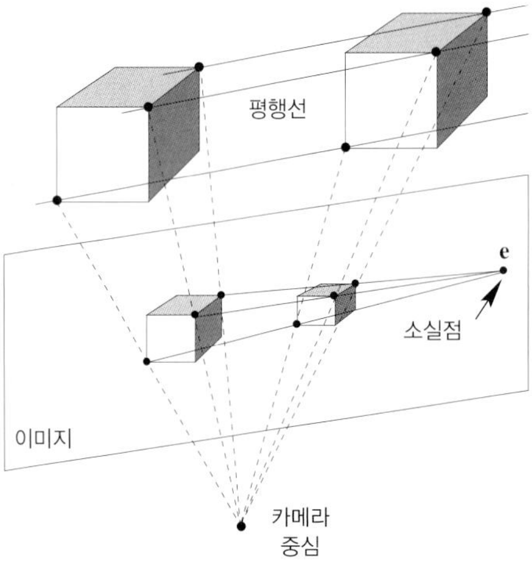

그림 9.7 순수 이동 운동에서, 3차원 점은 평행한 레일을 따라서 움직이는 것처럼 보인다. 이러한 평행선의 이미지는 이동 방향에 대응하는 소실점에서 교차한다. 등극점 **e**가 소실점이다.

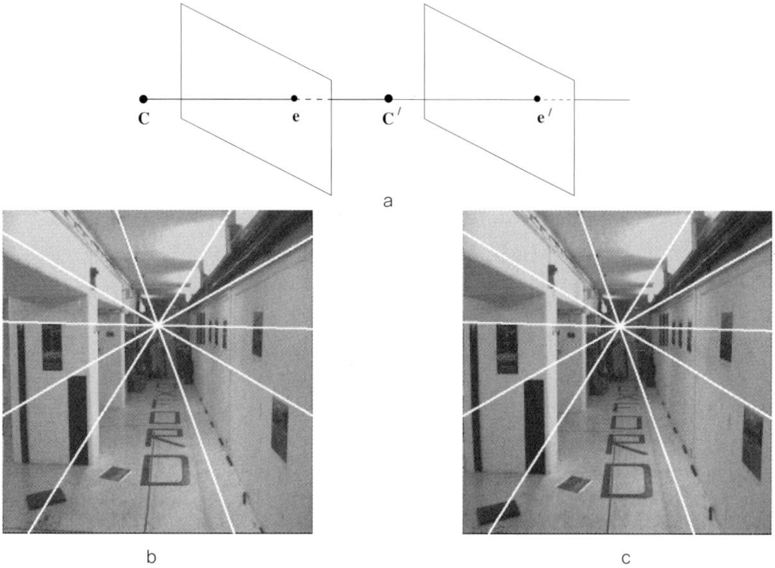

그림 9.8 순수 이동 운동 (a) 운동에서 등극점은 고정점이다. 그래서 두 이미지에서 동일한 좌표를 가지며 점들이 등극점에서 나오는 선을 따라서 움직이는 것같이 보인다. 이 경우 등극점을 "확장 초점(FOE)"이라고 한다. (b) (c) 두 경우에 동일한 등극선을 나타냈다. 등극선을 따라서 벽면의 포스트가 이동하고 있다.

보기 9.6 카메라의 운동은 회전이 없고 내부 매개변수의 변화가 없는 순수 이동으로 가정한다. 두 카메라는 $\mathrm{P} = \mathrm{K}[\mathrm{I} \mid \mathbf{0}]$와 $\mathrm{P}' = \mathrm{K}[\mathrm{I} \mid \mathbf{t}]$의 표현을 가정한다. 그러면 ($\mathrm{R} = \mathrm{I}$와 $\mathrm{K} = \mathrm{K}'$을 이용하면) (9.4)에서 다음을 얻는다.

$$\mathrm{F} = [\mathbf{e}']_\times \mathrm{K}\mathrm{K}^{-1} = [\mathbf{e}']_\times$$

카메라의 이동이 x축과 평행하면 $\mathbf{e}' = (1, 0, 0)^\mathsf{T}$이며,

$$\mathrm{F} = \begin{bmatrix} 0 & 0 & 0 \\ 0 & 0 & -1 \\ 0 & 1 & 0 \end{bmatrix}$$

대응점의 관계식 $\mathbf{x}'^\mathsf{T}\mathrm{F}\mathbf{x} = 0$은 $y = y'$이 된다. 즉, 등극선은 래스터raster[2]가 된다. 이것은 11.12절에서 설명하는 이미지 정류로 찾은 상황이다. △

2 음극(선)관 등의 화면 위의 화상을 만드는 데 쓰이는 수평선 집합 - 옮긴이

실제로 이미지 점 $\mathbf{x}$를 $\mathbf{x} = (x, y, 1)^\top$로 정규화하면, $\mathbf{x} = \mathtt{P}\mathbf{X} = \mathtt{K}[\mathtt{I} \mid \mathbf{0}]\mathbf{X}$에서 실세계 점의 (비동차) 좌표는 $(\mathrm{X}, \mathrm{Y}, \mathrm{Z})^\top = \mathrm{Z}\mathtt{K}^{-1}\mathbf{x}$가 된다. 여기에서 K는 (카메라 중심에서 첫 번째 카메라의 주축을 따라서 측정한 $\mathbf{X}$의 거리인) 점 $\mathbf{X}$의 깊이이다. 그러면 $\mathbf{x}' = \mathtt{P}'\mathbf{X} = \mathtt{K}[\mathtt{I} \mid \mathbf{t}]\mathbf{X}$에서 이미지 점 $\mathbf{x}$에서 이미지 점 $\mathbf{x}'$으로의 변환은 다음과 같다.

$$\mathbf{x}' = \mathbf{x} + \mathtt{K}\mathbf{t}/\mathrm{Z} \tag{9.6}$$

(9.6)의 운동 $\mathbf{x}' = \mathbf{x} + \mathtt{K}\mathbf{t}/\mathrm{Z}$는 이미지 점 $\mathbf{x}$에서 시작해 $\mathbf{x}$와 등극점 $\mathbf{e} = \mathbf{e}' = \mathbf{v}$가 정의하는 직선상을 움직이는 것을 보여준다. 운동의 정도는 (여기서는 동차 벡터가 아닌) 이동 $\mathbf{t}$의 크기와 깊이 Z의 역에 의존해, 카메라에 가까운 점이 멀리 떨어진 점에 비해 빠르게 움직이는 것처럼 보인다. 이것은 기차 창문에서 볼 수 있는 일상적인 경험이다.

순수 이동의 경우에, $\mathtt{F} = [\mathbf{e}']_\times$는 반대칭이며 자유도 2를 가지는 것에 주의해야 한다. 이것은 등극점의 위치와 연관된다. $\mathbf{x}$의 등극선은 $\mathbf{l}' = \mathtt{F}\mathbf{x} = [\mathbf{e}]_\times\mathbf{x}$이며 $\mathbf{x}$는 이 선 위에 놓인다. $\mathbf{x}^\top[\mathbf{e}]_\times\mathbf{x} = 0$, 즉, (두 이미지가 중첩된다고 가정하면) $\mathbf{x}$, $\mathbf{x}'$, $\mathbf{e} = \mathbf{e}'$가 같은 직선상에 있기 때문이다. 이러한 (같은 직선상에 있는) 공선성을 자동 등극성^auto-epipolar^이라고 하며, 일반적인 운동에서는 성립하지 않는다.

일반적인 운동 순수 이동 운동의 경우에서 일반적인 운동에 대한 통찰을 얻을 수 있다. 임의의 카메라 두 개가 주어지며, 첫 번째 이미지를 얻는 카메라를 회전해 두 번째 카메라와 정렬할 수 있다. 이러한 회전은 첫 번째 이미지에 사영변환을 적용하면 같은 효과를 얻을 수 있다. 두 이미지의 보정 행렬 간의 차이를 설명하기 위해 추가 정정을 첫 번째 이미지에 적용할 수 있다. 이러한 두 가지 보정의 결과를 첫 번째 이미지의 사영변환 H라 한다. 이러한 보정을 하고 나면, 두 카메라의 실질적인 관계는 순수 이동으로 얻어진다. 결국 보정된 첫 번째 이미지와 두 번째 이미지에 해당하는 기본 행렬은 $\mathbf{x}'^\top\hat{\mathtt{F}}\hat{\mathbf{x}} = 0$을 만족하는 $\hat{\mathtt{F}} = [\mathbf{e}']_\times$의 형태이다. 여기서 $\hat{\mathbf{x}} = \mathtt{H}\mathbf{x}$는 첫 번째 이미지에서 보정된 점이다. 이로부터 $\mathbf{x}'^\top[\mathbf{e}']_\times\mathtt{H}\mathbf{x} = 0$임을 알 수 있고, 처음의 점 대응 $\mathbf{x} \leftrightarrow \mathbf{x}'$에 해당하는 기본 행렬은 $\mathtt{F} = [\mathbf{e}']_\times\mathtt{H}$가 된다. 그림 9.9에 이에 대한 설명이 있다.

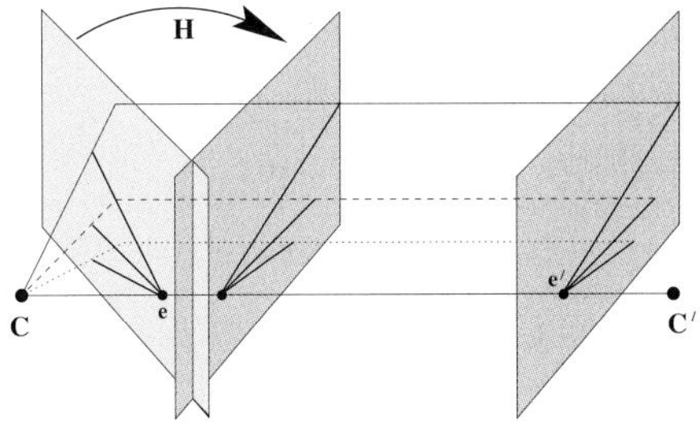

그림 9.9 일반적인 카메라 운동 (왼쪽의) 첫 번째 카메라를 회전해 순수 이동이 가능하도록 정정한다. 초기의 이미지 쌍의 기본 행렬은 $\mathrm{F} = [\mathbf{e}']_\times \mathrm{H}$이다. 여기에서 $[\mathbf{e}']_\times$는 순수 이동에 관한 기본 행렬이고 H는 첫 번째 카메라의 보정에 관한 사영변환이다.

보기 9.7 보기 9.2에서 계속해서, 카메라 두 개를 $\mathrm{P} = \mathrm{K}[\mathrm{I} \mid \mathbf{0}]$, $\mathrm{P}' = \mathrm{K}'[\mathrm{R} \mid \mathbf{t}]$로 가정한다. 그러면 8.4.2절에서 설명했듯이, 필요한 사용 변환은 $\mathrm{H} = \mathrm{K}'\mathrm{R}\mathrm{K}^{-1} = \mathrm{H}_\infty$이다. 여기에서 H_∞는 (13.4절의) 무한 단응사상이고 $\mathrm{F} = [\mathbf{e}']_\times \mathrm{H}_\infty$가 된다.

이미지 점 $\mathbf{x}$를 보기 9.6에서처럼 $\mathbf{x} = (x, y, 1)^\top$로 정규화하면, $(\mathrm{X}, \mathrm{Y}, \mathrm{Z})^\top = \mathrm{Z}\mathrm{K}^{-1}\mathbf{x}$이고 $\mathbf{x} = \mathrm{P}'\mathbf{X} = \mathrm{K}'[\mathrm{R} \mid \mathbf{t}]\mathbf{X}$에서 이미지 점 $\mathbf{x}$에서 이미지 점 $\mathbf{x}'$으로의 변환은 다음이다.

$$\mathbf{x}' = \mathrm{K}'\mathrm{R}\mathrm{K}^{-1}\mathbf{x} + \mathrm{K}'\mathbf{t}/\mathrm{Z} \tag{9.7}$$

변환은 두 가지로 구성된다. 첫 번째 항은 이미지 점 $\mathbf{x}$에만 의존하고 점의 깊이 Z와는 무관하다. 이는 카메라의 회전과 내부 매개변수의 변화를 설명한다. 두 번째 항은 깊이에 의존하고 이미지 점 $\mathbf{x}$와는 무관하다. 이는 카메라의 이동을 설명한다($\mathrm{R} = \mathrm{I}$, $\mathrm{K} = \mathrm{K}'$인). 순수 이동의 경우 (9.7)은 (9.6)이 된다. △

9.3.2 순수 평면 운동

이 경우 회전축은 이동 방향과 수직이다. 직교성은 운동의 제약 조건이 된다. 9장의 연습문제에서 $\mathrm{K}' = \mathrm{K}$이면 행렬 F의 대칭부분 $\mathrm{F_s}$는 순수 평면 운동에 대해 차수 2를 가지는 것을 증명한다(일반 운동의 경우 F의 대칭 부분은 전체 차수를 가진다). 그러므로 조건 $\det \mathrm{F_s} = 0$은 F에 대한 추가 구속 조건이 돼, 일반 운동에 대해 자유도 7을 가지는 것이 순수 평면 운동에 대해 자유도 6을 가지게 된다.

9.4 기본 행렬의 기하학적 표현

"여기의 내용은 필수적인 사항이 아니어서 처음 읽을 때는 건너뛰어도 상관없다."

이 절에서는 기본 행렬을 대칭 부분과 반대칭 부분으로 분해하고, 각각을 기하학적으로 해석한다. 기본 행렬의 대칭과 반대칭 부분은 다음과 같다.

$$\mathtt{F_S} = \left(\mathtt{F} + \mathtt{F}^{\mathsf{T}}\right)/2 \qquad \mathtt{F_a} = \left(\mathtt{F} - \mathtt{F}^{\mathsf{T}}\right)/2$$

그래서 $\mathtt{F} = \mathtt{Fs} + \mathtt{Fa}$를 만족한다.

행렬 분해의 필요성을 살펴보기 위해 두 이미지에서 같은 점을 가지는 3차원 점 $\mathbf{X}$를 생각한다. 이러한 이미지 점은 카메라 운동에 대해 고정되므로 $\mathbf{x} = \mathbf{x}'$가 된다. 두 점은 분명하게 대응점이므로, 대응점의 필요조건인 $\mathbf{x}^{\mathsf{T}}\mathtt{F}\mathbf{x} = 0$을 만족한다. 그런데 반대칭 행렬 A에 대해 이차 형식 $\mathbf{x}^{\mathsf{T}}\mathtt{A}\mathbf{x}$는 항상 영이다. 결국 $\mathbf{x}^{\mathsf{T}}\mathtt{F}\mathbf{x} = 0$에서 F의 대칭 부분만이 남아서 $\mathbf{x}^{\mathsf{T}}\mathtt{Fs}\mathbf{x} = 0$이 된다. 행렬 Fs는 원뿔로 해석할 수 있음을 뒤에서 설명할 것이다.

기하학적으로 다음에서 원뿔이 발생한다. $\mathbf{x} = \mathbf{x}'$이 되는 3차원 공간에 있는 점들의 자취를 단시궤적horopter이라고 한다. 일반적으로 이것은 카메라 두 개의 중심을 지나는 (3.3절의) 3차원 공간에서 뒤틀린 3차 곡선twisted cubic curve이다. [Maybank-93] 단시궤적의 이미지는 Fs가 정의하는 원뿔이다. 단시궤적에 대해서는 22장에서 설명한다.

대칭 부분 행렬 Fs는 대칭이고 일반적으로 차수 3을 가진다. 이것은 자유도 5를 가지며, (아래에서 이름에 대해 설명하는) 슈타이너 원뿔이라고 하는 점 원뿔과 동일시된다. 등극점 $\mathbf{e}$와 $\mathbf{e}'$은 원뿔 Fs상에 있다. 등극점이 원뿔상에 있는 것을 확인하기 위해서는 $\mathbf{e}^{\mathsf{T}}\mathtt{Fs}\mathbf{e} = 0$을 보이면 된다. 먼저 $\mathtt{F}\mathbf{e} = 0$에서, $\mathbf{e}^{\mathsf{T}}\mathtt{F}\mathbf{e} = 0$를 얻고 $\mathbf{e}^{\mathsf{T}}\mathtt{Fs}\mathbf{e} + \mathbf{e}^{\mathsf{T}}\mathtt{Fa}\mathbf{e} = 0$이 된다. 그러나 모든 반대칭 행렬 S에 대해 $\mathbf{x}^{\mathsf{T}}\mathtt{S}\mathbf{x} = 0$이므로 $\mathbf{e}^{\mathsf{T}}\mathtt{Fa}\mathbf{e} = 0$이 된다. 그러므로 $\mathbf{e}^{\mathsf{T}}\mathtt{Fs}\mathbf{e} = 0$이다. 비슷한 방법으로 $\mathbf{e}'$에 대해 계산할 수 있다.

반대칭 부분 행렬 Fa는 반대칭이며, Fa의 영벡터인 $\mathbf{x}\mathrm{a}$에 대해 $\mathtt{Fa} = [\mathbf{x}\mathrm{a}]_{\times}$로 표현할 수 있다. 반대칭 부분은 자유도 2를 가지며 점 $\mathbf{x}\mathrm{a}$와 동일시할 수 있다.

점 $\mathbf{x}\mathrm{a}$와 원뿔 Fs의 관계를 그림 9.10a에 나타낸다(2.2.3절에서 설명한 극점-극선 관계처럼). $\mathbf{x}\mathrm{a}$의 극선은 등극점 $\mathbf{e}$와 $\mathbf{e}'$에서 슈타이너 원뿔 Fs와 교차한다. 증명은 연습 문제이다.

등극선 대응 슈타이너가 증명한 사영기하학의 고전적인 정리로, 단응사상으로 연결된 두 개의 선 꾸러미에 대해 대응선의 교차점이 원뿔이 된다는 것이 있다. [Semple-79] 여기의 상황과 일치한다. 꾸러미는 등극선의 꾸러미로, 하나는 **e**를 통과하고 다른 것은 **e**′을 통과한다. 등극선은 9.2.5절에서 설명한 1차원 단응사상으로 연결된다. 교점의 궤적은 원뿔 Fs이다.

원뿔과 등극점이 기하학 구조에 의해 등극선을 결정하는 것을 그림 9.10b에 나타냈다. 이 구조는 슈타이너 원뿔 Fs의 고정점 성질을 기반으로 한다. 첫 번째 시점에서 등극선 $\mathbf{l} = \mathbf{x} \times \mathbf{e}$는 한점 $\mathbf{X}_c$에서 단시궤적과 교차하는 3차원 공간의 등극면을 정의한다. 첫 번째 시점에서 점 $\mathbf{X}_c$의 이미지는 $\mathbf{x}_c$이며, (Fs는 단시궤적의 이미지이므로) **l**이 원뿔 Fs와 교차하는 점이다. 그런데, 단시궤적의 고정점 성질에서 $\mathbf{X}_c$의 이미지는 두 번째 시점에서서도 $\mathbf{x}_c$가 된다. 그러므로 $\mathbf{x}_c$는 **x**의 등극면의 두 번째 시점의 이미지이기도 하다. 결국 $\mathbf{x}_c$는 **x**의 등극선 **l**′상에 있고, **l**′은 $\mathbf{l}' = \mathbf{x}_c \times \mathbf{e}'$으로 계산할 수 있다.

원뿔과 원뿔상의 두 점이 F의 자유도 7을 설명한다. 원뿔에 대해 자유도 5, 원뿔상의 2개의 등극점을 지정하는 자유도 2이다. F가 주어지면, 원뿔 Fs, 등극점 **e**, **e**′, 반대칭점 **x**a는 유일하게 결정된다. 그러나 Fs와 **x**a만으로 F를 유일하게 결정할 수 없다. 등극점이 식별되지 않기 때문이다. **x**a의 극선은 등극점을 결정하지만 **e**와 **e**′을 구별하지 못한다.

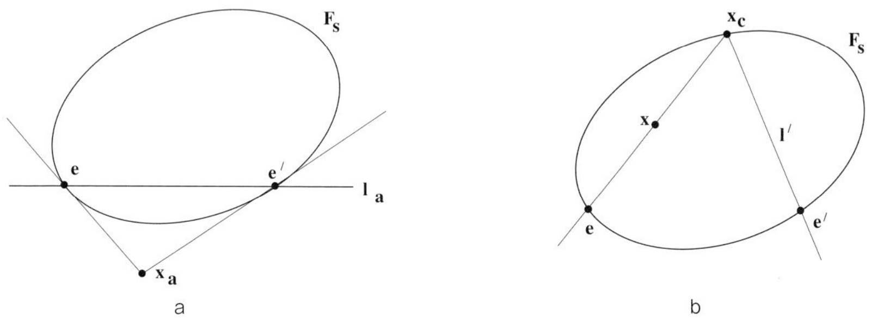

그림 9.10 F의 기하학적 표현 (a) 원뿔 Fs는 F의 대칭 부분을 나타내고 점 **x**a는 반대칭 부분을 나타낸다. 원뿔 Fs는 두 이미지의 상단이 서로 겹쳐진다고 가정하면 대응하는 등극선의 교차점이다. 이것은 단시궤적의 이미지이다. 직선 **l**a는 원뿔 Fs에 대한 **x**a의 극선이다. 이것은 극점 **e**와 **e**′에서 원뿔과 교차한다. (b) 점 **x**에 대응하는 등극선 **l**′은 다음과 같이 구성한다. 점 **e**와 **x**로 정의하는 직선을 원뿔과 교차한다. 교차점은 $\mathbf{x}_c$이다. 그러면 **l**′은 점 $\mathbf{x}_c$와 **e**′이 정의하는 직선이다.

9.4.1 순수 평면 운동

Fs가 차수 2를 가지는 9.3.2절에서 논의한 평면 운동의 경우를 다시 생각한다. 이러한 경우에 슈타이너 원뿔이 퇴화하고, 2.2.3절에서 두 개의 일치하지 않는 두 개의 직선과 등가이다.

$$\mathtt{F}_S = \mathbf{l}_h \mathbf{l}_s^{\mathsf{T}} + \mathbf{l}_s \mathbf{l}_h^{\mathsf{T}}$$

이에 대해 그림 9.11a에 나타냈다. 9.4절의 점 $\mathbf{x}$에 대응하는 등극선 $\mathbf{l}'$의 기하학적 구성은 이러한 경우에 간단한 대수 표현을 갖는다. 일반적인 운동과 같이 그림 9.11b에서 설명하는 세 단계로 구성된다. 우선 $\mathbf{e}$와 $\mathbf{x}$를 연결하는 직선 $\mathbf{l} = \mathbf{e} \times \mathbf{x}$를 계산한다. 둘째, 원뿔과의 교차점 $\mathbf{x}_c = \mathbf{l}_s \times \mathbf{l}$을 결정한다. 세 번째, 등극선 $\mathbf{l}' = \mathbf{e}' \times \mathbf{x}_c$는 $\mathbf{x}_c$와 $\mathbf{e}'$의 연결선이 된다. 이러한 단계를 조합하면 다음을 얻는다.

$$\mathbf{l}' = \mathbf{e}' \times [\mathbf{l}_s \times (\mathbf{e} \times \mathbf{x})] = [\mathbf{e}']_\times [\mathbf{l}_s]_\times [\mathbf{e}]_\times \mathbf{x}$$

F를 다음과 같이 표현할 수 있다.

$$\mathtt{F} = [\mathbf{e}']_\times [\mathbf{l}_s]_\times [\mathbf{e}]_\times \tag{9.8}$$

F의 자유도 6은 자유도 2를 가지는 두 개의 등극선과 자유도 2를 가지는 직선으로 설명된다.

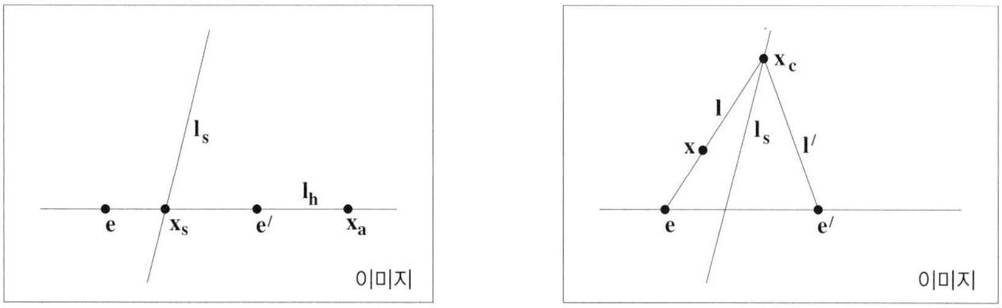

a b

그림 9.11 평면 운동에 대한 F의 기하학적 표현 (a) 선 $\mathbf{l}_s$와 $\mathbf{l}_h$는 운동에 대한 퇴화된 스타이너 원뿔을 구성한다. 그림을 그림 9.10의 일반 운동에 대한 원뿔과 비교해보라. (b) 점 $\mathbf{x}$에 대응하는 등극선 $\mathbf{l}'$은 다음과 같이 구성한다. 점 $\mathbf{e}$와 $\mathbf{x}$가 정의하는 직선을 (원뿔) 직선 $\mathbf{l}_s$와 교차한다. 교차점은 $\mathbf{x}_c$이다. 그러면 $\mathbf{l}'$은 점 $\mathbf{x}_c$와 $\mathbf{e}'$가 정의하는 직선이다.

상황의 기하학적인 구성은 쉽게 시각화할 수 있다. 운동의 단시궤적은 (회전축과 직각이고 카메라 중심을 포함하는) 운동 평면에 있는 원과, 회전축에 평행하고 원과 교차하는 직선으로 구성된 퇴화된 꼬인 삼차 곡선이다. 직선은 나사축이다(3.4.1절 참조). 운동은 이동이 없고 나사축을 중심으로 회전하는 것과 같다. 이러한 운동에서 나사축은 고정되며, 결국 이미지도 고정된다. 직선 $\mathbf{l}_s$는 나사축의 이미지이다. 직선 $\mathbf{l}_h$는 운동 평면과 이미지가 교차하는 것이다. 이러한 형상은 19장의 자동 보정에서 사용한다.

9.5 카메라 행렬 찾기

지금까지 점 대응 $\mathbf{x} \leftrightarrow \mathbf{x}'$에 대해 F의 성질과 이미지 관계에 대해 조사했다. 이제 F의 가장 중요한 성질인 두 시점의 카메라 행렬을 결정하는 것을 설명한다.

9.5.1 사영 불변과 표준 카메라

9.2절의 유도 과정에서 변환 $\mathbf{l}' = \mathrm{F}\mathbf{x}$와 대응관계 $\mathbf{x}'^{\mathsf{T}}\mathrm{F}\mathbf{x} = 0$은 사영 관계를 가지는 것을 알 수 있다. 유도 과정은 사영기하학적인 관계만을 포함한다. 선과 평면의 교차점 그리고 대수적 전개에서 실세계와 이미지 점 사이의 사영 카메라의 선형변환만을 고려했다. 결국 관계는 이미지의 사영 좌표에만 의존하며, 광선 사이의 각도와 같은 유클리드 성질에는 의하지 않는다. 다르게 표현하면, 이미지 관계는 사영 불변이다. 이미지 좌표의 사영변환 $\hat{\mathbf{x}} = \mathrm{H}\mathbf{x}$, $\hat{\mathbf{x}}' = \mathrm{H}'\mathbf{x}'$에서 대응하는 차수 2인 기본 행렬 $\hat{\mathrm{F}} = \mathrm{H}'^{-\mathsf{T}}\mathrm{F}\mathrm{H}^{-1}$을 가지는 대응하는 사상 $\hat{\mathbf{l}}' = \hat{\mathrm{F}}\hat{\mathbf{x}}$가 존재한다.

마찬가지로, F는 카메라 P, P′의 사영 속성에만 의존한다. 카메라 행렬은 3차원 공간의 측정과 이미지의 측정을 연결하므로, 이미지 좌표계와 실세계 좌표계의 선택에 따라서 달라진다. 그러나 F는 실세계 좌표계의 선택으로 바뀌지 않는다. 예로서, 실세계의 회전은 P와 P′을 변화시키지만 F는 변화시키지 않는다. 사실은, 기본 행렬은 3차원 공간의 사영변환에 의해 바뀌지 않는다. 보다 정확하게 표현하면 다음과 같다.

결과 9.8 H는 3차원 공간의 사영변환을 나타내는 4×4 행렬이다. 그러면 카메라 행렬 쌍 (P, P′)과 (PH, P′H)에 대응하는 기본 행렬은 같다.

증명 $\mathrm{P}\mathbf{X} = (\mathrm{PH})(\mathrm{H}^{-1}\mathbf{X})$가 성립한다. P'도 마찬가지다. $\mathbf{x} \leftrightarrow \mathbf{x}'$이 카메라 쌍 $(\mathrm{P}, \mathrm{P}')$에 대한 3차원 점 $\mathbf{X}$의 대응점이면, 카메라 쌍 $(\mathrm{PH}, \mathrm{P'H})$에 대해 점 $\mathrm{H}^{-1}\mathbf{X}$의 대응점이 된다. □

그러므로 (9.1)에서 카메라 행렬 한 쌍 $(\mathrm{P}, \mathrm{P}')$이 기본 행렬 F를 유일하게 결정하지만 역은 성립하지 않는다. 기본 행렬은 기껏해야 3차원 사영변환을 오른쪽에 곱하는 것을 제외한 카메라 행렬을 결정한다. 이것이 모호함의 전부이며 실제로 카메라 행렬은 기본 행렬에서 사영변환을 제외하고 결정되는 것을 밑에서 증명할 것이다.

카메라 행렬의 표준 형식 이러한 모호함을 고려하면 주어진 기본 행렬에 대응하는 카메라 행렬 쌍의 구체적인 **표준형**을 정의할 수 있다. 표준형은 첫 번째 행렬이 $[\mathrm{I} \mid \mathbf{0}]$인 형식이다. 여기에서 I는 3×3 항등 행렬이고 $\mathbf{0}$은 3차원 영벡터다. 이것이 항상 가능하다는 것을 확인하기 위해 P를 한 행 증가시켜 P^*로 표시하는 4×4 정칙 행렬을 만든다. $\mathrm{H} = \mathrm{P}^{*-1}$로 두면, $\mathrm{PH} = [\mathrm{I} \mid \mathbf{0}]$인 원하는 결과를 얻는다.

다음의 결과는 자주 사용한다.

결과 9.9 한 쌍의 카메라 행렬 $\mathrm{P} = [\mathrm{I} \mid \mathbf{0}]$, $\mathrm{P}' = [\mathrm{M} \mid \mathbf{m}]$에 대응하는 기본 행렬은 $[\mathbf{m}]_\times \mathrm{M}$이다.

(9.1)의 특별한 경우로 쉽게 알 수 있다.

9.5.2 F가 결정하는 카메라의 사영 모호성

카메라 행렬 한 쌍이 기본 행렬을 유일하게 결정하는 것을 봤다. 그러나 이것은 단사 함수(1:1 함수)가 아니다. 사영변환의 차이만 있는 카메라 쌍은 같은 기본 행렬을 가지기 때문이다. 이것이 유일한 모호함임을 증명할 것이다. 주어진 기본 행렬이 오른쪽에 사영변환을 곱하는 것을 제외한 카메라 쌍을 결정하는 것을 증명할 것이다. 따라서 기본 행렬은 카메라 두 개의 사영 관계를 찾아낸다.

정리 9.10 F는 기본 행렬이고, $(\mathrm{P}, \mathrm{P}')$과 $(\tilde{\mathrm{P}}, \tilde{\mathrm{P}}')$은 각각의 쌍에서 F를 기본 행렬로 가지는 두 쌍의 카메라 행렬이다. 그러면 $\tilde{\mathrm{P}} = \mathrm{PH}$와 $\tilde{\mathrm{P}}' = \mathrm{P}'\mathrm{H}$를 만족하는 4×4 정칙 행렬 H가 존재한다.

증명 주어진 기본 행렬 F가 서로 다른 두 쌍의 카메라 행렬 (P, P′)과 ($\tilde{P}$, $\tilde{P}'$)에 해당한다고 가정한다. 첫 번째 단계로, 두 쌍의 카메라 행렬 각각이 $P = \tilde{P} = [I \mid \mathbf{0}]$인 표준형을 가지는 것을 가정한다. 필요에 따라서 각각의 쌍에 사영변환을 적용해 변환할 수 있기 때문이다. 그러므로 $P = \tilde{P} = [I \mid \mathbf{0}]$과 $P' = [A \mid \mathbf{a}]$, $P' = [\tilde{A} \mid \tilde{\mathbf{a}}]$를 가정한다. 결과 9.9에서 기본 행렬은 $F = [\mathbf{a}]_\times A = [\tilde{\mathbf{a}}]_\times \tilde{A}$로 표기할 수 있다.

다음의 보조정리가 필요하다.

보조정리 9.11 차수 2인 행렬 F가 $F = [\mathbf{a}]_\times A$, $F = [\tilde{\mathbf{a}}]_\times \tilde{A}$와 같이 두 가지 방법으로 분해된다고 가정한다. 그러면 $\tilde{\mathbf{a}} = k\mathbf{a}$이고, 영이 아닌 상수 k와 3차원 벡터 $\mathbf{v}$에 대해 $\tilde{A} = k^{-1}(A + \mathbf{a}\mathbf{v}^\top)$가 된다.

증명 우선 $\mathbf{a}^\top F = \mathbf{a}^\top[\mathbf{a}]_\times A = 0$이며, 비슷하게 $\tilde{\mathbf{a}}^\top F = 0$이 된다. F는 차수 2이므로 $\tilde{\mathbf{a}} = k\mathbf{a}$가 된다. 다음으로, $[\mathbf{a}]_\times A = [\tilde{\mathbf{a}}]_\times \tilde{A}$에서 $[\mathbf{a}]_\times (k\tilde{A} - A) = 0$이 되며, 적절한 $\mathbf{v}$에 대해 $k\tilde{A} - A = \mathbf{a}\mathbf{v}^\top$이다. 그러므로 $\tilde{A} = k^{-1}(A + \mathbf{a}\mathbf{v}^\top)$이다. □

위의 결과를 카메라 행렬 두 개 P′과 $\tilde{P}'$에 적용하면, $P' = [A \mid \mathbf{a}]$이고 $\tilde{P}' = [k^{-1}(A + \mathbf{a}\mathbf{v}^\top) \mid k\mathbf{a}]$가 돼 같은 F를 생성한다. 남은 것은 카메라 둘이 사영 관계를 증명하면 된다. H는 행렬 $H = \begin{bmatrix} k^{-1}I & \mathbf{0} \\ k^{-1}\mathbf{v}^\top & k \end{bmatrix}$라 둔다. 그러면 $PH = k^{-1}[I \mid \mathbf{0}] = k^{-1}\tilde{P}$를 만족한다. 그리고

$$P'H = [A \mid \mathbf{a}]H = [k^{-1}(A + \mathbf{a}\mathbf{v}^\top) \mid k\mathbf{a}] = [\tilde{A} \mid \tilde{\mathbf{a}}] = \tilde{P}'$$

그러므로 두 쌍 P, P′과 $\tilde{P}$, $\tilde{P}'$은 사영 관계를 가진다. △

이것은 자유도와 밀접하게 연결돼 있다. 두 카메라 P와 P′은 각각 자유도 11을 가져서, 전체 22의 자유도를 가진다. 사영 실세계 좌표계를 결정하기 위해서는 자유도 15가 필요하다(3.1절 참조). 그래서 실세계 좌표계의 자유도를 카메라 두 개에서 제외하면 22 − 15 = 7의 자유도가 남는다. 이것은 기본 행렬의 자유도 7에 해당한다.

9.5.3 F가 주어진 표준 카메라

앞에서 F가 3차원 공간의 사영변환을 제외한 카메라 한 쌍을 결정하는 것을 보였다. 여기서는 F가 주어진 경우 표준 형식을 가지는 한 쌍의 카메라의 구체적인 공식을 유도한다.

한 쌍의 카메라 행렬에 대응하는 기본 행렬 F가 갖는 다음 특성을 이용할 것이다.

결과 9.12 영이 아닌 행렬 F는 한 쌍의 카메라 행렬 P와 P′에 대응하는 기본 행렬이 되는 것과 $P'^{\top}FP$가 반대칭인 것은 필요충분조건이다.

증명 $P'^{\top}FP$가 반대칭인 조건은 모든 $\mathbf{X}$에 대해 $\mathbf{X}^{\top}P'^{\top}FP\mathbf{X} = 0$인 것과 동치이다. $\mathbf{x}' = P'\mathbf{X}$, $\mathbf{x} = P\mathbf{X}$라 두면, $\mathbf{x}'^{\top}F\mathbf{x} = 0$과 동치가 된다. 이것은 기본 행렬을 정의하는 식이다. □

기본 행렬에 대응하는 기본형의 카메라 행렬 한 쌍을 다음과 같이 표기할 수 있다.

결과 9.13 F는 기본 행렬이고, S는 임의의 반대칭 행렬이다. 카메라 행렬 한 쌍을 다음과 같이 정의한다.

$$P = [I \mid \mathbf{0}] \quad \text{그리고} \quad P' = [SF \mid \mathbf{e}']$$

여기에서 $\mathbf{e}'$은 $\mathbf{e}'^{\top}F = 0$을 만족하는 극점이다. 위에서 정의한 P′이 (차수 3을 가지는) 유효한 카메라 행렬이 되는 것을 가정한다. 그러면 F는 카메라 쌍 (P, P′)에 대응하는 기본 행렬이 된다.

이를 증명하기 위해서 결과 9.12를 사용하면 간단하게 다음을 확인할 수 있다.

$$[SF \mid \mathbf{e}']^{\top}F[I \mid \mathbf{0}] = \begin{bmatrix} F^{\top}S^{\top}F & \mathbf{0} \\ \mathbf{e}'^{\top}F & 0 \end{bmatrix} = \begin{bmatrix} F^{\top}S^{\top}F & \mathbf{0} \\ \mathbf{0}^{\top} & 0 \end{bmatrix} \tag{9.9}$$

이것은 반대칭이다.

반대칭 행렬 S는 이것의 영벡터를 이용해 $S = [\mathbf{s}]_{\times}$로 표기할 수 있다. 그러면 $[[\mathbf{s}]_{\times}F \mid \mathbf{e}']$은 $\mathbf{s}^{\top}\mathbf{e}' \neq 0$이면 다음의 논리로부터 차수 3을 가진다. $\mathbf{e}'F = 0$이므로, F의 (열벡터가 생성하는) 열공간은 $\mathbf{e}'$에 직교한다. $\mathbf{s}^{\top}\mathbf{e}' \neq 0$이면 $\mathbf{s}$는 $\mathbf{e}'$와 직교하지 않으므로, F의 열공간에 속하지 않는다. 이제, $[\mathbf{s}]_{\times}F$의 열공간은 $\mathbf{s}$와 F의 열벡터의 벡터곱으로 생성되므로 $\mathbf{s}$에 수직인 평면과 일치한다. 그러므로 $[\mathbf{s}]_{\times}F$의 차수는 2이다. $\mathbf{e}'$은 $\mathbf{s}$와 직교하지 않으므로, 이것은 평면에 놓이지 않는다. 그래서 $[[\mathbf{s}]_{\times}F \mid \mathbf{e}']$은 차수 3을 가지게 된다.

Luong and Viéville[Luong-96]이 S의 좋은 후보로 $S = [\mathbf{e}']_{\times}$를 추천한다. 특별히 $\mathbf{e}'^{\top}\mathbf{e}' \neq 0$인 경우에는 다음의 결과를 얻는다.

결과 9.14 기본 행렬 F에 대응하는 카메라 행렬로 $\mathrm{P} = [\mathrm{I} \mid \mathbf{0}]$과 $\mathrm{P}' = [[\mathbf{e}']_\times \mathrm{F} \mid \mathbf{e}']$을 선택할 수 있다.

카메라 행렬 P'는 차수 2를 가지는 3 × 3 왼쪽 부분 행렬 $[\mathbf{e}']_\times \mathrm{F}$를 가지는 것에 주의한다. 이것은 π_∞에 중심을 가지는 카메라에 대응한다. 그러나 이런 상황을 피해야 하는 특별한 이유는 없다.

정리 9.10의 증명에서 네 개의 매개변수를 가지는 표준형 $\tilde{\mathrm{P}} = [\mathrm{I} \mid \mathbf{0}]$, $\tilde{\mathrm{P}}' = [\mathrm{A} + \mathbf{a}\mathbf{v}^\top \mid k\mathbf{a}]$의 카메라 쌍은 표준형 $\mathrm{P} = [\mathrm{I} \mid \mathbf{0}]$, $\mathrm{P}' = [\mathrm{A} \mid \mathbf{a}]$ 카메라 쌍과 같은 기본 행렬을 가지는 것을 알 수 있다. 그리고 이것이 가장 일반적인 해가 된다. 요약하면 다음과 같다.

결과 9.15 기본 행렬 F에 대응하는 표준 카메라 쌍의 일반 공식은 다음으로 주어진다.

$$\mathrm{P} = [\mathrm{I} \mid \mathbf{0}] \quad \mathrm{P}' = [[\mathbf{e}']_\times \mathrm{F} + \mathbf{e}'\mathbf{v}^\top \mid \lambda \mathbf{e}'] \tag{9.10}$$

여기에서 $\mathbf{v}$는 임의의 3차원 벡터이고 λ는 영이 아닌 스칼라 값이다.

9.6 필수 행렬

필수 행렬은 (다음에서 설명하는) 정규화된 이미지 좌표의 경우에 기본 행렬의 특별한 경우다. 역사적으로 필수 행렬은 기본 행렬 이전에 (Longuet-Higgins에 의해) 도입됐으며, 기본 행렬은 카메라가 보정됐다는 (필수적이 않은) 가정이 제거된 필수 행렬의 일반화로 간주할 수 있다. 필수 행렬은 기본 행렬에 비해 적은 자유도와 추가 성질을 가진다. 이러한 성질을 다음에서 설명한다.

정규화된 좌표 $\mathrm{P} = \mathrm{K}[\mathrm{R} \mid \mathbf{t}]$로 분해되는 카메라를 고려한다. $\mathbf{x} = \mathrm{P}\mathbf{X}$는 이미지의 한 점이다. 보정 행렬 K를 알고 있으면 점 $\mathbf{x}$에 역행렬을 적용해 점 $\hat{\mathbf{x}} = \mathrm{K}^{-1}\mathbf{x}$를 얻는다. 그러면 $\hat{\mathbf{x}} = [\mathrm{R} \mid \mathbf{t}]\mathbf{X}$가 되며, 여기서 $\hat{\mathbf{x}}$는 **정규화된 좌표**로 표현된 이미지 점이다. 이것은 단위 행렬 I를 보정 행렬로 가지는 카메라 $[\mathrm{R} \mid \mathbf{t}]$에 대한 점 $\mathbf{X}$의 이미지로 생각할 수 있다. 카메라 행렬 $\mathrm{K}^{-1}\mathrm{P} = [\mathrm{R} \mid \mathbf{t}]$는 **정규화된 카메라 행렬**이라고 하고, 알려진 보정 행렬의 효과가 제거된 것이다.

이제, 정규화된 카메라 한 쌍의 행렬 $\mathrm{P} = [\mathrm{I} \mid \mathbf{0}]$과 $\mathrm{P}' = [\mathrm{R} \mid \mathbf{t}]$를 생각한다. 정규화된 카메라 행렬에 대응하는 기본 행렬을 일반적으로 **필수 행렬**essential matrix이라 하며 (9.2)에서

다음의 형태를 가지는 것을 알 수 있다.

$$E = [\mathbf{t}]_\times R = R[R^\top \mathbf{t}]_\times$$

정의 9.16 대응하는 점 $\mathbf{x} \leftrightarrow \mathbf{x}'$에 대한 정규화된 이미지 좌표로 필수 행렬을 정의하는 식은 다음이다.

$$\hat{\mathbf{x}}'^\top E \hat{\mathbf{x}} = 0 \tag{9.11}$$

$\hat{\mathbf{x}}$와 $\hat{\mathbf{x}}'$을 대입하면, $\mathbf{x}'^\top K'^{-\top} E K^{-1} \mathbf{x} = 0$이 된다. 이것을 기본 행렬의 관계식 $\mathbf{x}'^\top F \mathbf{x} = 0$과 비교하면, 기본 행렬과 필수 행렬의 다음의 관계식을 얻는다.

$$E = K'^\top F K \tag{9.12}$$

9.6.1 필수 행렬의 속성

필수 행렬 $E = [\mathbf{t}]_\times R$은 자유도 5를 가진다. 회전 행렬 R과 평행 이동 $\mathbf{t}$는 모두 자유도 3을 가지지만, 전체적으로 배율의 모호성이 있다. 기본 행렬과 마찬가지로 필수 행렬은 동차량homogeneous quantity이다.

감소된 자유도 수는 기본 행렬과 비교해 필수 행렬이 만족해야 하는 구속 조건이 된다. 이러한 구속 조건이 무엇인지 살펴본다.

결과 9.17 3×3 행렬은 필수 행렬이 되는 것과 두 개의 특이값이 같고 세 번째 특이값이 영되는 것은 필요충분조건이다.

증명 이것은 S가 반대칭인 $[\mathbf{t}]_\times R = SR$로 E를 분해하면 쉽게 알 수 있다. 다음의 행렬을 사용한다.

$$W = \begin{bmatrix} 0 & -1 & 0 \\ 1 & 0 & 0 \\ 0 & 0 & 1 \end{bmatrix} \quad \text{그리고} \quad Z = \begin{bmatrix} 0 & 1 & 0 \\ -1 & 0 & 0 \\ 0 & 0 & 0 \end{bmatrix} \tag{9.13}$$

W는 직교 행렬이고 Z는 반대칭 행렬인 것을 알 수 있다. 일반 반대칭 행렬의 블록 분해를 설명하는 결과 A4.1을 이용하면 3×3 반대칭 행렬 S는 $S = kUZU^\top$로 표현할 수 있다. 여기에서 U는 직교 행렬이다. 부호를 무시하면 $Z = \mathrm{diag}(1, 1, 0)W$이고, 배율을 무시하면

$S = U\,\mathrm{diag}(1,\ 1,\ 0)WU^{\top}$이며, $E = SR = U\,\mathrm{diag}(1,\ 1,\ 0)(WU^{\top}R)$이 된다. 이것은 같은 특이값 두 개를 가지는 원하는 특이값 분해Singular Value Decomposition이다. 반대로, 두 개의 같은 특이값을 갖는 행렬은 이처럼 SR로 분해가 된다. △

$E = U\,\mathrm{diag}(1,\ 1,\ 0)V^{\top}$이므로, 각각의 U와 V는 자유도 3을 가지기 때문에 E는 자유도 5가 아닌 자유도 6을 가지는 것처럼 보인다. 그러나 특이값 2개가 같기 때문에, SVD는 유일하지 않다. 사실 E에 대해 한 개의 매개변수로 표현되는 SVD의 패밀리가 존재한다. 실제로, 임의의 2×2 회전 행렬 R에 대해 $E = (U\,\mathrm{diag}(R_{2\times2},\ 1))\,\mathrm{diag}(1,\ 1,\ 0)(\mathrm{diag}(R^{\top}_{2\times2},\ 1))V^{\top}$는 다른 SVD가 된다.

9.6.2 필수 행렬에서 카메라 추출

필수 행렬은 정규화된 이미지 좌표를 사용해 (9.11)에서 직접 계산하거나 (9.12)를 사용해 기본 행렬에서 계산할 수 있다(기본 행렬을 계산하는 방법은 11장에서 설명한다). 필수 행렬을 알면, 카메라 행렬 E를 결정할 수 있다. 다음에서 설명한다. 사영 모호함을 가지는 기본 행렬과 다르게, 필수 행렬에서 결정한 카메라 행렬은 배율과 4겹의 모호함을 가진다. 결국 전체 배율을 무시해도 결정할 수 없는 4개의 해가 존재하게 된다.

첫 번째 카메라를 $P = [I \mid 0]$으로 가정한다. 두 번째 카메라 행렬 P′을 계산하기 위해 E를 반대칭 행렬과 회전 행렬의 곱 SR로 분해해야 한다.

결과 9.18 E의 SVD는 $U\,\mathrm{diag}(1,\ 1,\ 0)V^{\top}$이다. (9.13)의 표기를 사용하면, 다음과 같이 (부호를 무시해도) 두 개가 가능한 분해 $E = SR$이 존재한다.

$$S = UZU^{\top} \quad R = UWV^{\top} \quad or \quad UW^{\top}V^{\top} \tag{9.14}$$

증명 주어진 분해가 유효하다는 것은 직접 계산을 통해 알 수 있다. 또 다른 분해가 존재하지 않는다는 것을 다음에서 증명한다. $E = SR$을 가정한다. S의 형태는 좌영공간 E의 좌영공간과 같다는 사실에서 결정된다. 그러므로 $S = UZU^{\top}$이다. 회전 행렬 R은 $UXV^{\top}$로 표기할 수 있다. 여기에서 X는 회전 행렬이다. 그러면 다음을 얻는다.

$$U\,\mathrm{diag}(1,1,0)V^{\top} = E = SR = (UZU^{\top})(UXV^{\top}) = U(ZX)V^{\top}$$

이로부터 $\mathtt{ZX} = \mathrm{diag}(1, 1, 0)$을 얻는다. X는 회전 행렬이므로, $\mathtt{X} = \mathtt{W}$ 또는 $\mathtt{X} = \mathtt{W}^\top$가 된다. △

분해 (9.14)는 $\mathtt{S} = [\mathbf{t}]_\times$에서 카메라 행렬 P′의 **t** 부분을 배율을 무시하고 결정한다. 그러나 $\mathtt{S} = \mathtt{UZU}^\top$의 프로베니우스 노름은 $\sqrt{2}$이다. 즉, $\mathtt{S} = [\mathbf{t}]_\times$가 배율을 포함하면, $\|\mathbf{t}\| = 1$이 된다. 이것은 두 카메라의 기저선의 편리한 정규화이다. $\mathtt{S}\mathbf{t} = \mathbf{0}$이므로, $\mathbf{t} = \mathtt{U}(0, 0, 1)^\top = \mathbf{u}_3$, U의 마지막 열벡터가 된다. 그러나 E의 부호, 결국 **t**는 결정할 수 없다. 그러므로 주어진 필수 행렬에 대응하는 카메라 행렬 P′은 4개가 존재한다. R의 선택에서 두 가지, t의 부호에서 두 가지가 있다. 정리하면 다음과 같다.

결과 9.19 주어진 필수 행렬 $\mathtt{E} = \mathtt{U}\,\mathrm{diag}(1, 1, 0)\mathtt{V}^\top$과 첫 번째 카메라 행렬 $\mathtt{P} = [\mathtt{I} \mid \mathbf{0}]$에 대해 두 번째 카메라 행렬 P′은 다음의 네 개가 가능하다.

$$\mathtt{P}' = [\mathtt{UWV}^\mathsf{T} \mid +\mathbf{u}_3] \text{ or } [\mathtt{UWV}^\mathsf{T} \mid -\mathbf{u}_3] \text{ or } [\mathtt{UW}^\mathsf{T}\mathtt{V}^\mathsf{T} \mid +\mathbf{u}_3] \text{ or } [\mathtt{UW}^\mathsf{T}\mathtt{V}^\mathsf{T} \mid -\mathbf{u}_3]$$

9.6.3 네 가지 해의 기하학적 해석

처음에 있는 해 두 개의 차이는 단순히 첫 번째 카메라에서 두 번째 카메라로의 이동 벡터의 방향이 반대이다.

결과 9.19의 첫 번째 해와 세 번째 해의 차이는 다소 복잡하다. 그러나 다음에 주의한다.

$$[\mathtt{UW}^\mathsf{T}\mathtt{V}^\mathsf{T} \mid \mathbf{u}_3] = [\mathtt{UWV}^\mathsf{T} \mid \mathbf{u}_3] \begin{bmatrix} \mathtt{VW}^\mathsf{T}\mathtt{W}^\mathsf{T}\mathtt{V}^\mathsf{T} & \\ & 1 \end{bmatrix}$$

그리고 $\mathtt{VW}^\mathsf{T}\mathtt{W}^\mathsf{T}\mathtt{V}^\mathsf{T} = \mathtt{V}\,\mathrm{diag}(-1, -1, 1)\mathtt{V}^\top$는 카메라 두 개의 중심을 연결하는 직선을 중심으로 180° 회전을 나타낸다. 이런 관계를 가지는 해 두 개는 꼬인 쌍[twisted pair]으로 알려져 있다.

그림 9.12는 네 개의 해를 보여준다. 여기에서 재구성된 점 **X**가 카메라 두 개의 전면에 나타난 것은 네 개 중의 하나뿐이다. 그래서 한 점이 카메라 두 개의 전면에 있는지를 결정하기 위해서는 카메라 행렬 P′에 대한 네 개의 해를 이용하는 것으로 충분하다.

주의 여기서는 필수 행렬이 동차량인 시점을 이용했다. 다른 시점으로 필수 행렬이 (배율을 포함해) 식 $\mathrm{E} = [\mathbf{t}]_{\times}\mathrm{R}$로 완전하게 정의되고, 방정식 $\mathbf{x}'^{\top}\mathrm{E}\mathbf{x} = 0$으로 배율을 무시하고 결정하는 것이다. 시점의 선택은 두 개의 방정식 중에 어느 것을 필수 행렬의 정의식으로 보는가에 달려 있다.

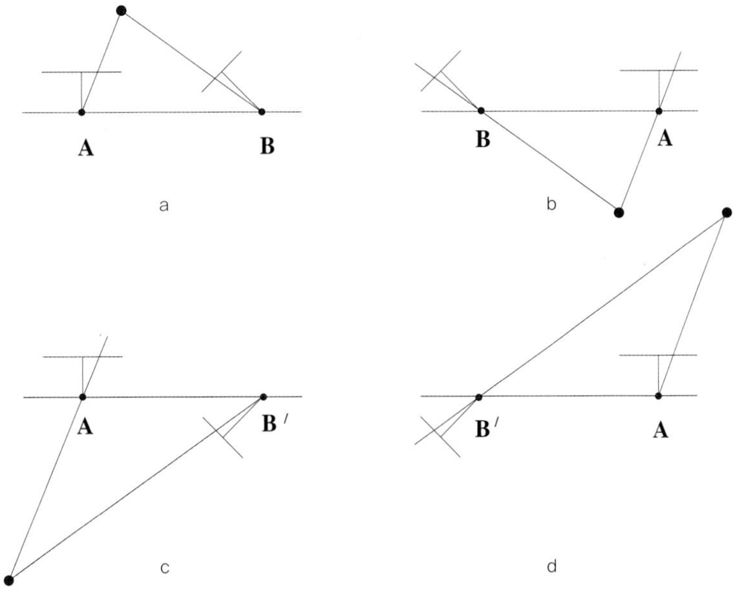

그림 9.12 E에서 보정된 재구성을 위한 가능한 네 가지 해 왼쪽과 오른쪽 간의 차이는 기준선이 반대이다. 상단과 하단 간의 차이는 카메라 *B*가 기준선을 중심으로 180° 회전한 것이다. (a)에서만 재구성된 점이 두 카메라 앞에 있는 것에 주의해야 한다.

9.7 나가면서

9.7.1 참고문헌

필수 행렬은 Longuet-Higgins[LonguetHiggins-81]가 컴퓨터 비전 영역에 도입했다. 사진 측량 문헌의 E와 유사한 행렬이다([VonSanden-08] 참조). 필수 행렬의 많은 성질들을 Huang and Faugeras[Huang-89], [Maybank-93], [Horn-90]가 설명했다.

필수 행렬을 보정되지 않은 상황에서 사영 관계로 나타난다는 것은 1990년대 초반에 연구됐고, Faugeras[Faugeras-92b, Faugeras-92a]와 Hartley et al.[Hartley-92a, Hartley-92c]이 논문을 발표했다.

특별한 경우인 순수 평면 운동의 필수 행렬에 대해서 [Maybank-93]에 의해 연구됐다.

기본 행렬에 대응하는 경우에 추가 성질들을 Beardsley and Zisserman[Beardsley-95a]과 Viéville and Lingrand[Vieville-95]가 연구했다.

9.7.2 메모와 연습 문제

(i) **카메라 응시하기** 두 대의 카메라가 공간의 한 점을 응시해 주축이 그 점에서 교차한다고 가정한다. 좌표 원점이 주점과 일치하도록 이미지 좌표를 정규화하면 기본 행렬의 원소 F_{33}이 영이 되는 것을 증명하라.

(ii) **거울 이미지** 카메라가 물체와 평면 거울에서 이 물체의 반사를 보고 있다고 가정한다. 이러한 상황은 물체의 이중 시점과 동일하며, 기본 행렬은 반대칭이다. 이러한 구성에 대한 기본 행렬을 (a) 순수 이동과 (b) 순수 평면 운동의 행렬과 비교하라. 기본 행렬이 ((a)에서처럼) 자동-등극성임을 보여라.

(iii) 평면의 소실선에 등극점을 포함하면, 이 평면은 기저선과 평행인 것을 보여라.

(iv) **슈타이너 원뿔** $\mathrm{x_a}$의 극선은 등극점에서 슈타이너 원뿔 $\mathrm{F_s}$와 교차하는 것을 보여라(그림 9.10a). $\mathrm{Fe} = \mathrm{F_se} + \mathrm{F_ae} = 0$에부터 시작하는 것이 힌트이다. e가 원뿔 $\mathrm{F_s}$ 상에 있기에, $\mathrm{l_1} = \mathrm{F_se}$는 e에서 접선이 되고 $\mathrm{l_2} = \mathrm{F_ae} = [\mathrm{x_a}]_\times \mathrm{e} = \mathrm{x_a} \times \mathrm{e}$는 $\mathrm{x_a}$와 e를 통과하는 직선이다.

(v) 스타이너 원뿔 곡선의 (2.8.2절에 주어진 쌍곡선, 타원, 포물선의) 아핀 유형은 카메라 두 개의 상대적 위치에 따라서 달라진다. 예를 들어 두 카메라가 서로 마주보고 있으며 스타이너 원뿔 곡선은 쌍곡선이다. 이것은 방향성 등극 기하학의 추가 결과로서 [Chum-03]에서 나와 있다.

(vi) **평면 운동** [Maybank-93]에서 회전축 방향이 이동 방향과 직교하거나 또는 평행한 경우에는 필수 행렬의 대칭 부분이 차수 2를 가지는 것을 알 수 있다. 여기서는 $\mathtt{K} = \mathtt{K}'$을 가정한다. 그러면 (9.12)에서 $\mathrm{F} = \mathtt{K}^{-\mathsf{T}}\mathtt{E}\mathtt{K}^{-1}$이며 결국 다음을 얻는다.

$$F_S = (F + F^T)/2 = K^{-T}(E + E^T)K^{-1}/2 = K^{-T}E_S K^{-1}$$

이로부터 $\det(F_S) = \det(K^{-1})^2 \det(E_S)$이며, F의 대칭 부분도 또한 특이 행렬이 된다. $K \neq K'$인 경우에도 이 결과가 성립하는가?

(vii) 차수 2의 임의의 행렬 F는 적절한 카메라 행렬의 쌍 (P, P′)에 대응하는 기본 행렬이다. 이것은 결과 9.14에서 바로 알 수 있다. 표준 카메라의 해는 F가 차수 2라는 성질에만 의존하기 때문이다.

(viii) E에서 얻은 모호한 재구성 중 하나에서 결정된 3차원 점들은 다른 재구성에서 결정된 3차원 점들과 (i) 두 번째 카메라 중심을 통한 역상 또는 (ii) (A7.2절의) 3차원 조화 호몰로지harmonic homology로 연결돼 있다. 여기에서 호몰로지 평면은 기저선과 수직이고 두 번째 카메라 중심을 지나며 꼭짓점은 첫 번째 카메라의 중심이다.

(ix) 9.2.2절의 설명과 유사하게, 두 개의 선형 푸시브룸 카메라에 대한 기본 행렬을 유도하라. 행렬의 자세한 내용은 [Gupta-97]에 있으며, 한 쌍의 이미지가 주어지면 아핀 복원이 가능한 것을 보여준다.

10

카메라와 구조의 3차원 재구성

10장은 이중 시점에서 장면과 카메라의 공간을 복원하는 방법과 한계에 대해 설명한다. 대응하는 이미지 점 집합 $\mathbf{x}_i \leftrightarrow \mathbf{x}'_i$가 주어진다고 가정한다. 이러한 대응은 3차원 점 $\mathbf{X}_i$들의 집합에서 나온다고 가정한다. 점들은 알려져 있지 않다. 마찬가지로 카메라의 위치, 방향, 보정 또한 알려져 있지 않다. 재구성 작업은 카메라 행렬 P와 P′가 다음을 만족하는 3차원 점 $\mathbf{X}_i$를 찾는 것이다.

$$\mathbf{x}_i = \mathrm{P}\mathbf{X}_i \quad \mathbf{x}'_i = \mathrm{P}'\mathbf{X}_i \quad \text{for all } i$$

주어진 점이 너무 적으면 이러한 작업은 불가능하다. 그러나 기본 행렬을 고유하게 계산할 수 있도록 충분히 많은 점들이 주어지면 장면을 사영 모호함을 제외하고 재구성할 수 있다. 이것은 매우 중요한 결과이며, 보정하지 않는 접근 방식의 주요 성과이다.

카메라 또는 장면에 추가 정보가 있으면 재구성의 모호함을 줄일 수 있다. 여기서는 모호함을 우선 아핀 단계로 줄이고 두 번째로 거리 단계로 줄이는 2단계 접근법을 설명한다. 각 단계는 적절한 추가적인 정보를 요구한다.

10.1 복원 방법 개요

다음과 같이 이중 시점에서 재구성 방법에 대해 설명한다.

(i) 점 대응에서 기본 행렬을 계산한다.

(ii) 기본 행렬에서 카메라 행렬을 계산한다.

(iii) 각 점들의 대응 $\mathbf{x}_i \leftrightarrow \mathbf{x}'_i$에서 두 이미지 점들로 사영되는 공간의 점을 계산한다.

위의 방법을 여러 가지로 변형할 수 있다. 예를 들면 카메라가 보정된 경우에는 기본 행렬 대신 필수 행렬을 계산한다. 그리고 카메라의 운동, 장면의 제약 조건, 카메라의 부분 보정의 정보를 사용해 재구성을 개선할 수 있다.

이러한 재구성 방법의 각 단계를 다음 단락에서 간략하게 설명한다. 설명된 방법은 재구성에 대한 개념적 접근에 불과하다. 여기에 제시한 설명을 기반으로만 재구성 방법을 구현하기는 어렵다. 노이즈가 많은 실제 이미지에 대해서 위의 방법을 기초로 하고 많이 사용되는 방법은 11장과 12장에서 설명한다.

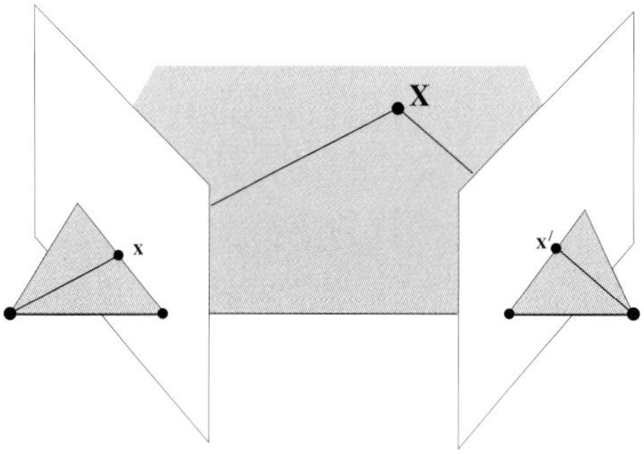

그림 10.1 삼각측량 이미지 점 $\mathbf{x}$와 $\mathbf{x}'$는 레이로 역사영된다. 등극점 조건 $\mathbf{x}'^{\top}\mathrm{F}\mathbf{x} = 0$을 만족하면, 레이 두 개는 같은 평면상에 놓이고 3차원 공간의 점 $\mathbf{X}$에서 교차한다.

기본 행렬의 계산 두 이미지에서 점들의 대응 집합 $\mathbf{x}_i \leftrightarrow \mathbf{x}'_i$가 주어지면 기본 행렬 F는 모든 i에 대해 조건 $\mathbf{x}'_i\mathrm{F}\mathbf{x}_i = 0$을 만족한다. $\mathbf{x}_i$와 $\mathbf{x}'_i$가 알려져 있으면 이 방정식은 행렬 F의 (아직 알지 못하는) 원소에 대해 선형이다. 실제로, 각 점 대응은 F 원소에 대해 하나의 선형방정식을 만든다. 최소 8개의 점 대응이 주어지면 F의 원소에 대해 배율을 제외하고 풀 수 있다(7개 점 대응에 대해 비선형 해를 구할 수 있다. 8개 이상의 방정식에서는 최소 제곱해를 구할 수 있다. 이것이 기본 행렬을 계산하는 방법의 일반적인 원리이다).

점 대응 집합에서 기본 행렬을 계산하는 권장 방법을 11장에서 설명한다.

카메라 행렬의 계산 기본 행렬 F에 대응하는 한 쌍의 카메라 행렬 P와 P′은 결과 9.14의 공식을 직접 이용해 쉽게 계산할 수 있다.

삼각측량 P와 P′은 주어진 카메라 행렬이고, $\mathbf{x}$와 $\mathbf{x}'$은 등극점 조건 $\mathbf{x}'^{\mathsf{T}}\mathrm{F}\mathbf{x} = 0$을 만족하는 두 이미지의 두 점이다. 9장에서 볼 수 있듯이 이 제약은 두 이미지 점에 대응하는 공간의 레이로 기하학적으로 해석할 수 있다. 특히 이것은 $\mathbf{x}'$이 등극선 $\mathrm{F}\mathbf{x}$상에 놓이는 것을 의미한다. 즉, 이미지 점 $\mathbf{x}$와 $\mathbf{x}'$에서 역투사된 두 광선은 공통 등극면, 즉 두 카메라 중심을 통과하는 평면에 놓여 있음을 의미한다. 두 광선은 평면에 있기 때문에 어떤 점에서 교차한다. 이 점 $\mathbf{X}$는 두 카메라를 통해 이미지의 두 점 $\mathbf{x}$와 $\mathbf{x}'$으로 사영된다. 그림 10.1에 설명돼 있다. 미지에서 결정할 수 없는 3차원 공간의 유일한 점은 두 카메라 사이의 기준선에 있는 점이다. 이 경우, 역사영된 광선은 (둘 다 기준선인) 동일선상에 있고 전체 길이를 따라 교차한다.

그러므로 점 $\mathbf{X}$를 유일하게 결정할 수 없다. 기준선의 점들은 양 이미지에서 등극점으로 사영된다.

$\mathbf{x}$와 $\mathbf{x}'$에서 역사영된 두 개의 레이의 교점 $\mathbf{X}$를 실제로 결정하는 안정적인 수치 방법은 12장에서 설명한다.

10.2 재구성의 모호함

여기서는 점 대응에서 장면을 재구성하는 것과 관련한 내재된 모호성에 대해 설명한다. 이 주제는 재구성을 수행하는 특정 방법과 무관하게 일반적인 맥락에서 논의한다.

3차원 좌표계에 대한 장면의 위치에 대한 지식이 없으면 일반적으로 한 쌍의 시점(또는 실제로는 임의 개수의 시점)에서 장면의 절대 위치 또는 방향을 재구성할 수 없다. 이는 카메라의 내부 매개변수 또는 상대적 위치와 같이 가용할 수 있는 다른 정보와 별개이다. 예를 들어 그림 9.8(또는 다른 어떤 장면)에서 장면의 정확한 위도와 경도를 계산할 수 없으며, 복도가 남북인지 동서로 뻗었는지 결정할 수 없다. 이는 실세계 좌표계에 대해서 기껏해야 (회전과 변환의) 유클리드 변환을 제외하고 장면이 결정된다고 말할 수 있다.

좀 모호한 사실은 장면의 전체적인 배율을 결정할 수 없다는 것이다. 다시 한 번 그림 9.8을 고려하면, 이미지만으로는 복도의 폭을 결정할 수 없다. 2미터 또는 1미터가 될 수 있다. 이것이 인형의 집 이미지이면 복도 폭이 10cm일 수도 있다. 일상의 경험에서 천장이 바닥에서 약 3m 떨어져 있다고 예상하며, 이로써 장면의 실제 배율을 인지할 수 있게 된다. 이러한 추가 정보는 이미지 측정에서 나타나지 않는 장면에 대한 보조 정보의 예다. 따라서 이러한 정보가 없으면 장면은 (회전, 변화, 배율 조정의) 닮음변환을 제외하고 결정된다.

이러한 관찰을 수학적으로 서술하기 위해 $\mathbf{X}_i$는 점들의 집합이고, P와 P′을 $\mathbf{X}_i$를 이미지 점 $\mathbf{x}_i$와 $\mathbf{x}'_i$에 사영하는 한 쌍의 카메라를 고려한다. 점 $\mathbf{X}_i$와 한 쌍의 카메라는 이미지 대응에서 장면을 재구성할 수 있다. 이제 다음의 임의의 닮음변환을 고려한다.

$$\mathrm{H_S} = \begin{bmatrix} \mathrm{R} & \mathbf{t} \\ \mathbf{0}^\mathsf{T} & \lambda \end{bmatrix}$$

여기에서 R은 회전, $\mathbf{t}$는 이동 λ^{-1}은 전체 배율 조정을 나타낸다. 점 $\mathbf{X}_i$를 $\mathrm{H_S}\mathbf{X}_i$로, 카메라 P와 P′을 $\mathrm{PH_S^{-1}}$과 $\mathrm{P'H_S^{-1}}$로 대체해도 관찰된 이미지 점은 바뀌지 않는다. $\mathrm{P}\mathbf{X}_i = (\mathrm{PH_S^{-1}})(\mathrm{H_S}\mathbf{X}_i)$이기 때문이다. 그리고 P를 $\mathrm{P} = \mathrm{K}[\mathrm{R_p} \mid \mathbf{t_p}]$로 분해하면 정확하게 계산할 필요가 없는 적절한 $\mathbf{t}'$에 대해 다음을 얻는다.

$$\mathrm{PH_S^{-1}} = \mathrm{K}[\mathrm{R_P R^{-1}} \mid \mathbf{t}']$$

이 결과는 $\mathrm{H_S^{-1}}$를 곱해도 P의 보정 행렬이 변경되지 않는 것을 보여준다. 결국 이러한 재구성의 모호함은 보정된 카메라에서도 발생한다. 이것이 보정된 카메라의 유일한 모호성임을 Longuet-Higgins에 의해 증명됐다([LonguetHiggins-81]). 그러므로 보정된 카메라에 대해 재구성은 닮음변환을 제외하고 가능하다. 이러한 사실을 그림 10.2a에서 보여준다.

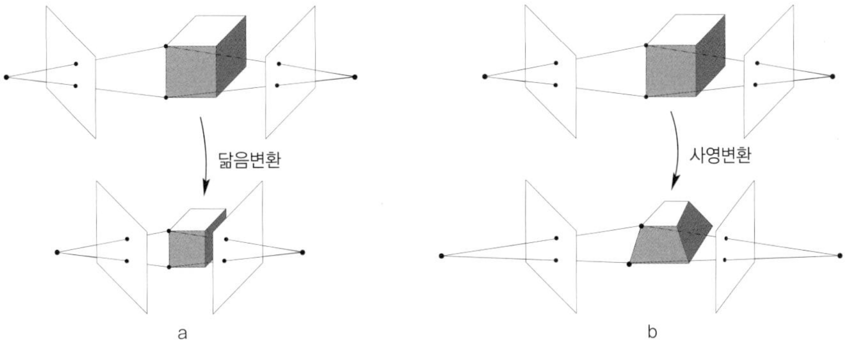

그림 10.2 재구성의 모호성 (a) 보정된 카메라의 경우 모든 재구성은 이미지에서 측정된 광선 사이의 각도를 준수해야 한다. 구조와 카메라 위치의 닮음변환은 측정된 각도를 변경하지 않는다. 광선과 기준선 (등극점) 사이의 각도도 바뀌지 않는다. (b) 보정되지 않은 카메라의 경우 재구성은 (광선과 이미지 평면의 교차점인) 이미지 점만 준수한다. 구조와 카메라 위치의 사영변환은 광선 사이의 각도가 바뀌어도 측정 지점을 변경하지 않는다. (기준선과 교차점인) 등극점 또한 변경하지 않는다.

사영 모호성 카메라의 보정이나 다른 카메라에 대한 위치에 대한 정보가 없는 경우는 재구성의 모호성은 임의의 사영변환으로 표현된다. 특히 H가 $\mathbb{P}^3$의 사영변환을 나타내는 4×4 가역행렬invertible matrix이면 (앞에서와 같이) 점 $\mathbf{X}_i$를 $\mathrm{H}\mathbf{X}_i$로, 행렬 P와 P′을 PH^{-1}와 $\mathrm{P'H}^{-1}$로 대체해도 이미지 점은 바뀌지 않는다. 이것은 점 $\mathbf{X}_i$와 카메라를 사영변환을 제외하고 결정할 수 있음을 보여준다. 이것은 이미지 두 개에서 재구성할 때 생기는 유일한 모호함이라는 것을 10.3절에서 증명하는 매우 중요한 결과다. 따라서 보정되지 않은 카메라는 사영변환을 제외하고 재구성이 가능하다. 그림 10.2b에 설명돼 있다.

카메라의 운동과 부분 정보의 적절한 가정에서 다른 종류의 재구성 모호성이 발생할 수 있다. 예를 들면 다음과 같다.

(i) 카메라 두 개가 보정의 변화가 없고 이동 운동으로 연결되면, 재구성은 아핀변환을 제외하고 가능하다.

(ii) 카메라 두 개가 초점 거리와 별개로 보정되면, 재구성은 여전히 닮음변환을 제외하고 가능하다.

위의 두 가지 경우는 10.4.1절과 보기 19.8에서 설명할 것이다.

용어 점 대응 $\mathbf{x}_i \leftrightarrow \mathbf{x}'_i$로 구성된 실제 데이터에서 나온 임의의 재구성 문제에서는 이러한 관찰을 생성하는 실제 점 $\bar{\mathbf{X}}_i$와 실제 카메라 $\bar{\mathrm{P}}$, $\bar{\mathrm{P}}'$의 구성된 실제 재구성이 존재한다. 재구성된 점들의 집합 $\mathbf{X}_i$와 카메라는 (닮음변환, 사영변환, 아핀변환과 같이) 주어진 부류 또는 그룹에 속하는 변환으로 실제 재구성과 차이가 난다. 관련된 변환의 종류를 표시하기 위해 사영 재구성, 아핀 재구성, 닮음 재구성이라고 말하기도 한다.

그러나 닮음 재구성이라는 용어보다, 같은 의미를 가지는 거리 재구성이라는 용어를 더 선호한다. 이 용어는 선 사이의 각도와 길이 비율과 같은 거리 속성을 재구성에서 측정할 수 있고, (해당 값이 유사성 불변이기 때문에) 실제의 값을 가진다. 그리고 외부 정보 없이는 (전체 배율의 결정을 포함한) 진정한 의미의 유클리드 재구성이 불가능하기 때문에 유클리드 재구성이라는 용어는 닮음 또는 거리 재구성과 동일한 의미로 문헌에서 자주 사용한다.

10.3 사영 재구성 정리

여기서는 보정되지 않은 카메라의 사영 재구성에 관한 기본 정리를 증명한다. 정리를 다음과 같이 쉽게 풀어서 서술할 수 있다.

- 이중 시점의 대응점들의 집합이 기본 행렬을 유일하게 결정하면 장면과 카메라는 이러한 대응만으로 재구성할 수 있으며, 대응에서 구한 이러한 두 개의 재구성은 사영적으로 동일하다.

두 카메라 중심을 연결하는 직선에 있는 점은 제외해야 한다. 이런 점은 카메라 행렬이 결정되더라도 유일하게 재구성할 수 없기 때문이다. 엄밀한 서술은 다음과 같다.

정리 10.1 사영적 재구성 정리 $\mathbf{x}_i \leftrightarrow \mathbf{x}'_i$는 두 이미지의 점들의 대응 집합이고 기본 행렬 F는 모든 i에 대해 조건$\mathbf{x}'^{\top}_i \mathrm{F} \mathbf{x}_i = 0$에서 유일하게 결정된다고 가정한다. $(\mathrm{P}_1, \mathrm{P}'_1, \{\mathbf{X}_{1i}\})$와 $(\mathrm{P}_2, \mathrm{P}'_2, \{\mathbf{X}_{2i}\})$는 대응 $\mathbf{x}_i \leftrightarrow \mathbf{x}'_i$의 재구성 두 개이다. 그러면 $\mathrm{F}\mathbf{x}_i = \mathbf{x}'^{\top}_i \mathrm{F} = \mathbf{0}$을 만족하는 i를 제외한 모든 i에 대해 $\mathrm{P}_2 = \mathrm{P}_1 \mathrm{H}^{-1}$, $\mathrm{P}'_2 = \mathrm{P}'_1 \mathrm{H}^{-1}$, $\mathbf{X}_{2i} = \mathrm{H}\mathbf{X}_{1i}$를 만족하는 정칙 행렬 H가 존재한다.

증명 기본 행렬은 점 대응에 의해 유일하게 결정되므로 F가 카메라 쌍 $(\mathrm{P}_1, \mathrm{P}'_1)$과 $(\mathrm{P}_2, \mathrm{P}'_2)$에 해당하는 기본 행렬이 된다. 정리 9.10에서 $\mathrm{P}_2 = \mathrm{P}_1 \mathrm{H}^{-1}$과 $\mathrm{P}'_2 = \mathrm{P}'_1 \mathrm{H}^{-1}$을 만족하는 사영변환 H가 존재한다.

점에 대해서는 $P_2(H\mathbf{X}_{1i}) = P_1H^{-1}H\mathbf{X}_{1i} = P_1\mathbf{X}_{1i} = \mathbf{x}_i$에 주의한다. 반면에 $P_2\mathbf{X}_{2i} = \mathbf{x}_i$이므로, $P_2(H\mathbf{X}_{1i}) = P_2\mathbf{X}_{2i}$를 얻는다. 그러므로 $H\mathbf{X}_{1i}$와 $\mathbf{X}_{2i}$는 카메라 P_2의 작용으로 같은 점 $\mathbf{x}_i$로 변환된다. 그러므로 $H\mathbf{X}_{1i}$와 $\mathbf{X}_{2i}$는 P_2의 카메라 중심을 지나는 같은 레이에 놓이게 된다. 비슷한 방식으로, 이 두 점은 P_2'의 카메라 중심을 지나는 같은 레이에 놓이는 것을 보일 수 있다. 두 가지 가능성이 존재한다. $\mathbf{X}_{2i} = H\mathbf{X}_{1i}$이거나, 두 카메라 중심을 연결하는 직선에 놓인 서로 다른 점이다. 후자의 경우, 이미지 점 $\mathbf{x}_i$와 $\mathbf{x}_i'$는 두 이미지의 등극점과 일치한다. 그러므로 $F\mathbf{x}_i = \mathbf{x}\mathbf{x}_i'^{\mathsf{T}}F = 0$이 된다. □

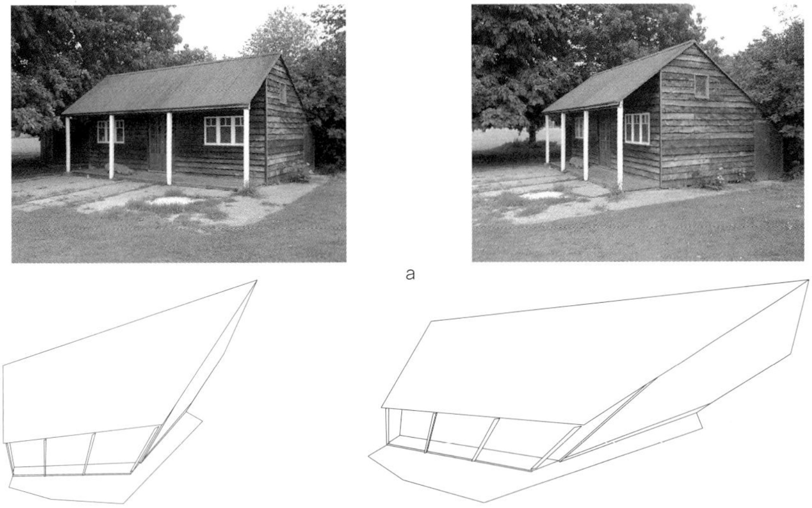

그림 10.3 사영 재구성 (a) 원본 이미지 쌍. (b) 장면의 3차원 사영 재구성에 대한 두 가지 시점. 재구성에는 카메라 행렬에 대한 정보 또는 장면의 기하학적인 정보를 필요로 하지 않는다. 기본 행렬 F는 이미지 간의 점 대응에서 계산하고 F에서 카메라 행렬을 결정한 다음, 대응에서 삼각측량으로 3차원 점을 계산한다. 와이어 프레임의 선을 이용해 계산한 3차원 점을 연결한다.

이는 매우 중요한 결과다. 두 카메라의 보정이나 자세에 대해 모르더라도 이미지 대응만을 기반으로 두 시점의 장면을 사영 재구성할 수 있기 때문이다. 특히 진정한 재구성은 사영 재구성의 사영변환 내에 있다. 그림 10.3에서 두 이미지의 사영 재구성 일부로 계산한 3차원 구조를 보여준다.

이를 자세하게 설명하면, 참값의 유클리드 재구성을 $(P_E, P_E', \{\mathbf{X}_{Ei}\})$, 사영 재구성을 $(P, P', \{\mathbf{X}_i\})$이라 하면, 이러한 재구성들은 다음과 같이 정칙 행렬 H로 연결된다.

$$P_E = PH^{-1}, \quad P'_E = P'H^{-1}, \text{ and } \mathbf{X}_{Ei} = H\mathbf{X}_i \tag{10.1}$$

여기에서 H는 알지 못하지만 모든 점에서 동일한 4 × 4 단응사상의 행렬이다. 몇몇 응용에서는 사영 재구성이 원하는 것의 모든 것인 경우도 있다. 보기로서, "선이 평면과 교차하는 점은?" 또는 "평면 또는 이차 곡선과 같은 특정 표면을 만드는 이중 시점 간의 사상은 무엇인가?"와 같은 질문은 사영 재구성으로 직접 처리할 수 있다. 또한 장면의 사영적 재구성을 얻는 것은 아핀 재구성 또는 거리 재구성을 위한 첫 번째 단계라는 것을 알 수 있다.

10.4 계층적 재구성

재구성에 대해 계층적 접근 방식은 사영 재구성을 시작으로 점진적으로 아핀 재구성과 가능하다면 마지막으로 거리 재구성을 하는 것이다. 물론 앞에서 본 바와 같이 장면, 운동, 카메라 보정에 대한 추가 정보 없이는 아핀 재구성과 거리 재구성은 불가능하다.

10.4.1 아핀 재구성 단계

아핀 재구성의 본질은 적절한 수단으로 무한면을 결정하는 것이다. 이에 대한 정보가 아핀 재구성과 동일하기 때문이다. 이 동등성은 2.7절에서 2차원의 경우에 대해 설명했다. 재구성에 대한 이런 동등성을 확인하기 위해, $(P, P', \{\mathbf{X}_i\})$로 구성된 장면의 사영 재구성을 결정했다고 가정한다. 그리고 적절한 방법으로 특정 평면 π가 참값의 무한면으로 식별됐다고 가정한다. 평면 π는 사영 재구성의 좌표계에서 4차원 벡터로 표현된다. 실제 재구성에서 π는 좌표 $(0, 0, 0, 1)^\top$를 가지며 π를 $(0, 0, 0, 1)^\top$로 보내는 사영변환을 찾을 수 있다. 사영변환이 평면에서 작용하는 방식을 고려하면 $H^{-\top}\pi = (0, 0, 0, 1)^\top$가 되도록 H를 결정한다. 이러한 변환은 다음으로 주어진다.

$$H = \begin{bmatrix} I \mid \mathbf{0} \\ \boldsymbol{\pi}^\top \end{bmatrix} \tag{10.2}$$

실제로 $H^\top(0, 0, 0, 1)^\top = \pi$가 되는 것은 쉽게 확인할 수 있다. 그래서 원하는 대로 $H^{-\top}\pi = (0, 0, 0, 1)^\top$를 만족한다. 이제 변환 H를 모든 점과 두 카메라에 적용한다. 그러나 $\pi^\top$의 마지막 좌표가 0이면, 이 공식은 유효하지 않다. 이 경우, $H^{-\top}\pi = (0, 0, 0, 1)^\top$

가 되도록 $H^{-\top}$를 (A4.2의) 하우스홀더Householder 행렬로 계산해 적절한 H를 구할 수 있다.

이 시점에서 얻은 재구성은 참값이 아니다. 무한면만이 올바르게 위치한 것을 알 수 있다. 현재의 재구성은 무한면을 고정하는 사영변환만큼 참값과 차이를 가진다. 그러나 결과 3.7에서 무한면을 고정하는 사영변환은 아핀변환이 된다. 따라서 재구성은 참값과 아핀변환의 차이를 가진다. 즉, 아핀 재구성이다.

아핀 재구성은 일부 응용프로그램에서 적절한 재구성이다. 예컨대 두 점의 중간점 또는 점 집합의 중심을 계산할 수 있고 다른 선 또는 평면에 평행한 직선을 구할 수 있다. 이러한 계산은 사영 재구성에서는 불가능하다.

이미 언급했듯이 다른 추가 정보가 없으면 무한면을 식별할 수 없다. 이러한 식별에 적합한 정보 유형을 몇 가지 제시한다.

평행 운동 카메라가 순수 병진 운동을 하는 것으로 알려진 경우를 고려한다. 이 경우 이중 시점의 재구성을 수행할 수 있다. 간단한 방법은 무한면의 점 $\mathbf{X}$가 평행 이동과 관련된 두 개의 이미지에서 동일한 점으로 변환되는 것을 이용하는 것이다. 이것은 공식으로 쉽게 확인할 수 있다. 이것은 또한 우리 일상 경험의 일부이다. (곧은 거리를 차로 달릴 때와 같이) 직선상에서 움직이면, (달과 같이) 멀리 떨어진 물체는 움직이지 않는다. 단지 가까운 물체만이 시야에서 이동한다. 따라서 한 이미지의 점들과 다른 이미지의 점들 사이에 대응하는 점들의 관계 $\mathbf{x}_i \leftrightarrow \mathbf{x}'_i$를 수없이 만들 수 있다. 실제로 두 이미지에서 이러한 대응을 관찰할 필요는 없다. 한 점과 다른 이미지의 같은 점이면 충분하다. 사영 재구성이 주어지면 관계 $\mathbf{x}_i \leftrightarrow \mathbf{x}'_i$에 대응하는 점 $\mathbf{X}_i$를 재구성할 수 있다. 점 $\mathbf{X}_i$는 무한면에 놓일 것이다. 이런 세 점에서 무한면에 있는 세 점을 구해 무한면을 유일하게 결정할 수 있다.

위의 설명은 평행 이동하는 카메라에서 재구성이 가능하다 것을 건설적으로 증명하지만 수치적으로 수행할 수 있는 가장 좋은 방법이라는 것을 의미하지는 않는다. 실제로 이 경우, 병행 운동의 가정은 기본 행렬을 제약한다. 9.3.1절에 설명한 대로 기본 행렬은 반대칭이 된다. 기본 행렬을 구할 때 이러한 특수 형태를 고려해야 한다.

결과 10.2 카메라의 운동이 내부 매개변수의 변화나 회전이 없는 순수 평행 이동이라고 가정한다. 보기 9.6에서 알 수 있듯이, $F = [\mathbf{e}]_\times = [\mathbf{e}']_\times$이고, 사영 재구성을 위해 카메라 두 개를 $P = [I \mid \mathbf{0}]$과 $P' = [I \mid \mathbf{e}']$으로 선택할 수 있다.

장면 제약 장면 제약 또는 조건을 사용해 아핀 재구성을 할 수 있다. 무한면에 있는 것으로 알려진 세 점을 식별하면 무한면을 식별할 수 있고 재구성은 아핀 재구성이 된다.

평행선 이러한 가장 분명한 조건은 3차원 선이 실제로 평행한가에 대한 정보이다. 공간에서 두 평행선의 교점은 평면에서 무한점이 된다. 이 점의 이미지는 선의 소실점이며, 이미지화된 두 선의 교점이다. 장면에서 평행선 집합 세 개를 식별할 수 있다고 가정한다. 각 집합은 무한면의 점에서 교차한다. 각 집합의 방향이 다르면, 세 개의 점은 서로 다르게 된다. 세 점이 평면을 결정하므로, 이러한 정보를 사용해 평면 π를 식별할 수 있다.

실제로 공간에서 선의 교차를 계산하는 것은 다소 섬세한 문제이다. 노이즈가 있는 경우 교차하려는 선은 거의 그렇지 않기 때문이다. 12장에서 자세히 설명한다. 면을 계산하기 위한 정확한 수치 절차는 13장에서 소개한다. 3개의 평행한 장면 직선의 집합에서 계산한 아핀 재구성의 보기는 그림 10.4에 나와 있다.

두 이미지 모두에서 소실점을 찾을 필요는 없다. 소실점 $\mathbf{v}$를 첫 번째 이미지의 평행선에서 계산한 것이고 $\mathbf{l}'$을 두 번째 이미지에서 대응하는 선이라 가정한다. 소실점은 등극 제약 조건을 만족하므로, 대응하는 두 번째 이미지의 소실점 $\mathbf{v}'$는 $\mathbf{l}'$과 $\mathbf{v}$의 등극선 $\mathrm{F}\mathbf{v}$의 교점으로 계산할 수 있다. 3차원 공간 점 $\mathbf{X}$는 방정식 $([\mathbf{v}]_\times \mathrm{P})\mathbf{X} = 0$와 $(\mathbf{l}'^\top \mathrm{P}')\mathbf{X} = 0$의 해로 대수적으로 깔끔하게 표현할 수 있다. 이 방정식은 $\mathbf{X}$가 첫 번째 이미지에서 $\mathbf{v}$와 두 번째 이미지에서 $\mathbf{l}'$의 한 점으로 변환되는 것을 기술한다.

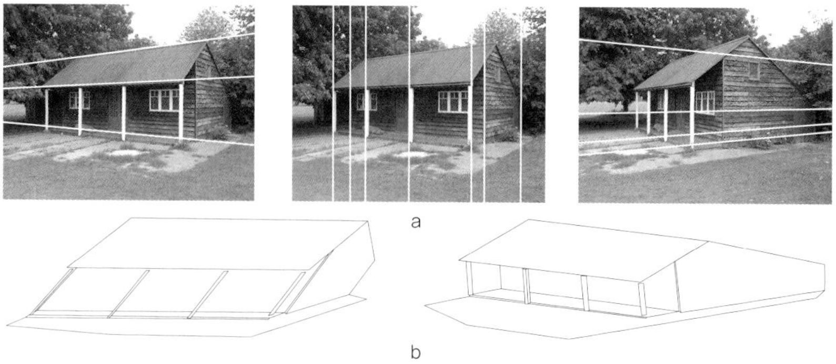

그림 10.4 아핀 재구성 그림 10.3의 사영 재구성을 장면의 평행선을 이용해 아핀 재구성으로 바꿀 수 있다. (a) 장면에는 각각 다른 방향으로 설정된 평행선의 집합 세 개가 있다. 이 세 개의 집합을 이용하면 사영 재구성에서 무한면 π_∞의 위치를 계산할 수 있다. 그림 10.3의 와이어 프레임 사영 재구성은 단응사상 (10.2)를 사용해 아핀으로 수정된다. (b) 아핀 재구성된 와이어 프레임의 직교하는 두 시점을 보여준다. 장면에서 평행한 선은 재구성에서 평행하지만 장면에서 수직인 선은 재구성에서 수직이 아닌 것에 주의해야 한다.

직선상의 거리 비율 장면에서 평행선의 이미지에서 교차점을 이용해 소실점을 계산하는 대안으로 장면의 아핀 길이 비율에 대한 지식을 사용할 수 있다. 예로서, 직선상에 길이 비율을 알고 있는 두 개의 간격이 주어지면 직선의 무한점을 결정할 수 있다. 즉, 실세계에서 거리 비율을 알고 있는 이미지, 예를 들어 점 세 개가 같은 간격으로 배치돼 있는 경우 소실점이 결정할 수 있음을 의미한다. 이 계산과 소실점 및 소실선을 계산하는 다른 방법을 2.7절에서 설명했다.

무한 단응사상 무한면이 결정되면 아핀 재구성을 얻게 되며 또한 무한 단응사상[infinite homography]이라고 부르는 이미지 대 이미지의 변환을 얻을 수 있다. 이 변환은 2차원 단응사상의 일종이며, 13장에서 매우 자세하게 설명한다.

간략하게 설명하면 이미지 P에서 이미지 P′으로 무한면이 다음을 만족하도록 점을 변환한다. 점 $\mathbf{x}$에 대응하는 레이가 점 $\mathbf{X}$가 놓이는 무한면과 만나도록 확장되고, 또 다른 이미지에서 점 $\mathbf{x}'$으로 사영된다. $\mathbf{x}$에서 $\mathbf{x}'$으로의 단응사상을 $\mathbf{x}' = \mathtt{H}_\infty \mathbf{x}$로 표기한다.

아핀 재구성을 하는 것은 무한 단응사상을 찾는 것과 동일하다. 이에 대해 설명한다. 아핀 재구성을 하는 두 개의 카메라 $\mathtt{P} = [\mathtt{M} \mid \mathbf{m}]$, $\mathtt{P}' = [\mathtt{M}' \mid \mathbf{m}']$가 주어지면, 무한 단응사상은 $\mathtt{H}_\infty = \mathtt{M}'\mathtt{M}^{-1}$로 주어진다. 이것은 무한면의 점 $\mathbf{X} = (\widetilde{\mathbf{X}}^\top, 0)^\top$가 한 이미지에서 $\mathbf{x} = \mathtt{M}\widetilde{\mathbf{X}}$로 변환되고 다른 이미지에서 $\mathbf{x}' = \mathtt{M}'\widetilde{\mathbf{X}}$로 변환되므로, π_∞의 점에 대해 $\mathbf{x}' = \mathtt{M}'\mathtt{M}^{-1}\mathbf{x}$가 성립한다. 그리고 이러한 사실이 카메라의 3차원 아핀변환에 의해서 변하지 않는 것을 확인할 수 있다. 그러므로 무한 단응사상을 아핀 재구성에서 구체적으로 계산할 수 있다. 반대도 마찬가지다.

결과 10.3 카메라 행렬이 $\mathtt{P} = [\mathtt{I} \mid \mathbf{0}]$, $\mathtt{P}' = [\mathtt{M}' \mid \mathbf{e}']$인 경우에 아핀 재구성을 구하면, 무한 단응사상은 $\mathtt{H}_\infty = \mathtt{M}'$으로 주어진다. 반대로 무한 단응사상 $\mathtt{H}_\infty$를 얻으면, 아핀 재구성의 카메라를 $\mathtt{P} = [\mathtt{I} \mid \mathbf{0}]$, $\mathtt{P}' = [\mathtt{H}_\infty \mid \mathbf{e}']$으로 선택할 수 있다.

무한 단응사상은 아핀 재구성이 아니라 이미지에서 대응하는 개체에서 직접 계산할 수 있다. 예를 들어 $\mathtt{H}_\infty$는 F와 소실점 세 개의 대응에서 또는 F와 소실선과 소실점의 대응에서 계산할 수 있다. 이 계산의 정확한 수치 절차는 13장에서 소개한다. 그러나 이러한 직접 계산은 사영 재구성에서 π_∞를 결정하는 것과 완전히 같다.

카메라 하나가 아핀 카메라인 경우 아핀 재구성이 가능한 또 다른 중요한 경우는 카메라 둘 중의 하나가 6.3.1절에서 정의한 아핀 카메라인 경우다. 이로부터 아핀 재구성이 가능한 것을 보기 위해서는 6.3.5절에서 설명한 아핀 카메라의 주평면이 무한면이 되는 것에 주의한다. 그러므로 사영 재구성을 아핀 재구성으로 변환하기 위해서는 아핀 카메라로 알려진 카메라의 주평면을 찾고 이것을 평면 $(0, 0, 0, 1)^{\top}$로 변환하면 된다. (6.2절에서) 카메라의 주평면은 간단하게 카메라 행렬의 세 번째 행이다. 예로서, 카메라 행렬 $\mathrm{P} = [\mathrm{I} \mid \mathbf{0}]$과 P′을 가지는 사영 재구성을 생각한다. 첫 번째 카메라가 아핀 카메라로 가정한다. P의 세 번째 행을 (0, 0, 0, 1)로 변환하기 위해서는 두 카메라 행렬의 마지막 두 열 벡터를 바꾸고, 동시에 각각의 $\mathbf{X}_i$의 3번째와 4번째 좌표를 바꾸면 된다. 이것은 순열 H에 대응하는 사영변환이다. 이로써 다음이 증명된다.

결과 10.4 $\mathrm{P} = [\mathrm{I} \mid \mathbf{0}]$일 때, $(\mathrm{P}, \mathrm{P}', \{\mathbf{X}_i\})$는 대응하는 점들의 집합에서 구한 사영 재구성이다. P가 아핀 카메라인 것이 알려지면, 아핀 재구성은 P와 P′의 마지막 두 개의 열벡터와 각각의 $\mathbf{X}_i$의 마지막 두 개의 좌표를 교환해 얻을 수 있다.

카메라 하나가 아핀 카메라라는 조건은 기본 행렬에 제약을 가하지 않는 것에 주의한다. 임의의 표준 카메라 쌍 $\mathrm{P} = [\mathrm{I} \mid \mathbf{0}]$, P′을 P가 아핀 카메라인 쌍으로 변환할 수 있기 때문이다. 두 카메라 모두 아핀 카메라인 것이 알려지면 기본 행렬은 (14.1)에 주어진 형태로 제약을 받는다. 이 경우에 수치 안정성을 위해 기본 행렬의 특수한 형태를 고려하면서 기본 행렬을 구해야 한다.

물론 실제 아핀 카메라는 존재하지 않는다. 아핀 카메라 모델은 이미지의 점들의 집합이 카메라에서 거리에 비해 깊이의 변화가 작을 때 유효한 근사이다. 그러나 아핀 카메라 가정은 사영 재구성에서 아핀 재구성으로 변환할 때 중요한 제약이 된다.

10.4.2 거리 재구성을 위한 단계

아핀 재구성의 핵심이 무한면의 식별인 것처럼 거리 재구성의 핵심은 (3.6절의) 절대 원뿔의 식별이다. 절대 원뿔 Ω_{∞}은 평면 원뿔이고 무한면에 놓여 있기에 절대 원뿔을 식별하면 무한면을 식별하는 것을 의미한다.

계층적 접근 방식에서는 사영 재구성에서 아핀 재구성을 거쳐 거리 재구성으로 진행하므로 절대 원뿔을 찾기 전에 무한면을 알고 있다. 무한면에서 절대 원뿔을 식별했다고 가정한다. 원론적으로 다음 단계는 식별된 절대 원뿔이 표준 유클리드 좌표계에서 (π_∞에서 $x_1^2 + x_2^2 + x_3^2 = 0$인) 절대 원뿔로 변환되도록 아핀 재구성에 아핀변환을 적용하는 것이다. 결과로 얻는 재구성은 절대 원뿔을 고정하는 사영변환에 의한 실제 재구성과 관련이 있다. 결과 3.9에서 사영변환은 유사성 변환이므로 거리 재구성을 얻게 된다.

실제로 이를 수행하는 가장 쉬운 방법은 이미지 중 하나에서 절대 원뿔의 이미지를 고려하는 것이다. (임의의 원뿔 곡선과 마찬가지로) 절대 원뿔의 이미지는 이미지에서 원뿔 곡선이 된다. 이 원뿔 곡선의 역사영은 원뿔이며, 단일 원뿔 곡선에서 무한면과 만나게 되므로 절대 원뿔을 결정한다. 점, 선 또는 다른 것의 이미지와 마찬가지로 절대 원뿔의 이미지는 이미지 자체의 속성이며, 특정 재구성에 의존하지 않고 재구성의 3차원 변환에 의해 바뀌지 않는다.

아핀 재구성에서 카메라 $P = [M \mid \mathbf{m}]$에 의한 절대 원뿔의 이미지를 원뿔 ω라고 가정한다. 여기서는 ω가 어떻게 아핀 재구성을 거리 재구성으로 변환하는 단응사상 H를 정의하는지 보일 것이다.

결과 10.5 일부 이미지에서 절대 원뿔의 이미지가 ω로 알려져 있고, 해당 카메라 행렬이 $P = [M \mid \mathbf{m}]$으로 주어진 아핀 재구성을 구했다고 가정한다. 그러면 아핀 재구성은 다음 형태의 3차원 변환을 적용해 거리 재구성으로 변환할 수 있다.

$$H = \begin{bmatrix} A^{-1} & \\ & 1 \end{bmatrix}$$

여기에서, 방정식 $AA^\top = (M^\top \omega M)^{-1}$의 숄레스키 분해를 통해 A를 구한다.

증명 변환 H에 대해, 카메라 행렬 P는 행렬 $P_M = PH^{-1} = [M_M \mid \mathbf{m}_M]$으로 변환된다. H^{-1}이 다음의 형태를 가지면, $M_M = MA$를 얻는다.

$$H^{-1} = \begin{bmatrix} A & \mathbf{0} \\ \mathbf{0}^\top & 1 \end{bmatrix}$$

그러나 절대 원뿔의 이미지는 다음 관계식을 만족하는 유클리드 좌표계의 카메라 행렬 P_M과 연관을 가진다.

$$\omega^* = M_M M_M^\top$$

이것은 카메라 행렬이 $M_M = KR$로 분해되고, (8.11)에서 $\omega^* = \omega^{-1} = KK^\top$이기 때문이다. 이것과 $M^M = MA$를 조합하면 $\omega^{-1} = MAA^\top M^\top$를 얻고, 정리하면 $AA^\top = (M^\top \omega M)^{-1}$이 된다. 이러한 관계를 만족하는 A의 구체적인 값은 $(M^\top \omega M)^{-1}$의 숄레스키 분해에서 얻을 수 있다. 후자의 행렬이 (결과 A4.5에서) 양의 정부호 행렬이 된다. 그렇지 않으면 행렬 A는 존재하지 않고, 거리 재구성은 불가능하다. □

메트릭 재구성을 위한 위의 접근법은 절대 원뿔의 이미지를 인식하는 것에 의존한다. 이를 구현하는 여러 가지 방법이 있으며 다음에서 설명한다. 절대 원뿔 이미지에 대한 제약 조건이 크게 세 가지가 있으며, 실제로는 이러한 제약 조건의 조합을 사용한다.

1. 장면 직교성에서 발생하는 제약 직교하는 장면 직선에서 발생하는 소실점의 쌍 $\mathbf{v}_1$과 $\mathbf{v}_2$에서 ω가 대한 하나의 제약 조건을 얻는다.

$$\mathbf{v}_1^\top \omega \mathbf{v}_2 = 0$$

비슷하게, 직교하는 방향과 평면에서 발생하는 소실점 $\mathbf{v}$와 소실선 $\mathbf{l}$에서 ω에 대한 두 개의 제약 조건을 얻는다.

$$\mathbf{l} = \omega \mathbf{v}$$

흔한 예는 수직 방향의 소실점과 수평 지표면의 소실선이다. 마지막으로, 정사각형 격자와 같이 거리 정보를 포함하는 이미지화된 장면 평면에서 ω에 대한 두 개의 제약 조건을 얻을 수 있다.

2. 알려진 내부 매개변수에서 발생하는 제약 카메라 보정 행렬이 K이면 절대 원뿔의 이미지는 $\omega = K^{-\top}K^{-1}$이다. 그러므로 K에 포함된 내부 매개변수 (6.10)을 알면 ω의 원소를 구속하거나 결정할 수 있다. K가 왜도 영$(s = 0)$을 가지면, 다음을 얻는다.

$$\omega_{12} = \omega_{21} = 0$$

그리고 픽셀이 정사각형이면(스큐 영이고 $\alpha_x = \alpha_y$), 다음을 얻는다.

$$\omega_{11} = \omega_{22}$$

단일 시점 보정에 관한 위의 두 제약 조건에 대해서는 8.8절에서 자세하게 논의했고, 이런 정보만으로 카메라를 보정할 수 있는 예로 제시했다. 여기에서는 다중 시점에서 발생하는, 가용할 수 있는 다른 제약 조건이 있다.

3. 모든 이미지가 동일한 카메라인 경우에 발생하는 제약 절대 원뿔의 성질 중 하나는 이미지로의 사영이 카메라의 보정 행렬에만 의존하고 카메라의 위치 또는 방향에는 무관하다는 것이다. (일반적으로 두 이미지가 서로 다른 자세의 동일한 카메라로 촬영되는 경우의) 두 카메라 P와 P′이 동일한 보정 행렬을 갖는 경우에는 $\omega = \omega'$이어서, 절대 원뿔의 이미지는 두 이미지에서 동일하다. 주어진 이미지가 충분히 많으면 이러한 속성을 이용해 아핀 재구성에서 거리 재구성을 얻을 수 있다. 거리 재구성의 이러한 방법과 카메라의 자기-보정에 대한 응용을 19장에서 자세하게 설명한다. 여기서는 일반적인 원칙에 대해 간략하게 소개한다.

절대 원뿔은 무한면에 있기 때문에 그 이미지를 무한 단응사상을 이용해 한 시점에서 다른 시점으로 변환할 수 있다. 이것은 (결과 2.13의) 다음 식을 의미한다.

$$\omega' = \mathrm{H}_\infty^{-\mathsf{T}} \omega \mathrm{H}_\infty^{-1} \tag{10.3}$$

여기에서 ω와 ω'은 두 시점에서 Ω_∞의 이미지이다. 이 방정식을 구성할 때, 무한 단응사상을 알아야 하기 때문에 아핀 재구성을 가지고 있어야 한다. $\omega = \omega'$이면 (10.3)에서 ω의 원소에 관한 선형방정식을 얻을 수 있다. 일반적으로 이러한 선형방정식 집합에서 ω에 제약 조건 4개를 얻을 수 있는데, ω는 자유도 5를 가지기 때문에 완전하게 결정할 수 없다. 그러나 이러한 선형방정식과 장면의 직교성 또는 알려진 내부 매개변수가 제공하는 위의 방정식과 결합하면 ω를 고유하게 결정할 수 있다. 실제로 (10.3)을 ω에 대한 제약을 ω'에 대한 제약 조건으로 변환해 사용할 수 있다. 그림 10.5에서 이러한 방식으로 제약 조건을 결합해 계산한 거리 재구성을 보여준다.

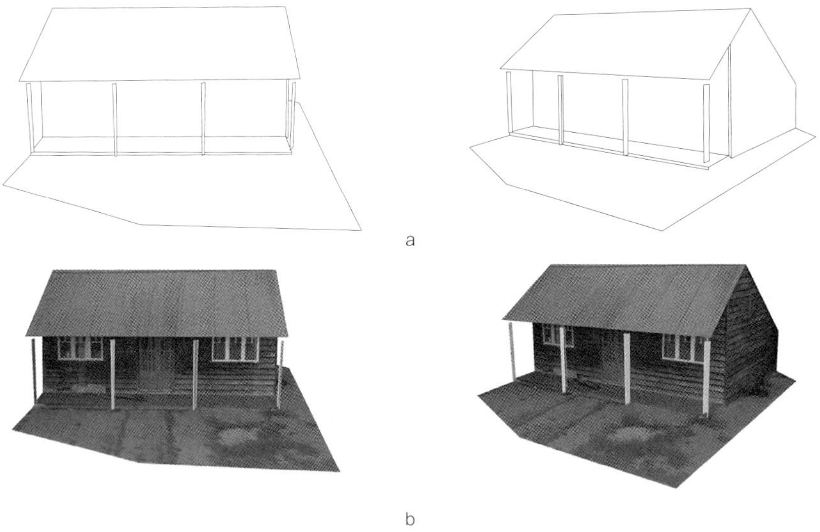

그림 10.5 거리 재구성 그림 10.4의 아핀 재구성을 절대 원뿔의 이미지를 계산해 거리 재구성으로 변환한다. 사용한 정보는 그림 10.4에서 표시한 평행선 집합 방향의 직교성과 두 이미지 모두 정사각형 픽셀이라는 제약 조건이다. 정사각형 픽셀 제약 조건은 H_∞를 사용해 한 이미지에서 다른 이미지로 변환한다. (a) 거리 재구성의 두 가지 시점. 장면에서 수직인 직선은 재구성에서 수직이며 집 측면의 종횡비도 정확하다. (b) 와이어 프레임으로 만든 텍스처 평면 조각 모델의 두 가지 시점

10.4.3 ω를 사용한 직접 거리 재구성 방법

앞에서 절대 원뿔 이미지[IAC]에 대한 정보를 이용해 아핀 재구성을 거리 재구성으로 변환하는 것을 설명했다. 그러나 ω를 알면 적어도 이중 시점이 주어지면 거리 재구성을 직접 계산할 수 있다. 이를 위해 적어도 두 가지 이상의 방법이 있다. 가장 확실한 방법은 IAC를 이용해 각각의 카메라를 보정하고, 보정된 재구성을 계산하는 것이다.

이 방법은 ω와 보정 행렬 K의 관계 $\omega = (KK^{\top})^{-1}$를 사용한다. 그러므로 ω의 역행렬을 구하고 숄레스키 분해를 통해 K를 구할 수 있다. 각 이미지에서 IAC를 알고 있으면 이런 방법으로 각각의 카메라를 보정할 수 있다. 다음으로 보정된 카메라를 이용해 9.6절에서와 같이 필수 행렬을 사용해 장면의 거리 재구성을 계산한다. 네 가지의 가능한 해가 발생할 수 있다. 이 중 두 개는 거울 이미지이지만 다른 두 개는 서로 다르며 꼬인 쌍을 형성한다(한 개를 제외한 다른 해들은 카메라 앞에 있는 점을 고려해 제외할 수 있다).

거리 재구성에 대한 좀 더 개념적인 접근 방식은 IAC에 대한 지식을 사용해 무한면과

절대 원뿔을 직접 결정하는 것이다.

사영 좌표계의 카메라 행렬 P와 P′ 및 각각의 이미지에서 원뿔(특히 절대 원뿔의 이미지)에 대한 정보가 있으면 Ω_∞을 3차원 공간에서 구체적으로 계산할 수 있다. 이것은 원뿔 곡선을 원뿔로 역사영해 얻어지며, 원뿔은 절대 원뿔과 교차해야 한다. 따라서 Ω_∞과 지지 평면 π_∞를 결정할 수 있다(대수적인 해는 연습 (x)를 참조). 그러나 두 개의 원뿔은 일반적으로 서로 다른 지지 평면에 있는 두 개의 서로 다른 평면 원뿔에서 교차한다. 따라서 절대 원뿔에 대한 두 가지 가능한 해가 있으며, 이는 꼬인 쌍의 모호성을 구성하는 두 개의 다른 재구성에 속하는 것으로 식별할 수 있다.

10.5 정답값을 사용하는 직접 재구성

(유클리드 실좌표계에서 3차원 위치를 알고 있는 점들인) 지상 제어점ground control points이 주어지면 사영 재구성에서 직접 거리 재구성을 얻을 수 있다. 이미지 점들 $\mathbf{x}_i \leftrightarrow \mathbf{x}'_i$를 가지는 n개의 지상 제어점들의 집합 $\{\mathbf{X}_{Ei}\}$가 있다고 가정한다. 이 점들을 이용해 사영 재구성을 거리 재구성으로 변환하려고 한다.

사영 재구성에서 제어점의 3차원 위치 $\{\mathbf{X}_i\}$는 이미지 대응 $\mathbf{x}_i \leftrightarrow \mathbf{x}'_i$에서 계산할 수 있다. 사영 재구성은 참값의 재구성과 단응사상으로 연결되므로, (10.1)에서 다음의 식을 얻는다.

$$\mathbf{X}_{Ei} = \mathtt{H}\mathbf{X}_i, \quad i = 1, \ldots, n$$

각 점의 대응에서 H 원소에 대해 3개의 독립 방정식을 얻을 수 있고, H는 자유도 15를 가지므로 $n \geq 5$이면 (그리고 4개의 제어점이 같은 평면이 있지 않으면) 선형 해를 얻을 수 있다. 이 계산과 필요한 수치적 절차는 4장에서 설명했다.

대안으로, $\mathbf{X}_i$의 계산을 생략하고 알려진 지상 제어점과 이미지 관측점을 직접 연결해 H를 계산할 수 있다. (7.1절의) 카메라 후방교회법에 관한 DLT 알고리듬과 같이 다음의 방정식에서 알려지지 않은 $\mathtt{H}^{-1}$의 원소에 대해 두 개의 독립 방정식을 얻는다.

$$\mathbf{x}_i = \mathtt{P}\mathtt{H}^{-1}\mathbf{X}_{Ei}$$

여기에서 다른 값들은 알려져 있다. $\mathbf{x}'_i$가 알려진 경우, 다른 이미지에서 유사한 방정식을 얻을 수 있다. 지상 제어점이 두 이미지에 모두에서 나타날 필요는 없다. 그러나 주어진 제어점 $\mathbf{X}_{Ei}$에 대한 $\mathbf{x}_i$와 $\mathbf{x}'_i$가 모두 나타나면, $\mathbf{x}$와 $\mathbf{x}'$에 관한 제약 조건의 동일 평면 방정식이 돼서 이런 방식으로 만든 4개의 방정식은 3개만 독립이 된다.

H가 계산되면, 이를 이용해 사영 재구성의 카메라 P, P′을 변형해 참값의 유클리드 재구성을 할 수 있다. 이런 직접법으로 계산한 거리 재구성을 그림 10.6에 나타냈다.

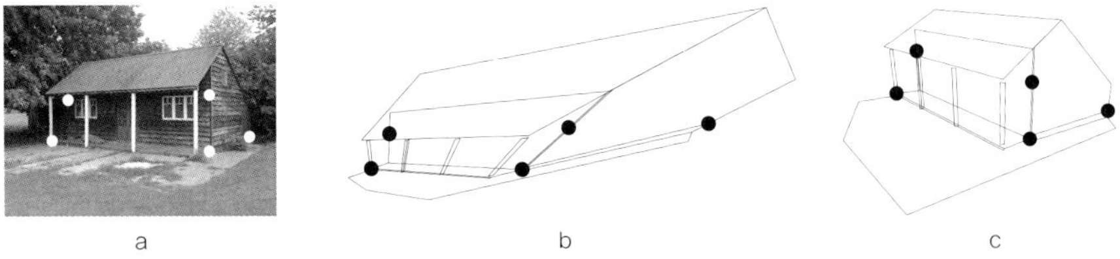

그림 10.6 직접 재구성 실세계 점 5개(또는 그 이상)의 위치를 지정해 그림 10.3의 사영 재구성을 거리 재구성으로 변환할 수 있다. (a) 사용한 점 5개 (b) 그림 10.3의 사영 재구성에서 대응하는 점들 (c) 5개 점을 실세계 위치로 변환한 후의 재구성

10.6 나가면서

여기서는 이미지 한 쌍에서 거리 재구성을 구현하는 데 필요한 단계를 간략하게 소개했다. 알고리듬 10.1에서 이를 요약했고, 이러한 단계에서 필요한 계산 절차는 11장에서 설명한다. 다른 장에서와 같이 일반적인 논의를 주로 점으로 제한했지만 (삼각측량, 모호성, 층화와 같은) 기본 아이디어는 선, 원뿔 등의 다른 이미지 요소에도 같은 방식으로 적용할 수 있다. 거리 재구성을 위해 사영 좌표계에서 두 개의 요소를 식별해야 하는 것을 설명했다. 이것들은 (아핀 재구성에서는) 무한면 π_∞이고 (거리 재구성에서는) 절대 원뿔 Ω_∞이다. 반대로 F와 보정된 카메라 한 쌍이 주어지면 π_∞와 Ω_∞를 3차원 공간에서 구체적으로 계산할 수 있다. 이러한 요소들은 각각 이미지에서 대응 요소를 가진다. 무한 단응사상 H_∞의 지정은 3차원 공간에서 π_∞를 지정하는 것과 같다. 그리고 각 시점에서 절대 원뿔 ω의 이미지를 지정하는 것은 3차원 공간에서 π_∞와 Ω_∞을 지정하는 것과 같다. 이러한 동등성을 표 10.1에 요약했다.

마지막으로, 거리 정밀도가 목적이 아닌 경우에는 내부 매개변수를 근사적으로 추측해도 일반적으로 사영 재구성에서 오차를 감내할 정도의 거리 재구성을 얻을 수 있다. 이러한 준 유클리드 재구성quasi-Euclidean reconstruction은 시각화 목적에 자주 사용한다.

알고리듬 10.1 보정되지 않은 두 개의 이미지에서 거리 재구성의 계산

목적

보정되지 않는 이미지 두 개가 주어질 때, 카메라와 장면의 구조 사이의 거리 재구성 ($\mathtt{P}_{\mathtt{M}}$, $\mathtt{P}'_{\mathtt{M}}$, $\{\mathbf{X}_{\mathtt{M}i}\}$)를 계산한다. 카메라와 장면 구조 사이의 닮음변환을 허용하는 재구성이다.

알고리듬

(i) 사영 재구성 ($\mathtt{P}$, $\mathtt{P}'$, $\{\mathbf{X}_i\}$)를 계산한다.

(a) **이미지 간의 대응점** $\mathbf{x}_i \leftrightarrow \mathbf{x}'_i$를 이용해 기본 행렬을 계산한다.

(b) **카메라 추출**: 기본 행렬에서 카메라 행렬 $\mathtt{P}$와 $\mathtt{P}'$을 계산한다.

(c) **삼각측량**: 대응점 $\mathbf{x}_i \leftrightarrow \mathbf{x}'_i$에 대해 두 이미지의 이 점으로 사영되는 실공간의 점 $\mathbf{X}_i$를 계산한다.

(ii) **사영 재구성을 거리 재구성으로 변환**

- **직접법**: 유클리드 좌표가 알려진 5개 또는 더 이상의 지표 제어점 $\mathbf{X}_{\mathtt{E}i}$를 사용해 $\mathbf{X}_{\mathtt{E}i} = \mathtt{H}\mathbf{X}_i$를 만족하는 단응사상 $\mathtt{H}$를 계산한다. 그러면 거리 재구성은 다음과 같다.

$$\mathtt{P}_{\mathtt{M}} = \mathtt{P}\mathtt{H}^{-1}, \quad \mathtt{P}'_{\mathtt{M}} = \mathtt{P}'\mathtt{H}^{-1}, \quad \mathbf{X}_{\mathtt{M}i} = \mathtt{H}\mathbf{X}_i$$

- **계층법**:

(a) **아핀 재구성**: 10.4.1절에서 설명한 방법으로 무한면 $\boldsymbol{\pi}_\infty$를 계산한다. 그리고 다음의 단응사상을 이용해 사영 재구성을 아핀 재구성으로 변환한다.

$$\mathtt{H} = \left[\begin{array}{c|c} \mathtt{I} & \mathbf{0} \\ \multicolumn{2}{c}{\boldsymbol{\pi}_\infty^\mathsf{T}} \end{array} \right]$$

(b) **거리 재구성**: 10.4.2절에서 설명한 방법으로 절대 원뿔의 이미지 ω를 계산한다. 그리고 다음의 단응사상을 이용해 아핀 재구성을 거리 재구성으로 변환한다.

$$\mathtt{H} = \begin{bmatrix} \mathtt{A}^{-1} & \\ & 1 \end{bmatrix}$$

여기에서 행렬 $\mathtt{A}$는 식 $\mathtt{A}\mathtt{A}^\mathsf{T} = (\mathtt{M}^\mathsf{T}\omega\mathtt{M})^{-1}$에서 숄레스키 분해로 얻은 것이고, $\mathtt{M}$는 ω를 계산한 아핀 재구성의 카메라의 첫 번째 3×3 부분 행렬이다.

10.6.1 참고문헌

Koenderink and van Doorn[Koenderink-91]은 아핀 카메라의 계층에 대해 매우 섬세하게 논의했다. 이것은 Luong and Viéville[Luong-94, Luong-96]가 제시한 [Faugeras-95b]의 관점으로 확장된다. F에 주어질 때 사영 재구성의 가능성은 [Faugeras-92b]와 Hartley et al.[Hartley-92c]에 나와 있다.

순수 평행 운동에서 아핀 재구성을 계산하는 방법은 Moons[Moons-94]에서 처음 나왔다. 여러 시점에 대한 장면의 조합과 내부 매개변수 제약 조건은 [Faugeras-95c, Liebowitz-99b, Sturm-99c]에 설명돼 있다.

표 10.1 재구성 모호함의 다양한 분류에 대한 이중 시점의 관계, 이미지 요소와 이의 3차원 공간의 대응 요소

제공된 이미지 정보	시점 간의 관계와 사영 객체	3차원 객체	재구성의 모호성
점 대응	F		사영변환
소실점을 포함한 점 대응	F, H_∞	π_∞	아핀변환
점 대응과 카메라 내부 보정	F, H_∞, ω, ω'	π_∞, ω_∞	거리변환

10.6.2 메모와 연습 문제

(i) (구체적인 3차원 재구성이 없이) 암묵적인 이미지의 관계만을 사용해, 이중 시점에서 주어진 선 **L**과 (**L** 위에 있지 않은) 점 **X**의 이미지와 시점 간의 H_∞가 주어질 때, **L**과 평행하고 **X**를 지나는 3차원 공간의 직선의 이미지를 계산하라. 계산의 암묵적인 접근법의 다른 보기는 [Zeller-96]에 나와 있다.

11

기본 행렬 F의 계산

여기서는 두 이미지 간의 점 대응 집합이 주어진 경우에 기본 행렬을 추정하는 수치 방법을 설명한다. 두 이미지의 점 대응에 의해 생성된 F의 방정식과 최소해를 설명하는 것으로 시작한다. 다음 절에서는 대수 거리를 이용해 F를 추정하는 선형 방법과 (금본위) MLE 알고리듬과 샘프슨 거리를 포함한 다양한 기하학적 비용함수와 해를 소개한다.

그런 후에 점 대응을 자동으로 구하는 알고리듬을 소개해, F를 이미지 쌍에서 직접 추정할 수 있게 된다. 특별한 카메라 운동에 대해 F를 추정하는 것에 대해 논의를 한다.

11장에서는 계산한 F를 기반으로 하는 이미지 보정 방법 또한 소개한다.

11.1 기본 방정식

두 이미지에서 대응하는 점 $\mathbf{x} \leftrightarrow \mathbf{x}'$에 대해 기본 행렬은 다음의 방정식으로 정의된다.

$$\mathbf{x}'^{\top}\mathrm{F}\mathbf{x} = 0 \tag{11.1}$$

(적어도 7개의) 충분한 점 대응 $\mathbf{x}_i \leftrightarrow \mathbf{x}'_i$가 주어지면, 방정식 (11.1)은 미지의 행렬 F를 계산하는 데 사용할 수 있다. 특히 $\mathbf{x} = (x, y, 1)^{\top}$, $\mathbf{x}' = (x', y', 1)^{\top}$이라고 표기하면, 각 대응점에서 알려지지 않은 F 원소에 관한 한 개의 선형방정식을 얻을 수 있다. 이 방정식의 계수는 $\mathbf{x}$와 $\mathbf{x}'$의 알려진 좌표를 이용하면 쉽게 표기할 수 있다. 구체적으로 점들의 쌍

$(x, y, 1)$와 $(x', y', 1)$에 대응하는 방정식은 다음과 같다.

$$x'xf_{11} + x'yf_{12} + x'f_{13} + y'xf_{21} + y'yf_{22} + y'f_{23} + xf_{31} + yf_{32} + f_{33} = 0 \quad (11.2)$$

f를 F의 원소로 구성된 9차원 열벡터를 나타내면, (11.2)는 다음과 같이 벡터 내적으로 표기할 수 있다.

$$(x'x, x'y, x', y'x, y'y, y', x, y, 1)\,\mathbf{f} = 0$$

n개의 대응점에서 다음 형태의 선형방정식 집합을 얻는다.

$$\mathtt{A}\mathbf{f} = \begin{bmatrix} x'_1x_1 & x'_1y_1 & x'_1 & y'_1x_1 & y'_1y_1 & y'_1 & x_1 & y_1 & 1 \\ \vdots & \vdots & \vdots & \vdots & \vdots & \vdots & \vdots & \vdots & \\ x'_nx_n & x'_ny_n & x'_n & y'_nx_n & y'_ny_n & y'_n & x_n & y_n & 1 \end{bmatrix} \mathbf{f} = \mathbf{0} \quad (11.3)$$

이것은 방정식의 동차 집합이며, **f**는 배율을 제외하고 결정할 수 있다. 해가 존재하기 위해서는 행렬 A의 차수는 최대 8이 돼야 하고, 차수가 정확하게 8이 되면 해는 (배율을 제외하고) 유일해 선형 방법으로 구할 수 있다. 해는 A의 우영집합의 생성자다.

데이터가 정확하지 않으면 점들의 좌표가 노이즈가 있어서 A의 차수는 8보다 커지게 된다(A가 9개의 열벡터를 가져서 실제로 9가 된다). 이 경우에는 최소 자승해를 구한다. 방정식의 구체적인 형태를 무시하면, ((11.3)과 (4.3)을 비교하면) 이 문제는 4.1.1절에서 설명한 추정 문제와 본질적으로 같다. 알고리듬 4.1을 참조하라. **f**에 대한 최소 자승해는 A의 최소 특이값에 해당하는 특이 벡터가 된다. 즉, SVD $\mathtt{A} = \mathtt{UDV}^\mathsf{T}$에서 V의 마지막 열벡터다. 이러한 방법으로 구한 해벡터 **f**는 조건 $\|\mathbf{f}\| = 1$을 만족하면서 $\|\mathtt{A}\mathbf{f}\|$를 최소화하는 것이다. 방금 서술한 알고리듬은 기본 행렬 계산을 위한 8개점 알고리듬이라 하는 방법의 핵심이다.

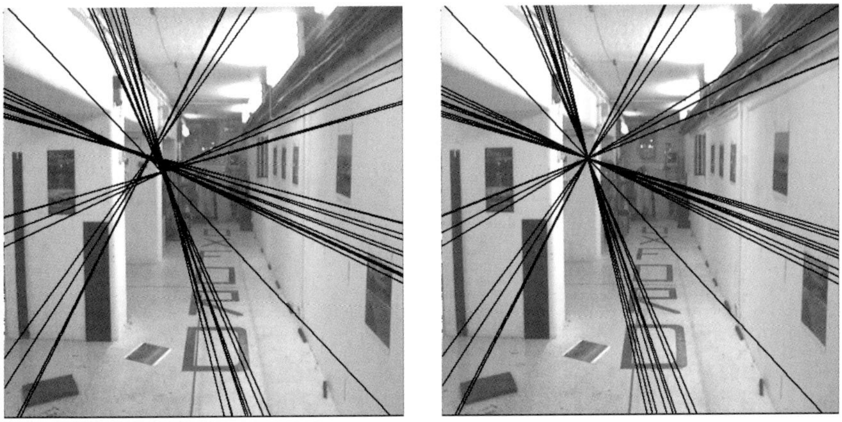

a b

그림 11.1 등극선 (a) 정칙 기본 행렬의 효과. 다양한 **x**에 대해 l′ = F**x**로 계산한 등극선은 공통 등극점을 지나지 않는다. (b) 여기에 설명한 SVD를 사용해 특이점을 부과한 효과

11.1.1 특이점 제약 조건

기본 행렬의 중요한 특성은 특이 행렬이고, 실제 차수가 2이다. 그리고 F의 좌우영공간은 두 이미지의 두 등극점을 나타내는 (동종 좌표의) 벡터에 의해 생성된다. 기본 행렬의 대부분의 응용은 차수가 2라는 사실에 의존한다. 예를 들어 기본 행렬이 정칙 행렬인 경우, 계산된 등극선은 그림 11.1처럼 일치하지 않는다. 연립 선형방정식 (11.3)을 풀어서 얻은 행렬 F는 일반적으로 차수 2를 갖지 않으므로 추가적으로 이 제약 조건을 적용해야 한다. 이를 구현하는 가장 간단한 방법은 A의 SVD 해에서 찾은 행렬 F를 수정하는 것이다. 행렬 F를 조건 $\det F' = 0$을 만족하고 프로베니우스 노름 $\|F - F'\|$을 최소화하는 행렬 F′으로 대체한다. 편리한 방법은 SVD를 다시 한 번 사용하는 것이다. 구체적으로 D는 $r \geq s \geq t$를 만족하는 대각행렬 $D = \mathrm{diag}(r, s, t)$이고, $F = UDV^{\top}$는 F의 SVD이면, $F' = U\mathrm{diag}(r, s, 0)V^{\top}$는 $F - F'$의 프로베니우스 노름을 최소화한다.

따라서 기본 행렬을 계산하는 8점 알고리듬은 다음과 같이 두 단계로 구성된다.

(i) **선형해** 해 F는 (11.3)에서 정의한 행렬 A의 가장 작은 특이값에 대응하는 벡터 f에서 얻는다.

(ii) **제약 조건 부과** 프로베니우스 노름으로 F와 가장 가까운 특이 행렬 F′으로 F를 대체한다. 이러한 정정은 SVD를 이용한다.

위에 언급된 알고리듬은 적절한 선형 대수 모듈을 사용하면 매우 간단하게 구현할 수 있다. 일반적으로 정규화가 필요하므로 11.2절에서 이에 대해 다시 설명한다.

11.1.2 최소 경우 – 7점 대응

방정식 $\mathbf{x}_i'^{\top}\mathrm{F}\mathbf{x}_i = 0$은 $\mathrm{Af} = 0$ 형식의 연립방정식을 생성한다. A의 차수가 8이면 배율을 무시하면 **f**를 구할 수 있다. 행렬 A의 차수가 7인 경우에도 특이점 제약 조건을 사용해 기본 행렬을 구할 수 있다. 가장 중요한 경우는 7점 대응만 알려진 경우다(다른 경우는 11.9절에서 논의한다). 이런 경우에 7×9 행렬 A가 생성되며 일반적으로 차수는 7이다.

이 경우, 방정식 $\mathrm{Af} = 0$의 해는 스칼라 변수 α로 표시되는 $\alpha\mathrm{F}_1 + (1 - \alpha)\mathrm{F}_2$ 형식의 2차원 공간이다. 행렬 F_1과 F_2는 A의 우영공간의 생성기 $\mathbf{f}_1$와 $\mathbf{f}_2$에 대응하는 행렬이다. 여기에 제약 조건 $\det \mathrm{F} = 0$을 부과한다. 이것은 $\det(\alpha\mathrm{F}_1 + (1 - \alpha)\mathrm{F}_2) = 0$이다. F_1과 F_2가 알려져 있기 때문에 이는 α에 대해 3차 다항식이 된다. 이 다항식을 풀어서 α의 값을 구할 수 있다. (복소수 해를 무시하면 [Hartley-94c]) 한 개 또는 세 개의 실수 해가 존재한다. 이것을 방정식 $\mathrm{F} = \alpha\mathrm{F}_1 + (1 - \alpha)\mathrm{F}_2$에 대입하면 한 개 또는 세 개의 기본 행렬을 구할 수 있다.

(7개의) 최소 개수의 점을 이용해 한 개 또는 세 개의 기본 행렬을 계산하는 이 방법은 11.6절의 탄탄한 알고리듬에서 사용한다. 11.9절에서 해의 개수 문제에 대해 다시 언급한다.

11.2 정규화된 8점 알고리듬

8점 알고리듬은 기본 행렬을 계산하는 가장 간단한 방법으로, 연립 선형방정식을 구성하고 (최소 제곱) 해를 구하는 것만 하면 된다. 주의해 사용하면 매우 성능이 좋다. 처음 알고리듬은 Longuet-Higgins[LonguetHiggins-81]가 제안했다. 8점 알고리듬에서 중요한 점은 풀고자 하는 방정식을 구성하기 전에 입력 데이터를 적절히 그리고 조심스럽게 정규화하는 것이다. 입력 데이터의 정규화에 관한 것은 이 책의 많은 알고리듬에 적용되며, 4.4절에서 일반적인 용어로 다뤘다. 8점 알고리듬의 경우 이미지에서 점들을 (이동과 배율 조정의) 단순 변환해 선형방정식을 구성하면 문제의 조건이 크게 향상돼 안정적인 결과를 얻을 수 있다. 이 변환을 수행하기 위해 알고리듬이 추가적으로 복잡해지는 것은 무시할 만하다.

제안된 정규화는 기준점의 무게 중심이 좌표의 원점이고 원점에서 모든 점들의 RMS 거리 $\sqrt{2}$가 되도록 이미지를 이동하고 배율 조정을 하는 것이다. 이것은 본질적으로 4장에서와 같은 이유에서 수행한다. 기본 방법은 알고리듬 4.2와 유사하며 알고리듬 11.1에 요약했다.

역정규화를 적용하기 전에 특이점 제약 조건을 부과하는 것을 주의하는 것이 좋다. 이에 대한 논의는 [Hartley-97c]에 언급돼 있다.

알고리듬 11.1 F에 대한 정규화된 8점 알고리듬

목적

$n \geq 8$개의 이미지 점 대응 $\{\mathbf{x}_i \leftrightarrow \mathbf{x}'_i\}$가 주어질 때, $\mathbf{x}'^{\mathsf{T}}_i \mathrm{F} \mathbf{x}_i = 0$을 만족하는 기본 행렬 F를 구하라.

알고리듬

(i) **정규화**: $\hat{\mathbf{x}}_i = \mathrm{T}\mathbf{x}_i$와 $\hat{\mathbf{x}}'_i = \mathrm{T}'\mathbf{x}'_i$에 따라서 이미지 좌표를 변환한다. 여기에서 T와 T′은 이동과 배율 조정으로 구성된 정규화 변환이다.

(ii) 점 대응 $\hat{\mathbf{x}}_i \leftrightarrow \hat{\mathbf{x}}'_i$에서 다음의 절차로 기본 행렬 $\hat{\mathrm{F}}'$을 구한다.

(a) **선형 해**: $\hat{\mathrm{A}}$의 가장 작은 특이값에 대응하는 특이 벡터에서 $\hat{\mathrm{F}}$를 결정한다. 여기에서 $\hat{\mathrm{A}}$는 (11.3)에서 정의한 점 대응 $\hat{\mathbf{x}}_i \leftrightarrow \hat{\mathbf{x}}'_i$에서 구성한다.

(b) **구속 조건 부과**: SVD를 이용해 $\det \hat{\mathrm{F}}' = 0$이 되도록 $\hat{\mathrm{F}}$를 $\hat{\mathrm{F}}'$으로 대체한다 (11.1.1절 참조).

(iii) **역정규화**: $\mathrm{F} = \mathrm{T}'^{\mathsf{T}}\hat{\mathrm{F}}'^{\mathsf{T}}$로 둔다. 행렬 F는 원천 데이터 $\mathbf{x}_i \leftrightarrow \mathbf{x}'_i$에 해당하는 기본 행렬이다.

11.3 대수적 최소화 알고리듬

정규화된 8점 알고리듬은 기본 행렬에 특이점 제약 조건을 부과하는 방법을 포함한다. 초기 추정값 F는 차이 $\|F' - F\|$를 최소화하는 특이 행렬 F'으로 대체된다. 이것은 SVD를 이용해 간단하고 빠르게 구현할 수 있다.

그러나 이러한 방법이 수치적으로 최적은 아니다. F의 모든 원소가 동일한 중요성을 갖지 않으며 실제로 일부 원소는 다른 원소보다 점 대응 데이터에 의해 더 심한 제약을 받기 때문이다. 보다 더 정확한 방법은 입력 데이터에서 행렬 F 원소의 공분산 행렬을 계산하고, 이 공분산 행렬에 대한 마할라노비스 거리를 이용해 F와 가장 가까운 특이 행렬 F'을 계산하는 것이다. 그러나 아쉽게도 마할라노비스 거리 $\|F - F'\|_\Sigma$을 최소화하는 것은 일반적인 공분산 행렬 Σ에 대해 선형이 아니어서 이 방법은 매력적이지 못하다.

대안으로 특이 행렬 F'을 직접 구하는 방법이 있다. F를 조건 $\|\mathbf{f}\| = 1$을 만족하면서 노름 $\|A\mathbf{f}\|$를 최소화해 구했듯이, $\|\mathbf{f}'\| = 1$을 만족하면서 $\|A\mathbf{f}'\|$를 최소화하는 특이 행렬 F'를 구할 수 있다. 그러나 조건 $\det F' = 0$이 선형이 아니라 삼차 제약 조건이어서 선형 비반복 방법으로는 불가능하다. 그럼에도 간단한 반복 방법이 효율적인 것을 보게될 것이다.

기본 행렬 F와 같은 임의의 3×3 특이 행렬은 $F = M[\mathbf{e}]_\times$로 표기할 수 있다. 여기에서 M의 정칙 행렬이고, $[\mathbf{e}]_\times$는 임의의 반대칭 행렬이다. $\mathbf{e}$는 첫 번째 이미지의 등극점에 해당한다.

조건 $\|\mathbf{f}\| = 1$을 만족하고 대수 오차 $\|A\mathbf{f}\|$를 최소화하는 $F = M[\mathbf{e}]_\times$ 형태의 기본 행렬 F를 구하고자 한다. 여기서는 등극점 $\mathbf{e}$를 안다고 가정한다. 뒤에서 $\mathbf{e}$가 고정되지 않은 경우를 고려하지만 여기서는 고정된 것으로 가정한다. 식 $F = M[\mathbf{e}]_\times$를 F과 M의 원소로 구성된 벡터 $\mathbf{f}$와 $\mathbf{m}$을 이용해 식 $\mathbf{f} = E\mathbf{m}$으로 표기한다. 여기에서, E는 9×9 행렬이다. $\mathbf{f}$와 $\mathbf{m}$이 대응하는 행렬의 원소를 행 기준 순서로 나열한 것이면, E가 다음의 형태를 가지는 것을 알 수 있다.

$$E = \begin{bmatrix} [\mathbf{e}]_\times & & \\ & [\mathbf{e}]_\times & \\ & & [\mathbf{e}]_\times \end{bmatrix} \tag{11.4}$$

$\mathbf{f} = \mathbf{E}\mathbf{m}$이므로, 최소화 과정은 다음과 같다.[1]

$$\text{조건 } \|\mathbf{E}\mathbf{m}\| = 1\text{을 만족하면서 } \|\mathrm{A}\mathbf{E}\mathbf{m}\|\text{을 최소화} \tag{11.5}$$

최소화 과정은 알고리듬 A5.6을 이용하면 된다. 각각의 대각 블록이 차수 2를 가지므로, rank(E) = 6이 돼서 이 알고리듬을 사용할 수 있다.

11.3.1 반복 추정법

(11.5)의 최소화에서 등극점 $\mathbf{e}$의 값이 주어질 때, 대수 오차 벡터 $\mathrm{A}\mathbf{f}$를 계산하는 방법을 알 수 있다. 사상 $\mathbf{e} \mapsto \mathrm{A}\mathbf{f}$는 $\mathbb{R}^3$에서 $\mathbb{R}^9$로 가는 변환이다. $\mathrm{A}\mathbf{f}$의 값은 $\mathbf{e}$의 배율에 영향을 받지 않는다. 초기 추정값 F의 우영공간의 생성자로 얻은 $\mathbf{e}$의 추정값에서 대수 오차를 최소화하는 최종 F를 반복적으로 구할 수 있다. F의 초기 추정값은 8점 알고리듬 또는 다른 간단한 알고리듬에서 구할 수 있다. F 계산을 위한 완전한 알고리듬은 알고리듬 11.2에 나와 있다.

이런 식으로 F를 계산하는 장점은 알고리듬의 반복 부분이 매우 작은 개수의 매개변수를 가지는 것이다(e의 동차 좌표인). 세 개의 매개변수의 추정뿐이다. 그럼에도 알고리듬은 대응하는 모든 점에 대해 대수 오차를 최소화하는 기본 행렬을 찾아낸다. 대응점 자체는 최종 반복 추정값에 나타나지 않는다.

알고리듬 11.2 대수 오차를 반복적으로 최소화해 det F = 0을 가지는 F를 계산

목적

$\|\mathbf{f}\| = 1$과 $\det \mathrm{F} = 0$을 만족하면서 대수 오차 $\|\mathrm{A}\mathbf{f}\|$를 최소화하는 기본 행렬 F를 찾기

알고리듬

(i) 정규화된 8점 알고리듬 11.1을 이용해 기본 행렬에 대한 첫 번째 근삿값 F_0를 구한다. F_0의 우영벡터 $\mathbf{e}_0$를 구한다.

(ii) 등극점에 대한 추정값 $\mathbf{e}_i = \mathbf{e}_0$로 시작해 (11.4)를 이용해 행렬 E_i를 계산한다. 그리고 $\|\mathbf{f}_i\| = 1$을 만족하고 $\|\mathrm{A}\mathbf{f}_i\|$를 최소화하는 벡터 $\mathbf{f}_i = \mathrm{E}_i\mathbf{m}_i$를 구한다. 이는 알고리듬 A5.6을 이용하면 된다.

1 $\|\mathbf{m}\| = 1$의 조건을 만족하면서 $\|\mathrm{A}\mathrm{E}\mathbf{m}\|$을 최소화하는 것은 아니다. $\mathbf{m}$이 E의 우영공간의 단위 벡터가 해가 되기 때문이다. 이런 경우에는 $\mathrm{E}\mathbf{m} = 0$이고 $\|\mathrm{A}\mathrm{E}\mathbf{m}\| = 0$이 된다.

(iii) 대수 오차 $\epsilon_i = \mathtt{A}\mathbf{f}_i$를 계산한다. $\mathbf{f}_i$ 그리고 결국 ϵ_i는 부호가 결정되지 않기 때문에 모든 i에 대해 $\mathbf{e}_i^\top \mathbf{e}_{i-1} > 0$이 되도록 (필요하면 −1을 곱해) ϵ_i의 부호를 수정한다. 이것은 $\mathbf{e}_i$의 함수로 ϵ_i가 연속적으로 변화하도록 보장하는 것이다.

(iv) 위의 두 단계에서 $\mathbb{R}^3 \rightarrow \mathbb{R}^9$인 사상 $\mathbf{e}_i \mapsto \epsilon_i$가 결정된다. 여기에 (A6.2절의) 레벤버그-마쿼트 알고리듬을 사용해 $\|\epsilon_i\|$를 최소화하는 $\mathbf{e}_i$를 반복적으로 결정한다.

(v) 수렴하면, $\mathbf{f}_i$는 원하는 기본 행렬을 나타낸다.

11.4 기하 거리

여기서는 이미지의 기하 거리를 최소화하는 알고리듬 세 개를 소개한다. 금본위 방법을 추천하지만 아쉽게도 구현이 가장 어렵다. 다른 것들은 매우 좋은 결과를 주고 구현하기 쉽지만 이미지 오류가 가우스 분포라는 가정하에서 최적의 방법이 아니다. 각 알고리듬의 두 가지 중요한 문제는 비선형 최소화의 초깃값과 비용함수의 매개변수화다. 알고리듬은 일반적으로 앞의 선형 알고리듬 중 하나를 이용해 구한 값을 초깃값으로 사용한다. 자동 알고리듬에서 사용하는 대안은 7개의 점 대응을 구해 F에 대한 하나 또는 세 개의 해를 얻는 것이다. 다양한 매개변수화는 11.4.2절에서 설명한다. 모든 경우에서 이동과 배율 조정으로 이미지를 정규화하는 것을 추천한다. 이러한 정규화는 노이즈 특성을 왜곡하지 않고 다음에 설명할 금본위 알고리듬의 최적성에 영향을 주지 않는다.

11.4.1 금본위 방법

기본 행렬의 최대 우도 추정치는 오류 모델의 가정에 의존한다. 여기서는 이미지 점측정의 노이즈가 가우스 분포를 따른다고 가정한다. 이런 경우 ML 추정값은 (재사영 오류인) 기하 거리를 최소화하는 추정치이다.

$$\sum_i d(\mathbf{x}_i, \hat{\mathbf{x}}_i)^2 + d(\mathbf{x}'_i, \hat{\mathbf{x}}'_i)^2 \tag{11.6}$$

여기에서 $\mathbf{x}_i \leftrightarrow \mathbf{x}'_i$는 관측된 대응이고, $\hat{\mathbf{x}}_i$와 $\hat{\mathbf{x}}'_i$는 차수 2를 가지는 추정된 기본 행렬 F에 대해 $\hat{\mathbf{x}}'^\top_i \mathrm{F} \hat{\mathbf{x}}_i = 0$를 만족하는 추정한 참 대응이다.

알고리듬 11.3 이미지 대응에서 F를 추정하기 위한 금본위 알고리듬

목적

$n \geq 8$개의 이미지 점 대응 $\{\mathbf{x}_i \leftrightarrow \mathbf{x}'_i\}$이 주어질 때 기본 행렬의 최대 우도 추정값 $\hat{F}$를 결정하기

MLE는 $\hat{\mathbf{x}}'_i \hat{F} \hat{\mathbf{x}}_i = 0$을 만족하는 보조 점 대응 $\{\hat{\mathbf{x}}_i \leftrightarrow \hat{\mathbf{x}}'_i\}$을 구하고 다음을 최소화한다.

$$\sum_i d(\mathbf{x}_i, \hat{\mathbf{x}}_i)^2 + d(\mathbf{x}'_i, \hat{\mathbf{x}}'_i)^2$$

알고리듬

(i) 알고리듬 11.1과 같은 선형 알고리듬을 사용해 차수 2인 초깃값 $\hat{F}$을 계산한다.

(ii) 보조변수 $\{\hat{\mathbf{x}}_i, \hat{\mathbf{x}}'_i\}$의 초깃값을 다음의 절차로 계산한다.

(a) $\hat{F}$에서 구한 $\mathbf{e}'$을 이용해 카메라 행렬 $P = [I \mid \mathbf{0}]$과 $P' = [[\mathbf{e}']_\times \hat{F} \mid \mathbf{e}']$을 선택한다.

(b) 대응 $\mathbf{x}_i \leftrightarrow \mathbf{x}'_i$와 $\hat{F}$에서 12장의 삼각법을 이용해 $\widehat{\mathbf{X}}_i$의 추정치를 결정한다.

(c) $\hat{F}$와 일치하는 대응을 $\hat{\mathbf{x}}_i = P\widehat{\mathbf{X}}_i$와 $\hat{\mathbf{x}}'_i = P'\widehat{\mathbf{X}}_i$를 이용해 계산한다.

(iii) 다음의 비용함수를 $\hat{F}$와 $i = 1, \ldots, n$일 때 $\widehat{\mathbf{X}}_i$에 대해 최소화한다.

$$\sum_i d(\mathbf{x}_i, \hat{\mathbf{x}}_i)^2 + d(\mathbf{x}'_i, \hat{\mathbf{x}}'_i)^2$$

비용함수는 레벤버그-마쿼트 알고리듬을 이용해 $3n + 12$개의 변수에 대해 최소화한다. n개의 3차원 점 $\widehat{\mathbf{X}}_i$에 대해 $3n$, 카메라 행렬 $P' = [M \mid \mathbf{t}]$에 대해 12개다. 여기에서, $\hat{F} = [\mathbf{t}]_\times M$이고 $\hat{\mathbf{x}}_i = P\widehat{\mathbf{X}}_i$, $\hat{\mathbf{x}}'_i = P'\widehat{\mathbf{X}}_i$를 만족한다.

오차함수는 다음과 같은 방법으로 최소화한다. 카메라 행렬 한 쌍 $P = [I \mid \mathbf{0}]$과 $P' = [M \mid \mathbf{t}]$를 결정한다. 그리고 3차원의 점들 $\mathbf{X}_i$를 결정한다. 이제, $\hat{\mathbf{x}}_i = P\mathbf{X}_i$와 $\hat{\mathbf{x}}'_i = P'\mathbf{X}_i$라 두고, P'과 $\mathbf{X}_i$를 바꾸면서 오차 표현식을 최소화한다. 결국 F는 $F = [\mathbf{t}]_\times M$으로 계산된다. 벡터 $\hat{\mathbf{x}}_i$와 $\hat{\mathbf{x}}'_i$는 $\hat{\mathbf{x}}_i'^{\top} F \hat{\mathbf{x}}_i = 0$을 만족한다. 오차의 최소화는 A6.2절에서 설명한 레벤버그-마쿼트 알고리듬을 이용해 수행한다. 매개변수의 초깃값은 정규화된 8점 알고리듬과 12장에서 설명하는 사영 재구성을 이용해 계산한다. 그래서 이 방법을 이용하는 기본 행렬의 추정은 결국 사영 재구성과 근본적으로 같다. 알고리듬의 각 단계를 알고리듬 11.3에 나타냈다.

이 방법으로 F를 계산하는 것은 계산 비용 측면에서 낭비가 심한 것처럼 보인다. 그러나 희박 LM 기법을 사용하면 다른 반복 기법에 비해 그다지 낭비가 심하지 않으며, 자세한 것은 A6.5절에서 기술한다.

11.4.2 차수 2인 행렬의 매개변수화

기하 거리 비용함수의 비선형 최소화에는 행렬이 차수가 2인 성질을 강제하는 기본 행렬의 매개변수화가 필요하다. 세 가지 매개변수화를 소개한다.

초과 매개변수화 F의 매개화로 앞에서 벌써 언급한 한 가지 방법은 임의의 3×3 행렬 M에 대해 $F = [\mathbf{t}]_\times M$으로 표기하는 것이다. 이것은 F가 특이 행렬임을 보장한다. $[\mathbf{t}]_\times$가 특이 행렬이기 때문이다. 이런 방법을 사용하면, F는 M의 9개의 원소와 $\mathbf{t}$의 3개의 원소로 매개변수화된다. 합쳐서 12개인데, 이는 매개변수의 최솟값인 7보다 크다. 일반적인 경우에서는 이것이 큰 문제가 되지 않는다.

등극 매개변수화 F를 매개화하는 다른 방법으로는 F의 처음의 열벡터 두 개를 결정하고, 스칼라 값 α, β를 이용해 세 번째 열을 $\mathbf{f}_3 = \alpha\mathbf{f}_1 + \beta\mathbf{f}_2$로 표기하는 것이다. 그러면 기본 행렬은 다음으로 매개화된다.

$$F = \begin{bmatrix} a & b & \alpha a + \beta b \\ c & d & \alpha c + \beta d \\ e & f & \alpha e + \beta f \end{bmatrix} \tag{11.7}$$

모두 8개의 매개변수를 가진다. 최소 매개변수를 구현하기 위해 한 개의 원소, 예를 들어서 f를 1로 둔다. 실제에서는 절댓값이 가장 큰 $a, \ldots, f$ 중의 하나를 1로 둔다. 이 방법은 F가 특이 행렬이 되는 것을 보장하면서 최소 매개변수를 사용한다. 중요한 단점은 이 표현이 특이점을 가진다. F의 처음 두 개의 열벡터가 선형 의존인 경우에는 이런 방법이 작동하지 않는다. 앞의 두 개의 열벡터를 이용해 3번째 열벡터를 표현할 수 없기 때문이다. 이런 문제는 중요하다. 오른쪽 등극점이 무한대에 놓이는 경우에 이런 현상이 발생하기 때문이다. 이때, $F\mathbf{e} = F(e_1, e_2, 0)^\top = 0$이고, 처음 두 개의 열벡터는 선형 의존한다. 그럼에도 이러한 매개변수화는 널리 사용되며, 특이점을 제거하는 조치를 하면 잘 작동한다. 앞의 두 개의 열벡터를 기저로 사용하는 대신에 다른 쌍의 열벡터를 사용할 수 있다.

이런 경우, 등극점이 좌표축상에 있는 경우에 특이점이 발생한다. 실무에서는 최소화 과정에서 특이점을 탐지해 매개화를 다른 대안의 매개화로 변경할 수 있다.

$(\alpha,\ \beta,\ -1)^{\mathsf{T}}$가 기본 행렬의 오른쪽 등극점이 되는 것에 주의한다. 이 매개화에서는 등극점의 좌표를 구체적으로 알 수 있다. 최고의 결과를 얻기 위해서는 등극점의 (절댓값의) 최대 원소가 1이 되도록 매개화를 선택해야 한다.

가능한 기본 행렬로 구성된 완전한 다양체는 하나의 매개변수로 완전히 표현할 수 없는 것에 주의해야 한다. 최소 매개변수들의 집합을 사용해야 한다. 최소화를 하는 동안 다양체를 통과하는 경로에서 매개변수를 경계에서 변경해야 한다. 이 경우에 실제로 18개의 다른 매개변수 집합이 존재한다. $a, \ldots, f$ 중에서 어떤 것이 최댓값을 가지는가와 기저로서 어떤 쌍의 열벡터를 사용할 것인가에 의존한다.

매개변수로서 두 등극점 앞의 매개변수화는 매개변수의 일부로 등극점 하나를 사용한다. 대칭을 위해 등극점 두 개를 매개변수로 사용할 수 있다. 그러면 F의 형식은 다음과 같다.

$$\mathrm{F} = \begin{bmatrix} a & b & \alpha a + \beta b \\ c & d & \alpha c + \beta d \\ \alpha' a + \beta' c & \alpha' b + \beta' d & \alpha'\alpha a + \alpha'\beta b + \beta'\alpha c + \beta'\beta d \end{bmatrix} \tag{11.8}$$

등극점 두 개는 $(\alpha,\ \beta,\ -1)^{\mathsf{T}}$와 $(\alpha',\ \beta',\ -1)^{\mathsf{T}}$이다. 위와 마찬가지로 $a,\ b,\ c,\ d$ 중의 하나를 1로 둘 수 있다. 특이점을 피하기 위해 기저로 사용하는 두 개의 열벡터와 두 개의 행벡터를 다르게 선택해 변경해야 한다. $a,\ b,\ c,\ d$를 1로 두는 네 가지 경우와 함께 기본 행렬의 다양체를 완전히 표현하기 위해서는 총 36가지의 매개변수화가 필요하다.

11.4.3 1차 기하 오차(샘프슨 거리)

샘프슨 거리의 개념은 4.2.6절에서 자세하게 설명했다. 여기서는 $\mathbf{x}'^{\mathsf{T}}\mathrm{F}\mathbf{x} = 0$이 결정하는 다양체에 샘프슨 근사를 사용해 기하 오차의 일차 근사를 구하려고 한다.

샘프슨 비용함수의 일반 공식은 (4.13)으로 주어진다. 기본 행렬 추정에서는 공식이 더 간단해진다. 점 대응마다 하나의 식이 있기 때문이다(보기 4.2 참조). 편미분 행렬 J는 단지 한 개의 행을 가지면, 결국 JJ^{T}는 스칼라가 돼서 (4.12)는 다음이 된다.

$$\frac{\boldsymbol{\epsilon}^{\mathsf{T}}\boldsymbol{\epsilon}}{\mathtt{J}\mathtt{J}^{\mathsf{T}}} = \frac{(\mathbf{x}_i'^{\mathsf{T}}\mathtt{F}\mathbf{x}_i)^2}{\mathtt{J}\mathtt{J}^{\mathsf{T}}}$$

J의 정의와 $\mathtt{A}_i = \mathbf{x}_i'^{\mathsf{T}}\mathtt{F}\mathbf{x}_i$의 구체적인 형식에서 (11.2)의 좌변에서 다음을 얻는다.

$$\mathtt{J}\mathtt{J}^{\mathsf{T}} = (\mathtt{F}\mathbf{x}_i)_1^2 + (\mathtt{F}\mathbf{x}_i)_2^2 + (\mathtt{F}^{\mathsf{T}}\mathbf{x}_i')_1^2 + (\mathtt{F}^{\mathsf{T}}\mathbf{x}_i')_2^2$$

여기에서 $(\mathtt{F}\mathbf{x}_i)_j^2$는 벡터 $\mathtt{F}\mathbf{x}_i$의 j번째 원소를 나타낸다. 그러므로 비용함수는 다음이 된다.

$$\sum_i \frac{(\mathbf{x}_i'^{\mathsf{T}}\mathtt{F}\mathbf{x}_i)^2}{(\mathtt{F}\mathbf{x}_i)_1^2 + (\mathtt{F}\mathbf{x}_i)_2^2 + (\mathtt{F}^{\mathsf{T}}\mathbf{x}_i')_1^2 + (\mathtt{F}^{\mathsf{T}}\mathbf{x}_i')_2^2} \tag{11.9}$$

이것은 기하 오차의 일차 근사이다. 고차항이 일차항에 비해 작은 경우에는 좋은 결과를 얻을 것을 기대할 수 있다. 추정 알고리듬에서 이 근사식을 [Torr-97, Torr-98, Zhang-98]에서 성공적으로 사용했다. 등극점 두 개가 결정하는 $\mathbb{R}^4$의 점에서는 이 근사가 정의되지 않는 것에 주의해야 한다. 이 점에서는 $\mathtt{J}\mathtt{J}^{\mathsf{T}}$가 영이 된다. 이 점은 모든 수치 구현에서 피해야 한다.

이러한 방식으로 기하 오차를 근사하는 주요 이점은 최종적으로 나타나는 비용함수에 F의 매개변수만을 포함한다는 것이다. 이것은 선형 근사에서 금본위 비용함수 (11.6)를 일련의 보조변수, 즉 n개의 공간 점 $\mathbf{X}_i$의 좌표를 도입하지 않고 최소화할 수 있는 것을 의미한다. 결국 자유도가 $7 + 3n$인 최소화 문제가 자유도 7인 문제로 축소된다.

대칭 등극 거리 식 (11.9)에서 비슷한 형태의 또 하나의 비용함수를 생각할 수 있다.

$$\begin{aligned}\sum_i \quad & d(\mathbf{x}_i', \mathtt{F}\mathbf{x}_i)^2 + d(\mathbf{x}_i, \mathtt{F}^{\mathsf{T}}\mathbf{x}_i')^2 \\ &= \sum_i (\mathbf{x}_i'^{\mathsf{T}}\mathtt{F}\mathbf{x}_i)^2 \left(\frac{1}{(\mathtt{F}\mathbf{x}_i)_1^2 + (\mathtt{F}\mathbf{x}_i)_2^2} + \frac{1}{(\mathtt{F}^{\mathsf{T}}\mathbf{x}_i')_1^2 + (\mathtt{F}^{\mathsf{T}}\mathbf{x}_i')_2^2}\right)\end{aligned} \tag{11.10}$$

이것은 각각의 이미지에서 점에서 사영된 등극선까지의 거리를 최소화하는 것이다. 그러나 이 비용함수는 (11.9)에 비해 약간 나쁜 결과를 준다([Zhang-98] 참조). 그래서 추가적인 설명은 생략한다.

11.5 알고리듬의 실험적 평가

앞에서 설명한 세 개의 알고리듬으로 여러 이미지 쌍의 점 대응에서 F를 추정해 서로 비교한다. 알고리듬은 다음과 같다.

(i) 정규화된 8점 알고리듬(알고리듬 11.1)

(ii) 특이점 구속 조건을 부과한 대수 오차 최소화(알고리듬 11.2)

(iii) 금본위 기하 알고리듬(알고리듬 11.3)

실험 절차는 다음과 같다. 이미지 각각의 쌍에서, 대응하는 점 n개를 임의로 선택해 기본 행렬을 계산하고 (아래에서 설명하는) 잔차 오차를 계산했다. 이 실험을 각각의 n값과 각각의 이미지 쌍에 대해 100회 반복해 평균 잔차 오차를 n에 대해 그렸다. 이로부터 점의 개수가 증가함에 따라 각 알고리듬이 어떻게 거동하는지 알 수 있다. 사용한 점의 개수 n은 8에서부터 일치하는 점들의 모든 개수의 3/4까지 변한다.

잔차 오차 오차는 다음으로 정의한다.

$$\frac{1}{N}\sum_{i}^{N} d(\mathbf{x}_i', \mathtt{F}\mathbf{x}_i)^2 + d(\mathbf{x}_i, \mathtt{F}^\mathsf{T}\mathbf{x}_i')^2$$

여기에서 $d(\mathbf{x}, \mathbf{l})$은 점 $\mathbf{x}$와 선 $\mathbf{l}$의 (픽셀 단위의) 거리이다. 오차는 (대응점의 두 개에서 각각에 대해) 점의 등극선과 다른 이미지의 대응점과의 거리 제곱을 대응하는 모든 점 N에 대해 평균한 것이다. 오차는 F를 계산하기 위해 사용한 n개가 아닌, 모든 N개의 대응점에서 계산하는 것에 주의해야 한다. 잔차 오차는 (11.10)에서 정의한 등극 거리에 해당한다. 잔차 오차는 여기에서 사용한 알고리듬으로 직접 최소화한 것이 아님에 주의해야 한다.

다양한 알고리듬을 5개의 다른 이미지 쌍에 대해 테스트했다. 이미지는 그림 11.2에서 나타냈고, 이미지 타입과 등극점의 위치가 다양한 것을 볼 수 있다. 몇 개의 등극선을 그림에 나타냈다. 이러한 선 뭉치의 교차점이 등극점이다. 불일치점을 전처리 단계에서 제거했지만 각 이미지에 대응점의 정확도는 같지 않다.

결과 실험의 결과를 그림 11.3에서 제시한다. 대수 오차를 최소화하는 것과 기하 오차를 최소화하는 것을 본질적으로 구분할 수 없는 것을 볼 수 있다.

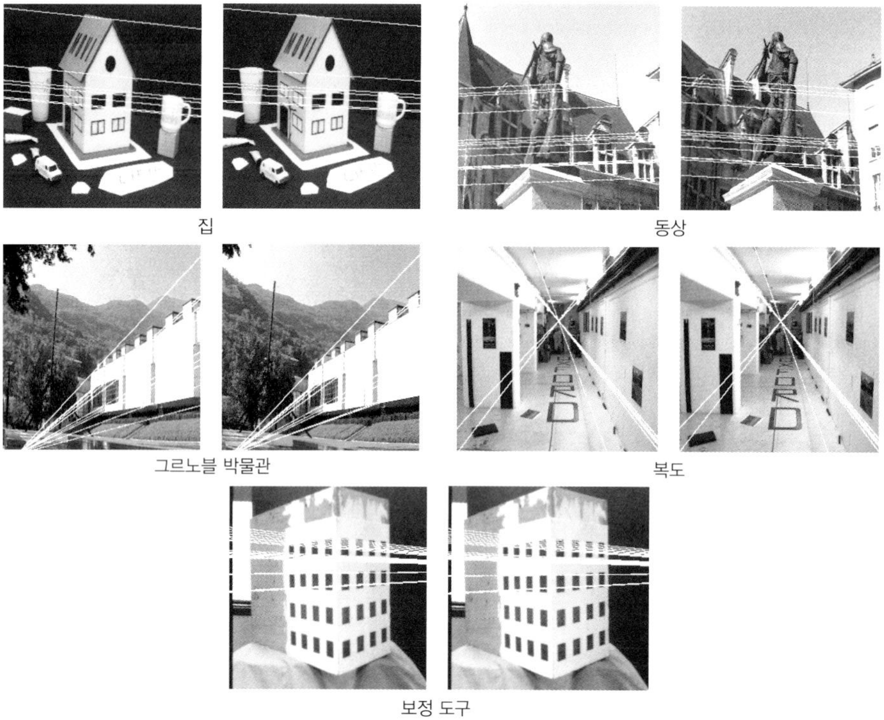

그림 11.2 알고리듬 비교에 사용된 이미지 쌍들. 최고 위의 2개는 등극점이 이미지 중심에서 멀리 떨어져 있다. 중간의 두 개는 (그르노블 박물관의 경우에는) 등극점이 가깝고 (복도의 경우에는) 이미지 안에 있다. 보정 이미지의 경우에는 매우 정확하게 알려져 있다.

11.5.1 권장 사항

기본 행렬을 계산하는 몇 가지 방법이 여기에서 논의됐으며 어떤 방법을 사용할지에 대한 몇 가지 지침을 제시한다. 간단하게 권장 사항은 다음과 같다.

- 정규화되지 않은 8점 알고리듬은 사용하지 마라.
- 구현하기 쉽고 빠른 방법으로 정규화된 8점 알고리듬 11.1이 좋다. 이것으로 가끔 좋은 결과를 얻고, 다른 알고리듬을 위한 첫 번째 단계로 이상적이다.
- 더 정확한 결과가 필요한 경우에는 대수 최소화 방법이 좋다. 등극점의 위치는 반복하거나 하지 않아도 상관없다.
- 좋은 결과를 내는 다른 방법으로 샘프슨 비용함수(11.9)를 최소화하는 반복 최소 방법

이 좋다. 이 방법과 반복 대수 방법의 결과는 비슷하다.

- 가우스 잡음 가정이 유효한 상황에서 최상의 결과를 얻으려면 금본위 알고리듬이 가장 좋다.

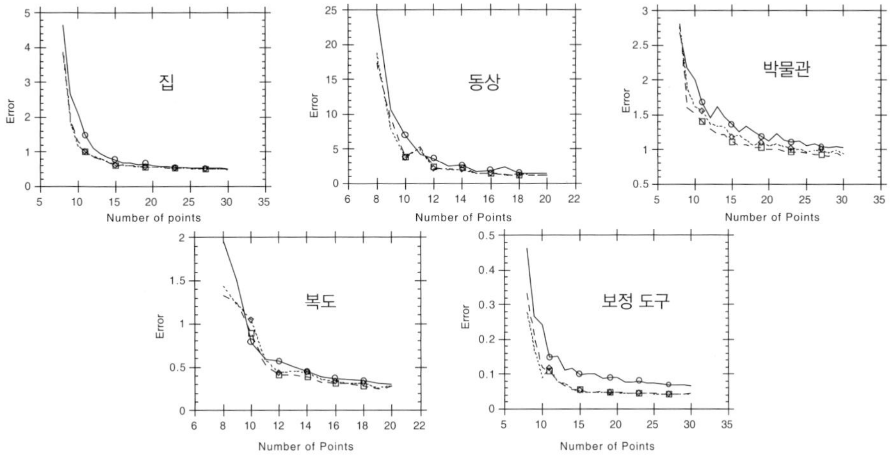

그림 11.3 알고리듬 평가 실험의 결과 각각의 경우에 대해 F를 계산하는 세 가지 방법을 비교했다. 잔차 오차는 F를 계산하기 위해 사용된 점의 수에 대해 그래프로 나타냈다. 각각의 그래프에서, (실선으로 나타낸) 상단은 정규화된 8점 알고리듬의 결과를 보여준다. 또한 (긴 파선으로) 기하 오차를 최소화한 결과와 (짧은 파선으로) 행렬식 제약 조건을 가지는 대수 오차를 반복적으로 최소화한 결과를 나타냈다. 대부분의 경우 대수 오차를 반복적으로 최소화한 결과와 기하 오차를 최소화하는 것과 거의 구별할 수 없다. 두 알고리듬 모두 반복하지 않는 정규화 8점 알고리듬보다 우수한 것이 뚜렷하지만 정규화 8점 알고리듬의 결과 또한 좋은 편이다.

11.6 F의 자동 계산

여기서는 두 이미지 사이의 등극 기하를 자동으로 계산하는 알고리듬을 설명한다. 알고리듬의 입력 값은 한 쌍의 이미지뿐이며, 다른 선험적인 정보를 요구하지 않는다. 그리고 출력 값은 대응 관계에 있는 관심 점들의 집합과 추정한 기본 행렬이다.

알고리듬은 탐색 엔진으로 RANSAC를 사용한다. 4.8절에서 설명했듯이 단응사상을 자동으로 계산하는 것과 비슷한 방법이다. 알고리듬의 기본 아이디어와 구체적인 사항은 이미 언급했기에 여기에서 다시 설명하지 않는다. 알고리듬 11.4에서 구체적인 방법을 요약했고, 그림 11.4에 결과를 보여준다.

이 방법에 대해 몇 가지 언급을 한다.

(i) RANSAC 샘플 F를 추정하기 위해 점 대응 7개만을 사용한다. 이것은 차수 2인 행렬이 자동으로 생성되는 장점이 있으며, 선형 알고리듬처럼 행렬에 차수 2가 되는 조건을 부과할 필요가 없다. 선형 알고리듬처럼 8개가 아닌 7개의 대응을 사용하는 두 번째 이유는 샘플 수와 관련 있다. 높은 확률로 특이치가 없는 것을 보장하기 위해 시도해야 하는 샘플 수는 샘플 세트의 크기에 대해 기하 급수적으로 증가한다. 예를 들어 표 4.3에서 (50%의 특이치를 가지는 집합에서 추출할 때) 99%의 신뢰도로 특이치가 없기 위해서는 7개의 점 대응에 대해서 8개의 점 대응은 두 배나 되는 샘플 수를 요구한다. 7개의 대응을 사용할 때 약간의 단점은 F에 대해 3개의 해를 가질 수 있으며 3개 모두 테스트해 확인해야 한다.

(ii) 거리 측도 현재 (RANSAC 샘플에서) F의 추정치가 주어지면 거리 $d_\perp$는 대응하는 점 쌍이 등극 기하학을 만족하는 정도를 측정한다. $d_\perp$에 대해 의미 있는 선택 두 가지가 있다. 재사영 오류 즉, 비용함수 (11.6)에서 최소화된 거리 (12.5절의 삼각측량 알고리듬을 사용해 얻는 값) 또는 재사영 오차에 대한 샘프슨 근사((11.9)의 $d_\perp^2$)이다. 샘프슨 근사를 이용하는 경우에 샘프슨 비용함수를 사용해 F를 반복적으로 추정해야 한다. 그렇지 않으면 RANSAC과 알고리듬의 다른 곳에서 사용하는 거리가 일관성이 없게 된다.

(iii) 안내 대응 F의 현재 추정치는 **x**의 등극선 F**x** 주변의 두 번째 이미지에서 탐색 대역을 정의한다. 모서리 점 **x** 각각에 대한 대응을 탐색 대역에서 찾을 수 있다. 탐색 영역이 제한돼 있기 때문에 더 약한 유사성 임계값을 사용할 수 있으며 **승자독식**winner takes all 방식을 적용할 필요가 없다.

(iv) 구현과 실행의 세부 정보 그림 11.4의 경우에 탐색 창은 ±300픽셀이다. 초기 임계값은 $t = 1.25$픽셀이다. 총 407개의 샘플이 필요하다. RANSAC 이후의 픽셀 오류 RMS는 (99개의 대응에 대해) 0.34였고, MLE와 안내 대응 이후에는 (157개의 대응에 대해) 0.33이었다. 안내 대응 MLE에는 레벤버그-마쿼트 알고리듬을 10회 반복했다.

알고리듬 11.4 RANSAC을 이용해 두 이미지 간의 기본 행렬을 자동으로 추정하는 알고리듬

목적

두 이미지 간의 기본 행렬을 계산한다.

알고리듬

(i) **관심 점**: 각 이미지에서 관심이 있는 점들을 계산한다.

(ii) **추정 대응**: 근접성과 근방의 강도의 유사성을 이용해 관심 점들의 대응을 계산한다.

(iii) RANSAC 추정: 알고리듬 4.5의 N을 적응적으로 결정해, N개의 샘플에 대해 다음을 반복한다.

(a) 7개의 대응을 무작위로 선택해 11.1.2절에서 설명한 방법으로 기본 행렬 F를 계산한다. 한 개 또는 세 개의 실수 해가 있을 것이다.

(b) 각각의 추정 대응에 대해 거리 $d_\perp$를 계산한다.

(c) $d_\perp < t$인 대응의 수를 사용해 F와 일관성이 있는 대응의 개수를 계산한다.

(d) F에 대해 세 개의 실수 해가 있는 경우에는 각각의 해에 대해 대응 개수를 계산하고, 가장 많은 대응 개수를 가지는 것을 선택한다.

가장 많은 대응을 가지는 F를 선택한다. 같은 개수가 있는 경우에는 표준 편차가 적은 것으로 선택한다.

(iv) **비선형 추정**: A6.2절의 레벤버그-마쿼트 알고리듬을 사용해 비용함수를 최소화하는 방법으로 모든 대응을 이용한 F를 다시 추정한다.

(v) 안내 대응: 추정한 F를 사용해 등극선의 탐색 대역을 정의해 추가 관심 점 대응을 결정한다.

마지막 두 단계는 대응의 수가 안정화될 때까지 반복한다.

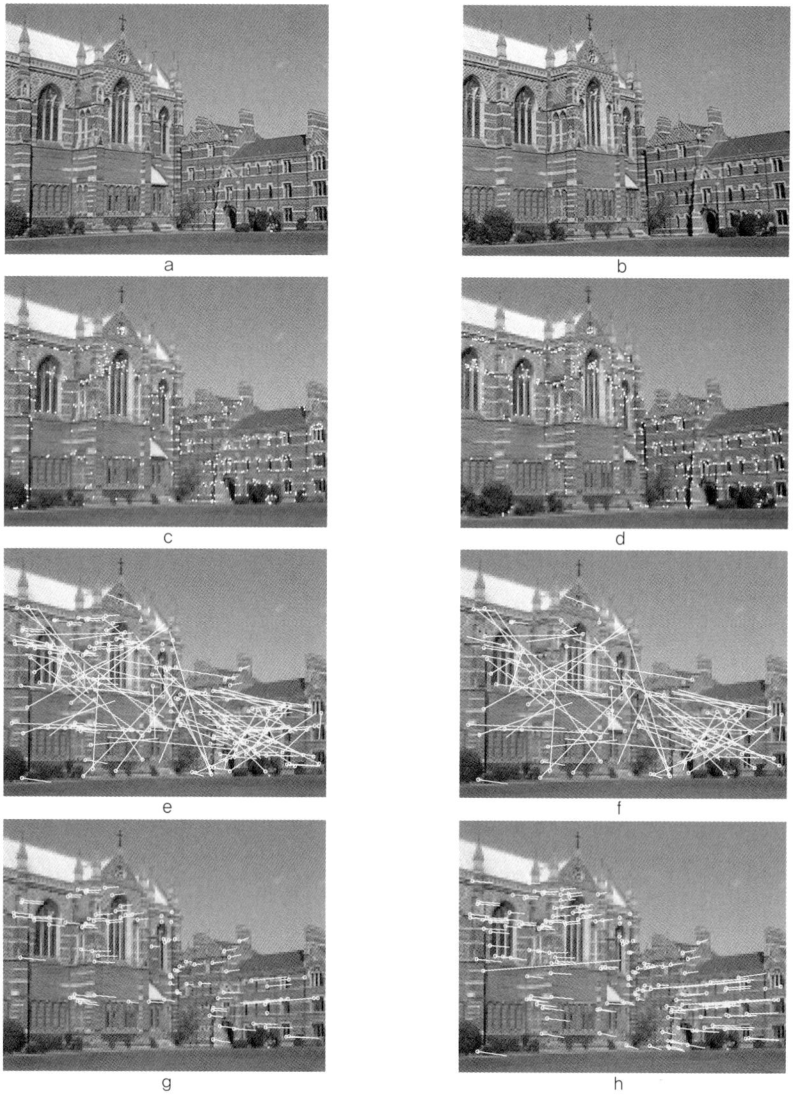

그림 11.4 RANSAC을 이용해 두 이미지 간 기본 행렬의 자동 계산 (a) (b) 옥스퍼드 케블대학의 왼쪽 및 오른쪽 이미지. 시점 간의 운동은 이동과 회전이다. 이미지는 640 × 480픽셀이다. (c) (d) 이미지에 탐색한 모서리를 겹쳐서 나타냈다. 각 이미지에는 약 500개의 모서리가 있다. 다음의 결과는 왼쪽 이미지에 중첩해 나타냈다. (e) 모서리를 연결하는 선으로 표시한 188개의 추정 대응. 불일치하는 것이 뚜렷하게 보인다. (f) 특이치-추정 일치 중에서 89개 (g) 정상치-추정한 F와 일치하는 99개의 대응 (h) 안내 대응과 MLE 이후의 157개의 대응의 최종 집합. 여전히 틀린 몇 개의 대응이 있다(예: 왼쪽의 긴 선).

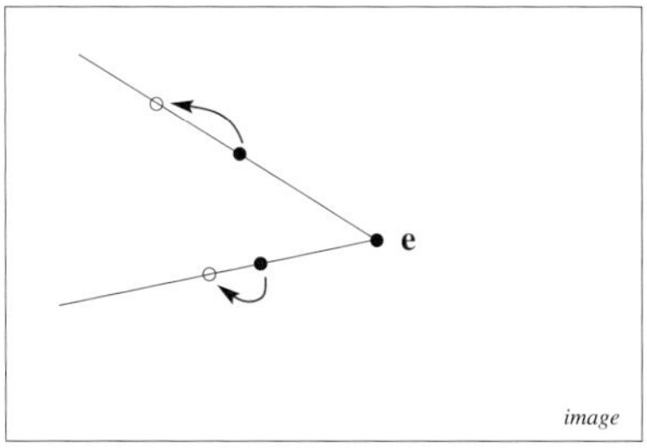

그림 11.5 순수 이동 변환의 경우, 등극점은 두 점의 이미지 운동에서 추정할 수 있다.

11.7 F 계산의 특별한 경우

카메라의 운동이 특별한 경우, 또는 부분적으로 알려진 카메라 보정에서 기본 행렬의 계산이 간단해진다. 각각의 경우에 기본 행렬의 자유도는 일반 운동의 7보다 작아진다. 여기서는 세 가지 보기를 설명한다.

11.7.1 순수 이동 운동

이것은 가능한 가장 간단한 경우다. 행렬을 선형으로 추정할 수 있으며 동시에 행렬이 만족해야 하는 제약 조건 즉, 반대칭(9.3.1절 참조)을 부과해 필요한 차수 2를 가지게 할 수 있다. 이 경우, $\mathrm{F} = [\mathbf{e}']_\times$이고 자유도는 2이다. $\mathbf{e}'$의 원소 세 개로 매개화할 수 있다.

그림 11.5에서 볼 수 있듯이 각각의 점 대응에서 동차 매개변수에 대해 선형 제약 조건 하나를 얻는다. 행렬은 점 대응 두 개에서 유일하게 계산할 수 있다.

일반적인 운동에서 모든 3차원 점이 동일 평면에 있으면, (11.9절의) 구조 퇴화의 경우이며 기본 행렬을 이미지 대응에서 고유하게 결정할 수 없다. 그러나 순수 이동 운동에서는 이것이 문제가 되지 않는다(3차원의 점 두 개는 항상 동일 평면에 놓인다). 유일한 퇴화는 3차원 두 점이 카메라의 중심 두 개와 동일 평면에 있는 경우다.

이러한 특별한 형태는 금본위 추정과 구조 복구를 위한 삼각측량 또한 단순화한다. 순수 이동 운동에서 점 대응에서 등극점을 금본위 추정하는 것은 이미지에서 평행선 집합의 끝점에서 소실점을 추정하는 것과 동일하다(8.6.1절 참조).

11.7.2 평면 운동

9.3.2절에서 설명한 평면 운동의 경우, 전체 행렬에 대한 표준 차수 2 조건에 추가해 F의 대칭 부분이 차수 2를 가져야 한다. (9.8)의 매개변수화 $\mathrm{F} = [\mathbf{e}']_\times[\mathbf{l}_s]_\times[\mathbf{e}]_\times$가 앞의 두 조건을 만족하는 것을 확인할 수 있다. 구속 조건이 없는 3차원 벡터를 이용해 $\mathbf{e}'$, $\mathbf{l}_s$, $\mathbf{e}$를 표현하면 9개의 매개변수가 있다. 반면에 평면 운동에 대한 기본 행렬은 자유도 6만을 가진다. 이러한 초과 매개변수화는 일반적으로 문제를 일으키지 않는다.

비슷한 성질을 가지는 다른 매개변수화는 다음과 같다.

$$\mathrm{F} = \alpha[\mathbf{x}_\mathrm{a}]_\times + \beta\left(\mathbf{l}_s\mathbf{l}_h^\mathsf{T} + \mathbf{l}_h\mathbf{l}_s^\mathsf{T}\right) \quad \text{with} \quad \mathbf{x}_\mathrm{a}^\mathsf{T}\mathbf{l}_h = 0$$

여기에서 α, β는 스칼라이고 $\mathbf{x}_\mathrm{a}$, $\mathbf{l}_s$, $\mathbf{l}_h$의 의미는 그림 9.11에서 명확하다.

11.7.3 보정된 경우

보정된 카메라의 경우 정규화된 이미지 좌표를 사용할 수 있으며 기본 행렬 대신에 필수 행렬 E를 계산한다. 기본 행렬과 마찬가지로 필수 행렬도 점 8개 또는 그 이상을 이용해 선형 방법으로 계산할 수 있다. 대응점들이 정의식 $\mathbf{x}_i'^\mathsf{T}\mathrm{E}\mathbf{x}_i = 0$을 만족하기 때문이다.

기본 행렬의 계산과 이 방법의 다른 점은 제약 조건을 적용하는 것이다. 기본 행렬은 $\det \mathrm{F} = 0$을 만족하지만 필수 행렬은 특이값 두 개가 같다는 추가 조건을 만족한다. 이 제약은 증명 없이 서술하는 다음의 결과를 이용할 수 있다.

결과 11.1 E는 3×3 행렬이며, 이것의 SVD는 $\mathrm{E} = \mathrm{UDV}^\mathsf{T}$로 주어진다. 여기에서 $\mathrm{D} = \mathrm{diag}(a, b, c)$이며 $a \geq b \geq c$를 만족한다. 그러면 프로베니우스 노름에서 E와 가장 가까운 필수 행렬은 $\hat{\mathrm{E}} = \mathrm{U}\hat{\mathrm{D}}\mathrm{V}^\mathsf{T}$로 주어진다. 여기에서 $\hat{\mathrm{D}} = \mathrm{diag}((a+b)/2, (a+b)/2, 0)$이다.

재구성 과정의 일부로서 정규화된 카메라 행렬 두 개 P와 P′을 계산하는 것이라면 실제로 $\hat{\mathrm{E}} = \mathrm{U}\hat{\mathrm{D}}\mathrm{V}^\mathsf{T}$를 곱해서 $\hat{\mathrm{E}}$를 계산할 필요가 없다. 행렬 P′은 결과 9.19에 따라 SVD에서 직접 계산할 수 있다. 9.6.3절에서 설명한 것처럼 보이는 점이 두 카메라 앞에 있어야 한다는 조건을 고려해 P′에 대한 해 4개 중에서 선택한다.

11.8 다른 객체의 대응

지금까지 11장에서는 점들의 대응 만을 고려했다. 다음의 질문이 자연스럽게 나올 수 있다. 점이 아닌 다른 객체를 사용해 F를 계산할 수 있는가? 답은 그렇다이지만, 모든 객체가 가능한 것은 아니다. 여기서는 흔히 발생하는 보기에 대해 논의한다.

직선 시점 간의 이미지 직선의 대응은 F에 아무런 제약도 주지 않는다. 여기서 직선은 선분이 아니라 무한 직선이다. 이미지 점들 대응의 경우를 생각한다. 각각의 이미지의 점은 각각의 카메라 중심을 지나는 레이로 역사영되고, 이러한 레이들은 3차원 점에서 교차한다. 3차원 공간의 일반적인 두 직선은 뒤틀려서 교차하지 않는다. 그래서 레이가 교차하는 것은 등극 기하학에 구속 조건이 된다. 대조적으로 대응하는 이미지 직선의 경우에는 각각의 시점에서 역사영이 평면이 된다. 그러나 3차원 공간의 두 평면은 항상 교차하므로 등극 기하학에 제약을 주지 못한다(삼중 시점의 경우에는 제약 조건이 된다).

평행선의 경우에 소실점의 대응은 F를 구속한다. 그러나 소실점은 다른 유한점과 같은 지위를 가진다. 즉, 한 개의 구속 조건을 얻을 수 있다.

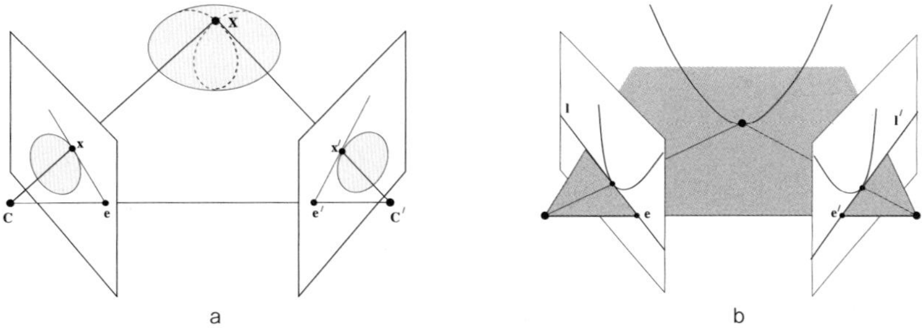

그림 11.6 등극 접하기 (a) 표면 (b) 공간 곡선의 경우. Porrill and Pollard[Porrill-91]에서 그림 발췌. (a)에서 등극면 CC′X는 X에서 표면과 접한다. 이미지의 윤곽선은 두 시점에서 x와 x′에서 등극선에 접한다. 곡면의 점선은 윤곽 생성기이다. (b)에서 등극면은 공간 곡선에 접한다. 대응하는 등극선 l ↔ l′은 이미지에서 곡선과 접한다.

공간의 곡선과 곡면 그림 11.6에서 볼 수 있듯이 등극면이 공간 곡선에 접하는 점에서 이미지 곡선은 대응하는 등극선에 접한다. 이것은 이중 시점 기하학에서 제약 조건이 된다. 등극선이 한 시점에서 이미지 곡선에 접하면 대응하는 등극선은 다른 시점에서 이미지 곡선에 접해야 한다. 유사하게, 곡면의 경우에는 등극면이 곡면에 접하는 점에서 이미지 윤곽선은 대응하는 등극선에 접해야 한다. 등극 접점은 매우 효과적인 점 대응이며,

[Porrill-91]에서 추정 알고리듬에 포함했다.

특히 중요한 객체는 원뿔과 이차 곡면이다. 이것들은 대수적 객체여서 대수 해를 개발할 수 있다. 11장 끝에 있는 메모와 연습 문제에 몇 가지 보기가 있다.

11.9 퇴화

대응의 집합 $\{\mathbf{x}_i \leftrightarrow \mathbf{x}'_i \mid i = 1, \ldots, n\}$이 등극 기하학을 유일하게 결정하지 못하면 F에 대해 기하학적으로 퇴화됐다고 한다. 즉, $j = 1$, 2일때 다음을 만족하는 선형 독립인 차수 2의 행렬 F_j가 존재한다.

$$\mathbf{x}_i'^{\mathsf{T}} \mathrm{F}_1 \mathbf{x}_i^{\mathsf{T}} = 0 \quad \text{and} \quad \mathbf{x}_i'^{\mathsf{T}} \mathrm{F}_2 \mathbf{x}_i = 0 \qquad\qquad (1 \leq i \leq n)$$

퇴화에 관해서는 22장에서 자세하게 논의한다. 그러나 두 개의 중요한 경우인 선직 이차 곡면ruled quadric 또는 평면에 놓인 점들에 관해서는 여기서 간단하게 미리 설명한다.

두 카메라의 중심이 일치하지 않으면, 등극 기하학은 유일하게 결정된다. 예를 들어 (9.1)에서와 같이 카메라 행렬 P, P′에서 항상 계산할 수 있다. 여기서 문제가 되는 것은 점 대응에서 등극 기하학을 추정할 수 없는 구성에 관한 것이다. 추정 알고리듬에서 퇴화에 대한 인식은 중요하다. 구성이 퇴화 구성에 가까운 경우 수치적으로 불안정한 추정을 유발하기 때문이다. 다양한 퇴화를 표 11.1에 요약했다.

표 11.1 (11.3)에서 A의 영공간 N의 차원으로 분류한, 점 대응에서 F를 추정할 때 발생하는 퇴화

<u>dim(N) = 1</u>: 유일한 해 – 퇴화 없음

일반적인 위치의 $n \geq 8$개 점 대응에서 발생. $n > 8$이면 점 대응이 (노이즈 없이) 완벽해야 한다.

<u>dim(N) = 2</u>: 1개 또는 3개의 해

7점 대응의 경우 또는 3차원 점과 카메라 중심이 임계 표면critical surface이라고 하는 선직 이차 곡면에 놓여 있을 때 $n > 7$개의 완벽한 점 대응에서 발생. 이차 곡면은 (한 장의 쌍곡면과 같이) 퇴화되지 않았거나 또는 퇴화됐을 수도 있다.

$\underline{\dim(N) = 3}$: 매개변수 2개를 가지는 해

$n \geq 6$개의 완벽한 점 대응이 단응사상 $\mathbf{x}'_i = \mathrm{H}\mathbf{x}_i$로 연결될 때 발생

- 카메라 중심을 중심으로 회전(퇴화된 운동)
- 평면의 모든 실세계 점(퇴화 구조)

11.9.1 선직 이차 곡면 위의 점

22장에서 카메라 중심과 3차원의 모든 점들이 임계 표면이라고 하는 (선직) 곡면에 놓이면 퇴화가 발생한다는 것을 설명한다. [Maybank-93] 선직 이차 곡면은 (냉각탑처럼 생긴 한 장의 쌍곡선으로) 퇴화하지 않거나 (두 개의 평면, 원뿔 또는 원통과 같이) 퇴화할 수도 있다. 3.2.4절을 참조하면 좋다. 그러나 임계 표면은 타원체 또는 두 장의 쌍곡면은 될 수 없다. 임계 표면 구성일 때, 기본 행렬은 세 가지가 가능하다.

7개 점 대응만 있는 경우, 카메라 중심 두 개와 함께 모두 9개의 점이 있는 것에 주의해야 한다. 일반적인 이차 곡면은 9개의 자유도를 가지며, 9개의 점으로 이차 곡면을 항상 구성할 수 있다. 이차 곡면이 선직 이차 곡면이면 임계 곡면이 돼서 F에 대해 가능한 해가 세 개가 있다. 이차 곡면이 선직 곡면이 아닌 경우에는 F에 대한 실수해는 유일하다.

11.9.2 평면의 점

중요한 퇴화는 모든 점이 같은 평면에 있을 때다. 이 경우 모든 점과 두 개의 카메라 중심이 선직 이차 곡면에 놓이게 된다. 즉, 점들을 지나는 평면과 카메라 중심을 지나는 평면, 이 두 평면으로 구성된 이차 곡면이다.

평면에 놓인 점들의 집합은 두 시점에서 2차원 사영변환 H로 연결된다. 그래서 대응 집합 $\mathbf{x}_i \leftrightarrow \mathbf{x}'_i = \mathrm{H}\mathbf{x}_i$로 가정한다. 임의의 개수의 점 $\mathbf{x}_i$와 대응하는 점 $\mathbf{x}'_i = \mathrm{H}\mathbf{x}_i$가 주어질 수 있다. 카메라 한 쌍의 기본 행렬은 방정식 $\mathbf{x}'^{\top}\mathrm{F}\mathbf{x}_i = \mathbf{x}'^{\top}_i(\mathrm{FH}^{-1})\mathbf{x}'_i = 0$을 만족한다. 이 연립방정식은 FH^{-1}이 반대칭이면 항상 성립한다. 따라서 F에 대한 해는 반대칭 행렬 S에 대해 $\mathrm{F} = \mathrm{SH}$으로 주어진다. 이제 3×3 반대칭 행렬 S를 임의의 3차원 벡터 $\mathbf{t}$에 대해 $\mathrm{S} = [\mathbf{t}]_\times$로 표기한다. 그러면 S는 자유도 3을 가지면 결과적으로 F도 그러하다. 좀 더

정확하게 표현하면 대응 $\mathbf{x}_i \leftrightarrow \mathbf{x}'_i$의 가능한 기본 행렬 F는 매개변수 3개로 표현된다(매개변수 중 하나가 행렬의 배율 조정과 관련이 있으므로, 동차 행렬은 2개의 매개변수만 가진다). 따라서 대응 집합에서 유도한 방정식 행렬 A의 차수는 6보다 크지 않아야 한다.

분해 F = SH와 결과 9.9에서 기본 행렬 F에 대응하는 카메라 행렬 쌍은 [I | 0]과 [H | **t**]가 된다. 여기서 벡터 **t**는 임의의 값을 가진다. 점 $\mathbf{x}_i = (\mathrm{x}_i, y_i, 1)^\top$이고 $\mathbf{x}'_i = \mathrm{H}\mathbf{x}_i$이면, 점 $\mathbf{X}_i = (x, y, 1, 0)^\top$가 두 카메라를 통해 $\mathbf{x}_i$와 $\mathbf{x}'_i$로 변환되는 것을 확인할 수 있다. 그러므로 점 $\mathbf{X}_i$는 장면을 재구성한 것이다.

11.9.3 이동이 없는 경우

카메라 중심 두 개가 일치하면 등극 기하가 정의되지 않는다. 그리고 결과 9.9와 같은 공식에서 기본 행렬을 구하면 0을 얻는다. 이 경우 두 이미지는 2차원 단응사상으로 연결돼 있다(8.4.2절 참조).

이런 경우에 기본 행렬을 구하려 하면 위에서 본 것과 같이 F는 2개의 매개변수를 가지게 된다. 카메라가 이동 운동을 하지 않더라도 기본 행렬을 계산하는 8점 알고리듬과 같은 방법을 적용하면 $\mathbf{x}'^\top_i \mathrm{F}\mathbf{x}_i = 0$을 만족하는 행렬 F를 얻을 수 있다. 여기서 F는 F = SH의 형식이다. H는 점과 관련된 단응사상이고 S는 본질적으로 임의의 반대칭 행렬이다. H로 연결된 점 $\mathbf{x}_i$와 $\mathbf{x}'_i$는 이 관계를 만족하게 된다.

11.10 F 계산의 기하학적 해석

이미지 대응 집합 $\{\mathbf{x}_i \leftrightarrow \mathbf{x}'_i\}$에서 F를 추정하는 것은 2차원 점 집합 $\{x_i, y_i\}$에서 원뿔을 (또는 3차원 점들의 집합에서 이차 곡면을) 추정하는 문제와 많이 비슷하다.

방정식 $\mathbf{x}'^\top \mathrm{F}\mathbf{x} = 0$은 x, y, x', y'의 단일 제약 조건이므로 $\mathbb{R}^4$에서 공차원codimension 1인 (3차원의) 곡면 (다양체) $\mathcal{V}$를 정의한다. 이 곡면은 $\mathbb{R}^4$의 좌표 x, y, x', y'의 이차식으로 정의되므로 이차 곡면이다. 3차원 사영공간에서 다양체 $\mathcal{V}$로 변환되는 자연스러운 사상이 있다. 임의의 3차원 점들 두 시점의 이미지에 대응하는 $(x, y, x', y')^\top$로 변환한다. $\mathbf{x}'^\top \mathrm{F}\mathbf{x} = 0$을 다음으로 표기하면 2차 형식을 분명하게 확인할 수 있다.

$$\begin{pmatrix} x & y & x' & y' & 1 \end{pmatrix} \begin{bmatrix} 0 & 0 & f_{11} & f_{21} & f_{31} \\ 0 & 0 & f_{12} & f_{22} & f_{32} \\ f_{11} & f_{12} & 0 & 0 & f_{13} \\ f_{21} & f_{22} & 0 & 0 & f_{23} \\ f_{31} & f_{32} & f_{13} & f_{23} & 2f_{33} \end{bmatrix} \begin{pmatrix} x \\ y \\ x' \\ y' \\ 1 \end{pmatrix} = 0$$

원뿔 맞추기는 F를 추정하는 (저차원의) 좋은 모델이다. 두 추정 문제의 유사성은 다음과 같다. 2.2.3절에서 설명한 다음의 자유도 5를 가지는 원뿔을 점들 (x_i, y_i)가 구속한다.

$$ax_i^2 + bx_iy_i + cy_i^2 + dx_i + ey_i + f = 0$$

비슷하게, (11.2)에서 설명한 자유도 8을 가지는 행렬 F에 대해 점 (x_i, y_i, x_i', y_i')이 다음의 구속 조건을 준다.

$$x_i'x_if_{11} + x_i'y_if_{12} + x_i'f_{13} + y_i'x_if_{21} + y_i'y_if_{22} + y_i'f_{23} + x_if_{31} + y_if_{32} + f_{33} = 0$$

이것은 정확하게 같은 것은 아니다. 기본 행렬로 표현한 관계식은 하첨자의 두 집합에 대해 이중 선형이며, 이는 위의 이차 행렬의 영에서 분명하다. 그러나 원뿔의 경우 식은 임의의 이차식이다. 그리고 F가 정의하는 곡면은 $\det(\mathrm{F}) = 0$이라는 부가 조건을 만족해야 하지만 원뿔 맞추기에서는 이에 대응하는 제약은 없다.

데이터가 원뿔의 일부 영역에서만 알려져 있을 경우에 발생하는 외삽 문제는 잘 알려져 있다. 비슷한 문제가 데이터로부터 행렬을 결정할 때 발생한다. 실제로 데이터가 원뿔의 접선을 구하기에는 충분하지만 원뿔 자체를 결정하기에는 부족한 경우가 많다. 그림 11.7 참조하라. 기본 행렬에서는 $\mathbb{R}^4$의 이차 곡면에 접하는 평면은 아핀 기본 행렬(14장 참조)이 되며, 이러한 근사는 원근 효과가 적은 경우에는 좋다.

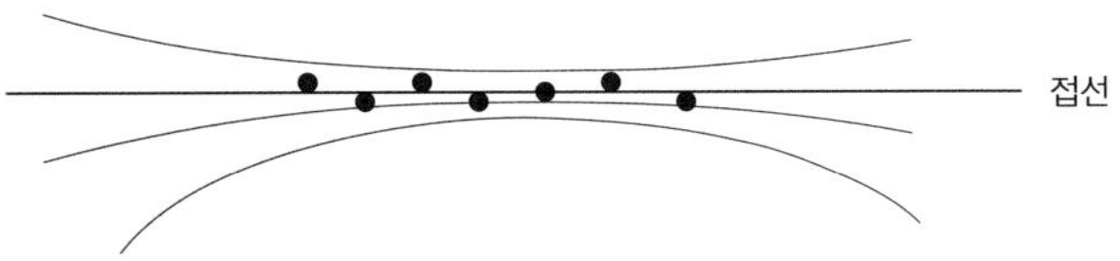

그림 11.7 (• 으로 표시한) 점 데이터에서 원뿔을 추정하는 것은 나쁜 조건이다. 나타낸 모든 원뿔은 점 오차 분포에 잔차를 가진다. 그러나 추정한 원뿔 곡선에는 모호함이 있지만 접선은 잘 정의되며 점에서 계산할 수 있다.

11.11 등극선들의 포락선

기본 행렬을 이용하는 한 가지로 첫 번째 이미지에 있는 점에 대응하는 두 번째 이미지에 있는 등극선을 결정하는 것이다. 예를 들어 두 이미지 사이의 대응점을 찾는다면, 두 번째 이미지에서 등극선 $F\mathbf{x}$를 따라서 탐색하면 첫 번째 이미지의 점 $\mathbf{x}$에 대응하는 점을 찾을 수 있다. 물론 노이즈가 있는 경우에는 대응점이 정확하게 $F\mathbf{x}$로 주어지는 선상에 놓여 있지 않게 된다. 공분산 행렬로 표현되는 특정 범위 내에서 기본 행렬을 알 수 있기 때문이다. 일반적으로 등극선만을 따라서 탐색하는 대신에, 직선 $F\mathbf{x}$의 양쪽 영역을 탐색해야 한다. 여기서는 기본 행렬의 공분산 행렬을 사용해 탐색할 영역을 결정할 것이다.

$\mathbf{x}$는 점이고 F는 기본 행렬이다. Σ_F는 기본 행렬에 대해 계산한 공분산 행렬이다. 점 $\mathbf{x}$는 등극선 $\mathbf{l} = F\mathbf{x}$와 대응한다. 공분산 행렬 Σ_F를 결과 5.6을 이용해 공분산 행렬 $\Sigma_\mathbf{l}$로 변환할 수 있다. 또한 결과 5.6에 의해 등극선의 평균값은 $\bar{\mathbf{l}} = \bar{F}\mathbf{x}$로 주어진다. 특이한 경우를 피하기 위해서 등극선은 $\|\mathbf{l}\| = 1$이 되도록 정규화한다. 그러면 사상 $\mathbf{x} \mapsto \mathbf{l}$은 $\mathbf{l} = (F\mathbf{x})/\|F\mathbf{x}\|$로 주어진다. J를 이 사상의 F의 원소에 대한 야코비 행렬이라 하면, J는 3×9 행렬이고 $\Sigma_\mathbf{l} = J\Sigma_F J^\top$가 된다.

제약 조건 $\|\mathbf{l}\| = 1$이 가장 편리하지만 등극선을 나타내는 벡터가 $\mathbb{R}^3$에서 2차원 곡면에 놓이도록 하는 다른 종류의 제약 조건에 대해서도 다음의 유도 과정을 적용할 수 있다. 이 경우, 공분산 행렬 $\Sigma_\mathbf{l}$은 특이 행렬이 돼서 차수 2를 가진다. 제약 곡면의 수직 방향으로 변동이 허용되지 않기 때문이다. 특정한 $\mathbf{l}$에 대해 평균으로부터의 편차 $\bar{\mathbf{l}} - \mathbf{l}$은 제약 곡면을 따라야 하며, 따라서 (선형 근사에서) $\Sigma_\mathbf{l}$의 영공간에 수직이다.

여기서부터 혼동을 피하기 위해 평균 등극선을 나타내는 벡터 $\bar{\mathbf{l}}$을 $\mathbf{m}$으로 표기한다. 이제, 등극선을 나타내는 벡터 $\mathbf{l}$에 대해 가우스 분포를 가정하면 주어진 우도를 가지는 모든 직선의 집합은 다음의 식으로 주어진다.

$$(\mathbf{l} - \mathbf{m})^\top \Sigma_\mathbf{l}^+ (\mathbf{l} - \mathbf{m}) = k^2 \tag{11.11}$$

여기에서 k는 상수이다. 추가적인 분석을 위해 $\Sigma_\mathbf{l}$이 대각 행렬이 되도록 좌표를 직교 변환한다. 그래서 다음을 얻는다.

$$\mathtt{U}\Sigma_{\mathbf{l}}\mathtt{U}^{\mathsf{T}} = \Sigma'_{\mathbf{l}} = \begin{bmatrix} \tilde{\Sigma}'_{\mathbf{l}} & \mathbf{0} \\ \mathbf{0}^{\mathsf{T}} & 0 \end{bmatrix}$$

여기에서 $\tilde{\Sigma}'_{\mathbf{l}}$은 2×2 정칙 대각 행렬이다. 같은 변환을 직선에도 적용해 $\mathbf{m}' = \mathtt{U}\mathbf{m}$, $\mathbf{l}' = \mathtt{U}\mathbf{l}$을 정의한다. $\mathbf{l}' - \mathbf{m}'$은 $\Sigma'_{\mathbf{l}}$의 영공간 $(0,\ 0,\ 1)^{\mathsf{T}}$에 직교하므로, $\mathbf{m}'$과 $\mathbf{l}'$의 세 번째 좌표는 같다. 이 좌표가 1이 되도록 필요하면 U에 상수를 곱할 수 있다. 그러므로 적절한 2차원 벡터 $\tilde{\mathbf{l}}'$과 $\tilde{\mathbf{m}}'$을 이용해 $\mathbf{l}' = (\tilde{\mathbf{l}}',\ 1)^{\mathsf{T}}$, $\mathbf{m}' = (\tilde{\mathbf{m}}'^{\mathsf{T}},\ 1)^{\mathsf{T}}$로 표기할 수 있다. 그러면 다음이 만족하는 것을 확인할 수 있다.

$$\begin{aligned} k^2 &= (\mathbf{l} - \mathbf{m})^{\mathsf{T}}\Sigma_{\mathbf{l}}^{+}(\mathbf{l} - \mathbf{m}) \\ &= (\mathbf{l}' - \mathbf{m}')^{\mathsf{T}}\Sigma_{\mathbf{l}}'^{+}(\mathbf{l}' - \mathbf{m}') \\ &= (\tilde{\mathbf{l}}' - \tilde{\mathbf{m}}')^{\mathsf{T}}\tilde{\Sigma}_{\mathbf{l}}'^{-1}(\tilde{\mathbf{l}}' - \tilde{\mathbf{m}}') \end{aligned}$$

이를 전개하면 다음을 얻는다.

$$\tilde{\mathbf{l}}'^{\mathsf{T}}\tilde{\Sigma}_{\mathbf{l}}'^{-1}\tilde{\mathbf{l}}' - \tilde{\mathbf{m}}'^{\mathsf{T}}\tilde{\Sigma}_{\mathbf{l}}'^{-1}\tilde{\mathbf{l}}' - \tilde{\mathbf{l}}'^{\mathsf{T}}\tilde{\Sigma}_{\mathbf{l}}'^{-1}\tilde{\mathbf{m}}' + \tilde{\mathbf{m}}'^{\mathsf{T}}\tilde{\Sigma}_{\mathbf{l}}'^{-1}\tilde{\mathbf{m}}' - k^2 = 0$$

이것을 정리하면 다음을 얻는다.

$$(\tilde{\mathbf{l}}'^{\mathsf{T}}\ \ 1)\begin{bmatrix} \tilde{\Sigma}_{\mathbf{l}}'^{-1} & -\tilde{\Sigma}_{\mathbf{l}}'^{-1}\tilde{\mathbf{m}}' \\ -\tilde{\mathbf{m}}'^{\mathsf{T}}\tilde{\Sigma}_{\mathbf{l}}'^{-1} & \tilde{\mathbf{m}}'^{\mathsf{T}}\tilde{\Sigma}_{\mathbf{l}}'^{-1}\tilde{\mathbf{m}}' - k^2 \end{bmatrix}\begin{pmatrix} \tilde{\mathbf{l}}' \\ 1 \end{pmatrix} = 0$$

또는 다음과 같다(쉽게 확인할 수 있다).

$$(\tilde{\mathbf{l}}'^{\mathsf{T}}\ \ 1)\begin{bmatrix} \tilde{\mathbf{m}}'\tilde{\mathbf{m}}'^{\mathsf{T}} - k^2\tilde{\Sigma}'_{\mathbf{l}} & \tilde{\mathbf{m}}' \\ \tilde{\mathbf{m}}'^{\mathsf{T}} & 1 \end{bmatrix}^{-1}\begin{pmatrix} \tilde{\mathbf{l}}' \\ 1 \end{pmatrix} = 0 \qquad (11.12)$$

최종적으로, 다음을 얻는다.

$$\mathbf{l}'^{\mathsf{T}}[\mathbf{m}'\mathbf{m}'^{\mathsf{T}} - k^2\Sigma'_{\mathbf{l}}]^{-1}\mathbf{l}' = 0 \qquad (11.13)$$

이로부터 (11.11)을 만족하는 직선은 행렬 $(\mathbf{m}'\mathbf{m}'^{\mathsf{T}} - k^2\Sigma'_{\mathbf{l}})^{-1}$로 정의되는 선 원뿔을 이루는 것을 알 수 있다. 대응하는 점 원뿔은 직선의 포락선을 구성하며 행렬 $\mathbf{m}'\mathbf{m}'^{\mathsf{T}} - k^2\Sigma'_{\mathbf{l}}$으로 정의된다. 원래의 좌표로 다시 변환해 직선의 포락선을 결정할 수 있다. 변환된 원뿔은 다음이다.

$$\mathtt{C} = \mathtt{U}^{\mathsf{T}}(\mathbf{m}'\mathbf{m}'^{\mathsf{T}} - k^2\Sigma'_{\mathbf{l}})\mathtt{U} = \mathbf{m}\mathbf{m}^{\mathsf{T}} - k^2\Sigma_{\mathbf{l}} \qquad (11.14)$$

$k=0$이면, 원뿔 C는 $\mathbf{m}\mathbf{m}^\top$로 퇴화돼서 직선 $\mathbf{m}$ 위에 있는 점들의 집합을 나타내는 것에 주의해야 한다. k가 증가하면 원뿔은 직선 $\mathbf{m}$의 반대 방향에 두 가지가 놓인 쌍곡선이 된다.

이제 쌍곡선이 한정하는 영역의 내부에 등극선의 일부 α가 놓이도록 k를 결정하고자 한다. (11.11)의 $k^2=(\mathrm{l}-\mathbf{m})^\top\ \Sigma_\mathrm{l}^+(\mathrm{l}-\mathbf{m})$은 χ_n^2 분포를 따른다. 누적 카이 제곱 분포 함수 $F_n(k^2)=\int_0^{k^2}\chi_n^2(\xi)d\xi$는 χ_n^2 확률 변수가 k^2보다 작을 확률을 나타낸다(χ_n^2과 F_n의 분포는 A2.2절에서 정의한다). 이것을 l에 적용해, 직선의 α가 (11.14)에서 정의한 쌍곡선이 한정하는 영역에 놓이기 위해서는 $F_2(k^2)=\alpha$를 만족하는 k를 선택해야 한다(공분산 행렬 Σ_l의 차수가 2이므로 $n=2$가 된다). 그러므로 $k=F_2^{-1}(\alpha)$이고 예로서, $\alpha=0.95$에 대해서 $k^2=5.9915$임을 알 수 있다. (11.14)로 주어지는 대응하는 쌍곡선은 $\mathrm{C}=\mathbf{m}\mathbf{m}^\top-5.9915\,\Sigma_\mathrm{l}$이 된다. 지금까지의 논의를 정리하면 다음이다.

결과 11.2 l이 평균이 $\bar{\mathrm{l}}$이고 차수 2의 공분산 행렬 Σ_l을 가지는 가우스 분포를 따르는 무작위 직선이면, 다음이 정의하는 평면 원뿔은 모든 경우의 l의 일부를 한정하는 같은 확률을 가지는 윤곽선을 나타낸다.

$$\mathrm{C}=\bar{\mathrm{l}}\,\bar{\mathrm{l}}^\top-k^2\Sigma_\mathrm{l} \tag{11.15}$$

$F_2(k^2)$이 χ_2^2 분포의 누적 확률 함수이고 k^2가 $F_2^{-1}(k^2)=\alpha$를 만족하면 모든 직선의 α 부분은 C가 한정하는 영역에 놓이게 된다. 정리하면, α의 확률로 직선은 이 영역 안에 놓인다.

이 공식을 적용할 때 등극선은 정규 분포를 따르지 않으므로 근사치에 불과하다는 것을 주의해야 한다. 여기서는 분포를 야코비 행렬을 이용해 올바르게 변형할 수 있다는 선형성 가정을 일관되게 했다. 이 가정은 분산이 작고 평균에 가까운 분포에 대해서는 매우 합리적이다. 여기서는 샘플의 95%가 놓이는 영역, 즉 거의 모든 오차에 적용했다. 이런 경우에 오차의 가우스 가정은 유효하지 못하다.

11.11.1 등극선 공분산의 검증

여기서는 등극선 포락선의 몇 가지 보기를 제시해 위에서 개발한 이론을 확인하고 이해를 돕는다. 그러나 그 전에 등극선 공분산 행렬에 관한 이론의 직접 검증을 먼저 한다. 직선의 3×3 공분산 행렬은 정량적으로 쉽게 이해되지 않으므로, 등극선 방향의 분산을 고려한다. 직선 $\mathbf{l} = (l_1, l_2, l_3)^\top$가 주어지면 방향을 나타내는 각도는 $\theta = \arctan(-l_1/l_2)$가 된다. J를 사상 $\mathbf{l} \rightarrow \theta$의 1×3 야코비 행렬로 두면, 각도 θ의 분산은 $\sigma_\theta^2 = \mathrm{J}\Sigma_\mathbf{l}\mathrm{J}^\top$가 된다. 이 결과는 다음의 시뮬레이션에서 확인할 수 있다.

점 대응을 알고 있는 이미지 한 쌍을 고려한다. 점 대응에서 기본 행렬을 계산하고, 점들을 (12.3절에서 설명한 대로) 등극 사상에서 정확하게 대응하도록 수정한다. 이렇게 수정한 n개의 대응을 이용해 기본 행렬 F의 공분산 행렬을 계산한다. 그리고 첫 번째 이미지의 수정된 테스트 점들의 집합 $\mathbf{x}_i$를 이용해 대응하는 등극선 $\mathbf{l}'_i = \mathrm{F}\mathbf{x}_i$의 평균과 분산을 계산하고, 이 직선의 방향에 대해 평균과 분산을 계산한다. 이로써 각각의 값들에 대해 이론값을 얻는다.

다음으로, F를 계산하는 데 사용한 점들의 좌표에 가우스 노이즈가 추가하는 몬테카를로 시뮬레이션을 수행한다. 계산한 F를 사용해 테스트 점 각각에 대응하는 등극선을 계산하고 각도와 평균 각도에서 편차를 계산한다. 이것을 여러 번 수행하며 각도의 표준 편차를 계산하고 이론값과 비교한다. 그림 11.2의 동상 이미지 쌍에 대한 결과를 그림 11.8에 나타냈다.

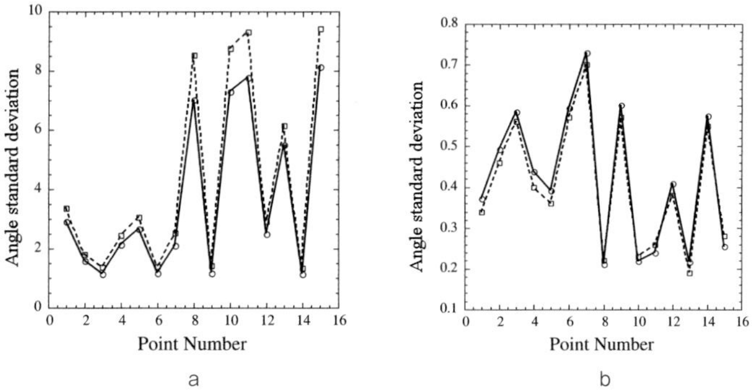

그림 11.8 그림 11.2의 동상 이미지 쌍에서 선택한 15개의 테스트 점에 대한 등극선의 방향각에 대한 이론값과 몬테 카를로 시뮬레이션 값의 비교. 가로축은 점의 개수(1~15)를 나타내고 세로축은 각도의 표준 편차를 나타낸다. (a) 등극 구조(기본 행렬)를 15개 점에서 계산할 때 결과. (b) 50개의 점 대응을 사용한 결과. 참고: 그래프의 가로축은 1에서 15까지 번호가 매겨진 불연속 점을 나타낸다. 그래프에서는 뚜렷하게 보이게 하기 위해 연속적으로 표현했다.

동상 이미지의 등극 포락선 그림 11.2의 동상 이미지 쌍은 이미지 전체에서 깊이 변화가 크기 때문에 흥미롭다. 이미지에는 (동상 위의) 가까운 점과 (뒤 건물 위의) 먼 지점이 있다. 기본 행렬을 여러 점에서 계산했다. 첫 번째 이미지에서 (그림 11.9의) 한 점을 선택해 몬테 카를로 시뮬레이션을 이용해, 대응하는 점 좌표 각각에 0.5픽셀의 노이즈 수준에 해당하는 여러 개의 가능한 등극선을 계산했다. 이론을 검증하기 위해, 등극선의 평균과 공분산을 이론적으로 계산했다, 등극선의 95% 포락선을 계산해 두 번째 이미지에 그렸다. 그림 11.10에 F를 계산하는 데 사용한 여러 점에 대해 결과를 나타냈다. $n = 15$에 대한 95% 포락선은 시뮬레이션을 한 직선의 포락선과 매우 비슷하다.

그림 11.10에서 보이는 결과는 점 대응에서 등극 포락선 계산이 실제 중요성을 보여준다. 따라서 그림 11.9에서 전경 지점에 대해 대응을 찾는다고 가정한다. 등극선을 단지 10개의 대응점에서 계산하면, 주어진 포락선의 넓이에서 등극 탐색은 성공하지 못했을 것 같다. 심지어 $n = 15$이어도, 정확한 대응의 포락선 넓이는 몇십 픽셀 정도이다. $n = 25$이면 상황은 좋아진다. 이러한 불안정성은 문제에 내재된 것이고, F를 계산하는 구체적인 알고리듬의 결과가 아니라는 것에 주의해야 한다.

흥미로운 것은 포락선의 가장 폭이 좁은 위치이다. 이 경우에는 그림 11.9의 배경점에 정확하게 대응하는 점 주위인 것으로 보인다. 전경점(동상의 다리)과 대응하는 점은 포락선의 가장 좁은 위치와 멀리 떨어져 있다. 포락선의 가장 좁은 영역의 정확한 위치는 아직 완전히 이해되지 않지만, 이 경우에서는 F를 계산하기 위해 사용한 대부분의 점들이 배경 빌딩 위에 있다. 이로부터 다른 대응점도 빌딩 평면 주위에 놓인다는 것을 추측할 수 있다. 매우 다른 깊이를 가지는 대응은 아직 정확하게 알려진 것이 없다.

등극점에 가까운 대응점 – 복도 장면 대응하는 점이 등극점에 가까운 경우에는 등극선의 결정이 불안정해진다. 등극점 위치의 불확실성이 등극선 기울기의 불확실성이 되기 때문이다. 또한 불안정한 위치로 접근함에 따라 (11.14)를 유도할 때 암묵적으로 사용한 선형 근사가 더 이상 유효하지 않게 된다. 특히 등극선의 분포가 정규 분포에서 벗어나게 된다.

a b

그림 11.9 (a) 두 번째 이미지에서 등극선 포락선을 계산하는 데 사용한 첫 번째 이미지의 점. 두 번째 이미지에서 볼 수 있는 점의 모호함에 주의해야 한다. 표시한 점은 동상의 다리(전경) 또는 동상 뒤 빌딩의 점(배경)을 나타낼 수 있다. 두 번째 이미지에서 이 두 점은 매우 분리됐으며, 등극선은 두 점을 모두 통과해야 한다. (b) $n = 15$개의 점 대응에서 계산한 대응하는 등극선. 서로 다른 선은 일치하는 점에 추가한 노이즈로 인해 서로 다른 경우에 해당한다. 선택한 점에 대응하는 등극선을 계산하기 전에, 각 좌표에서 0.5픽셀의 가우스 노이즈를 이상적인 대응점에 추가했다. ML 추정기(금본위 알고리듬)를 사용해 F를 계산했다. 이 실험은 적은 수의 점에서 등극선 계산의 기본적인 불안정성을 보여준다. 왼쪽 이미지에서 선택한 점과 대응하는 점을 찾으려면 이러한 등극선이 덮은 모든 영역을 탐색해야 한다.

그림 11.10 등극선의 95% 포락선을 0.5픽셀의 노이즈 크기에 대해 표시했다. F는 $n = 10$, 15, 25, 50에서 계산했다. 각각의 경우, 몬테카를로 시뮬레이션 결과는 위의 결과와 밀접하게 일치했다(여기에 표시하지는 않았다). $n = 15$인 경우는 그림 11.9와 비교해보라. $n = 10$의 경우 등극선 포락선은 (90도 이상으로) 매우 넓어서, 10개의 점으로 계산한 등극선은 매우 적은 신뢰도를 가지는 것을 알 수 있다. $n = 15$인 경우에도 포락선은 여전히 넓다. $n = 25$와 $n = 50$의 경우, 얻은 등극선은 매우 좋은 정밀도를 가진다. 물론 포락선의 정확한 모양은 등극 구조를 계산하는 데 사용한 대응점에 따라서 매우 달라진다.

11.12 이미지 교정

여기서는 한 쌍의 일치된 등극 사영matched epipolar projection을 구하기 위해서 매우 다른 시점에서 촬영한 스테레오 이미지 쌍을 리샘플링하는 프로세스인 이미지 교정 방법을 설명한다. 등극선이 x축과 평행하고 시점 간에 일치하는 사영이며 결과적으로 이미지 간의 불일치는 x 방향에만 있고 y 방향으로는 불일치가 없다.

이 방법은 기본 행렬을 기반으로 한다. 2차원 사영변환 한 쌍을 두 이미지에 적용해 등극선을 일치시킨다. 대응점들이 거의 동일한 x 좌표를 갖도록 두 개의 변환을 선택할 수 있음을 보일 것이다. 이런 식으로 하면 두 이미지가 서로 겹쳐지면 가능한 한 멀리 대응하고 모든 불일치는 x축에 평행하게 된다. 임의의 2차원 사영변환을 적용하면 이미지가 실질적으로 왜곡되므로 이미지를 최소로 왜곡하도록 변환 쌍을 구해야 한다.

실제로 적절한 사영변환으로 두 이미지를 변환하는 것은 주축이 평행하게 나란히 배치된 동일한 카메라 한 쌍이 생성하는 등극 기하 문제로 축약된다. 이전 문헌에 설명된 많은 스테레오 일치 알고리듬은 이러한 기하를 가정했다. 이러한 교정 후의 일치점 탐색은 간단한 등극 구조와 두 이미지의 근사 대응으로 매우 간단해진다. 포괄적인 이미지 일치를 위한 예비 단계로 사용할 수 있다.

11.12.1 등극점을 무한점으로 변환

여기서는 등극점을 무한점으로 보내는 이미지의 사영변환 H를 찾는 문제에 대해 논의한다. 실제로 등극선을 x축과 평행한 직선으로 변환하면 등극점은 무한점 $(1,\ 0,\ 0)^{\mathsf{T}}$로 변환돼야 한다. 이것는 H에 대해 많은 (사실상 4의) 자유도를 결정하지 않고, 부적절한 H가 선택되면 이미지의 심각한 사영 왜곡이 발생한다. 재추출된 이미지가 원본 이미지와 다소 비슷하도록 H에 추가 구속 조건을 부과해야 한다.

좋은 결과를 내는 한 가지 조건은 이미지의 선택한 점 $\mathbf{x}_0$ 근방에서 변환 H가 가능한 한 강체 변환으로 작용해야 한다는 것이다. 즉, 일차 근사로서 $\mathbf{x}_0$의 근방에서는 회전과 이동 변환만 존재해, 원래 이미지와 재추출된 이미지가 동일하게 보인다. 점 $\mathbf{x}_0$의 적절한 선택은 이미지의 중심일 것이다. 예를 들어 시야가 지나치게 비스듬하지 않은 경우 항공 사진에서 이는 좋은 선택이다.

여기서는 $\mathbf{x}_0$는 원점이고, 등극점 $\mathbf{e} = (f,\ 0,\ 1)^{\mathsf{T}}$는 x축상에 있는 것을 가정한다. 다음의 변환을 고려한다.

$$\mathtt{G} = \begin{bmatrix} 1 & 0 & 0 \\ 0 & 1 & 0 \\ -1/f & 0 & 1 \end{bmatrix} \tag{11.16}$$

위의 변환은 등극점 $(f,\ 0,\ 1)^{\mathsf{T}}$를 무한점 $(f,\ 0,\ 0)^{\mathsf{T}}$로 보낸다. 원하는 결과이다. G는 점 $(x,\ y,\ 1)^{\mathsf{T}}$를 점 $(\hat{x},\ \hat{y},\ 1)^{\mathsf{T}} = (x,\ y,\ 1 - x/f)^{\mathsf{T}}$로 보낸다. $|x/f| < 1$이면 다음과 같다.

$$(\hat{x}, \hat{y}, 1)^{\mathsf{T}} = (x, y, 1 - x/f)^{\mathsf{T}} = (x(1 + x/f + \ldots), y(1 + x/f + \ldots), 1)^{\mathsf{T}}$$

야코비 행렬은 x와 y의 고차항을 무시하면 다음과 같다.

$$\frac{\partial(\hat{x},\hat{y})}{\partial(x,y)} = \begin{bmatrix} 1+2x/f & 0 \\ y/f & 1+x/f \end{bmatrix}$$

$x = y = 0$이면, 이것은 단위 행렬이 된다. 즉, G는 원점에서 단위 변환을 (일차) 근사한 것이다.

임의의 관심점 $\mathbf{x}_0$와 등극점 $\mathbf{e}$에 대해, 원하는 사상 H는 곱 H = GRT로 주어진다. T는 점 $\mathbf{x}_0$를 원점으로 보내는 이동 변환이고, R은 원점을 중심으로 등극점 $\mathbf{e}'$을 x축의 점 $(f, 0, 1)^\top$로 보내는 회전 변환이며, G는 $(f, 0, 1)^\top$을 무한점으로 보내는 변환이다. 합성 사상은 $\mathbf{x}_0$의 근방에서 일차 근사로서 강체 변환이 된다.

11.12.2 일치 변환

앞에서 한 이미지의 등극점을 무한점으로 변환하는 것을 보였다. 이제 또 다른 이미지에 변환을 적용해 등극선을 일치시키는 방법을 보일 것이다. 두 개의 이미지 J와 J'을 생각한다. 의도는 J의 적용하는 변환 H와 J'에 적용하는 변환 H′을 따라서 두 이미지를 재추출하는 것이다. J의 등극선이 J'의 대응하는 등극선과 일치하도록 재추출을 수행한다. 보다 구체적으로 $\mathbf{l}$과 $\mathbf{l}'$이 두 이미지에서 대응하는 등극선이면 $\mathtt{H}^{-\top}\mathbf{l} = \mathtt{H}'^{-\top}\mathbf{l}'$을 만족한다($\mathtt{H}^{-\top}$는 점 사상 H에 대응하는 선 사상임에 주의한다). 이 조건을 만족하는 모든 변환 쌍을 변환의 일치 쌍^matched pair^이라고 한다.

변환의 일치 쌍을 구하는 전략은 우선 앞 절에서 설명한 방법으로 등극점 $\mathbf{e}'$을 무한점으로 보내는 적절한 변환 H′을 먼저 선택한다. 그리고 다음의 제곱합 거리를 최소화하는 일치 변환을 찾는다.

$$\sum_i d(\mathtt{H}\mathbf{x}_i, \mathtt{H}'\mathbf{x}'_i)^2 \tag{11.17}$$

일치 변환 H′을 어떻게 찾을 것인가가 첫 번째 질문이다. 이에 대한 답이 다음의 결과이다.

결과 11.3 J와 J'은 기본 행렬 $\mathtt{F} = [\mathbf{e}']_\times \mathtt{M}$을 가지는 이미지 쌍이고 H′은 J'의 사영변환이다. H′과 일치하는 J의 사영변환 H의 필요충분조건은 H가 적절한 벡터 $\mathbf{a}$에 대해 다음의 형태를 가지는 것이다.

$$\mathtt{H} = (\mathtt{I} + \mathtt{H}'\mathbf{e}'\mathbf{a}^{\mathsf{T}})\mathtt{H}'\mathtt{M} \tag{11.18}$$

증명 $\mathbf{x}$가 J의 점이면, $\mathbf{e} \times \mathbf{x}$는 첫 번째 이미지에서 등극선이고, $\mathtt{F}\mathbf{x}$는 두 번째 이미지에서 등극선이다. 변환 $\mathtt{H}$와 $\mathtt{H}'$이 일치 쌍이 되는 필요충분조건은 $\mathtt{H}^{-\mathsf{T}}(\mathbf{e} \times \mathbf{x}) = \mathtt{H}'^{-\mathsf{T}}\mathtt{F}\mathbf{x}$이다. 이것은 모든 $\mathbf{x}$에 대해 만족하므로, $\mathtt{H}^{-\mathsf{T}}[\mathbf{e}]_\times = \mathtt{H}'^{-\mathsf{T}}\mathtt{F} = \mathtt{H}'^{-\mathsf{T}}[\mathbf{e}']_\times\mathtt{M}$과 동일하며, 결과 A4.3을 적용하면 다음을 얻는다.

$$[\mathtt{H}\mathbf{e}]_\times\mathtt{H} = [\mathtt{H}'\mathbf{e}']_\times\mathtt{H}'\mathtt{M}. \tag{11.19}$$

보조정리 9.11에서, $\mathtt{H} = (\mathtt{I} + \mathtt{H}'\mathbf{e}'\mathbf{a}^{\mathsf{T}})\mathtt{H}'\mathtt{M}$을 얻을 수 있다.

역을 증명하기 위해서는 (11.18)이 성립하면 다음이 성립한다.

$$\mathtt{H}\mathbf{e} \;=\; (\mathtt{I} + \mathtt{H}'\mathbf{e}'\mathbf{a}^{\mathsf{T}})\mathtt{H}'\mathtt{M}\mathbf{e} = (\mathtt{I} + \mathtt{H}'\mathbf{e}'\mathbf{a}^{\mathsf{T}})\mathtt{H}'$$

(11.18)과 함께, 이것은 (11.19)의 충분조건이 되며 $\mathtt{H}$와 $\mathtt{H}'$이 일치 변환이 된다. □

특별히 관심을 가지는 경우는 $\mathtt{H}'$가 등극점 $\mathbf{e}'$을 무한점 $(1, 0, 0)^{\mathsf{T}}$로 보내는 변환이다. 이 경우에, $\mathtt{I} + \mathtt{H}'\mathbf{e}'\mathbf{a}^{\mathsf{T}} = \mathtt{I} + (1, 0, 0)^{\mathsf{T}}\mathbf{a}^{\mathsf{T}}$는 다음의 형태를 가진다.

$$\mathtt{H}_\mathrm{A} = \begin{bmatrix} a & b & c \\ 0 & 1 & 0 \\ 0 & 0 & 1 \end{bmatrix} \tag{11.20}$$

이것은 아핀변환을 나타낸다. 그래서 결과 11.3의 특별한 경우로 다음을 얻을 수 있다.

따름정리 11.4 J와 J'은 기본 행렬 $\mathtt{F} = [\mathbf{e}']_\times\mathtt{M}$을 가지는 이미지 쌍이고 $\mathtt{H}'$은 등극점 $\mathbf{e}'$을 무한점 $(1, 0, 0)^{\mathsf{T}}$로 보내는 J'의 사영변환이다. J의 변환 $\mathtt{H}$가 $\mathtt{H}'$가 일치하는 필요충분조건은 $\mathtt{H}$가 $\mathtt{H} = \mathtt{H}_\mathrm{A}\mathtt{H}_0$의 형태를 가지는 것이다. 여기에서 $\mathtt{H}_0 = \mathtt{H}'\mathtt{M}$이고 $\mathtt{H}_\mathrm{A}$는 식 (11.20)의 형태인 아핀변환이다.

주어진 $\mathtt{H}'$이 등극점을 무한점으로 변환하면, 위의 따름정리를 이용해 불일치를 최소화하는 일치 변환을 구할 수 있다. $\hat{\mathbf{x}}'_i = \mathtt{H}'\mathbf{x}'_i$, $\hat{\mathbf{x}}_i = \mathtt{H}_0\mathbf{x}_i$라 두면, 최소화 문제 (11.17)은 다음을 최소화하는 (11.20) 형태의 $\mathtt{H}_\mathrm{A}$를 찾는 것이다.

$$\sum_i d(\mathtt{H}_\mathtt{A}\hat{\mathbf{x}}_i, \hat{\mathbf{x}}'_i)^2 \tag{11.21}$$

특히 $\hat{\mathbf{x}}_i = (\hat{x}_i,\ \hat{y}_i,\ 1)^\top$, $\hat{\mathbf{x}}'_i = (\hat{x}'_i,\ \hat{y}'_i,\ 1)^\top$라 두면, $\mathtt{H}'$와 $\mathtt{M}$이 알려져 있기에, 일치점 $\mathbf{x}_i \leftrightarrow \mathbf{x}'_i$에서 계산할 수 있다. 그러면 최소화해야 하는 (11.21)은 다음이 된다.

$$\sum_i (a\hat{x}_i + b\hat{y}_i + c - \hat{x}'_i)^2 + (\hat{y}_i - \hat{y}'_i)^2$$

$(\hat{y}_i - \hat{y}'_i)^2$이 상수이므로, 다음을 최소화하는 것과 동일해진다.

$$\sum_i (a\hat{x}_i + b\hat{y}_i + c - \hat{x}'_i)^2$$

이것은 단순 선형 최소 자승법의 문제이므로, (A5.1절의) 선형 방법을 사용하면 a, b, c를 구할 수 있다. 그러면 (11.20)에서 H_A를 계산할 수 있고, (11.18)에서 $\mathtt{H}$를 구할 수 있다. 선형 해가 가능한 것은 $\mathtt{H}_\mathrm{A}$가 아핀변환이기 때문이다. 이것이 일반적인 사영변환이면, 선형 문제가 되지 않는다.

11.12.3 알고리듬 개요

이제 재추출 알고리듬을 요약한다. 입력은 공통 중첩 영역을 가지는 이미지 한 쌍이다. 출력은 재추출된 이미지 한 쌍으로 등극선이 (x축과 평행한) 수평이고, 대응점이 가능한 서로 가깝다. 일치점 간의 남은 불일치는 수평 등극선에 존재한다. 알고리듬의 개략적인 단계는 다음과 같다.

(i) 두 이미지 간의 일치점 $\mathbf{x}_i \leftrightarrow \mathbf{x}'_i$의 시드^{seed} 집합을 선택한다. 적어도 7점이 필요하며 많을수록 좋다. 이런 일치점을 자동으로 찾는 것이 가능하다.

(ii) 기본 행렬 $\mathtt{F}$와 두 이미지에서 등극점 $\mathbf{e}$와 $\mathbf{e}'$을 계산한다.

(iii) 등극점 $\mathbf{e}'$을 무한점 $(1,\ 0,\ 0)^\top$로 보내는 사영변환 $\mathtt{H}'$을 선택한다. 11.12.1절의 방법을 사용하면 좋은 결과를 얻는다.

(iv) 다음의 최소 제곱 거리를 최소화하는 일치 사영변환 $\mathtt{H}$를 구한다.

$$\sum_i d(\mathtt{H}\mathbf{x}_i, \mathtt{H}'\mathbf{x}'_i) \tag{11.22}$$

11.12.2절에서 설명한 선형 방법을 사용한다.

(v) 사영변환 H에 따라서 첫 번째 이미지에서, 사영변환 H′에 따라서 두 번째 이미지에서 재추출한다.

보기 11.5 모델 하우스 이미지

그림 11.11(a)는 목조 블록집의 이미지 쌍을 보여준다. 두 이미지에서 모서리와 꼭짓점을 자동으로 추출했고, 몇 개의 공통 꼭짓점을 손으로 일치시켰다. 그런 다음 위에서 설명한 방법으로 두 이미지를 재추출했다. 결과는 그림 11.11(b)이다. 이 경우에는 시점의 큰 차이와 물체의 3차원 입체 모양으로 재추출 후에도 두 이미지가 상당히 다르게 보인다. 그러나 첫 번째 이미지의 모든 점은 두 번째 이미지에서 동일한 y 좌표를 가지는 점과 일치한다. 그러므로 이미지 간에 추가적으로 일치하는 점을 찾을 때 일차원 탐색만 하면 된다. △

a b

그림 11.11 이미지 교정 (a) 집 이미지 한 쌍 (b) F에서 계산한 사영변환을 이용해 (a)에서 계산한 재추출 이미지. (b)에서 대응점이 수평으로 일치하는 것에 주의해야 한다.

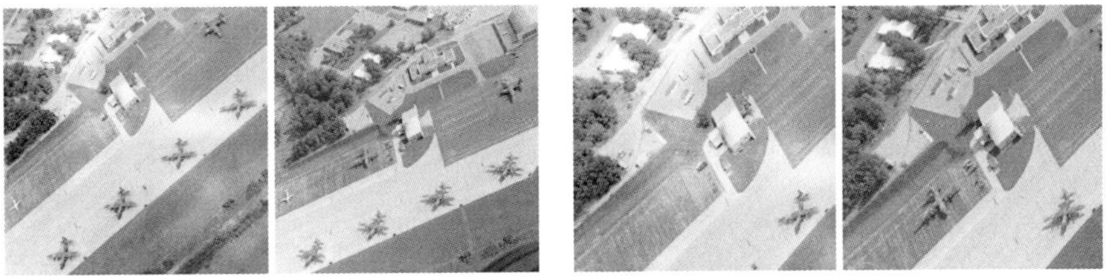

a b

그림 11.12 아핀을 이용한 이미지 교정 (a) 원본 이미지 한 쌍과 (b) 아핀변환으로 교정한 이미지의 세부. 512 × 512 이미지에서 교정 후의 y값 평균 차이는 3픽셀 정도이다(정확하게 교정된 이미지는 y값의 차이가 영이어야 한다).

11.12.4 아핀 교정

앞에서 논의한 이론을 아핀 재추출에 동일하게 적용할 수 있다. 카메라 두 대 모두가 아핀 카메라로 잘 근사할 수 있으면, 아핀변환을 사용해 이미지를 교정할 수 있다. 이를 위해, 일반 기본 행렬 대신 아핀 기본 행렬한다(14.2절 참조). 그런 다음 앞에서 언급한 방법을 약간 변형해 적용하면 한 쌍의 일치하는 아핀변환을 계산할 수 있다. 그림 11.12는 아핀변환을 사용해 교정한 이미지 한 쌍의 보여준다.

11.13 나가면서

11.13.1 참고문헌

기본 행렬 계산의 기본 개념은 [LonguetHiggins-81]에 있다. 읽어보면 좋다. 여기서는 보정된 행렬만 다루지만 같은 원리를 보정되지 않는 경우에도 적용할 수 있다. 보정되지 않은 경우에 참조할 것은 [Zhang-98]이다. 대부분 좋은 방법을 언급한다. 또한 이 논문은 Csurka et al.[Csurka-97]의 초기 연구에 이어 등극선의 불확실성 포락선에 대해서도 다룬다. 보정되지 않은 경우의 8점 알고리듬에 대한 좀 더 자세한 연구는 [Hartley-97c]에 나와 있다. Weng et al.[Weng-89]은 기본 행렬 비용함수로 샘프슨 근사를 사용했다. 추정된 F가 차수 2를 갖도록 강제하는 SVD 방법은 Tsai and Huang[Tsai-84]에 의해 제안됐다.

원뿔 맞추기에 대한 문헌은 많다. 이를테면 대수적 거리 최소화 [Bookstein-79], 기하 거리 근사[Sampson-82, Pratt-87, Taubin-91], 최적의 맞추기[Kanatani-94], 특수 형태 맞추기[Fitzgibbon-99] 등이 그것이다.

11.13.2 메모와 연습 문제

(i) 6점 대응은 $\mathbf{e}$와 $\mathbf{e}'$를 각 이미지에서 평면 삼차식이 되도록 제약한다([Faugeras-93], page 298). 삼차식은 또한 각 이미지에서 6개 점을 지난다. 이 결과의 대략적인 유도는 다음과 같다. 주어진 6개의 대응에 대해 (11.3)의 A의 영공간은 3차원이 된다. 그러면 해는 $F = \alpha_1 F_1 + \alpha_2 F_2 + \alpha_3 F_3$으로 표현된다. 여기서 F_i는 영공간을 생성하는 벡터에 해당하는 행렬이다. 등극점은 $F\mathbf{e} = 0$을 만족하므로 $[(F_1\mathbf{e}),$

$(F_2\mathbf{e})$, $(F_3\mathbf{e})](\alpha_1, \alpha_2, \alpha_3)^\top = 0$이 된다. 이 방정식은 해를 가지기 위해서는 det $[(F_1\mathbf{e}), (F_2\mathbf{e}), (F_3\mathbf{e})] = 0$을 만족해야 하고, 이 식은 $\mathbf{e}$에 대해 삼차식이다.

(ii) 동일한 평면에 있는 네 개의 점과 이차 곡면의 윤곽선의 이미지 대응이 두 겹의 모호함을 제외하고 기본 행렬을 결정하는 것을 보여라(힌트: 알고리듬 13.2 참조).

(iii) (평면) 원뿔의 이미지 대응은 F에 대한 두 개의 구속 조건과 동일함을 보여라. 자세한 내용은 [Kahl-98b]를 참조하라.

(iv) 주축을 따라 카메라를 앞으로 이동해 스테레오 이미지 쌍을 얻었다고 가정한다. 이 경우 11.12절에서 설명한 이미지 교정의 기하학을 적용할 수 있는가? 다른 교정 기하학에 대해서는 [Pollefeys-99a]를 참조하라.

12

구조 계산

여기서는 두 시점의 이미지와 각 시점의 카메라 행렬이 주어질 때, 3차원 공간에서 점의 위치를 계산하는 방법을 설명한다. 오차가 측정한 이미지 좌표에만 있고 사영 행렬 P, P′에는 오차가 없다고 가정한다.

이러한 상황에서는 측정한 이미지 점의 역사영 광선을 이용한 삼각측량법은 실패한다. 광선이 일반적으로 교차하지 않기 때문이다. 따라서 3차원 공간의 점에 대한 최상의 해를 추정해야 한다.

최상의 해는 적절한 비용함수의 정의와 이를 최소화해야 한다. 이러한 문제는 아핀 재구성과 사영 재구성에서 매우 중요한데, 객체 공간에 대한 의미 있는 거리 정보가 없기 때문이다. 공간에서 사영변환에 불변하는 삼각측량법을 찾는 것이 바람직하다.

뒤에서 **X**와 그 공분산의 추정에 대해 설명한다. 점에 대한 최적^{MLE} 추정기를 소개하고, 수치 최소화 없이 해를 구할 수 있는 것을 보인다.

여기서는 F가 선험적으로 주어진 다음 **X**를 결정하는 시나리오이다. 다른 시나리오는 F와 $\{\mathbf{X}_i\}$를 이미지 점 대응 $\{\mathbf{x}_i \leftrightarrow \mathbf{x}'_i\}$에서 동시에 추정하는 것이지만, 12장에서는 고려하지 않는다. 12장에서 설명한 방법으로 초기 추정치를 얻고, 11.4.1절의 금본위 알고리듬을 사용해 해결할 수 있다.

12.1 문제 설명

카메라 행렬과 기본 행렬이 알려져 있다고 가정한다. 또는 기본 행렬에서 일관된 카메라 행렬 한 쌍을 구성할 수 있다(9.5절 참조). 두 경우 모두, 행렬은 매우 정확하거나 또는 적어도 두 이미지의 대응점 쌍과 비교할 때 높은 정확도를 가진다고 가정한다.

측정한 점 $\mathbf{x}$와 $\mathbf{x}'$에 오류가 있으므로 점에서 역사영한 광선은 뒤틀어져 있다. 이것은 $\mathbf{x} = P\mathbf{X}$, $\mathbf{x}' = P'\mathbf{X}$를 정확하게 만족하는 점 $\mathbf{X}$가 없다는 것을 의미한다. 그리고 이미지 점은 등극 제약 조건 $\mathbf{x}'^{\top}F\mathbf{x} = 0$을 만족하지 않는다. 이것은 일치하는 점 $\mathbf{x} \leftrightarrow \mathbf{x}'$쌍에 해당하는 두 광선이 공간에서 만나는 필요충분조건이 점이 등극 제약 조건을 만족하는 것이기 때문이다. 그림 12.1을 참조하라.

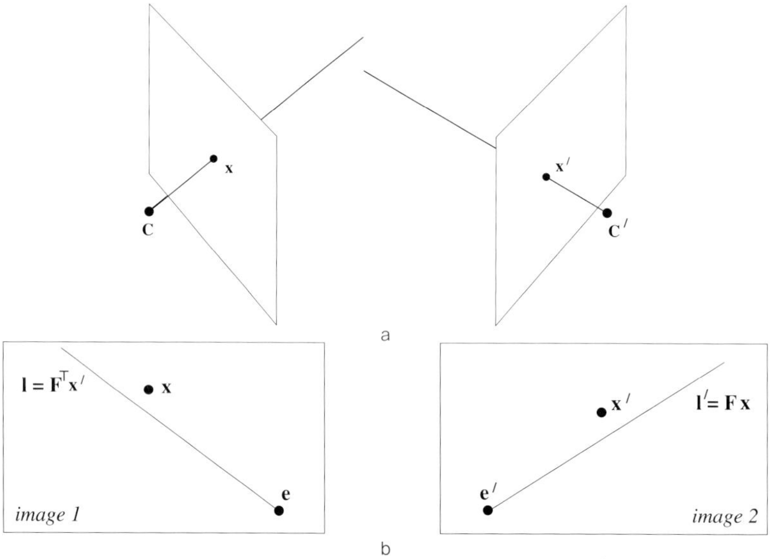

그림 12.1 (a) 불완전하게 측정된 점 $\mathbf{x}$, $\mathbf{x}'$에서 역사영된 광선은 일반적으로 3차원 공간에서 뒤틀어진다. (b) $\mathbf{x}$, $\mathbf{x}'$에 대한 등극 기하학. 측정한 점이 등극 제약 조건을 만족하지 않는다. 등극선 $\mathbf{l}' = F\mathbf{x}$는 $\mathbf{x}$를 지나는 광선의 이미지이고, $\mathbf{l} = F^{\top}\mathbf{x}'$는 $\mathbf{x}'$을 지나는 광선의 이미지이다. 광선이 교차하지 않으므로, $\mathbf{x}'$은 $\mathbf{l}'$ 위에 놓이지 않고 또한 $\mathbf{x}$는 $\mathbf{l}$ 위에 놓이지 않는다.

사용하는 삼각측량법의 바람직한 특징은 재구성을 위한 적절한 부류의 변환에서 변하지 않아야 한다. 카메라 행렬이 아핀(또는 사영) 변환까지만 알려진 경우, 3차원 공간 점을 계산하는 아핀(또는 사영) 불변의 삼각측량법을 사용하는 것이 좋다.

따라서 점 대응 $\mathbf{x} \leftrightarrow \mathbf{x}'$와 카메라 행렬 한 쌍 P와 P'에서 3차원 공간 점 $\mathbf{X}$를 계산하는 데 사용하는 삼각측량법을 τ로 표시해 다음과 같이 표기한다.

$$\mathbf{X} = \tau(\mathbf{x}, \mathbf{x}', \mathtt{P}, \mathtt{P}')$$

다음의 조건을 만족하면 삼각측량법이 변환 H에 대해 불변이라고 한다.

$$\tau(\mathbf{x}, \mathbf{x}', \mathtt{P}, \mathtt{P}') = \mathtt{H}^{-1}\tau(\mathbf{x}, \mathbf{x}', \mathtt{PH}^{-1}, \mathtt{P}'\mathtt{H}^{-1})$$

이는 변환된 카메라를 사용해 삼각측량하면 변환된 점이 되는 것을 의미한다.

특히 사영 재구성에서 3차원 사영공간 $\mathbb{P}^3$에서 오류를 최소화하는 것이 부적절하다는 것을 알 수 있다.

예를 들어 공간에서 두 광선의 공통 수선의 중간 점을 찾는 방법은 거리와 수직과 같은 개념이 사영기하학의 맥락에서 유효하지 않기 때문에 사영 재구성에 적합하지 않다. 실제로 사영 재구성에서 이러한 방법은 고려하고 있는 특정 사영 재구성에 따라 다른 결과를 준다. 이 방법은 사영 불변이 아니다.

여기서 사영 불변인 삼각측량법을 소개한다. 중요한 기본 개념은 주어진 카메라 기하를 정확하게 만족해 다음으로 사영되는 3차원 점 $\widehat{\mathbf{X}}$를 결정하는 것이다.

$$\hat{\mathbf{x}} = \mathtt{P}\widehat{\mathbf{X}} \quad \hat{\mathbf{x}}' = \mathtt{P}'\widehat{\mathbf{X}}$$

목적은 이미지 관측점 $\mathbf{x}$와 $\mathbf{x}'$을 이용해 $\widehat{\mathbf{X}}$를 추정하는 것이다. 12.3절에서 설명했듯이, 최대 우도 추정으로 가우스 노이즈하에서, $\widehat{\mathbf{X}}$의 재사영과 관측한 이미지 점들의 거리(제곱의 합)로 나타나는 재사영 오류를 최소화하는 점 $\widehat{\mathbf{X}}$를 얻는다.

이런 삼각측량법은 사영 불변이 된다. $\widehat{\mathbf{X}}$의 사영인 점 $\hat{\mathbf{x}}$, $\hat{\mathbf{x}}'$은 $\widehat{\mathbf{X}}$가 정의된 좌표계에 영향을 받지 않아서, 다른 사영 재구성 또한 같은 점으로 사영되기 때문이다.

다음에서는 간단한 선형 삼각측량 방법을 설명한다. 그런 다음 MLE를 정의하고, 최적해가 6차 방정식의 해로 얻을 수 있는 것을 보인다. 결국 비용함수의 비선형 최소화를 피할 수 있다.

12.2 선형 삼각측량법

여기서는 간단한 선형 삼각측량법을 설명한다. 늘 그렇듯이 추정한 점은 기하학적 관계를 정확하게 만족하지 못하고 최적의 추정치가 못된다.

선형 삼각측량법은 4.1절에서 설명한 DLT 방법과 매우 유사하다. 각 이미지에는 측정값 $\mathbf{x} = \mathtt{P}\mathbf{X}$, $\mathbf{x}' = \mathtt{P}'\mathbf{X}$가 있으며 이런 방정식을 잘 결합해 $\mathbf{X}$에대해 선형방정식인 $\mathtt{A}\mathbf{X} = \mathbf{0}$ 형태를 만들 수 있다.

우선 동차 배율 계수를 외적으로 제거하면 각 이미지 점에서 3개의 방정식을 얻고, 그 중에 두 개는 선형 독립이다. 예를 들어 첫 번째 이미지에서 $\mathbf{x} \times (\mathtt{P}\mathbf{X}) = 0$을 풀어서 쓰면 다음을 얻는다.

$$\begin{aligned} x(\mathbf{p}^{3\top}\mathbf{X}) - (\mathbf{p}^{1\top}\mathbf{X}) &= 0 \\ y(\mathbf{p}^{3\top}\mathbf{X}) - (\mathbf{p}^{2\top}\mathbf{X}) &= 0 \\ x(\mathbf{p}^{2\top}\mathbf{X}) - y(\mathbf{p}^{1\top}\mathbf{X}) &= 0 \end{aligned}$$

여기서 $\mathbf{p}^{i\top}$는 $\mathtt{P}$의 행벡터다. 이 방정식은 $\mathbf{X}$의 원소에 대해 선형이다.

$\mathtt{A}\mathbf{X} = \mathbf{0}$ 형태의 방정식은 다음과 같이 구성할 수 있다.

$$\mathtt{A} = \begin{bmatrix} x\mathbf{p}^{3\top} - \mathbf{p}^{1\top} \\ y\mathbf{p}^{3\top} - \mathbf{p}^{2\top} \\ x'\mathbf{p}'^{3\top} - \mathbf{p}'^{1\top} \\ y'\mathbf{p}'^{3\top} - \mathbf{p}'^{2\top} \end{bmatrix}$$

각 이미지에서 방정식 두 개를 얻어서, 동차 미지수 4개에 대해 총 4개의 방정식이 나온다. 해가 배율을 제외하고 결정되기 때문에 이것은 중복된 방정식이다. $\mathtt{A}\mathbf{X} = \mathbf{0}$ 형식의 연립방정식을 푸는 두 가지 방법을 4.1절에서 논의했고 여기서 다시 언급한다.

동차 방법DLT 4.1.1절의 방법은 A5.3절의 $\mathtt{A}$의 가장 작은 특이값에 해당하는 단위 특이벡터로 해를 구한다. 4.1.1절에서 설명한 정규화와 각 이미지에서 두 개 또는 세 개의 방정식을 포함하는 장점은 여기에서도 동일하게 적용된다.

비동차 방법 4.1.2절에서 위의 연립방정식의 해를 연립 비동차 방정식으로 표현하는 것을 설명했다. $\mathbf{X} = (\mathrm{X}, \mathrm{Y}, \mathrm{Z}, 1)^\top$로 두면, 연립 동차 방정식 $\mathtt{A}\mathbf{X} = \mathbf{0}$이 3개의 미지수를 가지는 4개의 연립 비동차 방정식이 된다. 이러한 비동차 방정식의 최소 제곱해는 A5.1절에서 설명한다. 그러나 4.1.2절에서 설명했듯이 실제 솔루션 $\mathbf{X}$의 마지막 좌표가 0에 가깝거나 같으면 문제가 발생한다. 이 경우, 마지막 좌표를 1로 설정하는 것은 합리적이지 않으며 계산에 불안정이 발생할 수 있다.

토론 위에서 설명한 두 가지 방법은 매우 유사하지만 실제로 노이즈가 있을 때 매우 다른 속성을 가진다. 비동차 방법은 해 $\mathbf{X}$가 무한점이 아니라고 가정한다. 그렇지 않으면 $\mathbf{X} = (x, y, z, 1)^{\mathsf{T}}$라고 가정할 수 없다. 재구성된 점이 무한면에 놓일 수 있는 사영 재구성을 수행할 때 이 방법의 단점이 된다. 또한 두 선형 방법 모두 사영 불변이 아니어서 사영 재구성에 적합하지 않다. 이를 확인하기 위해, 카메라 행렬 $\mathtt{P}$와 $\mathtt{P}'$을 $\mathtt{PH}^{-1}$와 $\mathtt{P}'\mathtt{H}^{-1}$로 대체한다고 가정한다. 이 경우, 방정식 행렬 $\mathtt{A}$가 $\mathtt{AH}^{-1}$이 되는 것을 확인할 수 있다. 원래 문제에 대해 $\mathtt{A}\mathbf{X} = \epsilon$가 되는 점 $\mathbf{X}$는 변환된 문제에서 $(\mathtt{AH}^{-1})(\mathtt{H}\mathbf{X}) = \epsilon$를 만족하는 점 $\mathtt{H}\mathbf{X}$에 해당한다. 그러므로 동일한 오류를 제공하는 점 $\mathbf{X}$와 $\mathtt{H}\mathbf{X}$ 사이에 일대일로 대응한다. 그러나 동차 방법의 조건 $\|\mathbf{X}\| = 1$이나 비동차 방법의 조건 $\mathbf{X} = (\mathrm{X}, \mathrm{Y}, \mathrm{Z}, 1)^{\mathsf{T}}$는 사영변환에서 불변이 아니다. 그러므로 일반적으로 처음 문제를 해결하는 점 $\mathbf{X}$는 변환된 문제에 대한 해 $\mathtt{H}\mathbf{X}$에 해당하지 않다.

반면 아핀변형의 경우에는 상황이 달라진다. 조건 $\|\mathbf{X}\| = 1$은 아핀변환에서 보존되지 않지만, 조건 $\mathbf{X} = (\mathrm{X}, \mathrm{Y}, \mathrm{Z}, 1)^{\mathsf{T}}$는 보존된다. 모든 아핀변환에 대해 $\mathtt{H}(\mathrm{X}, \mathrm{Y}, \mathrm{Z}, 1)^{\mathsf{T}} = (\mathrm{X}', \mathrm{Y}', \mathrm{Z}', 1)^{\mathsf{T}}$을 얻는다. 이것은 $\mathtt{A}(x, y, z, 1)^{\mathsf{T}} = \epsilon$를 만족하는 벡터 $\mathbf{X} = (\mathrm{X}, \mathrm{Y}, \mathrm{Z}, 1)^{\mathsf{T}}$와, $(\mathtt{AH}^{-1})(\mathrm{X}', \mathrm{Y}', \mathrm{Z}', 1)^{\mathsf{T}} = \epsilon$을 만족하는 벡터 $\mathtt{H}\mathbf{X} = (\mathrm{X}', \mathrm{Y}', \mathrm{Z}', 1)^{\mathsf{T}}$ 사이에 일대일 대응이 존재하는 것을 의미한다. 해당 점에서 오차는 동일하다. 따라서 오차 $\|\epsilon\|$를 최소화하는 점 또한 대응한다. 따라서 비동차 방법은 아핀 불변이지만 동차 방법은 그렇지 않다.

12장의 뒤부분에서는 카메라의 사영 좌표계에 불변하고 기하 이미지 오차를 최소화하는 삼각측량법을 설명한다. 이것이 추천하는 삼각측량법이다. 그러나 위에서 설명한 동차 선형 방법으로도 종종 허용 가능한 결과를 얻는다. 또한 점에 대해 시점이 두 개 이상인 삼각측량으로 쉽게 일반화 할 수 있는 장점이 있다.

12.3 기하 오차 비용함수

전형적인 측정으로 일반적인 등극 제약을 만족하지 않는 노이즈가 있는 점 대응 $\mathbf{x} \leftrightarrow \mathbf{x}'$을 얻는다. 실제로 대응하는 이미지 점의 참값은 등극 조건 $\bar{\mathbf{x}}'^{\mathsf{T}}\mathtt{F}\bar{\mathbf{x}} = 0$을 정확하게 만족

하면서 측정값 $\mathbf{x} \leftrightarrow \mathbf{x}'$과 가까운 점 $\bar{\mathbf{x}} \leftrightarrow \bar{\mathbf{x}}'$이어야 한다.

다음의 함수를 최소화하는 점 $\hat{\mathbf{x}}$, $\hat{\mathbf{x}}'$을 찾는다.

$$\mathcal{C}(\mathbf{x}, \mathbf{x}') = d(\mathbf{x}, \hat{\mathbf{x}})^2 + d(\mathbf{x}', \hat{\mathbf{x}}')^2 \quad \text{subject to} \quad \hat{\mathbf{x}}'^{\mathsf{T}} \mathrm{F} \hat{\mathbf{x}} = 0 \tag{12.1}$$

여기에서, $d(*, *)$는 점 사이의 유클리드 거리이다. 이는 F와 일관성을 가지는 사영 행렬에 의해 $\hat{\mathbf{x}}$, $\hat{\mathbf{x}}'$으로 변환되는 점 $\widehat{\mathbf{X}}$의 재사영 오차를 최소화하는 것과 동일하다. 그림 12.2를 참조하라.

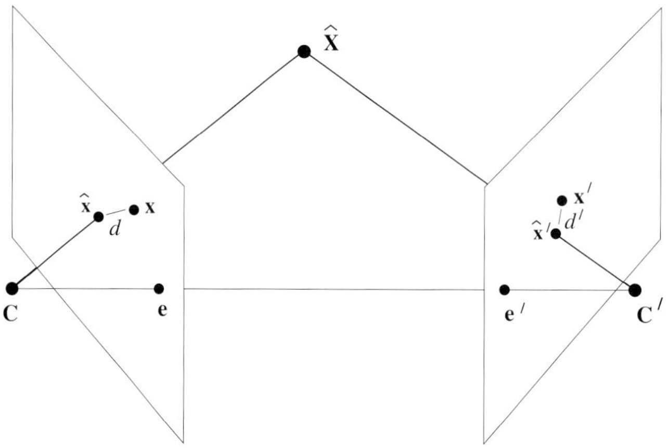

그림 12.2 기하 오차의 최소화 추정된 3차원 공간 점 $\widehat{\mathbf{X}}$는 두 이미지에서 $\hat{\mathbf{x}}$와 $\hat{\mathbf{x}}'$으로 사영된다. 대응하는 이미지 점 $\hat{\mathbf{x}}$와 $\hat{\mathbf{x}}'$ 등극 제약 조건을 만족한다. 측정점 $\mathbf{x}$와 $\mathbf{x}'$은 그렇지 않다. 점 $\widehat{\mathbf{X}}$는 재사영 오차 $d^2 + d'^2$을 최소화해 구한다.

4.3절에서 설명했듯이 가우스 오차 분포를 가정하면, 점 $\hat{\mathbf{x}}'$와 $\hat{\mathbf{x}}$은 대응점의 참값에 대해 최대 우도 추정치가 된다. $\hat{\mathbf{x}}'$과 $\hat{\mathbf{x}}$를 찾으면, 점 $\widehat{\mathbf{X}}$는 삼각측량법으로 구할 수 있다. 대응하는 광선이 공간에서 정확하게 만나기 때문이다.

물론 이 비용함수를 (A6.2절의) 레벤버그-마쿼트와 같은 수치 최소화 방법을 사용해 최소화할 수 있다. 최솟값 주위의 근사는 기하 비용함수의 일차 근사를 사용해 구할 수 있다. 이것은 다음 절에서 설명하는 샘프슨 근사이다. 이를 이용하면 12.5절에서 설명했듯이, 6차 다항식의 해로서 비반복적으로 최솟값을 구할 수 있다.

12.4 샘프슨 근사(1차 기하 보정)

정확한 다항식 해를 유도하기 전에 샘프슨 근사에 대해서 설명한다. 이는 측정 오차가 측정값에 비해서 작을 때 좋은 근사가 된다. 기본 행렬의 경우에 기하 비용함수에 대한 샘프슨 근사는 11.4.3절에서 설명했다. 여기서는 측정점의 보정 계산에 관한 것을 언급한다.

측정점 $\mathbf{X} = (x,\ y,\ x',\ y')^\top$의 (이 절에서 $\mathbf{X}$는 3차원 공간의 동차좌표가 아니다) 샘프슨 보정 $\delta_\mathbf{X}$는 4.2.6절에서 (4.11)이 되는 것을 보였다.

$$\boldsymbol{\delta}_\mathbf{X} = -\mathtt{J}^\top(\mathtt{J}\mathtt{J}^\top)^{-1}\boldsymbol{\epsilon}$$

그리고 보정점은 다음이다.

$$\widehat{\mathbf{X}} = \mathbf{X} + \boldsymbol{\delta}_\mathbf{X} = \mathbf{X} - \mathtt{J}^\top(\mathtt{J}\mathtt{J}^\top)^{-1}\boldsymbol{\epsilon}$$

11.4.3절에서 봤듯이 $\mathbf{x}'^\top \mathtt{F}\mathbf{x} = 0$이 정의하는 다양체의 경우에 오차는 $\boldsymbol{\epsilon} = \mathbf{x}'^\top\mathtt{F}\mathbf{x}$이고 야코비 행렬은 다음으로 주어진다.

$$J = \partial\boldsymbol{\epsilon}/\partial x = [(\mathtt{F}^\top\mathbf{x}')_1, (\mathtt{F}^\top\mathbf{x}')_2, (\mathtt{F}\mathbf{x})_1, (\mathtt{F}\mathbf{x})_2]$$

여기에서 $(\mathtt{F}^\top\mathbf{x}')_1 = f_{11}x' + f_{21}y' + f_{32}$를 의미한다. 그러면 보정점에 대한 일차 근사는 다음과 같이 간단하게 표현된다.

$$\begin{pmatrix} \hat{x} \\ \hat{y} \\ \hat{x}' \\ \hat{y}' \end{pmatrix} = \begin{pmatrix} x \\ y \\ x' \\ y' \end{pmatrix} - \frac{\mathbf{x}'^\top\mathtt{F}\mathbf{x}}{(\mathtt{F}\mathbf{x})_1^2 + (\mathtt{F}\mathbf{x})_2^2 + (\mathtt{F}^\top\mathbf{x}')_1^2 + (\mathtt{F}^\top\mathbf{x}')_2^2} \begin{pmatrix} (\mathtt{F}^\top\mathbf{x}')_1 \\ (\mathtt{F}^\top\mathbf{x}')_2 \\ (\mathtt{F}\mathbf{x})_1 \\ (\mathtt{F}\mathbf{x})_2 \end{pmatrix}$$

각 이미지의 보정값이 (1픽셀 미만으로) 작으면 근삿값은 정확하며 빠르게 계산할 수 있다. 그러나 보정한 점은 등극 관계식 $\hat{\mathbf{x}}'^\top\mathtt{F}\hat{\mathbf{x}} = 0$을 정확하게 만족하지 않는다. 다음 절에서 설명하는 $\hat{\mathbf{x}}$, $\hat{\mathbf{x}}'$을 구하는 방법은 등극 관계식을 정확하게 만족하지만 더 많은 비용을 요구한다.

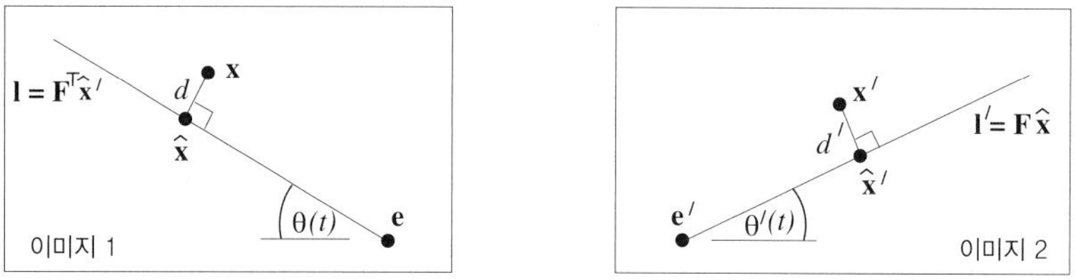

그림 12.3 추정한 3차원 점 $\hat{\mathbf{X}}$의 사영으로 얻은 점 $\hat{\mathbf{x}}$, $\hat{\mathbf{x}}'$은 대응하는 등극선 위에 놓인다. 최적의 해 $\hat{\mathbf{x}}$, $\hat{\mathbf{x}}'$은 관측점 $\mathbf{x}$와 $\mathbf{x}'$의 수선에 놓일 것이다. 대응하는 등극선을 하나의 매개변수로 표현하면, $\hat{\mathbf{X}}$의 최적 추정치는 직교 거리 $d^2 + d'^2$의 제곱의 합을 최소화하는 등극선을 찾는 일차원 문제가 된다.

12.5 최적해

여기서는 비반복 알고리듬을 사용해 비용함수 (12.1)의 광역 최솟값을 계산하는 삼각측량법을 설명한다. 가우스 노이즈 모형이 정확하다고 가정할 수 있으면 이 삼각측량 방법은 최적이 된다.

12.5.1 최소화 문제의 재형식화

주어진 관측 대응점 $\mathbf{x} \leftrightarrow \mathbf{x}'$에 대해, 등극 제약 조건 $\hat{\mathbf{x}}'^{\mathsf{T}}\mathtt{F}\hat{\mathbf{x}} = 0$을 만족하고 거리 제곱 합 (12.1)을 최소화하는 점 $\hat{\mathbf{x}}'$, $\hat{\mathbf{x}}$를 찾고자 한다.

다음 논의는 그림 12.3과 관련된다. 등극 제약을 만족하는 점 한 쌍은 두 이미지에서 대응하는 등극선 쌍 위에 있어야 한다. 따라서 최적점 $\hat{\mathbf{x}}$는 등극선 $\mathbf{l}$에 있고 $\hat{\mathbf{x}}'$은 등극선 $\mathbf{l}'$에 있다. 반면 선 $\mathbf{l}$과 $\mathbf{l}'$에 있는 다른 점의 쌍도 등극 조건을 만족한다. 특별히 측정된 점 $\mathbf{x}$에 가장 가까운 $\mathbf{l}$상의 점 $\mathbf{x}_\perp$와 상응하게 정의되는 $\mathbf{l}'$상의 점 $\mathbf{x}'_\perp$에 대해서도 성립한다. $\mathbf{l}$과 $\mathbf{l}'$의 점들의 쌍 중에서, 점 $\mathbf{x}_\perp$, $\mathbf{x}'_\perp$가 (12.1)의 거리 제곱 합을 최소화한다. 그러므로 $\hat{\mathbf{x}}' = \mathbf{x}'_\perp$, $\hat{\mathbf{x}} = \mathbf{x}_\perp$이다. 여기에서 $\mathbf{x}_\perp$와 $\mathbf{x}'_\perp$는 대응하는 등극선 $\mathbf{l}$과 $\mathbf{l}'$에 대해 정의되는 것이다. 결국 $d(\mathbf{x}, \hat{\mathbf{x}}) = d(\mathbf{x}, \mathbf{l})$로 표기할 수 있다. 여기에서, $d(\mathbf{x}, \mathbf{l})$은 점 $\mathbf{x}$에서 직선 $\mathbf{l}$까지의 수직 거리를 나타낸다. 비슷한 표현을 $d(\mathbf{x}', \hat{\mathbf{x}}')$에 대해 할 수 있다.

앞에서 설명한 관점에서 최소화 문제를 다르게 형식화해, 다음을 최소화하고자 한다.

$$d(\mathbf{x}, \mathbf{l})^2 + d(\mathbf{x}', \mathbf{l}')^2 \tag{12.2}$$

여기에서 $\mathbf{l}$과 $\mathbf{l}'$은 대응하는 모든 등극선이다. 점 $\hat{\mathbf{x}}$는 점 $\mathbf{x}$의 등극선 $\mathbf{l}$과 가장 가까운 점이고, $\hat{\mathbf{x}}'$ 또한 비슷하게 정의된다.

(12.2)를 최소화하는 전략은 다음과 같다.

(i) 첫 번째 이미지의 등극선 꾸러미를 매개변수 t를 이용해 매개화한다. 그러면 첫 번째 이미지의 등극선은 $\mathbf{l}(t)$로 표기할 수 있다.

(ii) 기본 행렬 F를 이용해, 두 번째 이미지에서 대응하는 등극선 $\mathbf{l}'(t)$를 계산한다.

(iii) 거리함수 $d(\mathbf{x}, \mathbf{l}(t))^2 + d(\mathbf{x}', \mathbf{l}'(t))^2$를 t의 함수로 구체적으로 표현한다.

(iv) 이 함수를 최소화하는 t의 값을 구한다.

위의 방법으로 문제는 한 개 변수 t를 가지는 함수의 최솟값을 구하는 것으로 축약된다.

$$\min_{\hat{\mathbf{x}}} \mathcal{C} = d(\mathbf{x}, \hat{\mathbf{x}})^2 + d(\mathbf{x}', \hat{\mathbf{x}}')^2 = \min_{t} \mathcal{C} = d(\mathbf{x}, \mathbf{l}(t))^2 + d(\mathbf{x}', \mathbf{l}'(t))^2$$

등극선 꾸러미를 적절하게 매개화하면 거리함수는 t에 대한 유리 다항식^rational polynomial^이 된다. 미적분학을 이용하면 최소화 문제는 6차 다항식의 실근을 구하는 문제로 축약된다.

12.5.2 최소화 세부 사항

두 이미지의 점이 등극점과 일치하면 3차원 공간의 점은 카메라 중심을 연결하는 선에 놓인다. 이 경우에는 공간에서 점의 위치를 결정하는 것이 불가능하다. 대응점 중에서 하나가 등극점이면 삼차원 공간의 점은 다른 카메라 중심과 일치해야 한다. 결국 두 이미지 점 $\mathbf{x}$와 $\mathbf{x}'$ 중 어느 것도 등극점과 일치하지 않는다고 가정한다.

이러한 가정에서, 분석을 간단하게 하기 위해 각각의 이미지에서 $\mathbf{x}$와 $\mathbf{x}'$을 동차 좌표의 중심 $(0, 0, 1)^\top$로 옮기는 강체 변환을 적용한다. 그리고 등극점은 $\mathbf{x}$축상인 점 $(1, 0, f)^\top$와 점 $(1, 0, f')^\top$로 각각 옮긴다. f가 0이 되면 등극점이 무한대에 있다. 이러한 두 개의 강체 변환은 (12.1)의 거리 제곱 합에 영향을 주지 않으며, 최소화 문제에 변화가 없다.

따라서 여기서부터는 동차 좌표계에서 $\mathbf{x} = \mathbf{x}' = (0, 0, 1)^\top$이고 두 개의 등극점은 $(1, 0, f)^\top$, $(1, 0, f')^\top$를 가정한다. 이런 경우 $\mathrm{F}(1, 0, f)^\top = (1, 0, f')^\top = 0$이므로, 기본 행렬 F는 다음의 형태를 가진다.

$$\mathtt{F} = \begin{pmatrix} ff'd & -f'c & -f'd \\ -fb & a & b \\ -fd & c & d \end{pmatrix} \tag{12.3}$$

첫 번째 이미지에서 (동차 좌표계 표현으로) 점 $(0, t, 1)^\top$를 지나는 등극선과 등극점 $(1, 0, f)^\top$를 생각한다. 이 등극선을 $\mathbf{l}(t)$로 표기한다. 이 직선을 표현하는 벡터는 외적 $(0, t, 1) \times (1, 0, f) = (tf, 1, -t)$로 주어지며, 직선에서 원점까지의 거리 제곱은 다음이 된다.

$$d(\mathbf{x}, \mathbf{l}(t))^2 = \frac{t^2}{1 + (tf)^2}$$

기본 행렬을 사용해 다른 이미지에서 대응하는 등극선을 구하면 다음이 된다.

$$\mathbf{l}'(t) = \mathtt{F}(0, t, 1)^\top = (-f'(ct + d), at + b, ct + d)^\top \tag{12.4}$$

이것이 직선 $\mathbf{l}'(t)$의 동차 벡터 표현이다. 이 직선에서 원점까지의 거리 제곱은 다음과 같다.

$$d(\mathbf{x}', \mathbf{l}'(t))^2 = \frac{(ct + d)^2}{(at + b)^2 + f'^2(ct + d)^2}$$

그러므로 최종 제곱 거리는 다음으로 주어진다.

$$s(t) = \frac{t^2}{1 + f^2t^2} + \frac{(ct + d)^2}{(at + b)^2 + f'^2(ct + d)^2} \tag{12.5}$$

이제 이 함수의 최솟값을 구하고자 한다.

미적분학을 적용해 최솟값을 구한다. 미분을 계산하면 다음과 같다.

$$s'(t) = \frac{2t}{(1 + f^2t^2)^2} - \frac{2(ad - bc)(at + b)(ct + d)}{((at + b)^2 + f'^2(ct + d)^2)^2} \tag{12.6}$$

$s(t)$의 극대 극소는 $s'(t) = 0$에서 생긴다. $s'(t)$의 두 항을 통분해 분수가 영이 되는 조건에서 다음을 얻는다.

$$\begin{aligned} g(t) &= t((at + b)^2 + f'^2(ct + d)^2)^2 \\ &\quad -(ad - bc)(1 + f^2t^2)^2(at + b)(ct + d) \\ &= 0 \end{aligned} \tag{12.7}$$

$s(t)$의 극대 극소는 이 다항식의 근에서 일어난다. 이것은 6차 다항식이어서, 많으면

6개의 실근을 가질 수 있다. 함수 $s(t)$의 3개의 극대값과 3개의 극소값에 대응한다. $s(t)$의 광역 최솟값은 $g(t)$의 근을 모두 구해 각각의 근에 대해 (12.5)에서 주어진 $s(t)$의 값을 구해 비교해야 한다. 보다 간단하게 $g(t)$의 (실수 또는 복소수인) 모든 근의 실수부를 이용해 $s(t)$의 값을 확인한다. 이런 방법이 근이 실수인지 복소수인지 구분하는 수고를 줄일 수 있다. 그리고 $t \rightarrow \infty$일 때 $s(t)$의 점근 거동을 확인해 $t = \infty$에서 최소 거리가 되는 것을 확인해야 한다. 이것은 첫 번째 이미지에서 등극선 $fx = 1$에 대응한다.

전체 방법은 알고리듬 12.1에 요약했다.

알고리듬 12.1 최적의 삼각측량 방법

목적

측정한 점 대응 $\mathbf{x} \leftrightarrow \mathbf{x}'$과 기본 행렬 F가 주어질 때, 등극 제약 조건 $\hat{\mathbf{x}}'^{\top}\mathrm{F}\mathbf{x} = 0$을 만족하며 기하 오차 (12.1)을 최소화하는 보정된 대응 $\hat{\mathbf{x}} \leftrightarrow \hat{\mathbf{x}}'$을 계산하기

알고리듬

(i) 다음의 변환 행렬을 정의한다.

$$\mathrm{T} = \begin{bmatrix} 1 & & -x \\ & 1 & -y \\ & & 1 \end{bmatrix} \text{ and } \mathrm{T}' = \begin{bmatrix} 1 & & -x' \\ & 1 & -y' \\ & & 1 \end{bmatrix}$$

이들은 $\mathbf{x} = (x, y, 1)^{\top}$와 $\mathbf{x}' = (x', y', 1)^{\top}$를 원점으로 보내는 변환이다.

(ii) F를 $\mathrm{T}'^{-\top}\mathrm{F}\mathrm{T}^{-1}$로 대체한다. 새로운 F는 이동된 좌표에 대응하는 것이다.

(iii) $\mathbf{e}'^{\top}\mathrm{F} = 0$, $\mathrm{F}\mathbf{e} = 0$을 만족하는 우 등극점 $\mathbf{e} = (e_1, e_2, e_3)^{\top}$와 좌 등극점 $\mathbf{e}' = (e'_1, e'_2, e'_3)^{\top}$을 계산한다. (배율 조정을 해서) $e_1^2 + e_2^2 = 1$을 만족하도록 정규화한다. $\mathbf{e}'$도 마찬가지다.

(iv) 다음의 행렬을 고려한다.

$$\mathrm{R} = \begin{bmatrix} e_1 & e_2 & \\ -e_2 & e_1 & \\ & & 1 \end{bmatrix} \text{ and } \mathrm{R}' = \begin{bmatrix} e'_1 & e'_2 & \\ -e'_2 & e'_1 & \\ & & 1 \end{bmatrix}$$

여기에서 R과 R′은 회전 행렬이고, $\mathrm{R}\mathbf{e} = (1, 0, e_3)^{\top}$이고 $\mathrm{R}'\mathbf{e}' = (1, 0, e'_3)^{\top}$이다.

(v) F를 $\mathrm{R}'\mathrm{F}\mathrm{R}^{\top}$로 대체한다. 결과로 얻는 F는 (12.3)의 형태이다.

(vi) $f = e_3$, $f' = e'_3$, $a = F_{22}$, $b = F_{23}$, $c = F_{32}$, $d = F_{33}$의 관계를 가진다.

(vii) (12.7)에 따라서 t에 대한 다항식 $g(t)$를 구성하고, t에 대한 6개의 근을 구한다.

(viii) $g(t)$의 근의 실수 부에 대해 비용함수 (12.5)를 각각 계산한다(대안으로 $g(t)$의 실수 근에 대해서만 계산한다). 그리고 $t = \infty$에 대해 (12.1)의 점근 거동, 즉 $1/f^2 + c^2/(a^2 + f'^2 c^2)$의 값을 구한다. t의 값 중에서 비용함수의 최솟값을 주는 $t_{\min}$을 선택한다.

(ix) $t_{\min}$에서 직선 $\mathbf{l} = (tf, 1, -t)$와 (12.4)의 $\mathbf{l}'$을 계산하고, 직선상에서 원점과 가장 가까운 점 $\hat{\mathbf{x}}$와 $\hat{\mathbf{x}}'$을 찾는다. 일반적인 직선 (λ, μ, ν)에 대해, 원점에서 가장 가까운 직선상의 점은 $(-\lambda\nu, -\mu\nu, \lambda^2 + \mu^2)$이다.

(x) $\hat{\mathbf{x}}$를 $\mathtt{T}^{-1}\mathtt{R}^\top\hat{\mathbf{x}}$로, $\hat{\mathbf{x}}'$을 $\mathtt{T}'^{-1}\mathtt{R}'^\top\hat{\mathbf{x}}'$으로 대체해 원래 좌표계로 변환한다.

(xi) 12.2절에서 설명한 동차 방법을 이용해 3차원 점 $\widehat{\mathbf{X}}$를 구한다.

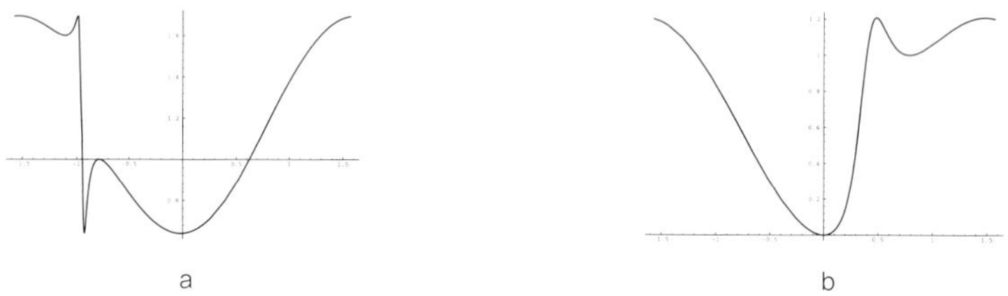

그림 12.4 (a) 3개의 극소값을 가지는 비용함수의 보기 (b) 완벽한 포인트 일치에 대한 비용함수이다. 그럼에도 2개의 극소값을 가진다.

12.5.3 극소값

(12.7)의 $g(t)$가 6차 다항식이므로 $s(t)$가 극소값을 3개까지 가질 수 있다. 실제로 이것이 가능한 것을 다음에서 보여준다. $f = f' = 1$라 두고 다음의 기본 행렬을 고려한다.

$$\mathtt{F} = \begin{pmatrix} 4 & -3 & -4 \\ -3 & 2 & 3 \\ -4 & 3 & 4 \end{pmatrix}$$

이로부터 다음을 얻는다.

$$s(t) = \frac{t^2}{1+t^2} + \frac{(3t+4)^2}{(2t+3)^2 + (3t+4)^2}$$

이 함수의 그래프를 그림 12.4a에 나타냈다.[1] 세 개의 극소점을 분명하게 볼 수 있다.

$$\mathtt{F} = \begin{pmatrix} 0 & -1 & 0 \\ 1 & 2 & -1 \\ 0 & 1 & 0 \end{pmatrix}$$

두 번째 보기로서, 함수 $s(t)$는 다음으로 주어진다.

$$s(t) = \frac{t^2}{t^2+1} + \frac{t^2}{t^2+(2t-1)^2}$$

비용함수의 두 항은 $t=0$에서 영이 된다. 이는 대응점 $\mathbf{x}$와 $\mathbf{x}'$이 정확하게 등극 조건을 만족하는 것을 의미한다. 이는 $\mathbf{x}'^{\top}\mathtt{F}\mathbf{x}=0$을 만족하는 것을 확인할 수 있다. 따라서 두 점은 정확하게 일치한다. 비용함수 $s(t)$의 그래프를 그림 12.4b에 나타냈다. $t=0$에서 광역 최솟값 외에도 $t=1$에서 극소값을 가진다. 그러므로 완벽한 일치의 경우에도 극소점은 발생한다. 임의의 초깃값을 이용해 반복 방법으로 비용함수 (12.1) 또는 (12.2)를 최소화하는 알고리듬은 완벽하게 일치하는 점에서도 극소값을 찾는 위험이 있다는 것을 이 보기에서 알 수 있다.

12.5.4 실제 이미지에서 평가

삼각측량법이 재구성의 정확도에 미치는 영향을 알아보기 위해서 그림 11.2의 보정 큐브 이미지를 사용해 실험을 수행했다. 정답값으로 사용한 큐브의 유클리드 모델을 정확한 이미지 측정을 이용해 추정하고 보정했다. 측정한 픽셀의 위치를 유클리드 모델과 정확히 일치하도록 수정했다. 평균 0.02픽셀의 좌표 수정이 필요했다.

이 단계에서 모델과 이에 정확히 일치하는 일련의 대응점이 있다. 다음으로, 점의 사영 재구성을 계산하고 사영변환 H를 계산해 사영 재구성을 유클리드 모델과 일치하도록 했다. 제어된 평균 영의 가우스 노이즈를 점 좌표에 추가하고 사영 좌표계에서 두 가지 방법을 사용한 삼각측량을 수행하고 변환 H를 적용해 각 방법의 오차를 유클리드 좌표계에서 측정했다. 그림 12.5는 두 가지 삼각측량법에 대한 이 실험의 결과를 보여준다. 그

---

1 이 그래프와 그림 12.4b에서 $t=\tan(\theta)$로 치환하고 θ를 $-\pi/2 \le \theta \le \pi/2$의 범위에 대해 그래프를 그렸다. 이렇게 하면 t에 대해 무한대를 포함한 그래프를 보여준다.

래프는 선택한 각 노이즈 수준에서 10개의 개별 실행에서 모든 점에 대한 재구성 오차의 평균값을 보여준다. 최적 방법이 더 좋은 결과를 내는 것을 볼 수 있다.

이 경우에는 이미지 쌍에서 두 등극점이 이미지에서 멀리 떨어져 있다. 등극점이 이미지에서 가까운 경우, 합성 이미지에 대한 결과는 다항식 방법의 장점이 더 두드러짐을 보여준다.

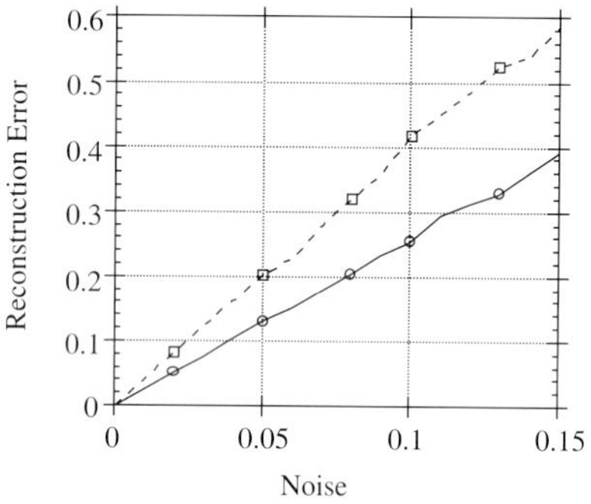

그림 12.5 삼각측량법의 재구성 오차 비교 그래프는 두 가지 삼각측량법을 사용해 얻은 재구성 오차를 보여준다. (i) 사영 좌표계에서 광선에 수직인 공통 중간 점 선택 (상단 곡선). (ii) 최적 다항식 방법(하단 곡선). 가로축은 노이즈의 크기이고, 세로축은 재구성 오차이다. 재구성 오차의 단위는 그림 11.2의 보정 큐브 이미지에서 어두운 사각형 중 하나의 측면 길이의 상대적인 값이다. 최적 방법이라도 노이즈가 크지만 오차가 커진다. 이미지 사이의 움직임이 거의 없기 때문이다.

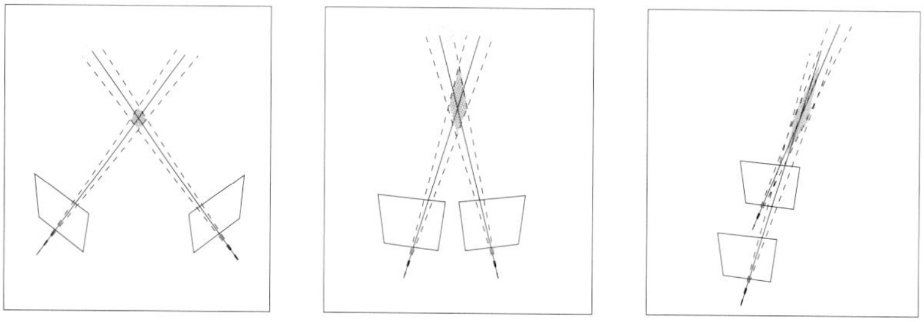

그림 12.6 재구성의 불확실성 각 경우에 음영 처리된 영역은 광선 사이의 각도에 따라 달라지는 불확실성 영역을 나타낸다. 광선이 평행해질수록 광선을 따른 점 위치의 정확성은 떨어진다. 특히 전방 운동의 경우에는 시점의 대부분에서 광선이 거의 평행하기 때문에 재구성의 정확도가 나빠진다.

12.6 추정한 3차원 점의 확률 분포

재구성한 점의 분포에 대한 설명은 그림 12.6에 있다. 경험상 좋은 법칙으로 광선의 각도가 재구성의 정확성을 결정한다는 것이다. 일반적으로 더 많이 사용하는 측정값인 기준선을 고려하는 것보다 좋은 지침이 된다.

좀 더 형식화해 표현하면 특정 3차원 점 $\mathbf{X}$의 확률은 각 시점에서 이미지를 얻을 확률에 따라 달라진다.

간단한 보기에서 두 개의 직선 카메라에서 이미지 $x = f(\mathbf{X})$와 $x' = f'(\mathbf{X})$가 주어질 때 평면의 점이 위치 $\mathbf{X} = (\mathrm{X}, \mathrm{Y})^{\mathsf{T}}$를 가질 확률을 추정해본다.

(각 사영 f와 f'는 2×3 사영 행렬 $\mathrm{P}_{2\times3}$과 $\mathrm{P}'_{2\times3}$으로 각각 표현된다. 6.4.2절 참조) 이미지의 기하는 그림 12.7(a)에 나와 있다.

첫 번째 이미지에서 측정한 이미지 점이 x이고, 측정 프로세스가 평균이 영이고 분산이 σ^2인 가우스 노이즈에 의해 손상됐다고 가정하면, 이미지 포인트의 참값이 $f(\mathbf{X})$인 경우에 x를 측정할 확률은 다음으로 주어진다.

$$p(x|\mathbf{X}) = (2\pi\sigma^2)^{-1/2} \exp\left(-|f(\mathbf{X}) - x|^2/(2\sigma^2)\right)$$

$p(x' \mid \mathbf{X})$에 대해서도 유사한 식을 얻을 수 있다. 이제 사후 확률을 계산하고자 한다.

$$p(\mathbf{X}|x, x') = p(x, x'|\mathbf{X})p(\mathbf{X})/p(x, x')$$

선험 확률 $p(\mathbf{X})$에 대해 균등 분포와 두 이미지에서의 측정이 독립이라는 것을 가정하면 다음을 얻는다.

$$p(\mathbf{X}|x, x') \sim p(x, x'|\mathbf{X}) = p(x|\mathbf{X})p(x'|\mathbf{X})$$

그림 12.7은 확률 밀도 함수^{PDF}의 한 예를 보여준다. 이 예의 편향과 분산은 부록 3에서 논의한다.

그림 12.7 삼각측량한 점의 PDF (a) 카메라 구성. C_1과 C_2에 중심이 있는 직선 카메라 두 개가 있다. 이미지 선은 정사각형의 왼쪽과 아래쪽 모서리이다. 막대는 노이즈의 2σ의 크기를 나타낸다. 그림에서 두 개의 원근 사영에서 계산한 삼각측량점의 PDF를 보여준다. 효과를 강조하기 위해 노이즈 분산 σ^2을 크게 했다. (b) 이미지로 표시된 PDF. 밝을수록 더 큰 값을 나타낸다. (b) PDF의 등치선(contour)을 나타낸 그림. PDF가 가우스 분포가 아닌 것에 주의해야 한다.

12.7 직선 재구성

3차원 공간의 직선이 두 시점에서 $\mathbf{l}$과 $\mathbf{l}'$의 직선으로 사영된다고 가정한다. 각 이미지의 직선을 역사영해 3차원 공간에서 평면을 얻고, 평면을 교차해 3차원 공간의 직선을 재구성할 수 있다.

직선이 정의하는 평면은 $\boldsymbol{\pi} = \mathtt{P}^\mathsf{T}\mathbf{l}$과 $\boldsymbol{\pi}' = \mathtt{P}'^\mathsf{T}\mathbf{l}$이다. 실무에서, 3차원의 선을 이미지 직선이 정의하는 두 평면으로 매개화하면 종종 편리해진다. 즉, 직선을 다음의 2×4 행렬로 표기한다.

$$\mathtt{L} = \begin{bmatrix} \mathbf{l}^\mathsf{T}\mathtt{P} \\ \mathbf{l}'^\mathsf{T}\mathtt{P}' \end{bmatrix}$$

이것은 3.2.2절의 생성 표현에서 설명했다. 예컨대 $\mathtt{L}\mathbf{X} = \mathbf{0}$을 만족하면 점 $\mathbf{X}$가 직선상에 놓인다.

점 대응의 경우에는 (이미지 점으로 사영되는 3차원 공간의 점인) 원 이미지상은 과조건over-determined 상태이다. 3차원 점은 자유도 3을 가지지만 측정값은 4개이다. 그러나 직선의 경우에는 원 이미지상이 정확하게 결정된다. 3차원 공간의 직선은 자유도 4를 가지고, 각각 시점의 이미지 직선이 두 개의 측정값을 가진다. 여기서 사용하는 직선은 무한선이며, 선분의 양쪽 끝 점을 계산에 사용하지 않는다.

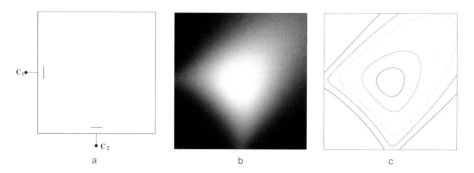

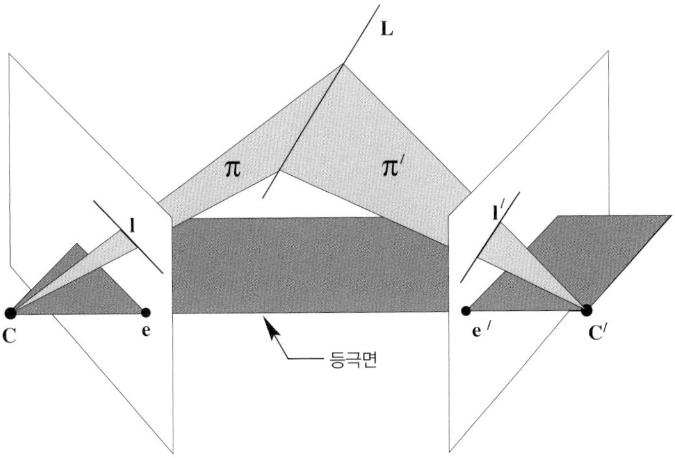

그림 12.8 직선 재구성 이미지의 직선 l과 l′은 각각 평면 π, π′으로 역사영된다. 이런 평면 교차가 3차원 공간에서 선 L을 결정한다. 3차원 공간의 직선이 등극면에 있는 경우 3차원 공간에서의 위치는 이미지에서 확인할 수 없다. 이 경우, 이미지의 직선상에 등극점이 놓여 있다.

퇴화 그림 12.8에서 보듯이, 등극면에 있는 3차원 공간의 직선은 시점 두 개의 이미지로부터 결정할 수 없다. 이런 직선은 카메라 기준선과 교차한다. 실제로 측정 오차가 있는 경우 기준선을 교차하는 선에 가까운 직선은 재구성에서 나쁜 결과를 준다.

직선의 퇴화는 점의 경우보다 더 심각하다. 점의 경우에는 복구할 수 없는 기준선을 매개변수 하나로 표현할 수 있다. 직선의 경우 매개변수 3개가 필요하다. 하나는 기준선 위치를 나타내고 다른 두 개는 기준선을 지나는 직선을 나타낸다.

두 개 이상의 평면 교차 책의 뒷부분(특히 15장)에서 세 개 이상의 시점에서 재구성을 고려한다. 여러 평면의 교차로 인해 생기는 직선을 재구성하려면 다음과 같이 진행하는 것이 적절하다. 각각의 평면 π_i를 4차원 벡터로 표현해, π_i^T를 행벡터로 가지는 n개의 평면에 대한 $n \times 4$ 행렬 A를 만든다. $\mathtt{A} = \mathtt{UDV}^\mathsf{T}$를 특이값 분해한다. 가장 큰 특이값 두 개에 해당하는 V의 두 열벡터는 A에 대해 차수 2를 가지는 최고의 근사이며, 평면의 교차선을 정의하기 위해 사용할 수 있다. 평면이 이미지 라인을 역사영해 정의된 경우, 각 이미지에 사영된 **L**과 해당 이미지에서 측정한 직선 사이의 기하 이미지 거리를 최소화해 3차원 공간에서 직선 **L**의 최대 우도 추정치를 구한다. 이것은 16.4.1절에서 논의한다.

12.8 나가면서

다항식 삼각측량법을 3개 이상의 시점으로 확장하는 방법은 알려져 있지 않다. 그러나 선형 방법은 자연스럽게 확장이 된다. 더 흥미롭게, 샘프슨 방법을 3개 이상의 시점으로 확장할 수 있다. [Torr-97]을 참조하라. 단점은 시점이 증가하면 계산 비용(과 코딩 노력)이 매우 증가한다.

12.8.1 참고문헌

최적 삼각측량법은 Hartley and Sturm[Hartley-97b]을 참고하면 좋다.

12.8.2 메모와 연습 문제

(i) 카메라의 순수 이동 운동의 경우에 삼각측량법을 유도하라. 힌트: 그림 12.9를 보라. 매개변수 θ에 관한 닫힌 해를 구할 수 있다. 이 방법은 [Armstrong-94]에서 사용됐다.

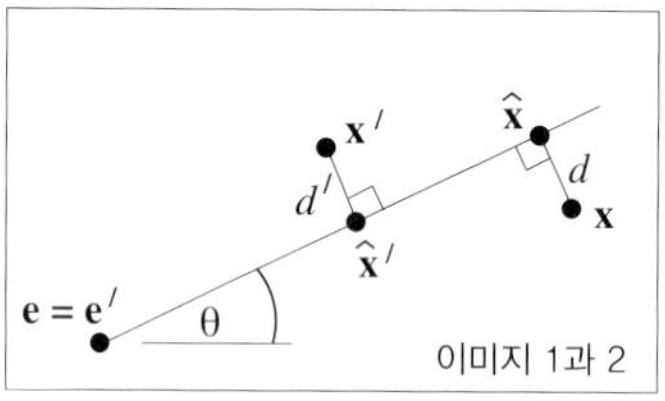

그림 12.9 **순수 이동 운동에 대한 등극 기하학** 이 경우, 대응하는 등극선은 같다(11.7.1절 참조). $d^2 + d'^2$를 최소화하는 (θ로 매개화된) 등극선을 직접 계산한다.

(ii) 다항식 삼각측량법을 한 쌍의 아핀 카메라(또는 더 일반적으로 동일한 주평면을 가지는 카메라)에 적용하라. 이 경우, 기본 행렬은 간단한 형식 (14.1)을 가지며 삼각측량법은 선형 알고리듬이 된다.

(iii) (12.4절의) 샘프슨 방법이 이미지의 유클리드 좌표 변환(그리고 이에 대응하는 F의 변화)에 대해 불변하는 것을 보여라.

(iv) 평면 단응사상의 경우 다항식 삼각측량법과 유사한 것을 유도하라. 즉, 주어진 측정 대응점 $\mathbf{x} \leftrightarrow \mathbf{x}'$에 대해 다음의 함수를 최소화하는 점 $\hat{\mathbf{x}}$와 $\hat{\mathbf{x}}'$을 구하라.

$$\mathcal{C}(\mathbf{x}, \mathbf{x}') = d(\mathbf{x}, \hat{\mathbf{x}})^2 + d(\mathbf{x}', \hat{\mathbf{x}}')^2 \quad \text{subject to} \quad \hat{\mathbf{x}}' = \mathtt{H}\hat{\mathbf{x}}$$

[Sturm-97b]에서 해가 변수 하나를 가지는 차수 8인 다항식으로 표현되는 것을 증명했다.

13

장면 평면과 단응사상

여기서는 두 대의 카메라와 실세상 평면의 사영기하학에 대해 설명한다.

평면의 점 이미지는 그림 13.1과 같이 (평면) 단응사상에 의해 두 번째 시점의 해당 이미지 점에 대응한다. 이것은 평면과 직선의 교차점에만 의존하기 때문에 사영 관계이다. 평면은 시점 사이의 단응사상을 유도한다고 말한다. 단응사상은 마치 평면점의 이미지인 것처럼 한 시점에서 다른 시점으로 점을 변환한다.

이제, 두 시점 사이에는 두 가지 관계가 있다. 첫째, 등극 기하학을 통해 한 시점의 점이 다른 시점의 선을 결정한다. 이는 해당 점을 통과하는 광선의 이미지이다. 두 번째로, 단응사상을 통해 한 시점의 한 점이 다른 시점의 점을 결정하는데, 이는 광선과 평면의 교차점의 이미지이다. 여기서는 이중 기하학의 이런 두 관계를 연결한다.

여기에서 언급하는 또 다른 두 가지 중요한 개념인, 평면에 대한 시차와 무한 단응사상이 있다.

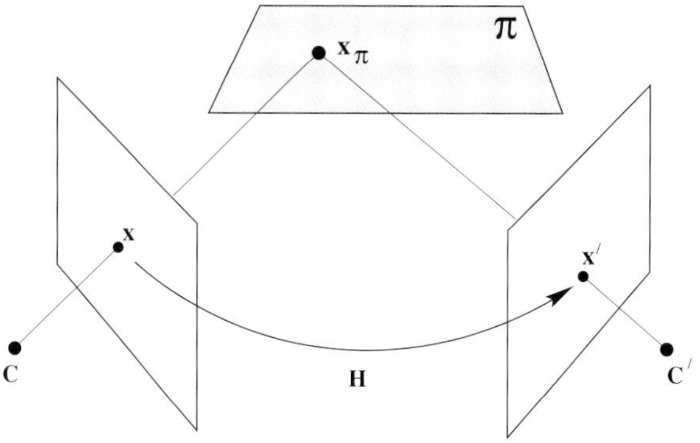

그림 13.1 평면이 유도하는 단응사상 점 $\mathbf{x}$에 대응하는 광선은 점 $\mathbf{x}_\pi$에서 평면 π를 만나도록 연장한다. 이 점은 다른 이미지의 점 $\mathbf{x}'$에 사영된다. $\mathbf{x}$에서 $\mathbf{x}'$까지의 변환은 평면 π가 유도하는 단응사상이다. 실세상 평면 π와 첫 번째 이미지 평면 사이에는 원근 변환 $\mathbf{x} = \mathtt{H}_{1\pi}\mathbf{x}_\pi$가 있고, 실세상 평면과 두 번째 이미지 평면 사이에는 원근 변환 $\mathbf{x}' = \mathtt{H}_{2\pi}\mathbf{x}_\pi$가 있다. 두 원근 변환의 합성이 이미지 평면 사이의 단응사상 $\mathbf{x}' = \mathtt{H}_{2\pi}\mathtt{H}_{1\pi}^{-1}\mathbf{x} = \mathtt{H}\mathbf{x}$이다.

13.1 주어진 평면의 단응사상과 그 반대의 경우

일반적인 위치에 있는 평면의 경우 단응사상은 평면에 의해 유일하게 결정되고 그 반대의 경우도 성립하는 것을 증명한다. 이 경우, 일반 위치는 평면이 카메라 중심을 포함하지 않는 것을 의미한다. 평면이 카메라 중심을 포함하면 유도된 단응사상은 퇴화한다.

3차원 공간의 평면 π가 표준 좌표계의 좌표로 주어진다고 가정한다. 유도되는 단응사상에 대한 구체적인 표현을 먼저 구한다.

결과 13.1 다음의 두 시점의 사영 행렬이 주어진다.

$$\mathtt{P} = [\mathtt{I} \mid \mathbf{0}] \qquad \mathtt{P}' = [\mathtt{A} \mid \mathbf{a}]$$

그리고 $\pi = (\mathbf{v}^\top, 1)^\top$에 의해 $\pi^\top \mathbf{X} = 0$로 평면을 정의한다. 그러면 평면이 유도하는 단응사상 $\mathbf{x}' = \mathtt{H}\mathbf{x}$는 다음과 같다.

$$\mathtt{H} = \mathtt{A} - \mathbf{a}\mathbf{v}^\top \tag{13.1}$$

평면이 첫 번째 카메라 중심 $(0, 0, 0, 1)^\top$을 지나지 않으므로 $\pi_4 = 1$로 가정할 수 있다.

3차원 공간의 평면은 세 개의 매개변수가 필요하며, 따라서 3차원 공간의 평면이 유도하는 두 시점 사이의 대응하는 단응사상 또한 세 개의 매개변수가 필요한 것에 주의해야 한다. 이러한 세 개의 매개변수는 3차원 비동차 벡터 $\mathbf{v}$의 원소에 의해 결정된다.

증명 H를 계산하기 위해 첫 번째 시점의 점 $\mathbf{x}$를 역사영한 광선과 평면 $\boldsymbol{\pi}$의 교점을 결정한다. 그리고 3차원 점 $\mathbf{X}$를 두 번째 시점으로 사영한다.

첫 번째 시점에 대해 $\mathbf{x} = \mathtt{P}\mathbf{X} = [\mathtt{I} \mid \mathbf{0}]\mathbf{X}$을 만족하며 광선상의 점을 ρ를 이용해 매개변수화하면, 광선 $\mathbf{X} = (\mathbf{x}^\top, \rho)^\top$의 모든 점은 $\mathbf{x}$로 사영된다. 3차원 점 $\mathbf{X}$가 $\boldsymbol{\pi}$상에 있으므로 $\boldsymbol{\pi}^\top\mathbf{X} = 0$을 만족한다. 이로부터 ρ를 결정해 $\mathbf{X} = (\mathbf{x}^\top, -\mathbf{v}^\top\mathbf{x})^\top$를 얻는다. 두 번째 시점으로 $\mathbf{X}$를 사영하면 다음을 얻는다.

$$
\begin{aligned}
\mathbf{x}' &= \mathtt{P}'\mathbf{X} = [\mathtt{A} \mid \mathbf{a}]\mathbf{X} \\
&= \mathtt{A}\mathbf{x} - \mathbf{a}\mathbf{v}^\mathsf{T}\mathbf{x} = \left(\mathtt{A} - \mathbf{a}\mathbf{v}^\mathsf{T}\right)\mathbf{x}
\end{aligned}
$$

원하는 결과를 얻고 증명은 끝난다. □

보기 13.2 보정된 스테레오 장비

첫 번째 카메라의 중심을 실세계 원점으로 가지는 스테레오 장비의 카메라 행렬을 다음으로 가정한다.

$$
\mathtt{P}_\mathrm{E} = \mathtt{K}[\mathtt{I} \mid \mathbf{0}] \qquad \mathtt{P}'_\mathrm{E} = \mathtt{K}'[\mathtt{R} \mid \mathbf{t}]
$$

그리고 실세상 평면 $\boldsymbol{\pi}_\mathrm{E}$는 좌표 $\boldsymbol{\pi}_\mathrm{E} = (\mathbf{n}^\top, 0)^\top$를 가지며, 평면상의 점들은 $\mathbf{n}^\top\widetilde{\mathbf{X}} + d = 0$을 만족한다. 이 평면이 유도하는 단응사상의 표현식을 계산하고자 한다.

결과 13.1에서, $\mathbf{v} = \mathbf{n}/d$이며, 카메라 $\mathtt{P} = [\mathtt{I} \mid \mathbf{0}]$, $\mathtt{P}' = [\mathtt{R} \mid \mathbf{t}]$에 대한 단응사상은 다음과 같다.

$$
\mathtt{H} = \mathtt{R} - \mathbf{t}\mathbf{n}^\mathsf{T}/d
$$

이미지에 변환 K와 K′을 적용하면, 카메라 행렬 $\mathtt{P}_\mathrm{E} = \mathtt{K}[\mathtt{I} \mid \mathbf{0}]$, $\mathtt{P}'_\mathrm{E} = \mathtt{K}'[\mathtt{R} \mid \mathbf{t}]$를 얻을 수 있고 단응사상은 다음이 된다.

$$
\mathtt{H} = \mathtt{K}'\left(\mathtt{R} - \mathbf{t}\mathbf{n}^\mathsf{T}/d\right)\mathtt{K}^{-1} \tag{13.2}
$$

이것은 $\mathbf{n}/d$로 매개화돼서 세 개의 매개변수를 가지는 단응사상이다. 평면과 카메라 내부 변수, 상대적인 외부 변수에 의해 결정된다. △

13.1.1 등극 기하학과 호환되는 단응사상

장면 평면에서 점 4개 $\mathbf{X}_i$를 선택했다고 가정한다. 그러면 두 시점 사이의 이미지 대응 $\mathbf{x}_i \leftrightarrow \mathbf{x}'_i$는 단응사상 H를 정의한다. 평면에 의해 유도되는 단응사상이다. 이러한 이미지 대응 또한 등극 제약 조건 $\mathbf{x}'^{\mathsf{T}}_i \mathrm{F}\mathbf{x}_i = 0$을 만족한다. 장면의 이미지 점이기 때문이다. 실제로, 대응 $\mathbf{x} \leftrightarrow \mathbf{x}' = \mathrm{H}\mathbf{x}$는 모든 $\mathbf{x}$에 대해 등극 제약 조건을 만족한다. $\mathbf{x}$에서 역사영된 광선과 장면 평면을 교차해 얻는 것이 장면의 점이므로, $\mathbf{x}$와 $\mathbf{x}'$은 장면의 이미지 점이기 때문이다. 단응사상 H는 F와 일관되거나 또는 호환된다고 말한다.

이제, 첫 번째 시점에서 임의 이미지 점을 4개 선택하고 두 번째 시점에서 임의의 점 4개를 선택했다고 가정한다.

그러면 (각 시점에서 3개의 점이 한 직선에 있지 않는 경우에) 한 시점의 점들의 집합에서 다른 시점의 점들의 집합으로 가는 단응사상 $\tilde{\mathrm{H}}$를 계산할 수 있다. 그러나 대응 $\mathbf{x} \leftrightarrow \mathbf{x}' = \tilde{\mathrm{H}}\mathbf{x}$는 등극 제약 조건을 일반적으로 만족하지 않는다. 대응 $\mathbf{x} \leftrightarrow \mathbf{x}' = \tilde{\mathrm{H}}\mathbf{x}$가 등극 제약 조건을 만족하지 않으면, $\tilde{\mathrm{H}}$를 생성하는 장면 평면이 존재하지 않는다.

등극 기하는 두 시점 간의 사영기하를 결정한다. 그래서 실제 장면 평면이 생성하는 단응사상에 대한 조건을 준다. 그림 13.2는 등극 기하의 여러 관계식과 이러한 조건을 정의하는 장면 평면에 대해 보여준다. 예로서, 대응 $\mathbf{x} \leftrightarrow \mathrm{H}\mathbf{x}$가 등극 제약 조건을 만족하고 H가 평면에 의해서 유도되면 $\mathbf{x}'^{\mathsf{T}}\mathrm{F}\mathbf{x} = 0$에서 다음이 성립한다.

$$\mathrm{H} = \mathrm{R} - \mathbf{t}\mathbf{n}^{\mathsf{T}}/d$$

이것은 모든 $\mathbf{x}$에 대해 성립한다. 그래서 다음을 얻는다.

- 단응사상 H와 기본 행렬 F가 호환되는 필요충분조건은 행렬 $\mathrm{H}^{\mathsf{T}}\mathrm{F}$가 반대칭이다.

$$\mathrm{H} = \mathrm{R} - \mathbf{t}\mathbf{n}^{\mathsf{T}}/d \tag{13.3}$$

위에서 설명한 논의로 조건이 필요조건이 되는 것을 알 수 있다. 이것이 충분조건이 되는 것을 Luong and Viéville[Luong-96]에 의해 증명됐다. 자유도를 계산하면 식 (13.3)은 H의 자유도 8에 6개의 동차 (즉, 5개의 비동차) 제약 조건을 준다. 따라서 H에 대해 $8 - 5 = 3$개의 자유도가 남는다. 이러한 자유도 3은 3차원 공간의 3개의 변수로 매개화된 평면에 해당한다.

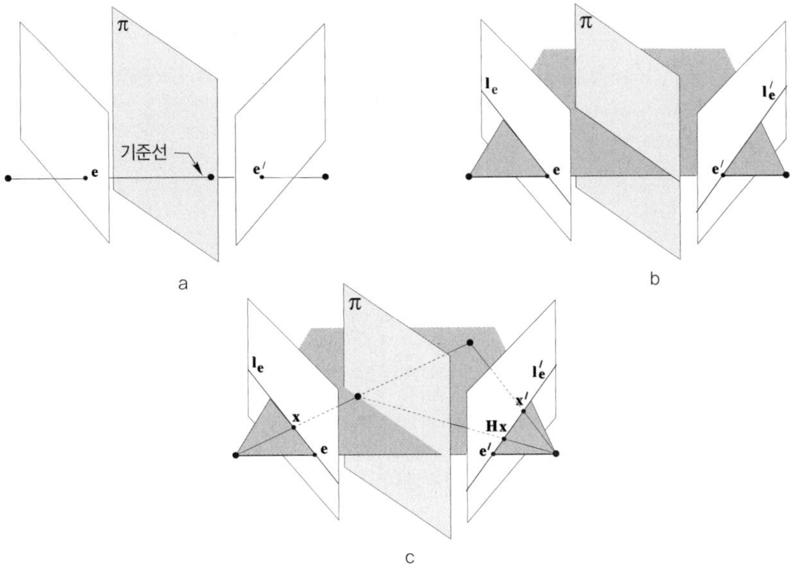

그림 13.2 호환성 제약 평면에 의해 유도되는 단응사상은 등극 기하와 결합해 제약 조건을 만족한다. (a) 등극점은 단응사상에 의해 $\mathbf{e}' = \mathrm{H}\mathbf{e}$로 변환된다. 등극점은 평면에서 베이스라인이 π와 교차하는 점이기 때문이다. (b) 등극선은 단응사상에 의해 $\mathrm{H}^\top \mathbf{l}'_e = \mathbf{l}_e$로 변환된다. (c) 임의의 점 $\mathbf{x}$는 단응사상에 의해 대응하는 등극선 $\mathbf{l}'_e$로 변환된다. 그러므로 $\mathbf{l}'_e = \mathrm{F}\mathbf{x} = \mathbf{x}' \mathbf{x}(\mathrm{H}\mathbf{x})$이다.

호환성 제약 (13.3)은 H와 F에 대해 암시적인 표현이다. F가 주어질 때 평면이 유도하는 단응사상 H에 대한 구체적인 식을 유도한다. 이것은 계산 알고리듬에 더 적합하다.

결과 13.3 두 시점 사이의 기본 행렬 F가 주어질 때 실세상 평면이 유도하는 세 개 매개변수의 단응사상은 다음과 같다.

$$\mathrm{H} = \mathrm{A} - \mathbf{e}'\mathbf{v}^\top \tag{13.4}$$

여기서 $[\mathbf{e}']_\times \mathrm{A} = \mathrm{F}$는 기본 행렬의 임의 분해이다.

증명 결과 13.1에서 각 시점에 대한 카메라 행렬 $\mathrm{P} = [\mathrm{I} \mid \mathbf{0}]$, $\mathrm{P}' = [\mathrm{A} \mid \mathbf{a}]$이 주어지면 평면 $\boldsymbol{\pi} = (\mathbf{v}^\top, 1)^\top$는 단응사상 $\mathrm{H} = \mathrm{A} - \mathbf{a}\mathbf{v}^\top$를 유도한다. 그리고 결과 9.9에서 기본 행렬 $\mathrm{F} = [\mathbf{e}']_\times \mathrm{A}$에 대해 카메라 행렬을 $[\mathrm{I} \mid \mathbf{0}]$, $[\mathrm{A} \mid \mathbf{e}']$으로 선택할 수 있다. □

주의 위의 유도는 평면상의 점의 사영을 기초로 해 단응사상과 등극 기하가 호환이 되는 것을 보장한다. 대수적으로, $\mathrm{F}^\top\mathrm{H}$가 반대칭이라는 필요충분조건을 만족하므로 단응사상

(13.4)는 기본 행렬과 호환된다. 다음에서 알 수 있다.

$$\mathtt{F}^{\mathsf{T}}\mathtt{H} = \mathtt{A}^{\mathsf{T}}[\mathbf{e}']_{\times}\left(\mathtt{A} - \mathbf{e}'\mathbf{v}^{\mathsf{T}}\right) = \mathtt{A}^{\mathsf{T}}[\mathbf{e}']_{\times}\mathtt{A}$$

여기에서 $[\mathbf{e}']_{\times}\mathbf{e}' = 0$이고, $\mathtt{A}^{\mathsf{T}}[\mathbf{e}']_{\times}\mathtt{A}$는 반대칭 행렬이다.

(13.4)와 기본 행렬의 일반 분해를 비교하면, 보조정리 9.11 또는 (9.10)에서 보듯이 (부호를 제외한) 같은 식이 나타난다. 실제로 (보조정리 9.11의 배율 조정 계수 k를 제외한) 기본 행렬의 분해와 실세상 평면이 유도하는 단응사상과의 일대일 대응이 존재한다.

따름정리 13.4 변환 H가 실세상 평면이 유도하는 두 이미지 간의 단응사상이 되는 필요충분조건은 두 이미지 사이의 기본 행렬 F가 분해 $\mathtt{F} = [\mathbf{e}']_{\times}\mathtt{H}$를 가지는 것이다.

이러한 분해를 선택하는 것은 간단히 사영 좌표계를 선택하는 것에 해당한다. 실제로, H는 $\mathtt{P} = [\mathtt{I} \mid \mathbf{0}]$과 $\mathtt{P}' = [\mathtt{H} \mid \mathbf{e}']$으로 재구성한 좌표 $(0, 0, 0, 1)^{\mathsf{T}}$를 가지는 평면에 대한 변환이다.

결과 13.5 정규 형식 $\mathtt{P} = [\mathtt{I} \mid \mathbf{0}]$, $\mathtt{P}' = [\mathtt{A} \mid \mathbf{a}]$을 가지는 카메라에 대해 시점 간의 주어진 단응사상 H를 유도하는 평면 π는 $\pi = (\mathbf{v}^{\mathsf{T}}, 1)^{\mathsf{T}}$의 좌표를 가진다. 여기에서 $\mathbf{v}$는 선형방정식 $\lambda\mathtt{H} = \mathtt{A} - \mathbf{a}\mathbf{v}^{\mathsf{T}}$에서 구할 수 있다. 이 방정식은 $\mathbf{v}$의 원소와 λ에 대해 선형이다.

이 방정식은 H가 F와 제약 조건 (13.3)을 만족하면 해를 가지는 것에 주의해야 한다. 노이즈가 있는 데이터에서 수치적으로 구한 단응사상에 대해서는 이런 것이 일반적으로 성립하지 않아, 방정식은 미지수의 수에 비해서 제약 조건이 많아진다.

13.2 F와 이미지 대응이 주어질 때 단응사상이 유도하는 평면

3차원 공간의 평면은 3점 또는 한 개의 직선과 한 개의 점 또는 다른 방법으로 결정할 수 있다. 순차적으로 이러한 3차원 요소는 이미지 대응으로 결정할 수 있다. 13.1절에서는 평면의 좌표에서 단응사상을 계산했다. 다음에서는 평면을 지정하는 대응하는 이미지 요소에서 단응사상을 직접 계산한다. 이것은 응용프로그램에서 사용하기에 매우 자연스러운 절차다.

여기서 두 가지 경우를 고려한다. (i) 세 개의 점, (ii) 한 개의 직선과 한 개의 점. 각각의 경우 해당 요소는 3차원 공간에서 평면을 유일하게 결정하기에 충분하다. 각각의 경우에 대해 다음과 같이 설명할 것이다.

(i) 대응하는 이미지 객체는 등극 기하와의 일관성 제약 조건을 만족해야 한다.

(ii) 단응사상이 정의되지 않는 3차원 객체와 카메라의 퇴화 구성이 있다. 이러한 퇴화는 3차원 객체와 등극 기하의 공선성과 공면성에서 발생한다. 해를 구하는 방법에서도 퇴화가 발생할 수 있지만, 이런 경우는 피할 수 있다.

세 점의 경우에 대해 더 자세하게 설명한다.

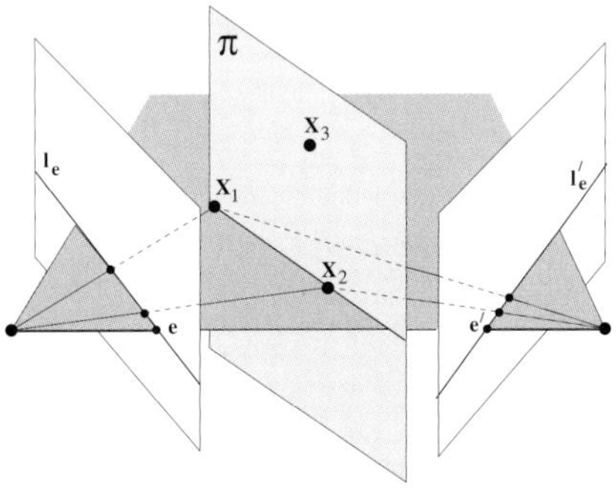

그림 13.3 단응사상의 암묵적인 계산에 대해 퇴화된 기하 점 $\mathbf{X}_1$과 $\mathbf{X}_2$가 정의하는 직선은 등극면에 놓이며 베이스라인과 교차한다. $\mathbf{X}_1$과 $\mathbf{X}_2$의 이미지는 등극점과 같은 직선상에 있게 돼서 대응 $\{\mathbf{x}_i \leftrightarrow \mathbf{x}'_i\}$, $i \in \{1,\ldots,3\}$, $\mathbf{e} \leftrightarrow \mathbf{e}'$에서 H를 유일하게 결정할 수 없다. 이 구성은 명시적인 방법에 대해서는 퇴화하지 않는다.

13.2.1 3점의 경우

(같은 직선 위에 놓여 있지 않은) 3점 $\mathbf{X}_i$의 이미지와 기본 행렬 F가 있다고 가정한다. 점들의 평면이 유도하는 단응사상 H를 이론상으로 두 가지 방법으로 계산할 수 있다.

첫 번째 방법으로, 점 $\mathbf{X}_i$의 위치를 사영 재구성으로 복원한다(12장 참조). 그러면 점들을 통과하는 평면 π가 (3.3에서) 결정되고 결과 13.1에서 평면에서 단응사상을 계산할 수 있다. 두 번째 방법으로 4개의 점 대응으로 단응사상을 계산할 수 있는데 이 경우에 4개의 대응점은 평면의 점 세 개의 이미지와 각 시점의 등극점이다. 등극점은 그림 13.2와 같이 단응사상으로 각 시점 간에 변환되므로 4번째 점으로 사용할 수 있다. 그러므로 $\mathbf{x}'_i$

$= \mathtt{H}\mathbf{x}_i$, $i \in \{1, \ldots, 3\}$, $\mathbf{e}' = \mathtt{H}\mathbf{e}$의 4개의 대응이 있고, 이로부터 H를 계산할 수 있다.

따라서 세 점 대응에서 H를 계산하는 두 가지 방법이 있다. 첫 번째는 **명시적** 재구성을 포함하고 두 번째는 등극점을 점 대응으로 이용하는 **암시적** 재구성을 포함한다. 어느 방법이 더 유리한가? 암시적 방법은 명시적 방법에 없는 뚜렷한 퇴행이 있기 때문에 계산에 사용하면 안 된다.

두 개의 이미지 점이 등극점과 같은 직선상에 있는 경우를 생각한다(여기서는 측정 노이즈가 없는 것으로 가정한다). 3개의 점이 동일 직선상에 있는 경우에는 단응사상 H를 대응 4개로 계산할 수 없으므로 (4.1.3절 참조) 이 경우에 암시적 방법은 불가능하다. 비슷하게, 이미지 점이 등극점과 같은 직선상과 매우 가까우면 암시적 방법으로 추정한 H의 값은 안정적이지 않다. 명시적 방법은 두 점이 등극점과 동일 직선상에 있거나 또는 동일 직선과 가까운 경우에도 문제가 없다. 대응하는 이미지 점은 3차원 공간의 점을 정의한다(실세계 점은 같은 등극면에 있지만, 이것은 퇴화한 상황이 아니다). 이로부터, 평면 π와 단응사상을 계산할 수 있다. 상황을 그림 13.3에 설명했다.

이제 명시적 방법의 대수적 유도에 관해 설명한다. 점 $\mathbf{X}_i$의 좌표를 구체적으로 결정할 필요는 없다. 중요한 것은 F와 호환되는 변수 3개 $\mathbf{v}$로 매개화된 단응사상 (13.4) $\mathtt{H} = \mathtt{A} - \mathbf{e}'\mathbf{v}^\top$에 구속 조건을 구하는 것이다. 이 문제는 점 세 개의 대응에서 $\mathbf{v}$를 구하는 문제로 축약된다. 해는 다음으로 얻을 수 있다.

결과 13.6 F와 세 개의 이미지 대응 $\mathbf{x}_i \leftrightarrow \mathbf{x}'_i$가 주어지면, 3차원 점들의 평면이 유도하는 단응사상은 다음으로 주어진다.

$$\mathtt{H} = \mathtt{A} - \mathbf{e}'(\mathtt{M}^{-1}\mathbf{b})^\top$$

여기에서 $\mathtt{A} = [\mathbf{e}']_\times \mathtt{F}$이고 $\mathbf{b}$는 다음을 원소로 가지는 3차원 벡터다.

$$b_i = (\mathbf{x}'_i \times (\mathtt{A}\mathbf{x}_i))^\top (\mathbf{x}'_i \times \mathbf{e}') / \|\mathbf{x}'_i \times \mathbf{e}'\|^2$$

그리고 M는 행벡터로 $\mathbf{x}_i^\top$를 가지는 3×3 행렬이다.

증명 결과 9.14에서 F를 $\mathtt{F} = [\mathbf{e}']_\times \mathtt{A}$로 분해할 수 있다. 그러면 (13.4)에서 $\mathtt{H} = \mathtt{A} - \mathbf{e}'\mathbf{v}^\top$이며, 각각의 대응 $\mathbf{x}_i \leftrightarrow \mathbf{x}'_i$에서 $\mathbf{v}$에 대해 다음의 선형 제약 조건을 얻는다.

$$\mathbf{x}'_i = \mathtt{H}\mathbf{x}_i = \mathtt{A}\mathbf{x}_i - \mathbf{e}'(\mathbf{v}^\mathsf{T}\mathbf{x}_i), \quad i = 1, \ldots, 3 \tag{13.5}$$

(13.5)에서 벡터 $\mathbf{x}'_i$와 $\mathtt{A}\mathbf{x}_i - \mathbf{e}'(\mathbf{v}^\mathsf{T}\mathbf{x}_i)$는 평행하므로, 둘의 외적은 영이 된다.

$$\mathbf{x}_i^\mathsf{T}\mathbf{v} = \frac{(\mathbf{x}'_i \times (\mathtt{A}\mathbf{x}_i))^\mathsf{T}(\mathbf{x}'_i \times \mathbf{e}')}{(\mathbf{x}'_i \times \mathbf{e}')^\mathsf{T}(\mathbf{x}'_i \times \mathbf{e}')} = b_i$$

벡터 $\mathbf{x}'_i \times \mathbf{e}'$와 내적에서 다음을 얻는다.

$$\mathbf{x}_i^\mathsf{T}\mathbf{v} = \frac{(\mathbf{x}'_i \times (\mathtt{A}\mathbf{x}_i))^\mathsf{T}(\mathbf{x}'_i \times \mathbf{e}')}{(\mathbf{x}'_i \times \mathbf{e}')^\mathsf{T}(\mathbf{x}'_i \times \mathbf{e}')} = b_i \tag{13.6}$$

이것은 $\mathbf{v}$에 대해 선형이다. 방정식은 $\mathbf{x}'$의 배율 조정과 무관한 것에 주의해야 한다. 분자와 분모에 같은 개수의 $\mathbf{x}'$가 있기 때문이다. 각각의 대응에서 방정식 $\mathbf{x}_i^\mathsf{T}\mathbf{v} = b_i$을 얻고, 이를 모으면 $\mathtt{M}\mathbf{v} = \mathbf{b}$를 얻는다. □

$\mathtt{M}^\mathsf{T} = [\mathbf{x}_1, \mathbf{x}_2, \mathbf{x}_3]$의 최대 차수를 가지지 않으면 해를 구할 수 없는 것에 주의해야 한다. 대수적으로, 세 개의 이미지 점 $\mathbf{x}_i$가 같은 직선상에 있으면 $\det \mathtt{M} = 0$이 된다. 기하학적으로 같은 직선상의 세 이미지 점은 실세계에서 같은 직선상에 있거나 첫 번째 카메라 중심을 포함하는 평면상에 세 점이 놓인 경우다. 두 경우 모두 최대 차수의 단응사상은 정의되지 않는다.

일관성 조건 점 대응 각각에서 단응사상에 대한 두 개의 제약 조건을 얻을 수 있기에 식 (13.5)는 6개의 제약 조건이다. $\mathbf{v}$를 결정하기 위해서는 세 개의 조건이면 충분하므로, 구한 해가 남은 세 개의 조건은 만족해야 한다. 이러한 조건은 (13.5)와 $\mathbf{e}'$의 외적으로 구할 수 있다.

$$\mathbf{e}' \times \mathbf{x}'_i = \mathbf{e}' \times \mathtt{A}\mathbf{x}_i = \mathtt{F}\mathbf{x}_i$$

식 $\mathbf{e}' \times \mathbf{x}'_i = \mathtt{F}\mathbf{x}_i$는 $\mathbf{x}_i$와 $\mathbf{x}'_i$ 사이의 $\mathbf{v}$와 무관한 일관성 제약 조건이다. 이것은 단순히 대응 $\mathbf{x}_i \leftrightarrow \mathbf{x}'_i$에 대한 (위장된) 등극 제약 조건이다. 좌변은 $\mathbf{x}'_i$를 지나는 등극선이며 우변은 $\mathbf{x}_i$에 대한 두 번째 이미지의 등극선 $\mathtt{F}\mathbf{x}_i$이다. 식은 $\mathbf{x}'_i$가 $\mathbf{x}_i$의 등극선상에 놓이기를 강제하고 있고, 이것은 등극 기하와 같다.

노이즈를 가진 점에서 추정 평면과 단응사상을 결정하는 세 점 대응은 등극 기하학에서 발생하는 일관성 제약 조건을 만족해야 한다. 일반적으로 측정한 대응 $\mathbf{x}_i \leftrightarrow \mathbf{x}'_i$는 이러한 제약 조건을 정확히 만족하지 않는다. 따라서 추정한 점 $\hat{\mathbf{x}}_i \leftrightarrow \hat{\mathbf{x}}'_i$가 등극 제약 조건을 만족하도록 측정 점들을 최적으로 수정해야 한다. 다행히 이러한 절차는 이미 삼각측량 알고리듬 12.1에서 소개했고 여기에서 직접 적용할 수 있다. 그런 다음 가우스 이미지 노이즈 가정에서 H와 3차원 점의 최대 우도 추정치를 구한다. 이 방법은 알고리듬 13.1에서 요약한다.

알고리듬 13.1 세 점이 정의하는 평면이 유도하는 단응사상의 최적 추정

<u>목적</u>

F와 3차원 점 $\mathbf{X}_i$의 이미지인 세 개의 점 대응 $\mathbf{x}_i \leftrightarrow \mathbf{x}'_i$가 주어질 때, $\mathbf{X}_i$의 평면이 유도하는 단응사상 $\mathbf{x}' = \mathrm{H}\mathbf{x}$를 결정

<u>알고리듬</u>

(i) 각각의 대응 $\mathbf{x}_i \leftrightarrow \mathbf{x}'_i$에 대해 알고리듬 12.1을 이용해 정정된 대응 $\hat{\mathbf{x}}_i \leftrightarrow \hat{\mathbf{x}}'_i$를 계산한다.

(ii) $\mathrm{A} = [\mathbf{e}']_\times \mathrm{F}$를 선택해 결과 13.6의 $\mathrm{M}\mathbf{v} = \mathbf{b}$에서 $\mathbf{v}$를 구한다.

(iii) $\mathrm{H} = \mathrm{A} - \mathbf{e}'\mathbf{v}^\top$로 둔다.

13.2.2 한 점과 직선

여기서는 한 점과 직선으로 정의되는 평면에 대한 식을 유도한다. 우선 직선 대응만을 고려해 F와 호환되는 세 개 변수의 매개화된 단응사상 (13.4)가 한 개 변수로 매개회되는 것을 보인다. 그리고 점 대응에서 평면과 대응하는 단응사상을 유일하게 결정하는 것을 보인다.

이미지 직선의 두 개의 대응은 3차원 공간의 직선 하나를 결정하고, 3차원 공간의 직선은 매개변수 한 개의 평면 꾸러미에 놓인다. 그림 13.4를 참조하라. 이러한 평면 꾸러미는 대응하는 직선을 서로 변환하는 두 이미지 사이의 단응사상 꾸러미를 유도한다.

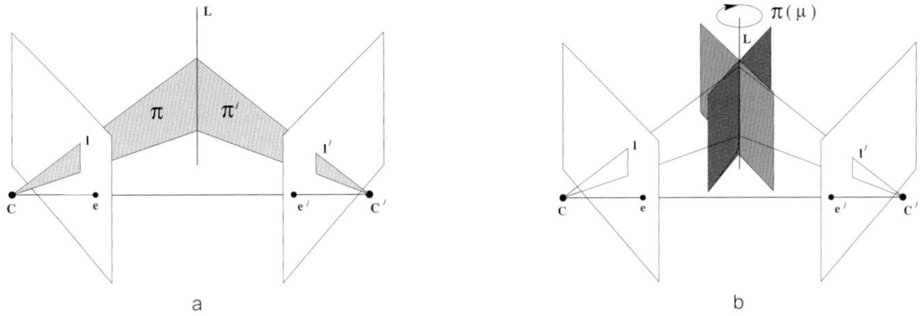

그림 13.4 (a) 이미지 직선 l과 l′은 평면 π와 π′을 각각 결정한다. 이러한 평면의 교차는 3차원 공간에서 직선 L을 결정한다. (b) 3차원 공간의 직선 L은 평면 π(μ)의 꾸러미에 포함된다. 이러한 평면 꾸러미는 하나의 변수로 매개화된 이미지 간의 단응사상 꾸러미를 유도한다.

결과 13.7 직선의 대응 $\mathbf{l} \leftrightarrow \mathbf{l}'$이 결정하는 평면 꾸러미의 단응사상은 다음으로 주어진다.

$$\mathtt{H}(\mu) = [\mathbf{l}']_\times \mathtt{F} + \mu \mathbf{e}' \mathbf{l}^\mathsf{T} \tag{13.7}$$

여기에서, $\mathbf{l}'^\mathsf{T}\mathbf{e}' \neq 0$이며, μ는 사영 매개변수이다.

증명 결과 8.2에서, 직선 l은 첫 번째 카메라 중심을 통해 평면 $\mathtt{P}^\mathsf{T}\mathbf{l}$로 역사영되고, l′은 두 번째 카메라 중심을 통해 평면 $\mathtt{P}'^\mathsf{T}\mathbf{l}'$으로 역사영된다. 그림 13.4a를 참조하라. 이러한 두 평면은 μ로 매개화되는 평면 꾸러미의 기저이다. 결과 13.3의 증명에서와 같이, $\mathtt{P} = [\mathtt{I} \mid \mathbf{0}]$, $\mathtt{P}' = [\mathtt{A} \mid \mathbf{e}']$을 선택하면, 평면의 꾸러미는 다음으로 주어진다.

$$\begin{aligned} \boldsymbol{\pi}(\mu) &= \mu \mathtt{P}^\mathsf{T}\mathbf{l} + \mathtt{P}'^\mathsf{T}\mathbf{l}' \\ &= \mu \begin{pmatrix} \mathbf{l} \\ 0 \end{pmatrix} + \begin{pmatrix} \mathtt{A}^\mathsf{T}\mathbf{l}' \\ \mathbf{e}'^\mathsf{T}\mathbf{l}' \end{pmatrix} \end{aligned}$$

결과 13.1에서, 유도되는 단응사상은 $\mathtt{H}(\mu) = \mathtt{A} - \mathbf{e}'\mathbf{v}(\mu)^\mathsf{T}$이며 다음을 만족한다.

$$\mathbf{v}(\mu) = (\mu \mathbf{l} + \mathtt{A}^\mathsf{T}\mathbf{l}')/(\mathbf{e}'^\mathsf{T}\mathbf{l}') \tag{13.8}$$

분해 $\mathtt{A} = [\mathbf{e}']_\times \mathtt{F}$를 이용하면 다음을 얻는다.

$$\begin{aligned} \mathtt{H} &= \left((\mathbf{e}'^\mathsf{T}\mathbf{l}'\mathtt{I} - \mathbf{e}'\mathbf{l}'^\mathsf{T})[\mathbf{e}']_\times \mathtt{F} - \mu \mathbf{e}'\mathbf{l}^\mathsf{T} \right) / (\mathbf{e}'^\mathsf{T}\mathbf{l}') = -\left([\mathbf{l}']_\times [\mathbf{e}']_\times [\mathbf{e}']_\times \mathtt{F} + \mu \mathbf{e}'\mathbf{l}^\mathsf{T} \right) / (\mathbf{e}'^\mathsf{T}\mathbf{l}') \\ &= -\left([\mathbf{l}']_\times \mathtt{F} + \mu \mathbf{e}'\mathbf{l}^\mathsf{T} \right) / (\mathbf{e}'^\mathsf{T}\mathbf{l}') \end{aligned}$$

여기에서, 마지막 등호는 결과 A4.4에서 $[\mathbf{e}']_\times [\mathbf{e}']_\times \mathtt{F} = 0$로 주어진다. 이것은 배율 조정을

제외하면 (13.7)과 같다. □

한 점과 직선의 대응에 관한 단응사상 직선의 대응에 대해 $\mathtt{H}(\mu) = [\mathbf{l}']_\times \mathtt{F} + \mu \mathbf{e}'\mathbf{l}^\mathsf{T}$를 얻었다. 이제, 점 대응 $\mathbf{x} \leftrightarrow \mathbf{x}'$을 이용해 μ를 결정하면 된다.

결과 13.8 F와 한 개의 점 대응 $\mathbf{x} \leftrightarrow \mathbf{x}'$ 그리고 직선의 대응 $\mathbf{l} \leftrightarrow \mathbf{l}'$이 주어질 때, 3차원 공간의 점과 직선이 정의하는 평면이 유도하는 단응사상은 다음과 같다.

$$\mathtt{H} = [\mathbf{l}']_\times \mathtt{F} + \frac{(\mathbf{x}' \times \mathbf{e}')^\mathsf{T} (\mathbf{x}' \times ((\mathtt{F}\mathbf{x}) \times \mathbf{l}'))}{\|\mathbf{x}' \times \mathbf{e}'\|^2 (\mathbf{l}^\mathsf{T}\mathbf{x})} \mathbf{e}'\mathbf{l}^\mathsf{T}$$

유도는 결과 13.6과 유사하다. 세 점의 경우와 마찬가지로 이미지 점의 대응이 등극 기하와 일관성이 있어야 한다. 이것은 측정한 (노이즈가 있는) 점들은 결과 13.8을 적용하기 전에 알고리듬 12.1을 이용해 정정해야 하는 것을 의미한다. 직선에 대해서는 일관성 제약 조건이 없기 때문에 정정할 필요가 없다.

점 변환 $\mathtt{H}(\mu)$의 기하학적 해석 변환 $\mathtt{H}(\mu)$를 더 자세히 조사할 가치가 있다. $\mathtt{H}(\mu)$는 등극 기하학과 호환되기 때문에 첫 번째 시점의 점 $\mathbf{x}$는 $\mathbf{x}$에 대응하는 두 번째 시점의 등극선 $\mathtt{F}\mathbf{x}$상의 점 $\mathbf{x}' = \mathtt{H}(\mu)\mathbf{x}$로 변환된다. 일반적으로 등극선에서 점 $\mathbf{x}' = \mathtt{H}(\mu)\mathbf{x}$의 위치는 μ에 의존한다. 그러나 점 $\mathbf{x}$가 $\mathbf{l}$상에 있으면($\mathbf{l}^\mathsf{T}\mathbf{x} = 0$이 돼서), 다음을 만족한다.

$$\mathbf{x}' = \mathtt{H}(\mu)\mathbf{x} = ([\mathbf{l}']_\times \mathtt{F} + \mu \mathbf{e}'\mathbf{l}^\mathsf{T})\mathbf{x} = [\mathbf{l}']_\times \mathtt{F}\mathbf{x}$$

이것은 F에만 의존하는 μ값과 무관하다. 그러므로 그림 13.5에서처럼 등극 기하학은 선상의 점에 대해 점대점 변환을 정의한다.

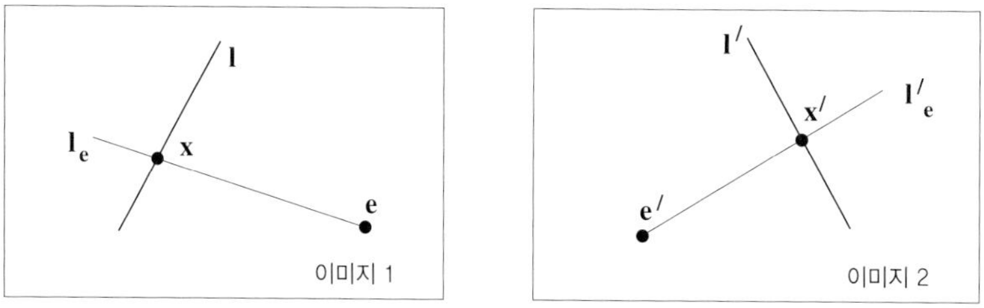

그림 13.5 등극 기하학은 3차원 공간의 직선 l의 이미지인 대응하는 직선 $\mathbf{l} \leftrightarrow \mathbf{l}'$ 간의 단응사상을 정의한다. l상의 점은 $\mathbf{x}' = [\mathbf{l}']_\times \mathtt{F}\mathbf{x}$의 공식으로 l′상의 점으로 변환된다. 여기에서, x와 x′은 $\mathbf{l}_e$와 $\mathbf{l}'_e$에 대응하는 등극면과 L의 교차의 이미지이다.

퇴화된 단응사상 앞에서 언급했듯이 실세상 평면이 카메라 중심을 포함하면 유도되는 단응사상은 퇴화한다. 단응사상을 표현하는 행렬은 최대 차수를 갖지 않고, 평면상의 점들은 (rank H = 2이면) 선이나 (rank H = 1이면) 점으로 변환된다. 그러나 (13.7)에서 퇴화 단응사상의 명시적인 표현을 구할 수 있다. 이런 꾸러미에서 퇴화된 (특이한) 단응사상은 $\mu = \infty$와 $\mu = 0$인 경우다. 이것은 첫 번째 카메라 중심과 두 번째 카메라 중심을 지나는 평면에 각각 해당한다. 그림 13.6은 두 번째 카메라를 포함하는 평면이 직선 $\mathbf{l}'$과 이미지 평면에서 교차하는 경우를 보여준다. 첫 번째 시점에서 점 $\mathbf{x}$의 이미지는 다음을 만족하는 $\mathbf{l}'$상의 점 $\mathbf{x}'$이다.

$$\mathbf{x}' = \mathbf{l}' \times \mathrm{F}\mathbf{x} = [\mathbf{l}']_{\times}\mathrm{F}\mathbf{x}$$

그러므로 단응사상은 $\mathrm{H} = [\mathbf{l}']_{\times}\mathrm{F}$이다. 이것은 차수 2인 행렬이다.

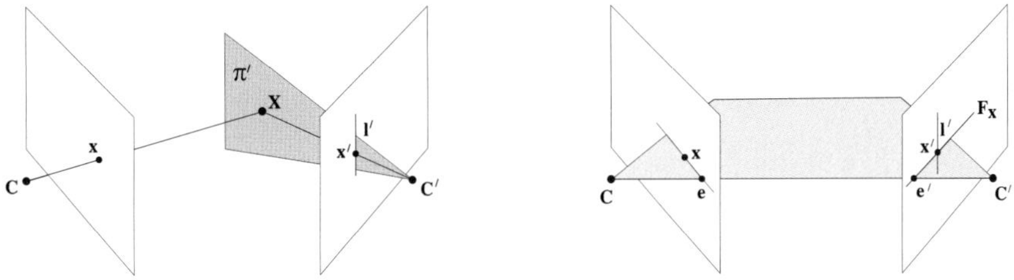

그림 13.6 퇴화된 단응사상 (a) 두 번째 카메라 중심을 지나는 평면에 의해 유도되는 변환은 퇴화 단응사상 $\mathrm{H} = [\mathbf{l}']_{\times}\mathrm{F}$이다. 평면 π'은 두 번째 이미지에서 직선 $\mathbf{l}'$과 교차한다. 첫 번째 이미지의 모든 점들은 두 번째 이미지에서 $\mathbf{l}'$상의 점으로 변환된다. (b) 첫 번째 이미지의 점 $\mathbf{x}$는 두 번째 이미지에서 $\mathbf{x}'$이 된다. 이것은 $\mathbf{x}$의 등극선 $\mathrm{F}\mathbf{x}$와 $\mathbf{l}'$의 교점이며 $\mathbf{x}' = \mathbf{l}' \times \mathrm{F}\mathbf{x}$를 만족한다.

13.3 평면이 유도하는 단응사상에서 F의 계산

지금까지는 F가 주어진 것을 가정하고 다른 정보를 이용해 H를 계산하는 것이 목적이었다. 이제 이것을 반대로 H가 주어지고 다른 정보를 이용해 F를 계산할 수 있는 것을 보인다. 우선 중요한 기하 개념인 평면에 대한 시차parallax를 소개하고 대수적으로 유도한다.

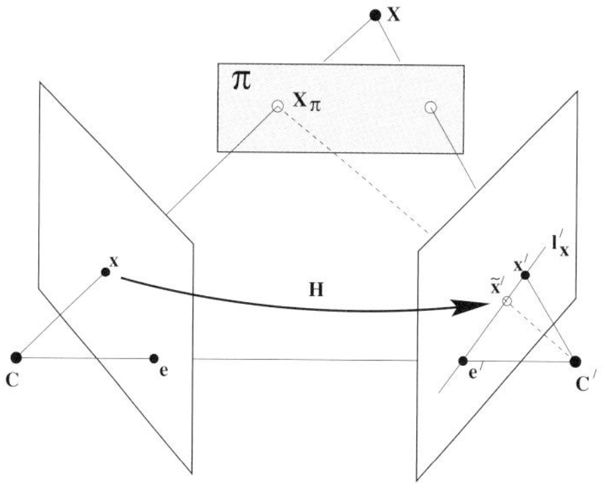

그림 13.7 평면이 만드는 시차 X를 지나는 광선은 점 X_π에서 평면 π와 만난다. X와 X_π의 이미지는 첫 번째 이미지에서 같은 점 x를 가진다. 두 번째 이미지에서는 각각 점 x′과 $\tilde{x}' = Hx$이다. (X가 π상에 있지 않으면) 두 점은 일치하지 않는다. 그러나 두 점은 x의 등극선 l'_x상에 있다. x′와 $\tilde{x}'$ 사이의 벡터를 π가 유도하는 "단응사상에 대한 시차"이다. X가 평면의 다른 방향에 있는 경우에는 $\tilde{x}'$ 또한 x′의 다른 방향에 놓이게 된다.

평면이 만드는 시차 평면이 만드는 단응사상은 가상 시차를 만든다(8.4.5절 참조). 그림 13.7에 도식적인 설명이 있고 그림 13.8이 보기이다. 여기에서 중요한 점은 3차원 공간의 점 **X**의 두 번째 이미지의 점 **x**′과 단응사상으로 변환되는 점 $\tilde{\mathbf{x}}' = H\mathbf{x}$는 **x**의 등극선상에 있다는 것이다. 두 점 모두 **X**를 통과하는 광선에 있는 점의 이미지이기 때문이다. 결국 직선 **x**′**x**(H**x**)는 두 번째 이미지에서 등극선이며, 등극점 위치를 구속한다. (이런 조건 두 개를 이용해) 등극점을 결정하면 결과 9.1에서 $F = [\mathbf{e}']_\times H$이다. 여기에서 H는 평면이 유도하는 단응사상이다. 비슷하게 $F = H^{-T}[\mathbf{e}]_\times$를 증명할 수 있다.

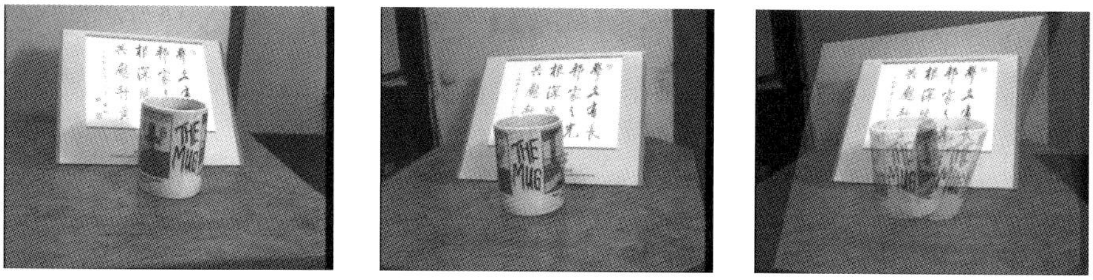

a b c

그림 13.8 평면이 만드는 시차 (a) (b) 왼쪽과 오른쪽 이미지 (c) 중국어가 있는 평면이 유도하는 단응사상을 이용해 왼쪽 이미지와 오른쪽 이미지에 중첩한다. 평면은 정확하게 일치하도록 변환됐다. 그러나 평면에서 벗어난 (머그잔 같은) 점들은 그렇지 않다. "중첩"한 이미지에서 평면에서 벗어난 해당 점들을 연결하는 선은 등극점을 지난다.

가상 시차의 응용으로, 네 개가 같은 평면에 있고 두 개는 평면에서 떨어져 있는 모두 6개의 점의 이미지에서 F를 유일하게 계산할 수 있는 것을 알고리듬 13.2에 소개한다. 같은 평면에 있는 점 4개의 이미지는 단응사상을 정의하고, 평면에 떨어져 있는 점 두 개에서 등극점을 결정하는 충분한 제약 조건을 얻는다. 일반적인 위치의 7점에 대해 F의 해가 세 개인 것을 고려하면 이러한 6점의 결과는 놀랍다(11.1.2절 참조).

알고리듬 13.2 4개가 같은 평면에 있는 6점의 대응에서 F의 계산

목적

3차원 공간의 점 $\mathbf{X}_i$가 앞의 네 개 $i \in \{1, \ldots, 4\}$가 같은 평면에 있다. 이 점들의 이미지에서 대응 $\mathbf{x}_i \leftrightarrow \mathbf{x}'_i$가 주어질 때, 기본 행렬 F의 계산

알고리듬

(i) $i \in \{1, \ldots, 4\}$에 대해 $\mathbf{x}'_i = \mathrm{H}\mathbf{x}_i$를 만족하는 단응사상 H를 계산한다.

(ii) 직선 $(\mathrm{H}\mathbf{x}_5) \times \mathbf{x}'_5$과 직선 $(\mathrm{H}\mathbf{x}_6) \times \mathbf{x}'_6$의 교점으로 등극점 $\mathbf{e}'$을 결정한다.

(iii) $\mathrm{F} = [\mathbf{e}']_\times \mathrm{H}$를 얻는다.

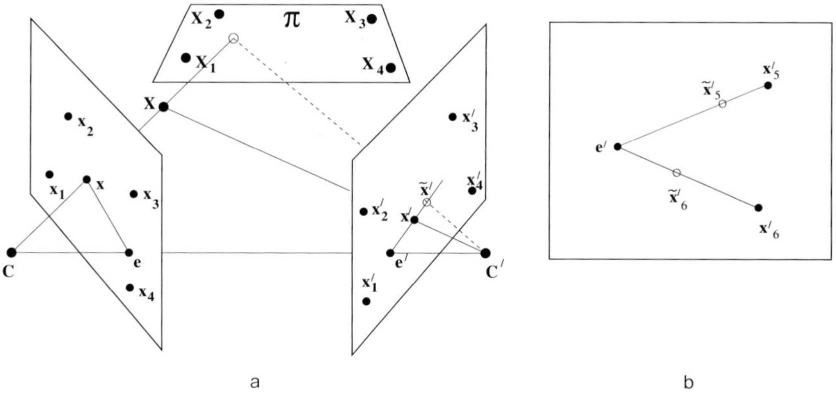

그림 13.9 네 개 점이 동일 평면에 있는 3차원 공간의 점 6개의 이미지에서 기본 행렬을 유일하게 결정한다. (a) 점 $\mathbf{X}$에 대한 시차 (b) $\tilde{\mathbf{x}}'_5 = \mathrm{H}\mathbf{x}_5$과 $\mathbf{x}'_5$을 연결한 시차와 $\tilde{\mathbf{x}}'_6 = \mathrm{H}\mathbf{x}_6$과 $\mathbf{x}'_6$을 연결한 시차의 교점으로 결정되는 등극점

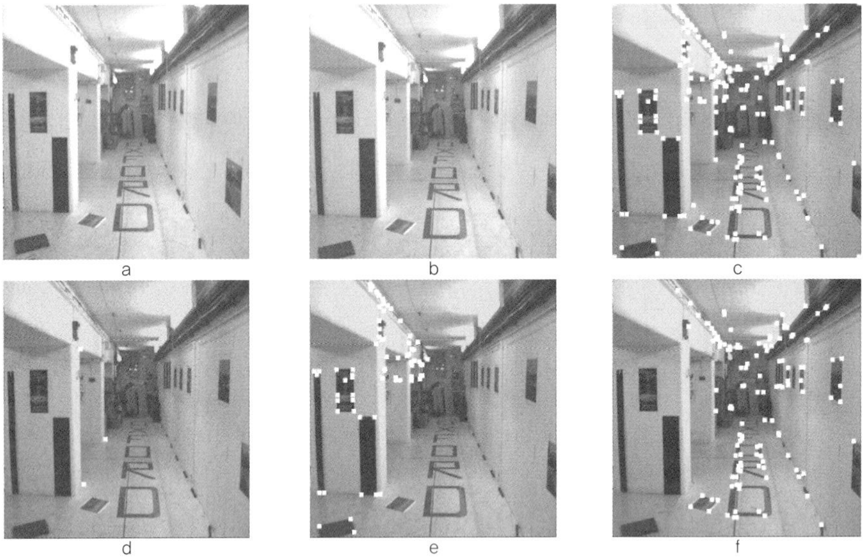

그림 13.10 공간의 이진 분리 (a) (b) 좌우 이미지 (c) 대응이 알려진 점들 (d) (c)에서 추출한 세 점. 세 점은 평면을 결정한다. 평면과의 방향에 따라서 (c)의 점을 분류할 수 있다. (e) 한쪽의 점들 (f) 다른 쪽의 점들

사영 깊이 실세계 점 $\mathbf{X} = (\mathbf{x}^\top, \rho)^\top$는 첫 번째 시점에서 $\mathbf{x}$로 이미지화되고 두 번째 시점에서 다음으로 이미지화된다.

$$\mathbf{x}' = \mathrm{H}\mathbf{x} + \rho\mathbf{e}' \tag{13.9}$$

$\mathbf{x}'$, $\mathbf{e}'$, $\mathrm{H}\mathbf{x}$는 같은 직선상에 있는 것을 주의해야 한다. 스칼라 값 ρ는 단응사상 H의 상대 시차이고, 평면 π에 대한 상대 깊이로 해석할 수 있다. $\rho = 0$이면 3차원 점 $\mathbf{X}$는 평면상에 있고, 그렇지 않으면 ρ의 부호가 점 $\mathbf{X}$가 평면 π의 어느 쪽에 있는지를 알려준다(그림 13.7과 그림 13.8을 참조). 이러한 해석은 주의를 요한다. 사영기하에 방향이 없는 경우에는 동차 객체의 부호 또는 평면의 측면은 의미를 가지지 않기 때문이다.

보기 13.9 공간의 이진 분리

가상 시차의 부호(sign(ρ))를 이용해 3차원 공간을 평면 π로 분리할 수 있다. F와 주어졌고, 3차원 점 세 개가 대응하는 이미지 점으로 지정됐다고 가정한다. 그러면 세 개의 점으로 결정되는 평면을 이용해, 평면의 한쪽과 다른쪽으로 점들을 분리할 수 있다. 그림 13.10이 예를 보여준다. 세 개의 점은 실제 물리적인 점에 대응할 필요가 없는 것에 주의해야 한다. 그래서 이런 방법을 가상의 평면에 대해서도 적용할 수 있다. 여러 평면을 조

합하면 3차원 공간의 영역을 식별할 수 있다. △

평면 두 개의 경우 장면에 두 개의 평면 π_1 π_2가 있어서 각각 단응사상 H_1, H_2를 결정한다고 가정한다. 시차의 개념을 유념하면, 각각의 평면은 다른 평면에 대해 평면 밖의 정보를 주기 때문에 두 개의 단응사상은 F를 결정하기에 충분하다. 실제로 이러한 구성은 F에 대한 많은 구속 조건을 준다. 그래서 단응사상 두 개는 일관성 제약 조건을 만족해야 한다.

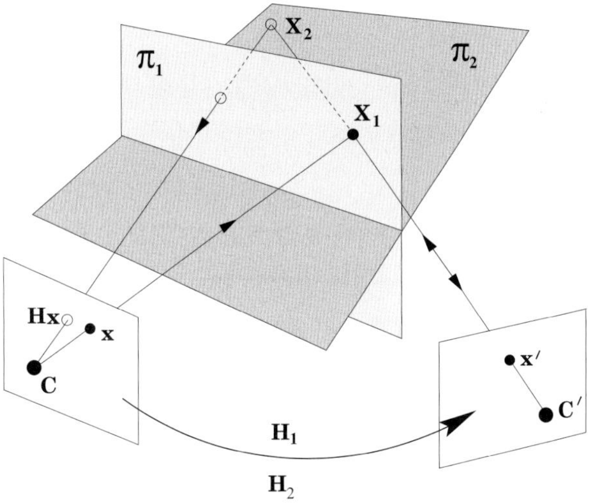

그림 13.11 첫 번째 이미지 점 **x**에 대한 변환 $H = H^{2-1}H_1$의 작용은, 먼저 3차원 점 $\mathbf{X}_1$의 이미지인 $\mathbf{x}'$으로 변환하고, 3차원 점 $\mathbf{X}_2$의 이미지로 다시 첫 번째 이미지로 변환한다. 두 평면의 교차선의 이미지에 놓인 첫 번째 이미지의 점들은 이런 변환을 통해 자기 자신으로 옮겨간다. 그래서 변환에 대한 고정점이 된다. 등극점 **e** 또한 이 변환의 고정점이 된다.

그림 13.11을 고려한다. 단응사상 $H = H_2^{-1}H_1$은 첫 번째 이미지에서 첫 번째 이미지로 가는 변환이다. 이 변환에서 등극점 e는 고정점이 된다. 즉, $He = e$이다. 그래서 H의 (퇴화하지 않은) 고유벡터에서 결정할 수 있다. 결과 9.1에서 기본 행렬을 계산할 수 있다. $i = 1, 2$에 대해 $e' = H_i e$로 정의하면 $F = [e']_\times H_i$로 주어진다. 그림 13.11에서 변환 H의 다른 성질들을 볼 수 있다. 이 변환은 직선으로 구성된 고정점과 직선 밖의 고정점을 가진다(고정점과 고정선에 대해서는 2.9절을 참조하라). 이것은 H의 고윳값 두 개가 같다는 것을 의미한다. 사실 H는 평면 호몰로지homology가 된다(A7.2 참조). 결국 $H = H_2^{-1}H_1$의 이러한 성질은 H_1과 H_2의 일관성 제약 조건이 된다. 이들의 합성 변환이 이러한 성질을 가져야

하기 때문이다.

13장의 지금까지의 결과는 사영기하에 관한 것뿐이다. 이제 아핀 요소를 첨가한다.

13.4 무한 단응사상 H_∞

무한면은 특별히 중요한 평면이며, 이 평면이 만드는 단응사상은 특별한 이름을 가진다.

정의 13.10 무한 단응사상 H_∞는 무한면 $\boldsymbol{\pi}_\infty$가 유도하는 단응사상이다.

첫 번째 카메라에서 평면까지 직교 거리를 d라 할 때, 식 (13.2)인 $\mathrm{H} = \mathrm{K}'(\mathrm{R} - \mathbf{t}\mathbf{n}^\top/d)\mathrm{K}^{-1}$에서 극한을 취해 단응사상의 형태를 구할 수 있다.

$$\mathrm{H}_\infty = \lim_{d\to\infty} \mathrm{H} = \mathrm{K}'\mathrm{R}\mathrm{K}^{-1}$$

이로부터, H_∞는 두 시점 간의 이동에는 의존하지 않고 회전과 카메라 내부 변수에만 의존하는 것을 알 수 있다. 다른 방법으로 (9.7)에서 대응하는 점들은 다음의 연결된다.

$$\mathbf{x}' = \mathrm{K}'\mathrm{R}\mathrm{K}^{-1}\mathbf{x} + \mathrm{K}'\mathbf{t}/\mathrm{Z} = \mathrm{H}_\infty\mathbf{x} + \mathrm{K}'\mathbf{t}/\mathrm{Z} \tag{13.10}$$

여기에서 Z는 첫 번째 카메라에서 측정한 깊이이다. 무한점($\mathrm{Z}=\infty$)의 변환이 H_∞로 주어지는 것을 다시 볼 수 있다. (13.10)의 이동 운동 $\mathbf{t}$가 영이면 H_∞를 구할 수 있는 것에 주의해야 한다. 이것은 카메라 중심에서 회전 운동에 해당한다. 그러므로 카메라가 중심에서 회전하면 H_∞는 모든 깊이의 이미지 점을 대응하는 단응사상이 된다(8.4절 참조).

$\mathbf{e}' = \mathrm{K}'\mathbf{t}$이므로 (13.10)을 $\mathbf{x}' = \mathrm{H}_\infty\mathbf{x} + \mathbf{e}'/\mathrm{Z}$로 쓸 수 있고, (13.9)와 비교하면 $1/\mathrm{Z}$가 ρ의 역할을 한다. 유클리드 깊이의 역수를 $\boldsymbol{\pi}_\infty$에 대한 시차로 해석할 수 있다.

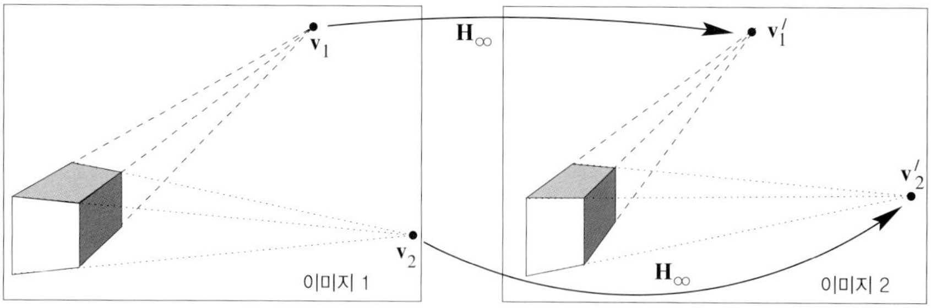

그림 13.12 무한 단응사상은 한 이미지의 소실점을 다른 이미지의 소실점으로 변환한다.

소실점과 소실선 π_∞의 점들의 이미지는 H_∞로 변환된다. 이런 점들의 이미지는 소실점이므로, H_∞는 한 이미지의 소실점을 다른 이미지의 소실점으로 변환한다. 즉, $\mathbf{v}'$과 $\mathbf{v}$가 대응하는 소실점이면 $\mathbf{v}' = H_\infty \mathbf{v}$이다. 그림 13.12를 참조하라. 결국 (같은 직선에 있지 않은) 대응하는 소실점 세 개와 F를 이용해 결과 13.6에서 H_∞를 계산할 수 있다. 다른 방법으로, H_∞를 소실선의 대응과 (소실선에 있지 않은) 소실점의 대응 그리고 F를 이용해 13.2.2절에서 설명한 방법으로 계산할 수 있다.

아핀 재구성과 거리 재구성 10장에서 봤듯이 π_∞를 지정하면 사영 재구성을 아핀 재구성으로 바꿀 수 있다. 당연하게 π_∞와의 연관성 때문에 H_∞가 자연스럽게 변경 과정에서 나타난다. 실제로 카메라 행렬을 $P = [I \mid \mathbf{0}]$과 $P' = [H_\infty \mid \lambda \mathbf{e}']$으로 선택하면, 재구성은 아핀 재구성이 된다.

반대로 실세계 좌표계가 아핀이라고 가정한다(즉, π_∞가 표준 위치 $\pi_\infty = (0, 0, 0, 1)^\top$를 가진다). 그러면 H_∞는 카메라 사영 행렬에서 직접 구할 수 있다. M, M'을 각각 P, P'의 앞부분의 3×3 부분 행렬이라고 한다. 그러면 평면 π_∞의 점 $\mathbf{X} = (\mathbf{x}_\infty^\top, 0)^\top$는 두 시점에서 각각 $\mathbf{x} = P\mathbf{x} = M\mathbf{x}_\infty$와 $\mathbf{x}' = P'\mathbf{X} = M'\mathbf{x}_\infty$로 이미지화된다. 결국 $\mathbf{x}' = M'M^{-1}\mathbf{x}$여서 다음을 얻는다.

$$H_\infty = M'M^{-1} \tag{13.11}$$

단응사상 H_∞를 한 시점에서 다른 시점으로 카메라 보정을 옮길 때 사용할 수 있다. 절대 원뿔 Ω_∞이 π_∞상에 있기에, 이것의 이미지 ω는 결과 2.13에 따라서 H_∞에 의해 $\omega' = H_\infty^{-\top} \omega H_\infty^{-\top}$로 변환된다. 그러므로 $\omega = (KK^\top)^{-1}$이 한 이미지에서 식별되면, Ω_∞의 이미지인 ω'를 다른 이미지에서 H_∞를 이용해 계산할 수 있다. 그리고 두 번째 이미지의 보정은 $\omega' = (K'K'^\top)^{-1}$에 의해서 결정된다. 19.5.2절에서 카메라 자동 보정에 H_∞를 적용하는 것을 설명한다.

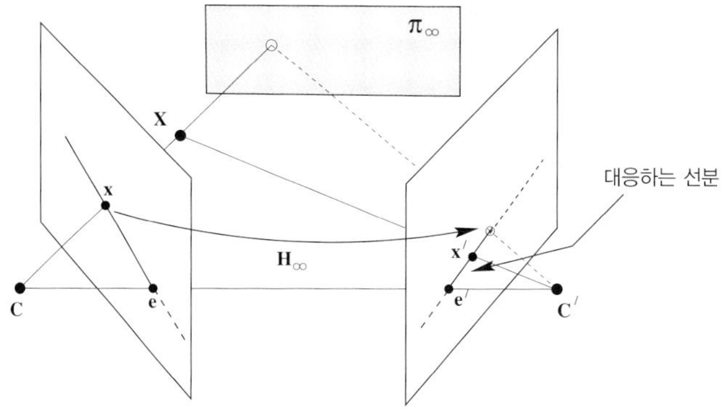

그림 13.13 H_∞를 이용한 탐색 영역 축소 3차원 세계의 점은 π_∞보다 "더 멀리" 떨어질 수 없다. H_∞는 이런 속성을 가지고 있고 등극선상의 일차원 탐색을 한정한다. 카메라의 베이스라인은 등극면을 두 개로 나눈다. 왼쪽 이미지의 등극선의 "한 방향"에 있는 점을 오른쪽 이미지의 등극선의 대응하는 "방향"으로 변환한다(그림에서 실선으로 나타냈다). 그러므로 등극점은 다른 방향으로 탐색 영역을 한정한다.

스테레오 대응 H_∞는 대응점을 탐색할 때 탐색 영역을 제한한다. 영역은 등극선 전체에서 한정된 선분으로 줄어든다. 그림 13.13을 참조하라. 그러나 이 제약 조건의 정확한 응용은 방향 사영기하학을 필요로 한다.

13.5 나가면서

여기에서 평면에 대한 여러 가지 사영 기법을 설명했다. 이것은 다른 곡면에도 적용할 수 있다. 평면은 자유도가 3인 간단하게 매개화되는 곡면의 일종이다. 자유도가 표면에 있는 점의 이미지에서 결정되면, 다른 곡면에 대해서도 매우 유사한 방법을 개발할 수 있다. 예를 들어 이차 곡면의 경우 표면은 표면에 있는 점의 이미지와 (또는) (평면에 대해서는 불가능하지만) 각 시점에서 윤곽선으로 결정할 수 있다[Cross-98, Shashua-97]. 표면 유도 전달, 표면 이미지에서 완전히 결정되지 않은 표면 꾸러미, 표면이 유도하는 시차, 일관성 제약 조건, 암시적 계산, 퇴화 기하학 등의 모든 아이디어는 다른 표면으로 이어진다.

13.5.1 참고문헌

Luong and Viéville[Luong-96]가 등극 기하와 유도된 단응사상의 호환성에 대해 연구했다. F에 대한 6점 해는 Beardsley et al.[Beardsley-92], [Mohr-92]에 나와 있다. 두

평면에 대한 F의 해는 Sinclair[Sinclair-92]에 나와 있다. [Zeller-96]에는 등극 기하학과 이미지 사영만을 사용해 속성을 결정할 수 있는 구성의 많은 예가 있다. 그리고 퇴화한 경우를 분류했다.

13.5.2 메모와 연습 문제

(i) **평면이 유도하는 단응사상(13.1)**

(a) $\mathtt{A}^{-1}$이 존재하면 단응사상 H의 역은 다음으로 주어진다.

$$\mathtt{H}^{-1} = \mathtt{A}^{-1}\left(\mathtt{I} + \frac{\mathbf{a}\mathbf{v}^{\mathsf{T}}\mathtt{A}^{-1}}{1 - \mathbf{v}^{\mathsf{T}}\mathtt{A}^{-1}\mathbf{a}}\right)$$

이를 Sherman-Morriso 공식이라고 한다.

(b) 평면이 두 번째 카메라 중심을 포함하면 단응사상 H가 퇴화되는 것을 보여라. 힌트: 이런 경우 $\mathbf{v}^{\mathsf{T}}\mathtt{A}^{-1}\mathbf{a} = 1$이며, $\mathtt{H} = \mathtt{A}(\mathtt{I} - \mathtt{A}^{-1}\mathbf{a}\mathbf{v}^{\mathsf{T}})$를 유의하라.

(ii) 카메라가 평면 운동을 한다고 가정한다. 즉, 이동 운동은 평면과 평행하고 회전은 평면의 법선과 평행하다. 그러면 평면이 유도하는 단응사상은 평면 유클리드 변환과 켤레임을 보여라. 단응사상의 고정점은 평면의 원형점의 이미지가 되는 것을 보여라.

(iii) (13.2)를 이용해 카메라가 순수 이동 운동을 하면 평면이 유도하는 단응사상은 평면의 소실선에 대응하는 고정점의 직선을 가지는 (A7.2에서 정의한) 평면 단응사상이 되는 것을 보여라. 그리고 이동 운동이 평면과 평행하면, 단응사상은 (A7.3에서 정의한) 일레이션elation이 되는 것을 보여라.

(iv) $(\mathbf{l}_1' \times \mathbf{l}_2')^{\mathsf{T}}\mathtt{F}(\mathbf{l}_1 \times \mathbf{l}_2) = 0$은 공간의 두 직선이 같은 평면에 있을 충분조건은 되지 못하고 필요조건이 되는 것을 보여라. 충분조건이 되지 못하는 이유는 무엇인가?

(v) **직선과 평면의 교차** 다음의 결과를 일반적인 위치를 가지는 기하 구성을 그려서 확인하라. 각각의 경우에 대해 결과가 성립하지 않는 퇴화 구성을 결정하라.

(a) 3차원 공간의 직선 $\mathbf{L}$이 $\mathbf{l}$과 $\mathbf{l}'$으로 이미지화되고, 평면 π는 단응사상 $\mathbf{x}' = \mathtt{H}\mathbf{x}$를 유도한다고 가정한다. 그러면 $\mathbf{L}$과 π의 교차는 첫 번째 이미지에서 $\mathbf{x} = \mathbf{l} \times (\mathtt{H}^{\mathsf{T}}\mathbf{l}')$, 두 번째 이미지에서 $\mathbf{x}' = \mathbf{l}' \times (\mathtt{H}^{-\mathsf{T}}\mathbf{l})$로 이미지화 된다.

(b) 무한 단응사상을 두 이미지에 나타난 직선의 소실점을 찾는 데 사용할 수 있다. $\mathbf{l}$과 $\mathbf{l}'$이 두 이미지의 대응하는 직선이고 $\mathbf{v}$와 $\mathbf{v}'$이 이미지 각각에서 소실점이면, $\mathbf{v} = \mathbf{l} \times (\mathtt{H}_\infty^\top \mathbf{l}')$, $\mathbf{v}' = \mathbf{l}' \times (\mathtt{H}_\infty^{-\top} \mathbf{l})$이 된다.

(c) 평면 π_1과 π_2가 각각 단응사상 $\mathbf{x}' = \mathtt{H}_1\mathbf{x}$와 $\mathbf{x}' = \mathtt{H}_2\mathbf{x}$를 유도한다고 가정한다. 그러면 첫 번째 이미지에서 π_1과 π_2의 교차선의 이미지는 $\mathtt{H}_1^\top \mathtt{H}_2^{-\top}\mathbf{l} = \mathbf{l}$이 되며, 평면 단응사상 $\mathtt{H}_1^\top \mathtt{H}_2^{-\top}$의 실수 고윳값에서 결정할 수 있다(그림 13.11 참조).

(vi) **같은 면에 있는 4점** F와 네 개의 대응점 $\mathbf{x}_i \leftrightarrow \mathbf{x}_i'$가 주어져 있다고 가정한다. 이 점들의 원 이미지가 공간에서 같은 면에 있는지를 어떻게 확인할 수 있을까? 첫 번째 방법은 이 중 세 점을 이용해 결과 13.6에서 단응사상을 결정하고 4번째 점의 변환 오차를 계산한다. 두 번째 방법은 이미지 점을 연결하는 직선들을 계산하고 직선의 교점들이 등극 제약 조건을 만족하는지를 확인한다([Faugeras-92b]를 참조하라). 세 번째 방법은 등극점에서 이미지 점까지의 4직선의 교차 비율을 계산한다. 4점이 같은 평면상에 있으면 양쪽 이미지에 대한 교차 비율은 같게 된다. 그러므로 이 등식은 같은 평면에 있기 위한 필요조건이다. 이것이 충분조건이 되는가? 측정 오차(노이즈)가 있는 경우에 어떤 통계 테스트를 적용해야 하는가?

(vii) 같은 평면에 있는 네 개의 직선과 평면에 떨어진 두 개의 점에서 등극 기하를 유일하게 계산할 수 있음을 보여라. 두 개의 선을 두 개의 점으로 대체해도 여전히 등극 기하를 계산할 수 있는가?

(viii) 카메라 행렬 $\mathtt{P} = [\mathtt{M} \mid \mathbf{m}]$, $\mathtt{P}' = [\mathtt{M}' \mid \mathbf{m}']$에서 평면 $\boldsymbol{\pi} = (\tilde{\boldsymbol{\pi}}^\top, \pi_4)^\top$가 유도하는 단응사상 $\mathbf{x}' = \mathtt{H}\mathbf{x}$가 다음으로 주어지는 것을 보여라.

$$\mathtt{H} = \mathtt{M}'(\mathtt{I} - \mathbf{t}\mathbf{v}^\top)\mathtt{M}^{-1} \text{ with } \mathbf{t} = (\mathtt{M}'^{-1}\mathbf{m}' - \mathtt{M}^{-1}\mathbf{m}), \text{ and } \mathbf{v} = \tilde{\boldsymbol{\pi}}/(\pi_4 - \tilde{\boldsymbol{\pi}}^\top \mathtt{M}^{-1}\mathbf{m})$$

(ix) 결과 13.6에서 계산한 단응사상이 F의 배율에 무관함을 보여라. F에 대해 임의의 배율을 선택하면, F는 더 이상 동차가 아니다. 그러나 고정 배율을 가진 행렬 $\tilde{\mathtt{F}}$는 그러하다. $\tilde{b}_i = \mathbf{c}_i'^\top(\tilde{\mathtt{F}}\mathbf{x}_i)$일 때 $\mathtt{H} = [\mathbf{e}']_\times \tilde{\mathtt{F}} - \mathbf{e}'(\mathtt{M}^{-1}\tilde{\mathbf{b}})^\top$이면, $\tilde{\mathtt{F}}$를 $\lambda\tilde{\mathtt{F}}$로 대체하는 것이 H를 λ하는 것이 되는 것을 보여라.

(x) (평면) 원뿔의 원근 이미지 두 개와 시점 간의 기본 행렬이 주어질 때, 원뿔의 평면은 (결국 평면이 유도하는 단응사상은) 두 겹 모호함을 가지면서 정의된다. 원뿔의 이

미지를 C와 C′이라 가정하면, 유도된 단응사상은 $\mathtt{H}(\mu) = [\mathtt{C}'\mathbf{e}']_\times \mathtt{F} - \mu\mathbf{e}'(\mathtt{C}\mathbf{e})^\top$이며, 여기에서 μ의 두 개의 값은 다음 식에서 결정된다.

$$\mu^2 \left[(\mathbf{e}^\top \mathtt{C}\mathbf{e})\mathtt{C} - (\mathtt{C}\mathbf{e})(\mathtt{C}\mathbf{e})^\top\right] (\mathbf{e}'^\top \mathtt{C}'\mathbf{e}') = -\mathtt{F}^\top [\mathtt{C}'\mathbf{e}']_\times \mathtt{C}' [\mathtt{C}'\mathbf{e}']_\times \mathtt{F}$$

구체적인 것은 [Schmid-98]에 있다.

(a) 등극 기하와 호환이 되기 위해 원뿔은 등극 접선이 대응하는 등극선이 돼야 하는 일관성 조건을 만족해야 한다는 것을 기하학적으로 보여라(그림 11.6 참조). 위의 $\mathtt{H}(\mu)$를 이용해 대수적으로 위의 결과를 유도하라.

(b) 등극점이 원뿔상에 있으면 ($\mathbf{e}^\top \mathtt{C}\mathbf{e} = \mathbf{e}'^\top \mathtt{C}'\mathbf{e}' = 0$이 돼서) 위의 대수식은 유효하지 않게 된다. 이것은 기하학적인 퇴화인가, 단지 대수 표현식의 문제인가?

(xi) **평면이 유도하는 단응사상의 고정점** 평면 단응사상 H는 3 × 3 행렬의 고유벡터 세 개에 대응하는 최대 3개의 서로 다른 고정점을 가진다(2.8절 참조). 고정점은 $\mathbf{x}' = \mathtt{H}\mathbf{x} = \mathbf{x}$를 만족하는 평면 점의 이미지이다. 단시궤적은 $\mathbf{x} = \mathbf{x}'$이 되는 3차원 공간의 모든 점들의 궤적이다. 이것은 카메라 중심 두 개를 지나는 꼬인 삼차 곡선이다. 꼬인 삼차 곡선이 어떤 평면과 세 개의 점에서 교차하면, 세 개의 교차점은 이 평면이 유도하는 단응사상의 세 개의 고정점이 된다.

(xii) **추정** $n > 3$개의 점 $\mathbf{X}_i$가 3차원 공간의 평면상에 있을 때, 주어진 F와 대응 이미지 점 $\mathbf{x}_i \leftrightarrow \mathbf{x}'_i$를 이용해 평면이 유도하는 단응사상을 최적 추정하려고 한다. 그러면 (평소대로 가우스 노이즈가 있다고 가정하면) 단응사상의 ML 추정은 n개의 재사영 오차를 최소화하는 (자유도 3인) 평면 $\hat{\boldsymbol{\pi}}$의 추정과 (평면에 놓여 있기에 각각 자유도 2인) n개의 점 $\hat{\mathbf{X}}_i$의 추정으로 구할 수 있다.

14

아핀 등극 기하학

여기서는 이중 시점 기하학에 대한 앞의 설명을 다시 요약하며, 여기서는 사영 카메라 대신 아핀 카메라를 사용한다. 아핀 카메라는 많은 실제 상황에서 매우 유용하고 좋은 근사이다. 아핀 카메라의 가장 큰 장점은 이것의 선형성으로 많은 최적의 알고리듬을 (역행렬, SVD 등의) 선형 대수로 구현할 수 있다. 반면, 투영 카메라의 해는 (삼각측량의 경우) 고차 다항식을 포함하거나 (F의 금본위 추정과 같은 곳에서는) 수치 최소화를 사용해야 한다.

아핀 카메라 두 개의 등극 기하의 속성을 먼저 설명하고 점 대응에서 최적 계산을 소개한다. 그리고 삼각측량과 아핀 재구성을 설명한다. 마지막으로, 평행 사영으로 발생하는 재구성의 모호성을 간략하게 설명하고 등극 기하학에서 모호하지 않은 동작 매개변수를 계산한다.

14.1 아핀 등극 기하학

여러 가지 면에서 아핀 카메라 두 대의 등극 기하학은 원근 카메라 두 대와 동일하다. 예를 들어 한 이미지의 한 점은 다른 이지미에서 등극선을 정의하고 이러한 등극선 꾸러미는 등극점에서 교차한다. 차이점은 아핀 카메라의 중심은 무한대에 있고, 한 장면에서 이미지로 평행 사영이 있다는 것이다. 이로부터 아핀 등극 기하학이 단순해진다.

등극선 한 시점에서 두 개의 점 $\mathbf{x}_1$, $\mathbf{x}_2$를 생각한다. 이 점들은 3차원 공간에서 평행한 광선으로 역사영된다. 모든 사영 광선이 평행하기 때문이다. 두 번째 시점에서 등극선은 역사영된 광선의 이미지이다. 두 번째 시점에서 이 두 광선의 이미지 또한 평행하게 된다. 아핀 카메라는 장면에서 평행한 직선을 이미지에서 평행한 직선으로 변환하기 때문이다. 결국 모든 등극선은 평극면과 같이 평행하다.

등극점 등극선은 등극점에서 교차하고 모든 등극선은 평행하므로, 등극점은 무한대에 놓이게 된다. 이러한 것들을 그림 14.1에 개략적으로 설명하였고 그림 14.2에서 이미지의 보기를 소개했다.

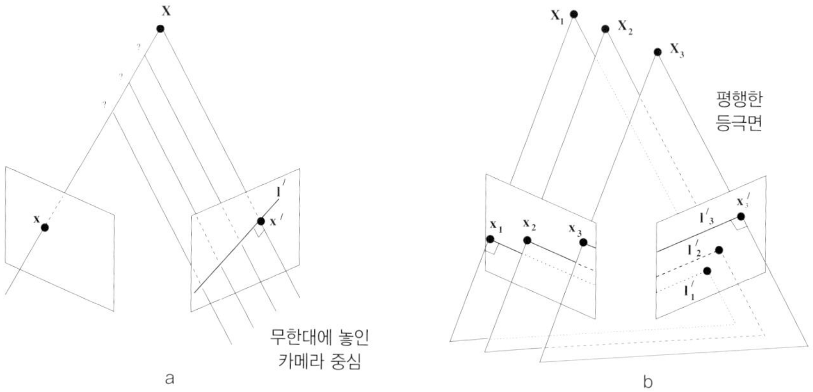

그림 14.1 아핀 등극 기하 (a) 대응 기하: 사영 광선은 평행하고 무한대에서 교차한다. 점 **x**는 (무한대에 있는) 첫 번째 카메라 중심과 **x**가 결정하는 3차원 공간의 광선으로 역사영된다. 이 광선은 두 번째 시점에서 직선 l′으로 이미지화된다. **x**로 사영되는 3차원 점 **X**는 이 광선 위에 놓이며 **X**의 두 번째 시점의 이미지는 l′에 놓인다. (b) 등극선과 등극면은 평행하다.

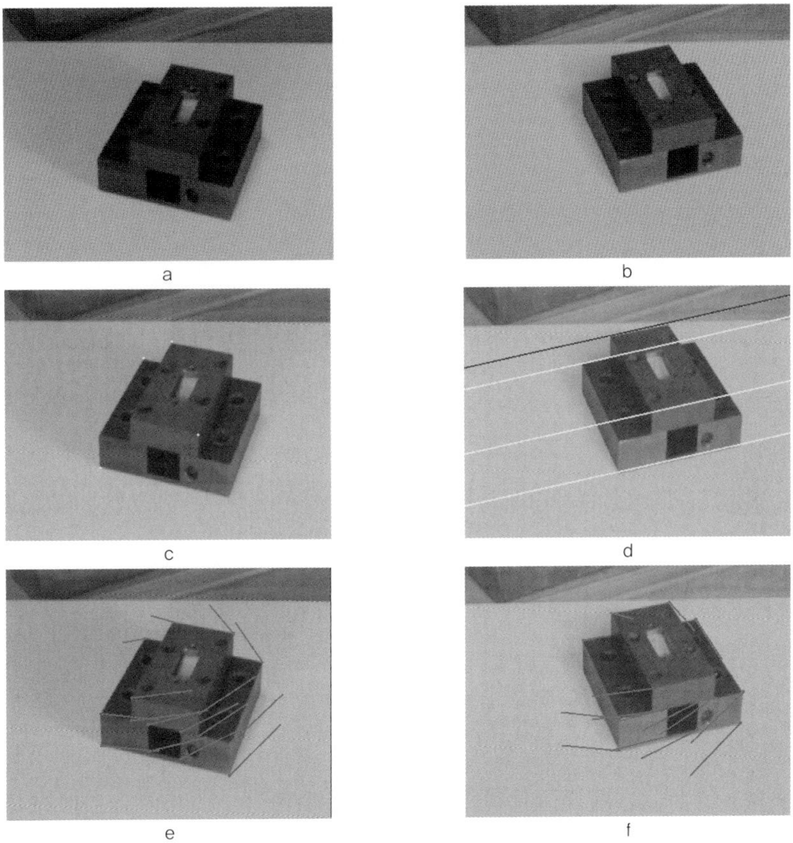

그림 14.2 아핀 등극선 (a), (b) 아핀 이미지 조건에서 얻은 홀 펀치의 이중 시점 이미지. (c)에서 표시한 점에 해당하는 등극선을 (d) 위에 겹쳐서 나타냈다. 대응하는 점은 등극선상에 있으며 모든 등극선은 평행한 것에 주의해야 한다. 알고리듬 14.1을 이용해 점 대응에서 등극 기하를 계산했다. (e)와 (f)는 이미지에서 선택한 점에 대한 "흐름"을 표시한다(선은 한 이미지의 점과 다른 이미지의 점을 연결한다). 이것은 등극선이 평행해도 시점 사이의 이미지 점 이동에는 회전과 이동 운동의 요소가 모두 포함돼 있음을 보여준다.

14.2 아핀 기본 행렬

아핀 등극 기하는 아핀 기본 행렬이라는 이름을 가지는 행렬 F_A로 대수적으로 표현된다. 다음에서 다음의 결과를 증명할 것이다.

결과 14.1 (3번째 행이 (0,0,0,1)인) 아핀 형태를 가지는 카메라 두 개에서 나오는 기본 행렬은 다음의 형태를 가진다.

$$\mathrm{F}_A = \begin{bmatrix} 0 & 0 & * \\ 0 & 0 & * \\ * & * & * \end{bmatrix}$$

여기에서 *는 영이 아닌 원소를 의미한다.

영이 아닌 원소 5개를 다음과 같이 표기하면 편리하다.

$$\mathrm{F}_A = \begin{bmatrix} 0 & 0 & a \\ 0 & 0 & b \\ c & d & e \end{bmatrix} \tag{14.1}$$

일반적으로 F_A는 차수 2를 가지는 것에 주의해야 한다.

14.2.1 유도

기하학적 유도 이 유도는 사영 카메라 한 쌍에 대해 9.2.1절에서 제시한 것과 비슷하다. 한 이미지의 점에서 다른 이미지의 대응하는 등극선으로의 변환은 그림 14.5에서 보듯이 두 단계로 나눌 수 있다.

(i) 평면 π에 의한 점 변환 두 카메라가 모두 아핀이므로, 장면 평면과 이미지 간의 점의 변환은 평행 사영이다. 그러므로, π와 이미지 간의 변환은 평면 아핀변환이다. 첫 번째 시점과 π와의 아핀변환과 π와 두 번째 시점 간의 아핀변환의 합성은 또한 아핀변환이 된다. 즉, $\mathbf{x}' = \mathrm{H}_A \mathbf{x}$이다.

(ii) 등극선의 구성 등극선은 $\mathbf{x}'$과 등극점 $\mathbf{e}'$을 지나는 직선으로 얻을 수 있다. 즉, $\mathbf{l}' = \mathbf{e}' \mathbf{x} \mathrm{H}_A = \mathrm{F}_A \mathbf{x}$이다. 그래서, $\mathrm{F}_A = [\mathbf{e}']_\times \mathrm{H}_A$이다.

이제 아핀 행렬 H_A의 형태와, $\mathbf{e}'$이 무한대여서 마지막 원소가 영을 가지는 반대칭 행렬 $[\mathbf{e}']_\times$의 형태를 주의하면 다음을 얻는다.

$$\mathrm{F}_A = [\mathbf{e}']_\times \mathrm{H}_A = \begin{bmatrix} 0 & 0 & * \\ 0 & 0 & * \\ * & * & 0 \end{bmatrix} \begin{bmatrix} * & * & * \\ * & * & * \\ 0 & 0 & 1 \end{bmatrix} = \begin{bmatrix} 0 & 0 & * \\ 0 & 0 & * \\ * & * & * \end{bmatrix} \tag{14.2}$$

여기에서 *는 영이 아닌 원소를 의미한다. 이것으로 카메라 중심이 무한면에 있다는 기하학적인 성질만을 이용해 F의 아핀 형태를 유도했다.

대수적인 유도 카메라 두 개가 모두 아핀인 경우에, 기본 행렬의 아핀 형태는 의사 역행렬의 형태로 F에 대한 표현식 (9.1)에서 직접 구할 수 있다. 즉, $F = [e']_\times P'P^+$이다. 여기에서 $e' = P'C$이며 C는 P의 영벡터인 카메라 중심이다. 자세한 사항은 연습 문제로 남겨둔다. 아핀 카메라 행렬의 행벡터의 행렬식으로 표현되는 F_A의 깔끔한 유도는 17.1.2절에서 소개한다.

14.2.2 속성

아핀 기본 행렬은 영이 아닌 5개의 원소를 가지는 동차 행렬이므로 자유도 4를 가진다. 다음과 같이 설명할 수 있다. 한 가지 방법은 등극점 두 개를 각각 결정하는 것이다(등극점은 l_∞에 놓여 있어서 방향만 결정하면 된다). 다른 방법은 한 시점의 등극선 꾸러미를 다른 시점으로 변환하는 1차원 아핀변환이다.

(등극점과 같은) 기하학적인 객체는 F 안에 있듯이 F_A 안에 있다. 그러나 종종 표현식들이 매우 간단하고 명시적으로 표현할 수 있다.

등극점 첫 번째 시점의 등극점은 F_A의 우 영벡터이다. 즉, $F_A e = 0$이다. 이것은 $e = (-d,\ c,\ 0)^\top$를 결정하고 l_∞의 점(또는 방향)이 된다. 모든 등극선은 등극점에서 교차하므로 모든 등극선이 평행하다는 것을 알 수 있다.

등극선 첫 번째 시점의 x에 대응하는 두 번째 시점의 등극선은 $l' = F_A x = (a,\ b,\ cx + dy + e)^\top$이다. 모든 선의 방향 $(a,\ b)$가 $(x,\ y)$에 무관하므로 다시 한 번, 모든 등극선은 평행하다.

표 14.1에서 여러 성질들을 요약했다.

표 14.1 기본 행렬의 성질 요약

- F_A는 자유도 4를 가지는 차수 2의 동차 행렬이다. 다음의 형태를 가진다.

$$F_A = \begin{bmatrix} 0 & 0 & a \\ 0 & 0 & b \\ c & d & e \end{bmatrix}$$

- **점 대응**: x와 x′이 아핀 카메라에 대한 이미지의 대응점이면, $x'^\top F_A x = 0$이다. 유한점에 대해 다음을 만족한다.

$$ax' + by' + cx + dy + e = 0$$

- **등극선**
  - $\mathbf{l}' = \mathtt{F}_A\mathbf{x} = (a,\ b,\ cx + dy + e)^\top$는 $\mathbf{x}$에 대응하는 등극선이다.
  - $\mathbf{l} = \mathtt{F}_A{}^\top\mathbf{x}' = (c,\ d,\ ax + by + e)^\top$는 $\mathbf{x}'$에 대응하는 등극선이다.
- **등극점**
  - $\mathtt{F}_A\mathbf{e} = 0$에서 $\mathbf{e} = (-d,\ c,\ 0)^\top$이다.
  - $\mathtt{F}_A^\top\mathbf{e}' = 0$에서 $\mathbf{e}' = (-b,\ a,\ 0)^\top$이다.
- **카메라 행렬 $\mathtt{P}_A$, $\mathtt{P}'_A$에서 계산**
  - 일반 카메라

    $\mathtt{F}_A = [\mathbf{e}']_\times\mathtt{P}'_A\mathtt{P}_A^+$이다. 여기에서 $\mathtt{P}_A^+$는 $\mathtt{P}_A$의 의사 역행렬이고 $\mathbf{e}'$은 첫 번째 카메라 중심 $\mathbf{C}$로부터 $\mathbf{e}' = \mathtt{P}'_A\mathbf{C}$로 정의되는 등극점이다.
  - 표준 카메라

$$\mathtt{P}_A = \begin{bmatrix} 1 & 0 & 0 & 0 \\ 0 & 1 & 0 & 0 \\ 0 & 0 & 0 & 1 \end{bmatrix} \quad \mathtt{P}'_A = \left[\begin{array}{ccc|c} & \mathtt{M}_{2\times 3} & & \mathbf{t} \\ 0 & 0 & 0 & 1 \end{array}\right]$$

$$\begin{aligned} a &= m_{23}, \quad b = -m_{13}, \quad c = m_{13}m_{21} - m_{11}m_{23} \\ d &= m_{13}m_{22} - m_{12}m_{23}, \quad e = m_{13}t_2 - m_{23}t_1 \end{aligned}$$

14.3 두 이미지의 점 대응에서 $\mathtt{F}_A$의 추정

기본 행렬은 두 이미지 사이의 일치점 $\mathbf{x} \leftrightarrow \mathbf{x}'$에 대해 방정식 $\mathbf{x}'^\top\mathtt{F}_A\mathbf{x} = 0$으로 정의된다. 충분히 많은 일치점 $\mathbf{x}_i \leftrightarrow \mathbf{x}'_i$가 주어지면, 이 방정식을 이용해 미지 행렬 $\mathtt{F}_A$를 계산할 수 있다. 특히, $\mathbf{x}_i = (x_i,\ y_i,\ 1)^\top$, $\mathbf{x}'_i = (x'_i,\ y'_i, 1)^\top$로 표기하면 각 대응점에서 $\mathtt{F}_A$의 원소 $\{a,\ b,\ c,\ d,\ e\}$가 미지수인 다음의 방정식 하나를 얻는다.

$$ax'_i + by'_i + cx_i + dy_i + e = 0 \tag{14.3}$$

14.3.1 선형 알고리듬

일반적으로 $\mathtt{F}_A$의 해는 (14.3)을 다음의 형태로 표기해 얻을 수 있다.

$$(x'_i, y'_i, x_i, y_i, 1)\,\mathbf{f} = 0$$

여기에서 $\mathbf{f} = (a,\ b,\ c,\ d,\ e)^\top$이다. n개의 대응점 집합에서 형태 $\mathtt{Af} = 0$의 연립 선형방정식을 구할 수 있다. A는 다음 형태의 $n \times 5$ 행렬이다.

$$\begin{bmatrix} x'_1 & y'_1 & x_1 & y_1 & 1 \\ \vdots & \vdots & \vdots & \vdots & \vdots \\ x'_n & y'_n & x_n & y_n & 1 \end{bmatrix} \mathbf{f} = \mathbf{0}$$

최소해를 $n = 4$개의 점 대응에 대해 4×5 행렬 A의 우 영벡터로 구할 수 있다. 그러므로, 3차원의 점들이 일반적인 위치에 있으면, F_A는 단지 4점 대응에서 유일하게 계산할 수 있다. 일반적인 위치에 대한 조건은 14.3.3절에서 설명한다.

4개 이상의 대응이 존재하고 데이터가 정확하지 않으면, A의 차수는 4 이상이 된다. 이 경우, $\|\mathbf{f}\| = 1$을 만족하는 최소-자승 해를 구할 수 있다. 이것은 4.1.1절과 본질적으로 같은 방법으로 A의 가장 특이값에 해당하는 특이 벡터를 구하는 것이다. 구체적인 것은 알고리듬 4.2를 참조하라. 이러한 선형 해는 일반 기본 행렬을 계산하는 8점 알고리듬 11.1과 동등하다. 이 방법으로 F_A를 추정하는 것은 좋지 않다. 다음에서 설명하는 금본위 알고리듬이 비슷한 계산으로 구현할 수 있으며 더 좋은 결과를 낸다.

특이점 제약 조건 F_A의 형태 (14.1)은 행렬의 차수가 2 이상이 되지 않도록 한다. 결국 위의 선형 방법으로 F_A를 추정하면 추가적으로 특이점 제약 조건을 부과할 필요가 없다. 이것은 추정한 행렬이 차수 2를 가지도록 보정해야 하는 선형 8점 알고리듬의 일반 F 추정에 비해 상당한 장점이다.

기하학적 해석 이 책의 여러 군데에서 봤듯이, 점 대응에서 이중 시점 관계를 계산하는 것은 $\mathbb{R}^4$에서 점 $x,\ y,\ x',\ y'$을 맞추는 표면(또는 다양체)을 구하는 것과 같다. 방정식 $\mathbf{x}'^\top F_A \mathbf{x} = 0$의 경우에는 관계식 $ax'_i + by'_i + cx_i + dy_i + e = 0$이 좌표에 대해 선형이고, 아핀 기본 행렬로 정의되는 다양체 $\mathcal{V}F_A$는 초평면hyperplane이 된다.

이 결과에서 두 가지 단순화가 일어난다. 첫째, F_A의 최적 추정치는 (친숙한) 평면 맞추기 문제로 형식화할 수 있다. 둘째, 샘프슨 오차는 기하 오차와 같아진다. (아핀이 아닌) 일반 기본 행렬 (11.9)의 경우에는 단지 선형 근사일 뿐이다. 4.2.6절에서 설명했듯이 샘프슨 근사치의 접선 평면이 표면과 동일하기 때문에 두 번째 특성이 일반적으로 아핀 (선형) 관계에서 발생한다.

14.3.2 금본위 알고리듬

n개의 대응하는 이미지 점 $\{\mathbf{x}_i \leftrightarrow \mathbf{x}'_i\}$의 집합이 주어지면 이미지 측정의 노이즈가 등방성 isotropic, 동형homogeneous 가우스 분포를 따른다고 가정하고 $\mathrm{F_A}$의 최대 우도 추정치를 찾고자 한다. 이 추정치는 다음의 기하 이미지 거리에 대한 비용함수를 최소화해 구한다.

$$\min_{\{\mathrm{F_A}, \hat{\mathbf{x}}_i, \hat{\mathbf{x}}'_i\}} \sum_i d(\mathbf{x}_i, \hat{\mathbf{x}}_i)^2 + d(\mathbf{x}'_i, \hat{\mathbf{x}}'_i)^2 \tag{14.4}$$

여기에서 $\mathbf{x}_i \leftrightarrow \mathbf{x}'_i$는 측정한 대응값이며, $\hat{\mathbf{x}}_i$와 $\hat{\mathbf{x}}'_i$는 추정한 아핀 기본 행렬에 대해 $\hat{\mathbf{x}}_i'^{\top}\mathrm{F_A}\hat{\mathbf{x}}_i = 0$을 정확하게 만족하는 대응의 참 값이다. 그림 14.3에서 거리에 설명이 있다. 참 대응값은 추정해야 하는 보조값들이다.

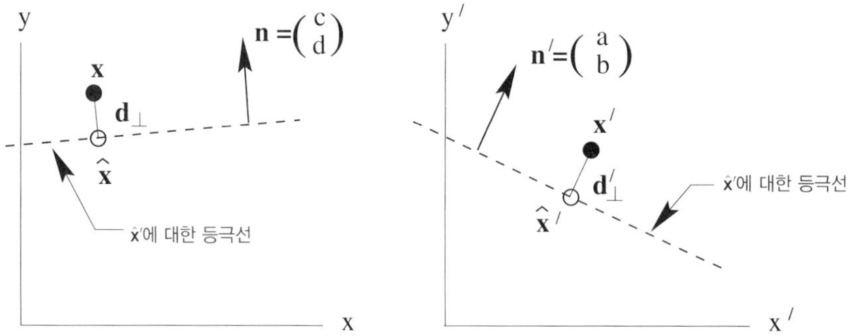

그림 14.3 관측한 대응 점 $\{\mathbf{x}_i \leftrightarrow \mathbf{x}'_i\}$에서 $\mathrm{F_A}$의 MLE는 $\hat{\mathbf{x}}_i'^{\top}\mathrm{F_A}\hat{\mathbf{x}}_i = 0$을 정확하게 만족하는 대응점 $\{\hat{\mathbf{x}}_i \leftrightarrow \hat{\mathbf{x}}'_i\}$와 5개의 매개변수 a, b, c, d, e를 추정한다. 이 문제에 대한 선형해가 존재한다.

위의 논의와 4.2.5절에서, 비용함수 (14.4)를 최소화하는 것은 $\mathbb{R}^4$에서 점 $\mathbf{X}_i = (x'_i, y'_i, x_i, y_i)^{\top}$에서 초평면을 맞추는 것과 동등하다. 추정점 $\widehat{\mathbf{X}}_i = (\hat{\mathbf{x}}'_i, \hat{\mathbf{y}}'_i, \hat{\mathbf{x}}_i, \hat{\mathbf{y}}_i)^{\top}$는 방정식 $\hat{\mathbf{x}}_i'^{\top}\mathrm{F_A}\hat{\mathbf{x}}_i = 0$을 만족한다. 이것은 $\mathbf{f} = (a, b, c, d, e)^{\top}$일 때, $(\widehat{\mathbf{X}}^{\top}_i, 1)\mathbf{f} = 0$으로 표기할 수 있다. 이 방정식은 $\mathbb{R}^4$에서 평면 $\mathbf{f}$상에 있는 점에 관한 방정식이다. 측정점과 추정점의 거리 제곱을 최소화해 결국 점 $\mathbf{X}_i = (x'_i, y'_i, x_i, y_i)^{\top}$까지의 수직 거리 제곱의 합을 최소화하는 평면 $\mathbf{f}$를 찾는다.

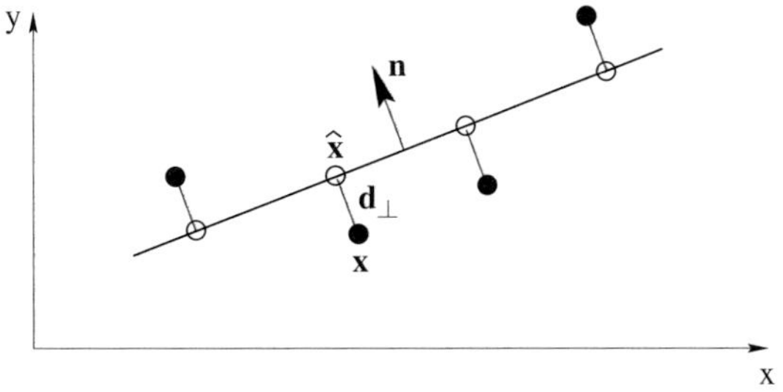

그림 14.4 2차원에서 직선은 F_A가 정의하는 초평면과 유사하고, 주어진 측정 대응에서 참 대응을 추정하는 문제는 직선 $ax + by + c$에서 측정점 $(x,\ y)$에 가장 가까운 점 $(\hat{x},\ \hat{y})$를 구하는 문제이다. 직선의 법선은 방향 $(a,\ b)$를 가지며, $(a,\ b)$에서 직선까지 수직 거리는 $d_\perp = (ax + by + c)/\sqrt{(a^2 + b^2)}$이며 $(\hat{x},\ \hat{y})^\top = (x,\ y)^\top - d_\perp \mathbf{n}$이다. 여기에서, $\hat{\mathbf{n}} = (a,\ b)//\sqrt{(a^2 + b^2)}$이다.

기하학적으로 해는 간단하다. 그림 14.4에서 2차원 직선 맞추기와 유사성을 보여준다. 평면 $\mathbf{f}$에서 점 $\mathbf{X}_i = (x_i,\ y_i,\ x_i',\ y_i')^\top$까지의 수직 거리는 다음으로 주어진다.

$$d_\perp(\mathbf{X}_i, \mathbf{f}) = \frac{ax_i' + by_i' + cx_i + dy_i + e}{\sqrt{a^2 + b^2 + c^2 + d^2}}$$

그러면 (14.4)를 최소화하는 행렬 F_A는 다음의 비용함수를 $\mathbf{f}$의 5개의 매개변수 $\{a,\ b,\ c,\ d,\ e\}$상에서 최소화해 결정할 수 있다.

$$\mathcal{C} = \sum_i d_\perp(\mathbf{X}_i, \mathbf{f})^2 = \frac{1}{a^2 + b^2 + c^2 + d^2} \sum_i \left(ax_i' + by_i' + cx_i + dy_i + e\right)^2 \quad (14.5)$$

초평면의 법선 벡터를 $\mathbf{N} = (a,\ b,\ c,\ d)^\top$로 표기하면 다음을 얻는다.

$$\mathcal{C} = \frac{1}{\|\mathbf{N}\|^2} \sum_i \left(\mathbf{N}^\top \mathbf{X}_i + e\right)^2$$

이 비용함수는 고전적인 평면의 직교 회귀 분석 문제와 동등한 간단한 선형 알고리듬으로 최소화할 수 있다. 두 단계로 구성된다.

첫 번째 단계는 매개변수 e에 대해 $\mathcal{C}$를 최소화하는 것이다. 다음을 얻는다.

$$\frac{\partial \mathcal{C}}{\partial e} = \frac{1}{\|\mathbf{N}\|^2} \sum_i 2(\mathbf{N}^\top \mathbf{X}_i + e) = 0$$

그래서,

$$e = -\frac{1}{n}\sum_i (\mathbf{N}^\top \mathbf{X}_i) = -\mathbf{N}^\top \overline{\mathbf{X}}$$

해가 되는 초평면은 모양 중심 $\overline{\mathbf{X}}$를 지난다. e를 비용함수에 대입하면 $\mathcal{C}$가 다음으로 축약된다.

$$\mathcal{C} = \frac{1}{\|\mathbf{N}\|^2}\sum_i \left(\mathbf{N}^\top \Delta \mathbf{X}_i\right)^2$$

여기에서, $\Delta \mathbf{X}_i = \mathbf{X}_i - \overline{\mathbf{X}}$는 모양 중심 $\overline{\mathbf{X}}$에 대한 벡터 $\mathbf{X}_i$의 상대적인 값이다.

두 번째 단계는 축약된 비용함수를 $\mathbf{N}$에 대해 최소화하는 것이다. $\Delta \mathbf{X}_i^\top$를 행벡터로 가지는 행렬 A를 이용하면 다음을 얻는다.

$$\mathcal{C} = \|\mathtt{A}\mathbf{N}\|^2 / \|\mathbf{N}\|^2$$

이 식을 최소화하는 것은 $\|\mathbf{N}\| = 1$을 만족하면서 $\|\mathtt{A}\mathbf{N}\|$을 최소화하는 것과 같다. 이것은 SVD를 이용해 풀 수 있는 일반적인 동차식의 최소 문제이다. 이러한 단계들을 알고리듬 14.1에 요약했다.

n개 점 대응에서 구한 아핀 재구성에 대해 분해 알고리듬 18.1에서 구한 추정치 $\mathtt{F}_\mathtt{A}$와 금본위 알고리듬에서 구한 추정치가 동일하다는 것에 주의해야 한다.

알고리듬 14.1 이미지 대응에서 $\mathtt{F}_\mathtt{A}$를 추정하는 금본위 알고리듬

<u>목적</u>

$n \geq 4$이고 $i = 1, \ldots, n$에 대한 점 대응 $\{\mathbf{x}_i \leftrightarrow \mathbf{x}'_i\}$가 주어질 때, 아핀 기본 행렬 $\mathtt{F}_\mathtt{A}$의 최대우도 추정치를 구하기

<u>알고리듬</u>

대응을 $\mathbf{X}_i = (x'_i, y'_i, x_i, y_i)^\top$로 표기한다.

(i) 모양 중심 $\overline{\mathbf{X}} = \frac{1}{n}\sum_i \mathbf{X}_i$를 구하고 $\Delta \mathbf{X}_i = \mathbf{X}_i - \overline{\mathbf{X}}$로서 벡터의 중심을 이동한다.

(ii) $\Delta \mathbf{X}_i^\top$의 행벡터로 가지는 $n \times 4$ 행렬 A를 계산한다.

(iii) 그러면, $\mathbf{N} = (a, b, c, d)^\top$는 A의 가장 작은 특이값에 해당하는 특이 벡터이고, $e = -\mathbf{N}^\top \overline{\mathbf{X}}$이다. 행렬 $\mathtt{F}_\mathtt{A}$는 (14.1)의 형태를 가진다.

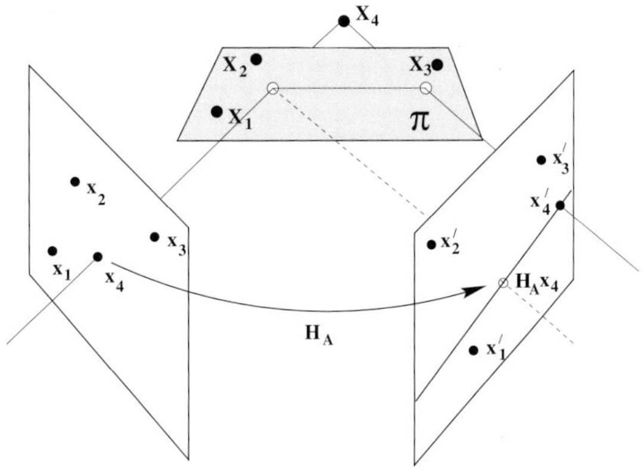

그림 14.5 4점의 최소 구성을 위해 아핀 등극선의 계산. 직선은 평면 π가 만드는 가상 시차에서 계산한다. 그림 13.7과 비교하라.

알고리듬 14.2 4점 대응의 최소 구성에서 F_A의 계산

목적

주어진 4점 대응 $\{\mathbf{x}_i \leftrightarrow \mathbf{x}'_i\}$, $i = 1, \ldots, 4$에서 아핀 기본 행렬 계산하기

알고리듬

처음 세 개의 3차원 공간의 점 $\mathbf{X}_i$, $i = 1, \ldots, 3$은 평면 π를 결정한다. 그림 14.5를 참조하라.

(i) $\mathbf{x}'_i = \mathrm{H}_A \mathbf{x}_i$, $i = 1, \ldots, 3$을 만족하는 아핀변환 행렬 H_A를 계산한다.

(ii) $\mathbf{l}' = (\mathrm{H}_A \mathbf{x}_4) \times \mathbf{x}'_4$를 이용해 두 번째 시점에서 등극선을 결정한다. 등극점은 $\mathbf{e}' = (-l'_2, l'_1, 0)^\top$이다.

(iii) 그러면 임의의 점 $\mathbf{x}$에 대해 두 번째 시점의 등극선은 $\mathbf{e}' \times (\mathrm{H}_A \mathbf{x}) = \mathrm{F}_A \mathbf{x}$이다. 그러므로 $\mathrm{F}_A = [(-l'_2, l'_1, 0)^\top]_\times \mathrm{H}_A$이다.

14.3.3 최소 구성

F_A를 추정하기 위한 최소 구성, 즉 3차원 공간의 일반적인 위치에 있는 4개 점의 해당 이미지를 다시 고려한다. 이 구성에 대해 기하학적으로 F_A를 계산하는 방법은 알고리듬 14.2에 설명돼 있다. 이러한 최소 해는 RANSAC과 같은 강력한 추정 알고리듬에 유용하며, 여기서는 퇴화 구성을 설명하는 데 사용한다. 이 최소 구성의 경우에 대해 14.3.1

절의 선형 알고리듬, 금본위 알고리듬 14.1 그리고 최소 알고리듬 14.2에서 F_A에 대한 동일한 엄밀해를 구할 수 있는 것에 주의해야 한다.

일반적인 위치 그림 14.5에 표시한 4점의 구성은 F_A를 계산할 때 3차원 점들의 일반적인 위치에 필요 조건을 보여준다. F_A를 계산할 수 없는 구성은 퇴화된다. 이런 것들은 두 가지로 분류된다. 첫 번째는 퇴화 구성이 구조에 의존하는 것이다. 네 점이 같은 평면에 있는 경우 (그래서 시차가 없다) 또는 앞의 세 점이 같은 직선에 있는 경우(그래서 H_A를 계산할 수 없다)가 예이다. 두 번째는 퇴화가 전적으로 카메라에 의존하는 것이다. 두 카메라가 같은 시점 방향을 가지는 (그래서 무한면에 같은 중심을 가지는) 경우이다.

다시 한 번 시차의 중요성에 주의해야 한다. 그림 14.5에서 세 개의 점으로 정의된 평면으로 점 $\mathbf{X}_4$가 접근하면, 등극선의 방향을 결정하는 시차 벡터의 길이가 단조 감소한다. 결국, 직선 방향의 정확성은 이에 대응해 작아진다. 최소 구성에 대한 이 결과는 금본위 알고리듬 14.1에 대해서도 성립한다. 릴리프^relief^가 영으로 줄어들면, 즉 점이 공평면으로 접근하면 추정한 F_A의 공분산이 증가한다.

14.4 삼각측량

측정한 대응 $(x, y) \leftrightarrow (x', y')$과 아핀 기본 행렬 F_A가 있다고 가정한다. 이미지 측정 오류가 가우스 분포라는 일반적인 가정에서 대응의 참값 $(\hat{x}, \hat{y}) \leftrightarrow (\hat{x}', \hat{y}')$을 최대 우도 추정으로 결정하고자 한다. 그런 후에 3차원 점은 ML 추정 대응으로 결정할 수 있다.

12장에서 살펴봤듯이, MLE는 아핀 등극 기하학을 정확하게 만족하는 대응의 참값을 결정하는 것과 연관된다. 즉, $(\hat{x}', \hat{y}', 1)F_A(\hat{x}, \hat{y}, 1)^\top = 0$이며 또한 측정값까지 이미지 거리인 다음을 최소화한다.

$$(x - \hat{x})^2 + (y - \hat{y})^2 + (x' - \hat{x}')^2 + (y' - \hat{y}')^2$$

기하학적으로 해는 매우 간단하며 그림 14.4에서 2차원으로 설명한다. $\mathbb{R}^4$에서 측정한 대응 $\mathbf{X} = (x', y', x, y)^\top$와 가장 가까운, F_A로 정의되는 초평면 위의 점을 찾는다. 다시 언급하지만 이 경우에 심슨 보정 (4.11)은 정확한 값이다. 대수적으로 초평면의 법선은 방향 $\mathbf{N} = (a, b, c, d)^\top$이고 초평면에서 점 $\mathbf{X}$까지의 수직 거리는 $d_\perp = (\mathbf{N}^\top\mathbf{X} + e)/\|\mathbf{N}\|$

으로 주어진다. 그래서, 다음을 만족한다.

$$\hat{\mathbf{X}} = \mathbf{X} - d_{\perp}\frac{\mathbf{N}}{\|\mathbf{N}\|}$$

구체적으로 표현하면 다음이 된다.

$$\begin{pmatrix} \hat{x}' \\ \hat{y}' \\ \hat{x} \\ \hat{y} \end{pmatrix} = \begin{pmatrix} x' \\ y' \\ x \\ y \end{pmatrix} - \frac{(ax' + by' + cx + dy + e)}{(a^2 + b^2 + c^2 + d^2)} \begin{pmatrix} a \\ b \\ c \\ d \end{pmatrix}$$

14.5 아핀 재구성

$n \geq 4$개의 대응점 $\mathbf{x}_i \leftrightarrow \mathbf{x}'$, $i = 0, \ldots, n-1$이 당분간 노이즈가 없는 점들이라고 가정하면, 3차원 점과 카메라를 재구성할 수 있다. ($n \geq 7$개의 점을 가지고) 사영 카메라의 경우에 재구성은 사영 재구성이었다. 아핀 카메라의 경우에는 당연하게도 재구성이 아핀 재구성이다. 이제 이 결과를 간단하게 직접 유도한다.

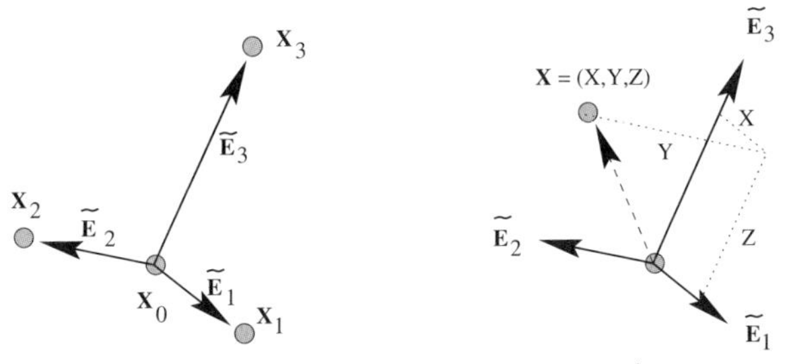

그림 14.6 아핀 좌표계 (a) 3차원 공간에서 동일 평면에 있지 않은 4개의 점($\mathbf{X}_1$, $\mathbf{X}_2$, $\mathbf{X}_3$ 그리고 원점 $\mathbf{X}_0$)은 좌표축을 결정해 다른 점 $\mathbf{X}$를 아핀 좌표계 (X, Y, Z)로 결정할 수 있다. (b) 각 아핀 좌표는 (아핀 불변인) 평행한 방향의 길이 비율로 정의한다. 예를 들면, X는 다음의 두 번의 계산으로 결정할 수 있다. 먼저 $\mathbf{X}$는 $\widetilde{\mathbf{E}}_1$과 $\widetilde{\mathbf{E}}_3$이 생성하는 평면에 $\widetilde{\mathbf{E}}_2$와 평행하게 사영한다. 두 번째로, 사영된 점을 $\widetilde{\mathbf{E}}_3$와 평행하게 $\widetilde{\mathbf{E}}_1$ 축으로 사영한다. 좌표 X의 값은 $\widetilde{\mathbf{E}}_1$의 길이와 원점에서 최종 사영된 점까지 거리의 비율이다.

3차원 공간의 아핀 좌표계는 같은 평면에 있지 않은 네 개의 점 $\mathbf{X}_i$, $i = 0, \ldots, 3$에 의해 결정된다. 그림 14.6에서 보듯이 한 점 $\mathbf{X}_0$을 원점으로 선택하면 다른 세 점들은 기저 벡터 $\widetilde{\mathbf{E}}_i = \widetilde{\mathbf{X}}_i - \mathbf{X}_0$, $i = 1, \ldots, 3$을 정의한다. 여기서 $\widetilde{\mathbf{X}}_i$는 $\mathbf{X}_i$에 대응하는 비동차 3차원

벡터이다. 점 $\mathbf{X}$의 위치는 간단한 벡터의 덧셈을 이용해 결정할 수 있다.

$$\widetilde{\mathbf{X}} = \widetilde{\mathbf{X}}_0 + \mathrm{X}\widetilde{\mathbf{E}}_1 + \mathrm{Y}\widetilde{\mathbf{E}}_2 + \mathrm{Z}\widetilde{\mathbf{E}}_3$$

여기에서 (X, Y, Z)는 정의한 기저에 대한 $\widetilde{\mathbf{X}}$의 아핀 좌표이다. 이것은 기저점 $\widetilde{\mathbf{X}}_i$가 다음의 표준 좌표 $(\mathrm{X}, \mathrm{Y}, \mathrm{Z})^\top$를 가지는 것을 의미한다.

$$\widetilde{\mathbf{X}}_0 = \begin{pmatrix} 0 \\ 0 \\ 0 \end{pmatrix} \quad \widetilde{\mathbf{X}}_1 = \begin{pmatrix} 1 \\ 0 \\ 0 \end{pmatrix} \quad \widetilde{\mathbf{X}}_2 = \begin{pmatrix} 0 \\ 1 \\ 0 \end{pmatrix} \quad \widetilde{\mathbf{X}}_3 = \begin{pmatrix} 0 \\ 0 \\ 1 \end{pmatrix} \tag{14.6}$$

이중 시점에서 기저점 네 개의 아핀 사영이 주어지면, 임의의 다른 점들의 3차원 아핀 좌표를 이미지에서 직접 복원할 수 있는 것을 보일 것이다(그림 14.7 참조).

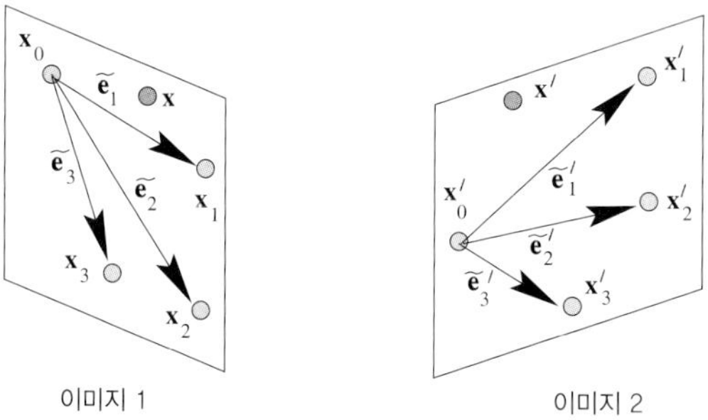

그림 14.7 이미지 두 개에서 재구성 두 시점에서 이미지 $\mathbf{x}$와 $\mathbf{x}'$를 가지는 3차원 점 $\mathbf{x}$의 아핀 좌표계는 기저점 $\mathbf{x}_i$와 그림 14.6의 기저 벡터 $\tilde{\mathbf{e}}_i$의 사영에서 선형적으로 계산할 수 있다.

아핀 카메라의 사영은 (6.26)으로 표현할 수 있다.

$$\tilde{\mathbf{x}} = \mathtt{M}_{2\times 3}\widetilde{\mathbf{X}} + \tilde{\mathbf{t}}$$

여기에서 $\tilde{\mathbf{x}} = (x, y)^\top$는 $\mathbf{x}$에 해당하는 비동차 2차원 벡터이다. 벡터들의 차이를 구하면 $\tilde{\mathbf{t}}$를 소거한다. 예를 들면, 기저 벡터들은 $\tilde{\mathbf{e}}_i = \mathtt{M}_{2\times 3}\widetilde{\mathbf{E}}_i,\ i = 1, \ldots, 3$으로 사영된다. 결국 임의의 점 $\mathbf{X}$에 대해 첫 번째 시점의 이미지는 다음이다.

$$\tilde{\mathbf{x}} - \tilde{\mathbf{x}}_0 \;=\; \mathrm{X}\tilde{\mathbf{e}}_1 + \mathrm{Y}\tilde{\mathbf{e}}_2 + \mathrm{Z}\tilde{\mathbf{e}}_3 \tag{14.7}$$

두 번째 시점에서 비슷한 방법 $(\tilde{\mathbf{x}}' = \mathtt{M}'_{2\times 3}\widetilde{\mathbf{X}} + \tilde{\mathbf{t}}')$으로 다음을 얻는다.

$$\tilde{\mathbf{x}}' - \tilde{\mathbf{x}}'_0 \;=\; \mathrm{X}\tilde{\mathbf{e}}'_1 + \mathrm{Y}\tilde{\mathbf{e}}'_2 + \mathrm{Z}\tilde{\mathbf{e}}'_3 \tag{14.8}$$

방정식 (14.7)과 (14.8)은 공간점 $\mathbf{X}$의 미지의 아핀 좌표 X, Y, Z에 각각 두 개의 선형 제약 조건을 준다. 방정식에서 다른 모든 항들은 측정에서 알고 있는 값이다(예로서, 이미지 기저 벡터 $\tilde{\mathbf{e}}_i$, $\tilde{\mathbf{e}}'_i$는 네 개의 기저 점 $\widetilde{\mathbf{X}}_i$, $i = 0, \ldots, 3$의 사영에서 계산한다). 그러므로, 세 개의 미지수 X, Y, Z를 가지는 네 개의 연립방정식을 얻고, 해는 간단하게 구할 수 있다. 이로써, 점 $\mathbf{X}$의 아핀 좌표를 이중 시점의 이미지에서 계산할 수 있다.

이중 시점의 카메라 행렬 $\mathrm{P_A}$, $\mathrm{P'_A}$는 (14.6)으로 주어지는 좌표를 가지는 3차원 점 $\widetilde{\mathbf{X}}_i$와 이 점들의 측정값 사이의 대응에서 계산할 수 있다. 예를 들면, 대응 $\tilde{\mathbf{x}}_i \leftrightarrow \widetilde{\mathbf{X}}_i$, $i = 0, \ldots, 3$에서 계산할 수 있다.

위에서 설명한 절차는 최적이 아니다. 기저점은 정확하고 측정 오차는 5번째 점 $\mathbf{X}$에 모두 있다고 가정했기 때문이다. 최적 재구성 알고리듬, 즉 재사영 오차를 모든 점에 대해 최소화하는 것은 아핀 경우에는 매우 간단하다. 그러나 이에 관한 설명은 18.2절에서 한다. 사용하는 분해 알고리듬은 다중 시점에도 적용할 수 있기 때문이다.

보기 14.2 아핀 재구성

3차원 재구성을 그림 14.2의 홀 펀치 이미지에 대해서 계산한다. 아핀 기저로 점 네 개를 선택하고, 위에서 설명한 선형 방법을 적용해 남은 점들의 각각에 대해 아핀 좌표를 차례로 계산한다. 결과로 얻는 재구성의 이중 시점의 이미지를 그림 14.8에 나타냈다. 그러나 이러한 5점 방법을 권장하지 않는다. 대신에 알고리듬 18.1의 최적 아핀 재구성을 사용해야 한다. △

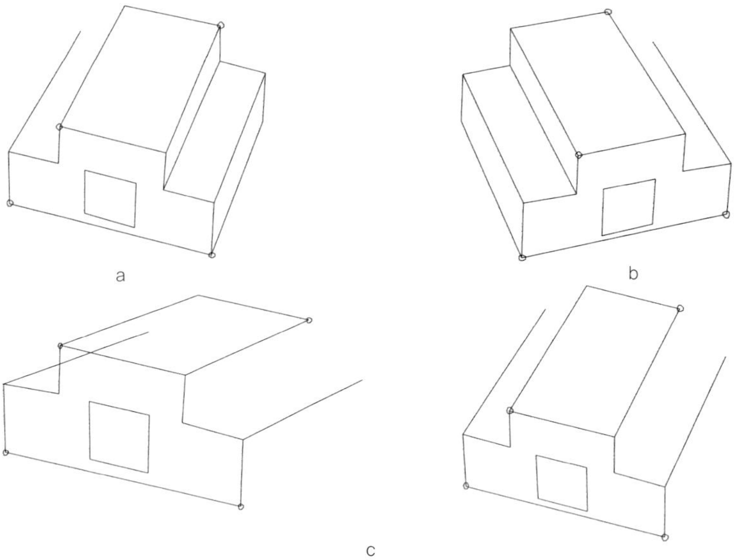

그림 14.8 아핀 재구성 (a) (b) 그림 14.2의 두 이미지에서 홀 펀치의 외부 윤곽. 원은 아핀 기저로 선택된 점을 보여준다. 선분은 단지 시각화를 위해 나타낸 것이다. (c) 윤곽의 꼭짓점에서 계산한 3차원 아핀 구조의 두 시점

14.6 네케르 반전과 박육조[1]

앞에서 보정 정보가 없는 경우에도 점들의 대응만으로 아핀 재구성을 얻을 수 있는 것을 봤다. 여기서는 카메라 보정이 알려진 경우에도 이중 시점에서 해결할 수 없는 재구성의 모호함이 남아 있는 경우를 소개한다.

이 상황은 내부 보정이 결정되면 (필수 행렬에서) 카메라 운동이 유한한 개수를 제외하고 결정되는 원근 사영과 다르다. 평행 사영의 경우에는 두 가지 중요한 모호성이 더 있다. 하나는 반전 모호성(네케르 반전)이고 또 다른 하나는 단일 매개변수 꾸러미의 회전 모호성(박육조 모호성)이다.

네케르 반전 모호성 이것은 평행 사영에서 ρ만큼 회전한 물체와 $-\rho$만큼 회전한 거울상이 이미지에서 동일해서 발생한다(그림 14.9(a) 참조). 따라서 복구된 구조는 정면 평면에 대한 반사와 모호해진다. 원근 이미지에서는 위의 두 점이 서로 다른 깊이를 가져서 사영

1 박육조(薄肉彫): 조각에서 돌출된 정도가 작은 부조(浮彫)의 모호성

된 이미지에서 일치하지 않기 때문에 이런 모호성은 없다.

박육조 모호성 이것을 그림 14.9에 나타냈다. 한 카메라의 평행 광선 집합을 생각하고, 각 광선이 해당 광선과 교차할 때까지 두 번째 카메라의 평행 광선 집합을 조정하는 것을 생각한다. 광선은 평행한 등극면 꾸러미에 있으며, 광선의 입사각을 유지하면서 평면의 법선을 중심으로 한 카메라를 회전 할 수 있는 자유가 있다. 이런 박육조(또는 깊이 회전) 모호성으로 회전 각도와 깊이에 대한 해가 하나의 매개변수를 가지는 꾸러미가 된다. 깊이 Δz와 회전의 매개변수 $\sin \rho$는 혼란스럽고 개별적으로 결정할 수 없으며 이들의 곱만 결정할 수 있다. 결국 (작은 Δz와 큰 ρ인) 큰 회전을 한 얇은 물체와 (큰 Δz와 작은 ρ인) 작은 회전을 한 깊은 물체는 동일한 이미지를 생성한다. 이 이름은 옅은 조각에서 유래했다. 깊이 또는 각도 ρ를 고정하면 구조와 동작을 유일하게 결정할 수 있다. 점을 추가해 이 모호성을 해결할 수 없지만, (삼중 시점과 같이) 추가 시점으로는 일반적으로 해결할 수 있다.

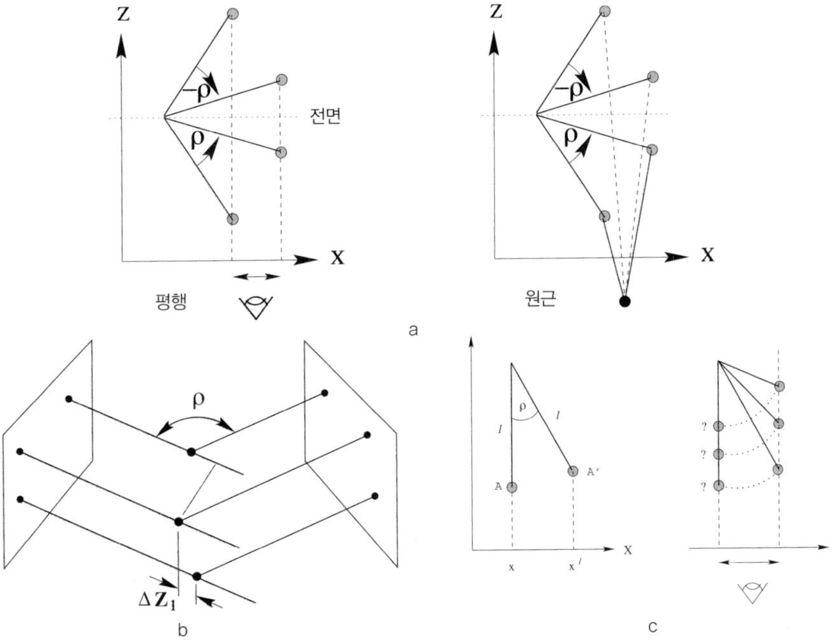

그림 14.9 평행 사영에서 운동의 모호성 (a) 네케르 반전: 회전한 물체는 반대 방향으로 회전한 거울 물체와 동일한 이미지를 생성한다. 원근 사영에서는 이미지가 다르다. (b) 카메라가 (ρ만큼) 회전해도 여전히 광선 교차를 보존한다. 원근 카메라에서는 이런 일이 일어나지 않는다. (c) 박육조 모호성: 길이 l인 막대기가 각도 ρ만큼 회전한 것을 생각한다. 그러면 $x' - x = l \sin \rho$이다. (l이 작고 ρ가 큰) 얇은 물체가 큰 회전을 한 경우와 (l이 크고 ρ가 작은) 깊은 물체가 작은 회전을 한 경우가 같은 이미지를 생성하기에, "박육조" (또는 "깊이 회전") 모호성이라는 이름을 가진다.

이런 모호성은 두 개의 원근 카메라에서 재구성을 안정되게 한다. 아핀 이미지 조건을 사용할 때 회전 각도는 불안정하지만 회전 각도와 깊이의 곱은 안정해진다.

14.7 운동의 계산

여기서는 두 대의 (6.3.4절의) 약한 원근 카메라의 경우 F_A에서 카메라 운동의 표현식을 소개한다. 카메라를 다음으로 선택할 수 있다.

$$\mathrm{P} = \begin{bmatrix} \alpha_x & & \\ & \alpha_y & \\ & & 1 \end{bmatrix} \begin{bmatrix} 1 & 0 & 0 & 0 \\ 0 & 1 & 0 & 0 \\ 0 & 0 & 0 & 1 \end{bmatrix} \quad \mathrm{P}' = \begin{bmatrix} \alpha'_x & & \\ & \alpha'_y & \\ & & 1 \end{bmatrix} \begin{bmatrix} \mathbf{r}^{1\top} & t_1 \\ \mathbf{r}^{2\top} & t_2 \\ \mathbf{0}^\top & 1 \end{bmatrix}$$

여기서 $\mathbf{r}_1$과 $\mathbf{r}_2$는 시점 사이의 회전 행렬 R의 첫 번째 행벡터와 두 번째 행벡터이다. 두 카메라의 종횡비 α_y/α_x는 알고 있지만 상대 비율인 α'_x/α_x는 알지 못한다고 가정한다.

$s > 1$이면 나타나는looming 물체이고 $s < 1$이면 사라지는receding 물체이다. 앞에서 살펴본 바와 같이 두 개의 약한 원근 시점에서 R을 완전히 계산할 수 없다. 박육조 모호성이 발생한다. 그러나 운동의 나머지 변수는 F_A에서 쉽게 계산할 수 있다.

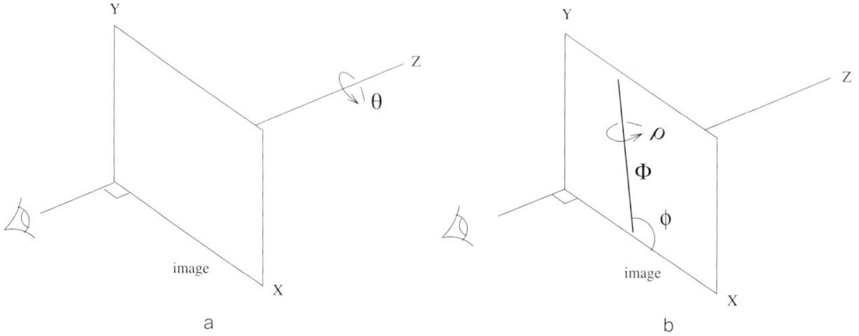

그림 14.10 회전 표현 (a) Z축을 중심으로 θ만큼 회전. (b) 이어서 X 축에 대해 Φ의 각도를 가지는 회전축 ϕ에 대해 ρ만큼 후속 회전. ϕ 축의 성분은 $(\cos\phi, \sin\phi, 0)^\top$이다.

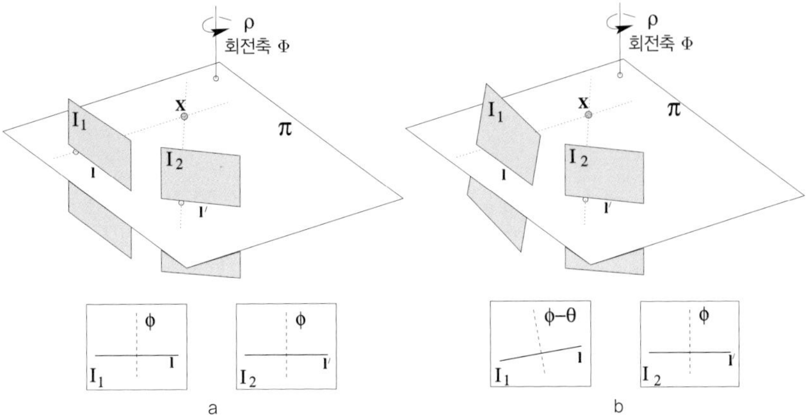

그림 14.11 카메라는 이미지 평면에 평행한 축 Φ를 중심으로 회전한다. 등극면 π와 이미지 평면의 교차에서 등극선 l과 l′를 얻고 이미지로의 Φ의 사영은 이런 등극선과 직교한다. (a) 순환 비틀림(cyclotorsion)이 발생하지 않음 ($\theta = 0°$) (b) 카메라는 I_1에서 반시계 방향으로 θ만큼 회전하였고 등극선의 방향이 θ만큼 바뀐다.

운동을 표현하기 위해 Koenderink and van Doorn[Koenderink-91]이 도입한 회전 표현을 사용한다. 앞으로 보겠지만 이것은 아핀 등극 기하학에서 계산할 수 없는 박육조 모호성의 매개변수 ρ를 분리하는 장점이 있다. 이 표현에서 시점 사이의 회전 R은 두 개의 회전으로 분해한다(그림 14.10 참조).

$$R = R_\rho R_\theta \tag{14.9}$$

우선 이미지 평면에 (시선에 대해) 각도 θ만큼 순환 회전[cyclo-rotation] $\mathbb{R}_\theta$가 있다. 그리고 이미지 평면에 평행한 방향으로 양의 **X**축에 대해 **Φ**의 각을 이루는 축 ϕ를 중심으로 각도 ρ만큼 회전하는 R_ρ가 있다. 이것은 이미지 평면 밖으로의 순수 회전이다.

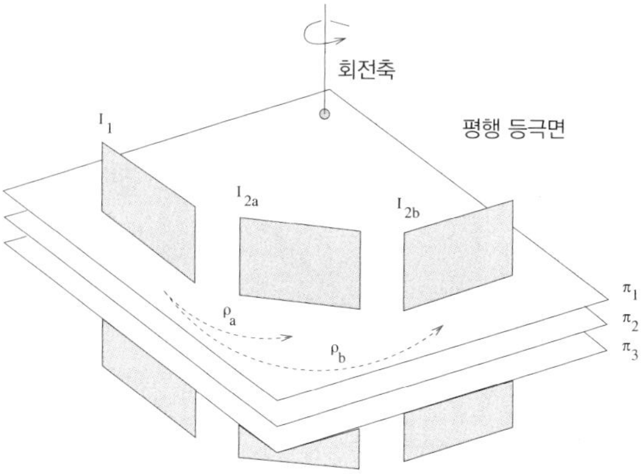

그림 14.12 장면은 평행한 등극면으로 분해할 수 있다. ($\rho \neq 0$이면) ρ의 크기는 등극 기하학에 영향을 미치지 않으므로, 두 시점에서 결정되지 않는다.

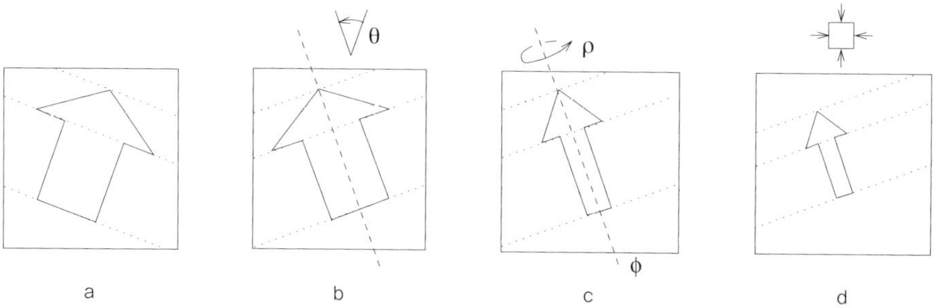

그림 14.13 고정된 카메라를 기준으로 움직이는 물체의 등극선에 대한 배율 조정과 회전 각도의 영향 이것은 또한 l_1에서 l_2로의 변환을 설명하는 분해된 변환들 보여준다. (a) l_1에서 (b) 순환 비틀림(θ), (c) 평면 밖으로 회전(ϕ와 ρ), (d) 배율 조정으로 l_2를 얻는다.

s, ϕ, θ의 계산 여기에서 배율 계수(s), 회전축의 사영(ϕ), 순환 회전[cyclorotaion] 각도(θ)를 아핀 등극 기하학에서 계산할 수 있는 것을 설명한다. 해를 구하기 전에 등극선과 구하고자 하는 운동 변수들이 어떻게 관련되는지에 대해 기하학적으로 먼저 설명한다.

이미지 평면에 평행한 축 Φ를 중심으로 회전하는 카메라를 생각한다(그림 14.11(a)). 등극면 π는 이 축과 이미지 두 개 모두에 수직이며, 등극선 $\mathbf{l}$과 $\mathbf{l}'$에서 이미지와 교차한다. 결국,

- 회전축 Φ의 사영은 등극선과 수직이다.

이 관계는 이미지 평면에 추가적으로 회전 비틀림 θ가 있는 경우에도 유지된다(그림 14.11(b)). 축 Φ와 교차선 l'은 공간에 고정되며, 이미지의 새로운 각도에서 관찰해도 등극선과 사영된 축 사이의 직교성이 유지된다. 따라서 두 이미지에서 등극선의 방향은 θ만큼 차이가 난다. 중요한 것은 회전 각도 ρ의 크기를 변경해도 등극 기하가 바뀌지 않는다는 것이다(그림 14.12). 따라서 이 각도는 박육조 모호성으로 이중 시점에서는 결정되지 않는다.

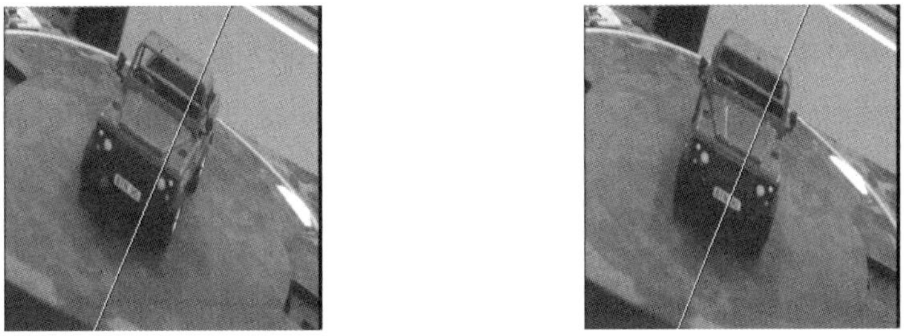

a b

그림 14.14 아핀 등극 기하학에서 운동 계산 (a) (b) 턴테이블에서 회전하는 장난감 차의 이중 시점 이미지. 계산한 회전축을 이미지의 중심을 통과하도록 겹쳐서 이미지에 표시했다. 당연하게, 회전축의 정답 값은 실세계에서 턴테이블에 수직이다.

그림 14.13은 배율의 효과를 보여준다. 등극면과 평행하도록 3차원 객체의 단면을 생각한다. 각 등극면은 객체의 단면의 움직임을 제한한다. (예를 들어 가까이 이동해) 물체의 유효 크기를 변경하면 연속적인 등극면 사이의 상대 간격이 변경된다.

정리하면, 순환 뒤틀림으로 등극선이 단순 회전하고 평면 밖으로 회전으로 (Φ에 직교하는) 등극선을 따라 단축foreshortening되고, 배율 변경으로 등극선의 간격이 균등하게 변경된다(그림 14.13 참조).

s, θ, ϕ를 아핀 등극 기하학에서 직접 계산하면 다음을 얻을 수 있다(연습 문제로 남겨둔다).

$$\tan\phi = \frac{b}{a}, \quad \tan(\phi - \theta) = \frac{d}{c} \text{ and } s^2 = \frac{c^2 + d^2}{a^2 + b^2} \tag{14.10}$$

여기서 (정의에서) $s > 0$이다. ϕ는 평면 밖으로 회전하는 축의 I_2에서 사영 각도이고 $(\phi - \theta)$는 I_1에서 사영 각도인 것에 주의해야 한다.

보기 14.3 아핀 기본 행렬에서 계산한 운동

그림 14.14에서 턴테이블에서 회전하는 장난감 차의 두 이미지를 보여준다. 이미지는 종횡비가 0.65인 256 × 256픽셀이다. 아핀 기본 행렬은 알고리듬 14.1을 이용해 계산했고 운동 매개변수는 (14.10)을 이용해 F_A에서 계산했다. 계산한 회전축을 이미지에 겹쳐서 나타냈다. △

14.8 나가면서

14.8.1 참고 도서

Koenderink and van Doorn[Koenderink-91]은 두 개의 카메라에서 아핀 재구성을 위한 장면을 설정했다. 이 논문은 모두가 꼭 읽어야 한다. 아핀 기본 행렬은 [Zisserman-92]에서 처음 정의됐다. F_A에서 운동 매개변수의 계산은 Shapiro et al.[Shapiro-95]에서 설명했다. 특히 삼줌 시점에서 해결하지 못하는 박육조 모호성을 언급한다. [Szeliski-96]에 고유 벡터를 이용해 모호성을 분석하는 것이 있다. 삼중 시점에서 운동의 경우는 [Shimshoni-99]에서 깔끔하게 다뤘다.

14.8.2 메모와 연습 문제

(i) 장면 평면은 아핀 카메라 두 개 사이의 아핀변환을 유도한다. $\mathbb{R}^3$에서 3개 변수의 평면 꾸러미가 정의하는 이러한 아핀성은 3개 변수의 꾸러미가 있다. F_A가 주어지면 아핀성 꾸러미는 (결과 13.3) $H_A = [\mathbf{e}']_\times F_A + \mathbf{e}'\mathbf{v}^\top = 0$으로 표현되며, 여기에서 3차원 벡터 $\mathbf{v}$가 평면 꾸러미를 매개화한다. 반대로, 장면 평면이 유도하는 단응사상 H_A가 주어지면 F_A가 매개변수 한 개의 모호성을 제외하고 결정할 수 있음을 보여라.

(ii) 행렬이 아핀 형태를 가지지 않는 원근 카메라를 생각한다. 카메라 운동이 이미지 평면에 평행한 평행 이동과 주축을 중심으로 하는 회전으로 구성될 때, F는 아핀 형태를 갖는 것을 보여라.

이것은 아핀 형태의 기본 행렬이 이미지화 조건이 아핀이라는 것을 의미하는 것이 아니다라는 것을 보여준다. 아핀 형태의 기본 행렬을 생성하는 다른 카메라 운동이 있는가?

(iii) 두 카메라 P_A, P'_A는 (9.1)에서 기본 행렬 F_A를 유일하게 정의한다. 카메라가 같은 아핀변환으로 $P_A \mapsto P_A H_A$, $P'_A \mapsto P'_A H_A$로 변환될 때, 변환된 카메라는 원래의 F_A를 정의하는 것을 보여라. 이로부터 아핀 기본 행렬은 실세계 좌표계의 아핀변환에 불변임을 알 수 있다.

(iv) 두 카메라 중의 하나는 아핀 카메라이고 다른 것은 원근 카메라다. 이런 경우 일반적으로 두 시점에서 등극점은 유한한 것을 보여라.

(v) 다음은 4 × 4 순열 단응사상이다.

$$\mathtt{H} = \begin{bmatrix} 1 & 0 & 0 & 0 \\ 0 & 1 & 0 & 0 \\ 0 & 0 & 0 & 1 \\ 0 & 0 & 1 & 0 \end{bmatrix}$$

이것은 유한 사영 카메라의 표준 행렬 $P = [I \mid \mathbf{0}]$을 다음의 평행 사형 P_A의 표준 행렬로 변환한다.

$$\mathtt{H} = \begin{bmatrix} 1 & 0 & 0 & 0 \\ 0 & 1 & 0 & 0 \\ 0 & 0 & 0 & 1 \\ 0 & 0 & 1 & 0 \end{bmatrix}$$

이 변환을 유한 사영 카메라 한 쌍에 적용해, (표 14.1에 나열한 성질과 같은) 14장에서 유도한 결과를 13장의 아핀 카메라가 아닌 경우에 대해 직접 유도할 수 있는 것을 보여라. 특별히 F_A와 일관성을 가지는 아핀 카메라의 한 쌍 P_A, P'_A의 표현식을 유도하라.

Part III

삼중 시점 기하학

시바 경, 1920–40(인쇄물).

시바는 세 개의 눈을 가진 것으로 묘사된다.

이마 중앙에 있는 세 번째 눈은 영적 지식과 힘을 상징한다.

(이미지 제공: http://www.healthyplanetonline.com)

개요

여기서는 삼중 시점 기하학에 대한 두 개의 장이 있다. 장면은 삼안(trinocular) 장비에서 동시에 또는 움직이는 카메라에서 순차적으로 카메라 세대에 이미지화된다.

15장에서 새로운 다중 시점 객체인 삼중 초점 텐서를 소개한다. 이것은 이중 시점 기하학의 기본 행렬과 유사한 속성을 가진다. 카메라 사이의 (사영) 관계에만 의존하고 장면의 구조와는 독립적이다. 삼중 초점 텐서에서 3차원 공간의 공통의 사영변환을 제외하고 카메라 행렬을 결정할 수 있고, 이 가운데 한 쌍의 시점에 대한 기본 행렬을 유일하게 결정할 수 있다.

이중 시점 기하학에 비해 새로운 기하학은 두 시점에서 세 번째 시점으로 "전환"할 수 있다. 두 시점의 점 대응에서 세 번째 시점의 점 위치를 결정할 수 있다. 비슷하게, 두 시점의 "선" 대응에서 세 번째 시점에서 선의 위치를 결정할 수 있다. 이런 전환 성질은 다중 시점에서 대응을 결정할 때 큰 이점을 가진다.

이중 시점에서 등극점 제약 조건의 본질은 대응점에서 역사영된 광선이 동일 평면에 있다는 것이다. 삼중 시점에서 삼중 초점 제약 조건의 본질은 이미지 점에서 발생하는 점-선-선 대응에 관한 기하학이다. 이중 시점에서 대응하는 이미지 선은 평면으로 역사영돼 3차원 공간의 직선에서 교차하고 세 번째 시점에서 대응하는 이미지 점은 이 직선과 교차해야 한다.

16장에서 삼중 시점에서 점과 "선"의 대응에서 삼중 초점 텐서를 계산한다. 텐서와 추출된 카메라 행렬이 주어지면 사영 재구성은 다중 시점의 대응 관계에서 계산할 수 있다. 이중 시점의 경우와 마찬가지로 다른 정보가 주어지면 상사 재구성 또는 거리 재구성을 계산할 수 있다.

이중 시점의 보다 우월한 점은 재구성에 있다. 주어진 카메라에 대해 이중 시점의 경우에는 점 대응에서 3차원 공간에서 자유도 3인 점(위치)에 대해 4개의 측정값을 얻는다. 삼중 시점에서는 같은 자유도 3에 대해 6개의 측정값을 얻는다. 그러나 더 큰 장점은 직선에 관해서다. 이중 시점에서 측정값의 수는 3차원 공간에서 직선의 자유도인 4와 같다. 따라서 측정 오류의 영향을 제거할 수 없다. 그러나 삼중 시점에서는 4개의 자유도에 대해서 6개의 측정값이 있으므로, 장면의 직선이 과도하게 결정되고 측정 오류의 적절한 최소화로 추정할 수 있다.

15

삼중 초점 텐서

삼중 초점 텐서가 삼중 시점에서 하는 역할은 기본 행렬이 이중 시점에서 하는 것과 비슷하다. 삼중 시점 텐서는 장면 구조와 무관한 삼중 시점 간의 모든 (사영) 기하학 관계를 가지고 있다. 여기서는 삼중 초점 텐서의 주요 기하학적 특성과 대수적 특성을 간단하게 소개한다.

삼중 초점 텐서와 그 성질을 형식화하기 위해서는 텐서 표기법을 사용해야 한다. 그러나 표준 벡터와 행렬 표기법을 사용해 시작하는 것이 편리하다. (아마도) 익숙하지 않은 표기법에 적응해야 하는 부담 없이 삼중 초점 텐서에 대한 기하학적 통찰력을 얻을 수 있다. 따라서 텐서 표기법은 15.2절부터 사용한다.

텐서의 세 가지 주요 기하학적 속성을 15.1절에서 소개한다. 첫째는 다른 시점의 직선에서 역사영된 평면이 만드는 두 시점 사이의 단응사상이다. 둘째는 3차원 공간의 결합 관계에서 발생하는 점과 선에 대한 이미지 대응의 관계이다. 셋째는 텐서에서 기본 행렬과 카메라 행렬을 추출하는 것이다.

텐서를 사용해 두 시점의 대응점에서 세 번째 시점의 대응점으로 점을 전송할 수 있다. 텐서를 직선에도 적용할 수 있다. 한 시점의 직선 이미지를 다른 두 시점의 대응 이미지에서 계산할 수 있다. 전송은 15.3절에서 설명한다.

텐서는 시점 사이의 운동과 카메라 내부 변수에만 의존하며 각 시점의 카메라 행렬에 의해 유일하게 결정된다. 그러나 운동이나 보정 정보가 없이 이미지 대응만으로 계산할 수 있다. 이 계산은 16장에서 설명한다.

15.1 삼중 초점 텐서의 기본 기하학

삼중 초점 텐서를 소개하는 방법은 여러 가지가 있다. 여기서는 직선 세 개의 결합 관계에서 시작한다.

직선의 결합 관계 그림 15.1과 같이 3차원 공간의 직선이 세 개의 시점으로 이미지화된다고 가정하면, 각각 이미지 직선에 어떤 제약을 가지는가? 각 시점의 직선에서 역사영된 평면은 모두 공간에서 단일 직선에서 만나야 한다. 3개의 이미지에서 고려하고 있는 직선으로 사영되는 3차원 직선이다. 일반적으로 공간에서 임의의 평면 세 개는 한 직선에서 만나지 않기 때문에 이 기하학적 결합[incidence] 조건은 대응 직선의 집합에 진정한 제약 조건이 된다. 이제, 이러한 기하 제약 조건을 세 직선에 대한 대수 제약 조건으로 변환한다.

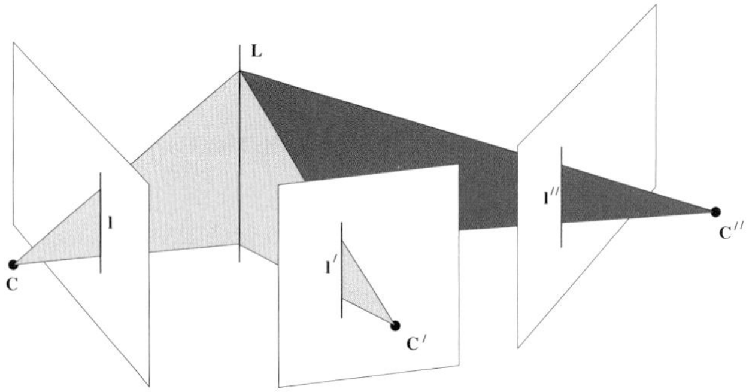

그림 15.1 중심 C, C′, C″와 이미지 평면으로 표현되는 시점 세 개에서 대응하는 직선 $\mathbf{l} \leftrightarrow \mathbf{l}' \leftrightarrow \mathbf{l}''$으로 3차원 공간의 직선 L이 이미지화된다. 반대로, 세 이미지에서 역사영된 직선은 공간에서 하나의 직선에서 교차한다.

대응하는 직선의 집합을 $\mathbf{l}_i \leftrightarrow \mathbf{l}'_i \leftrightarrow \mathbf{l}''_i$로 표기한다. 세 시점에 대한 카메라 행렬을 $\mathtt{P} = [\mathtt{I} \mid \mathbf{0}]$, $\mathtt{P}' = [\mathtt{A} \mid \mathbf{a}_4]$, $\mathtt{P}'' = [\mathtt{B} \mid \mathbf{b}_4]$로 둔다. 여기에서 A와 B는 3×3 행렬이고 벡터 $\mathbf{a}_i$와 $\mathbf{b}_i$는 $i = 1, \ldots, 4$에 대한 카메라 행렬 각각의 i번째 열벡터이다.

- $\mathbf{a}_4$와 $\mathbf{b}_4$는 첫 번째 카메라에서 발생하는 두 번째 시점과 세 번째 시점 각각의 등극점이다. 이 등극점을 15장에서는 $\mathbf{e}'$와 $\mathbf{e}''$로 표기한다. $\mathbf{C}$가 첫 번째 카메라 중심일 때

$\mathbf{e}' = \mathtt{P}'\mathbf{C}$, $\mathbf{e}'' = \mathtt{P}''\mathbf{C}$이다(대부분의 경우 두 번째 시점과 세 번째 시점 간의 등극점에는 관심이 없다).

- A와 B는 첫 번째 카메라에서 두 번째 카메라와 세 번째 카메라로의 각각의 무한 단응 사상이다.

9장에서 봤듯이, 공간의 사영변환하에서는 세 카메라의 집합은 $\mathtt{P} = [\mathtt{I} \mid \mathbf{0}]$을 가지는 집합과 동일하다. 15장에서는 (이미지 좌표 또는 3차원 결합 관계와 같은) 3차원 사영변환에 불변인 성질에 관심을 가지므로, 이러한 형태의 카메라를 선택할 수 있다.

이제 각 이미지 직선을 그림 15.1과 같이 평면으로 역사영한다. 결과 8.2에서 이런 세 평면은 다음과 같다.

$$\boldsymbol{\pi} = \mathtt{P}^{\mathsf{T}}\mathbf{l} = \begin{pmatrix} \mathbf{l} \\ 0 \end{pmatrix} \quad \boldsymbol{\pi}' = \mathtt{P}'^{\mathsf{T}}\mathbf{l}' = \begin{pmatrix} \mathtt{A}^{\mathsf{T}}\mathbf{l}' \\ \mathbf{a}_4^{\mathsf{T}}\mathbf{l}' \end{pmatrix} \quad \boldsymbol{\pi}'' = \mathtt{P}''^{\mathsf{T}}\mathbf{l}'' = \begin{pmatrix} \mathtt{B}^{\mathsf{T}}\mathbf{l}'' \\ \mathbf{b}_4^{\mathsf{T}}\mathbf{l}'' \end{pmatrix}$$

세 개의 이미지 직선은 공간에서 하나인 직선에서 나왔으므로, 이 세 평면은 독립적이지 않고 3차원 공간에서 하나의 직선에서 만나야 한다. 이 교차 제약 조건을 대수적으로 4×3 행렬 $\mathtt{M} = [\boldsymbol{\pi}, \boldsymbol{\pi}', \boldsymbol{\pi}'']$가 차수 2를 가진다고 표현할 수 있다. 다음에서 알 수 있다. $\mathbf{X}_1$과 $\mathbf{X}_2$가 선형 독립일때 교차 직선의 점은 $\mathbf{X} = \alpha\mathbf{X}_1 + \beta\mathbf{X}_2$로 표시된다. 이런 점이 세 평면 모두에 놓여 있으므로 $\boldsymbol{\pi}^{\mathsf{T}}\mathbf{X} = \boldsymbol{\pi}'^{\mathsf{T}}\mathbf{X} = \boldsymbol{\pi}''^{\mathsf{T}}\mathbf{X} = 0$이다. 그러므로, $\boldsymbol{\pi}^{\mathsf{T}}\mathbf{X} = 0$을 얻는다. 결과적으로 $\mathtt{M}^{\mathsf{T}}\mathbf{X}_1 = 0$이고 $\mathtt{M}^{\mathsf{T}}\mathbf{X}_2 = 0$이므로 M은 2차원의 영공간을 가진다.

이러한 교차 조건은 이미지 직선 $\mathbf{l}, \mathbf{l}', \mathbf{l}''$ 사이의 관계식을 유도한다. M의 차수가 2이므로, 열벡터 $\mathbf{m}_i$ 사이에 선형 종속이 있다. 다음과 같이 표기한다.

$$\mathtt{M} = [\mathbf{m}_1, \mathbf{m}_2, \mathbf{m}_3] = \begin{bmatrix} \mathbf{l} & \mathtt{A}^{\mathsf{T}}\mathbf{l}' & \mathtt{B}^{\mathsf{T}}\mathbf{l}'' \\ 0 & \mathbf{a}_4^{\mathsf{T}}\mathbf{l}' & \mathbf{b}_4^{\mathsf{T}}\mathbf{l}'' \end{bmatrix}$$

그러면 선형 관계를 $\mathbf{m}_1 = \alpha\mathbf{m}_2 + \beta\mathbf{m}_3$로 표기할 수 있다. 그리고 M의 왼쪽 바닥의 원소가 영인 것에 주의하면, 적절한 k에 대해 $\alpha = k(\mathbf{b}_4^{\mathsf{T}}\mathbf{l}'')$과 $\beta = -k(\mathbf{a}_4^{\mathsf{T}}\mathbf{l}')$을 얻는다. 이를 각 열벡터 위쪽의 3차원 벡터에 적용하면 (동차 배율 조정을 제외하면) 다음을 얻는다.

$$\mathbf{l} = (\mathbf{b}_4^{\mathsf{T}}\mathbf{l}'')\mathtt{A}^{\mathsf{T}}\mathbf{l}' - (\mathbf{a}_4^{\mathsf{T}}\mathbf{l}')\mathtt{B}^{\mathsf{T}}\mathbf{l}'' = (\mathbf{l}''^{\mathsf{T}}\mathbf{b}_4)\mathtt{A}^{\mathsf{T}}\mathbf{l}' - (\mathbf{l}'^{\mathsf{T}}\mathbf{a}_4)\mathtt{B}^{\mathsf{T}}\mathbf{l}''$$

그러므로, $\mathbf{l}$의 i번째 좌표인 l_i은 다음이 된다.

$$l_i = \mathbf{l}''^{\mathsf{T}}(\mathbf{b}_4\mathbf{a}_i^{\mathsf{T}})\mathbf{l}' - \mathbf{l}'^{\mathsf{T}}(\mathbf{a}_4\mathbf{b}_i^{\mathsf{T}})\mathbf{l}'' = \mathbf{l}'^{\mathsf{T}}(\mathbf{a}_i\mathbf{b}_4^{\mathsf{T}})\mathbf{l}'' - \mathbf{l}'^{\mathsf{T}}(\mathbf{a}_4\mathbf{b}_i^{\mathsf{T}})\mathbf{l}''$$

다음의 표기를 도입한다.

$$\mathtt{T}_i = \mathbf{a}_i\mathbf{b}_4^{\mathsf{T}} - \mathbf{a}_4\mathbf{b}_i^{\mathsf{T}} \tag{15.1}$$

최종적으로 결합 조건은 다음이 된다.

$$l_i = \mathbf{l}'^{\mathsf{T}}\mathtt{T}_i\mathbf{l}'' \tag{15.2}$$

정의 15.1 세 개의 행렬 집합 $\{\mathtt{T}_1, \mathtt{T}_2, \mathtt{T}_3\}$는 행렬 표기법으로 **삼중 초점 텐서**trifocal tensor를 구성한다.

추가 표기법을 소개한다.[1] 세 행렬 $\mathtt{T}_i$의 집합을 $[\mathtt{T}_1, \mathtt{T}_2, \mathtt{T}_3]$ 또는 간단하게 $[\mathtt{T}_i]$로 표기하면 위의 마지막 관계식은 다음이 된다.

$$\mathbf{l}^{\mathsf{T}} = \mathbf{l}'^{\mathsf{T}}[\mathtt{T}_1, \mathtt{T}_2, \mathtt{T}_3]\mathbf{l}'' \tag{15.3}$$

여기에서 $\mathbf{l}'^{\mathsf{T}}[\mathtt{T}_1, \mathtt{T}_2, \mathtt{T}_3]\mathbf{l}''$은 벡터 $(\mathbf{l}'^{\mathsf{T}}\mathtt{T}_1\mathbf{l}'', \mathbf{l}'^{\mathsf{T}}\mathtt{T}_2\mathbf{l}'', \mathbf{l}'^{\mathsf{T}}\mathtt{T}_3\mathbf{l}'')$를 표시한다.

물론 세 시점 사이에 내재적인 차이가 없기에 (15.3)과 유사한 다른 관계식 $\mathbf{l}'^{\mathsf{T}} = \mathbf{l}^{\mathsf{T}}[\mathtt{T}'_i]\mathbf{l}''$와 $\mathbf{l}''^{\mathsf{T}} = \mathbf{l}^{\mathsf{T}}[\mathtt{T}''_i]\mathbf{l}'$이 있다. 그러므로, 세 개의 텐서 $[\mathtt{T}_i]$, $[\mathtt{T}'_i]$, $[\mathtt{T}''_i]$가 존재하고 서로 다르다. 사실 세 개의 텐서 모두를 이 중 하나에서 계산할 수 있지만 이들 사이에 간단한 관계식은 없다. 그래서 실제로 주어진 시점 세 개에 대해 삼중 시점 텐서는 세 개가 존재한다. 보통 이 중에서 하나를 고려하는 것으로 만족한다. 주어진 $[\mathtt{T}_i]$에서 다른 삼중 초점 텐서 $[\mathtt{T}'_i]$와 $[\mathtt{T}''_i]$를 계산하는 방법을 연습 문제 (viii)에 소개한다.

(15.3)은 이미지 좌표 간의 관계이며 3차원 좌표를 포함하지 않는 것에 주의해야 한다. 따라서 (앞서 언급했듯이) ($\mathtt{P} = [\mathtt{I} \mid \mathbf{0}]$인) 표준 카메라의 가정에서 나왔지만, 행렬 $[\mathtt{T}_i]$의 값은 카메라 형태와 무관하다. 주어진 카메라 행렬에 대해 삼중 초점 텐서의 특정 간단한 공식 (15.1)은 $\mathtt{P} = [\mathtt{I} \mid \mathbf{0}]$에 대해서만 성립한다. 임의의 카메라 세 개에 대한 삼중 초점 텐서의 일반 공식 (17.12)는 뒤에서 유도한다.

1 이 표기는 번거롭고 의미가 자명하지 않다. 이런 이유로 15.2절에서 텐서 표기를 도입한다.

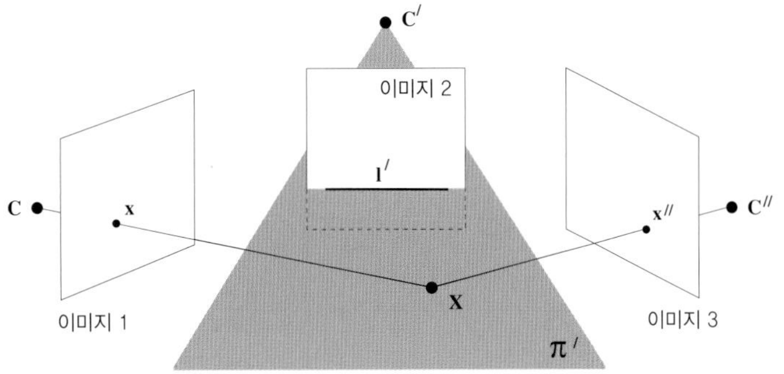

그림 15.2 점 전송 두 번째 시점의 직선 l'은 3차원 공간의 π'으로 역사영된다. 첫 번째 이미지의 점 **x**는 3차원 공간에서 광선을 정의하고 점 **X**에서 π'과 교차한다. 그러면 점 **X**는 세 번째 시점에서 **x**''으로 이미지화된다. 그러므로 임의의 직선 l'은 역사영된 평면 π'이 정의하는 첫 번째 시점에서 세 번째 시점으로의 단응사상을 유도한다.

자유도 삼중 초점 텐서는 3 × 3 행렬 세 개로 구성돼서 27개의 원소가 있다. 따라서 행렬의 (공통의) 전체 배율 조정을 제외하고 26개의 독립 비율이 있다. 그러나 텐서는 18개의 독립적인 자유도를 가진다. 즉, 18개의 변수가 결정되면 텐서의 모든 원소 27개가 공통 배율 조정을 제외하고 결정된다. 자유도의 수는 다음과 같이 계산한다. 카메라 행렬 세 개는 각각 자유도 11을 가져서 총 33이다. 그러나 사영 세계 좌표계를 설명하는 자유도 15를 제외하면 자유도 18이 남는다. 따라서 텐서는 26 − 18 = 8개의 독립 대수 제약 조건을 만족해야 한다. 16장에서 여기에 대해서 다시 설명한다.

15.1.1 평면이 유도하는 단응사상

삼중 초점 텐서에 숨어 있는 기본적인 기하 속성은 두 번째 이미지의 직선이 만드는 첫 번째 시점과 세 번째 시점 간의 단응사상이다. 그림 15.2와 그림 15.3에 설명돼 있다. 두 번째 시점의 직선은 (역사영으로) 3차원 공간에 평면을 정의하고, 이 평면은 첫 번째 시점과 세 번째 시점 사이의 단응사상을 유도한다.

이제 삼중 초점 텐서를 이용해 이러한 기하의 대수적 표현을 구한다. 그림 15.2와 15.3에서 나타낸 평명 π'가 정의하는, 첫 번째 이미지와 세 번째 이미지 간의 단응사상은 $\mathbf{x}'' = \mathtt{H}\mathbf{x}$와 (2.6) $\mathbf{l} = \mathtt{H}^{\mathsf{T}}\mathbf{l}''$로 표현할 수 있다. 그림 15.3의 세 직선 $\mathbf{l}$, $\mathbf{l}'$, $\mathbf{l}''$은 3차원의 직선 $\mathbf{L}$의 사영으로 서로 대응하는 것에 주의해야 한다. 그러므로 이들은 (15.2)의 결합 조건 $l_i = \mathbf{l}'^{\mathsf{T}}\mathtt{T}_i\mathbf{l}''$을 만족한다. 이 공식을 $\mathbf{l} = \mathtt{H}^{\mathsf{T}}\mathbf{l}''$과 비교하면 다음을 얻는다.

$$\mathtt{H} = [\mathbf{h}_1, \mathbf{h}_2, \mathbf{h}_3] \text{ with } \mathbf{h}_i = \mathtt{T}_i^{\mathsf{T}} \mathbf{l}'$$

그러므로 위의 공식이 정의하는 H는 두 번째 시점의 직선 l′으로 지정되는, 첫 번째 시점과 세 번째 시점 사이의 (점) 단응사상 $\mathtt{H}_{13}$을 나타낸다.

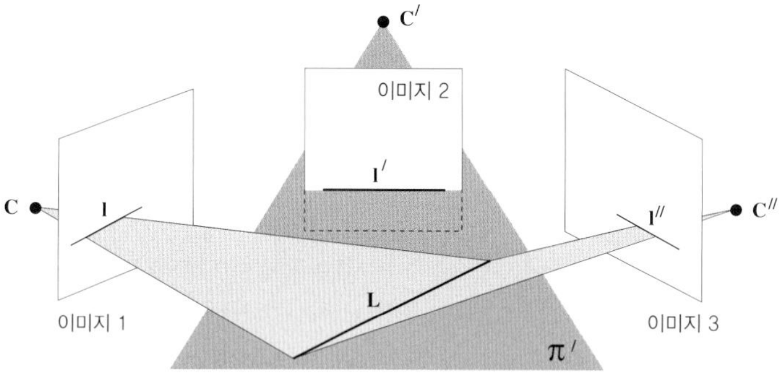

그림 15.3 직선 전송 그림 15.2에서 정의하는 단응사상의 직선에 대한 동작을 유사하게 기하학적으로 시각화할 수 있다. 첫 번째 이미지에서 선 l은 3차원 공간에서 평면을 정의하고, 이 평면은 직선 L에서 π′와 교차한다. 이 직선 L은 세 번째 시점에서 직선 l″로 이미지화된다.

두 번째와 세 번째 시점 또한 같은 역할을 할 수 있다. 세 번째 시점의 직선이 정의하는, 첫 번째 시점과 두 번째 시점 사이의 단응사상도 유사하게 구할 수 있다. 이런 아이디어에서 다음의 공식을 얻는다.

결과 15.2 두 번째 이미지의 직선이 유도하는, 첫 번째와 세 번째 이미지 사이의 단응사상은 $\mathbf{x}'' = \mathtt{H}_{13}(\mathbf{l}')\mathbf{x}$로 주어진다.

$$\mathtt{H}_{13}(\mathbf{l}') = [\mathtt{T}_1^{\mathsf{T}}, \mathtt{T}_2^{\mathsf{T}}, \mathtt{T}_3^{\mathsf{T}}]\mathbf{l}'$$

비슷하게, 세 번째 이미지의 직선 l″는 첫 번째에서 두 번째 이미지로 가는 단응사상 $\mathbf{x}' = \mathtt{H}_{12}(\mathbf{l}'')\mathbf{x}$를 결정한다.

$$\mathtt{H}_{12}(\mathbf{l}'') = [\mathtt{T}_1, \mathtt{T}_2, \mathtt{T}_3]\mathbf{l}''$$

이 변환을 이해하면 텐서의 대수 성질을 쉽게 유도할 수 있다. (15.3)과 결과 15.2를 기반으로 해 점과 선 사이의 결합 관계식 몇 개를 다음 절에서 유도한다.

15.1.2 점과 선의 결합 관계

삼중 초첨 텐서와 관련된 세 이미지 간의 선과 점의 다양한 관계를 쉽게 유도할 수 있다. 이미 이러한 관계의 하나인 (15.3)을 가지고 있다. 이 관계식은 동차 수량에 대한 것이므로 배율 조정을 제외하고 성립한다. 배율 조정을 제거하기 위해 양변에 벡터 외적을 하면 영이 돼서 다음 식을 얻는다.

$$(\mathbf{l}'^{\mathsf{T}}[\mathtt{T}_1, \mathtt{T}_2, \mathtt{T}_3]\mathbf{l}'')[\mathbf{l}]_\times = \mathbf{0}^{\mathsf{T}} \tag{15.4}$$

또는 좀 더 간단하게 $(\mathbf{l}'^{\mathsf{T}}[\mathtt{T}_i]\mathbf{l}'')[\mathbf{l}]_\times = \mathbf{0}^{\mathsf{T}}$이다. 여기에서 행렬 $[\mathbf{l}]_\times$는 벡터곱을 나타낸다(A4.5절 참조). $\mathbf{l}'$과 $\mathbf{l}''$의 대칭성에 유의하면, 각 $\mathtt{T}_i$에 전치를 하는 것으로 설명되는 두 직선의 교환에서 관계식 $(\mathbf{l}''^{\mathsf{T}}[\mathtt{T}_i^{\mathsf{T}}]\mathbf{l}')[\mathbf{l}]_\times = \mathbf{0}^{\mathsf{T}}$을 얻는다.

그림 15.3을 다시 고려한다. 이제, 직선 $\mathbf{l}$상의 한 점 $\mathbf{x}$는 $\mathbf{x}^{\mathsf{T}}\mathbf{l} = \sum_i x^i l_i = 0$을 만족해야 한다(점의 좌표에 대해 상첨자를 사용했다. 향후에 텐서 표기법으로 발전한다). $\mathbf{l}_i = \mathbf{l}'^{\mathsf{T}}\mathtt{T}_i\mathbf{l}''$이므로 다음을 얻는다.

$$\mathbf{l}'^{\mathsf{T}}\left(\sum_i x^i \mathtt{T}_i\right)\mathbf{l}'' = 0 \tag{15.5}$$

($(\sum_i x^i \mathtt{T}_i)$는 단순한 3 × 3 행렬임에 주의해야 한다.) 이것은 첫 번째 이미지에서 결합 관계식이다. 3차원 공간의 직선 $\mathbf{L}$이 두 번째 이미지와 세 번째 이미지에서 $\mathbf{l}'$과 $\mathbf{l}''$으로 각각 변환되고 첫 번째 이미지에서는 점 $\mathbf{x}$를 지나는 직선으로 변환될 때 점-선-선 대응에 대해 이 관계식은 성립한다. (15.5)가 성립하는 점-선-선 대응과 동등한 중요한 정의가 3차원 결합 관계식에서 유도된다. 그림 15.4(a)에서 볼 수 있듯이, 첫 번째 이미지에서 $\mathbf{x}$로 두 번째와 세 번째 이미지에서는 직선 $\mathbf{l}'$과 $\mathbf{l}''$상의 점으로 변환되는 3차원의 점 $\mathbf{X}$가 존재한다.

결과 15.2에서 두 번째 이미지와 세 번째 이미지의 점 $\mathbf{x}'$, $\mathbf{x}''$에 관한 관계식을 구할 수 있다. 그림 15.4(b)의 점-선-선 대응을 고려하면 다음을 얻는다.

$$\mathbf{x}'' = \mathtt{H}_{13}(\mathbf{l}')\,\mathbf{x} = [\mathtt{T}_1^{\mathsf{T}}\mathbf{l}', \mathtt{T}_2^{\mathsf{T}}\mathbf{l}', \mathtt{T}_3^{\mathsf{T}}\mathbf{l}']\,\mathbf{x} = \left(\sum_i x^i \mathtt{T}_i^{\mathsf{T}}\right)\mathbf{l}'$$

이것은 두 번째 이미지에서 $\mathbf{x}'$을 지나는 모든 직선 $\mathbf{l}'$에 대해 성립한다. 양변을 전치하고 $[\mathbf{x}'']_\times$를 앞에 곱해 배율 조정 계수를 제거하면 다음을 얻는다.

$$\mathbf{x}''^{\mathsf{T}}[\mathbf{x}'']_\times = \mathbf{l}'^{\mathsf{T}}(\sum_i x^i \mathtt{T}_i)[\mathbf{x}'']_\times = \mathbf{0}^{\mathsf{T}} \tag{15.6}$$

두 번째와 세 번째 이미지의 역할을 교환해 비슷한 분석을 할 수 있다.

결국, 그림 15.4(c)의 세 점의 대응에 대해 다음의 관계식이 성립한다.

$$[\mathbf{x}']_\times(\sum_i x^i \mathtt{T}_i)[\mathbf{x}'']_\times = 0_{3\times 3} \tag{15.7}$$

증명 (15.6)의 직선 $\mathbf{l}'$은 $\mathbf{x}'$을 지나므로, $\mathbf{l}'$상의 적절한 $\mathbf{y}'$에 대해 $\mathbf{l}' = \mathbf{x}' \times \mathbf{y}' = [\mathbf{x}']_\times \mathbf{y}'$으로 표기할 수 있다. 결국, (15.6)에서 $\mathbf{l}'^{\mathsf{T}}(\sum_i x_i \mathtt{T}_i)[\mathbf{x}'']_\times = \mathbf{y}'^{\mathsf{T}}[\mathbf{x}']_\times(\sum_i x_i \mathtt{T}_i)[\mathbf{x}'']_\times = \mathbf{0}^{\mathsf{T}}$를 만족한다. 그러나 관계식 (15.6)은 $\mathbf{x}'$을 지나는 모든 직선 $\mathbf{l}'$에 대해 성립하므로 $\mathbf{y}'$가 무관하다. 그러므로, 관계식 (15.7)이 유도된다. □

삼중 시점에서 선과 점 사이의 다양한 관계를 표 15.1에 요약했고, 15.2.1절에서 보다 자세하게 속성을 조사하기 위해 텐서 표기법을 도입한다. 나열한 점-선-선 관계에서 점이 두 번째 또는 세 번째 시점에 있는 경우는 없는 것에 주의해야 한다. 이런 단순한 관계는 첫 번째 시점이 특별한 삼중 초점 텐서에서는 나타나지 않는다. 또한 그림 15.5와 같이 이미지 결합 관계를 만족하는 것이 3차원 공간의 결합 조건을 보장하는 것이 아니라는 점을 주의해야 한다.

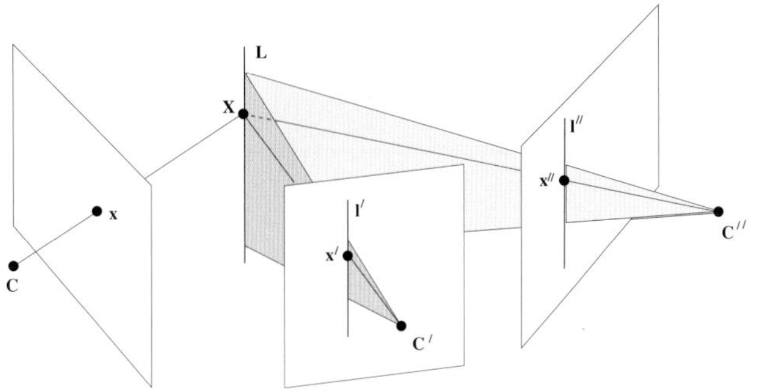

(a) 점-선-선

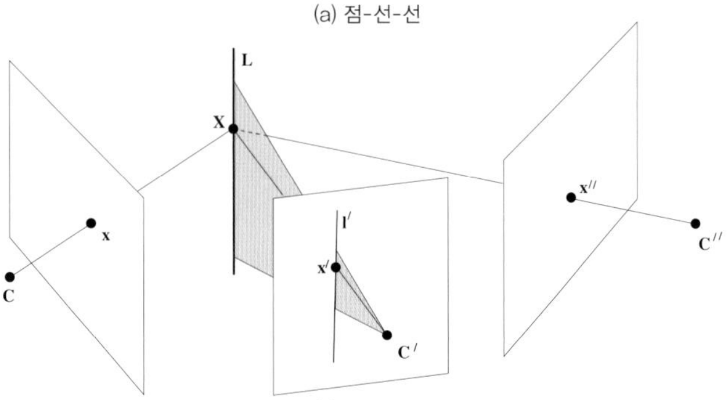

(b) 점-선-점

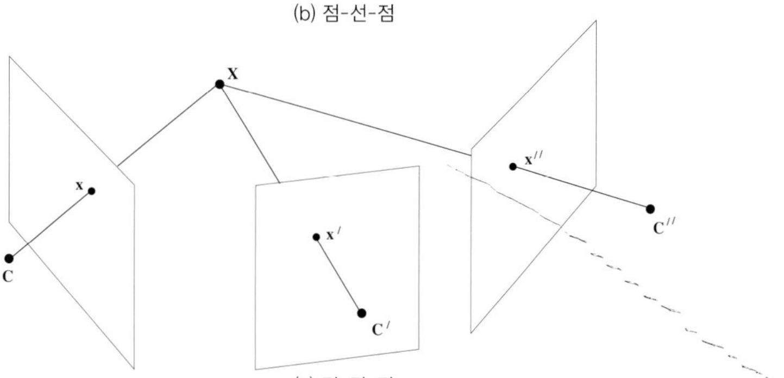

(c) 점-점-점

그림 15.4 결합 관계 (a) 삼중 시점의 점 대응 $\mathbf{x} \leftrightarrow \mathbf{x}' \leftrightarrow \mathbf{x}''$을 생각한다. $\mathbf{l}'$과 $\mathbf{l}''$이 $\mathbf{x}'$과 $\mathbf{x}''$을 각각 지나는 "임의의" 직선이라면, $\mathbf{x} \leftrightarrow \mathbf{l}' \leftrightarrow \mathbf{l}''$은 점-선-선 대응을 이루어 3차원 직선 $\mathbf{L}$과 대응한다. 결국, (15.5)는 $\mathbf{x}'$을 지나는 임의의 직선 $\mathbf{l}'$과 $\mathbf{x}''$을 지나는 임의의 직선 $\mathbf{l}''$에 대해 성립한다. (b) 공간의 점 $\mathbf{X}$는 공간의 직선 $\mathbf{L}$과 결합한다. 이로부터 이미지 간의 결합 관계 $\mathbf{x} \leftrightarrow \mathbf{l}' \leftrightarrow \mathbf{x}''$을 정의할 수 있다. (c) 공간의 점 $\mathbf{X}$의 이미지에서 발생한 대응 $\mathbf{x} \leftrightarrow \mathbf{x}' \leftrightarrow \mathbf{x}''$

표 15.1 행렬 표기법을 사용해 삼중 초점 텐서의 결합 관계 요약

(i) 선-선-선 대응

$$\mathbf{l}'^{\mathsf{T}}[\mathtt{T}_1, \mathtt{T}_2, \mathtt{T}_3]\mathbf{l}'' = \mathbf{l}^{\mathsf{T}} \quad \text{or} \quad \left(\mathbf{l}'^{\mathsf{T}}[\mathtt{T}_1, \mathtt{T}_2, \mathtt{T}_3]\mathbf{l}''\right)[\mathbf{l}]_\times = \mathbf{0}^{\mathsf{T}}$$

(ii) 점-선-선 대응

$$\mathbf{l}'^{\mathsf{T}}\left(\sum_i x^i \mathtt{T}_i\right)\mathbf{l}'' = 0 \text{ for a correspondence } \mathbf{x} \leftrightarrow \mathbf{l}' \leftrightarrow \mathbf{l}''$$

(iii) 점-선-점 대응

$$\mathbf{l}'^{\mathsf{T}}\left(\sum_i x^i \mathtt{T}_i\right)[\mathbf{x}'']_\times = \mathbf{0}^{\mathsf{T}} \text{ for a correspondence } \mathbf{x} \leftrightarrow \mathbf{l}' \leftrightarrow \mathbf{x}''$$

(iv) 점-점-선 대응

$$[\mathbf{x}']_\times\left(\sum_i x^i \mathtt{T}_i\right)\mathbf{l}'' = \mathbf{0} \text{ for a correspondence } \mathbf{x} \leftrightarrow \mathbf{x}' \leftrightarrow \mathbf{l}''$$

(v) 점-점-점 대응

$$[\mathbf{x}']_\times\left(\sum_i x^i \mathtt{T}_i\right)[\mathbf{x}'']_\times = 0_{3\times 3}$$

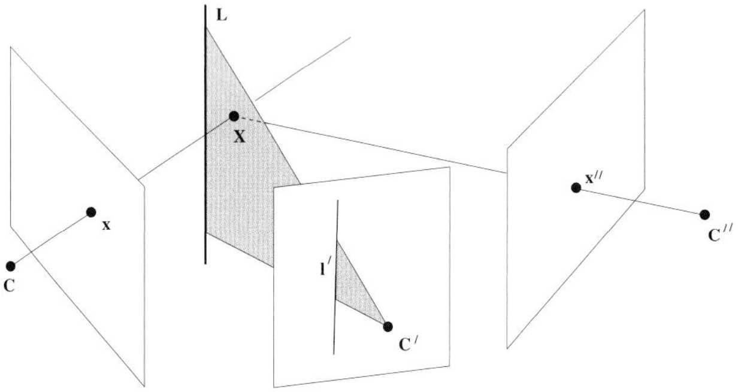

그림 15.5 비결합 구성 이 구성의 이미지화된 점과 선은 표 15.1의 점-선-점 결합 관계를 만족한다. 그러나 공간 점 X와 선 L은 결합하지 않는다. 그림 15.4와 비교해보라.

이제부터 삼중 초점 텐서에서 이중 시점 기하, 등극점, 기본 행렬을 추출한다.

15.1.3 등극선

$\mathbf{l}'$에서 역사영된 평면 π'가 앞의 두 카메라에 대해 등극면이고 첫 번째 카메라 중심 $\mathbf{C}$를 지나면 점-선-선 대응의 특별한 경우가 발생한다. $\mathbf{X}$가 평면 π'의 한 점이라고 가정한다. 그러면 $\mathbf{X}$와 $\mathbf{C}$가 정의하는 광선은 이 평면에 놓이고, $\mathbf{l}'$은 $\mathbf{X}$의 이미지인 점 $\mathbf{x}$에 대응하는 등극선이다. 그림 15.6에 나타냈다.

세 번째 이미지에서 직선 $\mathbf{l}''$을 역사영한 평면 π''은 직선 $\mathbf{L}$에서 평면 π'과 교차한다. 그리고 $\mathbf{x}$에 해당하는 광선은 평면 π'상에 놓이므로, 이것은 직선 $\mathbf{L}$과 교차해야 한다. 이로부터, 점 $\mathbf{x}$와 직선 $\mathbf{l}'$과 $\mathbf{l}''$로부터 역사영된 광선과 평면이 세 가지로 교차하며, 점-선-선 대응을 형성해 $\mathbf{l}'^{\mathsf{T}}(\sum_i x^i \mathrm{T}_i)\mathbf{l}'' = 0$을 만족한다. 여기서 중요한 것은 이것이 임의의 직선 $\mathbf{l}''$에 대해서 성립한다는 것이다. 그러므로, $\mathbf{l}'^{\mathsf{T}}(\sum_i x^i \mathrm{T}_i) = \mathbf{0}^{\mathsf{T}}$이다. $\mathbf{l}'$과 $\mathbf{l}''$을 바꾸어도 같은 주장이 성립한다. 정리하면 다음이 된다.

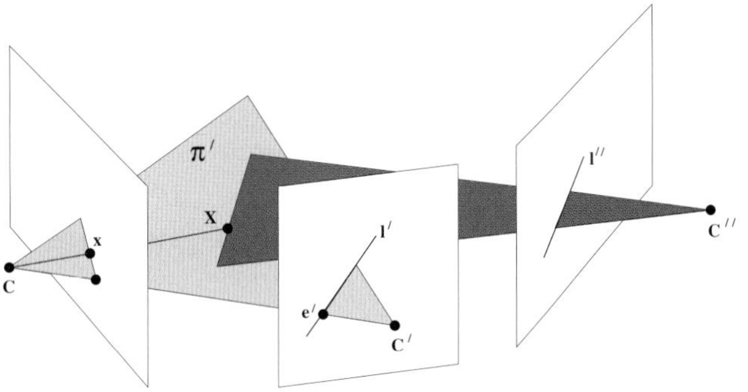

그림 15.6 l′이 정의하는 평면 π′이 처음 두 개의 시점에서 등극면이면, 세 번째 시점의 임의의 직선 l″에서 점-선-선 결합이 나온다.

결과 15.3 $\mathbf{x}$가 점이고, $\mathbf{l}'$과 $\mathbf{l}''$이 두 번째와 세 번째 이미지에서 대응하는 등극선이면, 다음을 만족한다.

$$\mathbf{l}'^{\mathsf{T}}\Big(\sum_i x^i \mathrm{T}_i\Big) = \mathbf{0}^{\mathsf{T}} \text{ 그리고 } \Big(\sum_i x^i \mathrm{T}_i\Big)\mathbf{l}'' = \mathbf{0}$$

결국, $\mathbf{x}$에 대응하는 등극선 $\mathbf{l}'$과 $\mathbf{l}''$은 행렬 $\sum_i x^i \mathrm{T}_i$의 좌와 우 영벡터로 계산할 수 있다.

점 $\mathbf{x}$가 변하면 대응하는 등극선도 변하지만 한 이미지에서 모든 등극선은 등극점을 통과한다. 그래서 다양한 $\mathbf{x}$에 대한 등극선의 교차를 계산해 등극점을 계산할 수 있다. 동차 좌표 $(1, 0, 0)^\top$, $(0, 1, 0)^\top$, $(0, 0, 1)^\top$로 표시되는 점을 $\mathbf{x}$로 편리하게 선택하면 $\sum_i x^i \mathtt{T}_i$는 $\mathbf{x}$의 각각의 선택에 대해 각각 $\mathtt{T}_1$, $\mathtt{T}_2$, $\mathtt{T}_3$가 된다. 이로부터 다음의 중요한 결과를 얻는다.

결과 15.4 두 번째 이미지의 등극점 $\mathbf{e}'$은 행렬 $\mathtt{T}_i$, $i = 1, \ldots, 3$의 좌 영벡터로 표현되는 등극선의 공통 교차점이다. 비슷하게, 등극점 $\mathbf{e}''$은 $\mathtt{T}_i$의 우 영벡터로 표현되는 등극선의 공통 교차점이다.

이 결과에 언급된 등극점은 첫 번째 이미지의 중심 $\mathbf{C}$에 대응하는 두 번째와 세 번째 이미지의 등극점임에 주의해야 한다.

이 결과의 유용성은 아직 명확하지 않다. 그러나 삼중 초점 텐서에서 카메라 행렬을 계산하는 과정과 16장에서는 삼중 초점 텐서의 정확한 계산에 있어 중요한 단계임을 보게 될 것이다.

$\mathtt{T}_i$ 행렬의 대수적 성질 지금까지 설명한 $\mathtt{T}_i$ 행렬의 여러 대수적 성질을 여기에 요약한다.

- 각 행렬 $\mathtt{T}_i$는 차수 2를 가진다. $\mathtt{T}_i = \mathbf{a}_i \mathbf{e}''^\top - \mathbf{e}' \mathbf{b}_i^\top$는 두 외적의 합이므로 (15.1)에서 자명하다.
- $\mathtt{T}_i$의 우 영벡터는 $\mathbf{l}''_i = \mathbf{e}'' \times \mathbf{b}_i$이고, $i = 1, 2, 3$일 때 각각이 $\mathbf{x} = (1, 0, 0)^\top$, $(0, 1, 0)^\top$, $(0, 0, 1)^\top$의 세 번째 이미지에서 등극선이다.
- 등극점 $\mathbf{e}''$는 $i = 1, 2, 3$에 대해 등극선 $\mathbf{l}''_i$의 공통 교차점이다.
- $\mathtt{T}_i$의 좌 영벡터는 $\mathbf{l}'_i = \mathbf{e}' \times \mathbf{a}_i$이고, $i = 1, 2, 3$에 대해 각각 점 $\mathbf{x} = (1, 0, 0)^\top$, $(0, 1, 0)^\top$, $(0, 0, 1)^\top$의 두 번째 이미지의 등극선이다.
- 등극점 $\mathbf{e}'$는 $i = 1, 2, 3$에 대한 등극선 $\mathbf{l}'_i$의 공통 교차점이다.
- 행렬의 합인 $\mathtt{M}(\mathbf{x}) = (\sum_i x^i \mathtt{T}_i)$ 또한 차수 2를 가진다. $\mathtt{M}(\mathbf{x})$의 우 영벡터는 세 번째 시점에서 $\mathbf{x}$의 등극선 $\mathbf{l}''$이고, 좌 영벡터는 두 번째 시점에서 $\mathbf{x}$의 등극선 $\mathbf{l}'$이다.

카메라 행렬 $\mathtt{P}$, $\mathtt{P}'$, $\mathtt{P}''$의 특별한 표준 형태를 유도 과정에서 사용했지만, $\mathtt{T}_i$ 행렬의 등극 성질은 이러한 행렬 선택과 무관하다는 것을 다시 한 번 더 강조한다.

15.1.4 기본 행렬 추출

삼중 초점 텐서에서 첫 번째와 다른 시점 간의 기본 행렬 F_{21}과 F_{31}을 계산하는 것은 간단하다.[2] 9.2.1절에서 특정 지점에 대응하는 등극선은 단응사상으로 다른 시점의 점으로 전송되고, 전송된 점을 등극점과 연결해 유도할 수 있다. 첫 번째 시점에서 점 $\mathbf{x}$를 고려한다. 그림 15.2와 결과 15.2에서, 세 번째 시점의 직선 $\mathbf{l}''$은 $\mathbf{x}' = ([T_1, T_2, T_3])\mathbf{x}$에 의해서 첫 번째 시점에서 두 번째 시점으로 단응사상을 유도한다. $\mathbf{x}$에 대응하는 등극선은 $\mathbf{x}'$을 등극점 $\mathbf{e}'$과 연결해 찾는다. 여기에서 $\mathbf{l}' = [\mathbf{e}']_\times([T_1, T_2, T_3]\mathbf{l}'')\mathbf{x}$를 얻고, 이로부터 다음을 얻는다.

$$F_{21} = [\mathbf{e}']_\times[T_1, T_2, T_3]\mathbf{l}''$$

이 공식은 모든 벡터 $\mathbf{l}''$에 대해 성립한다. 그러나 $\mathbf{l}''$가 T_i의 영공간에 놓이는 퇴화 조건을 피하도록 선택하는 것이 중요하다. $\mathbf{e}''$이 좋은 선택이다. $\mathbf{e}''$이 각 T_i의 우 영공간의 수직이기 때문이다. 이로부터 다음을 얻는다.

$$F_{21} = [\mathbf{e}']_\times[T_1, T_2, T_3]\mathbf{e}'' \tag{15.8}$$

비슷한 공식이 $F_{31} = [\mathbf{e}'']_\times[T_1^\top, T_2^\top, T_3^\top]\mathbf{e}'$에 대해 성립한다.

15.1.5 카메라 행렬 추출

삼중 초점 텐서는 이미지 개체 간의 관계만을 표현하기 때문에 3차원 사영변환과 무관하다는 것을 앞에서 언급했다. 반대로, 이것은 카메라 행렬을 삼중 초점 텐서에서 사영 모호성을 제외하고 계산할 수 있음을 의미한다. 이제부터 여기에 대해서 설명한다.

이중 시점에서 재구성의 경우와 마찬가지로 사영의 모호성을 가지기 때문에 첫 번째 카메라를 $P = [I \mid \mathbf{0}]$으로 가정한다. (15.8에서) F_{21}가 알려졌으므로, 결과 9.9를 이용해 두 번째 카메라 형태를 다음과 같이 유도할 수 있다.

$$P' = [[T_1, T_2, T_3]\mathbf{e}'' \mid \mathbf{e}']$$

그러면 카메라 쌍 $\{P, P'\}$는 기본 행렬 F_{21}을 가진다. 세 번째 카메라 또한 비슷하게 $P'' = [[T_1^\top, T_2^\top, T_3^\top]\mathbf{e}' \mid \mathbf{e}'']$으로 선택할 수 있을 거라 생각할 수 있다. 그러나 "이것은 틀린

2 대응점 $\mathbf{x} \leftrightarrow \mathbf{x}'$에 대해 기본 행렬 F_{21}은 $\mathbf{x}'^\top F_{21}\mathbf{x} = 0$을 만족한다. 하첨자 표기는 그림 15.8을 참조하라.

것이다". 카메라 쌍의 두 개 {P, P'}와 {P, P'}는 같은 사영 좌표계를 정의하지 않기 때문이다. 각각의 쌍은 그 자체로 정확할지라도, {P, P', P''}는 일관성이 없다.

세 번째 카메라는 처음 두 개의 사영 좌표계와 독립적으로 선택할 수 없다. 이를 보기 위해 카메라 쌍 {P, P'}를 선택했고, 점 $\mathbf{X}_i$를 이미지의 대응 $\mathbf{x}_i \leftrightarrow \mathbf{x}'_i$에서 재구성했다고 가정한다. 그러면 $\mathbf{X}_i$의 좌표는 {P, P'}가 정의하는 사영 좌표계에서 결정되며, 일관성 있는 카메라 P''를 대응 $\mathbf{X}_i \leftrightarrow \mathbf{x}''_i$에서 계산할 수 있다. 그러나 3차원 구조를 명시적으로 재구성할 필요는 없다. 일관성 있는 세 개의 카메라를 삼중 초점 텐서에서 직접 복원할 수 있다.

카메라 행렬의 쌍 $\mathrm{P} = [\mathrm{I} \mid \mathbf{0}]$과 $\mathrm{P}' = [[\mathrm{T}_1, \mathrm{T}_2, \mathrm{T}_3]\mathbf{e}'' \mid \mathbf{e}']$는 주어진 기본 행렬 F_{21}과 일관성을 가지는 유일한 것은 아니다. (9.10)에서, 가장 일반적인 P'의 형태는 적절한 벡터 $\mathbf{v}$와 스칼라 λ를 가지는 다음이다.

$$\mathrm{P}' = [[\mathrm{T}_1, \mathrm{T}_2, \mathrm{T}_3]\mathbf{e}'' + \mathbf{e}'\mathbf{v}^\mathsf{T} \mid \lambda\mathbf{e}']$$

비슷한 식이 P''에 대해 성립한다. 삼중 초점 텐서와 호환되는 세 개의 카메라를 찾기 위해서는 이런 꾸러미에서 적절한 P'와 P''을 찾아서 삼중 초점 텐서의 (15.1) 형태와 호환이 돼야 한다.

사영 모호성으로 인해, 자유롭게 $\mathrm{P}' = [[\mathrm{T}_1, \mathrm{T}_2, \mathrm{T}_3]\mathbf{e}'' \mid \mathbf{e}']$을 선택할 수 있고 그래서 $\mathbf{a}_i = \mathrm{T}_i\mathbf{e}''$이다. 이러한 선택은 사영 좌표계를 고정해 P''은 이제 (배율을 제외하고) 유일하게 결정된다. 그러면 ($\mathbf{a}_4 = \mathbf{e}'$이고 $\mathbf{b}_4 = \mathbf{e}''$임에 주의해) (15.1)에 대입하면

$$\mathrm{T}_i = \mathrm{T}_i\mathbf{e}''\mathbf{e}''^\mathsf{T} - \mathbf{e}'\mathbf{b}_i^\mathsf{T}$$

여기에서 $\mathbf{e}'\mathbf{b}_i^\mathsf{T} = \mathrm{T}_i(\mathbf{e}''\mathbf{e}''^\mathsf{T} - \mathrm{I})$를 얻는다. $\|\mathbf{e}'\| = \mathbf{e}'^\mathsf{T}\mathbf{e}' = 1$이 되도록 배율을 조정하면, 좌변에 $\mathbf{e}'^\mathsf{T}$를 곱하고 전치를 취하면 다음을 얻는다.

$$\mathbf{b}_i = (\mathbf{e}''\mathbf{e}''^\mathsf{T} - \mathrm{I})\mathrm{T}_i^\mathsf{T}\mathbf{e}'$$

그래서 $\mathrm{P}'' = [(\mathbf{e}''\mathbf{e}''^\mathsf{T} - \mathrm{I})[\mathrm{T}_1^\mathsf{T}, \mathrm{T}_2^\mathsf{T}, \mathrm{T}_3^\mathsf{T}]\mathbf{e}' \mid \mathbf{e}'']$이다. 삼중 초점 텐서에서 카메라 행렬을 추출하는 과정의 요약을 알고리듬 15.1에 나타냈다.

알고리듬 15.1 삼중 초점 텐서에서 F와 P의 추출 요약 F_{21}과 F_{31}은 유일하게 결정되는 것을 주의해야 한다. 그러나 P′와 P″은 3차원 공간의 공통 사영변환을 제외하고 결정된다.

[T_1, T_2, T_3]와 같이 행렬 형태로 표기된 삼중 초점 텐서가 주어진다.

(i) **등극점 e′, e″의 추출**

$\mathbf{u}_i$와 $\mathbf{v}_i$는 각각 T_i의 좌 영벡터와 우 영벡터이다. 즉, $\mathbf{u}_i^\top T_i = \mathbf{0}^\top$이고 $T_i\mathbf{v}_i = 0$이다. 그러면 등극점은 다음의 3×3 행렬의 영벡터로 구한다.

$$\mathbf{e}'^\top[\mathbf{u}_1, \mathbf{u}_2, \mathbf{u}_3] = \mathbf{0} \text{ and } \mathbf{e}''^\top[\mathbf{v}_1, \mathbf{v}_2, \mathbf{v}_3] = \mathbf{0}$$

(ii) **기본 행렬 F_{21}과 F_{31}의 추출**

$$F_{21} = [\mathbf{e}']_\times [T_1, T_2, T_3]\mathbf{e}'' \text{ and } F_{31} = [\mathbf{e}'']_\times [T_1^\top, T_2^\top, T_3^\top]\mathbf{e}'$$

(iii) **(P = [I | 0]이고) 카메라 행렬 P′, P″의 추출**

등극점을 단위 노름을 가지도록 정규화한다. 그러면,

$$P' = [[T_1, T_2, T_3]\mathbf{e}'' \mid \mathbf{e}'] \text{ and } P'' = [(\mathbf{e}''\mathbf{e}''^\top - I)[T_1^\top, T_2^\top, T_3^\top]\mathbf{e}' \mid \mathbf{e}'']$$

삼중 초점 텐서를 세 개의 카메라 행렬에서 계산할 수 있고, 반대로 세 개의 카메라 행렬을 삼중 초점 텐서에서 사영 모호성을 제외하고 계산할 수 있는 것을 봤다. 그러므로 삼중 초점 텐서는 세 개의 카메라를 사영 모호함을 제외하고 완전히 서술한다.

15.2 삼중 초점 텐서와 텐서 표기법

지금까지 삼중 초점 텐서에 사용한 표기법은 표준 행렬-벡터 표기법에서 나온 것이다. 행렬에는 두 개의 하첨자만 있기 때문에 행렬 전치와 오른쪽 또는 왼쪽 곱셈을 사용해 하첨자 두 개를 구별할 수 있으며, 행렬과 벡터를 다룰 때 하첨자를 명시적으로 표기하지 않아도 된다. 하첨자 두 개를 가지는 행렬과 달리 삼중 초점 텐서는 하첨자 세 개를 가지고 있기 때문에, 이런 스타일의 행렬 표기법은 점점 번거로워져서 이제 삼중 초점 텐서를 다룰 때 표준 텐서 표기법을 사용한다. 텐서 표기법에 익숙하지 않은 사람들을 위해 부록 1에서 자세하게 소개한다. 부록을 먼저 읽고 다음 내용을 읽기를 권한다.

이미지 점과 선은 각각 3차원 동차 열벡터와 행벡터로 표시된다. 즉, $\mathbf{x} = (x^1, x^2, x^3)$이고 $\mathbf{l} = (l_1, l_2, l_3)$이다. 행렬 A의 ij번째 원소는 a^i_j로 표기하면 상첨자 i는 반변 (행)첨자이고 하첨자 j는 공변 (열)첨자이다. 공변 첨자와 반변 첨자에 같은 첨자가 반복되면 첨자의 범위 (1,…,3)에 대해 합을 의미한다. 예로서, 방정식 $\mathbf{x}' = \mathtt{A}\mathbf{x}$는 $x'^i = \sum_j a^i_j x^j$와 동일하고 이것은 $x'^i = a^i_j x^j$로 표기할 수 있다.

(15.1)에 있는 삼중 초점 텐서의 정의부터 시작한다. 텐서 표기법을 사용하면 이 식은 다음이 된다.

$$\mathcal{T}_i^{jk} = a_i^j b_4^k - a_4^j b_i^k \tag{15.9}$$

(두 개의 반변과 한 개의 공변인) $\mathcal{T}_i^{jk}$에 있는 첨자의 위치는 방정식의 우변의 첨자 위치에서 결정된다. 그러므로 삼중 초점 텐서는 혼합 반변-공변 텐서이다. 텐서 표기법에서 기본 결합 관계식 (15.3)은 다음이 된다.

$$l_i = l'_j l''_k \mathcal{T}_i^{jk} \tag{15.10}$$

표준 행렬 표기법과 달리 텐서를 곱할 때에는 원소의 순서가 중요하지 않은 것에 주의해야 한다. 예로서 위의 식의 우변은 다음과 같다.

$$l'_j l''_k \mathcal{T}_i^{jk} = \sum_{j,k} l'_j l''_k \mathcal{T}_i^{jk} = \sum_{j,k} l'_j \mathcal{T}_i^{jk} l''_k = l'_j \mathcal{T}_i^{jk} l''_k$$

표 15.2 삼중 초점 텐서의 정의와 전송 속성

정의 삼중 초점 텐서 $\mathcal{T}$는 반변 두 개, 공변 한 개의 첨자를 가지는 결합 3 텐서 $\mathcal{T}_i^{jk}$이다. 이것은 3 × 3 × 3 동차 행렬(27개의 원소)로 표현된다. 자유도는 18을 가진다.

카메라 행렬에서 계산 표준 3 × 4 카메라 행렬은 다음과 같다.

$$\mathtt{P} = [\mathtt{I} \mid \mathbf{0}], \quad \mathtt{P}' = [a_j^i], \quad \mathtt{P}'' = [b_j^i]$$

그러면, 삼중 초점 텐서는 다음이다.

$$\mathcal{T}_i^{jk} = a_i^j b_4^k - a_4^j b_i^k$$

일반 카메라 행렬 세 개에서 삼중 초점 텐서를 계산하는 것은 (17.12)를 참조하라.

두 번째와 세 번째 시점에서 대응하는 직선을 첫 번째 시점으로 전송

$$l_i = l'_j l''_k \mathcal{T}_i^{jk}$$

단응사상에 의한 전송

(i) **두 번째 시점의 평면에 의한 첫 번째 시점에서 세 번째 시점으로 점 전송**

축약 $l'_j \mathcal{T}_i^{jk}$는 두 번째 시점의 직선 $\mathbf{l}'$이 역 사영된 평면이 정의하는 평면이 유도하는 첫 번째 시점에서 세 번째 시점으로의 단응사상이다.

$$x''^k = h_i^k x^i \text{ where } h_i^k = l'_j \mathcal{T}_i^{jk}$$

(ii) **세 번째 시점의 평면에 의한 첫 번째 시점에서 두 번째 시점으로 점 전송**

축약 $l''_k \mathcal{T}_i^{jk}$는 세 번째 시점의 직선 $\mathbf{l}''$의 역사영된 평면이 정의하는 첫 번째 시점에서 두 번째 시점으로의 단응사상이다.

$$x'^j = h_i^j x^i \text{ where } h_i^j = l''_k \mathcal{T}_i^{jk}$$

그림 15.2와 그림 15.3의 단응사상은 결합 관계식 (15.10)에서 유추할 수 있다. 직선 $\mathbf{l}'$이 역사영돼서 정의하는 평면의 경우는 다음과 같다.

$$l_i = l'_j l''_k \mathcal{T}_i^{jk} = l''_k (l'_j \mathcal{T}_i^{jk}) = l''_k h_i^k \text{ where } h_i^k = l'_j \mathcal{T}_i^{jk}$$

여기에서 h_i^k는 단응 행렬 H의 원소이다. 이 단응사상은 첫 번째 시점의 점을 세 번째 시점으로 변환한다.

$$x''^k = h_i^k x^i$$

단응사상은 직선과 축약으로 텐서에서 얻는다(텐서의 반변 (상)첨자와 직선의 공변 (하)첨자의 덧셈이다). 즉, $\mathbf{l}'$은 텐서에서 3×3 행렬을 추출한다. 삼중 초첨 텐서를 직선에서 단응 행렬로 변환으로 생각할 수 있다. 표 15.2에서 삼중 초점 텐서의 정의와 전송 속성을 요약했다.

특별히 중요한 텐서는 ϵ_{ijk}와 이것의 반변 대응인 ϵ^{ijk}이다. A1.1절에서 정의했다. 이 텐서는 벡터곱을 표기하는 데 사용한다. 예를 들면, 두 점 x^i와 y^j를 잇는 직선은 벡터 곱 $x^i y^j \epsilon_{ijk} = l_k$이고 반대칭 행렬 $[\mathbf{x}]_\times$는 텐서 표기법에서 $x^i \epsilon_{irs}$가 된다. 이제 표 15.1의 기본적인 결합 관계식을 표기하는 것은 간단하다. 표 15.3에 요약했다. 표에서 0_r과 같은 표기는 영벡터를 나타낸다.

표 15.3 삼중 초점 테서의 결합 관계의 요약 – 삼중 선형성

(i) 선-선-선 대응

$$(l_r \epsilon^{ris}) l'_j l''_k \mathcal{T}_i^{jk} = 0^s$$

(ii) 점-선-선 대응

$$x^i l'_j l''_k \mathcal{T}_i^{jk} = 0$$

(iii) 점-선-점 대응

$$x^i l'_j (x''^k \epsilon_{kqs}) \mathcal{T}_i^{jq} = 0_s$$

(iv) 점-점-선 대응

$$x^i (x'^j \epsilon_{jpr}) l''_k \mathcal{T}_i^{pk} = 0_r$$

(v) 점-점-점 대응

$$x^i (x'^j \epsilon_{jpr}) (x''^k \epsilon_{kqs}) \mathcal{T}_i^{pq} = 0_{rs}$$

표 15.3에 있는 관계식의 형태를 쉽게 이해하기 위해서는 $\mathcal{T}_i^{jk}$의 세 첨자 i, j, k가 각각 첫 번째, 두 번째, 세 번째 시점의 요소와 대응함을 인지하는 것이 중요하다. 그래서 $l''_j \mathcal{T}_i^{jk}$와 같은 표현은 나타나지 않는다. 첨자 j는 두 번째 시점을 의미하고 $\mathbf{l}''$은 세 번째 시점의 직선이기 때문이다. (합을 나타내는) 반복된 첨자는 한 번은 반변 (상)첨자에 또 한 번은 공변 (하)첨자에 나타나야 한다. 그러므로, $x'^j \mathcal{T}_i^{jk}$라는 표기는 있을 수 없다. 첨자 j가 상첨자로 두 번 나타났기 때문이다. 텐서 ϵ를 첨자를 올리거나 내리기 위해 사용할 수 있다. 예로서, $\mathbf{l}'_j$를 $\mathbf{x}'^i \epsilon_{ijk}$로 대체할 수 있다. 그러나 이런 것도 임의로 할 수는 없다. 연습 문제 (x)를 참조하라.

15.2.1 삼중 선형성

표 15.3의 결합 관계는 (점과 선 같은) 이미지 요소의 좌표의 삼중 선형trilinear 관계 또는 삼중 선형성trilinearities이다. 관계식의 항들이 세 이미지 각각의 좌표를 모두 포함하므로 삼중tri 이다. 관계식이 각각의 대수 객체 (텐서의 세 개의 인자)에 대해 일차이므로 선형linear이다. 예를 들어, 점-점-점 관계식 $x^i(x'^j\epsilon_{jpr})(x''^k\epsilon_{kqs})\mathcal{T}_i^{pq} = 0_{rs}$에서 $\mathbf{x}_1$과 $\mathbf{x}_2$가 이 관계식을 만족한다고 가정한다. 그러면 $\mathbf{x} = \alpha\mathbf{x}_1 + \beta\mathbf{x}_2$ 또한 관계식을 만족한다. 관계식이 첫 번째 인자에 대해 선형이기 때문이다. 비슷하게, 두 번째와 세 번째 인자에 대해서도 관계식은 선형이다. 이러한 다중 선형성은 텐서의 표준 성질이며 $x^i l'_j l''_k \mathcal{T}_i^{jk} = 0$에서 직접 유도된다. 마지막 식은 세 개 첨자 (인자) 모두에 대해 텐서 축약을 한 것이다.

이제 점-점-점 대응에 대해 보다 자세하게 설명한다. r과 s의 세 가지 선택에 따라서 9개의 삼중 선형성이 존재한다. 기하학적으로, 이러한 삼중 선형성은 점-선-선 관계에 대해 두 번째 이미지와 세 번째 이미지에서 특별한 선을 선택하는 것에서 유래된다. $r = 1, 2, 3$을 선택하는 것은 각각 이미지 x축에 평행한, 이미지 y축에 평행한, 이미지 원점 ($(0, 0, 1)^\top$)을 지나는 직선을 선택하는 것에 해당한다. 예를 들어, $r = 1$을 선택하고, $x'^j\epsilon_{jpr}$을 전개하면 다음을 얻는다.

$$l'_p = x'^j\epsilon_{jp1} = (0, -x'^3, x'^2)$$

이것은 두 번째 이미지에서 $\mathbf{x}'$을 지나는 수평선이다(형태 $\mathbf{y}' = (x'^1 + \lambda, x'^2, x'^3)$의 점은 모든 λ에 대해 $\mathbf{y}'^\top\mathbf{l}' = 0$을 만족하기 때문이다). 비슷하게, $s = 2$를 선택하면 세 번째 이미지에서 $\mathbf{x}''$을 지나는 수직선이 된다.

$$l''_q = x''^k\epsilon_{kq2} = (x''^3, 0, -x''^1)$$

그리고 삼중 선형성 관계식은 다음이 된다.

$$\begin{aligned} 0 &= x^i x'^j x''^k \epsilon_{jp1}\epsilon_{kq2}\mathcal{T}_i^{pq} \\ &= x^i[-x'^3(x''^3\mathcal{T}_i^{21} - x''^1\mathcal{T}_i^{23}) + x'^2(x''^3\mathcal{T}_i^{31} - x''^1\mathcal{T}_i^{33})] \end{aligned}$$

9개의 삼중 선형성 중에서 4개가 선형 독립이다. 이것은 네 개의 삼중 선형성을 기저로 해 9개 모두를 선형 조합으로 만들 수 있다는 것이다. 자유도 4는 점-선-선 관계식

$x^i l'_j \mathbf{l}''_k \mathcal{T}_i^{jk} = 0$으로 거슬러 올라갈 수 있고 다음과 같이 계산할 수 있다. 세 번째 시점에서 $\mathbf{x}''$을 지나는 매개변수 한 개의 꾸러미가 있다. $\mathbf{m}''$과 $\mathbf{n}''$이 꾸러미의 두 원소이면, $\mathbf{x}''$을 지나는 다른 직선을 선형 결합으로 표현할 수 있다.

$$\mathbf{l}'' = \alpha\mathbf{m}'' + \beta\mathbf{n}''$$

결합 관계가 $\mathbf{l}''$에 대해 선형이고 다음 식에 주의한다.

$$\begin{aligned} l'_j m''_k \mathcal{T}_i^{jk} x^i &= 0 \\ l'_j n''_k \mathcal{T}_i^{jk} x^i &= 0 \end{aligned}$$

이로부터, 다른 직선 $\mathbf{l}''$에 대한 결합 관계는 위의 두 식의 선형 결합으로 생성할 수 있다. 결국, $\mathbf{l}''$에 대한 결합 관계는 오직 두 개만이 선형 독립인 것을 알 수 있다. 비슷하게, $\mathbf{x}'$을 지나는 한 개의 변수로 매개화되는 직선 꾸러미가 있고, $\mathbf{x}'$을 지나는 직선 $\mathbf{l}'$에 대해 결합 관계는 또한 선형이다. 그러므로, 첫 번째 시점의 점과 두 번째, 세 번째 시점의 직선 사이에 모두 4개의 결합 관계가 있다.

삼중 선형성의 장점은 선형이라는 것이다. 그렇지 않으면 그 속성이 종종 전송에 포함된다. 다음 절에서 설명한다.

15.3 전송

장면의 세 가지 시점의 이미지와 두 시점에서 대응점의 쌍이 있을 때, 세 번째 시점에서 점의 위치를 결정하고자 한다. 카메라 배치에 대해 충분한 정보가 있으면 이미지의 콘텐츠를 참고하지 않아도 일반적으로 세 번째 시점의 점의 위치를 결정할 수 있다. 이것은 점 전송 문제이다. 비슷한 전송 문제가 선에 대해서도 발생한다.

원론적으로는 세 가지 시점에 대한 카메라가 주어지면 일반적으로 이 문제를 해결할 수 있다. 첫 번째 시점과 두 번째 시점의 해당 점을 역사영해 구한 광선을 교차해 3차원 점을 결정한다. 세 번째 시점의 해당 점 위치는 이 3차원 점을 이미지에 사영해 계산한다. 비슷하게, 첫 번째 이미지와 두 번째 이미지에서 역사영된 직선은 3차원 직선에서 교차하며, 이 직선을 3차원 공간에서 세 번째 이미지로 사영하면 이미지 위치가 결정된다.

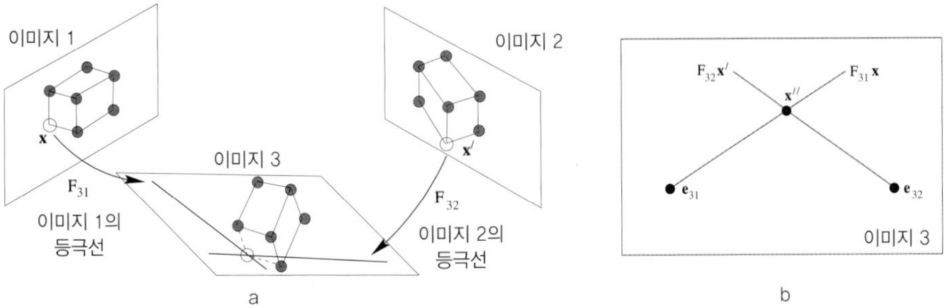

그림 15.7 등극 전송 (a) 처음 두 시점에서 X의 이미지는 대응 $\mathbf{x} \leftrightarrow \mathbf{x}'$이다. 세 번째 이미지에서 X의 이미지는 등극선 $\mathrm{F}_{31}\mathbf{x}$와 $\mathrm{F}_{32}\mathbf{x}'$의 교차로 구할 수 있다. (b) 세 번째 이미지에서 볼 수 있는 등극점과 전송된 점 $\mathbf{x}''$의 구성. 점 $\mathbf{x}''$은 두 개의 등극점 $\mathbf{e}_{31}$과 $\mathbf{e}_{32}$를 지나는 등극선의 교점으로 계산할 수 있다. 그러나 $\mathbf{x}''$이 두 등극점을 지나는 직선 위에 있으면, 점의 위치를 결정할 수 없다. 등극점을 지나는 직선 가까이 있는 점의 추정은 정확도가 좋지 않게 된다.

15.3.1 기본 행렬을 이용한 점 전송

전송 문제는 기본 행렬의 정보만으로 해결할 수 있다. 그래서 삼중 시점과 관련 있는 세 개의 카메라 행렬 F_{21}, F_{31}, F_{32}를 알고 있다고 가정한다. 그리고 $\mathbf{x}$와 $\mathbf{x}'$은 처음 두 시점의 일치점이라고 한다. 세 번째 이미지에서 대응점 $\mathbf{x}''$을 구하고자 한다.

찾고자 원하는 점 $\mathbf{x}''$은 첫 번째 이미지에서 $\mathbf{x}$와 일치한다. 그래서 $\mathbf{x}$에 대응하는 등극선상에 놓여 있어야 한다. F_{31}을 알고 있기에 등극선을 계산하면 $\mathrm{F}_{31}\mathbf{x}$가 된다. 비슷한 방법으로, $\mathbf{x}''$는 등극선 $\mathrm{F}_{32}\mathbf{x}'$상에 놓여 있어야 한다. 등극선의 교점을 구하면 다음을 얻는다.

$$\mathbf{x}'' = (\mathrm{F}_{31}\mathbf{x}) \times (\mathrm{F}_{32}\mathbf{x}')$$

그림 15.7a를 참조하라.

기본 행렬 F_{21}은 사용되지 않았음에 주의해야 한다. F_{21}의 정보에서 무언가를 얻을 수 있는가 하는 질문이 자연스럽게 나오는데, 대답은 그렇다이다. 노이즈가 있는 경우, 점 대응 $\mathbf{x} \leftrightarrow \mathbf{x}'$이 정확히 일치하는 쌍을 이루지 못해 방정식 $\mathbf{x}'^{\top}\mathrm{F}_{21}\mathbf{x} = 0$을 정확하게 만족하지 않는다. 주어진 F_{21}에 대해 알고리듬 12.1의 최적 삼각측량을 이용해 $\mathbf{x}$와 $\mathbf{x}'$을 보정해 결과로 얻은 $\hat{\mathbf{x}} \leftrightarrow \hat{\mathbf{x}}'$이 관계식을 정확하게 만족하도록 한다. 전송된 점은 $\mathbf{x}'' = (\mathrm{F}_{31}\hat{\mathbf{x}}) \times (\mathrm{F}_{32}\hat{\mathbf{x}}')$으로 계산할 수 있다. 기본 행렬을 사용하는 점 전송 방법을 등극 전송epipolar transfer이라 한다.

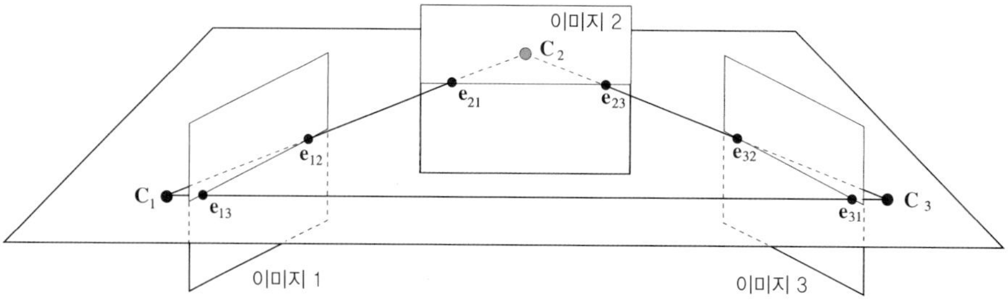

그림 15.8 "삼중 초점 평면"은 카메라 중심 세 개로 정의된다. 등극점에 대한 표기는 $\mathbf{e}_{ij} = P_i\mathbf{C}_j$이다. 임의의 점 $\mathbf{X}$가 삼중 초점 평면에 놓이면 등극 전송이 실패한다. 카메라 중심 세 개가 같은 직선상에 있으면, 중심 세 개를 지나는 평면은 한 개의 변수로 매개화되는 꾸러미가 된다.

등극 전송은 한때 점 전송으로 사용됐지만, 심각한 단점이 있어서 실용적인 방법이 되지 못한다. 단점은 그림 15.7(b)에서 볼 수 있는 퇴화에서 기인한 것이다. 세 번째 이미지에서 두 등극선이 일치하면 등극 전송은 실패한다(그리고 두 직선의 횡단[transverse]이 적어지면 점점 계산하기에 나쁜 조건이 된다). $\mathbf{x}''$, $\mathbf{e}_{31}$, $\mathbf{e}_{32}$가 세 번째 이미지에서 같은 직선상에 있는 퇴화 조건은 카메라 중심 $\mathbf{C}$와 $\mathbf{C}'$과 3차원 점 $\mathbf{X}$가 세 번째 카메라 중심 $\mathbf{C}''$을 지나는 평면상에 놓이는 것을 의미한다. 그래서 $\mathbf{X}$는 카메라 세 개의 중심이 정의하는 삼중 초점 평면[trifocal plane]에 놓인다. 등극 전송은 삼중 초점 평면에 있는 점 $\mathbf{X}$에 대해 실패하거나, 그 평면에 가까이 있는 점에 대해 부정확하게 될 것이다. 특별한 경우로서 카메라 중심 세 개가 같은 직선상에 있으면 삼중 초점 평면은 유일하게 결정되지 않는다. 이런 경우 등극 전송은 모든 점에 대해서 실패한다. 이 경우는 $\mathbf{e}_{31} = \mathbf{e}_{32}$이다.

15.3.2 삼중 초점 텐서를 이용한 점 전송

등극 전송의 화는 삼중 초점 텐서를 사용하면 피할 수 있다. 대응 $\mathbf{x} \leftrightarrow \mathbf{x}'$을 생각한다. 직선 $\mathbf{l}'$을 점 $\mathbf{x}'$을 지나도록 두 번째 시점에서 선택하면, 표 15.2의 관계식 $x''^k - x^i \mathbf{l}'_j \mathcal{T}_i^{jk}$를 이용해 첫 번째 이미지의 점 $\mathbf{x}$를 세 번째 이미지로의 전송으로 대응점 $\mathbf{x}''$을 계산할 수 있다. 그림 15.4(b)에서 삼중 초점 평면에 일반적인 점 $\mathbf{X}$가 놓여 있는 경우에도 이 전송은 퇴화되지 않는 것을 볼 수 있다.

그러나 결과 15.3과 그림 15.6에서 $\mathbf{l}'$이 $\mathbf{x}$에 대응하는 등극선이면 $x^i l'_j \mathcal{T}_i^{jk} = 0^k$여서 점 $\mathbf{x}''$을 결정할 수 없는 것에 주의해야 한다. 결국 직선 $\mathbf{l}'$의 선택이 중요하다. 등극선을 선택

하는 것을 피하기 위한 한 가지 방법으로 $\mathbf{x}'$을 지나는 두 개 또는 세 개의 다른 직선을 사용하는 것이다. 즉, $p = 1, \ldots, 3$일때 $l'_{jp} = x'^{r} \epsilon_{rjp}$인 세 개를 선택한다. 각각의 직선에 대해 $\mathbf{x}''$의 값을 계산하고 (영에서 가장 멀리 떨어진) 가장 큰 노름을 가지는 것을 선택한다. 다른 방법으로 선형방정식 $x^i(x'^j \epsilon_{jpr})(x''^k \epsilon_{kqs})\mathcal{T}_i^{pq} = 0_{rs}$의 최소 제곱해를 이용해 $\mathbf{x}''$을 구하는 것이다. 그러나 이 방법은 계산량이 많은 과도한 방법이다.

권장하는 방법은 다음과 같다. 점의 쌍 $\mathbf{x} \leftrightarrow \mathbf{x}'$에서 전송점 $\mathbf{x}''$을 계산하기 전에 우선 기본 행렬 F_{21}을 이용해 점을 보정해야 한다. 앞서 등극 전송의 경우에서 설명했다. $\hat{\mathbf{x}}$와 $\hat{\mathbf{x}}'$이 정확한 일치점이면 전송점 $\mathbf{x}''^k = \hat{\mathbf{x}}^i l'_j \mathcal{T}_i^{jk}$는 $\hat{\mathbf{x}}'$을 지나는 직선 $\mathbf{l}'$에 (등극선이 아니라면) 의존하지 않는다. 이것은 기하학적으로 확인할 수 있다. 그림 15.2를 참조하라. $F_{21}\hat{\mathbf{x}}$와 수직인 직선을 선택하는 것이 좋다.

요약하면, 측정점 $\mathbf{x} \leftrightarrow \mathbf{x}'$은 다음의 단계로 전송된다.

(i) (알고리듬 15.1의 방법으로) 삼중 초점 텐서에서 F_{21}을 계산하고, 알고리듬 12.1을 이용해 $\mathbf{x} \leftrightarrow \mathbf{x}'$을 보정해서 정확한 대응 $\hat{\mathbf{x}} \leftrightarrow \hat{\mathbf{x}}'$을 구한다.

(ii) $\hat{\mathbf{x}}'$을 지나고 $\mathbf{l}'_e = F_{21}\hat{\mathbf{x}}$와 수직인 직선 $\mathbf{l}'$을 구한다. $\mathbf{l}'_e = (l_1,\ l_2,\ l_3)^\top$이고 $\hat{\mathbf{x}}' = (\hat{\mathbf{x}}_1,\ \hat{\mathbf{x}}_2,\ 1)^\top$이면, $\mathbf{l}' = (l_2,\ -l_1,\ -\hat{\mathbf{x}}_1 l_2 + \hat{\mathbf{x}}_2 l_1)^\top$이다.

(iii) 전송된 점은 $x''^k = \hat{\mathbf{x}}^i l'_j \mathcal{T}_i^{jk}$이다.

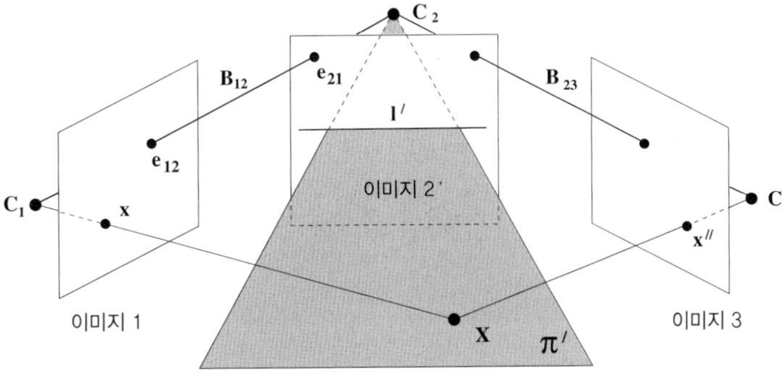

그림 15.9 삼중 초점 텐서를 이용한 점 전송의 퇴화 3차원 점 X는 x를 지나는 광선과 평면 π'의 교점으로 정의된다. 첫 번째 시점과 두 번째 시점의 기저선 B_{12}상의 점 X는 이런 방식으로 정의할 수 없다. 그래서 직선 B_{12}상의 3차원 점들은 두 번째 시점의 직선이 정의하는 단응사상으로 세 번째 이미지로 전송할 수 없다. 직선 B_{12}의 점은 첫 번째 이미지에서 $\mathbf{e}_{12}$로, 두 번째 이미지에서는 $\mathbf{e}_{21}$으로 사영되는 것에 주의해야 한다. 직선 B_{12}상의 점들을 제외하면 모든 점을 전송할 수 있다. 특히, 두 번째 시점과 세 번째 시점 사이의 기저선 B_{23} 위의 점들과 삼중 초점 평면상의 점들에 대해서는 퇴화 문제가 없다.

퇴화 구성 평면을 이용해 세 번째 시점으로 전송하는 것을 생각한다. 그림 15.9를 참조하라. 3차원 점 **X**가 첫 번째 카메라와 두 번째 카메라 중심을 잇는 기준선 위에 있으면 점이 정의되지 않는다. **x**와 **x**′를 지나는 광선이 이러한 3차원 점에 대해서는 같은 직선이어서 교점을 정의할 수 없기 때문이다. 이런 경우에는 **x**와 **x**′은 두 이미지의 등극점과 대응한다. 그러나 두 번째와 세 번째 이미지를 연결하는 기준선에 놓인 점 전송에는 문제가 없다. 이것이 등극 전송과 삼중 초점 텐서를 이용한 전송의 중요한 차이이다. 등극 전송은 삼중 초점 평면에 있는 모든 점에 대해 정의되지 않는다.

15.3.3 삼중 초점 텐서를 이용한 선 전송

삼중 초점 텐서를 이용해 이미지 쌍의 직선을 세 번째 이미지로 전송할 수 있다. 표 15.2의 선 전송 방정식 $l_i = l'_j l''_k \mathcal{T}_i^{jk}$을 이용한다. 이 식은 다른 두 시점의 직선이 주어질 때 첫 번째 시점의 직선에 관한 방정식이다. 첫 번째와 두 번째 이미지에서 직선 **l**과 **l**′이 주어지면 연립방정식 $(l_r \epsilon^{ris}) l'_j l''_k \mathcal{T}_i^{jk} = 0^s$을 풀어서 **l**″을 계산할 수 있다. 그러므로 세 번째 이미지로 전송할 수 있다. 비슷하게, 직선을 두 번째 이미지로 전송할 수 있다. 선 전송은 기본 행렬만을 사용하면 불가능하다.

퇴행성 그림 12.8의 기하를 생각한다. 3차원의 직선 **L**은 l과 l'을 각각 지나는 평면 π와 π′의 교차로 정의된다. 평면 π와 π′이 일치하는 등극면이 되면 직선은 정의되지 않는다. 결국, **l**과 **l**′이 첫 번째와 두 번째 시점의 등극선이면, 직선이 첫 번째 이미지에서 세 번째 이미지로 전송할 수 없다. 대수적으로, 선 전송 방정식은 $l_i = l'_j l''_k \mathcal{T}_i^{jk} = \mathbf{0}$이 되며, **l**″을 구하기 위해 사용하는 행렬 $(l_r \epsilon^{ris}) l'_j \mathcal{T}_i^{jk}$는 영이 된다. 직선이 등극선 주위에 있는 경우는 흔하다.

이런 경우 전송은 정확하지 않게 된다. 조건을 항상 확인해야 한다. 세 번째 시점의 직선이 정의하는 첫 번째에서 두 번째 시점으로의 선 전송에도 동등한 퇴화가 있다. 첫 번째와 세 번째 시점의 직선이 두 번째 시점에 대응하는 등극선이면 다시 한 번 퇴화된다.

일반적으로, 첫 번째와 두 번째 시점의 등극 기하학과 첫 번째와 세 번째 시점의 등극 기하학은 다르다. 예로서, 첫 번째 시점에 있는 두 번째 시점의 등극점 $\mathbf{e}_{12}$는 첫 번째 시점에 있는 세 번째 시점의 등극점 $\mathbf{e}_{13}$와 일치하지 않는다. 그래서, 첫 번째 시점과 두 번째 시점에 대한 첫 번째 시점의 등극선은 첫 번째 시점과 세 번째 시점에 대한 등극선과 일치하지 않는다. 그래서 세 번째 시점으로의 선 전송이 퇴화될 때에도 두 번째 시점으로의 선 전송은 퇴화하지 않는 것이 일반적이다. 그러나 삼중 초점 평면의 직선에 대해서는 전송은 항상 (정의되지 않아서) 퇴화한다.

15.4 세 시점에 대한 기본 행렬

기본 행렬 세 개 F_{21}, F_{31}, F_{32}는 독립이 아니고 다음의 조건식 세 개를 만족한다.

$$\mathbf{e}_{23}^{\mathsf{T}} F_{21} \mathbf{e}_{13} = \mathbf{e}_{31}^{\mathsf{T}} F_{32} \mathbf{e}_{21} = \mathbf{e}_{32}^{\mathsf{T}} F_{31} \mathbf{e}_{12} = 0 \tag{15.11}$$

이러한 관계는 그림 15.8에서 쉽게 알 수 있다. 예를 들어, $\mathbf{e}_{32}^{\mathsf{T}} F_{31} \mathbf{e}_{12} = 0$은 $\mathbf{e}_{32}$와 $\mathbf{e}_{12}$가 2번 카메라의 중심에 대응하는 일치점이라는 것에서 나온다. 사영적으로 카메라 세 개의 구성은 자유도 18을 가진다. 각각의 카메라 자유도 11에서 전체 사영 모호성에 대해 15를 제외한 값이다. 다른 방법으로, 기본 행렬의 자유도 21$(= 3 \times 7)$에서 위의 관계식 3을 뺀 값이다. 삼중 초점 텐서 또한 18개의 자유도를 가져서 삼중 초점 텐서에서 계산한 기본 행렬은 위의 세 관계식을 자동으로 만족한다.

위의 셈법counting에서 (15.11)의 세 가지 관계식이 기본 행렬 세 개의 일관성을 보장하기에 충분한 것 같이 보인다. 그러나 셈법 주장만으로는 증명이 되지 못해 다음 쪽에서 증명을 소개한다.

정의 15.5 기본 행렬 세 개 F_{21}, F_{31}, F_{32}가 조건 (15.11)을 만족하면 **호환된다**compatible라고 말한다.

대부분의 경우에 이 조건은 기본 행렬 세 개가 카메라의 적절한 기하 구성에 대응하는 것을 보장하기에 충분하다.

정리 15.6 기본 행렬 세 개 F_{21}, F_{31}, F_{32}가 조건 (15.11)을 만족한다. $\mathbf{e}_{12} \neq \mathbf{e}_{13}$, $\mathbf{e}_{21} \neq \mathbf{e}_{23}$, $\mathbf{e}_{31} \neq \mathbf{e}_{32}$를 가정한다. 그러면, F_{ij}가 카메라 쌍 (P_i, P_j)의 기본 행렬이 되는 세 개의 카메라 행렬 P_1, P_2, P_3가 존재한다.

정리에서 조건 $\mathbf{e}_{ij} \neq \mathbf{e}_{ik}$는 카메라 세 개가 같은 직선에 놓이지 않는 것을 보장한다. 이런 이유로 이 조건을 비공선성 조건non-collinearity conditions이라고 한다. 이 조건이 정리가 참이 되기 위해 필요하다는 것을 예로서 볼 수 있다(독자들에게 남겨둔다).

증명 이 증명에서 첨자 i, j, k를 의도적을 구분했다. 우선 기본 행렬과 일관성을 가지는 세 점 $\mathbf{x}_i$, $i = 1, \ldots, 3$을 선택한다. 즉, 모든 쌍 (i, j)에 대해 $\mathbf{x}_i^\top \mathrm{F}_{ij} \mathbf{x}_j = 0$을 만족한다. 이러한 작업은 간단한 방법으로, $\mathbf{x}_2^\top \mathrm{F}_{21} \mathbf{x}_1 = 0$을 만족하는 $\mathbf{x}_1$과 $\mathbf{x}_2$를 먼저 선택하고, 그런 후에 등극선 $\mathrm{F}_{32}\mathbf{x}_2$와 $\mathrm{F}_{31}\mathbf{x}_1$의 교점으로 $\mathbf{x}_3$을 정의한다.

비슷하게, $\mathbf{y}_i^\top \mathrm{F}_{ij} \mathbf{y}_j = 0$을 만족하는 점들의 집합 $\mathbf{y}_i$, $i = 1, \ldots, 3$을 선택한다. 각 이미지 i에서 네 개의 점 $\mathbf{x}_i$, $\mathbf{y}_i$, $\mathbf{e}_{ij}$, $\mathbf{e}_{ik}$가 (세 점이 같은 직선에 있지 않는) 일반 위치에 있도록 선택한다. 각 이미지에서 두 등극점이 서로 다르다는 가정을 하면 이러한 것이 가능하다.

다음으로 일반 위치의 점 5개 $\mathbf{C}_1$, $\mathbf{C}_2$, $\mathbf{C}_3$, $\mathbf{X}$, $\mathbf{Y}$를 선택한다. 예로서, 일반 사영 기저를 선택할 수 있다. 이제 카메라 행렬을 정의한다. i번째 카메라 행렬 P_i는 다음 조건을 만족한다.

$$\mathrm{P}_i\mathbf{C}_i = \mathbf{0}; \quad \mathrm{P}_i\mathbf{C}_j = \mathbf{e}_{ij}; \quad \mathrm{P}_i\mathbf{C}_k = \mathbf{e}_{ik}; \quad \mathrm{P}_i\mathbf{X} = \mathbf{x}_i; \quad \mathrm{P}_i\mathbf{Y} = \mathbf{y}_i$$

즉, i번째 카메라는 $\mathbf{C}_i$를 중심으로 가지고 네 개의 실세계의 점 $\mathbf{C}_j$, $\mathbf{C}_k$, $\mathbf{X}$, $\mathbf{Y}$를 네 개의 이미지 점 $\mathbf{e}_{ij}$, $\mathbf{e}_{ik}$, $\mathbf{x}_i$, $\mathbf{y}_i$로 변환한다. 이것은 일반 위치의 점이므로 카메라 행렬을 유일하게 정의한다. 이를 확인하기 위해, 카메라 행렬은 이미지와 (2차원 사영공간인) 카메라 중심을 지나는 광선 사이의 단응사상을 정의하는 것을 생각한다. 네 점의 이미지는 이러한 단응사상을 완전히 결정한다. $\hat{\mathrm{F}}_{ij}$를 카메라 행렬의 쌍 P_i와 P_j로 정의되는 기본 행렬이라 한다. 모든 i, j에 대해 $\hat{\mathrm{F}}_{ij} = \mathrm{F}_{ij}$를 보이면 증명은 끝난다.

P_i와 P_j를 구성하는 방법에서 $\hat{\mathrm{F}}_{ij}$와 F_{ij}의 등극점은 같다. 이미지 i에서 $\mathbf{e}_{ij}$를 지나는 등극선의 꾸러미를 생각한다. 이 꾸러미는 직선의 일차원 사영공간을 형성한다. 그리고 기본 행렬 F_{ij}는 이 꾸러미와 이미지 j에서 $\mathbf{e}_{ji}$를 통과하는 직선 꾸러미 사이에 일대일 대응(단응사상)을 유도한다. 기본 행렬 $\hat{\mathrm{F}}_{ij}$ 또한 같은 꾸러미에서 단응사상을 유도한다. 이들이 유도한 단응사상이 같으면, 기본 행렬 두 종류는 같다.

두 개의 일차원 단응사상은 세 점에서 (또는 여기서는 등극선에서) 일치하면 같게 된다. 관계식 $\mathbf{x}_i^\top \mathrm{F}_{ij} \mathbf{x}_j = 0$에서 이미지 i에서 $\mathbf{x}_i$를 통과하고, 이미지 j에서 $\mathbf{x}_j$를 통과하는 등극선은

F_{ij}가 유도하는 단응사상으로 대응한다. 정의상에서 $\mathbf{x}_i \hat{\mathrm{F}}_{ij} \mathbf{x}_j = 0$ 또한 성립한다. $\mathbf{x}_i$와 $\mathbf{x}_j$가 두 이미지에서 점 $\mathbf{X}$의 사영이기 때문이다. 그러므로 단응사상 두 개는 등극선 쌍에서 일치한다. 같은 방법으로 F_{ij}와 $\hat{\mathrm{F}}_{ij}$가 유도하는 단응사상은 $\mathbf{y}_i \leftrightarrow \mathbf{y}_j$와 $\mathbf{e}_{ik} \leftrightarrow \mathbf{e}_{jk}$에 대응하는 등극선에서 일치한다. 그러므로 두 단응사상은 꾸러미의 직선 세 개에서 일치하며 결국 같게 된다. 그래서 대응하는 기본 행렬 또한 같게 된다(이 증명에 대해 프레데릭 샤팔리쯔키Frederik Schaffalitzky에게 감사한다). □

15.4.1 기본 행렬 세 개가 주어진 카메라 행렬의 유일성

위의 증명에서 세 개의 호환되는 기본 행렬에 대해 (이들이 비공선 조건을 만족하면) 카메라 집합이 적어도 하나 있는 것을 봤다. 세 개의 기본 행렬이 피할 수 없는 사영 모호함을 제외하면 카메라 세 개의 구성을 유일하게 결정한다는 것이 중요하다. 이를 다음에서 증명한다.

처음 두 카메라 P와 P′을 (9장의) 이중 시점의 기술을 이용해 기본 행렬 F_{21}에서 결정할 수 있다. 이제 남은 것은 같은 사영 좌표계에서 세 번째 카메라 P″을 결정하는 것이다. 원론적으로는 다음의 절차를 따르면 된다.

(i) 앞의 두 이미지에서 $\mathbf{x}_i'^{\top} \mathrm{F}_{21} \mathbf{x}_i = 0$을 만족하는 일치점 $\mathbf{x}_i \leftrightarrow \mathbf{x}_i'$를 선택하고, 삼각측량을 사용해 3차원 점 $\mathbf{X}_i$를 결정한다.

(ii) 기본 행렬 F_{31}과 F_{32}를 이용한 등극 전송으로 세 번째 이미지에서 대응점 $\mathbf{x}_i''$를 결정한다.

(iii) 3차원–2차원 대응 $\mathbf{X}_i \leftrightarrow \mathbf{x}_i''$의 집합에서 카메라 행렬 P″을 구한다.

점 $\mathbf{X}_i$가 삼중 초점 평면에 놓이면, 알고리듬의 두 번째 단계가 실패한다. 이러한 점 $\mathbf{X}_i$는 쉽게 탐지해 제거할 수 있다. 이러한 점들은 첫 번째 이미지에서 두 등극점 $\mathbf{e}_{12}$와 $\mathbf{e}_{13}$을 연결하는 직선상에 놓이는 점으로 사영되기 때문이다. 무한히 많은 대응점이 있기에 P″을 계산하기 위해 충분한 점들을 계산할 수 있다.

이러한 방법이 실패하는 유일한 상황은 공간의 모든 점 $\mathbf{X}_i$가 삼중 초점 평면에 놓여 있는 경우이다. 이는 카메라 세 개의 중심이 같은 직선상에 있는 퇴화된 상황이다. 이런 경우에는 삼중 초점 평면을 유일하게 결정할 수 없다. 그러므로 카메라 중심 세 개가 같은 직선에 있는 경우가 아니면 카메라 행렬 세 개를 기본 행렬에서 결정할 수 있다. 반대로, 카메라 세 개가 같은 직선상에 있으면 중심을 지나는 직선상에서 카메라의 상대 거리를 결정할 수 있는 방법은 없다. 이는 기본 행렬에서 기저선의 길이를 결정할 수 없고, 기저선 세 개(카메라 중심 간의 거리)를 임의로 선택해도 기본 행렬과 일관성이 유지된다. 그러므로 정리하면 다음이 된다.

결과 15.7 주어진 기본 행렬 세 개 F_{21}, F_{31}, F_{32}가 호환이고 비공선 조건을 만족하면, 대응하는 카메라 행렬 세 개 P, P′, P″를 3차원 사영 좌표계를 선택하면 유일하게 결정할 수 있다.

15.4.2 기본 행렬 세 개에서 카메라 행렬의 계산

호환되는 기본 행렬 세 개가 주어지면 대응하는 카메라 행렬 세 개를 계산하는 간단한 방법이 있다. 기본 행렬 F_{21}에서 결과 9.14를 사용해 대응하는 카메라 행렬 (P, P′)을 계산할 수 있다. 다음으로, 결과 9.12에서 세 번째 카메라 행렬 P″는 $P''^{\top} F_{31} P$와 $P''^{\top} F_{32} P'$이 반대칭이 되는 조건을 만족해야 한다. 각각의 행렬에서 P″의 원소에 대해 10개의 선형방정식이 나온다. 모두 20개의 방정식이고 P″의 원소는 12개이다. 이로부터, P″를 선형적으로 계산할 수 있다.

기본 행렬 세 개가 정의 15.5의 의미에서 호환이 되고 정리 15.6의 비공선 조건을 만족하면, 해가 존재하고 유일하다. 그러나 기본 행렬 세 개를 대응점과 무관하게 계산한 경우에는 호환 조건을 정확하게 만족하지 않는다. 이런 경우에는 P″를 찾기 위해 최소 자승법을 사용하는 것이 필수적이다. 최소화하는 오차는 기하학에 기반을 둔 것은 아니다. 기본 행렬이 호환이 되는 경우에만 이 알고리듬을 사용하는 것이 최선이다.

점 대칭의 쌍을 이용해 3개의 기본 행렬을 추정해 삼중 시점 재구성을 하고, 위의 알고리듬을 사용해 카메라 행렬 세 개를 추정하는 방법을 생각할 수 있다. 그러나 이것은 다음의 이유에서 그다지 좋은 방법이 되지 못한다.

(i) 기본 행렬에서 카메라 행렬 세 개를 계산하는 방법은 기본 행렬이 호환된다고 가정한다. 그렇지 않으면 기하학적으로 의미가 없는 비용함수를 최소화하는 문제를 포함하게 된다.

(ii) 결과 15.7은 기본 행렬 세 개에서 카메라 구성을 결정하고 삼중 초점 텐서를 결정할 수 있는 것을 보여주지만, 카메라가 같은 직선상에 있지 않은 경우에만 해당한다. 같은 직선으로 접근함에 따라 상대적인 카메라 위치의 추정치는 불안정해진다.

삼중 초점 텐서는 삼중 시점의 기하학을 결정하는 수단으로서 호환 가능한 기본 행렬 세 개보다 더 선호한다. 이것은 동일 선상에 있는 시점의 어려움이 삼중 초점 텐서의 문제가 아니기 때문이다. 이것은 심지어 동일 선상의 카메라에 대해서도 잘 정의되며 기하학을 유일하게 결정한다. 기본 행렬은 카메라 세 대 사이의 상대 위치에 대해 직접적인 제약을 포함하지 않지만, 삼중 초점 텐서에는 이것이 내장돼 있는 것이 차이점이다.

카메라 세 개의 사영 구조를 삼중 초점 텐서에서 명시적으로 계산할 수 있으므로 시점들 간의 세 개의 기본 행렬을 삼중 초점 텐서에 의해 결정할 수 있다. 실제로, 알고리듬 15.1에 두 개의 기본 행렬 F_{21}과 F_{31}에 대한 간단한 공식이 있다. 삼중 초점 텐서에서 결정한 기본 행렬은 호환성 조건 (15.11)을 만족한다.

15.4.3 기본 행렬 두 개와 호환되는 카메라 행렬

카메라 행렬 두 개 F_{21}, F_{31}만 주어졌다고 가정한다. 이런 상황이 카메라 세 대의 기하를 어디까지 결정할까? 여기에서, 사영 모호성을 제외하고 카메라 행렬의 해에 자유도 4가 있는 것을 증명할 것이다.

F_{21}에서 카메라 쌍 (P, P′)을 계산할 수 있고, F_{31}에서 (P, P″)을 계산할 수 있다. 두 경우 모두 $P = [I \mid \mathbf{0}]$을 선택하면 결과적으로 얻는 카메라 행렬 세 개 (P, P′, P″)은 기본 행렬 쌍과 호환이 된다.

그러나 카메라 행렬 세 개의 선택은 유일하지 않다. 3차원 사영변환을 표현하는 임의의 행렬 H_1과 H_2에 대해 $(PH_1, P'H_1)$과 $(PH_2, P''H_2)$ 또한 주어진 기본 행렬과 호환이 되기 때문이다. 각 경우에서 P가 $[I \mid \mathbf{0}]$이 되는 조건을 보존하기 위해서는, H_i의 형태는 다음이 돼야 한다.

$$H_i = \begin{bmatrix} I & \mathbf{0} \\ \mathbf{v}_i^{\mathsf{T}} & k_i \end{bmatrix}$$

이제, F_{21}과 호환되는 두 카메라 행렬 (P, P′)의 특별한 선택을 고정한다. 이것은 사영 좌표계를 고정하는 것과 같은 효과이다. 그러면 카메라 행렬의 일반 해는 (P, P′, $P''H_2$)이다. 여기에서 H_2는 위에서 주어진 형태이고 (P, P′)과 (P, P″)가 두 개의 기본 행렬과 호환이 된다.

전체적인 사영 모호성을 허용하면 가장 일반적인 해는 (PH, P′H, $P''H_2H$)이다. 이것은 자유도 19를 가진다. 사영변환 H에 대해 자유도 15, H_2에 대해 자유도 4이다. 다음의 셈법 방법을 이용해 같은 자유도를 구할 수 있다. 두 개의 기본 행렬은 각각 자유도 7을 가져서 더하면 14가 된다. 반면에, 임의의 카메라 세 개는 $3 \times 11 = 33$의 자유도를 가진다. 기본 행렬 두 개가 14개의 구속조건을 부과하면 19개의 자유도가 세 카메라 행렬에 남게 된다.

15.5 나가면서

삼중 시점 기하학의 발전은 이 책의 II부에서 다룬 이중 시점 기하학의 개발과 비슷하게 진행된다. 삼중 초점 텐서는 세 개의 시점에 대한 이미지 대응에서 계산할 수 있고, 카메라와 3차원 장면의 사영 재구성이 가능하다. 이 계산은 16장에서 설명한다. 사영 모호성은 10장과 동일하게 장면 또는 카메라에 대한 추가 정보를 이용해 아핀 모호성 또는 거리 모호성으로 줄일 수 있다. 장면 평면이 유도하는 단응사상과 삼중 초점 텐서 사이의 관계에 대해 13장과 유사한 설명이 주어질 수 있다.

15.5.1 참고도서

돌이켜 보면, 삼중 초점 텐서의 발견은 [Spetsakis-91]과 [Weng-88]까지 거슬러 올라간다. 여기서는 보정된 카메라의 경우에 직선에서 장면을 재구성하는 것에 사용됐다. 후에 [Hartley-94d]에서 보정되지 않은 경우의 사영 장면 재구성에 동일하게 적용할 수 있는 것을 보였다. 이 단계에서는 행렬 표기법을 사용했지만 [Vieville-93]에서 이 문제에 대해 텐서 표기법을 사용했다.

한편, 독립 작업으로 Shashua는 보정되지 않은 카메라를 사용해 삼중 시점에서 해당 지점의 좌표와 관련된 삼중 선형성 조건을 도입했다. [Shashua-94, Shashua-95a] [Hartley-

95b, Hartley-97a]에서는 점과 선의 장면 재구성에 대한 샤슈아의 관계식이 모두 공통 텐서에서 발생하고, 삼중 초점 텐서는 명시적으로 결정할 수 있음을 보였다.

후속 연구에서 텐서의 속성이 밝혀졌다(예: [Shashua-95b]). 특히 [Triggs-95]는 첨자의 혼합 공변-반변 거동을 설명했으며 [Zisserman-96]은 텐서로 표현된 단응사상의 기하를 설명했다. Faugeras and Mourrain[Faugeras-95a]은 삼중 초점 텐서 방정식을 새롭게 유도했고, 다중 시점을 포함하는 일반 선형 제약 조건의 맥락에서 삼중 초점 텐서를 연구했다. 이러한 접근 방식은 17장에서 설명한다. 텐서의 추가 기하학적 특성은 Faugeras and Papadopoulo[Faugeras-97]에 소개돼 있다.

등극점 전송은 [Barrett-92, Faugeras-94]에서 소개됐고, 단점은 [Zisserman-94]와 여러 사람이 지적했다.

삼중 초점 텐서는 이미지 시퀀스[Beardsley-96], 독립 운동 탐지[Torr-95a], 카메라 자체 보정[Armstrong-96a]에서 대응 설정을 포함한 다양한 응용 분야에서 사용된다.

15.5.2 메모와 연습 문제

(i) 삼중 초점 텐서는 3차원 사영변환에 대해 불변이다. $\mathtt{H}_{4\times4}$가 첫 번째 카메라 행렬 $\mathtt{P} = [\mathtt{I} \mid \mathbf{0}]$을 보존하는 변환이면 (15.1)에서 정의한 텐서가 변화지 않는 것을 구체적으로 보여라.

(ii) 15장에서 삼중 초점 텐서를 유도하는 시작점은 대응하는 직선 세 개의 결합 성질이다. 다른 방법으로 평면이 유도하는 단응사상을 이용할 수 있는 것을 보여라.

유도 과정을 간략하게 소개한다. 카메라 행렬을 표준 행렬 $\mathtt{P} = [\mathtt{I} \mid \mathbf{0}]$, $\mathtt{P}' = [\mathtt{A} \mid \mathbf{a}_4]$, $\mathtt{P}'' = [\mathtt{B} \mid \mathbf{b}_4]$로 선택하고, 평면 $\boldsymbol{\pi}'$이 유도하는 첫 번째와 세 번째 시점 사이의 단응사상 $\mathtt{H}_{13}$을 생각한다. 결과 13.1에서, 이 단응사상을 $\mathtt{H}_{13} = \mathtt{B} - \mathbf{b}_4\mathbf{v}^{\top}$로 표기할 수 있다. 여기에서, $\boldsymbol{\pi}'^{\top} = (\mathbf{v}^{\top}, 1)$이다. 이 경우에 두 번째 시점에서 직선 $\mathbf{l}'$으로 정의되는 평면은 $\boldsymbol{\pi}' = \mathtt{P}'^{\top}\mathbf{l}'$이다. 결과 15.2가 성립하는 것을 보여라.

(iii) 첫 번째 시점과 연관된 단응사상은 결과 15.2에서 삼중 초점 텐서 $\mathcal{T}_i^{jk}$으로 간단하게 표현된다. 첫 번째 이미지의 직선 $\mathbf{l}$이 유도하는, 두 번째에서 세 번째 시점을 가는 단응사상 $\mathtt{H}_{23}$에 대한 간단한 공식이 존재하는지 조사하라.

(iv) 축약 $x^i \mathcal{T}_i^{jk}$는 3×3 행렬이다. 이것을 첫 번째 시점의 점 $\mathbf{x}$를 역사영해 얻는 직선이 유도하는 두 번째와 세 번째 시점 간의 (정의 2.29) 상관 사상으로 해석할 수 있는 것을 보여라.

(v) **삼중 시점에서 평면과 시차** 삼중 시점에서 평면과 두 점의 구성에 관한 기하는 풍부하다(그림 13.9 참조). (기준) 평면과 떨어져 있는 점 $\mathbf{X}$와 $\mathbf{Y}$를 생각한다. 카메라의 세 중심으로 구성된 기준 평면에 점 $\mathbf{X}$를 사영해 삼각형 $\mathbf{x}$, $\mathbf{x}'$, $\mathbf{x}''$을 형성한다. 비슷하게 $\mathbf{Y}$를 사영해 삼각형 $\mathbf{y}$, $\mathbf{y}'$, $\mathbf{y}''$을 형성한다. 그러면, 이 두 삼각형은 데자르그Desargues 구성을 형성하고, 평면 단응사상으로 연결된다(A7.2절 참조). 간단한 그림으로 삼각형의 꼭짓점을 연결하는 선분 $(\mathbf{x}, \mathbf{y})$, $(\mathbf{x}', \mathbf{y}')$, $(\mathbf{x}'', \mathbf{y}'')$이 합동이고, 이들의 교점은 기준 평면에서 $\mathbf{X}$와 $\mathbf{Y}$를 연결하는 직선의 점인 것을 보여라. 비슷하게, 대응하는 삼각형의 변들의 교차점은 같은 직선상에 있고, 이렇게 형성된 직선은 기준 평면과 카메라 삼중 초점 평면과의 교차인 것을 보여라. 보다 자세한 내용은 [Criminisi-98, Irani-98, Triggs-00b]를 참조하라.

(vi) 카메라 세 대 중에서 두 개가 같은 중심을 가지면, 삼중 초점 텐서가 더 간단한 요소와 연결된다. 여기에 두 가지 경우를 소개한다.

(a) 두 번째와 세 번째 카메라의 중심이 같으면, $\mathcal{T}_i^{jk} = \mathtt{F}_{ri}\mathtt{H}_s^k \epsilon^{rjs}$이다. 여기에서, $\mathtt{F}_{ri}$는 처음 두 시점에 대한 기본 행렬이고, $\mathtt{H}$는 같은 중심을 가진다는 사실에서 유도되는 두 번째에서 세 번째 시점으로 가는 단응사상이다.

(b) 첫 번째와 두 번째 카메라의 중심이 같으면, $\mathcal{T}_i^{jk} = \mathtt{H}_i^j \mathbf{e}''^k$이다. 여기에서 $\mathtt{H}$는 첫 번째에서 두 번째로 가는 단응사상이고, $\mathbf{e}''$은 세 번째 이미지에서 등극점이다.

17장의 접근법을 사용해 이러한 관계를 증명하라.

(vii) 카메라 사이의 작은 기저선이 있는 경우를 고려해, 삼중 초점 텐서의 미분형differential form을 유도하라([Astrom-98, Triggs-99b]를 참조하라).

(viii) 삼중 시점과 관련된 삼중 초점 텐서는 서로 다른 세 개가 있다. 세 개의 카메라 중에서 어느 것을 공변 첨자로 선택할 것인가에 달려 있다. 이러한 텐서 하나 $[\mathtt{T}_i]$가 주어지면, 다음의 절차로 다른 텐서 $[\mathtt{T}'_i]$ 또한 계산할 수 있는 것을 검증하라.

(a) 삼중 초점 텐서에서 카메라 행렬 세 개 $P = [I \mid \mathbf{0}]$, P', P''를 추출한다.

(b) $P'H = [I \mid \mathbf{0}]$을 만족하는 3차원 사영변환을 구해, P'와 P''에 적용한다.

(c) (15.1)을 적용해 텐서 $[T'_i]$를 계산한다.

(ix) 기본 행렬에 대해 9.3절에서 설명한 (순순 이동 운동, 평면 운동과 같은) 특수한 운동에 대해 삼중 초점 텐서의 형태와 (행렬 T_i의 차수와 같은) 성질들을 조사하라.

(x) 표 15.3의 결합 관계를 비교하면 직선 l'_j를 표현식 $\epsilon_{jrs}x'_r$로 대체하고 l''_k에 대해서도 비슷한 것을 할 수 있다. 또한 x^i를 $\epsilon^{irs}\, l_i$로 바꾸면 삼중 직선 방정식을 얻을 수 있다. 언급한 두 연산을 동시에 행해 다음의 식을 얻을 수 있는가?

$$\left(\epsilon^{iru} l_i\right)\left(\epsilon_{jsv} x'^j\right)\left(\epsilon_{ktw} x''^k\right) \mathcal{T}_r^{st} = 0^u_{vw}$$

이유는 무엇인가?

(xi) **아핀 삼중 초점 텐서** 카메라 행렬 세 개 P, P′, P″가 모두 (정의 6.3의) 아핀이면, 대응하는 텐서 $\mathcal{T}_A$는 아핀 삼중 초점 텐서가 된다. 이러한 텐서의 아핀 특수화는 자유도 12를 가지고, 영이 아닌 원소 16개를 가진다. 아핀 삼중 텐서는 [Torr-95b]에서 처음 정의하였고, [Kahl-98a, Quan-97a, Thorhallsson-99]에서 연구했다. (14장의) 아핀 기본 행렬과 같이 매우 안정적인 수치 추정치를 보여준다. 장면의 깊이에 비해 얕은 부조relief를 가지는 (차와 같이) 관심 대상을 추적하는 응용에서 좋은 성능을 발휘하는 것으로 나타났다. [Hayman-03, Torodoff-01]

16

삼중 초점 텐서 $\mathcal{T}$의 계산

여기서는 삼중 시점에서 일련의 점과 선 대응이 주어질 때, 삼중 초점 텐서를 추정하는 수치 방법을 설명한다. 설명의 전개는 기본 행렬과 매우 유사하며 11장의 동일한 기술을 대부분 사용한다. 특히 다음의 다섯 가지 방법에 대해 설명한다.

(i) (데이터를 적절하게 정규화한 후에) 연립 선형방정식의 해를 직접 구하는 선형 방법(16.2절)

(ii) 텐서에 대한 모든 제약 조건을 만족시키며, 대수 오차를 최소화하는 반복법(16.3절)

(iii) 기하 오차를 최소화하는 반복법(금본위 방법)(16.4.1절)

(iv) 기하 오차에 대한 샘프슨 근사를 최소화하는 반복법(16.4.3절)

(v) RANSAC을 기반으로 하는 탄탄한 추정(16.6절)

16.1 기본 방정식

삼중 초점 텐서를 포함하는 (삼중) 선형방정식 모두를 표 16.1에 나타냈다. 이러한 방정식은 모두 삼중 초점 텐서 $\mathcal{T}$의 원소에 대해 선형이다.

표 16.1 삼중 시점에서 점과 선의 좌표에서 삼중 선형 관계 마지막 열은 선형 독립 방정식의 수를 나타낸다. 표기법 0_{st}는 항목이 모두 영인 2차원 텐서를 의미한다. 따라서 표의 첫 번째 행은 s와 t의 선택에 따라서 9개의 방정식 집합을 나타낸다. 그러나 9개의 연립방정식 중에서 4개만 선형 독립이다.

대응	관계식	방정식 개수
점 세 개	$x^i x'^j x''^k \epsilon_{jqs}\epsilon_{krt}\mathcal{T}_i^{qr} = 0_{st}$	4
점 두 개와 선 하나	$x^i x'^j l''_r \epsilon_{jqs}\mathcal{T}_i^{qr} = 0_s$	2
점 하나와 선 두 개	$x^i l'_q l''_r \mathcal{T}_i^{qr} = 0$	1
선 세 개	$l_p l'_q l''_r \epsilon^{piw}\mathcal{T}_i^{qr} = 0^w$	2

이미지 세 개 사이의 점과 선의 대응들이 주어지면, 생성된 연립방정식은 $\mathtt{A}\mathbf{t} = \mathbf{0}$ 형식이다. 여기서 $\mathbf{t}$는 삼중 초점 텐서의 원소로 구성된 27차원 벡터이다. 이 방정식에서 텐서의 원소를 구할 수 있다. 점을 포함하는 방정식은 선을 포함하는 방정식과 연결될 수 있다. 일반적으로 표 16.1의 사용 가능한 모든 방정식을 동시에 사용할 수 있다. $\mathcal{T}$는 27개의 원소를 가지므로, 배율을 제외하고 $\mathbf{t}$를 결정하려면 방정식 26개가 필요하다. 방정식이 26개 이상이면 최소 제곱 해를 계산한다. 기본 행렬의 경우와 마찬가지로, 알고리듬 A5.4를 사용해 제약 조건 $\|\mathbf{t}\| = 1$을 만족하며 $\|\mathtt{A}\mathbf{t}\|$를 최소화한다.

지금까지 삼중 초점 텐서를 계산하는 선형 알고리듬의 개요이다. 그러나 이로부터 실용적인 알고리듬을 구축하기 위해서는 정규화와 같은 여러 가지 문제들을 해결해야 한다. 특히 추정된 텐서는 다양한 제약 조건을 만족해야 한다. 다음에서 이것을 설명한다.

16.1.1 내부 제약

기본 행렬과 삼중 초점 텐서의 가장 두드러진 차이점은 삼중 초점 텐서에 적용되는 제약 조건의 수가 매우 더 많다는 것이다. 기본 행렬은 $\det(\mathtt{F}) = 0$이라는 단일 제약 조건을 가지며, 임의의 배율 조정을 제외하면 자유도 7을 가진다. 반면, 삼중 초점 텐서는 27개의 원소를 가지고 있지만 사영성을 제외하면 동등한 카메라 구성을 지정하기 위해 단지 매개변수 18개를 필요로 한다. 그러므로 텐서의 원소는 독립적인 대수 제약 조건 8개를 만족한다. 이 조건을 다음에서 설명한다.

정의 16.1 삼중 초점 텐서 $\mathcal{T}_i^{jk}$에 (15.9)에 따른 대응하는 카메라 행렬 세 개 $\mathtt{P} = [\mathtt{I} \mid \mathbf{0}]$, $\mathtt{P}'$, $\mathtt{P}''$가 존재하면 $\mathcal{T}_i^{jk}$를 "기하학적으로 유효하다" 또는 "내부 제약 조건을 만족한다"라고

표현한다.

기본 행렬과 마찬가지로 기하학적으로 유효한 삼중 초점 텐서를 구하기 위해 이러한 제약 조건을 어떤 방식으로든 적용해야 한다. 텐서가 제약 조건을 충족하지 않아서 발생하는 결과는 기본 행렬이 차수 2가 아닌 경우와 유사하다. 기본 행렬의 경우, 다양한 $\mathbf{x}$에 대해 $F\mathbf{x}$로 계산한 등극선이 한 점에서 교차하지 않게 된다(그림 11.1 참조). 예를 들어, 텐서가 내부 제약 조건을 충족하지 않으면서 15.3절에 설명한 대로 주어진 두 시점 간의 대응점을 세 번째 시점으로 전송하는 데 사용하면, 전송된 점의 위치는 표 16.1의 어떤 방정식을 사용하는가에 따라서 달라진다. 다음의 목적은 항상 기하학적으로 유효한 텐서를 추정하는 것이다.

삼중 초점 텐서의 원소가 만족하는 제약 조건은 (det = 0과 같이) 간단하게 표현되지 않으며, 이들 중의 일부는 삼중 초점 텐서를 정확하게 계산하는 데 방해가 된다고 생각했다. 그러나 실제로는 삼중 초점 텐서를 사용하거나 계산하기 위해서 이러한 제약을 명시적으로 표현할 필요는 없다. 오히려 삼중 초점 텐서의 적절한 매개변수화를 통해 암시적으로 적용하며 거의 문제를 일으키지 않는다. 16.3절과 16.4.2절에서 매개변수화 문제에 대해 설명한다.

16.1.2 최소 경우 – 6점 대응

장면의 점들이 일반 위치에 있는 경우, 6점 구성의 이미지에서 기하학적으로 유효한 삼중 초점 텐서를 계산할 수 있다. 하나 또는 세 개의 실수 해가 있다. 텐서는 20.2.4절에서 설명하는 알고리듬 20.1을 이용해 구한 카메라 행렬 세 개에서 계산한다. 이러한 최소 6점 해는 16.6절의 탄탄한 알고리듬에서 사용한다.

16.2 정규화된 선형 알고리듬

표 16.1의 $\mathcal{T}$에 대한 방정식에서 행렬 방정식 $\mathtt{At} = 0$을 구성할 때, 각각의 대응에서 얻은 방정식을 모두 사용할 필요는 없다. 모든 방정식이 선형 독립이 아니기 때문이다. 예를 들어 (표 16.1의 첫 번째 행인) 점-점-점 대응의 경우에 모든 s와 t에 대해 연립방정식 9개를 얻지만, 이 중 4개만 선형 독립이다. s와 t에 대해 (예를 들어 1과 2와 같이) 두 개 값을 선

택해 방정식을 얻는다. 여기에 대해서 17.7절에서 보다 자세히 설명한다.

선택한 s, t에 대해 표 16.1에서 얻은 점 세 개에 대한 방정식을 다음으로 표기할 수 있다.

$$x^k(x'^i x''^m T_k^{jl} - x'^j x''^m T_k^{il} - x'^i x''^l T_k^{jm} + x'^j x''^l T_k^{im}) = 0^{ijlm} \tag{16.1}$$

여기에서, $i, j \neq s$이고 $l, m \neq t$이다. $i = j$ 또는 $l = m$인 경우에 방정식 (16.1)은 사라지고, i와 j(또는 l과 m)를 바꾸면 방정식의 부호만 바뀐다. 4개의 독립 방정식을 얻는 다른 방법은 $j = m = 3$으로 두고 i와 l의 범위를 자유롭게 하는 것이다. 관찰된 이미지 좌표의 관계식을 얻기 위해 좌표 x^3, x'^3, x''^3을 1로 설정한다. 그러면 식 (16.1)은 다음이 된다.

$$x^k(x'^i x''^l T_k^{33} - x''^l T_k^{i3} - x'^i T_k^{3l} + T_k^{il}) = 0 \tag{16.2}$$

$i, l = 1, 2$의 네 가지 선택으로 관찰된 이미지 좌표에서 방정식 4개를 얻는다.

선의 표현법 표 16.1의 세선 대응 방정식은 다음으로 표기할 수 있다.

$$l_i = l'_j l''_k T_i^{jk}$$

여기에서, 평소와 같이 동차 좌표를 사용해 배율을 무시하는 등호이다. 노이즈가 있는 경우, 이 관계식은 측정된 직선 $\mathbf{l}$, $\mathbf{l}'$, $\mathbf{l}''$에 대해서는 근사적으로 만족한다. 그러나 측정된 직선에 가까운 $\hat{\mathbf{l}}$, $\hat{\mathbf{l}}'$, $\hat{\mathbf{l}}''$에 대해서는 정확하게 만족할 것이다.

동차 좌표가 조금 다른 두 집합이 기하학적으로 어떤 의미에서 서로 가까운 직선을 표현하는가에 대한 의문이 있다. 두 벡터 $\mathbf{l}_1 = (0.01, 0, 1)^\top$과 $\mathbf{l}_2 = (0, 0.01, 1)^\top$를 생각해 본다. 분명하게, 벡터로서는 크게 다르지 않으며 실제로 $\|\mathbf{l}_1 - \mathbf{l}_2\|$의 값은 작다. 그러나 $\mathbf{l}_1$은 직선 $x = 100$을 나타내고 $\mathbf{l}_2$는 직선 $y = 100$을 나타낸다. 따라서 기하학으로 이들은 완전히 다른 직선이다. 이 문제는 배율 조정으로 완화될 수 있다. 좌표를 0.01의 배율로 조정하면 선의 좌표는 $\mathbf{l}_1 = (1, 0, 1)^\top$과 $\mathbf{l}_2 = (0, 1, 1)^\top$가 된다.

알고리듬 16.1 T 계산을 위한 정규화된 선형 알고리듬

목적

3개의 이미지에서 $n \geq 7$개의 이미지 점 대응, 또는 최소 13개의 선 대응, 또는 점과 선의 혼합 대응이 주어질 때 삼중 초점 텐서를 계산한다.

알고리듬

(i) 변환 행렬 H, H′, H″을 계산해 이미지 세 개에 적용한다.

(ii) $x^i \mapsto \hat{x}^i = \mathrm{H}^i_j x^j$에 따라 점을 변환하고, $l_i \mapsto \hat{l}_i = (\mathrm{H}^{-1})^j_i l_j$에 따라 선을 변환한다. 두 번째와 세 번째 이미지에 있는 점과 선도 같은 방법으로 변환한다.

(iii) 변환된 점과 선을 이용해 표 16.1의 방정식에서 At = 0 형태의 선형방정식을 구성하고 알고리듬 A5.4를 이용해 선형적으로 삼중 초점 텐서 $\hat{\mathcal{T}}$를 계산한다.

(iv) $\mathcal{T}_i^{jk} = \mathrm{H}^r_i (\mathrm{H}'^{-1})^j_s (\mathrm{H}''^{-1})^k_t \hat{\mathcal{T}}_r^{st}$을 이용해 원래 데이터에 대응하는 삼중 초점 테서를 계산한다.

그럼에도 불구하고, 선을 표현할 때에는 주의를 요하는 것을 알 수 있다. 직선 세 개 l, l′, l″가 대응한다고 가정한다. l상에 있는 두 점 $\mathbf{x}_1$과 $\mathbf{x}_2$를 선택한다. 각각의 점에 대해 $s = 1$, 2일때 $\mathbf{x}_s \leftrightarrow \mathbf{l}' \leftrightarrow \mathbf{l}''$의 대응이 있다. 즉, 적절한 3차원 직선이 존재해 두 번째와 세 번째 이미지에서는 l과 l′으로 사영되고 첫 번째 이미지에서는 $\mathbf{x}_s$를 지나는 직선(결국 l)으로 사영된다. $s = 1$, 2에 대해 $x_s^i l'_j l''_k \mathcal{T}_i^{jk} = 0_s$의 형태인 방정식 두 개가 이러한 대응에서 나온다. 이런 방식으로 (다른 이미지는 아니지만) 첫 번째 이미지에서는 직선의 사용을 피할 수 있다. 종종 이미지의 선은 점의 쌍으로 자연스럽게 정의된다. 가급적이면 선의 끝점을 사용한다. 심지어 이미지에서 모서리 점들의 집합을 가장 잘 맞추는 것으로 정의하는 직선조차도 단지 점 두 개로 정의된 것처럼 다룰 때도 있다. 16.7.2절에서 설명한다.

정규화 이런 유형의 모든 알고리듬과 마찬가지로, 연립 선형방정식을 구성하고 해를 구하기 전에 입력 데이터를 사전 정규화해야 한다. 그 후, 원래 데이터에 대한 삼중 초점 텐서를 구하기 위해 정규화에 대해 보정해야 한다. 추천하는 정규화는 기본 행렬 계산에서 사용한 것과 거의 동일하다. 이동 변환을 각 이미지에 적용해 점들의 중심을 원점으로 옮기고, 그 후에 배율을 적용해 원점에서부터 평균RMS 거리가 $\sqrt{2}$가 되도록 한다. 선의 경우에는, 각 선의 두 끝점(또는 이미지에서 보이는 선의 대표 점들)을 고려하는 변환을 정의해야 한다. 이러한 정규화 변환에 대한 삼중 초점 텐서의 변환 규칙을 A1.2절에 제시한다. $\mathcal{T}$를 계산하기 위한 정규화 선형 알고리듬은 알고리듬 16.1에서 요약했다.

이 알고리듬은 $\mathcal{T}$에 적용해야 하는 16.1.1절의 제약 조건을 고려하지 않는다. 이러한 제약 조건을 위의 알고리듬의 역정규화 과정 (마지막 단계) 전에 강제해야 한다. 제약 조건을 강제하는 방법을 다음에서 설명한다.

16.3 대수적 최소화 알고리듬

선형 알고리듬 16.1에서 구한 텐서는 16.1.1절에서 논의한 기하학적 구성과 반드시 일치하지 않는다. 필요한 모든 제약 조건을 충족하도록 텐서를 수정하는 것이 다음 작업이다.

일련의 이미지 대응에서 기하학적으로 유효한 삼중 초점 텐서 $\mathcal{T}_i^{jk}$를 계산해야 한다. 입력 데이터와 관련한 대수 오차를 최소화해 텐서를 계산할 것이다. 즉, $\|\hat{\mathbf{t}}\| = 1$을 만족하면 $\|\mathtt{A}\hat{\mathbf{t}}\|$를 최소화할 것이다. 여기서 $\hat{\mathbf{t}}$는 기하학적으로 유효한 삼중 초점 텐서의 원소로 구성된 벡터이다. 알고리듬은 (11.3절의) 기본 행렬을 위한 대수 알고리듬과 매우 비슷하다. 기본 행렬과 마찬가지로 첫 번째 단계는 등극점을 계산하는 것이다.

등극점 추출 $\mathbf{e}'$, $\mathbf{e}''$는 첫 번째 카메라 중심에 해당하는 (즉, 이미지인) 두 번째와 세 번째 이미지의 등극점이다. 결과 15.4에서 등극점 두 개 $\mathbf{e}'$과 $\mathbf{e}''$은 $\mathtt{T}_i$ 세 개의 왼쪽 (각각 오른쪽) 영벡터에 공통적으로 수직이다. 원론적으로, 알고리듬 15.1을 이용해 삼중 초점 텐서에서 등극점을 계산할 수 있다. 그러나 노이즈가 있는 경우에는 알고리듬 A5.4의 네 가지 응용을 기반으로 하는 등극점 계산 알고리듬으로 바뀐다.

(i) $i = 1, \ldots, 3$에 대해 $\mathtt{T}_i = \mathcal{T}_i^{\cdot\cdot}$라 두면, $\|\mathtt{T}_i\mathbf{v}_i\|$를 최소화하는 단위 벡터 $\mathbf{v}_i$를 찾는다. $\mathbf{v}_i^{\top}$를 i번째 행벡터로 하는 행렬 $\mathtt{V}$를 구성한다.

(ii) $\|\mathtt{V}\mathbf{e}''\|$를 최소화하는 단위 벡터로 등극점 $\mathbf{e}''$를 계산한다.

$\mathtt{T}_i$ 대신에 $\mathtt{T}_i^{\top}$를 사용해 등극점 $\mathbf{e}'$을 비슷하게 계산할 수 있다.

대수적 최소화 등극점을 계산한 다음 단계는 삼중 초점 텐서를 계산할 수 있는 카메라 행렬 $\mathtt{P}'$, $\mathtt{P}''$의 나머지 d원소를 결정하는 것이다. 이 단계는 선형이다.

삼중 초점 텐서의 형태 (15.9)에서 등극점 $\mathbf{e}'^j = \mathbf{a}_4^j$와 $\mathbf{e}''_k = b_4^k$를 알면 삼중 초점 텐서를 행렬 a_i^j, b_i^k의 나머지 항목에 대해 선형으로 표현할 수 있다. 이 관계식을 $\mathbf{t} = \mathtt{E}\mathbf{a}$와 같이 선형으로 표기할 수 있다. 여기에서 $\mathbf{a}$는 a_j^i, b_j^i의 나머지 원소에 대한 벡터이고 $\mathbf{t}$는 삼중 초점 텐서의 원소로 구성된 벡터이며 $\mathtt{E}$는 (15.9)로 표현되는 선형 관계식이다. $\|\mathbf{t}\| = 1$, 즉 $\|\mathtt{E}\mathbf{a}\| = 1$로 구속되는 모든 $\mathbf{a}$에 대해 대수 오차 $\|\mathtt{A}\mathbf{t}\| = \|\mathtt{A}\mathtt{E}\mathbf{a}\|$를 최소화하고자 한다.

이러한 최소화 문제는 알고리듬 A5.6을 이용하면 풀 수 있다. 해 $\mathbf{t} = \mathbf{Ea}$는 모든 구속 조건을 만족하고 대수 오차를 최소화하며 선택된 등극점을 가지는 삼중 초점 텐서를 나타낸다.

알고리듬 16.2 대수 오차를 최소화하는 삼중 초점 텐서의 계산 계산은 알고리듬 16.1과 같이 데이터를 정규화한 후에 수행해야 한다. 여기서는 단순화를 위해 정규화와 비정규화 단계를 생략했다. 이 알고리듬은 대수 오류를 최소화하는 기하학적으로 유효한 삼중 초점 텐서를 구한다. 마지막 반복 단계를 생략하면 약간 열등한 해이지만 빠른 비반복 알고리듬이 된다.

목적

삼중 시점에서 일련의 점과 선 대응이 주어질 때 삼중 초점 텐서를 계산한다.

알고리듬

(i) 점과 선 대응에서 표 16.1의 관계식을 이용해 형태 $\mathtt{A}\mathbf{t} = 0$의 연립방정식을 구성한다.

(ii) 알고리듬 A5.4를 이용해 위의 방정식을 풀어서 삼중 초점 텐서 $\mathcal{T}_i^{jk}$의 초기 추정치를 구한다.

(iii) $\mathcal{T}_i^{jk}$에서 세 개의 $\mathtt{T}_i$의 좌 (각각 우) 영벡터와 공통 수직인 두 개의 등극점 $\mathbf{e}'$와 $\mathbf{e}''$을 구한다.

(iv) $\mathbf{t} = \mathtt{E}\mathbf{a}$인 27×18 행렬 E를 구한다. 여기에서 $\mathbf{t}$는 $\mathcal{T}_i^{jk}$의 원소의 벡터이고, $\mathbf{a}$는 $\mathbf{a}_i^j$, b_i^k의 원소의 벡터이다. E는 선형 관계식 $\mathcal{T}_i^{jk} = \mathbf{a}_i^j \mathbf{e}''^k - \mathbf{e}'^j b_i^k$를 나타낸다.

(v) 알고리듬 A5.6을 이용해 $\|\mathtt{E}\mathbf{a}\| = 1$을 만족하면서 $\|\mathtt{AE}\mathbf{a}\|$를 최소화하는 문제를 푼다. 오차 벡터 $\epsilon = \mathtt{AE}\mathbf{a}$를 계산한다.

(vi) **반복**: $(\mathbf{e}', \mathbf{e}'') \mapsto \epsilon$는 $\mathbb{R}^6$에서 $\mathbb{R}^{27}$로 가는 사상이다. 최적의 $\mathbf{e}'$, $\mathbf{e}''$을 찾기 위해 레벤버그-마퀴트 알고리듬을 사용해 $\mathbf{e}'$, $\mathbf{e}''$를 변화하면서 마지막 두 단계를 반복한다. 결국 $\mathcal{T}_i^{jk}$의 원소를 포함하는 최적의 $\mathbf{t} = \mathtt{E}\mathbf{a}$를 구한다.

반복법 기하학적으로 유효한 텐서 $\mathcal{T}_i^{jk}$를 계산하기 위해 필요한 두 개의 등극점은 선형 알고리듬에서 얻은 $\mathcal{T}_i^{jk}$의 추정치에서 결정한다. 기본 행렬과 유사하게, $(\mathbf{e}', \mathbf{e}'') \mapsto \mathtt{AE}\mathbf{a}$는 $\mathbb{R}^6 \to \mathbb{R}^{27}$인 사상이다. 등극점의 선택을 레벤버그-마퀴트 알고리듬으로 최적화하면 삼중 초점 텐서의 (대수 오차의 관점에서) 최적치를 얻을 수 있다. 등극점의 동차 좌표인 매개변수 6개만 포함하기 때문에 적당한 크기의 반복 문제이다.

이것은 뒤에서 설명할 기하 오차를 최소화하는 삼중 초점 텐서의 반복 추정과는 대조적이다. 기하 오차의 최소화 문제는 카메라 세대의 매개변수와 모든 점의 좌표를 추정해야 하는 규모가 큰 추정 문제이다.

삼중 초점 텐서를 추정하는 완전한 대수적인 방법을 알고리듬 16.2에 요약했다.

16.4 기하 거리

16.4.1 삼중 초점 텐서에 대한 금본위 방법

기본 행렬의 계산과 마찬가지로 최대 우도 (또는 금본위) 해에서 최상의 결과를 기대할 수 있다. 이에 대해서는 기본 행렬 계산에서 자세하게 설명했으므로, 삼중 시점의 경우에 따로 추가할 것이 거의 없다.

알고리듬 16.3 이미지 대응에서 $\mathcal{T}$를 추정하는 금본위 알고리듬

목적

주어진 $n \geq 7$개의 이미지 점 대응 $\{\mathbf{x}_i \leftrightarrow \mathbf{x}'_i \leftrightarrow \mathbf{x}''_i\}$를 이용해 삼중 초점 텐서의 최대 우도 추정치를 결정한다.

MLE는 보조 점 대응 $\{\hat{\mathbf{x}}_i \leftrightarrow \hat{\mathbf{x}}'_i \leftrightarrow \hat{\mathbf{x}}''_i\}$ 또한 풀어야 한다. 이것은 추정된 텐서의 삼중 선형성을 정확히 만족하고 다음을 최소화한다.

$$\sum_i d(\mathbf{x}_i, \hat{\mathbf{x}}_i)^2 + d(\mathbf{x}'_i, \hat{\mathbf{x}}'_i)^2 + d(\mathbf{x}''_i, \hat{\mathbf{x}}''_i)^2$$

알고리듬

(i) 알고리듬 16.2와 같은 선형 알고리듬을 사용해 기하학적으로 유효한 $\mathcal{T}$의 초기 추정치를 계산한다.

(ii) 다음과 같이 보조 변수 $\{\hat{\mathbf{x}}_i \leftrightarrow \hat{\mathbf{x}}'_i \leftrightarrow \hat{\mathbf{x}}''_i\}$의 초기 추정치를 계산한다.

(a) $\mathcal{T}$에서 카메라 행렬 P′와 P″을 추출한다.

(b) 대응 $\mathbf{x}_i \leftrightarrow \mathbf{x}'_i \leftrightarrow \mathbf{x}''_i$과 $\mathrm{P} = [\mathrm{I} \mid \mathbf{0}]$, P′, P″에서 12장의 삼각측량 방법을 사용해 $\widehat{\mathbf{X}}_i$의 추정치를 계산한다.

(c) $\mathcal{T}$와 일관성을 가지는 대응을 다음으로 구한다.

$$\hat{\mathbf{x}}_i = \mathtt{P}\widehat{\mathbf{X}}_i,\ \hat{\mathbf{x}}'_i = \mathtt{P}'\widehat{\mathbf{X}}_i,\ \hat{\mathbf{x}}''_i = \mathtt{P}''\widehat{\mathbf{X}}_i$$

(iii) $\mathcal{T}$와 $\widehat{\mathbf{X}}_i$, $i = 1,\ldots,n$에 대해 다음의 비용함수를 최소화한다.

$$\sum_i d(\mathbf{x}_i, \hat{\mathbf{x}}_i)^2 + d(\mathbf{x}'_i, \hat{\mathbf{x}}'_i)^2 + d(\mathbf{x}''_i, \hat{\mathbf{x}}''_i)^2$$

비용함수는 레벤버그-마쿼트 알고리듬으로 최소화하고 $3n + 24$개의 변수를 가진다. n개의 3차원 점 $\widehat{\mathbf{X}}$에 대해 $3n$이고 카메라 행렬 $\mathtt{P}'$, $\mathtt{P}''$의 원소에 대해 24이다.

삼중 시점에서 점 대응 $\{\mathbf{x}_i \leftrightarrow \mathbf{x}'_i \leftrightarrow \mathbf{x}''_i\}$가 주어지면, 다음의 비용함수를 최소화한다.

$$\sum_i d(\mathbf{x}_i, \hat{\mathbf{x}}_i)^2 + d(\mathbf{x}'_i, \hat{\mathbf{x}}'_i)^2 + d(\mathbf{x}''_i, \hat{\mathbf{x}}''_i)^2 \tag{16.3}$$

여기에서, 점 $\hat{\mathbf{x}}_i$, $\hat{\mathbf{x}}'_i$, $\hat{\mathbf{x}}''_i$는 추정한 삼중 초점 텐서에 대해 (표 16.1의) 삼중 초점 제약 조건을 정확히 만족한다. 기본 행렬의 경우와 같이 대응하는 3차원 점 $\mathbf{X}_i$를 추가 도입해야 하고, 행렬 $\mathtt{P}'$와 $\mathtt{P}''$의 원소를 이용해 삼중 초점 텐서를 매개화해야 한다(아래 참조). 그런 후에 비용함수를 3차원 점 $\mathbf{X}_i$와 $\hat{\mathbf{x}}_i = [\mathtt{I} \mid \mathbf{0}]\mathbf{X}_i$, $\hat{\mathbf{x}}'_i = \mathtt{P}'\mathbf{X}_i$, $\hat{\mathbf{x}}''_i = \mathtt{P}''\mathbf{X}_i$를 만족하는 카메라 행렬 두 개 P, P′에 대해 최소화한다. 본질적으로 세 개의 시점에 대해 번들 조정bundle adjustment을 수행하는 것이다. A6.3의 희박 행렬 기법을 사용해야만 한다.

초기 추정치를 구하는 좋은 방법은 대수 알고리듬 16.2이며, 반복 단계는 생략할 수 있다. 이 알고리듬은 $\mathtt{P}'$, $\mathtt{P}''$의 원소를 직접 추정한다. 3차원 점 $\mathbf{X}_i$의 초기 추정치는 12.2절의 선형 삼각측량 방법을 이용해 얻을 수 있다. 알고리듬 16.3에서 각 단계를 요약했다.

이 기법을 선 대응을 포함하도록 확장할 수 있다. 이를 위해 계산에 편리한 3차원 선의 표현을 찾아야 한다. 선을 각 이미지의 끝점으로 정의하고 삼중 시점의 선 대응 $\mathbf{l} \leftrightarrow \mathbf{l}' \leftrightarrow \mathbf{l}''$이 주어진 경우에 LM 최소화에서 3차원 직선을 표현하는 편리한 방법은 두 번째와 세 번째 시점에서 사영 $\hat{\mathbf{l}}'$, $\hat{\mathbf{l}}''$을 사용하는 것이다.

후보 삼중 초점 텐서가 주어지면, 선 전송 방정식 $\hat{\mathbf{l}}_i = \hat{\mathbf{l}}'_j \hat{\mathbf{l}}''_k \mathcal{T}_i^{jk}$를 이용해 3차원 직선을 첫 번째 이미지로의 사영을 계산한다. 그런 다음, 다음의 제곱합 직선 거리를 최소화한다.

$$\sum_i d(\mathbf{l}_i, \hat{\mathbf{l}}_i)^2 + d(\mathbf{l}'_i, \hat{\mathbf{l}}'_i)^2 + d(\mathbf{l}''_i, \hat{\mathbf{l}}''_i)^2$$

여기에서, 측정한 선과 추정한 선 사이의 거리 $d(\mathbf{l}'_i, \hat{\mathbf{l}}'_i)^2$에 대한 적절한 해석이 필요하다. 측정한 선이 끝점으로 지정된 경우 사용할 명백한 거리 측정법은 측정한 끝점에서 추정한 선의 거리이다. 일반적으로 마할라노비스 거리를 사용할 수 있다.

16.4.2 삼중 초점 텐서의 매개변수화

텐서가 27개 원소로 간단하게 매개변수화하면, 추정된 텐서는 내부 제약 조건을 만족하지 않는다. 텐서가 제약 조건을 만족하고 기하학적으로 유효함을 보장하는 매개변수화를 일관성consistent이라 한다.

정의 16.1에서 텐서는 카메라 행렬 세 개 $\mathrm{P} = [\mathrm{I} \mid \mathbf{0}]$, P', P''에서 (15.9)에 의해 생성된 경우에는 기하학적으로 유효하므로, 카메라 행렬 세 개에서 일관성 있는 매개변수를 얻을 수 있다. 행렬 $\mathrm{P}' = [\mathrm{A} \mid \mathbf{a}_4]$, $\mathrm{P}'' = [\mathrm{B} \mid \mathbf{b}_4]$ 각각이 원소 12개를 가져서 모두 24개의 변수를 지정해야 하므로, 이는 초과 매개변수화가 되는 것을 주의해야 한다. 어려운 작업인 18개 최소 매개변수로 지정할 필요가 없다. 모든 카메라 선택은 일관성 있는 매개변수화이며 특정 사영 재구성은 텐서에 영향을 미치지 않는다.

또 다른 일관성 있는 매개변수화는 20.2절에서와 같이 삼중 시점에 걸친 6점의 대응에서 텐서를 계산해 얻을 수 있다. 그러면 각 이미지의 점 위치가 매개변수가 된다. (점이) 6 × (x, y에 대해) 2 × (이미지 개수가) 3 = 36개의 총 매개변수가 있다. 그러나 최소화하는 동안 점의 변화에 제한이 있고, 점의 움직임이 삼중 초점 텐서의 다양체에 수직 방향으로만 제한될 수 있다.

16.4.3 1차 기하 오차(샘프슨 거리)

기본 행렬을 계산하기 위해 사용되는 샘프슨 방법(11.4.2절)과 매우 유사하게, 샘프슨 근사를 기본으로 하는 기하 비용함수를 이용해 삼중 초점 텐서를 계산할 수 있다. 다시 한 번 더 언급하면 이 방법은 보조 변수들을 도입할 필요가 없는 장점을 가진다. 1차 기하 오차를 텐서의 매개변수화에 대해서만 최소화하기 때문이다(예로서 P', P''을 위와 같이 사용하는 경우에 24개의 매개변수만 최소화한다). 최소화는 간단한 반복법인 레벤버그-마쿼트 알고리듬과 반복 대수 알고리듬 16.2로 초기화하는 방법을 사용할 수 있다.

샘프슨 비용함수는 기본 행렬에 해당하는 비용함수 (11.9)에 비하면 계산적으로 약간 더 복잡하다. 각 점 대응에서 기본 행렬에서는 방정식 하나가 나오지만, 여기서는 방정식 네 개가 나오기 때문이다. 보다 일반적인 경우를 4.2.6절에서 논의했다. 여기서의 경우에는 오차함수 (4.13)은 다음이 된다.

$$\sum_i \boldsymbol{\epsilon}_i^{\mathsf{T}}(\mathrm{J}_i\mathrm{J}_i^{\mathsf{T}})^{-1}\boldsymbol{\epsilon}_i \tag{16.4}$$

여기에서, $\boldsymbol{\epsilon}_i$는 삼중 시점의 대응 하나에 대응하는 대수 오차 벡터 $\mathtt{A}_i\mathbf{t}$이다(점마다 방정식 네 개인 경우는 4차원 벡터가 된다). J는 각 대응점 $\mathbf{x}_i \leftrightarrow \mathbf{x}'_i \leftrightarrow \mathbf{x}''_i$ 각각의 좌표에 대한 $\boldsymbol{\epsilon}$의 4×6의 편미분 행렬이다. 연습 문제 (viii)에서 설명한 프로그래밍 힌트에서, 비용함수가 점 $\mathbf{x}_i$, $\mathbf{x}'_i$, $\mathbf{x}''_i$의 좌표에 대해 다중 선형인 것에 주의하면, 편미분 행렬 J의 계산을 보다 간단하게 할 수 있다.

샘프슨 오차 방법은 다음과 같은 다양한 장점을 가진다.

- 비교적 간단한 반복 알고리듬을 사용해 실제 기하 오차에 대한 좋은 (최적의) 근사치를 준다.
- 실제 기하 오차의 경우와 마찬가지로, 알고리듬을 심하게 복잡하게 만들지 않고도 각 지점에 대해 비등방non-isotropic과 이질unequal의 오류 분포를 지정할 수 있다. 4장의 연습 문제를 참고하라.

16.5 알고리듬의 실험적 평가

이제, 삼중 초점 텐서를 계산하기 위한 금본위 알고리듬 16.3과 (반복적) 대수 알고리듬 16.2의 결과를 간략하게 비교한다. 알고리듬은 제어된 수준의 노이즈를 합성한 데이터를 이용해 실행한다. 이를 통해 이론적으로 최적 ML 결과와 비교한다. 최적 ML 알고리듬의 잔차 오차에 대한 이론적 하한을 얼마나 잘 근사하는지를 결정할 수 있다.

알고리듬을 테스트하기 위해 컴퓨터에서 생성한 점 10, 15, 20개의 데이터를 사용하고 카메라를 점들 주위에 임의의 각도로 배치한다. 카메라 매개변수는 표준 35mm 카메라와 비슷하도록 선택했고, 배율은 이미지 크기가 600×600 픽셀이 되도록 선택했다.

이미지 측정에서 추가한 가우스 노이즈의 수준에 대해서 결과 5.2에 따라 ML 알고리듬의 예상 잔차를 계산할 수 있다. 이 경우, n이 점의 수이면 측정 횟수는 $N = 6n$이고 맞추기의 자유도는 $d = 18 + 3n$이다. 여기서 (3×11에서 사영 모호성을 설명하는 15를 뺀 값) 18은 카메라 세 개의 자유도를 나타내고 $3n$은 공간에서 점 n개의 자유도를 나타낸다. 그러므로 ML의 잔차는 다음과 같다.

$$\epsilon_{\text{res}} = \sigma(1 - d/N)^{1/2} = \sigma\left(\frac{n-6}{2n}\right)^{1/2}$$

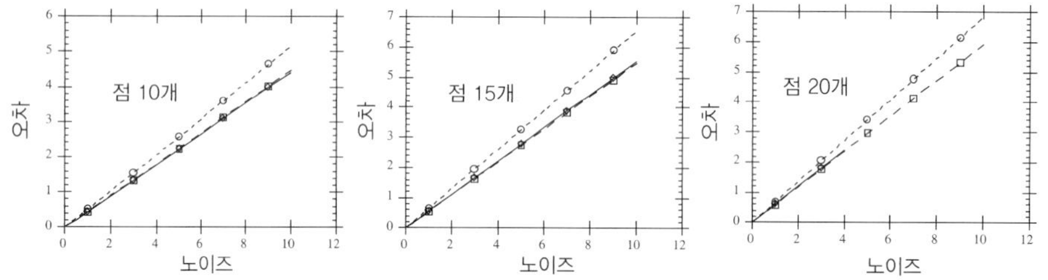

그림 16.1 삼중 초점 텐서의 추정 알고리듬을 비교 점 10개, 15개, 20개를 사용해 삼중 초점 텐서를 계산에 대해, 100회 이상의 RMS 평균 잔차 오차를 노이즈 수준에 대해서 그렸다. 각 그래프는 곡선 세 개를 가진다. 가장 상단 곡선은 대수 오차의 최소화 결과이다. 그래프에서 실제로 구별하기 힘든 아래쪽 두 곡선은 이론적 최소 오차와 대수적 최소화를 초깃값으로 사용하는 금본위 알고리듬에서 얻은 오차이다. 잔여 오차는 예상대로 추가한 노이즈에 거의 정확히 비례한다.

16.5.1 결과 및 권장 사항

결과를 그림 16.1에 나타냈다. 이 결과에서 두 가지를 알 수 있다. 대수 오차를 최소화하면 최적의 약 15% 내에서 잔차 오차가 발생하며, 이 추정치를 초깃값으로 사용해 기하 오차를 최소화하면 거의 최적 추정치를 얻을 수 있다.

16.1절의 선형 방법을 제외하고, 위에서 설명한 모든 알고리듬은 텐서에 내부 제약 조건을 강제한다. 선형 방법은 그 자체로 사용하는 것을 권장하지 않지만 대부분의 다른 방법의 초깃값으로 필요하다. 기본 행렬을 추정할 때와 마찬가지로 권장 사항은 반복 대수 알고리듬 16.2 또는 16.4.3절의 샘프슨 기하 근사를 사용하는 것이다. 두 경우 모두 우수한 결과를 얻을 수 있다. 가우스 잡음이 유용한 가정이라면 최상의 결과를 얻기 위해 금본위 알고리듬 16.3을 사용하라.

16.6 T의 자동 계산

여기서는 이미지 세 개 사이의 삼중 초점 기하학을 자동으로 계산하는 알고리듬을 설명한다. 알고리듬에 대한 입력은 다른 사전a priori 정보가 필요하지 않은 이미지 세 개뿐이다. 출력은 이미지 세 개에 걸쳐 대응하는 관심 점들의 집합과 함께 추정한 삼중 초점 텐서이다. 삼중 초점 텐서를 사용해 세 번째 이미지에서 점의 정확한 이미지 위치를 결정할 수 있다는 사실은 다른 두 시점에서 이미지 위치가 주어지면 이중 시점보다 삼중 시점에서 잘못된 일치가 적다는 것을 의미한다. 이중 시점의 경우에는 가능한 일치를 확인하는 등극선의 약한 기하학적 제약 조건만 있다.

4.8절에서 설명한 단응사상의 자동 계산에 사용하는 것과 비슷한 방식으로 삼중 시점 알고리듬에서 RANSAC을 탐색 엔진으로 사용한다. 알고리듬의 아이디어와 세부 사항은 앞에서 언급했기에 여기에서 반복하지 않는다. 이 방법을 알고리듬 16.4에 요약했고, 사용 예를 그림 16.2에 나타내고 추가 설명을 덧붙였다. 그림 16.3에서 일치하는 선까지 자동으로 계산하는 두 번째 예를 보여준다.

알고리듬 16.4 RANSAC을 이용해 이미지 세 개에 대한 삼중 초점 텐서를 자동으로 추정하는 알고리듬

목적

이미지 세 개 사이의 삼중 초점 텐서를 계산한다.

알고리듬

(i) **관심 점**: 각 이미지에서 관심 점들을 계산한다.

(ii) **이중 시점 대응**: 알고리듬 11.4를 이용해 시점 1과 2, 시점 2와 3사이의 관심 점들의 대응을 계산한다.

(iii) **추정 삼중 시점 대응**: 이중 시점의 일치점을 연결해 삼중 시점에서 관심 점들의 대응을 계산한다.

(iv) **RANSAC 탄탄한 추정**: N개의 샘플에 대해 반복한다. 여기서 N은 알고리듬 4.5처럼 적응적으로 결정한다.

(a) 6개 대응의 무작위 샘플을 선택해 알고리듬 20.1을 사용해 삼중 초점 텐서를 계산한다. 하나 또는 세 개의 실수해가 존재한다.

(b) 16.6절처럼 각각의 대응에서 $\mathcal{T}$가 결정하는 다양체까지의 $\mathbb{R}^6$에서 거리 $d_\perp$를 계산한다.

(c) $d_\perp < t$인 대응의 개수로서 $\mathcal{T}$와 일관성을 가지는 정상값[inlier] 개수를 구한다.

(d) $\mathcal{T}$에 대해 세 개의 실근이 존재하는 경우에는, 각각에 대해 정상값 개수를 계산하고 가장 큰 값을 사용한다.

가장 큰 정상값 개수를 가지는 $\mathcal{T}$를 선택한다. 같은 값이 있는 경우에는 정상값의 표준 편차가 가장 작은 것으로 선택한다.

(v) **최적 추정**: 정상값으로 분류된 대응에 대해 금본위 알고리듬 16.3 또는 이에 대한 샘프슨 근사를 사용해 $\mathcal{T}$를 재 추정한다.

(vi) **안내된 일치**: 추가 관심점의 대응을 본문에서 설명한 것처럼 추정한 $\mathcal{T}$를 사용해 결정한다.

마지막 두 단계를 대응의 수가 안정해질 때까지 반복한다.

거리 측도 - 재사영 오차 일치점 $\mathbf{x} \leftrightarrow \mathbf{x}' \leftrightarrow \mathbf{x}''$과 $\mathcal{T}$의 현재 추정이 주어질 때, 재사영 오차 $d_\perp^2 = d^2(\mathbf{x}, \hat{\mathbf{x}}) + d^2(\mathbf{x}', \hat{\mathbf{x}}') + d^2(\mathbf{x}'', \hat{\mathbf{x}}'')$의 최솟값을 결정해야 한다. 여기에서, $\hat{\mathbf{x}}, \hat{\mathbf{x}}', \hat{\mathbf{x}}''$은 $\mathcal{T}$와 일관성을 가지는 이미지 점들이다. 앞에서와 같이 일관된 이미지 점들은 삼차원 점 $\widehat{\mathbf{X}}$의 사영에서 얻을 수 있다.

$$\hat{\mathbf{x}} = [\mathrm{I} \mid \mathbf{0}]\widehat{\mathbf{X}}, \quad \hat{\mathbf{x}}' = \mathrm{P}'\widehat{\mathbf{X}}, \quad \hat{\mathbf{x}}'' = \mathrm{P}''\widehat{\mathbf{X}}$$

여기에서 카메라 행렬 $\mathrm{P}', \mathrm{P}''$은 $\mathcal{T}$에서 추출한 것이다. 그러면 측정한 점 $\mathbf{x}, \mathbf{x}', \mathbf{x}''$과 사영된 점들 사이의 이미지 거리를 최소화하는 점 $\widehat{\mathbf{X}}$를 결정해 거리 $d_\perp^2$를 얻는다.

이 거리를 얻는 또 다른 방법은 기하 오차에 대한 1차 근사인 샘프슨 오차 (16.4)를 사용하는 것이다. 그러나 실제로는 (작은 레벤버그-마쿼트 문제가 되는) 비선형 최소 제곱 반복법으로 오차를 직접 추정하는 것이 더 빠르다. $\widehat{\mathbf{X}}$의 초기 추정치에서 시작해 재사영 오차를 최소화하기 위해 $\widehat{\mathbf{X}}$의 좌표를 변경하는 작업을 반복한다.

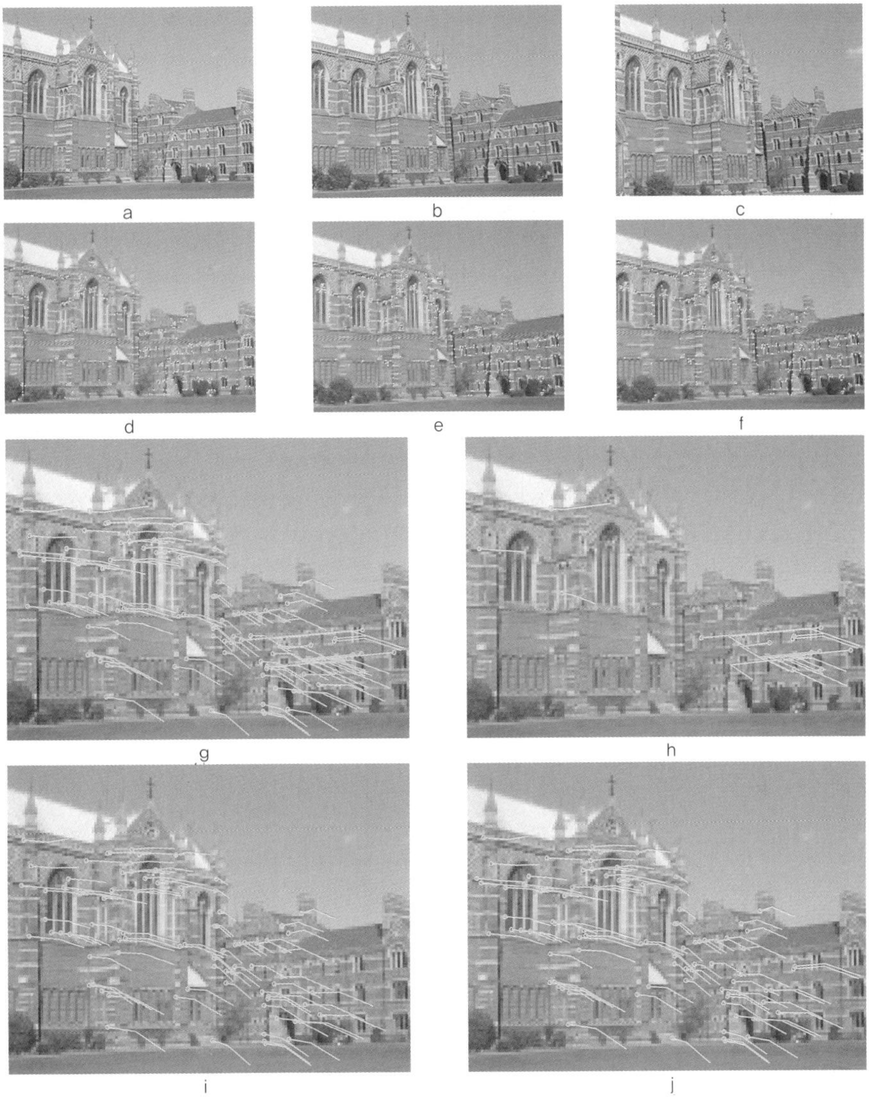

그림 16.2 RANSAC을 사용해 이미지 세 개 사이의 삼중 초점 텐서의 자동 계산 (a – c) 옥스퍼드 케블칼리지의 원시 이미지. 시점 간의 운동은 이동과 회전으로 구성된다. 이미지는 640 × 480픽셀이다. (d – f) 감지된 모서리를 이미지에 겹쳐서 나타냈다. 각 이미지마다 약 500개의 모서리가 있다. 다음 결과들을 (a) 이미지에 중첩해 나타냈다. (g) 모서리를 연결하는 선으로 표시된 106개의 추정한 일치. 잘못 추정한 일치도 있는 것을 볼 수 있다. (h) 이상값—추정 일치 항목 중 18개. (i) 정상값—추정된 $\mathcal{T}$와 일치하는 88개의 대응 (j) 안내된 일치와 MLE 이후의 95개 일치 집합. 틀린 일치는 없는 것을 볼 수 있다.

안내된 일치 $\mathcal{T}$의 초기 추정치를 사용해 삼중 시점에서 추가 점 대응을 생성하고 평가하려고 한다. 첫 번째로 $\mathcal{T}$에서 시점 1과 시점 2 사이의 기본 행렬 F_{12}를 추출한다. 그리고 두 번째 시점에서 안내된 일치guided matching를 일치에 대한 느슨한 임계값을 사용해 계산한다. F_{12}와 일치하는 포인트 $\hat{\mathbf{x}}$, $\hat{\mathbf{x}}'$를 생성하기 위해 F_{12}를 사용해 이중 시점 일치의 각각을 수정한다. 이렇게 수정된 이중 시점 일치는 ($\mathcal{T}$와 함께) 대응점을 찾는 세 번째 시점에서 작은 검색 창을 정의한다. 모든 삼중 시점의 점 대응에 대해 앞서 설명한 $d_\perp$를 계산해 평가한다. $d_\perp$가 임계값 t보다 작으면 일치를 허용한다. RANSAC 단계와 안내된 일치에서 정상값 탐지에 같은 임계값을 사용해야 한다.

실제에서, 추가 대응을 생성한다는 점에서 안내된 일치의 단계가 단응사상 추정의 경우보다 더 중요하다.

그림 16.3 이미지 세 개에서 일치 알고리듬 16.4를 사용해 관심 점들을 이용해 삼중 초점 텐서를 자동으로 계산하고, 이를 이용해 여러 시점에서 직선 특징을 일치시킨다. (a) 복도의 세 이미지들 (b) 자동으로 일치하는 선분. 일치 알고리듬은 [Schmid-97]에 설명돼 있다.

구현과 실행의 세부 정보 그림 16.2의 경우 탐색 창은 ±300 픽셀이다. 정상값의 임계값은 $t = 1.25$ 픽셀이다. 총 26개의 샘플이 필요했다. RANSAC 이후의 RMS 픽셀 오차는 0.43(대응 88개), MLE 이후에는 0.23(대응 88개), MLE와 안내된 일치 이후에는 0.19(대응 95개)였다. MLE는 레벤버그-마쿼트 알고리듬을 10번 반복해야 했다.

F와 대응을 추정하기 위해서 알고리듬 11.4보다 RANSAC의 계산량이 더 적은 것에 주의해야 한다. 삼중 시점에 대한 추정 대응이 생성되기 전에 이중 시점 알고리듬에서 이미 많은 특이값을 제거했기 때문이다.

16.7 $\mathcal{T}$ 계산의 특수한 경우

16.7.1 평면과 시차에서 $\mathcal{T}_i^{jk}$의 계산

여기서는 (시점 사이의 단응사상을 계산할 수 있는) 실세상 평면과 평면에서 떨어진 두 점으로 구성된 특수 구성의 이미지에서 $\mathcal{T}_i^{jk}$를 계산하는 방법에 대해 설명한다. 물론, 평면이 실제로 존재할 필요는 없다. 이것은 가상일 수도 있고, 같은 평면에 있는 점 네 개 또는 같은 평면에 있는 직선 네 개의 이미지에서 단응사상을 쉽게 지정할 수 있다. 이 방법은 기본 행렬에 대한 알고리듬 13.2와 유사하다. 해는 (3차원 공간의 공통 사영변환을 제외한) 카메라 행렬 세 개를 구성하고 (15.9)를 따라서 카메라 행렬에서 삼중 초점 텐서를 계산해 얻는다. 첫 번째 시점과 두 번째 시점 사이의 실세계 (기준) 평면이 만드는 단응사상은 $\mathtt{H}_{12}$이고, 첫 번째 시점과 세 번째 시점 사이의 단응사상은 $\mathtt{H}_{13}$이다. 13.3절에 설명했듯이, 등극점 $\mathbf{e}'$는 첫 번째와 두 번째 시점에 대한 평면에서 벗어난 두 점의 대응과 스칼라 μ에 대해 $\mathtt{P} = [\mathtt{I} \mid \mathbf{0}]$, $\mathtt{P}' = [\mathtt{H}_{12}, \mu\mathbf{e}']$으로 선택한 카메라 행렬에서 계산할 수 있다. 여기에서 $\mathtt{H}_{12}$와 $\mathbf{e}'$의 배율은 고정된 것으로 간주되고 더 이상 동차량이 아니다. 비슷하게, $\mathbf{e}''$는 시점 1과 시점 3에 대해 두 점 대응과 스칼라 λ에 대해 $\mathtt{P} = [\mathtt{I} \mid \mathbf{0}]$, $\mathtt{P}'' = [\mathtt{H}_{13} \mid \lambda]$로 선택한 카메라 행렬에서 계산할 수 있다.

이제, 삼중 시점에 대한 일관성 있는 카메라는 다음으로 주어지는 것을 알 수 있다(카메라 세 개의 일관성에 관한 논의를 참고하라).

$$\mathtt{P} = [\mathtt{I} \mid \mathbf{0}], \quad \mathtt{P}' = [\mathtt{H}_{12} \mid \mathbf{e}'], \quad \mathtt{P}'' = [\mathtt{H}_{13} \mid \lambda\mathbf{e}''] \tag{16.5}$$

여기서 μ는 1로 설정했다. λ의 값은 삼중 시점의 점 대응 중 하나에서 결정된다. 연습 문제로 남겨둔다. 평면과 시차 재구성에 관한 보다 자세한 내용은 18.5.2를 참조하라.

이 구성에 관한 삼중 초점 텐서의 추정은 과도하게 결정되는 것을 주의해야 한다. 이중 시점에 대한 기본 행렬의 경우에는 단응사상이 (등극점의) 자유도 2를 제외한 모든 것을 결정하고 각 점 대응에서 제약 조건 하나가 있어서 제약 조건 수와 행렬의 자유도 수는 일치한다. 삼중 텐서의 경우에는 단응사상이 (등극점 두 개와 상대 배율의) 자유도 5를 제외한 모든 것을 결정한다. 그러나 각 점 대응에서 (측정된 좌표 6개에서 3차원 공간의 위치 3을 제외한) 제약 조건 세 개가 있어서 5개의 자유도에 6개의 제약 조건이 있게 된다. 이 경우에는 자유도보다 더 많은 측정 값이 있기 때문에, 텐서는 기하 오차의 비용함수를 최소화해 추정해야 한다.

16.7.2 여러 점으로 지정된 선

선에서 재구성 알고리듬을 설명할 때 선이 두 끝점으로 지정되는 경우를 고려했다. 이미지에서 선을 지정하는 또 다른 흔한 방법은 여러 점을 맞추는 최상의 선을 이용하는 것이다. 여기에서 이 경우가 두 끝점으로 정의한 선의 경우로 쉽게 축약되는 것을 보일 것이다. 세 번째 성분을 1로 정규화한 이미지 점 $\mathbf{x}_i$의 집합을 생각한다. 직선 $\mathbf{l} = (l_1,\ l_2,\ l_3)^\top$을 $l_1^2 + l_2^2 = 1$이 되도록 정규화했다고 가정한다. 이 경우, 점 $\mathbf{x}_i$에서 선 $\mathbf{l}$까지의 거리는 $\mathbf{x}_i^\top\mathbf{l}$과 같다. 거리 제곱은 $d^2 = \mathbf{l}^\top\mathbf{x}_i\mathbf{x}_i^\top\mathbf{l}$이고, 모든 거리의 제곱합은 다음이다.

$$\sum_i \mathbf{l}^\top\mathbf{x}_i\mathbf{x}_i^\top\mathbf{l} = \mathbf{l}^\top\left(\sum_i \mathbf{x}_i\mathbf{x}_i^\top\right)\mathbf{l}$$

행렬 $\mathrm{E} = (\sum_i \mathbf{x}_i\mathbf{x}_i^\top)$는 양의 정치이고 대칭이다.

보조정리 16.2 행렬 $(\mathrm{E} - \epsilon_0\mathrm{J})$는 양의 반정치semi-definite이다. 여기에서, J는 행렬 diag(1, 1, 0)이고 ϵ_0는 방정식 $\det(\mathrm{E} - \epsilon\mathrm{J}) = 0$의 가장 작은 해다.

증명 조건 $x_1^2 + x_2^2 = 1$을 만족하면서 $\mathbf{x}^\top\mathrm{E}\mathbf{x}$를 최소화하는 벡터 $\mathbf{x} = (x_1,\ x_2,\ x_3)^\top$를 계산한다. 라그랑주 승수법method of Lagrange multipliers을 사용하면 이 문제는 $\mathbf{x}^\top\mathrm{E}\mathbf{x} - \xi(x_1^2 + x_2^2)$의 극점을 찾는 것으로 바뀐다. 여기서 ξ는 라그랑주 계수이다. $\mathbf{x}$에 대한 미분을 영으로 두면, $2\mathrm{E}\mathbf{x} - \xi(2x_1,\ 2x_2,\ 0)^\top = 0$이다. 이것은 $(\mathrm{E} - \xi\mathrm{J})\mathbf{x} = 0$로 쓸 수 있다. ξ는

방정식 $\det(\mathtt{E}-\xi\mathtt{J})=0$의 해이고, $\mathbf{x}$는 $\mathtt{E}-\xi\mathtt{J}$의 영공간 생성자이다. $\mathbf{x}^\top\mathtt{E}\mathbf{x}=\xi\mathbf{x}^\top\mathtt{J}\mathbf{x}=\xi(x_1^2+x_2^2)=\xi$이므로, $\mathbf{x}^\top\mathtt{E}\mathbf{x}$를 최소화하려면 ξ를 방정식 $\det(\mathtt{E}-\xi\mathtt{J})=0$의 해 중에서 최솟값 ξ_0로 선택해야 한다. 이 경우 최소화 벡터 $\mathbf{x}_0$에 대해 $\mathtt{E}\mathbf{x}_0-\xi_0=0$이다. 최소화 벡터일 필요가 없는 다른 벡터 $\mathbf{x}$에 대해서는 $\mathbf{x}^\top\mathtt{E}\mathbf{x}-\xi_0\geq 0$을 얻는다. 그러면, $\mathbf{x}^\top(\mathtt{E}-\xi_0\mathtt{J})\mathbf{x}=\mathbf{x}^\top\mathtt{E}\mathbf{x}-\xi_0\geq 0$이므로 $\mathtt{E}-\xi_0\mathtt{J}$는 양의 반정치가 된다. □

행렬 $\mathtt{E}-\xi_0\mathtt{J}$는 대칭이므로 $\mathtt{E}-\xi_0\mathtt{J}=\mathtt{V}\mathrm{diag}(r,\ s,\ 0)\mathtt{V}^\top$의 형태로 표기할 수 있다. 여기서 $\mathtt{V}$는 직교 행렬이고 r과 s는 양수이다. 다음이 성립한다.

$$\begin{aligned}\mathtt{E}-\xi_0\mathtt{J} &= \mathtt{V}\mathrm{diag}(r,0,0)\mathtt{V}^\top+\mathtt{V}\mathrm{diag}(0,s,0)\mathtt{V}^\top \\ &= r\mathbf{v}_1\mathbf{v}_1^\top+s\mathbf{v}_2\mathbf{v}_2^\top\end{aligned}$$

여기에서 $\mathbf{v}_i$는 $\mathtt{V}$의 i번째 열벡터이다. 그러므로 $\mathtt{E}=\xi_0\mathtt{J}+r\mathbf{v}_1\mathbf{v}_1^\top+s\mathbf{v}_2\mathbf{v}_2^\top$가 된다. 그러므로 $l_1^2+l_2^2=1$을 만족하는 모든 직선에 대해 다음이 성립한다.

$$\begin{aligned}\sum_i(\mathbf{x}_i^\top\mathbf{l})^2 &= \mathbf{l}^\top\mathtt{E}\mathbf{l} \\ &= \xi_0+r(\mathbf{v}_1^\top\mathbf{l})^2+s(\mathbf{v}_2^\top\mathbf{l})^2\end{aligned}$$

따라서 최소화할 수 없는 상수 값 ξ_0와 두 점 $\mathbf{v}_1$ 및 $\mathbf{v}_2$에 대한 거리의 가중치 제곱합으로 여러 점들의 제곱합을 표현했다. 요약하면 점 $\mathbf{x}_i$로 정의된 선을 포함하는 삼중 초점 텐서 방정식을 구성할 때 가중치를 가지는 점 $\mathbf{v}_1$과 $\mathbf{v}_2$로 표현되는 두 점의 방정식을 이용할 수 있다.

직교 회귀 보조정리 16.2의 증명에서 모든 점 집합 $\mathbf{x}_i=(x_i,\ y_i,\ 1)^\top$에 대한 제곱 거리 합을 최소화하는 직선 $\mathbf{l}$은 다음과 같이 구할 수 있다.

(i) 행렬 $\mathtt{E}=\sum_i\mathbf{x}_i\mathbf{x}_i^\top$와 $\mathtt{J}=\mathrm{diag}(1,\ 1,\ 0)$을 정의한다.

(ii) 방정식 $\det(\mathtt{E}-\xi\mathtt{J})=0$의 최소해 ξ_0를 구한다.

(iii) 행렬 $\mathtt{E}-\xi_0\mathtt{J}$의 우 영벡터가 원하는 직선 $\mathbf{l}$이다.

이것은 점 집합에 대한 최소 제곱으로 최적인 선 맞추기다. 이 과정은 직교 회귀orthogonal regression로 알려져 있고, 점에 대한 제곱 거리의 합을 최소화하는 방식으로 점 집합에 대해 고차원 초평면 맞추기로 확장할 수 있다.

16.8 나가면서

16.8.1 참고 도서

삼중 초점 텐서를 계산하는 선형 방법은 [Hartley-97a]에서 처음 소개됐다. 여기서는 실제 데이터에 대한 점과 선 대응을 이용한 추정에 대한 추가 실험 결과가 있다. 일관성 있는 텐서를 추정하기 위한 반복적 대수 방법은 [Hartley-98d]에 있다. Torr and Zisserman [Torr-97]은 이미지 세 개에서 일관성 있는 텐서 $\mathcal{T}$를 추정하기 위한 자동 알고리듬을 개발했다. 그리고 이 문서는 반복 최소화의 여러 매개변수화를 비교했다. 텐서에 대한 제약 조건을 표현하고 부과하는 몇 가지 방법은 Faugeras and Papadopoulo[Faugeras-97]에 있다.

[Oskarsson-02]에는 삼중 시점에서 점 네 개와 선 세 개와 삼중 시점에서 점 두 개와 선 여섯 개에 대한 재구성에 관한 최소해가 있다.

16.8.2 메모와 연습 문제

(i) 삼중 초점 텐서가 주어졌을 때, 측정한 이미지 점 $\mathbf{x}$, $\mathbf{x}'$, $\mathbf{x}''$에서 재사영 오류를 최소화하는 3차원 공간의 점 $\mathbf{X}$를 추정하는 문제를 생각한다. 이것은 12장의 삼각측량 문제와 유사하다. 일반 운동에 대해서 12장에서 설명한 등극선의 매개변수 한 개의 꾸러미가 이중 시점에서 삼중 시점으로 확장되지 않는 것을 보여라. 그러나 카메라 세 개의 중심이 같은 직선 위에 있는 경우에는, 이중 시점의 매개화는 삼중 시점으로 확장할 수 있고 최솟값은 변수 하나의 다항식의 해로 주어진다.

(ii) 일반 위치에 있는 네 점의 최소 구성에서 아핀 삼중 초점 텐서를 계산할 수 있다. 계산은 알고리듬 14.2와 유사하며 결과로 얻게 되는 텐서는 아핀 삼중 초점 텐서에 대한 내부 제약 조건을 만족한다. 아핀의 경우에는 제약 조건이 얼마나 많은가? 추정에 사용되는 점 대응이 네 개 이상이면, 기하학적으로 유효한 텐서를 추정하기 위해 18.2절의 분해 알고리듬을 사용한다.

(iii) 텐서의 변환 규칙은 $\mathcal{T}_i^{jk} = \mathtt{A}_i^r(\mathtt{B}^{-1})_s^j(\mathtt{C}^{-1})_t^k\,\hat{\mathcal{T}}_r^{st}$이다. 다음으로 간단하게 계산할 수 있다.

```
Binv = B.inverse();
Cinv = C.inverse();

for (i=1; i<=3; i++) for (j=1; j<=3; j++) for (k=1; k<=3; k++)
{
  T[i][j][k] = 0.0;

  for (r=1; r<=3; r++) for (s=1; s<=3; s++) for (t=1; t<=3; t++)
    T[i][j][k] +=
            A[r][i] * Binv[j][s] * Cinv[k][t] * T_hat[r][s][t];
}
```

여기에는 몇 번의 곱셈과 루프 반복이 있는가? 변환을 계산하는 더 좋은 방법을 찾아보라.

(iv) (16.7.1절의) 평면과 시차를 이용하는 삼중 초점 텐서의 계산에서, ρ가 평면에서 떨어진 점의 사영 깊이이면(예: $\mathbf{x}' = \mathrm{H}_{12}\mathbf{x} + \rho\mathbf{e}'$, (13.9) 참조), (16.5)에 있는 스칼라 λ는 방정식 $\mathbf{x}'' = \mathrm{H}_{13}\mathbf{x} + \rho\lambda\mathbf{e}''$에서 계산할 수 있는 것을 보여라.

Part IV

N개 시점 기하학

그림: 무명 1947, (삼베 위의 유화), 아스게르 요른(1914–1973)

개요

이 부분은 일부는 앞의 내용을 요약한 것이며 일부는 새로운 내용이다.

17장은 요약으로, 여기서는 이중 시점과 삼중 시점의 기하로 돌아가지만 이제는 자연스럽게 사중 또는 n개 시점으로 확장할 수 있는 일반적인 체계를 소개한다. 다중 시점에 대한 기본적인 사영 관계는 (점에서 역사영한) 선과 (선에서 역사영한) 평면의 교차점에서 발생한다. 이러한 교차 속성은 시점의 카메라 행렬에서 형성된 행렬식의 소멸로 나타난다. 기본 행렬, 삼중 초점 텐서 그리고 사중 시점의 새로운 텐서 ("사중 초점 텐서")는 각각 2, 3, 4개의 시점에 대한 다중 시점 텐서의 행렬식에서 자연스럽게 나타난다. 텐서는 카메라 행렬의 3차원 구조와 본질이 아닌 부분을 제거하고 남아 있는 것이다. 사중 시점까지 텐서를 사용한다.

이러한 텐서는 각 시점에 대해서 고유하고 측정한 이미지 좌표에 대해 다중 선형 관계를 생성한다. 텐서는 이미지 대응 집합에서 계산할 수 있으며, 그 후에 텐서에서 각 시점에 대한 카메라 행렬을 계산할 수 있습니다. 마지막으로 탐지된 카메라와 이미지 대응에서 3차원 구조를 계산할 수 있다.

18장에서는 다중 시점에서 재구성 계산을 다룬다. 특히 중요한 인수분해 알고리듬을 아핀 시점에서 재구성을 위해 소개한다. 이 알고리듬이 최적이면서 반복적이지 않기 때문에 중요하다.

19장에서는 카메라의 자동 보정에 대해 설명한다. 이것은 여러 이미지에 대한 제약 조건을 기반으로 카메라의 내부 매개변수를 계산하는 방법이다. 7장에 설명한 기존의 보정 방법과 달리 명시적인 장면 보정 개체를 사용하지 않고, 내부 매개변수가 모든 이미지에서 같다 또는 카메라가 중앙을 중심으로 회전하고 종횡비가 바뀌지 않았다와 같은 제약 조건을 사용한다.

20장은 점과 카메라 사이의 이중성을 소개한다. 그리고 이것이 책 전체에서 설명한 다양한 구성과 알고리듬을 어떻게 연결하는지를 설명한다. 그리고 삼중 시점으로 이미지화된 점 6개의 재구성을 계산하는 알고리듬을 소개한다.

21장에서는 점이 하나 이상의 카메라의 앞 또는 뒤에 있는지 여부에 대한 문제를 생각한다. 이것은 광선의 방향을 구별하지 않는 책 전체에서 사용한 동차 표현을 넘어서는 문제이다.

22장에서는 이 책에서 설명한 추정 알고리듬이 실패하는 구성에 대해 다룬다. 예를 들어, 모든 3차원 점과 카메라 중심이 꼬인 입방체에 있는 경우 카메라 매트릭스를 계산할 수 없는 절제술(resectioning)이 있다.

17

N-선형성과 다중 시점 텐서

여기서는 4개의 시점 사이의 사중 초점 텐서 Q^{ijkl}을 소개한다. 이것은 이중 시점에 대한 기본 행렬과 삼중 시점에 관한 삼중 초점 텐서와 유사하다. 사중 초점 텐서는 4개의 시점에서 보이는 이미지 점과 선의 관계를 가지고 있다.

다중 시점 관계는 역사영된 선과 점의 교차 성질에서 일관성 있게 직접 유도할 수 있는 것을 볼 수 있다. 이러한 분석에서 기본 행렬 F, 삼중 초점 텐서 T_i^{jk}, 사중 초점 텐서 Q^{ijkl}은 행렬식과 함께 공통 프레임워크가 된다. 카메라 행렬을 이용해 각각의 텐서 공식을 제공한다.

또한 텐서의 자유도와 텐서 계산에 필요한 점과 선의 대응 수에 대한 일반적인 셈법 counting argument을 설명한다. 일반적인 위치 구성과 4개 이상의 요소가 동일 평면에 있는 중요한 특수 경우에 대해서 제시한다.

17.1 이중 선형 관계

두 개의 개별 시점에서 볼 수 있는 점의 좌표 사이에서 성립하는 관계를 먼저 생각한다. 따라서 $\mathbf{x} \leftrightarrow \mathbf{x}'$를 동일한 점 $\mathbf{X}$의 두 개 시점에서 이미지의 대응 점이라 둔다. 표기의 명확성을 위해 두 카메라 행렬을 일반적인 표기법인 P와 P′ 대신에 A와 B를 사용하겠다. 이제 공간에서 이미지로의 사영은 $k\mathbf{x} = \mathtt{A}\mathbf{X}$, $k'\mathbf{x}' = \mathtt{B}\mathbf{X}$로 표현할 수 있다. 여기에서 k와 k'

은 미정 상수이다. 이 두 개의 방정식을 하나의 방정식으로 쓸 수 있다.

$$\begin{bmatrix} \mathtt{A} & \mathbf{x} & \mathbf{0} \\ \mathtt{B} & \mathbf{0} & \mathbf{x}' \end{bmatrix} \begin{pmatrix} \mathbf{X} \\ -k \\ -k' \end{pmatrix} = \mathbf{0}$$

이것이 위의 두 방정식과 동일하다는 것은 쉽게 확인할 수 있다. 행렬 A의 i번째 행벡터를 $\mathbf{a}^i$로 표시하고 행렬 B의 i번째 행벡터를 $\mathbf{b}^i$로 표시하면 보다 자세하게 식을 쓸 수 있다. $\mathbf{x} = (x^1, x^2, x^3)^\top$, $\mathbf{x}' = (x'^1, x'^2, x'^3)^\top$로 표기하면 위의 방정식은 다음과 같다.

$$\left[\begin{array}{ccc} \mathbf{a}^1 & x^1 & \\ \mathbf{a}^2 & x^2 & \\ \mathbf{a}^3 & x^3 & \\ \hline \mathbf{b}^1 & & x'^1 \\ \mathbf{b}^2 & & x'^2 \\ \mathbf{b}^3 & & x'^3 \end{array}\right] \begin{pmatrix} \mathbf{X} \\ -k \\ -k' \end{pmatrix} = \mathbf{0} \tag{17.1}$$

가정에서 위의 6×6 연립방정식은 0이 아닌 해 $(\mathbf{X}^\top, -k, -k')^\top$를 갖는다. 따라서 (17.1)의 계수 행렬은 행렬식이 0이어야 한다. 이 조건에서 기본 행렬 F로 표현되는 벡터 $\mathbf{x}$와 $\mathbf{x}'$의 원소 사이에 이중 선형 관계가 유도되는 것을 증명할 것이다. 이제 이 관계식의 형태를 구체적으로 살펴본다.

(17.1)에 나타나는 행렬을 고려한다. 이것을 X로 표기한다. X의 행렬식은 x^i와 x'^i을 항으로 가지는 표현식이다. x^i와 x'^i의 원소는 X의 두 개의 열벡터에만 나타나는 것에 주의해야 한다. 이로부터 X의 행렬식은 x^i와 x'^i의 이차식으로 표현되는 것을 알 수 있다. 실제로 x^i의 모든 원소가 같은 열벡터에 나타나므로, $x^i x^j$ 또는 $x'^i x'^j$ 형태의 항은 없다. 간단하게, x^i와 x'^i의 항으로 볼 때, X의 행렬식은 이중 선형 표현이다. 행렬식이 0이라는 것은 다음의 방정식으로 표현할 수 있다.

$$(x'^1, x'^2, x'^3)\mathtt{F}(x^1, x^2, x^3)^\top = x'^i x^j F_{ij} = 0 \tag{17.2}$$

여기서 F는 3×3 기본 행렬이다. 다음과 같이 행렬 F의 원소에 대한 구체적인 공식을 계산할 수 있다. F의 원소 $\mathtt{F}_{ij}$는 X의 행렬식의 전개에서 항 $x'^i x^j$의 계수이다. 이 계수를 구하기 위해서는 행렬에서 x'^i와 x^j를 포함하는 행과 열을 제거하고 결과로 얻은 행렬에 행렬식을 구하고 필요하다면 ± 1을 곱해야 한다. 예를 들어, $x'^1 x^1$의 계수는 행렬 X의 두 행과 마지막 두 열을 제거해 얻는다. 결과로 남은 행렬은 다음이다.

$$\begin{bmatrix} \mathbf{a}^2 \\ \mathbf{a}^3 \\ \mathbf{b}^2 \\ \mathbf{b}^3 \end{bmatrix}$$

x'^1x^1의 계수는 위의 4×4 행렬의 행렬식과 같다. 일반적으로 다음의 표기를 도입한다.

$$F_{ji} = (-1)^{i+j} \det \begin{bmatrix} \sim\mathbf{a}^i \\ \sim\mathbf{b}^j \end{bmatrix} \tag{17.3}$$

이 표현에서 표기법 $\sim\mathbf{a}^i$는 A에서 $\mathbf{a}^i$행을 생략omitting해 얻은 행렬을 나타낸다. 따라서 기호 $\sim$는 생략omitting으로 읽을 수 있으며 $\sim\mathbf{a}^i$는 A의 두 행을 나타낸다. 따라서 (17.3)의 오른쪽에 나타나는 행렬식은 4×4 행렬식이다.

F_{ji}의 다른 표현식은 다음과 같이 (A1.1절에서 정의한) ϵ_{rst}를 사용하는 것이다.[1]

$$F_{ji} = \left(\frac{1}{4}\right) \epsilon_{ipq}\epsilon_{jrs} \det \begin{bmatrix} \mathbf{a}^p \\ \mathbf{a}^q \\ \mathbf{b}^r \\ \mathbf{b}^s \end{bmatrix} \tag{17.4}$$

(17.4)에서 정의한 F_{ji}는 p, q, r, s의 모든 값에 대한 합으로 정의되는 것에 주의해야 한다. 그러나 주어진 값 i에 대해 텐서 ϵ_{ipq}는 p와 q가 i와 서로 다르지 않으면 0이 된다. 이렇게 되면 p와 q는 두 가지 경우만 남는다(예를 들어 $i=1$이면 $p=2$, $q=3$ 또는 $p=3$, $q=2$). 마찬가지로, 0이 아닌 항을 생성하는 r과 s 또한 두 가지 방법만 있다. 따라서 합계는 0이 아닌 4개의 항으로만 구성된다. 더욱이, 이 네 항에 나타나는 행렬식은 행렬 A와 B의 동일한 4개 행으로 구성되므로 부호를 제외하고 동일한 값을 갖는다. 그러나 $\epsilon_{ipq}\epsilon_{jrs}$의 값은 4개의 항이 모두 동일한 부호를 가지며 같은 값이다. 따라서 합계 (17.4)는 (17.3)에 나타나는 단일 항과 같다.

17.1.1 텐서로서의 등극점

기본 행렬에 대한 식 (17.3)은 A와 B 각각에서 두 행벡터를 포함하는 행렬의 행렬식을 가

1 계수 1/4은 중요하지 않다. F는 배율 조정을 제외하고 결정되기 때문이다. 여기에서 이 항을 추가한 것은 식이 (17.3)과 일치하도록 하기 위해서다.

진다. 대신에 한 행렬의 세 행벡터 모두와 다른 행렬의 한 행벡터를 포함하는 행렬의 행렬식을 고려하면 결과로 얻는 행렬식은 등극점을 나타내게 된다. 구체적으로 다음을 얻는다.

$$e^i = \det \begin{bmatrix} \mathbf{a}^i \\ \mathtt{B} \end{bmatrix} \qquad e'^j = \det \begin{bmatrix} \mathtt{A} \\ \mathbf{b}^j \end{bmatrix} \tag{17.5}$$

여기에서 $\mathbf{e}$와 $\mathbf{e}'$은 두 이미지의 등극점이다. 이를 확인하기 위해 $\mathbf{C}'$이 $\mathtt{B}\mathbf{C}' = 0$으로 정의되는 두 번째 카메라의 중심일 때 등극점은 $e^i = \mathbf{a}^i\mathbf{C}' = 0$으로 정의되는 것에 주의해야 한다. 이제 공식 (17.5)은 ((3.4)를 유도하는 것과 비슷한 방식으로) 첫 번째 행을 따라 여인수cofactor 전개로 행렬식을 확장해 얻는다.

17.1.2 아핀 특수화

두 카메라가 모두 아핀 카메라인 경우에는 기본 행렬이 매우 단순한 형태를 갖는다. 아핀 카메라 행렬은 마지막 행이 (0, 0, 0, 1)인 행렬이다. 이제 (17.3)에서 i도 j도 3이 아니면 A와 B의 세 번째 행이 F_{ij}에 대한 표현식에 존재한다. 행렬식에 두 개의 동일한 행이 있으므로 0이 된다. 따라서 F는 다음 형식을 가진다.

$$\mathtt{F}_{\mathrm{A}} = \begin{bmatrix} & & a \\ & & b \\ c & d & e \end{bmatrix}$$

여기에서 다른 모든 원소는 0이다. 따라서 아핀 기본 행렬은 0이 아닌 원소가 5개에 불과하므로 자유도 4를 가진다. 이 속성은 14.2절에서 설명했다.

이 주장의 논법은 두 카메라가 동일한 세 번째 행을 가진다는 사실에만 의존한다. 카메라 행렬의 세 번째 행은 카메라의 주평면을 나타내므로(6.2.1절 참조), 동일한 주평면을 공유하는 두 대의 카메라에 대한 기본 행렬은 위의 형식이 된다.

17.2 삼중 선형 관계

기본 행렬을 도출하는 행렬식 방법으로 삼중 시점에서 보이는 점 좌표 간의 관계식을 도출할 수 있다. 이것의 결과로 삼중 초점 텐서에 대한 공식을 얻는다. 기본 행렬과 달리 삼중 초점 텐서는 세 이미지의 선과 점을 모두 연결한다. 대응점에 관한 관계를 먼저 설명한다.

17.2.1 삼중 초점의 점 관계

삼중 시점에 걸쳐 있는 점 대응 $\mathbf{x} \leftrightarrow \mathbf{x}' \leftrightarrow \mathbf{x}''$을 생각한다. C는 세 번째 카메라 행렬이고 $\mathbf{c}^i$는 이것의 i번째 행벡터이다. (17.1)과 유사하게 다음 식은 점 $\mathbf{X}$를 세 개의 이미지에 사영하는 방정식이다.

$$\begin{bmatrix} \mathtt{A} & \mathbf{x} & & \\ \mathtt{B} & & \mathbf{x}' & \\ \mathtt{C} & & & \mathbf{x}'' \end{bmatrix} \begin{pmatrix} \mathbf{X} \\ -k \\ -k' \\ -k'' \end{pmatrix} = \mathbf{0} \tag{17.6}$$

앞에서와 같이 X라고 부르는 이 행렬은 9개의 행과 7개의 열을 가진다. 이 방정식의 해가 존재해 행렬의 차수가 6보다 작은 것을 알 수 있다. 따라서 모든 7×7 부분 행렬은 행렬식이 0이 된다. 이 사실에서 점 $\mathbf{x}$, $\mathbf{x}'$, $\mathbf{x}''$의 좌표 사이에 삼중 선형 관계가 성립하는 것을 알 수 있다.

본질적으로 X의 7×7 부분 행렬은 두 가지 유형이 있다. X에서 7개 행을 선택할 때 다음 중 하나를 선택할 수 있다.

(i) 2개의 카메라 행렬 각각에서 3개의 행벡터와 세 번째 카메라 행렬에서 1개의 행벡터

(ii) 하나의 카메라 행렬에서 3개의 행벡터와 다른 2개 카메라 행렬 각각에서 2개의 행벡터

첫 번째 유형을 먼저 살펴본다. X의 전형적인 7×7 부분 행렬은 다음의 형식을 가진다.

$$\begin{bmatrix} \mathtt{A} & \mathbf{x} & & \\ \mathtt{B} & & \mathbf{x}' & \\ \mathbf{c}^i & & & x''^i \end{bmatrix} \tag{17.7}$$

이 행렬은 마지막 열에 하나의 원소 x''^i만을 가지는 것에 주의해야 한다. 마지막 열에 대한 공계수를 이용해 행렬식을 전개하면 다음을 얻는다.

$$x''^{i} \det \begin{bmatrix} \mathtt{A} & \mathbf{x} & \\ \mathtt{B} & & \mathbf{x}' \end{bmatrix}$$

이것은 계수 x''^{i}를 제외하면 17.1절에서 설명한 기본 행렬로 표현되는 이중 선형 관계식이 된다.

다른 종류의 7 × 7 부분 행렬은 더 흥미롭다. 이러한 행렬식의 예는 다음의 형식을 가진다.

$$\det \begin{bmatrix} \mathtt{A} & \mathbf{x} & & \\ \mathbf{b}^{j} & & x'^{j} & \\ \mathbf{b}^{l} & & x'^{l} & \\ \mathbf{c}^{k} & & & x''^{k} \\ \mathbf{c}^{m} & & & x''^{m} \end{bmatrix} \tag{17.8}$$

이중 선형 관계와 비슷한 방식으로, 행렬식을 0으로 두면 $f(\mathbf{x}, \mathbf{x}', \mathbf{x}'') = 0$의 삼중 선형 관계식을 얻는다. x^{i}를 포함하는 열을 이용해 행렬식을 전개하면 다음의 구체적인 공식을 얻을 수 있다.

$$\det \mathtt{X}_{uv} = -\frac{1}{2} x^{i} x'^{j} x''^{k} \epsilon_{ilm} \epsilon_{jqu} \epsilon_{krv} \det \begin{bmatrix} \mathbf{a}^{l} \\ \mathbf{a}^{m} \\ \mathbf{b}^{q} \\ \mathbf{c}^{r} \end{bmatrix} = 0_{uv} \tag{17.9}$$

여기에서 u와 v는 (17.8)을 생성하는 행렬 B와 C에서 생략된 행벡터에 해당하는 자유 첨자이다. 다음의 텐서를 도입한다.

$$\mathcal{T}_{i}^{qr} = \frac{1}{2} \epsilon_{ilm} \det \begin{bmatrix} \mathbf{a}^{l} \\ \mathbf{a}^{m} \\ \mathbf{b}^{q} \\ \mathbf{c}^{r} \end{bmatrix} \tag{17.10}$$

(17.9)의 삼중 선형 관계식은 다음이 된다.

$$x^{i} x'^{j} x''^{k} \epsilon_{jqu} \epsilon_{krv} \mathcal{T}_{i}^{qr} = 0_{uv} \tag{17.11}$$

텐서 $\mathcal{T}_{i}^{qr}$는 삼중 초첨 텐서이고 (17.11)은 15.2.1절에서 설명한 삼중 선형 관계이다. u와 v는 자유 첨자이며 u와 v의 선택에 따라서 다른 삼중 선형 관계식이 나온다.

기본 행렬과 마찬가지로 텐서 $\mathcal{T}_i^{qr}$에 대한 공식을 다르게 표현할 수 있다.

$$\mathcal{T}_i^{qr} = (-1)^{i+1} \det \begin{bmatrix} \sim\mathbf{a}^i \\ \mathbf{b}^q \\ \mathbf{c}^r \end{bmatrix} \tag{17.12}$$

17.1절에서와 같이 $\sim\mathbf{a}^i$는 행 i가 생략된 행렬 A를 의미한다. 첫 번째 카메라 행렬에서 i행을 생략하고 다른 두 카메라 행렬의 q와 r행을 포함하는 것에 주의해야 한다.

자주 거론되는 경우에서 첫 번째 카메라 행렬 A가 표준 형식 [I | **0**]이면 삼중 초점 텐서에 대한 식 (17.12)는 다음으로 간단하게 표현할 수 있다.

$$\mathcal{T}_i^{qr} = b_i^q c_4^r - b_4^q c_i^r \tag{17.13}$$

실제로 이러한 방식으로 형성되는 삼중 선형 관계는 27개인 것에 주의해야 한다((17.8) 참조). 특히 각각의 관계는 하나의 카메라 행렬에서 세 개의 행벡터를 다른 두 개의 카메라 행렬 각각에서 두 행벡터를 가져 오는 것에서 발생한다. 이로부터 다음을 알 수 있다.

- 첫 번째 카메라 행렬에서 세 행벡터를 선택하는 세 가지 방법
- 두 번째 카메라 행렬에서 생략할 행벡터를 선택하는 세 가지 방법
- 세 번째 카메라 행렬에서 생략할 행벡터를 선택하는 세 가지 방법

결국 전체 27개의 삼중 선형 관계식을 얻는다. 그러나 두 번째와 세 번째 카메라 행렬에서 두 행벡터를 선택하는 9가지 방법 중에서 4개만 선형적 독립이다(17.6절에서 다시 설명한다). 이것은 모두 12개의 선형 독립인 삼중 선형 관계가 있음을 의미한다.

그러나 삼중 선형 관계의 개수와 삼중 초점 텐서의 개수를 구별하는 것이 중요하다. (17.11)에서 보듯이 여러 가지 다른 삼중 선형 관계를 단 하나의 삼중 초점 텐서로 표현할 수 있다. (17.11)에서 자유 첨자 u와 v의 각각의 다른 선택에서 동일한 삼중 초점 텐서 $\mathcal{T}_i^{qr}$로 표현되는 서로 다른 삼중 선형 관계를 얻는다. 반대로 (17.10)에 주어진 삼중 초점 텐서의 정의에서 카메라 행렬 A는 다른 두 개와 다르게 취급해야 한다. $\mathcal{T}_i^{qr}$의 원소를 정의하는 행렬식에 A는 (i행을 제외하고) 두 개의 행에 기여하지만 다른 두 개의 카메라 행렬은 단지 하나의 행에 기여한다. 이것은 두 개의 행에 기여하는 세 개의 카메라 행렬의 선택에 대응하는 서로 다른 삼중 초점 텐서가 실제로 세 개가 있는 것을 의미한다.

17.2.2 삼중 초점의 직선 관계

이미지의 직선은 공변 벡터 l_i로 표현되고 점이 직선 위에 놓이는 조건은 $l_i x^i = 0$이다. X^j는 공간의 점 $\mathbf{X}$를 나타내고 a^i_j는 카메라 행렬 $\mathtt{A}$를 나타낸다. 3차원 점 X^j는 이미지 점 $x^i = a^i_j \mathrm{X}^j$로 변환된다. 그러므로 점 X^j가 직선 l_i의 한 점으로 사영되는 조건은 $l_i a^i_j \mathrm{X}^j = 0$이 된다. 또는 $l_i a^i_j$를 직선 l_i로 사영되는 모든 점으로 구성되는 평면을 표현한다고 생각할 수 있다.

한 점 X^j가 한 이미지에서 한 점 x^i로 변환되고 다른 두 이미지에서 직선 l'_q와 l''_r상의 점으로 변환되는 상황을 생각한다. 이것은 다음의 방정식으로 표현할 수 있다.

$$x^i = k a^i_j \mathrm{X}^j \quad l'_q b^q_j \mathrm{X}^j = 0 \quad l''_r c^r_j \mathrm{X}^j = 0$$

위의 식은 다음 형태의 단일 행렬 방정식으로 표기할 수 있다.

$$\begin{bmatrix} \mathtt{A} & \mathbf{x} \\ l'_q \mathbf{b}^q & 0 \\ l''_r \mathbf{c}^r & 0 \end{bmatrix} \begin{pmatrix} \mathbf{X} \\ -k \end{pmatrix} = \mathbf{0} \tag{17.14}$$

이 연립방정식은 해를 가지므로 $\det \mathtt{X} = 0$이 된다. 여기서 $\mathtt{X}$는 방정식 왼쪽의 행렬이다. 이 행렬식은 마지막 열에 대해 전개하면 다음을 얻는다.

$$\begin{aligned} 0 = -\det \mathtt{X} &= \frac{1}{2} x^i \epsilon_{ilm} \det \begin{bmatrix} \mathbf{a}^l \\ \mathbf{a}^m \\ l'_q \mathbf{b}^q \\ l''_r \mathbf{c}^r \end{bmatrix} = \frac{1}{2} x^i l'_q l''_r \epsilon_{ilm} \det \begin{bmatrix} \mathbf{a}^l \\ \mathbf{a}^m \\ \mathbf{b}^q \\ \mathbf{c}^r \end{bmatrix} \\ &= x^i l'_q l''_r \mathcal{T}_i^{qr} \end{aligned} \tag{17.15}$$

이것은 삼중 초점 텐서와 직선 집합과의 관계를 보여준다. 두 직선 l'과 l''은 공간의 평면으로 역사영돼 직선에서 만난다. 이 직선의 이미지는 직선이 되며 l_i로 표기한다. 이 직선상의 모든 점 x^i에 대해 (17.15)가 성립한다. 그러므로, $l'_q l''_r \mathcal{T}_i^{qr}$는 직선 l_i을 나타낸다. 그러므로 3개의 이미지에서 대응하는 3개의 직선은 다음을 만족한다.

$$l_p = l'_q l''_r \mathcal{T}_p^{qr} \tag{17.16}$$

물론 위의 식의 두 변의 등호는 배율을 무시한다. 관계식 (17.16)의 양변이 벡터이기에 양변의 벡터 곱이 영이 되는 것으로 해석할 수 있다. 텐서 ϵ^{ijk}를 이용해 이 벡터 곱을 표현하면 다음을 얻는다.

$$l_p l'_q l''_r \epsilon^{ipw} \mathcal{T}_i^{qr} = 0^w \tag{17.17}$$

(17.11)과 (17.15)의 유도와 비슷하게 두 이미지의 대응점과 세 번째 이미지의 직선 사이의 관계를 유도할 수 있다. 특히 점 X^j가 처음 두 이미지의 점 x^i와 x'^j로 변환되고 세 번째 이미지에서 직선 l''_r로 변환되면 관계식은 다음의 관계식이 성립한다.

$$x^i x'^j l''_r \epsilon_{jqu} \mathcal{T}_i^{qr} = 0_u \tag{17.18}$$

위의 관계식에서 u는 자유 첨자여서 $u = 1, \ldots, 3$에 대해 하나의 관계식이 존재하며 이 중에서 두 개는 선형 독립이다.

이 절의 결과를 표 17.1에 요약했다. 표의 마지막 열은 선형 독립인 방정식의 개수를 나타낸다.

표 17.1 삼중 선형 관계식(표 16.1 참조)

대응	관계식	방정식 개수
점 3개	$x^i x'^j x''^k \epsilon_{jqu} \epsilon_{krv} \mathcal{T}_i^{qr} = 0_{uv}$	4
점 2개와 선 1개	$x^i x'^j l''_r \epsilon_{jqu} \mathcal{T}_i^{qr} = 0_u$	2
점 1개와 선 2개	$x^i l'_q l''_r \mathcal{T}_i^{qr} = 0$	1
직선 3개	$l_p l'_q l''_r \epsilon^{piw} \mathcal{T}_i^{qr} = 0^w$	2

다른 방정식 집합이 서로 어떻게 연관되는지에 주의해야 한다. 예로서, 표의 두 번째 줄은 첫 번째 줄의 방정식에서 $x''^k \epsilon^{krv}$를 직선 l''_r로 치환하고 자유 첨자 v를 제거해 얻는다.

17.2.3 이중 시점과 삼중 초점 텐서의 관계

지금까지는 삼중 시점과 삼중 초점 텐서의 대응을 고려했다. 여기서는 대응이 이중 시점에만 발생하는 경우에 생기는 제약 조건에 대해 설명한다. 이중 시점의 경우에 점 대응이 기본 행렬을 제약하므로 $\mathcal{T}$에 대한 제약을 생성할 것으로 예상된다.

두 번째 이미지의 x'^j와 세 번째 이미지의 x''^k가 대응하는 경우를 생각한다. 이것은 점 x'^j와 x''^k로 변환되는 적절한 공간의 점 $\mathbf{X}$가 존재하는 것을 의미한다. 점 $\mathbf{X}$는 첫 번째 이미지에서 x^i로 변환되지만 x^i는 알려져 있지 않다. 그러나 이러한 점들 사이에 관계식

$x^i x'^j x''^k \epsilon_{jqu}\epsilon_{krv}\mathcal{T}_i^{rq} = 0$은 성립한다. 각각의 u와 v에 대해 $\mathtt{A}_{i,uv} = x'^j x''^k \epsilon_{jqu}\epsilon_{krv}\mathcal{T}_i^{rq}$로 표기한다. $\mathtt{A}_{i,uv}$의 원소는 알려진 점 x'^j와 x''^k로 명시적으로 결정되는 $\mathcal{T}_i^{rq}$의 원소들의 선형 결합으로 표현된다. $x^i\mathtt{A}_{i,uv} = 0$을 만족하는 점 $\mathbf{x}$가 존재한다. 각각의 u, v에 대해 $\mathtt{A}_{i,uv}$를 첨자 i를 가지는 3차원 벡터로 생각할 수 있다. 각각의 u, v에 대해 이러한 표현식은 4개가 선형 독립이다. 그러므로 $\mathtt{A}$를 3×4 행렬로 생각할 수 있고 조건 $x^i\mathtt{A}_{i,uv} = 0$은 $\mathtt{A}_{i,uv}$가 차수 2를 가지는 것을 의미한다. 이로부터 $\mathtt{A}$의 모든 3×3 부분 행렬의 행렬식은 0이 되고 이것이 삼중 초점 텐서의 원소에 대한 3차 제약 조건이 된다. 기하학적인 이유에서 $x^i\ \mathtt{A}_{i,uv}$는 모든 u와 v에 대해 대수적으로 독립이 되지 못한다. 결국 이중 시점의 점 대응에서 $\mathcal{T}_i^{jk}$에 대한 하나의 삼차 제약 조건을 얻는다. 구체적인 사항은 독자에게 남겨둔다.

점 대응이 첫 번째와 두 번째 (또는 세 번째) 시점 사이인 경우에는 해석이 조금 달라진다. 그러나 각 경우의 결과는 두 시점에 걸친 점 대응이 삼중 초점 텐서에 대한 제약을 주지만 이런 제약은 세 시점에 걸친 대응의 경우처럼 선형 제약은 아니다.

17.2.4 아핀 삼중 초점 텐서

카메라 세 개 모두가 아핀 카메라인 경우에는 삼중 초점 텐서가 특정한 제약 조건을 만족한다. 카메라 행렬의 마지막 행이 (0, 0, 0, 1)이면 아핀 카메라가 된다. (17.12)에 나타난 행렬의 행벡터 두 개가 이런 형식이면, $\mathcal{T}_i^{jk}$의 대응하는 원소가 영이 된다. 모두 11개의 원소 $\mathcal{T}_1^{j3}$, $\mathcal{T}_2^{j3}$, $\mathcal{T}_1^{3k}$, $\mathcal{T}_3^{33}$가 여기에 해당한다. 그러므로 삼중 초점 텐서는 16개의 배율을 무시한 영이 아닌 원소를 가진다. 아핀 기본 행렬의 경우에는 이러한 해석이 같은 주평면을 공유하는 카메라의 경우에 유효하다.

17.3 사중 선형 관계

사중 시점의 경우에도 유사한 주장이 유효하다. 다시 한 번, $\mathbf{x} \leftrightarrow \mathbf{x}' \leftrightarrow \mathbf{x}'' \leftrightarrow \mathbf{x}''' \leftrightarrow \mathbf{x}''''$의 사중 시점에 걸친 대응을 고려한다. 카메라 행렬 A, B, C, D를 사용하면 사영 방정식을 다음과 같이 표기할 수 있다.

$$\begin{bmatrix} \mathtt{A} & \mathbf{x} & & & \\ \mathtt{B} & & \mathbf{x}' & & \\ \mathtt{C} & & & \mathbf{x}'' & \\ \mathtt{D} & & & & \mathbf{x}''' \end{bmatrix} \begin{pmatrix} \mathbf{X} \\ -k \\ -k' \\ -k'' \\ -k''' \end{pmatrix} = \mathbf{0} \tag{17.19}$$

이 방정식이 해를 가지므로, 좌변의 행렬 X는 최대 차수는 7이 되며 모든 8×8 부분 행렬식은 영이 된다. 삼선 선형의 경우와 마찬가지로, 하나의 카메라 행렬에서 하나의 행 벡터만 포함하는 모든 행렬식은 나머지 시점 사이의 삼선 선형 또는 이중 선형 관계를 생성한다. 각 카메라 행렬의 두 행벡터를 포함하는 8×8 행렬식을 고려할 때 다른 경우가 발생한다. 이런 행렬식에서 다음 형식의 새로운 4차 선형 관계를 얻는다.

$$x^i x'^j x''^k x'''^l \epsilon_{ipw}\epsilon_{jqx}\epsilon_{kry}\epsilon_{lsz} Q^{pqrs} = 0_{wxyz} \tag{17.20}$$

여기서 자유 변수 w, x, y, z의 다른 선택으로 다른 방정식을 얻을 수 있다. 4차원 **사중 초점 텐서**quadrifocal tensor Q^{pqrs}는 다음으로 정의된다.

$$Q^{pqrs} = \det \begin{bmatrix} \mathbf{a}^p \\ \mathbf{b}^q \\ \mathbf{c}^r \\ \mathbf{d}^s \end{bmatrix} \tag{17.21}$$

사중 시점 텐서의 4개의 첨자는 반변이며 삼중 초점 텐서의 경우처럼 구별되는 시점은 없다. 주어진 4개의 시점에 대응하는 사중 시점 텐서는 하나만 존재하고, 이 하나의 텐서는 81개의 서로 다른 사중 선형 관계를 생성하며, 이 중에서 16개는 선형 독립이다(17.6절 참조).

삼중 초점 텐서의 경우와 마찬가지로 사중 초점 텐서의 경우에도 선과 점 사이에 관계가 존재한다. 점과 관련된 방정식은 실제로 직선 관계식의 특별한 경우이다. 그러나 직선 4개의 대응인 경우에는 앞으로 설명하는 것과 같은 조금 다른 사항이 발생한다. 4개의 직선과 사중 초점 텐서 사이의 관계식은 모든 대응하는 직선 l_p, l'_q, l''_r, l'''_s에 대해 다음 공식을 만족한다.

$$l_p l'_q l''_r l'''_s Q^{pqrs} = 0 \tag{17.22}$$

그러나 유도 과정에서 4개의 이미지 직선에 사영되는 공간의 단일 지점이 있으면 이 조건이 성립하는 것을 알 수 있다. 4개의 이미지 직선이 (공간에서 공통 직선의 이미지라는 의미에서) 대응할 필요는 없다. 이런 구성을 그림 17.1a에 설명했다.

이제, 하나의 3차원 직선에서 유도된 세 개의 직선(예로서 l'_q, l''_r, l'''_s)이 대응하는 경우를 생각한다(그림 17.1b). 그리고 l_p는 첫 번째 이미지의 임의의 직선이라 한다. 이 직선의 역사영은 평면이며 3차원의 직선과 한 점 $\mathbf{X}$에서 만나서 (17.22)가 성립하는 조건을 만족한다. 이러한 사실이 임의의 직선 l_p에 대해 성립하므로 $l'_q l''_r l'''_s Q^{pqrs} = 0^p$가 성립한다. 여기에서 $l'_q l''_r l'''_s$를 포함하는 세 개의 선형 독립인 방정식을 구할 수 있다. 그러나 이미지 네 개에서 대응하는 직선에 대해 직선 세 개의 부분 집합을 선택할 수 있고, 이런 직선 세 개에 대해 방정식 세 개를 얻을 수 있다. 직선 세 개를 선택하는 방법이 네 가지이므로 모든 방정식은 12개가 된다.

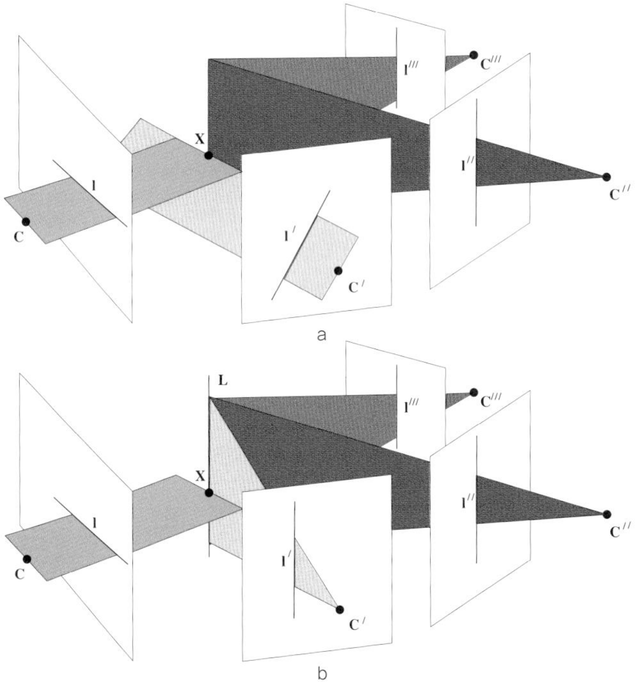

그림 17.1 직선 네 개의 "대응" 직선 네 개 $\mathbf{l}$, $\mathbf{l}'$, $\mathbf{l}''$, $\mathbf{l}'''$은 역사영이 공통점 $\mathbf{X}$에서 교차하므로 사중 선형 관계 (17.22)를 만족한다. (a) 3개 평면이 공통 선에서 교차하지 않는 경우 (b) 직선 세 개 $\mathbf{l}' \leftrightarrow \mathbf{l}'' \leftrightarrow \mathbf{l}'''$이 3차원 공간에 있는 공통 직선 $\mathbf{L}$의 이미지인 경우

그러나 이 방정식 중에 9개만 독립이며 다음에서 볼 수 있다. $\mathbf{l} = \mathbf{l}' = \mathbf{l}'' = \mathbf{l}''' = (1, 0, 0)^\mathsf{T}$를 가정한다. 이미지 4개 각각에 사영변환을 적용해 대응하는 임의의 직선을 이런 형태로 변환할 수 있기에 이것은 일반적인 상황과 동등하다. 이제, 방정식 $l'_q l''_r l'''_s Q^{pqrs} = 0^p$는 $Q^{p111} = 0$을 의미한다. 이러한 주장을 삼중 시점의 모든 4개 트리플렛triplet 모두에 적용하면 첨자 중에서 3개 이상이 1이면 $Q^{pqrs} = 0$이 된다. 그런 원소는 모두 9개가 있다. 직선 대응에 의해 생성되는 방정식 집합은 이러한 각 요소를 영으로 설정하는 것과 동일하므로 총 12개의 방정식 중에서 9개의 독립적인 방정식만 존재한다.

사중 시점 관계식은 표 17.2에 요약했다. 직선 3개와 점 1개인 경우에는 여기서 관계식을 제시하지 않았다. 이것은 단지 직선 3개의 대응보다 제약을 더 부과하지 않기 때문이다.

표 17.2 사중 선형 관계

대응	관계식	방정식 숫자
점 4개	$x^i x'^j x''^k x'''^l \epsilon_{ipw} \epsilon_{jqx} \epsilon_{kry} \epsilon_{lsz} Q^{pqrs} = 0_{wxyz}$	16
점 3개와 직선 1개	$x^i x'^j x''^k l'''_s \epsilon_{ipw} \epsilon_{jqx} \epsilon_{kry} Q^{pqrs} = 0_{wxy}$	8
점 2개와 직선 2개	$x^i x'^j l''_r l'''_s \epsilon_{ipw} \epsilon_{jqx} Q^{pqrs} = 0_{wx}$	4
직선 3개	$l_p l'_q l''_r Q^{pqrs} = 0^s$	3
직선 4개	$l_p l'_q l''_r Q^{pqrs} = 0^s,\ l_p l'_q l'''_s Q^{pqrs} = 0^r,\ \ldots$	9

17.4 면 4개의 교차점

다중 시점 텐서는 다른 방식으로 유도할 수 있는데, 이런 것이 의미를 더 명확하게 할 수 있다. 여기의 해석에서 기본 기하 속성은 평면 4개의 교차점이다. 공간의 평면 4개는 일반적으로 공통점에서 만나지 않는다. 이에 대한 필요충분조건은 평면을 나타내는 벡터가 형성하는 4×4 행렬의 행렬식이 영이 돼야 한다.

표기법 이 절에서만 $\mathbf{a}$, $\mathbf{b}$, $\mathbf{c}$, $\mathbf{d}$를 행으로 가지는 4×4 행렬의 행렬식을 $\mathbf{a} \wedge \mathbf{b} \wedge \mathbf{c} \wedge \mathbf{d}$로 표기한다. 보다 일반적인 관점에서는 기호 $\wedge$가 이중 대수의 만남meet(또는 교차intersection) 연산자를 나타낸다(17장의 참고 도서 참조). 그러나 여기에서는 행렬식을 간편하게 표기하

는 것으로 생각하면 된다.

유도가 가장 쉬운 사중 시점 텐서부터 시작한다. 카메라 행렬 A, B, C, D를 가지는 카메라 4개로 구성된 이미지에서 직선 4개 $\mathbf{l}$, $\mathbf{l}'$, $\mathbf{l}''$, $\mathbf{l}'''$을 생각한다. 카메라 A를 통한 직선 $\mathbf{l}$의 역사영은 (17.14)의 표기법으로 평면 $l_i\mathbf{a}^i$로 표기할 수 있다. 이러한 평면 네 개가 일치하는 조건은 다음과 같이 쓸 수 있다.

$$(l_p\mathbf{a}^p) \wedge (l'_q\mathbf{b}^q) \wedge (l''_r\mathbf{c}^r) \wedge (l'''_s\mathbf{d}^s) = 0$$

그러나 행렬식은 각 행에서 선형이므로 다음을 얻는다.

$$0 = l_p l'_q l''_r l'''_s (\mathbf{a}^p \wedge \mathbf{b}^q \wedge \mathbf{c}^r \wedge \mathbf{d}^s) \stackrel{\text{def}}{=} l_p l'_q l''_r l'''_s Q^{pqrs} \tag{17.23}$$

이것은 사중 시점 텐서의 정의 (17.21)와 직선 관계 (17.22)에 해당한다. 기본적인 기하학 속성은 공간에서 네 평면의 교차점이다.

삼중 초점 텐서의 유도 이제 삼중 시점에서 점-선-선 관계 $x^i \leftrightarrow l'_j \leftrightarrow l''_k$에 관해 생각한다. l^1_p와 l^2_q는 이미지 점 $\mathbf{x}$를 지나는 첫 번째 이미지의 두 직선이다. 직선 4개에서 역사영된 면은 한 점에서 만난다(그림 17.2 참조). 그래서 다음이 성립한다.

$$l^1_l l^2_m l'_q l''_r (\mathbf{a}^l \wedge \mathbf{a}^m \wedge \mathbf{b}^q \wedge \mathbf{c}^r) = 0$$

다음 단계는 대수적인 기교이다. 이 방정식에 $\epsilon^{ilm}\epsilon_{ilm}$을 곱한다. 이것은 스칼라 값이다(실제로는 (ilm)의 순열 수인 6이다). 정리하면 다음을 얻는다.

$$\left(l^1_l l^2_m \epsilon^{ilm}\right) l'_q l''_r \epsilon_{ilm} \left(\mathbf{a}^l \wedge \mathbf{a}^m \wedge \mathbf{b}^q \wedge \mathbf{c}^r\right) = 0$$

여기에서 표현식 $l^1_l l^2_m \epsilon^{ilm}$은 두 직선 l_l과 l_m의 교차곱에 불과하다. 즉, 교점 x^i가 된다. 결국 다음을 얻는다.

$$0 = x^i l'_q l''_r \left(\epsilon_{ilm}(\mathbf{a}^l \wedge \mathbf{a}^m \wedge \mathbf{b}^q \wedge \mathbf{c}^r)\right) \stackrel{\text{def}}{=} x^i l'_q l''_r \mathcal{T}_i^{qr} \tag{17.24}$$

이것은 삼중 초점 텐서의 정의 (17.10)과 기본 결합 방정식 (17.15)이다.

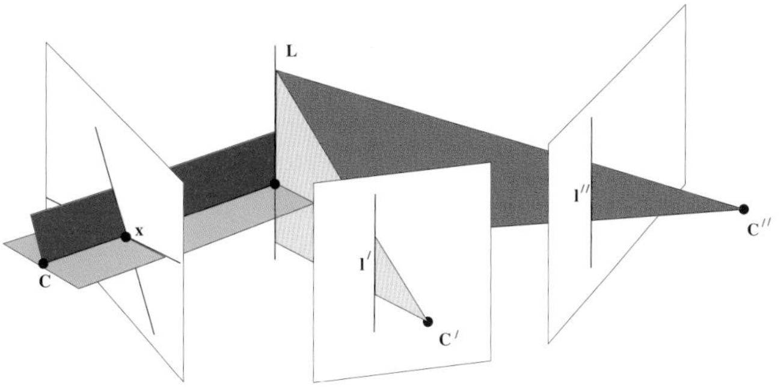

그림 17.2 이미지 세 개에서의 점-선-선 대응 $\mathbf{x} \leftrightarrow \mathbf{l}' \leftrightarrow \mathbf{l}''$는 다음으로 해석할 수 있다. 첫 번째 이미지의 점 $\mathbf{x}$를 통과하는 임의의 직선 2개를 선택한다. 그런 다음 직선 4개를 역사영하면 공간의 한 점에서 만난다.

기본 행렬 동일한 방식으로 기본 행렬을 유도할 수 있다. 주어진 대응 $\mathbf{x} \leftrightarrow \mathbf{x}'$에 대해 $\mathbf{x}$를 통과하는 직선 l^1_p와 l^2_q 그리고 $\mathbf{x}'$을 통과하는 직선 l'^1_r과 l'^2_s를 선택한다. 역사영된 평면은 모두 한 점에서 만나므로 다음이 성립한다.

$$l^1_p\, l^2_q\, l'^1_r\, l'^2_s(\mathbf{a}^p \wedge \mathbf{a}^q \wedge \mathbf{b}^r \wedge \mathbf{b}^s) = 0$$

$(\epsilon_{ipq}\epsilon^{ipq})(\epsilon_{jrs}\epsilon^{jrs})$를 곱하고 앞의 경우와 같이 진행하면 동일 평면성 제약을 얻는다.

$$0 = x^i x'^j \left(\epsilon_{ipq}\epsilon_{jrs}(\mathbf{a}^p \wedge \mathbf{a}^q \wedge \mathbf{b}^r \wedge \mathbf{b}^s)\right) \stackrel{\text{def}}{=} x^i x'^j F_{ji} \qquad (17.25)$$

이를 (17.4)와 비교할 수 있다.

17.5 셈법 논리

여기서는 다중 시점의 재구성을 수행하는 데 필요한 점 또는 직선의 수를 결정한다. 이 분석은 연관된 텐서의 자유도를 계산하는 것과 관련 있다. 그러나 여기에서 제한 없는 대수 객체로 간주하는 텐서의 자유도와 카메라와 카메라 행렬의 구성에서 발생하는 자유도를 구별하는 것이 중요하다.

예를 들어, 기본 행렬을 생각해 본다. 처음에는 기본 행렬을 동차 3×3 행렬로 간주할 수 있으므로 (확정되지 않은 척도를 제외해 9−1인) 자유도 8을 가진다. 그러나 (17.3)에 따라 카메라 행렬 한 쌍에서 발생하는 기본 행렬은 추가 제약 조건 $\det \mathrm{F} = 0$을 만족해야 한다. 그래서 이런 기본 행렬은 자유도가 7이다. 카메라 행렬은 기본 행렬에서 3차원 사영도를 제외하고 결정할 수 있고(또 그 반대도 가능하므로), 카메라 행렬의 자유도를 계산해 기본 행렬의 자유도를 계산할 수 있다. 카메라 행렬 두 개는 (2개의 3×4 동차 행렬에서) 총 22의 자유도를 가진다. 3차원 단응 사상은 4×4 동차 행렬로 표시되므로 자유도가 15이다. 그러므로 두 카메라의 구성에 대해 사영변환을 제외하면 총 $7 = 22 - 15$ 자유도를 가진다. 이것은 이전 계산에서 얻은 기본 행렬의 자유도 7과 일치한다.

비슷하게, 삼중 초점 텐서는 3개의 카메라 행렬의 사영 구조의 정보를 가지므로 자유도 $18 = 3 * 11 - 15$를 갖는다. 같은 방식으로 사중 초점 텐서는 자유도 $29 = 4 * 11 - 15$를 갖는다. 일반적으로 m개의 카메라에 대해 다음을 얻는다.

$$\text{자유도} = 11m - 15$$

삼중 초점 텐서와 사중 초점 텐서를 단순히 동차 대수 배열로 간주하면 각각 26와 80의 자유도를 가지므로 삼중 초점 텐서에 대해서 8개, 사중 초점 텐서에 대해서는 51개의 카메라 기하학의 추가 제약 조건을 만족해야 한다.

기하학적 구조를 계산할 때 다중 선형성의 제약 조건을 이용해 다중 초점 텐서를 추정하는 것을 기반으로 하는 선형 대수 방법을 사용할 수 있다. 필요한 대응 수는 각 점 또는 선 대응에 의해 생성된 방정식 수에 의해 결정된다. 이 선형 방법은 기하학에 의해 텐서에 부과된 제약 조건을 고려하지 않는다.

반대로, 필요한 대응의 수는 각 대응에 의해 주어진 기하학적 제약의 수를 계산하고 시스템의 총 자유도와 비교해 결정할 수 있다. m개의 시점에서 n개의 점 구성을 생각해 본다. 이 시스템의 총 자유도는 $11m - 15 + 3n$이다. n의 3차원 점 각각에 3개의 자유도가 있기 때문이다. 사영 구조를 추정하기 위해 사용 가능한 데이터는 m개의 이미지에 있는 n개 점의 이미지, 즉 (각 2차원 점은 두 개의 좌표를 가지므로) $2mn$개의 측정값이다. 따라서 재구성이 가능하려면 $2mn \geq 11m - 15 + 3n$ 또는 $(2m - 3)n \geq 11m - 15$를 만족해야 한다. 따라서 필요한 점의 개수는 다음과 같다.

$$n \geq \frac{11m - 15}{2m - 3} = 5 + \frac{m}{2m - 3}$$

각 점 대응이 카메라에 대한 $2m-3$개의 제약에 기여하는 것으로 생각할 수 있다. 즉 각 각 시점의 점 좌표에 대해 $2m$, 3차원 점의 추가된 자유도에 대한 3을 뺀 값이다.

표 17.3 사영 자유도와 제약 조건 선형 열은 텐서를 선형으로 해결하기 위해 필요한 모든 시점에서 최소 대응 수를 나타낸다(척도는 제외). 비선형은 필요한 최소 대응 수다. 별표는 여러 솔루션을 나타내고 물음표는 실제 재구성 방법이 알려져 있지 않음을 나타낸다.

시점 개수	텐서	원소 개수	자유도	선형		비선형	
				점 개수	선 개수	점 개수	선 개수
2	F	9	7	8	_	7*	–
3	$\mathcal{T}$	27	18	7	13	6*	9*?
4	Q	81	29	6	9	6	8?

비슷한 계산을 선 대응에 대해서도 할 수 있다. 직선은 3차원 공간에서 자유도 4를 가지며 이미지에서 자유도 2를 가지므로 각각의 선 대응에서 제약 조건 $2m-4$개를 얻을 수 있어 필요한 직선의 수 l은 다음과 같다.

$$l \geq \frac{11m-15}{2m-4}$$

두 경우 모두, 제약 조건(방정식)의 개수가 카메라와 점 또는 선 구성의 자유도(미지수)의 개수와 같으면 선형방정식의 경우를 제외하면 여러 개의 해가 있을 수 있다. 그러나 미지수보다 방정식이 더 많으면 시스템이 과도하게 결정되고 일반적인 경우에 유일한 해가 존재한다.

표 17.3은 재구성에 필요한 대응 개수를 요약한 것이다. 별표(*)는 여러 개의 해가 존재할 수 있는 것을 나타낸다. 비선형 해의 경우, 연립 다항식의 해와 무차별 생성법brute-force generation을 제외하면 실제 해를 구하는 방법이 알려져 있지 않다. 간단한 방법이 알려져 있지 않은 상황을 물음표로 표시했다. 직선의 비선형 해에 대해서는 알려진 것이 많이 없다. 특정 비선형 알고리듬은 다음과 같다.

(i) 이중 시점에서 점 7개: 11.1.2절 참조: 3개의 해가 가능하다.

(ii) 삼중 시점에서 점 6개: 20.2.4절 참조: 3개의 해가 가능하다. 이것은 앞 문제의 쌍대 문제이다(20장 참조).

(iii) 사중 시점에서 점 6개. 삼중 시점에서 점 6개를 사용해 해를 구한 후 (7.1절의) 카메라 후방교회 DLT 알고리듬을 사용해 네 번째 시점을 찾아 해 하나를 제외하고 모두 제거한다. 그러나 앞의 두 경우와 달리 사중 시점의 점 6개의 경우는 조건이 과도해 해는 데이터가 완벽한 경우에만 존재한다. 잡음이 있는 데이터에 대한 추정은 20장에서 설명한다.

표 17.4 아핀 자유도와 제약 조건 각 시점의 카메라는 아핀 카메라다. 자세한 내용은 표 17.3의 설명을 참조하라.

시점 개수	텐서	영이 아닌 원소의 수	자유도	선형		비선형	
				점 개수	선 개수	점 개수	선 개수
2	F_A	5	4	4	–	4	–
3	$\mathcal{T}_A$	16	12	4	8	4	6*?
4	Q_A	48	20	4	6	4	5*?

17.5.1 아핀 카메라

아핀 카메라의 경우에는 더 적은 대응으로 재구성 문제를 해결할 수 있다. 무한면은 재구성에서 식별되면 모든 카메라의 주평면이 되므로 재구성 모호성은 사영변환이 아니라 아핀변환이 된다. 카메라 m개의 자유도는 다음이다.

$$\text{자유도} = 8m - 12.$$

각각의 시점에서 새로운 3×4 아핀 카메라 행렬에 대해 자유도 8를 추가하고 3차원 아핀변환의 자유도 12를 제외한다.

사영 카메라와 마찬가지로 점 대응 하나에서 $2m - 3$개의 제약 조건을 얻고 직선 대응 하나에서 $2m - 4$개의 제약 조건을 얻는다. 앞의 경우와 같은 방법으로 필요한 점의 개수는 $n(2m - 3) \geq 8m - 12$가 된다. 즉,

$$n \geq \frac{8m - 12}{2m - 3} = 4$$

직선에 대해서는 다음을 얻는다.

$$l \geq \frac{8m - 12}{2m - 4} = 4 + \frac{2}{m - 2}$$

선형 방법의 경우에 텐서의 원소의 개수는 3^m이다. 아핀 카메라의 경우에는 항상 그렇듯이 배율을 제외하고 결정되며, 17.1.2절과 17.2.4절에서 볼 수 있듯이 추가로 많은 원소가 영이 된다. 이러한 사실에서 필요한 대응의 개수가 줄어든다. 셈법 논리의 결과는 표 17.4에 나와 있다. 점 대응의 경우 선형 알고리듬은 위에서 얻은 최소 대응 개수가 된다. 따라서 비선형 알고리듬은 선형 알고리듬과 동일하다.

17.5.2 같은 평면상의 점 4개의 경우 - 평면과 시차

앞의 셈법 논리는 일반 위치에 있는 점과 선의 경우에 대한 것이다. 여기서는 3차원에서 점 4개 이상이 같은 평면상에 있는 중요한 경우를 생각한다. 텐서의 계산과 결과적으로 사영 구조가 매우 간단해지는 것을 보게 된다. 논의는 같은 평면에 있는 4점의 이미지 점을 알고 있는 것을 가정한다. 그러나 여기서 정말 중요한 것은 평면이 유도하는 이미지 간의 단응사상을 알고 있어야 한다.

표 17.5 평면이 유도하는 시점 간의 2차원 단응 사상이 주어지면 사영 구조를 구하기 위해 필요한 추가 대응 수. 단응 사상은 같은 평면에 있는 4개 이상의 일치점 또는 다른 방법으로 계산할 수 있다. 이 표에서는 단응사상을 계산하기 위해 필요한 점은 고려하지 않았다.

시점 개수	텐서	자유도	점		선	
			점 개수	제약 개수	선 개수	제약 개수
2	F	2	2	2	–	
3	$\mathcal{T}$	5	2	5	5	5
4	Q	8	2	8	4	8

같은 평면에 있는 점 4개를 알고 있을 때 기본 행렬은 13.3절(알고리듬 13.2)에서 삼중초점 텐서는 16.7.1절에서 설명했다. 여기서는 사중 시점의 경우에 대해 설명한다. 평면의 3차원 점에서 발생하는 4개 (또는 그 이상) 점의 대응에서 평면이 유도하는 첫 번째 시점에서 두 번째 시점, 세 번째 시점, 네 번째 시점으로 가는 각각의 단응사상 H', H'', H'''을 계산할 수 있다. 사영 재구성에서는 무한면을 포함하는 평면을 선택하면 H', H'', H'''는 무한 단응사상이 된다. 그리고 첫 번째 이미지가 원점에 있다고 가정하면 카메라 행렬 4개는 다음으로 표현할 수 있다.

$$A = [I \mid \mathbf{0}] \quad B = [H' \mid \mathbf{t}'] \quad C = [H'' \mid \mathbf{t}''] \quad D = [H''' \mid \mathbf{t}''']$$

벡터 $\mathbf{t}'$, $\mathbf{t}''$, $\mathbf{t}'''$는 공통 배율 계수를 제외하고 결정할 수 있다. 카메라 행렬 왼편의 3×3 부분 행렬을 알고 있기에 (17.21)에서 Q^{pqrs}의 원소는 카메라 행렬의 $\mathbf{t}'$, $\mathbf{t}''$, $\mathbf{t}'''$의 원소에 대해 선형이다. 실제로 이것을 명시적으로 $\mathbf{q} = \mathtt{M}\mathbf{t}$로 쓸 수 있다. 여기서 $\mathtt{M}$은 81×9 행렬이고 $\mathbf{q}$와 $\mathbf{t}$는 Q와 $\mathbf{t}', \ldots, \mathbf{t}'''$의 원소를 나타내는 벡터이다. 따라서 사중 초점 텐서는 동차 좌표 9개의 일차식으로 매개화돼 자유도 8을 갖는다.

이제 표 17.2에서와 같이 대응에서 구한 연립방정식 $\mathtt{E}\mathbf{q} = 0$이 주어지면, $\mathtt{EM}\mathbf{t} = 0$가 되도록 $\mathbf{q} = \mathtt{M}\mathbf{t}$를 치환해 최소 매개변수 집합 $\mathbf{t}$로 표기할 수 있다. 이로써 $\mathbf{t}$에 대한 선형 해를 구하고, 따라서 카메라 행렬 그리고 (원하는 경우) 텐서, $\mathbf{q} = \mathtt{M}\mathbf{t}$를 구할 수 있다. 이렇게 구한 텐서는 자동으로 카메라 행렬 집합과 대응하므로 모든 기하 제약 조건을 만족하는 장점이 있다. 4차 텐서가 만족해야 하는 번거로운 제약 조건 51개가 사라진다.

위의 해석은 사중 초점 텐서의 계산을 위한 것이지만 기본 행렬과 삼중 초점 텐서에도 동일하게 적용된다.

셈법 논리 m개 시점의 일반 경우로 다시 돌아가서 기하 관점에서 상황을 고려해본다. 텐서를 매개화하는 자유도는 카메라 행렬에 남아 있는 기하학적 자유도와 같다. 즉, m이 시점의 개수이며 $3m - 4$이다. 첫 번째를 제외한 카메라 행렬의 마지막 열벡터에 대한 $3(m-1)$과 공통 배율 계수에 해당하는 1을 뺀 값이다. 그러나 점 또는 선 대응에서 나오는 제약 조건의 개수를 세는 것은 약간 까다로워서 숨겨진 종속성을 무시하지 않도록 셈법 논리에 매우 주의해야 한다. 먼저, 삼중 시점에 걸친 선 대응 $\mathbf{l} \leftrightarrow \mathbf{l}' \leftrightarrow \mathbf{l}''$를 생각한다. 아래의 논리는 일반적으로 $m \geq 3$인 시점에서 성립한다. 해결해야 하는 문제는 이미지 직선의 측정에서 얼마나 많은 정보를 얻을 수 있는지다. 놀랍게도 이미지 간의 평면 단응사상에 대한 정보는 선 대응이 제공하는 정보의 양을 줄인다. 논증의 단순화를 위해 평면 단응 사상을 이미지에 적용해 같은 평면상 점 4개의 참조점이 각 이미지에서 같은 점이 되는 것을 가정한다. 결과적으로 참조 평면의 다른 추가 점들도 각 이미지에서 동일한 점으로 변환된다. 이제, 선 대응이 유도되는 3차원 직선 $\mathbf{L}$은 점 $\mathbf{X}$에서 참조 평면과 만나야 한다. $\mathbf{X}$는 참조 평면에 있기 때문에 $\mathbf{X}$는 모든 이미지에서 동일한 점 $\mathbf{x}$로 사영되고 $\mathbf{x}$는 세 개의 이미지 라인 $\mathbf{l}$, $\mathbf{l}'$, $\mathbf{l}''$상에 놓여야 한다. 따라서 삼중 시점의 대응 선은 임의가 아니므로 모두 공통 이미지 점을 통과해야 한다. 일반적인 경우 m개 시점에서 선 측정의 자유도는 $m + 2$이다. 점 $\mathbf{x}$를 지정하려면 자유도 2가 필요하며, 점을 통과하는 각 직선은 하나의 나머지 자유도(방향)를 갖는다. 공간에서 직선에 추가된 자유도 4에 대해 4를 빼면 다음을 얻는다.

- m개 시점에 대한 각 직선 대응에서 카메라의 나머지 자유도에 대해 $m - 2$개의 제약 조건을 얻는다.

이미지 직선이 한 점에서 만나야 하는 조건이 선 대응에서 나오는 방정식의 수를 제한하는 것에 주의해야 한다. 이 조건이 없으면 제약 조건을 각 직선에서 $2m - 4$로 생각하기 쉽다. 그러나 완벽한 데이터를 사용하면 $2m - 4$ 연립방정식의 차수는 단지 $m - 2$일 뿐이다. 노이즈가 많은 데이터를 사용하면 이미지 직선이 정확히 일치하지 않고 연립방정식은 온전한 차수를 가질 수 있다. 그러나 이는 전적으로 노이즈로 인한 것이며 시스템의 가장 작은 특이값은 본질적으로 무작위하다. 그러나 노이즈를 줄이기 위해서 방정식을 풀 때 사용 가능한 모든 것을 포함해야 한다.

점 대응에 대한 논리도 유사하다. 두 이미지 점을 통과하는 직선은 공간에 있는 직선의 이미지이다. 이런 3차원 직선의 사영은 이전 논의에서 설명한 대로 제약을 가지며 대응점에 제약을 준다. 측정의 자유도 $3m + 2$을 가진다. 평면과 선의 교차점에 대해 2, 각 시점에서 선 방향에 대해 1, 선에 있는 두 점의 위치에 해당하는 2이다. 3차원 공간에서 두 점의 자유도에 대해 6을 빼면 결과는 다음과 같다.

- m개의 시점에 대한 두 점 대응은 카메라의 나머지 자유도에 대해 $3m - 4$ 제약을 준다.

이것은 카메라의 자유도와 같기 때문에 구조 계산에 점 2개이면 충분하다. 카메라의 기하학적 제약 조건의 개수는 텐서의 자유도 수와 같기 때문에 텐서의 제약 조건과 기하학적인 제약 조건 사이에 차이가 없다. 따라서 점 및 선 대응으로 텐서에 대한 선형 제약을 생성할 수 있다. 비선형 방법은 필요하지 않다. 필요한 대응의 개수는 표 17.5에 요약했다.

17.6 독립 방정식의 개수

사중 시점 각각의 점 대응이 4중 초점 텐서 원소의 선형 독립 방정식 16개를 생성한다고 표 17.2에 제시됐다. 이제 이것에 대해 더 자세하게 설명한다.

사중 시점 간의 점 대응이 충분하게 많이 주어지면 텐서 Q^{pqrs}를 풀 수 있다. Q를 알면 카메라 행렬을 구해 사영 구조를 계산할 수 있다. 이에 대해 [Heyden-95b, Heyden-97c, Hartley-98c]에 설명돼 있지만, 이 책에서는 더 이상 논의하지 않는다. 그러나 이를 위해 필요한 일치점의 개수를 세면 이상한 일이 벌어진다. 위에서 언급했듯이, 각 일치점에서 텐서 Q^{pqrs} 원소에 대해 선형 독립 방정식 16개를 얻는 것으로 보이며, 완전히 무관한 일치점 두 집합에서 파생된 방정식이 독립이 아닐 가능성은 거의 없어 보인다. 따라서 점 대응 5개에서 방정식 80개를 얻으면 Q^{pqrs} 원소 81개를 풀기에 충분해 보인다. 이러한 주장에서, 사중 시점 간의 대응점 5개에서 텐서를 구할 수 있는 것처럼 보이며, 그런 다음 일반적인 사영 모호성을 제외하고 카메라 행렬을 구할 수 있는 것으로 보인다. 그러나 이 결론은 다음의 명제와 모순된다.

- 점 5개의 이미지에서 4대의 (또는 임의의 개수의) 카메라 위치를 결정할 수 없다.

이것은 17.5절의 셈법 논리에서 유도된다. 분명히 방정식 계산에 약간의 오류가 있다. 진실은 다음과 같다.

결과 17.1 사중 시점 간의 단일 점 대응 $\mathbf{x} \leftrightarrow \mathbf{x}' \leftrightarrow \mathbf{x}'' \leftrightarrow \mathbf{x}''' \leftrightarrow \mathbf{x}''''$에서 구한 81개의 선형 방정식 (17.20)은 Q^{pqrs}에 대한 16개의 독립적인 제약을 가진다. 그리고 방정식을 $\mathtt{A}\mathbf{q} = \mathbf{0}$ 표기한다. 여기서 $\mathtt{A}$는 81×81 행렬이고 $\mathbf{q}$는 Q^{pqrs} 원소를 포함하는 벡터이다. 그러면 $\mathtt{A}$의 0이 아닌 특이값 16개는 모두 같다.

이 결과가 말하는 것은 하나의 점 대응에서 예상대로 16개의 선형 독립 방정식을 실제로 얻으며, (행렬 A의 왼편에 직교 행렬 U를 곱하는) 직교 변환으로 16개의 직교 연립방정식으로 변환할 수 있다. 증명은 이번 절의 끝부분에서 한다. 그러나 놀라운 사실은 관련되지 않은 점 대응 두 개에 해당하는 연립방정식이 독립이 아니라는 것이다. 다음의 결과에서 서술한다.

결과 17.2 사중 시점 간의 일반 점 대응 n개에서 유도된 방정식 집합 (17.20)은 $n \leq 5$에 대해 $16n - \binom{n}{2}$의 차수를 가진다.

표기법 $\binom{n}{2}$는 n개에서 2개를 선택할 수 있는 수를 의미한다. 구체적으로 $\binom{n}{2} = n(n-1)/2$이다. 따라서 점 5개에 대해 독립 방정식 70개만 있고 Q^{pqrs}를 구하기에 충분하지 않다. $n = 6$개의 점인 경우 $16n - \binom{n}{2} = 81$이고 Q^{pqrs}의 원소 81개를 구하기에 충분하다.

이제 위의 두 결과를 증명한다. 결과 17.1의 증명에서 중요한 것은 반대칭 행렬의 특이값에 관한 것이다(A4.1절 참조).

결과 17.3 3×3 반대칭 행렬에서 0이 아닌 특이값 두 개의 값은 같다.

결과 17.1의 나머지 증명은 복잡한 표기법에 주의하면 간단하다.

증명 (결과 17.1) 점 대응 하나에서 얻은 방정식 81개의 전체 집합은 $x^i\epsilon_{ipw}x'^j\epsilon_{jqx}x''^k\epsilon_{kry}x'''^l\epsilon_{lsz}Q^{pqrs} = 0_{wxyz}$의 형태이다. 하첨자 w, x, y, z가 $1,\ldots,3$으로 변화면서 방정식 81개가 생성된다. 따라서 방정식 행렬 A를 다음으로 표기할 수 있다.

$$\mathtt{A}_{(wxyz)(pqrs)} = x^i\epsilon_{ipw}x'^j\epsilon_{jqx}x''^k\epsilon_{kry}x'''^l\epsilon_{lsz} \tag{17.26}$$

여기서 하첨자 $(wxyz)$는 행렬 A의 행을, $(pqrs)$는 열을 나타낸다. 이 경우 $(wxyz)$와 같은 하첨자 집합을 행렬의 행 또는 열에 대한 단일 첨자로 간주한다. 이런 상황을 여기서와 같이 괄호를 사용해 결합된 첨자combined index로 표시한다.

이제 표현식 $x^i\epsilon_{ipw}$를 생각한다. 이것은 자유 첨자 p와 w를 가지는 행렬로 간주할 수 있다. 그리고 $x^i\epsilon_{ipw} = -x^i\epsilon_{iwp}$이므로 반대칭 행렬이고 같은 특이값을 가진다. 이 행렬을 $\mathtt{S}_{wp}$로 표기한다. 결과 17.3을 텐서 표기법을 사용해 서술하면 다음을 얻는다.

$$\mathtt{U}_a^w\mathtt{S}_{wp}\mathtt{V}_e^p = k\mathtt{D}_{ae} \tag{17.27}$$

여기서 대각 행렬 D는 결과 17.3에서 나온 것이다. (17.26)의 행렬 A는 $\mathtt{A}_{(wxyz)(pqrs)} = \mathtt{S}_{wp}\mathtt{S}'_{sq}\mathtt{S}''_{yr}\mathtt{S}'''_{zs}$로 쓸 수 있다. 결국 (17.27)을 적용하면 다음을 얻는다.

$$\mathtt{U}_a^w\mathtt{U}_b'^x\mathtt{U}_c''^y\mathtt{U}_d'''^z\mathtt{A}_{(wxyz)(pqrs)}\mathtt{V}_e^p\mathtt{V}_f'^q\mathtt{V}_g''^r\mathtt{V}_h'''^s = kk'k''k'''\mathtt{D}_{ae}\mathtt{D}_{bf}\mathtt{D}_{cg}\mathtt{D}_{dh} \tag{17.28}$$

이제, 다음의 표기를 도입한다.

$$\hat{\mathtt{U}}^{(wxyz)}_{(abcd)} = \mathtt{U}^w_a \mathtt{U}'^x_b \mathtt{U}''^y_c \mathtt{U}'''^z_d \qquad \hat{\mathtt{V}}^{(pqrs)}_{(efgh)} = \mathtt{V}^p_e \mathtt{V}'^q_f \mathtt{V}''^r_g \mathtt{V}'''^s_h \qquad \hat{\mathtt{D}}_{(abcd)(efgh)} = \mathtt{D}_{ae}\mathtt{D}_{bf}\mathtt{D}_{cg}\mathtt{D}_{dh}$$

그리고 $\hat{k} = kk'k''k'''$이다. 그러면 (17.28)이 다음으로 변형된다.

$$\hat{\mathtt{U}}^{(wxyz)}_{(abcd)} \mathtt{A}_{(wxyz)(pqrs)} \hat{\mathtt{V}}^{(pqrs)}_{(efgh)} = \hat{k}\hat{\mathtt{D}}_{(abcd)(efgh)} \tag{17.29}$$

행렬로서 $\mathtt{D}_{(abcd)(efgh)}$는 0이 아닌 대각선 원소 16개를 가지며 모든 1의 값을 가진다. (17.29)가 행렬 $\mathtt{A}_{(wxyz)(pqrs)}$의 SVD임을 보이고 증명을 끝내기 위해서는 $\mathtt{U}^{(wxyz)}_{(abcd)}$와 $\mathtt{V}^{(pqrs)}_{(efgh)}$가 직교 행렬임을 증명하는 것만 남았다. 열벡터가 정규 직교 벡터인 것을 보이기만 하면 된다. 간단하며 연습 문제로 남겨둔다. □

증명 (결과 17.2) 사중 시점 간의 점 대응 두 개 $x^i \leftrightarrow x'^i \leftrightarrow x''^i \leftrightarrow x'''^i$, $y^i \leftrightarrow y'^i \leftrightarrow y''^i \leftrightarrow y'''^i$를 고려한다. 이로부터 (17.26) 형식의 두 개의 연립방정식 $\mathtt{A}^{\mathrm{x}}\mathbf{q} = 0$와 $\mathtt{A}^{\mathrm{y}}\mathbf{q} = 0$를 얻는다. 이러한 각각의 행렬은 차수 16을 가지며, $\mathtt{A}^{\mathrm{x}}$의 행벡터와 $\mathtt{A}^{\mathrm{y}}$의 행벡터가 독립이면 결합한 방정식의 집합은 차수 32를 가진다. 그러나 $\mathtt{A}^{\mathrm{x}}$의 행벡터와 $\mathtt{A}^{\mathrm{y}}$의 행벡터 사이에 선형 종속성이 있으면 결합된 차수는 최대 31이다.

결합 첨자 $(pqrs)$를 사용해 $\mathbf{s}_{\mathbf{x}}^{(pqrs)} = x^p x'^q x''^r x'''^s$로 벡터 $\mathbf{s}_{\mathbf{x}}$를 정의한다. 벡터 $\mathbf{s}_{\mathbf{y}}$도 비슷한 방식으로 정의한다. $\mathbf{s}_{\mathbf{y}}^{\mathsf{T}}\mathtt{A}^{\mathrm{x}} = \mathbf{s}_{\mathbf{x}}^{\mathsf{T}}\mathtt{A}^{\mathrm{y}}$를 증명할 텐데, 이것은 $\mathtt{A}^{\mathrm{x}}$와 $\mathtt{A}^{\mathrm{y}}$의 행벡터가 선형 종속인 것을 의미한다.

$\mathbf{s}_{\mathbf{y}}^{\mathsf{T}}\mathtt{A}^{\mathrm{x}}$를 전개하면 다음을 얻는다.

$$\begin{aligned}
\mathbf{s}_{\mathbf{y}}^{\mathsf{T}}\mathtt{A}^{\mathbf{x}} &= \mathbf{s}_{\mathbf{y}}^{(wxyz)}\mathtt{A}^{\mathbf{x}}_{(wxyz)(pqrs)} \\
&= (y^w y''^x y'''^y y''''^z) x^i \epsilon_{ipw} x'^j \epsilon_{jqx} x''^k \epsilon_{kry} x'''^l \epsilon_{lsz} \\
&= (x^i x''^j x'''^k x''''^l) y^w \epsilon_{wpi} y'^x \epsilon_{xqj} y''^y \epsilon_{yrk} y'''^z \epsilon_{zsl} \\
&= \mathbf{s}_{\mathbf{x}}^{\mathsf{T}}\mathtt{A}^{\mathbf{y}}
\end{aligned}$$

이것은 $\mathtt{A}^{\mathrm{x}}$와 $\mathtt{A}^{\mathrm{y}}$의 행벡터가 종속임을 나타내며 결합 차수가 최대 31임을 보여준다. 이제 결합 차수가 31보다 작을 가능성을 고려한다. 이 경우 행렬 $[\mathtt{A}^{\mathrm{x}\mathsf{T}}, \mathtt{A}^{\mathrm{y}\mathsf{T}}]^{\mathsf{T}}$의 모든 31×31 부분 행렬식이 영이 돼야 한다. 이러한 부분 행렬식은 점 $\mathbf{x}$, $\mathbf{x}'$, $\mathbf{x}''$, $\mathbf{x}'''$, $\mathbf{y}$, $\mathbf{y}'$, $\mathbf{y}''$, $\mathbf{y}'''$의 계수로 표현할 수 있다. 이 24개의 계수는 24차원 공간을 생성한다. 따라서 적절한 N (31×31 부분 행렬식의 모든 개수와 같다)에 대해 함수 $f : \mathbb{R}^{24} \to \mathbb{R}^N$이 존재해 방정식 행렬이

함수 f가 영인 집합상에서 차수가 31보다 적어진다. (편의상 생략했지만) 임의로 선택한 예에서 함수 f가 항상 영인 것은 아님을 알 수 있다. 방정식의 차수가 31 미만인 점 대응 집합은 $\mathbb{R}^{24}$에서 다양체가 되므로 조밀하지 않다. 따라서 사중 시점 간의 일반적인 점 대응에 의해 얻은 방정식 집합은 차수 31을 가진다.

이제, 사중 시점 간의 일반적인 n개의 점 대응을 살펴본다. 두 점 대응에서 성립하는 선형 관계는 일반적이지 않으며 대응 쌍에 따라 다르다. 따라서 일반적으로 대응 n개가 주어지면 그러한 관계가 $\binom{n}{2}$개 있다. 이것은 방정식 집합이 생성하는 공간의 차원을 $16n - \binom{n}{2}$로 줄인다. □

삼중 시점의 경우 삼중 시점의 경우에도 비슷한 주장을 할 수 있다. 일치 점에서 발생하는 9개의 방정식이 4개의 독립 방정식을 포함하는 것을 비슷한 방식으로 증명할 수 있다. 이것은 연습 문제로 남겨둔다.

17.7 방정식 선택

17.6절에서 4점 방정식에서 유도된 방정식 집합이 모두 같은 특이값을 가지는 것을 증명했다. 증명은 삼중 시점 경우에도 쉽게 적용할 수 있다(연습 문제 참조). 증명에서 중요한 점은 3 × 3 반대칭 행렬의 영이 아닌 특이값 두 개가 같다는 것이다. 17.2절과 17.3절에서 주어진 점 또는 선 대응에서 유도한 다른 방정식 집합에 대해서도 증명을 쉽게 확장할 수 있다.

계속해서 사중 시점의 경우를 생각한다. 특이값에 대한 결과는 일반적으로 대응에서 구한 독립 방정식 16개를 선택하는 것보다 방정식 81개를 모두 포함하는 것이 일반적으로 좋다는 것을 보여준다. 이로써 거의 특이한 상황의 어려움을 피할 수 있다. 실험 결과에서도 이 사실을 확인할 수 있다. 실제로 수치 실험에서 각 대응점의 모든 방정식을 포함할 때, 점 대응에서 구한 방정식의 조건condition이 좋아지는 것을 알 수 있었다. 여기에서 방정식의 조건은 n이 선형 독립 방정식의 개수일 때 n번째 특이값에 대한 첫 번째 (가장 큰) 특이값의 비율을 의미한다.

16개가 아닌 81개의 방정식을 모두 포함하면 방정식 집합이 더 커져서 해의 복잡성이 증가한다. 이것은 다음으로 해결할 수 있다. 특이값의 동일성에 대한 기초는 $\mathrm{S}_{wp} =$

$x^i\epsilon_{ipw}$이고 다른 유사한 항은 반대칭 행렬이므로 같은 특이값을 가진다. 동일한 특이값을 갖는 다른 행렬 S에서도 동일한 효과를 얻을 수 있다. S의 열벡터가 점 $\mathbf{x}$를 통과하는 직선을 나타내야 한다(그렇지 않으면 $S_{wp}x^w = 0_p$가 된다). 행렬 S는 열벡터가 직교하면 동일한 특이값을 갖는다. 이러한 조건은 S가 3×2 행렬이면 만족한다. 각 시점의 점에 대해 이렇게 하면 총 방정식 수가 $3^4 = 81$에서 $2^4 = 16$으로 줄어들고 16개의 방정식은 직교한다. S를 선택하는 편리한 방법은 다음과 같이 하우스홀더 행렬(A4.1.2절 참조)을 사용하는 것이다.

이런 논의를 삼중 초점 텐서에 적용하면 동일한 특이값을 유지하면서 방정식 수를 9개에서 4개로 줄일 수 있다. 삼중 초점 텐서에 대한 논의를 다음으로 요약한다.

- 삼중 시점 간의 점 대응 $\mathbf{x} \leftrightarrow \mathbf{x}' \leftrightarrow \mathbf{x}''$이 주어지면, 다음 형태의 방정식을 생성한다.

$$x^i \hat{l}'_{qx} \hat{l}''_{ry} \mathcal{T}_i^{qr} = 0_{xy}\, for\ x, y = 1, 2$$

여기에서 $\hat{l}'_{q1}$, $\hat{l}'_{q2}$는 정규 직교 벡터로 표현되는 $\mathbf{x}'$을 지나는 두 직선이다($\hat{l}''_{ry}$도 비슷하다). $\hat{l}'_{qx}$와 $\hat{l}''_{ry}$를 구하는 편리한 방법은 다음과 같다.

(i) $x'^q h'_{qx} = \delta_{3x}$와 $x''^r h'_{ry} = \delta_{3y}$를 만족하는 하우스홀더 행렬 h'_{qx}와 h''_{ry}를 구한다.

(ii) x, $y = 1, 2$에 대해 $\hat{l}'_{qx} = h'_{qx}$와 $\hat{l}''_{ry} = h''_{ry}$로 둔다.

본질적으로 이 방법은 표 17.1과 표 17.2에 요약한 모든 유형의 방정식에 대해 유용하다.

17장에서는 가장 기본적인 관계가 삼중 시점에서는 점-선-선 대응 방정식 $x^i l'_q l''_r \mathcal{T}_i^{qr} = 0$이고, 사중 시점에서는 선 대응 방정식 $l_p l'_q l''_r l'''_s Q^{pqrs} = 0$인 것을 설명했다. 실제로 수치적 탄탄함은 신중하게 선택된 직선에 대한 이런 유형과 다른 대응을 줄임으로 개선할 수 있다.

17.8 나가면서

17.8.1 참고 도서

대응하는 이미지 좌표 간의 다중 선형 관계를 유도한 [Triggs-95]와 Faugeras and

Mourrain[Faugeras-95a]의 이전 결과를 약간 다른 접근 방식으로 17장에서 요약했다. 점과 선이 혼합 대응에 관한 연결 공식은 [Hartley-95b, Hartley-97a]의 결과를 확장한 것이다.

표 17.1과 표 17.2에 나타낸 다중 선형 관계의 정리와 다중 초점 텐서에 대한 공식 및 점 대응이 유도하는 독립 방정식의 수에 대한 해석은 [Hartley-95a]에 있다. 다중 초점 텐서에 대한 비슷한 해석이 [Heyden-98]에도 있다.

사중 초점 텐서는 아마도 [Triggs-95]에서 처음 제시한 것 같다. 사중 선형 제약 조건과 이와 관련된 텐서는 여러 논문에 설명돼 있다[Triggs-95, Faugeras-95a, Shashua-95b, Heyden-95b, Heyden-97c].

이중 (또는 Grassmann-Cayley) 대수는 [Carlsson-93]에서 컴퓨터 비전에 소개했다. 추가 응용은 [Faugeras-95a, Faugeras-97]을 참고하라.

[Heyden-95b, Heyden-97c]에 사중 초점 텐서를 계산하는 알고리듬과 축약된 텐서를 기반으로 하는 재구성 알고리듬이 나와 있다. 그 후 논문인 [Hartley-98c]에서 이 알고리듬을 다시 정교화했다.

17.8.2 메모와 연습 문제

(i) 아핀 사중 초점 텐서affine quadrifocal tensor 즉, 아핀 카메라 행렬에서 계산한 사중 초점 텐서의 속성을 결정하라. 특히 텐서의 행렬식 정의 (17.21)를 사용해 표 17.4에 제공된 영이 아닌 원소의 수를 확인하라.

(ii) 삼중 시점 간의 점 대응 $\mathbf{x} \leftrightarrow \mathbf{x}' \leftrightarrow \mathbf{x}''$이 유도하는 선형방정식 9개 (17.11)가 선형 독립 방정식 4개를 포함하는 것을 보여라. 그리고 방정식을 $\mathtt{At} = \mathbf{0}$으로 표기한다. 여기서 $\mathtt{A}$는 9×27 행렬이다. 그러면 $\mathtt{A}$의 영이 아닌 특이값 4개의 값은 동일하다. 사중 시점의 경우와 달리, 다른 일치점으로 인한 방정식은 선형 독립적이므로 n개의 점 일치에서 $4n$개의 독립 방정식을 얻는다.

(iii) 이미지 좌표에 대해 표준 아핀기저를 선택해 각 시점에서 3개 점이 좌표 (0, 0), (1, 0), (0, 1)을 갖도록 하면, 결과 텐서는 더 간단한 형식을 갖는다. 이러한 **축약 텐서**reduced tensor는 일반적인 형태의 텐서보다 더 많은 개수의 원소 0을 가진다.

예를 들어, 축약 기본 행렬의 경우 대각선 영이고 축약된 삼중 초점 텐서는 양이 아닌 원소가 15개뿐이다. 또한 텐서는 더 적은 수의 매개변수로 결정된다. 예를 들어, 축약된 기본 행렬의 경우는 4이다. 이것은 기저 점들이 다른 매개변수를 효과적으로 지정하기 때문이다. 자세한 내용은 [Heyden-95b, Heyden-95a]에 나와 있다.

(iv) 4개의 카메라 중심이 동일 평면에 있으면 사중 초점 텐서의 기하학적 자유도는 28인 것을 보여라.

18

N-시점 계산 방법

18장에서는 특히 시점의 개수가 많은 경우 이미지 집합에서 사영 또는 아핀 재구성을 추정하는 계산 방법을 설명한다.

사영 재구성을 위한 뭉치 조정의 가장 일반적인 경우부터 시작한다. 그런 다음 이것을 아핀 카메라에 한정해 중요한 분해 알고리듬을 소개한다. 이 알고리듬을 일반화해 비강성 장면^non-rigid scene^에 적용한다. 그런 다음 뭉치 조정을 평면을 포함한 장면에 적용하는 것을 설명한다. 마지막으로 연속 이미지 전체에 걸쳐서 대응점을 얻는 방법과 이런 대응에서 사영 재구성을 논의한다.

18.1 사영 재구성-뭉치 조정

행렬 P^i를 가지는 카메라 집합에서 3차원 점들 $\mathbf{X}_j$를 바라보는 상황을 생각한다. i번째 카메라에서 본 j번째 점의 좌표를 $\mathbf{x}_j^i$로 표기한다. 다음 재구성 문제를 풀고자 한다. 이미지 좌표 $\mathbf{x}_j^i$가 주어질 때, 카메라 행렬 P^i와 $\mathrm{P}^i\mathbf{X}_j = \mathbf{x}_j^i$를 만족하는 점 $\mathbf{X}_j$를 찾는다. P^i와 $\mathbf{X}_j$에 대해 추가 제한 조건이 없으면 이런 재구성은 사영 재구성이다. 점 $\mathbf{X}_j$는 실제 재구성과 임의의 3차원 사영변환의 차이가 있을 수 있기 때문이다.

뭉치 조정 이미지 측정에 노이즈가 있는 경우 방정식 $\mathbf{x}_j^i = \mathrm{P}^i\mathbf{X}_j$를 정확히 만족하지 않을 것이다. 이 경우 측정 노이즈를 가우스 분포로 가정하고 최대 우도^ML^ 해를 찾는다. $\hat{\mathbf{x}}_j^i$

$= \hat{\mathrm{P}}^i\widehat{\mathbf{X}}_j$를 정확하게 만족하면서 3차원 점이 나타나는 모든 시점에서 재사영된 점과 탐지된 (측정된) 이미지 점 $\mathbf{x}_j^i$와의 아래의 이미지 거리를 최소화하는 사영 행렬 $\hat{\mathrm{P}}^i$과 3차원 점 $\widehat{\mathbf{X}}_j$를 추정하고자 한다.

$$\min_{\hat{\mathrm{P}}^i, \widehat{\mathbf{X}}_j} \sum_{ij} d(\hat{\mathrm{P}}^i\widehat{\mathbf{X}}_j, \mathbf{x}_j^i)^2 \tag{18.1}$$

여기서 $d(\mathbf{x}, \mathbf{y})$는 동차 점 $\mathbf{x}$와 $\mathbf{y}$의 기하 이미지 거리이다. 재사영 오류를 최소화하는 것과 연관된 이러한 추정을 **뭉치 조정**bundle adjustment이라고 한다. 이것은 각 카메라 중심과 3차원 점들의 집합 (또는 각 3차원 점들에서 카메라 중심의 집합) 사이의 광선 뭉치를 조정하는 것과 연관된다.

번들 조정은 일반적으로 모든 재구성 알고리듬의 마지막 단계에서 사용된다. 이 방법은 실제 ML 추정치를 제공하고 동시에 누락된 데이터를 허용하는 장점이 있다. 그리고 개별 공분산(또는 보다 일반적인 PDF)을 각 측정에 할당할 수 있고 카메라 변수 또는 점 위치에 대해 선험값과 제약 조건을 포함하도록 확장할 수도 있다. 요약하면, 이것은 다음의 사항을 제외하면 이상적으로 좋은 알고리듬이다. (i) 좋은 초깃값을 가져야 한다. (ii) 관련된 변수의 개수로 인해 매우 큰 최소화 문제가 될 수 있다. 여기서는 이러한 두 가지에 대해 간략하게 논의한다.

반복 최소화 각 카메라는 자유도 11을 가지고 3차원 공간의 각 점은 자유도 3을 갖기 때문에 m개의 시점에 대한 n개의 점을 포함하는 재구성은 $3n + 11m$개의 변수에 대한 최소화가 필요하다. 실제로는 (동차 P 행렬에 대해 매개변수 12개를 사용하듯이) 종종 초과 매개변수화되기 때문에 이것은 하한 값이다. 레벤버그-마쿼트 알고리듬을 사용해 (18.1)을 최소화하면 $(3n + 11m) \times (3n + 11m)$ 차원의 행렬을 분해해야 한다(또는 때때로 역행렬을 구해야 한다). m과 n이 증가하면 이것은 매우 비용이 많이 들어서 결국 불가능해진다. 여기에 대해 몇 가지 해결책이 있다.

(i) ***n* 또는 *m*을 줄인다.** 모든 시점 또는 모든 점을 포함하지 말고 나중에 각각 절제 또는 삼각측량을 통해 포함시킨다. 또는 데이터를 여러 집합으로 분할하고 각 집합을 개별적으로 조정한 다음 병합한다. 이러한 전략을 18.6절에서 자세히 소개한다.

(ii) **인터리브** 점을 변경해 재사영 오류를 최소화하고 카메라를 변경해 재사영 오류를 최소화하는 것을 교대로 한다. 각 점을 고정된 카메라에서 독립적으로 추정하고 비슷하게 각 카메라를 고정된 점으로 독립적으로 추정하므로 역행렬을 구해야 하는 가장 큰 행렬은 하나의 카메라를 추정하는 데 사용되는 11×11 행렬이다. 인터리브interleave는 번들 조정과 동일한 비용함수를 최소화하므로 (고유한 최솟값이 있는 경우에는) 동일한 해를 얻어야 하지만 수렴에 시간이 더 소요된다. [Triggs-00a]에서 인터리브와 번들 조정을 비교했다.

(iii) **희박 행렬 방법** 부록 6에서 설명한다.

초기해 다음 절에서 몇 가지 초기화 방법에 대해 설명한다. 아핀 카메라로 문제가 국한되는 경우에 (18.2절의) 분해에서 점이 모든 시점에서 이미지화되는 경우 닫힌 형태의 최적해를 구할 수 있다. 사영 카메라를 사용하더라도 모든 시점에서 점이 이미지화되면 (반복적) 분해 방법을 사용할 수 있다(18.4절). 데이터에 이용할 수 있는 추가적인 정보가 있는 경우, 예를 들어 부분적으로 같은 평면에 있으면 다시 닫힌 형태의 해가 가능하다(18.5절). 마지막으로, 점들이 모든 시점에 보이는 것이 아닌 경우는 18.6절에서 설명하는 계층적 방법을 사용할 수 있다.

18.2 아핀 재구성-분해 알고리듬

여기서는 아핀 카메라로 얻은 이미지의 점 대응 집합에서 재구성을 설명한다. 17.5.1절에 설명했듯이 이 경우의 재구성은 아핀 재구성이다.

뒤에서 설명하고 알고리듬 18.1에 요약한 Tomasi and Kanade[Tomasi-92]의 분해 알고리듬은 다음의 성질을 가진다.

- 평균이 영인 등방 가우스 잡음이 독립이고 측정한 각 지점에 대해 동일하다고 가정하면 분해는 최대 우도 재구성이 된다.

이 사실은 Reid and Murray[Reid-96]가 처음 소개했다. 그러나 이 방법을 사용하려면 모든 시점에서 각각의 점을 측정해야 한다. 일부 시점에서 일치하는 점이 없을 수 있으므로 이것은 적용에 제한 사항이 된다.

아핀 카메라는 마지막 행벡터가 (0, 0, 0, 1)이 되는 성질이 있다. 그러나 여기서는 표기를 좀 달리해서 카메라 사상의 이동변환과 순수한 선형변환 부분을 분리한다. 따라서 다음의 표기를 사용한다.

$$\begin{pmatrix} x \\ y \end{pmatrix} = \mathtt{M}\begin{pmatrix} \mathrm{X} \\ \mathrm{Y} \\ \mathrm{Z} \end{pmatrix} + \mathbf{t}$$

여기서 $\mathtt{M}$은 2×3 행렬이고 $\mathbf{t}$는 2차원 벡터이다. 여기서부터 가독성을 높이기 위해 $\mathbf{x}$는 비동차 이미지 좌표 $\mathbf{x} = (x, y)^\top$를, $\mathbf{X}$는 비동차 실세계 점 $\mathbf{X} = (\mathrm{X}, \mathrm{Y}, \mathrm{Z})^\top$를 나타낸다.

여기서 목표는 이미지 좌표 측정에서 기하 오류를 최소화하는 재구성을 구하는 것이다. 즉, 추정된 이미지 점 $\hat{\mathbf{x}}_j^i = \mathtt{M}^i\mathbf{X}^i + \mathbf{t}^i$와 측정점 $\mathbf{x}_j^i$의 거리를 최소화하는 카메라 $\{\mathtt{M}^i, \mathbf{t}^i\}$와 3차원 점 $\{\mathbf{X}_j\}$를 추정하고자 한다.

$$\min_{\mathtt{M}^i, \mathbf{t}^i, \mathbf{X}_j} \sum_{ij} \left\|\mathbf{x}_j^i - \hat{\mathbf{x}}_j^i\right\|^2 = \min_{\mathtt{M}^i, \mathbf{t}^i, \mathbf{X}_j} \sum_{ij} \left\|\mathbf{x}_j^i - (\mathtt{M}^i\mathbf{X}_j + \mathbf{t}^i)\right\|^2 \qquad (18.2)$$

이러한 최소화 문제에서 흔히 볼 수 있듯이 좌표계의 원점을 점들의 무게 중심으로 선택해 이동 벡터 $\mathbf{t}^i$를 미리 제거할 수 있다. 이것은 아핀 카메라가 3차원 점 집합의 무게 중심을 사영의 무게 중심으로 변환한다는 기하학적 사실의 결과이다. 따라서 좌표 원점을 3차원 점과 이미지 점들의 무게 중심으로 선택하면 $\mathbf{t}^i = 0$이 된다. 이 단계는 모든 시점에서 동일한 n개의 점들이 이미지화돼야 한다. 어떤 점이라도 이미지에서 알 수 없는 시점이 있어서는 안 된다.

이 결과의 해석적인 유도는 다음과 같다. $\mathbf{t}^i$에 대한 최소화를 위해 다음이 요구된다.

$$\frac{\partial}{\partial \mathbf{t}^i} \sum_{kj} \left\|\mathbf{x}_j^k - (\mathtt{M}^k\mathbf{X}_j + \mathbf{t}^k)\right\|^2 = \mathbf{0}$$

간단한 계산 후에 $\mathbf{t}^i = \langle \mathbf{x}^i \rangle - \mathtt{M}^i\langle \mathbf{X} \rangle$를 얻는다. 여기에서 무게 중심은 $\langle \mathbf{x}^i \rangle = \frac{1}{n}\sum_j \mathbf{x}_j^i$이고 $\langle \mathbf{X} \rangle = \frac{1}{n}\sum_j \mathbf{X}_j$이다. 3차원 좌표계는 임의이므로 무게 중심 $\langle \mathbf{X} \rangle$와 일치하도록 선택하면 $\langle \mathbf{X} \rangle = 0$이고 다음을 얻는다.

$$\mathbf{t}^i = \langle \mathbf{x}^i \rangle \qquad (18.3)$$

알고리듬 18.1 (가우스 노이즈를 가지는) *m*개의 시점에 대한 *n*개의 이미지 대응에서 아핀 재구성을 위한 MLE를 결정하는 분해 알고리듬

목적

m 시점 간의 $n \geq 4$개의 이미지 점 대응 $\mathbf{x}_j^i$, $j = 1, \ldots, n$; $i = 1, \ldots, m$이 주어질 때, 다음의 사영 오차를 최소화하는 아핀 카메라 행렬 $\{\mathtt{M}^i, \mathbf{t}^i\}$와 3차원 점 $\{\mathbf{X}_j\}$를 결정하고자 한다.

$$\sum_{ij} \left|\left|\mathbf{x}_j^i - (\mathtt{M}^i \mathbf{X}_j + \mathbf{t}^i)\right|\right|^2$$

여기서 $\mathtt{M}^i$는 2×3 행렬이고 $\mathbf{X}_j$는 3차원 벡터, $\mathbf{x}_j^i = (x_j^i, y_j^i)^\top$, $\mathbf{t}^i$는 2차원 벡터이고 최소화는 $\{\mathtt{M}^i, \mathbf{t}^i, \mathbf{X}_j\}$에 관한 것이다.

알고리듬

(i) **이동 벡터의 계산** 각 이동 벡터 $\mathbf{t}^i$는 점들의 무게 중심으로 계산한다.

$$\mathbf{t}^i = \langle \mathbf{x}^i \rangle = \frac{1}{n} \sum_j \mathbf{x}_j^i$$

(ii) **데이터의 중앙화** 무게 중심에 대한 좌표를 이용해 이미지의 각 점들을 중앙화한다.

$$\mathbf{x}_j^i \leftarrow \mathbf{x}_j^i - \langle \mathbf{x}^i \rangle$$

이후에는 이 좌표를 이용해 작업한다.

(iii) 중앙화된 데이터에서 (18.5)에서 정의한 **측정 행렬** $\mathtt{W}$**를 구성**하고 SVD $\mathtt{W} = \mathtt{UDV}^\top$를 계산한다.

(iv) $\mathtt{U}$의 앞의 세 열벡터에 특이값을 곱해 행렬 $\mathtt{M}^i$를 구한다.

$$\begin{bmatrix} \mathtt{M}^1 \\ \mathtt{M}^2 \\ \vdots \\ \mathtt{M}^m \end{bmatrix} = \begin{bmatrix} \sigma_1 \mathbf{u}_1 & \sigma_2 \mathbf{u}_2 & \sigma_3 \mathbf{u}_3 \end{bmatrix}$$

벡터 $\mathbf{t}^i$는 단계 (i)에서 계산했고 3차원 구조는 $\mathtt{V}$의 앞의 세 열벡터에서 나온다.

$$\begin{bmatrix} \mathbf{X}_1 & \mathbf{X}_2 & \ldots & \mathbf{X}_n \end{bmatrix} = \begin{bmatrix} \mathbf{v}_1 & \mathbf{v}_2 & \mathbf{v}_3 \end{bmatrix}^\top$$

사영된 점의 무게 중심을 원점으로 하는 좌표에 대한 이미지 좌표를 측정하면 $\mathbf{t}^i = 0$이 된다. 따라서 각각의 $\mathbf{x}_j^i$를 $\mathbf{x}_j^i - \langle \mathbf{x}^i \rangle$로 대체한다. 이제부터는 이런 작업을 수행했다고 가정하고 무게 중심 좌표에서 작업한다. 이런 새로운 좌표에서는 $\mathbf{t}^i = 0$이므로 (18.2)는 다

음으로 변형된다.

$$\min_{\mathtt{M}^i, \mathbf{X}_j} \sum_{ij} \left\| \mathbf{x}_j^i - \hat{\mathbf{x}}_j^i \right\|^2 = \min_{\mathtt{M}^i, \mathbf{X}_j} \sum_{ij} \left\| \mathbf{x}_j^i - \mathtt{M}^i \mathbf{X}_j \right\|^2 \tag{18.4}$$

행렬로 표기했을 때 최소화 문제는 간단해진다. **측정 행렬** W는 측정된 이미지 점의 무게 중심 좌표로 구성된 $2m \times n$ 행렬이다.

$$\mathtt{W} = \begin{bmatrix} \mathbf{x}_1^1 & \mathbf{x}_2^1 & \dots & \mathbf{x}_n^1 \\ \mathbf{x}_1^2 & \mathbf{x}_2^2 & \dots & \mathbf{x}_n^2 \\ \vdots & \vdots & \ddots & \vdots \\ \mathbf{x}_1^m & \mathbf{x}_2^m & \dots & \mathbf{x}_n^m \end{bmatrix} \tag{18.5}$$

$\mathbf{x}_j^i = \mathtt{M}^i \mathbf{X}_j$이므로, 완전한 방정식은 다음과 같다.

$$\mathtt{W} = \begin{bmatrix} \mathtt{M}^1 \\ \mathtt{M}^2 \\ \vdots \\ \mathtt{M}^m \end{bmatrix} \begin{bmatrix} \mathbf{X}_1 & \mathbf{X}_2 & \dots & \mathbf{X}_n \end{bmatrix}$$

노이즈가 있는 경우 이 방정식은 정확히 만족되지 않으므로, 대신 프로베니우스 노름으로 $\hat{\mathtt{W}}$에 가장 가까운 행렬 $\hat{\mathtt{W}}$를 구한다.

$$\hat{\mathtt{W}} = \begin{bmatrix} \hat{\mathbf{x}}_1^1 & \hat{\mathbf{x}}_2^1 & \dots & \hat{\mathbf{x}}_n^1 \\ \hat{\mathbf{x}}_1^2 & \hat{\mathbf{x}}_2^2 & \dots & \hat{\mathbf{x}}_n^2 \\ \vdots & \vdots & \ddots & \vdots \\ \hat{\mathbf{x}}_1^m & \hat{\mathbf{x}}_2^m & \dots & \hat{\mathbf{x}}_n^m \end{bmatrix} = \begin{bmatrix} \mathtt{M}^1 \\ \mathtt{M}^2 \\ \vdots \\ \mathtt{M}^m \end{bmatrix} \begin{bmatrix} \mathbf{X}_1 & \mathbf{X}_2 & \dots & \mathbf{X}_n \end{bmatrix} \tag{18.6}$$

$$\left\| \mathtt{W} - \hat{\mathtt{W}} \right\|_{\mathrm{F}}^2 = \sum_{ij} \left(\mathtt{W}_{ij} - \hat{\mathtt{W}}_{ij} \right)^2 = \sum_{ij} \left\| \mathbf{x}_j^i - \hat{\mathbf{x}}_j^i \right\|^2 = \sum_{ij} \left\| \mathbf{x}_j^i - \mathtt{M}^i \mathbf{X}_j \right\|^2$$

이것을 (18.4)와 비교하면, 필요한 기하 오류를 최소화하는 것은 프로베니우스 노름에서 가능한 한 W와 가까운 $\hat{\mathtt{W}}$를 찾는 것과 같다.

(18.6)을 만족하는 행렬 $\hat{\mathtt{W}}$는 $2m \times 3$ **운동 행렬**motion matrix $\hat{\mathtt{M}}$과 $3 \times n$ **구조 행렬**structure matrix $\hat{\mathtt{X}}$의 곱인 것에 주의해야 한다. 결과적으로 $\hat{\mathtt{W}} = \mathtt{M}\hat{\mathtt{X}}$는 차수 3을 가진다. 즉, 프로베니우스 노름에서 W에 가장 가까운 차수 3의 행렬을 찾는 것이다. 이러한 행렬은 W의 SVD를 차수 3으로 잘라서 결정할 수 있다. 보다 구체적으로 설명하면, $\mathtt{W} = \mathtt{UDV}^\top$인 경

우에 $\hat{W} = U_{2m\times3}D_{3\times3}V^\top_{3\times n}$은 프로베니우스 노름에서 W에 가장 가까운 차수 3의 행렬이다. 여기에서 $V^\top_{3\times n}$은 $V^\top$의 첫 3행으로 구성되며, $D_{3\times3}$은 첫 3개의 특이값을 포함하는 대각 행렬이다. 즉, $D_{3\times3} = \mathrm{diag}(\sigma_1, \sigma_2, \sigma_3)$이다.

$\hat{M}$과 $\hat{X}$의 선택은 유일하지 않다. 예를 들어 $\hat{M} = U_{2m\times3}D_{3\times3}$, $\hat{X} = V^\top_{3\times n}$과 $\hat{M} = U_{2m\times3}$, $\hat{X} = D_{3\times3}V^\top_{3\times n}$은 두 경우 모두 $\hat{W} = \hat{M}\hat{X} = U_{2m\times3}D_{3\times3}V^\top_{3\times n}$이 된다.

아핀 모호성 실제로 이러한 선택에 대해서도 모호성이 남아 있다. 차수가 3인 임의의 3×3 행렬 A를 $\hat{W} = \hat{M}AA^{-1}\hat{X} = (\hat{M}A)(A^{-1}\hat{X})$와 같이 분해에 삽입할 수 있기 때문이다. 이것은 $\hat{M}$에서 구한 카메라 행렬 M^i와 $\hat{X}$에서 구한 3차원 점 $\mathbf{X}_j$는 공통 행렬 A를 곱하는 것을 제외하고 결정되는 것을 의미한다. 즉, MLE 재구성이 아핀 재구성이 된다.

이러한 아핀 재구성은 10.4.2절에서 설명한 것처럼 장면에 거리 정보를 추가하거나 19장에 설명하는 자동 보정 방법을 사용하거나 또는 두 가지 방법의 조합으로 거리 재구성으로 업그레이드할 수 있다. 아핀 카메라의 경우 3개의 내부 매개변수만 지정하면 되며(사영 카메라의 경우 5개) 자동 보정 작업이 더 간단해진다.

18.2.1 아핀 다중 시점 텐서

분해 알고리듬으로 이미지 포인트 대응에서 아핀 다중 텐서를 계산하는 최적의 방법을 구할 수 있다. 이러한 텐서는 아핀 기본 행렬, 아핀 삼중 초점 텐서, 이핀 사중 초점 텐서이다. 각각의 경우 알고리듬은 전체 아핀 모호함을 제외하고 카메라 행렬을 결정한다. 텐서는 카메라 행렬에서 직접 계산할 수 있다(예: 17장 참조). 텐서는 3차원 공간의 변환에 영향을 받지 않기 때문에 텐서를 계산할 때 3차원 공간의 아핀 모호성은 중요하지 않다. 실제로, 분해의 U부분만 필요하므로 W의 전체 SVD를 계산할 필요가 없다. 점의 개수 n이 시점의 개수에 비해 크면 V를 결정하지 않으면 SVD를 계산할 때 매우 큰 비용을 절감할 수 있다(표 A4.1 참조).

$WW^\top = (UDV^\top)(UDV^\top)^\top = UD^2U^\top$이므로 SVD를 사용하는 대신 $WW^\top$의 고윳값 분해를 사용하는 방법이 있다. (삼중 초점 텐서를 계산하는) 삼중 시점의 경우 행렬 $WW^\top$의 차원은 9×9뿐이다. 따라서 이런 접근 방식으로 상당히 비용 절감을 할 수 있다. 그러나 $WW^\top$를 사용하면 행렬의 조건수가 제곱되기 때문에 수치적으로는 더 나빠진다([Golub-89]의 SVD

에 관한 논의 참조). 가장 큰 고유 벡터 세 개만 필요하므로, 이 경우에는 문제가 되지 않을 수 있다. 그러나 V 계산을 피하는 SVD를 고려할 때 이 접근 방식의 절감 효과는 그리 크지 않을 것이다.

분해 방법은 다중 시점 아핀 텐서 중 하나를 계산하는 데 사용할 수 있다. 그러나 아핀 기본 행렬의 경우 14장에 설명한 알고리듬 14.1이 더 직접적이다. 두 방법의 결과는 동일하다.

18.2.2 부분 공간을 사용한 삼각 분할과 재사영

분해 알고리듬에서 모든 시점에서 관찰되지 않은 점 또는 새로운 점의 이미지를 계산하기 위한 최적의 방법 또한 구할 수 있다. 다시 언급하지만 3차원 공간의 아핀 모호성은 상관없다.

W의 열벡터는 점 $\mathbf{X}_j$에 대응하는 모든 이미지 점의 집합이며 점의 궤적trajectory이라고 한다. $\hat{\mathtt{W}} = \hat{\mathtt{M}}\hat{\mathtt{X}}$와 같이 $\hat{\mathtt{W}}$의 차수 3의 분해 (18.6)는 모든 궤적이 3차원 부분 공간에 있음을 보여준다. 특히 새로운 점 $\mathbf{X}$의 궤적(즉, 모든 이미지 사영)은 $\hat{\mathtt{M}}\mathbf{X}$로 얻을 수 있다. 이것은 단순히 $\hat{\mathtt{M}}$의 세 열벡터에 대한 선형 가중치이다.

(전부는 아닌) 일부 시점에서 새로운 점 $\mathbf{X}$를 관찰했고 다른 시점에서 그 사영을 예측한다고 가정한다. 이는 두 단계로 수행된다. 첫 번째 삼각측량으로 역이미지 $\mathbf{X}$를 찾은 다음 $\hat{\mathtt{M}}\mathbf{X}$로 재사영해 모든 시점에서 이미지를 생성한다. 사영된 점은 (노이즈가 있는) 측정된 점과 정확하게 일치하지 않는 것에 주의해야 한다. 삼각측량 단계에서, 재사영 오류를 최소화하는 점 $\mathbf{X}$를 찾고자 했고, 이것은 궤적에 가장 가까운 $\hat{\mathtt{M}}$의 열벡터에 걸쳐있는 선형 부분 공간의 점을 찾는 것과 일치한다. 가장 가까운 지점은 (알고리듬 4.7과 유사하게) 궤적을 부분 공간으로 사영해 찾는다.

더 자세하게 설명하면, 일련의 아핀 카메라 $\{\mathtt{M}^i, \mathbf{t}^i\}$를 계산했다고 가정하면 삼각측량 문제는 임의의 시점 개수에 대해 선형으로 풀 수 있다. 이미지 점 $\mathbf{x}^i = \mathtt{M}^i\mathbf{X} + \mathbf{t}^i$에서 $\mathbf{X}$의 원소로 한 쌍의 선형방정식 $\mathtt{M}^i\mathbf{X} = \mathbf{x}^i - \mathbf{t}^i$를 얻는다. (알려진 $\mathbf{x}^i$ 값에서 나오는) 이러한 방정식이 충분히 많으면 의사 역원을 구하는 알고리듬 A5.1(결과 A5.1 참조) 또는 알고리듬 A5.3을 사용해 $\mathbf{X}$에 대한 선형 최소 제곱해를 구할 수 있다. 알고리듬 18.1의 단계 (ii)에서 적용된 동일한 변환을 사용해 데이터 $\mathbf{x}^i$가 중앙에 있는 경우, 삼각측량 방법의 이동 벡터 $\mathbf{t}^i$는 영으로 간주할 수 있다.

실제로 삼각측량과 재사영 방식으로 추적이나 다중 시점 일치에서 누락된 점을 삽입 filling in하는 방법을 얻을 수 있다.

18.2.3 교대를 이용한 아핀 재구축 알고리듬

알고리듬 18.1에서와 같이 이미지 좌표 $\mathbf{x}_j^i$의 집합이 주어지고 아핀 재구성을 하기를 원한다고 가정한다. 앞에서 아핀 삼각 분할을 선형적으로 수행할 수 있음을 봤다. 따라서 $\{\mathtt{M}^i, \mathbf{t}^i\}$로 표현되는 카메라 행렬을 알고 있다면 알고리듬 A5.3의 정규 방정식 방법과 같은 선형 최소 제곱법으로 최적의 점 위치 $\mathbf{X}_j$를 계산할 수 있다.

반대로 점 $\mathbf{X}_j$를 알고 있는 경우에는 방정식 $\mathbf{x}_j^i = \mathtt{M}^i\mathbf{X}_j + \mathbf{t}^i$는 $\mathtt{M}^i$와 $\mathbf{t}^i$에 대해 선형이다. 그래서 선형 최소 제곱으로 $\{\mathtt{M}^i, \mathbf{t}^i\}$를 구하는 것은 간단하다. 여기에서 선형 최소 제곱법을 사용해 점 $\mathbf{X}_j$와 카메라 $\{\mathtt{M}^i, \mathbf{t}^i\}$를 교대로 구하는 아핀 재구성 방법을 얻을 수 있다.

교대하는 방법은 재구성의 일반적인 방법이나 일반 최적화 문제에는 권장하지 않는다. 그러나 아핀 재구성의 경우에는 임의의 초기값에서 시작해 최적의 솔루션으로 빠르게 수렴하는 것을 증명할 수 있다. 데이터 빠졌거나 또는 공분산 가중 데이터를 가지고 작업할 때, 광역 최적 수렴이 보장되지 않는 알고리듬 18.1에 비해 이러한 아핀 재구성 방법이 장점을 가진다.

18.3 비강체 분해

이 책 전체에서 강체 장면을 보고 있고 카메라와 장면 사이의 상대적인 움직임만 모델링하면 된다고 가정했다. 여기서는 이 가정을 완화해 변형된 객체에 대한 재구성 문제를 생각한다. 변형이 기저 형태에 대한 선형 조합으로 모델링되는 경우, 재구성과 기저 형태 basis shape는 18.2절의 분해 알고리듬의 간단한 수정으로 복구할 수 있음을 보일 것이다.

이런 유형의 상황은 움직이면서 표정이 바뀌는 사람의 머리의 이미지 열에서 발생한다. 머리의 움직임은 강체 회전으로 모델링할 수 있으며, 고정된 머리에 대한 표현의 변화는 기저 집합의 선형 조합으로 모델링할 수 있다. 예를 들어, 입 윤곽은 점 집합으로 표현할 수 있다.

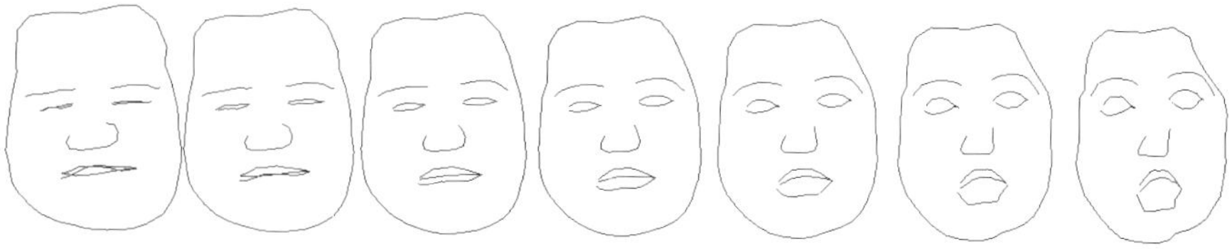

그림 18.1 모양 기저 얼굴의 템플릿은 N개의 등 간격 2차원 점으로 표시된다(여기서는 $N = 140$). 7개의 얼굴 중에서 중앙의 것은 평균 모양이고 왼쪽 또는 오른쪽의 얼굴은 각각 훈련 집합의 최대 변동을 나타내는 기저 모양을 더하거나 빼서 생성한 것이다. 이 경우 기저 모양은 놀라움에서 불만스러움의 다양한 표현을 포함한다. 머리의 자세를 변경하지 않고 표정을 바꾸는 배우의 얼굴을 템플릿으로 추적해 얼굴 표정을 학습한다. 훈련 데이터의 각 프레임은 N개의 2차원 점 집합을 생성하며 이것의 좌표를 $2N$ 벡터로 다시 표기한다. 그런 다음 벡터에서 $2N \times f$ 행렬을 구성한다. 여기서 f는 훈련 프레임 개수이다. 기저 모양은 이 행렬의 특이 벡터로 계산한다. 그림 제공: 리차드 보우덴)

장면 n개의 점들 $\mathbf{X}_j$의 집합을 l개의 기저 모양 $\mathtt{B}_k$의 선형 조합으로 표현된다면, 특정 시점 i에서 다음을 얻는다.

$$\left[\begin{array}{cccc} \mathbf{X}_1^i & \mathbf{X}_2^i & \ldots & \mathbf{X}_n^i \end{array}\right] = \sum_{k=1}^{l} \alpha_k^i \left[\begin{array}{cccc} \mathbf{B}_{1k} & \mathbf{B}_{2k} & \ldots & \mathbf{B}_{nk} \end{array}\right] = \sum_k \alpha_k^i \mathtt{B}_k$$

여기에서 장면 점 $\mathbf{X}_j^i$와 기저 점 $\mathbf{B}_{jk}$는 3차원 벡터로 표현되는 비동차 점이고 $\mathtt{B}_k$는 $3 \times n$ 행렬이다. 일반적으로 기저 모양의 개수 l은 점의 개수 n에 비해 매우 작다. 계수 α_k^i는 매 시간 i마다 달라져서 결과적으로 다른 기저 형태 조합이 변형을 생성한다. 보기는 그림 18.1에 나와 있다.

이미지 생성의 전방 모델에서 각 시점 i가 아핀 카메라이면 이미지 점은 다음과 같다.

$$\mathbf{x}_j^i = \mathtt{M}^i \sum_k \alpha_k^i \mathbf{B}_{jk} + \mathbf{t}^i$$

그리고 모든 시점에서 이미지 점 일치를 사용할 수 있다고 가정한다. 측정한 이미지 점 $\{\mathbf{x}_j^i\}$를 이용해 추정한 점 $\hat{\mathbf{x}}_j^i = \mathtt{M}^i \sum_k \alpha_k^i \mathbf{B}_{jk} + \mathbf{t}^i$와 관측점의 거리를 최소화하도록 카메라 $\{\mathtt{M}^i, \mathbf{t}^i\}$와 3차원 구조 $\{\alpha_k^i, \mathbf{B}_{jk}\}$를 추정하는 것이 목적이다.

$$\min_{\mathtt{M}^i, \mathbf{t}^i, \alpha_k^i, \mathbf{B}_{jk}} \sum_{ij} \left\| \mathbf{x}_j^i - \hat{\mathbf{x}}_j^i \right\|^2 = \min_{\mathtt{M}^i, \mathbf{t}^i, \alpha_k^i, \mathbf{B}_{jk}} \sum_{ij} \left\| \mathbf{x}_j^i - (\mathtt{M}^i \sum_k \alpha_k^i \mathbf{B}_{jk} + \mathbf{t}^i) \right\|^2$$

아핀 분해의 경우와 마찬가지로 측정한 점을 중심화해 이동 변환을 제거한다. 여기서부터는 이런 작업을 수행했다고 가정한다. 그러면 문제는 다음으로 축약된다.

$$\min_{\mathtt{M}^i, \alpha_k^i, \mathbf{B}_{jk}} \sum_{ij} \left\| \mathbf{x}_j^i - \hat{\mathbf{x}}_j^i \right\|^2 = \min_{\mathtt{M}^i, \alpha_k^i, \mathbf{B}_{jk}} \sum_{ij} \left\| \mathbf{x}_j^i - \mathtt{M}^i \sum_k \alpha_k^i \mathbf{B}_{jk} \right\|^2 \tag{18.7}$$

방정식 $\hat{\mathbf{x}}_j^i = \mathtt{M}^i \sum_k \alpha_k^i \mathbf{B}_{jk}$를 다음으로 표기할 수 있다.

$$\hat{\mathtt{W}} = \begin{bmatrix} \mathtt{M}^1 \left(\alpha_1^1 \mathtt{B}_1 + \alpha_2^1 \mathtt{B}_2 + \ldots \alpha_l^1 \mathtt{B}_l\right) \\ \mathtt{M}^2 \left(\alpha_1^2 \mathtt{B}_1 + \alpha_2^2 \mathtt{B}_2 + \ldots \alpha_l^2 \mathtt{B}_l\right) \\ \vdots \\ \mathtt{M}^m \left(\alpha_1^m \mathtt{B}_1 + \alpha_2^m \mathtt{B}_2 + \ldots \alpha_l^m \mathtt{B}_l\right) \end{bmatrix} = \begin{bmatrix} \alpha_1^1 \mathtt{M}^1 & \alpha_2^1 \mathtt{M}^1 & \ldots & \alpha_l^1 \mathtt{M}^1 \\ \alpha_1^2 \mathtt{M}^2 & \alpha_2^2 \mathtt{M}^2 & \ldots & \alpha_l^2 \mathtt{M}^2 \\ \vdots & \vdots & \ddots & \vdots \\ \alpha_1^m \mathtt{M}^m & \alpha_2^m \mathtt{M}^m & \ldots & \alpha_l^m \mathtt{M}^m \end{bmatrix} \begin{bmatrix} \mathtt{B}_1 \\ \mathtt{B}_2 \\ \vdots \\ \mathtt{B}_l \end{bmatrix} \tag{18.8}$$

이러한 재배열에서 $2m \times n$ 행렬 $\hat{\mathtt{W}}$를 $2m \times 3l$의 운동 행렬 $\hat{\mathtt{M}}$과 $3l \times n$의 구조 행렬 $\hat{\mathtt{B}}$로 분해할 수 있고, 결과적으로 $\hat{\mathtt{W}}$는 최대 차수 $3l$을 가진다.

강체 분해와 마찬가지로 차수 $3l$의 분해는 $\mathtt{W}$의 SVD를 차수 $3l$로 절단해 측정 행렬 $\mathtt{W}$에서 구할 수 있다. 또한 강체 분해처럼 분해 $\hat{\mathtt{W}} = \hat{\mathtt{M}}\hat{\mathtt{B}}$는 유일하게 정의되지 않는다. 차수가 $3l$인 임의의 $3l \times 3l$ 행렬 $\mathtt{A}$를 분해에 $\hat{\mathtt{W}} = \hat{\mathtt{M}}\mathtt{A}\mathtt{A}^{-1}\hat{\mathtt{B}} = (\hat{\mathtt{M}}\mathtt{A})(\mathtt{A}^{-1}\hat{\mathtt{B}})$와 같이 끼워 넣을 수 있기 때문이다. 강체인 경우에는 이것은 재구성에 있어 명백한 아핀 모호성을 유발한다. 그러나 비강체의 경우에는 운동 행렬이 (18.8)의 복제된 블록 구조를 가져야 한다는 추가 조건을 가진다. 뒤에서 다시 설명한다. 이 블록 구조는 점의 이미지 운동을 결정하는 것에는 필요하지 않다. 이 또한 뒤에서 설명한다.

18.3.1 부분 공간과 텐서

18.2.2절에서 논의한 강체 분해 (18.6)의 경우 궤적은 3차원 부분 공간에 있으며 모든 궤적은 ($2m \times 3$ 운동행렬인) $\hat{\mathtt{M}}$의 열벡터의 선형 조합이 된다. 비슷하게, 비강체 분해 (18.8)의 경우 궤적은 $3l$ 차원의 부분 공간에 있으며, 모든 궤적은 ($2m \times 3l$ 운동 행렬) $\hat{\mathtt{M}}$의 열벡터의 선형 조합이 된다.

시점의 일부분에서 새로운 점을 관찰하면 다른 모든 시점에서 위치를 예측하려면 몇 개의 이미지가 필요할까? 이것은 단순히 삼각측량의 문제이다. 강체 분해에서 3차원 공간 점은 자유도 3를 가지며 필요한 3개의 측정을 얻으려면 시점 두 개에서 관찰해야 한다.

비강체 분해에서는 ($\hat{B}$ 행렬의 행벡터 개수인) 자유도 $3l$을 지정해야 하므로 $3l/2$개의 이미지가 필요하다. 예를 들어, $l=2$인 경우 부분 공간이 6차원이고 (행렬 $\hat{B}$의 열벡터는 6차원 벡터이고) 3개의 시점에서 이미지 위치가 주어지면 모든 시점의 이미지 위치는 물체가 변형되는 경우에도 아핀 삼각측량과 비슷한 방법으로 결정된다(18.2.2절).

독립적으로 움직이는 물체 장면에서 물체가 독립적으로 움직일 때에도 낮은 차수의 분해 방법을 사용할 수 있다. 예를 들어 장면이 두 개의 물체로 분해돼 각각의 독립적으로 움직이는 것을 움직이는 아핀 카메라를 이용해 촬영한 것 경우이다. 이 경우, 한 물체의 점에 해당하는 측정 행렬의 열벡터는 차수 3을 가지며 다른 물체에 해당하는 열벡터도 차수 3을 갖는다. 측정 행렬의 총 차수는 6이 된다. 한 물체의 점이 모두 평면에 있는 퇴화된 구성에서는 차수의 기여도는 2에 불과해진다. 이러한 다중 물체 분해 문제는 [Costeira-98]에서 깊게 연구했다.

저차원 부분 공간에 있는 점 궤적의 예는 그림 18.2에 나와 있다.

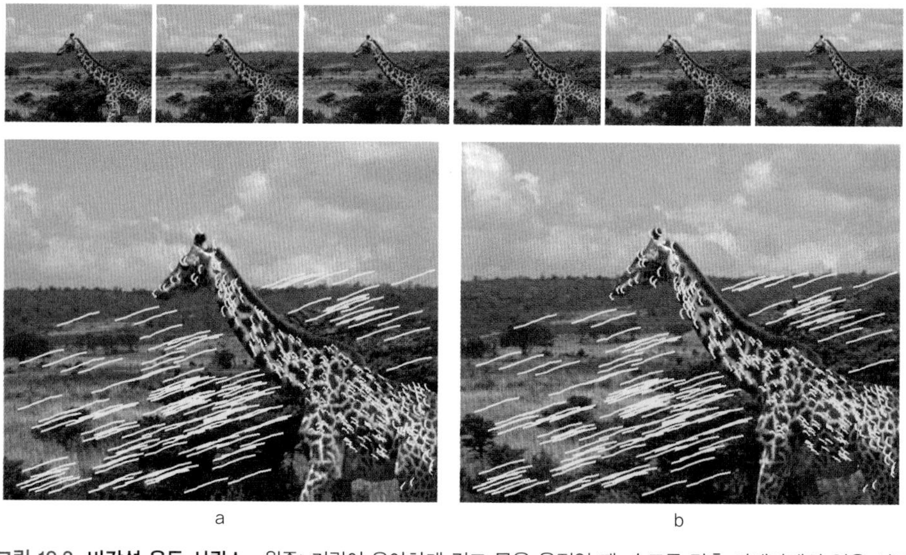

그림 18.2 비강성 운동 시퀀스 윗줄: 기린이 우아하게 걷고 목을 움직일 때, 속도를 맞춘 카메라에서 얻은 시퀀스의 프레임. 아랫줄: (a) 이전 10개 프레임과 (b) 다음 10개 프레임에 대한 모션을 보여주는 점 궤적. 이 궤적은 비강성 분해를 사용해 계산되며 6차원 부분 공간에 놓인다. (변형하는) 전경과 (강체 운동의) 배경의 매우 다른 궤적에 주의해야 한다. 그러나 이들 모두 운동 행렬의 기저 벡터 6개에 의해 생성된다. 차수는 다음으로 설명할 수 있다. 운동 시퀀스는 사실상 카메라에 대해 독립적으로 움직이는 두 점 평면의 운동이다. 배경은 평면으로 표현되는 강체이며 차수에 2를 기여한다. 전경에 있는 기린은 $l=2$개의 평면 기저 모양 집합에 의해 고정되지 않은 물체로 표현되며 차수에 4를 기여한다. 그림 제공: 앤드류 피츠기본과 에어론 모간

유사한 기본 행렬과 삼중 초점 텐서의 존재는 부분 공간의 차원에 따라 다르다. 예를 들어 부분 공간이 홀수 차원(예로서 $l = 3$이어서 9차원)을 가진다고 가정하면, $\lfloor 3l/2 \rfloor$의 시점(예로서 사중 시점)에서 다른 시점의 대응점은 등극선과 유사한 직선으로 제한된다. 이것은 부분 공간의 자유도보다 측정값이 하나 더 적기 때문이다. 그러나 차원이 짝수이면(예로서 $l = 2$이어서 6차원) $l/2$ 시점(예로서 삼중 시점)에서 점의 측정이 주어지면 다른 시점의 대응점은 완전히 결정된다. 다중 시점 텐서는 $l = 1$인 3차원 공간점에 대해 17장에서 개발한 것과 비슷한 방법을 사용하면 비강성 $l > 1$차원 공간에 대해 구성할 수 있다.

18.3.2 카메라 운동의 복구

강체 분해에서 카메라 행렬은 모션 행렬 $\hat{\mathtt{M}}$에서 비교적 쉽게 구할 수 있다. 필요한 것은 앞에서 설명한 대로 3×3 행렬 A에 의해 지정되는 전역 아핀 모호성을 제거하는 것이다.

비강성의 경우에는 이에 대응하는 비슷한 문제는 그다지 간단하지 않다. 운동 행렬을 계산하는 것은 쉽다.

(i) (18.5)의 정의에서 중심화된 데이터에서 $2m \times n$ 측정 행렬 W를 만들고 이것의 SVD $\mathtt{W} = \mathtt{UDV}^\top$를 계산한다.

(ii) 그러면 운동 행렬 $\hat{\mathtt{M}}$은 U의 앞에서 $3l$ 열벡터에 특이값을 곱해 $\hat{\mathtt{M}} = [\sigma_1 \mathbf{u}_1\ \sigma_2 \mathbf{u}_2\ \ldots\ \sigma_{3l} \mathbf{u}_{3l}]$로 구한다.

그러나 이 방식으로 구한 행렬은 일반적으로 (18.8)의 블록 구조를 갖지 않는다. 강체 분해와 마찬가지로 운동 행렬은 여기서는 $3l \times 3l$인 A의 곱을 제외하고 결정된다. 그런 다음 $\hat{\mathtt{M}}\mathtt{A}$가 원하는 (18.8)의 블록 구조를 갖고, 각 블록이 카메라 보정에 사용한 모든 제약조건을(예로서 모든 시점은 같은 내부 변수를 가진다) 만족하도록 아핀 모호성을 제거하도록 A를 결정하는 것이다.

A를 결정하기 위한 다양한 방법이 연구됐지만([Brand-01, Torresani-01] 참조), 이러한 방법은 전체 블록 구조를 부과하지 않으며 현재로서는 이 문제에 대한 만족스러운 해결책은 없다. 적절한 방법으로 초기해를 얻은 후에 (18.7)의 뭉치 조정으로 올바른 형식을 부과할 수 있다.

18.4 사영 분해

아핀 분해 방법은 사영 재구성에 직접 적용하지 못한다. 그러나 [Sturm-96]에서 각 점의 사영 깊이projective depth를 이용해 구조와 카메라 변수를 아핀 분해 알고리듬과 유사하게 간단한 분해 알고리듬으로 추정하는 것을 소개했다.

이미지 점 $\mathbf{x}_j^i = \mathrm{P}^i\mathbf{X}_j$의 집합을 고려한다. 사영변환을 나타내는 이 방정식은 상수 계수를 제외하고 참인 것으로 해석한다. 이 상수 계수를 구체적으로 표기하면 $\lambda_j^i\,\mathbf{x}_j^i = \mathrm{P}^i\mathbf{X}_j$를 얻는다. 이 방정식과 이후의 사영 분해 알고리듬의 설명에서, 표기법 $\mathbf{x}_j^i$는 이미지 점을 나타내는 3차원 벡터 $(x_j^i, y_j^i, 1)^\top$를 의미한다. 그러므로 세 번째 좌표의 값은 1이고, x_j^i와 y_j^i는 실제로 측정된 이미지 좌표이다. 각 점이 모든 시점에서 나타나므로, 모든 i, j에 대해 x_j^i를 알 수 있고, 완전한 방정식을 다음의 행렬식으로 표기할 수 있다.

$$\begin{bmatrix} \lambda_1^1\mathbf{x}_1^1 & \lambda_2^1\mathbf{x}_2^1 & \dots & \lambda_n^1\mathbf{x}_n^1 \\ \lambda_1^2\mathbf{x}_1^2 & \lambda_2^2\mathbf{x}_2^2 & \dots & \lambda_n^m\mathbf{x}_n^2 \\ \vdots & \vdots & \ddots & \vdots \\ \lambda_1^m\mathbf{x}_1^m & \lambda_2^m\mathbf{x}_2^m & \dots & \lambda_n^m\mathbf{x}_n^m \end{bmatrix} = \begin{bmatrix} \mathrm{P}^1 \\ \mathrm{P}^2 \\ \vdots \\ \mathrm{P}^m \end{bmatrix} [\mathbf{X}_1, \mathbf{X}_2, \dots, \mathbf{X}_n] \qquad (18.9)$$

알고리듬 18.2 분해를 통한 사영 재구성

목적

m개의 시점에 나오는 n개의 이미지 점이 다음으로 주어진다.

$$\mathbf{x}_j^i\ ;\ i = 1, \dots, m,\ j = 1, \dots, n$$

사영 재구성을 계산하라.

알고리듬

(i) 4.4.4절과 같이 등방 배율 조정을 이용해 데이터를 정규화한다.

(ii) 투영 깊이 λ_j^i의 초기 추정치를 가지고 시작한다. 이것은 초기 사영 재구성과 같은 방법으로 구하거나 또는 모든 $\lambda_j^i = 1$을 사용한다.

(iii) 행과 열에 상수 계수를 곱해 깊이 λ_j^i를 정규화한다. 한 가지 방법은 모든 행의 노름을 1로 설정한 다음 열에 대해 비슷하게 한다.

(iv) (18.9)의 왼쪽에 $3m \times n$ 측정 행렬을 만들고 SVD를 사용해 가장 가까운 차수 4의 근삿값을 만들고 분해해 카메라 행렬과 3차원 점을 찾는다.

(v) **선택적 반복** 각 이미지에 포인트를 재사영해 깊이에 대한 새로운 추정치를 얻고 단계 (ii)를 반복한다.

이 방정식은 올바른 가중치 계수 λ_j^i를 측정점 $\mathbf{x}_j^i$에 적용할 때 참이 된다. 현재로서는 이러한 깊이가 알려졌다고 가정한다. 아핀 분해 알고리듬과 마찬가지로, (W로 표시한) 왼쪽의 행렬은 각각 4개의 열과 행을 가진 두 행렬의 곱이기 때문에 차수 4를 갖기를 원한다. 실제 측정 행렬을 SVD를 사용해 차수 4를 갖도록 수정할 수 있다. 따라서 $\mathtt{W} = \mathtt{UDV}^\top$이면 D의 첫 번째 4개 대각선 항목을 제외한 모든 원소를 영으로 설정해 $\hat{\mathtt{D}}$를 구한다. 수정된 측정 행렬은 $\hat{\mathtt{W}} = \mathtt{U}\hat{\mathtt{D}}\mathtt{V}^\top$가 된다. 카메라 행렬은 $[\mathtt{P}_1^\top, \mathtt{P}_2^\top, \ldots, \mathtt{P}_m^\top]^\top = \mathtt{U}\hat{\mathtt{D}}$에서, 점은 $[\mathbf{X}_1, \mathbf{X}_2, \ldots, \mathbf{X}_n] = \mathtt{V}^\top$에서 구한다. 이러한 분해는 유일하지 않으며, 실제로 임의의 4×4 사영변환 H와 역변환을 (18.9)의 오른쪽에 있는 두 행렬 사이에 삽입할 수 있다. 이것은 재구성에 사영 모호성을 가지는 것을 반영한다.

사영 분해 방법의 단계는 알고리듬 18.2에 요약돼 있다.

18.4.1 깊이 선택

가중 계수 λ_j^i를 점의 사영 깊이라고 한다. 카메라 행렬이 유클리드 좌표계에서 알려진 경우 λ_j^i는 실제 깊이와 연관을 가지기에 이런 용어가 유래됐다. 6.2.3절과 특히 6.6절을 참조하라. 사영 분해 알고리듬의 가장 큰 어려움은 사영 깊이를 미리 알아야 하지만 여기에 대한 정보가 없다는 것이다. 깊이를 추정하는 다양한 기술이 개발돼 있다.

(i) 18.6절에서 논의하는 방법과 같이 다른 방법으로 얻은 3차원을 재사영으로 시작한다. 그런 후에 3차원 점을 재사영해 λ_j^i를 구한다.
(ii) 모두 동일한 1의 값을 초기 깊이로 시작하고 재구성을 계산하고 재사영해 새로운 깊이 추정치를 구한다. 이런 단계를 개선된 추정치를 구하기 위해 반복한다. 그러나 이런 절차가 전역 최솟값으로 수렴한다는 보장은 없다.

논문 [Sturm-96]에는 기본 행렬 또는 삼중 초점 텐서에서 얻은 깊이의 추정치를 함께 묶어 깊이를 계산하는 방법이 있다. 이 방법은 이미지 세 개씩 연결해 초기 사영 재구성을 얻는 것과 매우 유사하며(18.6 절 참조), 배율 계수가 공통 사영 재구성에 대해 일관성을 가지는 것을 보장한다.

18.4.2 최소화하는 것

노이즈가 있는 경우 또는 λ_j^i가 잘못된 값인 경우, 방정식 (18.9)를 정확하게 만족하지 않는다. 프로베니우스 노름에서 W에 가장 가깝고 차수 4를 가지도록 보정된 측정 행렬 $\hat{\mathtt{W}}$를 구한다. 이 행렬의 원소를 $\hat{\lambda}_j^i$로 표시하면 다음 식을 최소화하는 해를 구한다.

$$\|\mathtt{W} - \hat{\mathtt{W}}\|^2 = \sum_{ij} \|\lambda_j^i \mathbf{x}_j^i - \hat{\lambda}_j^i \hat{\mathbf{x}}_j^i\|^2 = \sum_{ij} (\lambda_j^i x_j^i - \hat{\lambda}_j^i \hat{x}_j^i)^2 + (\lambda_j^i y_j^i - \hat{\lambda}_j^i \hat{y}_j^i)^2 + (\lambda_j^i - \hat{\lambda}_j^i)^2 \tag{18.10}$$

마지막 항 때문에 최솟값에서 $\hat{\lambda}_j^i$는 λ_j^i에 가까워야 한다. 이것들이 같다고 가정하면, (18.10)은 $\sum_{ij} (\lambda_j^i)^2 \|\mathbf{x}_j^i - \hat{\mathbf{x}}_j^i\|^2$으로 축약된다. $\|\mathbf{x}_j^i - \hat{\mathbf{x}}_j^i\|$가 측정점과 추정점의 기하 거리인 것에 주의하면, 최소화하는 것은 각 점에서 λ_j^i의 가중치를 가지는 기하 거리의 가중 제곱합이다. 모든 기하 깊이 λ_j^i가 같으면, 분해 방법은 λ_j^i의 공통값으로 배율 조정된 기하 거리의 근삿값을 최소화한다.

18.4.3 깊이 정규화

여기서 정의한 사영 깊이는 유일하지 않다. 실제로 $\lambda_j^i \mathbf{x}_j^i = \mathtt{P}^i \mathbf{X}_j$로 가정해보자. $\mathtt{P}^i$를 $\alpha^i \mathtt{P}^i$로, $\mathbf{X}_j$를 $\beta_j \mathbf{X}_j$로 치환하면 다음을 얻는다.

$$(\alpha^i \beta_j \lambda_j^i) \mathbf{x}_j^i = (\alpha^i \mathtt{P}^i)(\beta_j \mathbf{X}_j)$$

즉, 사영 깊이 λ_j^i는 (18.9)의 i번째 행벡터에 계수 α^i를 곱하고 j번째 열벡터에 계수 β_j를 곱해 대체할 수 있다. 이전 단락에서 봤듯이, 모든 λ_j^i가 1에 가까울수록 오차 표현식이 기하 거리를 더 정확하게 나타낸다. 따라서 측정 행렬의 행벡터와 열벡터를 상수 값 α^i와 β_j로 곱해 λ_j^i의 값을 가능한 한 1에 가깝게 재정규화하는 것이 유리하다. 이를 수행하는 간단한 경험적 방식은 각 행벡터에 계수 α^i를 곱해 단위 노름을 가지도록 하고 열벡터를 비슷한 절차로 정규화하는 것이다. 행벡터와 열벡터에 대한 작업이 반복될 수 있다.

18.4.4 이미지 좌표 정규화

이 책에 설명한 이미지 좌표의 동차 표현을 포함한 대부분의 수치 알고리듬과 마찬가지로 이미지 좌표를 정규화하는 것이 중요하다. 합리적인 방법은 4.4.4절에서 설명한 등방형 정규화 방법이다. 이 경우 정규화의 필요성을 분명히 알 수 있다. 이미지의 두 점 $\mathbf{x} = (200, 300, 1)^\top$과 $\hat{\mathbf{x}} = (250, 375, 1)^\top$를 생각한다. 두 점은 기하학적으로 멀리 떨어진 것이 분명하다. 그러나 오차 표현식 (18.10)은 기하 오차가 아니라 동차 벡터 사이의 거리 $\|\lambda\mathbf{x} - \hat{\lambda}\hat{\mathbf{x}}\|$이다. $\lambda = 1.25$와 $\hat{\lambda} = 1.0$을 선택하면 오차는 $\|(250, 375, 1.25)^\top - (250, 375, 1)^\top\|$이며 작은 값을 갖는다. 반면에 기하학적으로 훨씬 더 가까운 점 $\mathbf{x} = (200, 300, 1)^\top$과 $\hat{\mathbf{x}} = (199, 301, 1)^\top$ 사이의 거리는 앞에서와 같이 작아지도록 λ와 $\hat{\lambda}$를 (매우 작은 값을 제외하고) 선택할 수 없다. 점을 200배 축소하면 이런 비정상적인 상황이 더 이상 발생하지 않는 것을 볼 수 있다. 요약하면, 정규화된 좌표에서 오차는 기하학적 오차에 더 가까운 근삿값이다.

18.4.5 가정 $\lambda_j^i = 1$이 합리적일 때는?

결과 6.1에서, $p_{31}^2 + p_{32}^2 + p_{33}^2 = 1$이 되도록 카메라 행렬을 정규화하고 3차원 점의 마지막 좌표가 $\mathbf{T} = 1$이 되도록 정규화하면 $\lambda_j^i(x_j^i, y_j^i, 1) = \mathrm{P}^i\mathbf{X}_j$로 정의하는 λ_j^i는 유클리드 좌표계에서 카메라 깊이의 참값을 나타낸다. 모든 이미지 시퀀스에서 모든 점들이 카메라와 같은 거리이면 각 $\lambda_j^i = 1$을 가정하는 것은 합리적이다. 앞에서 언급한 정규화에서 P^i와 $\mathbf{X}_j$가 점과 카메라의 참값이 되는 경우가 (18.9)의 해가 되기 때문이다. 보다 일반적으로, 점들이 서로 다른 깊이에 있지만 각 점 $\mathbf{X}_j$가 전체 시퀀스에서 카메라와 거의 동일한 깊이 d_j에 있다고 가정한다. 이 경우 모든 $\lambda_j^i = 1$에 대해 해가 존재한다. 계산된 값은 $\mathbf{X}_j = d_j^{-1}(\mathbf{X}_j, \mathbf{Y}_j, \mathbf{Z}_j, 1)^\top$이다. 비슷하게, 카메라 행렬에 계수를 곱하는 것을 허용하면 다음을 얻는다.

- 3차원 점들 $\mathbf{X}_j$의 실제 깊이 비율이 시퀀스에서 거의 일정하게 유지되면 $\lambda_j^i = 1$은 사영 깊이에 대한 좋은 일차 근사이다.

예를 들어, 일정한 고도에서 아래 방향으로 똑바로 촬영하는 항공 이미지 카메라의 경우이다.

18.5 평면을 사용한 사영 재구성

17.5.2절에서 각 시점에서 보이는 4개의 점이 동일 평면에 있는 것이 알려지면 이미지 점과 관련된 다중 초점 텐서의 계산이 훨씬 더 간단해진다. 중요한 장점은 모든 제약 조건을 충족하는 텐서를 선형 알고리듬으로 계산할 수 있다는 것이다. 여기서는 이러한 것의 연장선으로 선형 기술을 사용해 임의의 개수의 시점에 대한 운동과 구조를 추정하는 방법을 소개한다.

같은 평면에서 유도되는 4개의 이미지 대응은 이미지 간의 단응사상을 아는 것과 동일하다. 4개의 점에서 단응사상을 계산할 수 있기 때문이다. 다음 접근 방식에서 중요한 것은 단응사상뿐이다. 이러한 단응사상은 4개 이상의 점 대응 또는 선 대응에서 계산하거나 또는 직접 상관 방법으로 이미지에서 직접 추정할 수 있다.

면-면 단응사상이 말해주는 것 평면을 이용한 사영 재구성의 핵심은 이미지 간의 단응사상의 정보에서 카메라 행렬의 앞의 3×3 부분 행렬을 알 수 있는 것이다.

$$\mathtt{P} = \left[\begin{array}{c|c} & t_1 \\ \mathtt{M} & t_2 \\ & t_3 \end{array}\right]$$

따라서 마지막 열벡터 즉 벡터 $\mathbf{t}$만 계산하면 된다.

여기서는 장면의 사영 재구성을 얻는 것만 관심이 있기 때문에 단응사상을 유도하는 평면이 점 $\mathbf{X}_j = (\mathrm{X}_j, \mathrm{Y}_j, \mathrm{Z}_j, 0)^\top$인 무한면으로 생각할 수 있다. 카메라 행렬은 3 × 3 행렬 M과 열벡터 $\mathbf{t}_i$를 가지는 $\mathtt{P}^i = [\mathtt{M}^i \mid \mathbf{t}^i]$의 형식으로 표기할 수 있다. 합리적인 가정은 카메라 중심이 단응사상을 유도하는 평면상에 있지 않다는 것이다(그렇지 않으면 단응사상이 퇴화한다). 이것은 행렬 M이 특이 행렬이 아닌 것을 의미한다. 단순화를 위해 첫 번째 카메라는 $\mathtt{P}^1 = [\mathtt{I} \mid \mathbf{0}]$를 가정한다. 여기서 I는 단위 행렬이다.

이제, $\mathbf{x}_j^i$가 단응사상을 유도하는 평면에 놓인 3차원 점 $\mathbf{X}_j = (\mathrm{X}_j, \mathrm{Y}_j, \mathrm{Z}_j, 0)^\top$에 대응하는 이미지 i의 점이라면 다음을 얻는다.

$$\mathbf{x}_j^1 = \mathtt{P}^1(\mathrm{X}_j, \mathrm{Y}_j, \mathrm{Z}_j, 0)^\top = (\mathrm{X}_j, \mathrm{Y}_j, \mathrm{Z}_j)^\top$$

그리고

$$\mathbf{x}_j^i = \mathtt{M}^i(\mathtt{X}_j, \mathtt{Y}_j, \mathtt{Z}_j)^\mathsf{T} = \mathtt{M}^i\mathbf{x}_j^1$$

따라서 $\mathtt{M}^i$는 첫 번째 이미지에서 i번째 이미지로의 평면이 유도하는 단응사상을 의미한다. 반대로, 첫 번째 이미지의 점을 i번째 이미지에 일치하는 점으로 보내는 평면이 유도하는 단응사상 $\mathtt{M}^i$에 대한 정보가 있으면 카메라 행렬 집합은 $\mathtt{P}^i = [\mathtt{M}^i \mid \mathbf{t}^i]$ 형식을 갖는다고 가정할 수 있다. $\mathtt{M}^i$는 알려져 있고 배율은 결정되지만 마지막 열벡터 $\mathbf{t}^i$는 그렇지 않다.

알려진 카메라 방향 단응사상의 정보에서 각 카메라 행렬의 3×3 부분 행렬을 얻을 수 있다는 것을 방금 봤다. 모든 카메라의 방향 (그리고 보정) 정보를 아는 경우도 마찬가지다. 예를 들어, 각 카메라의 보정 정보가 있는 경우에 재구성에 대한 합리적인 접근 방식은 (예로서 두 개 이상의 장면 소실점에서) 이동 변환과 카메라 방향을 분리해 추정하는 것이다. 각 카메라에 대해 방향 ($\mathtt{R}^i$)과 보정 ($\mathtt{K}^i$)를 모두 알면 각 카메라 행렬의 왼쪽 부분 행렬은 $\mathtt{K}^i\mathtt{R}^i$이다.

18.5.1 구조와 이동에 대한 직접 해

앞에서 평면이 유도하는 이미지 간의 단응사상이 주어지면 사영 구조를 계산하는 두 가지 방법을 설명했다. 첫 번째 방법은 단일 선형 연립방정식을 풀어서 3차원 점과 카메라 운동을 동시에 구한다. 점 $\mathbf{X} = (\mathtt{X}, \mathtt{Y}, \mathtt{Z}, 1)^\mathsf{T}$가 단응사상을 유도하는 평면인 무한면에 있지 않는 경우를 가정한다.

점 사영에 대한 방정식은 다음과 같다.

$$\lambda\mathbf{x} = \mathtt{P}\mathbf{X} = [\mathtt{M}|\mathbf{t}]\mathbf{X} = [\mathtt{M}|\mathbf{t}]\begin{pmatrix} \widetilde{\mathbf{X}} \\ 1 \end{pmatrix}$$

여기에서는 (모르는) 배율 계수 λ를 명시적으로 표기했다. 보다 정확하게, 다음이 된다.

$$\lambda\begin{pmatrix} x \\ y \\ 1 \end{pmatrix} = \begin{bmatrix} \mathbf{m}_1^\mathsf{T} & t_1 \\ \mathbf{m}_2^\mathsf{T} & t_2 \\ \mathbf{m}_3^\mathsf{T} & t_3 \end{bmatrix}\begin{pmatrix} \widetilde{\mathbf{X}} \\ 1 \end{pmatrix} = \begin{pmatrix} \mathbf{m}_1^\mathsf{T}\widetilde{\mathbf{X}} + t_1 \\ \mathbf{m}_2^\mathsf{T}\widetilde{\mathbf{X}} + t_2 \\ \mathbf{m}_3^\mathsf{T}\widetilde{\mathbf{X}} + t_3 \end{pmatrix}$$

여기에서 $\mathbf{m}_i^\mathsf{T}$는 행렬 $\mathtt{M}$의 i번째 행벡터이다.

모르는 배율 계수 λ를 방정식의 양쪽에 벡터 곱을 이용해 제거하면 다음을 얻는다.

$$\begin{pmatrix} x \\ y \\ 1 \end{pmatrix} \times \begin{pmatrix} \mathbf{m}_1^\top \widetilde{\mathbf{X}} + t_1 \\ \mathbf{m}_2^\top \widetilde{\mathbf{X}} + t_2 \\ \mathbf{m}_3^\top \widetilde{\mathbf{X}} + t_3 \end{pmatrix} = \mathbf{0}$$

이로부터 두 개의 독립 방정식을 얻는다.

$$\begin{aligned} x(\mathbf{m}_3^\top \widetilde{\mathbf{X}} + t_3) - (\mathbf{m}_1^\top \widetilde{\mathbf{X}} + t_1) &= 0 \\ y(\mathbf{m}_3^\top \widetilde{\mathbf{X}} + t_3) - (\mathbf{m}_2^\top \widetilde{\mathbf{X}} + t_2) &= 0 \end{aligned}$$

이것은 미지수 $\widetilde{\mathbf{X}} = (\mathrm{X},\ \mathrm{Y},\ \mathrm{Z})^\top$와 $\mathbf{t} = (t_1,\ t_2,\ t_3)^\top$에 관해 선형이다. 방정식을 다음으로 변형할 수 있다.

$$\begin{bmatrix} x\mathbf{m}_3^\top - \mathbf{m}_1^\top & -1 & 0 & x \\ y\mathbf{m}_3^\top - \mathbf{m}_2^\top & 0 & -1 & y \end{bmatrix} \begin{pmatrix} \widetilde{\mathbf{X}} \\ t_1 \\ t_2 \\ t_3 \end{pmatrix} = \mathbf{0}$$

그래서, 측정점 $\mathbf{x}_j^i = \mathrm{P}^i \mathbf{X}_j$ 각각에서 한 쌍의 방정식을 얻는다. n개의 점을 가지는 m개의 시점에서 미지수 $3n + 3m$개를 가지는 방정식 $2nm$개를 얻는다. 이 방정식을 선형 또는 선형 최소 제곱법으로 풀어서 구조와 운동을 얻을 수 있다.

이 방법에 대해 몇 가지 설명을 추가한다.

(i) (18.2절의) 분해 방법과 달리 모든 시점에서 모든 점이 나타날 필요는 없다. 측정점에 대응하는 방정식만 사용한다.

(ii) 점의 마지막 좌표가 1인 것으로 가정했기에 0을 마지막 좌표로 가지는 (단응사상을 유도하는 평면인) 무한면에 놓인 점을 제외해야 한다. 무한면 위에 있거나 가까이 있는 점을 찾는 검사가 필요하다.

(iii) 점과 카메라를 한 번에 계산한다. 많은 수의 점과 카메라의 경우 이것은 매우 큰 추정 문제가 된다. 그러나 점 트랙이 밴드 행렬인 경우, A6.7절의 희박 행렬 기법으로 효율적으로 해결할 수 있다.

이 방법의 구현에 대해서는 [Rother-01, Rother-03]에서 자세히 설명했다. [Rother-01]에서 설명한 세부 사항은 이 책과 다르게 구조와 운동 계산을 평면상의 일치점과 관련된 특정 사영 좌표계로 이미지를 변환한 후 수행한다.

18.5.2 운동의 직접 추정

단응사상을 알고 있는 평면 재구성의 두 번째 방법은 카메라 행렬을 먼저 해결하고 점 위치를 계산하는 것이다.

카메라 행렬부터 시작한다. 카메라 행렬을 $\mathtt{P}^i = [\mathtt{H}^i \mid \mathbf{t}^i]$ 형태로 가정한다. $\mathtt{H}^i$는 알고 있고 배율 계수는 고정되지만 마지막 열벡터는 모른다. $\mathtt{P}^1 = [\mathtt{I} \mid \mathbf{0}]$을 가정해 $\mathbf{t}^1 = \mathbf{0}$이 된다. 나머지 모든 $\mathbf{t}^i$의 집합은 자유도 $3m-4$를 가진다. $\mathbf{t}^i$는 공통 배율을 제외하고 정의되기 때문이다. 이제 시점 두 개 또는 여러 개의 시점 간의 점 또는 선 대응을 알고 있다고 가정한다(선 대응은 삼중 시점이 필요하다). 대응의 점과 선은 ($\mathtt{H}^i$를 계산하는) 참조 평면상에 있지 않아야 한다. 이중 시점 간의 점 대응에서 기본 행렬의 원소로 구성된 일차 방정식을 얻는다. 비슷하게, 삼중 또는 사중 시점 간의 점 또는 선의 대응에서 삼중 초점 또는 사중 초점 텐서의 원소로 구성된 일차 방정식을 얻는다.

(175.2절에서 설명했듯이) 벡터 $\mathbf{t}^i$의 원소를 사용해 기본 행렬(또는 삼중 초점 텐서 또는 사중 초점 텐서)의 원소를 선형으로 표현할 수 있다. 따라서 점 또는 선 대응에 나오는 각각의 선형 관계는 $\mathbf{t}^i$의 원소와 다시 선형 관계를 가질 수 있다. 따라서 예를 들어, 시점 i, j, k 간의 대응에서 세 벡터 $\mathbf{t}^i$, $\mathbf{t}^j$, $\mathbf{t}^k$ 원소의 선형 관계를 얻을 수 있다. 다중 시점 간의 대응은 연속하는 시점들 간의 대응으로 분리할 수 있다. 따라서 예로서 $m > 4$개의 시점 간의 한 개 점의 대응은 다음 형태의 방정식을 만든다.

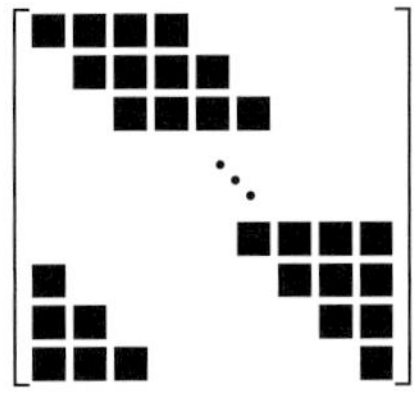

여기서 각 행벡터는 사중 초점 텐서 관계에서 유도되는 관계식을 나타낸다. 검은색 사각형 각각은 벡터 $\mathbf{t}^i$에 해당하는 3개의 열을 가지는 블록을 나타낸다. 위의 다이어그램에서 더 큰 강성을 추가하기 위해 마지막 시점에서 첫 번째 시점으로 방정식이 넘어가도록 했다. 그렇지 않으면 $\mathbf{t}^i$의 값이 첫 번째 시점에서 마지막 시점으로 흘러내려간다. 시점 그룹을 선택하는 다른 방식도 있지만 연속 시점에서는 별 필요가 없다. (방정식을 생성하는 데 사용되는 텐서에 따라 2, 3, 4인) 충분한 수의 이미지 부분 집합에서 선형방정식을 구할 수 있다. 더 많은 방정식을 추가하는 추가 계산 비용과 이로 얻는 해의 추가된 안정성을 절충해야 한다. 이중 초점, 삼중 초점, 사중 초점 제약 조건의 혼합을 사용해 방정식을 구할 수 있고 점은 모든 시점에 나타날 필요는 없다.

생성된 방정식의 수 시점의 모든 개수는 m이다. 시점들의 s개($s=2, 3, 4$) 부분집합과 이러한 시점 간의 n개의 점 대응을 생각한다. 여기서는 고리된 s개의 부분집합 시점에서 재구성 문제를 간단하게 설명한다. 이러한 점 대응에서 s개 시점의 $\mathbf{t}'$ 사이의 방정식 $\mathtt{A}\mathbf{t}'$을 얻고 $\mathbf{t}'$의 원소 $3s$개를 추정할 수 있다. 이런 과정에서, 첫째 시점은 $\mathbf{t}=\mathbf{0}$을 가정하고 나머지 $s-1$개 시점의 $\mathbf{t}$는 공통 배율을 제외하고 결정할 수 있다. 따라서 방정식 $\mathtt{A}\mathbf{t}'$에서 있는 $\mathtt{A}$는 오른쪽 영공간의 차원은 최소 4가 된다. 이것은 해의 자유도 4에 대응한다. 일반적으로 다음이 성립한다.

결과 18.1 잡음의 효과를 무시하면 s개 시점에서 $n\geq 2$의 점 대응에서 얻은 방정식의 총 차수는 $3s-4$이다. 이것은 생성하는 데 사용한 점 (또는 선) 대응 수와는 무관하다.

정확하게 말하면 위의 명제는 차수가 최대 $3s-4$라는 것이다. 이중 시점, 삼중 시점, 사중 시점의 대응에서 각각 2, 5, 8이다. 그러나 대응이 두 개이면 최대 차수를 얻는다. 17.5.2절의 셈법 논리에서 봤듯이 $s=2, 3, 4$ 시점에서 재구성은 두 점이면 충분하기 때문이다.

이제 전체 m개의 시점을 생각한다. 찾아야 하는 모든 $\mathbf{t}^i$의 매개변수 총 개수는 $3m-4$이다. 따라서 해가 가능하려면 방정식의 개수가 $3m-4$보다 많아야 한다. 다음을 얻는다.

결과 18.2 m개 시점에서 s_k개의 시점들을 갖는 부분집합 S를 선택한 경우 카메라 행렬의 마지막 열벡터를 나타내는 모든 벡터 $\mathbf{t}^i$를 구하려면 다음이 필요하다.

$$\sum_{k=1}^{S}(3s_k-4)\geq 3m-4$$

이중 시점의 대응을 사용하는 경우 기본 행렬 제약에서 나온 방정식에서 다음 구성의 연속된 시점을 그냥 사용하는 것은 충분하지 않다. 이 경우 구한 방정식의 총 개수는 $m(3s-4)=m(3\cdot 2-4)=2m$인 반면, 필요한 방정식 개수는 $3m-4$이다. 따라서 $m>4$인 경우 방정식은 충분하지 않다. 이는 연속된 시점 간의 기본 행렬이 시점 시퀀스의 구조를 정의하기에 충분하지 않다는 사실과 관련 있다. 연속하지 않은 추가 조건을 첨가해 다음의 구성을 만드는 것이 필요하다.

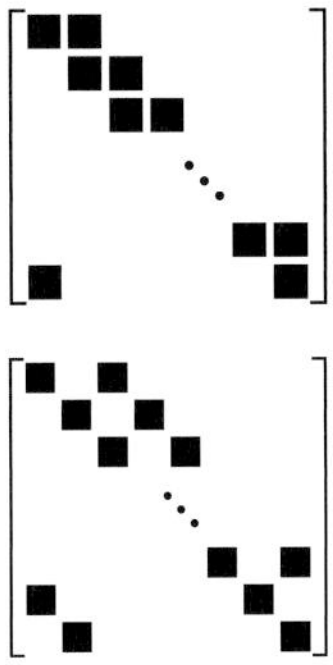

15.4절의 논의에서 삼중 또는 사중 시점에 대해 삼중 초점 텐서나 사중 초점 텐서의 제약 조건을 사용하는 것이 더 좋다는 것을 알 수 있다. 이에 대한 세부 구현은 [Kaucic-01]에 설명돼 있다.

18.6 시퀀스에서 재구성

여기 마지막 절에서 책 앞부분에서 설명한 몇 가지 아이디어를 모았다. 여기서의 목표는 비디오에서 제공하는 일련의 프레임에서 재구성을 계산하는 것이다. 이 문제에는 세 단계가 있다. (i) 시퀀스 전체에서 특징feature을 계산한다. (ii) 초기 재구성을 계산해 이를 이용해 (iii) (18.1절에서 설명한) 뭉치 조정을 한다.

여기서 고려하는 특징은 관심 점들이지만 선과 같은 다른 것도 동일하게 사용할 수 있다. 관심 점이 일반적으로 모든 이미지에 나타나지 않고 연속 이미지에서 누락되는 경우가 많기 때문에 대응 문제가 더 어려워진다. 그러나 뭉치 조정은 누락된 대응이 문제되지 않는다.

이미지의 임의의 집합보다 비디오 시퀀스는 여러 가지 장점이 있다. (i) 이미지에 순서가 있다. (ii) 연속 프레임의 카메라 중심 (기준선) 사이의 거리가 작다. 작은 기준선은 연속 이미지 간의 가능한 특징 일치를 보다 쉽게 구하고 평가할 수 있기 때문에 중요하다. 이미지 점이 시점 사이에서 멀리 이동하지 않으므로 근접 검색 영역을 사용해 일치 점을 쉽게 얻을 수 있다. 근처의 이미지는 모양이 비슷하기 때문에 일치 항목을 (3차원 공간의 동일한 지점에서 발생하는지 여부를) 보다 쉽게 평가할 수 있다. 작은 기준선의 단점은 3차원 구조를 잘못 추정하는 데 있다. 그러나 이 단점은 시퀀스의 여러 시점을 추적해 효과적인 기준선이 증가하도록 해 완화시킨다.

방법의 개요를 알고리듬 18.3에 나타냈다. 기 재구성을 얻기 위해 사용할 수 있는 몇 가지 전략이 있지만 이 영역은 여전히 어느 정도는 예술의 영역이다. 생각할 수 있는 세 가지 방법이 있다.

1. 기준선 확장 시퀀스 전체에서 장면의 점들이 적절하게 나타난다고 가정한다. (F에서) 이중 일치 점 또는 ($\mathcal{T}$에서) 삼중 일치 점을 사용해 첫 번째 프레임과 마지막 프레임의 대응을 계산한다. 실제로, 연속 프레임 사이의 (구조 깊이에 비해) 기준선이 작은 경우, (알고리듬 4.6으로) 단응사상을 계산해 각 쌍의 일치를 얻을 수 있다. 이것은 (점 선 대응인) F보다 더 강력한 (점 점 대응의) 일치 제약 조건을 준다.

삼중 초점 텐서를 시퀀스의 첫 번째, (예로서) 중간, 끝 프레임의 대응 점에서 추정할 수 있다. 이 텐서는 점과 프레임에 대해 사영 재구성을 결정한다. 중간 프레임에 대한 카메라는 절제에 의해 추정할 수 있고 시퀀스 중간에 보이지 않는 장면의 점들은 삼각측량으로 추정할 수 있다.

알고리듬 18.3 이미지 시퀀스 재구성의 개요

목적

비디오의 프레임 시퀀스가 주어지면 각 프레임의 장면 구조의 대응과 재구성 및 카메라를 계산한다.

알고리듬

(i) **관심 점**: 각 이미지에서 관심 점을 계산한다.

(ii) **이중 시점 대응**: 알고리듬 11.4를 사용해 연속 프레임 간의 관심 점의 대응과 F를 계산한다(기준선의 움직임이 너무 작으면 프레임을 생략할 수 있다).

(iii) **삼중 시점 대응**: 알고리듬 16.4를 사용해 연속 프레임 간의 관심 점 대응과 $\mathcal{T}$ 계산한다.

(iv) **초기 재구성**: 본문 참조

(v) **뭉치 조정**을 전체 시퀀스에 대해 카메라와 3차원 구조에 적용한다.

(vi) **자동 보정**: 19장 참조(옵션)

2. 하위 시퀀스의 계층적 병합 여기서 아이디어는 시퀀스를 적절한 개수의 하위 시퀀스로 분할하는 것이다(분할의 여러 계층이 있을 수 있다). 그런 다음 각 하위 계층의 시퀀스에 대해 사영 재구성을 계산하고 이러한 재구성을 함께 **압축**zipped(병합)한다.

두 시점이 겹치는 이미지 세 개의 두 집합을 병합하는 문제를 생각한다. 시점에 걸쳐서 대응을 확장하는 것은 간단한 문제이다. 이미지 1-2-3과 이미지 2-3-4에 걸쳐 있는 대응은 이미지 1-2-3-4로 확장할 수 있다. 이미지 2-3이 두 집합에서 겹친다. 그런 다음 카메라 행렬과 3차원 구조를 이미지 1-2-3-4에 대해 계산한다(예로서 절제와 뭉치 조정을 사용한다). 이런 작업을 인접한 프레임으로 병합 확장해 카메라 행렬과 대응이 시퀀스 전체에 걸치도록 한다. 이러한 방식으로 작업하면 오차가 시퀀스 전체에 고르게 분산된다.

3. 증분 뭉치 조정 새로운 프레임의 대응이 추가될 때 새로운 뭉치 조정을 수행한다. 이 방법의 단점은 계산 비용과 오류가 체계적으로 누적될 가능성이 있다.

물론 이 세 가지 방법을 함께 사용할 수 있다. 예를 들어, 시퀀스를 공통점이 보이는 하위 시퀀스로 분할하고 확장된 기준선 방법을 사용해 하위 시퀀스에 대해 재구성을 한다. 그런 다음 이러한 하위 시퀀스를 계층적으로 결합한다.

이러한 방식으로 수백 개의 프레임으로 구성된 시퀀스에 대해 구조와 카메라를 자동으로 계산할 수 있다. 이러한 재구성은 (카메라와 자기 위치를 결정해야 하는) 내비게이션과 가상 세계와 같은 작업의 기초가 된다. 종종 10장과 19장에 설명한 방법으로 사영 재구정과 거리 재구성을 먼저 계산할 때도 있다. 거리 재구성과 가상 세계의 예는 다음 보기에 있다.

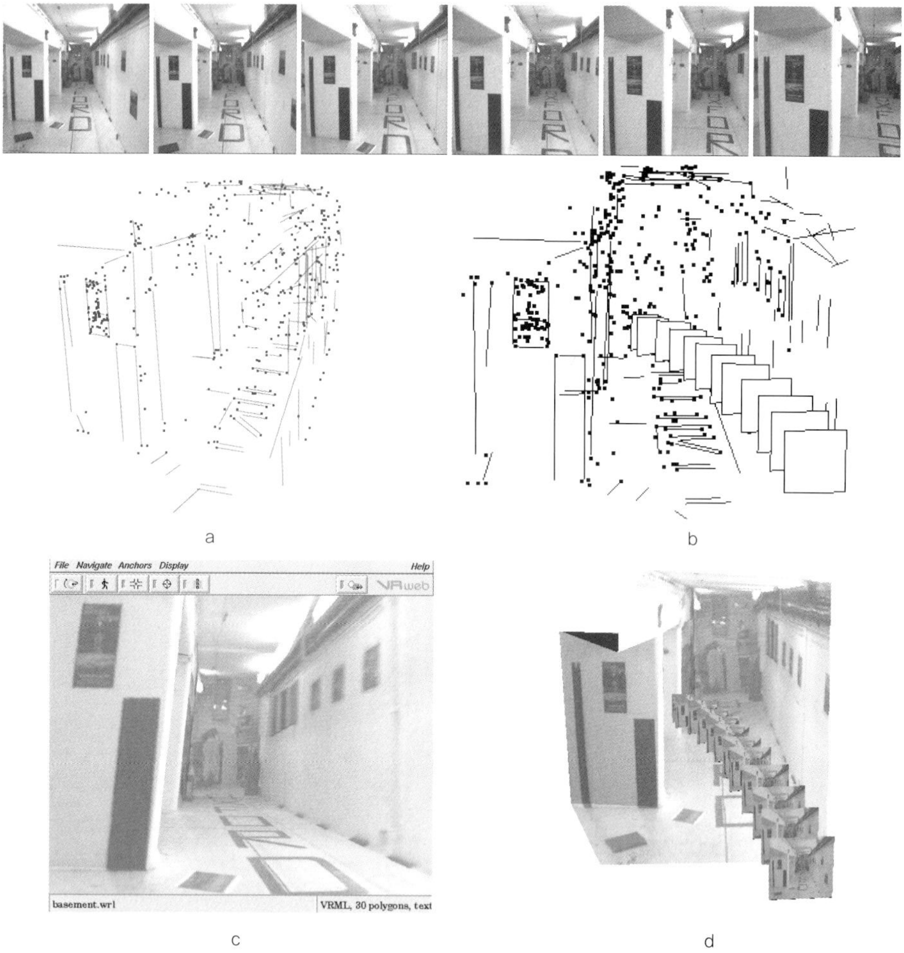

그림 18.3 복도 시퀀스 (a) 장면의 점과 선의 3차원 재구성과 (b) (이미지 평면으로 표시한) 카메라를 이미지에서 자동으로 계산. 그러면 [Baillard-99]에서 설명한 대로 텍스처 매핑된 삼각형 그래픽 모델이 자동으로 구성된다. (c) 시퀀스에 다른 새로운 시점에서 장면 렌더링 (d) (시퀀스의 원본 이미지에서 매핑된 텍스처의) 이미지 평면으로 표현되는 카메라가 있는 장면의 VRML 모델

보기 18.3 복도 시퀀스

이 시퀀스를 위해 이동 차량에 카메라를 장착한다. 차량이 복도를 따라서 좌회전한다. 이 시퀀스의 직접 변환은 삼각측량에 대한 작은 기준선으로 인해 구조 복구가 어렵다. 이 상황에서는 시퀀스의 모든 프레임을 이용하는 것이 중요하다. 그림 18.3은 복구한 구조를 보여준다. △

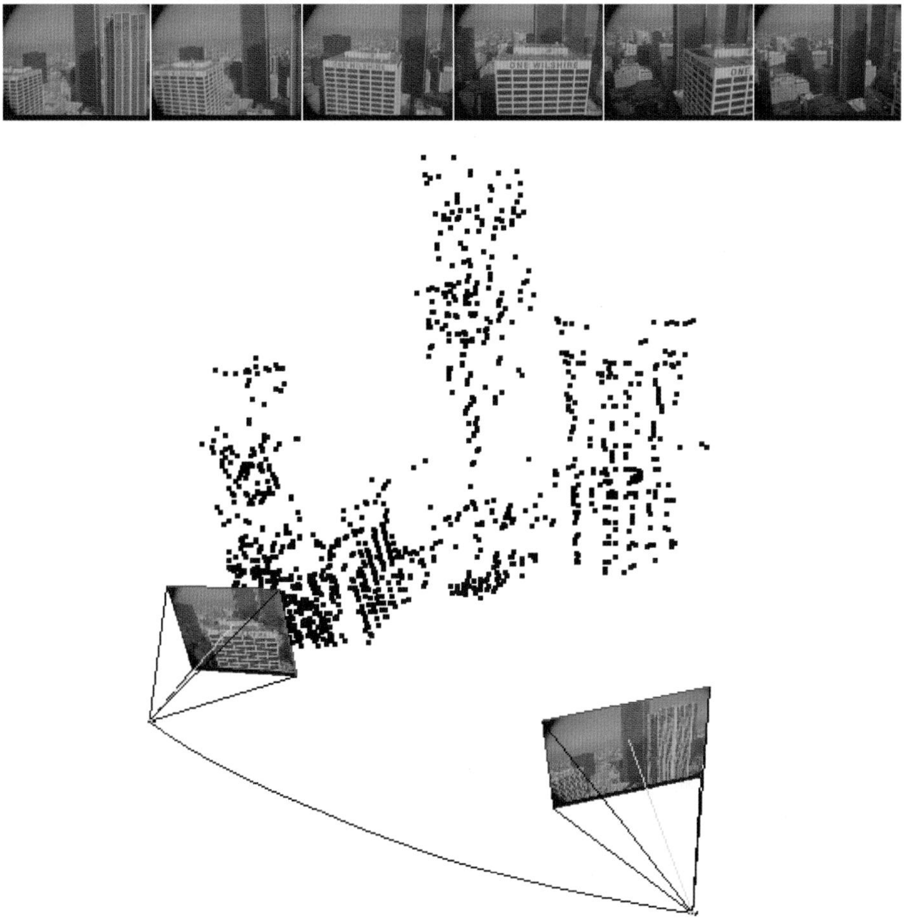

그림 18.4 윌쉬어 헬리콥터에서 촬영한 350개 프레임의 3차원 점과 카메라. 명쾌하게 보기 위해 시작과 끝 프레임에 대해서만 카메라가 표시했고 그 사이는 카메라 경로만 표시했다.

보기 18.4 "윌쉬어" 시퀀스

이것은 로스앤젤레스의 윌쉬어 보울레바드를 헬리콥터로 촬영한 것이다. 이 경우 장면의 반복된 구조에 의해 재구성이 어렵다. (고층 건물의 창에 있는) 많은 특징 점은 매우 유사한 강도로 이웃하고 있으므로 상관 기반 추적이 잘못된 결과를 낸다. 그러나 강력한 기학에 기반한 매칭으로 잘못된 대응을 성공적으로 가려낼 수 있다. 그림 18.4에 구조를 나타냈다. △

18.7 나가면서

일련의 사영 이미지에서 재구성을 위한 완전히 만족스러운 기술은 알려져 있지 않으며 많은 경험 기술을 사용해 적절한 성공을 거두었다고 말하는 것이 정확하다. 사중 시점이 다중 시점 텐서를 기반으로 한 닫힌 해의 한계이다. 더 많은 시점에 관한 이 문제의 깔끔한 수학적 공식화는 없다. 이에 대한 한 가지 예외는 쌍대성에 기반한 m-시점 방법(20장 참조)이지만, 이 방법은 사용하는 쌍대 텐서(기본 행렬, 삼중 초점 텐서, 사중 초점 텐서)에 따라서 6점에서 8점으로 제한된다. 대부분의 시퀀스는 이보다 더 많은 일치 점을 갖는다.

18.7.1 참고 도서

Tomasi-Kanade 알고리듬은 직교 사영을 위해 처음 제안됐고[Tomasi-92], 나중에 파노라마로 확장됐다[Poelman-94]. 선과 원뿔형으로 확장됐지만(예를 들어 [Kahl-98a]), MLE 속성을 더 이상 적용하지 않아 아핀 재구성에서 최소화되는 것이 무엇인지 명확하지 않다. 다중 아핀 시점에 대해 부분 공간법을 평면의 경우[Irani-99], 여러 물체가 독립적으로 움직이는 경우[Boult-91, Gear-98]에 적용하는 것이 있다. 비강성 분해는 [Bascle-98]에서 아이디어를 소개했지만 [Brand-01, Torresani-01]에 의해 수식화됐다. (공분산 가중 데이터와 같이) 불확실성이 있는 아핀 재구성은 Irani and Anandan이 논의했다 [Irani-00, Anandan-02]. 삼각측량과 카메라 추정을 번갈아 가며 재구성하는 방법을 파워 분해power factorization라는 이름으로 [Huynh-03]에 언급돼 있다.

사영 카메라에 대한 분해 방법의 확장은 Sturm and Triggs[Sturm-96]가 연구했다. 이 접근법을 사용하는 반복 방법은 [Heyden-97a, Triggs-96]에 의해 제안됐다.

평면 단응사상을 기반으로 카메라 여러 개를 계산하는 방법은 [Cross-99]에 있고, 평면 자동 보정을 사용해 벡터 $\mathbf{t}^i$를 초기화한다.

시퀀스에서 초기 사영 재구성을 얻는 방법은 [Avidan-98, Beardsley-94, Beardsley-96, Fitzgibbon-98a, Laveau-96a, Nister-00, Sturm-97b]에 설명돼 있다. [Torr-99]와 최근에는 [Pollefeys-02]가 시퀀스 재구성에서 나오는 장면과 운동 퇴화 문제를 논의했다.

18.7.2 메모와 연습 문제

(i) 아핀 분해 알고리듬은 카메라가 아핀이 아니더라도 카메라 집합 $\{P^i\}$가 공통된 세 번째 행벡터를 가지는 상황에서 재구성을 얻기 위해 적용할 수 있다. 세 번째 행벡터는 카메라의 주평면이며(6.2절 참조) 세 번째 행벡터가 공통이라는 조건은 동일 주평면을 가지는 것을 의미한다. 예를 들어 카메라가 주축에 수직 방향으로 이동하면 모든 카메라 중심이 하나의 평면에 있고 주평면은 동일 평면에 있다. 이 경우 P^3로 P^i의 마지막 열을 표기하면 $P^3H_{4\times4} = (0, 0, 0, 1)$을 만족하는 4×4 단응사상 H를 이용해 카메라 집합을 $P^iH_{4\times4}$로 변환하면 아핀 형태가 되기 때문에 아핀 분해 알고리듬을 적용할 수 있다.

보다 일반적으로, 카메라 중심이 평면으로 제한되면 이미지는 카메라가 궁극적으로 동일 평면의 주평면을 갖도록 카메라를 회전해 합성할 수 있다. 예를 들어 (19.8절의) 평면 운동 또는 (19.9절의) 단일 축 회전의 경우 (수직 회전축의 경우 수평선을 무한대로 보내는 단응사상을 적용해) 모든 이미지가 주축이 회전축과 평행하도록 회전하는 경우 모든 카메라의 주평면은 평행하다. 그러나 카메라가 실제로 아핀이 아닌 경우 알고리듬은 재구성에 대한 ML 추정치를 제공하지 못한다.

19

자동 보정

자동 보정은 보정되지 않은 여러 이미지에서 직접 내부 카메라 변수를 결정하는 작업이다. 이 작업이 완료되면 이미지에서 거리 재구성을 계산할 수 있다. 자동 보정은 특수 보정 개체를 사용해 카메라를 보정하는 번거로운 작업을 방지한다. 이로부터 큰 유연성을 얻을 수 있다. 예를 들어 알 수 없는 움직임과 일부 내부 변수가 바뀌어도 이미지 시퀀스에서 직접 카메라를 보정할 수 있기 때문이다.

이 방법의 근본 아이디어는 카메라가 강체 운동을 하기 때문에 절대 원뿔이 이런 운동에서 고정된다는 것이다. 반대로 3차원 공간의 유일한 고정된 원뿔을 이미지에서 어떤 방식으로든 결정할 수 있으면 이로부터 Ω_∞를 식별할 수 있다. 18장에서 봤듯이, Ω_∞을 식별하면 거리 기하를 계산할 수 있다. Ω_∞을 식별하는 이 작업을 위해 다양한 자동 보정 방법을 사용할 수 있다.

19장은 네 가지 주요 부분으로 구성된다. 먼저 자동 보정 문제의 대수 구조를 서술하고 내부 또는 외부 변수에 대한 제약 조건에서 자동 보정 방정식을 어떻게 구하는지를 설명한다. 둘째, 절대 원뿔 또는 그 이미지를 계산하는 것과 관련된 자동 보정을 위한 몇 가지 직접적인 방법을 설명한다. 여기에는 다중 시점에 대한 절대 이중 이차 곡면의 추정 또는 시점 쌍의 크루파 방정식을 포함한다. 셋째, 두 단계를 포함하는 자동 보정을 위한 계층화된 방법이다. 먼저 무한면에 대해 무제를 해결하고 다음에 이를 사용해 절대 원뿔을 구한다. 네 번째 부분은 카메라 중심을 중심으로 회전하는 카메라, 평면 운동을 하는 카메라, 스테레오 장비의 운동을 포함하는 여러 특수 구성을 다룬다.

19.1 소개

자동 (또는 자기) 보정은 보정되지 않은 이미지 집합에서 카메라 또는 장면의 거리 속성을 계산하는 것이다. 이것은 알려진 보정 그리드의 이미지(7장) 또는 직교 방향의 소실점(8장)과 같은 장면의 속성에서 카메라 보정 행렬 K를 결정하는 기존 보정과 다르다. 대신, 자동 보정에서 거리 속성은 내부와/또는 외부 변수에 대한 제약 조건에서 직접 결정한다.

예를 들어 고정된 내부 변수를 가지는 카메라로 얻은 이미지 집합이 있고 사영 재구성을 이미지 간의 점 대응에서 계산한다고 가정한다. 재구성은 각 시점에 대한 사영 카메라 행렬 P^i를 계산한다. 제약 조건은 실제 카메라의 경우 내부 변수 행렬 K가 각 시점에 대해 (알 수 없지만) 동일하다. 이제 사영 재구성의 각 카메라 P^i는 $P^i = K^i[R^i \mid \mathbf{t}^i]$로 분해할 수 있다. 그러나 일반적으로 보정 행렬 K^i는 각 시점마다 다르게 된다. 따라서 제약 조건은 사영 재구성에 의해 만족되지 않는다.

그러나 자유롭게 단응사상 H를 이용해 카메라 행렬을 변환해 사영 재구성을 변경할 수 있다. 실제 카메라는 고정된 내부 변수를 가지므로, 적절한 단응사상(또는 단응사상의 패밀리)이 존재해 변환된 카메라 P^iH가 $P^iH = KR^i[I \mid \mathbf{t}^i]$로 분해된다. 여기서는 각 카메라가 동일한 보정 행렬을 가지므로 재구성이 제약 조건과 일관성을 가진다. 충분히 많은 시점이 있고 시점 사이의 운동이 (뒤에서 설명하는) 일반적인 경우, 이러한 일관성은 H에 의해 변환된 재구성이 실제 카메라와 장면이 상사 변환이 되도록 H를 제한한다. 그러면 거리 재구성을 얻게 된다.

거리 재구성을 얻는 데 사용하는 특정 제약 조건은 다를 수 있지만 일반적인 접근법이 있다.

(i) 사영 재구성 $\{P^i, \mathbf{X}_j\}$를 구한다.

(ii) 자동 보정 제약 조건에서 정류된 단응사상 H를 결정해 거리 재구성 $\{P^iH, H^{-1}\mathbf{X}_j\}$으로 변환한다.

다음 절에서는 다양한 자동 보정 방법을 설명한다. 각각은 사용한 제약 조건과 단응사상 H를 결정하는 방법이 다르다. 방법은 두 가지 종류로 구분할 수 있다. H를 직접 계산하는 방법과 사영 재구성을 먼저 구한 후에 H의 아핀 성분을 계산하는 계층화된 방법이 있다. 두 번째 방법의 장점은 일단 아핀 재구성을 구하면, 즉 π_∞를 알면 거리 재구성은 선형적으로 결정된다.

거리 장면 재구성이 아닌 카메라 보정이 목표인 경우에는 사영 재구성을 구체적으로 계산할 필요는 없으며 때로는 카메라 보정을 정류 변환하지 않고 직접적인 방법으로 계산할 수 있다. 이를테면 카메라가 평행 이동없이 카메라 중심을 중심으로 회전하는 경우이다. 19.6절에서 설명한다.

19.2 대수적 체계와 문제 서술

사영 재구성 $\{\mathtt{P}^i, \mathbf{X}_j\}$가 있다고 가정한다. 카메라의 내부 변수 또는 운동에 대한 제약을 기반으로 $\{\mathtt{P}^i\mathtt{H}, \mathtt{H}^{-1}\mathbf{X}_j\}$가 거리 재구성이 되도록 정류 단응사상 H를 결정하고자 한다.

보정된 카메라를 가지는 참값의 거리와 유클리드 좌표계에서 표현된 구조에서 시작한다. 따라서 실제로 m개의 카메라 $\mathtt{P}^i_\mathtt{M}$이 있어서 3차원 점 $\mathbf{X}_\mathtt{M}$을 각 시점의 이미지 점 $\mathbf{x}^i = \mathtt{P}^i_\mathtt{M}\mathbf{X}_\mathtt{M}$으로 사영한다. 여기서 하첨자 M은 보정된 카메라를 의미하고 실세계 좌표계는 유클리드 좌표계다. 카메라는 $i = 1,\ldots,m$에 대해 $\mathtt{P}^i_\mathtt{M} = \mathtt{K}^i[\mathtt{R}^i \mid \mathbf{t}^i]$로 표기할 수 있다.

사영 재구성에서 다음과 같이 $\mathtt{P}^i_\mathtt{M}$과 관계를 가지는 카메라 $\mathtt{P}^i$를 구한다.

$$\mathtt{P}^i_\mathtt{M} = \mathtt{P}^i\mathtt{H} \quad i = 1, \ldots, m \tag{19.1}$$

여기서 H는 3차원 공간의 아직 알지 못하는 4×4 단응사상이다. 여기에서 목표는 H를 결정하는 것이다. 정확하게 표현하면 재구성의 절대 회전, 평행 이동, 배율 조정에는 관심이 없으며 이런 유사 구성 요소를 제거할 것이다. 실세계 좌표계를 첫 번째 카메라와 일치시켜서 $\mathtt{R}^1 = \mathtt{I}$와 $\mathbf{t}^1 = \mathbf{0}$이 되도록 한다. 그러면, $\mathtt{R}^i$와 $\mathbf{t}^i$는 i번째 카메라와 첫 번째 카메라 사이의 유클리드 변환을 지정하고 $\mathtt{P}^1_\mathtt{M} = \mathtt{K}^1[\mathtt{I} \mid \mathbf{0}]$이 된다. 비슷하게, 사영 재구성에서 첫 번째 시점에 대해 일반적인 표준 카메라를 선택해 $\mathtt{P}^1 = [\mathtt{I} \mid \mathbf{0}]$이 된다. 그러면 H는 다음으로 표기할 수 있다.

$$\mathtt{H} = \begin{bmatrix} \mathtt{A} & \mathbf{t} \\ \mathbf{v}^\top & k \end{bmatrix}$$

(19.1)의 조건 $\mathtt{P}^1_{\mathtt{M}} = \mathtt{P}^1\mathtt{H}$는 $[\mathtt{K}^1 \mid \mathbf{0}] = [\mathtt{I} \mid \mathbf{0}]\mathtt{H}$가 되며, $\mathtt{A} = \mathtt{K}^1$과 $\mathbf{t} = 0$을 의미한다. 그리고 H는 특이 행렬이 아니기 때문에 k는 0이 아니어야 하므로 $k = 1$이라고 가정할 수 있다(이것으로 재구성의 배율이 고정된다). 이로부터 H는 다음의 형태가 된다.

$$\mathtt{H} = \begin{bmatrix} \mathtt{K}^1 & \mathbf{0} \\ \mathbf{v}^\top & 1 \end{bmatrix}$$

이것은 유사 구성 요소를 제거한 것이다.

벡터 $\mathbf{v}$는 $\mathtt{K}^1$과 함께 사영 재구성에서 무한면을 지정한다. π_∞의 좌표가 다음이기 때문이다.

$$\boldsymbol{\pi}_\infty = \mathtt{H}^{-\top} \begin{pmatrix} 0 \\ 0 \\ 0 \\ 1 \end{pmatrix} = \begin{bmatrix} (\mathtt{K}^1)^{-\top} & -(\mathtt{K}^1)^{-\top}\mathbf{v} \\ \mathbf{0} & 1 \end{bmatrix} \begin{pmatrix} 0 \\ 0 \\ 0 \\ 1 \end{pmatrix} = \begin{pmatrix} -(\mathtt{K}^1)^{-\top}\mathbf{v} \\ 1 \end{pmatrix}$$

$\pi_\infty = (\mathbf{p}^\top, 1)^\top$로 표기하면 $\mathbf{p} = -(\mathtt{K}^1)^{-\top}\mathbf{v}$가 된다. 지금까지 논의를 정리하면 다음을 얻는다.

결과 19.1 $\mathtt{P}^1 = [\mathtt{I} \mid \mathbf{0}]$인 사영 재구성 $\{\mathtt{P}^i, \mathbf{X}_j\}$는 다음 형식의 행렬 H에 의해 거리 재구성 $\{\mathtt{P}^i\mathtt{H}, \mathtt{H}^{-1}\mathbf{X}_j\}$로 변환할 수 있다.

$$\mathtt{H} = \begin{bmatrix} \mathtt{K} & \mathbf{0} \\ -\mathbf{p}^\top\mathtt{K} & 1 \end{bmatrix} \tag{19.2}$$

여기서 K는 상부 삼각 행렬이다. 그리고

(i) $\mathtt{K} = \mathtt{K}^1$은 첫 번째 카메라의 보정 행렬이다.

(ii) 사영 재구성의 무한면의 좌표는 $\pi_\infty = (\mathbf{p}^\top, 1)^\top$로 주어진다.

반대로 사영 좌표계에서 무한면과 첫 번째 카메라의 보정 행렬을 알고 있는 경우 사영 재구성을 거리 재구성으로 변환하는 변환 H는 (19.2)로 주어진다.

이 결과에서 사영 재구성을 거리 재구성으로 변환하려면 매개변수 8개($\mathbf{p}$의 3개 원소와 $\mathtt{K}^1$의 5개 원소)를 결정하는 것으로 충분하다. 이것은 기하학적 셈법 논리와 일치한다. 거리 구조를 찾는 것은 무한면과 절대 원뿔을 결정하는 것과 같다(각각의 자유도는 3과 5). 거리 재구성에서 각 카메라의 보정 $\mathtt{K}^i$, 첫 번째 카메라에 대한 회전 $\mathtt{R}^i$ 그리고 하나의 공통 배율 조정 $\mathbf{t}^i \mapsto s\mathbf{t}^i$를 제외한 첫 번째 카메라에 대한 이동 변환 $\mathbf{t}^i$를 결정해야 한다.

이제 기본 자동 보정 방정식을 설명한다. 사영 재구성의 카메라를 $\mathtt{P}^i = [\mathtt{A}^i \mid \mathbf{a}^i]$로 표기한다. (19.1)과 (19.2)에서 다음을 얻는다.

$$\mathtt{K}^i\mathtt{R}^i = \left(\mathtt{A}^i - \mathbf{a}^i\mathbf{p}^\mathsf{T}\right)\mathtt{K}^1 \quad \text{for } i = 2, \ldots, m \tag{19.3}$$

이것을 정리하면 $i = 2, \ldots, m$에 대해 $\mathtt{R}^i = (\mathtt{K}^i)^{-1}(\mathtt{A}^i - \mathbf{a}^i\mathbf{p}^\mathsf{T})\mathtt{K}^1$을 얻는다. 마지막으로 $\mathtt{R}\mathtt{R}^\mathsf{T} = \mathtt{I}$를 이용해 회전 $\mathtt{R}^i$를 소거하면 다음을 얻는다.

$$\mathtt{K}^i\mathtt{K}^{i\mathsf{T}} = \left(\mathtt{A}^i - \mathbf{a}^i\mathbf{p}^\mathsf{T}\right)\mathtt{K}^1\mathtt{K}^{1\mathsf{T}}\left(\mathtt{A}^i - \mathbf{a}^i\mathbf{p}^\mathsf{T}\right)^\mathsf{T}$$

절대 원뿔의 상대 이미지 (DIAC)인 $\mathtt{K}^i\mathtt{K}^{i\mathsf{T}} = \omega^*$에 주의한다(8.11절 참조). 위의 식을 대입하면 자동 보정의 기본 방정식을 얻는다.

$$\begin{aligned}\omega^{*i} &= \left(\mathtt{A}^i - \mathbf{a}^i\mathbf{p}^\mathsf{T}\right)\omega^{*1}\left(\mathtt{A}^i - \mathbf{a}^i\mathbf{p}^\mathsf{T}\right)^\mathsf{T} \\ \omega^i &= \left(\mathtt{A}^i - \mathbf{a}^i\mathbf{p}^\mathsf{T}\right)^{-\mathsf{T}}\omega^1\left(\mathtt{A}^i - \mathbf{a}^i\mathbf{p}^\mathsf{T}\right)^{-1}\end{aligned} \tag{19.4}$$

두 번째 방정식은 단순히 첫 번째 방정식의 역수이며 ω는 절대 원뿔 (IAC)의 이미지이다. 이 방정식은 $i = 1, \ldots, m$에 대한 ω^{*i}와 ω^i의 알려지지 않은 원소와 알려지지 않은 매개변수 $\mathbf{p}$와 사영 카메라 $\mathtt{A}^i$, $\mathbf{a}^i$의 알려진 원소의 관계식이다.

자동 보정의 기술은 $\mathtt{K}^i$의 원소 중 하나가 0이라는 것과 같은 $\mathtt{K}^i$에 대한 제약 조건을 사용해 (19.4)에서 $\mathbf{p}$와 $\mathtt{K}^1$의 8개 매개변수에 대한 방정식을 생성하는 것이다. 모든 자동 보정 방법은 이러한 방정식을 푸는 것의 변형이며 다음 절에서 이러한 방법 중 몇 가지를 소개한다. 일반적으로 ω^i 또는 ω^{*i}를 먼저 계산하고 이들로부터 교정 행렬 $\mathtt{K}^i$의 값을 추출하는 방법으로 진행한다. (뭉치 조정과 같은) 반복 방법은 $\mathtt{K}^i$로 직접 매개화할 수도 있다. 방정식 (19.4)는 절대 원뿔에 대한 변환으로 기하학적 해석을 가지고 있으며, 19.3절과 19.5.2절에서 이에 대해 다시 설명한다.

8개의 매개변수에 대한 방정식을 (19.4)에서 생성하는 방법을 보여주는 간단한 예제로 시작한다.

보기 19.2 동일한 K_i에 대한 자동 보정 방정식

모든 카메라가 동일한 내부 변수를 가지고 있다고 가정하면 $K^i = K$이고 (19.4)는 다음이 된다.

$$KK^\mathsf{T} = \left(A^i - \mathbf{a}^i\mathbf{p}^\mathsf{T}\right) KK^\mathsf{T} \left(A^i - \mathbf{a}^i\mathbf{p}^\mathsf{T}\right)^\mathsf{T} \quad i = 2, \ldots, m \tag{19.5}$$

$i = 2, \ldots, m$인 각각의 시점에서 방정식을 얻을 수 있고, 8개의 미지수를 결정하기 위해 (원론적으로) 필요한 시점의 개수를 셈법 논리로 설명한다. 첫 번째를 제외한 각 시점에서 5개의 제약 조건을 얻는다. 각각은 3 × 3 대칭 행렬이고 (그래서 6개의 독립원소를 가지며) 방정식은 동차이기 때문이다. 이러한 제약 조건이 각 시점에 대해 독립이라 가정하면 $5(m-1) \geq 8$인 경우 해가 결정된다. 결국 $m \geq 3$이면 적어도 원론적으로 해를 구할 수 있다. 분명하게 m이 3보다 훨씬 크면 미지수 K와 $\mathbf{p}$는 조건을 과도하게 가지게 된다. △

(19.5)를 정류 변환 H의 직접 추정을 위한 기저로 사용하는 것을 상상할 수 있다. 이것은 방정식 (19.4)가 얼마나 잘 충족되는지에 대한 비용함수 또는 거리 구조에 대한 근접성을 최소화하는 목적으로 (19.2)의 매개변수 8개를 변화하는 매개변수화된 최소화 문제로 구성할 수 있다. 물론 초기 해를 구하는 방법도 필요하다. 본질적으로 초기 해와 반복적 최소화로 구성된 두 단계를 동일한 내부 변수보다 약한 제약 조건을 가지는 상황에서 다음 절에서 설명한다.

19.3 절대 이중 이차 곡면을 이용한 교정

절대 이중 이차 곡면 Q^*는 차수 3의 4 × 4 동차 행렬로 표현되는 퇴화된 이중 이차 곡면 (즉, 평면)이다. 여기서 중요한 것은 Q^*_∞가 매우 간결하게 π_∞와 Ω_∞의 정보를 가진다는 것이다. 예를 들어 π_∞는 Q^*의 영벡터이므로 대수적으로 간단한 이미지 사영이 있다.

$$\boldsymbol{\omega}^* = PQ^*_\infty P^\mathsf{T} \tag{19.6}$$

이것은 간단히 (이중) 이차 곡면의 사영 (8.5)이다. 즉, Q^*_∞는 절대 원뿔 $\omega^* = KK^\mathsf{T}$의 이중 이미지로 사영된다.

Q^*_∞를 기반으로 하는 자동 보정의 아이디어는 (19.6)을 이용해 ω^*에 대한 제약 조건을

(알려진) 카메라 행렬 P^i를 사용해 Q^*_∞에 대한 제약 조건으로 변환하는 것이다. 이런 방법으로 Q^*_∞를 표현하는 행렬은 K^i에 대한 제약 조건에서 사영 재구성 과정에서 결정된다. 다음에서 설명한다. 실제로 [Triggs-97]에서 자동 보정을 위한 편리한 표현법으로 Q^*를 도입했다.

Q^*_∞가 결정되면 찾고 있는 (19.2)의 정류 단응사상 H는 다음에서 설명하는 방식으로 결정할 수 있다. 그래서 Q^*_∞를 결정하고 여기에서 H를 결정하는 K^i의 제약 조건을 지정하는 것을 기반으로 하는 자동 보정의 일반적인 체계를 구축한다. 이러한 일반적인 접근법은 알고리듬 19.1에 요약했다. 19.3.1절에서 알고리듬의 두 번째 단계인 Q^* 추정에 대해 집중한다. 우선 좀 더 상세한 내용을 설명한다.

알고리듬 19.1 Q^*_∞를 기반으로 하는 자동 교정

<u>목적</u>

여러 시점에 걸친 일치 점의 집합과 교정 행렬 K^i에 대한 제약 조건에서 점과 카메라의 재구성을 계산하라.

<u>알고리듬</u>

(i) 시점들의 집합에서 사영 재구성을 계산해 카메라 행렬 P^i와 점 $\mathbf{X}_j$를 얻는다.
(ii) Q^*_∞를 추정하기 위해 K^i에서 발생하는 ω^{*i} 형태에 대한 제약 조건과 함께 (19.6)을 사용한다.
(iii) Q^*를 $\mathrm{H}\tilde{\mathrm{I}}\mathrm{H}^\top$로 분해한다. 여기에서 $\tilde{\mathrm{I}} = \mathrm{diag}(1, 1, 1, 0)$이다.
(iv) H^{-1}을 점에 적용하고 H를 카메라에 적용해 거리 재구성을 구한다.
(v) 최소 제곱 최소화를 반복 사용해 해를 개선한다(19.3.3절 참조).

다른 방법으로 각 카메라의 보정 행렬을 직접 계산할 수 있다.

(i) (19.6)을 사용해 모든 i에 대해 ω^{*i}를 계산한다.
(ii) 촐레스키 분해를 이용해 방정식 $\omega^* = \mathrm{KK}^\top$에서 교정 행렬 K^i를 계산한다.

절대 이중 이차 곡면의 간단한 성질 3.7절에서 Q^*_∞에 대한 전체 설명을 했다. 자동 보정을 위해 특히 중요한 성질을 여기에 요약했다. 유클리드 좌표계에서 Q^*_∞는 다음의 표준 형식을 가진다.

$$\tilde{\mathtt{I}} = \begin{bmatrix} \mathtt{I}_{3\times 3} & \mathbf{0} \\ \mathbf{0}^\top & 0 \end{bmatrix} \tag{19.7}$$

사영 좌표계에서 $\mathtt{Q}^*_\infty$는 $\mathtt{Q}^*_\infty = \mathtt{H}\tilde{\mathtt{I}}\mathtt{H}^\top$의 형태를 가진다. 여기서 $\tilde{\mathtt{I}}$는 (19.7)의 행렬이다. 이것은 이중 이차 곡면에 대한 사영변환 공식 (3.17) $\mathtt{Q}^*_\infty \mapsto \mathtt{H}\mathtt{Q}^*_\infty\mathtt{H}^\top$에서 유도된다. 결국 다음을 얻는다.

결과 19.3 임의의 사영 좌표계에서 이중 절대 이차 곡선은 다음과 같은 성질을 가지는 4×4 대칭 행렬로 표현된다.

(i) $\mathtt{Q}^*_\infty$가 퇴화 원뿔이므로 차수 3을 가지는 특이 행렬이다.
(ii) $\mathtt{Q}^*_\infty \pi_\infty = \mathbf{0}$이므로 영공간은 무한면을 나타내는 벡터이다.
(iii) 양(또는 동차 계수에 따라서 음)의 준정부호[semi-definite]이다.

이런 성질은 유클리드 좌표계의 표준형에서 쉽게 알 수 있고 임의의 좌표계로 확장할 수 있다.

$\mathtt{Q}^*_\infty$에서 정류 단응사상 추출 사영 좌표계에서 추정한 $\mathtt{Q}^*_\infty$가 주어지면 단응사상 $\mathtt{H}$를 결정하고자 한다. $\mathtt{H}$를 추출하는 것은 간단한 분해이며 다음과 같다.

결과 19.4 $\mathtt{Q}^*_\infty$를 $\mathtt{Q}^*_\infty = \mathtt{H}\tilde{\mathtt{I}}\mathtt{H}^\top$(표기법은 위를 참조)로 분해하면 $\mathtt{H}^{-1}$은 사영 좌표계를 유클리드 좌표계로 변환하는 3차원 (점) 단응사상이다.

카메라는 점에 적용하는 변환의 역변환에 의해 변환되므로 $\mathtt{H}$는 $\mathtt{P}_\mathtt{M} = \mathtt{PH}$가 되는 카메라에 적용하는 정정 행렬이 된다. 그러므로 $\mathtt{H}$는 카메라에 적용하는 정류 변환이다. $\mathtt{Q}^*_\infty$를 $\mathtt{H}\tilde{\mathtt{I}}\mathtt{H}^\top$로 분해하는 것은 고윳값 분해에서 쉽게 계산할 수 있다(이를 위한 야코비 분해에 관해서는 A4.2절을 참조하라).

자동 보정 방정식과 동일성 $\mathtt{Q}^*_\infty$의 이미지 사영을 나타내는 식 (19.6)은 자동 보정 방정식 (19.4)의 간단한 기하학적 표현이다. 이에 대해서 설명한다.

사영 좌표계에서 $\mathtt{Q}^*_\infty$는 $\mathtt{H}\tilde{\mathtt{I}}\mathtt{H}^\top$의 형태를 가지는 것을 봤다. 사영 재구성은 거리 재구성과 (19.2)로 연결돼 있다. 그러므로,

$$\mathtt{Q}_\infty^* = \mathtt{H}\tilde{\mathtt{I}}\mathtt{H}^\top = \begin{bmatrix} \mathtt{K}^1\mathtt{K}^{1\top} & -\mathtt{K}^1\mathtt{K}^{1\top}\mathbf{p} \\ -\mathbf{p}^\top\mathtt{K}^1\mathtt{K}^{1\top} & \mathbf{p}^\top\mathtt{K}^1\mathtt{K}^{1\top}\mathbf{p} \end{bmatrix} = \begin{bmatrix} \boldsymbol{\omega}^{*1} & -\boldsymbol{\omega}^{*1}\mathbf{p} \\ -\mathbf{p}^\top\boldsymbol{\omega}^{*1} & \mathbf{p}^\top\boldsymbol{\omega}^{*1}\mathbf{p} \end{bmatrix} \tag{19.8}$$

$\mathtt{P}^i = [\mathtt{A}^i \mid \mathbf{a}^i]$를 이용해 (19.6)을 적용하면 다시 자동 보정 방정식 (19.4)를 얻는다.

$$\boldsymbol{\omega}^{*i} = \mathtt{P}^i\mathtt{Q}_\infty^*\mathtt{P}^{i\top} = \left(\mathtt{A}^i - \mathbf{a}^i\mathbf{p}^\top\right)\boldsymbol{\omega}^{*1}\left(\mathtt{A}^i - \mathbf{a}^i\mathbf{p}^\top\right)^\top$$

여기에서 다음과 같은 (19.4)의 기하학적인 해석을 얻는다. $\mathtt{Q}^*$는 카메라의 유클리드 운동에 대해 고정된 이차 곡면이고 DIAC $\boldsymbol{\omega}^{*i}$는 각각의 시점에서 $\mathtt{Q}_\infty^*$의 이미지이다.

표 19.1 카메라 내부 변수로 표현한 절대 원뿔의 이미지 ω와 절대 원뿔의 이중 이미지 ω^*

(6.10)의 보정 행렬 K를 가지는 카메라에 대한 $\omega = (\mathtt{KK}^\top)^{-1}$과 $\omega^* = \omega^{-1} = \mathtt{KK}^\top$의 형태는 다음이다.

$$\boldsymbol{\omega}^* = \begin{bmatrix} \alpha_x^2 + s^2 + x_0^2 & s\alpha_y + x_0y_0 & x_0 \\ s\alpha_y + x_0y_0 & \alpha_y^2 + y_0^2 & y_0 \\ x_0 & y_0 & 1 \end{bmatrix} \tag{19.9}$$

그리고

$$\boldsymbol{\omega} = \frac{1}{\alpha_x^2\alpha_y^2}\begin{bmatrix} \alpha_y^2 & -s\alpha_y & -x_0\alpha_y^2 + y_0s\alpha_y \\ -s\alpha_y & \alpha_x^2 + s^2 & \alpha_ysx_0 - \alpha_x^2y_0 - s^2y_0 \\ -x_0\alpha_y^2 + y_0s\alpha_y & \alpha_ysx_0 - \alpha_x^2y_0 - s^2y_0 & \alpha_x^2\alpha_y^2 + \alpha_x^2y_0^2 + (\alpha_yx_0 - sy_0)^2 \end{bmatrix} \tag{19.10}$$

왜도가 영이면, 즉 $s = 0$이면 식은 다음으로 간단하게 표현된다.

$$\boldsymbol{\omega}^* = \begin{bmatrix} \alpha_x^2 + x_0^2 & x_0y_0 & x_0 \\ x_0y_0 & \alpha_y^2 + y_0^2 & y_0 \\ x_0 & y_0 & 1 \end{bmatrix} \tag{19.11}$$

그리고

$$\boldsymbol{\omega} = \frac{1}{\alpha_x^2\alpha_y^2}\begin{bmatrix} \alpha_y^2 & 0 & -\alpha_y^2x_0 \\ 0 & \alpha_x^2 & -\alpha_x^2y_0 \\ -\alpha_y^2x_0 & -\alpha_x^2y_0 & \alpha_x^2\alpha_y^2 + \alpha_y^2x_0^2 + \alpha_x^2y_0^2 \end{bmatrix} \tag{19.12}$$

19.3.1 이미지 집합에서 Q^*_∞의 선형 해

여기서 목표는 내부 변수에 대한 구속 조건에서 Q^*_∞를 직접 추정하는 것이다. 선형 해를 구할 수 있는 세 가지 경우를 설명하는 것으로 시작한다. 이 시점에서 DIAC와 IAC의 형식을 요약해두는 것이 편리하다. 표 19.1에 정리했다.

Q^*_∞에 대한 선형 제약 조건 지정 주점을 알고 있으면 Q^*_∞에 대한 선형 제약 조건을 구할 수 있다. 점을 안다고 가정하면 이미지 좌표계를 변환해 원점이 주점과 일치하도록 한다. 그러면 $x_0 = 0$, $y_0 = 0$이며 표 19.1에서 DIAC는 다음이 된다.

$$\boldsymbol{\omega}^* = \begin{bmatrix} \alpha_x^2 + s^2 & s\alpha_y & 0 \\ s\alpha_y & \alpha_y^2 & 0 \\ 0 & 0 & 1 \end{bmatrix} \tag{19.13}$$

Q^*_∞에 대한 선형방정식은 사영 방정식 (19.6) $\omega^* = PQ^*_\infty P^\top$를 각각의 i 시점에 적용해 (19.13)에서 영인 원소에서 얻을 수 있다. 예로서 두 개의 방정식은 다음과 같다.

$$(P^i Q^*_\infty P^{i\top})_{13} = 0 \ \text{ and } \ (P^i Q^*_\infty P^{i\top})_{23} = 0 \tag{19.14}$$

이것은 $\omega^{*i}_{13} = \omega^{*i}_{23} = 0$에서 나온다.

K^i에 대한 추가 구속 조건이 있으면 이로부터 ω^*의 원소 사이의 관계가 나오며 추가 선형방정식을 얻는다. 예로서 왜도가 영이라 가정하면 (19.13)의 (1, 2) 원소는 영이 돼서 (19.14)와 비슷한 Q^*_∞의 원소에 대한 선형방정식 하나를 더 얻는다. 알려진 종횡비에서도 추가 구속 조건을 얻는다. 표 19.2에서 사용 가능한 구속 조건을 요약했다.

표 19.2 DIAC에서 유도되는 자동 보정에 대한 제약 조건 제약 조건 수의 열은 제약 조건이 각 시점에 대해 참이라고 가정하고 m 시점에 대한 총 제약 수를 나타낸다. 각 추가 정보 항목은 추가 방정식을 생성한다. 예를 들어, 주점이 알려져 있고 왜도가 영이면 시점마다 3개의 제약 조건이 있다.

조건	구속 조건	종류	구속 개수
왜도 영	$\boldsymbol{\omega}^*_{12}\boldsymbol{\omega}^*_{33} = \boldsymbol{\omega}^*_{13}\boldsymbol{\omega}^*_{23}$	2차	m
원점이 주점	$\boldsymbol{\omega}^*_{13} = \boldsymbol{\omega}^*_{23} = 0$	1차	2m
왜도 영(원점이 주점)	$\boldsymbol{\omega}^*_{12} = 0$	1차	m
(모르지만) 고정된 종횡비(왜도 영과 원점이 주점)	$\frac{\boldsymbol{\omega}^{*i}_{11}}{\boldsymbol{\omega}^{*i}_{22}} = \frac{\boldsymbol{\omega}^{*j}_{11}}{\boldsymbol{\omega}^{*j}_{22}}$	2차	m 2 1
알려진 종횡비 $r = \alpha_y/\alpha_x$(왜도 영과 원점이 주점)	$r^2\boldsymbol{\omega}^*_{11} = \boldsymbol{\omega}^*_{22}$	1차	m

선형 해 Q^*_∞는 대칭이므로 10개의 동차 매개변수, 즉 대각선과 대각선의 윗부분 원소 10개로 선형 매개화할 수 있다. 이러한 원소 10개를 10차원 벡터 $\mathbf{x}$로 표기할 수 있다. 일반적인 방식으로 Q^*_∞의 선형방정식은 $A\mathbf{x} = 0$ 형태의 행렬 방정식으로 정렬해 SVD를 이용해 $\mathbf{x}$에 대한 최소 제곱해를 구할 수 있다. 예를 들어 두 방정식 (19.14)은 각 시점에서 행렬의 두 행을 제공한다. (주점을 알고 있다고 가정할 때에만) 5개의 이미지에서 총 10개의 방정식을 얻고 선형 해가 가능하다. 4개의 이미지에서 8개의 방정식이 생성된다. 이런 방법으로 하면 7개점에서 기본 행렬을 계산하는 경우와 마찬가지로 2개의 매개변수를 가지는 해가 존재한다. 조건 $\det Q^*_\infty = 0$에서 4차 방정식을 얻고 4개의 해가 있다.

보기 19.5 가변 초점 거리에 대한 선형 해

카메라가 초점 거리를 제외하고 보정됐다고 가정한다. 주점이 알려져 있고 종횡비가 1이다(그렇지 않은 경우 방정식을 변환해 알려진 값에서 1로 변환할 수 있다). 왜도는 영이다. 초점 거리는 알 수 없으며 시점마다 다르다. 이 경우 표 19.2에는 각 시점에서 사용할 수 있는 Q^*_∞에 대한 4개의 선형 제약 조건이 있다. 이중 시점의 경우 8개의 선형 제약 조건이 있고 4개의 해를 제외하고는 조건 $\det Q^*_\infty = 0$에서 얻을 수 있다. $m \geq 3$이면 유일한 선형 해가 존재한다. △

이런 최소 경우에서 초점 거리를 계산하는 것을 보기 19.8에서 설명한다.

19.3.2 Q^*_∞의 비선형 해

(19.6) 형식에서 얻을 수 있는 다양한 비선형방정식을 설명한다. $\omega^{*i} = P^i Q^*_\infty P^{i\top}$의 각 원소를 Q^*_∞의 원소를 이용해 선형으로 표현할 수 있는 것을 봤다. 따라서 다양한 ω^{*i}의 원소 간의 관계식을 Q^*_∞의 원소를 가지는 방정식으로 변환할 수 있다. 특히 ω^* 원소의 선형 또는 이차 관계식이 Q^*_∞ 원소 간의 선형 또는 이차 관계식을 각각 생성한다. 이런 방정식이 충분히 많으면 Q^*_∞를 풀 수 있다.

상수인 내부 변수 모든 카메라의 내부 변수가 같으면 모든 i와 j에 대해 $\omega^{*i} = \omega^{*j}$이며 $P^i Q^*_\infty P^{i\top} = P^j Q^*_\infty P^{j\top}$를 얻는다. 그러나 이들은 동차 방정식이므로 알려져 있지 않은 배율 계수를 제외하고 등식이 성립한다. 다음의 다섯 개의 방정식을 얻는다.

$$\boldsymbol{\omega}^{*i}_{11}/\boldsymbol{\omega}^{*j}_{11} = \boldsymbol{\omega}^{*i}_{12}/\boldsymbol{\omega}^{*j}_{12} = \boldsymbol{\omega}^{*i}_{13}/\boldsymbol{\omega}^{*j}_{13} = \boldsymbol{\omega}^{*i}_{22}/\boldsymbol{\omega}^{*j}_{22} = \boldsymbol{\omega}^{*i}_{23}/\boldsymbol{\omega}^{*j}_{23} = \boldsymbol{\omega}^{*i}_{33}/\boldsymbol{\omega}^{*j}_{33}$$

여기에서 $\mathtt{Q}^*_\infty$ 원소에 관한 이차식을 얻을 수 있다. 삼중 시점이 주어지면 모두 10개의 방정식을 얻고 이를 풀어서 $\mathtt{Q}^*_\infty$를 구할 수 있다.

왜도 영을 가정한 보정 각 카메라의 왜도가 영이라는 가정하에 DIAC의 형태는 (19.11)로 단순화된다. 특히 왜도 영인 경우 ω^*의 원소들 사이에 다음 제약 조건을 얻는다.

$$\boldsymbol{\omega}^*_{12}\boldsymbol{\omega}^*_{33} = \boldsymbol{\omega}^*_{13}\boldsymbol{\omega}^*_{23} \tag{19.15}$$

여기에서 $\mathtt{Q}^*_\infty$의 원소에 대한 이차방정식 하나를 얻는다. 그러나 절대 이중 이차 곡면이 퇴화된다는 사실에서 추가 조건 $\det \mathtt{Q}^*_\infty = 0$이 있다. $\mathtt{Q}^*_\infty$가 10개의 선형 매개변수를 가지므로 이를 (적어도 원론적으로) 8개의 시점에서 계산할 수 있다. 이러한 다양한 보정 제약 조건을 표 19.2에도 요약했다.

19.3.3 반복법

이 책의 여러 곳에서 봤듯이 대수 또는 기하 오차 중에서 최소화하는 것을 선택할 수 있다. 이 경우 적절한 대수 오차는 (19.4)이다. (4.1)과 같은 이전 사례에서는 외적을 이용해 알 수 없는 배율 계수를 제거한다. 여기서는 배율 계수를 행렬 형태를 이용해 제거할 수 있다. 비용함수는 다음과 같다.

$$\sum_i \|\mathtt{K}^i\mathtt{K}^{i\mathsf{T}} - \mathtt{P}^i\mathtt{Q}^*_\infty\mathtt{P}^{i\mathsf{T}}\|^2_{\mathrm{F}} \tag{19.16}$$

여기에서 $\|\mathtt{M}\|_{\mathrm{F}}$는 $\mathtt{M}$의 프로베니우스 노름을 의미하고 $\mathtt{K}^i\mathtt{K}^{\mathsf{T}}$와 $\mathtt{P}^i\mathtt{Q}^*_\infty\mathtt{P}^{i\mathsf{T}}$는 단위 프로베니우스 노름을 가지도록 정규화했다. 비용함수는 (최대 8개의) $\mathtt{Q}^*_\infty$의 미지 원소와 각 $\omega^{*i} = \mathtt{K}^i\mathtt{K}^{i\mathsf{T}}$의 미지 원소로 매개화한다. 전개식 (19.8)을 사용해 절대 이중 이차 곡면을 매개화할 수 있다. 예를 들어 보기 19.5의 경우, 초점 거리만이 각 시점에서 미지수이므로 (19.16)은 $m+3$개의 매개변수에서 최소화한다. 이것은 각 시점에서 초점 거리 f^i와 $\mathbf{p}$의 세 개의 성분이다. 이러한 매개화는 최소화를 통해 $\mathtt{Q}^*_\infty$가 차수 3을 가지도록 보장해준다.

위의 비용함수에는 특별한 기하학적 의미가 없기 때문에 완전한 뭉치 조정으로 후속 처리를 하는 것이 좋다. 사실, 좋은 초기 선형 추정치가 주어지면 곧바로 뭉치 조정을 적용할 수 있다. 18.1절에 설명했듯이 교정 변수에 대한 가정과 전체 뭉치 조정을 통합하는 것은 어렵지 않다.

보기 19.6 일반 운동에 대한 거리 재구성

그림 19.1(a–c)에서 휴대용 카메라로 찍은 인도 사원의 모습을 보여준다. 사영 재구성은 18.6절에서 설명한 이미지 점 대응에서 계산했고 알려진 주점과 함께 일정한 카메라 변수의 제약하에서 알고리듬 19.1을 사용해 거리 재구성을 계산했다. 계산한 카메라와 3차원 점들을 그림 19.1(d)와 (e)에 나타냈다. △

19.3.4 셈법 논리

지금까지 살펴본 제약 조건에는 두 가지 유형이 있다. 매개변숫값이 알려진 경우 또는 매개변수가 여러 시점에 포함돼 있지만 그 값을 알지 못하는 경우이다. 적용하는 실제 제약은 카메라에서 얻은 것을 디지털화 또는 크롭crop을 통해 최종 이미지가 되는 이미지 생성의 물리적 환경에 따라 다르다. 예를 들어 확대되는 이미지 시퀀스의 경우 왜곡과 종횡비는 (알 수 없는 값으로) 고정되지만 초점 거리와 주점은 시퀀스에 따라 달라지는 경우다. 가끔은 픽셀이 정사각형이거나 알려진 종횡비를 가져서 (영의 값의) 왜도와 종횡비를 모두 알고 있는 경우도 있다.

완전한 거리 재구성을 하기 위해 필요한 제약 조건의 개수를 생각해본다.

교정을 위해 계산해야 하는 매개변수의 개수는 8이다. 이것은 배율 모호성과 차수 3의 제약 조건을 포함해 절대 이중 이차 곡면의 필수 매개변수의 개수와 같다.

m개의 시점을 생각하고 k개의 내부 변수는 모든 시점에서 알려져 있고 f개의 내부 변수는 각 시점에서 일정하지만 알려져 있지 않다고 가정한다(그리고 $k + f < 5$). 일정하고 알려진 보정 변수에서 조건식 $\omega^{*i} = \mathtt{P}^i \mathtt{Q}^*_\infty \mathtt{P}^{i\mathsf{T}}$에서 하나의 제약 조건을 얻어서 모두 mk개의 제약 조건이 있다. 일정하지만 알려지지 않은 보정 변수는 더 적은 제약 조건은 준다. 변수의 값이 빠져 있기 때문이다. 결국 f의 고정 변수에서 모두 $f(m-1)$개의 제약 조건을 얻는다. 보정을 위한 조건은 다음이 된다.

$$mk + (m-1)f \geq 8$$

표 19.3에서 제약 조건의 여러 조합에 대한 m에 대한 값을 나타냈다. 몇 개의 제약 조건이 종속되는 퇴화 구성이 가능하다는 것을 기억하는 것이 중요하다. 이로부터 더 많은 시점이 필요해진다.

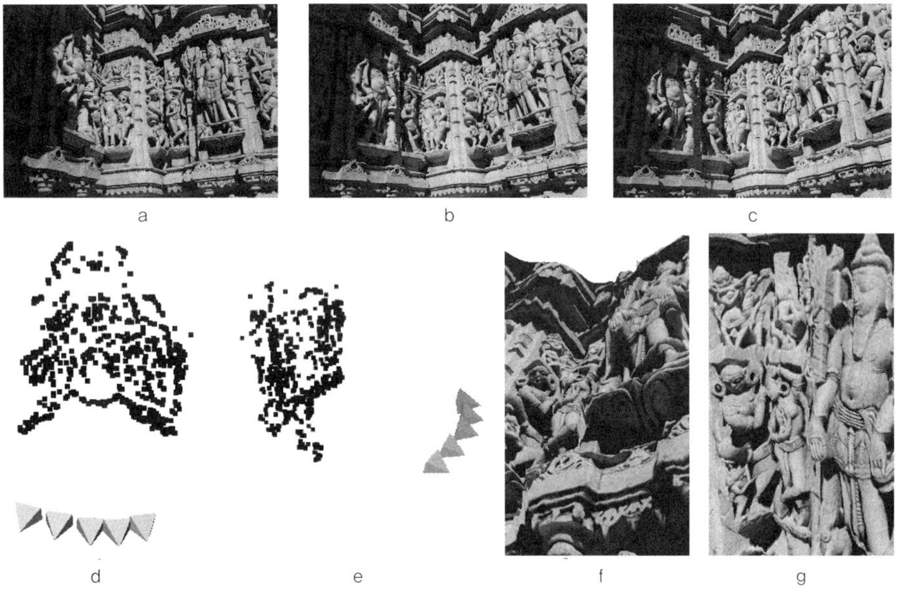

그림 19.1 **일반 운동에 대한 거리 재구성** (a)–(c) 휴대용 카메라로 찍은 (5개 시점 중의) 세 개, (d), (e) 5개 시점에 걸친 일치 점에서 계산한 거리 재구성의 이중 시점. 카메라는 꼭짓점을 가지는 피라미드로 나타냈다. (f), (g) 원래 이미지에서 계산한 텍스처 매핑 3차원 모델과 면적 기반으로 스테레오 알고리듬으로 재구성한 카메라로 얻은 이중 시점. 그림 제공: 마크 폴레피즈, 라인하르트 코흐, 루크 반 굴

19.3.5 교정에 대한 절대 이차 곡면 접근법의 한계

이 방법을 사용하는 보정에서 다음 사항들을 주의해야 한다.

최소 제곱 대수해의 한계 (예로서 ω^*의 선형 해를 위한 방정식 $\mathtt{A}\mathbf{x} = 0$에서) 최소 제곱해는 최소화하지만 제약 조건을 적용하지 않으므로 구한 해는 필요한 조건은 정확하게 만족하지 않는다. 이런 현상은 구속 조건이 많은 경우에도 발생한다.

예를 들어 보기 19.5에서 초점 거리를 추정하는 경우에 ω^{*i}_{11}과 ω^{*i}_{22}는 필요한 비율에 나타나지 않아서 대각선을 벗어난 원소가 정확히 영이 되지 않는다. 이로부터 $\mathtt{K}^i$가 정확하게 원하는 형태가 아닐 수 있다. 선형 방법으로 계산한 절대 이중 이차 곡선은 일반적으로 차수 3이 되지 않는다. 선형방정식에 이 조건을 제약하지 않기 때문이다.

Q^*_∞에 대한 차수 3의 행렬은 고윳값 분해에서 가장 작은 고윳값을 영으로 두어서 구할 수 있다(11.1.절에서 설명한 8점 알고리듬에서 F에 대한 차수 2의 행렬을 구하기 위해서 SVD를 사용하는 방법과 유사하다). 차수 3의 행렬은 직접 분해해 결과 19.4에서 정류 단응사상 (19.2)를 구할 수 있다. 또는 차수 3의 행렬은 19.3.3절에서 설명하는 반복 최소화를 위한 초깃값으로 사용할 수 있다.

표 19.3 자동 보정을 위해 충분한 제약 조건을 얻기 위해 다양한 조건에서 필요한 시점 개수 *m*. 별표로 표시한 것은 시점 간의 일반적인 동작에 대해서도 여러 해가 있을 수 있다.

조건	일정한 것 *f*	알려진 것 *k*	시점 *m*
일정한 내부 변수	5	0	3
종횡비와 왜도는 알려졌고, 초점 거리와 주점은 변함	0	2	4*
종횡비와 왜도는 일정하고, 초점 거리와 주점은 변함	2	0	5*
왜도 영이고 다른 변수는 변함	0	1	8*
주점은 알려졌고 다른 변수는 변함	0	2	4*, 5(선형)
주점은 알려졌고 왜도는 영	0	3	3(선형)
주점, 왜도, 종횡비는 알려졌음	0	4	2, 3(선형)

양의 정부호 조건 이 방법의 가장 번거로운 것은 Q^*_∞가 양의 정부호(또는 부호가 반전되면 음의 정부호)라는 조건을 적용하는 것이다. 이것은 $\omega^* = PQ^*_\infty P^\top$가 양의 정부호가 돼야 한다는 조건과 연관돼 있다. ω^*가 양의 정부호가 아니면 보정 행렬을 계산하기 위해 촐레스키 분해를 사용할 수 없다. 이 문제는 IAC 또는 DIAC를 기반으로 하는 자동 보정 방법에서 자주 발생한다. 이것이 발생했을 때 가장 가까운 양의 정부호의 해를 구하는 것은 좋지 않다. 일반적으로 가짜 보정을 만드는 경우가 많기 때문이다.

19.4 크루파 방정식

다른 자동 보정 방법으로 크루파 방정식이 있다. 원래 Faugeras, Luong, Maybank [Faugeras-92a]가 컴퓨터 비전에 도입했고 역사적으로 최초의 자동 보정 방법으로 여겨진다. 이것은 F만 알면 되는 이중 시점 제약 조건이며 ω^* 원소로 구성된 두 개의 이차방정식이다.

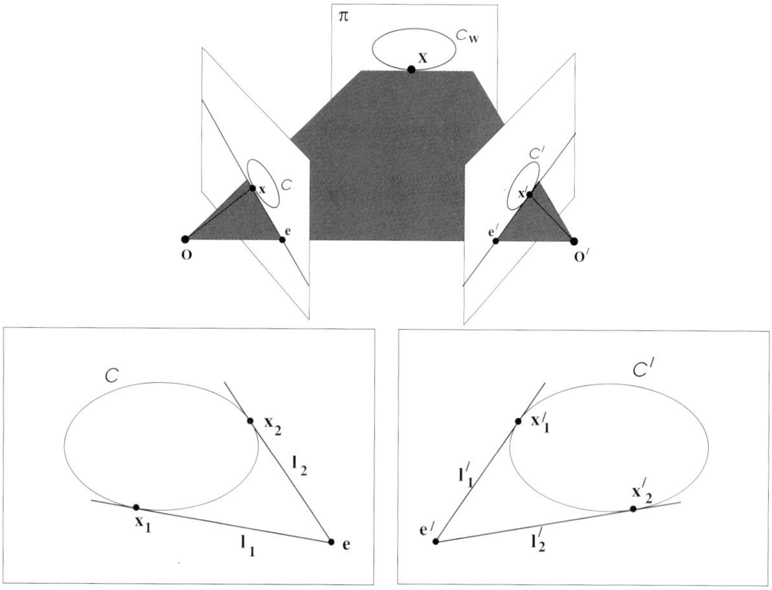

그림 19.2 원뿔에 대한 등극접선 실세상 평면 π의 원뿔 C_W는 두 시점에서 대응하는 원뿔 $C \leftrightarrow C'$로 이미지화된다. 이미지화된 원뿔은 시점 간의 등극 기하학과 일치한다. 상단: 실세계 원뿔 C_W에 접하는 등극 평면은 이미지화된 원뿔에 접하는 대응하는 등극선을 정의한다. 하단: 첫 번째 시점에서 이미지화된 원뿔에 접하는 등극선 l_1, l_2는 두 번째 보기에서 이미지화된 원뿔에 접하는 등극선 l'_1, l'_2와 대응한다.

크루파 방정식은 원뿔에 접하는 등극선 대응을 대수적으로 표현한 것이다. 이런 대응의 기하학은 그림 19.2에 설명돼 있다. 원뿔 C와 C′을 실세계 원뿔 C_W의 각각 첫 번째와 두 번째 시점의 이미지이고 C^*를 이들의 이중 원뿔이라 가정한다. 첫 번째 시점에서 두 개의 등극 접선 l_1과 l_2는 $C_t = [\mathbf{e}]_\times C^* [\mathbf{e}]_\times$와 같이 하나의 퇴화된 점 원뿔로 결합할 수 있다(보기 2.8 (p32) 참조). (선 l_1과 l_2상의 점 $\mathbf{x}$가 $\mathbf{x}^\top C_t \mathbf{x} = 0$을 만족하는 것으로 확인할 수 있다.) 비슷하게, 두 번째 시점에서 대응하는 등극선 l'_1과 l'_2를 $C'_t = [\mathbf{e}']_\times C^{*\prime} [\mathbf{e}']_\times$로 표현할 수 있다. 등극 접선은 실세상 평면 π가 유도하는 단응사상 H에 의해 대응한다. C_t가 점 원뿔이므로 결과 2.13에 의해 $C'_t = H^{-\top} C_t H^{-1}$이 되면 대응하는 직선은 다음을 만족한다.

$$\begin{aligned} [\mathbf{e}']_\times C^{*\prime} [\mathbf{e}']_\times &= H^{-\top} [\mathbf{e}]_\times C^* [\mathbf{e}]_\times H^{-1} \\ &= F C^* F^\top \end{aligned} \qquad (19.17)$$

마지막 식은 $F = H^{-\top}[\mathbf{e}]_\times$에서 유도된다. 이 방정식은 등극 접선이 각각의 대응하는 직선으로 변환되는 것을 강제하는 것이 아니라 단지 이들의 대칭 곱이 대응하는 대칭 곱으로 변환되는 것을 강제한다.

점에 적용한 이런 논리 전개를 임의의 원뿔에 적용할 수 있다. 그러나 여기에서 관심있는 것은 실세계 원뿔이 무한면에 있는 절대 원뿔인 경우이다. 그래서 $\mathtt{C}^* = \omega^*$, $\mathtt{C}^{*\prime} = \omega^{*\prime}$이며 (그리고 $\mathtt{H} = \mathtt{H}_\infty$), (19.17)은 다음이 된다.

$$[\mathbf{e}']_\times \boldsymbol{\omega}^{*\prime}[\mathbf{e}']_\times = \mathtt{F}\boldsymbol{\omega}^*\mathtt{F}^\top \tag{19.18}$$

내부 매개변수가 시점에 대해 일정하면 $\omega^{*\prime} = \omega^*$이므로 $[\mathbf{e}']_\times\omega^*[\mathbf{e}']_\times = \mathtt{F}\omega^*\mathtt{F}^\top$를 만족하며 이것은 Viéville[Viéville-95]가 처음 제시한 형태의 크루파 방정식이다. 동차 배율 계수를 제거하면 ω^* 원소에 대한 이차 방정식을 얻는다.

(19.18)은 크루파 방정식을 간결하게 표현했지만 쉽게 적용할 수 있는 형태는 아니다. 간단하고 쉽게 사용할 수 있는 형태의 크루파 방정식을 소개한다. (19.18)의 양변에 공통으로 있는 $[\mathbf{e}']_\times$의 영공간을 소거하면 두 개의 3차원 벡터 사이의 방정식을 얻는다.

결과 19.7 크루파 방정식 (19.18)은 다음과 동일하다.

$$\begin{pmatrix} \mathbf{u}_2^\top \boldsymbol{\omega}^{*\prime}\mathbf{u}_2 \\ -\mathbf{u}_1^\top \boldsymbol{\omega}^{*\prime}\mathbf{u}_2 \\ \mathbf{u}_1^\top \boldsymbol{\omega}^{*\prime}\mathbf{u}_1 \end{pmatrix} \times \begin{pmatrix} \sigma_1^2\mathbf{v}_1^\top \boldsymbol{\omega}^*\mathbf{v}_1 \\ \sigma_1\sigma_2\mathbf{v}_1^\top \boldsymbol{\omega}^*\mathbf{v}_2 \\ \sigma_2^2\mathbf{v}_2^\top \boldsymbol{\omega}^*\mathbf{v}_2 \end{pmatrix} = \mathbf{0} \tag{19.19}$$

여기에서 $\mathbf{u}_i$, $\mathbf{v}_i$, σ_i는 F의 SVD의 열벡터와 특이값이다. 위의 식에서 ω^*의 원소 ω^*_{ij}에 대한 이차 방정식 세 개를 얻을 수 있다. 이 중에서 두 개만 독립이다.

증명 기본 행렬은 차수 2이므로 다음의 SVD를 가진다.

$$\mathtt{F} = \mathtt{UDV}^\top = \mathtt{U}\begin{bmatrix} \sigma_1 & & \\ & \sigma_2 & \\ & & 0 \end{bmatrix}\mathtt{V}^\top$$

여기에서 영벡터는 $\mathtt{F}^\top\mathbf{u}_3 = 0$이고 $\mathtt{F}\mathbf{v}_3 = 0$이다. 이것은 등극점이 $\mathbf{e} = \mathbf{v}_3$이고 $\mathbf{e}' = \mathbf{u}_3$임을 의미한다. 위의 식을 (19.18)에 대입하면 다음을 얻는다.

$$[\mathbf{u}_3]_\times \boldsymbol{\omega}^{*\prime}[\mathbf{u}_3]_\times = \mathtt{UDV}^\top\boldsymbol{\omega}^*\mathtt{VDU}^\top \tag{19.20}$$

U가 직교 행렬이라는 성질을 사용한다. (19.20)의 앞에 $\mathtt{U}^\top$를 곱하고 뒤에 U를 곱하면 좌변에서 다음을 얻는다.

$$
\begin{aligned}
\mathtt{U}^{\mathsf{T}}[\mathbf{u}_3]_\times \boldsymbol{\omega}^{*\prime}[\mathbf{u}_3]_\times \mathtt{U} &= \begin{bmatrix} \mathbf{u}_2 & -\mathbf{u}_1 & \mathbf{0} \end{bmatrix}^{\mathsf{T}} \boldsymbol{\omega}^{*\prime} \begin{bmatrix} \mathbf{u}_2 & -\mathbf{u}_1 & \mathbf{0} \end{bmatrix} \\
&= \begin{bmatrix} \mathbf{u}_2^{\mathsf{T}}\boldsymbol{\omega}^{*\prime}\mathbf{u}_2 & -\mathbf{u}_2^{\mathsf{T}}\boldsymbol{\omega}^{*\prime}\mathbf{u}_1 & 0 \\ -\mathbf{u}_1^{\mathsf{T}}\boldsymbol{\omega}^{*\prime}\mathbf{u}_2 & \mathbf{u}_1^{\mathsf{T}}\boldsymbol{\omega}^{*\prime}\mathbf{u}_1 & 0 \\ 0 & 0 & 0 \end{bmatrix}
\end{aligned}
$$

(19.20)의 우변은 다음이 된다.

$$
\begin{aligned}
\mathtt{DV}^{\mathsf{T}}\boldsymbol{\omega}^*\mathtt{VD} &= \begin{bmatrix} \sigma_1 & & \\ & \sigma_2 & \\ & & 0 \end{bmatrix} \mathtt{V}^{\mathsf{T}}\boldsymbol{\omega}^*\mathtt{V} \begin{bmatrix} \sigma_1 & & \\ & \sigma_2 & \\ & & 0 \end{bmatrix} \\
&= \begin{bmatrix} \sigma_1^2\mathbf{v}_1^{\mathsf{T}}\boldsymbol{\omega}^*\mathbf{v}_1 & \sigma_1\sigma_2\mathbf{v}_1^{\mathsf{T}}\boldsymbol{\omega}^*\mathbf{v}_2 & 0 \\ \sigma_1\sigma_2\mathbf{v}_1^{\mathsf{T}}\boldsymbol{\omega}^*\mathbf{v}_2 & \sigma_2^2\mathbf{v}_2^{\mathsf{T}}\boldsymbol{\omega}^*\mathbf{v}_2 & 0 \\ 0 & 0 & 0 \end{bmatrix}
\end{aligned}
$$

양변이 각각 세 개의 독립 원소를 가지는 대칭 행렬이 되는 것은 자명하다. 이런 세 원소는 3차원 동차 벡터로 표현할 수 있다.

$$
\begin{aligned}
\mathbf{x}_{\text{LHS}}^{\mathsf{T}} &= \left(\mathbf{u}_2^{\mathsf{T}}\boldsymbol{\omega}^{*\prime}\mathbf{u}_2, \quad -\mathbf{u}_1^{\mathsf{T}}\boldsymbol{\omega}^{*\prime}\mathbf{u}_2, \quad \mathbf{u}_1^{\mathsf{T}}\boldsymbol{\omega}^{*\prime}\mathbf{u}_1 \right) \\
\mathbf{x}_{\text{RHS}}^{\mathsf{T}} &= \left(\sigma_1^2\mathbf{v}_1^{\mathsf{T}}\boldsymbol{\omega}^*\mathbf{v}_1, \quad \sigma_1\sigma_2\mathbf{v}_1^{\mathsf{T}}\boldsymbol{\omega}^*\mathbf{v}_2, \quad \sigma_2^2\mathbf{v}_2^{\mathsf{T}}\boldsymbol{\omega}^*\mathbf{v}_2 \right)
\end{aligned}
$$

양변은 배율 계수를 제외하고 같다. 그러나 벡터 곱 $\mathbf{x}_{\text{LHS}} \times \mathbf{x}_{\text{RHS}} = \mathbf{0}$을 이용해 방정식을 구한다. [Hartley-97d]에 다른 방식의 유도가 있다. □

크루파 방정식은 IAC가 아닌 DIAC와 연관 있다. 이것은 접선 제약에서 나오고 직선 제약은 이중 (직선) 원뿔을 사용해 더 간단하게 표현되기 때문이다.

이제 크루파 방정식의 해에 대해 설명한다. 초점 거리를 제외하고 모든 내부 변수가 알려진 간단한 경우부터 시작한다.

절대 이중 이차 곡면을 이용해 이 문제를 해결하는 다른 방법은 보기 19.5에 있다.

보기 19.8 시점 쌍에 대한 초점 거리

(보기 19.5의 경우와 같이) 카메라 두 개가 왜도 영을 가지고 주점과 종횡비를 알지만 모르는 다른 초점 거리를 가진다고 가정한다. 그러면 (19.11)에서 DIAC의 적절한 좌표 변환으로 다음을 얻는다.

$$
\boldsymbol{\omega}^* = \mathrm{diag}(\alpha^2, \alpha^2, 1), \quad \boldsymbol{\omega}^{*\prime} = \mathrm{diag}(\alpha'^2, \alpha'^2, 1)
$$

여기에서 α, α'는 각각 첫 번째와 두 번째 시점의 모르는 초점 거리이다. 크루파 방정식 (19.19)는 다음이 된다.

$$\frac{\mathbf{u}_2^\mathsf{T}\boldsymbol{\omega}^{*\prime}\mathbf{u}_2}{\sigma_1^2\mathbf{v}_1^\mathsf{T}\boldsymbol{\omega}^*\mathbf{v}_1} = -\frac{\mathbf{u}_1^\mathsf{T}\boldsymbol{\omega}^{*\prime}\mathbf{u}_2}{\sigma_1\sigma_2\mathbf{v}_1^\mathsf{T}\boldsymbol{\omega}^*\mathbf{v}_2} = \frac{\mathbf{u}_1^\mathsf{T}\boldsymbol{\omega}^{*\prime}\mathbf{u}_1}{\sigma_2^2\mathbf{v}_2^\mathsf{T}\boldsymbol{\omega}^*\mathbf{v}_2}$$

분명하게 각각의 분자는 α'^2에 대해 선형이고 각각의 분모는 α^2에 대해 선형이다. 벡터곱을 이용하면 α^2과 α'^2에 대한 간단한 이차 방정식 두 개를 얻고 쉽게 풀 수 있다. α와 α'의 값은 제곱근 형태로 나온다. 두 시점이 같은 내부 변수를 가지면(즉, $\alpha = \alpha'$) 결과 19.7의 각 방정식에서 하나의 미지수 α^2에 대한 이차 방정식을 얻는다. △

크루파 방정식을 다중 시점으로 확장 내부 변수가 시점에 걸쳐서 일정하는 것을 제외하고 다른 정보가 없는 경우 크루파 방정식에서 다섯 개의 미지수에 대해 독립 제약 조건 두 개를 얻을 수 있다. 따라서 시점 사이의 F가 알려진 삼중 시점이 주어지면 원론적으로 6개의 이차 제약 조건이 있고 이것은 ω^*를 결정하기에 충분하다. 이런 방정식 중에서 5개를 사용하면 5개의 미지수를 가지는 5개의 이차방정식을 얻고 총 2^5개의 해가 가능하다. 호모토피homotpy 연속 확장[Luong-92]과 이미지 시퀀스에 대한 모든 시점 쌍을 사용해 대수 오차를 최소화해 해를 구하는 방법[Zeller-96]이 있지만 그다지 좋은 접근법은 아니다.

모호성 시점 간에 회전 운동이 없으면 크루파 방정식에서 ω^*에 대한 제약 조건을 구할 수 없다. 이것은 (19.18)에서 볼 수 있다. 순수 이동 운동의 경우에 $\mathrm{F} = [\mathbf{e}']_\times$이므로 식이 $[\mathbf{e}']_\times\omega^*[\mathbf{e}']_\times = [\mathbf{e}']_\times\omega^*[\mathbf{e}']_\times$가 된다.

크루파 방정식은 19.5.2절에서 나중에 논의되는 것처럼 무한 단응사상이 IAC를 변환하는 것에서 구하는 보정 제약 조건과 밀접하게 관련 있다. 논의에서 한 쌍의 시점에 대한 크루파 방정식에 구한 ω^*의 제약 조건이 무한 단응사상에서 구한 제약 조건 (19.25)보다 약한 것을 보게 될 것이다. 결국 크루파 방정식에서 나오는 ω^*의 모호성은 (19.25)에서 나오는 것을 포함한다.

세 개 이상의 시점에 크루파 방정식을 적용하면 (19.5.1절의) 모듈러스 제약 또는 (19.3.1절의) 절대 이중 이차 곡면과 같은 다른 방법으로 얻은 제약 조건보다 더 약한 조건을 얻는다. 이는 크루파 제약을 3차원 (이중) 이차 곡면의 사영으로 얻은 원뿔에 대한 두 시점 간의 제약이기 때문이다. (이중) 이차 곡면이 퇴화하는 것을 요구하거나 동등하게 여러 시점에서 Ω_∞에 대한 공통 지원 평면을 요구하지 않는다. 결국 [Sturm-97b]에서 설명한 추가적인 모호한 해가 있게 된다.

크루파 방정식을 자동 보정에 적용하는 것이 연대순으로 문헌에서 가장 먼저 나타나는 사례이지만, 해를 구하는 어려움과 모호성의 문제로 이중 이차 공식과 같이 더 다루기 쉬운 방법을 선호했다. 그러나 이중 시점의 경우 크루파 방정식은 ω^*에서 사용할 수 있는 유일한 제약 조건이다.

19.5 계층화된 해

카메라 보정 K와 무한면 π_∞를 동시에 구해 거리 재구성을 계산하는 방법이 있다. 다른 접근 방법으로 π_∞ 또는 아핀 재구성을 적절한 방법으로 먼저 구하는 것이다. 그 후에 결정하는 K는 선형 해가 있기 때문에 상대적으로 간단하다. π_∞, 즉 H_∞를 먼저 결정하고 주어진 H_∞에서 K를 계산하는 방법을 다음에서 설명하겠다.

19.5.1 아핀 재구성(π_∞의 결정)

일반 운동과 일정한 내부 변수에 대해 (19.3)에서 π_∞에 대한 구속 조건을 구할 수 있다. 이를 모듈러스 제약 조건modulus constraint이라고 한다. 이로부터 π_∞의 좌표 $\mathbf{p}$를 직접 계산할 수 있다. 다음에서 설명한다.

모듈러스 제약 조건 모듈러스 제약 조건은 π_∞의 좌표에 대한 다항 방정식이다. 내부 변수는 일정하다고 가정한다. 그러면 $K^i = K$이고 (19.3)에서 다음을 얻는다.

$$A - \mathbf{a}\mathbf{p}^\top = \mu K R K^{-1} \tag{19.21}$$

여기에서는 배율 계수 μ를 구체적으로 도입했고 혼잡함을 피하기 위해 상첨자를 생략했다. KRK^{-1}은 회전과 켤레이므로 고윳값 $\{1, e^{i\theta}, e^{-i\theta}\}$을 가진다. 결국, $(A - \mathbf{a}\mathbf{p}^\top)$의 고윳값은 $\{\mu, \mu e^{i\theta}, \mu e^{-i\theta}\}$가 돼서 모듈러스의 값은 같다. 이것이 무한면 좌표 $\mathbf{p}$에 대한 모듈러스 제약 조건이다.

이 조건에 대해 좀 더 알아보기 위해 다음 식으로 주어지는 $\mathtt{A} - \mathbf{a}\mathbf{p}^\top$의 특성 방정식을 생각한다.

$$\begin{aligned}\det(\lambda\mathtt{I} - \mathtt{A} + \mathbf{a}\mathbf{p}^\top) &= (\lambda - \lambda_1)(\lambda - \lambda_2)(\lambda - \lambda_3) \\ &= \lambda^3 - f_1\lambda^2 + f_2\lambda - f_3\end{aligned}$$

여기에서 λ_i는 세 개의 고윳값이며 다음이 성립한다.

$$\begin{aligned}f_1 &= \lambda_1 + \lambda_2 + \lambda_3 = \mu(1 + 2\cos\theta) \\ f_2 &= \lambda_1\lambda_2 + \lambda_1\lambda_3 + \lambda_2\lambda_3 = \mu^2(1 + 2\cos\theta) \\ f_3 &= \lambda_1\lambda_2\lambda_3 = \mu^3\end{aligned}$$

스칼라 μ와 각도 θ를 소거하면 다음이 된다.

$$f_3 f_1^3 = f_2^3$$

특성 다항식을 더 자세히 살펴보면 $\mathbf{p}$는 차수가 1인 항 $\mathbf{a}\mathbf{p}^\top$의 일부로만 나타난다. 즉, $\mathbf{p}$의 원소는 행렬식 $\det(\lambda\mathtt{I} - \mathtt{A} + \mathbf{a}\mathbf{p}^\top)$에서 선형으로만 나타나므로 각 f_1, f_2, f_3에서 선형으로 나타난다. 따라서 모듈러스 제약은 $\mathbf{p}$의 세 원소 p_i에서 4차quartic 다항식으로 표현된다. 이 다항식은 고윳값이 같은 모듈러스를 가지기 위한 필요조건일 뿐이지 충분조건이 되지 못한다.

각 시점의 쌍에서 π_∞의 좌표에 대한 4차 방정식을 얻을 수 있다. 따라서 원칙적으로 세 개의 시점이 세 개 변수의 세 개의 4차식의 교집합으로 π_∞를 결정한다. 가능한 해는 4^3개이다. 그러나 삼중 시점의 경우 모듈러스 제약 조건에서 추가로 3차 방정식을 사용할 수 있으며 이 방정식을 사용해 많은 가짜 해를 제거할 수 있다. 이 3차 방정식은 [Schaffalitzky-00a]에서 소개됐다. 모듈러스 제약 조건은 장면 정보와 결합할 수도 있다. 예를 들어 이중 시점에서 해당 소실선을 사용할 수 있는 경우 π_∞는 최대 1개 매개변수 모호성을 제외하고 결정된다. 모듈러스 제약 조건을 적용하면 이 모호성이 해결되고 하나의 변수에 관한 4차 방정식을 얻는다.

모듈러스 제약 조건은 크루파 방정식의 사촌으로 볼 수 있다. 크루파 방정식은 ω^*에 관한 것이고 π_∞와 상관없다. 반대로 모듈러스 방정식은 π_∞에 관한 것이고 ω^*와 상관없다. ω^*와 π_∞ 중에서 하나를 알면 다른 것은 쉽게 계산할 수 있다.

π_∞를 구하는 다른 방법 연립 4차 방정식을 푸는 것은 쉽지 않기에 모듈러스 제약 조건은 무한면을 구하는 실용적인 수단으로서 그다지 만족스럽지 않다. 사실, 무한면을 찾는 것은 자동 보정 방법에서 가장 어려우며 난관에 부딪힐 가능성이 높다.

무한면을 다양한 다른 방법으로 식별할 수 있다. 이들 중 몇 가지는 10장에서 설명했다. (순수 자동 보정 방법이 아닌) 한 가지 간단한 방법은 장면 기하의 속성을 이용하는 것이다. 예를 들어 두 시점 사이의 소실점의 대응에서 π_∞상의 점을 결정하고, 이런 대응 세 개에서 사영 재구성의 π_∞를 결정한다. 실제로 π_∞의 좋은 근사를 장면에서 멀리 떨어진 점 세 개의 대응에서 구할 수 있다. 두 번째 방법은 이중 시점 간의 순수 이동 변환의 경우이다. 카메라는 이동하지만 회전하거나 내부 변수를 바꾸지 않는다. 이런 경우 π_∞는 유일하게 결정된다.

두 번째 방법은 두 뷰 사이에 순수한 번역을 사용하는 것이다. 카메라는 변환하지만 내부 매개변수를 회전하거나 변경하지 않는다. π_∞는 이러한 동작에 의해 고유하게 결정된다.

결과 19.3에서 볼 수 있듯이 절대 이중 이차 곡면에서 무한면을 계산할 수 있으며 이 방법은 주점을 알고 있는 경우 매우 매력적이다. 카이럴cheiral 부등식을 사용해 π_∞의 위치를 제한하는 방법은 21장에서 설명한다. 이것은 카메라 앞에 어떤 점들에 관한 정보를 사용해 아핀 재구성과 가까운 준 아핀quasi-affine 재구성을 구한다. 이런 준 아핀 재구성을 초깃값으로 반복 탐색으로 무한면을 찾는 방법을 [Hartley-94b]에서 설명했다. 더 최근에 무한면을 나타내는 **p**가 놓여야 하는 3차원 매개변수 공간에 사각형 영역을 정하기 위해 카이렐리티cheirality를 사용하는 방법을 [Hartley-99]에서 소개했다. 그런 다음 영역 내부에서 무한면을 찾기 위한 철저한 탐색을 수행한다.

19.5.2 아핀 재구성에서 거리 재구성으로(주어진 π_∞에서 K를 결정)

무한면이 결정되면 아핀 재구성은 효율적으로 계산할 수 있다. 다음 단계는 아핀 재구성을 거리 재구성으로 변환하는 것이다. 이것은 사영 재구성에서 아핀 재구성으로 변환하는 것보다 훨씬 더 쉬운 것으로 밝혀졌다. 실제로 IAC 또는 이것의 이중 변환을 기반한 선형 알고리듬을 사용할 수 있다.

무한 단응사상 무한 단응사상 $\mathtt{H}_\infty$는 무한면 π_∞가 유도하는 두 이미지 간의 평면 사영변환이다(13장 참조). 임의의 사영 좌표계에서 무한면 $\pi_\infty = (\mathbf{p}^\top, 1)^\top$과 카메라 행렬 $[\mathtt{A}^i \mid \mathbf{a}^i]$의 정보를 알고 있으면 무한 단응사상의 구체적인 공식은 결과 13.1에서 구할 수 있다.

$$\mathtt{H}^i_\infty = \mathtt{A}^i - \mathbf{a}^i\mathbf{p}^\top \tag{19.22}$$

여기에서 $\mathtt{H}^i_\infty$는 카메라 $[\mathtt{I} \mid \mathbf{0}]$에서 카메라 $[\mathtt{A}^i \mid \mathbf{a}^i]$로 가는 단응사상을 나타낸다. 그래서 무한면을 알면 $\mathtt{H}^i_\infty$을 사영 재구성에서 계산할 수 있다.

첫 번째 카메라가 표준형 $[\mathtt{I} \mid \mathbf{0}]$이 아닌 경우에도 여전히 첫 번째 이미지에서 i번째 이미지로의 단응사상 $[\mathtt{I} \mid \mathbf{0}]$를 다음과 같이 구할 수 있다.

$$\mathtt{H}^i_\infty = \left(\mathtt{A}^i - \mathbf{a}^i\mathbf{p}^\top\right)\left(\mathtt{A}^1 - \mathbf{a}^1\mathbf{p}^\top\right)^{-1} \tag{19.23}$$

그러나 이것은 꼭 필요한 것은 아니다. 표준 형태의 카메라 행렬 $[\mathtt{I} \mid \mathbf{0}]$을 갖는 새로운 시점은 만들고 이 시점에 대해 무한 단응사상을 표현할 수 있기 때문이다. 다음의 논의에서, (상첨자 없이) K와 ω가 이런 기준 시점 또는 표준형의 첫 번째 시점을 가리킨다.

절대 원뿔은 π_∞에 있고 시점 간의 이미지는 $\mathtt{H}_\infty$로 변환된다. $\mathtt{H}^i_\infty$가 기준 시점과 i번째 시점 간의 무한 단응사상이면 점 변환 $\mathbf{x}^i = \mathtt{H}^i_\infty\mathbf{x}$에 의한 이중 원뿔(결과 2.14)과 점 원뿔(결과 2.13)의 변환에서 다음의 관계식을 얻는다.

$$\boldsymbol{\omega}^{*i} = \mathtt{H}^i_\infty \boldsymbol{\omega}^* \mathtt{H}^{i\ \top}_\infty \quad \text{and} \quad \boldsymbol{\omega}^i = (\mathtt{H}^i_\infty)^{-\top}\boldsymbol{\omega}\,(\mathtt{H}^i_\infty)^{-1} \tag{19.24}$$

여기에서 ω^i는 i 시점에서 IAC이다. 이것은 정확하게 자동 보정 방정식 (19.4)이며 이에 대한 또 하나의 기하학적 해석이다.

이것은 자동 보정에서 중요한 관계식이다. 아핀 재구성에서 거리 재구성을 구하는 기초가 되며 19.6절에서 설명하는 이동하지 않는 카메라에 대한 보정에도 사용된다. 자동 보정에서 이 관계식은 중요성은 $\mathtt{H}^i_\infty$를 알면 ω^i와 ω 사이에 (또는 비슷하게 ω^*에 대해) 선형 관계가 있다는 것이다. 이것은 한 시점에서 ω^i를 구속하는 조건은 간단하게 다른 시점으로 변환할 수 있고 이런 식으로 충분하게 많은 구속 조건을 만들어 선형적으로 ω를 결정할 수 있다. ω가 결정되면 촐레스키 분해를 이용해 K를 구한다. 이런 방법을 일정한 내부 변수를 가지는 경우에 대해 살펴보겠다.

동일한 내부 변수를 가지는 경우의 해 내부 변수가 m개의 시점에 걸쳐서 동일하면 $i = 1, \ldots, m$에 대해 $\mathtt{K}^i = \mathtt{K}$이고 $\omega^{*i} = \omega^*$이고 ω^*에 관한 식 (19.24)는 다음이 된다.

$$\boldsymbol{\omega}^* = \mathtt{H}^i_\infty \boldsymbol{\omega}^* \mathtt{H}^{i\,\mathsf{T}}_\infty \tag{19.25}$$

식 (19.25)의 배율 계수와 관련해 중요한 것이 있다.

- (19.25)는 동차 방정식이지만 $\det \mathtt{H}^i_\infty = 1$이 되도록 $\mathtt{H}^i_\infty$를 정규화하면 방정식의 배율 계수를 1로 선택할 수 있다.

이로부터 대칭 행렬 ω^*의 독립 원소에 대한 6개의 방정식을 얻는다. 그러면 (19.25)는 다음의 동차 선형방정식으로 표기할 수 있다.

$$\mathtt{A}\mathbf{c} = \mathbf{0} \tag{19.26}$$

여기서 $\mathtt{A}$는 $\mathtt{H}^i_\infty$의 원소로 구성된 6×6 행렬이고 $\mathbf{c}$는 6차원 벡터로 표기된 원뿔 ω^*이다. 아래에서 설명하겠지만 이런 하나의 방정식에서 $\mathbf{c}$를 유일하게 결정할 수 없다. $\mathtt{A}$가 최대 차수 4를 가지기 때문이다. 그러나 시점의 쌍의 개수가 $m \geq 2$이면 선형방정식 (19.26)을 조합할 수 있고, 이제 $\mathtt{A}$는 $6m \times 6$ 행렬이 되며 다른 시점 간의 회전축이 다른 경우에는 일반적으로 $\mathbf{c}$를 유일하게 결정할 수 있다.

해의 유일성 문제와 관련해 수치 안정성 문제가 있다. 단일 운동에서 $\mathtt{H}_\infty$에서 $\mathtt{K}$를 계산하는 것은 $\mathtt{H}_\infty$의 정확도에 매우 민감하게 의존한다. $\mathtt{H}_\infty$가 정확하지 않으면 양의 정부호 행렬 ω(또는 ω^*)를 항상 얻을 수 있는 것은 아니다. 이 경우 $\mathtt{K}$를 구하기 위해 촐레스키 분해를 적용할 수 없다. 추가 운동이 관여하면 민감도는 감소하고 ω는 여러 $\mathtt{H}_\infty$들의 결합된 제약 조건에서 얻는다.

IAC 사용의 이점 ω^*에 대한 선형 해와 마찬가지 방법으로 (19.24)에서 ω에 대한 선형 해를 구할 수 있다. 사실 IAC를 포함하는 방정식을 사용하는 것은 다음과 같은 이유로 매력적이다. 왜도 영인 경우 IAC에 대한 (19.12)의 형식은 DIAC에 대한 공식 (19.11)보다 각 교정 변수의 역할을 더 간단하고 명확하게 나타낸다. DIAC 방정식 (19.11)을 사용해 선형방정식을 얻으려면 주점이 알려져 있다고 가정해야 한다. IAC에서 나온 방정식에는 필요하지 않다. 왜도 영이라는 가정은 매우 자연스럽고 대부분의 이미지 조건에서 안전한 가정이다. 그러나 주점에 대한 정보를 가정하는 것은 설득력이 떨어진다. 이러한 이유로 일반적으로 DIAC 제약 조건을 사용하는 것보다 자동 보정을 위해 (19.24)의 IAC 제약 조건을 사용하는 것이 좋다.

다른 보정 제약 조건 위에서 방금 설명한 알고리듬은 일정하지만 임의인 내부 변수를 위한 것이다. 종횡비의 값이나 왜도 영인 것과 같은 K에 대해 더 많은 정보가 있는 경우에 해당 제약 조건을 ω(또는 ω^*)에 대한 방정식 집합에 간단히 추가해 소프트 제약 조건으로 사용할 수 있다. 표 19.2에 DIAC에 대해(19.3절에서 Q^*_∞를 계산하는 데 사용한 것과 같은) 표 19.4는 IAC에 대해 가능한 제약 조건을 나타냈다.

위에서 언급했듯이 IAC에서 유도한 제약 조건은 일반적으로 선형인 반면, DIAC에서 유도한 제약 조건은 주점이 알려졌다는 가정(그리고 원점에 있는 경우)에서만 선형이다.

절대 이중 이차 곡면 방법과 마찬가지로 제약 조건이 많으면 카메라에 다양한 내부 변수가 허용된다. 카메라에 대한 일정한 내부 변수의 제약은 m개 시점의 보정 매개변수에 총 $5(m-1)$개 제약을 부과한다. 제약 조건을 줄여서 특정 변수가 변하게 할 수 있다. 변화하는 내부 변수를 사용한 보정 방법은 절대 이중 이차 곡면의 경우에 사용하는 방법과 매우 유사하다. ω^i의 각 원소는 (19.24)에 따라 ω 원소로 선형으로 표현된다. 따라서 ω^i의 일부 원소에 대한 선형 제약은 ω의 원소에 대한 선형 제약으로 다시 변환된다.

주의 첫 번째 이미지를 다르게 처리하지 않으려면 (카메라 1이 왜도 영이라는) $\omega^1_{12}=0$과 같이 첫 번째 카메라에 부과된 조건을 전체 방정식에 추가해야 한다. ω^1을 서술하는 변수의 숫자를 줄이는 방식을 사용하지 않는 것이 좋다. 후자의 방법은 왜도 영 조건을 (강성 제약 조건으로) 첫 번째 이미지에 정확히 적용하지만 다른 이미지에 약성 제약 조건이 될 것이다.

알고리듬 19.2는 상수 및 가변 변수 모두에 대한 계층화된 방법을 요약한다. 로봇에 장착된 카메라에 이 알고리듬을 직접 구현하는 것을 생각해본다. 카메라는 π_∞를 결정하기 위해 순수한 병진 운동을 한다. 후속 운동에서 카메라는 병진과 회전을 해 K를 유일하게 결정하는 충분한 회전을 축척한다.

표 19.4 IAC에서 유도한 자동 보정 제약 조건 이러한 제약 조건은 (19.10)과 (19.12) 형식에서 직접 유도된다. 제약 조건 개수 열은 제약 조건이 각 시점에서 참이라고 가정하고 m개 시점에 대한 총 제약 개수를 의미한다.

조건	제약	종류	제약 개수
왜도 영	$\omega_{12}=0$	1차	m
원점에 놓인 주점	$\omega_{13}=\omega_{23}=0$	1차	$2m$
(왜도 영이고) 알려진 종횡비 $r=\alpha_y/\alpha_x$	$\omega_{11}=r^2\omega_{22}$	1차	m
(왜도 영이고) 일정하지만 (모르는) 종횡비	$\omega^i_{11}/\omega^i_{22}=\omega^j_{11}/\omega^j_{22}$	2차	$m-1$

강성 제약 조건의 사용 알고리듬 19.2는 $\mathtt{A}\mathbf{c}=0$ 형태의 동차 방정식 집합을 푸는 것으로 귀결된다. 여기서 $\mathbf{c}$는 6차원 벡터로 정렬된 ω를 나타낸다. 일반적으로 왜도 영과 같이 주어진 정보가 정확하게 만족하지 않는다. 8.8절에서 설명했듯이 알려진 정보를 이용해 제약 조건을 만족하도록 각 시점에서 ω^i를 매개화해 강성 조건을 부과할 수 있다. 예로서 카메라가 정사각형 픽셀을 가지는 것으로 알려진 경우 각 시점에서 IAC의 나머지 매개변수를 4차원 동차 벡터로 표현할 수 있다. 각 시점에서 미지의 매개변수에 대한 선형방정식을 (19.24)에서 다시 얻을 수 있다. 그런 다음 $\mathtt{A}\mathbf{c}=0$ 형식의 동차 방정식 집합을 구성할 수 있다. 여기서 $\mathbf{c}$는 이제 모든 시점에서 모르는 ω^i 매개변수를 나타낸다. SVD를 이용해 일반적인 방법으로 $\|\mathtt{A}\mathbf{c}\|$를 최소화해 해를 구할 수 있다. 다른 방법으로 각 시점의 모든 매개변수를 포함하고 알고리듬 A5.5를 사용해 구속 조건 $\mathtt{C}\mathbf{c}=0$을 정확하게 만족하면서 $\|\mathtt{A}\mathbf{c}\|$를 최소화하는 것이다.

19.5.3 무한 단응사상 관계에서 모호성

여기서는 단일 회전축만 사용해 (19.25)에서 내부 매개변수를 결정할 때 발생하는 모호성을 설명한다. 내부 매개변수는 일정한 값이지만 모르는 것으로 가정한다.

회전 행렬 $\mathtt{R}$은 단위 고윳값을 가지고 $\mathtt{R}\mathbf{d}_r=1\mathbf{d}_r$인 고유 벡터 $\mathbf{d}_r$을 가진다. $\mathbf{d}_r$은 회전축의 방향을 나타낸다. 결국 ($\det \mathtt{H}^i_\infty=1$로 $\mathtt{H}^i_\infty$를 정규화하면) 행렬 $\mathtt{H}^i_\infty=\mathtt{K}\mathtt{R}^i\mathtt{K}^{-1}$ 또한 단위 고윳값을 갖는 고유 벡터를 가진다. 이 고유 벡터는 $\mathbf{v}_r=\mathtt{K}\mathbf{d}_r$이며 이미지 점 $\mathbf{v}_r$은 회전축 방향의 소실점에 해당한다. ω^*_{true}를 ω^*의 참값으로 가정한다. 그러면 $\mathtt{H}^i_\infty=\mathtt{K}\mathtt{R}^i\mathtt{K}^{-1}$이며 ω^*_{true}가 (19.25)를 만족하면 다음의 하나의 매개변수를 가지는 (이중) 원뿔 또한 만족한다.

$$\boldsymbol{\omega}^*(\mu) = \boldsymbol{\omega}^*_{\text{true}} + \mu \mathbf{v}_{\text{r}} \mathbf{v}_{\text{r}}^{\mathsf{T}} \tag{19.27}$$

여기에서 μ는 매개변수이다. 비슷한 방법으로 (19.24)의 IAC 방정식에 대한 한 꾸러미의 해가 존재한다. 이런 주장에서 무한 단응사상에서 ω^*의 자유도 5에 대해 6개의 제약 조건을 얻을 수 있는 것처럼 보이지만 실제로는 단지 4개만이 독립인 것을 알 수 있다.

알고리듬 19.2 IAC 제약 조건을 사용하는 계층화된 자동 보정 알고리듬

목적

$\mathtt{P}^i = [\mathtt{A}^i \mid \mathbf{a}^i]$인 사영 재구성 $\{\mathtt{P}^i, \mathbf{X}_j\}$가 주어지면 아핀 재구성을 통해 거리 재구성을 결정하라.

알고리듬

(i) **아핀 재구성**: 19.5.1절에서 설명한 방법 중 하나를 사용해 π_∞를 정의하는 벡터 $\mathbf{p}$를 결정한다. 이때 아핀 재구성은 $\{\mathtt{P}^i\mathtt{H}_\text{P}, \mathtt{H}_\text{P}^{-1}\mathbf{X}_j\}$로 얻어진다.

$$\mathtt{H}_\text{P} = \begin{bmatrix} \mathtt{I} & \mathbf{0} \\ -\mathbf{p}^{\mathsf{T}} & 1 \end{bmatrix}$$

(ii) **무한 단응사상**: 기준 시점과 다른 시점 간의 무한 단응사상을 다음으로 계산한다.

$$\mathtt{H}^i_\infty = \left(\mathtt{A}^i - \mathbf{a}^i \mathbf{p}^{\mathsf{T}}\right)$$

$\det \mathtt{H}^i_\infty = 1$이 되도록 행렬을 정규화한다.

(iii) **ω의 계산**:

- 일정한 보정의 경우: $i = 1, \ldots, m$일 때 $\omega = (\mathtt{H}^i_\infty)^{-\mathsf{T}} \omega (\mathtt{H}^i_\infty)^{-1}$을 $\mathtt{A}\mathbf{c} = 0$의 형태로 다시 표기한다. 여기에서 $\mathtt{A}$는 $6m \times 6$ 행렬이고 $\mathbf{c}$는 원뿔 ω를 재배열한 6차원 벡터이다.
- 가변 보정 변수의 경우에는 방정식 $\omega^i = (\mathtt{H}^i_\infty)^{-\mathsf{T}} \omega (\mathtt{H}^i_\infty)^{-1}$을 사용해 ω^i 원소에 대한 (왜도 영과 같은) 선형 제약 조건을 ω 원소에 대한 선형방정식으로 표현한다.

(iv) SVD를 사용해 $\mathtt{A}\mathbf{c} = 0$에 대한 최소 제곱 해를 구한다.

(v) **거리 정류**: 촐레스키 분해 $\omega = (\mathtt{K}\mathtt{K}^{\mathsf{T}})^{-1}$을 사용해 카메라 행렬 $\mathtt{K}$를 결정한다. 그러면 거리 재구성은 $\{\mathtt{P}^i\mathtt{H}_\text{P}\mathtt{H}_\text{A}, (\mathtt{H}_\text{P}\mathtt{H}_\text{A})^{-1}\mathbf{X}_j\}$로 얻는다.

$$\mathrm{H_A} = \begin{bmatrix} \mathrm{K} & \mathbf{0} \\ \mathbf{0}^\top & 1 \end{bmatrix}$$

(vi) 반복 최소 제곱 최소화를 사용해 해를 개선한다(19.3.3절 참조).

모호성 제거 단일 매개변수로 나타나는 모호성을 제거하는 방법은 여러 가지가 있다. 첫째, $\mathbf{d}_r$과 다른 방향의 축을 중심으로 한 회전과 관련된 다른 시점이 있으면 제약 조건의 두 집합의 조합은 이러한 모호성을 갖지 않는다. 선형 해는 (19.26)의 방식으로 쉽게 얻을 수 있다. 따라서 (한 개 이상의 회전으로) 최소 세 개의 시점으로 일반적으로 유일 해를 얻을 수 있다. 모호성을 해결하는 두 번째 방법은 카메라 내부 변수에 대해 가정을 하는 것이다. 예로서 왜도 영을 가정한다(표 19.4 참조). 왜도 영을 적용한 방정식은 풀고자 하는 방정식 집합에 강성 제약 조건을 추가한다.

또 다른 (그러나 동등한) 방법은 다음과 같이 사후 제약 조건을 적용하는 것이다. 선형방정식 $\mathrm{A}\mathbf{c} = \mathbf{0}$에서 $\mathbf{c}$를 구할 때 A가 2차원 (또는 그 이상의) 우영 공간을 가질 때 모호성이 발생한다. ω에 대해 풀이할 때 해는 다음과 같은 매개변수를 가지는 해가 존재한다.

$$\boldsymbol{\omega}(\alpha) = \boldsymbol{\omega}_1 + \alpha\boldsymbol{\omega}_2$$

여기서 ω_1과 ω_2는 영 공간 생성기에서 알 수 있고 α는 이제 결정해야 한다. α의 값을 표 19.4의 선택된 제약 조건을 만족하도록 결정하는 것은 간단한 일이다. 이것은 선형적으로 해결된다. DIAC에 대한 문제를 동일한 방법으로 해결할 수 있지만 제약 조건은 2차가 돼서 (표 19.2 참조) 해 중의 하나는 가짜이다.

경우에 따라서 이러한 추가 제약 조건이 모호성을 해결하지 못한다. 예를 들어, 이미지의 x 또는 y축을 기준으로 회전하는 경우 왜도 영은 모호성을 해결하지 못한다. 이러한 예외는 [Zisserman-98]에 자세히 설명돼 있으며 여기서 일반적으로 발생하는 몇 가지 예를 설명한다.

전형적인 모호성 ω^*에 대한 (19.27)에서 나타낸 단일 매개변수의 해 꾸러미는 $\boldsymbol{\omega}^*(\mu)$에서 얻는 단일 매개변수의 보정 행렬 $\boldsymbol{\omega}^*(\mu) = \mathrm{K}(\mu)\mathrm{K}^\top(\mu)$에 대응한다. 간단하게 하기 위해 (꾸러미에 속하는) 실제 카메라 K가 왜도 영을 가지며 그래서 K가 4개의 미지 원소를 가진

다고 가정한다.

회전축이 카메라 **X**축에 평행하면, $\mathbf{d}_r = (1,\ 0,\ 0)^\top$이고 $\mathbf{v}_r = \mathrm{K}\mathbf{d}_r = \alpha_x(1,\ 0,\ 0)^\top$이다. 왜도가 없는 ω^*의 (19.11) 형태에서 (19.27)은 다음이 된다.

$$\boldsymbol{\omega}^*(\mu) = \boldsymbol{\omega}^*_{\text{true}} + \mu \mathbf{v}_r \mathbf{v}_r^\top = \begin{bmatrix} \alpha_x^2(1+\mu) + x_0^2 & x_0 y_0 & x_0 \\ x_0 y_0 & \alpha_y^2 + y_0^2 & y_0 \\ x_0 & y_0 & 1 \end{bmatrix} \tag{19.28}$$

꾸러미의 모든 원소는 왜도 영을 가지며, 이 경우에 오직 원소 $\boldsymbol{\omega}^*_{11}$만이 변한다. 이것은 주점과 α_y를 모호하지 않게 결정할 수 있다는 것을 의미한다. 모호성에 영향을 받지 않는 원소에서 결정되기 때문이다. 그러나 α_x는 가변 원소 $\boldsymbol{\omega}^*_{11}(\mu)$에만 나타나기 때문에 결정할 수 없는 것이 분명하다. 이것과 다른 두 개의 표준 경우에 정리하면 다음과 같다.

- 왜도 영을 가지는 카메라를 가정하고 무한 단응사상 관계식 (19.25)에서 K를 계산하면, 특정 운동의 경우에는 결정하지 못하는 보정 변수가 남는다. 다양한 축을 중심으로 하는 회전의 경우 다음의 모호성을 가진다.

  (i) **X축**: α_x를 결정하지 못함

  (ii) **Y축**: α_y를 결정하지 못함

  (iii) **Z축(주축)**: α_x와 α_y를 결정하지 못하지만 이들의 비율 α_y/α_x는 결정할 수 있음

기하학적 메모 이러한 모호성은 시점 한 쌍의 보정에만 국한되지 않고 전체 시퀀스에도 적용된다. 예를 들어 카메라 운동에서 회전 운동의 집합이 모두 카메라의 X축에 관한 것이라면 재구성에 모호성이 있을 것이다. Y축 회전도 마찬가지다. 이것을 다음과 같이 기하학적으로 해석할 수 있다. 카메라의 Y축 회전만 있는 일련의 이미지에서 장면의 거리 재구성을 생각한다. 실세계 Y축이 카메라의 Y축과 정렬된 좌표계를 정의할 수 있다. 이제 Y 좌표축에 적절한 계수 k를 곱해 (점과 카메라 위치의) 전체 재구성을 압착squashing하는 경우를 생각한다. 이미지의 기하에서는 y 이미지 좌표에 동일한 계수 k를 곱하는 효과가 있지만 x 좌표에는 영향을 주지 않음을 쉽게 알 수 있다. 그러나 이미지의 배율 계수 α_y에 k^{-1}을 곱해 이미지를 원래대로 되돌릴 수 없다. 이것은 α_y가 명확하게 결정되지 않았으며 실제로 제약이 없음을 보여준다. 요약하면 거리 재구성은 회전축에 평행한 1개 매개변수 모호성과 내부 매개변수에 해당하는 1개 매개변수 모호성을 가진다. 이런 주장은

모호성의 문제가 특정 자동 보정 알고리듬이 아니라 운동에 내재돼 있음을 보여준다.

크루파 방정식과 관계 이중 시점에 대해 (19.24)를 $\omega^{*\prime} = \mathtt{H}_\infty \omega^* \mathtt{H}_\infty^\top$로 표기하고 양변에 행렬 $[\mathbf{e}']_\times$를 곱하면 다음을 얻는다.

$$[\mathbf{e}']_\times \boldsymbol{\omega}^{*\prime} [\mathbf{e}']_\times = [\mathbf{e}']_\times \mathtt{H}_\infty \boldsymbol{\omega}^* \mathtt{H}_\infty^\mathsf{T} [\mathbf{e}']_\times = \mathtt{F} \boldsymbol{\omega}^* \mathtt{F}^\mathsf{T}$$

마지막 식은 $\mathtt{F} = [\mathbf{e}']_\times \mathtt{H}_\infty$이기 때문이다. 이것은 단순한 크루파 방정식 (19.18)이며 무한 단응사상 제약 조건에서 바로 나오는 것을 보여준다. $[\mathbf{e}']_\times$는 역행렬이 없으므로 반대 방향인 크루파 방정식에서 무한 단응사상의 제약 조건을 유도할 수 없다. 그러므로 크루파 방정식이 더 약한 제약 조건이다.

그러나 차이점이 있다. (19.24)를 적용하려면 무한면(그래서 아핀 구조)을 알아야 한다. 이 식이 모든 단응사상 H가 아니라 무한 단응사상에 대해서 성립하기 때문이다. 그러나 그루파 방정식은 장면의 아핀 구조에 대한 정보와 상관없다. 그럼에도 불구하고 이 관계는 일련의 이미지에 대한 무한 단응사상 관계식의 보정 모호성이 크루파 방정식의 모호성이 되는 것을 보여준다.

19.6 회전 카메라에서 보정

여기서는 특별한 이미징 조건에서 보정을 고려한다. 여기서 고려되는 상황은 카메라 중심에서 카메라가 회전하지만 이동 변환을 하지 않는 경우이다. 일정하고 알려진 내부 변수의 경우와 알려져 있지 않고 변하는 경우 두 가지에 대해서 고려한다.

이 상황은 자주 발생한다. 예로서 다음이 있다. PTZ[Pan-Tilt-Zoom] 감시 카메라, 위치는 거의 고정돼 있지만 회전과 줌이 가능한 스포츠 경기 중계에 사용하는 카메라, 단일 시점에서 매우 자주 흔들리는 휴대용 캠코더. 회전이 정확히 카메라 중심을 기준으로 하는 것은 아니지만 실제로 이동 운동은 장면 지점의 거리에 비해 일반적으로 무시할 수 있으며 중심이 고정됐다고 보는 것은 좋은 근사이다.

회전 카메라의 보정 문제는 19.5.2절에 설명한 계층화된 재구성에서 아핀에서 거리 보정 단계와 수학적으로 동일하다.

이동하지 않는 카메라에서는 깊이를 확인할 수 없기에 아핀 (또는 다른) 재구성을 구할 수 없다. 그럼에도 이미지 간의 무한 단응사상을 계산할 수 있고 이로부터 카메라를 보정할 수 있다.

알고리듬 19.3 카메라 중심으로 회전하는 카메라에 대한 보정

목적

일정한 또는 변화하는 내부 변수를 가지는 카메라에서 얻은 $m \geq 2$개의 시점에서 각 카메라의 내부 변수를 계산하라. 회전축이 모두 동일한 것은 아니라고 가정한다.

알고리듬

(i) 이미지 사이의 단응사상: 알고리듬 4.6과 같은 것을 사용해 $\mathbf{x}^i = \mathtt{H}^i\mathbf{x}$가 되도록 각 시점 i와 기준 시점 사이의 단응사상 $\mathtt{H}^i$를 계산한다. $\det \mathtt{H}^i = 1$이 되도록 행렬을 정규화한다.

(ii) **ω의 계산**:

- 일정한 보정 변수의 경우: $i = 1, \ldots, m$에 대한 방정식 $\omega = (\mathtt{H}^i)^{-\top}\omega(\mathtt{H}^i)^{-1}$을 $\mathtt{A}\mathbf{c} = 0$으로 다시 서술한다. 여기에서 $\mathtt{A}$는 $6m \times 6$의 행렬이고 $\mathbf{c}$는 원뿔 ω가 원소를 6차원 벡터로 정렬한 것이다.
- 가변 교정 변수의 경우: 방정식 $\omega^i = (\mathtt{H}^i)^{-\top}\omega(\mathtt{H}^i)^{-1}$을 사용해 표 19.4의 ω^i의 원소에 관한 (단위 종횡비와 같은) 선형 제약 조건을 ω의 원소에 대한 선형 관계식으로 표현한다.

(iii) **$\mathtt{K}$의 계산**: ω의 촐레스키 분해 $\omega = \mathtt{U}\mathtt{U}^\top$를 결정하고 $\mathtt{K} = \mathtt{U}^{-\top}$로 둔다.

(iv) **반복 개선(선택 사항)**: 다음을 $\mathtt{K}$와 $\mathtt{R}^i$에 대해 최소화 해 $\mathtt{K}$의 선형 추정을 개선한다.

$$\sum_{i=2,m;\ j=1,n} d(\mathbf{x}_j^i, \mathtt{K}\mathtt{R}^i\mathtt{K}^{-1}\mathbf{x}_j)^2$$

여기에서 $\mathbf{x}_j$와 $\mathbf{x}_j^i$는 첫 번째 이미지와 i번째 이미지에서 측정한 j번째 점의 좌표이다. 최소화의 초깃값은 $\mathtt{K}$, $\mathtt{R}^i = \mathtt{K}^{-1}\mathtt{H}^i\mathtt{K}$에서 구한다.

앞에서 봤듯이(8.4절 참조) 같은 중심을 가지는 두 카메라의 이미지는 평면 사영변환으로 연결된다. 실제로 $\mathbf{x}^i$와 $\mathbf{x}$가 대응하는 이미지 점이면 $\mathbf{x}^i = \mathtt{H}^i\mathbf{x}$로 연결된다. 여기에서 $\mathtt{H}^i = \mathtt{K}^i\mathtt{R}^i(\mathtt{K})^{-1}$이고 $\mathtt{R}^i$는 시점 i와 기준 시점 간의 회전이다. 또한 이 사상은 $\mathbf{x}$에서 이미지화되는 점의 깊이와 무관하므로 무한점에도 적용할 수 있고 13.4절에서 살펴본 다음 식

을 얻는다.

$$\mathtt{H}^i = \mathtt{H}^i_\infty = \mathtt{K}^i\mathtt{R}^i(\mathtt{K})^{-1}$$

따라서 이미지에서 직접 $\mathtt{H}_\infty$를 측정하는 편리한 방법이 된다.

$\mathtt{H}_\infty$가 주어지면 회전 카메라에 의해 얻은 이미지 집합의 보정 행렬 $\mathtt{K}^i$에 대한 해는 19.5.2절에서 설명한 방법으로 구할 수 있다. 이 방법은 일정한 또는 가변하는 내부 변수에 대해 모두 적용할 수 있고 알고리듬 19.3에서 요약했다. 다음에서 다양한 보기를 통해 설명하겠다.

그림 19.3 카메라 중심을 회전하는 카메라의 보정 상단: 카메라 중심을 근사적으로 회전하는 카메라가 얻은 미국 국회 의사당 이미지 5개. 하단: 5개의 이미지로 구성된 모자이크 이미지(보기 8.14 참조). 모자이크 이미지는 이미지 사이의 무한 단응사상의 왜곡을 선명하게 보여준다. 이런 왜곡을 분석하면 자동 보정 알고리듬의 기초를 얻는다. 보정은 알고리듬 19.3으로 계산했다.

보기 19.9 일정한 내부 변수를 가지며 카메라 중심으로 회전

그림 19.3의 이미지는 네거티브를 생성하기 위해 일반 흑백필름을 쓰는 35mm 카메라로 얻은 것이다. 카메라는 손으로 잡았고 카메라 중앙을 고정하기 위해 특별히 주의하지 않았다.

이런 네거티브에서 확대한 인쇄물은 평면 스캐너를 사용해 디지털화했다. 확대 프로세스로 인해 필름과 인쇄 용지가 정확하게 평행하지 않은 경우에 s값은 영이 아니고 α_x와 α_y 값은 같지 않게 된다. 결과 이미지 크기는 776 × 536 픽셀이다.

여기에 적용된 제약 조건은 내부 변수가 일정하다는 것이다. 알고리듬 19.3으로 계산한 카메라 행렬은 다음과 같다.

$$\mathrm{K}_{\text{linear}} = \begin{bmatrix} 964.4 & -4.9 & 392.8 \\ & 966.4 & 282.0 \\ & & 1 \end{bmatrix} \quad \mathrm{K}_{\text{iterative}} = \begin{bmatrix} 956.8 & -6.4 & 392.0 \\ & 959.3 & 281.4 \\ & & 1 \end{bmatrix}$$

선형 추정과 반복 추정의 결과는 약간의 차이가 있다. (가상적으로 1인) 계산된 종횡비와 주점의 결과는 괜찮아 보인다. △

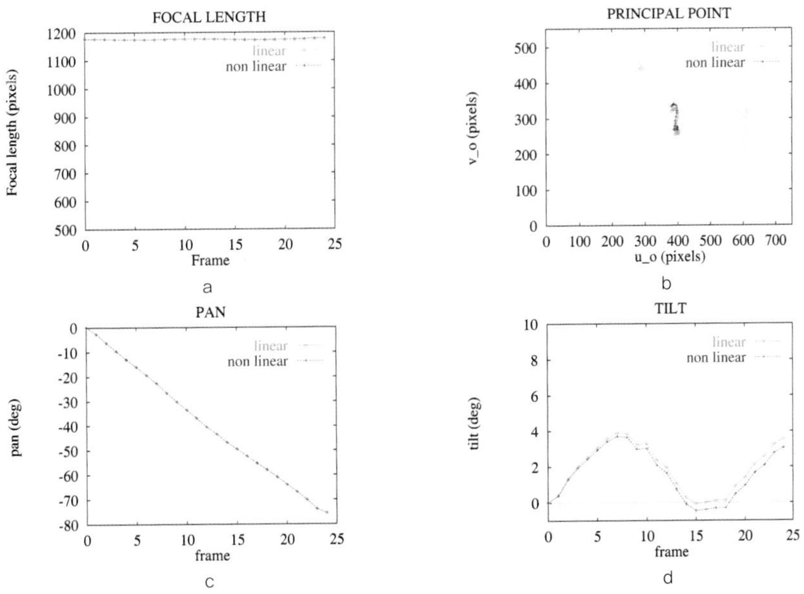

그림 19.4 정사각형 픽셀을 가정하는 다양한 내부 변수에 대한 회전. 그림 8.9의 패닝(pan) 시퀀스에 대한 것이다. (a) 초점 거리 (b) 주점 (c) 팬 각도 (d) 틸트 각도. 그림 제공: 로데스 아가피토

보기 19.10 변하는 내부 변수를 가지는 카메라 중심으로 회전

그림 8.9의 이미지는 캠코더를 근사적인 중심에서 회전해 얻은 것이다. 카메라가 줌되지 않았지만 자동 초점 기능으로 인해 초점 거리와 주점에 약간의 차이가 있을 수 있다.

여기에서 사용한 제약 조건은 픽셀이 정사각형이라는 것이다. 즉, 왜도 영이고 단위 종횡비를 가진다. 그러나 초점 거리와 주점은 알 수 없고 일정하지 않다. 그러면 표 19.4에서 각각의 시점에서 ω에 대한 선형 제약 조건 두 개를 얻을 수 있다. 왜도 영에서 $(\mathrm{H}_{\infty}^{i\ -\top}\omega\mathrm{H}_{\infty}^{i\ -1})_{12}=0$과 단위 종횡비에서 $(\mathrm{H}_{\infty}^{i\ -\top}\omega\mathrm{H}_{\infty}^{i\ -1})_{22}=0$이다. 이러한 제약 조건을 정리해 알고리듬 19.3에서 설명한 ω에 대한 선형 시스템을 얻는다.

각 시점에 대해 계산된 카메라 행렬의 내부 변수를 그림 19.4에 나타낸다. 복구된 초점 거리와 주점은 (구속 조건으로 부과하지 않았지만) 거의 일정하며, 손에 쥐고 촬영한 시퀀스에 대한 팬과 틸트 각도는 합리적으로 여겨진다. △

19.7 평면에서 자동 보정

평면 장면의 이미지 집합의 경우에는 사영 재구성을 추정하고 정류 변환으로 거리 재구성을 구하는 2단계 접근 방식이 유용하지 않다. 이것은 깊이 릴리프relief가 없는 경우 카메라를 결정할 수 없기 때문이다. 17.5.2절에서 볼 수 있듯이 같은 평면에 있지 않은 최소 2점이 필요하다. 그럼에도 불구하고 장면 평면에서 자동 보정이 가능하다. 일정한 내부 변수의 경우 [Triggs-98]에서 해를 보였다. 이 방법은 잠재적인 응용의 관점에서 특히 흥미롭다. 평면으로 구성된 장면은 지상 평면과 같은 인공 환경에서 매우 흔하다. 또한 높은 고도의 항공기나 인공위성에서 얻은 항공 영상에서는 영상의 범위에 비해 장면의 깊이 릴리프가 작아서 장면을 평면으로 매우 정확하게 근사할 수 있고 자동 보정 방법을 적용할 수 있다.

알고리듬의 시작점은 실세상 평면이 유도하는 이미지 대 이미지의 단응사상의 집합이다. 단응사상의 집합 H^i가 주어지면 모든 이미지를 첫 번째 이미지와 연결할 수 있다. 기하학적으로 평면에서 자동 보정은 두 가지 아이디어의 결합이다. 첫째, 평면과 절대 원뿔의 교점인 평면의 원형점이 단응사상을 통해 이미지에서 이미지로 변환된다. 둘째, 보기 8.18에서 봤듯이 보정 행렬 K는 평면의 이미지화된 원형점에서 (각 이미지에서 얻을 수 있는 두 가지 제약 조건으로) 결정된다.

따라서 (자유도 4인) 원형점의 이미지가 (적절한 방법으로) 첫 번째 이미지에서 결정됐다고 가정하면 알려진 $\mathtt{H}^i$를 통해서 다른 이미지로 변환된다. 이미지화된 두 개의 원형점이 ω에 있기 때문에 각 시점에는 ω에 대한 두 가지 제약 조건이 있다. 구체적으로 설명하면 첫 번째 시점에서 이미지화된 (아직은 알지 못하는) 원형점을 $\mathbf{c}_j(j=1,\ 2)$로 표기하면 자동 보정 방정식은 다음이 된다.

$$(\mathtt{H}^i\mathbf{c}_j)^\mathsf{T}\boldsymbol{\omega}^i(\mathtt{H}^i\mathbf{c}_j)=0,\ \ i=1,\ldots,m\ \ j=1,2 \tag{19.29}$$

여기에서 $\mathtt{H}^1=\mathtt{I}$이다. 이 방정식에서 미지수는 첫 번째 이미지의 원형점의 좌표와 아직 알려지지 않은 보정 변수들이다. 원형점은 복소수 점이지만, 서로 켤레 복소수여서 4개의 매개변수만으로 원형점을 표기할 수 있다. 그리고 모든 m개 시점에 대해 $\mathtt{K}^i$의 알려지지 않은 내부 변수가 총 $\mathbf{v}$개이면 각각의 시점에서 2개의 방정식을 구하므로 $2m\geq v+4$이면 해를 구할 수 있다.

카메라의 내부 변수에 대한 제한은 표 19.4에 따라 추가 대수적 제약 조건을 얻으며 이는 (19.29)에 의해 부과된 제약을 보완한다. 표 19.5에서 다양한 경우를 고려한다. 대부분의 경우 평면에서 보정은 비선형 문제이며 해를 찾는 방법에 대한 구체적인 것은 여기서 더 이상 언급하지 않는다. 적절한 비용함수를 최소화하는 반복 방법이 필요하다. 최소화 방법에 대한 자세한 내용은 [Triggs-98]에 있다.

표 19.5 다양한 조건에서 평면에서 보정을 위한 필요한 시점의 개수 $2m\geq v+4$인 경우 (원칙적으로) 보정이 가능하다.

조건	자유도(v)	시점 개수
모르지만 일정한 내부 변수	5	5
일정하고 알려진 왜도와 종횡비. 일정하며 모르는 주점과 초점 거리	3	4
변하는 초점 거리를 제외하고 알려진 모든 내부 변수	m	4
변하는 초점 거리와 일정하지만 모르는 다른 내부 변수	$m+4$	8

구현 이 방법을 구현할 때 큰 이점은 평면 간의 단응사상만을 필요로 한다는 것이다. 기본 행렬과 같은 다중 초점 텐서를 추정할 때 일반적으로 필요로 하는 3차원 공간의 점 대응은 필요로 하지 않는다. 평면 간의 일치 변환은 보다 더 간단하고 안정적이고 정확하게

계산된다. 이미지 간의 구속 조건의 특성이 점과 점이기 때문이다. 알고리듬 4.6의 방법을 사용하면 두 이미지 간의 이 변환을 추정할 수 있다. 또는 이미지 강도에서 직접 매개변수화된 단응사상을 추정하는 상관 기반 방법을 사용할 수 있다.

추가 정보 포함하기 평면 또는 운동에 대한 추가 정보가 있는 경우, 장면 평면을 사용하는 자동 보정의 복잡성이 줄어든다. 예를 들어 이미지 평면에서 소실선을 결정할 수 있는 경우 이미지화된 원형점이 소실선에 있기 때문에 원형점을 지정하기 위해 두 개의 변수만 결정하면 된다. 실제로 (정사각형 격자와 같이) 평면에서 이미지화된 원형점을 직접 추정할 수 있는 충분한 정보를 얻을 수 있으면 8.8절에서 논의한 장면 제약의 보정 문제로 축약된다.

비슷하게 운동에 대한 제약에서 문제를 단순화할 수 있다. 한 가지 특별한 예는 카메라 운동을 서술하는 회전축이 장면 평면에 수직인 경우이다. 이 경우 이미지화된 원형점은 단응사상의 고정점과 ω에 적용된 두 개의 선형 제약 조건에서 직접 계산할 수 있다. 이 상황은 뒤에 있는 메모 (vii)에서 자세하게 설명한다. 운동이 평면 운동인 경우는 다음 절에서 자세하게 설명한다.

19.8 평면 운동

실용적으로 중요한 경우는 카메라가 평면상에서 움직이며 해당 평면에 수직인 축을 중심으로 회전하는 경우이다. 차량에 부착된 카메라를 가지고 지면에서 배회하는 차의 경우이다. 이 경우 카메라는 (수평) 지면과 평행한 평면에서 운동하며 차량이 회전하면 카메라가 수직 축을 중심으로 회전한다. 카메라가 수평을 향하거나 차량에 대해 다른 특정 방향에 있다고 가정하지 않는다. 그러나 카메라는 일정한 내부 보정을 가진다고 가정한다. 운동에 대한 제약 특정이 보정 작업을 훨씬 더 간단하게 한다.

일련의 평면 운동에서 3개 이상의 이미지가 주어지면 아핀 재구성을 계산할 수 있는 것을 보일 것이다. 이를 위해서는 무한면을 결정해야 한다. 무한면에 있는 세 점을 식별해 평면을 결정한다. 이러한 점들을 이미지 시퀀스에서 고정점에서 인식한다.

평면 운동에서 고정 이미지 점 3.4.1절에 따르면 (카메라 운동과 같은) 모든 강체 운동은 나사 축을 중심으로 하는 회전과 축을 따라 이동하는 운동으로 분해할 수 있다. 평면 운동의 경우, 회전축은 동작 평면에 수직이고 나사 운동의 이동 부분은 0이다. 차량이 나사 축을 중심으로 수평으로 회전하는 것으로 생각하자. 카메라에 대한 나사 축의 위치는 고정된 상태로 유지되므로 이미지에서 고정점의 선을 구성한다. 다른 축에 대해 두 번째 운동이 발생하면 두 번째 축의 이미지가 두 번째 이미지 쌍에 포함된다. 두 축의 이미지는 일반적으로 다르지만 두 나사 축이 만나는 점의 이미지에서 교차한다. 두 축은 수직이기 때문에 영구적인 평행을 이루며 무한면에서 공통 방향에서 만난다. 이 방향은 나사 축 방향의 소실점인 나사 축 이미지의 교점에서 이미지로 사영된다. 이 이미지 점을 정점apex이라고 한다. 이제 여러 시점에서 하나의 고정점이 있으며 이것은 사영 재구성에서 평면의 한 점을 결정하는 데 사용된다.

앞에서 봤듯이 나사 축의 이미지는 이미지 쌍에서 고정점의 직선이다. 다음과 같이 한 쌍의 이미지에서 식별할 수 있는 고정선도 있다. (앞으로 접지면이라고 하는) 카메라의 운동 평면이 고정됐기 때문에 평면의 점 집합은 모든 이미지에서 같은 선으로 변환된다. 이 선을 수평선이라 하며 지표면의 소실선이다. 각 카메라가 접지면에 있기 때문에 등극점은 수평선에 있어야 한다. 나사 축의 이미지와 달리 수평선은 고정선이지만 고정점의 선은 아니다.

수평선의 모든 점들이 고정된 것은 아니지만 이미지 쌍에 고정된 두 개의 점을 가진다. 접지면의 두 원형점의 이미지이다. 이 원형점은 접지면과 절대 원추형의 교점이다. 절대 원뿔의 이미지는 강체 운동하에서 고정되고 접지면의 이미지는 고정되므로 두 원형점의 이미지는 고정돼야 한다. 실제로 평면 운동 시퀀스의 모든 이미지에 고정된다. 이것은 그림 19.5에서 설명한다.

지금까지 운동 시퀀스의 고정점에 대해서 설명했다. 이러한 고정점을 계산하는 것은 아핀 재구성을 계산하는 것과 같다. 고정 이미지 점을 역사영해 무한면에 있는 대응하는 3차원 점을 찾을 수 있기 때문이다. 정점은 이중 시점에서 계산될 수 있지만 이미지화된 원형점을 계산하려면 삼중 시점이 필요하다.

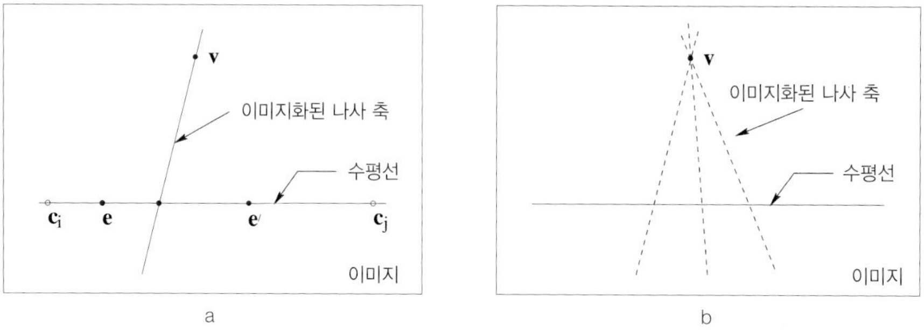

그림 19.5 평면 운동에서 이미지에 고정된 것들 (a) 이중 시점에서 이미지화된 나사 축은 운동에서 고정점의 선으로 이미지에 나타난다. 수평선은 운동에서 고정선이다. 등극점 **e**, **e**′과 접지면의 원형점 이미지 $\mathbf{c}_i$, $\mathbf{c}_j$는 수평선에 놓인다. (b) 평면 운동에서 세 개의 이미지에 대해 쌍으로 얻은 고정선의 관계. 각 쌍에 대한 이미지 수평선은 일치하며 각 쌍에 대해 이미지화된 나사 축은 정점 **v**에서 교차한다. 모든 등극점은 수평선에 놓인다.

고정점의 계산 두 이미지의 동일한 이미지 점에 사상되는 공간의 점 집합을 호롭터라고 한다. 일반적으로 호롭터는 꼬인 입방체이지만, 평면 운동의 경우 선(나사 축)과 접지면의 원추형으로 퇴화한다. 호롭터의 이미지는 $\mathrm{F} + \mathrm{F}^{\top}$로 정의된 원뿔이다. 여기서 F는 기본 행렬이다(9.4절 참조). 평면 운동의 경우 이것은 두 개의 선(나사 축 이미지와 수평선)으로 구성된 퇴화 원뿔이 된다(그림 9.11 참조). 원뿔을 분해해 이 두 선을 결정한다. 세 개의 이미지에서 세 쌍 각각에 대한 호롭터 이미지를 계산해 세 집합의 수평선과 이미지화된 축을 얻을 수 있다. 수평선은 이러한 세트의 공통 구성 요소가 되고 (나사 축의 이미지인) 다른 구성 요소는 정점에서 이미지에서 교차한다.

이제 원형 점을 계산한다. 두 쌍의 이미지에 대응하는 한 쌍의 호롭터의 기하학을 이해하는 것이 유용하다. C^{12}는 지면에있는 이미지 1과 2의 호롭터를 나타내는 원뿔이다. 이 원뿔은 두 개의 원형 점, 두 개의 카메라 중심, 나사 축과 접지면의 교점을 통과한다. 원뿔이 원형점이을 포함하므로 원이 된다. C^{23}을 이미지 2와 3에서 정의된 대응하는 원이라고 한다. 두 개의 원형점과 두 번째 카메라의 중심이 두 원에 놓인다. 두 개의 원뿔이 일반적으로 네 점에서 교차하므로 더 많은 (실수의) 교점이 있어야 한다. 그러나 관심 점이 두 개의 복소수의 교점, 즉 접지면의 원형점이기 때문에 이것은 무시할 수 있다.

실제 구현에서 두 개의 원형 점을 찾는 여러가지 방법이 있다. [Armstrong-96b]에서는 삼중 초점 텐서를 이용해 정점을 통해 삼중 시점에서 고정선을 기반으로 한다. [Faugeras-98, Sturm-97b]에서는 2차원 접지면을 1차원 이미지로 이미징하는 1차원 카메라의 삼중 초점 텐서를 계산한다. 두 경우 모두 수평선에 있는 원형점의 위치는 하나의 변수에 대한 삼차원 방정식의 해로 구해진다.

이런 아핀 보정 방법의 주요 단계를 알고리듬 19.4에 요약했다.

알고리듬 19.4 평면 운동에 대한 아핀 보정

목적

일정한 내부 변수를 가지며 평면 운동을 하는 카메라로 얻은 3개의 (또는 그 이상의) 이미지가 주어지면 아핀 재구성을 계산하라.

알고리듬

(i) **사영 재구성의 계산** 삼중 시점에서 알고리듬 16.4를 이용해 구한 삼중 초점 텐서 $\mathcal{T}$를 이용한다.

(ii) **$\mathcal{T}$에서 각 쌍의 기본 행렬 계산** 알고리듬 15.1을 참조하라. 각 기본 행렬의 대칭 부분을 분해해 수평선과 회전축의 이미지인 두 개의 직선을 구한다. 9.4.1절을 참조하라.

(iii) **정점의 계산** 이미지화된 회전축 세 개의 교점에서 정점 $\mathbf{v}$를 계산한다.

(iv) **세 쌍에 대해 수평선 계산** 세 개의 기본 행렬에서 등극점 6개를 구하고, 이를 직교 회귀 분석을 통해 수평선을 결정한다.

(v) **원형점의 이미지 계산** 수평선에서 원형점의 이미지 위치 $\mathbf{c}_i$, $\mathbf{c}_j$를 계산한다(본문 참조).

(vi) **무한면 계산** 이미지 대응 $\mathbf{x} \leftrightarrow \mathbf{x}'$에서 $\mathbf{x} = \mathbf{x}'$인 $\mathbf{v}$, $\mathbf{c}_i$, $\mathbf{c}_j$를 이용해 무한면을 삼각화한다. 이것은 π_∞의 세 점을 결정하고 그래서 평면을 결정한다.

(vii) **아핀 재구성 계산** 알고리듬 19.2처럼 계산된 π_∞를 이용해 사영 재구성을 정류한다.

거리 재구성 정점과 두 개의 원형점을 찾으면 무한면을 계산하고 이미지 간의 무한 단응사상을 계산할 수 있다. 이제 보정과 거리 재구성은 일반적인 방식으로 진행하면 된다. 그러나 모든 카메라 회전이 동일한 축을 가지므로 운동의 제약 특성에서 보정을 위한 하나의 매개변수를 가지는 해 꾸러미가 존재하는 것을 알 수 있다. 19.5.3절에서 고려한 보정 모호성이 있게 된다. 그러므로 유일한 결과를 얻으려면 내부 보정에 대한 가정이 필요하다. (실제 상황에서 자주 발생하는) 카메라의 y축이 회전축과 평행하면 왜도 영의 제약 조건은 충분하지 않은 것을 관찰했다. 가장 좋은 방법은 왜도 영과 (픽셀이 정사각형인 경우) 알려진 종횡비를 강제하는 것이다.

보기 19.11 평면 운동에 대한 거리 재구성

그림 19.6(a)에서 평면 운동 시퀀스의 이미지 7개 중에서 4개를 나타냈다. 이 시퀀스에서 카메라의 고도각은 약 20°이다. 모든 가능한 쌍을 이용해 계산한 나사 축의 이미지와 수평선을 추정한 정점과 수평선과 함께 그림 19.6(b)에 나타냈다. 이미지화된 원형점의 위치는 $x = 104 \pm 362i$, $y = -86 \mp 2i$로 추정됐다. 종횡비 1.1을 가정해 계산한 보정 행렬 K의 내부 변수는 $\alpha_x = 330$, $\alpha_y = 363$, $x_0 = 123$, $y_0 = 50$이다. 거리 재구성의 정확성은 거리 불변량을 계산해 확인했다. 결과를 그림 19.6(c)에 나타냈다. △

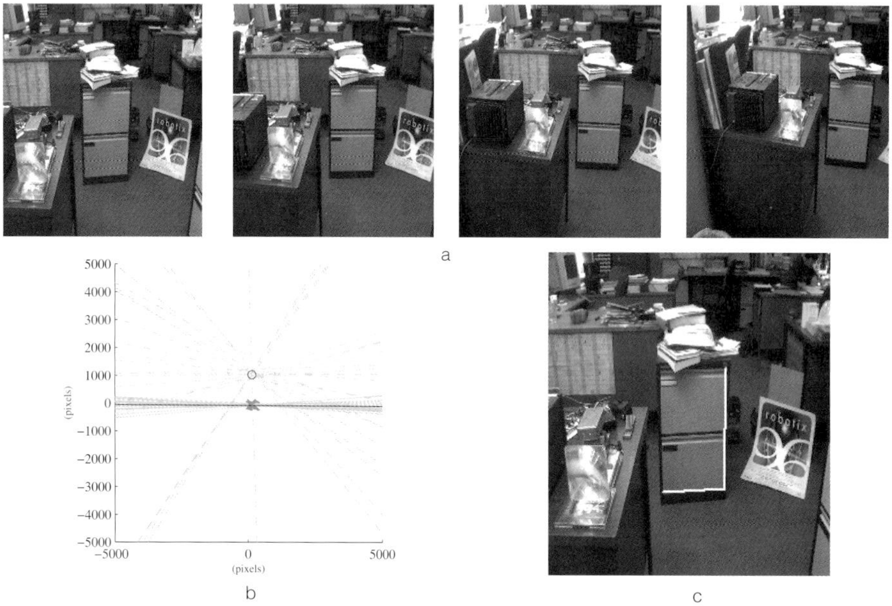

그림 19.6 평면 운동 시퀀스 (a) 평면에서 운동하는 차량에 장착된 카메라에서 얻은 (사용하는 7개 중에서) 이미지 4개 (b) 모든 이미지 쌍에 대해 계산된 등극점(×), 수평선(회색 실선), 이미지화된 나사 축(회색 점선). (c) 거리 재구성에서 측정된 유클리드 불변량. 직각은 89°로 측정되고, 비평행 길이의 비율은 0.61로 측정됐다(실제값은 대략 0.65).

19.9 단일 축 회전 – 턴테이블 운동

여기서는 장면과 카메라 사이의 상대 운동이 하나의 축을 중심으로 하는 회전과 동일한 단일 축 운동의 자동 보정에 대해 설명한다. 이것은 19.8절의 평면 운동의 특수한 경우로서 각 운동의 나사 축이 일치한다. 예컨대 이러한 상황은 턴테이블에서 회전하는 물체를 보는 정지한 카메라의 경우에 발생한다. 두 번째 보기는 (카메라 중심에서 떨어진) 축을 중심으로 회전하는 카메라의 경우이다. 세 번째 보기는 회전하는 거울을 바라보는 카메라의 경우이다.

여기서는 턴테이블 운동을 생각한다. 논의의 편의를 위해 축이 수직이고 운동은 수평면에서 발생한다고 가정한다. 다시 언급하지만 카메라가 수평을 향하거나 축에 대해 특정한 방향을 가진다고 가정하지 않는다. 카메라의 내부 보정 변수가 일정하다고 가정한다.

단일 축 회전 시퀀스에서 고정된 이미지 점은 19.8절에서 설명한 평면 운동의 이미지 점이며, 이미지화된 나사 축은 고정점의 선임을 추가해 그림 19.5(a)에 나타냈다. 그림 19.5(b)의 구속 조건은 이미지화된 모든 나사 축이 일치하기 때문에 여기서 사용할 수 없다. 결국 정점 **v**를 직접 결정할 수 없고 π_∞의 두 원형점만 이미지화된 고정점에서 복구할 수 있다. 내부 매개변수에 대한 제약이 없는 경우 재구성은 아핀이 아니고, 매개변수를 갖는 사영변환으로 나타난다. (평면의 원형점이 알려져서) 거리 구조는 수평면에서 알려져 있지만 수직 (Z) 방향으로 1차원 사영변환이 있다. 결과로 나타나는 모호성은 변환 $\mathbf{X}_P = \mathtt{H}\mathbf{X}_E$이다.

$$\mathtt{H} = \begin{bmatrix} 1 & 0 & 0 & 0 \\ 0 & 1 & 0 & 0 \\ 0 & 0 & \gamma & 0 \\ 0 & 0 & \delta & 1 \end{bmatrix} \tag{19.30}$$

γ와 δ는 Z와 π_∞의 교점과 수평 방향과 수직 방향의 상대 배율을 결정하는 스칼라 값이다. 이런 변환 꾸러미가 표현하는 사영변환이 그림 1.4에 나와 있다.

고정점 계산 진행하는 한 가지 방법으로 원형점을 직접 계산하는 것이 있다. 그림 19.7(b)에서 알 수 있듯이 점 궤적은 원의 이미지인 타원이다. 3차원 공간에서 이 원은 평행한 수평면에 놓여 있고 π_∞의 원형점에서 교차한다. 이미지에서 타원은 이러한 궤적에서 맞추기를 할 수 있고 이미지 원뿔의 공통 교점은 이미지화된 (복소수 켤레) 원형점이다. 3차원 원형점은 두 개 이상의 시점에서 삼각측량으로 결정할 수 있다. 이것이 [Jiang-02]의 방법이다.

진행할 수 있는 대수적인 다른 방법은 카메라 행렬을 $\mathtt{P}^i = \mathtt{H}_{3\times3}[\mathtt{R}_Z(\theta^i) \mid \mathbf{t}]$로 모델링하는 것이다.

$$\mathtt{P}^i = \begin{bmatrix} \mathbf{h}_1 & \mathbf{h}_2 & \mathbf{h}_3 \end{bmatrix} \begin{bmatrix} \cos\theta^i & -\sin\theta^i & 0 & t \\ \sin\theta^i & \cos\theta^i & 0 & 0 \\ 0 & 0 & 1 & 0 \end{bmatrix} \tag{19.31}$$

여기에서 $\mathbf{h}_k$는 $\mathtt{H}_{3\times3}$의 열벡터이다. 내부 변수와 외부 변수의 구분은 $\mathtt{H}_{3\times3}$과 $\mathbf{t}$는 시퀀스에 걸쳐서 일정하고 $\mathtt{Z}$에 대한 회전 각도 θ^i만 각 카메라 $\mathtt{P}^i$에 대해 변한다는 것을 의미한다.

이 매개변수에서 추정 문제는 시퀀스에 대한 카메라 집합 $\mathtt{P}^i$를 추정하기 위해 공통 행렬 $\mathtt{H}_{3\times3}$과 각도 θ_i를 결정하는 것으로 정확하게 기술할 수 있다. 따라서 m개의 시점에 대해 총 $8 + m$개의 매개변수를 추정해야 한다. 여기서 8은 단응사상 $\mathtt{H}_{3\times3}$의 자유도이다. 이것은 일반적인 운동 시퀀스의 사영 재구성에 필요한 $11m$에 비해 절감 효과를 가진다.

단일 축 운동의 경우 기본 행렬은 9.4.1절에서 설명한 특별한 형식을 가진다. 카메라 행렬 (19.31)을 이용해 행렬을 표기하면 다음과 같다.

$$\mathtt{F} = \alpha[\mathbf{h}_2]_\times + \beta\left((\mathbf{h}_1 \times \mathbf{h}_3)(\mathbf{h}_1 \times \mathbf{h}_2)^\mathsf{T} + (\mathbf{h}_1 \times \mathbf{h}_2)(\mathbf{h}_1 \times \mathbf{h}_3)^\mathsf{T}\right)$$

이것은 기본 행렬이 계산되면 $\mathtt{H}_{3\times3}$의 열벡터가 부분적으로 결정되는 것을 의미한다. 이것은 [Fitzgibbon-98b]의 방법이다. 여기서 특수한 형태의 기본 행렬을 점 대응에서 구한다(11.7.2절 참조). 세 개 이상의 시점에서 $\mathtt{H}_{3\times3}$의 처음 두 열벡터 $\mathbf{h}_1$, $\mathbf{h}_2$와 각도 θ^i는 완전하게 결정할 수 있다. 그러나 $\mathbf{h}_3$은 (19.30)의 모호성에 대응하는 매개변수 두 개를 제외하고 결정된다.

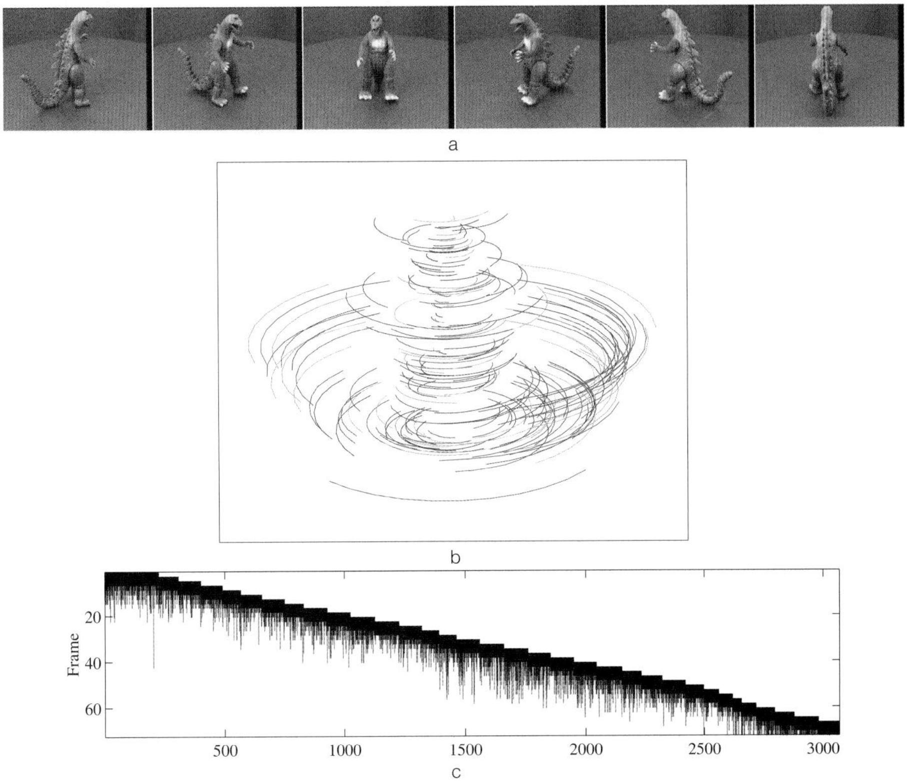

그림 19.7 공룡 시퀀스과 궤적 (a) 턴테이블에서 회전하는 공룡 36개 시퀀스 중에서 6개 프레임(이미지 시퀀스 제공: 하노버대학[Niem-94]) (b) 점 궤적의 부분집합 – 7번 이상 연속된 시점에서 나타난 200개의 궤적만 표시 (c) 궤적 수명: 각 수직 막대는 한 궤적에서 해당 점이 보이는 첫 번째에서 마지막 프레임을 의미한다. 수평 순서는 시퀀스에서 점이 처음 나타난 것에 따른다. 측정 행렬은 상대적으로 희박하며 15프레임 이상 유지하는 점은 거의 없다.

거리 재구성 (19.30)에서 나오는 재구성의 매개변수 두 개의 모호성은 정사각형 픽셀과 같은 내부 변수에 대한 추가 정보를 이용해 해결할 수 있다. 그러나 카메라가 중심축과 평행한 이미지 y축에 수평이면 정사각형 픽셀에서 하나의 추가 제약만 얻는다(왜도 영의 조건에서 추가 조건을 얻지 못하고 종횡비에서만). 이 경우 (주점의 y 좌표와 같은) 카메라에 대한 추가 정보가 필요하거나 장면의 종횡비를 사용할 수 있다.

보기 19.12 턴테이블 시퀀스에서 재구성

그림 19.7은 턴테이블에서 회전하는 공룡 모형 시퀀스의 프레임과 결과로 얻은 이미지 점 궤적을 보여준다. 특징 추출은 색의 밝기를 이용했다. 턴테이블 운동의 사영기하학은

(다른 정보 없이) 궤적으로 결정되며 결과로 얻는 카메라와 3차원 점의 재구성을 그림 19.8에 나타냈다. 효과적으로 카메라가 물체를 일주했다. 3차원 텍스처 매핑 그래픽 모델은 원칙적으로 각 프레임에서 공룡 실루엣으로 정의된 원뿔을 역사영하고 원뿔 집합을 교차해 3차원 개체의 시각적 전체를 결정해 계산할 수 있다. △

a

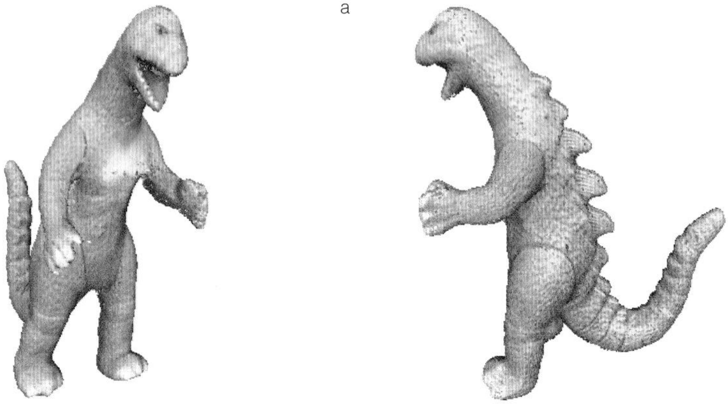

b

그림 19.8 공룡 (a) 3차원 장면 점(약 5000개)과 공룡 시퀀스의 카메라 위치 (b) 이 시퀀스에 대한 3차원 그래픽 모델의 자동 계산은 [Fitzgibbon-98b]에 설명돼 있다.

19.10 스테레오 장비의 자동 보정

이 절에서는 고정된 카메라 두 대의 스테레오 장비를 보정하는 계층화된 방법을 설명한다. 여기서 고정은 장비에 있는 카메라의 상대적인 방향이 운동 중에 변하지 않고 각 카메라의 내부 또한 바뀌지 않는다. 장비의 단일 운동에서 무한면이 고유하게 결정되는 것을 보일 것이다.

고정된 스테레오 장비가 일반적인 운동을 한다고 가정한다.

장면의 사영 구조를 운동 전($\mathbf{X}$)과 후($\mathbf{X}'$)에 각각 얻는다. $\mathbf{X}$와 $\mathbf{X}'$은 같은 장면의 두 개의 사영 재구성이므로 4×4 사영변환 H_P로 다음과 같이 연결돼 있다.

$$\mathbf{X}' = \mathrm{H}_\mathrm{P}\mathbf{X}$$

그러나 장비의 실제 운동은 유클리드 운동이므로 단응사상 H_P는 운동을 나타내는 유클리드 변환과 켤레가 된다. 켤레 관계는 고정된 개체를 고정된 것으로 변환하므로 켤레는 주요한 결과이다. 결국, 유클리드 운동에서 (무한면과 같은) 고정된 개체는 H_P로 표현되는 사영 운동에서 고정된 개체로 접근할 수 있다.

켤레 관계 $\mathbf{X}_\mathrm{E}$가 장치에 부착된 유클리드 좌표계에서 3차원 공간의 한 점을 나타내고 $\mathbf{X}'_\mathrm{E}$가 장치가 움직인 이후에 동일한 점을 나타낸다고 가정한다. 그러면 점들의 관계는 다음이다.

$$\mathbf{X}'_\mathrm{E} = \mathrm{H}_\mathrm{E}\mathbf{X}_\mathrm{E} \tag{19.32}$$

여기서 H_E는 장치의 회전과 이동을 나타내는 비특이 4×4 유클리드 변환 행렬이다. 점이 장치에 붙어 있는 사영 좌표계에서 표현되고 (사영 재구성을 구했다면) 다음이 만족한다.

$$\mathbf{X}_\mathrm{E} = \mathrm{H}_\mathrm{EP}\mathbf{X} \quad \mathbf{X}'_\mathrm{E} = \mathrm{H}_\mathrm{EP}\mathbf{X}' \tag{19.33}$$

여기에서 H_EP는 사영 구조에서 거리 구조를 연결하는 비특이 4×4 행렬이다. 여기서 주의해야 하는 중요한 점은 카메라 운동 전후의 두 사영 재구성이 동일한 사영 좌표계에 있어야 한다는 것이다. 즉, 동일한 쌍의 카메라 행렬을 전후에 사용해야 한다.

(19.32)와 (19.33)에서 다음을 얻는다.

$$\mathrm{H}_\mathrm{P} = \mathrm{H}_\mathrm{EP}^{-1}\,\mathrm{H}_\mathrm{E}\,\mathrm{H}_\mathrm{EP} \tag{19.34}$$

그래서 $\mathtt{H}_\mathrm{P}$는 유클리드 변환과 켤레가 된다. 이러한 켤레 관계에 대해 두 가지 중요한 성질이 있다.

(i) $\mathtt{H}_\mathrm{P}$와 $\mathtt{H}_\mathrm{E}$는 같은 고윳값을 가진다.

(ii) $\mathbf{E}$가 $\mathtt{H}_\mathrm{E}$의 고유 벡터이면 같은 고윳값을 가지는 $\mathtt{H}_\mathrm{P}$의 대응 고유 벡터는 $(\mathtt{H}_\mathrm{EP}^{-1}\mathbf{E})$이다. 즉, $\mathtt{H}_\mathrm{E}$의 고유 벡터는 점 변환 (19.33)에 의해 $\mathtt{H}_\mathrm{P}$의 고유 벡터로 변환된다. (19.34)에서 $\mathtt{H}_\mathrm{E}\mathbf{E} = \lambda\mathbf{E}$이면 $\mathtt{H}_\mathrm{EP}\mathtt{H}_\mathrm{P}\mathtt{H}_\mathrm{EP}^{-1}\mathbf{E} = \lambda\mathbf{E}$이고 $\mathtt{H}_\mathrm{EP}^{-1}$를 곱하면 원하는 결과를 얻는다.

유클리드 변환의 고정점 다음 행렬로 표현되는 유클리드 변환을 생각한다.

$$\mathtt{H}_\mathrm{E} = \begin{bmatrix} \mathtt{R} & \mathbf{t} \\ \mathbf{0}^\mathsf{T} & 1 \end{bmatrix} = \begin{bmatrix} \cos\theta & -\sin\theta & 0 & 0 \\ \sin\theta & \cos\theta & 0 & 0 \\ 0 & 0 & 1 & 1 \\ 0 & 0 & 0 & 1 \end{bmatrix}$$

이것은 Z축을 따라 단위 이동과 함께 Z축을 중심으로 θ만큼 회전하는 것이다(일반적인 나사 운동이다).

$\mathtt{H}_\mathrm{E}$의 고유벡터는 이 변환에서 고정점이다(2.9절 참조). 이 경우에 고윳값은 $\{e^{i\theta}, e^{-i\theta}, 1, 1\}$이고 대응하는 고유 벡터 $\mathtt{H}_\mathrm{E}$는 다음이다.

$$\mathbf{E}_1 = \begin{pmatrix} 1 \\ i \\ 0 \\ 0 \end{pmatrix} \quad \mathbf{E}_2 = \begin{pmatrix} 1 \\ -i \\ 0 \\ 0 \end{pmatrix} \quad \mathbf{E}_3 = \begin{pmatrix} 0 \\ 0 \\ 1 \\ 0 \end{pmatrix} \quad \mathbf{E}_4 = \begin{pmatrix} 0 \\ 0 \\ 1 \\ 0 \end{pmatrix}$$

모든 고유벡터는 $\boldsymbol{\pi}_\infty$에 놓인다. 이것은 $\boldsymbol{\pi}_\infty$는 집합으로서 고정된 것을 의미한다. 그러나 고정점의 평면은 아니다. 고유벡터 $\mathbf{E}_1$, $\mathbf{E}_2$는 Z(회전)축에 수직인 평면의 원형점이다. 다른 두 개의 (같은) 고유벡터 $\mathbf{E}_3$, $\mathbf{E}_4$는 회전축의 방향이다.

$\boldsymbol{\pi}_\infty$의 계산 점 변환 행렬이 $\mathtt{H}_\mathrm{E}$이면 (3.6)에서 평면 변환 행렬은 $\mathtt{H}^{-\mathsf{T}}$가 된다. $\mathtt{H}_\mathrm{E}^{-\mathsf{T}}$의 고유 벡터가 이 운동의 고정된 평면이다. 행렬 $\mathtt{H}^{-\mathsf{T}}$가 또한 두 개의 동일한 단위 고윳값과 $\boldsymbol{\pi}_\infty$에 대응하는 하나의 고유벡터를 가지는 것을 확인할 수 있다. $\mathtt{H}_\mathrm{P}^{-\mathsf{T}}$의 고유 벡터는 $\mathtt{H}_\mathrm{E}$의 고유 벡터와 대응한다. 위에서 설명한 $\mathtt{H}_\mathrm{E}$와 $\mathtt{H}_\mathrm{P}$의 고유 벡터의 관계와 동일하다. 결과적으로 사영 재구성의 $\boldsymbol{\pi}_\infty$는 $\mathtt{H}_\mathrm{P}^{-\mathsf{T}}$의 (중근의) 실수 고윳값에 해당하는 고유 벡터이다. 그

러므로, 다음을 얻는다.

- π_∞는 $H_P^{-\top}$의 실수 고유 벡터로서 또는 더 간단하게 $H_P^{\top}$의 실수 고유 벡터로 유일하게 결정할 수 있다.

여기서 실수 고윳값이 대수적 다중도multiplicity 2를 갖지만 기하학적 다중도는 (비평면 운동의 경우에) 1인 것을 볼 수 있다. 이것이 무한면을 찾는 것을 가능하게 해준다.

아핀 보정 절차는 알고리듬 19.5에 요약했다.

거리 보정과 모호성 π_∞가 식별되면 계층화된 알고리듬 19.2에 설명한 대로 거리 보정을 진행할 수 있다. 장비가 고정됐기 때문에 왼쪽 카메라의 내부 변수는 운동 중에 변하지 않는다(오른쪽 카메라도 마찬가지다). 단일 운동에서 각 카메라의 내부 변수는 19.5.3절에 설명한 단일 회전으로 인한 매개변수 한 개의 꾸러미로 결정할 수 있다.

평소와 같이 단일 운동의 모호성은 추가 운동 또는 정사각형의 픽셀과 같은 추가 조건을 이용해 제거할 수 있다. 추가 동작이 있으면 π_∞의 개선된 추정치도 계산할 수 있다. 거리 교정의 결과는 (카메라의 상대적 외부 방향과 내부 변수를 포함하는) 장비의 완전한 교정이다.

알고리듬 19.5 고정된 스테레오 장비의 아핀 보정

목적

(R과 t가 모두 영이 아니고 t가 R의 축과 수직이 아닌) 일반 운동을 하는 고정된 스테레오 장비에 얻은 2개(이상)의 스테레오 이미지 쌍이 주어질 때 아핀 재구성을 계산하라.

알고리듬

(i) **초기 사영 재구성 X의 계산**: 첫 번째 스테레오 쌍을 이용해 10장에 설명한 대로 사영 재구성 (P^L, P^R, $\{\mathbf{X}_j\}$)를 계산한다. 여기에는 알고리듬 11.4와 같은 것을 사용해 기본 행렬 F와 첫 번째 이미지 쌍의 점 대응 $x_j^L \leftrightarrow x_j^R$의 계산을 포함한다.

(ii) **운동 후 사영 재구성 X′의 계산**: 두 번째 스테레오 이미지 쌍의 대응 $x_j'^L \leftrightarrow x_j'^R$를 계산한다. 카메라의 내부 변수와 상대적인 외부 변수가 고정돼서 두 번째 스테레오 쌍은 첫 번째 쌍과 같은 기본 행렬 F를 가진다. 같은 카메라 행렬 P^L, P^R을 사용해 두 번째 스테레오 쌍에서 계산한 대응 $x_j'^L \leftrightarrow x_j'^R$로 부터 3차원 공간의 점 $\mathbf{X}_j'$를 삼각측량할 수 있다.

(iii) **X와 X′을 연결하는 4 × 4 행렬 H_P의 계산**: (알고리듬 11.4를 다시 사용해) 두 스테레오 쌍의 왼쪽 이미지 간의 대응 $x_j^L \leftrightarrow x_j'^L$을 계산한다. 이로부터 실세계 공간의 점 $\mathbf{X}_j \leftrightarrow \mathbf{X}_j'$의 대응을 구할 수 있다. 단응사상 H_P를 3차원 점 대응 5개 이상에서 선형적으로 계산할 수 있고 적절한 비용함수를 H_P에 대해 최소화해 추정값을 정제할 수 있다. 예로서, $\sum_j (d(x_j^L, P^L H \mathbf{X}_j')^2 + d(x_j^r, P^R H \mathbf{X}_j')^2)$을 최소화하면 측정한 점과 재사영한 이미지의 거리를 최소화한다.

(iv) **아핀 재구성**: H_P^T의 실 고윳값에서 π_∞를 계산해 아핀 재구성을 구한다.

평면 운동 이동 운동이 회전축 방향에 수직인 직교 (평면) 운동의 특수한 경우에 반복된 (실수) 고윳값에 대응하는 고유 벡터의 공간이 2차원이 된다. 결국 π_∞는 최대 매개변수 한 개를 포함하며 결정된다. 따라서 무한면을 유일하게 찾을 수 없다(이에 대해 보기 3.8에서 자세히 살펴봤다). 모호성을 처음과 다른 방향을 가진 축에 대한 두 번째 직교 운동으로 제거할 수 있다.

보기 19.13 두 개의 스테레오 쌍에서 자동 보정

그림 19.9(a)(b)에서 알고리듬 19.5의 절차에 따라 스테레오 장비의 아핀 보정에 사용하는 두 개의 스테레오 쌍을 보여준다. 보정의 정확성은 두 가지 방법으로 오른쪽 이미지의 소실점을 계산해 평가한다. 첫 번째는 이미지화된 평행선의 교차점으로, 두 번째는 왼쪽 이미지에서 (같은 평행선의 이미지인) 해당 소실점을 결정하고 H_P^T의 고유벡터에서 계산한 무한 단응사상을 이용해 이 소실점을 오른쪽 이미지에 변환한다. 소실점 간의 불일치는 계산된 H_∞의 정확도의 측도가 된다. 거리 보정은 왜도 영 제약 조건을 사용해 매개변수 한 개의 모호성을 해결했다. 결과로 얻은 거리 재구성의 각도는 1° 이내로 정확하다.

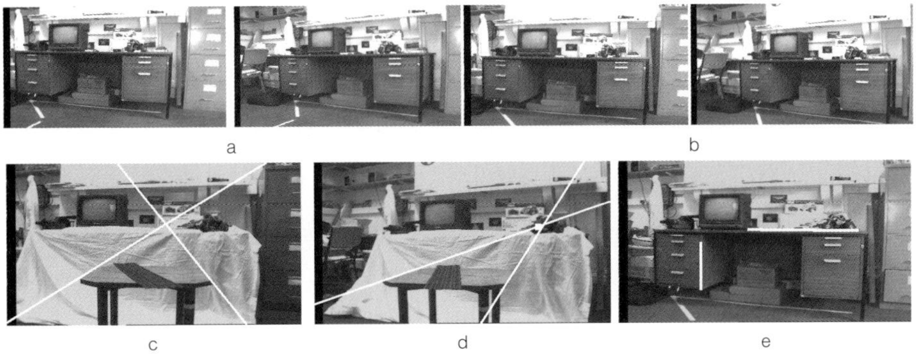

그림 19.9 스테레오 장비의 자동 보정 입력으로 사용한 스테레오 장비의 운동 전(a)과 운동 후(b)의 스테레오 쌍. 스테레오 장비는 왼쪽을 20cm 정도 이동하였고, 오른쪽으로 10°, 위로 10° 움직였다. 계산한 H_∞의 정확도는 다음과 같이 동일한 장비에서 획득한 다른 스테레오 쌍을 이용해 평가한다. (c)에서 (스테레오 쌍의) 왼쪽 이미지에서 소실점은 (장면에서 평행인) 테이블의 이미지화된 옆면을 교차해 계산한다. (d)에서 (스테레오 쌍의) 오른쪽 이미지에서 해당 소실점을 계산한다. (선의 교점 주위의) 흰색 사각형은 계산한 H_∞를 사용해 오른쪽으로 변환된 왼쪽 이미지의 소실점이다. 오류가 없는 경우 점들은 동일해야 한다. (e) 거리 보정 후 3차원 재구성에서 (흰색으로 표시한) 테이블 옆면 사이의 계산된 각도는 90.7°이며 수직인 값과 잘 일치한다.

19.11 나가면서

자동 보정 분야에 대한 연구는 여전히 활발하며 19장에서 설명한 것보다 더 좋은 방법이 벌써 개발됐을 수 있다. 다중 시점 텐서에 대한 닫힌 해와 임계 운동 동작을 자동으로 감지하는 알고리듬은 아직 부족하다(아래 참조).

임계 운동 시퀀스 19장에서 특정 종류의 동작에 대해 정류 단응사상 H를 완전히 결정할 수 없는 것을 봤다. 결과로 얻은 재구성은 거리 재구성과 사영 재구성의 중간 정도이다. 예컨대 일정한 내부 변수를 가지는 평면 운동의 경우 회전축에 평행한 하나의 매개변수로 나타나는 배율 모호성이 있다. 그리고 일정한 내부 변수를 가지고 순수 이동 운동의 경우는 재구성은 아핀 재구성이다. 이런 모호성이 발생하는 카메라 운동 시퀀스를 임계 운동 시퀀스라고 하며 내부 매개변수가 일정한 경우 Sturm[Sturm-97a, Sturm-97b]이 체계적으로 분류했다. 이 분류를 보다 일반적인 보정 조건으로 확장할 수 있다. 다양한 초점 거리의 경우 [Pollefeys-99b, Sturm-99b]에 있다. 최근 연구 결과는 [Kahl-99, Kahl-01b, Ma-99, Sturm-01]을 참조하라.

권장 사항 자동 보정을 거리 재구성에서 완벽하게 얻을 수 있는 것처럼 보인다. 보정된 카메라는 필요하지 않으며 카메라에 대한 왜도 영과 같이 약한 제약으로 보정할 수 있다. 그러나 안타깝게도 자동 보정을 완전히 신뢰하는 것을 주의해야 한다. 자동 보정은 적절한 상황에서 잘 작동하지만 무모하게 사용하면 실패한다. 몇 가지 특정 권장 사항이 있다.

(i) 모호한 운동 시퀀스를 피해라. 단일 축과 같이 운동이 너무 제한되면 보정 퇴화가 발생하는 것이 알려져 있다. 운동이 너무 작거나 시야를 너무 작게 하면 안 된다. 자동 보정은 무한 단응사상의 추정을 해야 하는데 시야가 좁으면 영향을 알기 어렵다.

(ii) 보유한 정보를 최대한 많이 이용하라. 왜도 영과 같이 최소 정보로 보정할 수 있지만 다른 정보가 있는 경우에는 피하는 것이 좋다. 예를 들어 알려진 종횡비 제약이 유효하면 주점에 대한 정보와 마찬가지로 사용해야 한다. 알려진 값이 부정확하더라도 이 정보를 방정식에 포함해 가중치가 낮게 선형 자동 보정 방법에 넣을 수 있다.

(iii) 이 권장 사항은 뭉치 조정과도 관련이 있다. 일반적으로 번들 조정으로 끝내는 것이 좋다. 이를 위해 카메라의 내부 변수를 제한하는 것 좋다. 그 예로 주점이 정확히 알려지지 않더라도 일반적으로 합리적인 범위는 알 수 있다(무한대에 가깝지는 않음). 마찬가지로 종횡비는 일반적으로 0.5에서 3 사이이다. 이런 정보를 뭉치 조정에 넣어서 가능하면 적은 가중치(표준편차)로 비용함수의 제약 조건에 추가해야 한다. 비용함수의 사소하고 미미한 개선을 위해 해가 매개변수 공간의 원격 영역으로 방황하는 것을 방지해 자동 보정이 제대로 조정되지 않은 (따라서 불안정한) 결과에 엄청난 개선을 줄 수 있다.

(iv) 제한된 운동을 사용하는 방법이 일반적인 운동을 허용하는 방법보다 일반적으로 더 안정적이다. 예를 들어 회전하지만 이동하지 않는 카메라를 포함하는 방법은 일반 운동 방법보다 일반적으로 훨씬 더 안정적이다. 이동 운동에서 아핀 재구성을 계산할 때도 마찬가지다.

19.11.1 참고 도서

카메라 자동 보정의 아이디어는 크루파 방정식을 사용한 [Faugeras-92a]에서 시작했다. 초기 논문들은 일정한 내부 변수의 경우를 고려했다. [Hartley-94b]와 Mohr et al.[Mohr-93]은 이중 시점 이상에 대해 뭉치 조정에 대해 연구했다.

순수 이동에 아핀 재구성 해는 Moons et al.[Moons-94]에서 주어졌고 순수 이동 후에 회전을 하는 경우의 아핀 재구성은 Armstrong et al.[Armstrong-94]이 확장했다. [Armstrong-94]. 카메라 중심으로 회전하는 경우는 [Hartley-94a]에 나와 있다. 모듈러스 제약에 관한 것은 Pollefeys[Pollefeys-96]가 처음 발표했다.

스테레오 장비의 자동 보정에 관한 첫 연구는 Zisserman[Zisserman-95b]이다. 다른 매개변수를 사용한 Devernay and Faugeras[Devernay-96], Horaud and Csurka [Horaud-98]의 연구가 있다. 스테레오 장비의 평면 운동의 특별한 경우는 [Beardsley-95b, Csurka-98]에서 다룬다.

단안 카메라의 평면 운동의 경우 Armstrong et al.[Armstrong-96b]이 처음 연구했고, 대안인 수치해는 Faugeras et al.[Faugeras-98]에 있다.

최근 논문에서는 일정한 내부 변수보다 덜 제한적인 조건을 연구했다. 다수의 존재 증명existence proofs이 있다. Heyden and Åström[Heyden-97b]은 왜도와 종횡비만 알면 거리 재구성이 가능함을 증명했고 [Pollefeys-98, Heyden-98]은 왜도 영으로 충분하다는 것을 증명했다.

Triggs[Triggs-97]는 절대 (상대) 이중 곡면을 수치 도구로 이용해 자동 교정 문제를 형식화하고 Q^*_∞를 구하기 위해 선형 방법과 순차적 이차 계획법을 적용했다. Pollefeys et al.[Pollefeys-98]은 Q^*_∞를 기반으로 한 계산이 실제 이미지 시퀀스에 대한 일반적인 운동에서 다양한 초점 거리에 대한 거리 재구성을 계산하는 데 사용될 수 있음을 보였다.

회전 카메라의 경우 DeAgapito et al.[DeAgapito-98]은 DIAC 기반으로 하는 다양한 내부 변수에 대한 비선형 해를 구했다. 이것은 [DeAgapito-99]에서 IAC 기반 선형 방법으로 수정됐다.

19.11.2 메모와 연습 문제

(i) [Hartley-92a]가 처음으로 기본 행렬에서 초점 거리를 추출하는 해를 소개했지만 여기에 주어진 알고리듬은 다루기 어렵다. 보다 간단하고 우아한 공식이 [Bougnoux-98]에 있다.

$$\alpha^2 = -\frac{\mathbf{p}'^{\mathsf{T}}[\mathbf{e}']_\times \tilde{\mathtt{I}}\mathtt{F}\mathbf{p}\mathbf{p}^{\mathsf{T}}\mathtt{F}^{\mathsf{T}}\mathbf{p}'}{\mathbf{p}'^{\mathsf{T}}[\mathbf{e}']_\times \tilde{\mathtt{I}}\mathtt{F}\tilde{\mathtt{I}}\mathtt{F}^{\mathsf{T}}\mathbf{p}'} \tag{19.35}$$

여기에서 $\tilde{\mathtt{I}} = \mathrm{diag}(1,\ 1,\ 0)$이고 $\mathbf{p}$와 $\mathbf{p}'$은 두 이미지에서 주점이다. 단위 종횡비와 왜도 영을 가정했다. α'^2에 대한 공식은 (F를 전치해) 두 이미지의 역할을 바꾸면 구할 수 있다.

이 알고리듬의 마지막 단계는 제곱근을 취하는 것에 주의해야 한다. (19.35)에서 계산한 α^2과 α'^2는 양수가 돼야 한다. 좋은 데이터와 주점에 대한 좋은 추측을 사용할 때 가능하다. 그러나 실제로 항상 이렇지 못하고 음수가 발생할 수 있다. 이것은 19.3.5절에서 언급한 것과 같은 문제이다. 그리고 [Newsam-96]에서 언급했듯이 두 카메라의 주광선이 공간에서 만나는 경우 이 방법은 고유한 퇴화성을 가져서 초점 거리를 독립적으로 계산할 수 없다. 이것은 두 카메라가 같은 지점에서 테스트했을 때 흔히 발생한다.

한 카메라의 기저선과 주광선이 다른 카메라의 기저선과 주광선의 결정하는 평면에 수직인 경우에 추가 퇴행이 발생한다. 일반적으로 말해서, 이 방법으로 초점 거리를 계산할 수 있다는 것은 좀 의심스럽다.

(ii) 내부 변수가 일정하면 이중 시점에서 구한 $\mathtt{Q}^*_\infty$에 관한 제약 조건 (19.6)이 크루파 방정식 (19.181)과 동일함을 보여라. 힌트: (9.10)에서 카메라를 $\mathtt{P}^1 = [\mathtt{I} \mid \mathbf{0}]$, $\mathtt{P}^2 = [[\mathbf{e}']_\times \mathtt{F} \mid \mathbf{e}']$로 선택할 수 있다.

(iii) (19.21)에서 카메라가 일정한 내부 변수를 가지고 이동 운동하고 회전하지 않는 경우 사영 재구성에서 직접 무한면을 계산할 수 있음을 보여라.

(iv) 무한 단응사상의 관계식 (19.24)는 13.4절의 정의식 $\mathtt{H}^{ij}_\infty = \mathtt{K}^i\mathtt{R}^{ij}(\mathtt{K}^j)^{-1}$에서 매우 간단하게 유도할 수 있다. 이를 재배열해 $\mathtt{H}^{ij}_\infty\mathtt{K}^j = \mathtt{K}^i\mathtt{R}^{ij}$를 얻는다. 회전의 직교성 $\mathtt{R}^{ij}\mathtt{R}^{ij\mathsf{T}} = \mathtt{I}$을 사용해 회전을 제거하면 $\mathtt{H}^{ij}_\infty(\mathtt{K}^j\mathtt{K}^{j\mathsf{T}})\,\mathtt{H}^{ij\;\mathsf{T}}_\infty = (\mathtt{K}^i\mathtt{K}^{i\mathsf{T}})$를 얻는다.

(v) H_E에서 ($x_4 = 0$을 가지는) π_∞상의 점은 3 × 3 단응사상 $\mathbf{x}_\infty \mapsto \mathrm{R}\mathbf{x}_\infty$을 통해 π_∞로 변환된다. 이러한 π_∞의 점 변환에서 π_∞의 원뿔은 결과 2.13에 따라서 $\mathrm{C} \mapsto \mathrm{R}^{-\top}\mathrm{C}\mathrm{R}^{-1} = \mathrm{R}\mathrm{C}\mathrm{R}^{\top}$로 변환된다. $\mathrm{R}\mathrm{I}\mathrm{R}^{\top} = \mathrm{I}$이므로 절대 원뿔 Ω_∞는 고정된다. $\mathbf{a}$를 회전축 방향이라 하면 $\mathrm{R}\mathbf{a} = 1\mathbf{a}$가 된다. (퇴화된) 점 원뿔 $\mathbf{a}\mathbf{a}^{\top}$ 또한 고정된다. 이 변환에서 다음을 고려하면 고정된 원뿔 꾸러미 $\mathrm{C}_\infty(\mu) = \mathrm{I} + \mu\mathbf{a}\mathbf{a}^{\top}$가 있는 것을 알 수 있다.

$$\begin{aligned}\mathrm{R}(\Omega_\infty + \mu\mathbf{a}\mathbf{a}^{\top})\mathrm{R}^{\top} &= \mathrm{R}\mathrm{I}\mathrm{R}^{\top} + \mu\mathrm{R}\mathbf{a}\mathbf{a}^{\top}\mathrm{R}^{\top} \\ &= \Omega_\infty + \mu\mathbf{a}\mathbf{a}^{\top}\end{aligned}$$

스칼라 μ는 이 꾸러미를 매개화한다. 이것은 특정한 상사 변환하에서 π_∞상에 하나의 매개변수를 가지는 고정된 원뿔 꾸러미가 있는 것을 보여준다. 그러나 임의의 상사 변환에서 고정되는 유일한 원뿔은 Ω_∞이다.

(vi) 팬-틸트 (또는 경위대) 방식의 일반 유형의 로봇 헤드에 추가적인 보정 모호성이 존재한다. 카메라가 X 또는 Y축을 중심으로만 회전하기 때문에 방향의 집합은 일반적인 3개 매개변수의 일반 회전이 아니라 2개 매개변수의 꾸러미를 형성한다는 것을 [DeAgapito-99]에서 보였다.

이러한 한계에서 카메라의 종횡비 α_x와 결국 x_0에 모호성이 발생한다.

(vii) 평면에서 자동 보정하는 방법은 일반적으로 비선형이다. 그러나 특수한 동작의 경우 ω에 대한 선형 제약 조건을 얻을 수 있다. 시점 간의 평면 단응사상을 유도하는 평면의 두 이미지를 갖고 있고, 이 평면에 대한 카메라의 상대 운동은 나사축이 평면의 법선과 평행한 일반적인 나사 운동임을 가정한다.

평면에서 이 나사 운동의 작용을 생각한다. (평면의 법선을 중심으로 회전하고 이동하는) 이 동작은 평면의 방향을 바꾸지 않기 때문에, 평면과의 교점은 (집합으로) 바뀌지 않는다. 절대 원뿔은 유클리드 운동하에서 (집합으로) 고정된다. 결국 평면의 원형점을 정의하는 절대 원뿔과 평면의 교점도 운동하에서 바뀌지 않는다.

이제 작용을 평면을 보는 카메라에 적용한다. 두 개의 원형점은 (3차원 공간의 점으로) 고정되므로 운동 전후에 같은 이미지를 가진다. 단응사상 H가 이미지 사이의 점을 평면으로 변환하기 때문에 이미지화된 원형점은 두 점의 고정점과 일치해야 하며(2.9절 참조) 따라서 단응사상에서 직접 결정할 수 있다. 각 원형점에서 ω에 대한 선형 제약 조건을 구할 수 있다. 이 방법은 [Knight-03]에 자세하게 설명돼 있다.

20

쌍대성

카메라 여러 대의 시점에서 점과 카메라 중심의 역할을 교환할 수 있는 쌍대화 원리가 있다고 Carlsson[Carlsson-95]과 Weinshall et al.[Weinshall-95] 이후로 알려졌다. 원론적으로 이것은 사영 재구성은 쌍대화해 새로운 알고리듬을 얻을 수 있는 것을 의미한다. 여기서는 모든 투영 재구성 알고리듬을 쌍대화하는 구체적인 방법을 개괄적으로 설명하는 것이 목적이다. 그러나 실제 구현 수준에서는 이런 쌍대화 방법을 적용해 효율적인 알고리듬을 개발하기 위해서는 극복해야 하는 여러 가지 어려움이 있음을 볼 수 있다.

20.1 칼슨-바인스할 쌍대성

$\mathbf{E}_1 = (1, 0, 0, 0)^\top$, $\mathbf{E}_2 = (0, 1, 0, 0)^\top$, $\mathbf{E}_3 = (0, 0, 1, 0)^\top$, $\mathbf{E}_4 = (0, 0, 0, 1)^\top$는 $\mathbb{P}^3$의 사영 기저이다. 마찬가지로 $\mathbf{e}_1 = (1, 0, 0)^\top$, $\mathbf{e}_2 = (0, 1, 0)^\top$, $\mathbf{e}_3 = (0, 0, 1)^\top$, $\mathbf{e}_4 = (1, 1, 1)^\top$를 사영 이미지 평면 $\mathbb{P}^2$의 사영 기저이다.

이제 행렬 P를 갖는 카메라를 생각한다. 카메라 중심 $\mathbf{C}$가 축 평면에 있지 않다고 가정한다. 즉, $\mathbf{C}$의 네 좌표 중 어느 것도 0이 아니다. 이 경우 $i = 1, \ldots, 4$일 때 $\mathrm{P}\mathbf{E}_i$의 세 점은 이미지에서 같은 선에 놓이지 않게 된다. 결국 $\mathbf{e}_i = \mathrm{HP}\mathbf{E}_i$가 되도록 사영변환 H를 이미지에 적용할 수 있다. 이런 작업이 완료됐다고 가정하고, 이후에는 HP를 단순히 P로 표기한다. $\mathrm{P}\mathbf{E}_i = \mathbf{e}_i$이므로, 행렬 P의 형태는 다음이다.

$$\mathrm{P} = \begin{bmatrix} a & & & d \\ & b & & d \\ & & c & d \end{bmatrix}$$

정의 20.1 각 $i = 1, \ldots, 4$에 대해 $\mathbf{E}_i$를 $\mathbf{e}_i$로 변환하는, 즉 $\mathbf{e}_i = \mathrm{P}\mathbf{E}_i$인 카메라 행렬 P를 축약된reduced 카메라 행렬이라 한다.

모든 점 $\mathbf{X} = (\mathrm{X}, \mathrm{Y}, \mathrm{Z}, \mathrm{T})^\top$에 대해 다음을 알 수 있다.

$$\mathrm{P} = \begin{bmatrix} a & & & d \\ & b & & d \\ & & c & d \end{bmatrix} \begin{pmatrix} \mathrm{X} \\ \mathrm{Y} \\ \mathrm{Z} \\ \mathrm{T} \end{pmatrix} = \begin{pmatrix} a\mathrm{X} + d\mathrm{T} \\ b\mathrm{Y} + d\mathrm{T} \\ c\mathrm{Z} + d\mathrm{T} \end{pmatrix} \tag{20.1}$$

위의 정식에서 나타난 카메라 행렬의 원소와 점 좌표 사이의 대칭에 주의해야 한다. 다음과 같이 교환할 수 있다.

$$\begin{bmatrix} a & & & d \\ & b & & d \\ & & c & d \end{bmatrix} \begin{pmatrix} \mathrm{X} \\ \mathrm{Y} \\ \mathrm{Z} \\ \mathrm{T} \end{pmatrix} = \begin{bmatrix} \mathrm{X} & & & \mathrm{T} \\ & \mathrm{Y} & & \mathrm{T} \\ & & \mathrm{Z} & \mathrm{T} \end{bmatrix} \begin{pmatrix} a \\ b \\ c \\ d \end{pmatrix} \tag{20.2}$$

카메라와 점의 역할을 교환하는 것을 쌍대성의 형태로 해석할 수 있다. 이것을 칼슨-바인스할 쌍대성 또는 보다 간단하게 칼슨 쌍대성Carlsson duality이라고 한다. 이 쌍대성의 결과를 20장의 나머지 부분에서 조사한다.

20.1.1 쌍대 알고리듬

우선, 이를 이용해 주어진 사영 재구성 알고리듬에서 쌍대 알고리듬을 유도한다. 구체적으로 점 $m+4$개의 n개 시점에서 사영 재구성을 계산하는 알고리듬이 있으며 점 $n+4$개의 m개 시점에서 사영 재구성을 계산하는 알고리듬이 있는 것이 보일 것이다. Carlsson [Carlsson-95]이 발견한 이 결과에 대한 쌍대 알고리듬의 단계를 명시적으로 설명할 것이다.

사영 재구성에 관한 문제를 생각한다. 이것을 $\mathcal{P}(m, n)$으로 표기할 것이다. n개 점의 m개 시점에서 재구성하는 문제를 나타낸다. i번째 시점에서 j번째 실공간 점의 이미지를 $\mathbf{x}_j^i$로 표기한다. 그러므로 상첨자는 시점 번호를 나타내며 하첨자는 점의 번호를 나타낸다. $\mathbf{x}_j^i = \mathrm{P}^i\mathbf{X}_j$를 만족하는 카메라 행렬 P^i와 집합 $\mathbf{X}_j$가 있으면 이런 점의 집합 $\{\mathbf{x}_j^i\}$를 실현 가능realizable이라고 한다. 사영 재구성 문제 $\mathcal{P}(m, n)$은 n개 점의 m개 시점에 대해 실현 가능한 집합 $\{\mathbf{x}_j^i\}$이 주어질 때 카메라 행렬 P^i와 점 $\mathbf{X}_j$를 구하는 것이다. 카메라 집합과 3차원 점을 점 대응 집합의 실현realization(또는 사영 실현)이라고 한다.

$\mathcal{A}(n, m+4)$은 사영 재구성 문제 $\mathcal{P}(n, m+4)$를 해결하는 알고리듬을 표기한다. 이제 사영 재구성 $\mathcal{P}(n, m+4)$를 해결하는 알고리듬을 소개한다. 이 알고리듬을 $\mathcal{A}^*(m, n+4)$으로 표기하고 알고리듬 $\mathcal{A}(n, m+4)$의 쌍대 알고리듬을 의미한다.

처음에는 알고리듬의 단계를 증명 없이 설명한다. 그리고 세부 사항에 얽매이지 않고 어려움을 적절하게 숨겨서 일반적인 아이디어에 대해 설명한다. 알고리듬의 설명에서 첨자의 범위와 첨자가 카메라인지 포인트인지 여부를 기억하는 것이 중요하다. 따라서 다음이 도움이 될 것이다.

- 상첨자는 시점의 번호를 나타낸다.
- 하첨자는 점의 번호를 나타낸다.
- i는 1부터 m까지 바뀐다.
- j는 1부터 n까지 바뀐다.
- k는 1부터 4까지 바뀐다.

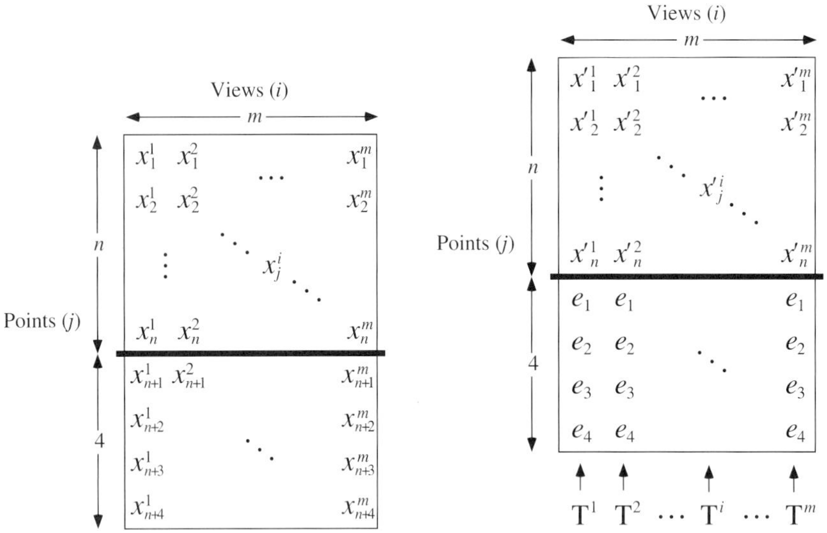

그림 20.1 왼쪽: 알고리듬 $\mathcal{A}^*(m, n+4)$의 입력. 오른쪽: 변환 후의 데이터

쌍대 알고리듬 알고리듬 $\mathcal{A}(n,\ m+4)$가 주어지면 쌍대 알고리듬 $\mathcal{A}^*$를 제시하는 것이 목표이다.

입력:

알고리듬 $\mathcal{A}^*(n,\ m+4)$의 입력은 m개 시점에 나타난 실현 가능한 점 $n+4$개로 구성된다. 점들의 집합을 그림 20.1(왼쪽)에서 표로 정렬할 수 있다.

표에서 점 $\mathbf{x}^i_{n+k}$는 특별하게 취급해야 해서 다른 점 $\mathbf{x}^i_j$와 분리된다.

1단계: 변환

첫 번째 단계는 각 i에 대해 i 시점에 있는 점 $\mathbf{x}^i_{n+k}$, $k=1,\ldots,4$를 사영 2차원 공간 $\mathbb{P}^2$의 표준 기저 $\mathbf{e}_k$로 변환하는 T^i를 계산하는 것이다. 변환 T^i를 점 $\mathbf{x}^i_j$에 적용해 변환된 점 $\mathbf{x}'^i_j = \mathrm{T}^i\mathbf{x}^i_j$를 생성한다. 이 결과가 그림 20.1(오른쪽)에 나타낸 변환점 배열이다. 그림에서 표시했듯이 각각의 T^i를 계산한 후에 배열의 열에 적용한다.

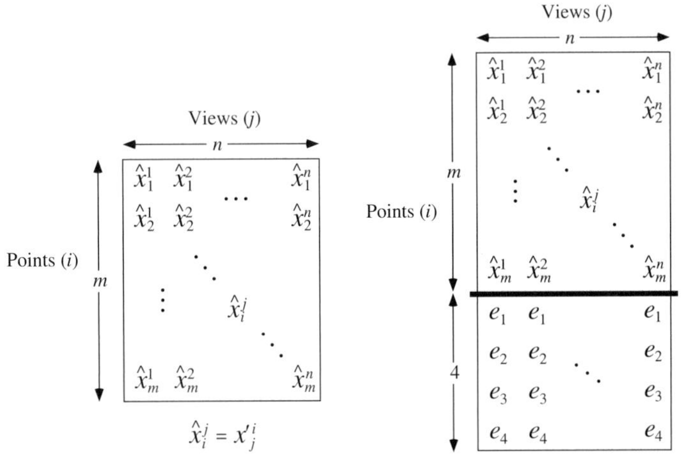

그림 20.2 왼쪽: 전치된 데이터. 오른쪽: 추가 점으로 확장한 전치된 데이터

2단계: 전치

마지막 4개 행을 삭제하고 배열의 나머지 블록을 전치했다. $\hat{\mathbf{x}}_i^j = \mathbf{x}'^i_j$로 정의한다. 동시에, 시점과 점에 대한 생각을 바꾸어야 한다. 그래서 점 $\hat{\mathbf{x}}_i^j$는 이제 j번째 시점에서 i번째 점의 이미지로 간주되며, 반면에 점 $\mathbf{x}'^i_j$는 i번째 시점에서 j번째 점의 이미지였다. 여기서 일어난 일은 점과 카메라의 역할이 바뀐 것이다. (20.2)의 칼슨 쌍대성에서 숨은 기본 개념이다. 결과로 얻은 전치 배열을 그림 20.2(왼쪽)에 나타냈다.

3단계: 확장

$\mathbf{e}_k$를 포함하는 추가 행을 배열의 $(m+k)$번째 열에 추가해 점의 배열을 확장한다. 이것을 그림 20.2(오른쪽)에 나타냈다. 이런 확장의 목적을 20.1.2에서 설명한다.

4단계: 풀이

앞의 단계에서 얻은 점의 배열은 $m+4$개의 행과 n개의 열을 가진다. n개 시점에서 보는 $m+4$개의 점으로 간주할 수 있다. 이것은 일단은 알고 있다고 가정하는 알고리듬 $\mathcal{A}(n, m+4)$로 구한 해의 후보이다. 여기에서 중요한 것은 배열의 점들이 실현 가능한 대응 점을 형성한다는 것이다. 이에 대한 증명은 잠시 미룬다. 알고리듬 $\mathcal{A}(n, m+4)$의 결과는 카메라 $\hat{\mathrm{P}}^j$와 $\hat{\mathbf{x}}_i^j = \hat{\mathrm{P}}^j\hat{\mathbf{X}}_i$를 만족하는 점 $\hat{\mathbf{X}}_i$의 집합이다. 그리고 배열의 마지막 4개

행에 대해 모든 j에 대해 $\mathbf{e}_k = \hat{\mathrm{P}}^j \widehat{\mathbf{X}}_{m+k}$를 만족하는 점 $\widehat{\mathbf{X}}_{m+k}$가 존재한다.

5단계: 3차원 변환

앞의 단계에서 구한 재구성은 사영 재구성이므로 점 $\widehat{\mathbf{X}}_{m+k}$가 $\mathbb{P}^3$의 표준 기저의 4점 $\mathbf{E}_k$가 되도록 변환해야 한다(또는 사영 좌표계를 선택해야 한다). 사영 재구성에서 얻은 점 $\widehat{\mathbf{X}}_{m+k}$는 같은 평면에 있지 않은 것이 유일한 요구 조건이다. 이 가정은 뒤에서 다시 검증한다.

이제, $\mathbf{e}_k = \hat{\mathrm{P}}^j \widehat{\mathbf{X}}_{m+k} = \hat{\mathrm{P}}^j \mathbf{E}_k$가 된다. 이로부터 $\hat{\mathrm{P}}^j$는 다음의 특수한 형태를 가진다.

$$\hat{\mathrm{P}}^j = \begin{bmatrix} a^j & & & d^j \\ & b^j & & d^j \\ & & c^j & d^j \end{bmatrix} \tag{20.3}$$

6단계: 쌍대화

$\widehat{\mathbf{X}}_i = (\mathrm{X}_i, \mathrm{Y}_i, \mathrm{Z}_i, \mathrm{T}_i)^\top$이고 $\hat{\mathrm{P}}^j$는 (20.3)에서 주어진 것이다. 이제 점 $\mathbf{X}_j = (a^j, b^j, c^j, d^j)^\top$를 정의하고 카메라 행렬을 다음으로 정의한다.

$$\mathrm{P}'^i = \begin{bmatrix} \mathrm{X}_i & & & \mathrm{T}_i \\ & \mathrm{Y}_i & & \mathrm{T}_i \\ & & \mathrm{Z}_i & \mathrm{T}_i \end{bmatrix}$$

그러면 다음을 얻는다.

$$\begin{aligned} \mathrm{P}'^i \mathbf{X}_j &= (\mathrm{X}_i a^j + \mathrm{T}_i d^j, \mathrm{Y}_i b^j + \mathrm{T}_i d^j, \mathrm{Z}_i c^j + \mathrm{T}_i d^j)^\top \\ &= \hat{\mathrm{P}}^j \widehat{\mathbf{X}}_i \\ &= \hat{\mathbf{x}}_i^j \\ &= \mathbf{x}_j'^i \end{aligned}$$

그리고 $k = 1, \ldots, 4$에 대해 $\mathbf{X}_{n+k} = \mathbf{E}_k$를 정의하면 $\mathrm{P}'^i \mathbf{X}_{n+k} = \mathbf{e}_k$를 얻는다. 그러면 카메라 P'^i와 점 $\mathbf{X}_j$와 $\mathbf{X}_{n+k}$는 알고리듬 1단계에서 얻은 변환된 데이터 배열의 사영 실현이 되는 것을 알 수 있다.

7단계: 역변환

마지막으로 $\mathrm{P}^i = (\mathrm{T}^i)^{-1} \mathrm{P}'^i$로 정의하면 앞의 단계에서 얻은 점 $\mathbf{X}_j$와 $\mathbf{X}_{n+k}$와 함께 원래 데이터의 사영 재구성이 된다. 실제로 다음이 만족하는 것을 확인할 수 있다.

$$\mathrm{P}^i \mathbf{X}_j = (\mathrm{T}^i)^{-1}\mathrm{P}'^i \mathbf{X}_j = (\mathrm{T}^i)^{-1}\mathbf{x}'^i_j = \mathbf{x}^i_j$$

이것으로 알고리듬이 완성된다. 각 단계에서 다음의 작업들을 수행한다.

(i) 1단계에서 선택한 다른 네 개의 점을 이용한 이미지의 표준 기저계로 데이터를 변환한다.

(ii) 2, 3단계에서 문제를 쌍대 영역으로 변환해 쌍대 문제 $\mathcal{P}(n,\ m+4)$를 얻는다.

(iii) 쌍대 문제를 4, 5단계에서 풀이한다.

(iv) 6단계에서 해를 원래 영역으로 다시 변환한다.

(v) 7단계에서 초기 변환을 역변환한다.

20.1.2 알고리듬의 정당화

이 알고리듬을 정당화하려면 4단계에서 변환된 문제에 대한 해가 실제로 존재하는지 확인해야 한다. 여기에 대한 설명을 하기 전에 이미지 점 $\mathbf{e}_k$의 행을 추가해 데이터를 확장하는 3단계와 임의의 사영 해를 4개의 점이 3차원 기저점 $\mathbf{E}_k$와 일치하도록 변환하는 5단계의 목적을 설명할 필요가 있다.

이 단계의 목적은 카메라 행렬이 4개로 매개화되는 (20.3)에 의해 주어진 특수한 형태를 갖는 쌍대 재구성 문제에 대해서 $\hat{\mathrm{P}}^j$가 해가 되는 것을 확인하는 것이다. 이렇게 설명한 쌍대 알고리듬은 모든 알고리듬 $\mathcal{A}(n,\ m+4)$에 대해서도 성립한다. 그러나 알려진 알고리듬 $\mathcal{A}(n,\ m+4)$이 카메라 행렬에 이 제약 조건을 직접 적용할 수 있는 경우에는 3단계와 5단계 모두 생략할 수 있다. 뒤에서 보겠지만 기본 행렬, 삼중 초점 텐서, 사중 초점 텐서를 기반으로 하는 알고리듬은 이런 방식으로 쉽게 수정할 수 있다.

한편 (20.3) 형식의 $\hat{\mathrm{P}}^j$를 **축약 카메라 행렬**이라 하므로 각 카메라 행렬이 이런 형식인 이미지 대응 집합의 재구성을 **축약 재구성**이라 한다. 그러나 실현 가능한 점 대응이 축약 실현이 가능한 것은 아니다. 다음의 결과에서 이런 성질을 가진 점 대응을 분류할 수 있다.

결과 20.2 이미지 점의 집합 $\{\mathbf{x}^i_j : i=1,\ldots,m;\ j=1,\ldots,n\}$이 축약 실현이 가능한 것의 필요충분조건은 다음을 만족하는 보조 대응 $\mathbf{x}^i_{n+k}=\mathbf{e}_k,\ k=1,\ldots,4$로 강화될 수 있는 것이다.

(i) 이미지 대응의 모든 집합은 실현 가능이다.

(ii) 보조 이미지 대응에 해당하는 재구성 점 $\mathbf{X}_{n+k}$는 같은 평면상에 놓이지 않는다.

증명 증명은 간단하다. 축약 실현이 가능한 집합이라고 가정하고 P^i를 축약 카메라라 한다. $k=1,\ldots,4$에 대해 $\mathbf{X}_{n+k}=\mathbf{E}_k$를 m개 이미지에 사영한다. 사영은 모든 i에 대해 $\mathbf{x}^i_{n+k}=\mathrm{P}^i\mathbf{X}_{n+k}=\mathrm{P}^i\mathbf{E}_k=\mathbf{e}_k$를 만족한다.

반대로 강화된 집합이 실현 가능이고 점 $\mathbf{X}_{n+k}$가 같은 평면에 있지 않는 것을 가정한다. 이 경우, 사영 기저를 $\mathbf{X}_{n+k}=\mathbf{E}_k$가 되도록 선택한다. 각 시점에서 모든 k에 대해 $\mathbf{e}_k=\mathrm{P}^i\mathbf{E}_k$를 만족한다. 이로부터 모든 P^i는 원하는 형태 (20.3)을 가지게 된다. △

알고리듬의 정확성을 증명하기 전에 다른 언급을 하나 더 한다.

결과 20.3 이미지 점의 집합 $\{\mathbf{x}^i_j : i=1,\ldots,m;\ j=1,\ldots,n\}$이 축약 실현을 허용하면 전치된 집합 $\{\hat{\mathbf{x}}^j_i : j=1,\ldots,n;\ i=1,\ldots,m\}$ 또한 그러하다. 여기에서 모든 i와 j에 대해 $\hat{\mathbf{x}}^j_i=\mathbf{x}^i_j$이다.

이것은 기본적인 쌍대 성질이고 위의 알고리듬 6단계에서 직접 구성으로 증명했다. 이제 알고리듬의 정확성을 증명할 수 있다.

결과 20.4 그림 20.1(왼쪽)에 있는 $\mathbf{x}^i_j$와 $\mathbf{x}^i_{n+k}$은 대응의 실현 가능한 점들이다. 다음을 가정한다.

(i) 각 i에 대해 네 점 $\mathbf{x}^i_{n+k}$는 같은 평면에 있는 세 점을 포함하지 않는다.

(ii) 사영 재구성의 네 점 $\mathbf{X}_{n+k}$는 같은 평면에 있지 않다.

그러면, 20.1.1절의 알고리듬은 성공적으로 수행된다.

증명 첫 번째 조건에서 각 i에 대한 변환 T^i가 존재하며 입력 데이터를 그림 20.1(오른쪽)과 같은 형식으로 변환한다. 변환된 데이터 또한 실현 가능하다. 이미지의 사영변환에 의해서만 다르기 때문이다.

이제, 20.1(오른쪽)에 결과 20.2을 적용하면 대응 $\mathbf{x}^n_j$는 축약 실현이 가능하다. 결과 20.3에서 전치된 데이터 그림 20.2(왼쪽)도 축약 실현이 가능하다. 결과 20.2를 한 번 더 적용하면 확장된 데이터 그림 20.2(오른쪽)도 실현 가능하다. 그리고 점 $\widehat{\mathbf{X}}_{m+k}$는 같은 평면에

있지 않으므로 5단계는 유효하다. 계속되는 6단계와 7단계도 문제 없이 진행된다. □

이미지 대응 $\mathbf{x}_j^i$에서 첫 번째 조건을 확인할 수 있다. 두 번째 조건을 확인하기 위해서는 재구성이 필요하다고 생각할 것이다. 그러나 재구성 점이 같은 평면에 있는지는 재구성을 하지 않고 가능하다. 이것은 연습 문제로 독자들에게 남겨둔다.

20.2 축약 재구성

여기서는 앞에서 설명한 알고리듬의 3~5단계에 집중하고 재평가한다. 요약하면 이 단계의 목적은 이미지 대응 집합에서 축약 재구성을 구하는 것이다. 따라서 입력은 축약 실현을 허용하는 이미지 대응 집합 $\hat{\mathbf{x}}_i^j$이다(그림 20.2(왼쪽) 참조). 출력은 축약 카메라 $\hat{\mathrm{P}}^j$와 모든 i, j에 대해 $\hat{\mathrm{P}}^j\widehat{\mathbf{X}}_i = \hat{\mathbf{x}}_i^j$를 만족하는 점 $\widehat{\mathbf{X}}_i$이다.

앞에서 봤듯이 이 작업을 수행하는 (3~5 단계와 같이) 알고리듬의 한 가지 방법은 4개의 추가 합성 점 대응 $\widehat{\mathbf{X}}_{m+k}$를 추가하고 사영 재구성을 수행한 후에 3차원 단응사상을 적용해 3차원 점 $\widehat{\mathbf{X}}_{m+k}$를 $\mathbb{P}^3$의 사영 기저인 점 $\mathbf{E}_k$로 변환하는 것이다. 문제는 노이즈가 있는 경우에 사영 재구성이 정확하지 않다는 것이다. 따라서 이 방법으로 구한 카메라 행렬로 변환되는 $\mathbf{E}_k$는 근접하지만 정확하게 $\mathbf{e}_k$가 되지 않는다. 이것은 카메라 행렬이 정확한 축약 형태가 되지 못한다는 것이다. 그러므로 카메라가 정확히 축약되는 점 대응의 실현을 계산하는 방법을 생각한다.

20.2.1 축약 기본 행렬

쌍대 방법의 가장 분명한 응용은 기본 행렬과 삼중 초점 텐서와 관련된 재구성을 쌍대화하는 것이다. 이로부터 N개 시점에 걸친 6 또는 7개 점(각각)에서 재구성 알고리듬을 얻을 수 있다. 이 절에서는 6개 점에서 재구성을 설명한다. 재구성 문제 $\mathcal{P}(N, 6)$의 쌍대는 문제 $\mathcal{P}(2, N+4)$이다. 즉, 이중 시점에서 $N+4$개의 점에서 재구성을 구하는 것이다. 기본 행렬을 포함하는 10장의 방법이 이러한 문제를 해결하는 표준 방법이다.

이를 위해 축약 기본 행렬을 정의한다.

정의 20.5 기본 행렬 $\hat{\mathrm{F}}$가 $i = 1, \ldots, 4$에 대해 조건 $\mathbf{e}_i^\top\hat{\mathrm{F}}\mathbf{e}_i = 0$를 만족하면 축약 기본 행렬

이라고 한다.

축약 기본 행렬은 4점 대응에서 나온 제약 조건을 이미 만족하므로, 적은 수의 추가 점으로 계산할 수 있다. 실제로 4점에서 선형 방법으로 또는 3점에서 비선형 방법으로 계산된다.

20.2.2 축약 기본 행렬의 계산

축약 기본 행렬에 대해 $i = 1, \ldots, 3$일 때 조건 $\mathbf{e}_i^\top \hat{\mathtt{F}} \mathbf{e}_i = 0$에서 $\hat{\mathtt{F}}$의 대각 원소는 영이 된다. 조건 $(1,\ 1,\ 1)\hat{\mathtt{F}}(1,\ 1,\ 1)^\top = 0$에서 $\hat{\mathtt{F}}$의 원소의 합은 영이 된다. 그러므로, $\hat{\mathtt{F}}$는 다음의 형태를 가진다.

$$\hat{\mathtt{F}} = \begin{bmatrix} 0 & p & q \\ r & 0 & s \\ t & -(p+q+r+s+t) & 0 \end{bmatrix} \tag{20.4}$$

이것은 (det $\hat{\mathtt{F}} = 0$은 아니지만) 선형 제약을 모두 만족하는 기본 행렬의 매개화이다. 이제, $\mathbf{x}'^\top \hat{\mathtt{F}} \mathbf{x} = 0$을 만족하는 추가 점 대응 $\mathbf{x} \leftrightarrow \mathbf{x}'$에서 $\hat{\mathtt{F}}$의 매개변수 $p, \ldots, t$의 선형 관계식을 얻는다. 적어도 네 개의 대응이 주어지면 결정할 수 없는 배율을 제외하고 변수들을 결정할 수 있다. 세 개의 점 대응이 주어지면, 조건 det $\hat{\mathtt{F}} = 0$을 $\hat{\mathtt{F}}$를 결정하기 위한 추가 조건으로 사용한다. 한 개 또는 세 개의 해가 존재할 수 있다. 이러한 계산은 7점 대응에서 기본 행렬을 계산하는 11.1.2절의 방법과 유사하다. 네 개 이상의 대응 $\mathbf{x}_i \leftrightarrow \mathbf{x}'_i$가 주어지면 최소 제곱해를 이용한다.

20.2.3 축약 카메라 행렬 추출

축약 기본 행렬에 대응하는 축약 카메라 행렬 쌍을 계산하는 것은 매우 까다롭다. 첫 번째 카메라를 일반 사영 카메라의 경우와 같이 $[\mathtt{I} \mid \mathbf{0}]$로 가정할 수 없다. 카메라의 중심이 일반점이 아닌 기저점 $\mathbf{E}_4 = (0,\ 0,\ 0,\ 1)^\top$와 대응하기 때문이다. 그러나 대신에 카메라 쌍이 다음의 형태를 가진다고 가정할 수는 있다.

$$\mathtt{P} = \begin{bmatrix} 1 & & & 1 \\ & 1 & & 1 \\ & & 1 & 1 \end{bmatrix} \text{ and } \mathtt{P}' = \begin{bmatrix} a & & & d \\ & b & & d \\ & & c & d \end{bmatrix} \tag{20.5}$$

첫 번째 카메라의 중심은 $(1, 1, 1, 1)^\top$이며 이것은 기저점 $\mathbf{E}_1,\ldots,\mathbf{E}_4$에 대해 일반적이다. 그리고 $d \neq 0$이면, $d = 1$로 가정할 수 있지만 그렇게 하지 않는 것을 선호한다.

위와 같은 카메라 쌍에 대응하는 축약 기본 행렬은 다음이다.

$$\hat{\mathrm{F}} = \begin{bmatrix} 0 & b(d-c) & -c(d-b) \\ -a(d-c) & 0 & c(d-a) \\ a(d-b) & -b(d-a) & 0 \end{bmatrix} \tag{20.6}$$

네 개의 선형 제약 조건과 행렬식이 영을 가지는 것을 쉽게 확인할 수 있다. 당면한 과제는 주어진 기본 행렬에서 (a, b, c, d)의 값을 구하는 것이다. 이것은 연립 이차 방정식을 풀 것 같이 보이지만, 다음과 같은 선형 풀이법이 있다.

(i) 비율 $a : b : c$를 다음의 동차 선형방정식을 풀어서 구할 수 있다.

$$\begin{bmatrix} f_{12} & f_{21} & 0 \\ f_{13} & 0 & f_{31} \\ 0 & f_{23} & f_{32} \end{bmatrix} \begin{pmatrix} a \\ b \\ c \end{pmatrix} = \mathbf{0} \tag{20.7}$$

여기에서 f_{ij}는 $\hat{\mathrm{F}}$의 ij번째 원소이다. 위에 나타난 행렬은 분명하게 $\hat{\mathrm{F}}$와 같은 차수(즉, 2)를 가지며 (배율 계수를 제외하고) 유일한 해가 존재한다. 구한 해 $a : b : c = A : B : C$에서 a, b, c에 대한 동차 방정식을 얻을 수 있다. 즉, $Ba = Ab$, $Ca = Ac$, $Cb = Bc$. 이들 중에서 두 개는 독립이다.

(ii) 비슷한 방법으로 $(d-a,\ d-b,\ d-c)\hat{\mathrm{F}} = 0$을 풀어서 비율 $d-a : d-b : d-c$를 구한다. 다시 한 번, 여기서 해는 유일하다. 이로부터 a, b, c, d에 대한 두 개 이상의 선형방정식을 얻을 수 있다.

(iii) 방정식 집합에서 배율을 제외하고 (a, b, c, d)에 대해 풀 수 있고 (20.5)에 따라서 두 번째 카메라를 구할 수 있다.

20.2.4 삼중 시점의 6개 점에 대한 해

축약 기본 행렬을 계산하는 최소 사례는 점 세 개에 관한 것이고, 이 경우에 해가 세 개가 있을 수 있다. 쌍대화를 이용해 삼중 시점에서 6개 점에 대한 재구성의 해를 구할 수 있다. 삼중 초점 텐서를 이용해 이상값을 탐지하는 것은 알고리듬 16.4에서 설명했다. 최소 경우의 해라는 본질적인 관심과 실제로 많이 사용하기에 알고리듬을 알고리듬 20.1로 구체적으로 나타냈다. 알고리듬은 기본적으로 이전에 설명한 내용을 모은 것이다. 그러나 몇 가지 사소한 변형이 있다.

알고리듬 20.1에서 카메라 행렬의 최종 추정을 원래 점 측정 영역에서 한다. 대안으로, 20.1.1절의 기본 알고리듬에서와 같이 쌍대 도메인에서 DLT 알고리듬을 적용할 수 있다. 그러나 제시한 방법이 더 간단해 보인다. 역변환 T, T′, T″을 적용하지 않아도 되는 장점이 있다. 더 중요한 것은 카메라 행렬의 최종 계산을 원본 데이터를 사용해 수행한다는 것이다. 이것은 변환이 데이터의 노이즈 특성을 심각하게 왜곡할 수 있기 때문에 중요하다.

이 알고리듬과 뒤에 나오는 n-시점의 경우의 기저는 쌍대 기본 행렬 $\hat{\mathrm{F}}$이다. 쌍대 기본 행렬이 동일한 이미지의 점 간의 관계를 어떻게 표현하는지 주의해야 한다. 실제로 $\hat{\mathrm{F}}$를 구하는 데 사용되는 방정식은 동일한 이미지의 점으로 구성된다. 이것은 별도의 이미지에서 보이는 점 사이의 관계식을 가지는 표준 기본 행렬과 대조적이다.

알고리듬 20.1 삼중 시점의 6개 점에서 사영 재구성을 계산하는 알고리듬

목적

삼중 시점에서 주어진 6개의 점 대응 $\mathbf{x}_j \leftrightarrow \mathbf{x}'_j \leftrightarrow \mathbf{x}''_j$에서 카메라 행렬 세 개 P, P′, P″와 6개의 3차원 점 $\mathbf{X}_1, \ldots, \mathbf{X}_6$로 구성된 재구성을 계산하라.

알고리듬

(i) 삼중 시점 어디에서도 선택한 세 점이 같은 선상에 있지 않은 네 점의 집합을 결정한다. 이것을 $k = 1, \ldots, 4$일 때 대응 $\mathbf{x}_{2+k} \leftrightarrow \mathbf{x}'_{2+k} \leftrightarrow \mathbf{x}''_{2+k}$로 둔다.

(ii) 첫 번째 시점에서, 각 $\mathbf{x}_{2+k}$를 $\mathbf{e}_k$로 보내는 사영변환 T를 구한다. T를 다른 두 점 $\mathbf{x}_1$과 $\mathbf{x}_2$에 적용해 점 $\hat{\mathbf{x}}_1 = \mathrm{T}\mathbf{x}_1$과 $\hat{\mathbf{x}}_2 = \mathrm{T}\mathbf{x}_2$를 구한다.

(iii) **쌍대 대응** $\hat{\mathbf{x}}_1 \leftrightarrow \hat{\mathbf{x}}_2$에서 (20.4)의 축약 기본 행렬 $\hat{\mathrm{F}}$의 원소 p, q, r, s, t의 방정식을 유도한다. 이 방정식은 관계식 $\hat{\mathbf{x}}_2^\top \hat{\mathrm{F}} \hat{\mathbf{x}}_1 = 0$에서 유도한 것이다.

(iv) (ii)와 (iii)의 단계를 다른 두 개의 시점에 적용해 점에서 두 개 이상의 방정식을 구한다. 이것으로 5개의 미지수를 가지는 동차 방정식 3개를 얻는다. 축약 기본 행렬에 대해 두 개의 독립 해 $\hat{\mathrm{F}}_1$과 $\hat{\mathrm{F}}_2$가 생성하는 두 개 매개변수를 가지는 해 꾸러미가 존재한다.

(v) 일반 해는 $\hat{F} = \lambda\hat{F}_1 + \mu\hat{F}_2$이다. 조건 $\det \hat{F} = 0$에서 (λ, μ)에 대한 삼차 방정식을 얻는다. 이것을 풀어서 (λ, μ)를 얻고 $\hat{F}$를 결정한다. 한 개 또는 세 개의 실수 해가 존재한다. 다음의 단계들을 각각의 해에 순차적으로 적용한다.

(vi) 20.2.3절의 방법을 사용해 (20.5)에서 정의한 두 번째 축약 카메라 행렬 $\hat{P}'$의 변수 $(a, b, c, d)^{\top}$를 결정한다.

(v) 원래 점 측정 영역에서 재구성을 완성한다. (a, b, c, d)로 정의하는 쌍대 카메라 $\hat{P}'$은 점 $\mathbf{X}_2 = (a, b, c, d)^{\top}$이다. 그러므로, 6개의 3차원 점은 $\mathbf{X}_1 = (1, 1, 1, 1)^{\top}$, $\mathbf{X}_2 = (a, b, c, d)^{\top}$, 그리고 $k = 1, \ldots, 4$일 때 $\mathbf{X}_{2+k} = \mathbf{E}_k$이다. 이로부터 재구성된 장면의 구조를 구할 수 있다. 7.1절에서 설명한 카메라 보정을 위한 DLT 알고리듬을 이용해 카메라 행렬 세 개를 계산할 수 있다. 원래 카메라 좌표에 대한 카메라 행렬을 구하기 위해서 $P\mathbf{X}_j = \mathbf{x}_j$ 등을 만족하는 P, P′, P″을 구하기 위해 원래 좌표계를 사용해야 한다. 해는 정확하기 때문에 DLT 해라면 충분하다.

20.2.5 *n*개 시점의 6개 점

삼중 시점 6개의 점에 대한 방법을 다중 시점 6개의 점에 거의 수정 없이 적용할 수 있다. 주요 차이점은 축약 기본 행렬 $\hat{F}$를 데이터에서 유일하게 결정할 수 있다는 것이다. 구체적으로 20.2.4절 알고리듬의 4단계에서 각 시점에서 하나의 방정식을 구한다. 4개 이상의 시점을 사용하면 det F를 결정하는 데 충분하다.

데이터가 많은 경우 노이즈의 영향에 주의해야 한다. 따라서 그림과 같이 변환하지 않은 원래 점으로 알고리듬의 마지막 단계를 수행하는 것이 좋다. 이렇게 하면 변형된 점으로 작업할 때 발생하는 노이즈 왜곡 효과가 완화된다.

20.2.6 *n*개의 시점에서 7개의 점

n개의 시점에서 7개 점의 문제는 $n+4$개 점의 삼중 시점과 쌍대이며 n개의 점 대응에서 축약된 삼중 초점 텐서를 계산해 해결한다.

정의 20.6 $i = 1, \ldots, 4$에 대해 합성 점 대응 $\mathbf{e}_k \leftrightarrow \mathbf{e}'_k \leftrightarrow \mathbf{e}''_k$가 부과하는 선형 제약 조건을 만족하는 삼중 초점 텐서 T를 축약 삼중 초점 텐서라고 한다. 7개 점에서 재구성하는 일반

적인 방법은 축약 기본 행렬 대신 축약 삼중 초점 텐서를 사용한다는 점을 제외하고는 n개의 시점에서 6개 점에 대한 방법과 비슷하다. 그러나 약간의 차이가 있다.

축약 삼중 초점 텐서를 계산할 때 합성 대응 $\mathbf{e}_j \leftrightarrow \mathbf{e}'_j \leftrightarrow \mathbf{e}''_j$에 해당하는 제약 조건을 정확히 만족하는 반면, 텐서를 계산하는 데 사용하는 다른 대응 관계는 노이즈의 영향을 받아 근사적으로 만족한다. 그렇지 않으면 계산된 텐서는 정확히 축약 형태가 되지 않는다. 축약 기본 행렬에서는 특정 매개변수화를 이용해 이런 것들을 해결했다. 즉, 합성 대응에 의해 생성된 제약을 자동으로 만족하도록 매개변수화됐다((20.4) 참조). 삼중 초점 텐서의 경우, 이런 편리한 매개변수화가 가능한지가 분명하지 않다. 합성 제약 조건은 다음의 형태이다.

$$e^i e^p e^q \epsilon_{jpr} \epsilon_{kqs} \mathcal{T}_i^{jk} = 0_{rs}$$

이것은 축약 기본 행렬보다 더 복잡한 형태이다. 대신에 다음과 같은 방식으로 진행한다.

삼중 초점 텐서를 계산하는 일반적인 선형 방법에서 $\mathtt{A}\mathbf{t} = 0$ 형식의 연립선형방정식을 풀어야 한다. 보다 정확하게는 $\|\mathbf{t}\| = 1$을 만족하며 $\|\mathtt{A}\mathbf{t}\|$를 최소화하는 $\mathbf{t}$를 구해야 한다. 축약 삼중 초점 텐서를 풀 때, 행렬 $\mathtt{A}$를 두 부분으로 나눌 수 있다. 합성 대응의 제약 조건에 해당해 정확하게 만족해야 하는 부분과 실 대응의 제약 조건에 해당해 최소 제곱의 의미로 만족해야 하는 부분이다. 제약 조건의 첫 번째 집합은 $\mathtt{C}\mathbf{t} = 0$의 형태이고 두 번째 집합은 $\hat{\mathtt{A}}\mathbf{t} = 0$으로 표기할 수 있다. 문제는 이제 다음과 같다. $\|\mathbf{t}\| = 1$과 $\mathtt{C}\mathbf{t} = 0$을 만족하며 $\|\hat{\mathtt{A}}\mathbf{t}\|$를 최소화하는 $\mathbf{t}$를 구하라. 이 문제를 해결하는 알고리듬은 알고리듬 A5.5이다.

축약 텐서에서 카메라 행렬 세 개를 추출하는 문제는 기본 행렬에서 대해서 20.2.3절에서 설명한 것과 비슷한 간단한 방법은 존재하지 않는다. 대신에 일반 쌍대 알고리듬의 5단계와 6단계에서 설명한 방법을 사용할 수 있다.

이런 유형의 최소 구성은 이중 시점의 7점이다. 이 경우 문제를 6개 시점의 세 점의 쌍대화로 해결하기보다 11.1.2절에서 설명한 방법을 직접 이용해 해결하는 것이 최선이다.

20.2.7 성능 문제

축약 기본 행렬과 축약 삼중 초점 텐서를 기반으로 하는 쌍대 재구성 알고리듬을 구현하고 테스트했다. 1996년 8월 질 데분Gilles Debunne의 학생 보고서에서 이 테스트의 결과가 포함돼 있다. 이 보고서는 구하기 힘들기에 결과를 여기에 요약했다.

가장 심각한 문제는 이미지에 사영변환 T^i를 적용하면 노이즈 분포가 왜곡되는 것이다. 이미지 데이터에 사영변환을 적용하면 데이터에 적용할 수 있는 노이즈 분포가 왜곡되는 효과가 있다. 이 문제는 이미지에서 동일선상에 있지 않은 4개의 점을 선택해야 하는 필요성과 관련이 있다. 점이 이미지에서 같은 선상에 가까우면 알고리듬의 1단계에서 이미지에 적용된 사영변환이 이미지를 극단적으로 왜곡할 수 있다. 이러한 종류의 왜곡은 알고리듬의 성능을 심각하게 저하시킬 수 있다.

잡음 왜곡에 특별한 의를 기울이지 않으면 알고리듬의 성능은 일반적으로 만족스럽지 않다. 알고리듬의 4~6단계에서 잡음으로 인한 오류를 최소화하기 위해 세심한 주의를 기울였음에도 불구하고 역사영변환을 7단계에서 적용하면 평균 오차가 매우 커진다. 일부 점은 매우 작은 오차를 가지지만 왜곡이 심한 이미지에서는 상당히 큰 오차를 가진다.

4.4.4절의 의미에서 정규화도 문제이다. 이것은 데이터 정규화를 적용하는 선형 재구성 알고리듬의 성능에 필수적인 것으로 나타났다. 그러나 실제 이미지 측정과 기하학적으로 무관한 그림 20.1(오른쪽)의 변환 데이터에 어떤 종류의 정규화를 적용해야 하는지는 아직 알 수 없다.

좋은 결과를 얻으려면 알고리듬의 1단계에서 가정한 오류 분포를 전파해 변환된 데이터 그림 20.1(오른쪽)에 대해 가정한 오류 분포를 얻은 다음 재구성 중에 이와 관련된 잔여 오차를 최소화해야 한다. 마찬가지로, 재구성 중에 최소화되는 비용함수는 원래 이미지 점의 측정 오차와 다시 연관돼야 한다. [Hartley-00a, Schaffalitzky-00c]에 보고된 최근 연구에서 실제로 상당히 개선된 결과를 볼 수 있다.

20.3 나가면서

20.3.1 참고 도서

Carlsson-Weinshall 쌍대성의 아이디어는 동시에 발표된 논문들에서 볼 수 있다. [Carlsson-95]와 Weinshall[Weinshall-95] 그리고 그 후 공동 논문[Carlsson-98]이 있다. 이 책에서 소개한 알고리듬을 쌍대화하는 일반적인 방법은 초기 논문에서 유도했고

[Hartley-98b]에서 소개됐다. 노이즈 전파를 처리하는 방법에 대한 자세한 내용은 [Hartley-00a]에 있고 Gilles Debunne(1996년 8월)의 구할 수 없는 보고서의 내용을 기반으로 한다.

삼중 시점의 6개 점에서 재구성 문제는 기술 보고서 [Hartley-92b] (나중에 [Hartley-94c]로 출판됐다)에서 다뤘었다. 최대 8개의 해가 가능하다는 것을 보였다. 이 문제는 [Quan-94]에서 완전한 해결됐는데 세 개의 해만 존재한다는 것이 증명됐다. 이것은 [Ponce-94]에서도 언급됐다. 논문[Carlsson-95]에서는 이 문제가 해가 잘 알려져 있는 이중 시점 7점 문제의 쌍대 문제인 것을 밝혔다. 이로써 20장에서 주어진 방법의 공식화를 가능해졌다. 삼중 초점 텐서의 탄탄한 추정을 위해 [Torr-97]에서 최소 6점 구성이 사용됐다. $n \geq 3$ 시점의 6개 점에서 재구성을 계산하는 다른 방법은 [Schaffalitzky-00c]에 나와 있다. 이 방법은 이미지를 표준 기저로 사영변환할 필요가 없다.

20.3.2 메모와 연습 문제

(i) 20.1.1절의 쌍대 알고리듬에서 이미지 변환을 정의하는 4개의 점이 동일 평면에 있지 않은 경우에만 작동하는 것에 주의해야 한다. 그러나 이 경우 18.5.2절의 알고리듬은 사영 재구성을 선형으로 계산한다.

(ii) 선택한 4개의 점이 동일 평면에 있으면 단응사상 T^i는 평면을 공통 좌표계로 변환한다. 변환된 점 $\mathbf{x}''^i_j$는 17.5.2절의 조건을 만족한다. 즉, 점 $\mathbf{x}''^i_j$와 $\mathbf{x}''^i_k$를 연결하는 선(j와 k를 고정하고 각 i에 대해서 다른 선)은 공통 점에서 만난다. 이 경우의 쌍대성은 [Criminisi-98, Irani-98]에 설명돼 있다.

(iii) 여전히 4개의 선택된 점이 동일 평면에 있는 경우: T^i를 적용한 후 4개 점의 평면에 있는 모든 점이 모든 이미지에서 동일한 점으로 변환된다. 따라서 점 대응과 일치하는 기본 행렬은 반대칭이 된다.

21

카이렐러티

일련의 점 대응에서 장면의 사영 재구성을 계산할 때, 무시되는 중요한 정보가 있다. 점이 이미지에 보이면 카메라 앞에 있어야 한다. 일반적으로, 좌표가 유클리드인 것으로 해석하면 장면의 사영 재구성은 실제 장면과 거의 유사하지 않다. 장면은 그림 21.1에서 2차원으로 설명된 것처럼 종종 무한면에 의해 분리된다. 간단한 제약 조건을 추가하면 최소한 장면의 아핀 재구성에 훨씬 더 가까워질 수 있다. 결과로 얻은 재구성은 준 아핀 quasi-affine 재구성이라 하고 사영 재구성과 아핀 재구성의 중간에 위치한다. 장면 객체는 사영 왜곡이 있지만 무한면을 가로 질러서 분할되지는 않는다.

카메라를 무시하고 장면이 정확한 준 아핀 형태가 되는 것을 조건으로 부과하면 사영 재구성을 준 아핀 재구성으로 변환하는 것은 간단하다. 실제로 약 두 줄의 프로그래밍으로 구현할 수 있다(따름 결과 21.9 참조). 카메라를 다루기 위해서는 선형 계획법 문제의 해가 필요하다.

21.1 준 아핀변환

$\mathbb{R}^n$의 부분집합 B의 임의의 두 점을 연결하는 선이 완전히 B안에 있으면 B를 볼록하다고 한다. $\overline{B}$로 표시하는 B의 볼록 껍질은 B를 포함하는 가장 작은 볼록 집합이다. 이 책의 주 관심사는 3차원 점들의 집합이므로 $n = 3$이다. $\mathbb{R}^3$을 모든 무한점을 제외한 $\mathbb{P}^3$의

부분집합으로 간주한다. 무한점은 π_∞로 표시하는 무한면을 구성한다. 따라서 $\mathbb{P}^3 = \mathbb{R}^3 \cup \pi_\infty$이다. $\mathbb{P}^3$의 부분집합이 $\mathbb{R}^3$에 속하고 $\mathbb{R}^3$에서 볼록하면, 볼록하다고 한다. 따라서 이 정의에서 볼록 집합은 무한점을 포함하지 않는다.

정의 21.1 점 집합 $\{\mathbf{X}_i\} \subset \mathbb{R}^3 \subset \mathbb{P}^3$를 생각한다. 사영 사상 $h : \mathbb{P}^3 \to \mathbb{P}^3$이 다음 조건을 만족하면 점 집합 $\{\mathbf{X}_i\}$의 볼록 껍질을 보존한다고 말한다.

(i) 모든 i에 대해 $h(\mathbf{X}_i)$는 유한한 점이다.

(ii) h는 점 $\{\mathbf{X}_i\}$의 볼록 껍질을 점 $\{h(\mathbf{X}_i)\}$의 볼록 껍질로 전단사 변환한다.

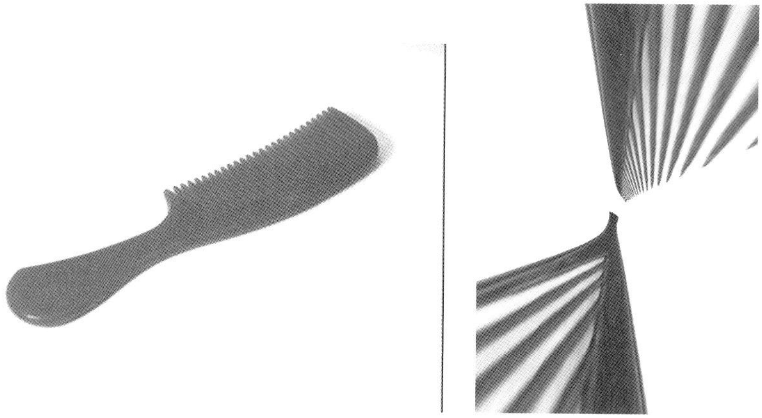

a b

그림 21.1 (a) 빗의 이미지 (b) 이미지에 사영변환을 적용한 결과. 그러나 사영변환은 빗을 구성하는 점들의 볼록 껍질을 보존하지 않는다. 원본 이미지에서 빗의 볼록 껍질은 보이는 이미지 범위 내에 포함된 유한 집합이다. 그러나 이 볼록 껍질의 일부 점들이 무한대로 변환된다.

그림 21.1에 나타낸 보기는 이 정의를 이해하는 데 도움이 될 것이다. 이 보기는 이차원을 다루지만 원리는 근본적으로 같다. 그림은 빗살의 이미지와 사영 사상의 이미지를 보여준다. 그러나 사영 사상은 빗의 볼록 껍질을 보존하지 않는다. 대부분의 사람들은 변환된 이미지가 카메라 또는 사람의 눈으로 보는 빗의 모양과 다르다는 데 동의할 것이다.

점들의 볼록 껍질을 보존하는 특성은 다양한 방식으로 특징화할 수 있다. 곧 소개할 정리에서 볼 수 있다. 이 정리를 서술하기 위해 새로운 표기법을 도입한다.

표기법 기호 $\widehat{\mathbf{X}}$는 마지막 좌표가 1인 점 $\mathbf{X}$의 동차 표현을 나타낸다.

공통적으로 21장에서는 3차원 점과 같은 동차 수량을 나타내는 벡터 간의 (배율을 무시하는 등식이 아닌) 정확한 등식에 관심을 가진다. 따라서 보기로서 H가 사영변환이면, $\mathrm{H}\widehat{\mathbf{X}} = \mathrm{T}'\widehat{\mathbf{X}}'$로 표기면 이 변환은 점 $\widehat{\mathbf{X}}$를 점 $\widehat{\mathbf{X}}'$으로 변환하지만 정확한 등호가 성립하기 위해서 배율 계수 T'을 사용한다.

이제 정리를 서술한다.

정리 21.2 사영변환 $h : \mathbb{P}^3 \to \mathbb{P}^3$과 점들 $\{\mathbf{X}_i\}$를 고려한다. π_∞는 h에 의해 무한대로 변환되는 평면이다. 다음의 명제들이 동일하다.

(i) h는 점 $\{\mathbf{X}_i\}$의 볼록 껍질을 보존한다.

(ii) 점 $\{\mathbf{X}_i\}$의 볼록 껍질에 있는 모든 점 $\widetilde{\mathbf{X}}$에 대해 $\widetilde{\mathbf{X}} \cap \pi_\infty = \emptyset$가 성립한다.

(iii) H는 변환 h를 나타내는 행렬이고 $\mathrm{H}\widehat{\mathbf{X}}_i = \mathrm{T}'_i\, \widehat{\mathbf{X}}'_i$를 가정한다. 그러면 상수 T'_i는 모두 같은 부호를 가진다.

증명 $(i) \Rightarrow (ii) \Rightarrow (iii) \Rightarrow (i)$의 순서대로 증명할 것이다.

$(i) \Rightarrow (ii)$ h의 점들의 볼록 껍질을 보존하면 $h(\widetilde{\mathbf{X}})$는 $\mathbf{X}_i$의 볼록 껍질에 있는 모든 점 $\widetilde{\mathbf{X}}$에 대해 유한한 점이다. 그래서 $\widetilde{\mathbf{X}} \cap \pi_\infty = \emptyset$가 된다.

$(ii) \Rightarrow (iii)$ 두 점 $\mathbf{X}_i$와 $\mathbf{X}_j$를 연결하는 선을 생각하고 (정리의 (iii)에 있는) T'_i와 T'_j가 다른 부호를 가진다고 가정한다. T'_i는 $\mathbf{X}_i$의 좌표에 대해 연속 함수이기에 $\mathbf{X}_i$와 $\mathbf{X}_j$를 연결하는 선 상에 T'가 영이 되는 점 $\widetilde{\mathbf{X}}$가 존재한다. 이것은 $\mathrm{H}\widetilde{\mathbf{X}} = (\tilde{\mathrm{X}}', \tilde{\mathrm{Y}}', \tilde{\mathrm{Z}}', 0)^\top$을 의미한다. $\widetilde{\mathbf{X}}$는 점 $\{\mathbf{X}_i\}$의 볼록 껍질이기 때문에 (ii)와 모순이 된다.

$(iii) \Rightarrow (i)$ $\mathrm{H}\widetilde{\mathbf{X}}_i = \mathrm{T}'_i\widetilde{\mathbf{X}}'_i$를 만족하는 같은 부호를 갖는 상수 T'_i가 존재하는 것을 가정한다. S는 T'이 T'_i와 같은 부호를 가지면서 $\mathrm{H}\widetilde{\mathbf{X}} = \mathrm{T}'\widetilde{\mathbf{X}}'$을 만족하는 모든 점 $\mathbf{X}$로 구성된 $\mathbb{R}^n$의 부분 집합이다. 집합 S는 $\{\mathbf{X}_i\}$를 포함한다. S가 볼록한 것을 증명할 것이다. $\mathbf{X}_i$와 $\mathbf{X}_j$가 상수 T'_i와 T'_j에 대응하는 S에 있는 점이면 $\mathbf{X}_i$와 $\mathbf{X}_j$의 임의의 중간점 $\mathbf{X}$는 T'_i와 T'_j의 중간값 T'를 가져야 한다. 이를 확인하기 위해 $0 \le \alpha \le 1$에 대해 점 $\widehat{\mathbf{X}} = \alpha\widehat{\mathbf{X}}_i + (1-\alpha)\widehat{\mathbf{X}}_j$를 고려한다. 이 점은 $\mathbf{X}_i$와 $\mathbf{X}_j$ 사이에 놓인다. H의 마지막 행을 $h_4^\top$로 표기한다. 그러면 다음을 얻는다.

$$\begin{aligned}\mathrm{T}' &= \mathbf{h}_4^{\mathsf{T}}\widehat{\mathbf{X}} \\ &= \mathbf{h}_4^{\mathsf{T}}(\alpha\widehat{\mathbf{X}}_i + (1-\alpha)\widehat{\mathbf{X}}_j) \\ &= \alpha\mathbf{h}_4^{\mathsf{T}}\widehat{\mathbf{X}}_i + (1-\alpha)\mathbf{h}_4^{\mathsf{T}}\widehat{\mathbf{X}}_j \\ &= \alpha\mathrm{T}'_i + (1-\alpha)\mathrm{T}'_j\end{aligned}$$

이것은 앞에서 주장한 바와 같이 T'_i와 T'_j 사이의 값이다. 결국 T'의 값은 T'_i와 T'_j와 같은 값을 가지며 $\mathbf{X}$는 S에 놓이게 된다. 이것으로 S가 볼록한 것이 증명된다.

이제, $\tilde{S}$는 S의 부분 집합이다. $h(\tilde{S})$ 또한 볼록한 것을 증명할 것이다. 이 증명은 간단하다. h는 $\tilde{S}$의 선분을 무한면과 교차하지 않는 선분으로 보낸다. 그러므로, h는 $S \supset \tilde{S} \supset \{\mathbf{X}_i\}$을 만족하는 볼록 집합 $\tilde{S}$를 $S' \supset \tilde{S}' \supset \{\mathbf{X}'_i\}$를 만족하는 볼록 집합 S'으로 보낸다. 그러나 H가 조건 (iii)을 만족하면 H^{-1} 또한 그러한 것을 쉽게 볼 수 있다. 이로부터, $\tilde{S}$와 $\tilde{S}'$의 대응은 전단사 관계가 된다. $\{\mathbf{X}_i\}$ (또는 $\{\mathbf{X}'_i\}$)의 볼록 껍질은 이러한 볼록 집합의 교집합이므로, h는 점들의 볼록 껍질을 보존하게 된다. □

주어진 점 집합의 볼록 껍질을 보존하는 사영변환은 중요해 준 아핀변환이라고 부를 것이다.

정의 21.3 B는 $\mathbb{R}^n$의 부분 집합이고 h는 $\mathbb{P}^n$의 사영성이다. 사영성 h가 집합 B의 볼록 껍질을 보존하면 집합 B에 대해 준 아핀이라 한다.

h가 B에 대해 준 아핀이면 h^{-1}은 $h(B)$에 대해 준 아핀이 되는 것을 쉽게 볼 수 있다. 그리고 h가 B에 대해 준 아핀이고, g가 $h(B)$의 준 아핀이면 $g \circ h$는 B에 대해 준 아핀이다. 그러므로 준 아핀 사영성은 이런 방식으로 합성할 수 있다. 그러나 엄밀하게 말하면 주어진 집합에 대한 준 아핀 사영성은 군을 형성하지 못한다.

앞으로 사영성으로 대응하는 점들의 집합 $\{\mathbf{X}_i\}$와 $\{\mathbf{X}'_i\}$를 고려할 것이다. 사영성이 준 아핀이라고 말하는 것은 집합 $\{\mathbf{X}_i\}$에 대한 것이다.

2차원 준 아핀 사상 2차원 준 아핀 사상은 3차원의 평면의 점들과 사영 카메라 사상에 의한 그들의 이미지 사이의 변환으로 나타난다. 다음에서 형식화해 서술한다.

정리 21.4 B는 $\mathbb{R}^3$에서 (객체 평면인) 평면에 있는 점들이다. B는 카메라의 앞부분에 놓여 있으면 카메라가 정의하는 객체 평면에서 이미지 평면으로의 변환은 B에 대해 준 아핀이다.

증명 객체 평면을 이미지 평면으로 사영하는 사영성 h가 있다는 것은 잘 알려져 있다. 증명돼야 할 것은 이 사영성이 B에 대해 준 아핀이라는 것이다. L을 카메라의 주평면과 객체 평면과 만나는 선이라고 하자. B의 전체가 카메라 앞에 있기 때문에 L은 B의 볼록 껍질과 만나지 않는다. 그러나 주평면의 정의에서 $h(L) = L_\infty$이며 여기서 L_∞는 이미지 평면에서 무한선이다. 따라서 $h(\overline{B}) \cap L_\infty = \emptyset$이며 정리 21.2에 의해 이 변환은 B에 대해 준 아핀이다. □

점 $\mathbf{x}_i$가 이미지에 나타나면, 대응하는 객체 점은 카메라 앞에 있어야 한다. (예로서 사진의 사진의 사진을 찍는 것과 같은) 일련의 이미지 동작에 정리 21.4를 적용하면 시퀀스의 원본 이미지와 최종 이미지 간의 평면 사영성에 의해 연결되고 이것은 최종 이미지에서 나타나는 객체 평면의 임의의 점에 대해 준 아핀이 된다.

비슷하게, 평면의 점들의 집합 $\{\mathbf{X}_i\}$의 두 개의 이미지 $\{\mathbf{x}_i\}$와 $\{\mathbf{x}'_i\}$를 만들면 이들은 두 이미지에서 대응점이 되며 각 $\mathbf{x}_i$를 $\mathbf{x}'_i$로 보내는 ($\mathbf{x}_i$에 대해) 준 아핀 사상이 존재한다. 그래서 정리 21.2를 적용하면 다음을 얻는다.

정리 21.5 $\{\mathbf{x}_i\}$와 $\{\mathbf{x}'_i\}$는 같은 평면에 있는 객체 점 $\{\mathbf{X}_i\}$의 두 시점에서 대응점이면, $\mathtt{H}\hat{\mathbf{x}}_i = w_i\mathbf{x}_i$를 만족하며 모든 w_i가 같은 부호를 가지는 평면 사영성의 표현하는 행렬 $\mathtt{H}$가 존재한다.

21.2 카메라 앞면과 뒷면

카메라에 대한 점 $\mathbf{X} = (\mathrm{X}, \mathrm{Y}, \mathrm{Z}, \mathrm{T})^\top$의 깊이는 (6.15)에서 다음으로 주어진다.

$$\mathrm{depth}(\mathbf{X}; \mathtt{P}) = \frac{\mathrm{sign}(\det \mathtt{M})w}{\mathrm{T}\|\mathbf{m}^3\|} \tag{21.1}$$

여기에서 $\mathtt{M}$은 $\mathtt{P}$의 왼쪽 3×3 블록이고 m^3은 $\mathtt{M}$의 세 번째 행이며 $\mathtt{P}\mathbf{X} = w\hat{\mathbf{x}}$이다. 이 표현식은 $\mathbf{X}$와 $\mathtt{M}$의 특별한 동차 표현에 의존하지 않아서 영이 아닌 배율 계수를 곱해도 값이 바뀌지 않는다. 깊이에 대한 이 정의는 한 점이 카메라 앞에 있는지 뒤에 있는지를 판단할 때 사용한다.

결과 21.6 점 $\mathbf{X}$가 카메라 앞에 있을 필요충분조건은 $\mathrm{depth}(\mathbf{X}; \mathtt{P}) > 0$이다.

실제로 깊이는 카메라 앞에 있는 점에 대해서 양수이고 카메라 뒤에 있는 점에 대해서 음수이며 무한면에 대해서는 무한대의 값이고 카메라의 주평면에 있으면 영이 된다. 카메라 중심 또는 점 $\mathbf{X}$가 무한대이면 깊이는 정의되지 않는다.

일반적으로 이 절에서는 깊이의 부호에 관심을 가지며 크기에는 관심이 없다. 다음과 같이 표기한다.

$$\text{depth}(\mathbf{X}; \mathtt{P}) \doteq w\mathtt{T} \det \mathtt{M} \tag{21.2}$$

기호 ≐은 부호가 같은 것을 의미한다. sign(depth($\mathbf{X}$; P))를 카메라 P에 대한 점 $\mathbf{X}$의 카이렐러티cheirality라고 한다. 점의 카이렐러티가 변환에 의해서 1에서 −1 또는 반대로 바뀌면 반전됐다고 말한다.

21.3 3차원 점 집합

이 절에서는 카메라에 대한 점들의 카이렐러티와 점들의 볼록 껍질의 관계에 대해서 설명한다. 다음의 중요한 결과가 있다.

정리 21.7 $\mathtt{P}^{\mathrm{E}}$와 $\mathtt{P}'^{\mathrm{E}}$는 카메라 두 개이고, $\mathbf{X}_i^{\mathrm{E}}$는 두 개 카메라 앞에 있는 점들의 집합이며 $\mathbf{x}_i$와 $\mathbf{x}'_i$는 대응하는 이미지 점들이다(상첨자 E는 유클리드를 나타낸다).

(i) $(\mathtt{P}, \mathtt{P}', \{\mathbf{X}_i\})$는 이미지 대응 $\mathbf{x}_i \leftrightarrow \mathbf{x}'_i$에서 구한 사영 재구성이고 $\mathtt{P}\mathbf{X}_i = w_i\hat{\mathbf{x}}_i$, $\mathtt{P}'\mathbf{X}_i = w'_i\hat{\mathbf{x}}'_i$이다. 그러면 $w_iw'_i$는 모든 i에 대해 같은 부호를 가진다.

(ii) 각 $\mathbf{X}_i$가 유한점이고 $\mathtt{P}\widehat{\mathbf{X}}_i = w_i\hat{\mathbf{x}}_i$이며 w_i가 모든 i에 대해 같은 부호를 가지면 $\mathbf{X}_i$를 $\mathbf{X}_i^{\mathrm{E}}$로 보내는 준 아핀변환 $\mathtt{H}$가 존재한다.

물론 정리 10.1에서 각 $\mathbf{X}_i$를 $\mathbf{X}_i^{\mathrm{E}}$로 보내는 사영변환이 존재한다. 위의 정리는 변환이 준 아핀이라는 추가 정보를 주며, 결국 준 아핀 재구성을 구할 수 있다.

각 $w_iw'_i$가 같은 부호를 가진다는 조건은 P, P′ 또는 다른 점 $\mathbf{X}_i$에 배율 계수를 곱해도 변하지 않으므로, 이것은 이러한 양들의 동차 표현에 대해 불변이 되는 것에 주의해야 한다. 특히 P에 음의 상수를 곱하면 모든 i에 대해 w_i도 마찬가지다. 그래서 $w_iw'_i$의 부호는 모든 i에 대해 반전돼서 여전히 같은 부호를 가지게 된다. 비슷하게, 한 점 $\mathbf{X}_i$에 음의 상수를 곱하면 w_i와 w_i'가 모두 부호가 바뀌어서 $w_i w_i'$의 부호는 변함이 없다. 같은 방법으로 카메라 행렬에 음(또는 양)의 상수를 곱해도 모든 i에 대한 (정리의 (ii)에 있는) w_i는 같은 부호를 가진다는 조건은 바뀌지 않는다.

증명 점 $\mathbf{X}_i^{\text{E}}$는 카메라 P^{E}와 P'^{E}의 앞에 있다. 그래서 카메라에 대해 양의 깊이를 가진다. (21.2)에서 다음을 얻는다.

$$\text{depth}(\mathbf{X}_i^{\text{E}}; \text{P}^{\text{E}}) \doteq \det(\text{M}^{\text{E}}) w_i \text{T}_i^{\text{E}}$$

그래서, 모든 i에 대해 $\det(\text{M}^{\text{E}}) w_i \text{T}_i^{\text{E}} > 0$이다. 비슷하게 두 번째 카메라에 대해 $\det(\text{M}'^{\text{E}}) w_i'$ $\text{T}_i^{\text{E}} > 0$을 얻는다. 이 두 식을 곱하면, 두 번 나타난 T_i^{E}는 사라지고 $w_i w_i' \det \text{M}^{\text{E}} \det \text{M}'^{\text{E}} > 0$을 얻는다. $\det \text{M}^{\text{E}} \det \text{M}'^{\text{E}}$는 상수이므로, $w_i w_i'$는 같은 부호를 가지게 된다.

이것을 참 구성에서 증명할 수 있다. 그러나 임의의 H에 대해 $w_i \hat{\mathbf{x}}_i = \text{P}^{\text{E}} \mathbf{X}_i^{\text{E}} = (\text{P}^{\text{E}} \text{H}^{-1})(\text{H}\mathbf{X}_i^{\text{E}})$가 성립하므로, 사영 재구성 $(\text{P}^{\text{E}}\text{H}^{-1}, \text{P}'^{\text{E}}\text{H}^{-1}, \{\text{H}\mathbf{X}_i^{\text{E}}\})$에 대해 $w_i w_i'$는 같은 부호를 가진다. 모든 사영 재구성은 (동차 배율 계수를 제외하면) 이러한 형태이고, $w_i w_i'$는 $\mathbf{X}_i^{\text{E}}$, P^{E}, P'^{E}의 동차 표현의 선택과 무관하게 같은 부호를 가지므로, 모든 사영 재구성에서 $w_i w_i'$는 모든 i에 대해 같은 부호를 가진다. 이것으로 정리의 첫 번째 부분이 증명된다.

두 번째 부분을 증명하기 위해서 사영 재구성 $w_i \hat{\mathbf{x}}_i = \text{P}\widehat{\mathbf{X}}$에서 모든 w_i가 같은 부호를 가진다고 가정한다. 이것은 사영 재구성이므로 적절한 상수 η_i와 ϵ에 대해 $\text{H}\widehat{\mathbf{X}}_i = \eta_i \widehat{\mathbf{X}}_i^{\text{E}}$와 $\text{P}\text{H}^{-1} = \epsilon \text{P}^{\text{E}}$를 만족하는 H로 표현되는 변환이 존재한다. 그러면 다음을 얻는다.

$$w_i \hat{\mathbf{x}}_i = \text{P}\widehat{\mathbf{X}}_i = (\text{P}\text{H}^{-1})(\text{H}\widehat{\mathbf{X}}_i) = (\epsilon \text{P}^{\text{E}})(\eta_i \widehat{\mathbf{X}}_i^{\text{E}})$$

그리고 모든 i에 대해서 다음이 성립한다.

$$\text{P}^{\text{E}} \widehat{\mathbf{X}}_i^{\text{E}} = (w_i / \epsilon \eta_i) \hat{\mathbf{x}}_i$$

그러나 $\text{depth}(\mathbf{X}_i^{\text{E}}, \text{P}^{\text{E}}) > 0$이므로 모든 i에 대해 $\det(\text{M}^{\text{E}}) w_i / \epsilon \eta_i > 0$을 얻는다. $\det(\text{M}^{\text{E}})/\epsilon$가 상수이고, 가정에서 모든 i에 대해 w_i가 같은 부호를 가지므로 η_i 또한 모든 i에 대해서 같은 부호를 가지게 된다. 그러므로 정리 21.2에서 $\text{H}\widehat{\mathbf{X}}_i = \eta_i \widehat{\mathbf{X}}_i^{\text{E}}$를 만족하는 사상 H는 점 $\widehat{\mathbf{X}}_i$에 대해 준 아핀 사상이 된다.

w_i가 모든 i에 대해서 같은 부호를 가지는 조건은 카메라 하나에 대해서만 확인하면 된다. 그러나 $\text{P}'\widehat{\mathbf{X}}_i = w_i' \hat{\mathbf{x}}_i'$로 정의하면 정의의 (i)에 따라서 $w_i w_i'$는 모든 i에 대해서 같은 부

호를 가진다. 그러므로, 모든 w_i가 같은 부호를 가지면 w'_i 또한 마찬가지이다. □

21.4 준 아핀 재구성의 계산

정리 21.7에서 $\mathrm{P}\widehat{\mathbf{X}}_i = w_i\hat{\mathbf{x}}_i$이고 w_i가 모든 i에 대해서 같은 부호를 가지는 임의의 사영 재구성은 아핀 재구성이 된다. 준 아핀 재구성의 장점은 임의의 사영변환보다 물체의 참 모양에 더 근접하다는 것이다. 이것을 [Hartley-94b]에서와 같이 장면의 거리 재구성을 위한 중간 과정으로 사용할 수 있다. 그리고 물체의 볼록 껍질을 추출할 수 있고 평면의 어느 쪽에 점이 놓여 있는지를 결정할 수 있다.

사영 재구성이 주어진 경우에 준 아핀 재구성은 매우 쉬운 것으로 판명났다. 다음의 정리에서 살펴본다.

정리 21.8 카메라 중의 하나가 아핀 카메라인 임의의 사영 재구성은 준 아핀 재구성이다.

증명 아핀 카메라는 마지막 행이 (0, 0, 0, 1)의 형태를 가진 카메라이다. 이 경우에, $w_i\hat{\mathbf{x}}_i = \mathrm{P}\widehat{\mathbf{X}}_i$로 표기하면, 모든 i에 대해 $w_i = 1$을 얻을 수 있다. 특히, 모두 같은 부호를 가진다. 정리 21.2에서 이것은 재구성이 참값과 준 아핀변환의 차이만 있다는 것을 의미한다. □

다음의 결과를 곧바로 얻을 수 있다.

따른 정리 21.9 $(\mathrm{P}, \mathrm{P}', \{\mathbf{X}_i\})$는 $\mathrm{P} = [\mathrm{I} \mid \mathbf{0}]$인 장면의 사영 재구성이다. 그러면 P와 P′의 마지막 두 열과 $\mathbf{X}_i$의 마지막 두 좌표를 교환하면 장면의 준 아핀 재구성을 구할 수 있다.

이것은 결과 10.4와 유사하다. 여기에서 카메라 P가 실제로 아핀 카메라인 것이 알려졌으면, 위의 절차를 통해 아핀 재구성을 구할 수 있다.

21.5 카이렐러티에 대한 변환의 영향

여기에서 (21.2)에서 정의한 깊이에 대한 다른 형태의 공식을 유도한다. P는 카메라 행렬이다. P의 중심은 $\mathrm{P}\mathbf{C} = \mathbf{0}$을 만족하는 유일한 점 $\mathbf{C}$이다. $\mathbf{C}$에 대한 구체적인 공식을 다음과 같이 표현할 수 있다.

정의 21.10 카메라 행렬 P가 주어지면, $\mathbf{C}_{\mathrm{P}}^{\top}$를 벡터 ($c_1$, c_2, c_3, c_4)로 정의한다.

$$c_i = (-1)^i \det \hat{\mathrm{P}}^{(i)}$$

여기에서 $\hat{\mathrm{P}}^{(i)}$는 P에서 i번째 열을 제거해 얻은 행렬이다.

3×4 카메라 행렬 P에 마지막 행에 $\mathbf{V}^{\top}$를 추가해 얻은 4×4 행렬을 $[\mathrm{P}/\mathbf{V}^{\top}]$로 표기한다. 정의 21.10에서 $\det[\mathrm{P}/\mathbf{V}^{\top}]$의 간단한 공식을 구할 수 있다. 마지막 열에 대해 행렬식의 여인수 전개에서 임의의 행벡터 $\mathbf{V}^{\top}$에 대해서도 $\det[\mathrm{P}/\mathbf{V}^{\top}] = \mathbf{V}^{\top}\mathbf{C}_{\mathrm{p}}$를 만족한다. 특별한 경우로서, $\mathbf{p}_i^{\top}$가 P의 i번째 행이면 다음을 만족한다.

$$\mathbf{p}_i^{\top}\mathbf{C}_{\mathrm{P}} = \det[\mathrm{P}/\mathbf{p}_i^{\top}] = 0$$

여기에서 마지막 등식은 행렬이 반복된 행을 가지기 때문에 성립한다. 이것이 모든 i에 대해서 성립하므로 $\mathrm{P}\mathbf{C}_{\mathrm{P}} = \mathbf{0}$이 되고 $\mathbf{C}_{\mathrm{P}}$는 카메라 중심이 된다.

부분 행렬 $\hat{\mathrm{P}}^{(4)}$는 분해 $\mathrm{P} = [\mathrm{M} \mid \mathbf{v}]$에서 행렬 M가 같으므로 $\det \mathrm{M} = c_4$이다. 이로부터 (21.2)가 다음이 된다.

$$\mathrm{depth}(\mathbf{X}; \mathrm{P}) \doteq w(\mathbf{E}_4^{\top}\mathbf{X})(\mathbf{E}_4^{\top}\mathbf{C}_{\mathrm{P}}) \tag{21.3}$$

여기에서 $\mathbf{E}_4^{\top}$는 벡터 (0, 0, 0, 1)이다. $\mathbf{E}_4$가 무한면을 나타내는 벡터임을 주의하는 것이 중요하다. $\mathbf{X}$가 무한면에 놓일 필요충분조건은 $\mathbf{E}_4^{\top}\mathbf{X} = 0$이다.

이제 행렬 H로 표현되는 사영변환을 생각한다. $\mathrm{P}' = \mathrm{PH}^{-1}$이고 $\mathbf{X}' = \mathrm{H}\mathbf{X}$이면 이미지 대응은 이러한 변환에서 보존된다. 점과 카메라에 적용하는 사영변환에 대해 이야기할 때, 점 $\mathbf{X}$는 $\mathrm{H}\mathbf{X}$로 변환되고 카메라 행렬은 PH^{-1}로 변환되는 것을 의미한다.

이 절에서는 이러한 사영변환과 카메라에 대한 점의 카이렐러티에 대한 영향을 고려한다. 우선, P가 PH^{-1}로 변환될 때 $\mathbf{C}_{\mathrm{P}}$에 일어나는 것을 결정하고자 한다. 이에 답하기 위해서, 임의의 4차원 벡터 $\mathbf{V}$를 생각한다. 다음을 알 수 있다.

$$\mathbf{V}^{\top}\mathrm{H}^{-1}\mathbf{C}_{\mathrm{PH}^{-1}} = \det(\mathrm{PH}^{-1}/\mathbf{V}^{\top}\mathrm{H}^{-1}) = \det(\mathrm{P}/\mathbf{V}^{\top}) \det \mathrm{H}^{-1} = \mathbf{V}^{\top}\mathbf{C}_{\mathrm{P}} \det \mathrm{H}^{-1}$$

위의 식이 모든 벡터 $\mathbf{V}$에 대해 성립하므로, $\mathrm{H}^{-1}\mathbf{C}_{\mathrm{PH}^{-1}} = \mathbf{C}_{\mathrm{P}} \det \mathrm{H}^{-1}$ 또는 다음 식이 성립한다.

$$\mathbf{C}_{\mathrm{PH}^{-1}} = \mathrm{H}\mathbf{C}_{\mathrm{P}} \det \mathrm{H}^{-1} \tag{21.4}$$

적절한 근사로서, 이 공식은 변환 H는 카메라의 중심 $\mathbf{C}_\mathrm{P}$를 새로운 중심 $\mathbf{C}_{\mathrm{PH}^{-1}} \approx \mathrm{H}\mathbf{C}$로 변환하는 것을 보여준다. 그러나 $\mathbf{C}_{\mathrm{PH}^{-1}}$의 정확한 좌표, 특히 (21.3)에 나타나는 마지막 좌표 c_4의 부호에 관심이 있다. 그러므로 계수 $\det \mathrm{H}^{-1}$가 중요하다.

(21.4)를 (21.3)에 적용하면 다음을 얻는다.

$$\begin{aligned} \mathrm{depth}(\mathrm{H}\mathbf{X}; \mathrm{PH}^{-1}) &\doteq w(\mathbf{E}_4^\mathsf{T}\mathrm{H}\mathbf{X})(\mathbf{E}_4^\mathsf{T}\mathbf{C}_{\mathrm{PH}^{-1}}) \\ &\doteq w(\mathbf{E}_4^\mathsf{T}\mathrm{H}\mathbf{X})(\mathbf{E}_4^\mathsf{T}\mathrm{H}\mathbf{C}_\mathrm{P}) \det \mathrm{H}^{-1} \end{aligned}$$

표현식 $\mathbf{E}_4^\mathsf{T}\mathrm{H}$를 변환 H에 의해서 무한대로 변환되는 평면 π_∞로 해석할 수 있다. 점 $\mathbf{X}$가 π_∞에 놓일 필요충분조건은 $\mathrm{H}\mathbf{X}$의 마지막 좌표가 영, 즉 $\mathbf{E}_4\mathrm{H}\mathbf{X} = 0$이기 때문이다. 반면에 $\mathbf{X}$가 π_∞에 놓일 필요충분조건은 $\pi_\infty^\mathsf{T}\mathbf{X} = 0$이다. 결국 변환 행렬 H의 네 번째 행을 h_4^T로 표기하고 sign(det H)를 δ로 두면 다음을 얻는다.

결과 21.11 π_∞가 사영변환 H에 의해 무한대로 변환되는 평면이고 $\delta = \mathrm{sign}(\det \mathrm{H})$이면 다음이 성립한다.

$$\mathrm{depth}(\mathrm{H}\mathbf{X}; \mathrm{PH}^{-1}) \doteq w(\boldsymbol{\pi}_\infty^\mathsf{T}\mathbf{X})(\boldsymbol{\pi}_\infty^\mathsf{T}\mathbf{C}_\mathrm{P})\delta$$

이 방정식은 광범위하게 사용될 것이다. (21.3)의 일반화로 간주할 수 있다. H가 방향 반전인지 또는 방향 보존인지를 나타내는 지표로 $\delta = \mathrm{sign}\ (\det \mathrm{H})$를 사용할 있다는 것을 다음 절에서 볼 수 있다. 따라서 변환 H를 적용할 때의 카이렐러티에 미치는 효과는 무한대 π_∞로 변환되는 평면의 위치와 H가 방향을 보존하는지 반전하는지 여부에 의해서만 결정된다.

이제 카메라에 대한 점의 카이렐러티에 대한 다양한 변환의 효과를 생각한다. 아핀변환에 대한 효과를 먼저 설명한다.

결과 21.12 양의 행렬식을 가지는 아핀변환은 카메라에 대한 임의의 점의 카이렐러티를 보존한다. 음의 행렬식을 가지는 아핀변환은 카이렐러티를 반전한다.

증명 아핀변환은 무한면을 보존한다. 그래서 $\pi_\infty = \mathbf{E}_4$이다. (21.3)과 결과 21.11을 비교하면 결과가 유도된다. □

이제 임의의 사영변환이 카이렐러티에 미치는 영향을 결정한다.

결과 21.13 H는 양의 행렬식을 가지는 사영변환이고 π_∞는 H에 의해 무한대로 변환되는 공간의 평면이다. H에 의해 점 $\mathbf{X}$의 카이렐러티가 보존되는 필요충분조건은 $\mathbf{X}$가 π_∞의 같은 면에 카메라 중심과 함께 놓이는 것이다.

증명 $\det \mathtt{H} > 0$이므로, (21.3)과 결과 21.11에서 $\text{depth}(\mathbf{X}; \mathtt{P}) \doteq \text{depth}(\mathtt{H}\mathbf{X}; \mathtt{PH}^{-1})$인 필요충분조건은 $(\pi_\infty^\top \mathbf{X})(\pi_\infty^\top \mathbf{C}) \doteq (\mathbf{E}_4^\top \mathbf{X})(\mathbf{E}_4^\top \mathbf{C})$이다. 점 $\mathbf{X}$와 카메라 P가 유한한 점이므로 카이렐러티는 잘 정의되고, 배율을 조정해 $\mathbf{X}$와 $\mathbf{C}$의 마지막 좌표가 1이 되도록 한다. 이 경우 $(\mathbf{E}_4^\top \mathbf{X})(\mathbf{E}_4^\top \mathbf{C}) = 1$이고 카이렐러티가 보존되는 필요충분조건은 $(\pi_\infty^\top \mathbf{X})(\pi_\infty^\top \mathbf{C}) \doteq 1$ 또는 $\pi_\infty^\top \mathbf{X} \doteq \pi_\infty^\top \mathbf{C}$이다. 이 조건은 $\mathbf{C}$와 $\mathbf{X}$가 평면 π_∞의 같은 면에 놓이는 것을 의미한다고 해석할 수 있다. 그래서 변환 H에 대해 점 $\mathbf{X}$의 카이렐러티가 보존되는 필요충분조건은 점이 평면 π_∞의 같은 면에 카메라 중심과 같이 놓이는 것이다. □

21.6 방향

이제 이미지 방향 문제를 생각한다. $\mathbb{R}^n$에서 자기 자신으로 가는 사상 h를 h의 (편함수 행렬의 행렬식인) 야코비안이 양수이면 점 $\mathbf{X}$에서 방향 보존이라고 하고 야코비안이 음수이면 방향 반전이라고 한다. 초평면에 대한 $\mathbb{R}^n$ 점의 반사(즉, 거울 이미지)는 방향 반전 사상의 한 예이다. $\mathbb{P}^n$에서 자기 자신으로 가는 사영도 h는 $\mathbb{R}^n - \pi_\infty$에서 $\mathbb{R}^n$으로 가는 사상으로 제한된다. 여기서 π_∞는 H에 의해 무한대로 변환되는 초평면(선, 평면)이다. $n = 3$인 경우를 고려하고 H를 사영도 h를 나타내는 4×4 행렬이라 가정한다. h가 방향 보존이 되는 $\mathbb{R}^n - \pi_\infty$의 점 $\mathbf{X}$를 결정하고자 한다. $\mathtt{H}\widehat{\mathbf{X}} = w\widehat{\mathbf{X}}'$이고 J가 $\mathbf{X}$에서 계산한 h의 야코비안이면 $\det(\mathtt{J}) = \det(\mathtt{H})/w^4$인 것을 (Mathematica[Mathematica-92]를 사용하면 더욱 더) 쉽게 확인할 수 있다. 이로부터 다음의 결과를 얻는다.

결과 21.14 행렬 H로 표현되는 $\mathbb{P}^3$의 사영도 h가 $\mathbb{R}^3 - \pi_\infty$의 임의의 점에서 방향 보존이 되는 필요충분조건은 $\det(\mathtt{H}) > 0$이다.

물론 방향성의 개념은 $\mathbb{P}^3$의 전체에 확장할 수 있고, h가 $\mathbb{P}^3$ 전체에서 방향 보존인 필요충분조건은 $\det(\mathtt{H}) > 0$인 것을 증명할 수 있다. 여기에서 중요한 성질은 위상 다양체로서 $\mathbb{P}^3$은 방향성을 가진다는 것이다.

준 아핀변환으로 대응하는 두 점 집합 $\{\mathbf{X}_i\}$와 $\{\bar{\mathbf{X}}_i\}$가 변환이 방향 반전이면 반대 방향을 가진다고 말한다. 예로서, 대각행렬 $\mathtt{H} = \mathrm{diag}(1, 1, -1, 1)$로 주어지는 변환을 생각한다. 이 변환의 행렬식은 음수이므로 방향 반전이다. 한편 이것은 아핀이므로 준 아핀이 된다. 그러므로 장면의 방향이 반대인 준 아핀 재구성을 만들 수 있다. 그러므로 장면의 방향은 이미지 쌍으로 결정되지 않는 것처럼 보인다. 때때로 이것이 사실이지만, 장면의 준 아핀 재구성에서 반대 방향을 제거할 수 있어서 참 방향을 결정할 수 있다.

일상 경험에서 몇 가지 단서를 찾을 수 있다. 특히 스테레오 쌍은 하나의 이미지를 한쪽 눈에, 다른 이미지를 다른쪽 눈에 제시함으로써 볼 수 있다. 이것이 올바르게 수행되면 뇌는 장면의 3차원 재구성을 인식한다. 그러나 두 이미지가 서로 바뀌어 반대쪽 눈에 나타나면 원근이 반전된다. 언덕은 계곡이 되고 계곡은 언덕이 된다. 실제로 뇌는 이미지 쌍의 반대 방향으로 재구성된 두 가지를 계산할 수 있다. 따라서 특정 상황에서 이미지 쌍에 대한 두 가지 반대 방향의 재구성이 존재한다. 이것은 그림 21.2에 설명돼 있다.

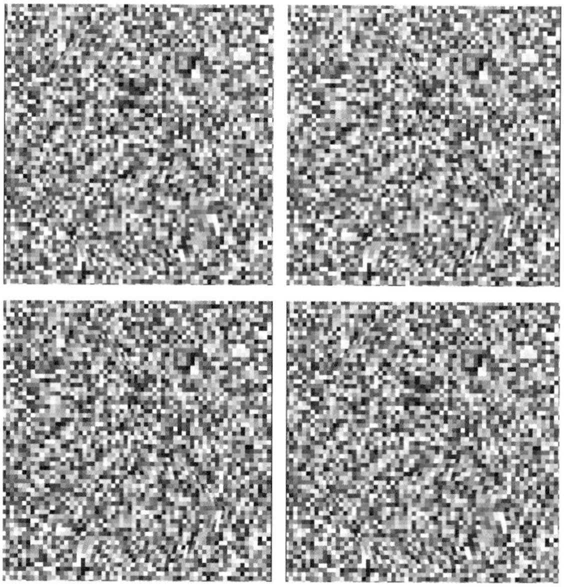

그림 21.2 교차 융합으로 볼 수 있는 스테레오 이미지 쌍(왼쪽 눈이 오른쪽 이미지를 보도록 눈을 교차함). 두 개의 하단 이미지는 서로 교환된 것을 제외하고 상단 쌍과 동일하다. 상단 이미지 쌍에서 평면 배경 위로 올라간 L자형 영역을 볼 수 있다. 아래쪽 이미지 쌍에서 L자형 영역이 들어간 것으로 나타난다. 이 두 개의 "재구성"은 배경 평면의 반사에 따라서 달라진다. 이것은 동일한 이미지 쌍이 두 가지 다른 방향의 사영 재구성을 만드는 것을 보여준다.

놀랍게도 이것은 항상 그러하지 않다. 다음 정리에서 볼 수 있다. 이 정리와 21장의 다른 곳에서 재구성한 3차원 점 $\mathbf{X}_i$가 카메라 앞에 모두 있는 경우 일련의 점 대응에 대한 사영 재구성을 강한 재구성이라고 알려져 있다.

정리 21.15 (P, P′, $\{\mathbf{X}_i\}$)는 유일하게 실현 가능한 점 대응 집합의 강한 재구성이다. 반대 방향의 다른 강한 재구성 ($\bar{\mathrm{P}}$, $\bar{\mathrm{P}}'$, $\{\bar{\mathbf{X}}_i\}$)가 존재할 필요충분조건은 적절한 평면이 $\mathbb{R}^3$에 존재해 카메라 두 개 P와 P′는 원근 중심이 면의 같은 한쪽에 놓이고 점들 $\mathbf{X}_i$가 다른 쪽에 놓이는 것이다.

증명 구성에 대한 강한 재구성을 생각한다. 정의에서 모든 점들은 두 카메라 앞에 있다. 두 카메라 중심과 점을 분리하는 평면이 있다고 가정한다. G를 주어진 평면을 무한대로 보내는 사영변환, A를 아핀변환이라고 둔다. 그리고 $\det \mathrm{G} > 0$과 $\det \mathrm{A} < 0$을 가정한다. H를 합성 $\mathrm{H} = \mathrm{AG}$로 둔다. 결과 21.12에서 $\det \mathrm{A} < 0$이므로 A는 카이렐러티 반전이기도 하다. 합성 H는 카이렐러티를 보존해야 하며 강한 재구성을 또 다른 강한 재구성으로 변환한다. 그러나 H가 음의 행렬식을 가지므로 이것은 방향 반전이다. 그래서 두 개의 강한 재구성은 반대의 방향을 가진다.

반대로, 두 개의 강한 재구성이 존재한다고 가정하고 H를 하나에서 다른 하나로 변환하는 것이라 둔다. H는 방향 반전이므로 $\det \mathrm{H} < 0$이다. 사상 H는 정의에서 모든 점에서 두 카메라 모두에 대해서 카이렐러티 보존이다. π_∞는 H에 의해서 무한으로 가는 평면이므로 결과 21.13에서 점 $\mathbf{X}$는 평면 π_∞의 두 카메라의 반대 방향에 놓여야 한다. △

21.7 카이럴 부등식

21.4절에서 사영 재구성에서 장면의 준 아핀 재구성을 직접 얻는 매우 간단한 방법을 설명했다. 그러나 그렇게 구한 재구성은 모든 카메라 앞에 점이 있어야 한다는 조건을 적극적으로 활용하지 않았다. 사실 이 구성에서 첫 번째 카메라는 아핀 카메라여서 앞면과 뒷면이 정확하게 정의되지 않는다. 보이는 점이 카메라 앞에 있어야 한다는 사실을 적극적으로 활용하면 재구성을 보다 더 엄격하게 제한할 수 있어서 장면의 실제 재구성에 더 가깝게 근사할 수 있다.

이 방법을 여러 이미지에서 나온 재구성의 경우에 설명한다. 이미지 점 집합 $\{\mathbf{x}_i^j\}$가 주어진다. 여기에서 $\mathbf{x}_i^j$는 j번째 이미지에서 i번째 점의 사영이다. 모든 점이 각 이미지에 나타나는 것은 아니므로 일부 (i, j)의 경우 점 $\mathbf{x}_i^j$가 주어지지 않는다. 이 경우 i번째 점이 j번째 카메라 앞에 있는지 여부를 알 수 없다. 반면에 이미지 점 $\mathbf{x}_i^j$가 존재하면 점이 카메라 앞에 있다는 것을 의미한다.

여기서는 3차원 점 $\mathbf{X}_i$와 $\mathbf{x}_i^j \approx \mathrm{P}^j\mathbf{X}_i$인 카메라 P^j로 구성되는 장면의 사영 재구성을 가정하면서 시작한다. 내재된 스칼라 상수를 방정식에 구체적으로 표기하면 $w_i^j\hat{\mathbf{x}}_i^j = \mathrm{P}^j\mathbf{X}_i$가 된다. 이 방정식에서 P^j와 $\mathbf{X}_i$는 각각의 행렬과 벡터의 임의로 선택한 동차 표현이다. 정리 21.7과 관련해 다중 시점에 대한 결과를 소개한다.

결과 21.16 점들의 집합 $\mathbf{X}_i^{\mathrm{E}}$와 카메라 $\mathrm{P}^{j\mathrm{E}}$를 고려한다. $\mathbf{x}_i^j = \mathrm{P}^{j\mathrm{E}}\mathbf{X}_i^{\mathrm{E}}$를 점 $\mathbf{X}_i^{\mathrm{E}}$가 카메라 $\mathrm{P}^{j\mathrm{E}}$의 앞에 있는 첨자 (i, j)에 대해서 정의한다. $(\mathrm{P}^j; \mathbf{X}_i)$는 $\mathbf{x}_i^j$에서 구한 사영 재구성이다. 그러면, 적절한 카메라 행렬 $\tilde{\mathrm{P}}^j = \pm\mathrm{P}^j$와 $\widetilde{\mathbf{X}}_i = \pm\mathbf{X}_i$가 존재해 $\mathbf{x}_i^j$가 정의되는 각각의 (i, j)에 대해 다음이 성립한다.

$$\tilde{\mathrm{P}}^j\tilde{\mathbf{X}}_i = w_i^j\hat{\mathbf{x}}_i^j \ \ with \ \ w_i^j > 0$$

간단하게 서술하면, 카메라 행렬과 점에 필요하면 -1를 곱해 사영 재구성을 조정하면 이미지 점 $\mathbf{x}_i^j$가 존재하는 경우에 w_i^j가 양수가 되게 할 수 있다. 증명은 간단해 생략한다. 행렬 $\tilde{\mathrm{P}}^j$와 점 $\widetilde{\mathbf{X}}_i$를 구하기 위해 카메라 중의 하나를 $\tilde{\mathrm{P}}_1 = \mathrm{P}_1$로 가정할 수 있다. 그렇지 않으면 모든 점과 카메라에 -1를 곱하면 된다. 조건 $\mathrm{P}_1\widetilde{\mathbf{X}}_i = w_i^1\mathbf{x}_i^1$과 $w_i^1 > 0$은 $\mathbf{x}_i^1$가 정의되는 모든 i에 대해 $\widetilde{\mathbf{X}}_i = \mathbf{X}_i$를 선택할지 $-\mathbf{X}_i$를 선택할지 결정한다. 알려진 각각의 $\widetilde{\mathbf{X}}_i$는 $\mathbf{x}_i^j$가 정의된 모든 j에 대해 $\tilde{\mathrm{P}}^j$를 결정한다. 이런 작업을 계속하면 $\tilde{\mathrm{P}}^j$와 $\widetilde{\mathbf{X}}_j$를 찾기 위해 각 P_j와 $\mathbf{X}_j$에 곱하는 계수 ± 1을 쉽게 찾을 수 있다. 이러한 작업이 끝났다고 가정하고 각각의 P_j와 $\mathbf{X}_i$를 $\tilde{\mathrm{P}}^j$와 $\tilde{\mathbf{X}}_i$로 대체한다. 향후에 틸드^tilde^를 없애고 정정된 P_j와 $\mathbf{X}_i$를 사용해 작업을 계속한다. 이미지 점 $\mathbf{x}_i^j$가 주어진 곳에서는 $w_i^j > 0$을 만족하는 것을 알 수 있다.

이제 사영 재구성을 준 아핀 재구성으로 변환하는 H를 구해 모든 점이 적절하게 카메라 앞에 놓이게 한다. H에 의해 무한대로 변환되는 평면 $\boldsymbol{\pi}_\infty$를 4차원 벡터 $\mathbf{v}$로 표기하면 조건은 다음이 된다(결과 21.11 참조).

$$\text{depth}(\mathbf{X}_i; \mathtt{P}^j) \doteq (\mathbf{v}^\mathsf{T}\mathbf{X}_i)(\mathbf{v}^\mathsf{T}\mathbf{C})\delta > 0$$

여기에서 $\delta = \text{sign}(\det \mathtt{H})$이다. 이 조건은 $\mathbf{x}_i^j$가 주어진 모든 (i, j)에 대해 성립한다.

필요하면 자유롭게 $\mathbf{v}$에 -1을 곱할 수 있기에 카메라 $\mathtt{P}^1$의 중심에 대해 $(\mathbf{v}^\mathsf{T}\mathbf{C}^1)\delta > 0$을 가정할 수 있다. 다음의 부등식을 쉽게 구할 수 있다.

$$\begin{aligned} \mathbf{X}_i^\mathsf{T}\mathbf{v} > 0 \ \text{ for all } i \\ \delta\mathbf{C}^{j\mathsf{T}}\mathbf{v} > 0 \ \text{ for all } j \end{aligned} \tag{21.5}$$

방정식 (21.5)를 카이럴 부등식으로 부를 수 있다. 각각의 $\mathbf{X}_i$, $\mathbf{C}$, $\mathbf{C}'$의 값을 알 수 있기에, 이로부터 $\mathbf{v}$의 원소에 대한 부등식을 구성한다. δ의 값은 선험적으로 알 수 없으며, $\delta = 1$과 $\delta = -1$인 경우 각각에 대해 해를 구해야 한다.

원하는 변환 H를 구하기 위해서는 먼저 $\delta = 1$ 또는 $\delta = -1$에 대해 $\mathbf{v}$값을 구하기 위해 카이럴 부등식을 풀어야 한다. 원하는 행렬 H는 $\mathbf{v}^\mathsf{T}$를 마지막 열로 가지고 조건 $\det \mathtt{H} \doteq \delta$를 만족하는 임의의 행렬이다. $\mathbf{v}$의 마지막 원소는 영이 아니므로, 처음 세 개의 행이 $\pm[\mathtt{I} \mid \mathbf{0}]$의 형태를 가지는 간단한 형태로 H를 선택할 수 있다.

유클리드 재구성(또는 구체적으로 준 아핀 재구성)이 가능하면, $\delta = 1$ 또는 $\delta = -1$에 대해 해가 존재해야 한다. 어떤 경우에는 $\delta = 1$과 $\delta = -1$에 대해 모두 카이럴 부등식의 해가 존재한다. 이것은 두 개의 반대 방향의 강한 재구성이 존재함을 의미한다. 이런 것이 발생하는 조건에 대해서는 21.6절에서 설명한다.

카이럴 부등식의 풀이 카이럴 부등식의 풀이는 선형 계획법의 기법을 사용하는 것이 자연스럽다. 그러나 부등식에서 볼수 있듯이 $\mathbf{v}$가 해가 되면 $\alpha\mathbf{v}$ 또한 해가 된다. 해 영역을 한정하기 위해 다른 부등식을 추가해야 한다. 예로서, $\mathbf{v} = (v_1, v_2, v_3, v_4)^\mathsf{T}$인 경우 부등식 $-1 < v_i < 1$은 해 공간은 유한 다면체로 한정한다.

유일한 해를 구하기 위해 선형화된 목적함수를 지정해야 한다. 적절한 전략은 각 부등식을 만족하는 영역을 최대화하는 것이다. 이를 위해서 추가 변수 d를 도입한다. 적절한 $\mathbf{a}$에 대해 (21.5)의 $\mathbf{a}^\mathsf{T}\mathbf{v}$ 형태의 부등식을 부등식 $\mathbf{a}^\mathsf{T}\mathbf{v} > d$로 대체한다. 모든 부등식을 만족하면서 d를 최대화한다. 이것은 표준 선형 계획법 문제다. 심플렉스 방법을 포함해 해를 구하는 많은 방법들이 존재한다([Press-88]).[1] $d > 0$인 해를 구하면 이것이 원하는 해가 된다.

알고리듬 요약 이제 카이럴 부등식을 이용해 장면의 준 아핀 재구성을 계산하는 완전한 알고리듬을 소개한다. 위에서 설명한 알고리듬은 이중 시점에 관한 것이다. 여기서는 다중 시점에 관한 것을 소개한다. 보다 많은 시점으로 확장은 간단하다.

알고리듬 21.1 준 아핀 재구성의 계산

목적

이미지 점들에서 사영 재구성을 이루는 3차원 점 $\mathbf{X}_i$와 카메라 행렬 P^j가 주어지면, 사영 재구성을 준 아핀 재구성으로 변화하는 사영변환 H를 계산하라.

알고리듬

(i) $\mathbf{x}_i^j$가 주어진 각 (i, j)에 대해 $\mathrm{P}^j\mathbf{X}_i = w_i^j \text{ hat } \hat{\mathbf{x}}_i^j$로 둔다.

(ii) $w_i^j > 0$이 되도록 필요하면 카메라 P^j를 $-\mathrm{P}^j$로, 점 $\mathbf{X}_i$를 $-\mathbf{X}_i$로 대체한다.

(iii) 정의 21.10에서 $\mathbf{C}^j = \mathbf{C}_{\mathrm{P}^j}$를 이용해 카이럴 부등식 (21.5)를 만든다.

(iv) $\delta = \pm 1$에 대해 카이럴 부등식의 해를 (존재하면) 구한다. 이런 해를 $\mathbf{v}_\delta$로 둔다. 해는 δ의 적어도 하나의 값에 대해, 때때로 두 값 모두에 대해서 존재한다.

(v) 행렬 H_δ를 마지막 행이 $\mathbf{v}_\delta$를 가지고 det(H) dot $= \delta$가 되도록 정의한다. 행렬 H_δ는 원하는 변환 행렬이 된다. H_+와 $\mathrm{H}_$가 모두 존재하면 두 개의 반대 방향의 준 아핀 재구성이 존재한다.

무한면 영역 정하기 준 아핀 재구성은 당연히 유일하지 않다. 점과 카메라에 대한 준 아핀변환을 제외하고 결정된다. 그러나 하나를 찾으면 무한면 좌표의 영역을 결정할 수 있다. 따라서 P^j와 $\mathbf{X}_i$가 장면의 준 아핀 재구성을 형성한다고 가정한다. X_i의 마지막 좌표와 M^j 각각의 행렬식이 양이 되도록 P^j와 $\mathbf{X}_i$의 부호를 선택한다. 점과 카메라를 이동 변환해 좌표의 원점이 점과 카메라 중심의 볼록 껍질의 내부에 놓이도록 한다. 단순하게 이런 점들의 무게 중심이 원점에 놓이도록 한다.

1 [Press-88]에 주어진 심플렉스 방법을 여기에서 그냥 사용할 수는 없다. 모든 변수가 음이 아니라는 필요 없는 가정을 했기 때문이다. 이 문제에 맞도록 변형해야 한다.

다른 재구성을 구하기 위해 또 하나의 준 아핀변환 H를 적용할 수 있다. π_∞를 H에 의해 무한대로 가는 평면이라 둔다. 방향을 보존하는 변환에 한정하고 H가 준 아핀이 되는 π_∞ 좌표의 구속 조건을 찾고자 한다. 평면 π_∞가 이런 성질을 가질 필요 충분 조건은 이것이 점들과 카메라 중심의 볼록 껍질의 완전한 바깥에 놓이는 것이다. 평면 π_∞는 볼록 껍질을 가로 질러 갈 수 없으므로 원점을 통과할 수 없다. π_∞를 벡터 $\mathbf{v}$로 표기하면 이것은 $\mathbf{v}$의 마지막 좌표가 영이 아닌 것을 의미한다. 그러면 $\mathbf{v} = (v_1, v_2, v_3, 1)^\top$로 둘 수 있다. 원점이 모든 점들과 평면의 같은 면에 놓이기 때문에 카이럴 부등식은 다음이 된다.

$$\begin{aligned} \mathbf{X}_i^\top \mathbf{v} &> 0 \text{ for all } i \\ \mathbf{C}^{j\top} \mathbf{v} &> 0 \text{ for all } j \end{aligned} \tag{21.6}$$

여기에서 $\mathbf{v} = (v_1, v_2, v_3, 1)^\top$이다. 이 구속 조건에서 v_i 또는 $-v_i$를 최대화하는 선형 계획법 문제를 풀면 v_i 각각의 상한 한계와 하한 한계를 구할 수 있다. v_i가 유한하지 않은 것은 없다. 그렇지 않다면 $\mathbf{v}$로 표현되는 평면 π_∞가 원점에 한없이 가까이 놓여야 하기 때문이다.

이 문제를 풀기 전에, 좋은 전처리는 점들과 카메라 중심에 아핀변환을 해 무게 중심이 중심에 놓이고 주 모멘트가 1이 되도록 정규화하는 것이다.

무한면 위치의 영역을 계산하는 완전한 알고리듬은 알고리듬 21.2에 제시한다.

알고리듬 21.2 무한면 영역의 추정

목적

장면의 준 아핀 재구성이 주어질 때, 무한면 좌표의 영역을 추정하라.

알고리듬

(i) 점 $\mathbf{X}_i = (\mathrm{X}_i, \mathrm{Y}_i, \mathrm{Z}_i, \mathrm{T}_i)^\top$와 카메라 $\mathrm{P}^j = [\mathrm{M}_j \mid \mathbf{t}^j]$를 정규화해 $\mathbf{T}_i = 1$, $\det \mathrm{M}_j = 1$이 되도록 한다.

(ii) 그리고 아핀변환 H를 이용해 $\mathbf{X}_i$를 $\mathrm{H}^{-1}\mathbf{X}_i$로, P^j를 $\mathrm{P}^j\mathrm{H}$로 정규화해 무게 중심이 중심으로 주축의 배율을 조정해 같은 크기의 주축을 가지도록 정규화 한다.

(iii) $\mathbf{v} = (v_1, v_2, v_3, 1)^\top$라 두고 카이럴 부등식 (21.6)을 형성한다. 재구성을 아핀 재구성으로 변환하는 방향 보존 변환 H는 부등호를 만족하는 벡터 $\mathbf{v}$에 대해 다음의 형태를 가져야 한다.

$$\mathtt{H} = \begin{bmatrix} \mathtt{I} & \mathbf{0} \\ v_1\ v_2\ v_3 & 1 \end{bmatrix}$$

(iv) 선형 계획법을 6번 실행해 각각의 v_i에 대한 상한 한계와 하한 한계를 구할 수 있다. 원하는 변환 H의 좌표는 이런 경계가 정의하는 사각형 안에 놓여야 한다.

21.8 세 번째 시점에서 보이는 점들

이중 시점에서 구한 장면의 재구성을 생각한다. 여기서는 세 번째 시점에서 보이는 점들을 결정하는 문제를 고려한다. 이런 문제는 장면의 보정되지 않은 이중 시점이 주어질 때 세 번째 시점을 합성하고자 할 때 발생한다. 이중 시점에서 장면의 사영 재구성을 수행한 후에 세 번째 시점의 사영을 하면 된다. 이 경우 중요한 것은 점이 세 번째 카메라의 앞에 놓여서 보이는가를 결정하는 것이 중요하다.

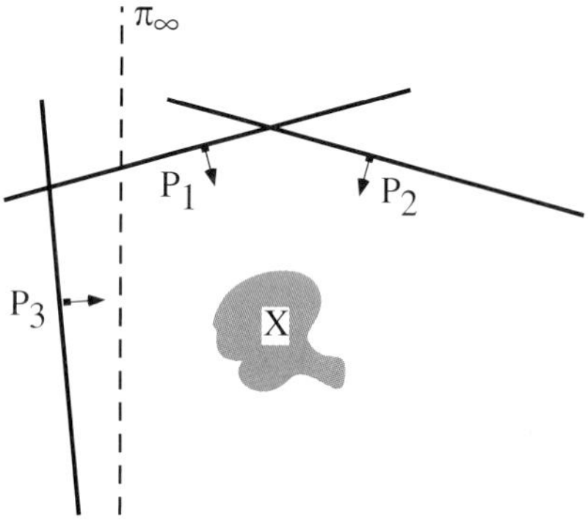

그림 21.3 점들의 집합 X는 카메라 세 개 모두의 앞에 놓여 있다. 그러나 방향 보존하는 사영변환 H를 적용해 면 π_∞를 무한대로 보내면 결과적으로 점들의 집합은 P^1, P^2의 앞에, 그러나 P^3의 뒤에 놓이게 된다. 따라서 점 집합 X를 카메라 P^1, P^2에서 찍은 이미지에서 재구성한 것으로, P^3은 다른 카메라 행렬이라 가정한다. 카메라 P^3의 중심과 다른 카메라 중심을 분리하는 평면이 존재하고 점 집합 X의 볼록 껍질과 만나지 않으면 점들이 P^3의 앞에 놓이는지를 결정할 수 없다.

세 번째 시점의 카메라만 주어진 재구성의 좌표계에서 주어지면, 점들이 실제 장면에서 세 번째 카메라의 앞에 있는지 뒤에 있는지를 결정하는 것은 불가능하다. 이러한 모호성을 그림 21.3에서 설명한다. 그러나 세 번째 시점에서 보이는 한 점의 정보가 이런 모호성을 해결한다. 다음의 결과에서 설명한다. 정리 21.7을 첫 번째와 세 번째 시점에 적용해 다음 판단 기준을 얻는다.

결과 21.17 $(\mathrm{P}^1, \mathrm{P}^2, \{\mathbf{X}_i\})$는 대응 집합 $\mathbf{x}_i^1 \leftrightarrow \mathbf{x}_i^2$의 실현이다. P^3는 세 번째 시점의 카메라이고 $i=1,\ldots,3$에 대해 $w_j^i\hat{\mathbf{x}}_i = \mathrm{P}^i\mathbf{X}_j$를 가정한다. 그러면 세 번째 시점에서 나타나는 점 $\mathbf{X}_j$에 대해서 $w_j^1 w_j^3$는 같은 부호를 가진다.

실제로는 세 번째 시점에서 나타나는 점 $\mathbf{X}_0$를 최소한 한 개라도 알고 있는 경우가 많다. 이로부터 $w_0^1 w_0^3$의 부호를 정할 수 있고, 다른 점들 $\mathbf{X}_j$가 카메라 P^3의 앞에 나타나는 필요충분조건은 $w_j^1 w_j^3 \doteq w_0^1 w_0^3$이 된다.

예로서 이중 시점을 이용해 사영 재구성을 하고 $\mathbf{X}_i$를 재구성된 점이라 하면 대응 $\mathbf{x}_i^3 = \mathrm{P}^3\mathbf{X}_i$에서 카메라 P^3을 직접 풀어서 카메라 앞에 있는 것으로 알려진 6개 이상의 점을 이용해 세 번째 카메라 행렬을 직접 결정할 수 있다. 그러면 P^3의 앞에 놓인 다른 점들은 모호성 없이 결정할 수 있다.

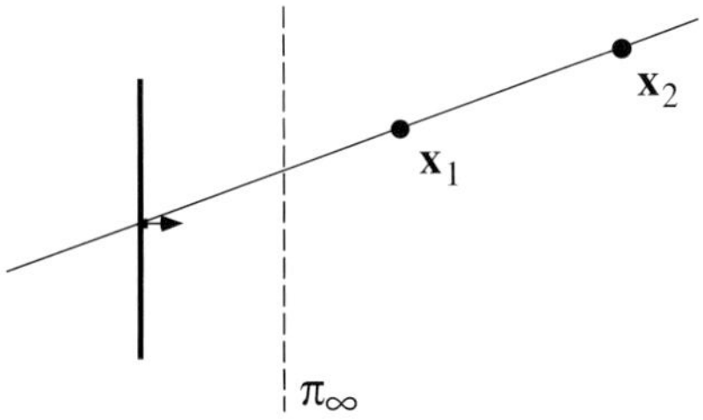

그림 21.4 그림에서 볼 수 있듯이 점 $\mathbf{x}_1$은 $\mathbf{x}_2$보다 카메라에 더 가깝다. 그러나 방향 반전 사영도를 적용해 π_∞를 무한대로 보내면 $\mathbf{x}_1$과 $\mathbf{x}_2$는 여전히 카메라 앞에 놓이지만 $\mathbf{x}_2$가 $\mathbf{x}_1$보다 카메라에 더 가깝게 된다.

21.9 점 사이의 위치

두 개 이상의 보정되지 않은 시점에서 재구성된 장면을 새로운 시점에서 합성하려고 할 때 가끔 한 점이 다른 점에 의해서 가려지는 경우를 고려해야 한다. 다음의 질문으로 이어진다. 새로운 시점에서 같은 점으로 사영되는 두 점이 있을 때 어느 점이 카메라에 더 가까워서 다른 점을 가리게 되는가? 방향 반전하는 준 아핀 재구성의 가능성이 있는 경우에 한 쌍의 점 중 어느 것이 새로운 카메라에 더 가까운지를 결정할 수 없는 경우도 있다. 이것은 그림 21.4에 설명돼 있다. 카메라 중심과 점 집합을 분리하는 평면이 존재하면 반대 방향의 두 재구성이 존재해 어떤 점이 앞에 있는지 결정할 수 없다. 카메라 중심과 보이는 점들을 분리하는 평면 π_∞가 존재하는 경우에 그림 21.4와 같은 모호성이 발생한다. 그렇지 않은 경우에는 준 아핀 재구성을 계산할 수 있고 문제는 간단하게 해결된다. 그러나 준 아핀 재구성을 계산하는 노력을 피하기 위해 장면의 사영 재구성만을 이용해 이 문제를 해결하고자 한다. 여기에 대해서 다음에서 설명한다.

(21.1)을 이용해 $\text{depth}^{-1}(\mathbf{X}; \mathtt{P}) = 1/\text{depth}(\mathbf{X}; \mathtt{P})$의 표현식을 구할 수 있다. 이러한 역 깊이 함수는 카메라의 주평면에서 무한대이고 무한면에서 영이며 카메라의 앞에 있는 점은 양수이며 카메라의 뒤에 있는 점은 음수이다. 표기의 간편을 위해 $\text{depth}^{-1}(\mathbf{X}; \mathtt{P})$ 대신에 $\chi(\mathbf{X}; \mathtt{P})$를 사용한다.

카메라 중심을 지나는 광선에 놓인 $\mathbf{X}$에 대해 $\chi(\mathbf{X}; \mathtt{P})$의 값은 광선을 따라서 단조 감소하며 카메라 중심에서 무한대이고 양의 값을 가지며 감소하면서 무한면에서 영을 가진다. 음의 값으로 계속 감소해 카메라 중심에서 $-\infty$를 가진다. 점 $\mathbf{X}_1$이 $\mathbf{X}_2$보다 더 카메라 앞에서 가까운 필요충분조건은 $\chi(\mathbf{X}_1) > \chi(\mathbf{X}_2)$이다. 그림 21.5에 나타냈다.

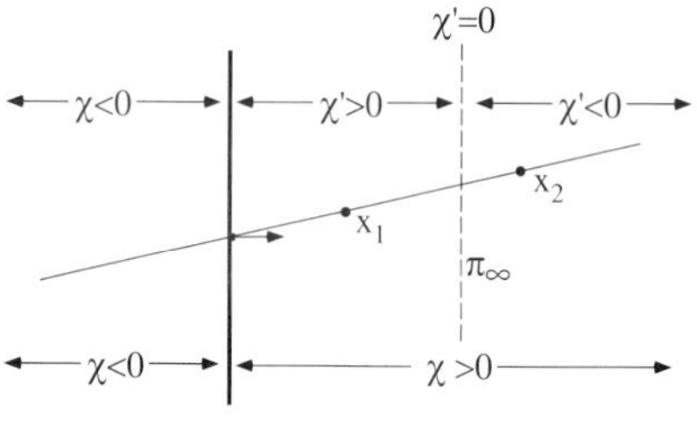

그림 21.5 매개변수 χ

이제 구성이 평면 π_∞를 무한대로 보내는 방향 보존 변환 $\mathtt{H}$에 의해서 바뀌면 매개변수 χ는 새로운 매개변수 $\chi'(\mathbf{X}) = \chi(\mathtt{H}\mathbf{X}; \mathtt{PH}^{-1})$로 정의하는 χ'으로 바뀐다. χ'의 값 또한 광선을 따라서 단조 감소해야 한다. $\mathtt{H}$는 방향 보존이므로 결과 21.13에서 카메라 앞에 있었던 점은 변환 후 여전히 카메라 앞에 있게 된다. 따라서 χ와 χ' 모두 광선을 따라서 같은 방향으로 단조 감소한다. $\mathbf{X}_1$과 $\mathbf{X}_2$가 직선의 두 점이면, $\chi'(\mathbf{X}_1) > \chi'(\mathbf{X}_2)$의 필요충분조건은 $\chi(\mathbf{X}_1) > \chi(\mathbf{X}_2)$이다.

사영변환이 음의 행렬식을 가지는 경우에는 카메라 앞과 뒤가 국지적으로 바뀐다. 이 경우 χ'이 증가하는 방향은 바뀌게 된다. 결국, $\chi'(\mathbf{X}_1) > \chi'(\mathbf{X}_2)$인 필요충분조건은 $\chi(\mathbf{X}_1) < \chi(\mathbf{X}_2)$이다.

사영변환이 장면을 참값으로 변환하는 경우에 이미지에 같은 점으로 사영되는 두 점에 대해 χ'의 값이 큰 것이 카메라에 가깝다. 이로부터 임의의 사영 재구성에서 두 점 중에서 카메라의 앞면과 더 가까운 점을 판단할 수 있는 다음 결과를 얻는다.

결과 21.18 $\mathbf{X}_1$과 $\mathbf{X}_2$가 이미지에서 같은 점으로 사영된다고 가정한다. 장면의 사영 재구성을 생각하고 매개변수 χ를 사영 재구성 좌표계에서 (공식 (21.3)으로) 정의한다. 사영 재구성이 참값의 장면과 같은 방향을 가지면 큰 χ의 값을 가지는 점이 참 장면에서 카메라에 더 가까이 놓인다. 반대로, 사영변환이 방향 반전이면 더 작은 χ의 값을 갖는 점이 참 장면에서 카메라에 더 가까이 놓인다.

앞에서 언급했듯이 재구성에 사용한 카메라에서 점 집합을 분리하는 평면이 없으면 장면의 방향을 유일하게 결정할 수 있고 결과 21.18의 사영변환이 양수 또는 음수 행렬식을 가지는지 결정할 수 있다. 그러나 이를 위해서는 21.7절에 설명한 선형 계획법을 이용해 강한 실현을 계산해야 한다. 만약 다른 방향의 강한 실현이 존재하면, 그림 21.4에 설명한 본질적인 모호성이 있다. 그러나 이러한 모호성은 카메라에서 점 한 쌍의 상대적인 거리를 알면 해결할 수 있다.

21.10 나가면서

21.10.1 참고 도서

21장의 주제는 방향 사영기하학oriented projective geometry에 속하며, 표준 교과서에서 많이 다룬다[Stolfi-91]. Laveau and Faugeras는 [Laveau-96b]에서 방향 사영기하학을 응용했다. [Robert-93]에서 카메라의 앞뒤 개념을 사용해 사영 재구성에서 볼록 껍질을 계산했다. 21장은 [Hartley-98a]에서 나왔다. 이 논문은 준 아핀 사상의 불변량과 임의의 대응이 준 아핀 재구성을 허용하는 조건에 대해 논의했다.

[Hartley-94b, Hartley-99]에서 카이렐러티, 특히 카이럴 부등식은 아핀 재구성과 거리 재구성을 가는 중간 단계로 준 아핀 재구성을 결정하는데 매우 유용했다. 좀 더 최근에 [Werner-01]의 Werner and Pajdla는 방향 사영기하학을 사용해 가짜 점 대응을 제거했고, 이중 시점 이상에서 5점의 대응의 구속 조건을 구했다[Werner-03].

22

퇴화 구성

지금까지 사영 행렬, 기본 행렬, 삼중 초점 텐서와 같은 여러 이미지와 관련된 다양한 변수의 추정을 위한 알고리듬을 설명했다. 각 경우에 대해 선형 또는 반복 알고리듬을 소개했지만 이런 알고리듬이 실패하는 경우를 거의 고려하지 않았다. 여기서는 어떤 조건에서 이런 일이 발생하는지에 대해서 설명한다.

일반적으로 어떤 종류의 일반 위치general position에 충분히 많은 점 대응이 있으면 찾고자 하는 변수를 유일하게 결정하고 사용하는 알고리듬은 성공적으로 끝난다. 그러나 주어진 점 대응이 너무 적거나 모든 점이 특정 임계 구성critical configuration에 있으면 유일한 해는 없다. 경우에 따라서 여러 개의 해가 있을 수 있고 해 꾸러미가 있을 수 있다.

여기서는 이 책에서 소개한 세 가지 주요 추정 문제인 카메라 후방교회, 이중 시점의 재구성, 삼중 시점의 재구성에 한정한다.

여기서 설명한 결과 중 일부, 특히 카메라 후방교회법과 이중 시점의 임계 곡면 문제는 고전적이다. 다른 것들은 좀 더 최근 결과들이다. 다른 추정 문제를 차례로 고려한다.

22.1 카메라 후방교회

실공간의 점의 집합과 이미지에서 대응 점 집합이 주어지면 카메라 사영 행렬을 계산하는 문제를 먼저 고려한다. 따라서 사영 행렬 P를 사용하는 카메라로 이미지의 점 $\mathbf{x}_i$에 변환되는 실공간의 점 $\mathbf{X}_i$ 집합이 주어진다. 실공간의 점과 이미지 점의 좌표의 정보에서 행렬 P를 계산해야 한다. 이 문제는 7장에서 고려했다. 이 문제에 대한 임계 구성을 고려하기 전에 주제에서 다소 벗어나지만 카메라 사영의 추상화를 먼저 살펴본다.

점으로서의 카메라 대응 집합 $\mathbf{X}_i \leftrightarrow \mathbf{x}_i$가 존재한다고 가정한다. 그리고 $\mathbf{x}_i = \mathtt{P}\mathbf{X}_i$인 유일한 카메라 행렬 P가 있다고 가정한다. H는 이미지의 사영변환을 나타내는 행렬이고 $\mathbf{x}'_i = \mathtt{H}\mathbf{x}_i$는 변환된 이미지 좌표의 집합이다. 그러면 유일한 카메라 행렬 P′가 존재해 $\mathbf{x}'_i = \mathtt{P}'\mathbf{X}_i$를 만족한다. 즉, 카메라 행렬 $\mathtt{P}' = \mathtt{HP}$이다. 반대로 $\mathbf{X}_i$를 $\mathbf{x}_i$로 보내는 한 개 이상의 카메라 행렬 P가 존재하면, $\mathbf{X}_i$를 $\mathbf{x}'_i$로 보내는 한 개 이상의 카메라 행렬이 존재한다. 그러므로 사영 행렬 P를 결정하는 유일한 카메라 행렬의 존재성은 이미지의 사영변환 H만을 제외하고 이미지 점 $\mathbf{x}_i$에 의존한다.

다음으로, 카메라 행렬 P에 사영변환 H를 적용하는 것은 카메라 중심을 변화시키지 않는 것에 주의해야 한다. 구체적으로 점 $\mathbf{C}$가 카메라 중심일 필요충분조건은 $\mathtt{P}\mathbf{C} = \mathbf{0}$이다. 그러나 $\mathtt{P}\mathbf{C} = \mathbf{0}$의 필요충분조건은 $\mathtt{HP}\mathbf{C} = \mathbf{0}$이다. 그래서 이미지의 사영변환에서 카메라 중심은 보존된다. 다음으로 이것이 카메라의 속성에서 본질적으로 보존되는 유일한 것임을 증명한다.

결과 22.1 P와 P′는 중심이 같은 카메라 행렬 두 개이다. 그러면 정칙 행렬 H가 표현하는 사영변환이 존재해 $\mathtt{P}' = \mathtt{HP}$가 성립한다.

증명 중심 $\mathbf{C}$가 무한점이 아니면, 카메라 행렬의 형태는 $\mathtt{P} = [\mathtt{M} \mid -\mathtt{M}\mathbf{c}]$, $\mathtt{P}' = [\mathtt{M}' \mid -\mathtt{M}'\mathbf{c}]$이다. 여기에서 $\mathbf{c}$는 카메라 중심을 나타내는 3차원 비동차 벡터이다. 그러면 $\mathtt{P}' = \mathtt{M}'\mathtt{M}^{-1}\mathtt{P}$를 얻는다. $\mathbf{C}$가 무한점이면 적절한 3차원 사영변환 G를 선택해 $\mathtt{G}\mathbf{C}$를 유한점 $\hat{\mathbf{C}}$로 변환한다. 이 경우 두 카메라 행렬 $\mathtt{PG}^{-1}$과 $\mathtt{P}'\mathtt{G}^{-1}$은 같은 카메라 중심 $\hat{\mathbf{C}}$을 가진다. 그러므로 적절한 H에 대해 $\mathtt{P}'\mathtt{G} = \mathtt{HPG}$가 성립한다. 양변의 G를 소거하면 $\mathtt{P}' = \mathtt{HP}$를 얻는다. □

이미지는 카메라 중심만으로 사영도를 제외하고 결정된다고 이 결과를 해석할 수 있다. 그래서 카메라 행렬의 유일성 문제를 고려할 때, 카메라 중심을 제외한 카메라의 다른 변수는 무시할 수 있다. 카메라 중심만이 이미지의 사영도 종류와 해의 유일성을 결정하기 때문이다.

광선의 동치류로서의 이미지 카메라 후방교회의 임계 구성에 대한 직관을 얻기 위해 $\mathbb{P}^2$에서 $\mathbb{P}^1$을 가는 2차원 카메라를 먼저 고려한다. 카메라 중심 $\mathbf{c}$과 공간의 점 $\mathbf{x}_i$를 생각한다. 광선 $\overline{\mathbf{c}\mathbf{x}_i}$은 점 $\bar{\mathbf{x}}_i$에서 이미지 선 $\mathbf{l}$과 교차한다. 그래서 점 $\bar{\mathbf{x}}_i$는 점 $\mathbf{x}_i$의 이미지이다. 점 $\mathbf{x}_i$에서 1차원 이미지 점 $\bar{\mathbf{x}}_i$로 가는 사영은 6.4.2절에서 설명한 2×3 사영 행렬로 표현된다.

2장에서 봤듯이 광선 $\overline{\mathbf{c}\mathbf{x}_i}$의 사영 동치류는 같은 이미지 점 $\bar{\mathbf{x}}_i$를 가진다. 이것을 그림 22.1에 나타냈다. 그래서 이미지를 이미지 선의 점들의 집합으로 생각하기보다 카메라 중심에서 각 이미지 점을 통과하는 광선의 사영 동치류로 생각할 수 있다. 4개의 이미지 점만 있는 경우에는, 점 $\bar{\mathbf{x}}_i$(또는 동일하게 광선)의 교차 비율이 사영 동치류를 결정한다. 구체적인 표기법으로 $\langle \mathbf{c};\ \mathbf{x}_1, \ldots, \mathbf{x}_i, \ldots, \mathbf{x}_n \rangle$을 이용해 광선 $\overline{\mathbf{c}\mathbf{x}_i}$의 사영 동치류를 나타낸다.

같은 내용이 3차원 점의 2차원 이미지로 사영에도 성립한다. 위의 표기법을 확장해 $\langle \mathbf{C};\ \mathbf{X}_1, \ldots, \mathbf{X}_n \rangle$으로 광선 $\overline{\mathbf{C}\mathbf{X}_i}$의 사영 동치류를 표기한다. 2차원인 경우와 마찬가지로, 이것은 중심이 $\mathbf{C}$인 카메라에 대한 점 $\mathbf{X}_i$의 사영에 대한 추상화이다.

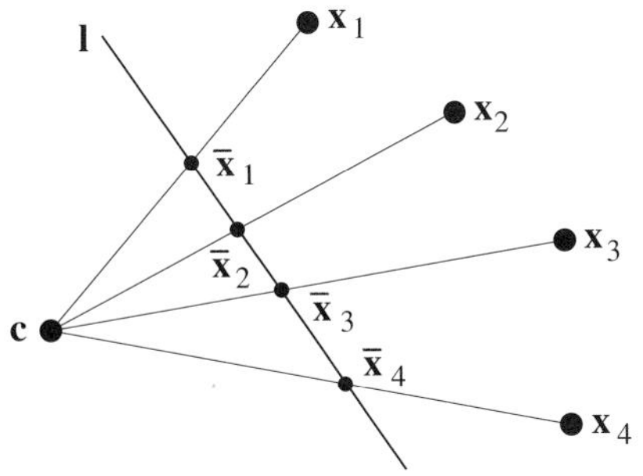

그림 22.1 2차원 카메라를 사용한 평면에 점의 사영. 1차원 이미지는 광선 $\mathbf{l}_i = \overline{\mathbf{c}\mathbf{x}_i}$와 이미지 선 $\mathbf{l}$의 교차로 형성된다. 이미지 점 집합 $\{\bar{\mathbf{x}}_i\}$는 광선 집합 $\{\mathbf{l}_i\}$와 사영적으로 동일하다. 4점의 경우 이미지의 사영 동치류는 점의 교차 비율로 결정된다.

$\{\mathbf{C}_1, \ldots, \mathbf{C}_m;\ \mathbf{X}_1, \ldots, \mathbf{X}_n\}$으로 표기하는 카메라 점들과 3차원 점들의 구성과 이들의 변형에 대해 설명할 것이다. 암묵적으로 세미콜론 앞에 나오는 기호는 카메라 중심이고 세미콜론 뒤에 나오는 것은 3차원 점이다. 유도되는 결과의 서술을 간단하게 하기 위해서 이미지 동치image equivalence의 개념을 정의한다.

정의 22.2 다음의 구성 두 개를 생각한다.

$$\{\mathbf{C}_1, \ldots, \mathbf{C}_m; \mathbf{X}_1, \ldots, \mathbf{X}_n\} \text{ and } \{\mathbf{C}'_1, \ldots, \mathbf{C}'_m; \mathbf{X}'_1, \ldots, \mathbf{X}'_n\}$$

모든 $i = 1, \ldots, m$에 대해 $\langle \mathbf{C}_i; \mathbf{X}_1, \ldots, \mathbf{X}_n \rangle = \langle \mathbf{C}'_i; \mathbf{X}'_1, \ldots, \mathbf{X}'_n \rangle$이 성립하면 두 구성을 이미지 동치라고 한다.

이미지 동치의 개념은 점과 카메라 중심에 관한 사영 동치와 다른 것이다. 이것과 재구성 모호성과의 관계는 구성 $\{\mathbf{C}_1, \ldots, \mathbf{C}_m; \mathbf{X}_1, \ldots, \mathbf{X}_n\}$이 사영 동치가 아닌 다른 이미지 동치를 허용하면 사영 재구성 문제에서 모호성이 발생한다. 점과 카메라의 사영 구조가 이미지 집합으로 유일하게 정의되지 않기 때문이다. 이 경우에 구성 $\{\mathbf{C}_1, \ldots, \mathbf{C}_m; \mathbf{X}_1, \ldots, \mathbf{X}_n\}$이 다른 재구성을 허용한다라고 말한다.

22.1.1 2차원의 모호성–샬의 정리

일반적인 3차원 카메라에 대해 설명하기 전에 더욱 간단한 2차원 카메라에 대해 논의한다. 2차원 카메라 사영의 유일성 해석은 평면 원뿔과 연관이 있다. 알려진 점 집합 $\mathbf{x}_i$의 사영에서 카메라 중심을 결정할 때 모호성이 발생하는 것은 점의 사영이 서로 다른 카메라 중심 두 개 $\mathbf{c}$와 $\mathbf{c}'$에 대해서 같다는 것을 의미한다. 질문은 점들의 어떤 구성에서 이런 일이 발생하는가 이다. 이 질문에 대한 답은 샬[Chasles]의 정리에서 주어진다.

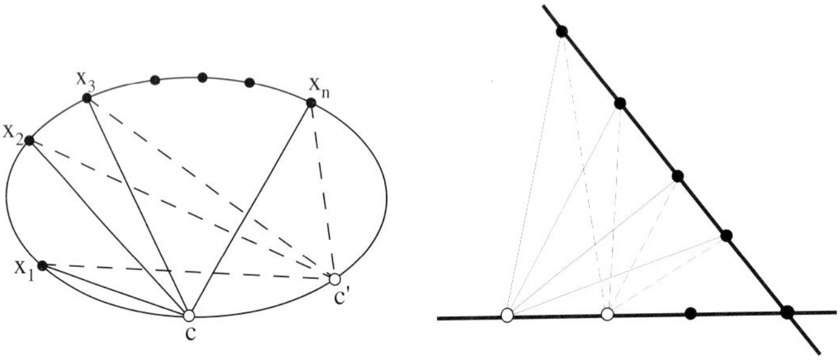

그림 22.2 점들 $\mathbf{x}_1, \ldots, \mathbf{x}_n$은 카메라 중심 두 개 $\mathbf{c}$와 $\mathbf{c}'$에 대해서 동치로 사영된다.

정리 22.3 샬의 정리 $\mathbf{x}_i$는 n개의 점이고 $\mathbf{c}$와 $\mathbf{c}'$은 카메라 중심 두 개이다. 모두 같은 평면에 놓여 있다. 그러면 다음의 수식이 성립할 필요충분조건은 다음의 조건 가운데 하나를 만족하는 것이다.

$$\langle \mathbf{c}; \mathbf{x}_1, \ldots, \mathbf{x}_n \rangle = \langle \mathbf{c}'; \mathbf{x}_1, \ldots, \mathbf{x}_n \rangle$$

(i) 점 $\mathbf{c}$와 $\mathbf{c}'$ 그리고 모든 $\mathbf{x}_i$가 퇴화하지 않은 원뿔에 놓인다.

(ii) 모든 점들이 두 개의 (퇴화한 원뿔인) 직선에 놓이고, 카메라 중심 두 개가 같은 직선에 놓인다.

이런 두 개의 구성을 그림 22.2에 나타냈다.

이 정리의 간단한 따름정리로서 $\mathbf{c}''$이 $\mathbf{c}$, $\mathbf{c}'\mathbf{x}_i$와 (퇴화했거나 또는 퇴화하지 않은) 원뿔의 같은 성분에 놓여 있다면 중심 $\mathbf{c}''$에 대한 점들의 사영은 원래 카메라 중심에 대한 사영과 동치이다. 그리고 모호성을 해치지 않도록 임의의 점 $\mathbf{x}_j$를 같은 원뿔에 추가할 수 있다.

22.1.2 3차원 카메라의 모호성

이제 완전한 3차원 카메라의 경우 카메라 후방 교회법의 모호성 문제를 다룬다. 2차원 카메라의 경우의 원뿔이 하는 역할을 3차원 경우에서 (3.3절에서 설명한) 꼬인 삼차 곡선이 유사한 역할을 한다. 원뿔과 원뿔과 교차하는 직선으로 구성된 꼬인 삼차 곡선의 퇴화된 형태가 여기에서 발생한다. 직선 세 개로 구성된 퇴화된 원뿔도 마찬가지다. 2차원의 경우와 마찬가지로, 퇴화 삼차 곡선의 점에서 모호성이 발생하면 카메라 중심이 모두 같은 성분에 놓여야 한다.

모호한 카메라 후방교회를 만드는 점과 카메라 구성의 완전한 분류는 그림 22.3과 다음 정의에 나와 있다. 현재로서는 기하학적 구성을 설명한다. 모호한 카메라 구성에 관한 관련성은 뒤에서 설명한다.

정의 22.4 카메라 후방교회를 위한 임계 집합critical set은 두 개로 구성된다.

(i) 카메라 중심과 임의 개수의 3차원 점을 포함하는 대수 곡선 $\mathcal{C}$. 이 곡선은 다음 중 하나이다.

(a) 퇴화하지 않은 꼬인 삼차 곡선(3차)

(b) 평면 원뿔(2차)

(c) 직선(1차)

(d) 점(0차)

(ii) 임의 개수의 3차원 점을 포함하는 선형 부분 공간 L(선 또는 평면)의 합집합

곡선 $\mathcal{C}$와 선형 부분 공간은 다음 조건 세 개를 만족해야 한다.

(i) 각각의 선형 부분 공간은 곡선 $\mathcal{C}$와 만나야 한다.

(ii) 곡선 $\mathcal{C}$의 차수와 선형 부분 공간의 차원의 합은 최대 3이다.

(iii) $\mathcal{C}$가 점인 경우를 제외하면 카메라는 $\mathcal{C}$와 선형 부분 공간의 교점에 놓이지 않는다.

그림 22.3에서 다양한 가능성을 볼 수 있다. 이것이 정의 22.4와 부합하는 모든 구성을 완전히 나열한 것임을 쉽게 확인할 수 있다.

결과 22.5 카메라 후방교회법에 대해 가능한 다른 중요한 집합은 다음과 같다.

(i) 퇴화되지 않은 꼬인 3차 곡선 $\mathcal{C}$(3차)

(ii) 평면 원뿔 $\mathcal{C}$(2차)와 원뿔과 만나는 직선(1차원)

(iii) 직선 $\mathcal{C}$(1차)와 이 직선과 만나는 다른 두 개의 직선(모두 해서 2차원)

(iv) 직선 $\mathcal{C}$(1차)와 평면(2차원)

(v) 점 $\mathcal{C}$(0차)와 이 점을 통과하는 3개의 직선(모두해서 3차원)

(vi) 점 $\mathcal{C}$(0차)와 이 점을 통과하는 선과 평면

이러한 임계 집합과 모호한 카메라 후방교회법의 정확한 관계는 다음 결과에서 주어진다.

결과 22.6 P와 P′은 카메라 중심 $\mathbf{C}_0$와 $\mathbf{C}_1$을 가지는 두 개의 다른 카메라 행렬이다. 그러면, $\mathrm{P}\mathbf{X}_i = \mathrm{P}'\mathbf{X}_i$를 만족하는 두 개의 카메라 중심과 점 $\mathbf{X}_i$는 정의 22.4에서 정의한 임계 집합에 모두 놓이게 된다.

그리고 $\mathrm{P}_\theta = \mathrm{P} + \theta\mathrm{P}'$이 차수 3을 가지면,[1] P_θ가 정의하는 카메라 중심은 원래 두 개의 카메라 중심 $\mathbf{C}_0$와 $\mathbf{C}_1$을 포함하는 임계 집합의 성분 $\mathcal{C}$에 놓이게 되고 임계 집합의 모든 점 $\mathbf{X}$에 대해서 $\mathrm{P}_\theta\mathbf{X} = \mathrm{P}\mathbf{X} = \mathrm{P}'\mathbf{X}$를 만족한다.

반대로, P를 중심 $\mathbf{C}_0$를 가지는 카메라라고 한다. 그리고 $\mathbf{C}_0$와 3차원 점 $\mathbf{X}_i$는 카메라 후방교회법을 위한 임계 집합에 놓인다. $\mathcal{C}$가 점 하나로 구성된 것이 아니면 $\mathbf{C}_1 \neq \mathbf{C}_0$인

1 $\mathrm{P}_\infty = \mathrm{P}'$인 경우도 포함한다.

$\mathbf{C}_1$은 임계 집합의 성분 $\mathcal{C}$에 놓인 임의의 점이다. 그러면 카메라 중심 $\mathbf{C}_1$을 가지는 (P와 다른) 적절한 카메라 행렬 P′가 존재해 모든 점 $\mathbf{X}_i$에 대해 $\mathrm{P}\mathbf{X}_i = \mathrm{P}'\mathbf{X}_i$를 만족한다.

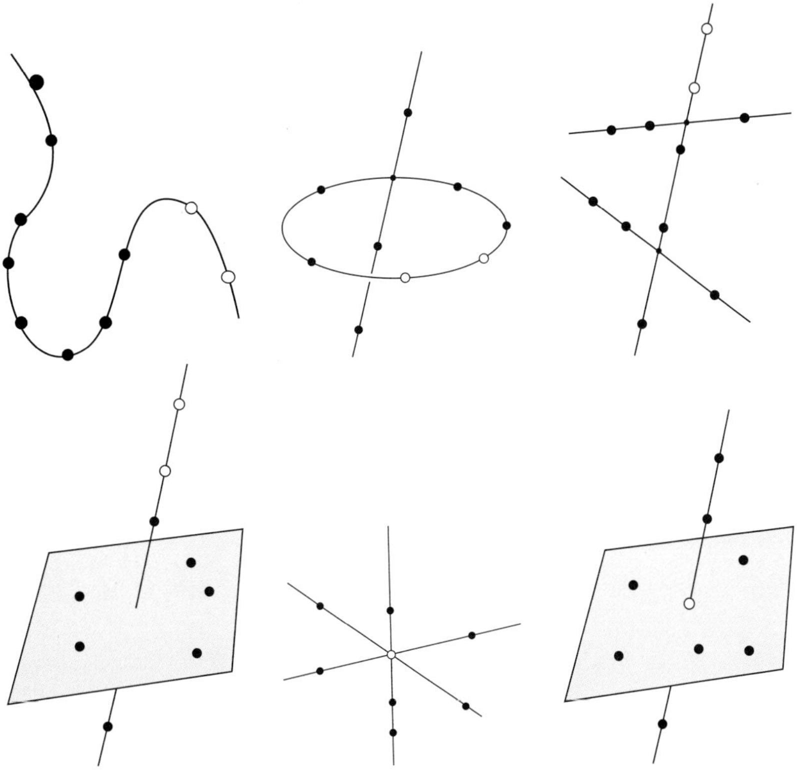

그림 22.3 단일 시점에서 카메라 후방교회법을 위한 여러 가지 임계 구성. 열린 원은 사영 중심을 나타내고 검은 원은 점을 나타낸다. 각 경우는 카메라 중심을 포함하는 대수 곡선 (또는 단일 점) $\mathcal{C}$와 선형 부분 공간(선 또는 평면) 집합으로 구성된다.

증명 증명은 개요만 소개하고 세부 사항은 독자가 채워 넣도록 남겨둔다. 일시적으로 배율을 무시하는 동차 등식(≈으로 표시)과 절대 등식(=로 표시)을 구별한다. $\mathbf{X}$가 카메라 P와 P′에 대해서 같은 이미지 점으로 변환된다고 가정한다. $\mathrm{P}\mathbf{X} \approx \mathrm{P}'\mathbf{X}$로 표기할 수 있다. 배율 계수를 고려하면 적절한 θ에 대해 $\mathrm{P}\mathbf{X} = -\theta\mathrm{P}'\mathbf{X}$가 된다. 여기에서, $(\mathrm{P} + \theta\mathrm{P}')\mathbf{X} = 0$이다.

반대로, 어떤 θ에 대해 $(\mathrm{P}+\theta\mathrm{P}')\mathbf{X}=0$을 가정한다. 그러면 $\mathrm{P}\mathbf{X}=-\theta\mathrm{P}'\mathbf{X}$이고 $\mathrm{P}\mathbf{X}\approx\mathrm{P}'\mathbf{X}$가 된다. 그러므로 임계 집합은 적절한 θ에 대해 $\mathrm{P}+\theta\mathrm{P}'$의 우영공간에 있는 점 $\mathbf{X}$의 집합이다.

$\mathrm{P}_\theta=\mathrm{P}+\theta\mathrm{P}'$으로 정의한다. 증명의 나머지 부분은 θ가 변함에 따라서 $\mathrm{P}_\theta\mathbf{X}=0$을 만족하는 모든 $\mathbf{X}$를 구하는 것이다. P_θ가 카메라 행렬이면(차수 3을 가진다), 이러한 $\mathbf{X}$는 카메라 P_θ의 중심이다. 그러나 어떤 θ_i에 대해 P_θ의 차수가 떨어지면, $\mathrm{P}_{\theta_i}\mathbf{X}=0$을 만족하는 점 $\mathbf{X}$의 집합은 선형 공간이 된다. 그러므로 전체 임계 집합은 두 개로 구성된다.

(i) P_θ가 차수 3을 가지는 모든 θ에 대한 P_θ의 중심의 궤적. 이것은 두 개의 카메라 중심 $\mathbf{C}_0$와 $\mathbf{C}_1$을 포함하는 곡선 $\mathbf{C}$이다.

(ii) P_θ가 차수 2보다 작은 θ에 대응하는 선형 공간(선 또는 평면). P_θ가 차수 2이면 $\mathrm{P}_\theta\mathbf{X}=0$을 만족하는 점은 직선을 형성하고, 차수가 1이면 평면이 된다.

$\mathrm{P}_\theta^{(i)}$는 행렬 P_θ에서 i번째 열을 제거한 것이고 $c_i=(-1)^i\det\mathrm{P}_\theta^{(i)}$로 둔다. 4차원 벡터 $\mathbf{C}_\theta$를 $\mathbf{C}_\theta=(c_1, c_2, c_3, c_4)^\top$로 정의한다. $\mathrm{P}_\theta^{(i)}$는 3×3 행렬이고 P_θ의 원소가 θ에 대해 선형이므로 각각의 $c_i=(-1)^i\det\mathrm{P}_\theta^{(i)}$는 θ에 대해 삼차 다항식이 된다. 정의 21.10에 따라 나오는 논의에서 $\mathrm{P}_\theta\mathbf{C}_\theta=0$이다. 그래서 $\mathbf{C}_\theta\neq0$이면 이것은 P_θ의 카메라 중심이고 θ가 움직임에 따라서 점 $\mathbf{C}_\theta$는 곡선 $\mathcal{C}$를 추적한다. $\mathbf{C}_\theta$의 좌표가 삼차 다항식이므로, 이것은 일반적으로 꼬인 삼차 곡선이다. 그러나 $\mathbf{C}_\theta$의 4번째 성분이 동시에 해 θ_i를 가지면 적절한 $\mathbf{X}$의 선형 공간이 존재해 $\mathrm{P}_{\theta_i}\mathbf{X}=0$이 된다. 분명한 것은 이러한 값이 많아야 세 개이다. 상세한 사항은 독자에게 남겨둔다.

정리의 마지막 부분은 반대의 결과를 제공한다. 점과 하나의 카메라 중심이 임계 구성에 놓이면 $\mathcal{C}$의 임의의 점에 놓인 카메라에 대해 다른 후방교회법의 해가 존재한다. 카메라 행렬 P의 정확한 형태는 여기서 중요하지 않다. 단지 카메라 중심만 관찰하면 된다. 그림 22.3의 대부분의 구성에서 임계 집합의 이미지는 궤적 $\mathcal{C}$를 따라 카메라가 이동해도(사영도를 제외하고) 변화하지 않는 것을 기하학적으로 볼 수 있다. $\mathcal{C}$가 평면 원뿔인 경우에는 (정리 22.3의) 1차원 카메라의 경우에서 쉽게 알 수 있다. 예외는 꼬인 삼차 곡선의 경우이다. 이를 그림 22.4에 나타냈다. 여기에서 일단 증명을 마치고 뒤에서(결과 22.25에서) 다시 설명한다. △

22.2 이중 시점에서 퇴화

표기법 22장의 나머지 부분에서 카메라 행렬은 P와 Q로, 3차원 점은 $\mathbf{P}$와 $\mathbf{Q}$로 표시한다. 카메라와 3차원 점은 단지 글꼴로서 구분한다. 좀 혼돈스러울 수 있지만 하첨자나 프라임을 이용하는 것이 더 혼란스러웠다. 이미지 좌표에서 모호한 재구성에 관한 내용에서는 두 개의 재구성을 하나는 P와 $\mathbf{P}$로 다른 하나는 Q와 $\mathbf{Q}$로 구분한다.

이제 물체의 이중 시점에 관해서 생각한다. 일반 위치에 놓인 많은 점들이 주어지면 두 카메라의 위치를 결정할 수 있고 이로부터 사영변환을 제외하고 사영 재구성을 구할 수 있다. 이것은 10장에서 설명한 사영 재구성 알고리듬을 이용하면 된다. 여기서는 이러한 기법이 실패하는 조건을 결정하려고 한다.

그래서 이미지 대응 집합 $\mathbf{x}_i \leftrightarrow \mathbf{x}'_i$를 고려한다. 이 대응 집합의 실현은 카메라 행렬 P, P′와 모든 i에 대해 $\mathbf{x}_i = \mathtt{P}\mathbf{P}_i$, $\mathbf{x}'_i = \mathtt{P}'\mathbf{P}_i$를 만족하는 3차원 점 $\mathbf{P}_i$로 구성된다. 두 개의 실현 $\{\mathtt{P}, \mathtt{P}', \mathbf{P}_i\}$, $\{\mathtt{Q}, \mathtt{Q}', \mathbf{Q}_i\}$이 행렬 H로 표현되는 적절한 3차원 사영변환이 존재해 모든 i에 대해 $\mathtt{Q} = \mathtt{P}\mathtt{H}^{-1}$과 $\mathtt{Q}' = \mathtt{P}'\mathtt{H}^{-1}$을 만족하면 사영 동치가 된다.

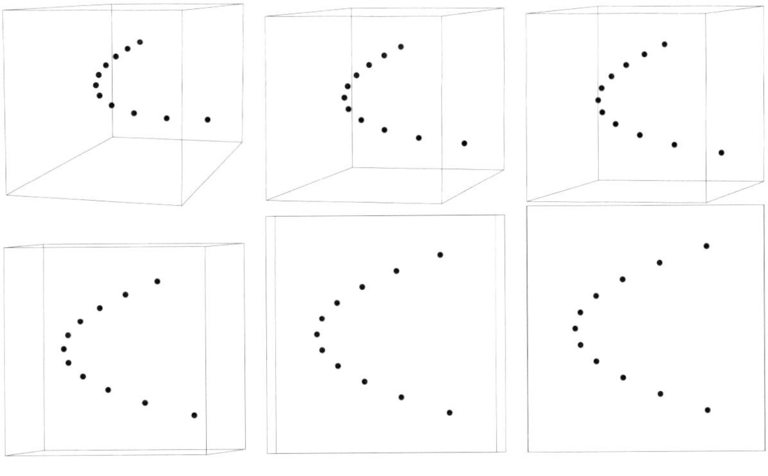

그림 22.4 사영 중심에서 본 꼬인 삼차 곡선 $(t^3, t^2, t, 1)^\top$에 있는 점 집합의 여러가지 시점. 보이는 점들은 $t = 3$, 4, 5, 10, 50, 1000인 점에서 본 것이고 이미지를 적절히 확대해 점들이 너무 작아지지 않도록 했다. 이미지에서 그럴듯하게 점 집합은 사영변환에 따라 다르다. 꼬인 삼차 곡선의 시점에서 보면 꼬인 삼차 곡선은 원뿔, 특히 포물선처럼 보인다.

기술적인 문제로, 이런 동치 정의는 현재 논의에 적합하지 않다. 사영 재구성 정리인 정리 10.1을 생각하면 두 카메라 중심을 연결하는 직선에 놓인 점의 위치는 결정할 수 없다. 그래서 카메라 중심의 직선에 점이 놓여 있으면 비사영 동치 재구성이 언제나 존재하며, 두 재구성은 직선에서 점 $\mathbf{P}_i$와 $\mathbf{Q}_i$의 위치만 다를 뿐이다. 이런 종류의 재구성 모호성은 크게 흥미를 끌지 못하므로 동치의 개념을 바꾸어서 적절한 H가 존재해 $\mathtt{Q} = \mathtt{P}\mathtt{H}^{-1}$과 $\mathtt{Q}' = \mathtt{P}'\mathtt{H}^{-1}$을 만족하면 두 재구성이 동치라고 정의한다. 사영 재구성 정리의 증명에서 보듯이, 이러한 H는 카메라 중심의 직선에 놓인 점에서 재구성한 점 $\mathbf{Q}_i$를 제외하면 $\mathbf{Q}_i$를 $\mathbf{P}_i$로 보낸다. 정리 9.10에서 이 조건은 $\mathtt{F}_{\mathtt{P}'\mathtt{P}} = \mathtt{F}_{\mathtt{Q}'\mathtt{Q}}$와 같다. 여기에서 $\mathtt{F}_{\mathtt{P}'\mathtt{P}}$와 $\mathtt{F}_{\mathtt{Q}'\mathtt{Q}}$는 카메라 쌍 (P, P′)과 (Q, Q′)에 대응하는 기본 행렬이다. 따라서 다음의 정의를 할 수 있다.

정의 22.7 카메라와 점의 구성 두 개 $\{\mathtt{P}, \mathtt{P}', \mathbf{P}_i\}$, $\{\mathtt{Q}, \mathtt{Q}', \mathbf{Q}_i\}$는 다음을 만족하면 켤레 구성conjugate configuration이라 한다.

(i) 모든 i에 대해 $\mathtt{P}\mathbf{P}_i = \mathtt{Q}\mathbf{Q}_i$이고 $\mathtt{P}'\mathbf{P}_i = \mathtt{Q}'\mathbf{Q}_i$이다.

(ii) 카메라 쌍 두 개 (P, P′)와 (Q, Q′)에 대응하는 기본 행렬 $\mathtt{F}_{\mathtt{P}'\mathtt{P}}$, $\mathtt{F}_{\mathtt{Q}'\mathtt{Q}}$는 서로 다르다.

켤레 구성을 허용하는 구성 $\{\mathtt{P}, \mathtt{P}', \mathbf{P}_i\}$를 임계라고 한다.

중요한 점은 임계 구성이 되는 것은 카메라 중심과 점들에 의존하지 특정 카메라에 의존하지 않는다는 것이다.

결과 22.8 $\{\mathtt{P}, \mathtt{P}', \mathbf{P}_i\}$가 임계 구성이고 $\hat{\mathtt{P}}$, $\hat{\mathtt{P}}'$가 P와 P′가 각각 같은 중심을 가지는 카메라 두 개이면 $\{\hat{\mathtt{P}}, \hat{\mathtt{P}}', \mathbf{P}_i\}$ 또한 임계 구성이다.

증명 이것은 다음과 같이 쉽게 알 수 있다. $\{\mathtt{P}, \mathtt{P}', \mathbf{P}_i\}$가 임계 구성이므로 다른 구성 $\{\mathtt{Q}, \mathtt{Q}', \mathbf{Q}_i\}$가 존재해 모든 i에 대해 $\mathtt{P}\mathbf{P}_i = \mathtt{Q}\mathbf{Q}_i$와 $\mathtt{P}'\mathbf{P}_i = \mathtt{Q}'\mathbf{Q}_i$가 성립한다. 그러나 P와 $\hat{\mathtt{P}}$가 같은 카메라 중심을 가지므로 결과 22.1에서 $\hat{\mathtt{P}} = \mathtt{H}\mathtt{P}$이며 비슷하게 $\hat{\mathtt{P}}' = \mathtt{H}'\mathtt{P}'$이다. 그러므로 다음이 성립한다.

$$\hat{\mathtt{P}}\mathbf{P}_i = \mathtt{H}\mathtt{P}\mathbf{P}_i = \mathtt{H}\mathtt{Q}\mathbf{Q}_i \text{ and}$$
$$\hat{\mathtt{P}}'\mathbf{P}_i = \mathtt{H}'\mathtt{P}'\mathbf{P}_i = \mathtt{H}'\mathtt{Q}'\mathbf{Q}_i$$

따라서 $\{\mathtt{H}\mathtt{Q}, \mathtt{H}'\mathtt{Q}', \mathbf{Q}_i\}$는 $\{\hat{\mathtt{P}}, \hat{\mathtt{P}}', \mathbf{P}_i\}$의 또 하나의 구성이 돼서 임계가 된다. △

이 절의 목표는 점 대응 집합에서 비동치 실현이 발생하는 조건을 결정하는 것이다. 이 문제는 다음의 정리로 해결된다. 증명은 점진적으로 설명한다.

정리 22.9 (i) 카메라와 점의 켤레 구성이 일반적인 세 짝[triple]으로 주어진다. 그러면 임계 구성 $\{P, P', \mathbf{P}_i\}$는 두 개의 켤레 $\{Q, Q', \mathbf{Q}_i\}$와 $\{R, R', \mathbf{R}_i\}$를 가진다.

(ii) $\{P, P', \mathbf{P}_i\}$가 임계 구성이면, 모든 점 $\mathbf{P}_i$와 카메라 중심 두 개 $\mathbf{C}_P$와 $\mathbf{C}_{P'}$는 선직 이차 곡면 S_P에 놓인다.

(iii) 반대로, 카메라 중심 P, P′와 3차원 점 $\mathbf{P}_i$가 (결과 22.11의 이차 곡면 (v)와 (viii)을 제외하고) 선직 이차 곡면 사이에 놓이면 $\{P, P', \mathbf{P}_i\}$는 임계 구성이다.

문맥에서 선직 이차 곡면은 직선을 포함하는 임의의 이차 곡면을 의미한다. 앞으로 보겠지만 이것은 다양한 퇴화를 포함하고 있다. 이차 곡면에 대한 일반 논의와 분류는 3.2.4절에서 했다. 이차 곡면은 일반적으로 4×4 대칭 행렬 S에 대해 $\mathbf{X}^\top S\mathbf{X} = 0$을 만족하는 점 $\mathbf{X}$의 집합으로 정의한다. 그러나 S가 4×4 행렬이지만 대칭이 아닌 경우에는 모든 점 $\mathbf{X}$에 대해 $\mathbf{X}^\top S\mathbf{X} = (\mathbf{X}^\top S_{sym}\mathbf{X})$가 성립한다. 여기서 $S_{sym} = (S + S^\top)/2$는 S의 대칭 부분이다. 따라서 $\mathbf{X}^\top S\mathbf{X} = 0$의 필요충분조건은 $\mathbf{X}^\top S_{sym}\mathbf{X} = 0$이다. 결국 S는 S_{sym}와 같은 이차 곡면을 정의한다. 재구성의 모호성을 조사할 때 이차 곡면을 표현하기 위해 비대칭 행렬 S를 사용하는 것이 가끔 편리하다.

증명 우선 정리의 첫 번째 부분을 증명한다. F와 F′은 모든 대응 $\mathbf{x}'_i \leftrightarrow \mathbf{x}_i$에 대해 관계식 $\mathbf{x}'^\top_i F\mathbf{x}_i = \mathbf{x}'_i F'\mathbf{x}_i = 0$을 만족하는 서로 다른 기본 행렬이다. $F_\theta = F + \theta F'$을 정의한다. 간단하게 $\mathbf{x}'^\top_i F_\theta \mathbf{x}_i = 0$임을 알 수 있다. 그러나 F_θ는 $\det F_\theta = 0$인 경우에 기본 행렬이 된다. $\det F(\theta)$는 일반적인 3차 다항식이다. 이 다항식은 F와 F′에 각각 대응하는 해 $\theta = 0$과 $\theta = 1$을 가진다. 세 번째 해가 세 번째 기본 행렬에 대응한다. 그래서 이것은 세 번째 비동치 재구성이 된다. 특별한 경우로 $\det F(\theta)$가 θ에 대해서 2차이면 단지 두 개의 켤레 구성만 존재한다. □

정리의 두 번째 부분은 다음의 보조정리를 증명하면 된다.

보조정리 22.10 서로 다른 기본 행렬 $F_{PP'}$와 $F_{QQ'}$에 대응하는 카메라 두 쌍 (P, P′)과 (Q, Q′)을 생각한다. 이차 곡면 $S_P = P'^\top F_{Q'Q} P$와 $S_Q = Q'^\top F_{P'P} Q$를 정의한다.

(i) 이차 곡면 S_P는 카메라 중심 P와 P′을 포함한다. 비슷하게, S_Q는 카메라 중심 Q와 Q′을 포함한다.

(ii) S_P는 선직 이차 곡면이다.

(iii) $\mathbf{P}$와 $\mathbf{Q}$가 $P\mathbf{P} = Q\mathbf{Q}$와 $P'\mathbf{P} = Q'\mathbf{Q}$를 만족하는 3차원 점이면 $\mathbf{P}$는 이차 곡면 S_P에 $\mathbf{Q}$는 S_Q에 놓인다.

(iv) 반대로, $\mathbf{P}$가 이차 곡면 S_P에 놓인 점이면 $P\mathbf{P} = Q\mathbf{Q}$와 $P'\mathbf{P} = Q'\mathbf{Q}$를 만족하는 점 $\mathbf{Q}$가 S_Q상에 존재한다.

증명 결과 9.12에서 행렬 F가 카메라 쌍 (P, P′)에 대응하는 기본 행렬이 되는 필요충분조건은 $P'^{\top}FP$가 반대칭이 되는 것이다. 그러나 $F_{P'P} \doteq F_{Q'Q}$이므로 여기서 정의한 S_P와 S_Q는 반대칭이 아니다. 그래서 자명하지 않은 이차 곡면을 표현한다.

P와 P′과 같은 행렬이 표현하는 카메라의 중심을 $\mathbf{C}_P$와 $\mathbf{C}_{P'}$으로 표현하는 방식을 사용한다.

(i) 카메라의 중심은 $P\mathbf{C}_P = 0$을 만족한다. 그래서 다음을 얻는다.

$$\mathbf{C}_P^{\top} S_P \mathbf{C}_P = \mathbf{C}_P^{\top}(P'^{\top} F_{Q'Q} P)\mathbf{C}_P = \mathbf{C}_P^{\top}(P'^{\top} F_{Q'Q})P\mathbf{C}_P = 0$$

그 이유는 $P\mathbf{C}_P = 0$이기 때문이다. 그래서 $\mathbf{C}_P$는 이차 곡면 S_P상에 놓인다. 비슷하게, $\mathbf{C}_{P'}$은 S_P상에 놓인다.

(ii) $\mathbf{e}_Q$는 $F_{Q'Q}\mathbf{e}_Q = 0$으로 정의되는 등극점이다. $\mathbf{e}_Q = P\mathbf{X}$를 만족하는 $\mathbf{C}_P$를 지나는 광선을 생각한다. 그러면, 이러한 모든 점들은 $S_P\mathbf{X} = P'^{\top}F_{Q'Q}\mathbf{X} = P'^{\top}F_{Q'Q}\mathbf{e}_Q = 0$을 만족한다. 따라서 광선은 S_P상에 놓이고 S_P는 선직 이차 곡면이 된다.

(iii) 주어진 조건하에서 다음이 성립되는 것을 볼 수 있다.

$$\mathbf{P}^{\top} S_P \mathbf{P} = \mathbf{P}^{\top} P'^{\top} F_{Q'Q} P\mathbf{P} = \mathbf{Q}^{\top}(Q'^{\top} F_{Q'Q} Q)\mathbf{Q} = 0$$

그 이유는 $Q'^{\top}F_{Q'Q}Q$가 반대칭이기 때문이다. 그래서 $\mathbf{P}$는 이차 곡면 S_P상에 놓이게 된다. 비슷하게 $\mathbf{Q}$가 S_Q상에 놓이는 것을 알 수 있다.

(iv) $\mathbf{P}$는 S_P상의 점이고 $\mathbf{x} = P\mathbf{P}$, $\mathbf{x}' = P'\mathbf{P}$를 정의한다. 그러면, $\mathbf{P}^{\top}S_P\mathbf{P} = 0$에서 $0 = \mathbf{P}^{\top}P'^{\top}F_{Q'Q}P\mathbf{P} = \mathbf{x}'^{\top}F_{Q'Q}\mathbf{x}$가 성립하고 $\mathbf{x} \leftrightarrow \mathbf{x}'$는 $F_{Q'Q}$에 대해 대응하는 점의 쌍이 된다. 그러므로 적절한 점 $\mathbf{Q}$가 존재해 $Q\mathbf{Q} = \mathbf{x} = P\mathbf{P}$, $Q'\mathbf{Q} = \mathbf{x}' = P'\mathbf{P}$가 성립

한다. 이 보조정리의 (iii)에서 **Q**는 S_Q상에 놓여야 한다. □

이 보조정리는 모호한 이미지 대응을 일으키는 3차원 점들의 집합을 완전하게 서술한다. 실세계 점이 주어진 이차 곡면에 놓이게 되면 임의로 선택한 카메라 쌍이 모호한 이지미 대응을 일으키는 것에 유의해야 한다.

22.2.1 모호성의 예

이 시점에서 정리 22.9의 역 부분을 증명하는 것이 남았다. 모든 종류의 선직 이차 곡면과 이차 곡면에 있는 카메라 중심 두 개의 임의의 위치에 대해서 이런 작업을 해야 한다. 퇴화된 경우를 포함한 모든 종류의 선직 곡선은 다음과 같다(3.2.4절 참조). 일엽쌍곡면, 원뿔, (교차하는) 두 평면, 한 개의 평면, 한 개의 직선. 선직 곡면상의 카메라 중심 두 개의 위치에 관한 완벽한 나열은 다음과 같다.

결과 22.11 선직 이차 곡면상에서 서로 다른 두 점(특히 카메라 중심)의 가능한 구성은 다음과 같다.

(i) 일엽쌍곡면, 같은 생성자에 있지 않은 두 점
(ii) 일엽쌍곡면, 같은 생성자에 있는 두 점
(iii) 원뿔, 한 점은 꼭짓점
(iv) 원뿔, 꼭짓점이 아닌 다른 생성자의 두 점
(v) 원뿔, 꼭짓점이 아닌 같은 생성자의 두 점
(vi) 한 쌍의 평면, 평면의 교차선에 놓인 두 점
(vii) 한 쌍의 평면, 평면의 교차선에 한 점과 아닌 곳의 한 점
(viii) 한 쌍의 평면, 교차선이 아닌 각각 다른 평면상의 두 점
(ix) 한 쌍의 평면, 교차선은 아니지만 같은 평면상의 두 점
(x) 평면 하나 위의 두 점
(xi) 직선 하나 위의 두 점

같은 분류에 있는 임의의 두 이차곡면과 점의 쌍은 사영 동치가 된다.

목록이 완벽하다는 것은 사례를 열거함으로써 분명해진다. 동일한 범주에 있는 두 구

성이 사영 동치라는 것이 분명하지 않은 유일한 경우는 일엽쌍곡면의 비퇴화 경우이다. 이에 대한 증명은 22장 끝의 연습 문제 (i)에 남겨둔다.

이제, 모든 $\mathbf{P}_i$가 카메라 중심 두 개를 포함하는 이차 곡면 S_P에 놓여 있는 임계 구성 $\{P, P', \widehat{\mathbf{P}}_i\}$의 예를 생각한다. 이차 곡면과 카메라 중심 두 개는 결과 22.11의 범주 중의 하나에 속한다.

카메라 중심 두 개 $(\hat{P}, \hat{P}'')$와 점들의 집합 $\widehat{\mathbf{P}}_i$가 이차 곡면 $\hat{S}_p$에 놓여 있다. $\hat{S}_p$와 카메라 중심 두 개가 위의 예와 같은 범주에 속한다고 가정한다. 같은 범주에 있는 두 구성은 사영 동치이므로 $\hat{S}_p = S_P$이고 P와 $\hat{P}$의 중심, P′과 $\hat{P}'$의 중심이 같다고 가정할 수 있다. $\widehat{\mathbf{P}}_i$가 S_P에 놓여 있으므로, $\{P, P', \widehat{\mathbf{P}}_i\}$는 임계 구성이고 결과 22.8에 따라서 $\{\hat{P}, \hat{P}', \widehat{\mathbf{P}}_i\}$도 마찬가지다.

이로부터 정리 22.9의 역부분을 증명하기 위해서 결과 22.11에 주어진 ((v)와 (viii)를 제외하고) 각 범주에 속하는 임계 구성에 대해 각각의 예를 보이면 충분하다는 것을 알 수 있다. 전부는 아니지만 여러 경우에 대해 보기를 제시할 것이다. (v)와 (viii)가 임계가 아니라는 사실은 여기서 증명하지 않는다. 나머지 경우에 대해서는 독자들에게 남겨둔다.

임계 구성의 보기 $P = Q = [I \mid \mathbf{0}]$과 $P' = [I \mid \mathbf{0}]$인 경우를 생각한다. 이 경우에 다음을 알 수 있다.

$$S_P = \begin{bmatrix} I \\ \mathbf{t}_0^\top \end{bmatrix} F_{Q'Q}[I \mid 0] = \begin{bmatrix} I \\ \mathbf{t}_0^\top \end{bmatrix} [F_{Q'Q} \mid \mathbf{0}]$$

결국, 다음을 얻는다.

$$S_{P\text{sym}} = \frac{1}{2}\begin{bmatrix} F_{Q'Q} + F_{Q'Q}^\top & F_{Q'Q}^\top \mathbf{t}_0 \\ \mathbf{t}_0^\top F_{Q'Q} & 0 \end{bmatrix}$$

차수 2의 기본 행렬 $F_{Q'Q}$와 카메라 행렬 $Q = [I \mid \mathbf{0}]$이 주어지면, 다른 카메라 행렬 Q′를 쉽게 구할 수 있다. 이것은 결과 9.13의 공식을 이용하면 된다. 이제, 결과 22.11의 다른 범주에 속하는 임계 구성의 여러 가지 경우를 살펴본다.

보기 22.12 일엽쌍곡면, 중심 두 개가 같은 생성자에 있지 않은 경우. $F_{Q'Q} = \begin{bmatrix} 1 & 0 & 1 \\ 0 & 1 & 0 \\ -1 & 0 & -1 \end{bmatrix}$과 $\mathbf{t}_0 = (0, 2, 0)^\top$을 선택한다. 그러면, $\mathbf{t}_0^\top F_{Q'Q} = (0, 2, 0)$이고 다음을 얻는다.

$$
S_{sym} = \begin{bmatrix} 1 & & & \\ & 1 & & 1 \\ & & -1 & \\ & 1 & & 0 \end{bmatrix}
$$

이 이차 곡면은 방정식 $X^2 + Y^2 + 2Y - Z = 0$ 또는 $X^2 + (Y+1)^2 - Z^2 = 1$을 가진다. 이것은 일엽쌍곡면이다. 이 경우에 카메라 중심은 (비동차 좌표계에서) $\mathbf{C}_P = \mathbf{C}_Q = (0,\ 0,\ 0)^\top$이다. 카메라 중심 $\mathbf{C}_{P'} = (0,\ 2,\ 0)^\top$이다. $\mathbf{C}_P$에서 $\mathbf{C}_{P'}$까지의 직선은 이차 곡면상에 놓여 있지 않음에 주의해야 한다. 카메라 중심 $\mathbf{C}_{Q'}$은 앞에서 주어진 정보로만으로는 유일하게 결정할 수 없다. 기본 행렬이 카메라 두 개를 유일하게 결정하지 못하기 때문이다. 그러나 $F_{Q'Q}\mathbf{e} = 1$인 등극점 $\mathbf{e}$는 $\mathbf{e} = (1,\ 0,\ -1)$이다. $\mathbf{e} = Q\mathbf{C}_{Q'}$이므로 $\mathbf{C}_{Q'} = (1,\ 0,\ -1,\ k^{-1})$이다. 비동차 좌표계에서 임의의 k에 대해 $\mathbf{C}_{Q'} = k(1,\ 0,\ -1)$이다. $\mathbf{C}_P$에서 $\mathbf{C}_{Q'}$까지의 직선 전체는 이차 곡면에 놓이는 것을 확인할 수 있다. 그러나 $\mathbf{C}_{Q'}$은 이 직선의 임의에 놓일 수 있다. △

보기 22.13 일엽쌍곡면, 두 중심은 같은 생성자에 있다. $F_{Q'Q}$는 앞의 보기와 같이 선택하고 $\mathbf{t}_0 = (3,\ 4,\ 5)^\top$로 둔다. 그러면 $\mathbf{t}_0^\top F_{Q'Q} = (-2,\ 4,\ -2)$이고 다음을 얻는다.

$$
S_{sym} = \begin{bmatrix} 1 & & & -1 \\ & 1 & & 2 \\ & & -1 & -1 \\ -1 & 2 & -1 & 0 \end{bmatrix}
$$

이 이차 곡면의 방정식은 $(X-1)^2 + (Y+2)^2 - (Z+1)^2 = 4$이며 다시 일엽쌍곡면이다. 직선 $(\mathbf{X},\ \mathbf{Y},\ \mathbf{Z}) = (3t,\ 4t,\ 5t)$가 이 이차곡면에 놓이고 두 카메라 중심 $(0,\ 0,\ 0)^\top$와 $(3,\ 4,\ 5)^\top$를 포함하는 것을 확인할 수 있다. △

보기 22.14 원뿔, 중심의 하나 원뿔의 꼭짓점인 경우. $F_{Q'Q}$를 앞의 보기와 같이 선택하고 $\mathbf{t}_0 = (1,\ 0,\ 1)^\top$을 선택한다. 이 경우 $\mathbf{t}_0^\top F_{Q'Q} = 0^\top$임을 알 수 있고 $S_{sym} = \mathrm{diag}(1,\ 1,\ -1,\ 0)$이다. 이것은 원뿔이다. P와 Q의 카메라 중심은 원뿔의 꼭짓점 $\mathbf{C}_P = (0,\ 0,\ 0,\ 1)^\top$이다. △

보기 22.15 원뿔, 두 카메라 중심이 원뿔의 꼭짓점이 아닌 경우. $F_{Q'Q} = \mathrm{diag}(1,\ 1,\ 0)$과 $\mathbf{t}_0 = (0,\ 2,\ 0)^\top$를 선택한다. 이 경우에 대해 다음을 얻는다.

$$\mathtt{S}_{\text{sym}} = \begin{bmatrix} 1 & & & \\ & 1 & & 1 \\ & & 0 & \\ & 1 & & 0 \end{bmatrix}$$

이 이차 곡면은 방정식 $x^2 + y^2 + 2y = 0$, 즉 $x^2 + (y+1)^2 = 1$을 만족한다. 이것은 Z축에 평행한 원통이다. 그래서 무한점 $(0, 0, 1, 0)^\top$에 꼭짓점을 가지는 원뿔과 사영 동치이다. 두 카메라 중심 모두 꼭짓점에 놓여 있지 않다. △

보기 22.16 평면 두 개. $\mathtt{F}_{Q'Q} = \text{diag}(1, -1, 0)$과 $\mathbf{t}_0 = (0, 0, 1)^\top$을 선택하면 $\mathbf{t}_0^\top \mathtt{F}_{Q'Q} = \mathbf{0}^\top$이 된다. 이 경우 $\mathtt{S}_P = \mathtt{S}_{\text{sym}} = \text{diag}(1, -1, 0, 0)$이며 평면 쌍을 나타낸다. 이 경우 카메라 중심은 두 평면의 교차 선에 놓인다. △

보기 22.17 단일 평면 $\mathtt{F}_{Q'Q} = \begin{bmatrix} 1 & 1 & 0 \\ -1 & 0 & 0 \\ 0 & 0 & 0 \end{bmatrix}$이고 $\mathbf{t}_0 = (0, 0, 1)^\top$을 선택한다. 그러면 $\mathtt{S}_{\text{sym}} = \text{diag}(1, 0, 0, 0)$이며 $x = 0$인 하나의 평면을 나타낸다. △

보기 22.18 단일 직선 $\mathtt{F}_{Q'Q} = \text{diag}(1, 1, 0)$과 $\mathbf{t}_0 = (0, 0, 1)^\top$를 선택한다. 이 경우 $\mathtt{S}_{\text{sym}} = \text{diag}(1, 1, 0, 0)$이며 Z축인 하나의 직선을 나타낸다. 모든 점과 두 카메라 중심은 이 직선상에 놓인다. △

불가능한 경우 (v)와 (viii)을 제외하면 이것으로 결과 22.11에서 (vii)와 (ix)를 제외하고 가능한 모든 퇴화 구성에 대한 보기이다. 나머지 경우에 대해서는 독자들에게 남겨둔다.

최소 경우-7점 11.1.2절에서 볼 수 있듯이 7은 사영 재구성을 계산할 수 있는 일반 위치의 최소 점 개수이다. 이 방법은 3차 방정식을 푸는 것으로 귀결되고 하나 또는 세 개의 실수 해를 가진다. 임계 곡면의 관점에서 보면 하나의 구성에서 (9개의 점이 이차 곡면에 있기 때문에) 7개의 점과 두 개의 카메라 중심이 이차 곡면에 있어야 한다. 이것이 선직 이차 곡면이면 세 개의 켤레 해가 존재한다. 반면에 (예를 들어 타원체와 같이) 이것이 선직 곡면이 아니면 단 하나의 실수 해가 존재한다.

삼차 방정식이 점과 카메라 중심이 놓인 곡면이 선직이냐 그렇지 않으냐에 따라서 한 개 또는 세 개의 실수해를 가지는 차이를 보여준다. 대수학과 기하학이 잘 연결되는 보기이다.

22.3 칼슨-바인스할 쌍대성

카메라와 점들 사이의 20장에서 설명한 쌍대성을 퇴화된 경우를 쌍대화하기 위해 사용할 수 있다. 여기에서 살펴볼 것이다. 우선 칼슨-발인스할 쌍대성을 보다 더 형식화한다.

칼슨-바인스할 쌍대성은 다음의 방정식을 기초로 한다.

$$\begin{bmatrix} a & & & -d \\ & b & & -d \\ & & c & -d \end{bmatrix} \begin{pmatrix} \mathrm{X} \\ \mathrm{Y} \\ \mathrm{Z} \\ \mathrm{T} \end{pmatrix} = \begin{bmatrix} \mathrm{X} & & & -\mathrm{T} \\ & \mathrm{Y} & & -\mathrm{T} \\ & & \mathrm{Z} & -\mathrm{T} \end{bmatrix} \begin{pmatrix} a \\ b \\ c \\ d \end{pmatrix}$$

좌변의 카메라 행렬은 카메라 중심 $(a^{-1}, b^{-1}, c^{-1}, d^{-1})^\mathsf{T}$와 대응한다. 여기서는 카메라 중심을 이용해 카메라를 서술하는 것에 관심이 있다. 여기에서 볼 수 있듯이, 카메라와 3차원 점을 교환하기 위해서는 카메라 중심의 좌표와 점을 바꿔야 한다. 예를 들면 점 $(\mathrm{X}, \mathrm{Y}, \mathrm{Z}, \mathrm{T})^\mathsf{T}$는 카메라 중심 $(\mathrm{X}^{-1}, \mathrm{Y}^{-1}, \mathrm{Z}^{-1}, \mathrm{T}^{-1})^\mathsf{T}$과 쌍대이다.

축약 카메라 행렬을 다음으로 표기한다.

$$\mathrm{P} = \begin{bmatrix} a^{-1} & & & -d^{-1} \\ & b^{-1} & & -d^{-1} \\ & & c^{-1} & -d^{-1} \end{bmatrix} \tag{22.1}$$

그리고 중심 $\mathbf{C} = (a, b, c, d)^\mathsf{T}$을 $\mathrm{P}_\mathbf{C}$로 나타낸다. 이제, 점 $\overline{\mathbf{X}} = (\mathrm{X}^{-1}, \mathrm{Y}^{-1}, \mathrm{Z}^{-1}, \mathrm{T}^{-1})^\mathsf{T}$와 $\overline{\mathbf{C}} = (a^{-1}, b^{-1}, c^{-1}, d^{-1})^\mathsf{T}$를 정의하면 다음을 얻을 수 있다.

$$\mathrm{P}_\mathbf{C}\mathbf{X} = \mathrm{P}_{\overline{\mathbf{X}}}\overline{\mathbf{C}} \tag{22.2}$$

그래서 이 변환은 3차원 점과 카메라 중심을 교환한다. 결국 $\mathbf{X}$에 작용하는 중심 $\mathbf{C}$의 카메라는 $\overline{\mathbf{C}}$에 작용하는 중심 $\overline{\mathbf{X}}$의 카메라와 같은 결과를 가진다.

이러한 관찰에서 다음의 정의가 나온다.

정의 22.19 다음의 $\mathbb{P}^3$에서 자기 자신으로 가는 사상을 칼슨-바인스할 사상이라 하고, Γ로 표기한다.

$$(\mathrm{X}, \mathrm{Y}, \mathrm{Z}, \mathrm{T})^\mathsf{T} \mapsto (\mathrm{YZT}, \mathrm{ZTX}, \mathrm{TXY}, \mathrm{XYZ})^\mathsf{T}$$

Γ에 의한 $\mathbf{X}$의 이미지 점을 $\overline{\mathbf{X}}$로 표기한다. Γ에 의한 객체의 이미지를 쌍대 개체라고 종

종 부른다.

칼슨-바인스할 사상은 크레모나Cremona 변환의 일종이다. 크레모나 변환에 대한 추가 정보는 Semple과 Kneebone([Semple-79])에 나와 있다.

주의 $\mathbf{X}$의 모든 좌표가 영이 아니면 $\bar{\mathbf{X}}$를 XYZT로 나눌 수 있다. 그러면 Γ는 $(\mathrm{X}, \mathrm{Y}, \mathrm{Z}, \mathrm{T})^\top \mapsto (\mathrm{X}^{-1}, \mathrm{Y}^{-1}, \mathrm{Z}^{-1}, \mathrm{T}^{-1})^\top$과 동치가 된다. 이것이 앞으로 자주 사용할 형태이다. $\mathbf{X}$의 좌표 중에서 하나가 영이 되는 경우에는 사상을 정의와 같이 해석한다. 다른 점은 영이 아니고 한 점만 영이면 임의의 점 $(0, \mathrm{Y}, \mathrm{Z}, \mathrm{T})^\top$는 Γ에 의해 $(1, 0, 0, 0)^\top$로 변환된다. 그러므로 일대일 대응이 아니다.

$\mathbf{X}$의 좌표 중에서 두 개가 영인 경우에는 $\bar{\mathbf{X}} = (0, 0, 0, 0)^\top$이 된다. 이것은 정의되지 않는 점이다. 그래서 Γ는 모든 점에서 정의되지 않는다. 사실 이러한 점으로 Γ를 연속적으로 확장할 수 있는 방법은 없다.

꼭짓점 $\mathbf{E}_1 = (1, 0, 0, 0)^\top$, $\mathbf{E}_2 = (0, 1, 0, 0)^\top$, $\mathbf{E}_3 = (0, 0, 1, 0)^\top$, $\mathbf{E}_4 = (0, 0, 0, 1)^\top$을 가지는 사면체를 기준 사면체reference tetrahedron로 정의한다. 앞에서 봤듯이 Γ는 기준 사면체의 면에서 일대일 대응이 된다. 이것은 기존 사면체의 면을 반대에 있는 꼭짓점으로 보내고, 기준 사면체의 변에서는 정의되지 않는다. 다음에서 Γ가 다른 기하 객체에 대해 작용하는 것을 조사한다.

정리 22.20 칼슨-바인스할 사상 Γ는 다음과 같이 작용한다.

(i) 일반 위치의 점 $\mathbf{X}_0$와 $\mathbf{X}_1$을 지나는 직선을 $\bar{\mathbf{X}}_0$, $\bar{\mathbf{X}}_1$과 네 개의 기준 꼭짓점 $\mathbf{E}_1, \ldots, \mathbf{E}_4$를 지나는 꼬인 삼차 곡선으로 보낸다.

(ii) 임의의 $\mathbf{E}_i$를 지나는 직선을 같은 $\mathbf{E}_i$를 지나는 직선으로 보낸다. 직선이 기준 사면체의 면에 놓여 있는 경우를 제외한다. 이 경우 직선은 한 점으로 변환되기 때문이다.

(iii) 네 점 $\mathbf{E}_i$, $i = 1, \ldots, 4$를 지나는 이차 곡면 S를 같은 점을 지나는 이차 곡면 $\bar{\mathrm{S}}$로 보낸다. S가 선직 이차 곡면이면 $\bar{\mathrm{S}}$도 그러하다. S가 퇴화되면 $\bar{\mathrm{S}}$도 퇴화된다.

증명 (i) 직선은 매개 방정식 $(\mathrm{X}_0 + a\theta, \mathrm{Y}_0 + b\theta, \mathrm{Z}_0 + c\theta, \mathrm{T}_0 + d\theta)^\top$를 가지면 이 직선 상의 점은 칼슨-바인스할 사상으로 다음의 점으로 변환된다.

$$((\mathrm{Y}_0 + b\theta)(\mathrm{Z}_0 + c\theta)(\mathrm{T}_0 + d\theta), \ldots, (\mathrm{X}_0 + a\theta)(\mathrm{Y}_0 + b\theta)(\mathrm{Z}_0 + c\theta))^\top$$

그래서 이 벡터의 각 원소는 θ에 대해 삼차식이며 곡선은 꼬인 삼차 곡선이 된다. 이제 $\theta = -\mathrm{X}_0/a$로 두면 $(\mathrm{X}_0 + a\theta)$가 사라지고 대응하는 쌍대점은 $((\mathrm{Y}_0 + b\theta)(\mathrm{Z}_0 + c\theta)(\mathrm{T}_0 + d\theta), 0, 0, 0)^\top \approx (1, 0, 0, 0)^\top$이다. 첫 번째 원소는 $(\mathrm{X}_0 + a\theta)$를 포함하지 않는 유일한 것이므로 사라지지 않는 유일한 항이다. 이것으로 기준 꼭짓점 $\mathbf{E}_1 = (1, 0, 0, 0)^\top$는 꼬인 삼차 곡선에 놓이는 것을 알 수 있다. 비슷한 방법으로 다른 점들 $\mathbf{E}_2, \ldots, \mathbf{E}_4$ 또한 꼬인 삼차 곡선에 놓인다. 꼬인 삼차 곡선은 6개 점으로 정의되므로, 위의 꼬인 삼차 곡선은 6개 점 $\mathbf{E}_i$, $\bar{\mathbf{X}}_0$, $\bar{\mathbf{X}}_1$에 의해 정의된다. 여기에서 $\mathbf{X}_0$과 $\mathbf{X}_1$를 직선을 정의하는 임의의 두 점이다.

(ii) 점 $\mathbf{E}_0 = (1, 0, 0, 0)^\top$를 지나는 직선에 대해 증명한다. 다른 점 $\mathbf{E}_i$에 대해서는 비슷하게 증명할 수 있다. 기준 사면체의 면에 놓여 있지 않고 직선상의 점 $\mathbf{X} = (\mathrm{X}, \mathrm{Y}, \mathrm{Z}, \mathrm{T})^\top$를 선택한다. 그래서 $\mathbf{X}$의 좌표는 영을 가지지 않는다. $(1, 0, 0, 0)^\top$와 $\mathbf{X} = (\mathrm{X}, \mathrm{Y}, \mathrm{Z}, \mathrm{T})^\top$를 지나는 직선상의 점은 α가 변함에 따라서 $(\alpha, \mathrm{Y}, \mathrm{Z}, \mathrm{T})^\top$의 형태를 가진다. 이런 점들은 변환에 의해 $(\alpha^{-1}, \mathrm{Y}^{-1}, \mathrm{Z}^{-1}, \mathrm{T}^{-1})^\top$가 된다. 이것은 두 점 $(1, 0, 0, 0)^\top$, $\bar{\mathbf{X}} = (\mathrm{X}^{-1}, \mathrm{Y}^{-1}, \mathrm{Z}^{-1}, \mathrm{T}^{-1})^\top$을 지나는 직선을 나타낸다.

(iii) 이차곡면 S가 모든 점 $\mathbf{E}_i$를 지나가므로, S의 대각 행렬은 모두 영이 된다. 이것은 이차 곡면의 식에 (X^2과 같은) 이차식이 없는 것을 의미한다. 그러므로 이차 곡면의 식은 (XY, YZ, ZX와 같이) 혼합 항만을 포함한다. 그러므로 이차 곡면 S는 방정식 $a\mathrm{XY} + b\mathrm{YZ} + c\mathrm{XT} + d\mathrm{YZ} + e\mathrm{YT} + f\mathrm{ZT} = 0$으로 정의된다. 이것을 XYZT로 나누면 $a\mathrm{Z}^{-1}\mathrm{T}^{-1} + b\mathrm{Y}^{-1}\mathrm{T}^{-1} + c\mathrm{Y}^{-1}\mathrm{Z}^{-1} + d\mathrm{X}^{-1}\mathrm{T}^{-1} + e\mathrm{X}^{-1}\mathrm{Z}^{-1} + f\mathrm{X}^{-1}\mathrm{Y}^{-1} = 0$이다. $\bar{\mathbf{X}} = (\mathrm{X}^{-1}, \mathrm{Y}^{-1}, \mathrm{Z}^{-1}, \mathrm{T}^{-1})^\top$이므로 이것은 $\bar{\mathbf{X}}$의 원소에 대해 이차식이다. 그러므로 Γ는 이차 곡면으로 변환한다. 구체적으로 S가 다음 행렬로 표현된다고 가정한다.

$$\mathrm{S} = \begin{bmatrix} 0 & a & b & c \\ a & 0 & d & e \\ b & d & 0 & f \\ c & e & f & 0 \end{bmatrix} \quad \text{then } \bar{\mathrm{S}} = \begin{bmatrix} 0 & f & e & d \\ f & 0 & c & b \\ e & c & 0 & a \\ d & b & a & 0 \end{bmatrix}$$

그리고 $\mathbf{X}^\top\mathrm{S}\mathbf{X} = 0$에서 $\bar{\mathbf{X}}^\top\bar{\mathrm{S}}\bar{\mathbf{X}} = 0$임을 알 수 있다. S가 선직 곡면이면 임의의 점 특히 각 $\mathbf{E}_i$를 지나는 두 개의 생성자를 가진다. (ii)에서 이들은 직선으로 변환되고 $\bar{\mathrm{S}}$에 놓이게

된다. 그러므로 $\bar{S}$는 선직 곡면이다. det S = det $\bar{S}$임을 알 수 있다. 이것은 S가 퇴화되지 않으면(det S ≠ 0이다), $\bar{S}$ 또한 그러하다. 퇴화되지 않은 경우에, S가 일엽쌍곡면일 때 det S > 0이고 det $\bar{S}$ > 0이 된다. 그러므로 $\bar{S}$ 또한 일엽쌍곡면이 된다. □

다른 기하 객체에 대한 Γ의 작용은 연습 문제에서 조사한다.

쌍대 방정식 (22.2)를 좌표계 없이 해석하고자 한다. 행렬 P_C는 정의에 의해서 (22.1)의 형태를 가지고 $i = 1, \ldots, 4$에 대해 $\mathbf{E}_i$를 $\mathbf{e}_i$로 보낸다. 이미지 $P_C\mathbf{X}$를 이미지에서 사영 기저 $\mathbf{e}_i$에 대한 $\mathbf{X}$의 사영을 표시하는 것으로 해석할 수 있다. 다른 방법으로 $P_C\mathbf{X}$는 광선 다섯 개 $\overline{\mathbf{CE}}_1, \ldots, \overline{\mathbf{CE}}_4$, $\overline{\mathbf{CX}}$의 집합의 사영 동치류를 나타낸다. 그래서 $P_C\mathbf{X} = P_{C'}\mathbf{X}'$인 필요충분조건은 $\mathbf{C}$에서 $\mathbf{X}$로의 광선과 기준 사면체의 꼭짓점 네 개가 $\mathbf{C}'$에서 $\mathbf{X}'$으로 광선과 기준 꼭짓점 네 개와 사영 동치가 된다. 앞에서 도입한 표기법을 이용하면 (22.2)를 다음과 같이 다른 형태로 표기할 수 있다.

$$\langle \mathbf{C}; \mathbf{E}_1, \ldots, \mathbf{E}_4, \mathbf{X} \rangle = \langle \overline{\mathbf{X}}; \mathbf{E}_1, \ldots, \mathbf{E}_4, \overline{\mathbf{C}} \rangle \qquad (22.3)$$

쌍대성 원리 쌍대성의 기초는 (22.2)이며, 이는 (22.2)의 표기법에서 $P_C\mathbf{X} = P_{\bar{X}}\bar{\mathbf{C}}$를 의미한다.

표기법 $P_C\mathbf{X}$는 기준 사면체의 꼭짓점의 사영이 정의하는 표준 이미지 좌표계에서 점 $\mathbf{X}$의 사영 좌표를 의미한다. 동등하게 P_C는 다섯 개의 사영점 $P_C\mathbf{E}_i$와 $P_C\mathbf{X}$의 사영 동치류를 나타내는 것으로 볼 수 있다. 22장에서 사용하는 표기법에서 이것은 $\langle \mathbf{C};\ \mathbf{E}_1, \ldots,$ $\mathbf{E}_4,\ \mathbf{X} \rangle$이다. 그래서 쌍대 관계식은 다음으로 표기할 수 있다.

$$\langle \mathbf{C}; \mathbf{E}_1, \ldots, \mathbf{E}_4, \mathbf{X} \rangle = \langle \overline{\mathbf{X}}; \mathbf{E}_1, \ldots, \mathbf{E}_4, \overline{\mathbf{C}} \rangle \qquad (22.4)$$

여기에서 윗줄 바[bar]는 칼슨-바인스할 사상을 나타낸다.

P_C가 표준 사영 기저로 정의했지만, 기준 사면체의 꼭짓점으로 사영한 네 개의 점 $\mathbf{E}_1, \ldots, \mathbf{E}_4$는 같은 면에 존재하지 않는 것 외에 특별한 것은 없다. 같은 면에 있지 않은 네 점이 주어지면, 이 네 점이 사영 기저의 일부를 형성하는 사영 좌표계를 정의할 수 있다. 칼슨-바인스할 사상을 이러한 좌표계에 대해 정의할 수 있다. 결과로 얻은 사상을 주어진 기준 사면체에 대한 칼슨-바인스할 사상이라고 부른다.

보다 정확하게, (네 점이 아닌) 다섯 점이 $\mathbb{P}^3$에서 사영 좌표계를 정의하는 것을 볼 수 있다. 실제로 $\mathbf{E}_i$를 좌표로 가지는 같은 평면에 있지 않은 네 개의 점에 대해 하나 이상의 (실제로 3개의 매개변수를 가지는) 사영 좌표계가 존재한다. 그래서 이러한 기준 사면체에 대한 칼슨-바인스할 사상은 유일하지 않다. 그러나 이러한 좌표계에 대해 정의 22.19에서 주어진 사상을 사용할 수 있다.

하나 이상의 사영 중심에 대한 점들의 집합의 사영에 관한 명제 또는 증명이 주어지면 쌍대 명제를 만들 수 있다. 사영되는 네 개의 점 중에서 기준 사면체를 형성하는 같은 평면에 있지 않은 네 개의 점이 있어야 하는 것을 필요로 한다. 기준 사면체에 대해 일반 쌍대 사상에서 다음이 성립한다.

(i) (기준 사면체에 속하지 않는) 점은 사영 중심으로 변환된다.
(ii) 사영 중심은 점으로 변환된다.
(iii) 직선은 꼬인 삼차 곡선으로 변환된다.
(iv) 기준 사면체를 포함하는 선직 이차 곡선은 기준 사면체를 포함하는 선직 이차 곡선으로 변환된다. 처음 이차 곡선이 퇴화되지 않았으면, 쌍대 사상에 의한 이미지도 퇴화되지 않았다.

기준 사면체의 변에 있는 점은 피해야 한다. 칼슨-바인스할 사상이 이러한 점에서는 정의되지 않기 때문이다. 위의 사항을 변환 표로 사용하면 점 사영에 대해서 개별 정리에 대해서 따로 증명이 필요 없이 기존의 정리를 쌍대화할 수 있다.

주의 기준 사면체에 속하지 않는 점만이 쌍대성에 의해 카메라로 변화되는 것을 볼 수 있다. 기준 사면체의 꼭짓점은 여전히 점으로 남는다. 실제로 쌍대성 원리를 적용할 때 같은 평면에 있지 않은 임의의 네 점을 선택해 기준 사면체를 형성한다. 일반적으로 다음 절에서 서술하는 결과에서 고려하는 점들은 같은 평면에 있지 않은 네 점을 포함한다,라는 가정을 (구체적으로 서술하지 않아도) 한다. 이런 네 점을 이용해 기준 사면체로 사용한다.

22.3.1 단일 시점 모호성

이 절에서는 알려진 또는 분명한 기하학적인 명제에 쌍대성을 적용해 얼마나 다양한 재구성의 모호성이 발생하는가에 대해 보여줄 것이다.

5점에서 카메라의 후방교회법 5개의 3차원-2차원 점 대응은 사영 카메라의 후방교회법으로 충분하지 않다. 그러나 5개의 점 대응에서 무엇을 결정할 수 있는지는 살펴보는 것은 흥미롭다.

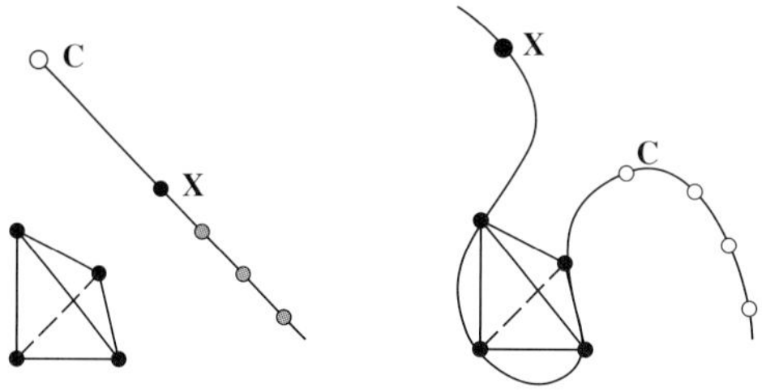

그림 22.5 왼쪽: C와 X를 통과하는 직선에 놓인 임의의 점은 사영 중심 C에서 같은 점으로 사영된다. 오른쪽: 쌍대 명제. X와 기준 사면체의 꼭짓점을 통과하는 꼬인 삼차 곡선에 놓인 사영 중심 C에 대해서 5개의 점은 (사영 동치류를 제외하고) 같은 방식으로 사영된다. 그래서 카메라는 알려진 5개 점의 이미지가 결정하는 꼬인 삼차 곡선에 놓이는 구속 조건을 가진다.

칼슨 쌍대성을 이용해 유추할 수 있는 간단한 예로서 다음의 간단한 질문을 생각한다. 두 점이 언제 이미지에서 같은 점으로 사영되는가? 정답은 카메라 중심을 지나는 같은 광선(직선)에 두 점이 놓일 때이다. 이러한 관찰을 쌍대화하면 그림 22.5는 3차원-2차원 점 대응의 5개 점이 구속하는 카메라 중심은 5개의 3차원 점을 통과하는 꼬인 삼차 곡선상에 놓여야만 한다.

단시궤적 비슷한 방법으로 카메라 두 개가 결정하는 단시궤적의 형태를 계산할 수 있다. 단시궤적은 두 이미지에서 같은 점으로 변환되는 공간 점들의 집합이다. 설명은 그림 22.6에 제시하였고 직선의 경우에 대해 간단한 관찰부터 시작한다.

결과 22.21 주어진 점 $\mathbf{X}$와 $\mathbf{X}'$에 대해 다음을 만족하는 카메라 중심 $\mathbf{C}$의 궤적은 $\mathbf{X}$와 $\mathbf{X}'$을 연결하는 직선이다.

$$\langle \mathbf{C}; \mathbf{E}_1, \ldots, \mathbf{E}_4, \mathbf{X} \rangle = \langle \mathbf{C}; \mathbf{E}_1, \ldots, \mathbf{E}_4, \mathbf{X}' \rangle$$

이를 그림 22.6(왼쪽)에서 설명했다. 이 명제의 쌍대가 카메라 쌍에 대한 단시궤적을 결정한다(그림 22.6(오른쪽) 참조).

결과 22.22 사영 중심 $\mathbf{C}$, $\mathbf{C}'$과 같은 평면에 있지 않은 기준 사면체의 네 점 $\mathbf{E}_i$가 주어질 때, $\langle \mathbf{C};\ \mathbf{E}_1,\ldots,\mathbf{E}_4,\ \mathrm{X}\rangle = \langle \mathbf{C}';\ \mathbf{E}_1,\ldots,\mathbf{E}_4,\ \mathbf{X}\rangle$를 만족하는 점들의 집합 $\mathbf{X}$는 $\mathbf{E}_1,\ldots,\mathbf{E}_4$와 두 사영 중심 $\mathbf{C}$와 $\mathbf{C}'$을 지나는 꼬인 삼차 곡선이다.

카메라 후방교회의 모호성 마지막으로 후방교회의 모호성을 설명한다. 이것은 단시궤적과 밀접한 연관이 있다. 이를 시각화하기 위해서 비록 이 상황과 완전히 일치하지 않지만 그림 22.6을 참조하면 좋다.

결과 22.23 같은 직선상에 놓인 카메라 중심 $\mathbf{C}_1,\ldots,\mathbf{C}_m$과 점 $\mathbf{X}_0$을 고려한다. $\mathbf{E}_i$, $i=1,\ldots,4$는 기준 사면체의 꼭짓점이다. $\mathbf{X}$는 다른 점이다. 그러면 다음의 두 구성이 이미지 동치 구성이 될 필요충분조건은 $\mathbf{X}$가 $\mathbf{X}_0$와 카메라 중심이 놓인 직선에 놓이는 것이다.

$$\{\mathbf{C}_1,\ldots,\mathbf{C}_m;\mathbf{E}_1,\ldots,\mathbf{E}_4,\mathbf{X}\}\ \mathit{and}\ \{\mathbf{C}_1,\ldots,\mathbf{C}_m;\mathbf{E}_1,\ldots,\mathbf{E}_4,\mathbf{X}_0\}$$

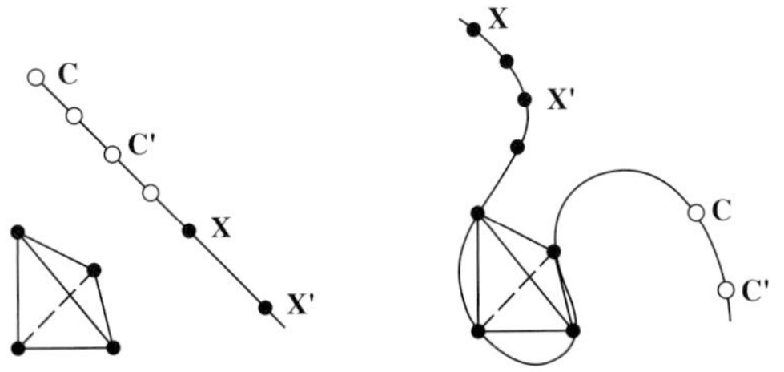

그림 22.6 왼쪽: X와 X'을 연결하는 직선상에 놓인 사영 중심 C, C',...에서 점 X와 X'은 같은 광선에 사영된다. 즉, 직선에 있는 모든 점 C에 대해 ⟨C; E_i, X⟩ = ⟨C; E_i, X'⟩을 만족한다. 오른쪽: 쌍대 명제. C, C'과 기준 사면체의 꼭짓점을 모두 지나는 꼬인 삼차 곡선에 놓인 모든 점은 사영 중심 두 개에 대해 같은 방식으로 사영된다. 즉, 꼬인 삼차 곡선상의 모든 점 X에 대해 ⟨C; E_i, X⟩ = ⟨C'; E_i, X⟩이다. 이 곡선을 사영 중심 두 개에 대한 "단시궤적"이라 한다.

쌍대 명제로 변형할 때 정리 22.20에서 직선은 기준 사면체의 꼭짓점 네 점으로 변환된다. 그러므로 결과 22.23의 쌍대 명제는 다음과 같다.

결과 22.24 기준 꼭짓점 $\mathbf{E}_i$를 지나는 단일 꼬인 삼차 곡선상에 놓인 점 $\mathbf{X}_i$와 카메라 중심 $\mathbf{C}_0$를 고려한다. $\mathbf{C}$는 다른 카메라 중심이다. 그러면 다음의 구성이 이미지 동치가 되는 필요충분조건은 $\mathbf{C}$가 같은 꼬인 삼차 곡선상에 놓이는 것이다.

$$\{\mathbf{C}; \mathbf{E}_1, \ldots, \mathbf{E}_4, \mathbf{X}_1, \ldots, \mathbf{X}_m\} \text{ and } \{\mathbf{C}_0; \mathbf{E}_1, \ldots, \mathbf{E}_4, \mathbf{X}_1, \ldots, \mathbf{X}_m\}$$

점 $\mathbf{E}_i$는 같은 평면에 있지 않은 임의의 네 점이고 꼬인 삼차 곡선은 같은 평면에 있는 점 4개를 포함할 수 없으므로 마지막 결과를 다음과 같이 서술할 수 있다.

결과 22.25 점들의 집합 $\mathbf{X}_1, \ldots, \mathbf{X}_m$과 카메라 중심 $\mathbf{C}_0$는 꼬인 삼차 곡선에 놓여 있다. 그러면 임의의 다른 카메라 중심 $\mathbf{C}$에 대해 다음의 두 구성이 이미지 동치가 되는 필요충분조건은 $\mathbf{C}$가 같은 꼬인 삼차 곡선에 놓이는 것이다.

$$\{\mathbf{C}; \mathbf{X}_1, \ldots, \mathbf{X}_m\} \text{ and } \{\mathbf{C}_0; \mathbf{X}_1, \ldots, \mathbf{X}_m\}$$

이것을 그림 22.6(오른쪽)에 나타냈다. 모든 점들과 카메라가 같은 꼬인 삼차 곡선에 놓여 있으면 카메라의 위치를 유일하게 결정할 수 없는 것을 볼 수 있다. 이것은 결과 22.6에서 증명하지 않고 남겨둔 부분의 독립적인 증명이 된다.

비슷한 방법을 사용하면, 이것은 가능한 오직 두 개의 모호성 중의 하나인 것을 알 수 있다. 모호성이 발생하는 다른 경우는 모든 점과 카메라 중심 두 개가 평면과 직선의 합집합에 놓인 경우이다. 이것은 카메라 중심을 지나는 직선이 기준 사면체의 꼭짓점 중의 하나와 만나는 경우에 발생한다. 이 경우에 직선의 쌍대는 같은 기준 꼭짓점을 지나는 직선이고(정리 22.20 참조), 모든 점은 이 직선 또는 기준 사면체의 반대 면에 놓여야 한다.

이 두 보기에서 같은 직선에 있는 점과 꼬인 삼차 곡선에 놓인 점들의 사영에 대해 명제를 도출하고 결과를 증명하는 데 쌍대성을 사용하는 것을 볼 수 있다.

22.3.2 이중 시점의 모호성

이중 시점에서 임계 곡면에 대한 기본 정리 22.9를 다음과 같이 서술할 수 있다.

정리 22.26 카메라 두 개와 점 n개의 구성 $\{\mathbf{C}_1, \mathbf{C}_2; \mathbf{X}_1, \ldots, \mathbf{X}_n\}$이 또 다른 재구성을 허용할 필요충분조건은 카메라 중심 두 개 $\mathbf{C}_1$, $\mathbf{C}_2$와 모든 점 $\mathbf{X}_j$가 선직 이차 곡면상에 놓이는 것이다. 이차 곡면이 (일엽쌍곡면과 같이) 퇴화하지 않으면, 세 번째의 또 다른 재구성이 항상 존재한다.

이에 대한 쌍대 명제를 다음과 같이 서술할 수 있다.

정리 22.27 임의 개수의 카메라 중심과 점 6개의 구성 $\{\mathbf{C}_1, \ldots, \mathbf{C}_n; \mathbf{X}_1, \ldots, \mathbf{X}_6\}$의 또 다른 재구성을 허용할 필요충분조건은 모든 카메라 중심 $\mathbf{C}_1, \ldots, \mathbf{C}_n$과 모든 점 $\mathbf{X}_1, \ldots, \mathbf{X}_6$이 선직 이차 곡면에 놓이는 것이다.[2] 이차 곡면이 (일엽쌍곡면과 같이) 퇴화하지 않으면, 세 번째의 또 다른 재구성이 항상 존재한다.

이 결과는 원래 [Maybank-98]에서 증명됐다. 증명에서 쌍대성의 역할을 강조하기 위해 정리 22.27의 증명을 소개한다.

증명 구성 $\{\mathbf{C}_1, \ldots, \mathbf{C}_n; \mathbf{X}_1, \ldots, \mathbf{X}_6\}$을 고려한다. 같은 평면에 있지 않고 기준 사면체의 꼭짓점이 되는 $\mathbf{E}_1, \ldots, \mathbf{E}_4$를 사용해 점의 표기를 바꿔 구성을 $\{\mathbf{C}_1, \ldots, \mathbf{C}_n; \mathbf{E}_1, \ldots, \mathbf{E}_4, \mathbf{X}_1, \mathbf{X}_2\}$로 표기한다. 이 구성이 다른 재구성을 가지면 적절한 다른 구성 $\{\mathbf{C}'_1, \ldots, \mathbf{C}'_n; \mathbf{E}_1, \ldots, \mathbf{E}_4, \mathbf{X}'_1, \mathbf{X}'_2\}$가 존재해 모든 $i = 1, \ldots, n$과 $j = 1, 2$에 대해 $\langle \mathbf{C}_i; \mathbf{E}_1, \ldots, \mathbf{E}_4, \mathbf{X}_j \rangle = \langle \mathbf{C}'_i; \mathbf{E}_1, \ldots, \mathbf{E}_4, \mathbf{X}'_j \rangle$를 만족한다. (22.3)을 이용해 이를 쌍대화하면 다음을 얻는다.

$$\langle \overline{\mathbf{X}}_j; \mathbf{E}_1, \ldots, \mathbf{E}_4, \overline{\mathbf{C}}_i \rangle = \langle \overline{\mathbf{X}}'_j; \mathbf{E}_1, \ldots, \mathbf{E}_4, \overline{\mathbf{C}}'_i \rangle \text{ for all } j = 1, 2 \text{ and } i = 1, \ldots, n$$

정리 22.26을 적용하면, 카메라 중심 두 개 $\overline{\mathbf{X}}_j$, 기준 꼭짓점 $\mathbf{E}_1, \ldots, \mathbf{E}_4$, 점 $\overline{\mathbf{C}}_i$가 모두 선직 이차 곡면 $\bar{S}$에 놓이는 것을 알 수 있다. 정리 22.20(iii)의 역쌍대성을 적용하면 점 $\mathbf{X}_1$, $\mathbf{X}_2$와 카메라 중심 $\mathbf{C}_i$가 이차 곡면 S에 놓이는 것을 알 수 있다. 이것으로 정리의 순방향 부분을 증명한다. 역방향 부분도 비슷하게 증명할 수 있다.

세 번째 다른 해가 존재하는 것은 퇴화하지 않은 이차 곡면의 쌍대 또한 퇴화하지 않는다는 사실에서 나온다. □

정리 22.27에서 흥미로운 최소 경우는 20.2.4절에서 살펴본 $n = 3$인 경우이다. 이 경우에 (카메라 세 개와 점 6개의) 모두 9개의 점이 있다. (이차 곡면은 점 9개로 정의되므로) 이러한 9개의 점을 지나는 이차 곡면을 만들 수 있다. 이차 곡면이 선직 이차 곡면이면(퇴화하지 않은 경우에 일엽쌍곡면), 세 개의 서로 다른 해가 존재한다. 그렇지 않으면 재구성은 유일하다. 이중 시점의 점 7개의 재구성에서 삼중 시점에서 점 6개의 알고리듬 20.1은 삼차방정식의 해가 필요하다. 7개 점에서 삼차방정식이 하나 또는 세 개의 해를 가지는 차

---

2 이 명제에서 점들의 집합 $\{\mathbf{X}_1, \ldots, \mathbf{X}_6\}$은 기준 사면체를 형성하는 같은 평면에 있지 않은 4점을 포함하고 다른 2개의 점 $\mathbf{X}_j$와 카메라 중심 $\mathbf{C}_i$는 사면체의 면에 놓이지 않는 것을 가정한다. 이러한 조건이 필수적인지는 아직 밝혀지지 않았다.

이는 이차 곡면이 선직인가 아닌가로 설명할 수 있다.

22.4 삼중 시점의 임계 구성

이제 삼중 시점에서 발생하는 모호한 구성에 관해 살펴본다.

이 절에서는 카메라 세 개를 구분하기 위해서 프라임 표기가 아닌 상첨자 표기를 사용한다. 그래서, $\mathtt{P}^0$, $\mathtt{P}^1$, $\mathtt{P}^2$가 카메라 세 개를 나타내고 $\{\mathbf{P}_i\}$는 점들의 집합이다. 모든 i와 j에 대해 $\mathtt{P}^j\mathbf{P}_i = \mathtt{Q}^j\mathbf{Q}_i$를 만족하는 세 개의 다른 카메라 행렬 $\mathtt{Q}^0$, $\mathtt{Q}^1$, $\mathtt{Q}^2$와 점 $\{\mathbf{Q}_i\}$로 구성된 구성이 어떤 환경에서 존재하는가가 여기에서 질문이다. 두 구성은 사영 동치가 되는 것을 요구한다.

다양하고 특별한 구성의 모호성이 존재한다.

평면의 점 모든 점이 평면에 놓여 있고 모든 i에 대해서 $\mathbf{P}_i = \mathbf{Q}_i$이면, 사영 점들의 동치류를 바꾸지 않으면서 카메라를 움직일 수 있다. 그러므로 $\mathtt{P}^j\mathbf{P} = \mathtt{Q}^j\mathbf{Q}_i$를 만족하는 미리 정해진 위치에 중심이 있도록 카메라 $\mathtt{P}^j$와 $\mathtt{Q}^j$를 선택할 수 있다.

꼬인 삼차 곡선상의 점 모든 점과 카메라 하나 $\mathtt{P}^2$가 꼬인 삼차 곡선에 놓여 있을 때 비슷한 모호성이 발생한다. 이 경우 $\mathtt{Q}^0 = \mathtt{P}^0$, $\mathtt{Q}^1 = \mathtt{P}^1$ 그리고 모든 i에 대해 $\mathbf{Q}_i = \mathbf{P}_i$로 선택할 수 있다. 그러면 꼬인 삼차 곡선에 대한 카메라 후방교회법의 모호성에 따라서(22.1.2절 참조), 꼬인 삼차 곡선상의 임의의 점 $\mathbf{C}^2_{\mathtt{Q}}$는 모든 i에 대해 $\mathtt{P}^2\mathbf{P}_i = \mathtt{Q}^2\mathbf{Q}_i$가 성립하도록 $\mathbf{C}^2_{\mathtt{Q}}$에 중심을 선택할 수 있다.

모호성에 관한 이 보기는 별로 흥미롭지 못하다. 단일 시점의 카메라 후방교회법의 모호성 이상은 없기 때문이다. 위의 보기에서 점 $\mathbf{P}_i$와 $\mathbf{Q}_i$가 각 경우에 같다면, 모호성은 각 점에 대한 카메라의 위치에서 발생한다. 다음에 살펴볼 보기가 보다 더 흥미롭다.

일반 삼중 시점의 모호성 카메라 행렬 $(\mathtt{P}^0, \mathtt{P}^1, \mathtt{P}^2)$와 $(\mathtt{Q}^0, \mathtt{Q}^1, \mathtt{Q}^2)$가 고정돼 있고, $i = 0, 1, 2$에 대해 $\mathtt{P}^i\mathbf{P} = \mathtt{Q}^i\mathbf{Q}$를 만족하는 모든 점을 찾고자 한다. 카메라 행렬 두 개를 미리 선택한 이중 시점의 경우를 따라서 할 것이다. 뒤에서 카메라 하나만을 미리 선택하는 다소 완화된 경우를 살펴본다.

삼중 시점에 대한 임계 구성은 시점의 각 쌍에 대해서도 또한 임계 구성이라는 것을 간단하게 알 수 있다. 그래서, $\{\mathrm{P}^0, \mathrm{P}^1, \mathrm{P}^2, \mathbf{P}_i\}$가 임계 구성이 되는 점 집합이 단순히 $\{\mathrm{P}^0, \mathrm{P}^1, \mathbf{P}_i\}$, $\{\mathrm{P}^1, \mathrm{P}^2, \mathbf{P}_i\}$, $\{\mathrm{P}^0, \mathrm{P}^2, \mathbf{P}_i\}$가 임계 구성이 되는 점 집합의 교집합이 된다고 자연스럽게 가정하고 싶다. 보조정리 22.10에서 이러한 각 점 집합은 선직 이차 곡면이므로 삼중 시점에서 임계점 집합은 이러한 이차 곡면의 교집합임을 가정하고 싶다. 이것은 완전한 거짓은 아니지만, 논리 전개는 좀 모호한 면을 가지고 있다. 위의 주장에서 빠진 중요한 점은 대응 켤레 점은 세 개의 쌍 각각에 대해 같지 않다는 것이다.

보다 정확하게 표현하면 임계 구성 $\{\mathrm{P}^0, \mathrm{P}^1, \mathbf{P}_i\}$에 대응해 $j=0, 1$일 때 $\mathrm{P}^j\mathbf{P}^i = \mathrm{Q}^j\mathbf{Q}_i^{01}$를 만족하는 켤레 구성 $\{\mathrm{Q}^0, \mathrm{Q}^1, \mathbf{Q}_i^{01}\}$가 존재한다. 비슷하게 임계 구성 $\{\mathrm{P}^0, \mathrm{P}^2, \mathbf{P}_i\}$에 대해 $j=0, 2$일 때 $\mathrm{P}^j\mathbf{P}_i = \mathrm{Q}^j\mathbf{Q}_i^{02}$를 만족하는 켤레 구성 $\{\mathrm{Q}^0, \mathrm{Q}^2, \mathbf{Q}_i^{02}\}$가 존재한다. 그러나 $\mathbf{Q}_i^{02}$가 $\mathbf{Q}_i^{01}$와 같을 필요는 없다. 그래서 모든 $i, j=0, 1, 2$에 대해 $\mathrm{P}^j\mathbf{P}_i = \mathrm{Q}^j\mathbf{Q}_i$가 성립하는 점 $\mathbf{Q}_i$가 존재한다고 지금 당장 결론을 내릴 수 없다.

이 점에 대해서 좀 더 자세히 살펴본다. 카메라의 첫 번째 쌍 $(\mathrm{P}^0, \mathrm{P}^1)$과 $(\mathrm{Q}^0, \mathrm{Q}^1)$을 생각하면 보조정리 22.10에서 $\mathbf{P}$와 $\mathbf{Q}$가 $\mathrm{P}^j\mathbf{P} = \mathrm{Q}^j\mathbf{Q}$를 만족하는 점이면 $\mathbf{P}$는 카메라 행렬이 정의하는 이차 곡면 $\mathrm{S}_\mathrm{P}^{01}$상에 놓여야 한다. 비슷하게, 점 $\mathbf{Q}$는 $\mathrm{S}_\mathrm{Q}^{01}$상에 놓여야 한다. 이와 비슷하게 $(\mathrm{P}^0, \mathrm{P}^2)$와 $(\mathrm{Q}^0, \mathrm{Q}^2)$를 생각하면 이러한 카메라 행렬 두 개가 결정하는 이차 곡면 $\mathrm{S}_\mathrm{P}^{01}$상에 점 $\mathbf{P}$가 놓여야 한다. 아울러 점 $\mathbf{Q}$가 놓이는 카메라 쌍 $(\mathrm{P}^1, \mathrm{P}^2)$와 $(\mathrm{Q}^1, \mathrm{Q}^2)$가 결정하는 이차 곡면이 존재한다. 그래서 $j=0, 1, 2$에 대해 $\mathrm{P}^j\mathbf{P} = \mathrm{Q}^j\mathbf{Q}$를 만족하는 점 $\mathbf{P}$와 $\mathbf{Q}$에 대해 P는 이차 곡면 세 개의 교집합에 놓여야 한다. $\mathbf{P} \in \mathrm{S}_\mathrm{P}^{01} \cap \mathrm{S}_\mathrm{P}^{02} \cap \mathrm{S}_\mathrm{P}^{12}$이다. 이것이 거의 필요충분조건이 되는 것을 보게 될 것이다.

결과 22.28 $(\mathrm{P}^0, \mathrm{P}^1, \mathrm{P}^2)$와 $(\mathrm{Q}^0, \mathrm{Q}^1, \mathrm{Q}^2)$는 두 개의 카메라 세 짝이고 $\mathrm{P}^0 = \mathrm{Q}^0$을 가정한다. 보조정리 22.10에서처럼 각각의 쌍 $(i, j) = (0, 1), (0, 2), (1, 2)$에 대해 $\mathrm{S}_\mathrm{P}^{ij}$와 $\mathrm{S}_\mathrm{Q}^{ij}$는 카메라 행렬 쌍 $(\mathrm{P}^i, \mathrm{P}^j)$와 $(\mathrm{Q}^i, \mathrm{Q}^j)$가 정의하는 선직 이차 임계 곡면이다.

(i) 카메라 중심 P^0은 $\mathrm{S}_\mathrm{P}^{01} \cap \mathrm{S}_\mathrm{P}^{02}$에, P^1은 $\mathrm{S}_\mathrm{P}^{01} \cap \mathrm{S}_\mathrm{P}^{12}$에, P^2는 $\mathrm{S}_\mathrm{P}^{12} \cap \mathrm{S}_\mathrm{P}^{02}$에 놓여 있다.

(ii) $i=0, 1, 2$일 때 $\mathrm{P}^i\mathbf{P} = \mathrm{Q}^i\mathbf{Q}$를 만족하는 점 $\mathbf{P}$와 $\mathbf{Q}$가 존재하면 $\mathbf{P}$는 $\mathrm{S}_\mathrm{P}^{01} \cap \mathrm{S}_\mathrm{P}^{02} \cap \mathrm{S}_\mathrm{P}^{12}$에, $\mathbf{Q}$는 $\mathrm{S}_\mathrm{Q}^{01} \cap \mathrm{S}_\mathrm{Q}^{02} \cap \mathrm{S}_\mathrm{Q}^{12}$에 놓인다.

(iii) 반대로 $\mathbf{P}$가 이차 곡면의 교집합 $\mathrm{S}_\mathrm{P}^{01} \cap \mathrm{S}_\mathrm{P}^{02} \cap \mathrm{S}_\mathrm{P}^{12}$에 놓여 있지만 카메라 중심 $\mathbf{C}_\mathrm{Q}^0$, $\mathbf{C}_\mathrm{Q}^1$, $\mathbf{C}_\mathrm{Q}^2$를 포함하는 평면에 있지 않으면, $i=0, 1, 2$일 때 $\mathrm{P}^i\mathbf{P} = \mathrm{Q}^i\mathbf{Q}$를 만족하고

$S_Q^{01} \cap S_Q^{02} \cap S_Q^{12}$에 놓여 있는 점 $\mathbf{Q}$가 존재한다.

조건 $P^0 = Q^0$가 일반화에 대한 제약이 되지 못한다. 두 구성 (P^0, P^1, P^2)와 (Q^0, Q^1, Q^2)의 사영 좌표계가 독립이기 때문이다. 이러한 조건을 만족하는 두 번째 사영 좌표계를 쉽게 선택할 수 있다. 두 번째 카메라 사영 좌표계에 관해서 점 $\mathbf{P}$를 생각하기 위해 이러한 가정을 한 것에 불과하다.

점 P가 카메라 중심 $\mathbf{C}_Q^i$의 평면에 놓여 있지 않아야 한다는 것은 필수적이다. 이에 대한 주장은 [Hartley-00b]를 참조하라. 그러나 이런 경우는 일반적으로 발생하지 않는다. 삼중 초점 평면을 가지는 세 개의 이차 곡면의 교집합은 일반적으로 공집합이고 특별한 경우에 몇 개의 점을 포함하기 때문이다. 발생할 수 있는 가능성은 $\mathbf{C}_Q^0$, $\mathbf{C}_Q^1$, $\mathbf{C}_Q^2$가 같은 직선에 있는 경우이다. 이 경우 다른 점도 카메라 중심 세 개와 같은 평면에 놓인다.

증명 첫 번째 명제는 보조정리 22.10에서 직접 유도된다. 두 번째는 점 $\mathbf{P}$와 $\mathbf{Q}$가 세 개의 이차 곡면의 교집합에 놓인다는 것에서 보조정리 22.10을 카메라 각 쌍에 적용하면 얻을 수 있다.

마지막 명제를 증명하기 위해서 점 $\mathbf{P}$가 세 개의 이차 곡면의 교점에 놓이는 것을 가정한다. 그러면 보조정리 22.10을 세 개의 이차 곡면 S_P^{ij}에 적용하면 적절한 점 $\mathbf{Q}^{ij}$가 존재해 다음을 만족한다.

$$
\begin{array}{ll}
P^0\mathbf{P} = Q^0\mathbf{Q}^{01} & P^1\mathbf{P} = Q^1\mathbf{Q}^{01} \\
P^0\mathbf{P} = Q^0\mathbf{Q}^{02} & P^2\mathbf{P} = Q^2\mathbf{Q}^{02} \\
P^1\mathbf{P} = Q^1\mathbf{Q}^{12} & P^2\mathbf{P} = Q^2\mathbf{Q}^{12}
\end{array}
$$

상첨자로 인해서 혼돈이 있겠지만, 중요한 것은 각 행의 방정식은 보조정리 22.10의 결과를 세 개의 카메라 쌍에 적용한 것이다. 이것을 다음으로 정렬할 수 있다.

$$
\begin{aligned}
P^0\mathbf{P} &= Q^0\mathbf{Q}^{01} = Q^0\mathbf{Q}^{02} \\
P^1\mathbf{P} &= Q^1\mathbf{Q}^{01} = Q^1\mathbf{Q}^{12} \\
P^2\mathbf{P} &= Q^2\mathbf{Q}^{02} = Q^2\mathbf{Q}^{12}
\end{aligned}
$$

이제, 조건 $Q^1\mathbf{Q}^{01} = Q^1\mathbf{Q}^{12}$는 점 $\mathbf{Q}^{01}$과 점 $\mathbf{Q}^{12}$가 카메라 Q^1의 중심 $\mathbf{C}_Q^1$과 같은 직선상에 놓이는 것을 의미한다. 그래서 $\mathbf{Q}^{ij}$가 서로 다른 것을 가정하면, 이들은 그림 22.7에서 나타낸 구성에 놓이게 된다. 여기에서 두 점이 같으면 세 번째 점도 다른 둘과 같게 되는 것을 볼 수 있다. 세 점이 서로 다르면, 세 번째 점 $\mathbf{Q}^{ij}$와 세 번째 카메라 중심 $\mathbf{C}_{\mathrm{Q}}^{i}$가 같은 평면에 있게 된다. 모두 $\mathbf{Q}^{01}$이 정의하는 평면과 $\mathbf{Q}^{02}$와 $\mathbf{Q}^{12}$를 연결하는 직선상에 놓이기 때문이다. 그러므로 세 점은 카메라 중심 $\mathbf{C}_{\mathrm{Q}}^{i}$의 평면에 모두 놓이게 된다. 그러나 $\mathrm{P}^0\mathbf{P} = \mathrm{Q}^0\mathbf{Q}^{01} = \mathrm{Q}^0\mathbf{Q}^{02}$이므로, $\mathbf{P}$는 $\mathbf{Q}^{01}$과 $\mathbf{Q}^{02}$와 같은 선에 놓여야 하고, 그러므로 카메라 중심 $\mathbf{C}_{\mathrm{Q}}^{i}$와 같은 평면에 놓여야 한다. □

따라서 이 결과는 3중 시점의 임계 구성에 있는 점들은 세 개의 이차 곡면의 교집합에 놓이는 반면에 카메라 중심은 이차 곡면 쌍의 교집합에 놓이는 것을 보여준다. 일반적으로 세 개의 이차 곡면의 교집합은 점 8개로 구성된다. 이 경우, 두 개의 카메라 행렬 세 짝에 대한 임계 집합은 8개 점에서 세 개의 카메라 Q^i 평면에 놓인 점을 제외한 것으로 구성된다. 실제로 8번째 점은 카메라 세 개의 평면에 놓여 있기 때문에 세 개의 이차 곡면의 교점 8개에서 단지 7개만 임계 집합인 것을 증명할 수 있다(발표되지 않은 긴 논문인 [Maybank-98] 참조).

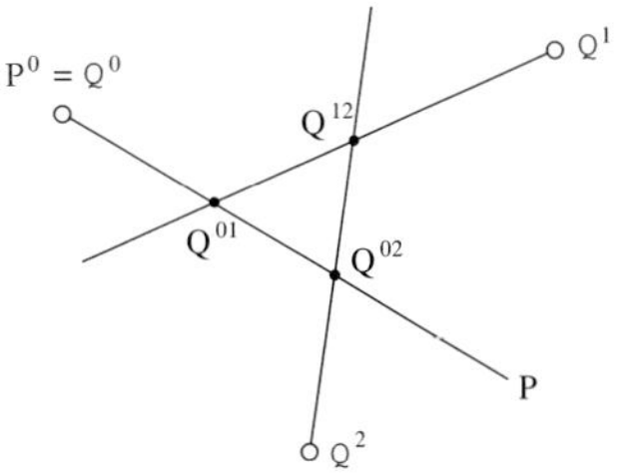

그림 22.7 카메라 중심 세 개와 모호한 점 세 개의 구성. 점 세 개 $\mathbf{Q}^{ij}$가 서로 다르면 이들 모두는 카메라 중심 $\mathbf{C}_{\mathrm{Q}}^{i}$가 정의하는 평면에 놓이게 된다.

그러나 어떤 경우에서는 세 개의 이차 곡면이 곡선에서 만나도록 카메라 행렬을 선택할 수 있다. 세 개의 이차 곡면 $\mathrm{S}_{\mathrm{P}}^{ij}$가 선형 독립이면 이런 것이 발생한다. 예로서, $\mathrm{S}_{\mathrm{P}}^{12} = \alpha \mathrm{S}_{\mathrm{P}}^{01} + \beta \mathrm{S}_{\mathrm{P}}^{02}$이면, $\mathbf{P}^{\top}\mathrm{S}_{\mathrm{P}}^{01}\mathbf{P} = 0$과 $\mathbf{P}^{\top}\mathrm{S}_{\mathrm{P}}^{02}\mathbf{P} = 0$을 만족하는 임의의 점 $\mathbf{P}$는 $\mathbf{P}^{\top}\mathrm{S}_{\mathrm{P}}^{12}\mathbf{P} = 0$을 만족한다. 그래서 세 개의 이차 곡면의 교점은 이들 중 두 개의 교점과 같다. 이 경우, 카메라 세 개는 같은 교점 곡선에 놓여야 한다. 하나는 곡선으로 구성된 두 개의 퇴화되지 않은 선직 이차 곡면의 교점으로 퇴화하지 않은 **타원 사차 곡선**elliptic quartic을 정의한다. 이것은 사차의 공간 곡선이다. 사차 곡선이 교차하는 다른 방법은 꼬인 삼차 곡선과 직선

하나 또는 두 개의 원뿔이다. 타원 사차 곡선의 보기는 그림 22.8에 나타냈다.

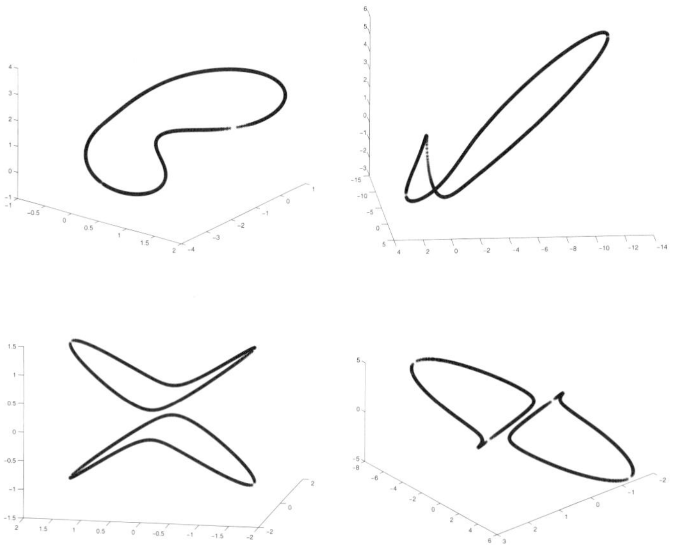

그림 22.8 두 개의 선직 이차 곡면의 교점으로 생성되는 타원 사차 곡선의 보기

보기 22.29 삼중 시점 임계 구성. 타원 사차 곡선

다음으로 정의되는 행렬 $\mathtt{A}$와 $\mathtt{B} = \tilde{\mathtt{B}} + \tilde{\mathtt{B}}^{\mathsf{T}}$로 표현되는 이차 곡면을 생각한다.

$$\mathtt{A} = \begin{bmatrix} 0 & 1 & 0 & 0 \\ 1 & 0 & 0 & 0 \\ 0 & 0 & 0 & -1 \\ 0 & 0 & -1 & 0 \end{bmatrix} \text{ and } \tilde{\mathtt{B}} = \begin{bmatrix} p & q & s-t & -s-u \\ 0 & r & s+t & -s+u \\ 0 & 0 & -p-q-r & 0 \\ 0 & 0 & 0 & 0 \end{bmatrix} \tag{22.5}$$

그러므로, $\mathtt{B}$는 $\{p, q, r, s, t, u\}$로 생성되는 5개 매개변수를 가지는 이차 곡면의 꾸러미이다(배율은 중요하지 않다). 카메라 행렬은 다음과 같다.

$$\mathtt{P}^0 = [\,\mathtt{I}\,|\,0\,], \quad \mathtt{P}^1 = [\,\mathtt{I}\mid(-1,-1,-1)^{\mathsf{T}}\,] \text{ and } \mathtt{P}^2 = [\,\mathtt{I}\mid(1,1,-1)^{\mathsf{T}}\,]$$

중심은 세 개의 이차 곡면의 교집합에 놓인다.

이런 카메라 세 개와 이차 곡면 두 개의 교집합에 놓인 임의 개수의 점들로 이루어진 구성은 임계라는 것을 증명한다. 이것은 세 개의 카메라 $\mathtt{Q}_i$와 두 이차 곡면의 교점에 있는 점 $\mathbf{P}$와 켤레 점 $\mathbf{Q}$가 $\mathtt{P}^i\mathbf{P} = \mathtt{Q}^i\mathbf{Q}$를 만족하는 다른 구성이 있는 것을 보임으로써 증명한다. 실제로 두 개의 다른 켤레 구성은 표 22.1과 표 22.2에 나타냈다.

(이차 곡면 A에 항상 놓여 있는) $\mathbf{P}$가 이차 곡면 B에 놓이면 모든 점 $\mathbf{P} = (x,\ y,\ xy,\ 1)^{\mathsf{T}}$과 대응 점 $\mathbf{Q}$가 $\mathtt{P}^i\mathbf{P} = \mathtt{Q}^i\mathbf{Q}$를 만족하는 것은 쉽게 알 수 있다.

쉬운 방법은 이런 모든 점에 대해 $(\mathtt{P}^i\mathbf{P}) \times (\mathtt{Q}^i\mathbf{Q}) = 0$임을 확인하는 것이다. 실제로 $i = 0,\ 1$에 대해서 벡터 곱은 항상 영이다. $i = 2$이면 직접 계산으로 확인할 수 있다. 첫 번째 해에 대해서 다음이 성립한다.

$$(\mathtt{P}^2\mathbf{P}) \times (\mathtt{Q}^2\mathbf{Q}) = \left(\mathbf{P}^{\mathsf{T}}\mathtt{B}\mathbf{P}\right)(4, -4x, 4)^{\mathsf{T}}$$

두 번째 해에 대해서는 다음이 성립한다.

$$(\mathtt{P}^2\mathbf{P}) \times (\mathtt{Q}^2\mathbf{Q}) = \left(\mathbf{P}^{\mathsf{T}}\mathtt{B}\mathbf{P}\right)(-4y, 4, 4)^{\mathsf{T}}$$

그러므로, $\mathtt{P}^2\mathbf{P} = \mathtt{Q}^2\mathbf{Q}$가 성립할 필요충분조건은 $\mathbf{P}$가 B상에 놓이는 것이다.

이 보기에서 A는 이차 곡면 $\mathtt{S}_{\mathtt{P}}^{01}$를 나타내는 행렬인 것을 주의해야 한다. △

표 22.1 카메라 $\mathtt{P}^i$와 (22.5)에 주어진 이차 곡면 A와 B의 교점의 재구성에 관한 첫 번째 켤레 해

카메라 행렬은 다음과 같다.

$$\mathtt{Q}^0 = \begin{bmatrix} 1 & 0 & 0 & 0 \\ 0 & 1 & 0 & 0 \\ 0 & 0 & 1 & 0 \end{bmatrix} \quad , \quad \mathtt{Q}^1 = \begin{bmatrix} -4 & 0 & 0 & 0 \\ 0 & 0 & 2 & 1 \\ 0 & 0 & -2 & 1 \end{bmatrix}$$

그리고 $\mathtt{Q}^2$는 다음이다.

$$\begin{bmatrix} -4\,(2p+q-t+u) & 8r & 4\,(p+q+2r+s+t) & -2\,(p+q-s-t) \\ 0 & 8\,(r+s-u) & -2\,(q-t+u) & -q+t-u \\ 8p & -8r & -2\,(2p+q-2s+3t+3u) & 2p+q-2s-t-u \end{bmatrix}$$

점 $\mathbf{P} = (x,\ y,\ xy,\ 1)^{\mathsf{T}}$에 대한 켤레 점은 다음으로 주어진다.

$$\mathbf{Q} = ((x-1)x, (x-1)y, (x-1)xy, -2x\,(-2+y+xy))^{\mathsf{T}}$$

표 22.2 재구성 문제에 대한 두 번째 켤레 해

카메라 행렬은 다음과 같다.

$$\mathtt{Q}^0 = \begin{bmatrix} 1 & 0 & 0 & 0 \\ 0 & 1 & 0 & 0 \\ 0 & 0 & 1 & 0 \end{bmatrix} \quad , \quad \mathtt{Q}^1 = \begin{bmatrix} 0 & 0 & -2 & 1 \\ 0 & 4 & 0 & 0 \\ 0 & 0 & 2 & 1 \end{bmatrix}$$

그리고 $\mathtt{Q}^2$는 다음이다.

$$\begin{bmatrix} -8\,(p+s+u) & 0 & 2\,(q+t-u) & -q-t+u \\ -8p & 4\,(q+2r+t-u) & -4\,(2p+q+r+s-t) & -2\,(q+r-s+t) \\ 8p & -8r & 2\,(q+2r-2s-3t-3u) & q+2r-2s+t+u \end{bmatrix}$$

점 $\mathbf{P} = (x,\ y,\ xy,\ 1)^\top$에 대한 켤레 점은 다음으로 주어진다.

$$\mathbf{Q} = ((y-1)x, (y-1)y, (y-1)xy, 2y\,(-2+x+xy))^\top$$

위의 보기는 상당히 일반적이다. $\mathtt{A}'$와 $\mathtt{B}'$가 카메라 중심 세 개를 포함하는 퇴화하지 않은 선직 이차 곡면 두 개이면, 카메라 중심 두 개 모두가 $\mathtt{A}'$의 생성자에 놓이지 않으면 사영변환을 통해 $\mathtt{A}'$를 $\mathtt{A}$로, 카메라 중심 세 개를 주어진 $\mathtt{P}^i$로 변환할 수 있다. 그리고 $\mathtt{B}'$는 적절한 λ에 대해 $\mathtt{A} + \lambda\mathtt{B}$로 변환된다. 그래서, $\mathtt{A}'$와 $\mathtt{B}'$로 생성되는 꾸러미와 이들의 교차 곡선은 $\mathtt{A}$와 $\mathtt{B}$가 생성하는 것과 상영 동치가 된다.

카메라 중심 두 개가 $\mathtt{A}'$의 같은 생성자에 놓일 가능성은 어려운 것이 아니다. 카메라 중심을 연결하는 직선이 꾸러미의 모든 이차 곡면에 놓이면, 이차 곡면의 교집합은 퇴화하지 않은 타원 사차 곡선이 될 수 없기 때문이다. 그렇지 않으면, $\mathtt{A}'$를 카메라 중심 두 개를 연결하는 직선을 포함하지 않는 이차 곡면 중 하나로 선택할 수 있다. 다음의 결과가 유도된다.

결과 22.30 카메라 세 개와 퇴화하지 않은 타원 사차 곡선에 놓인 모든 점의 임의의 구성은 임계이다.

22.5 나가면서

22.5.1 참고 도서

[Buchanan-88]에서 카메라 후방교회법을 위한 임계 곡선으로서 꼬인 삼차 곡선은 컴퓨터 비전에 소개했다. 이중 시점의 임계 집합에 대한 보다 자세한 내용은 [Maybank-90]과 [Maybank-93]을 참조하라. 이 두 책에서 임계 집합이 더 일찍 알려진 것을 알 수 있다. 사실 [Buchanan-88]에서 독자들에게 독일 사진 측량 문헌[Krames-42, Rinner-72]을 언급한다. 이중 시점에서 정리 22.9에서 임계가 아닌 결과 (v)와 (viii)는 (발표되지 않은) Fredrik Kahl에 의한 것이다.

22장에서 소개한 삼중 시점의 임계 구성에 대한 논의는 이 주제에 대해 알려진 것의 일부이다. 보다 자세한 내용은 [Hartley-00b, Hartley-02a, Kahl-01a]에서 찾을 수 있다. 특히, 타원 사차 곡선의 구성은 임의 개수의 카메라로 확장할 수 있다[Kahl-01a]. 꼬인 삼차 곡선상의 점과 직선상에 있는 카메라로 구성된 임의 개수의 카메라에 대한 구성은 [Hartley-03]에서 설명한다. 이 분야의 초기 연구로서 점 6개에 대한 임계 카메라 위치가 [Maybank-98]에 있고, 발표하지 않은 [Shashua-96]은 삼중 시점에서 임계 구성을 다룬다.

삼중 시점 또는 사중 시점에서 직선의 임계 구성에 대해서는 여기서 다루지 않았지만, [Buchanan-92]에 나와 있다. 그리고 (선형 복소수) 직선에서 선형 재구성을 위한 임계 구성을 [Stein-99]에서 분류했다.

22.5.2 메모와 연습 문제

(i) 일엽쌍곡면과 쌍곡면상의 두 점으로 구성된 임의의 두 구성은 두 점이 같은 생성자에 같이 놓여 있거나 또는 같이 놓여 있지 않으면 ($\mathbb{P}^3$의 사영성으로) 사영 동치가 되는 것을 증명하는 다음의 간략한 설명을 이용해 세부 사항을 채워 넣어라.
일엽쌍곡면은 $X^2 + Y^2 - Z^2 = 1$과 사영 동치이므로 임의의 두 일엽쌍곡면은 서로 사영 동치가 되고 또한 $Z = XY$로 주어지는 쌍곡면과 사영 동치가 된다. 1차원 사영변환 $h_X(X) = X' = (aX + b)/(cX + d)$를 정의한다. 계산으로 다음을 확인할 수 있다.

$$\begin{bmatrix} a & & & b \\ & d & c & \\ & b & a & \\ c & & & d \end{bmatrix} \begin{pmatrix} \mathrm{X} \\ \mathrm{Y} \\ \mathrm{XY} \\ 1 \end{pmatrix} = \begin{pmatrix} \mathrm{X}' \\ \mathrm{Y} \\ \mathrm{X}'\mathrm{Y} \\ 1 \end{pmatrix}$$

이것은 곡면 $\mathrm{Z} = \mathrm{XY}$를 자기 자신으로 보내는 3차원 사영변환이다. 이것과 Y에 대한 상사 변환을 합성하면 $\mathrm{Z} = \mathrm{XY}$를 고정하면서 $(\mathrm{X}, \mathrm{Y}, \mathrm{XY}, 1)^\top$를 $(\mathrm{X}', \mathrm{Y}', \mathrm{X}'\mathrm{Y}', 1)^\top$로 보내는 사영변환을 찾을 수 있다. h_X와 h_Y는 임의의 1차원 사영변환이므로, 이로부터 임의의 두 점을 다른 두 점으로 보내는 사상을 구할 수 있다.

(ii) Γ는 기준 사면체의 변과 만나는 직선을 원뿔로 보내는 것을 보여라.

(iii) Γ는 기준 사면체의 반대에 있는 두 변과 만나는 직선을 같은 두 변과 만나는 직선으로 보내는 것을 보여라.

(iv) 이러한 구성이 그림 22.3에서 나타난 카메라 후방교회법의 구성을 퇴화하는 것과 어떻게 연결되는가?

(v) 모든 점과 두 카메라가 선직 이차 곡면에 놓인 경우에 이중 시점 퇴화가 발생한다. 유클리드 육면체의 꼭짓점인 8개 점과 카메라 중심 2개가 주어졌을 때, 이러한 점 10개는 항상 이차 곡면에 놓이는 것을 보여라. 이것이 선직 이차 곡면이면 구성은 퇴화되고 재구성은 점 8개에서 불가능하다. 어떤 조건에서 이차 곡면이 선직이 되는지 조사하라. 힌트: 육면체 꼭짓점을 지나는 2개 매개변수를 가지는 이차 곡면의 꾸러미가 있다. 이런 꾸러미의 모양은 무엇과 닮았는가?

(vi) 퇴화하지 않은 타원 사차 곡선에 놓인 임의 개수의 카메라와 점의 구성이 임계임을 보여서 결과 22.30을 확장하라. 이것은 복잡한 계산을 요하지 않는다. 힌트가 필요하면 [Kahl-01a]를 참조하라.

Part V

부록

백작 부인 디하우슨빌의 초상화, 1845 (캔버스에 유채)

장 오귀스트 도미니크 앵그르 그림(1780–1867)

프릭 컬렉션, 뉴욕

A1

텐서 표기법

텐서 표기법은 컴퓨터 비전에서 일반적으로 사용하지 않기 때문에 사용법을 간단하게 설명한다. 자세한 내용은 [Triggs-95]를 참고하면 좋다. 간략화를 위해 이런 개념을 전체 일반성이 아닌 저차원 사영공간에서 설명한다. 그러나 아이디어를 임의 차원의 벡터 공간에 적용할 수 있다.

이차원 사영공간 $\mathbb{P}^2$에서 기저 벡터 $\mathbf{e}_i,\ i=1,\ldots,3$을 생각한다. 뒤에서 분명해지는 이유로 여기서는 하첨자를 이용한다. 이러한 기저 벡터를 이용해 $\mathbb{P}^2$의 점을 좌표 x^i를 이용해 표기하면 $\sum_{i=1}^{3} x^i \mathbf{e}_i$가 된다. 좌표는 여기서와 같이 상첨자를 이용해 표기한다. $\mathbf{x}$는 좌표의 세 짝 $\mathbf{x}=(x^1,\ x^2,\ x^3)^\top$를 나타낸다.

이제 $\hat{\mathbf{e}}_j=\sum_i H_j^i \mathbf{e}_i$로 표시되는 새로운 기저 $\hat{\mathbf{e}}_j$를 사용해 기전 벡터 $\mathbf{e}_i$를 대체하는 좌표 변환을 생각한다. $\mathtt{H}$는 원소 H_j^i를 가지는 기저 변환 행렬이다. $\hat{\mathbf{x}}=(\hat{x}^1,\ \hat{x}^2,\ \hat{x}^3)$을 새로운 기저에 대한 좌표라 두면, $\hat{\mathbf{x}}=\mathtt{H}^{-1}\mathbf{x}$가 된다. 그러므로 기저 벡터가 $\mathtt{H}$에 따라서 변환되면 점의 좌표는 역변환 $\mathtt{H}^{-1}$에 따라서 변환된다.

원래 기저에 대해서 좌표 $\mathbf{l}$로 표현되는 공간 $\mathbb{P}^2$에 있는 직선을 생각한다. 새로운 기저에 대해서 좌표 $\hat{\mathbf{l}}=\mathtt{H}^\top\mathbf{l}$에 의해 직선이 표현되는 것을 알 수 있다. 그래서 직선의 좌표는 $\mathtt{H}^\top$에 의해 변환된다.

다른 예로서 $\mathtt{P}$는 사영 (또는 벡터) 공간 사이의 변환을 나타내는 행렬이다. $\mathtt{G}$와 $\mathtt{H}$가 정의 구역과 공변역에서 기저 변환을 나타내는 행렬이면, 새로운 기저에 대해서 변환은 새로운 행렬 $\hat{\mathtt{P}} = \mathtt{H}^{-1}\mathtt{PG}$로 표현된다. 이 예에서 변환에서 어떨 때는 H 또는 $\mathtt{H}^{\top}$가 사용되고 때때로 $\mathtt{H}^{-1}$가 사용되는 것에 주의해야 한다.

위의 좌표 변환 세 개는 다음과 같이 명시적으로 표현할 수 있다.

$$\hat{x}^i = (H^{-1})^i_j\, x^j \qquad \hat{l}_i = H^j_i\, l_j \qquad \hat{P}^i_j = (H^{-1})^i_k\, G^l_j\, P^k_l$$

여기서는 상첨자와 하첨자가 반복되는 경우에 첨자의 범위 내에서 합을 표시하는 텐서 합 표기법을 사용한다. 상첨자로 표기된 것은 $\mathtt{H}^{-1}$에 의해 변환되는 반면에 하첨자로 표기된 것은 H(또는 G)로 변환된다. H로 변환되는 첨자와 $\mathtt{H}^{\top}$으로 변환되는 첨자 사이에 차이점이 없는 것을 주의해야 한다. 일반적으로 텐서의 첨자는 H 또는 $\mathtt{H}^{-1}$로 변환된다. 실제로 이것이 텐서의 특성이다. H에 따라서 변환되는 첨자는 동변 첨자라 하고 하첨자로 표기한다. $\mathtt{H}^{-1}$에 따라서 변환되는 첨자는 반변 첨자라 하고 상첨자로 표기한다. 첨자의 개수를 텐서의 친화도라고 한다. $H^j_i\, l_j$와 같이 첨자에 대한 합을 축약이라 한다. 이 경우 텐서 H^j_i가 직선 l_j와 축약된다.

A1.1 텐서 ϵ_{rst}

$r,\ s,\ t = 1, \ldots, 3$에 대해 텐서 ϵ_{rst}는 다음으로 정의된다.

$$\epsilon_{rst} = \begin{cases} 0 & r,\ s,\ t\text{가 같은 것이 있는 경우} \\ +1 & rst\text{가 123의 양의 순열인 경우} \\ -1 & rst\text{가 123의 음의 순열인 경우} \end{cases}$$

텐서 ϵ_{ijk}(또는 이것의 반변 텐서 ϵ^{ijk})는 두 벡터의 벡터 곱으로 연결된다. $\mathbf{a}$와 $\mathbf{b}$가 두 벡터이면 $\mathbf{c} = \mathbf{a} \times \mathbf{b}$는 이들의 벡터 곱이며, 그래서 다음의 공식을 확인할 수 있다.

$$c_i = (\mathbf{a} \times \mathbf{b})_i = \epsilon_{ijk} a^j b^k$$

이와 관련해 반대칭 행렬 $[\mathbf{a}]_\times$에 대한 표현이 있다(A4.5절 참조). 텐서 표기법을 사용하면 다음과 같다.

$$([\mathbf{a}]_\times)_{ik} = \epsilon_{ijk} a^j$$

그러므로 $\mathbf{a}$가 반변 벡터이면 $[\mathbf{a}]_\times$는 두 개의 공변 첨자를 가지는 행렬이다. 공변 벡터 $\mathbf{v}$에 대해 비슷한 공식이 $[\mathbf{v}]_\times$에 성립한다. 즉, $([\mathbf{v}]_\times)^{ik} = \epsilon^{ijk} v_j$이다.

마지막으로 텐서 ϵ^{ijk}는 행렬식과 연관된다. 세 개의 반변 텐서 a^i, b^j, c^k에 대해 $a^i b^j c^k \epsilon^{ijk}$는 행벡터 a^i, b^j, c^k를 가지는 3×3 행렬의 행렬식이 되는 것을 확인할 수 있다.

A1.2 삼중 초점 텐서

삼중 초점 텐서 $\mathcal{T}_i^{jk}$는 하나의 공변 두 개의 반변 첨자를 가진다. x^i, l^i, P_j^i와 같은 벡터와 행렬에 대해서는 $\mathbf{x}' = \mathtt{H}\mathbf{x}$와 같은 표준 선형 대수학을 이용해 변환을 표기할 수 있다. 그러나 세 개 이상의 첨자를 가지는 텐서에 대해서는 이런 표기가 편리하지 않다. 실제로 삼중 초점 텐서를 다룰 때 텐서 표기법을 사용할 수밖에 없다.

변환 규칙 삼중 초점 텐서에 있는 첨자의 위치에서 이미지 세 개에 있는 기저의 변환에 대한 다음의 변환을 의미한다.

$$\hat{\mathcal{T}}_i^{jk} = F_i^r \, (G^{-1})_s^j \, (H^{-1})_t^k \mathcal{T}_r^{st} \tag{A1.1}$$

한 가지 혼돈을 유발할 가능성이 있는 것을 언급하는 것이 좋겠다. 변환 (A1.1)은 이미지 세 개의 기저 변환에 의한 변환이다. 종종, 점 좌표 변환에 대해서 관심을 가지는 경우가 있다. 그래서 $\mathtt{F}'$, $\mathtt{G}'$, $\mathtt{H}'$이 이미지의 좌표 변환을 나타내면, 즉, $\hat{x}^j = F_i'^j x^i$이고 $\mathtt{G}'$과 $\mathtt{H}'$ 또한 비슷하게 정의되면, 변환 공식은 다음으로 표현된다.

$$\hat{\mathcal{T}}_i^{jk} = (F'^{-1})_i^r \, G_s'^j \, H_t'^k \mathcal{T}_r^{st}$$

텐서의 시각화 벡터 $\mathbf{x}$는 열 또는 행으로 정렬된 숫자의 집합으로 생각할 수 있고 행렬은 숫자의 2차원 배열로 생각할 수 있다. 비슷하게, 첨자를 세 개 가지는 텐서는 숫자의 3차원 배열로 생각할 수 있다. 특히, 삼중 초점 텐서는 그림 A1.1에서 나타낸 셀로 구성된 $3 \times 3 \times 3$ 육면체이다.

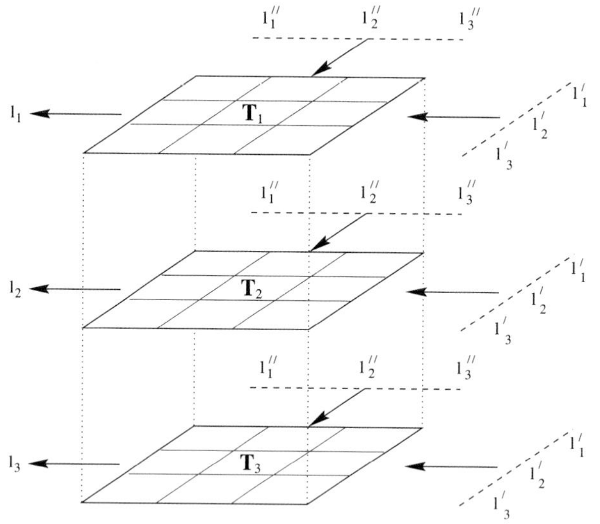

그림 A1.1 삼중 초점 텐서의 3차원 표현 파우게라스와 파파도포울로[Faugeras-97]에서 그림 인용. 그림은 $l_i = l'_j l''_k \mathcal{T}_i^{jk}$를 나타낸다. 이것은 텐서와 직선 $\mathbf{l}'$, $\mathbf{l}''$을 축약해서 직선 $\mathbf{l}$을 생성한다. 유사 행렬 표기법으로 $l_i = \mathbf{l}'^{\top} \mathrm{T}_i \mathbf{l}''^{\top}$로 나타낼 수 있다. 여기에서 $(\mathrm{T}_i)_{jk} = \mathcal{T}_i^{jk}$이다.

A2

가우스(노말)와 χ^2 분포

A2.1 가우스 확률 분포

$i = 1, \ldots, N$일 때 랜덤 변수 x_i의 벡터 $\mathbf{X}$가 주어지면 $E[\cdot]$이 기댓값을 나타낼 때 평균 $\overline{\mathbf{X}} = E[\mathbf{X}]$를 가지고 $\Delta\mathbf{X} = \mathbf{X} - \overline{\mathbf{X}}$로 정의하면 공분산 행렬 Σ는 다음의 $N \times N$ 행렬이다.

$$\Sigma = E[\Delta\mathbf{X}\,\Delta\mathbf{X}^{\mathsf{T}}]$$

그래서 $\Sigma_{ij} = E[\Delta x_i \Delta x_j]$이다. 행렬 Σ의 대각 성분은 각 변수 x_i의 분산이고 대각선 밖의 원소는 공분산이다.

$\mathbf{X}$의 확률 분포가 적절한 양의 반정칙 행렬 Σ^{-1}에 대해 다음 형태이면 변수 x_i가 결합 가우스 분포를 따른다고 말한다.

$$P(\overline{\mathbf{X}} + \Delta\mathbf{X}) = (2\pi)^{-N/2}\det(\Sigma^{-1})^{1/2}\exp\left(-(\Delta\mathbf{X})^{\mathsf{T}}\Sigma^{-1}(\Delta\mathbf{X})/2\right) \qquad \text{(A2.1)}$$

$\overline{\mathbf{X}}$와 Σ가 분포의 평균과 공분산임을 확인할 수 있다. 가우스 분포는 평균과 공분산에 의해 유일하게 결정된다. 계수 $(2\pi)^{-N/2}\det(\Sigma^{-1})^{1/2}$는 분포의 적분값이 1이 되도록 하는 정규화 계수에 불과하다.

Σ가 행렬 $\Sigma = \sigma^2\mathrm{I}$인 특별한 경우의 가우스 PDF는 다음의 간단한 형태를 가진다.

$$P(\mathbf{X}) = (\sqrt{2\pi}\sigma)^{-N}\exp\left(-\sum_{i=1}^{N}(x_i - \bar{x}_i)^2/2\sigma^2\right)$$

여기에서 $\mathbf{X} = (x_1, x_2, \ldots, x_N)^\top$이다. 이 분포를 등방 가우스 분포isotropic Gaussian distribution 라고 한다.

마할라노비스 거리 이 경우에 점 $\mathbf{X}$에 대한 PDF의 값은 점 $\mathbf{X}$와 평균 $\overline{\mathbf{X}} = (\bar{x}_1, \ldots, \bar{x}_N)^\top$의 사이의 유클리드 거리 $\left(\sum_{i=1}^{N}(x_i - \bar{x}_i)^2\right)^{1/2}$의 간단한 함수이다. 이와 유사하게 두 벡터 $\mathbf{X}$와 $\mathbf{Y}$ 사이의 마할라노비스 거리를 다음으로 정의할 수 있다.

$$\|\mathbf{X} - \mathbf{Y}\|_\Sigma = \left((\mathbf{X} - \mathbf{Y})^\top \Sigma^{-1} (\mathbf{X} - \mathbf{Y})\right)^{1/2}$$

양의 정칙 행렬 Σ에 대해 $\mathbb{R}^N$의 거리를 정의할 수 있다. 이 표기법을 사용해 가우스 PDF를 다음과 같이 간단하게 표기할 수 있다.

$$P(\mathbf{X}) \approx \exp\left(-\|\mathbf{X} - \overline{\mathbf{X}}\|_\Sigma^2 / 2\right)$$

여기에서는 정규화 계수를 생략했다. 그러므로 가우스 PDF의 값은 점 $\mathbf{X}$와 평균 사이의 마할라노비스 거리의 함수이다.

좌표 변환 Σ가 대칭이고 양의 정칙이므로, $\Sigma = \mathtt{U}^\top \mathtt{D} \mathtt{U}$로 분해할 수 있다. 여기서 $\mathtt{U}$는 직교 행렬이고 $\mathtt{D} = \mathrm{diag}(\sigma_1^2, \sigma_2^2, \ldots, \sigma_N^2)$은 대각 행렬이다. $\mathbf{X}' = \mathtt{U}\mathbf{X}$, $\overline{\mathbf{X}}' = \mathtt{U}\overline{\mathbf{X}}$로 표기하고 (A2.1)에 대입하면 다음을 얻는다.

$$\begin{aligned}\exp\left(-(\mathbf{X} - \overline{\mathbf{X}})^\top \Sigma^{-1} (\mathbf{X} - \overline{\mathbf{X}})/2\right) &= \exp\left(-(\mathbf{X}' - \overline{\mathbf{X}}')^\top \mathtt{U}\Sigma^{-1}\mathtt{U}^\top (\mathbf{X}' - \overline{\mathbf{X}}')/2\right) \\ &= \exp\left(-(\mathbf{X}' - \overline{\mathbf{X}}')^\top \mathtt{D}^{-1} (\mathbf{X}' - \overline{\mathbf{X}}')/2\right)\end{aligned}$$

그러므로, $\mathbf{X}$를 $\mathbf{X}' = \mathtt{U}\mathbf{X}$로 좌표의 직교 변환은 일반 가우스 PDF를 대각 공분산 행렬만 가지는 것으로 변환한다. 각 좌표축에 σ_i를 이용해 배율 조정하면 이를 등방 가우스 분포로 변환할 수 있다. 동등하게, 좌표 변환으로 마할라노비스 거리를 일반 유클리드 거리로 변환할 수 있다.

A2.2 χ^2 분포

χ^2 분포는 독립인 n개의 가우스 랜덤 변수의 제곱합의 분포이다. 정칙 공분산 행렬 Σ를 가지는 가우스 랜덤 벡터 $\mathbf{v}$에 적용하면 $(\mathbf{v}-\bar{\mathbf{v}})^\top\Sigma^{-1}(\mathbf{v}-\bar{\mathbf{v}})$의 값은 χ_n^2 분포를 가진다. 여기에서 n은 $\mathbf{v}$의 차원이다. 공분산 행렬 Σ가 특이 행렬이면 Σ^{-1}을 Σ^{+}로 대체해야 한다. 이 경우에 다음이 성립한다.

- $\mathbf{v}$가 평균 $\bar{\mathbf{v}}$와 공분산 행렬 Σ를 가지는 가우스 랜덤 벡터이면, $(\mathbf{v}-\bar{\mathbf{v}})^\top\Sigma^{+}(\mathbf{v}-\bar{\mathbf{v}})$는 χ_r^2 분포를 가진다. 여기에서 $r = \text{rank } \Sigma$이다.

누적 카이 제곱 분포는 $F_n(k^2) = \int_0^{k^2} \chi_n^2(\xi)d\xi$로 정의한다. 이것은 χ_n^2의 랜덤 변수의 값이 k^2보다 적을 확률을 나타낸다. χ_n^2의 분포와 역누적 χ_n^2의 분포를 $n=1,\ldots\ldots,4$에 대해 그림 A2.1에 나타냈다. 누적 카이 제곱 분포 $F_n(k^2)$을 계산하는 프로그램은 [Press-88]에 나와 있다. 이것이 단조 증가 함수이므로 분할 방법과 같은 기법으로 역함수를 쉽게 계산할 수 있다. 값을 표 A2.1에 나타냈다(그림 A2.1과 비교해보라).

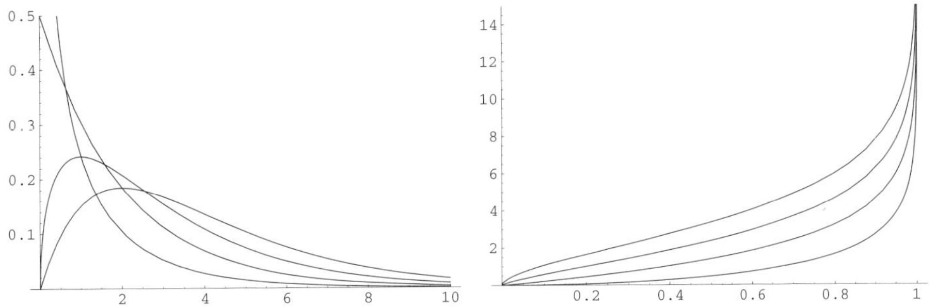

그림 A2.1 $n = 1,\ldots,4$에 대한 χ_n^2의 분포(왼쪽)와 역누적 χ_n^2의 분포 F_n^{-1}(오른쪽) 양쪽 모두 그래프는 (수평축의 중심에서) 밑에서부터 위로 $n = 1,\ldots,4$에 해당한다.

표 A2.1 자유도 n을 가지는 누적 χ^2 분포 $F_n(k^2)$이 α와 일치하는 k^2의 값. 즉, α가 확률일 때 $k^2 = F_n^{-1}(\alpha)$

n	$\alpha = 0.95$	$\alpha = 0.99$
1	3.84	6.63
2	5.99	9.21
3	7.81	11.34
4	9.49	13.28

A3

모수 추정

모수 추정에 대해서는 이론이 많다. 추정치의 편향과 분산에 대해서 다룬다. 이 이론은 측정과 매개변수 공간의 확률 밀도 함수 분석을 기반으로 한다. 이 부록에서는, 추정치의 편향, 분산, 분산에 대한 크레이머-라오Cramér-Rao의 하한 한계와 사후 분포와 같은 주제에 대해 설명한다. 설명은 비형식적으로 예를 중심으로 해 재구성의 맥락에서 사용하는 개념을 살펴본다.

여기서 배우게 되는 일반적인 교훈은 이러한 개념 중 상당수가 모델의 특정 매개변수화에 매우 의존한다는 것이다. 선호하는 매개변수가 없는 3차원 사영 재구성과 같은 문제에서 이런 개념은 잘 정의되지 않거나 가정된 노이즈 모델에 매우 크게 의존한다.

간단한 기하 추정 문제 여기서 다룰 문제는 두 개의 이미지로 사영된 공간의 한 점을 결정하는 삼각측량 문제와 관련 있다. 그러나 문제를 단순화하기 위해 유사한 2차원을 고려한다. 또한, 하나의 이미지에서 관찰하는 알려진 선을 따라 점의 위치를 추정하는 것으로 문제를 축약하는 광선 하나를 고정한다.

따라서 단일 직선의 점을 관찰하는 1차원 카메라(즉, 6.4.2절에서와 같이 1차원 이미지를 형성하는 카메라)를 생각한다. 카메라를 원점 (0, 0)에 놓고 양의 Y축 방향을 향하도록 한다. 또한, 단위 초점 거리를 가진다고 가정한다. 따라서 이 카메라의 카메라 행렬은 간단히 $[\mathrm{I}_{2\times2} \mid \mathbf{0}]$이다. 이제, 카메라가 (실세계 직선인) 선 $\mathrm{Y} = \mathrm{X} + 1$상의 점을 관찰한다고 가정한다. 이 직선의 상의 점 (X, X + 1)은 이미지 점 $x = \mathrm{X}/(\mathrm{X}+1)$으로 변환된다. 그러나 이 점이 부정확도를 가지며 측정되고 확률 밀도 함수[PDF]로 모델링할 수 있다고 가정한다. 일반적인 가우스 분포를 가지는 노이즈로 모델링한다. 분포가 영에서 모드(최댓값)를 가진다는 최소 가정을 한다. 이러한 설정은 그림 A3.1에 나와 있다.

여기서 고려하는 추정 문제는 다음이다. 점의 이미지 좌표가 주어지면 선 $y = x + 1$에 있는 실세계 점의 위치를 추정한다. 구체적인 예로서 선을 감마선으로 가득 찬 신틸레이터[scintillator]로 간주할 수 있다. 카메라는 각 섬광의 위치를 측정하고 선을 따라 위치를 결정하는 데 사용한다. 이 문제가 엄청나게 단순해 보이지만 몇 가지 놀라운 점을 가진다.

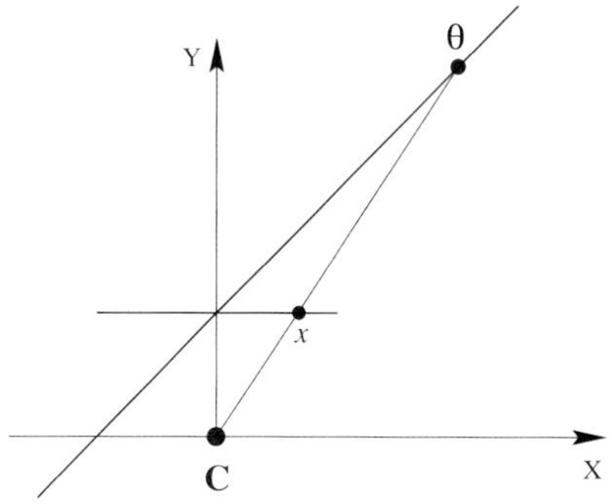

그림 A3.1 간단한 추정 문제를 위한 카메라 구성도. 직선 Y = X + 1에 있는 점은 1차원 카메라로 이미지화된다. 사영 사상은 θ가 직선 Y = X + 1을 매개화할 때 $f : \theta \to \theta/(1+\theta)$로 표현된다. 측정은 모드가 영인 분포를 가지는 노이즈를 가진다.

확률 밀도 함수 실세계 직선 Y = X + 1을 매개변수 θ를 이용해 매개화한다. 여기에서 가장 편한 매개화는 $\theta = \mathrm{X}$이며 2차원 점은 θ에 의해서 $(\theta, \theta+1)$로 매개화된다. 이 점은 $\theta/(\theta+1)$로 사영된다. 실세계 직선에서 이미지 직선으로의 사영 함수를 f로 표기하면 $f(\theta) = \theta/(\theta+1)$이 된다. 점의 관측은 노이즈를 가지며, $p(x\,|\,\theta) = g(x - f(\theta))$로 주어지는 확률 분포를 가지는 랜덤 변수 x가 된다. 예로서, g가 평균이 영이고 분산이 σ^2인 가우스 분포이면 다음이 된다.

$$p(x|\theta) = (2\pi\sigma^2)^{-1/2} \exp\left(-(x - f(\theta))^2/2\sigma^2\right)$$

최대 우도 추정 주어진 측정값 x에 대해 매개변수 벡터 θ의 추정치는 함수 $\hat{\theta}(x)$로 표기하고 측정값 x에 대해 매개변수 벡터 θ를 대응시킨다. 최대 우도ML는 다음으로 주어진다.

$$\hat{\theta}_{ML} = \arg\max_{\theta} p(x|\theta)$$

현재 추정 문제에서는 측정점 x를 역사영해 실세계 직선과 교점을 구해 다음으로 간단하게 ML 추정치를 구할 수 있다.

$$\hat{\theta}(x) = f^{-1}(x) = x/(1-x)$$

이것은 ML 추정치가 된다. $\hat{\theta}(x)$를 가지는 결과로 얻은 점은 x로 사영되며, 그래서 $p(x \mid \hat{\theta}) = g(x-x) = g(0)$이며 가정에서 PDF g가 최댓값(모드)을 가지기 때문이다. 다른 매개변수 θ에 대해서는 더 작은 $p(x \mid \hat{\theta})$을 가지게 될 것이다.

A3.1 편향

추정치의 바람직한 성질로 이것이 평균적으로 정답이 되기를 기대한다. 매개변수 θ 또는 동등하게 여기의 문제에서는 실세계의 직선이 주어지면 측정 가능한 모든 x를 고려해 θ 즉, $\hat{\theta}(x)$를 재추정한다. 평균적으로 (참값인) 원래의 값 θ를 얻으면 이 값은 불편unbiased이라고 한다. 여기서 평균을 취할 때 확률에 따라서 x에 대한 가중치를 계산한다. 보다 형식화하면 추정치의 편향을 다음으로 정의한다.

$$E_{\theta}[\hat{\theta}(x)] - \theta = \int_x p(x|\theta)\, \hat{\theta}(x) dx - \theta$$

그리고 모든 θ에 대해 $E_{\theta}[\hat{\theta}(x)] = \theta$이면 추정치가 불편이 된다. 여기에서 E_{θ}는 정의에서 보듯이 주어진 θ에 대한 기댓값을 나타낸다.

편향을 해석하는 다른 방법은 같은 모델 변수와 각 시행에서 다른 노이즈를 가지는 실험을 여러 번 반복하는 것이다. 편향은 추정된 매개변수의 평균과 참값의 차이이다. 정의되는 편향에 대해 매개변수 공간이 선험적인 분포를 가져야 하는 것은 아니다. 심지어 측도 공간이 아닐 수도 있다. 그러나 이것은 아핀 구조를 가져서 평균(또는 적분)은 정의할 수 있다.

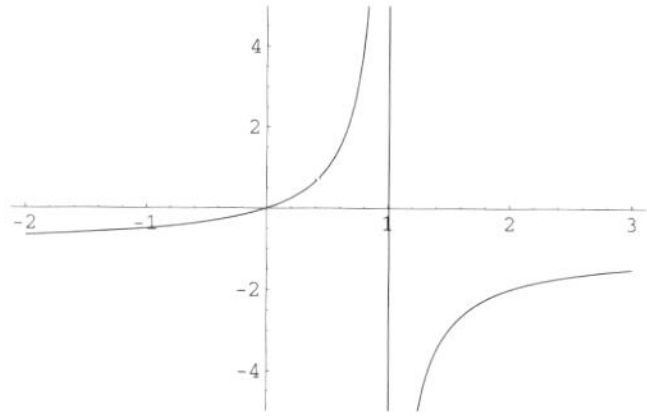

그림 A3.2 이미지 점 x에 대한 다른 측정에 대해 실세계 점의 ML 추정치 $\hat{\theta}(x) = f^{-1}(x) = x/(1-x)$. 1보다 큰 x에 대해서 ML 추정치는 카메라 "뒤"로 바뀐다.

이제, $f(\theta) = \theta/(\theta+1)$인 경우에 θ의 ML 추정치가 편향인지를 결정한다. 적분은 다음이 된다.

$$\int_x p(x|\theta)\ \hat{\theta}(x)dx = \int_x \frac{1}{\sqrt{2\pi}\sigma} \exp\left(\frac{(x-\theta/(\theta+1))^2}{2\sigma^2}\right) \frac{x}{1-x} dx$$

이 적분은 발산하며 그래서 편향은 정의되지 않는다. 노이즈가 가우스 분포라고 가정하면 임의의 θ에 대해서 $x > 1$에서 (비록 매우 작지만) 유한한 확률이 항상 존재한다는 어려움이 있다. $x > 1$이면, 대응하는 광선은 카메라 앞에서 실세계의 직선과 만나지 않는다(광선은 $x = 1$에서 실세계의 직선과 평행하기 때문에). x의 함수로 추정치 $\hat{\theta}(x)$를 그림 A3.2에 나타냈다. 이것은 카메라 뒤에서 추정된 실세계 점을 보여준다. 카메라 뒤의 $\hat{\theta}(x)$를 무시해도 ML 추정치는 무한대의 편향을 가진다. 그림 A3.3에서 볼 수 있다.

매개변수의 범위 제한 매개변수 θ의 범위가 -1에서 ∞이므로 범위를 제한하는 것이 좋다. 실제로, 실세계 직선에서 발생하는 모든 사건은 보다 더 제한된 범위를 가지는 것을 알고 있다. 예를 들면, θ가 $-1 \leq \theta \leq 1$의 범위를 가진다고 가정하면 노이즈가 없는 사영된 점은 $-\infty < x < 1/2$의 범위를 가진다. 이 경우에 $x > 1/2$인 이미지 점에 대한 ML 추정치는 $\hat{\theta}(x) = 1$을 가진다. 매개변수 θ에 대한 이러한 제한으로도 ML 추정치는 여전히 편향돼 있다. 그림 A3.4에서 볼 수 있다.

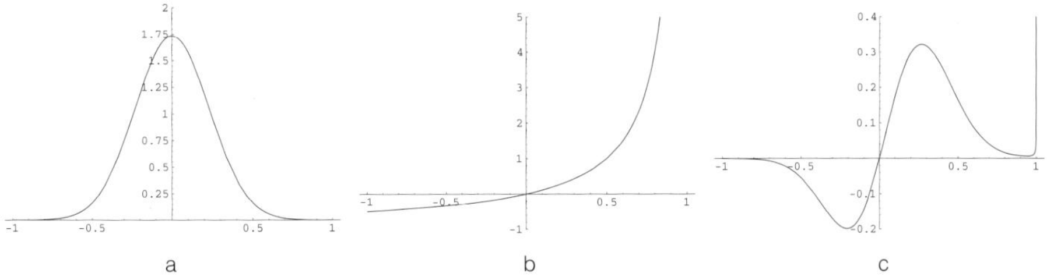

그림 A3.3 가우스 분포를 가지는 노이즈 모델에서 ML 추정치가 무한 편향을 가지는 이유 (a) 가우스 분포 노이즈 $\sigma = 0.4$를 가지는 실세계 점 $x = 0$, $y = 1$에 대한 이미지 측정에서 가능한 값의 분포. 즉, $p(x \mid \theta = 0)$. (b) 이미지 점의 다른 값에 대해 실세계 점에 대한 ML 추정치 $\hat{\theta}(x) = x/(1-x)$. 이미지 점이 1로 접근함에 따라서 실세계 추정치는 무한대로 간다. (c) 곱 $\theta(x)p(x \mid \theta = 0)$. 이 함수를 $x = -\infty$에서 $x = 1$까지 적분하면 ML 추정치의 편향을 얻는다. x가 1에 접근함에 따라서 그래프가 갑자기 무한대로 발산한다. 적분은 무한대가 되며 이것은 추정치가 무한 편향을 가지는 것을 의미한다.

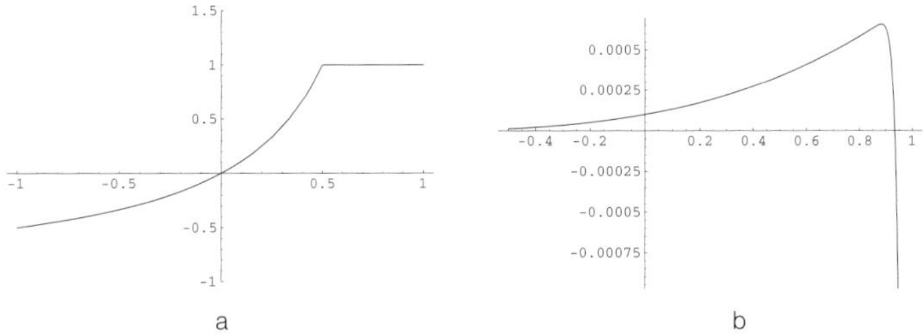

그림 A3.4 (a) 실세계 매개변수 θ의 가능한 영역이 $\theta \leq 1$로 한정되면, $x > 1/2$인 임의의 점에 대한 ML 추정은 $\theta = 1$이 된다. 이것은 추정치의 무한 편향을 방지한다. 그러나 여전히 편향은 존재한다. (b) θ에 대한 함수로서 편향 $E_\theta[\hat{\theta}(x) - \theta = \int_x \hat{\theta}(x)p(x \mid \theta)\, dx - \theta$. 측정된 노이즈는 $\sigma = 0.01$인 가우스 분포이다.

노이즈의 분포가 유한하면 매개변수 θ가 분포에 제한이 없어도 대부분의 θ의 값에 대해 편향은 유한한 값을 가진다. 이것은 그림 A3.5에서 볼 수 있다. 이러한 사실에서 추정치의 편향은 노이즈 모델에 매우 심하게 의존하는 것을 알 수 있다. 그러나 이것은 실제로 제어하기는 어려운 요소이다.

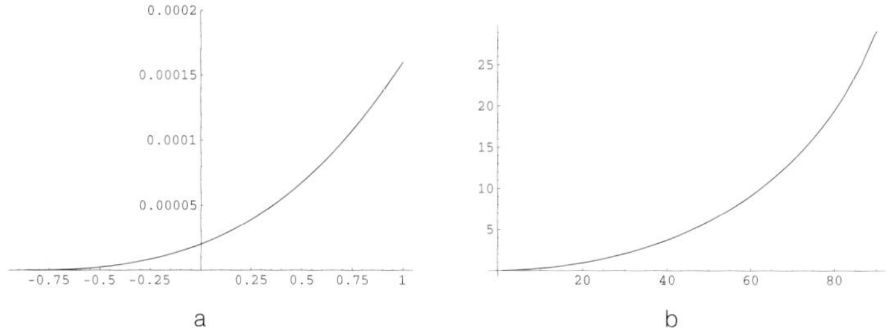

그림 A3.5: 노이즈 모델이 유한하면 편향 또한 유한하다. 이 보기에서 노이즈 모델은 $\sigma = 0.01$이고 $-\sigma < x < \sigma$일 때 $3(1-(x/\sigma)^2)/4\sigma^2$이다. (a) 작은 θ값에 대해 θ에 대한 함수로서 편향. (b) 편향의 퍼센트 $(E_\theta[\hat{\theta}(x)]-\theta)/\theta$. 편향은 θ가 작은 때는 상대적으로 작은 값이지만, 큰 값에 대해서는 (20%까지의) 큰 값을 가진다. 실세계 직선에 있는 점의 위치는 일반적으로 과결정된다.

매개변수에 대한 편향의 의존성 이 보기에서 가우스 모델을 가지는 ML 추정치에 대해 무한 편향을 가지는 이유는 실세계 직선과 이미지 직선 사이의 사영변환에 있다. 실세계 직선을 다른 방식으로 매개화하면 편향이 바뀐다.

실세계 직선 $\mathrm{Y} = \mathrm{X} + 1$을 매개변수 θ가 직선의 점 $(\theta/(1-\theta),\ 1/(1-\theta))$를 표현하도록 매개화한다. 카메라의 앞부분에 있는 (양의 y 좌표 값을 가지는) 점은 $-\infty < \theta < 1$의 범위에서 θ로 매개화된다. 사영 $(\mathrm{X},\ \mathrm{Y}) \mapsto \mathrm{X}/\mathrm{Y}$에서 사영 사상 f는 $f(\theta) = \mathrm{X}/\mathrm{Y} = \theta$로 주어지며 매개변수 θ를 가지는 점은 θ로 변환된다. 달리 표현하면 실세계 직선의 점은 카메라에 의해 사영되는 점의 좌표에 의해 매개화된다.

이 경우 ML 추정치는 $\hat{\theta}(x) = f^{-1}(x) = x$이고 편향은 다음과 같다.

$$
\begin{aligned}
\int_x \hat{\theta}(x)p(x|\theta)dx - \theta &= \int_x xg(x - f(\theta))dx - \theta \\
&= \int_x (x + f(\theta))g(x)dx - \theta \\
&= \int_x xg(x)dx + f(\theta)\int_x g(x)dx - \theta \\
&= 0 + f(\theta) - \theta = 0
\end{aligned}
$$

위의 식에서 분포 $g(x)$가 평균 영을 가진다고 가정한다. 이것은 원래 측정 x의 추정치가 불편인 것을 보여준다.

편향에 대한 교훈 실세계 직선의 매개변수를 변경하면 편향이 무한대에서 영으로 바뀌었다. 지금의 보기에서 실세계 직선에 대한 자연스러운 아핀 매개화가 있는데 이에 대해서 편향은 무한대이다. 그러나 사영 구성에서 작업을 하고 있기 때문에, 매개변수 공간은 자연스러운 아핀 매개화를 갖지 않는다. 이 경우에, 편향에 대한 절댓값 측정에서 언급하는 것은 의미가 없다. 위의 보기에서 두 번째 교훈은 (실세계 점과 달리) 정정된 측정에 대한 ML 추정치는 불편이다.

편향 값은 노이즈 분포에 매우 밀접하게 의존한다. 심지어 가우스 분포의 매우 작은 꼬리 분포 또한 계산한 편향에 큰 영향을 준다. 물론 노이즈의 가우스 분포는 이미지 측정 오차를 모델링하는 데 편리한 하나의 모형에 불과하다. 이미지 측정 노이즈의 정확한 분포는 일반적으로 알 수 없으므로, 노이즈를 알고 있는 합성 데이터를 제외하면 주어진 추정치의 편향의 정확한 값을 이론적으로 계산하는 것은 불가능하다는 결론을 피할 수 없다.

A3.2 추정기의 분산

추정치의 중요한 다른 요소는 분산이다. 같은 모델 매개변수를 가지지만 각각에 다른 노이즈를 가지며 여러 번 반복한 실험을 생각한다. 측정한 데이터에 대해 추정기를 이용해 각각에 대한 추정치를 구할 수 있다. 추정기의 분산은 추정치의 분산(또는 공분산)이다. 보다 정확하게 하나의 매개변수를 가지는 추정 문제에서 분산을 다음으로 정의한다.

$$\text{Var}_\theta(\hat{\theta}) = E_\theta[(\hat{\theta}(x) - \bar{\theta})^2] = \int_x (\hat{\theta}(x) - \bar{\theta})^2 p(x|\theta)dx$$

여기에서

$$\bar{\theta} = E_\theta[\hat{\theta}(x)] = \int_x \hat{\theta}(x)p(x|\theta)dx = \theta + \text{bias}(\hat{\theta})$$

매개변수 θ가 벡터인 경우에는 $\text{Var}_\theta(\hat{\theta})$는 공분산 행렬이 된다.

$$\text{Var}_\theta(\hat{\theta}) = E_\theta[(\hat{\theta}(x) - \bar{\theta})(\hat{\theta}(x) - \bar{\theta})^\mathsf{T}] \tag{A3.1}$$

많은 경우에 원래 매개변수 θ에 대해 추정치의 변화 정도가 중요하다. 이것은 추정기의 제곱 평균 오차이다. 다음으로 계산한다.

$$E_\theta[(\hat{\theta}(x) - \theta)(\hat{\theta}(x) - \theta)^\mathsf{T}] = \text{Var}_\theta(\hat{\theta}) + \text{bias}(\hat{\theta})\ \text{bias}(\hat{\theta})^\mathsf{T}$$

편향과 마찬가지로 매개변수 공간에 적어도 국소적이라도 자연스러운 아핀 구조가 존재할 때 추정기의 분산이 의미를 가진다.

대부분의 추정 알고리듬은 노이즈가 없는 경우에 정답을 준다. 노이즈가 있을 때 알고리듬의 성능이 매우 나쁘게 떨어지면 이것은 알고리듬의 편향 또는 분산이 매우 큰 값을 가지는 것을 의미한다. 예를 들면 DLT 알고리듬 4.1 또는 11.1절에서 설명한 정규화하지 않는 8점 알고리듬이 그러하다. 이러한 알고리듬의 분산은 노이즈를 추가하면 매우 빨리 증가한다.

크레이머-라오의 하한 한계 측정 집합에 노이즈를 추가하면 정보를 잃는 것은 당연하다. 결국 어떤 추정기도 측정 데이터에 노이즈가 있는 경우에 편향과 분산이 영이 될 수 없다는 것을 알 수 있다. 불편 추정기에 대해 이러한 개념을 크레이머-라오 하한 한계로 형식화할 수 있다. 이것은 불편 추정기의 분산에 대한 한계이다. 크레이머-라오의 한계를 설명하기 위해서 새로운 정의가 필요하다. 확률의 분포 $p(x \mid \theta)$가 주어지면, 피셔 점수는 $V_\theta(x) = \partial_\theta \log p(x \mid \theta)$로 정의한다. 피셔의 정보 행렬은 다음으로 정의한다.

$$\begin{aligned} F(\theta) &= E_\theta[V_\theta(x)V_\theta(x)^\mathsf{T}] \\ &= \int_x V_\theta(x)V_\theta(x)^\mathsf{T} p(x|\theta)dx \end{aligned}$$

피셔의 정보 행렬의 상관성은 다음의 결과로 표현된다.

결과 A3.1 크레이머-라오 하한 한계 불편 추정기 $\hat{\theta}(x)$에 대해 다음이 성립한다.

$$\det(E[(\hat{\theta} - \theta)(\hat{\theta} - \theta)^\mathsf{T}]) \geq 1/\det F(\theta)$$

크레이머-라오의 하한 한계를 편향 추정기에 대해서도 구할 수 있다.

A3.3 사후 분포

ML 추정기의 대안으로 주어진 측정에 대해 매개변수의 확률 분포 $p(\theta \mid x)$를 생각한다. 이것은 사후 분포로 알려져 있다. 즉, 측정한 후에 매개변수에 대한 분포이다. 이를 계산하기 위해서는 측정하기 전에 매개변수에 대한 선험 분포 $p(\theta)$가 필요하다. 사후 분포는 다음의 베이즈 법칙으로 계산할 수 있다.

$$p(\theta|x) = \frac{p(x|\theta)\, p(\theta)}{p(x)}$$

측정 x가 고정되므로 확률 $p(x)$도 고정된다. 그래서 이를 무시하면 $p(\theta \mid x) \approx p(x \mid \theta)p(\theta)$가 된다. 사후 분포의 최댓값을 사후 최대MAP, Maximum A Posteriori 추정이라고 한다.

메모 MAP 추정이 좋은 아이디어 같이 보이지만, 이것은 매개변수 공간의 매개화에 의존하는 것임을 알아야 한다. 사후 확률 분포는 $p(x \mid \theta)p(\theta)$에 비례한다. 그러나 $p(\theta)$는 θ의 매개화에 의존한다. 예로서, $p(\theta)$가 하나의 매개변수에 대해서 균등 분포일지라도 아핀 변환이 아닌 변환에 의한 다른 매개변수에서는 균등 분포가 아닐 수 있다. 반면에 $p(x \mid \theta)$는 θ의 매개화에 영향을 받지 않는다. 그러므로 매개화의 변경으로 사후 분포를 변경해 최댓값 또한 바뀐다. 매개변수 공간이 (사영공간과 같이) 자연스러운 아핀 좌표계를 가지지 않으면 MAP 추정은 별 의미가 없다.

사후 확률을 기반으로 하는 다른 추정 방법을 생각할 수 있다. 측정값 x와 사후 분포 $p(\theta \mid x)$가 주어질 때, 매개변수 θ에 대한 다른 추정을 하고자 한다. 의미 있는 방법은 다음과 같이 제곱 오차의 기댓값을 최소화하도록 추정하는 것이다.

$$\hat{\theta}(x) = \mathrm{argmin}_Y E[\|Y - \theta\|^2] = \mathrm{argmin}_Y \int \|Y - \theta\|^2 p(\theta|x)d\theta$$

이것은 사후 확률 분포에 대한 평균이 된다.

또 다른 방법으로는 다음과 같이 오차 절댓값을 최소화하는 것이다.

$$\hat{\theta}(x) = \mathrm{argmin}_Y E[\|Y - \theta\|] = \mathrm{argmin}_Y \int \|Y - \theta\| p(\theta|x)d\theta$$

이것은 사후 확률 분포에 대한 메디안이 된다. 이러한 추정기의 보기를 그림 A3.6과 A3.7에 나타냈다.

이런 추정기의 다른 성질들을 이 부록 끝에 있는 메모에서 나열한다.

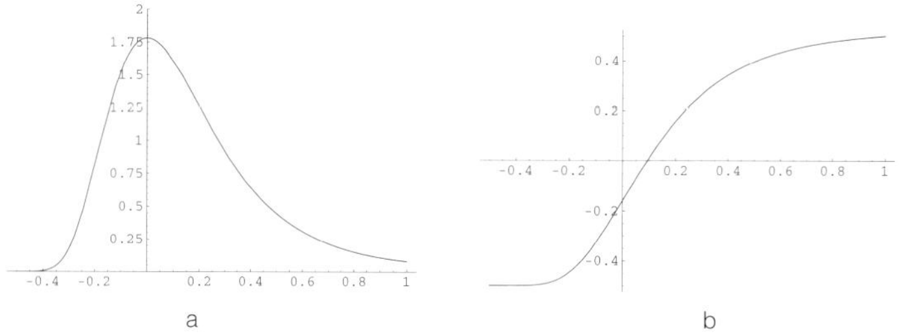

그림 A3.6 θ에 대한 다른 추정기 (a) 그림 A3.1의 이미지 구성에 대해 $\sigma = 0.2$를 가지는 가우스 노이즈 분포와 θ에 대한 선험적 확률을 $[-1/2, 1]$에서 균등 분포를 가정한 사후 분포 $p(\theta \mid x = 0)$. 이 분포의 모드(최댓값)은 θ에 대한 MAP 추정이다 θ에 대해 균등 분포를 가정해서 ML 추정과 같다. 분포의 평균($\theta = 0.1386$)은 참값 $\bar{\theta}$에 대한 오차 제곱의 기대값 $E[(\hat{\theta}(x) - \bar{\theta})^2]$을 최소화하는 추정이다. (b) (밑으로 0.5내린) 누적 사후 분포이다. 이 그래프에서 영의 값은 분포의 메디안이다. 즉, $E[|\hat{\theta}(x) - \bar{\theta}|]$을 최소화한다. 값은 $\theta = 0.091370$이다.

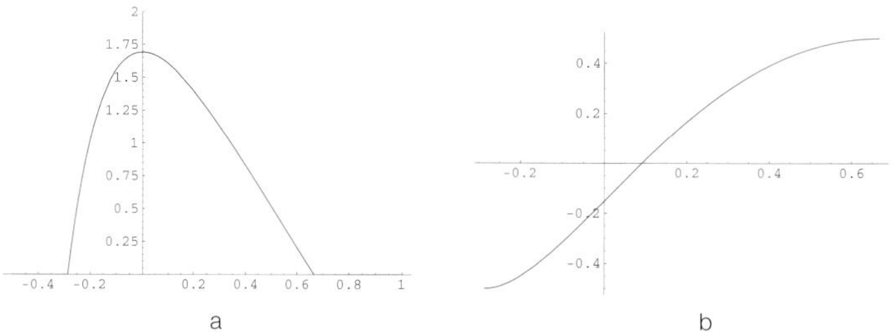

그림 A3.7 포물선 노이즈 모델을 가지는 경우 다른 추정기 두 그래프는 θ에 대한 사후 분포와 누적 분포를 나타낸다. 이 보기에서 노이즈 모델은 $\sigma = 0.4$에 대해 $-\sigma \le x \le \sigma$일 때 $3(1 - (x/\sigma)^2)/4\sigma^4$이다. 이 분포의 모드($\theta = 0$)은 MAP 추정이며 ML 추정과 일치한다. 평균($\theta = 0.1109$)은 θ에 대한 오차 제곱의 기댓값을 최소화하고 메디안($\theta = 0.0911$)은 오차 절댓값의 기댓값을 최소화한다.

A3.4 정정된 측정의 추정

기하 문제에서, 특히 사영 모형이 관여하면 추정치에 대한 편향과 분산에 대한 개념은 모델의 특정 매개화에 의존하는 것을 봤다. 예로서, 선택한 특정 사영 좌표계가 있다. 자연스러운 아핀 매개화가 모델에 있는 경우에도 불편 추정기를 찾는 것은 어렵다. 예로서 삼각측량에 관한 ML 추정기는 편향된다.

그러나 A3.1절에서 논의한 1차원 역사영 보기에서 (역사영 점을 찾는) 모델을 계산하려고 노력하는 대신에 정정된 측정을 추정하면 ML 추정기는 불편이 된다. 여기에서 이런 개념을 좀 더 조사하고 일반적인 경우에서 정정 측정에 관한 ML 추정기가 불편일 뿐 아니라 가우스 노이지 모델에서 크레이머-라오 하한 한계를 가지는 것을 보일 것이다.

이미지 측정값에서 모델의 매개변수를 맞추는 추정 문제를 생각한다. 5.1.3절에서 봤듯이 이 문제는 모든 이미지 측정의 공간이 차원이 높은 유클리드 공간 $\mathbb{R}^N$에서 추정 문제로 볼 수 있다. 이것은 그림 5.2에 나타냈다. 주어진 측정 벡터 $\mathbf{X}$에 대해 추정 문제는 허용되는 정확한 측정값을 표현하는 곡면에 놓인 가장 가까운 점을 찾는 것이다. $\widehat{\mathbf{X}}$는 이 모델과 맞는 정정된 이미지 측정값을 나타낸다. 이 모델 자체는 기본 행렬, 가상 3차원 점 또는 문제에 적합한 다른 매개변수 θ들에 의존한다.

매개변수 θ를 추정하는 것은 A3.1절에서 설명한 간단한 문제에서 본 것과 같이 편향된다. 편향의 정확한 정도는 정확한 매개화에 의존한다. 일반적으로 (예로서 사영 재구성 문제의 경우에서) 이미지 평면에 자연스러운 아핀 좌표계가 존재해도 모델 매개변수에 대한 자연스러운 아핀 좌표계는 존재하지 않는다.

이 문제를 다르게 생각해, 정정 측정 벡터 $\widehat{\mathbf{X}}$를 직접 구하는 문제로 보면 보다 더 좋은 상황이 된다. 측정은 이미지에서 이루어지고, 이미지는 자연스러운 아핀 좌표계를 가지므로, 정정된 측정의 추정에서 편향에 대한 문제는 의미를 가진다. 측정 공간이 접 평면으로 잘 근사할 수 있는 경우에 노이즈가 평균 영을 가지면 정정 측정 벡터의 ML 추정은 불편인 것을 증명할 것이다. 그리고 노이즈가 가우스이고 등방이면 ML 추정이 크레이머-라오 하한 한계가 된다.

기하학적 상황은 다음과 같다. 점 $\overline{\mathbf{X}}$는 그림 5.2에서 보듯이 측정 곡면상에 있다. 이 점에 노이즈를 더한 것이 측정점 $\mathbf{X}$이다. 참값 $\overline{\mathbf{X}}$의 추정치 $\widehat{\mathbf{X}}$는 측정 곡면에서 측정점과 가장 가까운 점을 선택해 얻는다. 측정 곡면은 $\mathbf{X}$ 주위에서 실질적으로 평면인 것을 가정한다.

적절한 좌표계를 선택해 $\overline{\mathbf{X}}$에 근방의 측정 곡면이 처음 d개의 좌표로 표현되도록 한다. $\overline{\mathbf{X}} = (\overline{\mathbf{X}}_1^\top,\ 0_{N-d}^\top)^\top$로 표기한다. 여기에서 $\overline{\mathbf{X}}_1$은 d차원 벡터이다. 측정점은 $\mathbf{X} = (\mathbf{X}_1^\top,\ \mathbf{X}_2^\top)^\top$로 표기할 수 있고, 접평면으로 사영은 $\widehat{\mathbf{X}} = (\mathbf{X}_1^\top,\ 0^\top)^\top = (\widehat{\mathbf{X}}_1^\top,\ 0^\top)^\top$이다. 노이즈 분포는 $p(\mathbf{X}\,|\,\overline{\mathbf{X}}) = g(\mathbf{X} - \overline{\mathbf{X}})$인 것을 가정한다. 이제, 추정치 $\widehat{\mathbf{X}}$의 편향은 다음으로 주어진다.

$$\begin{aligned} E[(\hat{\mathbf{X}} - \overline{\mathbf{X}})] &= \int_{\mathbf{X}} (\hat{\mathbf{X}} - \overline{\mathbf{X}}) p(\mathbf{X}|\overline{\mathbf{X}}) d\mathbf{X} = \int_{\mathbf{X}} (\hat{\mathbf{X}} - \overline{\mathbf{X}}) g(\mathbf{X} - \overline{\mathbf{X}}) d\mathbf{X} \\ &= \int_{\mathbf{X}} \mathsf{J}(\mathbf{X} - \overline{\mathbf{X}}) g(\mathbf{X} - \overline{\mathbf{X}}) d\mathbf{X} \\ &= \mathsf{J} \int_{\mathbf{X}} (\mathbf{X} - \overline{\mathbf{X}}) g(\mathbf{X} - \overline{\mathbf{X}}) d\mathbf{X} \\ &= \mathbf{0} \end{aligned}$$

여기에서 J는 행렬 $[\mathtt{I}_{d\times d} \,|\, 0_{d\times(N-d)}]$이다. 이로부터 $\mathbf{X}$의 추정치는 g가 평균 영을 가지면 불편인 것을 알 수 있다. 추정치의 분산은 다음이다.

$$\begin{aligned} E[(\hat{\mathbf{X}} - \overline{\mathbf{X}})(\hat{\mathbf{X}} - \overline{\mathbf{X}})^{\mathsf{T}}] &= \int_{\mathbf{X}} (\hat{\mathbf{X}} - \overline{\mathbf{X}})(\hat{\mathbf{X}} - \overline{\mathbf{X}})^{\mathsf{T}} p(\mathbf{X}|\overline{\mathbf{X}}) d\mathbf{X} = \int_{\mathbf{X}} (\hat{\mathbf{X}} - \overline{\mathbf{X}})(\hat{\mathbf{X}} - \overline{\mathbf{X}})^{\mathsf{T}} g(\mathbf{X} - \overline{\mathbf{X}}) d\mathbf{X} \\ &= \int_{\mathbf{X}} \mathsf{J}(\mathbf{X} - \overline{\mathbf{X}})(\mathbf{X} - \overline{\mathbf{X}})^{\mathsf{T}} \mathsf{J}^{\mathsf{T}} g(\mathbf{X} - \overline{\mathbf{X}}) d\mathbf{X} \\ &= \mathsf{J} \int_{\mathbf{X}} (\mathbf{X} - \overline{\mathbf{X}})(\mathbf{X} - \overline{\mathbf{X}})^{\mathsf{T}} g(\mathbf{X} - \overline{\mathbf{X}}) d\mathbf{X} \mathsf{J}^{\mathsf{T}} \\ &= \mathsf{J} \Sigma_g \mathsf{J}^{\mathsf{T}} \end{aligned}$$

여기에서 Σ_g는 g의 공분산 행렬이다.

이제 이 추정기에 대해 크레이머-라오의 하한 한계를 계산한다. 분포 $g(\mathbf{X})$는 $g(\mathbf{X}) = k\exp(-\|\mathbf{X}\|^2/2\sigma^2)$으로 정의되는 가우스 분포를 가정한다. 이 경우 추정기의 분산은 간단하게 $\sigma^2 \mathtt{I}_{d\times d}$이다.

다음으로 피셔의 정보 행렬을 계산한다. 확률 분포는 다음이다.

$$\begin{aligned} p(\mathbf{X}|\overline{\mathbf{X}}) &= g(\mathbf{X} - \overline{\mathbf{X}}) = k\exp(-\|\mathbf{X} - \overline{\mathbf{X}}\|^2/2\sigma^2) \\ &= k\exp(-\|\mathbf{X}_1 - \overline{\mathbf{X}}_1\|^2/2\sigma^2)\exp(-\|\mathbf{X}_2\|^2/2\sigma^2) \end{aligned}$$

이것에 로그를 취하고 $\overline{\mathbf{X}}_1$에 대해 미분하면 다음을 얻는다.

$$\partial_{\overline{\mathbf{X}}_1} \log p(\mathbf{X}|\overline{\mathbf{X}}) = -(\mathbf{X}_1 - \overline{\mathbf{X}}_1)/\sigma^2$$

그래서 피셔의 정보 행렬을 계산할 수 있다.

$$1/\sigma^2 \int (\mathbf{X}_1 - \overline{\mathbf{X}}_1)(\mathbf{X}_1 - \overline{\mathbf{X}}_1)^{\mathsf{T}} g(\mathbf{X}_1 - \overline{\mathbf{X}}_1) g(\mathbf{X}_2) d\mathbf{X}_1 d\mathbf{X}_2 \quad = \mathtt{I}_{d\times d}/\sigma^2$$

결국 피셔의 정보 행렬이 추정기의 공분산 행렬의 역이 된다. 그러므로 노이즈 분포가 가우스이고 측정 곡면이 평평하면 ML 추정기는 크레이머-라오의 하한 한계가 된다.

피셔의 정보 행렬이 측정 곡면의 구체적인 모양에 의존하지 않고 단지 일차 근사인 접평면에만 의존하는 것에 주의해야 한다. 그러나 추정기는 편향과 분산 모두 측정 곡면의 모양에 의존한다. 크레이머-라오 한계에 다다르면 노이즈 분포가 가우스가 돼야 한다는 것을 증명할 수 있다. 바꾸어 표현하면, 노이즈 분포가 가우스가 아니면, 하한 한계에 도달할 수 없다.

A3.5 메모와 연습 문제

(i) 사후 분포가 매개변수 공간의 좌표 변환에 의해 변경되는 것을 구체적인 예를 들어서 보여라. 또한 이러한 좌표 변환으로 분포의 평균 또한 변경되는 것을 보여라. 그러므로 사후 분포의 (MAP 추정치인) 모드와 평균은 매개변수 공간의 좌표 선택에 의존한다.

(ii) $\mathbb{R}^n$에서 정의된 임의의 PDF $p(\theta)$에 대해, $\text{argmin}_Y \int \|Y - \theta\|^2 p(\theta) d\theta$가 분포의 평균임을 보여라.

(iii) $\mathbb{R}$에서 정의된 임의의 PDF $p(\theta)$에 대해 $\text{argmin}_Y \int |Y - \theta| p(\theta) d\theta$가 분포의 메디안임을 보여라. 높은 차원의 공간에서, $\int \|Y - \theta\|^2 p(\theta) d\theta$는 Y에 대해 볼록 함수이고 그래서 하나의 최솟값을 가지는 것을 보여라. 이것을 최소화하는 Y값이 1차원 분포의 메디안을 고차원 공간에서 일반화한 것이다.

(iv) $\mathbb{R}$에서 정의된 PDF의 메디안은 $\mathbb{R}$의 재매개화에 대해 불변인 것을 보여라. 그러나 차원이 높은 경우에는 이것이 성립하지 않는 것을 예를 들어서 증명하라.

A4

행렬의 성질과 분해

여기서는 이 책에서 자주 나타난 특별한 행태의 행렬과 다양한 행렬 분해에 대해 설명한다.

A4.1 직교 행렬

정방 행렬 $\mathtt{U}$가 전치가 역이면 직교라고 한다. 기호로 표시하면 $\mathtt{U}^\top\mathtt{U} = \mathtt{I}$가 된다. 여기서 $\mathtt{I}$는 단위 행렬이다. 이것은 $\mathtt{U}$의 열벡터가 모두 단위 노름을 가지고 직교라는 것을 의미한다. 이를 $\mathbf{u}_i^\top \mathbf{u}_j = \delta_{ij}$로 표기할 수 있다. 조건 $\mathtt{U}^\top\mathtt{U} = \mathtt{I}$에서 $\mathtt{U}\mathtt{U}^\top = \mathtt{I}$임을 알 수 있다. 그래서 $\mathtt{U}$의 행벡터 또한 단위 노름이고 직교이다. 방정식 $\mathtt{U}^\top\mathtt{U} = \mathtt{I}$를 다시 한 번 생각해본다. 양변에 행렬식을 취하면 $\det \mathtt{U} = \det \mathtt{U}^\top$이므로 $(\det \mathtt{U})^2 = 1$이다. 그러므로 $\mathtt{U}$가 직교이면 $\det \mathtt{U} = \pm 1$이 된다.

주어진 고정된 차원을 가지는 직교 행렬은 군 O_n을 형성하는 것을 쉽게 확인할 수 있다. $\mathtt{U}$와 $\mathtt{V}$가 직교이면 $(\mathtt{UV})^\top\mathtt{UV} = \mathtt{V}^\top\mathtt{U}^\top\mathtt{UV} = \mathtt{I}$이기 때문이다. 그리고 양의 행렬식을 가지는 차원 n의 직교 행렬 또한 군 O_n을 형성한다. SO_n의 원소를 n차원의 회전이라고 한다.

직교 행렬의 노름 보존성 주어진 벡터 $\mathbf{x}$에 대해 $\|\mathbf{x}\|$는 벡터의 유클리드 거리를 의미한다. 이것은 $\|\mathbf{x}\| = (\mathbf{x}^\top\mathbf{x})^{1/2}$이다. 직교 행렬의 중요한 성질은 벡터에 직교 행렬을 곱해도 벡터의 노름을 보존하는 것이다. 다음에서 쉽게 알 수 있다.

$$(\mathtt{U}\mathbf{x})^{\mathsf{T}}(\mathtt{U}\mathbf{x}) = \mathbf{x}^{\mathsf{T}}\mathtt{U}^{\mathsf{T}}\mathtt{U}\mathbf{x} = \mathbf{x}^{\mathsf{T}}\mathbf{x}$$

행렬의 QR 분해는 행렬 A를 직교 행렬 Q와 위삼각 행렬 R의 곱 QR으로 분해하는 것을 의미한다. R의 오른쪽Right을 나타내며 위삼각 행렬을 의미한다. QR 분해와 마찬가지로 QL, LQ, RQ 분해가 있다. 여기서 L은 왼쪽Left을 나타내며 아래삼각 행렬을 의미한다. 사실 행렬의 RQ 분해가 이 책에서 가장 많이 사용한 것이며 앞으로는 이에 대해서만 설명한다. 가장 중요한 경우가 3 × 3 행렬의 분해이므로 여기에만 집중한다.

A4.1.1 기븐스 회전과 RQ 분해

3차원 기븐스Givens 회전은 좌표축 세 개 중에서 하나를 중심으로 회전하는 것이다. 기븐스 회전 세 개는 다음으로 주어진다.

$$\mathtt{Q}_x = \begin{bmatrix} 1 & & \\ & c & -s \\ & s & c \end{bmatrix} \quad \mathtt{Q}_y = \begin{bmatrix} c & & s \\ & 1 & \\ -s & & c \end{bmatrix} \quad \mathtt{Q}_z = \begin{bmatrix} c & -s & \\ s & c & \\ & & 1 \end{bmatrix} \tag{A4.1}$$

여기에서 적절한 θ에 대해 $c = \cos(\theta)$, $s = \sin(\theta)$를 나타내고 빈 원소는 영을 의미한다.

3 × 3 행렬 A의 오른쪽에 (예를 들어서) $\mathtt{Q}_z$를 곱하면 A의 마지막 열은 바뀌지 않고 처음 두 열은 처음 두 열벡터의 선형 조합으로 표현되는 성질을 가진다. 각도 θ는 처음 두 열에서 특정 원소가 영이 되도록 θ를 선택할 수 있다.

예를 들어, $\mathtt{A}_{21}$이 영이 되도록 하려면 방정식 $ca_{21} + sa_{22} = 0$을 풀어야 한다. 이에 대한 해는 $c = -a_{22}/(a_{22}^2 + a_{21}^2)^{1/2}$, $s = a_{21}/(a_{22}^2 + a_{21}^2)^{1/2}$이다. $c = \cos(\theta)$, $s = \sin(\theta)$이므로 $c^2 + s^2 = 1$을 만족해야 하는데, 여기서 주어진 값을 이를 만족한다.

RQ 알고리듬의 전략은 기븐스 회전을 곱해 행렬의 아래 부분 반을 제거하는 것이다. 3 × 3 행렬 A의 분해 A = RQ를 생각한다. 여기서 R은 위삼각 행렬이고 Q는 회전 행렬이다. 이것은 세 단계로 구성된다. 각 단계는 선택한 A의 원소를 영으로 만드는 기븐스 행렬을 오른쪽에 곱하는 것으로 구성된다. 일련의 곱은 앞에서 벌써 영이 된 원소를 건드리지 않는 방법으로 선택한다. RQ 분해 알고리듬의 구현은 알고리듬 A4.1에 소개한다.

알고리듬 A4.1 3 × 3 행렬의 RQ 분해

목적

기븐스 회전을 이용해 3 × 3 행렬 A의 분해를 수행한다.

알고리듬

(i) Q_x를 곱해서 A_{32}를 영으로 만든다.

(ii) Q_y를 곱해서 A_{31}을 영으로 만든다. 이 곱셈은 A의 두 번째 열을 변화시키지 않는다. 그래서 A_{32}는 여전히 영으로 남는다.

(iii) Q_z를 곱해서 A_{21}을 영으로 만든다. 처음 두 열벡터는 이들의 선형 조합으로 대체된다. 그래서 A_{31}과 A_{32}는 여전히 영으로 남는다.

다른 기븐스 회전 시퀀스가 같은 결과를 낼 수 있다. 이런 연산의 결과로서 $AQ_xQ_yQ_z = R$이고 R는 위삼각 행렬인 것을 알 수 있다. 결국 $A = RQ_z^\top Q_y^\top Q_x^\top$이며 그래서 $A = RQ$이고 $Q = Q_z^\top Q_y^\top Q_x^\top$는 회전이다. 그리고 기븐스 행렬 세 개와 관련된 각도 θ_x, θ_y, θ_z를 이용해 오일러 각도 세 개인 롤roll, 피치pitch, 요yaw 각도를 매개화할 수 있다.

분해 알고리듬의 구체적인 설명에서 QR, QL, LQ 분해 알고리듬 또한 비슷한 것을 유추할 수 있다. 그리고 이러한 알고리듬은 쉽게 고차원으로 확장할 수 있다.

A4.1.2 하우스홀더 행렬과 QR 분해

행렬의 차원이 큰 경우에는 하우스홀더 행렬을 이용하면 QR 분해를 쉽게 구할 수 있다. 다음의 대칭 행렬을 생각한다.

$$H_{\mathbf{v}} = I - 2\mathbf{v}\mathbf{v}^\top/\mathbf{v}^\top\mathbf{v} \tag{A4.2}$$

$H_{\mathbf{v}}^\top H_{\mathbf{v}} = I$이므로 $H_{\mathbf{v}}$는 직교 행렬이다.

$\mathbf{e}_1$은 벡터 $(1, 0, \ldots, 0)^\top$이고 $\mathbf{x}$는 임의의 벡터이다. $\mathbf{v} = \mathbf{x} \pm \|\mathbf{x}\|\mathbf{e}_1$이다. $H_{\mathbf{v}}\mathbf{x} = \mp\|\mathbf{x}\|\mathbf{e}_1$을 확인할 수 있다. 그래서 $H_{\mathbf{v}}$는 벡터 $\mathbf{x}$를 $\mathbf{e}_1$의 스칼라 배로 변환하는 직교 행렬이다. 기하학적으로 $H_{\mathbf{v}}$는 $\mathbf{v}$에 수직인 평면에 대한 반사이다. $\mathbf{v} = \mathbf{x} \pm \|\mathbf{x}\|\mathbf{e}_1$은 $\mathbf{x}$와 $\pm\|\mathbf{x}\|\mathbf{e}_1$을 이등분한다. $\mathbf{v}$ 방향의 반사에서 $\mathbf{x}$를 $\mp\|\mathbf{x}\|\mathbf{e}_1$로 보낸다. 안정성의 문제로 $\mathbf{v}$의 정의에 있는 부호의 모호성을 다음으로 해결한다.

$$\mathbf{v} = \mathbf{x} + \mathrm{sign}(x_1)\|\mathbf{x}\|\mathbf{e}_1 \tag{A4.3}$$

A가 행렬이고, $\mathbf{x}$는 A의 첫 번째 열벡터며 $\mathbf{v}$는 (A4.3)에서 정의한 것이다. 그러면 곱 $\mathrm{H}_\mathbf{v}\mathrm{A}$는 행렬의 첫 번째 열을 정리하고 $(\|\mathbf{x}\|, 0, 0, \ldots, 0)^\top$로 대체한다. 계속해서 하우스홀더 행렬을 왼쪽에 계속 곱하면 A의 대각선 밑의 성분을 모두 영으로 만들 수 있다. 이런 방법으로 결국은 $\mathrm{QA} = \mathrm{R}$을 찾을 수 있다. 여기에서 Q는 직교 행렬의 곱이고 R의 위삼각 행렬이다. 그러므로 $\mathrm{A} = \mathrm{Q}^\top\mathrm{R}$를 얻는다. 이것이 행렬 A의 QR 분해이다.

하우스홀더 행렬을 곱할 때, 하우스홀더 행렬을 구체적으로 구성하면 계산이 효율적이지 못하다. $\mathbf{a}$를 곱하는 것을 다음 방법으로 구현하면 효율적이다.

$$\mathrm{H}_\mathbf{v}\mathbf{a} = (\mathrm{I} - 2\mathbf{v}\mathbf{v}^\top/\mathbf{v}^\top\mathbf{v})\mathbf{a} = \mathbf{a} - 2\mathbf{v}(\mathbf{v}^\top\mathbf{a})/\mathbf{v}\mathbf{v}^\top \tag{A4.4}$$

같은 것이 행렬 A를 곱하는 것에도 성립한다. 하우스홀더 행렬과 QR 분해에 대한 보다 더 자세한 내용은 [Golub-89]를 참조하면 좋다.

메모 QR 또는 RQ 분해에서, R은 위삼각 행렬을 Q는 직교 행렬을 나타낸다. 이 책의 다른 부분에서는 R이 일반적으로 회전 행렬(그래서 직교 행렬)을 나타낸다.

A4.2 대칭 행렬과 반대칭 행렬

대칭 행렬과 반대칭 행렬은 이 책에서 중요한 역할을 한다. $\mathrm{A}^\top = \mathrm{A}$이면 행렬이 대칭이라 하고 $\mathrm{A}^\top = -\mathrm{A}$이면 반대칭이라 한다. 이런 행렬의 고윳값 분해를 다음의 결과에서 정리했다.

결과 A4.1 고윳값 분해

(i) A가 실수의 대칭 행렬이면, A는 $\mathrm{A} = \mathrm{UDU}^\top$로 분해할 수 있다. 여기서 U는 직교 행렬이고 D는 실수의 대각 행렬이다. 그래서 실수의 대칭 행렬은 실수의 고윳값을 가지고 고유 벡터는 직교한다.

(ii) S가 실수이고 반대칭이면 $\mathrm{S} = \mathrm{UBU}^\top$로 분해된다. 여기서 B는 $\mathrm{diag}(a_1\mathrm{Z}, a_2\mathrm{Z}, \ldots, a_m\mathrm{Z}, 0, \ldots, 0)$인 블록 대각 행렬이다. 여기서 $\mathrm{Z} = \begin{bmatrix} 0 & 1 \\ -1 & 0 \end{bmatrix}$이다. S의 고윳값은 순 허수이며 홀수 차수의 반대칭 행렬은 특이 행렬이다.

증명은 [Golub-98]를 참조하라.

야코비 방법 일반적으로 임의의 행렬에서 고윳값을 구하는 것은 어려운 수치 문제이다. 그러나 실수의 대칭 행렬의 경우에는 야코비 방법이라는 매우 안정적인 방법이 존재한다. 이 알고리듬의 구현에 관해서는 [Press-88]을 참조하라.

교차 곱 특별한 관심을 가지는 것은 3×3 반대칭 행렬이다. $\mathtt{a} = (a_1, a_2, a_3)^\top$이 3차원 벡터이면 다음과 같이 이에 대응하는 반대칭 행렬을 정의할 수 있다.

$$[\mathbf{a}]_\times = \begin{bmatrix} 0 & -a_3 & a_2 \\ a_3 & 0 & -a_1 \\ -a_2 & a_1 & 0 \end{bmatrix} \tag{A4.5}$$

임의의 3×3 반대칭 행렬은 적절한 벡터 $\mathbf{a}$에 대해 $[\mathbf{a}]_\times$의 형태로 표기할 수 있음에 주의해야 한다. 행렬 $[\mathbf{a}]_\times$는 특이 행렬이고 $\mathbf{a}$는 (좌 또는 우) 영벡터이다. 그러므로 3×3 반대칭 행렬은 이것의 영벡터의 배율 조절을 무시하고 정의한다.

3차원 두 벡터 교차 곱 (또는 벡터 곱) $\mathbf{a} \times \mathbf{b}$(또는 $\mathrm{a} \wedge \mathrm{b}$)는 벡터 $(a_2b_3 - a_3b_2,\ a_3b_1 - a_1b_3,\ a_1b_2 - a_2b_1)^\top$이다. 교차곱을 다음의 방식으로 반대칭 행렬과 연결된다.

$$\mathbf{a} \times \mathbf{b} = [\mathbf{a}]_\times \mathbf{b} = \left(\mathbf{a}^\top [\mathbf{b}]_\times\right)^\top \tag{A4.6}$$

여인수와 수반 행렬 $\mathtt{M}$은 정방 행렬이다. $\mathtt{M}^*$는 $\mathtt{M}$의 여인수 행렬을 나타낸다. 즉, 행렬 $\mathtt{M}^*$의 (ij)번째 원소는 $(-1)^{i+j}\det \hat{\mathtt{M}}_{ij}$이며 $\hat{\mathtt{M}}_{ij}$는 i번째 행과 j번째 열을 $\mathtt{M}$에서 제외해 얻은 행렬이다. 여인수 행렬 $\mathtt{M}^*$의 전치는 $\mathtt{M}$의 수반 행렬이라 하고 $\mathrm{adj}(\mathtt{M})$으로 표기한다.

$\mathtt{M}$이 가역적이면 다음이 알려져 있다.

$$\mathtt{M}^* = \det(\mathtt{M})\, \mathtt{M}^{-\top} \tag{A4.7}$$

여기에서 $\mathtt{M}^{-\top}$는 $\mathtt{M}$의 역행렬의 전치이다. 이 공식인 비가역 행렬에 대해서는 성립하지 않지만, $\mathrm{adj}(\mathtt{M})\,\mathtt{M} = \mathtt{M}\,\mathrm{adj}(\mathtt{M}) = \det(\mathtt{M})\,\mathtt{I}$는 항상 성립한다.

여인수 행렬은 교차곱의 분배 법칙과 관련이 있다.

보조정리 A4.2 $\mathtt{M}$는 (가역적이거나 비가역적이거나) 임의의 3×3 행렬이고 $\mathbf{x}$와 $\mathbf{y}$는 열벡터이다. 그러면 다음이 만족한다.

$$(\mathtt{M}\mathbf{x}) \times (\mathtt{M}\mathbf{y}) = \mathtt{M}^*(\mathbf{x} \times \mathbf{y}) \tag{A4.8}$$

위의 방정식에서 중요하지 않은 $\mathbf{y}$를 제거하고 $[\mathtt{M}\mathbf{x}]_\times \mathtt{M} = \mathtt{M}^*[\mathbf{x}]_\times$로 표기할 수 있다. 이제, $\mathbf{t} = \mathtt{M}\mathbf{x}$라 두고 M이 가역적이라고 가정하면 임의의 정칙 행렬 M과 반대칭 행렬 $[\mathbf{t}]_\times$에 대한 교환 법칙을 얻을 수 있다. (A4.8)을 다음과 같이 표기할 수 있다.

결과 A4.3 임의의 벡터 $\mathbf{t}$와 정치 행렬 M에 대해 다음이 성립한다.

$$[\mathbf{t}]_\times \mathtt{M} = \mathtt{M}^*[\mathtt{M}^{-1}\mathbf{t}]_\times = \mathtt{M}^{-\mathsf{T}}[\mathtt{M}^{-1}\mathbf{t}]_\times \text{ (배율 무시)}$$

$[\mathbf{t}]_\times \mathtt{M}$은 카메라 쌍 $\mathtt{P} = [\mathtt{I} \mid \mathbf{0}]$, $\mathtt{P}' = [\mathtt{M} \mid \mathbf{t}]$에 대한 기본 행렬의 형태이다(결과 9.9참조). 결과 A4.3의 공식을 기본 행렬에 대한 다른 형태 (9.2)를 유도하는 데 사용된다.

3×3 반대칭 행렬의 재미있는 성질은 배율 계수를 무시하고 $[\mathbf{a}]_\times = [\mathbf{a}]_\times[\mathbf{a}]_\times[\mathbf{a}]_\times$(배율 계수 $[\mathbf{a}]^3_\times = -\|\mathbf{a}\|^2[\mathbf{a}]_\times$를 포함)를 만족하는 것이다. 이것은 쉽게 확인할 수 있다. 우변이 반대칭인 것과 영공간의 생성자가 $\mathbf{a}$인 것은 자명하다. 이로부터 다음의 결과를 얻을 수 있다.

결과 A4.4 $\mathtt{F} = [\mathbf{e}']_\times \mathtt{M}$이 ($3 \times 3$ 특이 행렬의) 기본 행렬이면 (배율을 무시하고) $[\mathbf{e}']_\times[\mathbf{e}']_\times \mathtt{F} = \mathtt{F}$이다. 그러므로 F를 $\mathtt{F} = [\mathbf{e}']_\times \mathtt{M}$으로 분해할 수 있다. 여기서 $\mathtt{M} = [\mathbf{e}']_\times \mathtt{F}$이다.

A4.2.1 양의 정부호 대칭 행렬

양의 실수 고윳값을 가지는 특별한 실수 대칭 행렬을 양의 정부호 대칭 행렬이라 한다. 여기서 양의 정부호 대칭 실수 행렬의 성질을 소개한다.

결과 A4.5 양의 정부호 실수 대칭 행렬

(i) 대칭 행렬 A가 양의 정부호일 필요충분조건은 영이 아닌 벡터 $\mathbf{x}$에 대해 $\mathbf{x}^\mathsf{T}\mathtt{A}\mathbf{x} > 0$이다.

(ii) 양의 정부호 대칭 행렬 A는 $\mathtt{A} = \mathtt{K}\mathtt{K}^\mathsf{T}$로 유일하게 분해된다. 여기서 K는 양의 대각 원소를 가지는 위삼각 실수 행렬이다.

증명 결과의 첫 번째 부분은 분해 $\mathtt{A} = \mathtt{U}\mathtt{D}\mathtt{U}^\mathsf{T}$에서 거의 직접 나온다. 두 번째 부분은 A가 대칭이고 양의 정부호이므로 D가 양의 실수인 대각 행렬이고 U는 직교 행렬인 분해 $\mathtt{A} = \mathtt{U}\mathtt{D}\mathtt{U}^\mathsf{T}$로 나타난다. D의 제곱근을 취해 E가 대각행렬일 때 $\mathtt{D} = \mathtt{E}\mathtt{E}^\mathsf{T}$로 쓸 수 있다. 그

러면, $\mathtt{V} = \mathtt{UE}$로 두면 $\mathtt{A} = \mathtt{VV}^\top$이다. 행렬 V는 위삼각 행렬이 아니다. 그러나 (A4.1.1절의) RQ 분해를 적용해 $\mathtt{V} = \mathtt{KQ}$로 쓸 수 있다. 여기서 K는 위삼각 행렬이고 Q는 직교 행렬이다. 그러면, $\mathtt{A} = \mathtt{VV}^\top = \mathtt{KQQ}^\top\mathtt{K}^\top = \mathtt{KK}^\top$가 된다. 이것은 A의 촐레스키 분해이다. K의 오른쪽에 대각 성분이 ±1인 대각 행렬을 곱해 K의 대각 성분이 양수가 되도록 만들 수 있다. 이것은 곱 $\mathtt{KK}^\top$를 바꾸지 않는다.

이제 분해의 유일성에 관해 증명한다. 특히 $\mathtt{K}_1$과 $\mathtt{K}_2$가 $\mathtt{K}_1\mathtt{K}_1^\top = \mathtt{K}_2\mathtt{K}_2^\top$를 만족하는 두 개의 위삼각 행렬 $\mathtt{K}_1$, $\mathtt{K}_2$가 존재하면 $\mathtt{K}_2^{-1}\mathtt{K}_1 = \mathtt{K}_2^\top\mathtt{K}_1^{-\top}$을 만족한다. 이 방정식의 좌변은 위삼각 행렬이고 위변은 아래삼각 행렬이므로, 둘 다 대각 행렬이 돼야 한다. 그래서 $\mathtt{D} = \mathtt{K}_2^{-1}\mathtt{K}_1 = \mathtt{K}_2^\top\mathtt{K}_1^{-\top}$이다. 그러나 $\mathtt{K}_2^{-1}\mathtt{K}_1$은 $\mathtt{K}_2^\top\mathtt{K}_1^{-\top}$의 역전치 행렬이므로, D 또한 자기 자신의 역전치 행렬과 일치해야 한다. 그래서 이 대각 행렬의 대각 성분은 ±1이 된다. $\mathtt{K}_1$과 $\mathtt{K}_2$가 같은 양의 대각 성분을 가지므로, $\mathtt{D} = \mathtt{I}$이고 $\mathtt{K}_1 = \mathtt{K}_2$이다. □

위의 증명은 촐레스키 분해의 알고리듬을 제시한다. 그러나 촐레스키 분해를 계산하는 보다 간단하고 효율적인 방법이 있다. [Press-88]을 참조하라.

A4.3 회전 행렬의 표현

A4.3.1 n차원에서 회전

행렬 T가 주어지면 무한 급수를 이용해 $e^{\mathtt{T}}$를 다음으로 정의할 수 있다.

$$e^{\mathtt{T}} = \mathtt{I} + \mathtt{T} + \mathtt{T}^2/2! + \ldots + \mathtt{T}^k/k! + \ldots$$

이 급수는 모든 T에 대해 절대 수렴을 한다. 이제, 반대칭 행렬의 승을 생각한다. 결과 A4.1에서 반대칭 행렬은 $\mathtt{S} = \mathtt{UBU}^\top$로 표기할 수 있다. 여기서 B는 $\mathtt{B} = \mathrm{diag}(a_1\mathtt{Z},\ a_2\mathtt{Z}, \ldots, a_m\mathtt{Z}, 0, \ldots, 0)$의 블록 행렬이고 U는 직교 행렬이고 $\mathtt{Z}^2 = -\mathtt{I}_{2\times2}$이다. Z의 승이 다음을 만족하는 것을 쉽게 알 수 있다.

$$\mathtt{Z}^2 = -\mathtt{I}\ ;\ \mathtt{Z}^3 = -\mathtt{Z}\ ;\ \mathtt{Z}^4 = \mathtt{I}$$

그래서, 다음을 얻는다.

$$e^{\mathtt{Z}} = \mathtt{I} + \mathtt{Z} - \mathtt{I}/2! - \mathtt{Z}/3! + \ldots \ = \ \cos(1)\mathtt{I} + \sin(1)\mathtt{Z} \ = \ \mathtt{R}_{2\times2}(1)$$

여기에서 $\mathtt{R}_{2\times2}(1)$은 1라디안 회전하는 2×2 행렬을 의미한다. 일반적으로 다음이 성립한다.

$$e^{a\mathtt{Z}} = \cos(a)\mathtt{I} + \sin(a)\mathtt{Z} = \mathtt{R}_{2\times2}(a)$$

$\mathtt{S} = \mathtt{UBU}^\top$에 대해 다음을 얻는다.

$$e^{\mathtt{S}} \;=\; \mathtt{U}e^{\mathtt{B}}\mathtt{U}^\top \;=\; \mathtt{U}\,\mathrm{diag}(\mathtt{R}(a_1), \mathtt{R}(a_2), \ldots, \mathtt{R}(a_m), 1, \ldots, 1)\,\mathtt{U}^\top$$

그래서, $e^{\mathtt{S}}$는 회전 행렬이다. 반면에 임의의 회전 행렬은 블록-대각 형태 $\mathtt{U}\,\mathrm{diag}(\mathtt{R}(a_1)$, $\mathtt{R}(a_2), \ldots, \mathtt{R}(a_m)$, $1, \ldots, 1)\,\mathtt{U}^\top$로 표기할 수 있고 그래서 $\mathtt{S}$가 $n \times n$ 반대칭 행렬일 때 행렬 $\mathbf{e}^{\mathtt{S}}$는 정확히 n차원 회전 행렬이 된다.

A4.3.2 3차원에서 회전

$\mathbf{t}$가 3차원 벡터이면 $[\mathbf{t}]_\times$는 반대칭 행렬이며 그리고 임의의 3×3 반대칭 행렬은 이러한 형태이다. 결국, 임의의 삼차원 회전은 $e^{[\mathbf{t}]_\times}$로 표기할 수 있다. 여기서는 회전 $e^{[\mathbf{t}]_\times}$에 대해서 설명한다.

$[\mathbf{t}]_\times = \mathtt{U}\ \mathrm{diag}(a\mathtt{Z},\ 0)\ \mathtt{U}^\top$라 한다. 그러면 양변에 행렬의 프로베니우스 노름을 취하면 $a = \|\mathbf{t}\|$를 얻는다. 그러므로 다음이 성립한다.

$$e^{[\mathbf{t}]_\times} = \mathtt{U}\,\mathrm{diag}(\mathtt{R}(\|\mathbf{t}\|), 1)\,\mathtt{U}^\top$$

결국, $e^{[\mathbf{t}]_\times}$는 각도 $\|\mathbf{t}\|$만큼의 회전을 의미한다. $\mathtt{U}$의 세 번째 열벡터 $\mathbf{u}_3$이 단위 고윳값을 가지는 $\mathtt{U}\ \mathrm{diag}(\mathtt{R},\ 1)\ \mathtt{U}^\top$의 고유벡터가 돼 회전의 축이 되는 것을 쉽게 확인할 수 있다. 그러나 $[\mathbf{t}]_\times\ \mathbf{u}_3 = \mathtt{U}\ \mathrm{diag}(a\mathtt{Z},\ 0)\ \mathtt{U}^\top\ \mathbf{u}_3 = \mathtt{U}\ \mathrm{diag}(a\mathtt{Z},\ 0)\ (0,\ 0,\ 1)^\top = 0$이다. $\mathbf{u}_3$은 $[\mathbf{t}]_\times$의 영공간의 생성자이므로, $\mathbf{u}_3$은 방향 $\mathbf{t}$의 단위 벡터가 돼야 한다. 정리하면 다음이다.

결과 A4.6 행렬 $e^{[\mathbf{t}]_\times}$는 벡터 $\mathbf{t}$로 표현되는 축을 중심으로 $\|\mathbf{t}\|$만큼 회전하는 것을 표현하는 행렬이다.

회전의 이런 표현을 각도-축 표현이라고 한다.

$e^{[\mathbf{t}]_\times}$에 대응하는 회전 행렬에 대한 구체적인 공식을 찾을 수 있다. $\hat{\mathbf{t}}$가 $\mathbf{t}$ 방향의 단위 벡터이면 $[\mathbf{t}]_\times^3 = -\|\mathbf{t}\|^2[\mathbf{t}]_\times = -\|\mathbf{t}\|^3[\hat{\mathbf{t}}]_\times$를 만족한다. $\sin(\theta)/\theta$를 $\mathrm{sinc}(\theta)$로 표기하면 다음

을 얻는다.

$$\begin{aligned} e^{[\mathbf{t}]_\times} &= \mathtt{I} + [\mathbf{t}]_\times + [\mathbf{t}]_\times^2/2! + [\mathbf{t}]_\times^3/3! + [\mathbf{t}]_\times^4/4! + \ldots \\ &= \mathtt{I} + \|\mathbf{t}\|\,[\hat{\mathbf{t}}]_\times + \|\mathbf{t}\|^2\,[\hat{\mathbf{t}}]_\times^2/2! - \|\mathbf{t}\|^3\,[\hat{\mathbf{t}}]_\times/3! - \|\mathbf{t}\|^4\,[\hat{\mathbf{t}}]_\times^2/4! + \ldots \\ &= \mathtt{I} + \sin\|\mathbf{t}\|\,[\hat{\mathbf{t}}]_\times + (1-\cos\|\mathbf{t}\|)\,[\hat{\mathbf{t}}]_\times^2 \\ &= \mathtt{I} + \mathrm{sinc}\|\mathbf{t}\|\,[\mathbf{t}]_\times + \frac{1-\cos\|\mathbf{t}\|}{\|\mathbf{t}\|^2}\,[\mathbf{t}]_\times^2 \\ &= \cos\|\mathbf{t}\|\mathtt{I} + \mathrm{sinc}\|\mathbf{t}\|\,[\mathbf{t}]_\times + \frac{1-\cos\|\mathbf{t}\|}{\|\mathbf{t}\|^2}\,\mathbf{t}\mathbf{t}^\mathsf{T} \end{aligned} \tag{A4.9}$$

마지막 행은 관계식 $[\mathbf{t}]_\times^2 = \mathbf{t}\mathbf{t}^\mathsf{T} - \|\mathbf{t}\|^2\mathtt{I}$에서 유도된다.

이런 표현의 몇 가지 성질을 소개한다.

(i) 회전 행렬 R에서 축과 회전 각도를 찾아내는 것은 쉽지 않다. 단위 회전축 $\mathbf{v}$는 단위 고윳값에 대응하는 고유벡터로 찾을 수 있다. 즉, $(\mathtt{R}-\mathtt{I})\mathbf{v} = \mathbf{0}$을 풀어야 한다. 다음으로 (A4.9)에서 회전 각도 ϕ는 다음을 만족한다.

$$\begin{aligned} 2\cos(\phi) &= (\mathrm{trace}(\mathtt{R}) - 1) \\ 2\sin(\phi)\mathbf{v} &= (\mathtt{R}_{32} - \mathtt{R}_{23}, \mathtt{R}_{13} - \mathtt{R}_{31}, \mathtt{R}_{21} - \mathtt{R}_{12})^\mathsf{T} \end{aligned} \tag{A4.10}$$

두 번째 방정식을 $2\sin(\phi)\mathbf{v} = \hat{\mathbf{v}}$로 나타내면, $2\sin(\phi) = \mathbf{v}^\mathsf{T}\hat{\mathbf{v}}$를 얻는다. 이제, 각도 ϕ는 $\sin(\phi)$와 $\cos(\phi)$로 부터 계산할 수 있다. 두 개의 인자를 갖는 (C언어의 atan2(y, x)와 같은) arctan함수를 사용하면 된다.

가끔 문헌에서 ϕ를 arccos 또는 arcsin을 이용해 (A4.10)에서 직접 계산할 수 있다고 말하는 경우가 있다. 그러나 이런 방법은 수치적으로 정확하지 않고, $\phi = \pi$인 경우에 축을 찾는 데 실패한다.

(ii) 회전 $\mathtt{R}(\mathbf{t})$를 벡터 $\mathbf{x}$에 적용하기 위해 $\mathbf{t}$의 행렬 표현을 계산할 필요는 없다. 다음으로 계산 가능하다.

$$\begin{aligned} \mathtt{R}(\mathbf{t})\mathbf{x} &= \left(\mathtt{I} + \mathrm{sinc}\|\mathbf{t}\|[\mathbf{t}]_\times + \frac{1-\cos\|\mathbf{t}\|}{\|\mathbf{t}\|^2}[\mathbf{t}]_\times^2\right)\mathbf{x} \\ &= \mathbf{x} + \mathrm{sinc}\|\mathbf{t}\|\mathbf{t}\times\mathbf{x} + \frac{1-\cos\|\mathbf{t}\|}{\|\mathbf{t}\|^2}\mathbf{t}\times(\mathbf{t}\times\mathbf{x}) \end{aligned} \tag{A4.11}$$

(iii) $\hat{\mathbf{t}}$가 축 방향의 단위 벡터이고 $\mathbf{t}$가 $\mathbf{t} = \theta\hat{\mathbf{t}}$로 표현되고 θ가 회전 각도이면 (A4.9)는 회전 행렬에 관한 로드리게스Rodrigues 공식과 일치한다.

$$\mathtt{R}(\theta, \hat{\mathbf{t}}) = \mathtt{I} + \sin\theta[\hat{\mathbf{t}}]_\times + (1 - \cos\theta)[\hat{\mathbf{t}}]_\times^2 \tag{A4.12}$$

A4.3.3 사원수

삼차원 회전은 단위 사원수quarernions으로 표현할 수 있다. 단위 사원수는 사차원 벡터이고 임의의 사차원 벡터 형식인 $\mathbf{q} = (\mathbf{v}\sin(\theta/2),\ \cos(\theta/2))^\top$로 표현할 수 있다. 이러한 사원수 표현은 벡터 $\mathbf{v}$를 중심으로 각도 θ만큼의 회전을 나타낸다. $\mathbf{q}$와 $-\mathbf{q}$가 같은 회전을 나타내므로 2 대 1 대응의 표현이다. 이것은 $-\mathbf{q} = (\mathbf{v}\sin(\theta/2 + \pi),\ \cos(\theta/2 + \pi))^\top$가 $\theta + 2\pi = \theta$의 회전을 나타내는 것에서 알 수 있다.

회전의 각도-축 표현과 사원수 표현의 관계는 간단하게 결정된다. 주어진 벡터 $\mathbf{t}$에 대해 회전의 각도-축 표현과 대응하는 사원수는 다음의 관계를 만족한다.

$$\mathbf{t} \leftrightarrow \mathbf{q} = (\mathrm{sinc}(\|\mathbf{t}\|/2)\mathbf{t},\ \cos(\|\mathbf{t}\|/2))^\top$$

A4.4 특이값 분해

특이값 분해SVD는 가장 유용한 행렬 분해이다. 특히 수치 계산 분야에서 많이 사용한다. 가장 많은 응용 분야는 과조건 방정식의 해를 구하는 것이다.

$\mathtt{A}$가 정방 행렬이면, $\mathtt{A}$의 SVD는 $\mathtt{A} = \mathtt{UDV}^\top$ 분해이다. 여기에서 $\mathtt{U}$와 $\mathtt{V}$는 직교 행렬이고, $\mathtt{D}$는 음수가 아닌 원소를 가지는 대각 행렬이다. 이 분해에서 $\mathtt{V}$ 대신에 $\mathtt{V}^\top$를 사용하는 것이 일반적인 관습이다. 분해는 일반적으로 $\mathtt{D}$의 원소가 내림차순이 되도록 한다. 여기서는 이것을 가정한다. 그래서 가장 작은 특이값에 대응하는 $\mathtt{V}$의 열벡터라는 긴 문장을 간단하게 $\mathtt{V}$의 마지막 열벡터라고 표현한다.

SVD는 정방 행렬이 아닌 행렬 $\mathtt{A}$에 대해서도 항상 존재한다. 가장 관심 있는 경우는 $\mathtt{A}$가 열보다 행을 더 많이 가진 것이다. 구체적으로 $\mathtt{A}$가 $m \times n$행렬인데 $m \geq n$이다. 이 경우 $\mathtt{A}$는 $\mathtt{A} = \mathtt{UDV}^\top$로 분해될 수 있다. 여기에서 $\mathtt{U}$는 직교하는 열벡터를 가지는 $m \times n$ 행렬이고, $\mathtt{D}$는 $n \times n$ 대각 행렬이며 $\mathtt{V}$는 $n \times n$ 직교 행렬이다. $\mathtt{U}$가 직교하는 열벡터를

가진다는 것은 $U^{\top}U = I_{n\times n}$을 의미한다. 그리고 임의의 벡터 $\mathbf{x}$에 대해 $\|U\mathbf{x}\| = \|\mathbf{x}\|$를 만족하는 노름 보존의 성질을 가진다. 쉽게 확인할 수 있다. 반면 $UU^{\top}$는 $m = n$인 경우를 제외하면 일반적으로 단위 행렬이 되지 않는다.

당연하겠지만, 행보다 열을 더 많이 가지는 벡터에 대해서도 특이값 분해를 정의할 수 있다. 그러나 이 책에서는 별 관심 없는 사항이다. 대신 이 책에서는 $m < n$인 행렬 A의 특이값 분해가 필요한 경우에 A에 영으로 구성된 행벡터를 추가해 정방 행렬을 만든 후에 이 행렬의 SVD를 구한다. 일반적으로 특별한 언급 없이 이러한 절차를 사용하겠다.

[Prsss-88]과 같이 일반적으로 구현된 SVD는 $m \geq n$을 가정한다. 이 경우 U는 입력 행렬과 같이 $m \times n$차원을 가지므로 행렬 A를 결과 U로 덮어쓰기도 한다.

SVD의 구현 특이값 분해의 알고리듬 설명과 존재성 증명은 이 책에서 하지 않을 것이다. 알고리듬이 작동하는 원리에 관해서는 [Golub-89]를 참조하라. SVD의 실용적인 구현은 [Press-88]에 있다. 그러나 『Numerical Recipes in C』의 1판에서 제시한 SVD의 구현은 가끔 부정확한 결과를 낸다. 『Numerical Recipes in C』의 2판 [Press-88]의 알고리듬은 1판의 오류를 정정했다.

특이값과 고윳값 SVD의 행렬 D의 대각 성분은 음이 아니다. 이들을 행렬 A의 특이값이라고 한다. 이것은 고윳값과 같은 것이 아니다. A의 고윳값과 특이값의 관계를 살펴보기 위해 $A = UDV^{\top}$에서 시작한다. 여기에서, $A^{\top}A = VDU^{\top}UDV^{\top} = VD^2V^{\top}$이다. V는 직교이므로 $V^{\top} = V^{-1}$이고 그래서 $A^{\top}A = VD^2V^{-1}$이다. 이것은 고윳값을 정의하는 방정식이다. D^2의 원소가 $A^{\top}A$의 고윳값이고 V의 열벡터가 $A^{\top}A$의 고유벡터인 것을 보여준다. 즉, A의 특이값은 $A^{\top}A$의 고윳값의 제곱근이다.

$A^{\top}A$는 대칭이고 준 양부호semi positive definite이다(A4.2.1참조). 그래서 고윳값은 실수이며 음의 부호가 아니다. 결국, 특이값은 실수이며 음의 부호가 아니다.

SVD의 계산 복잡성 SVD의 계산 복잡성은 얼마나 많은 정보를 얻어야 하는가에 달려 있다. 뒤에서 보게 될 알고리듬 A5.4의 예에서, 이 문제의 해는 SVD의 행렬 V의 마지막 열벡터이다. 행렬 U를 사용하지 않으므로 계산할 필요 없다. 반면에 A5.1절의 알고리듬 A5.1의 경우에는 SVD 전체를 요구한다. 열보다 많은 행을 가진 연립방정식의 경우에 행렬 U를 계산해야 하는 추가 계산량이 상당하다.

$m \times n$ 행렬의 SVD를 계산하는 데 필요한 부동소수점 연산[flops]의 근삿값이 [Golub-89]에 나와 있다. 행렬 U, V, D를 찾기 위해서 전체 $4m^2n + 8mn^2 + 9n^3$의 flops가 필요하다. 그러나 행렬 V와 D만 필요하면 단지 $4mn^2 + 8n^3$의 flops가 필요하다. 이것은 중요한 차이이데, 후자의 표현식에는 m^2을 포함하지 않기 때문이다. 구체적으로 U를 계산하기 위해서 필요한 연산 개수는 행의 개수 m의 제곱에 비례한다. 반면에 D와 V를 계산하는 복잡도는 m에 선형적이다. 열보다 행을 많이 가지는 경우에 (계산 시간이 중요하다면) 필요하지 않다면 U의 계산을 피하는 것이 좋다. 이러한 점을 보이기 위해 7장에서 설명한 DLT 알고리듬을 고려한다. 이 알고리듬에서는 n개의 3차원과 2차원 점 대응에서 3×4 카메라 행렬을 계산한다. A가 $2n \times 12$행렬인 $\mathrm{A}\mathbf{p} = 0$을 풀기 위해 알고리듬 A5.4를 이용한다. 해벡터 $\mathbf{p}$는 SVD $\mathrm{A} = \mathrm{UDV}^\top$에서 행렬 V의 마지막 열벡터이다. 그러므로 벡터 U는 필요하지 않다. 표 A4.1은 점 대응 6개(최소 경우), 100개, 1000개에 대해 SVD를 수행하기 위해 필요한 flops를 보여준다.

표 A4.1 m은 변화하고 $n = 12$일 때, $m \times n$ 행렬에 대한 SVD를 계산하는 데 필요한 flops의 비교. U를 계산하지 않을 때, 계산 복잡성이 방정식의 개수에 대해 준 선형으로 증가하는 것에 주의해야 한다. 반면에 U를 계산해야 하는 추가 부담이 방정식의 개수가 많은 경우 매우 커지게 된다.

점의 개수	각의 방정식 개수	전체 방정식 개수(m)	미지수 개수 (n)	U를 계산하지 않을 때 연산 개수	U를 계산할 때 연산 개수
6	2	12	12	20,736	36,288
100	2	200	12	129,024	2,165,952
1000	2	2000	12	1,165,824	194,319,552

읽을거리 이 분야에서 매우 중요한 책은 [Golub-89]와 [Lutkepohl-96]이다.

A5

최소 제곱의 최소화

여기서는 다양한 제약 조건을 가지는 연립선형방정식 풀이의 알고리듬에 대해서 설명한다. 결국 이런 문제들은 SVD를 이용해 쉽게 풀 수 있는 것을 보게 될 것이다.

A5.1 선형방정식의 해

$\mathtt{A}\mathbf{x} = \mathbf{b}$ 형태의 연립방정식을 생각한다. $\mathtt{A}$는 $m \times n$ 행렬이다. 다음의 세 가지 가능성이 있다.

(i) $m < n$이면 방정식보다 미지수의 개수가 많다. 이 경우 유일해는 존재하지 않고 해의 벡터 공간이 존재한다.

(ii) $m = n$일 때 $\mathtt{A}$가 가역적이면 유일해가 존재한다.

(iii) $m > n$이면 미지수보다 방정식의 개수가 많다. 일반적으로 $\mathbf{b}$가 $\mathtt{A}$의 열벡터가 생성하는 공간에 우연히 놓이지 않으면 방정식은 해를 가지지 않는다.

최소 제곱해: 전체 차수의 경우 $m \geq n$인 경우를 생각하고 여기서는 $\mathtt{A}$가 차수 n을 가지는 것으로 가정한다. 해가 존재하지 않으면, $\mathtt{A}\mathbf{x} = \mathbf{b}$와 가장 가까운 벡터 $\mathbf{x}$를 찾는 것도 의미가 있다. 즉, $\|\mathtt{A}\mathbf{x} - \mathbf{b}\|$를 최소화하는 벡터 $\mathbf{x}$를 찾는다. 여기서 $\|\cdot\|$은 벡터 노름을 나타낸다. 이러한 $\mathbf{x}$를 과조건 시스템에서 최소 제곱해라고 한다. 최소 제곱해는 SVD를 이용하면 쉽게 구할 수 있다.

$\|\mathtt{A}\mathbf{x} - \mathbf{b}\| = \|\mathtt{UDV}^\top - \mathbf{b}\|$를 최소화하는 $\mathbf{x}$를 찾고자 한다. 직교 변환은 노름을 보존하므로 $\|\mathtt{UDV}^\top - \mathbf{b}\| = \|\mathtt{DV}^\top\mathbf{x} - \mathtt{U}^\top\mathbf{b}\|$이며, 이것이 최소화하고자 하는 양이 된다. $y = \mathtt{V}^\top\mathbf{x}$, $\mathbf{b}' = \mathtt{U}^\top\mathbf{b}$라 두면, 원래의 문제는 $\|\mathtt{D}\mathbf{y} - \mathbf{b}'\|$을 최소화하는 것이 된다. 이때 D는 $m \times n$ 대각 행렬이다. 다음의 형태를 가진다.

$$\begin{bmatrix} d_1 & & & \\ & d_2 & & \\ & & \ddots & \\ & & & d_n \\ \hline & & 0 & \end{bmatrix} \begin{pmatrix} y_1 \\ y_2 \\ \vdots \\ y_n \end{pmatrix} = \begin{pmatrix} b'_1 \\ b'_2 \\ \vdots \\ b'_n \\ \hline b'_{n+1} \\ \vdots \\ b'_m \end{pmatrix}$$

분명하게, $\mathbf{b}'$에 가장 가까운 $\mathtt{D}y$는 벡터 $(b'_1,\ b'_2, \ldots, b'_n,\ 0, \ldots, 0)^\top$이고 이때, $y_i = b'_i/d_i$, $i = 1, \ldots, n$이다. 가정 rank $\mathtt{A} = n$에서 $d_i \neq 0$이 된다. 최종적으로 $\mathbf{x} = \mathtt{V}\mathbf{y}$에서 $\mathbf{x}$를 구한다. 완전한 알고리듬은 다음과 같다.

알고리듬 A5.1 완전한 차수를 가지는 과조건 선형방정식의 선형 최소 제곱해

목적

$m > n$이고 rank $\mathtt{A} = n$일 때 $m \times n$ 연립방정식 $\mathtt{A}\mathbf{x} = \mathbf{b}$의 최소 제곱해를 구하라.

알고리듬

(i) SVD $\mathtt{A} = \mathtt{UDV}^\top$를 구한다.

(ii) $\mathbf{b}' = \mathtt{U}^\top\mathbf{b}$로 둔다.

(iii) d_i가 D의 i번째 원소이면 $y_i = b'_i/d_i$로 벡터 $\mathbf{y}$를 정의한다.

(iv) 해는 $\mathbf{x} = \mathtt{V}\mathbf{y}$이다.

차수가 부족한 경우 때때로 최대 열벡터 차수가 되지 않는 연립방정식을 풀어야 할 때가 있다. 즉, $r = \text{rank } \mathtt{A} < n$이고 n은 A의 열벡터의 개수이다. 노이즈 때문에 행렬 A의 차수가 실제로 r보다 크지만, 고려하는 특정한 문제의 이론에서 차수 r를 제약 조건으로 부과하고 싶은 경우도 있다. 이 경우 $r = \text{rank } \mathtt{A} < n$으로 두면 방정식에 대해 $(n - r)$개의 매개화를 가지는 해 꾸러미가 존재할 것이다. 이러한 해의 꾸러미는 SVD를 이용해서

쉽게 풀 수 있다.

이 알고리듬은 차수가 부족한 연립방정식에 대해 (결정되지 않는 λ_i로 매개화되는) $(n-r)$개의 매개변수를 가지는 최소 제곱해의 꾸러미를 준다. 이 알고리듬이 검증은 전체 차수를 가지는 방정식의 최소 제곱해에 대한 알고리듬 A5.1과 유사하다.

차수를 모르는 경우 이 책에 나오는 대부분의 경우는 연립방정식의 차수를 이론적으로 해를 구하기 전에 미리 알고 있다. 방정식의 차수를 알지 못하는 경우에는 차수를 추측해야 한다. 이 경우 가장 큰 특이값에 비해서 작은 특이값을 영으로 두는 것이 적합하다. 즉, δ를 기계 정밀도[1] 정도의 작은 값이라 하면 $d_i/d_0 < \delta$이면 $y_i = 0$으로 둔다. 최소 제곱해는 앞에서와 같이 $\mathbf{x} = \mathtt{V}\mathbf{y}$로 주어진다.

알고리듬 A5.2 차수가 부족한 연립방정식에 대한 일반해

목적

A가 차수 $r < n$인 $m \times n$ 행렬일 때 방정식 $\mathtt{A}\mathbf{x} = \mathbf{b}$의 일반해를 구해라.

알고리듬

(i) SVD $\mathtt{A} = \mathtt{UDV}^\top$를 구하라. 여기서 D의 원소 d_i는 내림차순으로 정렬한다.

(ii) $\mathbf{b}' = \mathtt{U}^\top\mathbf{b}$로 둔다.

(iii) $i = 1, \ldots, r$에 대해 $y_i = b'_i/d_i$, 나머지 경우에 $y_i = 0$으로 벡터 $\mathbf{y}$를 정의한다.

(iv) 최소 노름 $\|\mathbf{x}\|$를 가지는 해 $\mathbf{x}$는 $\mathtt{V}\mathbf{y}$이다.

(v) $\mathbf{v}_{r+1}, \ldots, \mathbf{v}_n$이 V의 마지막 $n-r$개의 열벡터일 때 일반해는 $\mathbf{x} = \mathtt{V}\mathbf{y} + \lambda_{r+1}\mathbf{v}_{r+1} + \ldots + \lambda n\mathbf{v}_n$으로 주어진다.

A5.2 유사 역행열

정방 대각 행렬 D가 주어지면 이의 유사 역행렬을 다음과 같이 대각 행렬 $\mathtt{D}^+$로 정의한다.

$$D_{ii}^+ = \begin{cases} 0 & \text{if } D_{ii} = 0 \\ D_{ii}^{-1} & \text{otherwise} \end{cases}$$

1 기계 정밀도는 $1.0 + \epsilon = 1.0$이 되는 최대 부동 소수점 ϵ를 말한다.

이제, $m \geq n$인 $m \times n$ 행렬 A를 생각한다. A의 SVD는 $\mathtt{A} = \mathtt{UDV}^\top$이다. A의 유사 역행렬을 다음의 행렬로 정의한다.

$$\mathtt{A}^+ = \mathtt{VD}^+\mathtt{U}^\top \tag{A5.1}$$

알고리듬 A5.1과 알고리듬 A5.2에서 벡터 $\mathbf{y}$가 $\mathbf{b}' = \mathtt{U}^\top\mathbf{b}$일 때 $\mathtt{D}^+\mathbf{b}'$인 것을 확인할 수 있다. 그래서 다음을 얻는다.

결과 A5.1 차수 n인 $m \times n$ 연립방정식 $\mathtt{A}\mathbf{x} = \mathbf{b}$의 최소 제곱해는 $\mathbf{x} = \mathtt{A}^+\mathbf{b}$로 주어진다. 차수가 부족한 경우 $\mathbf{x} = \mathtt{A}^+\mathbf{b}$는 $\|\mathbf{x}\|$를 최소화하는 해이다.

SVD를 설명할 때 언급했듯이, A가 열보다 적은 행을 가지면 영의 행을 추가해 A를 정방행렬로 만든 후에 이 결과를 적용하면 된다.

대칭 행렬 대칭 행렬에 대해서는 유사 역행렬을 다음과 같이 일반화할 수 있다. 이런 일반화는 특이 공분산 행렬을 설명하는 5.2.3절에서 사용됐다. A가 특이 대칭 행렬이고 $\mathtt{X}^\top\mathtt{AX}$가 정칙이면, $\mathtt{A}^{+\mathtt{X}} \stackrel{\text{def}}{=} \mathtt{X}(\mathtt{X}^\top\mathtt{AX})^{-1}\mathtt{X}^\top$로 정의한다. 이 정의는 X의 열벡터가 생성하는 공간에만 의존한다. 즉, 임의의 정칙 행렬 B에 대해 X를 XB로 변경해도 $\mathtt{A}^{+\mathtt{X}} = \mathtt{A}^{+\mathtt{XB}}$가 성립한다. 다른 언급이 없으면, $\mathtt{A}^{+\mathtt{X}}$는 X의 (좌)영벡터에만 의존한다. 즉, X의 열벡터에 직교하는 벡터의 공간이다. 영공간 $N_L\mathtt{X} = \{\mathbf{x}^\top \mid \mathbf{x}^\top\mathtt{X} = 0\}$을 정의한다. 간단한 조건에서 $\mathtt{A}^{+\mathtt{X}}$가 A의 유사 역원이 되는 것을 알 수 있다.

결과 A5.2 A는 대칭 행렬이다. $\mathtt{A}^{+\mathtt{X}} \stackrel{\text{def}}{=} \mathtt{X}(\mathtt{X}^\top\mathtt{AX})^{-1}\mathtt{X}^\top = \mathtt{A}^+$가 되는 필요충분조건은 $N_L(\mathtt{X}) = N_L(\mathtt{A})$이다.

증명은 개략만 소개한다. 필요조건은 당연하다. $N_L(\mathtt{X})$와 $N_L(\mathtt{A})$가 식의 좌변과 우변의 영공간이기 때문이다. 역을 증명하기 위해서는 X의 열벡터가 정규 직교라는 것을 가정한다. 앞에서 봤듯이 X의 영공간만이 중요하기 때문이다. 그래서 X를 열벡터 X′을 추가해 직교 행렬 $\mathtt{U} = [\mathtt{X} \mid \mathtt{X}']$을 형성한다. 이제 $\mathtt{X}'^\top$의 열은 X의 영공간을 생성한다. 그래서 가정에서 A의 영공간을 생성한다. 이제 정의 $\mathtt{A}^{+\mathtt{X}} \stackrel{\text{def}}{=} \mathtt{X}(\mathtt{X}^\top\mathtt{AX})^{-1}\mathtt{X}^\top$와 유사 역원의 정의 (A5.1)을 비교하면 증명이 끝난다.

A5.2.1 정규 방정식을 이용하는 선형 최소 제곱

선형 최소 제곱 문제는 **정규 방정식**normal equation이라 불리는 것을 이용해 풀 수 있다. 다시 한 번 더, $m > n$이고 A는 $m \times n$ 행렬일 때 선형방정식 $\mathtt{A}\mathbf{x} = \mathbf{b}$를 생각한다. 일반적으로 이러한 연립방정식에는 해 $\mathbf{x}$가 존재하지 않는다. 결국 노름 $\|\mathtt{A}\mathbf{x} - \mathbf{b}\|$를 최소화하는 벡터 $\mathbf{x}$를 구하는 것이 된다. $\mathbf{x}$가 모든 값으로 변하면 곱 $\mathtt{A}\mathbf{x}$는 A의 열벡터가 생성하는 $\mathbb{R}^m$의 부분 공간인 A의 열벡터 공간에서 변하게 된다. 그러므로, A의 열벡터 공간에서 $\mathbf{b}$와 가장 가까운 것을 찾는 문제이다. 가깝다는 것은 벡터 노름에 의해서 정의된다. $\mathbf{x}$를 이 문제의 해라 둔다. 이 경우 $\mathtt{A}\mathbf{x} - \mathbf{b}$는 A의 열벡터 공간과 수직이 돼야 한다. 구체적으로 $\mathtt{A}\mathbf{x} - \mathbf{b}$는 A의 열벡터 각각과 수직이 돼서 $\mathtt{A}^\top(\mathtt{A}\mathbf{x} - \mathbf{b}) = 0$을 만족한다. 곱셈을 행하고 항을 분리하면 다음을 얻는다.

$$(\mathtt{A}^\top\mathtt{A})\mathbf{x} = \mathtt{A}^\top\mathbf{b} \tag{A5.2}$$

이것은 **정규 방정식**이라고 하는 $n \times n$ 연립방정식이다. 이 방정식을 풀어서 $\mathtt{A}\mathbf{x} = \mathbf{b}$의 최소 제곱해를 구할 수 있다. A가 최대 차수(rank n)가 아닌 경우에도 이 방정식은 해를 가진다. $\mathtt{A}^\top\mathbf{b}$는 $\mathtt{A}^\top\mathtt{A}$의 열벡터 공간에 놓이기 때문이다. A가 차수 n을 가지는 경우는 행렬 $\mathtt{A}^\top\mathtt{A}$가 역행렬을 가진다. 그래서 $\mathbf{x}$는 $\mathbf{x} = (\mathtt{A}^\top\mathtt{A})^{-1}\mathtt{A}^\top\mathbf{b}$가 된다. $\mathbf{x} = \mathtt{A}^+\mathbf{b}$이므로 간단하게 직접 확인할 수 있는 다음의 결과를 얻는다.

결과 A5.3 A가 차수가 n인 $m \times n$행렬이면 $\mathtt{A}^+ = (\mathtt{A}^\top\mathtt{A})^{-1}\mathtt{A}^\top$이다.

이 결과는 이론적으로 유용할 뿐만 아니라 (($\mathtt{A}^\top\mathtt{A}$)의 역행렬을 구하는 것이 A의 SVD를 구하는 것보다 간단한) n이 m에 비해 매우 작은 경우에 유사 역행렬을 구하기 위해 SVD를 사용하는 것보다 계산이 더 간단해진다.

알고리듬 A5.3 정규 방정식을 사용하는 선형 최소 제곱해

목적

$\|\mathtt{A}\mathbf{x} - \mathbf{b}\|$를 최소화하는 $\mathbf{x}$를 찾아라.

알고리듬

(i) 정규 방정식 $\mathtt{A}^\top\mathtt{A}\mathbf{x} = \mathtt{A}^\top\mathbf{b}$을 푼다.

(ii) $\mathtt{A}^\top\mathtt{A}$가 가역이면 해는 $\mathbf{x} = (\mathtt{A}^\top\mathtt{A})^{-1}\mathtt{A}^\top\mathbf{b}$이다.

벡터 공간의 노름 때때로 벡터 공간 $\mathbb{R}^n$에서 다른 노름에 대해 $\mathtt{A}\mathbf{x} - \mathbf{b}$를 최소화하고 싶을 때가 있다. 벡터 공간 $\mathbb{R}^n$의 표준 노름은 표준 내적을 이용한 것이다. 그래서 $\mathbb{R}^n$의 두 벡터 $\mathbf{a}$, $\mathbf{b}$에 대해 내적 $\mathbf{a} \cdot \mathbf{b}$를 $\mathbf{a}^\top\mathbf{b}$로 정의한다. 벡터 $\mathbf{a}$의 노름은 $\|\mathbf{a}\| = (\mathbf{a} \cdot \mathbf{b})^{1/2} = (\mathbf{a}^\top\mathbf{a})^{1/2}$이다. 다음의 성질을 가진다.

(i) 내적은 $\mathbb{R}^n$에서 대칭 이중 선형 형태이다.
(ii) 영이 아닌 모든 $\mathbf{a} \in \mathbb{R}^n$에 대해 $\|\mathbf{a}\| > 0$이다.

내적은 정부호의 대칭 이중 선형 형태라고 말한다. 벡터 공간 $\mathbb{R}^n$에 다른 내적을 정의할 수 있다. C는 실수의 대칭 양의 정부호 행렬이다. 새로운 내적을 $\mathtt{C}(\mathbf{a}, \mathbf{b}) = \mathbf{a}^\top\mathtt{C}\mathbf{b}$로 정의한다. 내적의 대칭성은 C의 대칭성에서 나온다. 노름은 $\|\mathbf{a}\|_\mathtt{C} = (\mathbf{a}^\top\mathtt{C}\mathbf{a})^{1/2}$로 정의된다. 이것은 잘 정의되며 양의 정부호이다. C가 양의 정부호 행렬로 가정했기 때문이다.

가중 선형 최소 제곱 문제 때때로 오차의 C-노름 $\|\mathtt{A}\mathbf{x} - \mathbf{b}\|_\mathtt{C}$를 최소화해 $\mathtt{A}\mathbf{x} - \mathbf{b} = 0$ 형태의 가중 최소 제곱해를 구하고자 할 때가 있다. 여기는 C는 $\mathbb{R}^n$에서 내적과 노름 $\|\cdot\|_\mathtt{C}$를 정의하는 양의 정부호 대칭 행렬이다. 앞에서와 같이, $\mathtt{A}\mathbf{x} - \mathbf{b}$의 최소 오차 벡터는 A의 열벡터 공간과 C가 정의하는 내적으로 직교해야 한다. 이로부터 $\mathtt{A}^\top\mathtt{C}(\mathtt{A}\mathbf{x} - \mathbf{b}) = 0$을 얻는다. 이를 정리하면 가중 정규 방정식을 얻는다.

$$(\mathtt{A}^\top\mathtt{C}\mathtt{A})\mathbf{x} = \mathtt{A}^\top\mathtt{C}\mathbf{b} \tag{A5.3}$$

가장 많이 사용하는 가중치는 C가 대각 행렬이다. 이는 $\mathbb{R}^n$의 축 방향에 따라서 다른 가중치를 주는 것이다. 그러나 보다 일반적인 가중치 행렬 C를 사용할 수 있다.

A5.3 동차 방정식의 최소 제곱 해

앞과 비슷한 문제로 $\mathtt{A}\mathbf{x} = \mathbf{0}$ 형태를 가지는 문제의 해를 구하는 것이다. 이 문제는 재구성 문제에서 자주 발생한다. 여기서는 미지수보다 방정식이 많은 과조건 방정식의 경우를 고려한다. 자명한 해인 $\mathbf{x} = \mathbf{0}$은 관심이 없다. 이 방정식에 대한 영이 아닌 해를 찾고자 한다. $\mathbf{x}$가 이 방정식의 해이면 임의의 스칼라 k에 대해 $k\mathbf{x}$ 또한 해가 된다. 합리적인 제약 조건은 $\|\mathbf{x}\| = 1$을 만족하는 해를 구하는 것이다.

일반적으로 이러한 방정식은 정답을 가지지 않을 것이다. A가 $m \times n$ 행렬이면 정답이 존재할 필요충분조건은 rank(A) $< n$이다. 즉, 행렬 A가 완전한 차수를 가지지 않아야 한다. 정답이 없는 경우에 자연스럽게 최소 제곱해를 구한다. 문제는 다음과 같이 서술할 수 있다.

- $\|\mathbf{x}\| = 1$을 만족하면서 $\|\mathtt{A}\mathbf{x}\|$를 최소화하는 $\mathbf{x}$를 구하라.

이 문제는 다음과 같이 풀 수 있다. $\mathtt{A} = \mathtt{UDV}^\top$로 둔다. 이 문제는 $\|\mathtt{UDV}^\top\mathbf{x}\|$를 최소화하는 것이다. 그러나 $\|\mathtt{UDV}^\top\mathbf{x}\| = \|\mathtt{DV}^\top\mathbf{x}\|$이고 $\|\mathbf{x}\| = \|\mathtt{V}^\top\mathbf{x}\|$이다. 그래서 조건 $\|\mathtt{V}^\top\mathbf{x}\| = 1$을 만족하면서 $\|\mathtt{DV}^\top\mathbf{x}\|$를 최소화해야 한다. $\mathbf{y} = \mathtt{V}^\top\mathbf{x}$로 두면 문제는 $\|\mathbf{y}\| = 1$을 만족하면서 $\|\mathtt{D}\mathbf{y}\|$를 최소화하는 것이다. 이제 D는 대각 원소가 내림차순으로 구성된 대각 행렬이다. 이 문제의 해는 마지막 원소 1을 제외하고 모두 영을 가지는 $\mathbf{y} = (0, 0, \ldots, 0, 1)^\top$이다. 최종적으로 $\mathbf{x} = \mathtt{V}\mathbf{y}$는 V의 마지막 열벡터이다. 알고리듬 A5.4에 이 방법을 요약했다.

알고리듬 A5.4 동차 선형 연립방정식의 최소 제곱 해

<u>목적</u>

열보다 행이 많은 행렬 A에 대해 $\|\mathbf{x}\| = 1$을 만족하는 $\|\mathtt{A}\mathbf{x}\|$를 최소화하는 $\mathbf{x}$를 구하라.

<u>알고리듬</u>

$\mathtt{A} = \mathtt{UDV}^\top$가 A의 SVD이면 $\mathbf{x}$는 V의 마지막 열벡터이다.

A4.4절에서 언급했듯이, V의 마지막 열벡터는 가장 작은 고윳값에 대응하는 $\mathtt{A}^\top\mathtt{A}$의 고유 벡터로 표현할 수 있다.

A5.4 제약 조건을 가지는 최소 제곱해

앞에 절에서 $\mathtt{A}\mathbf{x} = \mathbf{0}$ 형태의 방정식의 최소 제곱해를 구하는 방법을 설명했다. 이런 문제는 이미지 특징점에서 측정을 하는 상황에서 자주 발생한다. 정확한 측정과 정확한 이미징 모델이 있으면 수학 모델에서 이러한 문제의 정답이 있는 것을 예측할 수 있다. 정확하지 않은 이미지 측정, 즉 노이즈가 있는 경우는 정답이 없게 된다. 이 경우 최소 제곱 해를

구하는 것이 의미 있다.

그러나 다른 경우에서 행렬 A의 행벡터로 표현되는 몇 개의 방정식이 정확한 수학 제약 조건에서 유도될 수 있다. 그래서 이를 정확하게 만족해야 한다. 이러한 제약 조건은 행렬 방정식 $\mathtt{C}\mathbf{x} = \mathbf{0}$으로 표현할 수 있다. 이것은 정확하게 만족해야 한다. 이미지 측정에서 얻는 다른 방정식은 노이즈에 노출된다. 그래서 다음과 같은 문제 유형이 된다.

- $\|\mathbf{x}\| = 1$과 $\mathtt{C}\mathbf{x} = \mathbf{0}$을 만족하면서 $\|\mathtt{A}\mathbf{x}\|$를 최소화하는 $\mathbf{x}$를 구하라.

이 문제는 다음과 같이 풀 수 있다. $\mathbf{x}$가 조건 $\mathtt{C}\mathbf{x} = \mathbf{0}$을 만족한다는 것은 $\mathbf{x}$가 C의 행벡터 각각과 직교한다는 것이다. 이런 $\mathbf{x}$의 집합은 C의 행벡터 공간의 직교 여집합orthogonal complement이라고 부르는 벡터 공간이다. 이러한 직교 여집합을 구하고자 한다.

먼저, C가 열보다 적은 행을 가질 때, 이것은 영으로 구성된 행을 추가해 정방 행렬로 확장한다. 이것은 구속 조건 $\mathtt{C}\mathbf{x} = \mathbf{0}$을 영향을 주지 않는다. 이제, $\mathtt{C} = \mathtt{UDV}^\top$를 C의 특이값 분해라 둔다. 여기서 D는 r개의 영이 아닌 대각 원소를 가진다. 이 경우 C는 차수 r을 가지고 C의 행벡터 공간은 $\mathtt{V}^\top$의 첫 번째 r개의 행벡터로 생성된다. C의 행벡터 공간의 직교 여공간은 $\mathtt{V}^\top$의 나머지 행으로 구성된다. $\mathtt{C}^\perp$를 앞의 r개의 행벡터를 제거한 행렬 V로 둔다. 그러면, $\mathtt{CC}^\perp = 0$이고 $\mathtt{C}\mathbf{x} = \mathbf{0}$을 만족하는 임의의 벡터 $\mathbf{x}$는 $\mathtt{C}^\perp$의 열벡터가 생성하는 것이다. 그래서 $\mathbf{x}$를 적절한 $\mathbf{x}'$를 사용해 $\mathbf{x} = \mathtt{C}^\perp\mathbf{x}'$로 표기할 수 있다. $\mathtt{C}^\perp$는 직교하는 열벡터를 가지므로 $\|\mathbf{x}\| = \|\mathtt{C}^\perp\mathbf{x}'\| = \|\mathbf{x}'\|$를 만족한다. 최소화 문제는 다음으로 바뀐다.

- $\|\mathbf{x}'\| = 1$을 만족하면서 $\|\mathtt{AC}^\perp\mathbf{x}'\|$을 최소화하는 $\mathbf{x}'$을 구하라.

이것은 A5.3에서 소개한 문제의 간단한 경우이다. 알고리듬 A5.4로 풀 수 있다. 구속 조건을 가지는 최소화 문제에 대한 완전한 알고리듬을 알고리듬 A5.5에서 제시한다.

알고리듬 A5.5 구속 조건을 가지는 최소화 문제의 알고리듬

목적

$m \geq n$이며 $m \times n$인 행렬 A가 주어질 때 $\|\mathbf{x}\| = 1$과 $\mathtt{C}\mathbf{x} = 0$을 만족하면서 $\|\mathtt{A}\mathbf{x}\|$를 최소화하는 벡터 $\mathbf{x}$를 구하라.

알고리듬

(i) C가 열보다 적은 행을 가지면 영을 C에 추가해 정방 행렬로 만든다. SVD $\mathrm{C} = \mathrm{UDV}^{\top}$를 계산한다. D의 대각 원소는 영이 아닌 것이 먼저 나오도록 정렬한다. r은 D에서 영이 아닌 원소의 개수이다(C의 차). V의 앞의 r개의 열을 제거해 V에서 행렬 $\mathrm{C}^{\perp}$를 구한다.

(ii) 알고리듬 A5.4를 이용해 최소화 문제 $\mathrm{AC}^{\perp}\mathbf{x}' = 0$의 해를 구한다. 해는 $\mathbf{x} = \mathrm{C}^{\perp}\mathbf{x}'$를 주어진다.

A5.4.1 구속 조건이 더 있는 최소화 문제

추가적인 구속 조건을 가지는 최소화 문제는 이 책에서 자주 사용한 대수 추정 문제에서 나온다. 예로서, 11.3절의 기본 행렬 또는 16.3절의 삼중 초점 텐서의 계산이다.

문제는 다음과 같다.

- $\|\mathbf{x}\| = 1$과 주어진 행렬 G에 대해 알지 못하는 벡터 $\hat{\mathbf{x}}$에 대해 $\mathbf{x} = \mathrm{G}\hat{\mathbf{x}}$를 만족하면 $\|\mathrm{A}\mathbf{x}\|$를 최소화하라.

이것은 A5.4절에서 앞의 최소화 문제화 매우 비슷하다. 앞의 문제는 행렬 G가 정규 직교 열벡터를 가지면 현재 문제의 형태로 축약된다. 적절한 $\hat{\mathbf{x}}$에 대해 $\mathbf{x} = \mathrm{G}\hat{\mathbf{x}}$를 만족하는 조건은 $\mathbf{x}$가 G의 열벡터가 생성하는 공간에 놓여 있다는 것을 의미한다. 그래서 알고리듬 A5.5를 이용해 이 문제를 풀려면, G를 같은 열벡터 공간을 생성하고 정규 직교 열벡터를 가지는 다른 행렬로 치환해야 한다. $\mathrm{G} = \mathrm{UDV}^{\top}$이고 D가 r개의 영이 아닌 원소를 가지면 (즉, G의 차수가 r이다), U′를 U에서 앞의 r개의 열벡터로 구성된 행렬로 둔다. 그러면 G와 U′는 같은 열벡터 공간을 가진다. A5.4절과 같이 $\|\mathrm{AU}'\mathbf{x}'\|$을 최소화하는 단위 벡터 $\mathbf{x}'$를 찾아서 $\mathbf{x} = \mathrm{U}'\mathbf{x}'$로 두면 해를 구할 수 있다.

$\hat{\mathbf{x}}$ 또한 필요하다면 $\mathrm{G}\hat{\mathbf{x}} = \mathbf{x} = \mathrm{U}'\mathbf{x}'$를 풀어서 구할 수 있다. 해는 (A5.2절의) 유사 역행렬로 $\hat{\mathbf{x}} = \mathrm{G}^{+}\mathbf{x} = \mathrm{G}^{+}\mathrm{U}'\mathbf{x}'$으로 표현된다. G가 완전한 차수를 가지지 않으면 이것은 유일하지 않다. $\mathrm{G}^{+} = \mathrm{VD}^{+}\mathrm{U}^{\top}$이므로 $\hat{\mathbf{x}} = \mathrm{VD}^{+}\mathrm{U}^{\top}\mathrm{U}'\mathbf{x}'$으로 표기되며 $\hat{\mathbf{x}} = \mathrm{V}'\mathrm{D}'^{-1}\mathbf{x}'$로 간단하게 된다. 여기에서 V′는 V의 앞에서 r개의 열벡터로 구성되는 D′는 D의 위쪽의 $r \times r$ 블록이다.

완전한 방법을 알고리듬 A5.6에 제시했다.

알고리듬 A5.6 생성 공간 제약을 가지는 제약 최소화의 알고리듬

목적

G가 차수 r을 가질 때 $\|\mathbf{x}\| = 1$과 $\mathbf{x} = \mathtt{G}\hat{\mathbf{x}}$를 만족하면서 $\|\mathtt{A}\mathbf{x}\|$를 최소화하는 벡터 $\mathbf{x}$를 구하라.

알고리듬

(i) SVD $\mathtt{G} = \mathtt{UDV}^\top$를 계산한다. 여기서 D의 영이 아닌 원소는 대각선 앞에서부터 나온다.

(ii) U′는 U의 앞의 r개의 열벡터로 구성된 행렬이다.

(iii) 알고리듬 A5.4를 이용해 $\|\mathtt{AU}'\mathbf{x}'\|$을 최소화하는 $\mathbf{x}'$를 구하라.

(iv) 원하는 해는 $\mathbf{x} = \mathtt{U}'\mathbf{x}'$이다.

(v) 원한다면 $\hat{\mathbf{x}}$를 $\mathtt{V}'\mathtt{D}'^{-1}\mathbf{x}'$으로 계산할 수 있다. 여기서 V′은 V의 앞의 r개의 열벡터이고 D′는 D의 위의 $r \times r$ 블록이다.

A5.4.2 또 다른 최소화 문제

매우 유사한 문제로 다음이 있다.

- $\|\mathtt{C}\mathbf{x}\| = 1$을 만족하면서 $\|\mathtt{A}\mathbf{x}\|$를 최소화하라.

이 문제는 (7.3절에서) DLT 카메라 보정 문제의 해에서 나타난다. 일반적으로, n이 벡터 $\mathbf{x}$의 차원이면 rank $\mathtt{C} < n$인 경우가 많다. 기하학적으로 이 문제는 (비동차) 원뿔 $\mathbf{x}^\top\mathtt{C}\mathbf{x} = 1$에 놓여 있는 구속 조건을 만족하면서 ($\mathbf{x}^\top\mathtt{A}^\top\mathtt{A}\mathbf{x}$로 지정되는) 이차 곡면의 가장 낮은 점을 찾는 문제로 생각할 수 있다.

행렬 C의 SVD를 구해 $\mathtt{C} = \mathtt{UDV}^\top$를 얻는다. $\|\mathtt{UDV}^\top\mathbf{x}\| = 1$은 $\|\mathtt{DV}^\top\mathbf{x}\| = 1$과 같고 U를 직접 계산할 필요가 없다. 그러면 $\mathbf{x}' = \mathtt{V}^\top\mathbf{x}$로 표기하면 문제는 조건 $\|\mathtt{D}\mathbf{x}'\| = 1$을 만족하면서 $\|\mathtt{AV}\mathbf{x}'\|$을 최소화하는 것으로 바뀐다. $\mathtt{A}' = \mathtt{AV}$로 표기하면 문제는 $\|\mathtt{D}\mathbf{x}'\| = 1$을 만족하면서 $\|\mathtt{A}'\mathbf{x}'\|$을 최소화하는 것으로 바뀐다. 그래서 구속 행렬이 대각 행렬 D인 경우로 축약할 수 있다.

$r+s=n$일 때 D가 r개의 영이 아닌 원소를, s개의 영인 원소를 가진다고 가정한다. 영이 아닌 원소가 D의 대각선 앞에 오도록 정렬한다. 그러면 $i>r$에 대해 $\mathbf{x}'$의 원소 $\mathbf{x}'_i$는 $\|\mathtt{D}\mathbf{x}'_i\|$의 값에 영향을 주지 않는다. D에 대응하는 원소가 영이기 때문이다. 그러면 $i=1,\ldots,r$에 대해 $\mathbf{x}'_i$의 적절한 선택에 대해 $i=r+1,\ldots,n$인 다른 원소 $\mathbf{x}'_i$는 $\|\mathtt{A}'\mathbf{x}'_i\|$의 값을 최소화하도록 선택해야 한다. $\mathtt{A}'=[\mathtt{A}'_1 \mid \mathtt{A}'_2]$로 표기한다. 표기에서 $\mathtt{A}'_1$은 $\mathtt{A}'$의 앞의 r개의 열벡터로 구성되고 $\mathtt{A}'_2$는 나머지 s개의 열벡터로 구성된다. 비슷하게, $\mathbf{x}'_1$는 $\mathbf{x}'$의 앞의 r개의 원소를 $\mathbf{x}'_2$는 $\mathbf{x}'$의 나머지 s개의 원소를 나타낸다. 그리고 $\mathtt{D}_1$을 D의 처음의 r개의 대각 원소로 구성되는 $r\times r$ 대각 행렬을 나타낸다. 그러면, $\mathtt{A}'\mathbf{x}'=\mathtt{A}'_1\mathbf{x}'_1+\mathtt{A}'_2\mathbf{x}'_2$이고 최소화 문제는 조건 $\|\mathtt{D}_1\mathbf{x}'_1\|=1$을 만족하면서 다음을 최소화하는 것이다.

$$\|\mathtt{A}'_1\mathbf{x}'_1+\mathtt{A}'_2\mathbf{x}'_2\| \tag{A5.4}$$

임시로 $\mathbf{x}'_1$을 고정하면 (A5.4)는 A5.1절에서 논의한 형태의 최소 자승 최소화 문제가 된다. 결과 A5.1에서 (A5.4)를 최소화하는 $\mathbf{x}'_2$는 $\mathbf{x}'_2=-\mathtt{A}'^{+}_2\mathtt{A}'_1\mathbf{x}'_1$이 된다. 이것을 (A5.4)에 대입하면 $\|(\mathtt{A}'_2\mathtt{A}'^{+}_2-\mathtt{I})\mathtt{A}'_1\mathbf{x}'_1\|$이 되며 이것이 조건 $\|\mathtt{D}_1\mathbf{x}'_1\|=1$을 만족하면서 최소화해야 하는 것이다. 마지막으로 $\mathbf{x}''=\mathtt{D}_1\mathbf{x}'_1$으로 표기하면 문제는 알고리듬 A5.4에서 익숙한 최소화 문제로 축약된다.

- $\|\mathbf{x}''\|=1$을 만족하면서 $\|(\mathtt{A}'_2\mathtt{A}'^{+}_2-\mathtt{I})\mathtt{A}'_1\mathtt{D}_1^{-1}\mathbf{x}''_1\|$을 최소화한다.

이제 알고리듬을 정리한다.

알고리듬 A5.7 제약 조건 $\|\mathtt{C}\mathbf{x}\|=1$을 만족하는 동차 방정식의 최소 제곱해

목적

$\|\mathtt{C}\mathbf{x}\|=1$을 만족하면서 $\|\mathtt{A}\mathbf{x}\|$를 최소화하라.

알고리듬

(i) SVD $\mathtt{C}=\mathtt{UDV}^{\top}$를 계산하고 $\mathtt{A}'=\mathtt{AV}$로 둔다.

(ii) rank $\mathtt{D}=r$을 가정한다. $\mathtt{A}'=[\mathtt{A}'_1 \mid \mathtt{A}'_2]$로 둔다. 여기에서 $\mathtt{A}'_1$은 $\mathtt{A}'$에서 앞의 r개의 열벡터로 구성되고 나머지 열벡터가 $\mathtt{A}'_2$를 구성한다.

(iii) $\mathtt{D}_1$은 D의 윗부분 $r\times r$ 블록이다.

(iv) $\mathtt{A}''=(\mathtt{A}'_2\mathtt{A}'^{+}_2-\mathtt{I})\mathtt{A}'_1\mathtt{D}_1^{-1}$을 계산한다. 이것은 $n\times r$ 행렬이다.

(v) 알고리듬 A5.4를 이용해 $\|\mathbf{x}''\| = 1$을 만족하면서 $\|\mathtt{A}''\mathbf{x}'\|$을 최소화한다.

(vi) $\mathbf{x}'_1 = \mathtt{D}_1^{-1}\mathbf{x}''$, $\mathbf{x}'_2 = -\mathtt{A}_2'^{+}\mathtt{A}'_1\mathbf{x}'_1$으로 둔다. $\mathbf{x}' = (\mathbf{x}'_1;\ \mathbf{x}'_2)$이다.

(vii) 해는 $\mathbf{x} = \mathtt{V}\mathbf{x}'$로 주어진다.

A6

반복 추정법

여기서는 효율적이고 탄탄한 반복 추정 알고리듬을 만드는 다양한 구성 요소에 대해서 설명한다.

가장 많이 사용하는 반복 매개변수 최소화 방법인 (가우스-뉴턴 방법과 비슷한) 뉴턴 반복법과 레벤버그-마쿼트 반복법으로 시작한다. 뉴턴 반복법의 일반적인 아이디어는 변수 한 개를 가지는 함수의 해를 찾는 방법과 유사하다. 이것은 다변수에 대한 확장과 방정식의 정확한 해를 찾기보다 최소 제곱해를 찾는 것에 적용하는 것은 상대적으로 쉽다. 레벤버그-마쿼트 방법은 뉴턴 반복법의 간단한 변형으로 과매개화된 문제에서 빠른 수렴과 정칙화를 향상시켰다. 이것은 뉴턴 반복법과 경사 하강법의 하이브리드 방법으로 볼 수 있다.

이 책에서 고려하는 문제에 대해서, 계산 복잡도의 중요한 축약은 매개변수 집합을 두 개로 나누는 것이다. 두 부분은 일반적으로 카메라 행렬과 단응사상을 나타내는 집합과 점을 나타내는 집합이다. 이로부터 A6.3절에서 설명하는 문제의 희박 구조가 나온다.

구현에서 중요한 사항 두 개를 설명한다. 이상점과 볼록성에 대한 탄탄함을 고려하는 비용함수(A6.8절)와 회전, 동차, 구속 벡터에 대한 매개화(A6.9절)에 관한 것이다. 마지막으로 반복 기법과 뭉치 조정에 대해 보다 더 알고 싶은 독자는 [Triggs-00a]를 참조하면 좋다.

A6.1 뉴턴 반복법

이상적인 함수 관계식 $\mathbf{X} = \mathbf{f}(\mathbf{P})$가 주어졌다고 가정한다. 여기에서 $\mathbf{X}$는 측정 벡터이고 $\mathbf{P}$는 매개변수 벡터이다. 각각 유클리드 공간 $\mathbb{R}^N$과 $\mathbb{R}^M$에 놓여 있다. 참값 $\bar{\mathbf{X}}$를 근사하는 측정값 $\mathbf{X}$가 주어지면 이런 함수 관계식을 거의 만족하는 벡터 $\widehat{\mathbf{P}}$를 구하고자 한다. 보다 정확하게 표현하면 $\|\boldsymbol{\epsilon}\|$가 최소화되는 $\mathbf{X} = \mathbf{f}(\widehat{\mathbf{P}}) - \boldsymbol{\epsilon}$를 만족하는 벡터 $\widehat{\mathbf{P}}$를 찾는다. A5.1절에서 설명한 선형 최소 제곱 문제가 정확하게 이런 형태이다. 함수 $\mathbf{f}$를 선형 함수 $\mathbf{f}(\mathbf{P}) = \mathtt{A}\mathbf{P}$로 두면 된다.

$\mathbf{f}$가 선형 함수가 아닌 경우를 풀기 위해 초기 추정 값 $\mathbf{P}_0$에서 시작해 $\mathbf{f}$가 국소적으로 선형이라는 가정을 이용해 추정치를 정교화하는 작업을 한다. $\boldsymbol{\epsilon}_0$를 $\boldsymbol{\epsilon}_0 = \mathbf{f}(\mathbf{P}_0) - \mathbf{X}$로 정의한다. $\mathbf{P}_0$에서 $\mathbf{f}$를 $\mathbf{f}(\mathbf{P}_0 + \Delta) = \mathbf{f}(\mathbf{P}_0) + \mathtt{J}\Delta$로 근사할 수 있다고 가정한다. 여기에서 $\mathtt{J}$는 야코비안 행렬 $\mathtt{J} = \partial\mathbf{f}/\partial\mathbf{P}$로 표현도는 선형 함수이다. $\mathbf{P}_1 = \mathbf{P}_0 + \Delta$를 이용해 $\mathbf{f}(\mathbf{P}_1) - \mathbf{X} = \mathbf{f}(\mathbf{P}_0) + \mathtt{J}\Delta - \mathbf{X} = \boldsymbol{\epsilon}_0 + \mathtt{J}\Delta$를 최소화하는 $\mathbf{f}(\mathbf{P}_1)$을 찾는다. 그러면 이 문제는 Δ에 대해 $\|\boldsymbol{\epsilon}_0 + \mathtt{J}\Delta\|$를 최소화하는 선형 문제이다. 벡터 Δ는 다음의 정규 방정식((A5.2) 참조)을 풀어서 얻을 수 있다.

$$\mathtt{J}^{\mathsf{T}}\mathtt{J}\boldsymbol{\Delta} = -\mathtt{J}^{\mathsf{T}}\boldsymbol{\epsilon}_0 \tag{A6.1}$$

또는 유사 역행렬을 이용하면 $\Delta = -\mathtt{J}^{+}\boldsymbol{\epsilon}_0$이다. 그래서 초기 추정값 $\mathbf{P}_0$에서 시작해 벡터 $\widehat{\mathbf{P}}$를 구하고 다음의 공식에 따라서 연속적인 근사를 계산한다.

$$\mathbf{P}_{i+1} = \mathbf{P}_i + \boldsymbol{\Delta}_i$$

여기에서 Δ_i는 다음의 최소 제곱 문제의 해다.

$$\mathtt{J}\boldsymbol{\Delta}_i = -\boldsymbol{\epsilon}_i$$

행렬 $\mathtt{J}$는 $\mathbf{P}_i$에서 계산한 야코비안 $\partial\mathbf{f}/\partial\mathbf{P}$이고 $\boldsymbol{\epsilon}_i = \mathbf{f}(\mathbf{P}_i) - \mathbf{X}$이다. 이 알고리듬이 수렴해 원하는 최소 제곱 해 $\widehat{\mathbf{P}}$가 되기를 희망한다. 아쉽게도 이 알고리듬은 국소 최솟값의 수렴할 가능성이 있거나 전혀 수렴하지 않을 수도 있다. 반복 알고리듬의 행태는 초기 추정값 $\mathbf{P}_0$에 매우 심하게 의존하다.

가중 반복법 모든 종속 변수가 균등한 가중치를 가지는 것의 대안으로 종속 변수 $\mathbf{X}$에

대해 가중치를 지정하는 가중 행렬을 지정할 수 있다. 정확하게 표현하면, 측정 $\mathbf{X}$가 공분산 행렬 $\Sigma_{\mathbf{X}}$를 가지는 가우스 분포를 만족한다고 가정하고 마할라노비스 거리 $\|\mathbf{f}(\widehat{\mathbf{P}}) - \mathbf{X}\|_{\Sigma}$를 최소화한다. 이 공분산 행렬은 대각 행렬일 수 있다. $\mathbf{X}$의 개별 좌표가 독립인 것을 의미한다. 보다 일반적으로 임의의 대칭인 양의 정부호를 가지는 행렬이 될 수 있다. 이 경우 정규 방정식은 $\mathrm{J}^{\mathsf{T}}\Sigma^{-1}\mathrm{J}\Delta_i = -\mathrm{J}^{\mathsf{T}}\Sigma^{-1}\boldsymbol{\epsilon}_i$가 된다. 알고리듬의 나머지 부분은 그대로다.

뉴턴 방법과 헤시안 다변수 함수의 최솟값을 찾는 것을 생각한다. 여기서는 $\mathbf{P}$가 벡터이고 함수 $g(\mathbf{P})$가 임의의 스칼라 값을 가지는 것을 고려한다. 최적화 문제는 간단하게 $\mathbf{P}$에 대해 $g(\mathbf{P})$를 최소화하는 것이다. 가정 두 개를 한다. $g(\mathbf{P})$는 잘 정의된 최솟값을 가지고 이런 최솟값에 적절하게 가까운 점 $\mathbf{P}_0$를 알고 있다.

$\mathbf{P}_0$ 주위에서 $g(\mathbf{P})$의 테일러 급수 전개를 하면 다음을 얻는다.

$$g(\mathbf{P}_0 + \boldsymbol{\Delta}) = g + g_{\mathbf{P}}\boldsymbol{\Delta} + \boldsymbol{\Delta}^{\mathsf{T}} g_{\mathbf{PP}}\boldsymbol{\Delta}/2 + \ldots$$

여기서 하첨자 $\mathbf{P}$는 미분을 의미하고 우변은 $\mathbf{P}_0$에서 계산한 값들이다. Δ에 대해 이를 최소화하고자 한다. 이를 위해 Δ에 대해 미분하고 이를 영으로 두면 $g_{\mathbf{P}} + g_{\mathbf{PP}}\Delta = 0$을 얻는다. 즉,

$$g_{\mathbf{PP}}\boldsymbol{\Delta} = -g_{\mathbf{P}} \tag{A6.2}$$

이 방정식에서 $g_{\mathbf{PP}}$는 이차 미분 행렬인 g의 헤시안Hessian이다. (i, j)의 원소는 p_i와 p_j가 i번째와 j번째의 매개변수이면 $\partial^2 g/\partial p_i \partial p_j$이다.

벡터 $g_{\mathbf{P}}$는 g의 기울기gradient이다. 뉴턴 반복법은 초깃값 $\mathbf{P}_0$에서 시작해 (A6.2)를 이용해 반복적으로 매개변수의 증분 Δ를 수렴할 때까지 계산한다.

이제 위에서 살펴본 최소 제곱 문제에서 나타나는 비용함수에 대해서 살펴본다. 구체적으로 $g(\mathbf{P})$는 오차함수의 제곱 노름이다.

$$g(\mathbf{P}) = \frac{1}{2}\|\boldsymbol{\epsilon}(\mathbf{P})\|^2 = \boldsymbol{\epsilon}(\mathbf{P})^{\mathsf{T}}\boldsymbol{\epsilon}(\mathbf{P})/2$$

여기에서 $\boldsymbol{\epsilon}(\mathbf{P})$는 매개변수 벡터 $\mathbf{P}$에 대한 벡터 값을 가지는 함수이다. 특별히 $\boldsymbol{\epsilon}(\mathbf{P}) = \mathbf{f}(\mathbf{P}) - \mathbf{X}$이다. 계수 1/2는 뒤에 나오는 계산을 간단히 하기 위해 있는 것이다.

기울기 벡터 $g_{\mathbf{P}}$는 간단하게 계산돼 $\boldsymbol{\epsilon}_{\mathbf{P}}^{\top}\boldsymbol{\epsilon}$이다. 앞에서 도입한 표기법을 사용하면 $\boldsymbol{\epsilon}_{\mathbf{P}} = \mathbf{f}_{\mathbf{P}} = \mathtt{J}$로 쓸 수 있다. 간단하게 $g_{\mathbf{P}} = \mathtt{J}^{\top}\boldsymbol{\epsilon}$이다. $g_{\mathbf{P}} = \boldsymbol{\epsilon}_{\mathbf{P}}^{\top}\boldsymbol{\epsilon}$를 한 번 더 미분하면 헤시안에 대한 공식을 구할 수 있다.[1]

$$g_{\mathbf{PP}} = \boldsymbol{\epsilon}_{\mathbf{P}}^{\top}\boldsymbol{\epsilon}_{\mathbf{P}} + \boldsymbol{\epsilon}_{\mathbf{PP}}^{\top}\boldsymbol{\epsilon} \tag{A6.3}$$

이제 $\mathbf{f}(\mathbf{P})$가 선형이라는 가정에서 오른쪽의 두 번째 항은 없어지고 $g_{\mathbf{PP}} = \boldsymbol{\epsilon}_{\mathbf{P}}^{\top}\boldsymbol{\epsilon}_{\mathbf{P}} = \mathtt{J}^{\top}\mathtt{J}$가 남는다. 이제 (A6.2)에 기울기와 헤시안에 대해 대입하면 $\mathtt{J}^{\top}\mathtt{J}\boldsymbol{\Delta} = -\mathtt{J}^{\top}\boldsymbol{\epsilon}$가 되며 이것은 식 (A6.1)의 정규 방정식이다. 그래서 $\mathtt{J}^{\top}\mathtt{J} = \boldsymbol{\epsilon}_{\mathbf{P}}^{\top}\boldsymbol{\epsilon}_{\mathbf{P}}$가 함수 $g(\mathbf{P})$의 헤시안의 적절한 근사라는 가정에서 앞의 매개변수 추정 문제와 같은 반복법을 얻었다. $\mathtt{J}^{\top}\mathtt{J}$를 헤시안에 대한 근사로 사용하는 것을 가우스-뉴턴 방법으로 알려져 있다.

경사 하강법 음의 (또는 내리막 길) 기울기 벡터 $-g_{\mathbf{P}} = -\boldsymbol{\epsilon}_{\mathbf{P}}^{\top}\boldsymbol{\epsilon}$는 비용함수의 가장 빠른 감소 방향을 나타낸다. g의 최솟값을 찾는 전략은 경사 방향으로 반복적으로 이동하는 것이다. 이것은 경사 하강법gradient descent으로 알려져 있다. 이동 거리는 음의 기울기 방향에서 함수의 최솟값을 찾아서 계산할 수 있다. 이 경우 매개변수의 증분 $\boldsymbol{\Delta}$는 $-\lambda\boldsymbol{\Delta} = -g_{\mathbf{P}}$에서 계산할 수 있다. λ는 이동 거리를 조절한다.

헤시안을 임의의 스칼라 행렬 $\lambda\mathtt{I}$로 (다소 임의적으로) 근사하는 식 (A6.2)를 사용하는 뉴턴 반복법과 위의 방법이 연관이 있다. 경사 하강법은 이 자체로는 매우 좋은 최소화 전략은 아니다. 특히 지그재그 거동으로 느린 수렴성을 가진다(보다 자세한 해석은 [Press-88]을 참조하라). 다음 절에서 보겠지만 빽빽한 코너를 빠져나오기 방법으로 가우스-뉴턴 반복법과 결합하면 유용해진다. 레벤버그-마쿼트 방법이 본질적으로 가우스-뉴턴 방법이 실패할 때 매끄럽게 경사 하강법으로 전이하는 것이다.

요약하면 비용함수 $g(\mathbf{P}) = \|\boldsymbol{\epsilon}(\mathbf{P})\|^2/2$를 최소화하는 세 가지 방법을 설명했다.

(i) **뉴턴** 반복 방정식:

$$g_{\mathbf{PP}}\boldsymbol{\Delta} = -g_{\mathbf{P}}$$

여기에서 $g_{\mathbf{PP}} = \boldsymbol{\epsilon}_{\mathbf{P}}^{\top}\boldsymbol{\epsilon}_{\mathbf{P}} + \boldsymbol{\epsilon}_{\mathbf{PP}}^{\top}\boldsymbol{\epsilon}$, $g_{\mathbf{P}} = \boldsymbol{\epsilon}_{\mathbf{P}}^{\top}\boldsymbol{\epsilon}$이다. 뉴턴 반복법은 최솟값 주위를 이

1 이 공식의 마지막 항은 좀 분명히 해둘 필요가 있다. ϵ가 벡터이므로 ϵ_{PP}는 3차원 배열(텐서)이다. 곱 $\epsilon_{\mathrm{PP}}^{\top}\epsilon$가 의미하는 합은 ϵ 서분에 대한 것이다. 보다 정확하게 $\sum_i(\epsilon_i)_{\mathrm{PP}}\epsilon_i$로 표기할 수 있다. 여기서 ϵ_i는 벡터 ϵ의 i번째 성분이고 $(\epsilon_i)_{\mathrm{PP}}$가 헤시안이다.

차 비용함수로 근사하는 것을 기반으로 한다. 이런 조건이 만족하면 빠른 수렴 속도를 나타낸다. 이 방법의 단점은 헤시안의 계산이 어렵다는 것이다. 그리고 최솟값에서 멀리 떨어진 곳에서는 이차 근사의 가정이 성립하지 않으므로 쓸모없는 계산을 많이 하게 된다.

(ii) **가우스-뉴턴** 반복 방정식:

$$\boldsymbol{\epsilon}_{\mathbf{P}}^{\top}\boldsymbol{\epsilon}_{\mathbf{P}}\boldsymbol{\Delta} = -\boldsymbol{\epsilon}_{\mathbf{P}}^{\top}\boldsymbol{\epsilon}$$

이는 근본적으로 뉴턴 반복법과 동일하며 특징은 헤시안을 $\boldsymbol{\epsilon}_{\mathbf{P}}^{\top}\boldsymbol{\epsilon}_{\mathbf{P}}$로 근사하는 것이다. 이는 일반적으로 좋은 근사이며 특히 최솟값 주위나 $\boldsymbol{\epsilon}$가 $\mathbf{P}$에 대해 거의 선형일 때는 특히 더 정확해진다.

(iii) **경사 하강법** 반복 방정식:

$$\boldsymbol{\epsilon}_{\mathbf{P}}^{\top}\boldsymbol{\epsilon}_{\mathbf{P}}\boldsymbol{\Delta} = -\boldsymbol{\epsilon}_{\mathbf{P}}^{\top}\boldsymbol{\epsilon}$$

뉴턴 반복법의 헤시안을 단위 행렬의 스칼라 배로 치환한 것이다. 각각의 변경 단계는 함수값이 국소적으로 매우 빨리 감소하는 방향이다. λ의 값은 적응적으로 선택하거나 하강 방향으로 직선 탐색으로 결정한다. 일반적으로, 경사 하강법은 추천하지 않는다. 그러나 이를 가우스-뉴턴 반복법과 결합하면 흔히 가장 많이 사용하는 레벤버그-마쿼트 방법이 된다.

A6.2 레벤버그-마쿼트 반복법

레벤버그-마쿼트 (줄여서 LM) 반복법은 가우스-뉴턴 반복법을 조금 변형한 것이다. 정규 방정식 $\mathtt{J}^{\top}\mathtt{J}\Delta = -\mathtt{J}^{\top}\boldsymbol{\epsilon}$를 증강 정규 방정식argumented normal equation $(\mathtt{J}^{\top}\mathtt{J} + \lambda\mathtt{I})$
$\Delta = -\mathtt{J}^{\top}\boldsymbol{\epsilon}$로 치환한 것이다. λ는 반복 시에 값이 변화한다. 그리고 $\mathtt{I}$는 단위 행렬이다. 전형적인 λ의 초깃값은 $\mathtt{N} = \mathtt{J}^{\top}\mathtt{J}$의 대각 원소의 평균에 10^{-3}를 곱한 값이다.

증강 정규 방정식을 풀어서 얻은 Δ값을 이용해 오차가 줄어들면, 이러한 증분을 채택하고 다음 반복 전에 λ의 값을 (일반적으로 10인) 특정 계수로 나눈다. 반면에 이용한 Δ가 오차가 증가시키면 λ의 값을 같은 계수로 곱하고 증강 정규 방정식을 다시 푼다. 이러한 과정을 구한 Δ가 오차를 줄일 때까지 반복한다. 채택되는 Δ를 찾을 때까지 다른 λ에 대해 증강 정규 방정식을 반복적으로 푸는 과정이 LM 알고리듬의 한 번 시행이다. LM 알고리듬의 구현은 [Press-88]에 나와있다.

LM의 정당화 이 방법의 근본 아이디어를 이해하기 위해서는 λ값이 다른 경우에 어떤 일이 벌어지는지를 생각해야 한다. λ가 매우 작으면, 이 방법은 궁극적으로 가우스-뉴턴 반복법과 같다. 오차함수 $\|\epsilon\|^2 = \|\mathbf{f}(\mathbf{P}) - \mathbf{X}\|^2$이 $\mathbf{P}$에 대한 이차식과 가까우면, 이 방법은 최솟값으로 매우 빨리 수렴한다. 반면에 λ가 큰 경우에는 정규 방정식 행렬이 $\lambda\mathtt{I}$로 근사돼서 정규 방정식이 $\lambda\boldsymbol{\Delta} = -\mathtt{J}^\top\epsilon$가 된다. $\mathtt{J}^\top\epsilon$는 단지 $\|\epsilon\|^2$의 기울기 벡터이다. 그래서, 매개변수의 증변 방향 $\boldsymbol{\Delta}$는 경사 하강법으로 주어지는 것이 된다. 그래서, LM 알고리듬은 해 주위에서 빠른 수렴을 보이는 가우스-뉴턴 반복법과 진전이 어려울 때 비용함수의 감소를 보장하는 경사 하강법의 자연스러운 결합이다. 실제로 λ가 점점 더 커지면 증분 간격 $\boldsymbol{\Delta}$의 크기는 작아져서 결국 비용함수 $\|\epsilon\|^2$이 감소한다.

모든 λ값에 대해 증강 정규 방정식에서 구한 매개변수의 증분 $\boldsymbol{\Delta}$가 비용함수가 감소하는 방향인 것을 보이기 위해 $\boldsymbol{\Delta}$와 함수 $g(\mathbf{P}) = \|\epsilon(\mathbf{P})\|^2$의 음의 기울기 방향의 내적이 양인 것을 증명한다. 간단한 계산으로 다음을 얻는다.

$$\begin{aligned} -g_{\mathbf{P}} \cdot \boldsymbol{\Delta} &= -g_{\mathbf{P}}^\top \boldsymbol{\Delta} \\ &= (\mathtt{J}^\top\epsilon)^\top(\mathtt{J}^\top\mathtt{J} + \lambda\mathtt{I})^{-1}\mathtt{J}^\top\epsilon \end{aligned}$$

이때, $(\mathtt{J}^\top\mathtt{J} + \lambda\mathtt{I})$는 모든 λ에 대해 양의 정부호여서 이의 역원도 그러하다. 정의에서 $\mathtt{J}^\top\epsilon$가 영이 아니면 $(\mathtt{J}^\top\epsilon)^\top(\mathtt{J}^\top\mathtt{J} + \lambda\mathtt{I})^{-1}\mathtt{J}^\top\epsilon$는 양수이다. 그러므로 기울기 $\mathtt{J}^\top\epsilon$가 영이 아니면 증분 $\boldsymbol{\Delta}$의 비용함수가 감소하는 방향에 있다.

다른 증강 방법 레벤버그-마쿼트의 일부 구현에서, 특히 [Press-88]에서 주어진 것은 다른 종류의 증강 정규 방정식을 사용한다. 증강 정규 방정식 행렬 $\mathtt{N}'$은 행렬 $\mathtt{N} = \mathtt{J}^\top\mathtt{J}$일 때, $\mathtt{N}'_{ii} = (1 + \lambda)N_{ii}$이고 $i \neq j$에 대해 $\mathtt{N}'_{ij} = N_{ij}$로 정의된다. 그래서 $\mathtt{N}$의 대각 성분은 덧셈 계수가 아닌 곱셈 계수 $(1 + \lambda)$에 의해 증강된다. 작은 λ값에 대해서는 결과는 가우스-뉴턴 방법과 근본적으로 같다. λ의 값이 크면 정규 방정식 행렬의 대각선에 놓이지 않은 성분은 대각 성분에 비해 무시할 수 있다.

$\mathtt{N}'$의 i번째 대각 성분은 간단하게 $(1 + \lambda)\mathbf{J}_i^\top\mathbf{J}_i$이다. 여기에서 $\mathbf{J}_i = \partial\mathbf{f}/\partial p_i$이고 p_i는 i번째 매개변수이다. 반복 방정식은 $(1 + \lambda)\mathbf{J}_i^\top\mathbf{J}_i\delta_i = \mathbf{J}_i^\top\, \epsilon$이다. 여기서 δ_i는 i번째 매개변수

에서 증분이다. $(1+\lambda)$를 제외하면 이것은 i번째 매개변수만을 δ_i만큼 움직여서 비용함수를 최소화하는 결과가 된다. 그래서 λ가 무한대가 되는 극한에서는 매개변수의 증분은 각각의 따로 최소화하는 방향이 된다.

이런 종류의 증강에서는 큰 λ에 대한 매개변수의 증분은 하강 경사법과 같은 것은 아니다. 그러나 앞과 같은 분석으로 결과로 얻은 증분은 임의의 λ에 대해 하강 방향을 향하고 있다.

하나의 사소한 문제가 있다. 일부 매개변수 p_i가 함수 $\mathbf{f}$에 영향을 주지 않으면 $\mathbf{J}_i = \partial\mathbf{f}/\partial p_i$는 영이 된다. 그래서 N과 결국 N′의 i번째 대각 성분이 영이 된다. 그러면 증강 정규 방정식 행렬 N′이 특이 행렬이 되면서 문제를 일으킨다. 실제에서는 가능성은 작지만 발생할 수 있다.

LM의 구현 레벤버그-마쿼트 최소화를 실행하기 위해 필요한 최소 사항은 최소화하려는 함수를 계산하는 루틴, 함수의 관측 또는 원하는 값을 가지는 목표 벡터 $\hat{\mathbf{X}}$, 초기 추정치 $\mathbf{P}_0$가 있어야 한다. 야코비안 행렬 J는 수치적으로 구하거나 따로 계산 루틴을 제공할 수 있다.

수치 미분은 다음과 같이 계산할 수 있다. 각각의 독립 변수 x_i를 $x_i + \delta$로 증가시켜서 함수 f를 계산하는 주어진 루틴을 이용해 결괏값을 계산한 후에 비율로서 미분을 계산한다. δ를 $|10^{-4} \times x_i|$와 10^{-6} 중의 최댓값으로 사용하면 좋은 결과를 얻는다. 실제로 수치 미분을 사용해도 특별히 불리한 점은 없다. 그러나 간단한 함수 f에 대해서는 J를 계산하는 루틴을 제공하는 것을 선호한다. 심미적인 이유나 향상된 수렴 가능성 또는 속도 등의 이유가 있다.

A6.3 희박 레벤버그-마쿼트 알고리듬

A6.2절에서 설명한 LM 알고리듬은 매개변수의 개수가 적은 최소화 문제에 꽤 적합하다. 그래서, 2차원 단응사상 추정(4장 참조)에서 간단한 비용함수 (4.6)과 (4.7)을 단응사상 행렬 H의 원소에 대해 최소화하는 경우에는 LM 알고리듬이 잘 작동한다. 그러나 매개변수의 개수가 큰 경우에 비용함수를 최소화할 때 단순한 LM 알고리듬은 적합하지 않

다. 이것은 LM 알고리듬의 중심이 되는 정규 방정식 (A5.2)를 푸는 데 매개변수의 개수에 대해 N^3의 복잡도를 가지고 이를 여러번 반복해야 하기 때문이다. 그러나 이 책에서 소개한 여러 종류의 추정 문제를 풀 때에는 정규 방정식 행렬이 희박 블록 구조를 가지므로 이를 이용하면 시간을 많이 줄일 수 있다.

이 방법이 유용한 경우의 보기는 이중 시점에서 양쪽 이미지에 모두 오차를 가정하고 비용함수 (4.8)을 최소화하는 2차원 단응사상 추정 문제이다. 이 문제는 2차원 단응사상을 특징짓는 매개변수의 집합(아마도 단응사상 행렬 9개 원소)과 첫 번째 시점의 n개 점의 매개변수여서 전체 $2n+9$개의 매개변수를 가진다.

이 방법이 유용한 다른 보기는 이중 시점 이상(m개 시점으로 가정한다)에서 이미지 대응이 있을 때 모든 카메라의 매개변수와 모든 점의 3차원 위치를 결정하는 재구성 문제이다. 임의의 사영 카메라 또는 완전한 보정, 부분 보정 카메라 중의 하나를 가정할 수 있다. 그리고 다른 자유도를 줄이기 위해 하나의 카메라를 고정할 수 있다. 예로서, 사영 재구성 문제에서 카메라 행렬의 원소를 매개화하는 변수(카메라 매개화 방법에 따라서 전체 $12m$ 또는 $11m$의 개수)와 3차원 점의 좌표에 대한 $3n$개의 변수가 있다.

희박 LM 알고리듬은 구현하기 복잡하고 어려운 것으로 여겨진다. 이를 극복하기 위해 알고리듬을 요리책 방식으로 제시한다. 표준 행렬을 다루는 적절한 라이브러리가 주어지면 어려움 없이 이 알고리듬을 구현할 수 있어야 한다.

- **표기법**: $\mathbf{a}_1, \mathbf{a}_2, \ldots, \mathbf{a}_n$이 벡터이면 하나의 열벡터에 순서대로 정렬하면 만든 벡터를 $(\mathbf{a}_1^\top, \mathbf{a}_2^\top, \ldots, \mathbf{a}_n^\top)^\top$로 표기한다. 행렬에 대해서도 비슷한 표기법을 사용한다.

A6.3.1 LM 방법에서 매개변수 분할

희박 LM 방법을 재구성 문제의 용어를 사용해 설명할 것이다. 이것이 이 방법과 연관된 전형적인 문제이기 때문이다. 추정 문제는 먼저 일반 용어를 이용해 설명한다. 이것이 별다른 노력 없이 일반적인 접근법을 보여주기 때문이다. 추상화의 지금 단계에서는 이런 접근의 효용이 드러나지 않는다. 그러나 A6.3.3절에서 이런 것들이 더 분명해질 것이다. 문제 접근의 시작으로 이 문제에서 나오는 매개변수를 집합 두 개로 나눈다. 하나는 카메라를 나타내는 매개변수이고 다른 것은 점을 나타내는 매개변수이다. 보다 형식화하면

매개변수 벡터 $\mathbf{P} \in \mathbb{R}^M$을 $\mathbf{P} = (\mathbf{a}^\top, \mathbf{b}^\top)^\top$가 되도록 $\mathbf{a}$와 $\mathbf{b}$로 분할한다. 공간 $\mathbb{R}^N$의 벡터 $\mathbf{X}$로 표기하는 측정 벡터는 주어진다. 재구성 문제에서 이것은 이미지 점 좌표의 벡터로 구성된다. 그리고 $\Sigma_{\mathbf{X}}$는 측정 벡터의 공분산 행렬이다.[2] 매개변수 벡터 $\mathbf{P}$를 추정 관측 벡터 $\hat{\mathbf{X}} = f(\mathbf{P})$로 보내는 일반 함수 $f : \mathbb{R}^M \to \mathbb{R}^N$을 생각한다. ϵ로 측정값과 추정값의 차이를 나타내면 제곱 마할라노비스 거리 $\|\epsilon\|^2{}_{\Sigma_{\mathbf{X}}} = \epsilon^\top \Sigma_{\mathbf{X}}^{-1} \epsilon$를 최소화하는 매개변수 집합을 찾고자 한다.

분할된 매개변수 $\mathbf{P} = (\mathbf{a}^\top, \mathbf{b}^\top)^\top$에 대응하는 야코비 행렬 $\mathtt{J} = [\partial\hat{\mathbf{X}}/\partial\mathbf{P}]$는 $\mathtt{J} = [\mathtt{A} \mid \mathtt{B}]$ 형태의 블록 구조를 가진다. 여기에서,

$$\mathtt{A} = \left[\partial\hat{\mathbf{X}}/\partial\mathbf{a}\right]$$

그리고

$$\mathtt{B} = \left[\partial\hat{\mathbf{X}}/\partial\mathbf{b}\right]$$

LM 알고리듬의 중요한 단계에서 풀게 되는 방정식 집합 $\mathtt{J}\boldsymbol{\delta} = \epsilon$는 다음의 형태를 가진다.

$$\mathtt{J}\boldsymbol{\delta} = [\mathtt{A}|\mathtt{B}] \left(\begin{array}{c} \boldsymbol{\delta}_{\mathbf{a}} \\ \hline \boldsymbol{\delta}_{\mathbf{b}} \end{array}\right) = \epsilon \tag{A6.4}$$

그러면 LM 알고리듬의 각 단계에서 풀게 되는 정규 방정식 $\mathtt{J}^\top \Sigma_{\mathbf{X}}^{-1} \mathtt{J}\boldsymbol{\delta} = \mathtt{J}^\top \Sigma_{\mathbf{X}}^{-1} \epsilon$는 다음의 형태를 가진다.

$$\left[\begin{array}{c|c} \mathtt{A}^\top \Sigma_{\mathbf{X}}^{-1} \mathtt{A} & \mathtt{A}^\top \Sigma_{\mathbf{X}}^{-1} \mathtt{B} \\ \hline \mathtt{B}^\top \Sigma_{\mathbf{X}}^{-1} \mathtt{A} & \mathtt{B}^\top \Sigma_{\mathbf{X}}^{-1} \mathtt{B} \end{array}\right] \left(\begin{array}{c} \boldsymbol{\delta}_{\mathbf{a}} \\ \hline \boldsymbol{\delta}_{\mathbf{b}} \end{array}\right) = \left(\begin{array}{c} \mathtt{A}^\top \Sigma_{\mathbf{X}}^{-1} \epsilon \\ \hline \mathtt{B}^\top \Sigma_{\mathbf{X}}^{-1} \epsilon \end{array}\right) \tag{A6.5}$$

LM 알고리듬의 이 단계에서 변수 λ를 이용해 $(1 + \lambda)$를 대각 원소에 곱해 행렬의 대각 블록을 증강시킨다. 이러한 증강은 행렬 $\mathtt{A}^\top \Sigma_{\mathbf{X}}^{-1} \mathtt{A}$와 $\mathtt{B}^\top \Sigma_{\mathbf{X}}^{-1} \mathtt{B}$를 변화시킨다. 결과를 얻은 행렬을 $(\mathtt{A}^\top \Sigma_{\mathbf{X}}^{-1} \mathtt{A})^*$와 $(\mathtt{B}^\top \Sigma_{\mathbf{X}}^{-1} \mathtt{B})^*$로 나타낸다. 그림 A6.1과 그림 A6.2에서 여러 개의 카메라와 점을 가지는 추정 문제에서 야코비안과 정규 방정식에 대한 형태를 그림으로 나

2 다른 정보가 없는 경우에는 $\Sigma_{\mathbf{X}}$를 단위 행렬로 가정한다.

타냈다.

방정식 (A6.5)는 다음과 같이 블록으로 표현할 수 있다.

$$\begin{bmatrix} \mathtt{U}^* & \mathtt{W} \\ \mathtt{W}^\mathsf{T} & \mathtt{V}^* \end{bmatrix} \begin{pmatrix} \boldsymbol{\delta}_\mathbf{a} \\ \boldsymbol{\delta}_\mathbf{b} \end{pmatrix} = \begin{pmatrix} \boldsymbol{\epsilon}_\mathrm{A} \\ \boldsymbol{\epsilon}_\mathrm{B} \end{pmatrix} \tag{A6.6}$$

이 방정식을 푸는 첫 번째 단계로 양변을 $\begin{bmatrix} \mathtt{I} & -\mathtt{W}\mathtt{V}^{*-1} \\ 0 & \mathtt{I} \end{bmatrix}$로 곱하면 다음을 얻는다.

$$\begin{bmatrix} \mathtt{U}^* - \mathtt{W}\mathtt{V}^{*-1}\mathtt{W}^\mathsf{T} & 0 \\ \mathtt{W}^\mathsf{T} & \mathtt{V}^* \end{bmatrix} \begin{pmatrix} \boldsymbol{\delta}_\mathbf{a} \\ \boldsymbol{\delta}_\mathbf{b} \end{pmatrix} = \begin{pmatrix} \boldsymbol{\epsilon}_\mathrm{A} - \mathtt{W}\mathtt{V}^{*-1}\boldsymbol{\epsilon}_\mathrm{B} \\ \boldsymbol{\epsilon}_\mathrm{B} \end{pmatrix} \tag{A6.7}$$

이것으로 오른쪽 위의 블록이 제거된다. 방정식 윗부분의 다음이 된다.

$$(\mathtt{U}^* - \mathtt{W}\mathtt{V}^{*-1}\mathtt{W}^\mathsf{T})\boldsymbol{\delta}_\mathbf{a} = \boldsymbol{\epsilon}_\mathrm{A} - \mathtt{W}\mathtt{V}^{*-1}\boldsymbol{\epsilon}_\mathrm{B} \tag{A6.8}$$

이를 이용하면 $\delta_\mathbf{a}$를 구할 수 있다. 후진 치환을 이용하면 $\delta_\mathbf{b}$의 값을 구할 수 있다.

$$\mathtt{V}^*\delta_\mathbf{b} = \boldsymbol{\epsilon}_\mathrm{B} - \mathtt{W}^\mathsf{T}\boldsymbol{\delta}_\mathbf{a} \tag{A6.9}$$

A6.2절에서와 같이 새로 계산된 매개변수 벡터 $\mathbf{P} = ((\mathbf{a} + \delta_\mathbf{a})^\top, (\mathbf{b} + \delta_\mathbf{b})^\top)^\top$에서 오차 함수가 감소하면 새로운 매개변수 벡터 $\mathbf{P}$를 채택하고 λ의 값을 10배 줄이고 다음 단계로 나간다. 반대로, 오차가 증가했으면 새로운 $\mathbf{P}$의 버리고 λ값을 10배 증가해서 이 단계를 다시 수행한다.

분할 레벤버그-마쿼트 알고리듬의 완전한 설명을 알고리듬 A6.1에 제시한다.

위의 방법에서 $\delta_\mathbf{a}$를 풀고 새로운 $\mathbf{a}$값에 대해 $\delta_\mathbf{b}$를 구했지만, 이것이 $\mathbf{a}$와 $\mathbf{b}$에 대한 독립 반복법과 같다고 생각하면 안 된다. $\mathbf{b}$를 고정하고 $\mathbf{a}$를 풀고 싶으면 $\delta_\mathbf{a}$에 대한 정규 방정식이 더 간단한 형태 $\mathtt{U}\delta_\mathbf{a} = \epsilon_\mathrm{A}$가 된다. (A6.8)과 비교해보라. 그러나 $\delta_\mathbf{a}$와 $\delta_\mathbf{b}$를 번갈아가면서 푸는 방법은 느린 수렴성으로 추천하지 않는다.

A6.3.2 공분산

결과 5.12에서 추정된 매개변수의 공분산 행렬이 다음으로 주어진다.

$$\Sigma_\mathbf{P} = (\mathtt{J}^\mathsf{T}\Sigma_\mathbf{X}^{-1}\mathtt{J})^+ \tag{A6.10}$$

과매개화의 경우에 (A6.10)으로 주어지는 공분산 행렬 $\Sigma_\mathbf{P}$는 특이 행렬이 된다. 특히,

구속 곡면에 수직인 방향으로 매개변수의 변화를 허용하지 않는 경우에는 이 방향으로 분산은 영이다.

알고리듬 A6.1 분할된 레벤버그-마쿼트 알고리듬

주어진 값

공분산 행렬 $\Sigma_{\mathbf{X}}$를 가지는 측정 벡터 $\mathbf{X}$, 매개변수 $\mathbf{P} = (\mathbf{a}^\top, \mathbf{b}^\top)^\top$의 초기 추정치, 매개변수 벡터를 측정 벡터로 보내는 함수 $f : \mathbf{P} \mapsto \widehat{\mathbf{X}}$

목적

$\epsilon = \mathbf{X} - \widehat{\mathbf{X}}$일때 $\epsilon^\top \Sigma_{\mathbf{X}}^{-1} \epsilon$를 최소화하는 매개변수 집합 $\mathbf{P}$를 구하라.

알고리듬

(i) (전형적인 값인) $\lambda = 0.001$로 초기화한다.

(ii) 미분 행렬 $\mathtt{A} = [\partial\widehat{\mathbf{X}}/\partial\mathbf{a}]$ $\mathtt{B} = [\partial\widehat{\mathbf{X}}/\partial\mathbf{b}]$와 오차 벡터 ϵ를 계산한다.

(iii) 중간 표현식들을 계산한다.

$$\mathtt{U} = \mathtt{A}^\top \Sigma_{\mathbf{X}}^{-1} \mathtt{A} \qquad \mathtt{V} = \mathtt{B}^\top \Sigma_{\mathbf{X}}^{-1} \mathtt{B} \qquad \mathtt{W} = \mathtt{A}^\top \Sigma_{\mathbf{X}}^{-1} \mathtt{B}$$

$$\epsilon_{\mathtt{A}} = \mathtt{A}^\top \Sigma_{\mathbf{X}}^{-1} \epsilon \qquad \epsilon_{\mathtt{B}} = \mathtt{B}^\top \Sigma_{\mathbf{X}}^{-1} \epsilon$$

(iv) 대각 원소에 $(1+\lambda)$를 곱해 $\mathtt{U}$와 $\mathtt{V}$를 증강시킨다.

(v) 역행렬 $\mathtt{V}^{*-1}$을 계산하고 $\mathtt{Y} = \mathtt{W}\mathtt{V}^{*-1}$을 정의한다. 이 역행렬은 더 이상 필요하지 않은 행렬 $\mathtt{V}^*$에 덮어써도 된다.

(vi) $(\mathtt{U}^* - \mathtt{Y}\mathtt{W}^\top)\, \delta_{\mathbf{a}} = \epsilon_{\mathtt{A}} - \mathtt{Y}\epsilon_{\mathtt{B}}$를 풀어서 $\delta_{\mathbf{a}}$를 구한다.

(vii) 후진 치환 $\delta_{\mathbf{b}} = \mathtt{V}^{*-1}(\epsilon_{\mathtt{B}} - \mathtt{W}^\top \delta_{\mathbf{a}})$으로 $\delta_{\mathbf{b}}$를 구한다.

(viii) 증분 벡터 $(\delta_{\mathbf{a}}^\top, \delta_{\mathbf{b}}^\top)^\top$를 더해 매개 벡터를 구하고 새로운 오차 벡터를 계산한다.

(ix) 새로운 오차가 기존의 오차보다 적으면, 매개변수의 새로운 값을 채택하고 λ의 값을 10배 줄인다. 단계 (ii)에서 다시 시작하거나 종료한다.

(x) 새로운 오차가 기존의 오차보다 크면, 예전의 매개변수로 돌아가고 λ의 값을 10배 증가해 단계 (iv)에서 다시 시작한다.

매개변수 집합이 $\mathtt{P} = (\mathbf{a}^\top, \mathbf{b}^\top)^\top$로 분할되는 경우에 행렬 $(\mathtt{J}^\top \Sigma_{\mathbf{X}}^{-1} \mathtt{J})$는 (A6.5)와 (A6.6)에 주어지는 블록 형태를 가진다(스타로 표시하는 증강이 없는 형태). 그래서 다음으로 표현할

수 있다.

$$\mathtt{J}^\mathsf{T}\Sigma_\mathbf{X}{}^{1}\mathtt{J} = \begin{bmatrix} \mathtt{A}^\mathsf{T}\Sigma_\mathbf{X}^{-1}\mathtt{A} & \mathtt{A}^\mathsf{T}\Sigma_\mathbf{X}^{-1}\mathtt{B} \\ \mathtt{B}^\mathsf{T}\Sigma_\mathbf{X}^{-1}\mathtt{A} & \mathtt{B}^\mathsf{T}\Sigma_\mathbf{X}^{-1}\mathtt{B} \end{bmatrix} = \begin{bmatrix} \mathtt{U} & \mathtt{W} \\ \mathtt{W}^\mathsf{T} & \mathtt{V} \end{bmatrix} \tag{A6.11}$$

공분산 행렬 $\Sigma_\mathbf{P}$는 이 행렬의 유사 역행렬이다. $\mathtt{V}$가 역행렬을 가진다는 가정하에서 $\mathtt{Y} = \mathtt{W}\mathtt{V}^{-1}$로 다시 정의한다. 그러면 이 행렬은 대각화가 돼 다음이 성립한다.

$$\mathtt{J}^\mathsf{T}\Sigma_\mathbf{X}^{-1}\mathtt{J} = \begin{bmatrix} \mathtt{U} & \mathtt{W} \\ \mathtt{W}^\mathsf{T} & \mathtt{V} \end{bmatrix} = \begin{bmatrix} \mathtt{I} & \mathtt{Y} \\ 0 & \mathtt{I} \end{bmatrix} \begin{bmatrix} \mathtt{U} - \mathtt{W}\mathtt{V}^{-1}\mathtt{W}^\mathsf{T} & 0 \\ 0 & \mathtt{V} \end{bmatrix} \begin{bmatrix} \mathtt{I} & 0 \\ \mathtt{Y}^\mathsf{T} & \mathtt{I} \end{bmatrix} \tag{A6.12}$$

$\mathtt{G}$가 역행렬을 가질 때, 행렬 $\mathtt{G}$와 $\mathtt{H}$에 대해 다음을 가정한다.

$$(\mathtt{G}\mathtt{H}\mathtt{G}^\mathsf{T})^+ = \mathtt{G}^{-\mathsf{T}}\mathtt{H}^+\mathtt{G}^{-1}$$

위의 식이 성립하는 조건을 이 부록의 끝에 있는 연습 문제에서 조사한다. 이것을 (A6.12)에 적용해 곱하면 유사 역원에 대한 공식을 얻는다.

$$\Sigma_\mathbf{P} = (\mathtt{J}^\mathsf{T}\Sigma_\mathbf{X}^{-1}\mathtt{J})^+ = \begin{bmatrix} \mathtt{X} & -\mathtt{X}\mathtt{Y} \\ -\mathtt{Y}^\mathsf{T}\mathtt{X} & \mathtt{Y}^\mathsf{T}\mathtt{X}\mathtt{Y} + \mathtt{V}^{-1} \end{bmatrix} \tag{A6.13}$$

여기에서 $\mathtt{X} = (\mathtt{U} - \mathtt{W}\mathtt{V}^{-1}\mathtt{W}^\mathsf{T})^+$이다.

이것이 참이 되는 조건은 $\mathrm{span}(\mathtt{A}) \cap \mathrm{span}(\mathtt{B}) = \emptyset$이다. 여기에서 $\mathrm{span}(\cdot)$은 행렬의 열벡터가 생성하는 공간을 나타낸다. 그리고 $\mathtt{A}$와 $\mathtt{B}$는 (A6.11)의 것이다. 이에 대한 증명과 조건 $\mathrm{span}(\mathtt{A}) \cap \mathrm{span}(\mathtt{B}) = \emptyset$에 대한 해석은 연습 문제 (i)에서 개략적으로 설명한다.

(A6.11)에서 행렬 $\mathtt{J}^\mathsf{T}\Sigma_\mathbf{X}^{-1}\mathtt{J}$를 블록으로 나누는 것은 (A5.6)에서 $\mathbf{P}$를 $\mathbf{a}$와 $\mathbf{b}$로 나누는 것과 대응한다. 매개변수 $\mathbf{P}$에 대한 공분산 행렬을 절삭하면 $\mathbf{a}$와 $\mathbf{b}$에 대한 각각의 공분산 행렬을 구할 수 있다. 결과는 알고리듬 A6.2에 제시한다.

알고리듬 A6.2 LM 매개변수에 대한 공분산 행렬의 계산

목적

알고리듬 A6.1을 사용해 매개변수 $\mathbf{a}$와 $\mathbf{b}$에 대한 공분산을 계산하라.

알고리듬

(i) 알고리듬 A6.1에서와 같이 행렬 U, V, W를 계산한다. $Y = WV^{-1}$ 또한 계산한다.

(ii) $\Sigma_{\mathbf{a}} = (U - WV^{-1}W^{\top})^{+}$이다.

(iii) $\Sigma_{\mathbf{b}} = Y^{\top}\Sigma_{\mathbf{a}}Y + V^{-1}$이다.

(iv) 교차 공분산은 $\Sigma_{\mathbf{ab}} = -\Sigma_{\mathbf{a}}Y$이다.

A6.3.3 일반 희박 LM 방법

앞에서 매개변수 벡터를 두 벡터 $\mathbf{a}$와 $\mathbf{b}$로 분할할 수 있는 경우에 ML 반복법을 수행하고 해의 공분산을 계산하는 방법을 설명했다. 논의에서 설명한 방법이 실제로 일반적인 경우에 계산에 장점을 가지는 것은 분명하지 않다. 그러나 다음에 설명하는 것과 같이 야코비 행렬이 특정한 희박 조건을 만족하면 이러한 방법은 중요해진다.

측정 벡터 $\mathbf{X} \in \mathbb{R}^N$은 $\mathbf{X} = (\mathbf{X}_1^{\top}, \mathbf{X}_2^{\top}, \ldots, \mathbf{X}_n^{\top})^{\top}$로 분해할 수 있다고 가정한다. 비슷하게 매개변수 벡터 $\mathbf{P} \in \mathbb{R}^M$ 또한 $\mathbf{P} = (\mathbf{a}^{\top}, \mathbf{b}_1^{\top}, \mathbf{b}_2^{\top}, \ldots, \mathbf{b}_n^{\top})^{\top}$로 분해할 수 있다고 가정한다. 주어진 매개변수에 대응하는 $\mathbf{X}_i$의 추정값을 $\widehat{\mathbf{X}}_i$로 표기한다. 각 $\widehat{\mathbf{X}}_i$가 $\mathbf{a}$와 $\mathbf{b}_i$에만 의존하고 다른 매개변수 $\mathbf{b}_j$에는 의존하지 않는다는 희박성 가정을 한다. 이 경우 $i \neq j$이면 $\partial\widehat{\mathbf{X}}_i/\partial\mathbf{b}_j = 0$이다. $\partial\widehat{\mathbf{X}}_i/\partial\mathbf{a}$에 대한 다른 가정은 하지 않는다. 이 논의을 시작할 때 언급했던 재구성 문제에서 이런 상황이 발생한다. $\mathbf{b}_i$는 i번째 점의 매개변수 벡터이고 $\widehat{\mathbf{X}}_i$는 모든 시점에서 이 점의 이미지 측정 벡터이다. 이 경우, 점의 이미지는 다른 점에 영향을 받지 않으므로 $i = j$가 아니면 $\partial\widehat{\mathbf{X}}_i/\partial\mathbf{b}_j = 0$이다.

이런 구분으로 야코비 행렬 $J = [\partial\widehat{\mathbf{X}}/\partial\mathbf{P}]$는 희박 블록 구조를 가진다. 야코비 행렬을 다음으로 정의한다.

$$A_i = \left[\partial\hat{\mathbf{X}}_i/\partial\mathbf{a}\right] \qquad B_i = \left[\partial\hat{\mathbf{X}}_i/\partial\mathbf{b}_i\right]$$

$\boldsymbol{\epsilon} = (\boldsymbol{\epsilon}_1^{\top}, \ldots, \boldsymbol{\epsilon}_n^{\top})^{\top} = \mathbf{X} - \widehat{\mathbf{X}}$의 형태를 갖는 오차 벡터가 주어지면, 방정식 $J\delta = \boldsymbol{\epsilon}$는 이제 다음 형태를 갖는다.

$$\mathtt{J}\boldsymbol{\delta} = \left[\begin{array}{c|cccc} \mathtt{A}_1 & \mathtt{B}_1 & & & \\ \mathtt{A}_2 & & \mathtt{B}_2 & & \\ \vdots & & & \ddots & \\ \mathtt{A}_n & & & & \mathtt{B}_n \end{array}\right] \begin{pmatrix} \boldsymbol{\delta}_{\mathbf{a}} \\ \hline \boldsymbol{\delta}_{\mathbf{b}_1} \\ \vdots \\ \boldsymbol{\delta}_{\mathbf{b}_n} \end{pmatrix} = \begin{pmatrix} \boldsymbol{\epsilon}_1 \\ \vdots \\ \boldsymbol{\epsilon}_n \end{pmatrix} \tag{A6.14}$$

그리고 모든 측정 $\mathbf{X}_i$는 공분산 행렬 $\Sigma_{\mathbf{X}_i}$에 독립이다. 그래서 모든 측정 벡터에 대한 공분산 행렬 $\Sigma_{\mathbf{X}}$는 블록-대각 형태 $\Sigma_{\mathbf{X}} = \mathrm{diag}(\Sigma_{\mathbf{X}_1},\ldots,\Sigma_{\mathbf{X}_n})$을 가진다.

알고리듬 A6.1의 표기법을 사용하면 다음을 얻는다.

$$\begin{aligned} \mathtt{A} &= [\mathtt{A}_1^\top, \mathtt{A}_2^\top, \ldots, \mathtt{A}_n^\top]^\top \\ \mathtt{B} &= \mathrm{diag}(\mathtt{B}_1, \mathtt{B}_2, \ldots, \mathtt{B}_n) \\ \Sigma_{\mathbf{X}} &= \mathrm{diag}(\Sigma_{\mathbf{X}_1}, \ldots, \Sigma_{\mathbf{X}_n}) \\ \boldsymbol{\delta}_{\mathbf{b}} &= (\boldsymbol{\delta}_{\mathbf{b}_1}^\top, \boldsymbol{\delta}_{\mathbf{b}_2}^\top, \ldots, \boldsymbol{\delta}_{\mathbf{b}_n}^\top)^\top \\ \boldsymbol{\epsilon} &= (\boldsymbol{\epsilon}_1^\top, \boldsymbol{\epsilon}_2^\top, \ldots, \boldsymbol{\epsilon}_n^\top)^\top \end{aligned}$$

이제 이러한 공식을 알고리듬 A6.1에 대입한다. 이렇게 얻은 결과를 알고리듬 A6.3에 나타냈다. 이는 LM 알고리듬의 한 단계이다. 중요한 점은 이러한 형태는 알고리듬의 각 단계가 n에 선형적인 계산 시간을 요구한다는 것이다. 희박 구조에서 나오는 장점을 사용하지 않으면 (예로서 알고리듬 A6.1을 별 생각 없이 적용하면) n^3의 복잡도를 갖게 된다.

A6.4 2차원 단응사상 추정에 희박 LM의 적용

앞의 논의를 두 이미지에서 이미지 점 대응 $\mathbf{x}_i \leftrightarrow \mathbf{x}'_i$이 주어질 때 2차원 단응사상 $\mathtt{H}$의 추정에 적용한다. 각 이미지의 점은 노이즈에 노출됐고 비용함수 (4.8)을 최소화하려고 한다. 측정 벡터 $\mathbf{X}_i = (\mathbf{x}_i^\top,\ \mathbf{x}_i'^\top)^\top$로 정의한다. 이 경우 매개변수 벡터 $\mathbf{P}$는 $\mathbf{P} = (\mathbf{h}^\top,\ \hat{\mathbf{x}}_1^\top,\ \hat{\mathbf{x}}_2^\top,\ldots,\hat{\mathbf{x}}_n^\top)^\top$로 분해할 수 있다. 여기에서 $\hat{\mathbf{x}}_i$는 첫 번째 이미지에서 추정한 값이고 $\mathbf{h}$는 단응사상 $\mathtt{H}$의 원소 벡터이다. 그래서 단응사상 $\mathtt{H}$와 첫 번째 이미지의 각 점의 매개변수를 동시에 추정해야 한다. 함수 f는 $\mathbf{P}$를 $(\widehat{\mathbf{X}}_1^\top,\ \widehat{\mathbf{X}}_2^\top,\ldots,\widehat{\mathbf{X}}_n^\top)^\top$로 보낸다. 여기서 각각의 $\widehat{\mathbf{X}}_i = (\hat{\mathbf{x}}_i^\top,\ \mathtt{H}\hat{\mathbf{x}}_i^\top)^\top = (\hat{\mathbf{x}}_i^\top,\ \mathtt{H}\hat{\mathbf{x}}_i^\top)^\top$이다. 알고리듬 A6.3을 직접 적용한다.

이 경우 야코비 행렬은 특별한 형태를 가진다. 다음에 주의한다.

$$\mathtt{A}_i = \partial\widehat{\mathbf{X}}_i/\partial\mathbf{h} = \begin{bmatrix} 0 \\ \partial\hat{\mathbf{x}}'_i/\partial\mathbf{h} \end{bmatrix}$$

$\hat{\mathbf{x}}_i$가 $\mathbf{h}$와 무관하기 때문이다. 또한 다음에 주의한다.

$$\mathtt{B}_i = \partial\widehat{\mathbf{X}}_i/\partial\hat{\mathbf{x}}_i = \begin{bmatrix} \mathtt{I} \\ \partial\hat{\mathbf{x}}'_i/\partial\hat{\mathbf{x}}_i \end{bmatrix}$$

$\widehat{\mathbf{X}}_i = (\hat{\mathbf{x}}_i^{\top}, \mathtt{H}\hat{\mathbf{x}}_i^{\top})^{\top}$의 형태이기 때문이다.

알고리듬 A6.3 희박 레벤버그-마쿼트 알고리듬

목적

매개변수 벡터가 $\mathbf{P} = (\mathbf{a}^{\top}, \mathbf{b}_1^{\top}, \ldots, \mathbf{b}_n^{\top})$으로 분할되고 측정 벡터가 $\mathbf{X} = (\mathbf{X}_1^{\top}, \ldots, \mathbf{X}_n^{\top})^{\top}$으로 분할돼 $i \neq j$에 대해 $\partial\widehat{\mathbf{X}}_i/\partial\mathbf{b}_j = 0$를 만족하는 경우에 LM 알고리듬을 형식화하라.

알고리듬

알고리듬 A6.1의 단계 (ii)에서 (vii)이 다음으로 바뀐다.

(i) 미분 행렬 $\mathtt{A}_i = [\partial\widehat{\mathbf{X}}_i/\partial\mathbf{a}]$와 $\mathtt{B} = [\partial\widehat{\mathbf{X}}_i/\partial\mathbf{b}_i]$ 그리고 오차 벡터 $\boldsymbol{\epsilon}_i = \mathbf{X}_i - \widehat{\mathbf{X}}_i$를 계산한다.

(ii) 중간값들을 계산한다.

$$\begin{aligned}
\mathtt{U} &= \sum_i \mathtt{A}_i^{\top}\Sigma_{\mathbf{X}_i}^{-1}\mathtt{A}_i \\
\mathtt{V} &= \mathrm{diag}(\mathtt{V}_1, \ldots, \mathtt{V}_n) \text{ where } \mathtt{V}_i = \mathtt{B}_i^{\top}\Sigma_{\mathbf{X}_i}^{-1}\mathtt{B}_i \\
\mathtt{W} &= [\mathtt{W}_1, \mathtt{W}_2, \ldots, \mathtt{W}_n] \text{ where } \mathtt{W}_i = \mathtt{A}_i^{\top}\Sigma_{\mathbf{X}_i}^{-1}\mathtt{B}_i \\
\boldsymbol{\epsilon}_{\mathtt{A}} &= \sum_i \mathtt{A}_i^{\top}\Sigma_{\mathbf{X}_i}^{-1}\boldsymbol{\epsilon}_i \\
\boldsymbol{\epsilon}_{\mathtt{B}} &= (\boldsymbol{\epsilon}_{\mathtt{B}_1}^{\top}, \boldsymbol{\epsilon}_{\mathtt{B}_2}^{\top}, \ldots, \boldsymbol{\epsilon}_{\mathtt{B}_n}^{\top})^{\top} \text{ where } \boldsymbol{\epsilon}_{\mathtt{B}_i} = \mathtt{B}_i^{\top}\Sigma_{\mathbf{X}_i}^{-1}\boldsymbol{\epsilon}_i \\
\mathtt{Y}_i &= \mathtt{W}_i\mathtt{V}_i^{*-1}
\end{aligned}$$

(iii) 다음 식에서 $\boldsymbol{\delta}_{\mathbf{a}}$를 계산한다.

$$(\mathtt{U}^* - \sum_i \mathtt{Y}_i\mathtt{W}_i^{\top})\delta_{\mathbf{a}} = \epsilon_{\mathtt{A}} - \sum_i \mathtt{Y}_i\boldsymbol{\epsilon}_{\mathtt{B}_i}$$

(iv) 다음 식에서 $\boldsymbol{\delta}_{\mathbf{b}_i}$를 결정한다.

$$\delta_{\mathbf{b}_i} = \mathtt{V}_i^{*-1}(\boldsymbol{\epsilon}_{\mathtt{B}_i} - \mathtt{W}_i^{\top}\boldsymbol{\delta}_{\mathbf{a}})$$

공분산

(i) $Y_i = W_i V_i^{-1}$로 정의한다.

(ii) $\Sigma_\mathbf{a} = (U - \Sigma_i Y_i W_i^\top)^+$이다.

(iii) $\Sigma_{\mathbf{b}_i \mathbf{b}_j} = Y_i^\top \Sigma_\mathbf{a} Y_j + \delta_{ij} V_i^{-1}$이다.

(iv) $\Sigma \mathbf{ab}_i = -\Sigma_\mathbf{a} Y_i$이다.

A6.4.1 공분산의 계산

공분산 계산의 보기로서, 단응사상을 점 대응에서 추정하는 5.2.4절의 문제를 고려한다. 거기에서 추정한 단응사상이 실제로 항등 사상 $H = I$인 경우를 설명했다. 이 보기에서 점의 개수나 분포는 중요하지 않다. 그러나 점 측정의 모든 오차가 독립인 것은 가정한다. (5.12)에서 두 번째 이미지에서만 오차가 존재하는 경우에 $\Sigma_\mathbf{h} = (\sum_i J_i^\top \Sigma_i^{-1} J_i)^+$이다. 여기서 $J_i = [\partial \hat{\mathbf{x}}_i' / \partial \mathbf{h}]$이다.

첫 번째 이미지에도 노이즈가 있는 경우에 대해 카메라 매개변수 벡터 $\mathbf{h}$에 대해 공분산을 계속 계산한다. 추가적으로 $\Sigma_{\mathbf{X}_i}^{-1} = \Sigma_{\mathbf{X}_i'}^{-1}$를 가정하고 이것을 S_i로 표기한다. 이 경우 공분산의 역행렬 $\Sigma_\mathbf{X}^{-1}$는 블랙 대각 행렬 $\Sigma_\mathbf{X}^{-1} = \text{diag}(\Sigma_{\mathbf{X}_i}^{-1}, \Sigma_{\mathbf{X}_i'}^{-1})$이다. 그러면 $\mathbf{h}$에 대한 공분산을 계산하는 알고리듬 A6.3의 단계를 적용하면 다음을 얻는다.

$$
\begin{aligned}
A_i &= [0^\top, J_i^\top]^\top \\
B_i &= [I^\top, I^\top]^\top \text{ since } H = I \\
U &= \sum_i A_i^\top \text{diag}(S_i, S_i) A_i = \sum_i J_i^\top S_i J_i \\
V_i &= B_i^\top \text{diag}(S_i, S_i) B_i = 2S_i \\
W_i &= A_i^\top \text{diag}(S_i, S_i) B_i = J_i^\top S_i \\
U - \sum_i W_i V_i^{-1} W_i^\top &= \sum_i J_i^\top (S_i - S_i/2) J_i = \sum_i J_i^\top S_i J_i / 2 \\
\Sigma_\mathbf{h} &= 2\left(\sum_i J_i^\top S_i J_i\right)^+
\end{aligned}
$$

그래서 $\mathbf{h}$에 대한 공분산은 오차가 한 이미지에만 있는 경우의 공분산의 단지 두 배이다. 이는 일반적으로 성립하는 것은 아니다. 이것은 H가 항등 사상이라는 것에서 나온 것이다. 다음의 사항의 확인은 연습 문제로 남겨둔다.

- H가 s배 스케일 조정을 의미하면 $\Sigma_{\mathbf{h}} = (s^2+1)\left(\sum_i \mathtt{J}_i^\top \mathtt{S}_i \mathtt{J}_i\right)^+$이다.
- H가 아핀변환이고 D가 H의 (이동 운동이 아닌 부분인) 윗부분 2×2 부분 행렬이며 모든 i에 대해 $\mathtt{S}_i = \mathtt{I}$이면(등방이고 독립인 노이즈), $\Sigma_{\mathbf{h}} = \left(\sum_i \mathtt{J}_i^\top(\mathtt{I} - \mathtt{D}(\mathtt{I} + \mathtt{D}^\top\mathtt{D})^{-1}\mathtt{D}^\top)\mathtt{J}_i\right)^+$이다.

A6.5 기본 행렬 추정에 희박 LM 적용

기본 행렬과 3차원 점 집합을 추정하는 알고리듬은 2차원 단응사상 추정을 위한 희박 LM 알고리듬인 A6.3.3절에 설명한 것과 본질적으로 동일하지만 약간의 변형을 한다. 2차원 단응사상의 추정 문제와 유사점은 다음과 같다. 2차원 단응사상을 추정할 때 점 $\mathbf{x}_i$를 대응점 $\mathbf{x}'_i$로 보내는 사상 H가 있다. 여기서는 3차원 점 하나를 대응점 $(\mathbf{x}_i, \mathbf{x}'_i)$로 보내는 카메라 행렬 쌍 $\mathbf{P}$와 $\mathbf{P}'$이 있다.

편의를 위해 A6.3.3절의 표기법을 사용한다. 특히 A6.3.3절과 여기에서 표기법 $\mathbf{X}$는 3차원 점이 아닌 (여기서는 $(\mathbf{x}_1, \mathbf{x}'_1, \ldots, \mathbf{x}_n, \mathbf{x}'_n)$인) 전체 측정 벡터를 나타낸다. 또한 매개변수 $\mathbf{P}$와 카메라 행렬 P를 조심해서 구분해야 한다.

매개변수 벡터 $\mathbf{P}$를 $\mathbf{P} = (\mathbf{a}^\top, \mathbf{b}_1^\top, \ldots, \mathbf{b}_n^\top)$로 분할한다. 여기에서

(i) $\mathbf{a} = \mathbf{p}'$은 카메라 행렬 $\mathbf{p}'$의 원소로 구성된다.

(ii) $\mathbf{b}_i = (\mathrm{X}_i, \mathrm{Y}_i, \mathrm{T}_i)^\top$는 3차원 벡터로서 i번째 3차원 점 $(\mathrm{X}_i, \mathrm{Y}_i, 1, \mathrm{T}_i)$를 매개화한다.

그래서 n개의 점이 있는 경우에 총 $3n + 12$개 매개변수가 있다. 매개변수 벡터 $\mathbf{a}$는 카메라 P'에 대한 매개화이고 다른 카메라 행렬 P는 $[\mathtt{I} \mid \mathbf{0}]$로 둔다. 3차원 점의 세 번째 좌표는 편의상 1로 둔다. 점 $(\mathrm{X}_i, \mathrm{Y}_i, 0, \mathrm{T}_i)^\top$는 측정점 $(\mathrm{X}_i, \mathrm{Y}_i, 1)^\top$과 전혀 가깝지 않은 무한 점인 $(\mathrm{X}_i, \mathrm{Y}_i, 0)^\top$로 변환되기 때문이다.

측정 벡터 $\mathbf{X}$는 $\mathbf{X} = (\mathbf{X}_1^\top, \mathbf{X}_2^\top, \ldots, \mathbf{X}_n^\top)^\top$로 분할된다. 여기는 각각의 $\mathbf{X}_i = (\mathbf{x}_i^\top, \mathbf{x}_i'^\top)$는 i번째 측정 이미지 점이다.

이제, 야코비 행렬 $\mathtt{A}_i = \partial\widehat{\mathbf{X}}_i/\partial\mathbf{a}$와 $\mathtt{B}_i = \partial\widehat{\mathbf{X}}_i/\partial\mathbf{b}_i$를 계산하고 알고리듬 A6.3을 이용해 매개변수를 추정한다. 그래서 P'를 얻고 F를 계산한다.

편미분 행렬 $\widehat{\mathbf{X}} = (\hat{\mathbf{x}}_i^\top, \hat{\mathbf{x}}_i'^\top)^\top$이므로 $\mathtt{A}_i$와 $\mathtt{B}_i$는 A6.4절과 유사한 형태를 가진다.

$$\mathtt{A}_i = \begin{bmatrix} 0 \\ \partial\hat{\mathbf{x}}_i'/\partial\mathbf{a} \end{bmatrix} \qquad \mathtt{B}_i = \begin{bmatrix} \mathtt{I}_{2\times 2}|\mathbf{0} \\ \partial\hat{\mathbf{x}}_i'/\partial\mathbf{b}_i \end{bmatrix}$$

공분산 행렬 $\Sigma_{\mathbf{X}}$가 블록 대각 행렬 $\mathrm{diag}(\mathtt{S}_i, \mathtt{S}_i')$로 분해된다. 여기에서 $\mathtt{S}_i = \Sigma_{\mathbf{x}_i}^{-1}$이고 $\mathtt{S}_i' = \Sigma_{\mathbf{x}_i'}^{-1}$이다. 이제, 알고리듬 A6.3의 2단계의 중간 표현식을 계산하면 다음을 얻는다.

$$\mathtt{V}_i = \mathtt{B}_i^\top \mathrm{diag}(\mathtt{S}_i, \mathtt{S}_i')\mathtt{B}_i = [\mathtt{I}_{2\times 2} \mid \mathbf{0}]^\top \mathtt{S}_i [\mathtt{I}_{2\times 2} \mid \mathbf{0}] + (\partial\hat{\mathbf{x}}_i'/\partial\mathbf{b})^\top \mathtt{S}_i' (\partial\hat{\mathbf{x}}_i'/\partial\mathbf{b}) \tag{A6.15}$$

$\mathtt{A}_i^\top \Sigma_{\mathbf{X}_i}^{-1} \mathtt{A}_i$의 형태는 2차원 단응사상의 경우와 동일하고 다른 표현식 $\mathtt{W}_i = \mathtt{A}_i^\top \Sigma_{\mathbf{X}_i}^{-1} \mathtt{B}_i$, $\epsilon_{\mathtt{B}_i} = \mathtt{B}_i^\top \Sigma_{\mathbf{X}_i}^{-1} \epsilon_i$, $\epsilon_{\mathtt{A}_i} = \mathtt{A}_i^\top \Sigma_{\mathbf{X}_i}^{-1} \epsilon_i$는 쉽게 계산할 수 있다. 추정 절차의 다른 부분은 알고리듬 A6.3과 동일하게 진행된다.

F의 공분산 A6.3.3절의 논의와 특히 알고리듬 A6.3에서 카메라 매개변수 즉 P′ 원소의 공분산 행렬은 다음으로 주어진다.

$$\Sigma_{\mathtt{P}'} = (\mathtt{U} - \sum_i \mathtt{W}_i \mathtt{V}_i^{-1} \mathtt{W}_i^\top)^+ \tag{A6.16}$$

여기에서 표기법은 알고리듬 A6.3과 같다.

유사 역원을 계산할 때, $\Sigma_{\mathtt{P}'}$의 차수를 알고 있어야 한다. 이 경우 차수는 7이다. 카메라 두 개와 일치점 n개에 대한 해의 전체 자유도는 $3n+7$이기 때문이다. 다르게 생각하면, P′은 유일하게 결정되지 않는다. $\mathtt{P}' = [\mathtt{M} \mid \mathbf{m}]$이면 다른 행렬 $[\mathtt{M} + \mathbf{t}\mathbf{m}^\top \mid \alpha\mathbf{m}]$ 또한 기본 행렬을 결정하기 때문이다. 그래서 (A6.16)에 나타나는 유사 역원의 계산에서 특이값 5개를 영으로 두어야 한다.

앞으로는 P′의 원소의 공분산 행렬을 계산하는 것을 설명한다. F 원소의 공분산 행렬을 계산하고자 한다. 그러나 $\mathtt{P}' = [\mathtt{M} \mid \mathbf{m}]$의 원소로 표현되는 F 원소에 대한 간단한 공식이 있다. 즉, $\mathtt{F} = [\mathbf{m}]_\times \mathtt{M}$이다. $\|\mathtt{F}\| = 1$이 되도록 F를 정규화해 F의 공분산 행렬을 계산하려면 $\mathtt{F} = [\mathbf{m}]_\times \mathtt{M}/(\|[\mathbf{m}]_\times \mathtt{M}\|)$로 표기한다. 그러면, F의 원소를 P′ 원소의 간단한 함수가 된다. J를 이러한 함수의 야코비 행렬이라 둔다. F의 공분산은 결과 5.6을 이용해 P′의 공분산으로 계산할 수 있다.

$$\Sigma_{\mathtt{F}} = \mathtt{J}\Sigma_{\mathtt{P}'}\mathtt{J}^\top = \mathtt{J}(\mathtt{U} - \sum_i \mathtt{W}_i \mathtt{V}_i^{-1} \mathtt{W}_i^\top)^+ \mathtt{J}^\top \tag{A6.17}$$

여기에서 Σ_{P}은 (A6.16)으로 주어진다. 이것이 주어진 점 대응에서 ML 알고리듬으로 추정한 기본 행렬의 공분산 행렬이다.

A6.6 이미지 뭉치 조정에 희박 LM의 적용

앞에서 기본 행렬 계산에 희박 레벤버그-마쿼트 알고리듬을 적용하는 것을 설명했다. 이것은 근본적으로 이중 시점에서 재구성 문제이다. 이것을 삼중 초점 텐서와 사중 초점 텐서의 계산으로 확장할 수 있어야 한다. 일반적으로, 이것을 여러 카메라와 점을 동시에 추정해 사영 구조 또는 적절한 구속 조건을 가지는 경우에 아핀 구조나 거리 구조를 계산할 수 있어야 한다. 이 방법을 뭉치 조정이라 한다.

여러 카메라의 경우, 다른 카메라의 매개변수들 사이의 상호작용이 없는 것을 이용할 수 있다. 이것을 이제 살펴볼 것이다. 다음의 논의에서, 표기의 편의를 위해 모든 점은 모든 시점에서 나타난다고 가정한다. 필수는 아니다. 일반적으로 점은 모든 시점의 부분 집합에서 나타난다.

A6.3.3절과 같은 표기법을 사용한다. 측정 데이터는 벡터 $\mathbf{X}$로 표현한다. 이것은 모든 시점에서 나타나는 몇 개의 3차원 점의 측정된 이미지 좌표를 나타내는 $\mathbf{X}_i$로 나눌 수 있다. $\mathbf{X}_i$를 더 구분해 $\mathbf{X}_i = (\mathbf{x}_{i1}^\top, \mathbf{x}_{i2}^\top, \ldots, \mathbf{x}_{im}^\top)^\top$로 표기할 수 있다. 여기서 $\mathbf{x}_{ij}$는 j번째 이미지에 나타나는 i번째 점을 의미한다. (카메라의 매개변수를 의미하는) 매개변수 벡터 $\mathbf{a}$는 $\mathbf{a} = (\mathbf{a}_1^\top, \mathbf{a}_2^\top, \ldots, \mathbf{a}_m^\top)^\top$로 분할할 수 있다. 여기서 $\mathbf{a}_j$는 j번째 카메라 매개변수이다. $\mathbf{x}_{ij}$는 j번째 카메라 변수에만 의존하기 때문에 $j = k$가 아니면 $\partial \hat{\mathbf{x}}_{ij}/\partial \mathbf{a}_k = 0$이 된다. 비슷한 방식으로 k번째 3차원 카메라의 매개변수 $\mathbf{b}_k$에 대해 $i = k$이면 $\partial \hat{\mathbf{x}}_{ij}/\partial \mathbf{b}_k = 0$ 된다.

이 문제에 대한 야코비 행렬 $\mathtt{J}$와 정규 방정식 $\mathtt{J}^\top \mathtt{J}\delta = \mathtt{J}^\top \epsilon$를 그림 A6.1과 그림 A6.2에 나타냈다. 알고리듬 A6.3에서 정의한 야코비 행렬을 살펴보면, $\mathtt{A}_i = [\partial \widehat{\mathbf{X}}_i/\partial \mathbf{a}]$는 대각 블록 행렬 $\mathtt{A}_i = \mathrm{diag}(\mathtt{A}_{i1}, \ldots, \mathtt{A}_{im})$이다. 여기에서 $\mathtt{A}_{ij} = \partial \hat{\mathbf{x}}_{ij}/\partial \mathbf{a}_j$이다. 비슷하게, 행렬 $\mathtt{B}_i = [\partial \widehat{\mathbf{X}}_i/\partial \mathbf{b}_i]$는 $\mathtt{B}_i = [\mathtt{B}_{i1}^\top, \ldots, \mathtt{B}_{im}^\top]$으로 분해된다. 여기에서 $\mathtt{B}_{ij} = \partial \hat{\mathbf{x}}_{ij}/\partial \mathbf{b}_i$이다. $\Sigma_{\mathbf{X}_i}$가 대각 구조 $\Sigma_{\mathbf{X}_i} = \mathrm{diag}(\Sigma_{\mathbf{x}_{i1}}, \ldots, \Sigma_{\mathbf{x}_{im}})$를 가진다고 가정한다. 이것은 각 이미지에 사영되는 점의 관측이 독립이라는 (보다 정확하게 연관이 없다는) 것을 의미한다. 이러한 가정에서 알고리듬 A6.4에서 봤듯이 알고리듬 A6.3을 변형해 적용할 수 있다. 자세한 것은 독

자들에게 남겨둔다.

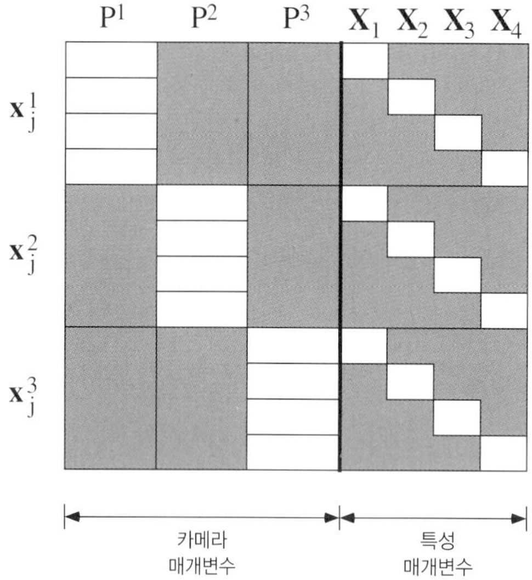

그림 A6.1 카메라 3개, 점 4개로 구성된 뭉치 조정 문제에 대한 야코비 행렬의 형태

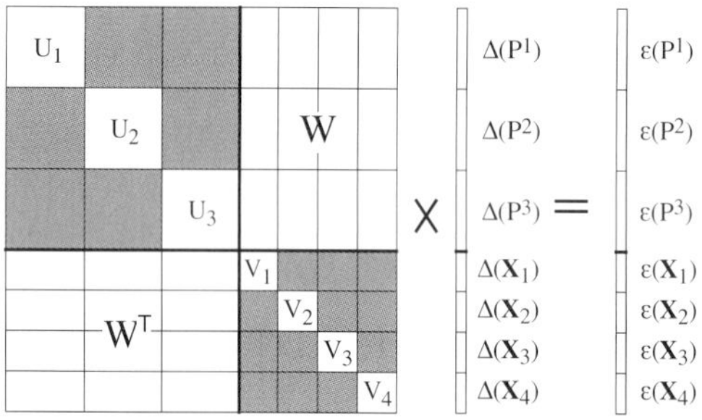

그림 A6.2 카메라 3개, 점 4개로 구성된 뭉치 조정 문제에 대한 정규 방정식의 형태

빠진 데이터 전형적인 뭉치 조정 문제에서 몇몇의 점은 모든 이미지에 보이지 않는다. 그래서 어떤 $\mathbf{x}_{ij}$는 정의되지 않는다. 이것은 i번째 점이 j번째 시점에서 보이지 않는 것을 의미한다. 측정 $\mathbf{x}_{ij}$가 존재하지 않는 하첨자 ij를 가지는 항을 무시해서 알고리듬 A6.4를 이런 상황에 맞게 쉽게 변형할 수 있다. 이렇게 빠진 데이터는 관련된 합에서 간단히 빠지게 된다. 이것은 $\mathtt{A}_{ij}$, $\mathtt{B}_{ij}$, $\Sigma^{-1}_{\mathbf{x}_{ij}}$, $\mathtt{W}_{ij}$, $\mathtt{Y}_{ij}$를 포함한다. 이것은 대응하는 항 $\mathtt{A}_{ij}$와 $\mathtt{B}_{ij}$를 영으로 두는 것과 같다. 이러면 빠진 측정에 대해 영의 가중치를 주게 된다.

이런 방식이 알고리듬을 프로그래밍할 때 더 편리하다. 하첨자 ij를 가지는 위의 수량들이 일반 자료 구조에서 존재하는 측정과 연관을 가지기 때문이다.

알고리듬 A6.4 일반 희박 레벤버그-마쿼트 알고리듬

(i) 미분 행렬 $\mathtt{A}_{ij} = [\partial\hat{\mathbf{x}}_{ij}/\partial\mathbf{a}_{ij}]$, $\mathtt{B}_{ij} = [\partial\hat{\mathbf{x}}_{ij}/\partial\mathbf{b}_i]$와 오차 벡터 $\boldsymbol{\epsilon}_{ij} = \mathbf{x}_{ij} - \hat{\mathbf{x}}_{ij}$를 계산한다.

(ii) $i = 1, \ldots, n$과 $j = 1, \ldots, m$에 대해 다음의 중간값을 계산한다.

$$\mathtt{U}_j = \sum_i \mathtt{A}_{ij}^\top \Sigma_{\mathbf{x}_{ij}}^{-1} \mathtt{A}_{ij} \qquad \mathtt{V}_i = \sum_j \mathtt{B}_{ij}^\top \Sigma_{\mathbf{x}_{ij}}^{-1} \mathtt{B}_{ij} \qquad \mathtt{W}_{ij} = \mathtt{A}_{ij}^\top \Sigma_{\mathbf{x}_{ij}}^{-1} \mathtt{B}_{ij}$$

$$\boldsymbol{\epsilon}_{\mathbf{a}_j} = \sum_i \mathtt{A}_{ij}^\top \Sigma_{\mathbf{x}_{ij}}^{-1} \boldsymbol{\epsilon}_{ij} \qquad \boldsymbol{\epsilon}_{\mathbf{b}_i} = \sum_j \mathtt{B}_{ij}^\top \Sigma_{\mathbf{x}_{ij}}^{-1} \boldsymbol{\epsilon}_{ij} \qquad \mathtt{Y}_{ij} = \mathtt{W}_{ij} \mathtt{V}_i^{*-1}$$

(iii) 다음의 방정식에서 $\boldsymbol{\delta}_{\mathbf{a}} = (\boldsymbol{\delta}_{\mathbf{a}_1}^\top, \ldots, \boldsymbol{\delta}_{\mathbf{a}_m}^\top)^\top$을 계산한다.

$$\mathtt{S}\delta_{\mathbf{a}} = (\mathbf{e}_1^\top, \ldots, \mathbf{e}_m^\top)^\top$$

여기에서 S는 다음의 블록 $\mathtt{S}_{jk}$를 가지는 $m \times m$ 블록 행렬이다.

$$\begin{aligned} \mathtt{S}_{jj} &= -\sum_i \mathtt{Y}_{ij} \mathtt{W}_{ij}^\top + \mathtt{U}_j^* \\ \mathtt{S}_{jk} &= -\sum_i \mathtt{Y}_{ij} \mathtt{W}_{ik}^\top \text{ if } j \neq k \end{aligned}$$

그리고

$$\mathbf{e}_j = \boldsymbol{\epsilon}_{\mathbf{a}_j} - \sum_i \mathtt{Y}_{ij} \boldsymbol{\epsilon}_{\mathbf{b}_i}$$

(iv) 다음의 수식을 이용해 $\boldsymbol{\delta}_{\mathbf{b}_i}$를 계산한다.

$$\delta_{\mathbf{b}_i} = \mathtt{V}_i^{*-1}(\boldsymbol{\epsilon}_{\mathbf{b}_i} - \sum_j \mathtt{W}_{ij}^\top \boldsymbol{\delta}_{\mathbf{a}_j})$$

공분산

(i) $\mathtt{Y}_{ij} = \mathtt{W}_{ij}\,\mathtt{V}_i^{-1}$를 정의한다.

(ii) $\Sigma\mathbf{a} = \mathtt{S}^+$이다. 여기에서 S는 위에서 정의한 것이고 $*$로 표시하는 증강이 없는 것이다.

(iii) $\Sigma_{\mathbf{b}_i\mathbf{b}_j} = \mathtt{Y}_i^\top \Sigma\mathbf{a}\mathtt{Y}_j + \delta_{ij}\mathtt{V}_i^{-1}$이다.

(iv) $\Sigma_{\mathbf{a}\mathbf{b}_i} = -\Sigma\mathbf{a}\mathtt{Y}_i$이다.

A6.7 방정식 풀이를 위한 희박 방법

긴 이미지 시퀀스에서 한 점이 전체 시퀀스에서 추적되는 경우는 드물다. 일반적으로 점 자취가 사라지고 새로운 점이 시작돼 그림 19.7에서 볼 수 있는 일련의 점 자취가 밴드 구조를 가진다. 점의 자취 집합의 이러한 밴드 구조는 구조와 운동을 계산하기 위한 방정식 집합에서 밴드 구조가 된다. 여기에서는 알고리듬 A6.4의 행렬 S를 참조한다. 그래서, 밴드를 가지는 자취 구조에서 뭉치 조정에 대한 희박성은 두 군데에서 나타난다. 하나는 알고리듬 A6.4에서 설명한 개별 점 자취 측정의 독립성이며 다른 하나는 이 절에서 설명하는 밴드 자취 구조이다.

이런 것이 발생하는 비슷한 맥락은 18.5.1절의 구조와 운동에 대한 해 또는 18.5.2절의 단순한 운동이다. 이 두 경우에서 방정식에 큰 희박성이 발생한다. 이런 종류의 큰 문제를 다루기 위해서는 저장 장소와 계산량을 최소화하기 위해 희박성을 활용하는 것이 필수적이다. 이 절에서는 이런 맥락에서 사용할 수 있는 희박 행렬 기법에 대해 설명한다.

A6.7.1 뭉치 조정의 밴드 구조

뭉치 조정의 반복 단계에서 많은 시간이 소요되는 단계는 알고리듬 A6.4에서 주어진 매개변수의 증분을 찾는 것이다. 이것은 알고리듬의 (iii) 단계에서 방정식 $\mathtt{S}\delta_a = \mathbf{e}$의 해를 구하는 것이다. 거기서 볼 수 있듯이, 행렬 S는 $\mathtt{S}_{jk} = -\sum_i \mathtt{W}_{ij}\mathtt{V}_i^{*-1}\mathtt{W}_{ik}^\top$ 행태의 대각선 밖의 블록을 가지는 대칭 행렬이다. 적절한 i에 대해 $\mathtt{W}_{ij}$와 $\mathtt{W}_{ik}$가 영이 아닐 때만 블록 $\mathtt{S}_{jk}$가 영이 아닌 것을 볼 수 있다. $\mathtt{W}_{ij} = [\partial\hat{\mathbf{x}}_{ij}/\partial\mathbf{a}_j]^\top \Sigma_{\mathbf{x}_{ij}}^{-1}[\partial\hat{\mathbf{x}}_{ij}/\partial\mathbf{b}_i]$이므로 대응하는 측정값 $\hat{\mathbf{x}}_{ij}$가 매개변수 $\mathbf{a}_j$와 $\mathbf{b}_i$에만 의존할 때 $\mathtt{W}_{ij}$는 영이 아니다. 보다 구체적으로 설명하면, $\mathbf{a}_j$가 j번째 카메라를 나타내고 $\mathbf{b}_i$가 i번째 점을 나타내면, i번째 점이 j번째 이미지에 나타날 때 $\mathtt{W}_{ij}$는 영이 아니고 $\mathbf{x}_{ij}$는 측정된 이미지 점이다.

적절한 i에 대해 $\mathtt{W}_{ij}$와 $\mathtt{W}_{ik}$가 모두 영이 아니라는 것은 첨자 i를 가지는 적절한 점이 j번째 이미지와 k번째 이미지에 모두 나타나는 것을 의미한다. 요약하면 다음과 같다.

- j번째와 k번째 이미지에 모두 나타나는 점이 존재할 때만 블록 $\mathtt{S}_{jk}$는 영이 아니다.

따라서 점의 자취가 연속되는 시점에 나타나면 행렬 S는 밴드 행렬이 된다. 특히, B개의 시점 이상으로 점의 자취가 확대되지 않으면(B는 밴드 넓이를 의미), $|j-k| < B$가 아니면 블록 $\mathtt{S}_{jk}$는 영이 된다.

긴 시퀀스에서 점의 자취를 생각한다. 예로서 경로가 닫혀 있거나 자신과 교차하는 경우이다. 이 경우, 시퀀스의 앞에 나온 점을 확인할 수 있고 자취를 다시 선택할 수 있다. 3차원 점이 나타나는 시점의 집합은 연속된 시점이 아닐 수 있다. 이것은 S의 밴드 구조를 파괴해 밴드 중심에서 멀리 떨어진 곳에서 영이 아닌 블록이 나타난다. 그러나 대각선에 떨어진 블록을 너무 많이 채우는 것이 아니면 희박 해 기법을 여전히 사용할 수 있다. 뒤에서 다시 설명한다.

A6.7.2 대칭 선형방정식의 해

A가 대칭인 선형방정식 $\mathtt{Ax} = \mathtt{b}$의 해를 구할 때 가우스 소거법과 같은 범용 알고리듬을 사용하지 않는 것이 좋다. 대신에 행렬 A의 대칭성을 이용해야 한다. 이런 방법 중의 하나는 행렬 A의 $\mathtt{LDL}^\top$ 분해를 이용하는 것이다. 이는 다음의 결과를 이용한 것이다.

결과 A6.1 임의의 양의 정부호 대칭 행렬 A는 $\mathtt{A} = \mathtt{LDL}^\top$로 분해할 수 있다. 여기에서 L은 대각 원소가 1인 아래 삼각 행렬이고 D는 대각 행렬이다.

자세한 구현과 $\mathtt{LDL}^\top$ 분해의 성질은 [Golub-98]을 참조하라. 구조와 운동 문제에서 나오는 정규 방정식은 항상 적어도 양의 준정부호이며 향상[enhancement]을 이용해 안정화하면 양의 정부호가 돼서 대칭 분해를 이용해 해를 구하는 것이 좋다.

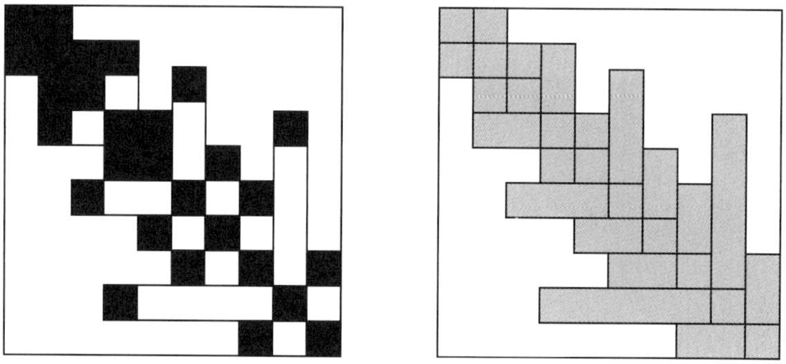

그림 A6.3 (a) 희박 행렬 (b) 이에 대응하는 "스카이라인" 구조. 처음 행렬의 영이 아닌 원소를 블록에 나타냈다. 스카이라인 형식에서는 영이 아닌 모든 원소는 음영을 가진 영역에 놓인다. 각 i번째 열에 대해, 각 열에서 처음 영이 아닌 원소를 지시하는 정수 m_i가 존재한다. 대각선에서 떨어진 영이 아닌 원소가 스카이라인 형태를 채우게 된다(또는 대칭적으로 대각선 윗부분을 채운다). 이러한 원소의 개수가 적으면 스카이라인 형태도 여전히 희박 행렬이며, 스카이라인 행렬을 위한 기법을 사용할 수 있다. 스카이라인 형태의 행렬에 대한 $\mathtt{LDL}^\top$ 분해는 같은 스카이라인 구조를 가진다. 그래서, (a)에서 보인 처음 희박 행렬의 $\mathtt{LDL}^\top$의 분해는 (b)의 음영 영역에서만 영이 아닌 원소를 가지게 된다.

$\mathtt{LDL}^\top$ 분해가 주어지면 선형방정식 $\mathtt{A}\mathbf{x} = \mathtt{LDL}^\top\mathbf{x} = \mathbf{b}$은 다음의 세 단계로 풀 수 있다. (i) $\mathtt{L}\mathbf{x}' = \mathbf{b}$, (ii) $\mathbf{x}'' = \mathtt{D}^{-1}\mathbf{x}'$, (ii) $\mathtt{L}^\top\mathbf{x} = \mathbf{x}''$

$\mathtt{L}\mathbf{x}' = \mathbf{b}$는 전진 치환법으로 풀 수 있다. 특히 (L의 대각 원소가 1인 것을 고려하면) $\mathbf{x}$의 원소는 다음의 순서로 계산된다.

$$\text{전진 치환:}\ \mathbf{x}'_i = \mathbf{b}_i - \sum_{j=1}^{i-1} L_{ij}\mathbf{x}'_j$$

$\mathtt{L}\mathbf{x}$는 위 삼각 행렬이어서 세 번째 방정식도 비슷하게 풀 수 있다. 단지 $\mathbf{x}_i$의 계산 순서는 후진 치환이라는 역순서로 계산된다.

$$\text{후진 치환:}\ \mathbf{x}_i = \mathbf{x}''_i - \sum_{j=i+1}^{n} L_{ji}\mathbf{x}_j$$

이 계산에 필요한 연산의 개수는 [Golub-98]에 나와 있고 n이 행렬의 차원이면 $n^3/3$이다.

A6.7.3 희박 대칭 선형방정식의 해

스카이라인으로 알려진 대칭 행렬의 희박 구조의 특별한 형태를 생각한다. 그림 A6.3에 나타냈다. 스카이라인 형태를 가지는 $n \times n$ 대칭 행렬 A는 $i = 1, \ldots, n$일 때 $j < m_j$에 대해 $A_{ij} = 0$을 만족하는 정수 배열 m_i가 존재하는 특성이 있다. 대각 밴드 행렬은 스카이라인 형태 행렬의 특별한 경우이다.

대각 밴드 행렬이나 스카이라인 행렬은 희박 행렬일지라도 이것의 역행렬은 그렇지 않고 실제로 영이 아닌 원소로 가득 차게 된다. 그래서 이런 방정식을 해 $\mathbf{x} = A^{-1}\mathbf{b}$를 구하기 위해 A의 역행렬을 실제로 구하는 것은 매우 나쁜 생각이다. 그러나 스카이라인 (또는 밴드) 행렬의 중요성은 $LDL^\top$ 분해가 보존된다는 것이다. 다음 결과에서 설명한다.

결과 A6.2 행렬 A는 $j < m_i$에 대해 $A_{ij} = 0$을 만족하는 대칭 행렬이다. $A = LDL^\top$가 성립한다. 그러면 $j < m_i$에 대해 $L_{ij} = 0$을 만족한다.

다르게 표현하면 L의 스카이라인 구조는 A와 동일하다.

증명 j을 $L_{ij} = 0$을 만족하는 최소 첨자라고 가정한다. 그러면, $A = LDL^\top$의 곱셈에서 오직 하나의 곱만이 A_{ij}의 (i, j)번째 원소에 기여하는 것을 알 수 있다. 구체적으로 $A_{ij} = L_{ij} D_{jj} L_{jj} \neq 0$이 된다. □

희박 스카이라인 구조를 가지는 A를 $LDL^\top$로 분해할 때, L의 많은 원소가 영이 되는 것을 미리 알 수 있다. 이러한 행렬의 $LDL^\top$ 분해를 계산하는 알고리듬은 완전한 대칭 행렬의 분해를 계산하는 것과 같다. 영의 원소만을 추가적으로 고려하면 된다.

스카이라인 구조를 가지는 행렬 L과 관련된 전진 치환과 후진 치환은 희박 구조를 간단하게 이용할 수 있다. 실제로 치환 공식은 다음이 된다.

$$\mathbf{x}'_i = \mathbf{b}_i - \sum_{j=m_i}^{i-1} L_{ij}\mathbf{x}'_j$$

후진 치환은 연습 문제로 남겨둔다. 보다 구체적인 구현은 [Bathe-76]에 나와 있다.

A6.8 탄탄한 비용함수

뉴턴 또는 레벤버그-마쿼트 타입의 추정 문제에서 비용함수의 정확한 형태를 정하는 것이 중요하다. 앞에서 봤듯이, 이상치가 없는 가우스 노이즈 가정은 최대 우도 추정이 노이즈를 포함하는 측정의 예측 오차를 가지는 비용함수의 최소 제곱으로 주어진다.

비슷한 해석을 측정에 대한 확률 모형을 가정하고 수행할 수 있다. 그래서, 모든 측정이 독립이라 가정하고 $f(\delta)$를 측정에서 오차 δ에 대한 확률 분포라고 하면, 오차 δ_i를 가지는 측정의 확률은 $p(\delta_1, \ldots, \delta_n) = \prod_{i=1}^{n} f(\delta_i)$로 주어진다. 이 항에 음의 로그를 취하면 $-\log(p(\delta_1, \ldots, \delta_n)) = -\sum_{i=1}^{n} \log(f(\delta_i))$를 얻고, 이 식의 우변이 측정 집합에 대한 적절한 비용함수가 된다. 일반적으로 정확한 측정에 대한 비용을 영이라 두기 위해 $\log(f(0))$을 뺀 값을 사용한다. 그러나 비용 최소화의 목적에서는 부수적인 사항이다. 다음에서 논의할 다양한 함수에 대한 그래프를 그림 A6.4에 나타냈다.

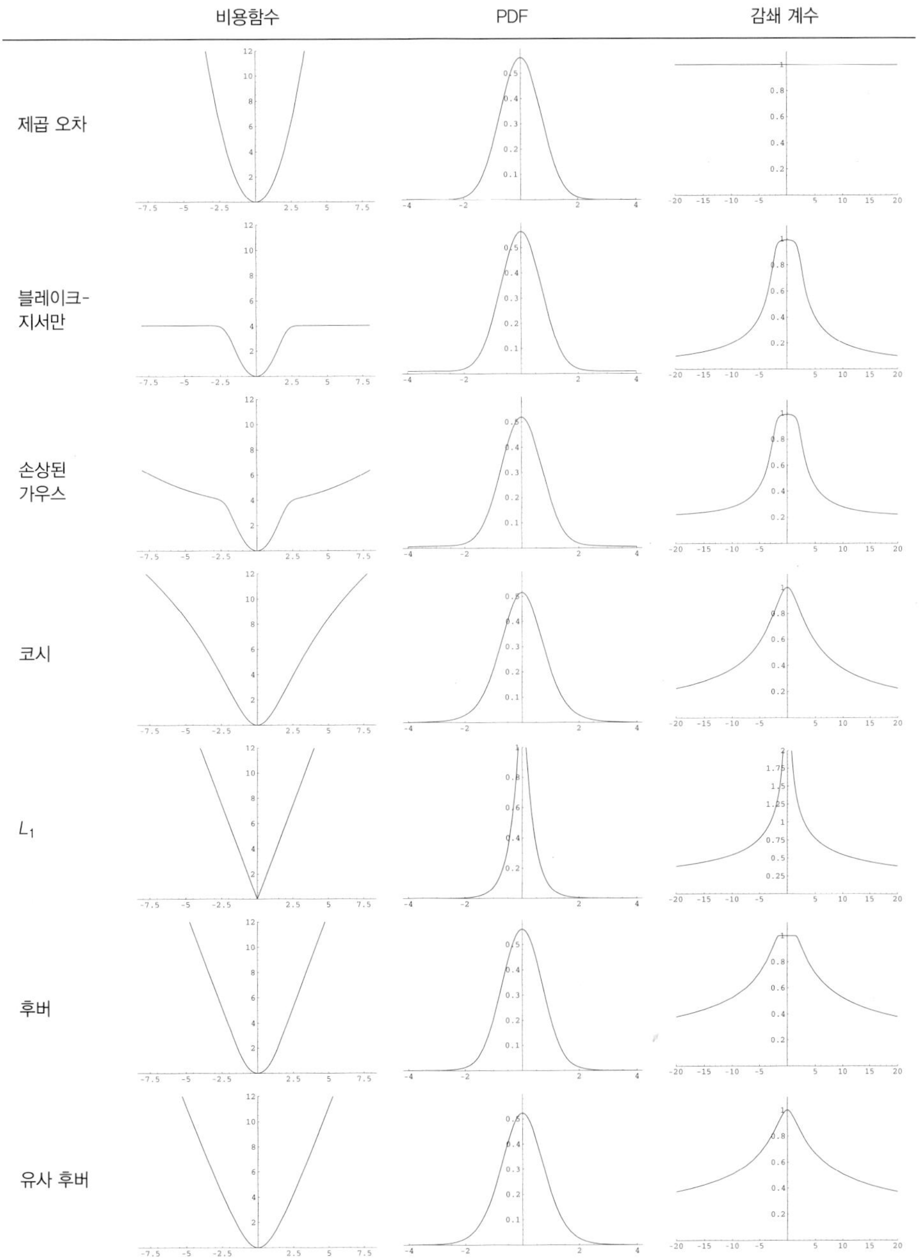

그림 A6.4 탄탄한 추정을 위한 다양한 비용함수 $C(\delta)$의 비교. 각각 대응하는 PDF $\exp(-C(\delta))$와 감쇄 계수($w = C(\delta)^{1/2}/\delta$, 본문 참조)를 나타냈다.

통계 기반 비용함수 적절한 비용함수를 결정하는 것은 특정한 측정(예로서 이미지에서 점을 추출하는 것)에 대한 오차의 분포를 추정하거나 짐작하는 방식으로 접근한다. 다음에 나열하는 것에서는 간단하게 표현하기 위해 가우스 분포에 대한 정규화 계수 $(2\pi\sigma^2)^{-1/2}$를 생략하고 $2\sigma^2 = 1$을 가정한다.

(i) **제곱 오차** 데이터가 가우스 분포를 가진다고 가정하면 확률 밀도 함수PDF는 $p(\delta) = \exp(-\delta^2)$이되면 비용함수는 다음이 된다.

$$C(\delta) = \delta^2$$

(ii) **블레이크-지서만** 데이터는 일반값에 대해서는 가우스 분포, 이상값에 대해서는 균등 분포를 가진다. PDF는 $p(\delta) = \exp(-\delta^2) + \epsilon$로 선택한다. 이것은 실제로 PDF가 되지 못한다. 적분하면 무한대가 되기 때문이다. 그러나 다음 형태의 비용함수를 가진다.

$$C(\delta) = -\log(\exp(-\delta^2) + \epsilon)$$

(δ가 작은) 일반값에 대해서는 이것은 근사적으로 δ^2이 되는 반면에 (δ가 큰) 이상값에 대해서는 점근적 비용함수는 $-\log\,\epsilon$가 된다. 그래서 일반값과 이상값에 걸쳐 있는 점에 대해서는 $\delta^2 = -\log\,\epsilon$가 된다. [Blake-87]에서 Blake and Zisserman이 실제로 사용한 비용함수는 $\min(\delta^2, \alpha^2)$이며 $\epsilon = \exp(-\alpha^2)$이다.

(iii) **손상된 가우스** 앞의 예는 실제로 PDF가 되지 않기에 이론적인 불리한 점을 가진다. 대안으로 더 큰 표준 편차를 가지는 가우스로 모델링하는 방법이 있다. 이로부터 $p(\delta) = \alpha\ \exp(-\delta^2) + (1-\alpha)\ \exp(\delta^2/w^2)/w$가 나온다. 여기에서 w는 일반값에 대한 이상값의 표준 편차의 비율이며 α는 일반값의 기대 비율이다. 그러면 다음을 얻는다.

$$C(\delta) = -\log(\alpha\exp(-\delta^2) + (1-\alpha)\exp(-\delta^2/w^2)/w)$$

경험적 비용함수 다음으로 보다 경험적으로 검증된 비용함수를 설명한다. 특정한 노이즈 분포 모델보다 더 노이즈에 안정적인 성질을 가진다. 이런 이유로 PDF를 도입하지 않고 비용함수를 직접 소개할 것이다.

(i) **코시 비용함수** 비용함수는 적절한 상수 b에 대해 다음으로 주어진다.

$$C(\delta) = b^2 \log(1 + \delta^2/b^2)$$

δ값이 작으면 이 곡선은 근사적으로 δ^2이 된다. b의 값이 이 근사가 유효한 범위를 결정한다. 이 비용함수는 코시 분포 $p(\delta) = 1/(\pi(1 + \delta^2))$에서 유도할 수 있다. 코시 분포는 가우스와 닮은 벨 모양이지만 더 두꺼운 꼬리를 가진다.

(ii) **L_1 비용함수** 제곱의 합을 사용하는 대신에 오차 절댓값의 합을 사용한다. 그래서 다음을 얻는다.

$$C(\delta) = 2b|\delta|$$

여기서 $2b$는 적절한 양의 상수이다(일반적으로 1로 둘 수 있다). 비용함수는 **전변동** total variation으로 알려져 있다.

(iii) **후버 비용함수** 이 비용함수는 $L1$과 최소 제곱 비용함수의 잡종이다. 그래서 다음을 정의한다.

$$C(\delta) = 2b|\delta|$$

이 비용함수는 연속 일계 미분을 가진다. 임계값 b는 특이값의 임계값과 근사적으로 같도록 선택한다.

(iv) **유사 후버 비용함수** 비용함수는 다음으로 주어진다.

이것은 후버 비용함수와 매우 비슷하지만 모든 차수에 대해 연속 미분을 가진다. δ가 작으면 근사적으로 δ^2이 되지만 δ가 큰 값에 대해서는 기울기 $2b$를 가지는 직선이 된다.

A6.8.1 여러 가지 비용함수의 성질

제곱 오차 가장 간단한 비용함수는 제곱 오차 $C(\delta) = \delta^2$이다. 이것의 단점은 뒤에서 보게 되겠지만 측정의 이상점에 대해 탄탄하지 못하다. 이차 곡선의 빠른 증가로 이상점이 심한 영향을 미치게 돼서 원하는 값과 멀리 떨어진 곳에서 비용 최솟값을 갖게 된다.

비볼록 비용함수 Blake-Zisserman, 손상된 가우스, 코시 비용함수는 이상값에 감소하는 가중치를 주어서 이들의 나쁜 영향을 제거하려고 하는 것이다. 이들 중의 앞의 두 개는 그림에서 보듯이 한계값을 설정해 이를 초과하면 이상값으로 분류되며, 비용은 궁극적으로 상수가 된다. 코시 비용함수는 이상값에 대한 비용을 점진적으로 더 약화시킨다. 이런 세 개의 비용함수는 볼록 함수가 아니며 이런 영향은 뒤에서 보게 된다.

점근적 선형 비용함수 L_1 비용함수는 오차의 절댓값을 측정한다. 이것의 주요 효과는 이상값에 제곱된 오차에 비해 적은 가중치를 준다. 이 비용함수의 성능을 이해하는 좋은 방법은 데이터 집합의 메디안을 찾도록 작용하는 것을 이해하는 것이다. 실수값을 가지는 데이터 $\{a_i\}$와 $C(x) = \sum_i |x - a_i|$로 정의된 비용함수를 생각한다. 이 함수의 최솟값은 집합 $\{a_i\}$의 메디안에서 가진다. 이를 보기 위해 x에 대한 $|x - a_i|$의 미분은 $x > a_i$이면 $+1$이고 $x < a_i$이면 -1임을 주의해야 한다. 그래서 x보다 작은 a_i의 개수와 x보다 큰 것의 개수가 같은 때 미분은 영이 된다. 그래서 비용함수는 a_i의 메디안에서 최소가 된다. 메디안 값은 메디안에서 멀리 떨이진 데이터 a_i의 값의 변화에 영향을 받지 않는다. 비용함수는 바뀌지만 최솟값을 가지는 위치는 변하지 않는다.

고차원 데이터 $a_i \in \mathbb{R}^n$에 대해 비용함수 $C(x) = \sum_i \|x - a_i\|$의 최솟값도 비슷한 안정성을 가진다. $\|x - a_i\|$가 x에 대해서 볼록 함수, 그래서 이러한 함수의 합 $\sum_i \|x - a_i\|$도 볼록 함수인 것에 주의하라. 결국 비용함수는 (모든 볼록 함수가 그렇듯이) 하나의 최솟값을 가진다.

후버 비용함수는 오차 δ가 작을 때에는 제곱의 형태를 가지지만 임계값을 넘는 경우에 δ에 대해 선형 함수가 된다. 그래서 이것은 $L1$ 비용함수의 이상값 안정성을 가지며 일반값에 대해서는 제곱 오차함수가 최대 우도 추정치를 주는 성질을 보이게 된다.

유사 후버 비용함수는 δ가 작을 때 거의 이차 함수이지만 큰 δ에 대해서 선형이다. 그래서 이것은 후버 함수에 대한 매끈한 근사로 사용할 수 있고 비슷한 결과를 준다. 이러한 세 개의 비용함수는 볼록성을 가지는 원하는 성질을 가지고 있는 것에 주의해야 한다.

A6.8.2 여러 비용함수의 성능

여러 비용함수에 대한 성질을 설명하기 위해 두 개의 합성 데이터 집합 $\{a_i\}$에 대해 비용 $\sum_i C(x - a_i)$를 계산한다. 점근적으로 선형인 비용함수에 대해서는 후버 비용함수만 제시한다. 다른 두 개($L1$과 유사 후버)는 비슷한 결과를 주기 때문이다.

데이터 $\{a_i\}$는 특정 수량을 측정하는 실험, 특히 반복적인 측정의 결과로 생각하면 된다. 이런 측정은 이상값을 가지는 가우스 분포를 가지는 랜덤 노이즈에 노출된다. 추정 과정의 목적은 비용함수를 최소화해 수량의 값을 추정하는 것이다. 실험과 두 데이터 집합에 대한 결과는 그림 A6.5와 그림 A6.6의 설명에서 요약했다.

관련 사항 요약 제곱 오차 비용함수는 일반적으로 이상값에 대해 민감해 이상값이 존재하면 사용하기 어렵다. RANSAC 등을 이용해 이상값을 완전히 제거하면 사용할 수 있다.

비볼록 비용함수는 일반적으로 안정적인 최솟값을 가지고 이상값에 대해 민감하게 반응하지 않지만 국소 최솟값을 가지는 단점이 있다. 이로 인해 광역 최솟값에 수렴하지 않을 수 있다. 추정값은 주의값 바깥에 있는 최솟값에 영향을 받지 않는다. 그래서, 처음 추정치가 최종 참값에 가까이 있지 않는 경우에는 유용하지 않다.

후버 비용함수는 볼록성을 가지는 좋은 점이 있다. 이로 인해 광역 최솟값으로 안정적으로 수렴한다. 비용함수가 일반값에 대해 최대 우도 추정치와 이상값에 대해 메이안으로 구성돼서 최솟값이 이상값에 영향을 거의 받지 않는다. 유사 후버 비용함수는 후버의 좋은 대안이 된다. 그러나 $L1$을 사용할 때는 원점에서 미분이 되지 않기에 조심해야 한다.

이러한 사항들은 일차원 데이터에서 볼 수 있고 고차원 데이터에서도 마찬가지다.

매개변수 최소화 후버 함수와 이와 관련된 함수는 볼록 함수여서 하나의 최솟값을 가지는 것을 봤다. 여기서는 비용함수 $C(\delta)$를 오차 δ에 대한 함수로 간주한다. 일반적으로 운동과 구조를 결정하는 문제에서 오차 δ는 (카메라와 점들의 위치와 같은) 매개변수의 비선형 함수이다. 이런 이유로, 운동과 구조 매개변수에 대해 함수로 나타낸 총 비용함수는 볼록 함수이기를 기대할 수 없고, 국소 최솟값을 가지게 된다. 그럼에도 다음은 중요한 원리이다.

- 오차가 가능하면 매개변수의 최소한 국소적으로 선형 함수에 가까운 매개변수를 선택하라.

이 원칙을 준수하면 더 적은 국소 최솟값을 가지는 더 간단한 비용 곡면을 얻게 되고 그래서 일반적으로 더 빠른 수렴을 얻을 수 있다.

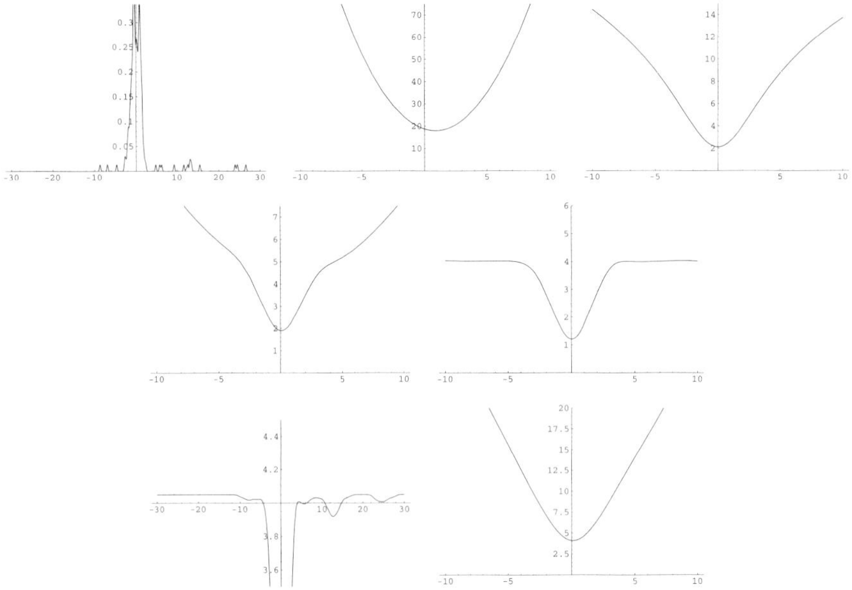

그림 A6.5 (왼쪽 가장 위에 있는) 데이터 $\{a_i\}$는 중심이 0인 단위 가우스 노이즈와 더불어 참값의 오른쪽으로 편향된 10%의 이상값을 더한 측정값으로 구성된다. $\sum_i C(|x - a_i|)$의 그래프는 (왼쪽에서 오른쪽, 위에서 밑의 순서로) 제곱 오차, 코시 오차, 손상된 가우스, 블레이크-지서만, 블레이크-지서만의 확대, 후버 비용함수에 대응한다. 제곱 오차 비용함수의 최솟값은 이상값에 의해 오른쪽으로 눈에 띌 정도로 옮겨 갔지만 다른 비용함수는 상대적으로 이상값에 무관하다. 블레이크-지서만 비용함수는 데이터 분포에 심하게 의존하므로 뚜렷한 최솟값을 가진다. 그러나 (확대한 그래프를) 자세히 살펴보면 이상값 각각에서 국소 최솟값이 존재한다. 이러한 최솟값 가까이에서 시작한 반복법은 비용 최솟값을 찾는 데 실패한다. 반면 후버 비용함수는 볼록함수이다. 이것은 임의의 초깃값에서 시작해도 추정값은 하나의 최솟값으로 수렴하는 것을 의미한다.

비용함수와 최소 제곱 지금까지 논의한 종류의 비용함수는 뉴턴 반복법 또는 레벤버그-마쿼트 반복법과 같이 매개변수를 최소화하는 맥락에서 사용하는 것들이다. 일반적으로, 이런 절차는 매개변수 집합 $\mathbf{p}$에 의존하는 벡터 Δ의 노름을 최소화하는 것이다. 그래서, 모든 매개변수 벡터 $\mathbf{p}$에 대해 $\|\Delta(\mathbf{p})\|^2$을 최소화한다. 예로서, 구조와 운동 문제에서 $\sum_i \|\mathbf{x}_i - \hat{\mathbf{x}}_i\|^2 = \sum_i \|\boldsymbol{\delta}_i\|^2 = \|\Delta\|^2$을 최소화하고자 한다. 여기서 $\mathbf{x}_i$는 이미지에서 측정한 값이고 $\hat{\mathbf{x}}_i$는 현재 매개변수에서 예측된 값이고 Δ는 각각의 오차 벡터 $\boldsymbol{\delta}_i$를 붙혀서 만든 벡터이다.

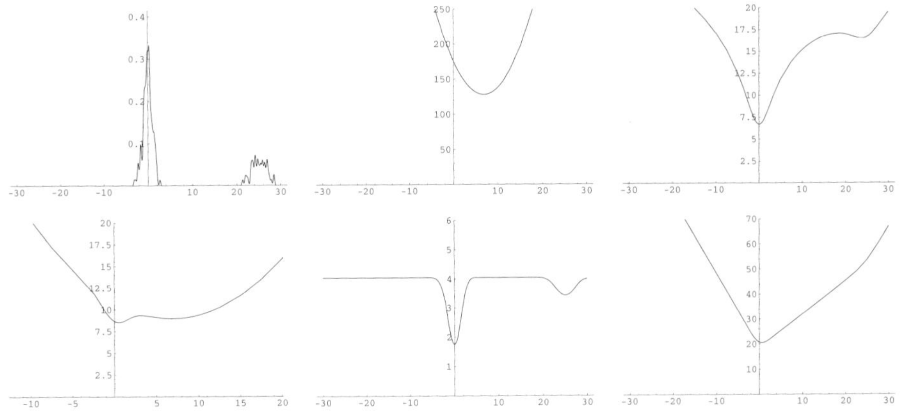

그림 A6.6 이 실험에서는 그림 A6.5와 마찬가지로 데이터의 대부분(70%)은 원점에 위치하고 30%의 이상값은 원점에 떨어진 곳에 집중해 있다(그림 왼쪽 상단 참조). 이러한 측정 분포는 많은 이미지 시나리오에서 실제로 많이 발생한다. 예로서, 점과 변이 고스트 변에 의해서 혼돈될 때이다. 위에서부터 비용함수를 나열하면 다음과 같다. 제곱 오차, 코시, 손상된 가우스, 블레이크-지서만, 후버 함수이다. 제곱 오차함수는 측정 분포의 평균을 찾는다. 이것은 이상값에 의해 눈에 띄게 오른쪽으로 이동했다. 비볼록 함수에 대한 이상값을 영향을 여기서 뚜렷하게 볼 수 있다. 비볼록성으로 인해 총 비용함수는 하나의 최솟값을 갖지 않고 분리된 측정 블록 주위에 두 개의 최솟값을 가진다. 볼록성으로 후버 함수는 하나의 최솟값을 가진다. 이것은 데이터의 메디안 주위에 있고 30%의 이상값의 존재에 거의 영향을 받지 않는다.

제곱 벡터 노름 $\|\Delta\|^2$의 최소화는 대부분의 레벤버그-마쿼트 최소화에 구현됐기에, 이 경우에 딴딴한 비용함수를 어떻게 적용하는지를 볼 필요가 있다. 하나의 방법으로 각 벡터 $\boldsymbol{\delta}_i$를 가중 벡터 $\boldsymbol{\delta}'_i = w_i\,\boldsymbol{\delta}_i$로 치환해 다음을 얻는다.

$$\|\boldsymbol{\delta}'_i\|^2 = w_i^2\|\boldsymbol{\delta}_i\|^2 = C(\|\boldsymbol{\delta}_i\|)$$

그러면, $\sum_i C(\|\boldsymbol{\delta}_i\|) = \sum_i \|\boldsymbol{\delta}_i\|^2$이 되기 위해 다음을 얻는다.

$$w_i = C(\|\boldsymbol{\delta}_i\|)^{1/2}/\|\boldsymbol{\delta}_i\| \tag{A6.18}$$

이제 최소화 문제는 $\|\Delta'\|^2$를 최소화하는 것이다. 여기에서 Δ'는 벡터 $\boldsymbol{\delta}'_i = w_i\boldsymbol{\delta}_i$를 붙여서 만든 벡터이고, w_i는 (A6.18)에서 계산한 것이다. w_i가 $\|\boldsymbol{\delta}_i\|$의 함수이며 이상값에 대한 비용을 감쇄한다. 감쇄 함수를 다른 비용함수에 대해 그림 A6.4의 마지막 열에서 나타냈다. 제곱 오차함수에 대해서 감쇄 계수는 1이다. 이는 감쇄가 일어나지 않는 것을 의미한다. 다른 비용함수에 대해서는 일반값 영역에서는 거의 감쇄가 없으며 이 영역 바깥에서는 다른 정도의 감쇄가 발생한다.

A6.9 매개변수화

여기시 고려하는 종류의 반복 추정 문제에서 중요한 것은 해 공간을 어떻게 매개화하는 것인가이다. 여기서 다루는 대부분의 기하학적 요소는 간단한 유클리드 매개화를 갖지 않는다. 예로서, 기하 최적화 문제를 풀 때 회전으로 표현되는 카메라 방향에 대향 반복을 한다. 회전은 계산상으로 가장 편한 표현은 회전 행렬이다. 그러나 이것은 과매개화됐다. 3차원 회전은 자연스럽게 3차원이다(실제로 3차원 리군 $SO(3)$을 형성한다). 그래서 이것을 단지 3개의 매개변수로 표현하고 싶어 한다.

동차 벡터나 행렬 또한 표현의 일반적인 형태이다. 벡터의 성분 자체를 사용해 n차원 벡터를 매개화하고 싶어진다. 그러나 동차 n차원 벡터는 자유도가 $n-1$에 불과하다. 그래서 단지 $n-1$개의 매개변수를 이용하는 것이 때때로 더 장점이 있다.

게이지 자유 게이지 자유gauge freedom와 게이지 독립gauge independence에 대해 관심을 가진 최근 논문들이 많다(예로서 [McLauchlan-00]이 있다). 이 맥락에서는 게이지는 매개변수 집합의 좌표계를 의미하고, 게이지 자유gauge freedom는 근본적인 기하학을 변경하지 않고 그래서 비용함수에 영향이 없는 매개변수 표현의 변화를 의미한다. 종종 만나는 중요한 게이지 자유는 재구성 문제에서 발생하는 사영 또는 다른 모호성이다. 그러나 동차 벡터의 배율 모호성은 게이지 자유가 된다. 최적화 문제의 매개변수의 게이지 자유는 정규 방정식을 특이하게 만들어서 여러 개의 해가 존재하게 한다. 이러한 문제는 레벤버그-마쿼트 단계에서 정칙화(또는 향상)로 피할 수 있다. 그러나 과도한 게이지 자유는 너무 많은 매개화를 유발해 느린 수렴성을 보인다. 그리고 게이지 자유가 존재하면 추정 매개변수의 공분산에 문제가 발생한다. 때때로 제약 조건이 없는 매개변수 방향으로 무한대의 분산을 가지게 된다. 예로서, 벡터의 배율이 제약되지 않으면 추정한 동차 벡터의 공분산 행렬을 언급하는 것이 의미 없게 된다. 그래서 다음에서 일반 기하 매개변수 집합에서 최소 매개화를 얻는 몇 가지 방법을 소개한다.

좋은 매개화를 만드는 것 가장 좋은 매개화는 적어도 반복 최적법 동안에 사용하는 영역에서라도 특이점이 없는 것이다. 이것은 매개화가 국소적으로 연속이고 미분 가능하면 일대일이어야 한다. 간단하게 말하면 미분 동형 사상diffeomorphism이 돼야 한다. 이것이

의미하는 간단한 예는 구의 위도와 경도를 이용한 매개화이다. 즉, 극좌표계의 좌표이다. 이것은 극점에서 특이점을 가진다. 이 점 주위에서 위도 경도 좌표는 일대일이 아니다. 위도 89°, 경도 0°를 가지는 점은 위도 89°, 경도 90°를 가지는 점과 매우 가까이 있다. 두 점 모두 극점에 매우 가깝다. 그러나 매개변수 공간에서는 매우 멀리 떨어져 있다. 이에 대한 영향을 보기 위해서 구에서 최적화를 생각하고 비용함수의 최솟값은 (89°, 90°)에 존재한다고 가정한다. 현재의 추정이 경도 영을 따라서 최솟값 방향으로 진행됐다면, 극점에 가까이 가서 비록 최소점에 가깝더라도 위도 경도 매개변수 공간에서는 여전히 많은 계산을 수행해야 한다. 특이점 가까이에 있는 임의로 가까운 두 점이라도 매개변수 공간에서는 여전히 많이 떨어져 있는 어려움이 있다. 이러한 종류의 문제가 오일러 각을 이용해 회전을 표현하면 발생한다.

이제 구체적인 매개변수화에 대해 알아본다.

A6.9.1 3차원 회전의 매개화

(A6.9)의 각도-축 공식을 사용해 3×3 회전을 3차원 벡터 $\mathbf{t}$로 매개화할 수 있다. 이것은 $\mathbf{t}$로 정의되는 축을 중심으로 $\|\mathbf{t}\|$만큼 회전한 것을 나타낸다. 이에 대응하는 회전 행렬을 $\mathrm{R}(\mathbf{t})$로 표기한다.

이 표현에 관해 다음과 성질을 정리한다.

(i) (회전이 아닌) 항등 사상은 영벡터 $\mathbf{t} = 0$로 표현된다.

(ii) R이 벡터 $\mathbf{t}$로 표기되는 회전이면, 역회전은 $-\mathbf{t}$로 표기된다. 즉, $\mathrm{R}(\mathbf{t})^{-1} = \mathrm{R}(-\mathbf{t})$이다.

(iii) $\mathbf{t}$가 작으면, 회전 행렬은 $\mathrm{I} + [\mathbf{t}]_\times$로 근사된다.

(iv) $\mathbf{t}_1$과 $\mathbf{t}_2$로 표기되는 작은 회전에 대해, 합성 회전은 일차 근사로서 $\mathbf{t}_1 + \mathbf{t}_2$로 표현된다. 즉, $\mathrm{R}(\mathbf{t}_1)\mathrm{R}(\mathbf{t}_2) \approx \mathrm{R}(\mathbf{t}_1 + \mathbf{t}_2)$이다. 그래서 사상 $\mathbf{t} \mapsto \mathrm{R}(\mathbf{t})$는 $\mathbf{t}$가 작은 경우에 일차 근사로서 군 동형 사상이 된다. 실제로 작은 $\mathbf{t}$에 대해서 두 회전 R_1과 R_2 사이의 거리를 회전 $\mathrm{R}_1\mathrm{R}_2^{-1}$로 정의하면 이 사상은 (거리를 보존하는) 등거리 변환 isoemtry가 된다.

(v) 임의의 회전은 $\|\mathbf{t}\| \leq \pi$인 적절한 $\mathbf{t}$에 대해 $\mathrm{R}(\mathbf{t})$로 표현된다. 즉, 임의의 회전은 적절한 축에 대해 π 라디안 이하의 각도로 회전하는 것이다. 사상 $\mathbf{t} \mapsto \mathrm{R}(\mathbf{t})$은 $\|\mathbf{t}\| < \pi$에 대해 일대일 대응이며 $\|\mathbf{t}\| < 2\pi$에 대해 이대일 대응이다. $\|\mathbf{t}\| = 2\pi$이면 $\mathbf{t}$와 상관없이 $\mathrm{R}(\mathbf{t})$는 항등 사상이 된다. 그래서 매개화가 $\|\mathbf{t}\| = 2\pi$에서 특이점을 가진다.

(vi) **정규화** $\mathbf{t}$로 표현되는 회전에서 조건 $\|\mathbf{t}\| \leq \pi$를 유지하는 것이 가장 좋다. 이로써 $\|\mathbf{t}\| = 2\pi$의 특이점으로부터 멀리 유지할 수 있다. $\|\mathbf{t}\| > \pi$이면 같은 회전을 의미하는 벡터 $(\|\mathbf{t}\| - 2\pi)\mathbf{t}/\|\mathbf{t}\| = \mathbf{t}(1 - 2\pi/\|\mathbf{t}\|)$로 대체하는 것이 좋다.

A6.9.2 동차 벡터의 매개화

회전을 나타내는 사원수(A4.3.3절 참조)는 3개면 충분한 곳에서 4개의 매개변수를 가지는 여분이 있는 표현법이다. 반면에 각도-축 표현은 최소 매개화이다. 사영기하학의 많은 객체들이 벡터 또는 행렬로서 동차량으로 표현된다. 예로서 몇 개만 언급하면 사영공간의 점과 기본 행렬이 있다. 회전을 나타내는 사원수 대신에 각도-축 표현을 대신 사용했듯이, 계산 목적으로 최소한의 매개변수를 가지고 동차량을 벡터로 표현하는 것이 가능하다.

$\mathbf{v}$를 임의 차원의 벡터라 하고, $\bar{\mathbf{v}}$는 단위 벡터 $(\sin(\|\mathbf{v}\|/2)\mathbf{v}^\top, \cos(\|\mathbf{v}\|/2))^\top$를 나타낸다. 사상 $\mathbf{v} \mapsto \bar{\mathbf{v}}$는 반지름이 π가 원판(벡터의 길이가 최대 π인 집합)과 최종 좌표가 음이 아닌 단위 벡터 $\bar{\mathbf{v}}$의 집합의 매끈하며 전단사 대응이 된다. 그래서 이것은 동차 벡터 간의 사상이 된다. 이 사상에서 어려운 점은 길이가 2π인 모든 벡터를 같은 벡터 $(0, -1)^\top$로 보낸다. 그러나 이러한 특이점은 $\|\mathbf{v}\| > \pi$인 벡터 $\mathbf{v}$를 같은 동차 벡터 $\bar{\mathbf{v}}$를 표현하는 $(\|\mathbf{v}\| - 2\pi)\mathbf{v}/\|\mathbf{v}\|$로 재정규화해 피할 수 있다.

A6.9.3 *n*차원 구에 대한 매개화

종종 매개변수 벡터가 단위 구에 놓이도록 요구하는 기하 최적 문제가 있다. 예로서, 이중 시점에서 완전한 유클리드 뭉치 조정을 생각한다. 카메라 두 개는 $\mathrm{P} = [\mathrm{I} \mid \mathbf{0}]$과 $\mathrm{P}' = [\mathrm{R} \mid \mathbf{t}]$이다. 여기에서 R은 회전이고 $\mathbf{t}$는 이동 변환이다. 그리고 3차원 점 $\mathbf{X}_i$를 두 카메라에 의해서 이미지 점으로 가는 것으로 정의한다. 이것은 매개변수 R, $\mathbf{t}$, $\mathbf{X}_i$와 이미지

측정에 대한 사영의 기하 잔차를 비용함수로 가지는 최적 문제를 정의한다. 이 문제에서 전체적인 배율 모호성이 있다. 이것은 편리하게 $\|\mathbf{t}\| = 1$를 부과해 해결한다.

회전 행렬 R에 대한 최소 매개화는 A6.9.1절에서 설명한 회전 매개화이다. 비슷하게 점 $\mathbf{X}_i$는 A6.9.2에서 설명한 매개화를 이용해 4차원 동차 벡터를 편리하게 매개화한다. 여기서는 단위 벡터 $\mathbf{t}$를 매개화하는 방법에 대해서 설명한다. $\mathbf{t}$를 간단하게 동차 벡터로 매개화할 수 없다. 사영 $\mathrm{P}'\mathbf{X} = [\mathrm{R} \mid \mathbf{t}]\mathbf{X}$에서 $\mathbf{t}$의 부호가 바뀌기 때문이다.

단위 벡터를 매개화하는 방법은 여러 가지가 있다. 단위 구에 접하는 평면의 국소적인 매개화를 바탕으로 하는 특정 매개화에 대해서 설명한다. n차원의 구를 생각하면 단위 길이의 $(n+1)$개의 벡터로 구성된다. $\mathbf{x}$를 이러한 벡터로 둔다. $\mathrm{H}_{\mathbf{v}(\mathbf{x})}$를 $\mathrm{H}_{\mathbf{v}(\mathbf{x})}\mathbf{x} = (0, \ldots, 0, 1)^\top$을 만족하면 하우스홀더 행렬(A4.1.2절 참조)로 둔다. 그러면 벡터 $\mathbf{x}$를 좌표축과 나란하게 변환할 수 있다. 이제 $(0, \ldots, 0, 1)^\top$ 주위에서 단위 구의 매개화를 고려한다. 이러한 매개화는 원점 주위에서 좋은 거동을 보이는 사상 $\mathbb{R}^n \to S^n$이다. 여러 가지 가능성이 있지만 다음의 두 개를 소개한다.

(i) $f(y) = \hat{\mathbf{y}}/\|\hat{\mathbf{y}}\|$, 여기에서 $\hat{\mathbf{y}} = (\mathbf{y}^\top, 1)^\top$이다.

(ii) $f(y) = (\mathrm{sinc}(\|\mathbf{y}\|/2)\mathbf{y}^\top, \cos(\|\mathbf{y}\|)/2)^\top$

위의 함수들은 원점 $(0, \ldots, 0)^\top$를 $(0, \ldots, 0, 1)^\top$으로 변환한다. 그리고 야코비안은 $\partial f/\partial \mathbf{y} = [\mathrm{I} \mid \mathbf{0}]^\top$이다. 여기서는 이러한 함수가 국소 매개화가 되는 것에만 관심이 있지만, 첫 번째 것은 반구에 대한 매개화가 되고 두 번째 것은 $\|\mathbf{y}\| \le \pi$에 대해 구 전체에 대한 매개화가 된다. $\|\mathbf{y}\| = 2\pi$인 경우만 특이점을 가지기 때문이다.

합성 사상 $\mathbf{y} \mapsto \mathrm{H}_{\mathbf{v}(\mathbf{x})}f(y)$는 구상의 점 $\mathbf{x}$의 근방에서 국소 매개화가 된다(여기에서 $\mathrm{H}^{-1}_{\mathbf{v}(\mathbf{x})}$로 표기해야 하지만 $\mathrm{H}_{\mathbf{v}(\mathbf{x})} = \mathrm{H}^{-1}_{\mathbf{v}(\mathbf{x})}$가 된다). 이 사상의 야코비안은 간단하게 $\mathrm{H}_{\mathbf{v}(\mathbf{x})}[\mathrm{I} \mid \mathbf{0}]^\top$이며 하우스홀더 행렬의 처음 n개의 열벡터이어서 간단하게 계산할 수 있다.

최소화 문제에서 일반적으로 매개변수 y에 대해 벡터 값을 가지는 비용함수 C의 야코비 행렬 $\partial C/\partial y$를 계산해야 한다. 매개변수가 $\mathbb{R}^{n+1}$에 있는 S^n에 놓여야 한다는 제약 조건이 있는 경우에도 비용함수는 $\mathbb{R}^{n+1}$의 매개변수 $\mathbf{x}$의 모든 값에 대해 정의된다. 예로서, 이 절의 시작에서 고려했던 유클리드 뭉치 조정 문제에서 (하나의 예로서 잔차 재사영 오차로 나타났던) 비용함수는 임의의 값을 가지는 $\mathbf{t}$에 대한 모든 카메라 쌍 $\mathrm{P} = [\mathrm{I} \mid \mathbf{0}]$과

$\mathtt{P}' = [\mathbf{R} \mid \mathbf{t}]$에 대해 정의할 수 있다. 그럼에도 $\mathbf{t}$가 구에 놓인다는 제약 조건하에서 이 비용함수를 최소화하고자 한다.

따라서 $\mathbf{x} \in \mathbb{R}^{n+1}$에서 정의되는 비용함수 $C(\mathbf{x})$의 경우, $\mathbf{y} \in \mathbb{R}^n$에 대해 $\mathbf{x} = \mathtt{H}_{\mathbf{v}(\mathbf{x})} f(\mathbf{y})$로 두어서 $\mathbf{x}$가 구상에 놓이도록 $\mathbf{x}$를 매개화한다. 이 경우 다음을 얻는다.

$$\mathtt{J} = \frac{\partial C}{\partial \mathbf{y}} = \frac{\partial C}{\partial \mathbf{x}} \frac{\partial \mathbf{x}}{\partial \mathbf{y}} = \frac{\partial C}{\partial \mathbf{x}} \mathtt{H}_{\mathbf{v}(\mathbf{x})} [\mathtt{I}|\mathbf{0}]^\top$$

요약하면, 국소 매개화를 사용해 매개변수 벡터를 $\mathbb{R}^{n+1}$ 전체에서 변화하는 과매개화에 비해 약간 추가된 계산 비용을 가지는 n차원 구에 놓이도록 구속한다. 이 방법의 중요한 점은 다음과 같다.

(i) $\|\mathbf{x}\| = 1$을 만족하도록 매개변수 $\mathbf{x} \in \mathbb{R}^{n+1}$을 저장한다.

(ii) 선형 반복 방정식을 만들 때, 야코비 행렬 $\partial C/\partial \mathbf{x}$를 계산하고 $\mathtt{H}_{\mathbf{v}(\mathbf{x})}[\mathtt{I} \mid \mathbf{0}]^\top$를 곱해 최소 매개변수 집합 $\mathbf{y}$에 대한 야코비안을 구한다. $\partial C/\partial \mathbf{x}$에 $\mathtt{H}_{\mathbf{v}(\mathbf{x})}[\mathtt{I} \mid \mathbf{0}]^\top$를 곱하는 것은 (A4.4)의 방법을 사용한다.

(iii) 반복 단계에서 매개변수 벡터의 증분 δ_{y}를 구한다. 그리고 새로운 값 $\mathbf{x} = \mathtt{H}_{\mathbf{v}(\mathbf{x})} f(\delta_{\mathrm{y}})$를 계산한다.

국소 매개화를 하는 근본적으로 같은 방법을 최소 매개화가 필요한 다른 상황에서도 보다 일반적으로 사용할 수 있다. 예로서, 11.4.2절에서 기본 행렬은 최소 개수의 매개변수로 국소적으로 매개화할 수 있다. 그러나 기본 행렬 전체를 표현하는 최소 매개 행렬은 없다.

A6.10 메모와 연습 문제

(i) 다음의 단계로 (A6.13)에서 주어진 블록 행렬의 유사 역원을 구하라.

(a) $\mathtt{H}^{+} = \mathtt{G}(\mathtt{G}^{\top}\mathtt{HG})^{-1}\mathtt{G}^{\top}$와 $N_L(\mathtt{G}) = N_L(\mathtt{H})$는 동치이다(A5.2절을 참조하라).

(b) G는 역행렬을 가진다. 그러면, $(\mathtt{GHG}^{\top})^{+} = \mathtt{G}^{-\top}\mathtt{H}^{+}\mathtt{G}^{-1}$과 $N_L(\mathtt{H})\mathtt{G}^{\top} = N_L(\mathtt{H})\ \mathtt{G}^{-1}$은 동치이다.

(c) 이 조건은 (A6.12)에 적용해 (A6.13)이 성립하는 필요충분조건은 $N_L(\mathtt{U} - \mathtt{WV}^{-1}\mathtt{W}^{\top}) \subseteq N_L(\mathtt{Y}) = N_L(\mathtt{W})$인 것을 보여라.

(d) (A6.11)에서처럼 A와 B로 정의된 U, V, W를 이용해 위의 식이 조건 span(A) ∩ span(B) = ∅와 동치인 것을 보여라.

(ii) 조건 spand(A) ∩ span(B) = ∅가 성립하는 조건을 조사하라. 매개변수 **a**(예로서 카메라 매개변수)가 변할 때 영향과 **b**(점의 매개변수)가 변할 때 영향이 여집합이 되지 않는 것으로 해석할 수 있다. 분명히 이것은 카메라와 점이 측정에 영향을 주지 않으면서 변하는 제약 없는 사영 재구성의 경우는 아니다. 이런 경우 매개변수 **a**와 **b**의 분산은 방향 $\delta_{\mathbf{a}}$와 $\delta_{\mathbf{b}}$에서 $\mathtt{A}\delta_{\mathbf{a}} = \mathtt{B}\delta_{\mathbf{b}}$를 만족하면서 무한대가 된다.

A7

특수 평면 사영변환

사영변환(단응사상)은 고윳값의 대수 또는 기하 중복도multiplicity으로 구분할 수 있다. 고윳값의 대수 중복도는 특성 방정식에서 근이 반복되는 횟수를 의미한다. 기하 중복도는 행렬 $(H - \lambda I)$의 차수에서 결정된다. 여기에서 H는 단응사상이고 λ는 고윳값이다. 완전한 분류는 [Springer-64]와 같은 사영기하학 교과서에 나와 있다. 여기서는 실용적인 면에서 중요하고 이 책을 통해 여러 번 나타나는 몇 개의 중요한 경우만 언급한다. 이런 설명은 H가 3×3 행렬이면 평면변환이 된다. 그러나 3차원으로 일반화는 간단하다.

특수한 형태는 H가 여러 개의 관계식을 만족하므로 중요하다(일반 사영변환의 유일한 제약 조건은 최대 차수를 가지는 것이다). H가 제약 조건을 만족하므로, 더 적은 자유도를 가지며 그래서 일반 사영변환보다 더 적은 대응에서 계산할 수 있다. 특수한 변환은 일반 경우에 비해 더 풍부한 기하 구조와 불변량을 가진다.

2장에서 설명한 부분 군을 형성하는 특별한 형태(아핀 등)와 달리, 다음의 특별한 사영도는 일반적으로 부분 군을 형성하지 않는다. 곱셈에 대해 닫혀 있지 않기 때문이다. 모든 원소가 유연히 고정된 점과 직선을 가지면 (즉, 고윳값만 다르면) 이들 또한 부분 군을 형성한다.

A7.1 켤레 회전

회전 행렬 R은 고윳값 $\{1,\ e^{i\theta},\ e^{-i\theta}\}$를 가지며 대응하는 고유벡터는 $\{\mathbf{a},\ \mathbf{I},\ \mathbf{J}\}$이다. 여기서 $\mathbf{a}$는 회전축이며 즉, $\mathrm{R}\mathbf{a} = \mathbf{a}$이고 θ는 축을 중심으로 회전하는 각도, (서로 켤레 복소수가 되는) $\mathbf{I}$와 $\mathbf{J}$는 $\mathbf{a}$에 수직인 평면에 대한 원형점이다. 두 평면 사이의 사영변환이 다음의 형식을 가진다고 가정한다.

$$\mathrm{H} = \mathrm{T}\,\mathrm{R}\,\mathrm{T}^{-1}$$

여기서 T는 일반 사영변환이다. 그러면 H는 켤레 회전이 된다. 고윳값은 켤레 관계식[1]에서 보존돼서 사영변환 H 또한 배율 계수를 제외하고 고윳값 $\{1,\ ^{i\theta},\ e^{-i\theta}\}$를 가진다.

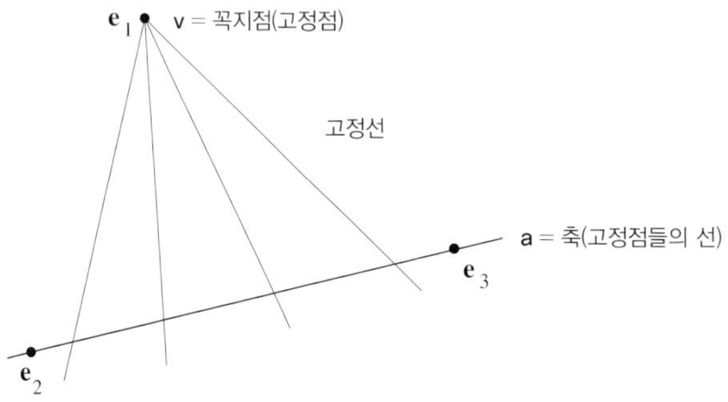

그림 A7.1 평면 호몰로지 평면 호몰로지는 축이라고 하는 고정점인 직선 **a**를 가지고, 중심 또는 호몰로지의 꼭짓점이라 하는 직선상에 있지 않은 다른 고정점 **v**를 가지는 평면 사영변환이다. 꼭짓점을 지나는 고정 직선의 꾸러미가 있다. 대수적으로, 변환 행렬의 두 고윳값은 일치하고 고정선은 행렬의 2차원 불변 공간에 대응한다(여기서 반복되는 고윳값은 λ_2와 λ_3이다).

(그림 2.5b와 같이) 중심을 회전하는 카메라에서 얻은 이미지 두 개를 생각한다. 그러면 8.4.2절에서 봤듯이 이미지는 켤레 회전에 의해서 연결된다. 이 경우 복소 고윳값은 카메라가 회전한 각도를 결정하고 실수 고윳값에 대응하는 고유벡터는 회전축의 소실점이 된다. 거리 불변량인 θ는 사영변환에서 직접 측정할 수 있는 것에 주의해야 한다.

---

1 켤레는 가끔 "상사 변환"을 의미할 때도 있다. 이러한 "상사"의 뜻은 이 책에서 사용한 등거리 변환에 배율 조정 변환과는 관계가 없다.

A7.2 평면 호몰로지

평면 사영변환 H가 고정점으로 직선(축이라고 함)을 가지고 이 직선상에 있지 않은 고정점(꼭짓점이라고 함)을 가지면 평면 호몰로지라고 한다. 그림 A7.1을 참조하라. 대수적으로 이 행렬은 두 개는 같고 하나는 서로 다른 고윳값을 가지며 같은 고윳값에 대응하는 고유 공간은 2차원이다. 축은 이 고유 공간을 생성하는 두 개의 고유 벡터(점들)를 지나는 직선이다. 꼭짓점은 다른 고유 벡터에 대응하는 것이다. 다른 하나의 고윳값과 반복되는 고윳값의 비율을 이 호몰로지의 특성 불변량 μ라고 한다(즉, 고윳값은 배율 계수를 무시하면 $\{\mu, 1, 1\}$이 된다).

평면 호몰로지에 대한 성질을 다음에서 나열한다.

- 대응점을 연결하는 직선은 꼭짓점과 만나고 (대응점의 두 쌍을 연결하는 직선인) 대응선은 축과 만난다. 이것은 데자르그 정리의 예이다. 그림 A7.2a를 참조하라.
- 꼭짓점, 대응점의 쌍, 이런 점을 연결하는 직선과 고정점의 직선과 교점이 정의하는 교차 비율은 호몰로지와 연관된 모든 점에서 동일하다. 그림 A7.2b를 참조하라.
- 평면 호몰로지와 연관된 곡선에 관해, (대응선을 정의하는 근방에 있는 점의 극한으로) 대응 접선은 축과 만난다.
- (자유도 2인) 꼭짓점, (자유도 2인) 축, (자유도 1인) 불변량은 호모로지를 완전히 정의하는 데 충분하다. 그래서 평면 호몰로지는 자유도 5를 가진다.
- 일치점 3개이면 평면 호몰로지를 계산하는 데 충분하다. 점 일치의 자유도 6은 호몰로지 자유도 5를 과제약한다.

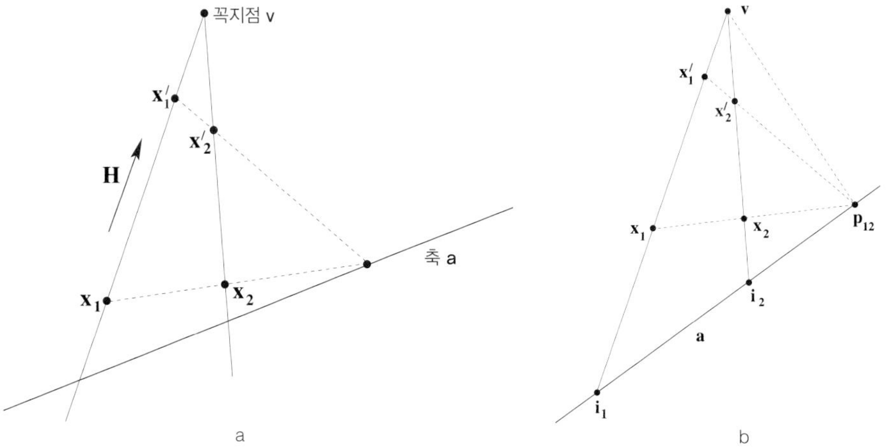

그림 A7.2 호몰로지 변환 (a) 변환에 의해서 축상의 점은 축상에 남는다. v를 지나고 a에서 교차하는 고정선에 놓인 축 밖의 점은 선의 다른 점으로 변환된다. 결국, 대응점 쌍 $\mathbf{x} \leftrightarrow \mathbf{x}'$과 호몰로지의 꼭짓점은 같은 직선상에 놓인다. 대응점 쌍을 지나는 직선, 즉 대응선은 축과 교차한다. 보기로 직선 $\langle \mathbf{x}_1, \mathbf{x}_2 \rangle$와 $\langle \mathbf{x}'_1, \mathbf{x}'_2 \rangle$를 생각하라. (b) 꼭짓점 v, 대응점 x, x', 이들의 연결선과 축 i의 교점은 호몰로지의 특성 불변량이고 모든 대응점에 대해 같다. 예로서, 네 점 $\{\mathbf{v}, \mathbf{x}'_1, \mathbf{x}_1, \mathbf{i}_1\}$과 $\{\mathbf{v}, \mathbf{x}'_2, \mathbf{x}_2, \mathbf{i}_2\}$는 모두 같다. 이들은 투시 관계를 가져서 $\mathbf{p}_{12}$에서 만나기 때문이다. 그래서 호몰로지와 연관된 모든 점에 대한 교차 비율은 동일하게 된다.

평면 호몰로지는 3차원 공간에서 투시도로 연결된 두 평면의 이미지에서 자연스럽게 발생한다(즉, 두 평면의 대응점을 연결하는 직선은 모두 한 점에서 만난다). 예로서 평면 물체의 이미지와 평면에서 이것의 그림자의 이미지 간의 변환이다. 이 경우, 축은 두 평면의 교차선의 이미지이고 꼭짓점은 광원의 이미지이다. 그림 2.5c를 참조하라.

매개화 호몰로지를 나타내는 사영변환은 축 $\mathbf{a}$, 꼭짓점 $\mathbf{v}$, 특성 비율 μ를 나타내는 3차원 벡터로 다음과 같이 직접 매개화할 수 있다.

$$\mathtt{H} = \mathtt{I} + (\mu - 1)\frac{\mathbf{v}\mathbf{a}^\mathsf{T}}{\mathbf{v}^\mathsf{T}\mathbf{a}}$$

여기에서 $\mathtt{I}$는 항등 행렬이다. 역변환이 다음으로 주어지는 것을 직접 확인할 수 있다.

$$\mathtt{H}^{-1} = \mathtt{I} + \left(\frac{1}{\mu} - 1\right)\frac{\mathbf{v}\mathbf{a}^\mathsf{T}}{\mathbf{v}^\mathsf{T}\mathbf{a}}$$

고유벡터는 다음과 같다.

$$\{\mathbf{e}_1 = \mathbf{v}, \mathbf{e}_2 = \mathbf{a}_1^{\perp}, \mathbf{e}_3 = \mathbf{a}_2^{\perp}\}$$

대응하는 고윳값은 다음이다.

$$\{\lambda_1 = \mu, \lambda_2 = 1, \lambda_3 = 1\}$$

여기에서 $\mathbf{a}_i^{\perp}$는 3차원 벡터 $\mathbf{a}$에 수직인 공간을 생성하는 두 개의 벡터이다. 즉, $\mathbf{a}^{\top}\mathbf{a}_i^{\perp} = 0$이고 $\mathbf{a} = \mathbf{a}_1^{\perp} \times \mathbf{a}_2^{\perp}$이다.

축이나 꼭짓점이 무한점이 되면 호몰로지는 아핀변환이 된다. 대수적으로 $\mathbf{a} = (0, 0, 1)^{\top}$이면 축이 무한대가 되고 $\mathbf{v} = (v_1, v_2, 0)^{\top}$이면 꼭짓점이 무한대가 된다. 두 경우 모두 변환 행렬 $\mathtt{H}$의 마지막 행은 $(0, 0, 1)$이 된다.

평면 조화 호몰로지 평면 호몰로지의 특수한 경우는 교차 비율이 조화($\mu = -1$)를 이루는 것이다. 이런 평면 호몰로지를 평면 조화 호몰로지라고 하고 불변량 하나가 알려져 있기에 자유도 4를 가진다. 변환 행렬 $\mathtt{H}$는 $\mathtt{H}^2 = \mathtt{I}$를 만족한다. 즉, 변환은 항등 행렬의 제곱근이다. 대합involution이라고 부른다(또는 주기 2인 공선사상collineation이라고 한다). 고윳값은 공통 배율 계수를 무시하면 $\{-1, 1, 1\}$이 된다. 점 대응 두 짝이 $\mathtt{H}$를 결정한다.

양방향 대칭을 가지는 평면 물체의 원근 이미지에서, 이미지의 대응점은 평면 조화 호몰로지에 의해 관계를 가진다. 호몰로지의 축은 대칭축의 이미지이다. 대수적으로 $\mathtt{H}$는 켤레 원소가 평면 사영변환인 켤레 반사이다. (아핀 카메라가 생성하는) 아핀 이미지에서 결과로 얻는 변환은 반대칭이며, 켤레 원소는 평면 아핀변환이다. 반대칭의 경우에 꼭짓점은 무한대에 있고 대응점을 연결하는 직선은 평행하다.

조화 호몰로지는 다음과 같이 매개화한다.

$$\mathtt{H} = \mathtt{H}^{-1} = \mathtt{I} - 2\frac{\mathbf{v}\mathbf{a}^{\top}}{\mathbf{v}^{\top}\mathbf{a}}$$

다시 한 번, 축 또는 꼭짓점이 무한대에 있으면 변환은 아핀변환이 된다.

A7.3 일레이션

일레이션은 고정점의 직선(축)과 축상의 점(꼭짓점)과 교차하는 고정선의 뭉치를 가진다. 이것은 꼭짓점이 고정점의 선 위에 있는 호몰로지의 극한으로 볼 수 있다. 대수적으로,

이 행렬은 세 개의 같은 고윳값을 가지지만 고유 공간의 차원은 2이다. 다음과 같이 매개화할 수 있다.

$$\mathtt{H} = \mathtt{I} + \mu \mathbf{v}\mathbf{a}^{\top} \quad \text{with} \quad \mathbf{a}^{\top}\mathbf{v} = 0 \tag{A7.1}$$

여기서 $\mathbf{a}$는 축이고 $\mathbf{v}$는 꼭짓점이다. 모든 고윳값은 1을 가진다. H의 불변 공간은 $\mathbf{a}_1^{\perp}$, $\mathbf{a}_2^{\perp}$에 의해서 생성된다. 이것은 고정점의 선(뭉치)이다(이것은 $\mathbf{v}$를 포함한다. $\mathbf{a}^{\top}\mathbf{v} = 0$이기 때문이다). $\mathtt{H}^{\top}$의 불변 공간은 $\mathbf{v}$와 수직인 $\mathbf{v}_1^{\perp}$, $\mathbf{v}_2^{\perp}$에 의해서 생성된다. 이것은 고정선 $\mathbf{l} = \alpha\mathbf{v}_1^{\perp} + \beta\mathbf{v}_2^{\perp}$의 뭉치이다. $\mathbf{l}^{\top}\mathbf{v} = 0$이므로 뭉치에 있는 모든 선은 점 $\mathbf{v}$를 지난다.

일레이션은 자유도 4를 가진다. 구속 조건 $\mathbf{a}^{\top}\mathbf{v} = 0$으로 인해서 호몰로지보다 하나 적다. 그래서 (자유도 2인) 축 $\mathbf{a}$와 (자유도 1인) $\mathbf{a}$상에 있는 꼭짓점 $\mathbf{v}$ 그리고 (자유도 1인) μ에 의해서 결정된다. 2개의 점 대응에서 결정할 수 있다.

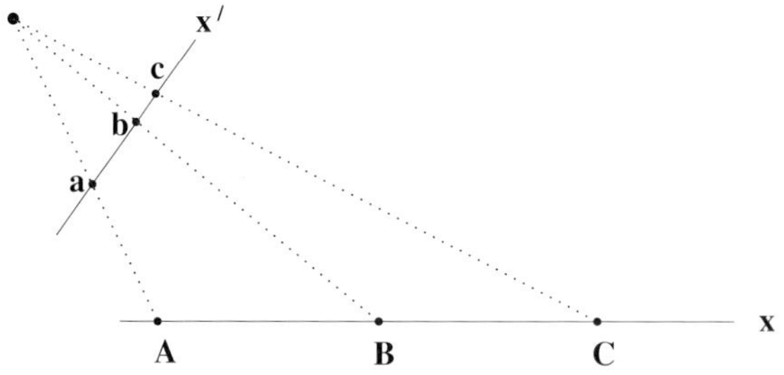

그림 A7.3 선 투영도 대응점(a와 A 등)을 연결하는 직선은 한 점에서 만난다. 그림 A7.4와 비교하라.

실제에서 일레이션은 켤레 이동 변환에서 발생한다. 이동 $\mathbf{t} = (t_x,\ t_y)^{\top}$를 반복하는 평면 위의 패턴을 생각하라. 예로서 빌딩 벽에 있는 같은 창문이다. 벽 평면에 대해서 작용이 다음으로 표현된다.

$$\mathtt{H}_{\mathrm{E}} = \begin{bmatrix} \mathtt{I} & \mathbf{t} \\ \mathbf{0}^{\top} & 1 \end{bmatrix}$$

이것은 이레이션이고 $\mathbf{v} = (t_x,\ t_y, 0)^{\top}$는 반복의 이동 방향이며 $\mathbf{a}$는 무한선을 나타낸다. 벽면 이미지에서 창문은 켤레 이동 $\mathtt{H} = \mathtt{T}\mathtt{H}_{\mathrm{E}}\mathtt{H}^{-1}$에 의해 연관된다. 여기에서 T는 벽의 평면을 이미지로 보내는 사영도이다. 이미지 변환 H 또한 사영도이다. 일레이션의 꼭짓점은 이동 방향의 소실점이고 축은 벽 평면의 소실선이다.

A7.4 원근 변환

사영변환의 다른 특별한 경우로 원근 사상이 있다. 그림 A7.3에서 평면에서 1차원 사영변환에 대해 나타냈다. 원근 변환의 두드러진 성질은 대응점을 연결하는 직선은 한 점에서 만난다는 것이다. 원근 변환과 사영변환의 차이는 두 원근 변환의 합성을 생각하면 분명해진다. 그림 A7.4에서 보듯이, 두 원근 변환의 합성은 일반적으로 원근 변환이 아니다. 그러나 합성은 사영변환이 된다. 원근 변환은 사영변환이고 사영변환은 (닫힌) 군을 형성하기 때문에, 두 사영변환의 합성은 사영변환이 된다. 다음으로 요약할 수 있다.

- 두 개 이상의 원근 변환의 합성은 사영변환이다. 그러나 일반적으로 원근 변환은 아니다.

그림 2.3에서 나타낸 실세상 평면의 중심 사영변환은 다른 평면 간의 2차원 원근 변환의 보기이다. 사영변환이 원근 변환이 되는지를 확인하기 위해서는 3차원 공간에 평면 끼워넣기가 필요하다.

마지막으로, 그림 2.3과 같이 평면과 카메라 중심이 (다른 원근 변환으로) 다른 평면으로 변환되는 것을 생각하라. 그러면 이미지화된 원근 변환은 같은 평면에 간의 사상이 되며, 평면 호몰로지로 볼 수 있다(A7.2절 참조).

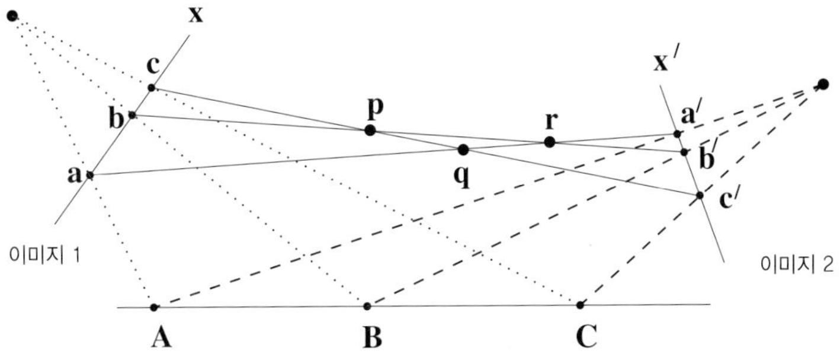

그림 A7.4 직선 사영변환 점 {a, b, c}는 직선 대 직선 원근 변환으로 점 {A, B, C}와 연결된다. 점 {a′, b′, c′}는 다른 원근 변환으로 v와 연결된다. 그러나 점 {a, b, c}와 점 {a′, b′, c′}는 사영변환으로 연결된다. 이들은 원근 변환으로 연결되는 것이 아니다. 대응점을 연결하는 직선이 한 점에서 만나지 않기 때문이다. 실제 짝끼리의 교점에서 세 개의 서로 다른 점 {p, q, r}을 얻는다.

읽을거리 [Springer-64]에서 사영변환을 분류하고 평면 호몰로지와 같은 특별한 경우를 다뤘다. 평면 호몰로지는 많은 경우에서 발생한다. [VanGool-98]에서 이미지화된 그림자의 관계, [Zisserman-95a]에서 이미지화된 압출 곡면, [Basri-99]에서 평면 위치 복원 관계 등이 있다. 평면 호몰로지의 매개화는 Viéville and Lingrand[Vieville-95]에서 다뤘다. 일레이션은 평면에서 반복되는 이미지 그룹에서 [Schaffalitzky-99, Schaffalitzky-00b], 3차원 공간에서는 일반화된 박육조 모호성에서[Kriegman-98] 나타난다.

참고문헌

[Agrawal-03] M. Agrawal and L. Davis. Camera calibration using spheres: A dual-space approach. Research Report CAR-TR-984, Center for Automation Research, University of Maryland, 2003.

[Aloimonos-90] J. Y. Aloimonos. Perspective approximations. *Image and Vision Computing*, 8(3):177–192, August 1990.

[Anandan-02] P. Anandan and M. Irani. Factorization with uncertainty. *International Journal of Computer Vision*, 49(2/3):101–116, 2002.

[Armstrong-94] M. Armstrong, A. Zisserman, and P. Beardsley. Euclidean reconstruction from uncalibrated images. In *Proc. British Machine Vision Conference*, pages 509–518, 1994.

[Armstrong-96a] M. Armstrong. *Self-Calibration from Image Sequences*. PhD thesis, University of Oxford, England, 1996.

[Armstrong-96b] M. Armstrong, A. Zisserman, and R. Hartley. Self-calibration from image triplets. In *Proc. European Conference on Computer Vision*, LNCS 1064/5, pages 3–16. Springer-Verlag, 1996.

[Astrom-98] K. Åström and A. Heyden. Continuous time matching constraints for image streams. *International Journal of Computer Vision*, 28(1):85–96, 1998.

[Avidan-98] S. Avidan and A. Shashua. Threading fundamental matrices. In *Proc. 5th European Conference on Computer Vision, Freiburg, Germany*, pages 124–140, 1998.

[Baillard-99] C. Baillard and A. Zisserman. Automatic reconstruction of piecewise planar models from multiple views. In *Proc. IEEE Conference on Computer Vision and Pattern Recognition*, pages 559–565, June 1999.

[Barrett-92] E. B. Barrett, M. H. Brill, N. N. Haag, and P. M. Payton. Invariant linear methods in photogrammetry and model-matching. In J. L. Mundy and A. Zisserman, editors, *Geometric invariance in computer vision*. MIT Press, Cambridge, 1992.

[Bascle-98] B. Bascle and A. Blake. Separability of pose and expression in facial tracing and animation. In *Proc. International Conference on Computer Vision*, pages 323–328, 1998.

[Basri-99] R. Basri and D. Jacobs. Projective alignment with regions. In *Proc. 7th International Conference on Computer Vision, Kerkyra, Greece*, pages 1158–1164, 1999.

[Bathe-76] K-J. Bathe and E. Wilson. *Numerical methods in finite element analysis*. Prentice Hall, 1976.

[Beardsley-92] P. A. Beardsley, D. Sinclair, and A. Zisserman. Ego-motion from six points. Insight meeting, Catholic University Leuven, February 1992.

[Beardsley-94] P. A. Beardsley, A. Zisserman, and D. W. Murray. Navigation using affine structure and motion. In *Proc. European Conference on Computer Vision*, LNCS 800/801, pages 85–96. Springer-Verlag, 1994.

[Beardsley-95a] P. A. Beardsley and A. Zisserman. Affine calibration of mobile vehicles. In *Europe–China workshop on Geometrical Modelling and Invariants for Computer Vision*, pages 214–221. Xidan University Press, Xi'an, China, 1995.

[Beardsley-95b] P. A. Beardsley, I. D. Reid, A. Zisserman, and D. W. Murray. Active visual navigation using non-metric structure. In *Proc. International Conference on Computer Vision*, pages 58–64, 1995.

[Beardsley-96] P. A. Beardsley, P. H. S. Torr, and A. Zisserman. 3D model aquisition from extended image sequences. In *Proc. 4th European Conference on Computer Vision, LNCS 1065, Cambridge*, pages 683–695, 1996.

[Blake-87] A. Blake and A. Zisserman. *Visual Reconstruction*. MIT Press, Cambridge, USA, August 1987.

[Boehm-94] W. Boehm and H. Prautzsch. *Geometric Concepts for Geometric Design*. A. K. Peters, 1994.

[Bookstein-79] F. Bookstein. Fitting conic sections to scattered data. *Computer Graphics and Image Processing*, 9:56–71, 1979.

[Bougnoux-98] S. Bougnoux. From Projective to Euclidean space under any practical situation, a criticism of self-calibration. In *Proc. 6th International Conference on Computer Vision, Bombay, India*, pages 790–796, January 1998.

[Boult-91] I. E. Boult and L. Gottesfeld Brown. Factorisation-based segmentation of motions. In *Proc. IEEE Workshop on Visual Motion*, 1991.

[Brand-01] M. Brand. Morphable 3d models from video. In *Proc. IEEE Conference on Computer Vision and Pattern Recognition*, pages II: 456–463, 2001.

[Brown-71] D. C. Brown. Close-range camera calibration. *Photogrammetric Engineering*, 37(8):855–866, 1971.

[Buchanan-88] T. Buchanan. The twisted cubic and camera calibration. *Computer Vision, Graphics and Image Processing*, 42:130–132, 1988.

[Buchanan-92] T. Buchanan. Critical sets for 3D reconstruction using lines. In *Proc. European Conference on Computer Vision*, LNCS 588, pages 730–738. Springer-Verlag, 1992.

[Canny-86] J. F. Canny. A computational approach to edge detection. *IEEE Transactions on Pattern Analysis and Machine Intelligence*, 8(6):679–698, 1986.

[Capel-98] D. Capel and A. Zisserman. Automated mosaicing with super-resolution zoom. In *Proc. IEEE Conference on Computer Vision and Pattern Recognition, Santa Barbara*, pages 885–891, June 1998.

[Caprile-90] B. Caprile and V. Torre. Using vanishing points for camera calibration. *International Journal of Computer Vision*, 4:127–140, 1990.

[Carlsson-93] S. Carlsson. Multiple image invariance using the double algebra. In *Applications of Invariance in Computer Vision*, volume SLN Comp. Science vol 825, pages 335–350, 1993.

[Carlsson-94] S. Carlsson. Multiple image invariance using the double algebra. In J. Mundy, A. Zisserman, and D. Forsyth, editors, *Applications of Invariance in Computer Vision LNCS 825*. Springer-Verlag, 1994.

[Carlsson-95] S. Carlsson. Duality of reconstruction and positioning from projective views. In *IEEE Workshop on Representation of Visual Scenes, Boston*, 1995.

[Carlsson-98] S. Carlsson and D. Weinshall. Dual computation of projective shape and camera positions from multiple images. *International Journal of Computer Vision*, 27(3):227–241, 1998.

[Christy-96] S. Christy and R. Horaud. Euclidean shape and motion from multiple perspective views by affine iteration. *IEEE Transactions on Pattern Analysis and Machine Intelligence*, 18(11):1098–1104, November 1996.

[Chum-03] O. Chum, T. Werner, and T. Pajdla. On joint orientation of epipoles. Research Report CTU–CMP–2003–10, Center for Machine Perception, K333 FEE Czech Technical University, Prague, Czech Republic, April 2003.

[Cipolla-99] R. Cipolla, T. Drummond, and D. Robertson. Camera calibration from vanishing points in images of architectural scenes. In *Proc. British Machine Vision Conference*, September 1999.

[Collins-93] R. T. Collins and J. R. Beveridge. Matching perspective views of coplanar structures using projective unwarping and similarity matching. In *Proc. IEEE Conference on Computer Vision and Pattern Recognition*, 1993.

[Costeira-98] J.P. Costeira and T. Kanade. A multibody factorization method for independently moving objects. *International Journal of Computer Vision*, 29(3):159–179, 1998.

[Criminisi-98] A. Criminisi, I. Reid, and A. Zisserman. Duality, rigidity and planar parallax. In *Proc.*

European Conference on Computer Vision, pages 846–861. Springer-Verlag, June 1998.

[Criminisi-99a] A. Criminisi, I. Reid, and A. Zisserman. Single view metrology. In *Proc. 7th International Conference on Computer Vision, Kerkyra, Greece*, pages 434–442, September 1999.

[Criminisi-99b] A. Criminisi, I. Reid, and A. Zisserman. A plane measuring device. *Image and Vision Computing*, 17(8):625–634, 1999.

[Criminisi-00] A. Criminisi, I. Reid, and A. Zisserman. Single view metrology. *International Journal of Computer Vision*, 40(2):123–148, November 2000.

[Criminisi-01] A. Criminisi. *Accurate Visual Metrology from Single and Multiple Uncalibrated Images*. Distinguished Dissertation Series. Springer-Verlag London Ltd., July 2001. ISBN: 1852334681.

[Cross-98] G. Cross and A. Zisserman. Quadric surface reconstruction from dual-space geometry. In *Proc. 6th International Conference on Computer Vision, Bombay, India*, pages 25–31, January 1998.

[Cross-99] G. Cross, A. W. Fitzgibbon, and A. Zisserman. Parallax geometry of smooth surfaces in multiple views. In *Proc. 7th International Conference on Computer Vision, Kerkyra, Greece*, pages 323–329, September 1999.

[Csurka-97] G. Csurka, C. Zeller, Z. Zhang, and O. D. Faugeras. Characterizing the uncertainty of the fundamental matrix. *Computer Vision and Image Understanding*, 68(1):18–36, October 1997.

[Csurka-98] G. Csurka, D. Demirdjian, A. Ruf, and R. Horaud. Closed-form solutions for the euclidean calibration of a stereo rig. In *Proc. 5th European Conference on Computer Vision, Freiburg, Germany*, pages 426–442, June 1998.

[DeAgapito-98] L. de Agapito, E. Hayman, and I. Reid. Self-calibration of a rotating camera with varying intrinsic parameters. In *Proc. 9th British Machine Vision Conference, Southampton*, 1998.

[DeAgapito-99] L. de Agapito, R. I. Hartley, and E. Hayman. Linear self-calibration of a rotating and zooming camera. In *Proc. IEEE Conference on Computer Vision and Pattern Recognition*, pages 15–21, 1999.

[Dementhon-95] D. Dementhon and L. Davis. Model based pose in 25 lines of code. *International Journal of Computer Vision*, 15(1/2):123–141, 1995.

[Devernay-95] F. Devernay and O. D. Faugeras. Automatic calibration and removal of distortion from scenes of structured environments. In *SPIE*, volume 2567, San Diego, CA, July 1995.

[Devernay-96] F. Devernay and O. D. Faugeras. From projective to euclidean reconstruction. In *Proc. IEEE Conference on Computer Vision and Pattern Recognition*, pages 264–269, 1996.

[Faugeras-90] O. D. Faugeras and S. J. Maybank. Motion from point matches: Multiplicity of solutions. *International Journal of Computer Vision*, 4:225–246, 1990.

[Faugeras-92a] O. D. Faugeras, Q. Luong, and S. Maybank. Camera self-calibration: Theory and experiments. In *Proc. European Conference on Computer Vision*, LNCS 588, pages 321–334. Springer-Verlag, 1992.

[Faugeras-92b] O. D. Faugeras. What can be seen in three dimensions with an uncalibrated stereo rig? In *Proc. European Conference on Computer Vision*, LNCS 588, pages 563–578. Springer-Verlag, 1992.

[Faugeras-93] O. D. Faugeras. *Three-Dimensional Computer Vision: a Geometric Viewpoint*. MIT Press, 1993.

[Faugeras-94] O. D. Faugeras and L. Robert. What can two images tell us about a third one. In J. O. Eckland, editor, *Proc. 3rd European Conference on Computer Vision, Stockholm*, pages 485–492. Springer-Verlag, 1994.

[Faugeras-95a] O. D. Faugeras and B. Mourrain. On the geometry and algebra of point and line correspondences between N images. In *Proc. International Conference on Computer Vision*, pages 951–962, 1995.

[Faugeras-95b] O. D. Faugeras. Stratification of three-dimensional vision: projective, affine, and metric representation. *Journal of the Optical Society of America*, A12:465–484, 1995.

[Faugeras-95c] O. D. Faugeras, S. Laveau, L. Robert, G. Csurka, and C. Zeller. 3-D reconstruction of urban scenes from sequences of images. Technical report, INRIA, 1995.

[Faugeras-97] O. D. Faugeras and T. Papadopoulo. Grassmann-Cayley algebra for modeling systems of cameras and the algebraic equations of the manifold of trifocal tensors. Technical Report 3225, INRIA, Sophia-Antipolis, France, 1997.

[Faugeras-98] O. D. Faugeras, L. Quan, and P. Sturm. Self-calibration of a 1D projective camera and its application to the self-calibration of a 2D projective camera. In *Proc. European Conference on Computer Vision*, pages 36–52, 1998.

[Fischler-81] M. A. Fischler and R. C. Bolles. Random sample consensus: A paradigm for model fitting with applications to image analysis and automated cartography. *Comm. Assoc. Comp. Mach.*, 24(6):381–395, 1981.

[Fitzgibbon-98a] A. W. Fitzgibbon and A. Zisserman. Automatic camera recovery for closed or open image sequences. In *Proc. European Conference on Computer Vision*, pages 311–326. Springer-Verlag, June 1998.

[Fitzgibbon-98b] A. W. Fitzgibbon, G. Cross, and A. Zisserman. Automatic 3D model construction for turn-table sequences. In R. Koch and L. Van Gool, editors, *3D Structure from Multiple Images of Large-Scale Environments, LNCS 1506*, pages 155–170. Springer-Verlag, June 1998.

[Fitzgibbon-99] A. W. Fitzgibbon, M. Pilu, and R. B. Fisher. Direct least-squares fitting of ellipses. *IEEE Transactions on Pattern Analysis and Machine Intelligence*, 21(5):476–480, May 1999.

[Gear-98] C. W. Gear. Multibody grouping from motion images. *International Journal of Computer Vision*, 29(2):133–150, 1998.

[Giblin-87] P. Giblin and R. Weiss. Reconstruction of surfaces from profiles. In *Proc. 1st International Conference on Computer Vision, London*, pages 136–144, London, 1987.

[Gill-78] P. E. Gill and W. Murray. Algorithms for the solution of the nonlinear least-squares problem. *SIAM J Num Anal*, 15(5):977–992, 1978.

[Golub-89] G. H. Golub and C. F. Van Loan. *Matrix Computations*. The Johns Hopkins University Press, Baltimore, MD, second edition, 1989.

[Gracie-68] G. Gracie. Analytical photogrammetry applied to single terrestrial photograph mensuration. In *XIth International Conference of Photogrammetry, Lausanne, Switzerland*, July 1968.

[Gupta-97] R. Gupta and R. I. Hartley. Linear pushbroom cameras. *IEEE Transactions on Pattern Analysis and Machine Intelligence*, September 1997.

[Haralick-91] R. M. Haralick, C. Lee, K. Ottenberg, and M. Nölle. Analysis and solutions of the three point perspective pose estimation problem. In *Proc. IEEE Conference on Computer Vision and Pattern Recognition*, pages 592–598, 1991.

[Harris-88] C. J. Harris and M. Stephens. A combined corner and edge detector. In *Proc. 4th Alvey Vision Conference, Manchester*, pages 147–151, 1988.

[Hartley-92a] R. I. Hartley. Estimation of relative camera positions for uncalibrated cameras. In *Proc. European Conference on Computer Vision*, LNCS 588, pages 579–587. Springer-Verlag, 1992.

[Hartley-92b] R. I. Hartley. Invariants of points seen in multiple images. GE internal report, GE CRD, Schenectady, NY 12301, USA, May 1992.

[Hartley-92c] R. I. Hartley, R. Gupta, and T. Chang. Stereo from uncalibrated cameras. In *Proc. IEEE Conference on Computer Vision and Pattern Recognition*, 1992.

[Hartley-94a] R. I. Hartley. Self-calibration from multiple views with a rotating camera. In *Proc. European Conference on Computer Vision*, LNCS 800/801, pages 471–478. Springer-Verlag, 1994.

[Hartley-94b] R. I. Hartley. Euclidean reconstruction from uncalibrated views. In J. Mundy, A. Zisserman, and D. Forsyth, editors, *Applications of Invariance in Computer Vision*, LNCS 825, pages 237–256. Springer-Verlag, 1994.

[Hartley-94c] R. I. Hartley. Projective reconstruction and invariants from multiple images. *IEEE Transactions on Pattern Analysis and Machine Intelligence*, 16:1036–1041, October 1994.

[Hartley-94d] R. I. Hartley. Projective reconstruction from line correspondence. In *Proc. IEEE Conference on Computer Vision and Pattern Recognition*, 1994.

[Hartley-95a] R. I. Hartley. Multilinear relationships between coordinates of corresponding image points and lines. In *Proceedings of the Sophus Lie Symposium, Nordfjordeid, Norway (*not published yet*)*, 1995.

[Hartley-95b] R. I. Hartley. A linear method for reconstruction from lines and points. In *Proc. International Conference on Computer Vision*, pages 882–887, 1995.

[Hartley-97a] R. I. Hartley. Lines and points in three views and the trifocal tensor. *International Journal of Computer Vision*, 22(2):125–140, 1997.

[Hartley-97b] R. I. Hartley and P. Sturm. Triangulation. *Computer Vision and Image Understanding*, 68(2):146–157, November 1997.

[Hartley-97c] R. I. Hartley. In defense of the eight-point algorithm. *IEEE Transactions on Pattern Analysis and Machine Intelligence*, 19(6):580 – 593, October 1997.

[Hartley-97d] R. I. Hartley. Kruppa's equations derived from the fundamental matrix. *IEEE Transactions on Pattern Analysis and Machine Intelligence*, 19(2):133–135, 1997.

[Hartley-97e] R. I. Hartley and T. Saxena. The cubic rational polynomial camera model. In *Proc. DARPA Image Understanding Workshop*, pages 649 – 653, 1997.

[Hartley-98a] R. I. Hartley. Chirality. *International Journal of Computer Vision*, 26(1):41–61, 1998.

[Hartley-98b] R. I. Hartley. Dualizing scene reconstruction algorithms. In R. Koch and L. Van Gool, editors, *3D Structure from Multiple Images of Large-Scale Environments, LNCS 1506*, pages 14–31. Springer-Verlag, June 1998.

[Hartley-98c] R. I. Hartley. Computation of the quadrifocal tensor. In *Proc. European Conference on Computer Vision*, LNCS 1406, pages 20–35. Springer-Verlag, 1998.

[Hartley-98d] R. I. Hartley. Minimizing algebraic error in geometric estimation problems. In *Proc. International Conference on Computer Vision*, pages 469–476, 1998.

[Hartley-99] R. Hartley, L. de Agapito, E. Hayman, and I. Reid. Camera calibration and the search for infinity. In *Proc. 7th International Conference on Computer Vision, Kerkyra, Greece*, pages 510–517, September 1999.

[Hartley-00a] R. I. Hartley and N. Y. Dano. Reconstruction from six-point sequences. In *Proc. IEEE Conference on Computer Vision and Pattern Recognition*, pages II–480 – II–486, 2000.

[Hartley-00b] R. I. Hartley. Ambiguous configurations for 3-view projective reconstruction. In *Proc. 6th European Conference on Computer Vision, Part I, LNCS 1842, Dublin, Ireland*, pages 922–935, 2000.

[Hartley-02a] R. Hartley and F. Kahl. Critical curves and surfaces for euclidean reconstruction. In *Proc. 7th European Conference on Computer Vision, Part II, LNCS 2351, Copenhagen, Denmark*, pages 447–462, 2002.

[Hartley-02b] R. Hartley and R. Kaucic. Sensitivity of calibration to principal point position. In *Proc. 7th European Conference on Computer Vision, Copenhagen, Denmark*, volume 2, pages 433–446. Springer-Verlag, 2002.

[Hartley-03] R. Hartley and F. Kahl. A critical configuration for reconstruction from rectilinear motion. In *Proc. IEEE Conference on Computer Vision and Pattern Recognition*, 2003.

[Hayman-03] E. Hayman, T. Thórhallsson, and D.W. Murray. Tracking while zooming using affine transfer and multifocal tensors. *International Journal of Computer Vision*, 51(1):37–62, January 2003.

[Heyden-95a] A. Heyden. Reconstruction from image sequences by means of relative depths. In E. Grimson, editor, *Proc. 5th International Conference on Computer Vision, Boston*, Cambridge, MA, June 1995.

[Heyden-95b] A. Heyden. *Geometry and Algebra of Multiple Projective Transformations*. PhD thesis, Department of Mathematics, Lund University, Sweden, December 1995.

[Heyden-97a] A. Heyden. Projective structure and motion from image sequences using subspace methods. In *Scandinavian Conference on Image Analysis, Lappenraanta*, pages 963–968, 1997.

[Heyden-97b] A. Heyden and K. Åström. Euclidean reconstruction from image sequences with varying and unknown focal length and principal point. In *Proc. IEEE Conference on Computer Vision and Pattern Recognition*, 1997.

[Heyden-97c] A. Heyden. Reconstruction from multiple images by means of using relative depths. *International Journal of Computer Vision*, 24(2):155–161, 1997.

[Heyden-98] A. Heyden. Algebraic varieties in multiple view geometry. In *Proc. 5th European Conference on Computer Vision, Freiburg, Germany*, pages 3–19, 1998.

[Hilbert-56] D. Hilbert and S. Cohn-Vossen. *Geometry and the Imagination*. Chelsea, NY, 1956.

[Horaud-98] R. Horaud and G. Csurka. Self-calibration and Euclidean reconstruction using motions of a stereo rig. In *Proc. 6th International Conference on Computer Vision, Bombay, India*, pages 96–103, January 1998.

[Horn-90] B. K. P. Horn. Relative orientation. *International Journal of Computer Vision*, 4:59–78, 1990.

[Horn-91] B. K. P. Horn. Relative orientation revisited. *Journal of the Optical Society of America*, 8(10):1630–1638, 1991.

[Horry-97] Y. Horry, K. Anjyo, and K. Arai. Tour into the picture: Using a spidery mesh interface to make animation from a single image. In *Proceedings of the ACM SIGGRAPH Conference on Computer Graphics*, pages 225–232, 1997.

[Huang-89] T. S. Huang and O. D. Faugeras. Some properties of the E-matrix in two-view motion estimation. *IEEE Transactions on Pattern Analysis and Machine Intelligence*, 11:1310 – 1312, 1989.

[Huber-81] P. J. Huber. *Robust Statistics*. John Wiley and Sons, 1981.

[Huynh-03] D.Q. Huynh, R. Hartley, and A Heyden. Outlier correction of image sequences for the affine camera. In *Proc. 9th International Conference on Computer Vision, Vancouver, France*, 2003.

[Irani-98] M. Irani, P. Anandan, and D. Weinshall. From reference frames to reference planes: Multi-view parallax geometry and applications. In *Proc. European Conference on Computer Vision*, 1998.

[Irani-99] M. Irani. Multi-frame optical flow estimation using subspace contraints. In *Proc. International Conference on Computer Vision*, 1999.

[Irani-00] Michal Irani and P. Anandan. Factorization with uncertainty. In *Proc. 6th European Conference on Computer Vision, Part I, LNCS 1842, Dublin, Ireland*, pages 539 – 553, 2000.

[Jiang-02] G. Jiang, H. Tsui, L. Quan, and A. Zisserman. Single axis geometry by fitting conics. In *Proc. 7th European Conference on Computer Vision, Copenhagen, Denmark*, volume 1, pages 537–550. Springer-Verlag, 2002.

[Kahl-98a] F. Kahl and A. Heyden. Structure and motion from points, lines and conics with affine cameras. In *Proc. 5th European Conference on Computer Vision, Freiburg, Germany*, pages 327–341, 1998.

[Kahl-98b] F. Kahl and A. Heyden. Using conic correspondences in two images to estimate epipolar geometry. In *Proc. 6th International Conference on Computer Vision, Bombay, India*, pages 761–766, 1998.

[Kahl-99] F. Kahl. Critical motions and ambiguous euclidean reconstructions in auto-calibration. In *Proc. 7th International Conference on Computer Vision, Kerkyra, Greece*, pages 469–475, 1999.

[Kahl-01a] F. Kahl, R. Hartley, and K. Åström. Critical configurations for n-view projective reconstruction. In *Proc. IEEE Conference on Computer Vision and Pattern Recognition*, pages II–158 – II–163, 2001.

[Kahl-01b] F. Kahl. *Geometry and Critical Configurations of Multiple Views*. PhD thesis, Lund Institute of Technology, 2001.

[Kanatani-92] K. Kanatani. *Geometric computation for machine vision*. Oxford University Press, Oxford, 1992.

[Kanatani-94] K. Kanatani. Statistical bias of conic fitting and renormalization. *IEEE Transactions on Pattern Analysis and Machine Intelligence*, 16(3):320–326, 1994.

[Kanatani-96] K. Kanatani. *Statistical Optimization for Geometric Computation: Theory and Practice*. Elsevier Science, Amsterdam, 1996.

[Kaucic-01] R. Kaucic, R. I. Hartley, and N. Y. Dano. Plane-based projective reconstruction. In *Proc. 8th International Conference on Computer Vision, Vancouver, Canada*, pages I–420–427, 2001.

[Klein-39] F. Klein. *Elementary Mathematics from an Advanced Standpoint*. Macmillan, New York, 1939.

[Knight-03] J. Knight, A. Zisserman, and I. Reid. Linear auto-calibration for ground plane motion. In *Proc. IEEE Conference on Computer Vision and Pattern Recognition*, June 2003.

[Koenderink-84] J. J. Koenderink. What does the occluding contour tell us about solid shape? *Perception*, 13:321–330, 1984.

[Koenderink-90] J. Koenderink. *Solid Shape*. MIT Press, 1990.

[Koenderink-91] J. J. Koenderink and A. J. van Doorn. Affine structure from motion. *Journal of the Optical Society of America*, 8(2):377–385, 1991.

[Krames-42] J. Krames. Über die bei der Hauptaufgabe der Luftphotogrammetrie auftretenden "gefährlichen" Flächen. *Bildmessung und Luftbildwesen (Beilage zur Allg. Vermessungs-Nachr.)*, 17, Heft 1/2:1–18, 1942.

[Kriegman-98] D. J. Kriegman and P. Belhumeur. What shadows reveal about object structure. In *Proc. European Conference on Computer Vision*, pages 399–414, 1998.

[Laveau-96a] S. Laveau. *Géométrie d'un système de N caméras. Théorie, estimation et applications.* PhD thesis, INRIA, 1996.

[Laveau-96b] S. Laveau and O. D. Faugeras. Oriented projective geometry in computer vision. In *Proc. 4th European Conference on Computer Vision, LNCS 1065, Cambridge*, pages 147–156, Springer–Verlag, 1996. Buxton B. and Cipolla R.

[Liebowitz-98] D. Liebowitz and A. Zisserman. Metric rectification for perspective images of planes. In *Proc. IEEE Conference on Computer Vision and Pattern Recognition*, pages 482–488, June 1998.

[Liebowitz-99a] D. Liebowitz, A. Criminisi, and A. Zisserman. Creating architectural models from images. In *Proc. EuroGraphics*, volume 18, pages 39–50, September 1999.

[Liebowitz-99b] D. Liebowitz and A. Zisserman. Combining scene and auto-calibration constraints. In *Proc. 7th International Conference on Computer Vision, Kerkyra, Greece*, September 1999.

[Liebowitz-01] D. Liebowitz. *Camera Calibration and Reconstruction of Geometry from Images.* PhD thesis, University of Oxford, Dept. Engineering Science, June 2001. D.Phil. thesis.

[LonguetHiggins-81] H. C. Longuet-Higgins. A computer algorithm for reconstructing a scene from two projections. *Nature*, 293:133–135, September 1981.

[Luong-92] Q. Luong. *Matrice Fondamentale et Autocalibration en Vision par Ordinateur.* PhD thesis, Université de Paris-Sud, France, 1992.

[Luong-94] Q. T. Luong and T. Viéville. Canonic representations for the geometries of multiple projective views. In *Proc. 3rd European Conference on Computer Vision, Stockholm*, pages 589–599, May 1994.

[Luong-96] Q. T. Luong and T. Viéville. Canonical representations for the geometries of multiple projective views. *Computer Vision and Image Understanding*, 64(2):193–229, September 1996.

[Lutkepohl-96] H. Lutkepohl. *Handbook of Matrices.* Wiley, ISBN 0471970158, 1996.

[Ma-99] Y. Ma, S. Soatto, J. Kosecka, and S. Sastry. Euclidean reconstruction and reprojection up to subgroups. In *Proc. 7th International Conference on Computer Vision, Kerkyra, Greece*, pages 773–780, 1999.

[Mathematica-92] S. Wolfram. *Mathematica A System for Doing Mathematics by Computer second edition.* Addison-Wesley, 1992.

[Maybank-90] S. J. Maybank. The projective geometry of ambiguous surfaces. *Philosophical Transactions of the Royal Society of London, SERIES A*, A 332:1–47, 1990.

[Maybank-93] S. J. Maybank. *Theory of reconstruction from image motion.* Springer-Verlag, Berlin, 1993.

[Maybank-98] S. J. Maybank and A. Shashua. Ambiguity in reconstruction from images of six points. In *Proc. 6th International Conference on Computer Vision, Bombay, India*, pages 703–708, 1998.

[McLauchlan-00] P. F. McLauchlan. Gauge independence in optimization algorithms for 3D vision. In W. Triggs, A. Zisserman, and R. Szeliski, editors, *Vision Algorithms: Theory and Practice*, volume 1883 of *LNCS*, pages 183–199. Springer, 2000.

[Mohr-92] R. Mohr. Projective geometry and computer vision. In C. H. Chen, L. F. Pau, and P. S. P. Wang, editors, *Handbook of Pattern Recognition and Computer Vision.* World Scientific, 1992.

[Mohr-93] R. Mohr, F. Veillon, and L. Quan. Relative 3D reconstruction using multiple uncalibrated images. In *Proc. IEEE Conference on Computer Vision and Pattern Recognition*, pages 543–548, 1993.

[Moons-94] T. Moons, L. Van Gool, M. Van Diest, and E. Pauwels. Affine reconstruction from perspective image pairs. In J. Mundy, A. Zisserman, and D. Forsyth, editors, *Applications of Invariance in Computer Vision*, LNCS 825. Springer-Verlag, 1994.

[Muehlich-98] M. Mühlich and R. Mester. The role of total least squares in motion analysis. In *Proc. 5th European Conference on Computer Vision, Freiburg, Germany*, pages 305–321. Springer-Verlag,

1998.

[Mundy-92] J. Mundy and A. Zisserman. *Geometric Invariance in Computer Vision*. MIT Press, 1992.

[Newsam-96] G. Newsam, D. Q. Huynh, M. Brooks, and H. P. Pan. Recovering unknown focal lengths in self-calibration: An essentially linear algorithm and degenerate configurations. In *Int. Arch. Photogrammetry & Remote Sensing*, volume XXXI-B3, pages 575–80, Vienna, 1996.

[Niem-94] W. Niem and R. Buschmann. Automatic modelling of 3D natural objects from multiple views. In *European Workshop on Combined Real and Synthetic Image Processing for Broadcast and Video Production, Hamburg, Germany*, 1994.

[Nister-00] D. Nister. Reconstruction from uncalibrated sequences with a hierarchy of trifocal tensors. In *Proc. European Conference on Computer Vision*, 2000.

[Oskarsson-02] M. Oskarsson, A. Zisserman, and K. Åström. Minimal projective reconstruction for combinations of points and lines in three views. In *Proc. British Machine Vision Conference*, pages 62–72, 2002.

[Poelman-94] C. Poelman and T. Kanade. A paraperspective factorization method for shape and motion recovery. In *Proc. 3rd European Conference on Computer Vision, Stockholm*, volume 2, pages 97–108, 1994.

[Pollefeys-96] M. Pollefeys, L. Van Gool, and A. Oosterlinck. The modulus constraint: a new constraint for self-calibration. In *Proc. International Conference on Pattern Recognition*, pages 31–42, 1996.

[Pollefeys-98] M. Pollefeys, R. Koch, and L. Van Gool. Self calibration and metric reconstruction in spite of varying and unknown internal camera parameters. In *Proc. 6th International Conference on Computer Vision, Bombay, India*, pages 90–96, 1998.

[Pollefeys-99a] M. Pollefeys, R. Koch, and L. Van Gool. A simple and efficient rectification method for general motion. In *Proc. International Conference on Computer Vision*, pages 496–501, 1999.

[Pollefeys-99b] M. Pollefeys. *Self-calibration and metric 3D reconstruction from uncalibrated image sequences*. PhD thesis, ESAT-PSI, K.U.Leuven, 1999.

[Pollefeys-02] M. Pollefeys, F. Verbiest, and L. J. Van Gool. Surviving dominant planes in uncalibrated structure and motion recovery. In *ECCV (2)*, pages 837–851, 2002.

[Ponce-94] J. Ponce, D. H. Marimont, and T. A. Cass. Analytical methods for uncalibrated stereo and motion measurement. In *Proc. 3rd European Conference on Computer Vision, Stockholm*, volume 1, pages 463–470, 1994.

[Porrill-91] J. Porrill and S. B. Pollard. Curve matching and stereo calibration. *Image and Vision Computing*, 9(1):45–50, 1991.

[Pratt-87] V. Pratt. Direct least-squares fitting of algebraic surfaces. *Computer Graphics*, 21(4):145–151, 1987.

[Press-88] W. Press, B. Flannery, S. Teukolsky, and W. Vetterling. *Numerical Recipes in C*. Cambridge University Press, 1988.

[Pritchett-98] P. Pritchett and A. Zisserman. Wide baseline stereo matching. In *Proc. 6th International Conference on Computer Vision, Bombay, India*, pages 754–760, January 1998.

[Proesmans-98] M. Proesmans, T. Tuytelaars, and L. J. Van Gool. Monocular image measurements. Technical Report Improofs-M12T21/1/P, K.U.Leuven, 1998.

[Quan-94] L. Quan. Invariants of 6 points from 3 uncalibrated images. In J. O. Eckland, editor, *Proc. 3rd European Conference on Computer Vision, Stockholm*, pages 459–469. Springer-Verlag, 1994.

[Quan-97a] L. Quan and T. Kanade. Affine structure from line correspondences with uncalibrated affine cameras. *IEEE Transactions on Pattern Analysis and Machine Intelligence*, 19(8):834–845, August 1997.

[Quan-97b] L. Quan. Uncalibrated 1D projective camera and 3D affine reconstruction of lines. In *Proc. IEEE Conference on Computer Vision and Pattern Recognition*, pages 60–65, 1997.

[Quan-98] L. Quan and Z. Lan. Linear $n \geq 4$-point pose determination. In *Proc. 6th International Conference on Computer Vision, Bombay, India*, pages 778–783, 1998.

[Reid-96] I. D. Reid and D. W. Murray. Active tracking of foveated feature clusters using affine structure. *International Journal of Computer Vision*, 18(1):41–60, 1996.

[Rinner-72] K. Rinner and R. Burkhardt. Photogrammetrie. In *Handbuch der Vermessungskunde*, volume

Band III a/3. Jordan, Eggert, Kneissel, Stuttgart: J.B. Metzlersche Verlagsbuchhandlung, 1972.

[Robert-93] L. Robert and O. D. Faugeras. Relative 3D positioning and 3D convex hull computation from a weakly calibrated stereo pair. In *Proc. 4th International Conference on Computer Vision, Berlin*, pages 540–544, 1993.

[Rother-01] C. Rother and S. Carlsson. Linear multi view reconstruction and camera recovery. In *Proc. 8th International Conference on Computer Vision, Vancouver, Canada*, pages I–42–49, 2001.

[Rother-03] C. Rother. *Multi-View Reconstruction and Camera Recovery using a Real or Virtual Reference Plane*. PhD thesis, Computational Vision and Active Perception Laboratory, Kungl Tekniska Högskolan, 2003.

[Rousseeuw-87] P. J. Rousseeuw. *Robust Regression and Outlier Detection*. Wiley, New York, 1987.

[Sampson-82] P. D. Sampson. Fitting conic sections to 'very scattered' data: An iterative refinement of the Bookstein algorithm. *Computer Vision, Graphics, and Image Processing*, 18:97–108, 1982.

[Sawhney-98] H. S. Sawhney, S. Hsu, and R. Kumar. Robust video mosaicing through topology inference and local to global alignment. In *Proc. European Conference on Computer Vision*, pages 103–119. Springer-Verlag, 1998.

[Schaffalitzky-99] F. Schaffalitzky and A. Zisserman. Geometric grouping of repeated elements within images. In D.A. Forsyth, J.L. Mundy, V. Di Gesu, and R. Cipolla, editors, *Shape, Contour and Grouping in Computer Vision*, LNCS 1681, pages 165–181. Springer-Verlag, 1999.

[Schaffalitzky-00a] F. Schaffalitzky. Direct solution of modulus constraints. In *Proceedings of the Indian Conference on Computer Vision, Graphics and Image Processing, Bangalore*, pages 314–321, 2000.

[Schaffalitzky-00b] F. Schaffalitzky and A. Zisserman. Planar grouping for automatic detection of vanishing lines and points. *Image and Vision Computing*, 18:647–658, 2000.

[Schaffalitzky-00c] F. Schaffalitzky, A. Zisserman, R. I. Hartley, and P. H. S. Torr. A six point solution for structure and motion. In *Proc. European Conference on Computer Vision*, pages 632–648. Springer-Verlag, June 2000.

[Schmid-97] C. Schmid and A. Zisserman. Automatic line matching across views. In *Proc. IEEE Conference on Computer Vision and Pattern Recognition*, pages 666–671, 1997.

[Schmid-98] C. Schmid and A. Zisserman. The geometry and matching of curves in multiple views. In *Proc. European Conference on Computer Vision*, pages 394–409. Springer-Verlag, June 1998.

[Se-00] S. Se. Zebra-crossing detection for the partially sighted. In *Proc. IEEE Conference on Computer Vision and Pattern Recognition*, pages 211–217, 2000.

[Semple-79] J. G. Semple and G. T. Kneebone. *Algebraic Projective Geometry*. Oxford University Press, 1979.

[Shapiro-95] L. S. Shapiro, A. Zisserman, and M. Brady. 3D motion recovery via affine epipolar geometry. *International Journal of Computer Vision*, 16(2):147–182, 1995.

[Shashua-94] A. Shashua. Trilinearity in visual recognition by alignment. In *Proc. 3rd European Conference on Computer Vision, Stockholm*, volume 1, pages 479–484, May 1994.

[Shashua-95a] A. Shashua. Algebraic functions for recognition. *IEEE Transactions on Pattern Analysis and Machine Intelligence*, 17(8):779–789, August 1995.

[Shashua-95b] A. Shashua and M. Werman. On the trilinear tensor of three perspective views and its underlying geometry. In *Proc. 5th International Conference on Computer Vision, Boston*, 1995.

[Shashua-96] A. Shashua and S. J. Maybank. Degenerate N-point configurations of three views: Do critical surfaces exist? Technical Report TR 96-19, Hebrew University, Computer Science, November 1996.

[Shashua-97] A. Shashua and S. Toelg. The quadric reference surface: Theory and applications. *International Journal of Computer Vision*, 23(2):185–198, 1997.

[Shimshoni-99] I. Shimshoni, R. Basri, and E. Rivlin. A geometric interpretation of weak-perspective motion. Technical report, Technion, 1999.

[Sinclair-92] D. A. Sinclair. *Experiments in Motion and Correspondence*. PhD thesis, University of Oxford, 1992.

[Slama-80] C. Slama. *Manual of Photogrammetry*. American Society of Photogrammetry, Falls Church, VA, USA, 4th edition, 1980.

[Spetsakis-91] M. E. Spetsakis and J. Aloimonos. A multi-frame approach to visual motion perception. *International Journal of Computer Vision*, 16(3):245–255, 1991.

[Springer-64] C. E. Springer. *Geometry and Analysis of Projective Spaces*. Freeman, 1964.

[Stein-99] G. Stein and A. Shashua. On degeneracy of linear reconstruction from three views: Linear line complex and applications. *IEEE Transactions on Pattern Analysis and Machine Intelligence*, 21(3):244–251, 1999.

[Stolfi-91] J. Stolfi. *Oriented Projective Geometry*. Academic Press, 1991.

[Strecha-02] C.Strecha and L. Van Gool. PDE-based multi-view depth estimation. *1st Int. Symp. of 3D Data Processing Visualization and Transmission*, pages 416–425, 2002.

[Sturm-96] P. Sturm and W. Triggs. A factorization based algorithm for multi-image projective structure and motion. In *Proc. 4th European Conference on Computer Vision, Cambridge*, pages 709–720, 1996.

[Sturm-97a] P. Sturm. Critical motion sequences for monocular self-calibration and uncalibrated Euclidean reconstruction. In *Proc. IEEE Conference on Computer Vision and Pattern Recognition, Puerto Rico*, pages 1100–1105, June 1997.

[Sturm-97b] P. Sturm. *Vision 3D non calibrée: Contributions à la reconstruction projective et étude des mouvements critiques pour l'auto calibrage*. PhD thesis, INRIA Rhône-Alpes, 1997.

[Sturm-99a] P. Sturm and S. J. Maybank. A method for interactive 3D reconstruction of piecewise planar objects from single images. In *Proc. 10th British Machine Vision Conference, Nottingham*, 1999.

[Sturm-99b] P. Sturm. Critical motion sequences for the self-calibration of cameras and stereo systems with variable focal length. In *Proc. 10th British Machine Vision Conference, Nottingham*, pages 63–72, 1999.

[Sturm-99c] P. Sturm and S. Maybank. On plane based camera calibration: A general algorithm, singularities, applications. In *Proc. IEEE Conference on Computer Vision and Pattern Recognition*, pages 432–437, June 1999.

[Sturm-01] P. Sturm. On focal length calibration from two views. In *Proc. IEEE Conference on Computer Vision and Pattern Recognition*, pages 145–150, 2001.

[Sutherland-63] I. E. Sutherland. Sketchpad: A man-machine graphical communications system. Technical Report 296, MIT Lincoln Laboratories, 1963. Also published by Garland Publishing, New York, 1980.

[Szeliski-96] R. Szeliski and S. B. Kang. Shape ambiguities in structure from motion. In B. Buxton and Cipolla R., editors, *Proc. 4th European Conference on Computer Vision, LNCS 1064, Cambridge*, pages 709–721. Springer–Verlag, 1996.

[Szeliski-97] R. Szeliski and S. Heung-Yeung. Creating full view panoramic image mosaics and environment maps. In *Proceedings of the ACM SIGGRAPH Conference on Computer Graphics*, 1997.

[Taubin-91] G. Taubin. Estimation of planar curves, surfaces, and nonplanar space curves defined by implicit equations with applications to edge and range image segmentation. *PAMI*, 13(11):1115–1138, 1991.

[Thorhallsson-99] T. Thorhallsson and D.W. Murray. The tensors of three affine views. In *Proc. IEEE Conference on Computer Vision and Pattern Recognition*, 1999.

[Tomasi-92] C. Tomasi and T. Kanade. Shape and motion from image streams under orthography: A factorization approach. *International Journal of Computer Vision*, 9(2):137–154, November 1992.

[Tordoff-01] B. Tordoff and D.W. Murray. Reactive zoom control while tracking using an affine camera. In *Proc. British Machine Vision Conference*, volume 1, pages 53–62, 2001.

[Torr-93] P. H. S. Torr and D. W. Murray. Outlier detection and motion segmentation. In *Proc SPIE Sensor Fusion VI*, pages 432–443, Boston, September 1993.

[Torr-95a] P. H. S. Torr, A. Zisserman, and D. W. Murray. Motion clustering using the trilinear constraint over three views. In R. Mohr and C. Wu, editors, *Europe–China Workshop on Geometrical Modelling and Invariants for Computer Vision*, pages 118–125. Xidan University Press, 1995.

[Torr-95b] P. H. S. Torr. *Motion segmentation and outlier detection*. PhD thesis, Dept. of Engineering Science, University of Oxford, 1995.

[Torr-97] P. H. S. Torr and A. Zisserman. Robust parameterization and computation of the trifocal tensor.

Image and Vision Computing, 15:591–605, 1997.

[Torr-98] P. H. S. Torr and A. Zisserman. Robust computation and parameterization of multiple view relations. In *Proc. 6th International Conference on Computer Vision, Bombay, India*, pages 727–732, January 1998.

[Torr-99] P. H. S. Torr, A. W. Fitzgibbon, and A. Zisserman. The problem of degeneracy in structure and motion recovery from uncalibrated image sequences. *International Journal of Computer Vision*, 32(1):27–44, August 1999.

[Torresani-01] L. Torresani, D. Yang, G. Alexander, and C. Bregler. Tracking and modelling non-rigid objects with rank constraints. In *Proc. IEEE Conference on Computer Vision and Pattern Recognition*, pages I: 493–500, 2001.

[Triggs-95] W. Triggs. The geometry of projective reconstruction i: Matching constraints and the joint image. In *Proc. International Conference on Computer Vision*, pages 338–343, 1995.

[Triggs-96] W. Triggs. Factorization methods for projective structure and motion. In *Proc. IEEE Conference on Computer Vision and Pattern Recognition*, pages 845–851, 1996.

[Triggs-97] W. Triggs. Auto-calibration and the absolute quadric. In *Proc. IEEE Conference on Computer Vision and Pattern Recognition*, pages 609–614, 1997.

[Triggs-98] W. Triggs. Autocalibration from planar scenes. In *Proc. 5th European Conference on Computer Vision, Freiburg, Germany*, 1998.

[Triggs-99a] W. Triggs. Camera pose and calibration from 4 or 5 known 3D points. In *Proc. International Conference on Computer Vision*, pages 278–284, 1999.

[Triggs-99b] W. Triggs. Differential matching constraints. In *Proc. International Conference on Computer Vision*, pages 370–376, 1999.

[Triggs-00a] W. Triggs, P. F. McLauchlan, R. I. Hartley, and A. Fitzgibbon. Bundle adjustment for structure from motion. In *Vision Algorithms: Theory and Practice*. Springer-Verlag, 2000.

[Triggs-00b] W Triggs. Plane + parallax, tensors and factorization. In *Proc. European Conference on Computer Vision*, pages 522–538, 2000.

[Tsai-84] R. Y. Tsai and T. S. Huang. The perspective view of three points. *IEEE Transactions on Pattern Analysis and Machine Intelligence*, 6:13–27, 1984.

[VanGool-98] L. Van Gool, M. Proesmans, and A. Zisserman. Planar homologies as a basis for grouping and recognition. *Image and Vision Computing*, 16:21–26, January 1998.

[Vieville-93] T. Viéville and Q. Luong. Motion of points and lines in the uncalibrated case. Technical Report 2054, I.N.R.I.A., 1993.

[Vieville-95] T. Viéville and D. Lingrand. Using singular displacements for uncalibrated monocular vision systems. Technical Report 2678, I.N.R.I.A., 1995.

[VonSanden-08] H. von Sanden. *Die Bestimmung der Kernpunkte in der Photogrammetrie*. PhD thesis, Univ. Göttingen, December 1908.

[Weinshall-95] D. Weinshall, M. Werman, and A. Shashua. Shape descriptors: Bilinear, trilinear and quadrilinear relations for multi-point geometry and linear projective reconstruction algorithms. In *IEEE Workshop on Representation of Visual Scenes, Boston*, pages 58–65, 1995.

[Weng-88] J. Weng, N. Ahuja, and T. S. Huang. Closed-form solution and maximum likelihood : A robust approach to motion and structure estimation. In *Proc. IEEE Conference on Computer Vision and Pattern Recognition*, 1988.

[Weng-89] J. Weng, T. S. Huang, and N. Ahuja. Motion and structure from two perspective views: algorithms, error analysis and error estimation. *IEEE Transactions on Pattern Analysis and Machine Intelligence*, 11(5):451–476, 1989.

[Werner-01] T. Werner and T. Pajdla. Oriented matching constraints. In T Cootes and C Taylor, editors, *Proc. British Machine Vision Conference*, pages 441–450, London, UK, September 2001. British Machine Vision Association.

[Werner-03] T. Werner. A constraint on five points in two images. In *Proc. IEEE Conference on Computer Vision and Pattern Recognition*, June 2003.

[Wolfe-91] W. J. Wolfe, D. Mathis, C. Weber Sklair, and M. Magee. The perspective view of three points. *IEEE Transactions on Pattern Analysis and Machine Intelligence*, 13(1):66–73, January 1991.

[Xu-96] G. Xu and Z. Zhang. *Epipolar Geometry in Stereo, Motion and Object Recognition.* Kluwer Academic Publishers, 1996.

[Zeller-96] C. Zeller. *Projective, Affine and Euclidean Calibration in Computer Vision and the Application of Three Dimensional Perception.* PhD thesis, RobotVis Group, INRIA Sophia-Antipolis, 1996.

[Zhang-95] Z. Zhang, R. Deriche, O. D. Faugeras, and Q. Luong. A robust technique for matching two uncalibrated images through the recovery of the unknown epipolar geometry. *Artificial Intelligence*, 78:87–119, 1995.

[Zhang-98] Z. Zhang. Determining the epipolar geometry and its uncertainty – a review. *International Journal of Computer Vision*, 27(2):161–195, March 1998.

[Zhang-00] Z. Zhang. A flexible new technique for camera calibration. *IEEE Transactions on Pattern Analysis and Machine Intelligence*, 22(11):1330–1334, November 2000.

[Zisserman-92] A. Zisserman. Notes on geometric invariance in vision. Tutorial, British Machine Vision Conference, 1992.

[Zisserman-94] A. Zisserman and S. Maybank. A case against epipolar geometry. In J. Mundy, A. Zisserman, and D. Forsyth, editors, *Applications of Invariance in Computer Vision LNCS 825*. Springer-Verlag, 1994.

[Zisserman-95a] A. Zisserman, J. Mundy, D. Forsyth, J. Liu, N. Pillow, C. Rothwell, and S. Utcke. Class-based grouping in perspective images. In *Proc. International Conference on Computer Vision*, 1995.

[Zisserman-95b] A. Zisserman, P. Beardsley, and I. Reid. Metric calibration of a stereo rig. In *IEEE Workshop on Representation of Visual Scenes, Boston*, pages 93–100, 1995.

[Zisserman-96] A. Zisserman. A users guide to the trifocal tensor. Dept. of Engineering Science, University of Oxford, 1996.

[Zisserman-98] A. Zisserman, D. Liebowitz, and M. Armstrong. Resolving ambiguities in auto-calibration. *Philosophical Transactions of the Royal Society of London, SERIES A*, 356(1740):1193–1211, 1998.

찾아보기

ㄱ

가변 초점 거리 609
가우스 난수 변수 192
가우스 확률 분포 731
가중 반복법 774
각도 91, 126, 294, 297, 304, 401
각도-축 표현 756
강성 제약 조건 624
강체 73
강체 운동 599
강체 회전 577
거리 74
거리 구조 74
거리 보정 645
거리 속성 84, 93, 126
거리 임계값 172
거리 재구성 358, 364, 451, 600, 620, 632, 637, 641
거리 정류 625
거리 정보 96
거리 정정 94
거리 측도 180, 388, 530
거울 이미지 350
겉보기 윤곽 317, 320
게이지 독립 806
게이지 자유 806
결합 관계 107, 484, 489, 502
결합 관계식 488, 489, 499
결합된 첨자 563
결합 조건 484, 486
경사 하강법 776
계층 72
계층 구조 239
계층적 재구성 360
고윳값 759
고윳값 분해 752
고정선 100
고정 이미지 점 635
고정점 57, 100, 455
공변 43, 70
공변 첨자 498, 500
공분산 210, 782
공분산 추정 261
공분산 행렬 199, 378, 398
공선사상 66, 106
공선성 67
공점선 82
공차원 396
과도하게 결정된 해 250
광선 원뿔 277, 278
광선의 동치류 693
광학 중심 218
교점 60
교정 612
교차 비율 77, 81, 103
교차점 553
구조 복구 391
구조 행렬 574
군 66
궤적 576
극선 97, 126
극성 97, 103, 127
극점 97, 101, 126
극점-극선 관계 278
근사해 134
근접 제약 조건 181
금본위 방법 169, 380, 517, 524
금본위 알고리듬 135, 166, 187, 252, 257, 464, 466
금본위 추정 391, 457
기본 DLT 알고리듬 137
기본군 83
기본 행렬 133, 322, 326, 330, 338, 342, 354, 373, 391, 398, 421, 461, 483, 492, 497, 503, 541, 555
기본 행렬 추출 495
기븐스 회전 750
기저 110
기준 사면체 708
기하 거리 142, 380, 524
기하 비용함수 419
기하 오류 252, 254
기하 오차 157, 188, 256, 517
기하 오차 비용함수 417
기하 이미지 오차 417

기하 중복도 813
기하 회전 대칭 277
길이 비율 92
깊이 229
깊이 릴리프 237, 632
깊이 선택 583
깊이의 부호 674
깊이 정규화 584
깊이 회전 473
꼬인 삼차 곡선 119, 698
꼬인 쌍 348
꼬인 입방체 251
꾸러미 339

ㄴ

나사 분해 121, 131
나사축 121
내부 매개변수 309, 366
내부 방향 221
내부 카메라 변수 221
내적 59
네케르 반전 472
노름 141
노름 보존성 749
노이즈 모델 266
높이 측정 303
누적 카이 제곱 분포 함수 400
뉴턴 반복 167
뉴턴 반복법 774

ㄷ

다양체 151, 205, 396
다중 시점 관계 541
다중 시점 형상 322
단순 연결 83
단시궤적 338, 341, 712
단응사상 66, 133, 140, 142, 151, 178, 184, 196, 204, 207, 211, 231, 251, 255, 311, 327, 332, 339, 433, 434, 437, 487, 499, 529, 601
단응사상 꾸러미 442
단응사상 추정 786
단체법 167
닮음변환 157, 356
닮음 재구성 358
대수 58
대수 거리 141
대수 다양체 145
대수 오류 251
대수 오차 255, 256, 259, 379, 517
대수 오차 벡터 141, 144
대수적 다중도 645
대수적 성질 494
대수 최소화 방법 386
대원 83, 276
대응점 402, 408
대칭 등극 거리 384
대칭 전송 오차 143, 164
대칭 행렬 752
데이터 정규화 160, 251
독립 방정식 562
동변 첨자 728
동차 58, 206
동차량 346
동차 방법 416
동차 좌표 30, 105, 218, 232
동차화 63, 106
동치 클래스 30
뒤틀린 3차 곡선 338
등가-모양 변환 74
등거리 사상 72
등극 기하 437
등극 기하 문제 405
등극 기하학 322, 323, 324, 393, 433, 436, 506
등극 매개변수화 382
등극면 325, 393, 493
등극 사영 404
등극선 325, 326, 328, 330, 331, 332, 339, 393, 398, 408, 421, 458, 460, 468, 493, 503
등극선 공분산 400
등극선 꾸러미 461
등극선 대응 339
등극 전송 503
등극점 325, 339, 383, 402, 439, 458, 461, 492, 543
등극점 제약 조건 482
등극점 조건 355
등극 접점 393
등극 제약 조건 414
등극 조건 417
등극 포락선 402
등방 가우스 분포 732
등방성 102, 158
등방성 배율 조정 240
등방형 가우스 분포 196

ㄹ

라그랑주 승수 148

레벤버그-마쿼트 258, 259, 295, 418
레벤버그-마쿼트 알고리듬 164, 381, 388, 523, 533, 570
로그 우도 176
롤 751
릴리프 468

ㅁ

마할라노비스 거리 154, 164, 197, 255, 378, 732, 775
마할라노비스 노름 186, 205
매개변수 공간 202
매개화 162
면-면 단응사상 586
명시적 재구성 440
모듈러스 제약 조건 618
모수 추정 735
모자이크 282
모호성 626, 645
몬테카를로 추정 212
무차별 생성법 557
무한 단응사상 282, 322, 363, 433, 450, 621
무한 단응사상 관계 624
무한대 61
무한대 근방점 161
무한면 31, 105, 123, 129, 684
무한선 31, 85, 123, 428
무한점 216, 217, 405, 406
무한 카메라 223, 234
뭉치 조정 45, 569, 570, 591, 610, 791
미분 동형 사상 806

ㅂ

박육조 472, 473
박육조 모호성 474, 477
반대칭 344, 436
반대칭 행렬 396, 752
반변 43, 70
반변 첨자 498, 500, 728
반복 최소화 162
반복 추정법 379, 773
반사 73
반원근 카메라 246
방사형 렌즈 왜곡 보정 249
방사형 왜곡 263, 266
방향 292
방향 보존 679
방향 사영기하학 689
배관 선 보정 267
배율 계수 136
배율 조정 158, 185
번들 조정 525
법선 106
벡터곱 60
벡터 공간 727
벡터 공간의 노름 766
변환군 66
변환 규칙 729
변환 불변 256
변환 불변성 155
병렬 사영 239, 241
보정 39, 286, 329, 392
보정 원뿔 216, 313, 314, 315
보정 행렬 258, 280, 287
복구 581
복원 353, 470
부분 공간 579
부호수 116
분산 427
분해 231
불변량 72, 73, 76, 103
불변량의 개수 79
불변성 157, 185
불편 737
불확실성 210, 426
블록 행렬 207
비강체 분해 577
비결합 구성 492
비공선성 조건 508
비동차 방법 416
비등방 배율 조정 75, 161
비디오 시퀀스 591
비볼록 비용함수 801
비아핀 카메라 234, 243
비용함수 134, 384, 413, 464, 466

ㅅ

사영 각도 477
사영공간 59
사영 관계 341
사영기하학 57, 80, 123, 232
사영 깊이 448, 582, 583
사영 뒤틀림 282
사영 모호성 342, 357, 495, 496, 507, 562
사영 방정식 550
사영변환 29, 57, 66, 67, 106, 109, 131, 134, 197, 336, 343, 405, 408

사영 분해 44, 582
사영 불변 341, 417
사영 선형군 71
사영 왜곡 68, 96
사영 자유도 557
사영 재구성 41, 358, 413, 417, 425, 439, 469, 569, 586
사영 정규형 98
사영 좌표계 417
사영 카메라 224, 256, 460
사영 행렬 269, 434
사원수 758
사중 선형 관계 550, 553
사중 초점 텐서 540, 541, 551
사후 분포 742
사후 최대 743
삼각 분할 576
삼각측량 322, 355, 391, 457, 468, 576
삼각측량 방법 423
삼각측량법 413, 414, 417
삼안 장비 482
삼중 501
삼중 선형 501
삼중 선형 관계 544, 545
삼중 선형 관계식 546
삼중 선형성 500, 501
삼중 선형성 조건 512
삼중 시점 663
삼중 초점 기하학 529
삼중 초점 텐서 133, 482, 483, 484, 486, 492, 495, 496, 497, 504, 517, 526, 541, 544, 547, 554, 566, 592
삼중 초점 평면 504
삽입 577
상관관계 98, 331
상대 플뤼커 표현 246
상대 회전 269
상첨자 727
샘프슨 거리 383, 526
샘프슨 근사 165, 419, 517
샘프슨 비용함수 386
샘프슨 오차 147, 463
생략 543
생성기 118
샬의 정리 694
선 대응 252
선의 동차 표현 59
선직 이차 곡면 118, 394, 395, 701
선 카메라 245
선험 분포 742
선형 비용함수 150
선형 알고리듬 462, 520
선형 최소 자승법 408
선형 최소 제곱법 577
선형 푸시브룸 카메라 246
세 시점 507
셈법 논리 560
소실선 216, 269, 291, 295, 297, 303, 366, 451
소실점 216, 269, 291, 292, 294, 299, 303, 304, 307, 309, 325, 366, 391, 393, 450, 451
숄레스키 분해 94, 366
수렴 결정 198
수렴 카메라 326
수반 행렬 65, 753
수심 315
순방향 전파 199
순수 이동 333
순수 평면 운동 333, 337
순환군 83
순환 회전 475
슈타이너 원뿔 350
스카이라인 797
스칼라 곱 59
스테레오 대응 325, 452
스테레오 이미지 411
스테레오 일치 324
스테레오 장비 322, 329, 435, 643
승자독식 179
시차 285, 433, 445, 446, 449, 468, 533, 559
신뢰 타원체 262
실세계 좌표계 220
실제 데이터 191
심각한 구성 41
쌍대 108
쌍대성 62, 106, 654
쌍대성 원리 710
쌍대성 원칙 63
쌍대 알고리듬 654, 656
쌍대 원뿔 63, 65, 93, 103
쌍대 이차 곡면 127
쌍대 텐서 596
쌍대 플뤼커 113
씨앗 대응 179

ㅇ

아핀 교정 410
아핀군 72
아핀 기본 행렬 459, 464, 478

아핀 기하학 33
아핀 다중 시점 텐서 575
아핀 등극 기하학 457
아핀 모호성 575
아핀변형 417
아핀변환 31, 84, 123, 242, 408, 461
아핀 분류 99
아핀 분해 582
아핀 사중 초점 텐서 567
아핀 삼중 초점 텐서 515, 550
아핀 속성 86, 123, 124, 303
아핀 왜곡 96
아핀 이미징 237
아핀 재구성 358, 360, 413, 451, 457, 469, 569, 620
아핀 정정 87
아핀 좌표계 233
아핀 카메라 216, 217, 234, 236, 241, 243, 246, 247, 256, 364, 457, 558
아핀 특수화 544
아핀함수 202
안내 대응 388
안내 매칭 180
암시적 재구성 440
야코비 191, 207
약원근 사영 240
여공간 116
여인수 753
여차원 152
역방향 전파 201
역사영 228, 272, 274, 502, 541
역사영 광선 413
역사영한 광선 435
역정규화 257, 377
역정규화 과정 521
열린 근방 205
열벡터 58, 223, 225, 498
영공간 108, 110
영벡터 64, 129
오른손 좌표계 231
오차 벡터 141
오차함수 142
왜곡 보정 264
왜곡함수 264
왜도 222, 258, 304
외부 방향 221, 260
외부 변수 221
외적 60
요 751
우영집합 374
운동 행렬 574, 581
원근 기하학 292
원근 변환 819
원근 사영 269
원근 시점 322
원근 이미징 271
원근 카메라 478
원뿔 63, 103, 216, 274, 339, 397
원뿔-맞추기 146
원뿔 쌍대 91
원형점 34, 50, 84, 89, 126
원환면 118
위삼각행렬 78
위상 동형 118
위상 수학 82
위 신호 효과 266
유리 다항식 카메라 247
유사성 변환 242
유사 역원 205, 206, 228, 329
유사 역행열 763
유클리드 공간 232
유클리드 기하 29
유클리드 기하학 33
유클리드 모델 425
유클리드 부분군 72
유클리드 재구성 358
유한 사영 카메라 222, 234, 243
유한 차분 근사 186
유한 카메라 223
유향 유클리드군 72
윤곽 생성기 275
의사 역행렬 461
이동 220
이미지 기하 오류 254
이미지 동치 693
이미지 좌표 585
이미지 평면 218, 269, 271
이상점 61, 89, 185
이중 선형 관계 541
이중 선형 표현 542
이중성 540
이중 시점 549
이중 시점 기하 492
이중 시점 제약 조건 613
이진 분리 448
이차 곡면 115, 216, 277
인접 상호상관 179

인터리브 571
일관성 조건 441
일레이션 78, 101, 453, 817
일반 사영 카메라 217, 223
일엽쌍곡면 704
일치 변환 406, 407
일치 쌍 406
임계 구성 704, 716
임계 운동 시퀀스 647
임계 집합 695
임계 표면 394, 395

ㅈ

자기상관 함수 179
자기 쌍대 106
자동 계산 387
자동 등극성 336
자동 보정 282, 540, 599, 632, 643
자동 보정 방정식 604
자동 알고리듬 536
자유도 60, 343, 391, 392, 436, 461, 482, 507, 528, 555
자코비 261
잔차 141, 385
잔차 오차 193
장면 40
장면 기하학 322
장면 직교성 366
장면 평면 271, 433, 460
재구성 124, 300, 311, 353, 428, 470, 482
재구성의 모호성 711
재사영 576
재사영 오차 145, 165, 530
재추출 406
적응형 알고리듬 175
전방 사영 277
전송 142, 327, 502, 503, 504, 506
전역 아핀 모호성 581
전진 사영 227
전치 331
절대 쌍대 이차 곡선 127
절대 원뿔 33, 123, 125, 269, 287, 304, 313, 364, 367, 599
절대 원뿔 곡선 35, 128
절대 원뿔 이미지 39, 285, 287, 366, 368
절대 이중 이차 곡면 605
절대 이차 곡면 612
절대점 89
절제술 540
점 대응 462
점-선-선 관계 490, 501
점의 동차 표현 59
접공간 205
접지 평면 300
접합 282
정규 방정식 765
정규화 155, 158, 159, 257, 377
정류 단응사상 606
정류 변환 70, 632
정상값 170
정정 143
제곱 평균 제곱근 192
조건수 160
조화 호몰로지 351, 817
좌표 기저 58
주광선 218, 223
주점 218, 219, 223, 226, 307
주축 218, 277
주축 벡터 227
주평면 218, 223, 226, 243, 255, 544
준 아핀 669
준 아핀변환 669, 672
준 아핀 재구성 620, 676
준 유클리드 재구성 371
줌 235
중심 264
중심 사영 68
중심점 269
중앙 사영 217, 218, 232
중앙화 573
증강 정규 방정식 777
증분 뭉치 조정 593
지상 제어점 369
지지값 171
직교 299
직교 사영 239, 240
직교성 127, 290, 314
직교 소실점 315
직교원 307
직교 행렬 749
직교 회귀 535
직교 회귀 분석 465
직선 관계 548
직선 꾸러미 502
직원뿔 277

직접 선형변환 알고리듬 135

ㅊ

초곡면 145
초구 209
초점 거리 309
초점 평면 218
초평면 463, 468, 679
촐레스키 분해 288, 625, 755
최대 우도 524, 569
최대 우도법 143
최대 우도 추정 152, 252, 295, 736
최대 우도 추정치 194
최소 구성 467
최소 자승법 161
최소 제곱해 761
최소해 250
최적 추정기 413
최적 추정치 463
추정 133, 413, 589
추정기의 분산 741
추정 알고리듬 467
추정점 178
축약 728
축약 기본 행렬 661
축약된 카메라 행렬 654
축약 삼중 초점 텐서 665
축약 재구성 659, 661
축약 카메라 행렬 284, 659
축약 텐서 567
축평면 223, 226
측정 공간 202
측정 행렬 259, 574
측정 횟수 134
친화도 112

ㅋ

카메라 계층 246
카메라 기하학 216, 322
카메라 뒤 674
카메라 모델 217, 224, 245
카메라 방향 587
카메라 보정 216, 285, 297, 302, 304, 391
카메라 보정 행렬 220, 286, 600
카메라 사영 133
카메라 사영 행렬 219
카메라 앞 674
카메라 운동 391, 478, 581
카메라 자동 보정 451
카메라 절제술 120
카메라 좌표계 220
카메라 중심 218, 223, 224, 230, 235, 243, 277, 281, 302, 329, 336, 393, 395, 434, 493, 692
카메라 추정 258
카메라 추출 347
카메라 행렬 249, 251, 260, 341, 342, 343, 345, 354, 355, 366, 437, 495, 497, 498, 509, 562
카메라 회전 281, 294
카메라 후방교회 691
카이럴 부등식 681, 683
카이렐러티 620, 674, 676
칼슨-바인스할 쌍대성 653, 707
켤레 127
켤레 관계 643
켤레 구성 700
켤레점 310
켤레 회전 281, 814
크레모나 변환 708
크레이머-라오의 하한 한계 742
크루파 방정식 613, 628
클라인 이차 곡면 114

ㅌ

타원 사차 곡선 719
타원체 128
탄탄한 MLE 176
탄탄한 비용함수 176
탄탄한 추정 170
턴테이블 운동 639
테두리 127
테두리 이차 곡면 127
텍스처 매핑 311
텐서 579
텐서의 시각화 729
텐서 표기법 483, 497, 727
퇴행성 506
퇴화 115, 118, 140, 309, 394, 429, 445, 468, 699
퇴화 구성 251, 467, 506
투시도 53, 68
투영 카메라 457
특이값 170, 346, 565, 759
특이값 분해 44, 259, 347, 758
특이점 375, 383, 463
특정 임계 구성 691

ㅍ

파노라마 모자이크 316
편향 427, 737
편향의 의존성 740
펼침 110
펼침 표현 110
평면 446
평면 다발 107
평면 단응사상 271
평면 사영변환 271
평면 아핀변환 140, 460
평면 운동 392, 634
평면 파노라마 283
평행면 105
평행 사영 239, 457
평행 사영의 방향 242
평행선 60, 362
평행 운동 361
평행 이동 121
폐색 54
포락선 65, 398, 399
표면 맞추기 145
표본 선택 180
표준 선형 계획법 683
표준 위치 124
표준 좌표계 434
표준 카메라 341, 343
표준 형식 342
푸시브룸 카메라 244, 268, 351
프레임 591
프로베니우스 노름 348, 375, 392, 574, 610
프로필 276
플뤼커 선 좌표 114
플뤼커 직선 272
플뤼커 행렬 112
피치 751
피타고라스 등식 198
필수 매개변수 204
필수 행렬 345, 392

ㅎ

하우스홀더 행렬 361, 566, 751
하첨자 727
합성 데이터 191
합성 장면 282
합성 회전 318
행렬 749
행렬-벡터 표기법 497
행렬의 분해 229
행벡터 58, 225, 498
헤시안 775
호롭터 120
호몰로지 449
호환 436, 437, 507, 509
혼합 반변-공변 텐서 498
회전 220
회전 비틀림 477
회전 행렬 755
횡단 504
후방교회법 249, 369, 712
후방교회의 모호성 713
희박 레벤버그-마쿼트 알고리듬 779
희박 방법 794

A

absolute conic 33
absolute point 89
adjoint matrix 65
affine camera 216, 217, 234
affine geometry 33
affine group 72
affine quadrifocal tensor 567
affine transformation 31
algebra 58
algebraic vector error 144
aliasing 266
Approximate Solution 134
argumented normal equation 777
at infinity 61
autocorrelation function 179
auto-epipolar 336

B

basis 58, 110
brute-force generation 557
bundle adjustment 45, 525, 570

C

calibrated 39
calibrating conic 216
Camera Calibration Matrix 220
camera center 218
camera coordinate frame 220
camera projection matrix 219

Carlsson duality 654
CCD 카메라 221
central projection 68, 217
cheirality 620, 674
Cholesky Decomposition 94
circular poin 89
circular point 34, 50
codimension 152, 396
collinearity 67
collineation 66, 106
column vector 58
combined index 563
compatible 507
complement space 116
concurrent line 82
condition number 160
Confidence Ellipsoid 262
conic-fitting 146
conjugacy 127
conjugate configuration 700
conjugate rotation 281
conjugation 282
contravariant 43, 71
correction 143
correlation 98
cost function 134
covariance matrix 199
covariant 43, 70
Cramér-Rao 735
Cremona 708
critical configuration 41, 691
critical set 695
critical surface 394
cross correlation 179
cross product 60
cross ratio 77, 81
cyclic group 83
cyclo-rotation 475

D

degenerate 115, 140
depth relief 237
DIAC 616
diffeomorphism 806
DLT 135, 416
DLT 알고리듬 145, 156, 160, 251, 252, 369, 664
dof 60
duality 62
duality principle 63

E

educed 284
elation 78, 101, 453
elliptic quartic 719
envelope 65
epipolar line 325
epipolar plane 325
epipolar projection 404
epipolar transfer 503
epipole 325
equi-form 74
equivalent class 30
essential parameter 204
Euclidean group 72
external orientation 221

F

filling in 577
finite difference approximation 186
fixed line 100
fixed point 57, 100
focal plane 218
forward projection 227
fundamental group 83
fundamental matrix 322

G

gauge freedom 806
gauge independence 806
general projective camera 217
generator 118
great circle 83, 276
ground control points 369
group 66

H

harmonic homology 351
hierarchy 72
homemorphic 118
homogeneous 58, 206
homogeneous coordinates 30
homogeneous quantity 346
homography 66
homology 449
horopter 120, 338
Householder 361
hyperplane 463
hypersphere 209

hypersurface 145

I

IAC, the Image of the Absolute Conic 39, 287, 310, 313, 320, 368, 616
ideal point 61
image equivalence 693
image plane 218
incidence 484
Infinite Homography 322
inlier 170
inner product 59
interleave 571
internal orientation 221
isotropic Gaussian distribution 732

J

Jacobian 191, 261

K

Klein quadric 114

L

Lagrange Multiplier 148
line at infinity 31
log-likelihood 153

M

MAP, Maximum A Posteriori 743
matched pair 406
Maximum Likelihood estimation 143
method of Lagrange multipliers 534
metric 74
metric structure 74
ML 569
MLE 194, 295, 413
modulus constraint 618
motion matrix 574
multiplicity 645, 813

N

non-affine camera 234
non-collinearity conditions 508
non-isotropic 75
normal equation 765
null vector 64

O

occlusion 54
omitting 543
open neighborhood 205
optical center 218
oriented Euclidean group 72
oriented projective geometry 689
outlier 170
outline 276

P

parallax 285, 445
para-perspective 242
pencil of plane 107
perspective view 53
perspectivity 68
pitch 751
plane at infinity 31, 105
Plücker 113
polar 97
polarity 97
pole 97
Powell의 방법 167
principal axis 218
principal axis vector 227
principal plane 218
principal point 218
principal ray 218
profile 276
projective depth 582
projective factorization 44
projective linear group 71
projective reconstruction 41
projective space 59
projective transformation 66
proximity constraint 181
pseudo inverse 205, 206, 228
pure planar motion 333
pure translation 333
putative point 178

Q

QR 분해 751
Quadric 115
quadrifocal tensor 551
quasi-affine 620, 669
quasi-Euclidean reconstruction 371

R

RANSAC 134, 170, 171, 467, 517, 529, 532
RANSAC 샘플 388
rational polynomial 247
rectifying transformation 70
reduced 654
reduced tensor 567
reference tetrahedron 708
reflection 73
relief 468, 632
resectioning 249, 540
residual 141
residual error 193
right circular 277
right handed system 231
rigid object 73
rim 127
rim quadric 127
robust estimation 170
roll 751
Root-Mean-Squared 192
row vector 58
RQ 분해 750
RQ 행렬 분해 222
ruled quadric 394

S

scalar product 59
scale factor 136
scene 40
screw decomposition 121
seed 179
Sherman-Morriso 공식 453
signature 116
simplex method 167
simply-connected 83
skew 222
span 110
Stereo Matching 324
structure matrix 574
submanifold 151
support 171
surface fitting 145
SVD, Singular Value Decomposition 44, 159, 209, 259, 347, 374, 377, 392, 457, 466, 575, 609, 615, 759
SVD 알고리듬 112

T

tangent space 205
texture mapping 311
torus 118
Total Least Squares-Fixed Columns 161
trajectory 576
transfer 142
transformation group 66
transverse 504
tri 501
triangulation 322
trifocal plane 504
trilinear 501
trilinearities 501
trinocular 482
twisted cubic curve 338
twisted pair 348

U

unbiased 737
upper triangular matrix 78

V

valency 112
variety 145, 151

W

warping 282
winner takes all 179
world coordinate frame 220

Y

yaw 751

Z

zoom 235

기호

χ^2 분포 733

번호

2차 형식 396
3차원 기하 오류 254
7점 대응 376
8점 알고리듬 376

컴퓨터 비전을 위한 다중 시점 기하학 2/e
카메라를 위한 수학

발　행 | 2022년 8월 31일

지은이 | 리차드 하틀리 · 앤드류 지서만
옮긴이 | 추 정 호

펴낸이 | 권 성 준
편집장 | 황 영 주
편　집 | 조 유 나
김 다 예
디자인 | 윤 서 빈

에이콘출판주식회사
서울특별시 양천구 국회대로 287 (목동)
전화 02-2653-7600, 팩스 02-2653-0433
www.acornpub.co.kr / editor@acornpub.co.kr

ISBN 979-11-6175-664-6
http://www.acornpub.co.kr/book/multipleview-geometry

책값은 뒤표지에 있습니다.